东莞东城民俗志
——人类学的透视

张振江　林香　著

中山大學出版社
·广州·

版权所有　翻印必究

图书在版编目（CIP）数据

东莞东城民俗志：人类学的透视/张振江，林香著．—广州：中山大学出版社，2020.6

ISBN 978-7-306-06860-6

Ⅰ．①东…　Ⅱ．①张…②林…　Ⅲ．①风俗习惯—介绍—东莞　Ⅳ．①K892.653

中国版本图书馆 CIP 数据核字（2020）第 055464 号

出 版 人：	王天琪
策划编辑：	徐诗荣
责任编辑：	杨文泉
封面设计：	林绵华
责任校对：	邱紫妍
责任技编：	何雅涛
出版发行：	中山大学出版社
电　　话：	编辑部 020-84110283，84111997，84110779，84113349
	发行部 020-84111998，84111981，84111160
地　　址：	广州市新港西路 135 号
邮　　编：	510275　　传　真：020-84036565
网　　址：	http://www.zsup.com.cn　　E-mail：zdcbs@mail.sysu.edu.cn
印 刷 者：	广州市友盛彩印有限公司
规　　格：	787mm×1092mm　1/16　44.25 印张　1050 千字
版次印次：	2020 年 6 月第 1 版　2020 年 6 月第 1 次印刷
定　　价：	198.00 元

如发现本书因印装质量影响阅读，请与出版社发行部联系调换

① 榴花公园内的东江纵队抗日浮雕
② 1975 年的温塘村落（局部）

① 1979年的温塘村落（局部）

② 1973年的东城农田

③ 改革开放初东城还有部分人以水为生

④ 新村仍然依山布局

① 旧时堤围成了消暑处

② 东江、东岸坊与寒溪河

③ 峡口仍然有人以水为生

① 桑园旧村空间结构示意（不包括北坡）

② 旧时的里巷门楼

③ 旧时的麻石街

④ 池塘在消失

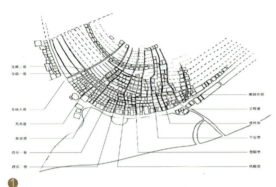

① 前高后低、前短后长的屋顶
② 旧时村落的边界
③ 民国时期修建的富家民居

❶

❷

❸

① 较为少见的水井样式

② 岁月的痕迹

③ 耕馀书室内景

④ 红砖斗与青砖眠

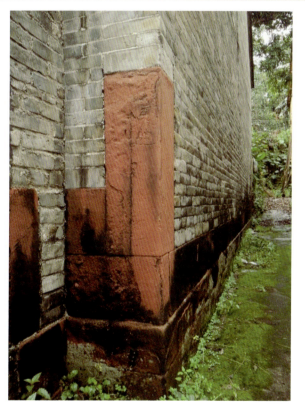

① 传统式样的灶台

② 防船撞的麻石见证洪水频发

③ 红石勒脚与墙基

④ 传统民居的门部

① 主梁垮塌多年的民居

② 仅存的客家传统式样的民居

③ 泥屋曾经住过自梳女

④ 奇怪的清代告示碑("不得堆积甲由")

① 冷巷

② 少见的大型土地庙

③ 式样少见的梅轩公祠

④ 装神主牌的清代木盒

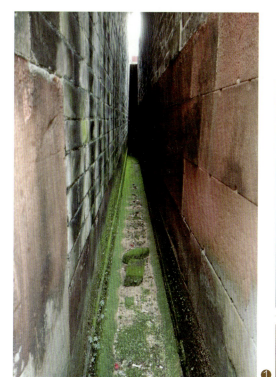

① 改革开放初期部分祠堂成了工厂

② 传统上陶器依靠水运

序　言

张振江教授嘱我为他的新作写序，并发来书稿的电子版本，书名是《东莞东城民俗志——人类学的透视》。

这本民俗志描写的是东莞市中心区之一的东城区，现在称为东城街道。一般读者对东莞不会感到陌生，东莞地处珠江三角洲东部，是中国改革开放的前沿，是极为发达的城市。东莞不仅在全国有名，可能在全世界也有名，被称为"世界工厂"。东莞是世界制造业汇聚之地，也是中国农民工汇聚规模最大的城市。我记得国内第一部关于农民工的电视剧《外来妹》就是在东莞拍摄的。

东莞的发展变化，其实是在很短的时间之内发生并完成的。1978年之前，东莞虽然也算得上是比较富裕的鱼米之乡，但距离"繁荣发达"应该说还是比较遥远的。到了改革开放初期，东莞的人口才刚过100万。我记得当时从广州坐汽车到东莞的莞城，中间要经过两个汽车轮渡，要花大半天的时间才可以到达。东莞靠近珠江口，离香港很近，历史上有相当数量的东莞人通过各种途径到香港发展。改革开放以后，东莞于是走了一条可能跟其他地方不太一样的路，就是充分利用香港同胞的各种资源，大量引进称为"三来一补"的劳动力密集型企业，从而迅速发展起来，并成为珠江三角洲的"四小虎"之一。经过了几轮经济转型发展，现在东莞的常住人口早已超过800万，地区生产总值排名广东省第4位、全国城市排名第19位（2019）。东莞是从县直接升级为地级市的，因此东莞的行政管理比较独特，市下面没有区（县）一级而直接辖镇，每个镇都是一个相对独立的、充满活力的经济体和区划空间。不计4个街道，目前东莞有28个镇，全部进入"2018年度全国综合实力千强镇"，其中的15个镇入围"全国百强镇"，2个镇进入前十！

我长期关注珠江三角洲，东莞是我长期跟踪调查的地方，我也目睹了东莞40多年来的变化。而最直观的变化，就是经济的发展和人口的增长所导致的转型。我这几年一直在讲城市转型，东莞就是最好的例子。转型的要素之一，是人口结构的转变。过去东莞人的主体中，部分是讲广州话的广府人，部分是讲客家话的客家人，还有少量的疍民等。现在的东莞人，则包括了来自全国各地、各民族的人。来自世界许多国家的人，也在这里汇聚。现在的东莞，已经成为了一个地道的新型移民城市。

随着城市的转型，城市的文化也在发生变化。现在一些城市研究者很担心城市的景观会变得千城一面，城市的文化也会变得千城一面。如果是这样，城市的精神是什么？城市的根在什么地方？还有没有城市自己独特的文化，还有没有城市的民俗？城市居民的文化认同又是什么？……这些问题不仅是困扰东莞的问题，也是困扰中国所有大城市的问题。我曾经提出"以俗建雅"，就是把传统的民俗文化整合为城市文化的一部分，

1

使之成为一个城市的名片，成为一个城市认同的文化基础。我在上海的一次演讲中曾经指出，现代民俗学认为，人类文化主要有两种，即由文献构成的表层文化和由民俗构成的民俗文化。人可以没有表层文化的知识结构，却不能没有民俗文化的生命构建。如果一座城市没有了自己的生命构建，那么它就成了一个空壳。因此，民俗文化在推动城市文化发展方面极为重要，它可以促进城市经济与文化共荣，可以彰显城市的性格，可以推动城市族群的整合与融合，可以留住乡愁、凝聚民心。

作为一个急剧变迁的城市，东莞传统的民俗正面临剧烈的冲击。所幸，我国非物质文化保护运动兴起。所幸，东莞各级政府极为重视文化建设和非物质文化保护。因此，东莞的传统民俗得以保存下来！张振江教授与林香合著的《东莞东城民俗志——人类学的透视》正是这一背景下的产物，因而其出版是极为有意义的事情！

我在担任中山大学人类学系的系主任时，多次安排本系的本科生和研究生到东莞实习、调查、研究。我一直强调人类学系的学生必须具备强大的田野工作能力，张振江教授是坚定的支持者。30多年来，他坚持利用暑期带领学生开展田野调查，东莞是他经常去的地方。在多年的田野工作过程中，张教授与东莞方面结下了深厚的友谊，也成为了东莞历史文化的研究专家。他与林香合著的这本书，就是他的系列成果之一。

感谢张振江教授为文化建设做出了基础性的工作，也感谢他邀请我作序，给了我先睹为快的机缘。

是为序。

周大鸣

2020年4月26日于斯盛堂

（周大鸣：中国人类学学会副会长，中国民族学会副会长，教育部长江学者特聘教授，享受国务院特殊津贴专家）

目 录

第一章　导　言 ……………………………………………………… 1

第二章　传统民居 …………………………………………………… 20
　第一节　传统民居的类型 ………………………………………… 20
　第二节　传统民居的结构要素 …………………………………… 27
　第三节　传统民居的建造过程与习俗 …………………………… 42
　第四节　传统民居的功能布局 …………………………………… 52
　第五节　传统民居作为信仰空间 ………………………………… 64

第三章　传统村落的空间结构 ……………………………………… 87
　第一节　传统村落的一般空间结构 ……………………………… 87
　第二节　桑园的传统村落空间 …………………………………… 108
　第三节　温塘的传统村落空间 …………………………………… 125

第四章　传统婚姻习俗 ……………………………………………… 154
　第一节　传统婚姻观念 …………………………………………… 154
　第二节　通婚范围 ………………………………………………… 160
　第三节　订婚 ……………………………………………………… 167
　第四节　婚礼前夕 ………………………………………………… 174
　第五节　婚礼 ……………………………………………………… 187
　第六节　婚礼后 …………………………………………………… 195
　第七节　特殊婚姻 ………………………………………………… 199

第五章　传统生育习俗 ……………………………………………… 215
　第一节　东城的传统生育制度 …………………………………… 215
　第二节　传统的生育信仰 ………………………………………… 229
　第三节　传统上有关生的习俗 …………………………………… 237
　第四节　传统上有关育的习俗 …………………………………… 249

第六章　传统家庭 … 269
第一节　东城的传统家庭 … 269
第二节　传统家庭关系 … 280
第三节　传统家庭的功能 … 293
第四节　传统家庭的分家 … 307

第七章　传统宗族 … 324
第一节　宗族流入与扩散 … 324
第二节　传统宗族的内部结构 … 336
第三节　传统宗族的族产 … 342
第四节　传统宗族的管理 … 356
第五节　传统宗族的功能 … 364

第八章　传统祠堂 … 386
第一节　东城的祠堂 … 386
第二节　祠堂的建筑特性 … 390
第三节　祠堂的功能分区和特色建筑元素 … 416
第四节　祠堂的修建与管理 … 444
第五节　与祠堂有关的若干习俗 … 454

第九章　传统教育 … 472
第一节　传统的私塾教育 … 472
第二节　近、现代时期的学校教育 … 487
第三节　传统的家庭教育与社会教育 … 506

第十章　传统民间信仰 … 532
第一节　东城民间信仰概况 … 532
第二节　主要的神明 … 553
第三节　与鬼有关的观念和习俗 … 561
第四节　丧葬习俗与祭祖 … 575

第十一章　传统地名 … 599
第一节　村落地名 … 599
第二节　自然地名 … 622
第三节　东城传统地名的构造与特征 … 648

第十二章　东城（温塘）方言 … 658
第一节　语音 … 659
第二节　词汇 … 680

第一章 导　言

东城是东莞市东城街道的简称，市民们普遍俗称之为"东城区"，它地处广东省东莞市的中部，中心区地理坐标为北纬22°39′～23°09′、东经113°31′～114°15′。它东邻茶山和寮步两镇，南接大岭山镇，西连莞城和南城，北与石碣镇和石龙镇隔江相望。东城街道北至广州市70千米，南距深圳市50千米，距香港80千米，地理区位优势非常明显。

东城街道现在是东莞市城区的四个街道之一，是东莞市城区的主要组成部分之一。其总面积近110平方千米，约占东莞市中心城区面积的一半。但就在不久前的历史上，东城还是东莞城池之外山水环绕、林木葱葱的一片郊野之地。到了1958年9月20日，才由当时的樟村大乡、篁村大乡和新村大乡合并成立附城人民公社，这是东城首次成为一个独立的行政实体。其后名称几经变迁，至2000年3月，始改为今名，即东城街道，办事处驻岗贝社区的东城大道。现在东城的大半壁江山早已没有田园风光，而已经是满眼繁华、车水马龙的都市景象。2016年，东城有户籍人口约8万人，常住人口和外来人口合计约有30万人。依照通行的行政体制，东城街道现在下辖2个国营林场和23个社区。2个国营林场分别是旗峰林场和虎英林场，23个社区分别是：岗贝社区、花园新村社区、东泰社区、温塘社区、桑园社区、周屋社区、余屋社区、鳌峙塘社区、峡口社区、柏洲边社区、上桥社区、下桥社区、樟村社区、梨川社区、堑头社区、主山社区、石井社区、同沙社区、光明社区、牛山社区、立新社区、火炼树社区和星城社区。在每个社区的下面，则设有若干个居民小组（村民小组）。

本书描述的主要是明清时代至改革开放初期，东城各处村落中广府人和客家人的历史民俗，因此，主要是出于尊重历史事实以及方便本书描述和分析的考虑，我们沿袭旧称即仍然称为××村，而并不用新称，即不称为××社区。这19个村分别是：温塘村、桑园村、周屋村、余屋村、鳌峙塘村、峡口村、柏洲边村、上桥村、下桥村、樟树村、梨川村、堑头村、主山村、石井村、同沙村、光明村、牛山村、立新村和火炼树村。这些村在不久前都是行政村，基本上与现在相应的社区一一对应。每个行政村下辖一个或者多个自然村，每个自然村基本上相当于现在的一个居民小组（村民小组）。本书中，我们通常径直称为××村，在可能引起误会时才分别称为××行政村或者××自然村。

一、东城的自然环境

出于论述和说明方便的考虑，我们简单地把东城视为一种聚落。①国内外的学术界普遍认为，形成聚落需要众多的条件，而可以提供足够数量的土地以满足农业生产的基本所需，则是最为基本的前提条件、必要条件。东城属于东莞，而整个东莞都位于珠江流域的东江冲积平原之上，东江从根本上决定了东城发展的自然环境。随着东江水在几千年间不停地流淌并在下游地区不断地淤积泥土，最终成就了东江三角洲即东江冲积平原，这才为东城的形成与发展提供了足够的土地，众多的人才络绎不绝地前来定居。

珠江又称为粤江，全长约 2400 千米，按长度为中国境内的第三大河流；如果按年径流量计算，则为第二大河流。不过，珠江其实不是一条河流的名称，而是由诸多河流构成的一个复杂水系的统称，通常认为它包括西江、北江和东江三大支流。构成珠江流域的主要水系，见图 1-1。②珠江流域内最大的一块平原就是珠江三角洲，这块平原主要由珠江几千年间带来的众多泥沙不断淤积而成。广义的珠江三角洲总面积为 8601.1 平方千米，其中东江三角洲的面积为 568 平方千米，占广义的珠江三角洲总面积的 6.6%。③从总体上说，整个珠江三角洲在晚更新世中期就已经开始发育，但三角洲各处扩张推进的速率明显不一，向大海伸展的速度也相应地并不一致。④（见图 1-2）东江三角洲形成相对较晚，其推进的速度和扩张的速率也相应地较为迟缓，至今仍然在发育中。

图 1-1　珠江流域主要水系

---

① 关于聚落的含义，详参见张楠《作为社会结构表征的中国传统聚落形态研究》，天津大学 2010 年博士学位论文，第 1—4 页、第 7—24 页。
② 图片来源：http://hongdou.gxnews.com.cn/viewthread-7548297.html。
③ 详参见《中国大百科全书·中国地理》卷，中国大百科全书出版社 1990 年版。
④ 详参见曾昭璇《评〈珠江三角洲的形成发育演变〉》，载《地理学报》1985 年第 4 期。

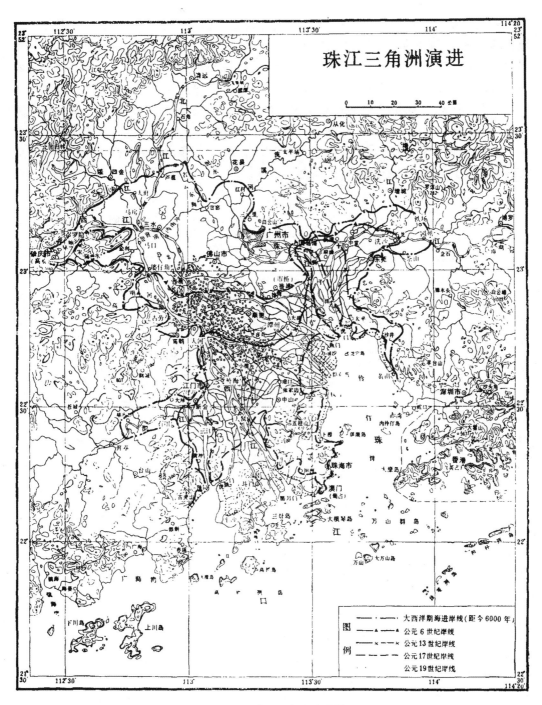

图1-2 珠江三角洲演进①

---

① 赵焕庭:《珠江东江三角洲的形成和发展》,载《海洋学报》1982年第5期。

东江发源于江西省寻乌县桠髻，名义上其最主要的支流只有新丰江、西枝江等少数大的支流。但在实际上，东江三角洲流域内大大小小、有名无名的溪流、河涌、池塘等水体多如牛毛。由于它们地处气候炎热、潮湿、多雨的热带、亚热带，这些水体的水量一直较大，使得常年注入东江的水量尤为丰富。因此，虽然东江流域总面积仅为27040平方千米，即仅占珠江流域总面积的5.96%，但其年径流量却达到了257亿立方米，即占了珠江全流域径流总量的7.60%。充沛的水量挟裹着上游众多的泥沙滚滚而下，在下游地区不断淤积，成为陆地，最终造就了东江三角洲。（见图1-3）今天东莞市约96%的地境都位于这块冲积平原之上。

图1-3 东江流域

在东江的北干流和南支流之间，现在是河网密布的冲积平原，其上至今密布着无数河流和水塘等水体，东莞人多称为"涌""滘""塘""海""洋"等。如果从地质演变上来说，它们几乎都是历史上古海面的某种残留。在久远的过去，东江三角洲是一片汪洋大海。由于东江成百上千年来从上游带来的泥沙在这里不断堆积，使得海岸线逐渐西移而土地逐渐向西南扩展，一块相当大面积的平坦低洼的冲积平原逐渐出现。极为概括地说，这个成陆过程很早就开始了，经历了几千年，最终形成了如今的面貌。①（见图1-4）

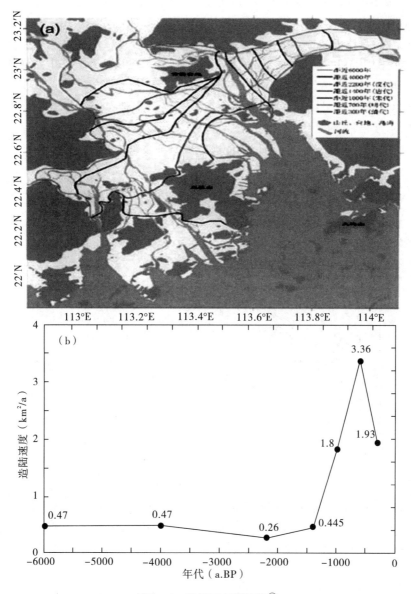

图1-4 珠江三角洲演进②

---

① 详参考《中国天气网·气象百科·珠江》，http：//baike.weather.com.cn/index.php？edition-view-6806-0.php。

② 转引自赵蘖能《珠江河口三角洲近165年演变及对人类活动响应研究》，浙江大学2017年博士学位论文。

根据相关研究可知，约在秦、汉时期，更早时逐渐形成的东江、增江两个小的三角洲，由于彼此相向发展而合并成为了一块面积更大的三角洲，即现在所称的东江三角洲，并已经向下延伸至今东莞市的中堂镇附近。但中堂镇以南，当时仍为辽阔无垠的茫茫海域。① 大约到了唐代，东江伸至今东莞市城区的所在地。这标志着东江三角洲的顶部已经基本发育完成，但今东江三角洲的大部分地区仍然是海水茫茫。到了宋代末年，海岸线往南退缩到各冲缺三角洲的中部，东江达至今麻涌、中堂、道滘一线。自唐宋尤其是自明代开始，从中原各处南下谋生并定居的各路移民，② 络绎不绝地涌入三角洲地区并广泛筑堤围田向大海要土地，导致了更多的泥沙以更快的速度从上游涌入并淤积下来，东江三角洲也由于人工扰动而有了更快的发展。③ 到了清代的中期，东江三角洲终于大体上如同今貌。（见图1-5）但时至今日，这种土地扩张的过程依然没有完全结束。现在的东江三角洲由于河床淤积依然旺盛，甚至连载重只有数十吨的小船也越来越多地出现搁浅的情况，直接导致了传统的航运业日渐萎缩。

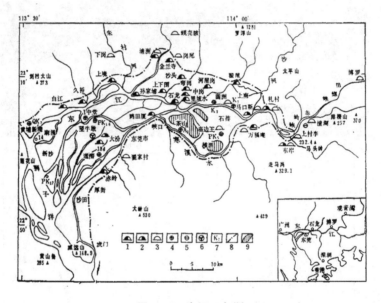

图1-5　东江三角洲

　　（图例：1. 发现牡蛎壳的贝丘；2. 发现泥蚶的贝丘；3. 有河蚬、圆田螺的贝丘；4. 发现咸水或半咸水化石硅藻地点；5. 只见淡水种化石硅藻地点；6. 发现红树的地点；7. 典型钻孔位置及编号；8. 三角洲界线；9. 山丘、台地）④

---

① 详参考王静新《东江三角洲河床演变研究》，中山大学2004年硕士学位论文。
② 这主要是因为当时的中原地区战乱不止，也与唐宋时期通道开通人们可以较为方便地进入岭南有关。我们（指本书作者，下同）在珠三角洲各地调查，居民经常传说其祖先在唐朝或者宋朝迁入广东，但几乎没有早于唐朝的，就是基于这个缘故。珠江三角洲有些地方开发得较早，但相当大的一部分地区实际上迟至明代才真正开始。
③ 详参考王兆印、程东升、刘成《人类活动对典型三角洲的影响》，载《泥沙研究》2005年第6期。
④ 图片来源：李平日、林晓东、黄光庆《东江三角洲地貌特征》，载《地理研究》1991年第2期。

东江冲积平原位于东莞市的西部，以石龙镇为顶点，呈扇形向西一直延伸到狮子洋的沿岸。这块平原土壤肥沃，水网稠密而池塘密布，因此，极有利于发展农业和渔业。这块平原普遍为淤泥质海滩，由海滩变来的沙田的下面普遍是泥沙，厚度则由10米至30米不等。泥沙的下面，则为由陆岩碎屑胶结而成的岩层。先民利用这种天然条件，辅以不断地往沙洲上堆积泥土或者人工围田，最终形成了如今所见的众多的稳定的田地，[①]这为稳定的、持续的农业生产提供了充足的基础，为稳定的、持续的聚落提供了坚实的前提条件。但整块平原以"平坦低洼"为最主要的地貌特征，除了见于部分地区的一众普遍低矮的山峰、丘陵之外，许多地方的高程在10米以下，不少埔田的高程在1米以下甚至只有0.1米。由于地势极为低洼，这块平原经常遭受大范围的水灾。如1888年，东江决堤导致东莞境内水淹面积达25.7万亩[②]之多。占东城地域相当部分的寒溪水流域的地势更加低洼，历来是涝灾频繁的积水注地，是远近闻名的积水、易涝之地。地势低洼平坦，在为人们的耕作提供了基本的前提与极大的便利的同时，也给人们的生活与生产带来了极大的风险。

东江为东城人提供了基本的前提条件，东城独特的山水则造就了独特的田地。可以说，东城的山水为东城人提供了具体的自然环境。

整体上说，东城的地势呈东南高、西北低的态势，东南峰峦与丘陵起伏蜿蜒，西北沿江地带平坦低洼。这些山丘原本都是岛屿，现在总体上属于三个山系。首先是位于东城南部的水濂山，主峰高381.6米。北行为新桥顶山，西北行为烂塘头山，东北行为交椅框山，西北行为狗头山。其次是位于东城中部的老黄旗山，分两大支。第一支西行为黄旗山（主峰高184.7米），西北行为牙鹰三转山、马颤坳山、岭尾山，北行至犬眠岭止。第二支东北行为龙背岭、覆船岗，西北行为茶岭、鸦叫尾村山、堑头村各山，西行为宫后山。最后为属于大岭山山系的茶岭，分布在东城的东北部，一支东北行为大塘头村各山，再东行至桑园村各山止。东南行为银瓶岭、白甲岭，东引至温塘村一带，包括螭蟾岭、七姐妹山、水姑岭、高岭坳等山冈。鸦叫尾村山别出一支，东北行为上桥、下桥村南面各山，北行延入柏洲边、峡口、鳌峙塘、余屋、周屋村一带，包括神仙灶山、高岭、王大岭、龙山、虎山、狮山、蛇山等大小山岗。三个山系中，高山峻岭其实相当罕见，但各种有名或者无名的几十米、十几米高的小山岗、丘陵，却是举目皆是、数不胜数。在"农业学大寨"运动末期，桑园村曾经制作了一座较大的沙盘以展示学大寨的成就。根据当时的统计，仅仅桑园一个村落境内高低不一的山冈、丘陵，居然有近110座之多。实际上，即使是在改革开放初期，东城境内依旧群山林立，是一座不折不

[①] 关于珠江三角洲成陆的具体过程及随后而来的居住史、宗族、社会秩序、社会变迁等相关问题，近些年来已经有不少研究成果，如可参考谭棣华《清代珠江三角洲的沙田》，广东人民出版社1993年版；叶显恩《明清珠江三角洲土地制度、宗族与商业化》，载《中国文化研究所学报30周年纪念专号》1997年第6期；黄永豪《土地开发与地方社会——晚清珠江三角洲沙田研究》，香港文化创造出版社2005年版；吴建新《疍民开发珠江三角洲沙田的历史活动》，载《广东教育学院学报》1987年第1期；吴建新《清代珠江三角洲地区的农田保护与社会生态》，载《广东社会科学》2008年第2期；刘志伟《宗族与沙田开发——番禺沙湾何族的个案研究》，载《中国农史》1992年第4期；萧凤霞、刘志伟《宗族、市场、盗寇与疍民——明以后珠江三角洲的族群与社会》，载《中国社会经济史研究》2004年第3期；李平日、林晓东、黄光庆《东江三角洲地貌特征》，载《地理研究》1991年第2期。

[②] 1亩=666.6平方米。

扣的山城。如果从成于清初期的东城地图上看，当时东城境内更是山峦起伏，只有极少数的平地。（见图1-6）

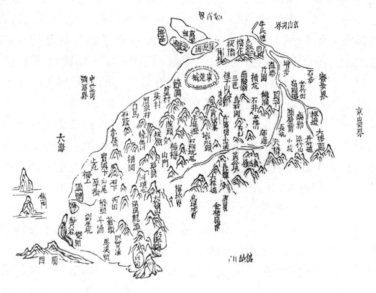

图1-6 清初的东城①

东城境内众多的山峰虽然不高，却衍生出了众多的有名或者无名的河、溪。东城境内最主要的大河，则只有东江（南支流）、寒溪河和黄沙河等。黄沙河又名黄沙水、黄沙溪，发源于东城南面的大岭山，是一条南北流向的河涌。它先后流经东城的光明、同沙、温塘等地，最后在周屋村的北面汇入寒溪河。由图1-6可以清楚地看出，直到清初，黄沙水依然畅通，由峡口至上山门而环抱东城，如今该河早已河道淤塞，无此气象。② 东江在东莞境内的河段全长约74千米，它先由东向西流经桥头、企石和石排三镇，至石龙镇后分为北干流（全长32千米）和南支流（全长42.7千米）两支，分别在东莞市麻涌镇的大盛口和沙田镇的泥洲口等处最终注入狮子洋。东江南支流在东城的河段总长约9千米，流经境内西北部的鳌峙塘、峡口、柏洲边、上桥、下桥、樟村和梨川7个村。南支流属平原河道，河道顺直宽广，河床床质为砂质细土。旱季河面的平均宽度为265米，洪水期的平均宽度为355米。南支流流域河网密布，细小的河道交织如网，故旧时每到夏季（6—8月），洪水常常淹没田地以及周边村落。寒溪河位于东城境内的东北面，发源于东莞市东部的观音山。自东南向西北流，流经东城的周屋、余屋、峡口和鳌峙塘4个村，在东城境内的河段总长约为5千米。（见图1-7）

---

① 图片来源：东莞市政协主编（毛赞猷、李炳球编著）《东莞历代地图选》，广东人民出版社2012年版，第19页。

② 以上关于东城的山系和水系的介绍，主要根据《东莞市东城区志》编纂委员会编《东莞市东城区志》，中华书局2012年版，第133—136页。

图1-7 鳌峙塘看起来就像浮在水上一样①

东城的山水具体塑造了东城的地貌，提供了东城人的生活环境。几乎每一座山岗、丘陵下，都遍布一条甚至几条大大小小的河流、山溪，成为了历代东城人理想的居住和耕种之地。东城的土地以山丘、台地和冲积平原为主，前者合计占东城全境的50.7%（山地占东城全境的6.2%，丘陵、台地占全境的44.5%），后者占全境的43.3%。但无论是山地、丘陵、台地还是平原，都受山与水的双重影响，而水则是最大的影响因素。

东江出赤岭峡后，在东江平原各处摆荡游衍，形成了多条行洪汊道，直接导致东城境内汊道密如蛛网。境内成陆相对较晚而仍处于归并、扩大的过程中，沙洲尚未来得及合并，这加重了河汊纵横交错的程度。东江的相对输沙量较高，局部河段的淤积速率更大，江心洲发育比较快而且堆积迅速，洪水期河水经常明显高于两岸的地面。② 梨川、堑头、樟村等村落位于低矮的冲积平原之上又直面东江，大王洲上的不少田地实际上低于一堤之隔的东江水平面，过去这些地方自然多有天然之利。樟村能够有辉煌的过去，大王洲能够迅速吸引足够多的人口并成为一处世外田园，与这种便利条件是分不开的。但是，沿江一带整体上低洼的地势以及滨水，也使得这里极其容易遭受水淹。东江河水漫过河道涌入田地甚至村落以及河堤因水而崩塌之类的记载不绝，在历代编撰的《东莞县志》以及新近编纂的《东莞市志》等典籍中，充满了这类触目惊心的灾情。

众多的山峰以及丘陵，为东城人提供了稳定的、安全的居住之所，造就了东城人"背山面水"的基本村落布局。而在山间以及丘陵间，雨水冲积下来的泥土不断堆积成小块平地，形成了山在上而田地在下、由水流串起的态势（见图1-8）。这种土地或者连片分布或者自成一体，但面积都不会很大。经过开垦后，这些地方就成为了各种水

---

① 图片来源：http://www.sohu.com/a/276045296-691672。
② 详参考李平日、林晓东、黄光庆《东江三角洲地貌特征》，载《地理研究》1991年第2期。

田，东莞人通常统称之为埔田，占了旧时东城水田相当大的部分。但每到雨季，由山上冲下来的水聚集后，经常造成埔田一连多日被大水覆盖而导致歉收以至完全绝收。因此，在漫长的旧时代，埔田一向是"三年两收"，即种植三年可能只有一年或两季才有若干收益。温塘、桑园、峡口、余屋、周屋、鳌峙塘等村落处于连片的埔田之上，旧时每逢夏季，雨水从山上或者丘陵上汇聚而下，覆盖田地甚至村落，遭受水害尤烈。老人们回忆，在没有修筑东江堤坝之前，埔田经常汪洋一片，洪水经常涌入寒溪河甚至倒灌入其诸多支流。因此，这些地方只能够种植单季水稻，但仍然经常全毁于水患，严重地影响了人民的生活。

图1-8　东城山、水、田地关系示意①

正是因为水是最大的影响因素，1958年，新的政府成立不久即组织人力治理寒溪河，在东城境内筑有2.5千米长的防洪堤。1975年冬，政府再次整治，将附城河段的河堤加高培厚并疏浚河道。经过这两次努力，基本上达到了疏通内涝积水的目的。为了全面地、彻底地治理水患，中华人民共和国成立后，政府有针对性地不断努力，历经多年完成了东莞运河工程。人们加固了东江大堤，开挖了东莞运河并修筑了内堤，这才使得埔田地区彻底摆脱了洪灾的威胁。东莞运河位于东城境内的西北部，1957年11月由政府组织人力第一次开挖，至1958年5月1日通水，由峡口水闸至石鼓水闸河段，全长18千米。开挖运河的主要目的是疏通多余的积水，以减轻埔田地区的涝灾。1965年冬季进行了第二次施工，仍然主要是为了解决内涝。1970年1月第三次施工，东城境内的河段总长约12千米。1975年冬第四次施工，把部分河段加深拓宽以更加便利于排除内涝。经过东莞各级人民政府的精心组织，经过东莞人民多年艰苦的劳动，运河终于大功告成，直接受益的农田达到了2万多亩。从此，东城的温塘、桑园、周屋、余屋、鳌峙塘、峡口、柏洲边、上桥、下桥、樟村、堑头和梨川等村彻底摆脱了洪水之患而深得水力之利，走上了旱涝保收的道路。

---

① 图片来源：根据"东莞市黄旗山城市公园"（https://www.turenscape.com/project/detail/4609.html）改编。

二、历史上的人民流入

聚落能够成立的另一个主要的条件,是有数量足够且持续不断的能够进行耕作的人口。在东莞境内,东城的人居历史源远流长。

近些年的考古发现证明,早在5000多年前的新石器时代,东莞境内就已有人类聚居。目前已发现并保存的有峡口村贝丘遗址,应该是一处原始人依靠渔猎而生息的场所,说明当时可能还是依水而居,即那时还是海天茫茫。在柏洲边猪枯岭发现的古人类生活区,距今应该在2000年以上。这处遗址东西长150米、南北宽120米,占地1.5万平方米。2006年,有关部门对遗址北侧区域进行了抢救发掘。当时的发掘面积只有1000多平方米,主体堆积为战国末期至西汉南越国时期,已经发掘出了水井3口、灰坑8个,还有可能与房屋建筑有关的墙基槽、柱洞等遗迹。这些与古代居民的居住现象密切相关,说明当时采用的可能已经是某种地面式建筑。出土的遗物以陶器和原始瓷器为主,陶器基本为印纹硬陶,器表常饰方格纹、米字纹、方格对角线纹及弦纹与水波纹的组合纹饰等,常见器类有鼎、釜、罐、瓮、杯、盒、器盖和器座等。瓷器数量较少,可辨器类有瓿、杯、匜、器盖和钵等。此外,还有砺石、残铜刀、铜鼎足等。①(见图1-9)

图1-9 东莞博物馆藏柏洲边出土的文物

春秋战国时代,东莞境内的人烟更加兴旺。公元前214年秦始皇统一中国时,东莞属南海郡番禺县辖地。东晋咸和六年即公元331年,东莞单独立县,时名为宝安。唐肃宗至德二年(757年)改名为东莞,以东莞作为县名由此开始,故老相传是因为其境内盛产莞草而得此名。而到了秦汉时代,东莞虽然仍然属于百越之地,但中原对其的影响已经日渐深厚。如根据考古发现可知,今东城境内已经发现的东汉时期的汉墓,就有堑头谭家山东汉墓、堑头担杆山东汉墓、樟村佛子岭东汉墓、桑园村东汉墓等古墓葬4处,今保存有桑园东汉墓1处。

到了宋元明清时期,北方的汉人出于各种缘故辗转南下东莞定居的不绝于途,尤其是明清时期抵达的人群,构成了现代东莞人的直接来源。如今在东城各处调查,几乎所有的村民都知道自己的祖籍地所在,都认为自己是唐宋尤其是明清移民的后代。据说今东城境内现存最早的村落可以追溯到唐朝,但无法确定。明清时期大量的人口辗转迁入聚居,则是确定的,并直接形成了现在所见的100多个自然村,导致了人口的大量增加。明万历十年(1582年)东莞人口仍然只有10万人,清乾隆五十一年(1786年)达44万人,清宣统初年(1909年)已超过100万人。到了这时,东莞早已经变成了人

---

① 详参考邱立诚《从考古资料看先秦时期的东莞》,见东莞市政协编《东莞历史文化论集》,广东人民出版社2008年版,第15—18页。

烟辐辏之地。在这个意义上说，东城人可以说都是这波移民的后代，他们有不同的境遇，最终扎根东城。

柏洲边现在是位于东城东南部的一个安宁的小村子，总面积0.9平方千米，下辖柏洲边、涌尾2个村民小组，约有280户、1100人（均为2010年数字）。传说柏洲边在南宋时建村，如果确实，则至今已有800多年的历史了。至于其得名，一说是因为该村始建于长满柏树的河洲旁，故名。另外一个同样较为流传的说法则是，钟氏一名族人从虎门的小捷滘搬至石碣的翟屋与刘屋交界处居住，不幸被当地的一名恶霸打死，死后安葬在铜岭。这位族人的一个儿子于是搬至铜岭下的榴花村居住，以便于为其父守墓。因其住所紧挨周屋园且附近长满柏树，故名。据调查，柏洲边的村民历来以钟姓为主。传说钟姓发源于今安徽省东北部，但以迁入河南颍川的钟氏最为世人所知，因此柏洲边的钟氏也以颍川为其堂号。

综合柏洲边村民所藏的《钟氏族谱》和新修的"钟氏宗祠"墙壁上的相关记载可知，唐僖宗乾符五年（公元878年），柏洲边钟姓人家的先祖钟广明居住在河南许州颍川。其后人因故移居至福建汀州府居住，过了一段时间后又因故移居岭南。传至钟鉴湖时，则迁居至广东的南雄府。钟鉴湖的一个儿子名为钟振名，他与其妻周氏生了4个儿子，分别是刚、毅、木、讷。钟刚和钟毅兄弟两人由南雄府移居至东莞，他们就是柏洲边钟氏的入莞始祖。钟刚之妻马氏生了5个儿子，分别是英甫、明甫、仲甫、章甫和延甫。明甫后来过继没有生育儿子的钟毅，钟毅为之娶妻袁氏，生有3子，即道直、道成和道芳。

钟姓人家落籍东莞后，在柏洲边不断开枝散叶，到现在已历27代。如今仍然在柏洲边居住的钟氏族人约有1100人，在外地定居的也约有千人。历史上钟姓人家人才辈出，而最著名的则有3位。始祖钟振名的长子钟刚中了进士，被钦选为明经侍郎。明弘治十一年（1498年），钟绍又中进士，后任户部湖广清吏司署员外郎事主事。钟琪则于明朝成化七年（1471年）中举人，历官福清教谕、广西梧州府儒家教谕，后特封承德郎。文昌庙、"奕世"进士牌楼、文武科甲坊门楼、科甲巷土地门楼，都是钟姓人家历史上的辉煌的见证。明朝武宗朱厚照为嘉奖柏洲边人钟绍，于正德五年（1510年）赐牌楼一座，其中含"历朝科第""奕世进士"牌匾一对、《明正德奉天敕命石碑》一对和《石麒麟浮雕》一对。《明正德奉天敕命石碑》镶嵌于柏洲边社区文甲巷6号粮仓正门墙壁两边，是明朝武宗朱厚照为表彰钟绍的父母教导有方而特地御赐的，是"奕世"进士牌楼最主要的构件。从此，"奕世"进士牌楼便成为了柏洲边的地标。文武科甲坊位于柏洲边社区文甲巷7号旁（左），始建于清朝，是为了纪念这些中秀才、举人、进士的村民而建的。

侯山余氏也就是余屋村的余姓村民，与钟姓人家的定居情况颇为类似。人们传说他们是北宋名臣余靖之孙余嗣昌的后裔，余姓村民至今普遍尊称他为嗣昌翁。相传余靖祖上在福建居住，后因故迁居广东曲江即今韶关。到了南宋年间，余靖的孙子嗣昌翁，又因故迁徙，至余氏七世祖德新，从紫泥巷迁徙至侯山即余屋开基，① 至今已历700余年。温塘大元村余姓人家的"武溪公祠"现在仍然存在，其中门有一副对联："显于宋，庙于韶，日月文章千秋供养；发以明，派以莞，麟经世德积亦由新。"其讲述的就是这段迁徙与落籍历史。②

余屋的大部分人是德新公的后裔，他们奉忠襄公即余靖为一世，至今已传有三十一世。③ 历史上，余屋余姓人家人才辈出，老人们说先后共计出了进士3名、举人4名、贡生7名、武举12名，还有大学士、文养生、武养生共51名。而在明代，余姓人家斯文尤盛，出了3位举人，即余世盛、余士奇、余士龙。现在余屋村仍然存有东莞市仅存的一座古牌坊，即"进士貤恩"牌坊，就是为纪念余士奇而建的。"进士""貤恩"字样，一方面表彰余士奇的突出政绩，一方面则赞赏其父余宗旦的培养之恩。余士奇出生于普通的耕读人家，明朝隆庆四年（1570年）考入东莞学宫为庠生，万历十年（1582年）中举人，后官授寿州教谕，万历二十六年（1598年）46岁时才中进士，可说是大器晚成了。此后他在多地为官，据说深得民众爱戴。万历二十六年至二十九年任祁州知县时，他主持纂修了《祁州县志》，后来祁州民众为怀念其恩德，特地修建了余公遗爱祠一座。余屋的村民至今普遍传说，神宗皇帝非常看重他的人品、贤能与政绩，特地于万历四十一年（1613年）赐建这座牌坊（一说实际上是巡按、广东监察御史王以宁为余士奇所立）。万历四十三年（1615年）余士奇卒于任上，享年64岁。

余士奇自然是一位成就斐然的标杆式人物，但在他获得功名之前，余姓人家其实很可能就已经在当地站稳了脚跟，其标志很可能是正式建立了自己姓氏的祠堂。宋代朱熹的《家礼》说"君子将营宫室，先立祠堂于正寝之东"以供奉先世的神主，但他说的可能指的是家庙。嘉靖帝"许民间皆得联宗立庙"，各强族望族于是纷纷建祠立庙，从此宗祠才遍布天下。根据史料和传说，余屋余氏人家建造祠堂经历了一个较长的过程。人们传说嗣昌迁居东莞后，随即就把忠襄公当作一世祖。他生了7个儿子，其中的一个是德新，号竹轩，就是这位德新由紫泥巷徙居侯山，创造了传承至今的基业。据说他当时就设置了祭田，不过没有建立祠堂。第十世孙叫余泰，他进入过国子监读书，还编写了余姓人家的族谱，但也没有办法建造祠堂。④ 他的一个儿子叫绍先，据说经常感慨于春秋之日无处可以祭祀祖先。于是，有一日他召集全体族人商量建立祠堂，说依赖祖宗的功德，余氏得以从忠襄公传到十五世且子孙众多，子孙要尊敬祖宗、追报远本修建祠

---

① 一说先到了温塘大元村（老围）居住，后来随着人口不断繁衍，其中的一支才"开枝散叶"迁移到了余屋居住，成为了现在余屋余姓人家的直系祖先。

② 祠堂名称中的武溪，指的就是余靖（1000—1064年），根据记载，他本名余希古，字安道，号武溪，宋代韶州曲江（今广东韶关市）人。

③ 在东莞市的清溪镇上官仓村，也有部分余氏人家。村民同样认为他们是余靖的后代，是其十七代孙、居于福建漳州平和县芦溪乡的余氏念四郎之后人。念四郎后来因为躲避战乱，举家迁徙到广东陆丰县新田乡居住。在念四郎身后，余妻蒋氏因故又携子玉珩、玉瑜再迁东莞清溪上官仓村。现在的余姓人家，就是玉瑜的后代，村民公认他为入粤始祖（详参考张振江、麦淑娴《东莞客家民俗文化：清溪的个案》，广东人民出版社2017年版，第150页）。这部分人今属于客家人，与余屋以至整个余家的关系似乎值得深究，这对认识明清时代珠江三角洲的人群构成与变动似乎尤为有益。

④ 现存于余屋余氏宗祠的《余氏新建祠堂记》中说，他有志建祠堂但力有不逮。

堂。他带头捐出住宅大厅之东的一块地皮作为建祠之址，其他的族人也各捐了财物。具体工作由第十二世孙允中、旭、瓒、玮和第十三世孙瑶负责，成化七年（1471年）十月开工，成化八年（1472年）二月落成。这座祠堂完全符合当时的制度，包括室、堂、厨、库四大部分，建有围墙，还修筑了雄伟的门楼。整座祠堂坐北朝南，四进五开间四合院式结构，长53米，宽17.4米，总面积约922平方米；红石青砖构筑，分四进；正门横匾书"余氏宗祠"，第二进木匾的正面书"风采流芳"，背面书"两朝良弼"，字体颇见功力。此后余家在每年的冬至日祭祀始祖、立春祭祀先祖，有生育男丁等大事，都会在这处祠堂中告诉先人。① 虽然朱熹的《家礼》以及见于余氏祠堂（见图1-10）的《祠堂记》《侯山余氏祠堂记》等文献都强调修建祠堂为的是祭祖，但其中强烈的宣誓意味却是不言而喻的。"华南学派"的诸多精神研究早已证明，在珠江三角洲各处都可以见到众多的同类生存策略。

图1-10　旧时的余屋祠堂②

与钟姓人家、余姓人家颇为顺畅不同，牛山的张姓人家可能是传统的东莞人中最后抵达，他们落籍东城的经历一波三折，在东城的移民中可能颇有代表性。

牛山村位于东城南部，总面积11.04平方千米。相传宋朝立村，因西有牛头村、南有上山门村，各取一字合并而得今名，现下辖有新锡边、钟屋围、老围、上山门、余庆里、积善里、仁厚里、梁家、牛头、横坑、新村和老鸦山等自然村。历史上，牛山地区由于处于偏远山区而无主之地甚多，因此吸引了不少无地人民流入，使得现在该村有

---

① 详参考明陈嘉言所撰《侯山余氏祠堂记》，此碑刻现立于余屋村余氏祠堂右庑。相关的背景和内容，可参考东莞余屋祠堂《祠堂记》和《孝思堂记》（http://www.sohu.com/a/219376858-676588）。

② 图片来源：https://baike.baidu.com/item/%E4%BD%99%E6%B0%8F%E5%AE%97%E7%A5%A0/219993?fr=aladdin。

李、张、陈、刘、吴、谢等 20 余个男性姓氏，张姓就是其一。在 1998 年修续的《张氏族谱》中说，张姓人家原本居住于广东省龙川县的狮子寨，后来的入粤始祖粤田公在当时以当铁匠谋生。他因为父母不幸双亡，妻子生下一子（即后来的茂华公）后即远离家门，生活变得极端困苦。万般无奈之下，他于清朝的顺治七年（1650 年）带着儿子挑着打铁器具，被迫外出讨生活。① 几经辗转后到了东莞，各处漂泊，靠为人打制铁器为生。有一天他无意中走到山门村时，偶然遇到了今名为老围村的一位陈老伯。这位老人家里刚好有铁耙要修理，于是就问他们会不会修理。粤田公答到，他们是从龙川流浪来的，一向靠祖传的铁匠手艺谋生，自然精通修理铁耙。陈老伯非常高兴，说他所在的老围村没有铁匠，因此很多人家都有坏了的各种铁器，正在为如何修理发愁。又说他有一间空闲的房子，可以借给他们充作开打铁的铺头之用，这样一来解决了众人无处修理铁器的难题，二来他们也暂时有了一处可以居住的地方。粤田公听了当然高兴，随即就带着儿子来到了老围村陈家栖身。

他们依旧以打铁谋生，由于技术好，收费又公道，因此很快就变得远近闻名，打制和修理各种铁器的生意日益兴旺。他们父子俩也很感恩，对待那位陈姓老人如同家人一样。而陈老伯及其妻子见粤田公的儿子茂华年轻力壮、人品不凡，便提出将自己的女儿许配给他。粤田公听后一口答应，两家很快就商定好，并择日为他们办了婚事。婚后不久，粤田公因为思念家乡便动身回了龙川，但不幸很快就在当地去世。留在牛山的茂华则与其妻子非常恩爱，两口子齐心协力共建家园。茂华日常仍然以打铁为生，妻子则开荒种地，种了许多蔬菜、果树以及养了不少鸡、猪等家禽。他们夫妻勤勤恳恳，不仅日子越过越红火，还先后生育了 4 个儿子，即张氏所谓的"四桂"，引来村民齐声赞叹，称为财丁两旺。但是，这也完全出乎意料地为他们带来了麻烦，迫使他们筚路蓝缕再创新业。

在新近编撰的《张氏族谱》中，这段经历出于某些原因写得有些云淡风轻：老围村原来的居民认为，本村的好风水现在被这个外来的张家人占去了。如果仍然让张家人在此居住，则原来的人家以后就不会有好日子了，甚至会后患无穷。于是，他们就合起伙来强迫茂华一家搬走。茂华的岳父陈老伯寡不敌众、无力阻止，但又不忍心女儿、女婿就此远离，无奈之下只好把不远处的祖传家业即一座小荒山让给他们。茂华便带着家人在此小山白手起家，经过披荆斩棘建起了一座全新的村落，就是现在所见的积善里村。随着张姓人家子孙不断繁衍，原有的地盘已经不够居住。到了清朝宣统年间（1909—1911 年），张姓人家分六批分别迁入余庆里、老鸦山、黄屋围等多地，真正实现了传统上梦寐以求的开枝散叶。据统计，现在仅积善里一处，就有张姓人家 450 余人。② 张氏人家的祠堂对联说"由狮寨而卜宅山门……别龙川而迁居莞邑……"以及"派分狮寨业立山门想当年棘斩榛披枝联四桂……"细细品味，从中不难体会出张姓的自豪与

---

① 牛山村委会编的《牛山村志》（稿本，第 999 页）认为：张姓人家是在清朝道光十七年即公元 1837 年，才从龙川县狮子寨迁入积善里立村的，该书还认为这是客家人迁入牛山定居之始。根据我们的实地调查所得来看，似乎此说更为合乎历史事实，而该村积善里主编的《张氏族谱》（1998 年续修本，自印）中的说法即顺治时前来东莞，或者时代有所提前。

② 详参考牛山村委会编《牛山村志》（稿本），第 999—1001 页。

难以道白的辛酸。本次调查时，许多老人谈及这段往事欲言又止，似乎有不少不足以为外人道之处。

综合东城各处的人的流入经历来看，钟家和余家的际遇较为辉煌平顺，而张家的遭遇则相对较为曲折甚至凄凉。不过，这却可能更符合历史的事实，可能才更加接近旧时人们辗转落籍本地的过程。但不论来路是艰险还是平直，也不论入籍过程是曲折反复还是顺风顺水，这些先人在东城开启山林后，大都得以在此开枝散叶，开始了他们及其子孙在东城的全新篇章。

他们不同的来源与不同的际遇，注定了东城的民俗从一开始就不是唯一的、固化的，预示着日后东城多元的华彩与一统的发展趋势。时至今日，东城民俗的最大特点依然在于分属广府与客家，客家传统风俗依然顽强地展示自己的独特性，但广府民俗确实早已经有燎原之势。因此，本书展示的东城民俗，也是以广府民俗为主、兼顾客家民俗。

本章主要参考文献：

[1] 陈国能，张珂，贺细坤，等．珠江三角洲晚更新世以来的沉积——古地理［J］．第四纪研究，1994（1）．

[2] 陈晓锦．东莞方言说略［M］．广州：广东人民出版社，1993．

[3] 陈晓宏，陈永勤．珠江三角洲网河区水文与地貌特征变异及其成因［J］．地理学报，2002（4）．

[4] 冯江．明清广州府的开垦：聚族而居与宗族祠堂的衍变研究［D］．广州：华南理工大学，2010．

[5] 广东省民族研究所．广东疍民调查［M］．广州：中山大学出版社，2001．

[6] 黄淑娉．广东族群与区域文化研究［M］．广州：广东高等教育出版社，1999．

[7] 黄永豪．土地开发与地方社会——晚清珠江三角洲沙田研究［M］．香港：香港文化创造出版社，2005．

[8] 刘志伟．宗族与沙田开发——番禺沙湾何族的个案研究［J］．中国农史，1992（4）．

[9] 毛赞猷，李炳球．东莞历代地图选［M］．广州：广东人民出版社，2012．

[10] 司徒尚纪．广东文化地理［M］．修订本．广州：广东人民出版社，2013．

[11] 谭棣华．清代珠江三角洲的沙田［M］．广州：广东人民出版社，1993．

[12] 王静新．东江三角洲河床演变研究［D］．广州：中山大学，2004．

[13] 王飒．中国传统聚落空间层次结构解析［D］．天津：天津大学，2002．

[14] 王随继．西江和北江三角洲区的水沙特点及河道演变特征［J］．沉积学报，2002（2）．

[15] 王兆印，程东升，刘成．人类活动对典型三角洲的影响［M］．泥沙研究，2005（6）．

[16] 吴建新．疍民开发珠江三角洲沙田的历史活动［J］．广东教育学院学报，1987（1）．

[17] 吴建新．清代珠江三角洲地区的农田保护与社会生态［J］．广东社会科学，2008（2）．

[18] 吴正，王为．曾昭璇先生的学术思想及其贡献［J］．地理研究，2007（6）．

[19] 萧凤霞，刘志伟．宗族、市场、盗寇与疍民——明以后珠江三角洲的族群与社会［J］．中国社会经济史研究，2004（3）．

[20] 叶显恩. 明清珠江三角洲土地制度、宗族与商业化 [J]. 中国文化研究所学报 30 周年纪念专号, 1997 (6).
[21] 叶显恩. 明清时期广东疍民的社会习俗与地缘关系 [J]. 中国社会经济史研究, 1995 (2).
[22] 曾昭璇. 评《珠江三角洲的形成发育演变》[J]. 地理学报, 1985 (4).
[23] 詹伯慧, 陈晓锦. 东莞方言词典 [M]. 南京: 江苏教育出版社, 1997.
[24] 张楠. 作为社会结构表征的中国传统聚落形态研究 [D]. 天津: 天津大学, 2010.
[25] 张振江, 陈志伟. 麻涌民俗志 [M]. 汕头: 汕头大学出版社, 2008.
[26] 赵莞丽. 明清时期广东的水上居民 [D]. 广州: 广东省社会科学院, 2007.
[27] 赵善德. 先秦东江三角洲先民择地谋生述论 [J]. 兰州学刊, 2013 (7).
[28] 朱茂华. 东江下游及三角洲河段河槽演变研究 [J]. 广东水利水电, 2001 (4).
[29] 中国大百科全书·中国地理卷 [M]. 北京: 中国大百科全书出版社, 1990.

本章附录

一、东城的行政村及其下辖的自然村

东莞东城的行政村及其下辖的自然村如表1-1所示。

表1-1 东城的行政村及其下辖的自然村

村 名	村数	所辖自然村名
温 塘	21	茶上、茶中、茶下、祠下、亭下、岜下、岜上、王山、丁一、丁二、柴市、大元上、大元下、庵元、皂一（1）、皂一（2）、皂二、皂三、塘边头、建和、洋楼
桑 园	3	一村、二村、三村（山头）
周 屋	3	第一村、第二村、第三村
余 屋	6	一队、二队、三队、四队、五队、六队
鳌峙塘	4	一村、二村、三村、四村
峡 口	5	松柏坊、东岸坊、兰下、新围、西边围
柏洲边	2	柏洲边、涌尾坊
上 桥	3	一村、二村、三村
下 桥	3	一村、二村、三村
樟 村	13	罗屋、大巷、中承、下一、下二、中坊、上一、上二、麦一、麦二、苏一、苏二、红旗
梨 川	7	兰基头、北地、高海、水围、大街、大泉、周屋围
堑 头	5	堑头、温家围、何屋塘、黎屋围、新楼
主 山	12	主山、涡岭、乌石岗、高田坊、大塘头、小塘垄、大草坊、塘边头、大井头、上三杞、下三杞、新三杞
石 井	4	萌基湖、石井、水流坑、平地山
同 沙	10	古村、黄屋、太初坊、坊边（仿边）、大桥、甘屋村、黄公坑、上园、下园、墩水岭（等水岭）
光 明	2	古塘垒、潭头
牛 山	12	新锡边、钟屋围、老围、上山门、余庆里、积善里、仁厚里、梁家、牛头横坑、新村、老鸦山
立 新	6	横岭、洋田沥、犬眠岭、洋杞坑、旧锡边、九头村

（续上表）

村　名	村数	所辖自然村名
火炼树	2	一村、二村
岗　贝	3	岗贝村、禾仓岭住宅区、东城新区
花园新村	4	下湖、长虹、裕兴、育兴
东泰花园	4	东泰花园、景湖花园、光大花园、景湖春天
黄旗林场	2	黄旗林场、黄旗新村（牛仔场）
同沙林场	4	小洞、新飞鹅、四君子、职工新村

（资料来源：《东莞市东城区志》编纂委员会编：《东莞市东城区志》，中华书局2012年版，第131页，原名为"地名表"。）

二、牛山张氏粤田公男性后裔统计

牛山张氏粤田公男性后裔统计如表1-2所示。

表1-2　牛山张氏粤田公男性后裔统计

粤田公现有男裔孙分布情况统计表

村　名	二十一世祖（华）	二十二世祖（崇）	二十三世祖（基）	二十四世祖（能）	二十五世祖（大）	二十六世祖（启）	合　计
新　村	7	16	20				43
横　岭		1	3	4			8
榕树界老围			4	3			7
积善里		17	61	96	44	2	220
余庆里	4	18	35	22	11	2	92
老鸦山	2	22	47	29	9		109
四君子	1	9	26	26	12	1	75
鸭形岭	1	12	48	75	44	5	185
水涧头		1	4	5			10
总　计	15	100	247	257	120	10	749
其中最高龄的裔孙	鸭形岭国华(展鹏)生于1910年	鸭形岭崇焕(新福)生于1916年	鸭形岭宝财生于1918年	鸭形岭兆明淦泉生于1945年	鸭形岭春华生于1957年	鸭形岭燕斌生于1985年	统计时间1998年4月14日

（资料来源：牛山积善里村主编：《张氏族谱》，1998年续修本。）

第二章 传统民居

　　民居必须满足人们日常的居住需求与生活之中其他多方面的要求，这是其最基本的功能。但是，民居又不仅仅是日常居住与生活的空间，它还是特定人群的特定文化的一种物化形式，其建造、布局与使用方式等，无不深受这一特定文化的影响。因此，民居能在一定程度上反映出特定人群的特定的文化观念。

　　东城的村落分为广府人的村落和客家人的村落两大类，侥幸残余下来的极少数东城客家人的民居的建筑特色显然不同于广府人的民居。不过，现在东城的客家传统民居几乎已经全部被拆除，连其遗迹也难以多见。因此，本章中的东城传统民居，主要指的是清代至民国时期由广府人修建的各种传统民居。

第一节　传统民居的类型

　　根据我们反复的、细致的调查得知，历史上的东城地区始终没有出现过统一的民居分类标准，也没有形成过统一的分类体系。但在另一方面，旧时的东城人又确实有某种民居分类原则以及由此而来的民居类型、名称等。例如，在东城的广府人和客家人的各处村落中，人们很早就主要依据建材和样式而总结出不同的民居类型，甚至还逐一给予大体相同的命名。

一、依据建材的分类

　　所谓建房的建材，其实主要指建筑墙体所用的材料。东城很早就出现了红砖，但出于某种我们未知的原因，历史上的东城人基本上不使用或者不单独使用红砖建房、建墙。我们现在实际所见的各处红砖房，几乎都是在20世纪70年代至90年代才修建的。

　　又据调查，旧时的东城人也有用麻石、红石修建墙体的，少数老祠堂就是使用麻石或者红石修建祠堂墙体（通常是正面的墙体）的全部或者一部分。但是，民居则似乎不见通体使用麻石或者红石修建一面或者多面墙体的。而如果在民居中使用麻石或者红石，则通常都是用于构筑墙体的下部尤其是其墙脚部分。

　　东城人历来将房屋分为青砖房与泥砖房两大类，二者至今均可以见到，这种分类的根据应该在于建材。旧时的东城人用来砌筑墙体的材料，主要有青砖与泥砖两种。一般来说，在相对较为贫困的历史上，这两种材料可以单独使用，但也经常采用某种方式搭配使用。而搭配使用的情况，似乎在东城的客家地区尤为多见。在牛山村，至今可见一栋修建于20世纪六七十年代的房屋，其前墙采用的是青砖，其余三面墙体则都使用泥砖。人们普遍相信，其原因主要在于当时的人家经济能力有限，而又要尽可能地顾及面子。

（一）青砖房

在东城的各处"旧村"① 中，都可以见到不少传统民居的墙体通体都是由青砖筑成的。这无疑充分地说明旧时的东城各村中，有不少人家的经济条件相当好。

旧时东城人建房所用的青砖（见图2-1），其规格几乎全部为28厘米×11厘米×7厘米，其体积明显地比现在一般所见的要大一些、厚重一些，也比当时许多其他地方所使用的砖块大一些、厚重一些。当时能够通体使用青砖筑墙的人家，其经济条件肯定相对较好，因此，这种类型的房屋普遍修建得较为高大，人们认为这样也更有利于降温。传统上，用于建房的青砖有两类，即普通青砖与水磨青砖。普通青砖即是通常所见的烧制青砖，颜色较深，砖体表面较为粗糙，有钱人家多用于建造民居的后墙与山墙。水磨青砖是经过人工仔细打磨的烧制青砖，颜色较浅，因其颜色近似绿豆，也经常被人们特地称为"绿豆青"。这种砖的表面相当光滑、细腻，有钱人家多用于建造民居的前墙尤其是大门两侧。制作水磨青砖费时费力，据说旧时即使是技艺娴熟的老师傅，每天也只能磨制出3至4块。因此，只有极少数人家的民居的墙体（见图2-2），才是全部由水磨青砖筑成的。现在各村新修的祠堂也多使用这种砖，但几乎都是机器打磨的。

图2-1　普通青砖

图2-2　水磨青砖墙体

---

① 改革开放后，东城的各处村落通常都会另辟某处新地建设民居，由此形成了一处甚至多处全新的聚落，人们一般称之为新村。相对而言，原来的聚落就成为了旧村。

东城气候湿热，年降水量大，而且旧时几乎到处都是水，导致地下水位高，因此民居墙体的底部用材，必须具有良好的防潮性与耐水性，这样才能够保证民居的稳固。因此，能够通体使用青砖的人家，几乎必然使用麻石或者红石作为墙基，旧时的人普遍称之为勒脚。这种建筑先用干砌的砌法，将麻石或者红石砌成一至四层不一的勒脚，相应地其高度距地面15厘米至60厘米不等，然后在麻石或者红石之上再砌青砖。由于麻石和红石质地坚固，具有更好的防潮与耐水性能，这就有效增强了墙体的坚固性与稳固性。此外，石材还使得墙体的颜色变得丰富起来，如红色自古以来就是喜庆、吉利的颜色，因此，东城人多以红石为勒脚以及门框，这样使得民居更加美观、吉利。

（二）泥砖房

旧时东城长期不产青砖，需要到外地购买然后再装船运输而来，因此成本较高。至于麻石和红石，则因为相对来说开采不易而成本更加高昂。旧时这些建材都不是寒门可以用得起的，那时的贫寒人家普遍使用泥砖。

如果制作泥砖，除了自己家需要付出若干劳力与时间之外，几乎不再需要其他什么成本。应该主要是这个缘故，在旧时的珠江三角洲各处，人们都普遍使用泥砖，各村都有悠久的泥砖使用历史。制作泥砖最主要的原材料是泥土（必须为熟土）和稻草，但为了增加其强度，一般都会在其中适当地添加若干沙子或者砂子即碎石等。通常都是收完稻谷之后，在合适的稻田中就地制作泥砖，这样既便于获得泥土与稻草，也便于制成后有足够的地方晾晒砖坯。以前所选的挖土的地方几乎都是稻田，因为经过多年的种植，其土质已经变成了"熟土"，泥土中泥沙的比例适中，以之制作出的泥砖最为坚硬。制作时，先向挖出的泥土中加入适量的水和完整或者已经切碎的稻草，再用牛或者人力将三者充分搅拌均匀，之后再晾晒一段时间。铲起这种混合物放入长方形的木质模具中，再大力踩踏使之变得紧凑、结实。除去模具后，泥砖便基本成型了，不过这时还只是砖坯。将砖坯整齐地排列在稻田中晾晒，等到晒到大约六成干时，用铲子将泥砖的各个面铲平，之后再继续暴晒至完全晒干，便可用于建房。

旧时东城一块泥砖的重量，普遍都在40斤左右。泥砖有一定的规格，通常为34厘米×24厘米×11厘米。（见图2-3）由此可见，泥砖体积大、重量大。由于有足够的厚度和重量，相对来说以之修建的墙体也算得上较为坚固。但其最大的缺陷，是防潮性与耐水性都有严重的不足，因此在东城这类多雨又多水的地方，以之所建的房屋最多只能够使用几十年。

不过，现在东城各处村落中，都已经很难见到旧时修建的泥砖房。访谈时

图2-3　泥砖

老人们说，这是由于20世纪中叶本地遭遇了几次大水，浸泡之下泥砖屋当时就差不多垮塌完了。我们发现，从东江上游的和平县到下游的东莞市，老人们至今仍然普遍清晰地记得这几次大水患，由此可见其破坏力确实极大。

（三）青砖与泥砖混合房

1. 青砖在下、泥砖在上

相比起泥砖来说，青砖具有较好的耐水性与防潮性。因此，在墙体的底部使用青砖砌墙即以青砖勒脚，可以极为有效地提高房屋的寿命。

青砖砌筑的高度，则通常以略微高出当地的水位线为准。青砖之上则使用泥砖砌筑，由此形成了青砖在下而泥砖在上的墙体形式。（见图2-4）这种搭配使用的形式，既可以有效地防止泥砖被水浸泡而造成墙体毁坏甚至房屋垮塌，又在很大程度上节省了建房成本，还使得房屋变得美观，故经济条件一般的人家颇多使用。

图2-4 青砖在下、泥砖在上的民居

我们实地考察发现，在东城，不论是广府人的还是客家人的村落，这种墙体形式似乎都是最为普遍多见的，明白无误地说明了当时多数人的经济状况。

2. 青砖在前、泥砖在后

使用青砖修建的房屋坚固又美观，但成本较高，居民可能承担不起。因此，有些人家建房时采用青砖在前、泥砖在后的方式，在使得房屋好看的同时又节省了费用。（见图2-5）

采用这种方式修建的民居，其较为引人注意的显眼部分即前墙（有时还可能包括两侧的山墙），全部使用青砖砌筑而成。而一般来说不太为人注意的后墙等处的墙体，则全部或者大部分使用泥砖砌筑以降低成本。这种混合方式使得房屋从正面看起来很雅致，显得该户人家生活很富足。

图2-5 青砖在前、泥砖在后的民居

牛山有一处侥幸残存下来的旧民居,据介绍约修建于20世纪80年代,采用的就是这种方式。

3. 包皮筒（外墙青砖而内墙泥砖）

所谓的包皮筒,指的是外墙使用青砖而内墙使用泥砖砌筑的民居。由于这种房屋类似于采用青砖包起来的,故名。本次调查时,樟村有几位老人家都回忆说,中华人民共和国成立前夕,该村中的富人几乎都用青砖修建房屋,穷人家则普遍使用泥砖,而中等的家庭,则几乎都是采用这种包皮筒样式建房。社会阶层或者经济地位方面的差异,在民居上有了极为直观的反映。

传统上,东城民居的墙体普遍分为内、外两层,两层之间则通常都留有一定的空隙,每隔一定的距离使用横放的砖头把这两层连接起来。这样既有利于增加房屋的安全性,又可以更好地降低室温以及更好地隔音。使用青砖修建外墙而使用泥砖修建内墙,既大大地降低了建房成本,又使得民居看上去很美观,还显得该家庭经济富裕。调查时不少人说,凡是混合使用青砖与泥砖的,都是"为了面子"。应该说,这种说法是很有事实根据的,但也确实反映出人们对美好生活的追求。

二、依据结构的分类

东城不同类型的传统民居具有较强的相似性,彼此之间的差异主要体现在结构布局上。依据布局的分类,在东城各处村落都为人熟知。

（一）金字屋

所谓的金字屋,指的是一种三开间的单体合院式的建筑。因其平面结构形似汉字的"金"字,故名。（见图2-6）

在东城,金字屋的大门有正面前墙开门与侧面山墙开门两种形式。但进入大门后,均通例为天井。其天井的面积通常都不大,普遍约为2米×4米。① 天井的两侧各设有一处廊间,通常分别用作厨房与杂物间。② 两侧廊间的屋坡,要斜向天井以便于雨水流入天井。人们历来认为,只有这样家庭才可以聚财。有的人家在天井与大门之间建有檐廊用以遮阳避雨,檐廊顶部同样也要斜向天井,同样意为财不外

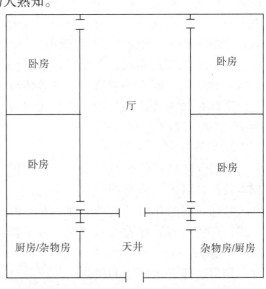

图2-6 正面前墙开门的金字屋平面

---

① 据说,其原因在于如果天井的面积过大,在夏季太阳照射时会导致民居室温太高。
② 但也有两侧廊间都用作厨房的,如兄弟分家后各分得一侧房屋但仍居住在一起时,通常都会如此,两侧均变为了厨房,用于分灶煮饭。

流即聚财。

天井后面的三开间是民居建筑主体,通例呈一明两暗、一厅四房的格局。中间的明间是厅堂,面积通常为17桁;① 其左右两边的次间通常为卧房,面积多为13桁。在每一卧房内部,几乎都由墙体分为前、后两部分,因此合计有4个房间。厅堂通常对着天井开门,卧房则通常面向厅堂开门,即经由厅堂才可以出入卧房。卧房门普遍分别开在靠近前墙和后墙的角落处,据说其目的在于避免外人随意观看卧房内部的情况。在过去,人们对于某些方面的隐私,其实也是非常在意的。

金字屋类型的民居面积较大,房间数量也较多,因此相对来说,是较为理想的居所。但在生活普遍艰苦的旧时代,只有小部分经济条件较好的家庭才能够修建得起这种房屋。很多老人都说,这些人家在中华人民共和国成立时"起码都是上中农"。

(二) 明字屋

明字屋也是东城常见的一种建筑样式,通例为两开间。一般相信,由于在整体上说,这种建筑的形状极其似汉字中的"明"字,故得此名。这种民居的主体,就是一明一暗合计两开间的建筑。明间几乎都是用作厅堂的,面积则多为15桁或13桁。暗间则通例用作卧房,面积多为11桁或9桁。

这种类型的民居的大门,多开在侧面的山墙处。进入大门后为一处天井,天井的右侧即为厅堂,② 厅堂面向天井开门;继续向前则为厨房,厨房的隔壁即为卧房,卧房面向厅堂开门,即也是由厅堂进出卧房。与金字屋相似,卧房内部通常也有一道墙体,将一间分割成两部分,由此形成两个小的卧房以增加住宿间数。因此,访谈时也有人说,这种样式的家屋"就是当时的一厅两房"。(见图2-7)

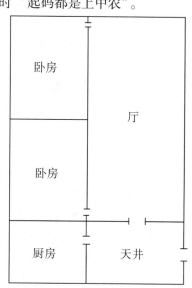

图2-7 侧面山墙开门的明字屋平面

我们实地测量过桑园村的一处明字屋,它是约在民国中期修建的。我们发现,其通面宽约7.3米,通进深约6.5米,通高为4.5米。具体来说,其厅面宽约4.3米、进深约3.3米、高约4.5米,房面宽约3米、进深约3.3米、高约4.5米。在过去,东城的民居普遍极为窄逼,相形之下这种民居确实极为高大而又宽敞。而总的来讲,虽然明字屋的面积略小于金字屋,但在旧时,仍然是只有经济条件相当好的人家,才可以修建得起、住得起的。

(三) 直头屋(又称日字屋、单房)

所谓的直头屋,指的是一种单开间的民居建筑。因其整体上采用一线式布局整座建

---

① 关于东城人心目中"桁"的含义,参见本章后文相关部分。
② 站在天井内背对大门,右手边为右侧。

筑，"一眼就能看到头"，故名。广府和客家的老人们都认为，它是东城传统的房屋类型中最简单，也是最普遍的一种建筑形式。

与金字屋相似，直头屋的大门也有两种形式，即一种是在前墙开门，另一种则是在山墙开门。相较于金字屋与明字屋，直头屋的面宽较窄，以11桁、9桁的较为多见。进深视地形等条件而定，但通常都是极为有限。这种房屋通常分割为两部分，呈现出前厅后房的格局。部分房屋的厅前还设有一处天井，这时厨房通常建于天井中。没有天井的直头屋中，厨房一般位于房屋的后面或者侧边。（见图2-8）

我们实地测量过桑园的一处典型的直头屋样式的民居，大约修建于20世纪40年代。我们发现其通面宽约2.5米、通进深为6.3米。其中，其厅面宽约2.5米、进深2.3米、高3.7米，房面宽2.5米、进深4米。这处民居采用凹斗式房门，① 近门处向内缩进约38.5厘米，近前墙处缩进约为25厘米。由于这种家屋的面积有限，人们普遍认为过去是最为贫苦的人家所居住的。我们见过的直头屋，几乎全是使用泥砖建造的，也印证了屋主的经济状况确实极为不佳。

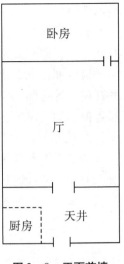

图2-8 正面前墙开门的直头屋

（四）其他种类

旧时东城的民居主要有如上所述的三种类型，但在不同的历史时期以及受不同条件的制约，还有若干其他的形式。

其中，最为多见的是上述三种类型的房屋出于某些缘故而形成的某些变体。例如，无论是金字屋、明字屋还是直头屋，旧时修建墙体时都必须遵循一个不可逾越的规矩，即房屋的后墙一定要比前墙长若干，通常是5厘米以上。在以前的人们看来，这种前窄而后宽的特殊设计，使得家屋整体上看类似于斗，故寓意钱财进得多而出得少，这才有利于家中不断地积累财富。如果前宽而后窄，则意味着家庭进得少但出得多，如此则会导致家中一直不断地贫穷。至于每处民居的前墙与后墙到底相差多少，则需要根据具体的情况而定。人们通常认为，只要两墙有一定的长度差，但差别又不至于大到可以明显地看得出来，"那就都是可以的"。但是，如果这一类的差异大到一定的程度，即使属于同一类型的家屋，彼此间也可能有了相当的不同，这就可能导致出现不同的变体形式，少数变体甚至还出现了专门的名称。对于这些变体，人们普遍耳熟能详。

除了基于上述的原因导致的变体之外，历史上的东城另外还有两种房屋类型，虽然始终极为少见，但仍然值得特别一提。

一种是被称为"三间两廊"的两进式民居，② 这可能是明、清乃至民国时期东城境内最为大型的民居。访谈时老人们说，当时非巨富不可能有足够的力量建造，因此历来

---

① 凹斗式房门，详参考后文。关于东莞村落中的房门及其一般附属物，可以参考张振江、麦淑娴《东莞客家民俗文化：清溪的个案》，广东人民出版社2017年版，第255—299页。

② 当地也有把三间两廊等于明字屋的，与此处所说的不同。

相当少见。在 10 余年前，客家人居住的火炼树村内，仍然有一栋这种民居。据回忆，其面积至少在 150 平方米以上。老人们说，进入其第一进的正门后，首先面对的是一道屏风，屏风的左右两侧则各有一处厢房。第一进的中间是一处较大的天井，天井两侧各有一道有瓦面遮盖能通前后两进的走廊，这就是所谓的"两廊"。第二进的中间部分是一处大厅，大厅的两侧各设有一处厢房。由于合计相当于三间房屋，因此这里就统称为"三间"。如果整座家屋合起来看，则是三间加上两廊，这就是其得名之由。2012 年，我们在粤西的田心村也见过这种民居，连其类型的名称、具体的空间分割都一模一样，似乎说明早在明清时期的珠江三角洲，这种建筑就已经非常成熟了。

第二种则是带有中西合璧色彩的民居建筑。但除了鳌峙塘的金山屋等极少数外，这些建筑几乎都是出现于民国时期。由于地理上的便利而可以得风气之先，历史上的东城人很早就通过各种方式，去到香港以及各国做工、经商或者学习。等到他们衣锦归故里修建新屋时，很容易就既保留了某些传统的民居特色，又吸收了国外的某些建筑技术、建筑材料与建筑风格，由此造成了兼具中西的新的民居类型。到了民国时期，达官贵人修建的私人豪宅通常也兼具中西之风，这似乎成为了当时的一种社会风气。鳌峙塘某处民居极为善用蓝色玻璃制作满洲窗，乍看之下该建筑具有一抹伊斯兰风韵。许多老人都说，在当地民国初、中期的建筑上，常常可见这种颜色，完全可以将其视为一个时期的民居建筑的主要标志之一。

第二节　传统民居的结构要素

从建筑上说，一处民居包含有众多的结构要素，这些要素都是必不可少的，即具有建筑结构的功能，合起来才组成一处完整的民居，并使其得以发挥建筑方面的功用。而从另外一个方面来看，这些结构要素同时又展示出人们的某种寓意、期望或者观念。由于这些观念或者寓意通常是群体性的历史积淀的结果，因此折射出这个特定的群体或者区域的历史与文化。

传统民居的结构要素众多，我们实在无法一一涉及。为了方便计，我们将其通归在门、屋顶以及墙三个主体之下，然后择要加以描述。

一、门及附属要素

所有的家屋必定都有门，传统上，各处的汉人社会都是极为看重各种门的。而在历史上的东城，门不仅在建筑上隔开了内与外，还具有广泛的社会与文化方面的含义，许多含义甚至完整地传承到了今天。

（一）矮门

矮门是东城传统民居最外侧的一道木质门，通常为双扇门扉，如图 2-9 所示。门扉或为实木或者透空，主要依靠上下门脚固定在大门的两侧。一般来说，人们在家敞开大门时，都会合上矮门，这早已经成为了一个约定俗成的习俗。

根据实地测量可知，不同类型的民居、不同人家的矮门，其高度可能略有差异。但一般说来，以高度在1米至1.5米之间的为常见。如果从高度上着眼，它与东城旧时通常都是高大、厚实的大门差别甚大。应该是出于这个缘故，这种门才获得了传承至今的这个名字。

与高大的大门不同，相对低矮的矮门的最主要的功能并不在于防盗，而在于区隔与阻挡。作为民居中最外侧的一道门，矮门将门内的私人家屋空间与门外的公共空间区隔开来。矮门的闭合，突出地展示了这种区隔作用。在旧时民风淳朴的乡民社会中，家中无人时合上的矮门就是一种象征符号，即在

图2-9 矮门

外人心中形成了一道无形的屏障，提醒外人此时不要随意进出该处民居。至于挡，则是由于东城人认为，某些类别的人如果进入了自己的家门，可能会带来某种或者某些不吉，合上矮门可以有效地挡住这些人，也就是挡住了不吉。例如，东城人至今普遍认为，如果有乞丐进入自己家中是不吉利的，关好的矮门则可以有效地把乞丐挡在外面，从而避免了家中可能出现的不祥。此外，合上矮门还可以防止散养在外的鸡、猪等随意进入民居中，如此一来就保证了民居内的洁净。

矮门通例相对较矮，人们认为这样才有利于民居内部保持光亮以及空气清新。随着现在人们生活水平的迅速提高，非常多的人家对矮门进行了各种装饰，如有的雕刻上葡萄、石榴、葫芦等，寓意多子多福；有的雕刻上竹子，寓意节节高升。除了寄托着人们对生活的美好向往，雕饰精美的矮门本身，也已经成为了民居装饰中的一部分，使得民居看起来更有岭南生活气息。

（二）推闸门

推闸门与广州的西关大屋所用的趟栊门相似，是由多根彼此间隔开的水平方向的木柱与一根纵向的木柱垂直相交构成。其使用方式非常简单，即左右推、拉木柱，即可以实现推闸门的合或者开。

这种大门的两侧门框的内侧，各等距离地凿有数个圆的（也有棱形的，间或又有方形的）孔洞（见图2-10），其数目则通例为单数。彼此相邻的两个孔洞间的距离并无一定，但一般都是在15厘米左右。需要使用推闸门时，推动推闸门依次上下排列的横向的木柱组，使之各自密实地插入孔洞之中，如此即造成了推闸门闭合，从而在大门的

外侧又形成了一道坚固的保护门。人们认为，由于推闸门是采用多根坚固的木柱有序地构成的，因此有着非常强的防盗、防擅自闯入等方面的自卫功能。正是因此，在访谈时老人们都说，在较为混乱的过去，只要切实合上推闸门，就可以相当有效地保护民居内的家人的生命与财产的安全。

一般来说，推闸门多是在有人在家中或者家人只是短暂地外出时使用，这些时候通例打开大门而只关上推闸门，目的则主要是表示家

图 2-10　大门两侧门框内侧的推闸门孔

中有人，同时也便于家中采光、透气等。推闸门只有彼此间隔一定距离的多根木柱而并没有门板，因此具有非常好的通风、采光等功能。如果家中无人或者家人较长时间离开，则通常会锁上大门，并同时密实地推上推闸门。随着东城的民居日益变为高大的新式楼房，现在已经越来越少见到推闸门了。

（三）弄子门

与推闸门是在水平方向上设置木柱不同，弄子门是由垂直于上、下门框的若干根间隔有序、依次并排的木柱而构成的，人们经常不加区分地泛称之为推闸门。但因为这些木柱通常被称为弄子，所以也有些人称之为弄子门。又由于弄子采用的是上、下方向即天与地的方向设置的方式，因此人们也称之为天地门。至于其构造原理以及使用方式、习俗等，则与水平设置的推闸门几乎完全相同。

图 2-11　弄子门上方的木质门槛

人们同样在上、下门槛上各凿有数个等距离的圆的或者棱形的（间或又有方形的）孔洞，用来固定插入其中的木柱即弄子。在东城的各处广府人或者客家人的村落中，这种洞的数量也并无一定，但以 3 至 7 个最为常见。依照传统的习俗，这种洞的数目也同样都是单数。弄子门上方的门槛则多为木质（见图 2-11），下方的门槛则通常是麻石材质，这样可以有效地防潮、防磨等，因而能够使用得更为长久。木质的上门槛其实有两层，两层木板之间刻意地留有微小的缝隙。下层的木板较厚且固定不动，木板上等距凿有圆形或者棱形的洞。上层的

木板则较薄，可以前后或者左右移动，但以左右移动的为多见，这层的木板上也等距凿有圆形或棱形的若干个孔洞。在上门槛的中间，预先留有一个长约10厘米的缺口，用于设置一个小铁环，通过往左右或者前后推拉这个小铁环，就可以控制上层木板向左右或者前后移动，从而实现门的开或者合。当上、下两层的洞完全相对时，将弄子插入其中，这时再拨动小铁环使两层的洞错开，弄子便不能移动即实现了门的闭合，从而形成一道坚固的防盗门。

弄子门同样主要供民居内有人在时使用，同样具有通风、采光、透气、防盗等多种作用。随着现在村民的经济条件的提高、居住条件的改善以及社会治安的极大改进，如今已经很少有人还在使用弄子门了。因此一般来说，只能在传统民居的上、下门槛上有时仍然可见到旧时使用弄子门的残迹。

（四）大门

相对来说，东城民居的大门式样显得较为特殊。整体上说通常采用大门凹进去若干尺寸而设置的，一般称为"凹斗式"，又称作"蟹口"。至于为什么有这两种称呼，访谈时老人们普遍认为，"以前就是这样的叫法，是老人传下来的"。在我们看来，虽然因为年代久远似乎已经无人知道其含义与理据，但当是由于形似中间凹进去的斗或者螃蟹的口而得名的。①

这种式样的大门设置中，木质的门扉两侧的墙体，通常分为两部分向内缩进若干，如图2-12所示。我们实地测量多处后发现，以两部分合计内缩20至60厘米的最为多见。第一部分是靠近前墙向内缩进，第二部分则是靠近门扉向内缩进，两部分缩进的距离通常不同。例如，桑园村和贵巷的一座民居大门处，其第一部分缩进约为24厘米，第二部分缩进约为36厘米，总缩进约为60厘米。

图2-12 凹斗式大门的两部分缩进

采用了大门内缩设置的这种方式，显然可以有效地减少风雨对木质大门的侵蚀，从而有效地延长了大门的使用寿命。这显然是适应东城潮湿、多雨的气候的结果，非常好地体现出旧时的东城人的智慧。这种样式的大门在北方相对少见，而在华南各地（如江西、湖南、广西）则时有发现。

1. 地埠头（门槛）

地埠头是位于民居大门门框紧贴地面处的一块长方形横石，与门槛类似。较为多见的规格，则是长约1米、宽约15厘米、高约20厘米。

地埠头的主要作用，是将地面与大门之下的残存空间封闭起来，从而避免木质的大

---

① 在华南的许多地方都可以见到采用类似的式样设置大门，其分布的广泛性似乎说明这种样式的由来且起源甚早。但也可能是因为面对类似的自然环境，不同的人做出类似的反应，即采取类似的应对方式。

门直接与地面接触而导致腐朽。此外，它还可以防止雨水等从大门下方流入民居内部。由于东城各处村落都要面对潮湿、多雨、地下水位高的窘境，因此人们普遍使用耐水、耐潮湿的石质的地埠头，历史上多见的是用麻石，也有少数人家使用红石。传统上，红石虽然不如麻石耐用，但因其呈红色具有吉祥的寓意而备受人们喜爱，珠江三角洲一带多如此。①

在东城的广府人和客家人的各处村落中，人们对地埠头历来都是极为看重的，并由此形成了很多习俗或者禁忌。最主要的如：不能够坐在地埠头上，不能踩踏地埠头，不能够一只脚在门外而另一只脚在门内横跨在地埠头上方。一旦出现这些行为都会被认为是不吉利的，可能会因此而给主人家带来不吉。如果拜访他人时犯了这些忌讳，轻则使对方的家人不开心，重则会引发纠纷甚至打斗。

2. 门墩

门墩位于地埠头的左、右两端的后侧，有的门墩与地埠头是合为一体的（见图2-13），有的则是分开的。我们通过反复地考察多个广府人和客家人的村落后发现，以合为一体的较为多见。至于主要原因，则在于人们认为合为一体的门墩更加结实、耐用，但建造这样的合体门墩的费用也相应地增加了不少。

图2-13 废弃的地埠头与门墩

旧时的门墩几乎都是麻石质地的，在其中间部分凿有一个贯穿（间或也有半贯穿的）孔洞，形状则主要有圆的、方的两种。大门突出的门脚插入这个孔洞之后，② 即可以牢牢地固定住大门，从而使得大门只能够沿着这个轴线运动开合。有的人家还会在门墩孔洞内侧镶上一个铁圈，这样可以使门脚与门墩之间连接得更为紧密，还可以更加耐磨从而延长门脚的使用寿命。

使用门墩也有一些习俗或者禁忌。例如，旧时有些人家会在门墩的中间特意放置一枚铜钱，人们认为这是可以求得进财的好"意头"（即寓意）。

3. 门脚

门脚是两扇门扉上下两端向外突出的木柱，其实就是通常所说的门轴。这当是因其地位相当于人的脚，故名。（见图2-14）

图2-14 废弃的大门的门脚

---

① 参见张振江、陈志伟《麻涌民俗志》，汕头大学出版社2008年版，第50页。

② 地方名称，即门轴。

门脚以圆形的最为多见，其主要作用则有两个。一是将下方的门脚插入下方的门墩后形成稳定的轴线，而门脚作为门扉转动的轴心使得大门可以自如旋转即开合。二是将上方的门脚嵌入上方的门压之中，这样可以增强大门的牢固性，从而有效地防止房门可以被人轻易地从外面推开，有效地增强了门的防卫功能。

4. 门扉

门扉又称门扇，旧时东城的门扉高大厚重，很有特色。（见图2-15）

东城不同人家的传统民居的大门有大有小，这主要与各自的经济状况密切相关。但一般来说，似乎以一扇门扉宽约60厘米、高约2.4米、厚约5厘米的较为多见。旧时东

图2-15 彼此嵌合的两扇门扉

城人制作民居的大门时，最常使用的材料是杉木。至于极少数的富裕人家，则多与祠堂等的大门一样使用更为坚硬的铁木、黄花梨等珍贵的木料，这些木料通常来自东南亚。偶尔可见用一整块木板制成的一扇门扉，但多是使用三四块木板拼接制成，也有使用6块木板构成的，不过相对较为少见。一般来说，使用的木板越少，越说明该家在经济方面有实力。

东城传统的大门普遍高大、狭长而又厚重，而两扇门扉的相接处，尤其有讲究。在旧时，只要可能，人们几乎毫无例外地都会把一扇门扉的边缘处处理出一道2厘米左右深的凹槽，而把另一扇门扉的对应处处理成2厘米左右的凸起，如此一来，一旦关上两扇大门，凸起插入凹槽后两扇门扉形如一体，大门闭合得更严整而无法经由门缝直窥门内的情形。旧时的东城匪盗极为猖獗，人们认为只有这样才可以避免贼人从外面窥视家内的情形，也更杜绝了贼人从两扇大门的门缝中间拨开大门的门闩，甚至直接插入硬物从中间撬开大门的可能。

在门扉上，通常有很多虽然小但是重要的结构要素，这些要素显现出当时的人们极其注重门的安全性，间接地反映出当时的社会动荡不安、人们缺乏安全感。

（1）门锁。

东城的传统民居大门上，普遍同时设有明锁和暗锁各一处，通常暗锁在下而明锁在上。据调查，明锁的普遍使用大概开始于民国时期，明锁及其使用方式与各地常见的并无太大差异。但是，虽然珠江三角洲各地普遍可见类似的暗锁，但东城的某些暗锁的设计及其开启方式却是十分精妙。（见图2-16）

图2-16 门锁

现在所见的暗锁的锁眼,一般位于大门左侧的门扇外面的中部或者略微偏下方,旧时的锁眼则普遍偏低一些,似乎说明当时的人身高有限。① 如果从外部看,以前的锁眼以呈倒"T"形或者"L"形的最为普遍。在锁眼的四周,通常还专门包有铁皮用以保护。至于暗锁的开合机关,通常设置在门扇背面的"门企人"之中。这个机关的上方是一个圆洞,下方则是铁丝等。开门时将钥匙插入锁眼向上轻挑铁丝,便可将机关打开。再转动门环,便可慢慢带动门闩后退而打开大门。

在温塘村的某坊,有一处修建于20世纪七八十年代的民居大门的暗锁,设计得尤其精巧。虽然其开锁原理、使用方式等都与上述的相同,但这处暗锁的机关被极为巧妙地放置在门企人的内侧。使用时只有先将隐藏在门企人中的木片向上挑起,之后才可以转动门闩将房门打开。由于这处暗锁放置的位置实在隐蔽,若非经人特别提醒,即使搜寻许久可能也难以发现。

(2) 门环。

在中国传统建筑中,门环指的是大门扇上用作叩门或者拉门等使用的金属环。门环在东城的村落中同样多见,但一般都较为简单,经常只是一个铁圈。但少数高大气派的民居大门上,则设有相当讲究的门环。这些门环多由几层大小各异的铜片依次排列叠成,造型精美而又寓意丰富,成为了一种特殊的装饰。(见图2-17)

图2-17 门环

在旧时的东城,门环除了用于叩门、拉门以及起到独特的装饰作用之外,还有某些非常实际的功用。例如,如果家中的大门只是内部上了门闩而并没有彻底锁死,则从外侧转动门环就可以带动内部的门闩后退从而打开大门。第一次发现这个作用时,颇让我们感到无比惊奇。(见图2-18)

(3) 门生(门闩)。

东城人所说的门生,就是通常所说的门闩,指的是设于门扉内侧的用于闩门的结实的木条。东城的门闩同样通常为长方形的横木,通常在一处门扉内侧而分上、下设置,即设置两道门闩。也有些人家是在两扇门的内侧各自设一道门闩,这样可能更加安全。通过把门闩插入另一门扉相应位置的门企人或者从其中拉出,就可以闩上或者打开大门。

(4) 门企人。

位于门扉背面用于承托门闩的两根竖直木条,东城人称为门企人。它与门闩配合使用,共同起到了防护家屋的作用。(见图2-19)

---

① 在某些清代或者民国时期修建的家屋的大门上,这种锁眼的位置通常很低,而不是位于中部或者略微偏下。这种情况其实相当常见,甚至祠堂等也是如此布局。我们相信,这种情况从一个侧面展示出旧时的东城人身材普遍偏矮。

图2-18 大门内侧的门闩　　　　　　图2-19 门生与门企人

每个门企人都设在门生相对的另一侧的门扉内侧的中间，其中部都设有一处刻意凿出来的通常为方形的孔洞，高度则与门生完全相当。当移动一侧门扇上的门生时，即可以插入另一侧门扇上的门企人的孔洞之中或者从其中拉出来，从而使得大门闩上或者打开。大门暗锁的机关，通常也设置在门企人之中。

（5）门压（连楹）。

所谓的门压，指的是位于门框上方的一根坚实的处理成长方形的横木。老人们认为它与门墩上下呼应，还另有重要的作用。

一般地说，实际所见的门压的两端，分别插入各自所在的一侧的墙体内一段距离。其位于两处门脚（上门脚）上方的部分，则分别精准地预先凿有一处圆洞，其作用是供门脚插入从而固定住大门。

5. 门框

东城的大门几乎都是双扇门，因此门框通常包括左右分别设置的有一定厚度的坚实的框柱。

门框与位于其顶上的一根称为上槛的水平木枋合起来，构成一个下不封底的矩形框架，供安装门扇所用。[①] 门框的规格，一般为厚约7厘米、宽约14厘米、高约2.3米。上槛的规格，则一般为长约1米、宽约14厘米、厚约10厘米。

但是，东城的门框其实有相当部分不是木质的。例如，麻石或者红石由于质地均匀、致密且十分坚硬，历来被认为是制作门框或者窗框等的天然良材，人们认为以之制作的门框既美观又坚固。而实际考察所见，传统的东城的门框与窗框有相当数量就是麻石或者红石质地的，而那些讲究的房屋，则几乎必定使用麻石或者红石制作门框和窗框，甚至可以称之为标配。

6. 门帽

东城人又把门帽称为上槛，其主要作用是承接房门上方的砖，从而有效地保证房门上方墙体的稳固。

东城的传统民居中的门帽使用的材料，通例为木材、红石或者麻石。一般说来，木

---

① 关于门框，详参考楼庆西《千门之美》，清华大学出版社2011年版，第236页。

质的门㽞较为窄小，而麻石或者红石质地的门㽞则相对较宽。旧时不少人家特别喜欢使用红石质地的门㽞，认为这样可以"抬头见喜"。传统上，东城人认为红色有喜庆的寓意。

7. 门罩

门罩是中国传统民居建筑中的重要组成部分之一，在具有实际的功能的同时又具有相当的装饰性。在东城，人们习惯上多称之为遥头。①（见图2-20）

东城的传统门罩几乎都是使用青砖垒成的，间或也有使用红砖为建材的。

图2-20　门罩

其主要的实际功能，是保护其下的木质大门以及房门上方的墙体，使之免受风雨的侵蚀而得以延长其使用寿命。这是非常具有重要意义的实用功能，因此在东城各处广府或者客家村落的传统民居建筑中，门罩几乎都是必不可少的一个部件。

门罩位于一处家屋的极为显眼处，又完全可以视之为一个单独的建筑单元，因此不同的民居的主人家通常都会对其进行处理，使之在造型、色彩、图案等方面各具特色，由此也使得门罩经常具有独特的装饰作用。我们在广东佛山下辖的璜溪村、湖南宜章县的樟树下、广东乐昌市的户昌山村等村落调查时，发现这些村落的门罩同样极为丰富且有特色，似乎说明门罩早已成为珠江三角洲以至华南各地的民居的重要建筑要素之一。

另据东城的经验丰富的泥水师傅介绍，位于门罩上部的主要起装饰作用的砖块的行数，一定要保持为单数。人们认为如果是双数，则是非常不吉利的。

二、屋顶及其附属要素

（一）屋顶

屋顶即房屋的最顶层，东城人又称为天面。传统上，东城各处村落中的民居均为杉木作梁，天面上覆盖以黑色的小瓦片即北方所谓的小瓦。在瓦片中间适当的地方，经常会铺设若干块明瓦，目的是透光以增加室内的亮度。

如果从类型上看，东城传统民居的屋顶或者天面主要有两种形式，东城人一般称为硬阴与软阴。至于具体采用何种形式，则与具体的墙体的建材直接相关。传统上所谓的硬阴，实际上指的是硬山屋顶，多为使用青砖作为建材的民居所采用。由于青砖的抗水性较好，因此相对来说不太担心风吹雨淋。而所谓的软阴，则指的是悬山屋顶。这时山墙两侧有较长的出檐可以保护墙体避免风吹雨淋，因此用泥砖建筑墙体的民居多采用软阴的形式。

---

① 遥头中的"遥"为记音字，本字不明。

不论何种类型的传统民居都有一个特点,即屋顶的前臂相对高、短而后臂则相对低、长。在东城的广府人和客家人的传统话语中,所谓的"前臂"指的是屋顶的前坡,而所谓的"后臂"则指的是屋顶的后坡。访谈时经验丰富的泥水师傅认为,这一特点与传统上建造山墙时必须遵循的"一二五的比例"有关。① 所谓的一二五比例,可以用图 2-21 来展示。图 2-21 中的 a 线段的长度与 b 线段长度之比为 1∶2.5,即 b 的长度每增加 2.5 米,a 的长度随之增

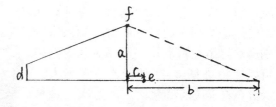

图 2-21 "一二五比例"示意

加 1 米。另外,前臂比后臂高出多少厘米,山墙顶点垂直向下与三角形底边的交点便比起中点向前多少厘米,也就是说,图 2-21 中如果 c 线段为 30 厘米,则 d 线段同样为 30 厘米。

对于为何要遵守这样的比例,或者传统上为何屋顶的前臂要相对高、短而后臂则要相对低、长,历史上的东城人应该自有其因由。但是,可能是由于年代实在太过久远而理据已经泯灭,其道理何在现在已经是人言人殊。例如,有人认为民居如同一个人,而屋顶则是其头部,只有前高后低、前短后长才能够昂首向前、充满活力,这样的民居才会生机勃勃、兴旺发达;也有人认为,后坡低、长寓意子孙无穷、财源滚滚;还有一部分人则认为,这一特点纯粹是出于建筑考虑的结果,因为前臂高于后臂,这样才能够使得房屋看起来比较气派,同时也利于房屋的通风、采光。我们暂时无从断定何者为是,谨录以备考。

我们在湖南的南部、江西的南部和广东的粤北地区的客家人居住区域调查时发现,类似的现象在这些地方的古民居中同样普遍存在(见图 2-22)。在这些地方,即使是新建的民居也有不少依然保存这一特色。这种现象似乎说明,在这一广阔区域的传统民居建筑中,前臂相对高、短而后臂则相对低、长的建筑特点,是一种普遍现象。但是,对于其出现原因或者理据何在,我们也仍然未知。

图 2-22 湖南宜章县樟树下村前高后低的古民居

---

① 据当地泥水师傅回忆,虽然标准是 1∶2.5,但具体建造过程中,比例在 1∶2.3 到 1∶2.5 之间都是可以的。

（二）梁、桁、桁桷

梁是家屋最为主要的建筑部件之一，具有非常严肃的实际与象征意义。

梁的两端水平地架设于两面山墙之上的各处，直接承受屋顶诸多构件的压力并通过山墙将所有的重量均匀地传至地面。旧时东城的富贵人家的梁多采用各种名贵木材，普通人家则几乎都是采用杉木。杉木重量轻、经久耐用而又价格便宜，因此备受经济不佳者的青睐。但东城历来不产较大的杉木，因此旧时多是从东江上游的梅州、河源等地采购后水运而来。

由于梁直接关系到一处民居的安全与使用年限，因此人们在选择和使用梁时有许多讲究，形成了许多民俗与禁忌。例如，传统上认为民居使用的梁必须是一根根笔直的木材。位于中间最高点的是一处民居的主梁，东城人普遍称这根梁为栋，其讲究、习俗或者禁忌更多。如东城的广府人和客家人在放置主梁时，通常都要专门举行特定的仪式，许多人家还要挂红即以一块红布缠绕主梁，也有人家将主梁涂成红色的。在修建一处家屋时，一旦到了架设主梁这一环节，则意味着这处民居即将大功告成。

与主梁平行的其他梁，东城人普遍称为小梁或者桁。桁这个历史久远的术语至今在东城各处通行，称之为小梁似乎是因为其通常都比主梁细而小。桁桷即檩条，通常都体现为方形的长而薄的木板，它与桁垂直，合力构成了网格状的木框架以承接覆盖屋顶的瓦片。（见图2-23）

依照传统上通行的建筑规范或者习俗，一座民居所使用的梁的总数必须是单数，人们认为只有这样才能使屋顶的重心恰好落在主梁上，如此才便于有效而合理地分散屋顶的压力。否则，重心可能落在两桁中间，这样就极其不利于民居的稳定。由于梁、桁和桁桷对于一处民居来说意义极为重大，因此其建造过程中有诸多习俗与禁忌。例如，在安放桁桷时，建房师傅的腿或者脚都绝对不能穿过由桁与桁桷所构成的方格。人们认为如果穿过，则与人上吊而亡的场

图2-23 梁、桁与桁桷

景十分相似，而这对于屋主来说是非常不吉利的。再如，人们认为位于屋顶最中间的两根桁桷与主梁及其下方的第二、四根桁所形成的三个交叉点，尤其有极为特殊的文化含义，认为三者分别代表了三才，即天、地、人。因此，在固定桁与桁桷时，这三个点是绝对不能使用钉的，否则，意味着钉死，"天、地、人，那当然是绝对不能钉死的。要是这样，那就是极其不吉利的了"。即使是时至今日，偶尔修建传统式样的房屋时，人们依然严格遵守这一禁忌而不敢越雷池半步。

传统上，东城的广府人和客家人都把"桁"用作计量民居面积的单位，其地位类

似于如今的"平方米"。对于何为桁,泥水师傅们之间至今有相当一致的理解。① 所谓的一桁,其实指的是屋顶上的两条桁桷之间的距离,通常相当于现在度量衡制度的24.5厘米。因此,只要主人家告知要建多少桁的房屋,建筑师傅便会准确地建造出主人家需要的面积的民居。一般地说,一处民居的桁数越大,说明其面积越大;反之,则说明其面积越小。明字屋与金字屋的桁数较大,相应地其面积通常也是旧时民居类型中面积较大的,如金字屋明间多为17桁而次间多为13桁。使用桁需要经济条件的支撑,因此在一定意义上说,桁数的多少也反映出了主人家的经济实力。访谈时不少老人回忆,在直头屋类型中,以9桁与11桁最为多见,而其主人几乎必定是相当贫苦的人家;如果能够用得起13桁或者15桁的,则说明该家的经济情况已经较好。

(三) 瓦坑

桁与桁桷垂直交叉而形成了一个个方形构件,传统上东城人称之为"瓦坑"。这个相当特殊的名称的由来,当在于这些地方就是用来放置瓦片的。

与桁相同,瓦坑的坑数也必须为单数而不能够是双数。传统上人们也把瓦坑当作成计算房屋面积的一种单位,也是数量越大则面积越大。据回忆,旧时民居最少的为7瓦坑,最多的为21瓦坑。能够做到修建21瓦坑民居的人家,据说历来相当少见。

(四) 瓦片

传统上,东城人建房时所使用的瓦片主要有三种,即板瓦、豪光与筒瓦。

东城人所说的板瓦,其实就是北方人一般所说的小瓦,这种瓦具有一定的弧度,即中间凸起最高。东城人又将之分为大瓦和小瓦,二者的使用方式不同。大瓦是铺设房顶的最主要的建筑构件,中间凸起的部分面朝下依次成行排列。小瓦通常覆盖在两列大瓦中间,凸起的部分则是面朝上依次成行排列。二者相互配合使用,构成了密不漏水的屋顶坡面。

豪光又称明瓦,是一种透明的玻璃瓦片。(见图2-24)传统民居中由于开窗数量少而且面积小,因此经常需要在屋顶的前、后坡面的一面或者两面铺设若干块明瓦,借此来增加室内的采光。我们实地考察后发现,一处民居屋顶处所使用的豪光确实有双数的,但以使用单数的即3个或者5个的最为普遍。

图2-24 豪光

---

① 在东城以及珠江三角洲的其他地区,似乎还存在另一种相关但不同的计算方法。由于旧时民居的两根梁之间的距离通常是固定的,因此人们直接用多少根梁即多少根桁来表示面积,如13桁、15桁等。在这种面积表示法当中,也是桁数越大代表面积越大。本次调查时我们的一位主要报道人是多年从事传统民居建筑而极有心得的老师傅,他认为这种算法不是本行的算法,也不准确。

东城人似乎对豪光所构成的几何形状并没有特殊的规定，实际最为常见的主要有"一字型""品字形"等形状。但是，对豪光的具体的摆放位置，传统上则是很有一些讲究的。例如，旧时的人们通常以梁为中心，把梁两侧的桁与桁桷形成的一排瓦坑称为"进"，而把与之紧邻的下一排瓦坑称为"退"。放置豪光时，传统上只能够摆放到称为"进"的一排上，但同时又绝对不能够摆放在紧靠梁的"第一进"之上。那时的人们认为，只有这样才能够得到吉利的寓意。据传说，以前有的泥水师傅因为怨恨主人家而可能故意在这种地方做手脚，如在称为"退"的一排上放置明瓦等，结果给主人家带来了不利。

过去的东城人在修建家屋时，其实也普遍使用筒瓦。所谓的筒瓦，是一种呈半圆柱体形状的瓦。东城人主要把筒瓦铺设在房屋的两个坡面上距离屋檐两三片瓦的地方，通常发挥两个主要的作用。一是以之顶住其上面铺设的小瓦，防止其滑落下来影响家屋的遮蔽功能。二是用于压住大瓦，防止遭遇大风的时候大瓦被刮松动甚至刮下来而破坏家屋的坡面。

（五）出檐与檐板

为了保护民居的墙体和门窗不受雨水侵害，东城人的房屋的屋顶、门楣、窗楣部分，普遍都向外挑出，即普遍设有出檐。

传统上，东城人用作出檐的主要有木材、青砖和石头三种质地的建材。使用木材时，则还要在墙体两侧的屋顶与墙体交接处放置一种称为"跳"的构件（见图2-25），主要的目的在于以其承托出檐的重量。但如果使用的是青砖与石头，由于其自身的强度已经足够了，因此多是通过垒砌的方式使其自身向外突出若干。

民居前部的出檐与墙体有一定的空隙，不少民居在前檐下都刻意设有精美的木质檐板加以掩饰，使用檐板还增加了民居的层次感与美感。这种檐板的长度通常与前墙的长度相当而略短，宽度则一般在15厘米左右，厚度普遍在2厘米左右。檐板上几乎都有各种图案，手法则多为绘画、阴

图2-25 残存的"跳"

刻或者浅浮雕，但也经常可见镂空雕与浮雕相结合的。其色彩以彩色为主而间有纯用黑白二色的，其题材则以含有美好寓意的各种花卉为常，吉祥动物尤其是瑞鸟、瑞兽也相当多见，还有少数人家则采用神话、历史、故事或者传说中的人物。檐板上的这些装饰性图案不仅起到了美化的作用，还有一些非常实际的用途，如可以对檐板起到一定的保护作用。檐板表面涂上的颜料，相当于给木构件穿上了一层衣服，从而一定程度上减少

了檐板直接承受雨淋日晒而延长了使用寿命。(见图2-26)

图2-26 檐板与彩画

本次调查发现，很多檐板上原本鲜艳的色彩已经模糊甚至完全褪去，但从其细致的绘制或者雕刻技艺以及残余的颜色痕迹，仍然不难想象其当初是如何的精美绝伦。

三、墙上的附属要素

(一) 窗户

我们的实地考察发现，东城各处广府人和客家人的村落的传统民居上，都很少开设窗户。如果开设窗户的话，几乎都是开在两侧山墙或者一侧山墙的高处。开在前墙高处的也偶然可见，但开在后墙的极为少见，这与现在多见的民居普遍开设多而大的窗户的情况截然不同。

旧时的民居如果开设了窗户，则其窗框几乎都是使用麻石等坚固的建材制成的，每一个边使用的，多是一条完整的麻石条。窗户的面积则普遍极为狭小，中等体型的成人几乎没有可能钻过。窗棂则多为麻石条、铁棍或者木棍，其后还普遍设有窗扇。由于窗户数量少而且面积小，因此旧时各处村落的民居内的通风、采光等条件普遍较差。在我们看来，这从一个侧面扎实地反映了旧时的东城社会治安长期较差，人们不得不牺牲日常生活中的舒适度，以尽可能地保障民居内的人员与财物的安全。

(二) 墙角石

几乎每座东城旧民居墙体的四角都使用墙角石，经济状况较为一般的人家多使用红石，而经济条件较好的人家则普遍使用硬度更高的麻石。(见图2-27)

在东城传统的村落布局中，绝大多数民居的两侧几乎各自都是一条或宽或窄的里或者巷。人们认为，民居的墙角因为靠近这些道路而很容易被牲畜、车甚至船等意外碰撞。如果其强度不够，就必然会伤及墙体，久而久之甚至会危及整座房屋。为了减少这种风险，人们在民居的四个角落尤其是前面的两个拐角处普遍使用高约 1 米的整条红石或者麻石，以更好地保护墙体或者至少减轻对墙体的损害，此外，这种石材还具有一定的装饰效果，增加了家屋的美感。

访谈时老人们普遍回忆，由于旧时耕牛是一个家庭十分重要的、价值甚高的财产，因此每到晚上，主人们几乎都是将其拴在民居的天井内（甚至屋内），通常位于靠近两堵墙的相交处即拐角，以尽可能地避免夜间被偷盗而遭受重大的损失。但是，这些牛可能经常磨蹭，会损坏拐角处的墙体，因此家屋的拐角处必须加强强度。访谈时发现，老人们对于把牛拴在院

图 2-27 红石墙角

内甚至室内普遍记忆深刻。我们很难相信当时居然还要这样拴牛，从这一细节也不难看出旧时的东城普通人家确实缺乏安全保障。

（三）窗靠

在少数传统民居大门侧上方的墙体某处，设有向外突出的一个木质构件，有人称之为窗靠。窗靠的具体形制相当统一，即类似于传统的长条曲背靠椅的椅背。（见图 2-28）

窗靠通常紧邻屋檐而稍微飘出前墙，供坐于其上者面朝屋内而背向外倚靠之用。由于这里是一处民居中光线最好的地方，因此旧时的窗靠似乎主要供家中的女主人日常做些女红之类的手工活时使用。但可能是由于窗靠外飘而对民居的安全性有一定的影响，因此在东城各处村落中都相当少见。也可能就是因为其少见，我们在访谈时发现，现在的人们对于其用途说法不一。

图 2-28 窗靠

(四) 彩画

在中国古代，民居上以彩画装饰的情况普遍多见。明清以来的广府民居中，彩画通例是一种重要的装饰形式，东城高大气派的广府和客家的民居通例都会有精美的彩画，而最常见的是门廊、檐廊以及山墙上的彩画。

门廊与檐廊处的彩画，几乎都是以门扇的交接处为中心而对称分布。其内容则丰富多样，有动物、植物、山水、人物、诗词、故事、戏剧等多种题材。精致的彩画具有极强的装饰作用，与青砖、红石相互衬托，使得民居变得更加宜居。此外，人们还借助这些彩绘表达某些美好的愿望或者寄托，如用松树、仙鹤寓意得享高寿。这些彩画不仅起装饰作用，还潜移默化地教化人们，旧时常见的是灌输知廉耻、守孝悌、忠义守信、淡泊名利等传统的儒家文化与理念。

山墙上的彩画自屋脊分别向两末端同等长度地延伸，其宽度有限，几乎都限于出檐下方30厘米的范围之内。至于其内容，则多为传统的寓意吉祥的各种卷草图案，主要是对民居进行装饰，起美化作用。但从整体上说，这些地方的图案以黑、白或者二者相搭配的色调为主，只是在少数情况下才可以见到彩绘的图案。

第三节　传统民居的建造过程与习俗

对于传统东城广府或者客家社会中的任何一个家庭来说，修建一处民居都是一件重大的事情，而且通常都需要花费较长的时间。

不过，从现在可见的各种证据来看，明清时期人们修建民居时已经形成了一整套成熟的、高度程式化的机制，因此不仅各处村落中主要的建造工序的一致性极大，连建房的习俗也趋于一致而没有多少广府人或者客家人的差别。可能是这个缘故，访谈时有老人说，"只要经济跟得上，以前建房不是什么太难的事情。那时候的建房师傅，连图纸都不用画，（图纸）全在脑子里了"。而从实际所见的各种古民居来反向推测，这种说法似乎有着充分的根据。

一、选址

旧时的东城人在兴建家屋之前，几乎都必然会精心地挑选修建的所在，即家屋选址。但是，具体的选址方式则与各自家庭的经济条件有关。老人们回忆，当时一般说来，经济条件较好的人家通常会特地请风水先生等着意选择，而贫苦人家则是根据环境以及自身的经验而选择。

访谈资料：
问：以前这里建房子的时候，需要看风水吗？
答：以前都是要看风水的。不过，以前的人家大部分比较穷，那就请不起风水先生了。所以，其实没有多少人家会请（风水先生），大部分人家就是自己看一下。但是，这个房屋的风水，确实是很有讲究的。要是房子风水好的话，不管是谁住，以后都会很顺利，就是家庭都会变好的。

问：那个风水，有什么需要特别注意的吗？

答：有的。比如，你建的房子，一定要跟祠堂、墓地那一些，是要隔开一段距离的。祠堂其实也是个大家庭，里面也是住了很多"人"的。再说，祠堂又都是比较高大的建筑。这样的话，你建的房子就会受不住祠堂里的"煞气"。所以，要是建的房子靠得太近的话，那就不好了。以前，起码要离开祠堂一条路的距离。建房子，也不能在墓地附近建，因为那就是和鬼住在一起了。

有些风水太好的地，那也不一定能在那里建房子。因为风水太强，你可能承受不住，那结果也就是不吉利的了。

依照我们在广泛考察基础之上的理解，一如上述访谈资料所显示的，在旧时的东莞以至珠江三角洲各处广府人和客家人兴建的村落之中，在为具体的民居选址的时候，人们主要强调的其实就是所谓的风水的负面的方面，即不要或者不能够在什么地方选址建房之类的。例如，各处的人们其实都普遍认为，不能够在靠近祠堂或者墓地等处建房，旧时的普遍说法是因为这些地方"阴气太盛，不利于活人的阳气，所以不能够建房"之类。如果按照现在的认识，这类说法其实有相当的科学根据，如这些地方至少会令人心生不适因而不利于心理乃至生理健康。至于从正面上看，即要如何为具体的民居选址，传统上其实并没有多少有价值的说法，仅有的零星言语经常是云遮雾罩而令人不知所云，其实是大而无当、极为空洞的话。这种正、反两面的差异的背后，可能有着某种极为深刻的道理。我们相信最为关键的，也是最为重要的一点，或者就在于旧时的东城乃至珠江三角洲各处村寨土地都极为有限，人们通常只能够在村内或者村落附近建房，自然只有村落的"好"风水，而无所谓具体民居的"好"风水了。对于村落的"好"风水，珠江三角洲各地几乎都有比较周详的表述，但是，各地都普遍缺乏具体的、关于民居的"好"风水的阐释，似乎主要原因也在这里。我们多年在珠江三角洲各地调查，多次听说过"我们村风水好，所以出了大人物"或者"我们村风水不好，所以出不了大人物"之类的话语，但从来没有听说过"某家房子风水好，所以出了大人物"之类的说法。①

具体到旧时的东城各处村落来说，受丘陵多、水体多而土地少的限制，历史上的村落选址的基本原则，则是依山面水（详参考本书第三章），这其实也是华南以至西南诸多民族的通行原则，并由此衍生出了形形色色的"村寨好风水"的说法。至于村落内部的民居，传统上东城的广府人和客家人则普遍采用梳式布局，逐层、逐行地有序地排列民居，也就无所谓看风水了。而如果不是原地重建的话，后出的民居通常只能够向村落的后方即山上延伸或者向村落的两侧延伸，这也就是我们所看到的东城村落的实际的发展历程。由于这样，即使民居有"好"风水可言的话，也必定与村落的"好"风水

---

① 但是，确实经常可以听到"某家祖坟风水好，所以出了大人物"之类的话语，这可能也是人们至今特别重视祖坟以及祭拜等事宜的主要原因之一。

一致。传统上人们看民居风水时，其实几乎总是关于择定大门的具体朝向的，就是因为绝大多数时候人们所能够看的所谓的"好风水"，就只有关于大门的朝向这一项了。

访谈资料：

问：选了址之后，房屋的朝向有没有什么讲究呢？

答：你要是选好了建房的地方之后，那就可以确定房屋的朝向和面积了。房子最好是要面向一块空地，这样才能够开阔视野，空气也好。我们这里的一般人家的大门，都是坐北向南的，要不就是坐西向东的。最好是向南，因为这样才有"南风"。向东，也是可以的。不到万般无奈，你家的大门不能向西。因为如果大门向西的话，下午太阳那就是照在你家里，那家里就是很热的了，你住起来就不舒服了。

我们实地仔细观察了东城各处广府人和客家人的村落，发现其中的历史相对较为悠久的民居，几乎都能够做到民居的大门朝南或者朝东，但大部分的大门其实都无法做到一如北方所见的那样，即朝向正南或者正东。对于这种不是正东或者正南的朝向选择，现在的人们可能有种种说法，但其实与风水说不上有多少关系，而是自然地理条件限制的结果，即由于所在的山势的限制，温塘村的某些民居尤其典型地说明了这一点（详参考本书第三章）。在东莞市清溪镇的罗马村，有部分民居甚至祠堂的朝向都是面向北方，该村某祠堂内幸存至今的一块碑记说明，这是修建时聘请的风水师仔细选择的朝向。① 但在实际上，东城朝向北方的民居不是非常罕见的，而主要都是适应自然地势的结果。温塘村的部分人家因为相对晚近才建房，结果只好建在仍然有空地的山麓的北坡，由此形成了朝向北方，导致每到冬天各自的家中寒气深重。东城各村大门朝西的民居，则更加不罕见。访谈时老人们都说这类民居的"朝向不好"，但是，似乎也没见这些人家如何坏了风水、如何招致不吉。

二、兴工（动工）

选定的宅基地可能是自家本有的，也可能是自己为了建房而特地开山或者填水造出来的，还可能是花钱购买而来的。但无论如何，一旦选定了宅基地之后，就要尽快择定吉日良辰以便"兴工"即动工。

传统上，这时的择吉多是请专门的风水师代劳，但历来也可以由屋主自己根据通书即历书挑选。一般来说，旧时兴工通常不会选择在农历的六、七月份，人们认为六月份是一年之半而七月半则为鬼节，因此，二者都是不吉利的。当时认为最好选择在八月份兴工，人们认为八月份比较干净而又吉利。等到具体的月份确定之后，还要再根据三娘煞中的规定确定兴工的吉日良辰。② 在我们看来，择吉体现出人们趋吉避凶的心理，同时又明显地体现出传统文化的意义与制约作用。访谈时一位泥水师傅说，现在"很多人

---

① 详参考张振江、麦淑贤《东莞客家民俗文化：清溪的个案》，广东人民出版社2017年版，第220—233页。

② 所谓的三娘煞，是旧时颇为通行的认识，具体指的是"上旬初三与初七，中旬十三十八当，下旬廿二与廿七，作事求谋定不昌，迎亲嫁娶无男女，孤儿寡妇不成双，起屋庭前无人住，架屋未完先架丧，行船定必遭沉溺，上官赴任不还乡"。

嘴上说这是迷信，不能信。等到他们自己家建房，也一样会请人挑选好的日子和时辰"。我们相信这样的择吉同样有极为现实的考虑，如农历的八月份正是当地农事稀少而降水量又较少的季节，这个时候的木材也相对较为干燥、少虫害，这些都无疑大大地有利于顺利建成房子。

传统上，一旦确定了兴工的具体的吉日良辰，主人家就必须"准时准点"开工。人们认为如果不按时的话，就可能给主人家带来严重的不吉。因此，如果是因为遭遇下大雨等意外的天气而无法准时开工，也必须象征性地"动一下土"即略事开挖。一般来说，除非兴工前主人家的家中发生了某些重大的不吉利的事情（如家中有老人过世等），这时可以、也必须等到一段时间（通常是一年）之后才可以动工。我们发现这个禁忌其实有现实方面的原因，在经济普遍困难的过去，一年内发生两件或者多件大事的花费，一般的家庭也确实难以承受得起。

兴工时先在一张红纸上写下"开工大吉"并贴到木板上，然后将木板插到房基的中央位置上，但也有的人家是直接将这张红纸放在房基的中央，然后用砖头压住。传统上，这个仪式称为"打桩"。之后则是主人家的家庭成员依次祭拜神灵，一般包括山神、土地、天神、地神等。房基的中间还要放一个长约1米、宽约40厘米的"神盆"，其上放置1个神台，神台上通例摆放香、蜡烛、3杯茶、3杯酒、3碗饭、3双筷子、1只鸡、2块猪肉、5个苹果等各式祭品。主人家还要在房基的4个角落处各自放置两块砖，还要在四角与中间各放一些"金银元宝"等纸钱，这些纸钱最后要同时烧掉。一切完成后燃放鞭炮，这既是庆祝兴工，也是借此告知村民自家开工建房了。

我们发现，不同村落所用的祭品以及具体的祭拜过程其实有所差异。但其基本的目的则是一致的，即要告知神灵这块地即将开始建造房屋、祈求他们离开此处。旧时还有部分人家在拜神之后要举行一种称为"烧地契"的仪式，这是因为旧时的人们认为，将要建房的那块土地上聚集着各种魂灵及神明，所以要通过烧地契的方式告知他们：这块土地现在已经易主了，请这些魂灵尽快离开此处以免打扰新主人建房以及以后的新生活。

三、打地基

兴工仪式结束后，建房的第一步工作是挖地基，传统上东城人又称打地基。

这个工作是沿着将要修建的墙体所在处向下挖出沟来，然后向沟内填入更为坚固的材料（旧时通常为石头、砖块等）以形成"墙基"，即墙体的基础，如此一来才能够保障将要修建的墙体基础稳固。挖地基时最重要的，是墙基要略微宽于将要修建的墙体，旧时的地基一般都是在40厘米左右宽，人们认为如此方能保证墙体全部位于地基之上。至于其深浅，则与具体的房屋的大小、高矮以及地质情况有关。如一般来说，地质较硬的地方要挖得浅，反之则必须挖得深；较矮小的房屋的地基挖得浅，反之则挖得深；等等。由于旧时东城的民居普遍较为低矮，而且又几乎都是依山而建的，因此各处的地基通常挖得都比较浅，实地测量后发现其深度一般都在30厘米到40厘米之间。

传统上，等到地基全部挖好后，主人家要逐一给负责建房的泥水师傅们发"利是"，即包个红包。较为特别的是，主人家这时也要给他自己发一份。至于利是的金额多少，则视具体的家庭情况而定，历来并无一定之规。人们认为，不论红包的金额多或者少，目的都是"图个好意头。多也罢，少也罢，心意都是一样的"。

四、建墙

（一）祭神

旧时建墙之前，要先祭拜山神、土地、天神、地神等，祈求他们保佑建房过程平平安安、顺顺利利。之后还要在房基的四个角落各放置两枚铜钱，铜钱必须是同一个皇帝在位期间发行并使用的。人们认为，如果铜钱的年代不统一，那么意味着房屋建好后，主人家的家中就会像朝代更迭一般不得安宁。大概是由于这种铜钱获取不易，因此很早就有人家直接包利是放在四个角落。传统上，铜钱之上要压上砖块，而且砖块只能够竖放而不能够横放。那时的人们认为，横放代表着"武"即打打杀杀，因此很不吉利；而竖放则代表着"文"，意味着主人家及其子女日后能够仕途顺利。

这些完成之后，主人家要在房基的四个角落放置好墙角石即勒脚，其用意是作为支撑。放好了这些石头，便意味着建墙也就是建设民居真正开始了。

（二）建墙材料

在东城的广府人和客家人的民居中，之后部分墙体或者墙体的特定部位使用红石或者麻石的，我们始终没有见到通体使用麻石修建墙体的，如顺德区的马东村所见的那样。

如前文所述，传统上东城各处村落中的建墙材料，主要只有青砖、红砖和泥砖三种。有钱的人家多使用青砖建房，有些在20世纪下半叶修建民居时仍然使用青砖，但普遍比旧时使用的青砖块头小、重量轻。自20世纪70年代末期开始，又重新变得富裕的东城人开始大规模建房，当时普遍使用的是红砖。桑园有新村和旧村之分，旧村的砖房全用青砖，而与旧村紧邻的新村则几乎全用红砖。现在东城各处都修建新式的框架结构的高层建筑，传统的建筑技术几乎完全抛弃不用了，用来填充承重墙以外的各处墙体的建材也都改为红砖了。不过，由于普遍使用了涂料或者马赛克等敷设外墙，因此不容易看得出来。

旧时东城的贫穷人家建房时普遍使用泥砖，这种泥砖的块头比较大，如前所述，其规格一般都是长约35厘米、宽约25厘米、厚约11厘米。泥砖房的墙体通常都显得比较厚实，人们认为只有如此才可以为房屋提供足够的安全性。本次调查的一位主要报道人估计，当时修建一座普通的民居，通常就需要1500块至1600块泥砖，因此打制、晾晒以及运输泥砖都可谓工程量浩大。而把每块重达30余斤的泥砖逐层有序地垒起来，也实在是一项费时费力的繁重工作。在东城的广府人和客家人的村落中，现在都已经很难见到较老的泥砖房了，老人们说这是因为20世纪中叶的几次大洪水，几乎把以前修建的泥砖房全部冲垮掉了。

(三) 建墙方式

旧时砌墙通常是从砌筑前墙开始的，然后逐层向上，同时砌起四面墙体。由于东城民居的前墙通常要比后墙至少短 5 厘米，因此砌两堵山墙时，都要均匀地、逐渐地向后略事加宽，最后实现前墙与后墙的完美结合，即看不出后墙略长。也只有这样，才能够保证建好的房子的左、右两部分的面积能够同等大小。

墙体的上、下两层的砖块要交错摆放，即上一层的一块砖的中点，必须大致落在其下一层的两块砖的相接处。使用青砖或者红砖建墙时，砖与砖之间都需要使用灰沙等黏合剂，这样可以使得砖块黏合起来，从而增强墙体的坚固与稳固，黏合剂还有填补起砖块间留下的空隙的作用。旧时东城人所用的黏合剂，通常都是用蚝壳烧成的灰，也有人使用三合土或者糯米浆甚至糖浆的，但后两者都相当少见。但如果使用泥砖建墙，则可能不使用黏合剂，或者只在比较大的空隙处使用以填塞住空隙。

由于泥砖厚达 10 多厘米，因此用泥砖砌成的单墙墙体已经较为厚实，因此似乎不见使用双层泥砖的。相对来说，青砖和红砖的体积比泥砖的体积小了很多，以之建墙时人们普遍修建双砖墙即双层墙，因此墙体也很厚实。

双砖墙基本的砌筑方式与单墙类似，同样是采取上、下两层交错排列而形成单墙。由于两层单墙之间几乎总是间隔有约半块青砖的空隙，因此粗看上去双砖墙类似于夹皮墙。每隔九层或十层横向砌筑的砖，就要纵向排列一层砖以拉住两层单墙，这样才能够保证两堵墙不分离。这一层纵向的两块砖之间还要留有约 1.5 厘米的缝隙，为的是使墙体更加稳固而看起来又整齐。(见图 2-29)

图 2-29 双砖墙横截面

在中国传统的古建筑技术当中，这种纵向的砌砖和横向的砌砖，分别称为"斗"和"眠"，传统上以斗带眠。如上述的每隔九层或者十层横向的砖即纵向设置一层砖，就称为"一斗九眠"或者"一斗十眠"。人们认为这种修建方式使得墙体变宽而增加了其稳定性，民居因此而变得更加稳固。此外，这种方式的砌筑也可以增加家屋的安全性，还能够更好地防热、隔音。由于具有这些优点，明清时期珠江三角洲许多地方的民居，都采用这种方式砌墙。但是，其成本则相应地增加了许多。(见图 2-30)

图 2-30 佛山璜溪村的多斗一眠山墙

但如果采用外青砖内泥砖即包皮筒方式，由于两堵墙几乎贴在一起，因此无需使用"斗"以拉住彼此。东城的某些旧村落中，有时也可以见到所谓的三砖墙，即墙的厚度为三块砖宽度的墙体。①据泥水师傅介绍，虽然这种墙的厚度都为三块砖，但在具体砌筑过程中，不同师傅采用的砌墙方式可能略有不同。常见的一种砌法如图 2 - 31 所示，即将一块砖的长边与另两块砖的短边相接，形成三块砖的厚度，如此反复地在横向、纵向交错叠加砖块，最

图 2 - 31　三砖墙的一种砌法

终形成三砖墙墙体。另一种较为常见的砌法，则是将三块砖体的短边并列摆放形成三块砖，然后逐渐在横、纵两个方向垒砌成墙。与单砖墙和双砖墙相比，三砖墙的墙体因为更厚而更为稳定、坚固，但缺点则是需要耗用更多的砖材。在经济条件普遍一般的年代，这种砌筑模式其实并不多见。

传统上，东城人把建房时在房屋的左、右两侧的山墙上部砌成三角形墙体的过程称为缩非。山墙上方与屋脊同高的三角部分，则称为山尖，人们普遍把这种山形的尖状的顶部叫作"非"②。缩非时称为"非"的位置所用的砖，旧时必须为泥砖，一般相信，这与中国传统中影响广泛的五行观念有关。东城的人们认为，在金、木、水、火、土五行里面土为中，而梁由于位于整座房屋的"中"间部分，因此必须用土即使用泥砖。

（四）批荡

如果房屋墙体使用的是泥砖，建好后几乎都要进行批墙即批荡。

所谓的批荡，类似于现代常见的民居装修，只是旧时所处理的通常是房子的外墙而不是内墙罢了。东城的广府人和客家人的村落中都有一些泥砖屋，但似乎历来都少有处理内墙即批荡的。其原因可能在于外墙要承受风吹、日晒、雨打等，因而更加容易受损而需要额外的保护。一般来说，旧时的人们都是将泥、细沙（或者小石子、蚬壳等）、蚬壳灰或者石灰和水按一定比例充分地混合，待搅拌成粘稠糊状后均匀地涂到墙体各处，最后再仔细地抹平。等到在阳光、风力的作用下自然干后，就在外墙表面形成了一层有一定厚度的外皮，就能够起到保护墙体的作用，最终有效地增加了泥砖墙体也就是民居的使用寿命。

一般来说，墙体砌好之后需要等一段时间才能够进行批荡。这主要是由于刚垒好的泥砖间还挤压得不够紧密，若这个时候就立即批荡，过了一段时间后墙体与批荡之间容易产生空隙，批荡的保护作用就会因此而大大削弱。

---

① 据调查，东城人旧时使用的砖的规格，其长度大体上等于宽度的两倍。
② 记音字，本字不明。

五、上梁

上梁，又称为"䫀"，指的是将家屋的主梁升起并最终架到山墙顶端的过程，它可以认为是传统民居建造过程中最为重要的一个步骤。

对于主梁，人们通常要对之做某些具有传统文化含义或者具有地方寓意的处理。如一般都先要在梁的中间凿出一个小洞，然后把米、红枣、龙眼、铜钱等物事放入其中，随后仔细地密封洞口。人们认为，这个程序主要是祈求主人家入住后日子能够红红火火、财源广进、生活富足。梁升起前，还要在其中间位置上挂上一块红布，红布的四角通常各挂有一枚铜钱，其中间则一般都要挂一面镜子，这个过程称为"挂红"。随后，还要在梁上挂上装有橘子与铜钱的一个红布袋。橘子必须选用酸橘，因为东城的粤方言中"酸"与"孙"谐音，酸橘则寓意屋主能够子孙满堂，而铜钱则寓意屋主财源广进。不过，这个红布袋具体的悬挂位置，似乎各村甚至各家都有不同。因此访谈时有人认为是挂在梁的两端，有人则认为是用红头绳将其绑在红布的两端等。

上梁之前，要预先请和尚或者道士之类的人物挑选出一个良辰吉日。到了吉日吉时，两侧的山墙各站好一个人，他们分别拽住拴在梁上的绳子，合力将梁一点点升起，最终架在山墙的最高处。人们通常认为，主梁的根部为梁头而相反的一端则为梁尾。旧时上梁时，必须遵循梁头在左[①]、梁尾在右的规定，时至今日，这个习俗依然通行。上梁的师傅一边向上升梁，一边还要说些吉利的话语，如"大升、大发"等，目的是求得"好意头"。架好主梁后，主人家立即放鞭炮以示庆祝，这时还要包利是逐一发给上梁的师傅，主人家自己也要拿一封利是。

因为完成了上梁就几乎等于整座民居基本建造完成，所以人们历来极为看重上梁，并由此形成了一整套仪式、禁忌与规矩等。例如，传统上东城少见大树，因此用作梁的木材都是从今河源等地购买后再借助水路、陆路辗转运来的。旧时一般人家用作梁的几乎都是杉木，所挑选的杉树必须同时具备长、粗、直、坚、无虫害等特点。精心挑选好预备用作梁的木材运来之后，主人家要立即以布覆盖住，有些人家还要仔细地扎起来，小心地放好精心保管。等到上梁当天，才隆重将其取出使用。而在升上去成为梁之前的这段时间，任何人都不能够从这根木材的上方跨过，更不能让人坐在其上面。否则，会招来极大的不吉。

又如，依照习俗，挑选负责上梁的师傅时必须遵循一些禁忌，即并不是随便什么人都可以担任上梁重任的。例如，负责上梁的师傅家中近期不能有家人去世等不吉利的事情。如果发生了类似的事情，他至少要等一个月，才可以参与别人家的上梁工作。否则，就是对主人家的极大不敬与不尊重。

旧时上梁的时间通常选在晚上的子时前后，这其实也是遵循禁忌，即要刻意避开一些"不吉利的人"。在旧时的人们看来，大肚婆即孕妇、刚生完孩子还没有出月子的女人、穿白衣服的人、家中有人去世不超过一个月的人以及披头散发的人等，如果混进上

[①] 站在民居内部面对大房门，左边为左，右边为右。

梁仪式之中，都是非常不吉利的。此外，上梁的时候不能吹喇叭、敲铜锣等，人们认为这些行为会使民居周围的邪气受到惊吓而入新建的家中，最终扰乱屋主的家庭生活等。

六、覆顶

上梁完成后，就可以随即开始修建屋的顶部。这个工作完成之后，新房就可以发挥其最基本的功用即遮风避雨了。

这时先要逐一升起其余所有的梁，也就是东城人所说的桁。相邻的两根桁必须头尾交错有序摆放，即不能够出现所用的桁的梁头或者梁尾全部位于一侧山墙之上的情形。其原因在于如果是这样，非常容易导致两侧的山墙因为承重不一而失衡，也不利于梁柱均匀地分散承担屋顶部的重量。

安放好全部的桁之后，再将桁桷垂直固定在桁上面。旧时的人们使用木钉或者采用卯榫结构甚至使用竹皮捆绑，到了民国初年，就开始有人使用铁钉了。待全部工作完成后，在桁与桁桷形成的瓦坑中逐行仔细地、有序地摆放上各种瓦片。人们认为传统的摆放方式主要有两种好处，即既有利于屋顶向下排水，又有利于家屋的室内透气。

七、安装门窗与打地板

房屋的框架结构全部完成后，即可以开始安装门窗等，随后还可能会进行内部装修即批荡。传统上，东城的民居少有进行内部装修的，珠江三角洲各处的民居也多是如此。如果进行内部装修，则通常都是为内墙批荡。常见的材料有两种，一是使用石灰水涂刷，一是使用石灰、沙子和水按比例混合制成的灰浆。采用后者时，工序则与外墙批荡的相同。

早在砌筑墙体时，泥水师傅就已经在墙体的相应部分预先留出门、窗的位置，因此这时只需要将做好的门、窗安逐一装上去即可。这个程序虽然简单，但也有不少讲究。如传统上人们认为，依据传统的关于风水的说法，窗户不能正对门口，家屋的房门更加不能够正对大门，否则，都是非常不吉利的。

访谈资料：

比如，窗户的位置好不好、灶头摆放得好不好，这些都和家里人会不会生病有关，也和能不能发财有关。比如，房子的布局要是做成了可以发财的样式，就算有小偷来偷，他也是偷不走家里的任何东西的。

因为东城的地下水位高，所以旧时的人们普遍打地板。最初的打地板，是将泥土、沙子、蚝壳灰或者石灰与水按一定的比例调和成浆糊状，然后铺到地面上反复夯实，待其干后即成为了地板。这种方法费力但省钱，因此经济条件较差的人家普遍采用。大概是从民国开始，东城就出现了现在常见的地板砖，只是相对来说面积略小。这时先在地面上均匀地铺一层沙子，目的是使地面变得平整。随后在沙子上面铺上边长约33厘米的方形地板砖，人们称之为"阶板"。

在铺设"阶板"时有特殊的讲究。最主要的是地埠头近门处的由两块阶板相接处所形成的缝隙，必须略偏向某一侧而绝对不能正对房子大门的中线，否则，即会形成称为"破中"的不吉样式。在珠江三角洲各处，人们至今普遍认为破中等于把一个家庭分为两部分，即家庭分裂、不团结，因此是极其不吉利的。① 为了避免出现破中，许多人家采用斜铺阶板的方法，还有人家干脆在地埠头内侧不用阶板而铺设一整块红石。

八、打灶头

在传统的社会中，灶头在人们的日常生活中不仅仅是煮饭的工具，还有着深刻的文化蕴含，即灶头的好坏不仅仅关系着日常使用是否方便，还与家庭的福祉有着密切的联系。因此，在打灶头的过程中有着诸多禁忌。

厨房门不能正对灶头的门，否则，意味着该家的家人会一直彼此吵闹不休而不得安宁。在旧时，打灶头必须择定吉日才能够动工。灶头不能朝向正南，也不能够朝向正北。因为在传统的观念中，朝向正南的灶称作"南灶"，谐音"难做"，意味着该家做事艰难、家人难有发展；"北灶"则与当地话中意为"这个人没用"的某个词语的发音相近，② 所以也是不吉利的。因此，东城的灶头通常开口为正东、正西，也常见偏东或者偏西的。

在东城，分家又称作分食，这是因为分家的一个重要的标志就是打新灶而各自煮饭。由此来看，在东城人的观念中，灶头又是家庭的象征。只要彼此还是使用同一个灶头煮饭且一起吃饭，就不算分家，而一旦各用自己的灶头煮饭且各自吃饭，那说明彼此就是两家人了。

九、入伙

在东城的广府人和客家人的各处村落中，在入住新屋前要举行入伙仪式。人们至今普遍认为这是一个重要的仪式，关乎日后家庭的平安，因此也需要择定吉日良辰举办。

在正式入住的前一天，屋主一家开始在新屋各处的门上，逐一贴上写有入住后能够吉祥如意一类字样的对联。到了当天举办入伙仪式，通常都是在深夜子时进行的，这也是一个习俗。家人事先准备好一副担子，担子中放有鸡、鱼、猪肉、酒等食物，以及刀、砧板、碗筷等厨具。正式入伙时，全体家人鱼贯排成队，年龄最大的男性长辈和长子挑着灯笼（灯笼寓意火种）走在队伍的最前面。他们的后面跟着一个人（多为家庭主妇），挑着装有各种杂物的一副担子。队伍的最后面是小孩，他们背着书包、手拿算盘（书包和算盘寓意日后识字、会计算）等物事，按照尊卑或者长幼的顺序依次进入新家屋的内部。一般说来，参加入伙仪式的人都是屋主最亲近的亲人，最多不会超过三代，因此参加仪式的人通例不会很多。全部人都进入新屋后，马上将担子中的各种物件

---

① 详参考张振江、陈志伟《麻涌民俗志》，汕头大学出版社2008年版，第166页。
② 也有人认为是与当地话中"白做"（做了但无结果）谐音，故不吉利。

按照兴工祭拜神灵时的顺序逐一仔细摆好。随后在最年长的长辈带领下，全部家人共同祭拜祖先、天神、地神等，主要的内容则是禀告他们新居已经建好并要正式入住了，同时祈求各位神灵与祖先保佑家人在新居内平安大吉。

在旧时，修建新屋既是一个家庭最为重大的事件之一，也是一个男人一辈子中最重大的事情之一。因此到了次日上午，主人家的一众亲朋好友都会依例前来贺喜。现在来的客人几乎都是送厚重的礼金或者礼金加礼物，主人家则几乎毫无例外地都是在酒楼或者饭店大摆宴席招待。老人们回忆，旧时由于村民的经济条件普遍有限，因此来客所送的几乎都是些价值极为有限的日常用品，而且"以前几乎没有送钱的"。经济条件较好的主人家中午时会在新家中摆酒宴请宾客，而经济条件较差的人家，可能仅仅燃放鞭炮表示欢迎并庆祝新房完工，两者都是当时的习俗许可的。但不论有无招待，来宾都会衷心道贺后尽欢而散。

受经济条件的制约，从开始动工修建到最终落成，以前通常都需要一两年甚至几年的时间，甚至到了改革开放前夕依然如此。有老人回忆自己在"文革"时期建房的情况时说，"那时候都没有钱。建一个房子，你得花好几年的时间。就是攒点钱盖一点，再攒点钱再盖一点。前前后后，花了好几年才完工"。至于旧时少数极为富有的人家，那就另当别论，他们通常不需要拖这么久。但无论何种情况，只有等到办完了入伙仪式，才标志着一个完整的建房程序至此全部结束。

第四节　传统民居的功能布局

如前文所述，东城的传统民居主要有三种类型，即金字屋、明字屋与直头屋。三种类型的房屋虽然结构布局有所差异，但其内部的功能分区却极为雷同，大致都可以划分为四个部分，即天井、厨房、厅堂与卧房。应该说，这种相似性可能反映出旧时东城的广府人和客家人对民居的理解，也反映出民居最为基本的功能。

一、房屋内部功能布局

（一）天井

东城终年气候炎热、潮湿，如何除湿与散热，就成为了民居建筑除了安全性之外最为重要的问题，只有如此，才可能营造出宜居的家庭生活环境。而要实现有效地降温、除湿，关键在于顺利地实现民居通风，天井于是成为了必不可少的结构要素和功能要素。

在漫长的生活实践中，人们总结出了一套简便但实用的关于如何使用天井的经验。陆元鼎在《广东民居》中总结道："广东民居是以厅堂、天井、廊道来组成通风系统的。天井是露天大空间，廊道是封闭小空间，而厅堂则介乎两者之间。厅堂的风速一般来说，要比天井大，但比廊道小。根据流体力学原理，在同一风场中，流速快的压强小，流速慢的压强大。这样在常风状态下，天井的风压较大，廊道的风压较小天井风就会透过室内（或直接）流向廊道。①"因此，天井成为民居中通风透气、隔热降温必不可少的结构。

除了这些功能之外，天井还有其他一些极为重要的实际作用。例如，传统上民居一般较少开窗，即使开窗也是面积狭小，因此，传统家屋内部的采光，主要依靠屋顶的豪光。而开设了天井之后，由于厅堂通例面向天井开门，这样极为有利于室内采光，在很大程度上改善了民居内部的光照条件，从而有效地提高了生活质量。在东城不论是广府人还是客家人，其家屋的主体大都采用明暗结合的布局，所谓明的指的就是厅堂。我们实地考察后发现，借助于天井，该处确实能够做到光线充足，很好地实现"光明正大"的传统家居理想。（见图 2-32）

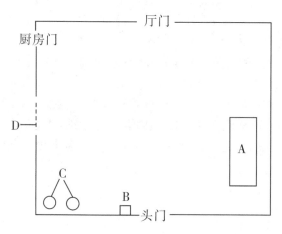

图 2-32　明字屋的天井布局陈设

又如，天井还有着重要的排水功能，其排水孔通常设置在头门侧边的位置。在东城，无论是天井两侧廊间的屋坡，还是天井与大门间用来遮阳避雨的檐廊顶部，全部都要斜向天井的内部修建，这样才可以使得雨水自上而下汇入天井中，之后再排出去，这种建筑样式与东城人传统的"水为财"的观念有关。人们至今仍然认为，屋坡等斜向天井使雨水汇入自家的天井，这样意味着财不外流，只有这样的家庭才可以聚财、致富。

天井不仅仅是一块特意空出的地，当中经常有其他设施，还有其他各种用途。如历史上的东城地区河流众多、水系发达，人们多是直接从河流中挑水回家供各种使用，这是当时女性的一项重要的日常工作。而挑回来的水，通常就是存储于设在天井的水缸中。家庭日常的各种必不可少的洗、刷等活动，也几乎都是在天井中进行的。其原因主要有二：用水、排水方便，以及可以避免厨房等处内部积水。又如，东城人普遍有饲养鸡、鹅、猪等家禽、家畜的传统，白天人们通常将其放养在村巷各处。不少老人都回忆

---

①　陆元鼎、魏彦钧：《广东民居》，中国建筑工业出版社 2004 年版，第 245—250 页。

说，以前村中随处可见到处乱跑的鸡、猪等，弄得村子极不卫生。当时人们多是在天井中喂鸡、喂猪，而到了晚上则会将其圈养在天井中以保证其不会丢失。

旧时的东城少见水井，但根据我们的调查，旧时确实有极少数大户人家会在自家的天井中打井，这样就使得用水变得极为方便。在天井中打井有诸多讲究，如井眼不能够设置在正对大门口处。而较为独特的一点则是，这处的水井要刻意设置得使人站在厅堂中不能直接看到。不然，就会给人的眼睛带来某种伤害，即"轻则眼痛，重则失明"。但是，似乎已经无人可以解释其理据何在。

（二）厨房

传统上，不论民居属于何种类型，也不论面积是大是小，建房时人们总会尽可能地在民居内部留出部分空间用作厨房。

旧时东城人的厨房面积通常不大，其内部布局或者陈设也比较简单。一般地，都是在靠近前墙的位置设置炉灶，通常为一大二小，合计三个，三者的功能不一样。最大的一口灶，通常用来烧冲凉水以及煮猪食，而另外两口小灶一口用来煮饭、一口用来煲汤。旧时人们烧火使用的多是稻草等，灰烬积累到一定程度后清理出来，与人、畜的粪便混合成为很好的农家肥。

除了天井中放置水缸之外，也有部分人家会在厨房内放置一个小的水缸。这个水缸通常放在灶头的附近但不会紧靠灶头，这样既方便使用又避免了灰烬等杂物落入水缸。在靠近卧房一侧的墙体的中间偏下的位置，通常设置一处向外凸出或者向内凹陷的壁橱，用来放置厨具等。（见图2-33）

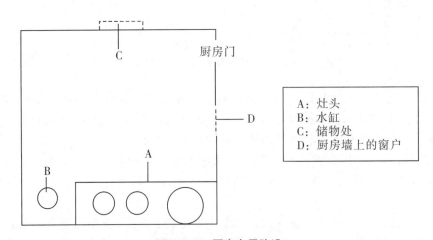

图2-33　厨房布局陈设

传统上，东城人普遍把厨房称作"下间"，据说是得名于厨房通常居于主屋的侧前方即下方。相比起主屋来，厨房经常显得偏矮又偏小。至于在直头屋一类的简陋而又狭小的家屋中，则经常是把家屋内部靠近门口处用作厨房而无法设置单独的厨房。

访谈资料：

问：以前，这里一天吃几顿饭呢？

答：以前？一天都是吃两顿饭的，就是午饭和晚饭两顿。

问：那以前早上不吃饭吗？

答：以前早上，那要早早起来出去干活。原因是早上比较凉快嘛，尤其是夏天的时候。所以，以前早上都没有专门做早餐吃的，我们这里很少有人吃早餐的。不过，可能有的人家过年的时候，会做一些炒米饼。做得比较多的，就放着，早上起来吃几个，就算是早餐了。

以前一般都是上午干活做到10—11点的样子，然后就回来吃午饭。不过以前呢，到了下午3点左右一般都会吃点东西的，比如番薯、糖水等。吃完之后还要干活，到五六点的时候回家，就吃晚饭了。

一般说来，厨房主要是女性操持的空间。传统上，东城女性的日常生活其实主要就是"围着厨房转的"，但每天并不轻松。正如一首古旧歌谣中所唱的："鸡公仔，尾弯弯，做人新抱（意为媳妇）好艰难。早早起身都怕晏（意为迟），眼泪唔干入下间（厨房）。"家中的男性通常一大清早就起来到田里干活，女性则留在家中做家务活，准备饭菜则是一项重要的家务活。到了农忙时，女性不仅要送饭菜给在田中劳作的家人食用，也需要经常下田劳作。此外，日常女性还需要喂养家中饲养的牛、猪、鸡等，旧时普遍是上午10点左右和下午5点左右各喂一次。喂鸡主要是撒些稻壳、菜头等即可，而喂牛和猪则需要专门为其煮食。

（三）厅堂

厅堂是一整座民居的中心，也是一处民居内最主要的公共空间。家庭的吃饭、待客等都在此进行，因此，厅堂中最为常见的家具是桌椅板凳等相应的用具。

根据家庭经济条件的不同以及空间大小的差异，不同人家的厅堂中家具的类型或者数量的多寡也各不相同。一般说来，经济条件较好、空间较大的人家，通常会靠后墙摆放一张八仙桌，其两边以及两侧墙边另外配有若干把八仙椅。有的人家还会在厅堂的一侧放置一张竹床，主要是供老人或者主人日常短暂休息之用。至于经济条件较差的家庭，则通常只是摆放一张普通的桌子、几把普通的小椅子。旧时的东城人家通常都不设置专门的餐厅，因此厅堂中摆放的桌、椅也就是日常就餐时的用具。若是有人前来串门，通常也是围桌而坐或者分宾主坐在桌子的两边议事。不过，旧时专门到家中串门的并不多见，因为平时人们通常会选择在村口等处聚集、闲聊，而议事则多选择在本宗族的祠堂之中进行。

因为厅堂就是旧时（至今依然大体如此）人们日常祭祖、拜神的空间，所以它又具有重要的宗教信仰方面的含义。几乎所有的民居厅堂的后墙的中部偏上处，通常都架设一处神阁即神台。神阁的底部其实是一块长而厚的木板，其两端则分别插入两侧的墙体内以固定住。因此，其长度与厅的面宽一致。至于其宽度，则根据不同类型的民居而有所不同，但实地考察后发现以75厘米至95厘米的最为常见。这块木板距地面的高度，一般为2米到2.4米。因此在神阁的一边，通常都会放置一张相对来说较短而小的木梯，供居民（通常是家庭主妇）每天上香祭拜祖先、神明等时所使用。祖先的神主牌通常摆放在神阁的中央，有的人家还会在其旁边摆放观音像等神明的塑像。在其两侧的各自靠近墙体之处的部分空间，日常也经常用来放置杂物。神阁的下方位于后墙正中的地面上，通常放有一块木质的家中的地主的神位，其前方有一个香炉用于供奉地主神。普通人家日常的拜神、祭祖等活动，主要都是在这处神阁进行的。而每逢节庆日或者家中有大事时，家人除了要依例去祠堂和寺庙祭拜之外，也要在这里举行各种祭拜仪式以祈求神灵和祖先的保佑。（见图2-34）

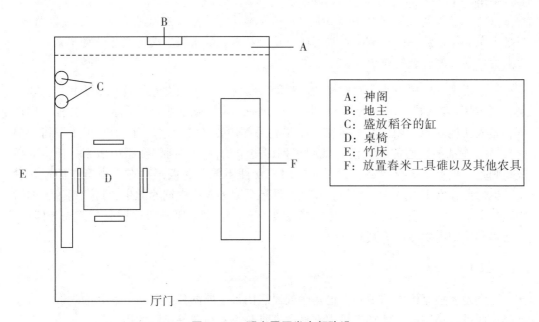

图2-34　明字屋厅堂内部陈设

　　旧时的厅堂还是一个存储空间与简单的生产、加工空间。例如，旧时民居内部的平面空间受诸多因素的限制，但在立面结构上则普遍偏高，因而不少人家在厅堂左右两侧的墙面上，搭成与神阁相似的小的楼阁作为储物空间以放置物品，通常是体积较小的生产工具以及炒米饼等零食。有的人家是在墙上钉上数枚钉子用于挂衣物等物事，为的也是充分利用高度提供的空间。在靠近厅堂的后墙处，通常放有几口大缸（多为4口），用于盛放稻谷等粮食。若厅堂的面积足够大，几口缸通常会一字排开，若厅堂面积较小则会将其摞在一起以减少占地面积。有些民居由于厅堂的面积过于狭小，只能将稻谷装入某种容器内放置在卧房内的阁楼上面。因为储存的是稻谷，食用前需要去壳，所以旧时多数人家都有舂稻谷的碓，一般也是贴墙放置在厅堂的一侧。由于除去稻壳的工作经常在厅堂中进行，因此厅堂又成为了临时的简单的加工场所。

　　东城广府人的厅堂过去还有一个极为重要的用途，即用作等待死亡以及其后停灵的空间。① 传统上，如果广府人发现家中老人即将逝去，家人或者极为亲近的族人马上就

---

① 现在的东城已经普遍实行火化，经常出现死者直接由医院被送去火葬场的情况，自然也就没有了停灵等。此外，东城的客家人的丧葬习俗可能有所不同，以前有些人家同样是在厅堂内停灵，但据回忆，另外有些人家则是在祠堂内停灵。传统上，各地的客家人多是在宗族的祠堂内办理停灵等一应丧葬事宜。

要用两条长凳子充当床腿，在其上面铺设一块木板而搭成一张临时的简易床，然后将老人移至其上平躺静待其离世。这张床具体摆放的位置在不同的村落可能有所不同，如有的是将老人放置在厅堂的一侧、有的是放置在厅堂的正中。① 但是，无论如何摆放，其位置都必须"过梁"。过去人们通常以屋顶的主梁为无形的界线，而把家屋分为前与后两个部分。在这种情况下，这张简易的床必须放置在主梁与前墙之间某处，即放置在厅堂的前半部，而绝对不能够摆放在主梁与后墙之间即厅堂的后半部某处。此外，在该老人临终之前，必须使其头向外而脚向内平躺。但是，一旦其过世之后，家人或者近亲则需要立即将其转为头朝内而脚朝外。老人们说，只有这样才可以让过世者的灵魂更好地离开民居，从而避免给仍然活着的家人带来灾祸。其脚部的下方，还要立即点燃一盏长明灯，而且要一直点燃到出殡之后才能够灭掉。（见图2-35）

东城各处村落的厅堂中，其实都没有明确标出一条前后或者左右的分界线，但是，从家人过世时尸身的前后停放位置，则可以清楚地看出人们传统的关于厅堂之中的内和外的观念。主梁其实是一条无形的分界线，即主梁之前是外而主梁之后则是内。过世的人必须放置在主梁的前方即外，这样才方便其离开民居到"外"去。东城人家中的祖先牌位通例摆放在厅堂的后侧，因为这样才说明是在"内"，即是自家的祖先。

图2-35 停灵时厅堂中的一种摆放方式

（四）卧房

东城的传统民居中，几乎必然都设有专门的卧房。从其内部的空间陈设以及相关的习俗不难发现，相对于厅堂来说，卧房是民居中的私密空间，而拥有一个专属于自己的卧房，也意味着人的社会身份的转变。

但其面积通常比较小，我们多次实地测量过不同类型民居中的不同卧房，发现旧时的村民无论贫富，每一间卧房的面积都是大致相当的，即通常都是在6到7平方米。但一如前文所述，旧时的家屋通常都是立面结构上普遍偏高。为了充分地利用家屋的这种内部空间特征，一间卧房的内部通常也分为上、下两层，而两层中间则由一层木板隔开。通常在这种木板靠近卧房门口处开有一个方形的口，以方便家人借助活动的木梯由此上下阁楼。卧房的下层，几乎必然是父母的住所，这里通常有床、梳妆台、尿椅等家具。卧房的上层则是楼阁，有的人家用来放置杂物，如衣服、被褥、少用或者不用的用

---

① 访谈时有一位老人认为，过去家中的人过世后不能够摆放在同一个位置。例如，家屋中第一个人过世时，如果摆放在厅堂的左侧，则下一个人过世时就不能摆放在左侧，而只能够摆放在右侧或者中间。但我们未能获得更多的资料以证实或者证伪，暂且录以备考。

具等。但是，由于旧时不论是广府人还是客家人，每户人家的孩子数量普遍较多，这处阁楼经常供年纪稍大的孩子居住。（见图2-36）

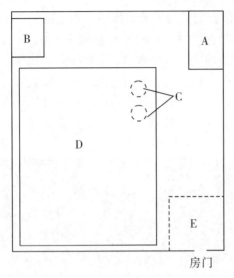

A：梳妆台
B：尿椅
C：粪桶与尿罐
D：床
E：阁楼入口

图2-36 卧房内部空间陈设

在卧房之中，最为重要的家具当然是床。传统上，床其实不仅仅是睡觉的用具而具有多方面的含义。清代的李渔在《闲情偶寄》曾说："人生百年，所历之时，日居其半，夜居其半。日间所处之地，或堂或庑，或舟或车，总无一定所在，而夜间所处，则只有一床。是床也者，乃我半生相共之物，较之结发糟糠犹分先后者也，人之待物，其最厚者当莫过于此。"① 李渔将床与糟糠之妻相提并论，足见其对床的重视程度。但在实际上，这段话还只是说明了床的传统含义的一个基本的方面，床的背后其实还隐藏着深厚的文化方面的各种内涵。例如，我们通过反复的访谈得知，东城传统的床几乎都是木床，由于传统民居中卧房的面积较小，因此床的面积一般也不大。实测后发现，通常的床的规格为宽度1.5米、长度则超过1.9米而不到2米。在旧时的东城，床的一个禁忌就是长度绝对不能是2米长，访谈时许多老人反复地解释说，这主要是因为旧时东城的棺材的长度就是2米长。所以以前的人（一定意义上说也包括许多今人）普遍认为，2米长的床是给死人居住所用的，如果把家中的床做成2米长，那就是一件非常不吉利的事情。

在传统的东城，结婚之前普通人家的孩子几乎都是没有专属于自己的卧房以及床的。婴幼儿时期的孩子通常与父母睡在一起，睡的是父母的床。当孩子大到能够独立睡觉时，通常就搬到侧房或者卧房中的阁楼上，与一众兄弟、姐妹睡在一起。许多老人都回忆，他们小的时候在阁楼上铺张草席，这就成为了他们的"床"。等到了10岁左右，即孩子们有了一定的性别意识或者对不同的性别"感到好奇"的时候，通常会按照性

---

① ［清］李渔著，江巨荣、卢寿荣校注：《闲情偶寄》，上海古籍出版社2000年版，第234页。

别再次划分住处或者让他们另觅居所。金字屋民居中的房间数量较多,因此这些家屋中的孩子通常可以按照性别各自分开住宿。但其他类型的家屋由于空间较小而住不下家中所有的孩子时,他们的父母通常都会让孩子们分别搬到村中的男间或者女间中居住(详参考本书第九章),而且一般都会让他们住到结婚为止。

本次调查时不少老人感叹,他们出生后从来没有专属于自己的卧房与床,只是到了他们结婚之后,即成立了独立的家庭之后,才第一次有了一间专属于自己的房、一张专属于自己的床。在这个意义上说,床不仅仅是生育力的象征,同时也是个人的社会身份的转变最为重要的标志之一。实际上,传统的床有多重含义,这些在与床有关的诸多习俗之中都有表现。(见图2-37)

除了床之外,主人的卧房内通常还放置梳妆台、尿椅、粪桶、尿罐等。据调查,旧时梳妆台与尿椅主要是供女性主人使用,而粪桶与尿罐则是给小孩子使用。老人们回忆,在民国时期,尿椅与梳妆台几乎是父母亲必不可少的送给出嫁的女儿的主要嫁妆。因此,早在民国时就有不少商家将二者组合一体出售。那时的梳妆台通常分为上、中、下共计三层,上层用于放置镜子,中间用于放置盆,而下层则为木质的支架。(见图2-38)旧时的盆其实也有一些差别的,如经济条件好的人家多为送铜盆,而条件较差的人家通常只能够送木盆。

图2-37 残留的传统木床厚实的床脚

图2-38 损毁的传统梳妆台

二、扩大的民居空间

旧时东城人的民居普遍面积有限,必须利用家屋之外的某些空间展开某些活动。而且东城各处村落都属于所谓的熟人社会,村民的群居性尤其强烈,茶余饭后普遍相互串门或者集中在某些处所休闲或者小憩。这些被用来补充民居空间的具有公共性质的空间,我们称之为扩大的民居空间。

（一）街巷

东城的传统村落几乎都规划得非常好，民居成排成行依山分布。密布的街和巷尤其是里巷在把村落分割成不同的区块的同时，又把不同区块的民居勾连起来，使之成为一个村落整体，极大地便利了村民的往来。这些里巷不仅具有空间分割、交通方面的意义，还具有重要的社会意义。如就在不久前的历史上，房前屋后的这些街或者巷还是村民日日坐卧、闲谈或者集聚的场所。

在东城的每一处旧的村落中，几乎都有一条相对来说较为宽阔的主干道，多数村落称为街而少数村落则称为巷。这些主干道几乎都是使用石块甚至是麻石块精心铺设的，其两侧散布着村内主要的商业设施如铺头等。（见图2-39）村内如果有集市的话，也几乎必定设于这条主干道上。传统上，这些街道在发挥着便利村民通行等基本作用的同时，还是村民日常集聚的主要空间。本次调查时发现，鳌峙塘村的麻石街尽头处有几户人家，现在每家平时都只有一位老太太居住。每天饭后，这些老太太都会聚集在门前的街边闲坐，有一搭没一搭地聊天打发时间。但在人声鼎沸的过去，这里可能并不是属于她们的，当时一般都是男人才到街上"指点江山"，女人的世界则在里巷之中。

图2-39 麻石巷

依照传统的村落布局，村落内所有的民居都至少在其一侧有一条里巷，实际上多数民居的两侧各有一条里巷。村落中的里巷通例较为狭窄，里巷两边的民居尤其是其悬山屋顶的出檐遮挡住了阳光，使得里巷内较少受到太阳光的直接照射而变得较为阴凉。由于里巷内外温度差的作用，这些地方极为容易形成巷道风，结果不仅

图2-40 门外巷道的石凳

使得巷道内通风顺畅，还使得其温度也总是比相邻的民居内的低许多。过去人们在自家门口或者附近用麻石或者其他石头搭建起简易的石凳（见图2-40），里巷于是就成为人们日常纳凉、休息、聊天甚至吃饭的场所。老人们回忆，过去每到饭后或者黄昏时，一家大小总会分坐在自家门口的里巷两边，一边闲聊一边消夏至很晚。经常可见几户人家聚集到一起，海阔天空地闲聊。而在白天男人们都去上工时，相邻几家的主妇们又总是会集聚在一家的门口或者各自坐在自家门口，一边说些家长里短一边做些择菜、缝补

等家务活或者哄婴儿。在珠江三角洲各处，这种景象至今不时可见，如图2-41所示的佛山璜溪村内的一处日常场景。

即使是时至今日，传统农村普遍多见的这种习俗依然时时可见。在几年前才落成的余屋新村内，几乎每家都居住于一栋4层的气派而又宽敞的楼房之中，室内的各种空间都极为充足。但是，留守在家中的老年妇女，还是在门前的巷子边垒起了简单的石凳，依然习惯于左邻右舍几位老姐妹一起闲聚、闲聊。

（二）村口

到了现在，东城各处村落旧时的村口早已不复当年模样，其重要性也早已大为降低。历史上，东城的村口的含义同样普遍较为复杂，远远不仅仅是出入的路口，还涉及传统村落的某些本质的方面。

图2-41 璜溪村里巷中闲聚的老太太们

例如，村口通例是村民日常群聚的重要场所之一，许多时候甚至完全可以说是最重要的聚集场所。过去东城各村的村口处，一般都有相对宽敞而又平坦的一块地，周围几乎都有大树，通常还与池塘或者河流为邻。因其空间宽阔且有大树遮阴，又有水可以洗濯，所以村口成为了人们乘凉、聊天的理想聚集地点。老人们回忆，以前每到天气炎热的时候，不少人（全部或者大部分为男性）就坐在村口的大树下，手摇称为济公扇的一种草扇一边乘凉一边聊天。到了晚上众人均闲暇时，一处村口可以聚集几十个人之多。

本次调查发现，现在的周屋旧村的村口处的大树下，每天依然有十余人闲聚。但不同的是有男也有女，老人们说中华人民共和国成立后不久，女性就可以出入其中了。上三杞旧村的村口已经变得残破杂乱，但仍然是村内几位老婆婆每日固定的聚集点。访谈时一位80多岁的老太太，自豪地对我们讲起往昔这处村口的种种荣耀，让人不禁恍惚，有"闲坐说玄宗"的况味。

（三）鱼塘

与珠江三角洲的许多地方不同，东城的传统民居中普遍没有设置冲凉房，而池塘和河流就是男人们的冲凉房。

东城地处亚热带，气温常年较高而且湿度又偏大，因此人们每日都要洗澡即冲凉一次甚至多次。老人们回忆，旧时东城所有村落的附近，"到处都是大鱼塘（意为水塘），到处都是河流"。（见图2-42）那时这些池塘和

图2-42 鱼塘

河流的水质极为优良,村落的各种用水以及洗澡极为方便。访谈时许多老人都回忆说,由于这个自然条件,那时的人家中也没有多少必要专门修建冲凉房。当然,最主要的原因当在于旧时普通人家中的空间极为有限,确实难以规划出一处单独的盥洗空间。过去需要冲凉时,直接到水塘或者河流中冲洗就可以了。人们去洗澡时,还经常带上家中的孩子让其学习或者练习游泳,东城水多,人人都必须有良好的水性,才能够以防万一。成人禁止孩子私下去游泳,历史上,东城各村都有过孩子因为偷偷去游泳而出了意外的教训,这也是东城的大小码头处都普遍多见《南无阿弥陀佛碑》的一个重要原因,人们希望神明保佑戏水的孩子以及成人的安全。

当然,日常到水塘或者河流中冲洗的,几乎都是成年男人。女人们不便如此,历史上也不敢如此。访谈时老人们都说,以前的女人洗澡时,一般都是"在家中拿湿毛巾擦一下,那就可以了"。也有女人趁夜黑紧紧关起大门,在家中的天井处洗澡。因此访谈时也有老人回忆说,以前其实一般人的家中也是有冲凉房的,那就是天井,只不过不是一处单独的冲凉房而已。

(四) 厕所

东城的各处广府人和客家人的大大小小的民居内,以前几乎从来都没有设置单独的茅厕。我们多年的调查发现,在珠江三角洲乃至华南非常广大的地区,历史上的各处民居普遍都是如此,既没有设于民居内的私家的厕所,也没有设于民居外的公共厕所。

我们相信,造成这一现象最主要的原因,在于以前民居内的空间普遍极为有限。如果在逼仄的民居内设置厕所,则整座民居内部几乎必定会充满屎尿的难闻的味道。据调查,旧时东城的村落较小,村边周遭都是极为茂密的树林和灌木丛,因此人们在有需要时就可以随时到这些地方解决。过去的村落民风普遍淳朴,一个村子内的村民又彼此都是熟人甚至亲人,因此也没听说发生过偷窥之类不好的事情。在某些时候,人们也可能在距离村落一定距离的某处五边地搭建一个简易的厕所,① 这样既便于需要者排泄,也便于搜集排泄物充作肥料。调查时老人们普遍反映,村中的公共厕所主要是中华人民共和国成立后甚至到了20世纪六七十年代才出现的,私人家中设有厕所则主要是因为改革开放后,家居条件大为改善。时至今日,新民居内必然设有一处甚至多处厕所,即使是遗留下来的老民居,如果仍然有人居住的话也普遍设法加装了厕所以及化粪池等。

在旧时,有些人家则常会在卧房中靠近墙角的地方放置一张木制的尿椅(见图2-43),主要供家

图2-43 位于卧房内一角的尿椅

---

① 所谓的五边地,指的是面积小或者不规则的一小块土地,而且该处难以用来建造家屋或者作为他用。

中的女性小便使用。① 尿椅其实是一张椅子，只是中间部分不围合。椅背通常靠墙摆放，中间坐的部分的下方放置一个称为尿塔的罐子，是用来储藏尿液的。椅面上有活动木板盖住，使用时将其提起人，即可坐在上面方便。不用时则盖上盖子，以减少难闻的气味四处散发。在床下或者是卧房角落处，一般还会放有较小的尿缸以及粪桶等，主要是给家中的小孩子使用。一般来说，每次使用之后，人们会在粪便上面先盖一层草木灰，之后再用盖子盖住，这样可以减少气味的挥发。老人们回忆，过去在东莞的莞城、石龙镇等许多地方，也都是用类似的家内便溺用具。不过，由于那里的人们较少从事农耕，因此不少人家都会将积攒起来的便尿等卖给东城等以种田为主的人家作为农家肥。因此，过去还有专门的收集和出售这类便溺的小贩子。

到了改革开放之初，许多村民的居住条件几乎迅即有了相当的改善，如得以修建单独的厕所。一般来说，这时的厕所多是修在家屋外某处的，这同样是出于节省家屋内空间和避免室内气味弥漫的考虑。为此，人们还在家屋前、后专门修建了单独的化粪池。但令人始料不及的是，化粪池的污水通过地下水网最终污染了地下水源，意外地使得村落中即使有水井，井水也因为被污水污染而变得不可再饮用了。我们多年的调查发现，在珠江三角洲各地以至华南各地的许多古村落中，都发生过类似的意料之外的事情。

（五）男间与女间

在旧时的东城广府村落或者客家村落中，几乎每个家庭都尽力生育，因此，那时大部分家庭都有数量较多的孩子。但是，父母经常无法为众多的孩子提供足够的居住空间。作为一种权宜之计，男间、女间应运而生。

一般地说，那时的孩子在婴幼儿时期通常与父母一起住在主人房。等到年龄稍大一些（通常是四五岁），条件好的富裕人家的孩子一般搬到属于自己的单独的卧室居住，但大部分一般家庭的孩子，都只能够是搬到父母卧房上部的阁楼或者二层中凑合着居住。等到一般人家的孩子再长大点（多在10岁出头），这时一方面他们具备了照顾自己的最为基本的能力，一方面他们再在家中与兄弟姐妹杂居也不方便了。因此，他们这时虽然白天仍然在自己的家中吃饭、从事生产等各种活动，但一到晚上，男孩则通常都会到外面某处的男间之中过夜，女孩则通常都会到外面某处的女间之中过夜。在这个意义上说，男间和女间就成为了扩大的民居空间。

据调查，直到改革开放前，东城的村落中仍然广泛存在着男间、女间。村中用作男间、女间的，多为村落中多余的可以栖身的某种建筑，但通常都是因故没有人居住的闲置房屋或者寡居老人的多余的房间。例如，有的家庭中只有一位年迈的老人家，因而有多余的空闲房间。这时这位老爷爷可能会许可一些男孩子到他的家中居住，而这位老婆婆则可能会许可一些女孩子住到她的家中。如此一来，就形成了历史久远的男间或者女间。

一般来说，当时一处男间或者女间中居住的孩子的数目并不确定，但以少则五六人

---

① 据调查，偶尔也有用于大便的。这种椅子过去遍布在许多地方，用于小便和大便的都有，电视剧《宰相刘罗锅》中，即有和珅用之大便的镜头。

多则十余人最为常见。孩子们在一处男间或者女间中居住的时限也不确定，主要视房间提供者及其家庭的具体情况而确定。例如，原本居住于外地的屋主因故要搬回来居住，这时孩子们就要搬离而另觅住处充当男间或者女间。至于孩子们在一处或者几处男间、女间中居住的总的时间，一般都较长，当时的孩子们几乎都是居住到自己结婚或者出嫁才结束。在较为困难的过去，普通人只有婚后才有属于自己的民居以及房间，这时才能够从男间、女间中搬出去。

对于男间、女间以及孩子们在其中的具体居住情况等，由于本书的其他章节多有涉及，故此处不再赘述。

第五节 传统民居作为信仰空间

传统上，东城人同样普遍存在着各种信仰。而且在一定程度上说，东城的老年人至今仍然可以认为是最为通行民间信仰的人群。因此，在旧时东城的多数民居内，普遍多见摆有各种神明以及先人的塑像或者牌位等，各种相关的信仰活动几乎日日出现。在这种意义上说，一处民居同时也就是一处信仰空间。

一、民居外部的信仰空间

（一）门神

在传统的东城社会中，由于治安较差，地方长期不靖，经常发生"打明火"之类的恶性事件，①人们的生命财产安全可以说毫无保障。这对民居的建筑形态产生了许多深远的影响，如人们除了使用质密、坚硬的木材制作民居大门之外，还在大门外面增设推闸门或者弄子门，家屋少开窗且房门普遍狭窄等。

除了土匪盗贼之外，人们又普遍认为日常生活的空间之中，存在着很多无形的威胁，常见的如鬼、邪气、邪神等。对于这些不祥之物，人们普遍通过某种或者某些精神的方式即借助神灵的力量，以吓阻或者驱赶为手段而达到保卫民居内的家人的目的。应该说，这些为人们提供心理上的安全感，满足人们居住的心理需求。其中，使用最为普遍的是在大门上雕刻或者张贴门神画像。②（见图2-44）人们认为门神是专职守卫门户的神灵，尤其具有驱邪辟鬼、保卫家宅之用。

概括地说，使用门神的传统习俗遍见全国各地，而且历史极为久远。中国古代的门神数量众多，大致上可以分为文、武门神两大类。文门神以天官、钟馗等为典型代表，

---

① 东城通行的说法，指的是盗窃者、抢劫者明知村民家中有人，但仍然入室作乱的不法行为。许多老人回忆，旧时的东城各地都经常发生这一类事件。

② 极为概括地说，现在的东城人主要是在大门上张贴门神画像，雕刻门神画像的相当少见，而以前在大门上雕刻门神画像的则似乎相对多见。

武门神以神荼、郁垒、秦琼、尉迟恭等为典型代表。在东城的广府人和客家人的大门上，至今普遍多见贴有门神画像的。现在最为常见的，则是武门神秦琼、尉迟恭、张飞和关羽，似乎从清代以来就是如此。人们普遍认为，这几位都是英勇善战、武艺超群又战功赫赫的武将，将他们的画像贴在大门上可以对妄图破坏安宁的邪神等起到震慑、威吓、吓阻等作用，使之不进入家宅从而保护家人的安全。时至今日，每年的除夕前后，东城的家家户户大多仍然要张贴新的门神，以祈求新的一年中门神能够继续保佑家人的安宁。

图2-44 门神

（二）对联

中国人春节时张贴春联有久远的历史，东城人自然不例外。每年的春节时分，东城人都要换新的春联，这被视为一件必不可少的大事。

但与北方的许多地方相比来说，东城的春联显得较为特别的是其在大门上的张贴位置。即由于东城人大门的两扇门扉多是用于张贴门神画像，因此春联几乎都是张贴在其门扉两侧的墙体上，如图2-45所示（偶然也有张贴在大门的门框上的）。这种方式据说起源很早，老人们都认为清代可能就是如此，至于民国时期则肯定如此。此外，北方的大门上的春联几乎总是伴随着贴在门框上的相对较为窄小的一副副联，而东城通常则没有副联，其原因似乎在于这种张贴方式。

东城人同样有横批，而且同样是贴在大门的门楣上或者门楣上方的墙体的正中间，与北方各地所见的一致。但在这个横批的下方，东

图2-45 门神、对联与幅条

城人通常还贴有五张带有剪出来的呈铜钱形状的孔洞的小幅条，这也与北方的大部分地区不同。北方通常贴的是写有倒贴寓意"福到了"等的"福"字小幅条以及其他吉祥寓意的短句，而且数量上也不一定是贴5张。

访谈时老人们一般都认为，贴这些小幅条的原因，在于这些幅条寓意五福临门、财源广进等，因此展示了东城人对富足、美满生活的无比向往。但也有几位老人认为，这与东城人的经商传统有密切的关系，清代和民国时期，不少东城人以经商为生或者兼事商业，并且因商业而实现了发家致富。但我们在东莞的许多乡镇都发现有类似的习俗，似乎说明后一说法可能不准确。

65

（三）大门上方的避邪物（八卦镜）

东城许多民居的门框上方，都挂有某一种或者几种辟邪物。例如，多数人家挂的是八卦镜等，少数人家则挂的是棕榈叶、香茅草等。但不论悬挂的具体是什么物事，人们认为都可以挡住邪气等不吉利的物事，使之无法进入民居，从而保障民居及其中的家人平安（详见本书第十章）。

整体上说，东城广府人家和客家人家的大门上，最为常见的这类辟邪物是一面称为八卦镜的镜子。（见图2-46）如今所见的八卦镜，大多数都是木底的或者胶框的普通玻璃镜子。有些老人家回忆说，以前则多为木质的镜子形状的辟邪物而不是真的镜子。人们认为这种八卦镜可以辟邪，即通过类似于反光的方式"折返"邪气等，使之无法进入自家的大门从而保护家人。

图2-46 八卦镜

据调查，过去的人们对这处八卦镜非常看重，有些还是"家里出了事"之后特地请人"看了"再挂上去的。因此传统上是否设置这处八卦镜以及其具体的放置位置、方向等，都有一些专门的讲究。老人们说，旧时经常会出现因为设置这处八卦镜而引发对面居住的两户人家之间发生纠纷、吵闹甚至打斗（详参考本书第十章）。实际上，即使是到了科学早已经大为昌明的现在，我们仍然听说过几起因此而导致的对门间的不愉快。

在许多人家的门楣上或者其上方，也经常可见挂有一块方形的木牌（见图2-47），在少数情况下，也可以见到只有八卦图或者只有一位骑虎的神明的图案的。但是，大多数都是大体上可以分为上、下两个部分的。其上部通常绘有一幅八卦图，旧时多为黑、白二色，现在则多为彩色。下部绘有一幅彩色的或者黑白的图案，是一位手持三叉戟骑在一只白色的老虎的身上的神明。①

但这位神明的具体面目，则可能与木牌上所见的不同，甚至有相当大的差异。人们普遍认同，这个木牌具有驱邪避邪、保平安的功能，因此最为常听到的说法就

图2-47 悬挂在大门上方的彩色木牌

---

① 在许多新近出现的这种木牌上，这只原本白色的老虎经常呈现为黄色。访谈时人们普遍认为，这是为了更好地突出色彩的效果所导致的新近的变化。

是它是"辟邪用的"八卦，也有人径直称为八卦镜。但是，下部图案中的这位神明到底为谁，同一村落中也有不同的解释。综合起来说，最主要的说法有三种：一说是严潭（又名玄潭、元潭），这是东城一带民间信仰中的一位神明；一说为镇虎大将军，这也是东城一带民间信仰中的一位神明；一说则是著名的张天师，这是传统道教中的正一道教派的人物，[①] 传说他可以用符箓除去"五毒"而除瘟消灾、用五雷驱赶"五鬼"而霹妖镇邪。除了这些说法之外，还有为钟馗等其他多种相对次要的说法（详参考本书第十章）。

我们多年的调查发现，在东莞的城区部分以及其下辖的许多其他乡镇（如麻涌、沙田、道滘）的民居大门上，也时常可以见到悬挂的这种木牌以及这位神明的图像。因此，这似乎是东莞的城区和水乡片区广泛通行的一种古老的习俗。但在这些地方，似乎也已经无人知道这位神明到底是何方神圣。[②]

（四）门官与土地

在东城，古民居或者后建的但采用传统式样的民居大门的左侧，都凿有或者预先留有一处内置的神龛。[③] 在这处神龛的内部，其后部通常摆放一尊门官或土地爷的雕像，但也有用纸质或者脐橙红色的木质牌位或者其他代表物的。在其前部，则设有一个小的陶瓷或者铁质的香炉，供日常祭拜时烧香之用。（见图2-48）

而在许多后出的新民居尤其是新式高层建筑以及别墅类的建筑中，可能是出于保护建筑的考虑，许多人家不再设置上述式样的传统神龛，而是在相同的位置代之以一块长方形的红色木牌或贴一张红纸，其上多采用阴刻的方式刻上或者写上"护宅、门官、土地、神位"等文字代表门官等神明。在其下方，则多是挂有一个简易的易拉罐之类的充当"香桶"，供日常烧香祭拜之用。

据多位老人回忆，因为门官、家宅土地神等的神位位于大门的外侧，所以旧时普遍被人们认为是保佑家宅以及宅内家人平安的第一道防线，同时也与人们的日常生活密切相关。基于这个缘故，旧时的人们无论贫富，

图2-48　民居大门旁的门官、土地

都要天天到门口的这个神龛处"种香"（意为烧香）祭拜，祈求门官等神明保佑民居以及家人平安。实际上，这个风俗即使到了现在仍然基本完整地保存下来。旧时富裕人家每次"种3支香"即插3支香，而贫穷的人家每次"种一支香"，现在则普遍都是一次点燃3支香后拜祭。

[①] 这是极为简单的说法，关于张天师，有非常多的介绍可以径直参看。
[②] 参见张振江、朱爱东、罗忧《漳澎传统村落社会研究》，中山大学出版社2016年版，第283—382页。
[③] 背对大门站立，左边为左侧，右边为右侧。

二、民居内部的信仰空间

(一) 家神

汉人泛泛意义上的家神,通常是指自己家中所有逝去的先辈。现在也有东城人把自己的历代祖先都称为家神,原因是"他们都是自己的祖先,当然就都是自己家的神"。但在传统的东城广府人和客家人的民居中通常所见的家神,则几乎都是指现屋主的已经逝去的父亲与母亲、太公与太婆即爷爷与奶奶,即传统的家神当是只限于三代之内。

依照东城的传统观念,不是所有的人去世之后都可以立即自动成为家中的祖先即成为家神的。依照传统的习俗,当某人过世满一年之后,其子女就会依例请喃呒佬等人为之专门举行一种称为"做英雄"的仪式。而一般来说,只有在完成了这一仪式之后,逝去的这位先人的神主牌才能够被请上家中的神阁摆放(见图2-49),这意味着这位逝者自此成为了祖先即家神(详参考本书第十章),即开始享受后代的供奉与祭拜,同时也有资格开始保佑其子孙。

图2-49 传统民居中堆放了杂物的神阁

在东城,普遍还有一种相关的习俗即"封寿"。这种习俗的含义,是当某位逝者在阳间的岁数加上去世的年数刚好达到100岁时,其家人会依例为之举行一种仪式,这就是"封寿"仪式。传统上,东城人认为100年是一个轮回,一个人满100岁之后,就可以转世投胎而进入新的轮回,即自此开始该位逝者就不再是原来的家庭中的一员了。因此,办完封寿仪式之后,其原本的家人自然就可以不用祭拜该位逝者了。但在我们看来,形成这种习俗的真实原因,可能是因为旧时的人们寿命普遍较短,所以当其总的年龄到了100岁时,其身后多年才出生的家庭中的新成员,与这位已逝者的关系早已经变得相当疏远,所以,这些后人不会再在家中继续供奉这位素未谋面而又关系冷淡的祖先了。

家神通常体现为牌位,但不同村落甚至不同人家具体摆放的方式历来都有不同。旧时东城的普通人家中最为普遍多见的方式是摆放在厅堂后墙的中部设置的一个长方形的木质板架之上。如前文所述,板架的两端插入其两侧墙体,即其长度与厅面的宽度一致,距地面的高度则一般为2米左右。这处板架,东城人普遍称之为神阁或者神龛等。神阁用于摆放祖先的神主牌,实际多为一块"某姓历代祖先"牌匾以及该家三代以内的先人牌位、画像或者照片。此外,因为历史上东城人广泛信仰观音菩萨,所以也有不少人家在神阁上摆放观音塑像等。旧时神主牌前,通常还要摆放五碗水,人们普遍称为"神水"。神水的前面,则通常摆放一座香炉。旧时神水需要天天更换,香炉也需要每天插香祭拜。在神阁的正下方,通常摆放一张称为香案的长条桌子(也有摆放方桌的），大户人家例常性地在其上摆有水果、香、烛等贡品以祭拜，普通人家一般只是烧香祭拜。这张桌子的下方靠后墙处，通常摆放一块方形的木质神牌，上面可能还写有"五方五土龙神"等字样，表示此为本宅的土地。这个神牌前一般也都放置一个香炉，供人们日常上香祭拜之用。

传统上，东城民居内所谓的神圣空间指的就是这处神龛及其附属的所在。旧时每逢过年过节，或者家中遇到重大的事件如婚丧嫁娶以及兴建房屋等，家中的主事男性就要在此处禀报祖先、祈求保佑。至于在日常的生活中，负责祭拜的几乎总是家中的女性长者。在这个意义上说，女性才是东城民间信仰的恒见的日常实践者、传承者。

（二）灶官

东城的广府人和客家人普遍在厨房中供奉灶官即灶君，但普遍多见的方式，则都是在各自家中的灶台上或者其附近的墙上贴一张红纸或者挂一块木牌，用以象征灶官。只在极少数的情况下，才可以见到单独摆放的灶官的塑像。

汉人社会早就有供奉灶官的传统，至于东城为何要供奉灶官，东城人中除了传统的各种说法之外，至今还有一个流传较广的传说。

相传以前有一个叫张宙的人，家里很有钱，富甲一方。但自从父母去世后，家境逐渐衰落。加上他不会管理财务，只出不进，很快就中落了，甚至衰落到卖妻还债的地步，最后沦落为乞丐。

有一年，张宙到乡下一户人家的后门乞讨。门一打开，想不到开门的人竟然是他的前妻。两个人相见悲喜交加，前妻悄悄地把他带入厨房，看有什么东西能让前夫填饱肚子。此时男主人回来了，正朝厨房走来。张宙想夺门而出，但来不及了，只好躲进灶膛内。

男主人见妻子在厨房，要妻子烧火蒸点心吃。妻子迟疑不决，又不敢说明原因。主人见妻子拖拖拉拉，便自己生火蒸食。

张宙躲在灶膛里，见柴草越来越多，想出来又怕连累前妻，只好咬紧牙关呆在灶膛里，死也不出来，最后活活烧死于灶内。他的前妻肝胆俱裂，又不敢声张。后来，为了纪念前夫张宙，她在灶头立个神位，朝夕相拜。人们见后问她拜的是谁，她谎称拜"灶君"。①

但多数老年人则认为，灶官是玉皇大帝派遣到人间监察一切家庭善恶的一位神官。因此，灶官在每个家庭中都有着十分重要的地位。每年的腊月二十三（一说腊月二十四），是灶君上天向玉皇大帝汇报这一年内各家善恶事情的时候。每到这时候，家家户户都要供奉灶神，传统上称之为"辞灶"。这时要多用蜜糖等甜食作为供品祭拜灶官，目的是希望灶官上天之后报告时"嘴甜"，即说自家的好话。② 而在腊月二十八至腊月三十，家家户户都需要将贴着的象征着灶神的红纸或者木牌换成新的，这寓意着又将灶

---

① 《东莞市东城区志》编纂委员会：《东莞市东城区志》，中华书局2012年版，第740—741页。
② 也有不少人说，灶官喜欢吃甜食，这时候多供奉甜食是为了用甜食黏住灶官的嘴，使他开不了口从而避免他说自家的坏话。

官请回家中开始新一年的保佑与监察工作。许多人家的灶上都专门为灶官贴有一副"上天言好事,下界保平安"的对联,这其实是对灶君职能最好的概括与祝愿。

灶官牌位的下方,通常放有一个香炉。日常的生活中,如果某户人家十分相信神灵,那么家中的女性长辈需要每天早上给灶官烧香。但如果不怎么相信,则只要在每月的初一和十五两日烧香祭拜即可。遇到各种传统节日或者家中有重大事情发生时,人们在祭拜诸神的时候,通常也会顺带祭拜厨房中的灶神。

(三) 其他诸神

东城的老人普遍认为,每个家屋空间中其实还有一些其他的神灵(详参考本书第十章),如天神、地神、床头婆等。

但是,这些神灵虽然也很重要,但通常并没有固定的"住所",在家屋中也并没有塑像、神牌之类的作为其固定的代表物。在日常生活中,人们一般都只是在拜其他某神的时候顺便提及他们,或者在有特殊的相关的需求时才会专门祭拜他们。例如,床头婆是旧时东城的人们信仰的重要神明之一。老人们普遍认为,其作用主要有二:保佑一对新夫妻能够生育孩子并多子多孙,保佑小孩子健康成长。但是,一般来说,旧时人们都是把这对神明摆在夫妻居住的卧房内某处即可(但以摆在卧房内主人床的下方为多见)。随着现代生育知识的普及以及生育技术等的不断进步,作为神灵的床头婆的地位不断降低,现在人们已经很少提及了。

东城人的信仰符合中国传统民间信仰的特征,即具有庞杂性、融合性等弥散性宗教的特点。[①] 在传统的东城信众看来,神灵虽然众多但不具有排他性,即所有的神灵不分亲疏,"只要灵验,你就可以去烧香、磕头",只要诚心祈求或者祭拜,就可以获得远近亲疏各位神明的庇佑。传统上去各处神圣空间祭拜的多为女性,至今依然如此。我们在访谈时发现,大多数男性认为这种传统的神灵信仰"是信则有,不信则无"。信与不信,其实是悉听尊便。而年纪较大的男性访谈对象,一般还都会明确表示这些"都是封建迷信,是不能相信的"。由此看来,东城人的民居建筑的内外涉及信仰的设施以至于信仰的对象,可能不久就又会发生某种变迁。

---

① 关于弥散性宗教的概念与特性,参见杨庆堃《中国社会中的宗教》,上海人民出版社2007年版,第39、275页。

本章主要参考文献：

[1] 张振江，陈志伟．麻涌民俗志［M］．汕头：汕头大学出版社，2008．

[2] 楼庆西．千门之美［M］．北京：清华大学出版社，2011．

[3] 张振江，麦淑贤．东莞客家民俗文化：清溪的个案［M］．广州：广东人民出版社，2017．

[4] 陆元鼎，魏彦钧．广东民居［M］．北京：中国建筑工业出版社，1990．

[5] 李渔，江巨荣，卢寿荣．闲情偶记［M］．上海：上海古籍出版社，2000．

[6] 张振江，朱爱东，罗忧．漳澎传统村落社会研究［M］．广州：中山大学出版社，2016．

[7] 《东莞市东城区志》编纂委员会．东莞市东城区志［M］．北京：中华书局，2012．

[8] 陆元鼎．中国民居研究的回顾与展望［J］．华南理工大学学报，1997，25（1）．

[9] 吴世旭．建筑的人类学研究［M］．北京：世界图书出版公司，2007．

[10] 巨浪．结构人类学视阈下华锐藏族家屋空间布局［J］．甘肃社会科学，2016（6）．

[11] 张江华．陇人的家屋及其意义［M］．北京：世界图书出版公司，2007．

[12] 冯智明．身体与家屋空间的建构——红瑶身体的空间性及其象征研究［J］．西南民族大学学报，2012（3）．

本章附录

一、东城旧时修建的特色民居

在现在的东城境内,依然存有多栋颇具各种特殊意义的、修建于清代和民国初期或者中期的民居。这些民居展示了当时东城地方社会及其文化的某些非常本质的方面,因此值得加以深入的研究。

但是,限于本次调查的目的和时间,更受制于我们的能力,我们暂时只能够主要从建筑方面择要加以简单地以描述性为主的介绍,期望为后来贤修进行全面的、综合性的研究与揭示,提供若干基本的资料。

(一)徐景唐故居

根据村民的介绍和公开的资料可知,徐景唐原名协和,字庚陶,1895年生于东莞县城郊榴花乡鳌峙塘村(今东莞市东城街道鳌峙塘村)。其祖父、伯父均为晚清时期的秀才,其母也是秀才之女,但其父则因故弃儒从商。

年幼时,徐景堂在家乡接受了较为良好的教育,这可能是他后来主持并资助家乡学校建设的主因之一。1909年,从东莞县立中学毕业后,他历经国内两所军校赴日,后于1919年毕业于日本陆军士官学校。回国后,他由北京政府陆军部编译局译述员起步,仕途迭有起伏,曾经短暂蛰居香港。1938年10月日军侵华,赋闲的徐景唐联合了若干地方官绅,共同发动民众在西江联防抗敌。1945年秋,徐景唐奉命代表第七战区前往汕头设立指挥所,接收汕头地区的日伪武装。其间,他历经升迁,先后任广东省府委员、民政厅厅长、国民党第十二集团军副总司令等职。1948年6月,他辞职赴港定居。赋闲期间,他曾捐资8万元港币给家乡,用于修筑东江大堤以及建凉亭一座。1967年,他在香港病逝。[①]

徐景唐故居位于东城鳌峙塘村东江岸边(见图2-50、图2-51、图2-52、图2-53),其实其正式的名字当为"耕馀书室"。据其侄子等老人回忆,这座书室建于1937年,不过徐景堂因故只在其中短暂居住。修建时,徐景唐一家已经迁去香港暂居。访谈时据其近亲以及乡人回忆,待其修建好之后,他似乎只回来暂居3次,一次是其为母亲过60大寿,一次是为其父亲举办丧礼,一次是举办娶二房太太的婚礼。

徐景唐对这一座书室尤其是其选址,似乎显得颇为满意。他在其自传中曾经说,这座书室"左带花溪,右抱银塘,风景秀丽。而前临东江支流,隔岸即明末袁崇焕督师之

---

① 以上介绍,除依据访谈人的介绍外,还参考了《东莞市第三次全国文物普查成果图册——东城篇》(第47页)以及诸多网络资料,恕不一一给列明出处。

故居。后接榴花塔，又为南宋熊飞将军起义抗元之战地"①。这座书室坐东南而朝西北，为一栋二层的中西结合但西洋风格颇为显著的建筑。整体上采用红砖混凝土结构，使用石米批荡。经测量，其面宽10.33米，进深28.12米，高12米。正面的中间为爱奥尼亚式立柱，二层的两侧均有一处阳台。② 完全可以说，这座徐景唐故居很好地结合了中西建筑的特色，是当时修建的中西合璧式建筑的典型代表之一。

图2-50 徐景堂故居（正面）③　　图2-51 徐景唐故居的内部（局部）

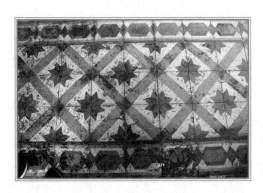 

图2-52 民国时铺设的地板砖至今完好　　图2-53 徐景堂故居的顶部

中华人民共和国成立后，因其房间多且内部空间相当宽敞，徐景唐故居曾被分配给多位无房的村民。但据回忆，它曾经被用作男间，但似乎无人在其中长期居住。后被收归集体所有，供生产队开会之用。其后又被用作卫生室、加工厂等多种公共场所。或许

---

① 资料来源：http://www.xuschina.com/html/15/0/556/1.htm。
② 以上数据参考了《东莞市第三次全国文物普查成果图册——东城篇》，第7页。
③ 图片来源：http://dgwh.wgx.dg.gov.cn/wenbo/wwzy/wwyj/2012/1112/1818.html。

是因为这些经历，这座故居的原貌得以基本完整地保存下来。

（二）金山屋

金山屋位于鳌峙塘村的元美街，距离门楼不远，原本是一位村民的居所。这座房屋之所以被称为"金山屋"，主要与其屋主在当时显得较为独特的经历有关。据调查，金山屋的主人本来是鳌峙塘村的一位村民，后到美国的旧金山做工。他在美国积累了一定的资金之后又回国定居，随后修建了这栋中西合璧式样但以中式为主的精美民居。

这座家屋肯定修建于清代，至于其修建的具体时间则似乎已经无法考证。在紧邻的一处民居居住的某位男性老人认为，它当是修建于1850年前后，但我们始终不知其具体的根据何在。虽然从外部看金山屋似乎与当时修建的其他民居无异（如图2-54的大门所示），但实际上其建筑风格与鳌峙塘以至整个东城的传统民居的风格都有相当大的不同。访谈时有老人说，当时负责修建这处民居的工匠，是从广州、香港等地用高薪聘请回来

图2-54 金山屋的传统中式大门

的，因此"修建得（跟本地的）不一样"。我们相信这种说法必定有部分的道理，但绝对不是全部的原因。

如果从其外部观察，这座家屋有两个大门，使得整座家屋仿佛是两户独立的人家。但是，通过其内部的楼梯上至二楼时，却发现两者彼此相通即实为一家。至于为什么采用如此的建筑格局，访谈时人们的说法不一，如有人说这是因为预备将来与儿子分家。但对于这些说法，我们均未能够证实或者证伪。

金山屋通体使用水磨青砖，实测发现上、下或者左、右两砖之间的缝隙，普遍仅有1至2毫米，确实可谓建造工艺极其精致。这座家屋同样采用凹斗式大门，大门前也设有趟栊门，趟栊门外同样还有低矮的栅栏门。房门的左侧有一处精致的神龛，用于供奉天官和土地。屋檐下有精美的雕花檐板，旧日的彩绘至今依稀可见。其外墙上开数窗且普遍面积较大，与当时习见的开窗少且面积狭小的状况迥然不同，这当是屋主受西洋生活经历影响的结果。窗户整体上采用传统的中式骨架，但又带有一丝西式建筑风格，如窗楣及其绘画即明显地与常见的中式风格不一致。（见图2-55）

据回忆，这座金山屋内部的功能分区以及装饰等，基本得以维持修建时的原样而无太大的变化。其左侧的房屋内摆放有床、梳妆台等日常家居家具，① 墙体以及窗户上又

---

① 背对房屋站立，左边为左，右边为右。

均设有精美的各种雕饰、彩绘，显得生活气息极为浓郁。由此看来，这里当始终是民居主人的居住空间。而右侧二楼的中间部分，则堆积着各种杂物如农具等，且墙体等又几乎没有任何装饰如雕刻、彩画等，似乎本来就是一个储物空间。把民居分割为左、右两侧的木门面宽较窄，但门板很厚实。其门框的上、下方还各有一处孔洞，当是旧时使用弄子门留下的痕迹。另据回忆，在过去动乱的年代，该门其实还可以用作逃生的通道，即有贼人从正门中侵入家内时，其家人可以从此门逃入右侧的房屋，封闭该门后再逃出民居以求助等。

图 2-55　山墙上的窗户及窗楣处的西式装饰

这座家屋另有一些特殊之处。如其前墙体的一处拐角边上，另外特地附加了紧贴其勒脚麻石的两条各高约 1.5 米的麻石条（见图 2-56），这就显得相当的独特，东城其他的家屋从没有发现过类似的情况。访谈时老人们回忆，旧时洪水经常冲入村内各处，金山屋前的元美街道与其侧边的巷道于是就变成了水道，这时村民只有使用小艇才能够搬运收获物等各种物品进出村落。由于这处拐角恰值元美街与巷道的相交处而可能会被小艇撞到，屋主于是在墙角的两侧各竖起一块麻石以防万一。

据回忆，修建这栋房屋的这位村民，他在建好了金山屋之后就又"出去外国做工了"，因此其实他并没有在此民居中真正居住过多久。真正在此长期居住的是他的儿子及其儿子的后人，他们才是真正的房主。但到了现在，这些后代也出于种种原因在多年前就去了香港定居，通常仅在春节时可能回来"看一下"，所以这所房屋实际上已经闲置多年。

图 2-56　民居墙角处防止撞击的麻石

（三）绍贤家塾

在整个东城甚至整个东莞市，绍贤家塾都是相当有名气的一座中西结合的近代建筑。（见图 2-57）它位于今东城街道温塘社区茶下村的中和圩，由该村村民袁显廷于民国二十六年（1937 年）建成。

图 2-57 绍贤家塾（正面图）①

后楼中厅高大开阔，后墙以红砂岩砌龛台，大型彩绘木雕竹鹤图落地龛罩高达 8 米，上接木雕万字网格横披，下承石雕"金蟾吐瑞气""鲤鱼跃龙门"台基。龛台两侧墙上镶嵌"家塾记""评语"碑刻，记载了该家塾的建造时间及由来。

这座家塾坐北朝南，前后两座各 3 层楼，由回廊围合而成。从中国传统的建筑样式上看，它通体采用青砖、麻石勒脚、硬山顶、人字山墙。门前台阶两侧设抱鼓石垂带，麻石嵌框趟栊门。前楼两侧各有一处塾台，合计有四个柱础，分别上接一根罗马柱，用于承接三楼的凸出的阳台。方格结合曲线云纹铁艺，使得窗花精美完整，麻石嵌框趟栊大门，塾台前为青麻石栏杆。

后楼的拱形券门高大气派，中厅高大开阔，有中西风格的多根立柱。传统柱础结合石米批荡罗马柱，显得别具一格而兼具中西风韵。中厅内最主要的设施，是靠近后墙的一座大型的彩绘木雕竹鹤图落地神龛（见图 2-58），基本为原貌而未遭破坏。根据实地测量，其红砂岩砌龛台长 3.32 米、宽 1.27 米、高 1.57 米，神龛罩高达 8 米。② 其上接木雕"卍"字花纹隔断（一称网格裙

图 2-58 后堂中的竹鹤图神龛

① 图片来源：http://www.sohu.com/a/214946139_365640。
② 数据根据：《东莞市第三次全国文物普查成果图册——东城篇》，第 47 页。

板），东城的民间以"卍"字寓意"万字不到头"，象征着福祉绵绵不绝。其下则分由两座石雕台基承接，台基分别雕刻有"金蝉吐瑞气""鲤鱼跃龙门"等精美的图案。

二、绍贤家塾中的石刻资料

这座龛台的两侧，分别有修建时刻上的《家塾记》《本家塾规定》石刻一通（见图2-59），以及《地券》石刻一通（见图2-60）。前者记载了该家塾的建造时间、由来和使用方式，后者则记录了当事人关于阴宅风水的若干说法，并附有其祖先坟墓的分布图，这种图通例见于族谱当中，而极少见于祠堂或者家塾之中。

我们相信这些资料尤为难得，对研究近代东莞的乡村风情、教育、时人风水观念、家族观念等均有一定的参考价值。但主要因为历时日久，这些石刻上的文字已略显模糊，甚至已经有少数漫不可识者。为了更好地理解本章的正文，更为存下宝贵的地方资料，特逐一转录于后。

图2-59 《家塾记》和《本家塾规定》石刻

（一）《家塾记》

原夫子孙之于祖父也生则营安宅以居之没则建寝室以祀之或曰祠或曰

图2-60 《地券》石刻

庙聚族者曰宗祠宗庙属于一家者曰家祠家庙均主奉祀者也曰家塾者何谷者党有庠家有塾塾者乃教育之多因之以祀祖考者取上以妥先灵下以启后嗣一而二用者焉或因绵力不充吉地难得不能如愿以偿者勿论也第有寝庙既成祀产已设不肖之后嗣自立其产致启争端古贤哲故有创业难守成亦不易之叹也今显廷之建是家塾者上以奉祀绍贤公下以蒙养后嗣本公生前之素愿追维公之教立身宜端治家宜俭谋生宜勤处世宜和用财宜节遗训昭垂显廷悉秉其成规也今日之能自建造者公之教也岂敢忘其教而以为已禄耶语云源不濬而流长本不固而叶茂无是理也兮 公之有家塾享祀者早已濬其源固其本家塾实肇基于公假手于显廷以完之耳愿世世子孙克恢先绪俎豆馨香千秋勿替也可幸兹落成爰为之记

（二）《本家塾规定》

公共维持各店当永留勿动为尝业每店子孙举一职仍存外伴照书章店中倘有远法伴无论何等即开除以后子孙如到店杜绝流弊无挂借只可在餐不在宿还抗子孙即开除

年中溢息并盈馀永作祀事开拾成划出二成归房份修葺祠墓等项占三成小童学费占一成内派各一份奖励士进花红者占二成内派一次过中学毕业各三份大学毕业各二份东洋毕业四份欧洲毕业各八份春秋各祭占二成内胙每丁均一份寡妇一份毕业上寿各家一份主祀礼生爵长房各加两分，不能叠次增加每年祀项用不去暂贮殷宝店户生息至蓄绩既伙则集□①公议添置产业集议时多数赞成取决祀产由房长爵长宗子三人批披头均分

祀产逐年轮房管理轮值管理该房选举何人选得之人必须有私家契券交房长执握放得接管预防亏空以作抵填倘不肖之嗣舞尝业立即革除

轮值管理者酬以工金一百大员交箱者必须将賖余交清不得挪借爵长房长者赏给袍金三十六员子孙分担之产业兄弟各一份长子加一分赏给嫡孙花红公议多数赞成取决若干各守规章永绵长

中华民国二十六年吉月谷旦
奉祀子袁显廷

（三）《评语》

摇龙飞脉穿田去，耸现罗山作祖先
两旁拥护金牛转，一路来龙何结缘。
银瓶发脉现重重，右曜一枝随过峡。
左曜源来是墓方，后玄出洞疴胎息。
势作垂头脉认拖，龙来皆现寻丝隐。
隐似奎星来结缘，秘吐毡脣四达周。
堂朝局水金鱼守，叠聚干开为兑方。
一路水缠玄武去，是龙入首巽字来。
立向天元龙配酉，挨生旺巳丑绵长。

（四）《论略》

从来大地多秘穴。古云秘而拙者。文星大座两旁砂。高在右。低在左。俗谓白虎强。青龙弱。多不敢用。须知此穴秘处在此。巧处亦在此。曜石一连来护穴。一路排牙石。左边乃造化之玄机。识者谓南方朱雀。此（北）方玄武。西方白虎。东方青龙。然吉凶不在此论。本山金星垂乳地。右砂造火。是南方金忌火克。妙在制其旺地。南极老人峰。其星高近。不无过压之嫌。幸得左砂放低。洩其杀气。又得北方之水。化其炎威。是水火能收穴成者也。广州龙眼洞打挠是银饼岭地券。

---

① □表示原字泯灭不可识。

三、客家民居访谈资料举例

访谈时间：2016 年 8 月 1 日上午。访谈地点：牛山村文化中心。访谈对象（即下文中的答）：成老人（男，客家人，约 65 岁）。访谈者（即下文中的问）：戴斌黎、左宁宇。

问：成公，牛山这边的房屋，有哪几种类型？

答：那在以前，这边的客家房屋主要有两种类型。比较有钱的人家的那种房屋类型，我们这里叫作三间抱两廊（即通常所说的三间两廊）。贫穷人家的房屋类型，普遍就是单间的瓦房。三间抱两廊房屋，进了大门后，两侧各自都是一排廊房，所以合起来叫两廊嘛。一般是拿来用作厨房、杂物间那些的，就是放置煮饭、农具那一些的。

两廊的中间，是一个天井。天井的后面，是三间房屋。中间的一间为厅，它的两侧各有一间房。房内有的是有木质隔层的，我们这里称作满棚或者半棚。如果是满棚的话，就是在房屋的一角，留出 1.2 米×1.2 米左右的空余地方，上面可以拿来放置稻谷。有些人家中，家中孩子太多了，睡不下的时候，那就睡到满棚上去。那个半棚呢，就是大概遮住一半，因此叫作半棚。一般来说，里面会放置一个梯子，是用来爬到二楼上的。

三间抱两廊的房屋，那是有冲凉房的。一般都是设在进入大门后的门向内开的一侧，通常有两平方米左右。这个房子，是借着两边的墙修建的。因此冲凉的时候，把大门向内开，这样就把冲凉房内遮住了。

到了 20 世纪 70 年代左右，我们这里人口繁衍得比较多了，那有人就会把三间抱两廊的房屋，划分成三间，分给儿子，就是分成了三家人居住。但是，在中华人民共和国成立之前这种情况比较少。当时，我们这里的土地还是比较多的，人口密度也不大。那时候，要是家里有需要的话，家里就自己直接再建一栋房屋，那就可以了，不需要挤在一起。

单间瓦房，那就是比较简单的一种房屋了。你从大门进去之后，进门的右侧，设置一个冲凉房。另一侧，就是放置水缸的。水缸的后面，一般放置一个小床。用一堵泥砖墙，也有的是用青砖墙，把这个房子跟睡房隔开。那个墙的后面，就是那家人的睡房了。睡房的里面，也可能会搭半棚。

以前的家里面，不单单是住人的。家里养的鸡、鸭、猪那一些啊，到了晚上，一般也是跟人一起住的，就是关在房子里。到了白天，那你再放出去嘛。晚上，一般都是把它们关在冲凉房、水缸附近，就是那些地方。

除了上面这两种房屋之外，我们这里，还有一间一廊、两间一廊（有带天井的与不带天井的）、两间两廊，就是还有这几种。不带天井的两间两廊，又被称作明字间。

单间瓦房，又称作直头屋。一间一廊的房子，分为两部分，有两根栋（即梁），前后两根栋，是垂直的。所以你要是从上面俯瞰，那就是个"T"字。前面的一间房屋，主要安置冲凉房、灶头、水缸，这些的后面有一堵墙，墙的侧边，通常是左边，开一道门。墙的后面就是厅，厅的后面就是睡房了。

带天井的两间一廊呢,你进入大门后就是一个天井。天井的旁边,是一间廊屋,用于安置灶头、冲凉房、水缸,还有其他杂物。从天井向内就是厅,厅的后面,有一个小隔间,那是房。厅的旁边,也会有一个房间。不带天井的两间一廊,又称作明字间。你从大门进去,那就是厅。厅内摆放桌子、椅子那些家具。厅的一个角落,摆放一张小床,给客人或者是自家人休息用的。厅的旁边,是一个卧房,里面摆放床、梳妆台、衣柜那些,这个一般就是主人的房子了。这个房子的前面,有一间单独的廊屋,里面放置有灶头、冲凉房,就是那些了。

这个两间两廊呢,就是后面有两间房,一间是卧房,另一间是厅。这两间房子的前面,都各有一个廊屋。所以叫作两间两廊。①

房屋顶上的前面,就是屋顶的前坡,要比后面的坡短,一般都是短3到5厘米。这样寓意比较好,我们这里说,这样的才是聚财的屋顶形状。

问:那在以前,家里住不下出去的话,小孩子住到哪里去呢?

答:以前的小孩子到了十几岁,一般就都是到了十四五岁吧,就得出去找地方住。我小时候,要是有的人家有空房子,那就到那些人家里住。我记得在钟屋围、青溪边那里,有的是到大队的队部那里住的。就是一间房子里面,放上一张大床,可以住五六人。

问:以前建房的时候,整个流程是怎样的呢?

答:建房子,主要有选址、兴工、挖基础、砌墙、缩非、上梁、盖瓦、装修、安灶、入伙、宴请。说起来呢,还是比较复杂的。建房子,以前是一辈子的大事,是全家的大事。

中华人民共和国成立前,有的人家是要请风水先生看风水的,就是选择房屋的位置、确定房屋的朝向那些。我们这边的房屋,一般来说,都是坐北朝南的,也有不少是坐东北、朝西南的。不过,很少有朝向正西、朝正北的。朝正西的话,那就要从中午晒到天黑喽,夏天家里肯定就会很热了。朝正北的话,冬天刮北风,家里会很冷的。

兴工之前要先拜神。那些祭品,主要是用三牲,还有饭、果品等。这个果品,现在一般就是用橘子、香蕉、苹果那些。这个苹果是后来才有的,我们这里不产苹果嘛。拜神的时候,那是很少使用荔枝、龙眼的,梨也很少用的。(什么原因不用?)这个,那我就不是很清楚了。

用那个红线,将房址圈出来。在房子的四个角落上,各放几支香和两支蜡烛。中间放置一个桌子,也有的使用拜神用的35厘米×60厘米大小的红木盘。神台的前方,放置香、蜡烛,在它们的前面,放纸钱,就是金元宝、银元宝那一些。在它们的后面,放置3杯茶、3杯酒、3碗饭,再后就是放置三牲、果品那一些。纸钱那些烧完了,要把茶和酒浇到烧的纸钱前面。这个时候,要先茶后酒。

那个负责拜神的人,一般都是主家中最老的人,比如事主家中的父母。如果家中没

---

① 牛山的民居类型,与梅州等地的客家民居差异明显,整体上说则与英德、清远、东莞以及深圳的民居比较相似。牛山客家人普遍认为,房屋也是有生有死,而停灵的房子必须是有小孩子出生过的、听过小孩的哭声的房子,即房屋也是有生命的。

有老人，也可以找隔壁的一些老人，比方说叔伯、叔婆那些人。如果主人自己的年纪大够了，那么让他自己的老婆来拜，那也是可以的。这些负责拜神的人，一定要是"富贵的人"，绝对不能是孤头婆，就是没有孩子的老人，一定要是子孙满堂的老人。我们这里，拜神这种事情，那一般都是请女人来做的。

那个拜神的时候，其实主要是跟土地爷买地。有的人家，还会从香烛店买地契来烧。意思是一样的，就是希望赶走这块土地上的那些鬼、阴人，就是要他们离开这块土地。

拜完神之后，那就要放鞭炮。挂好线，就可以开始挖基础了。

挖基础也是有不同的。要是请的师傅有空，那就可以马上动土开工了。要是师傅没空，那主人家就要用锄头，在墙基的四角挖一下。就是象征性地挖一下，表示兴工动土了，吉时是不能耽误的。

在挖基础之前，要仔细选好地方挖。好一点的地方，可能挖个半年，那就挖好了。要是不然，可能要挖一年才挖得好。以前的房子都不高，所以这个基础也不需要挖得太深。大概来说，宽40厘米、深50厘米，那一般就可以了。实际上，要是挖到比较坚硬的生土，那就可以了。

挖好基础，就向里面填石头，就是垒起一堵墙出来。垒到超过地面大概50厘米，也就可以了。这用石头垒起来的就是地基，以前又叫作地台。地基的高度一般分为两部分，地面上的部分为正，地面下的部分是负，所以在说的时候，地面上的高度一般说是正多少厘米，地面下的深度一般就说负多少厘米。以前建房的时候，石头都是需要提前到山上打的，之后再一块一块地挑下山。那时候，到山上去凿石头全靠人工，一般也需要半年多的时间。除了石头，要是造泥砖屋的话，还要提前打制足够的泥砖。收完稻子之后，到稻田里面找好地方。挖出泥土来三犁三耙，才能做好泥坯，拿来打制泥砖。那时候，一块砖的规格，差不多都是28厘米×40厘米×12厘米。一座房子，从地面到栋顶，大概有6米高，你说需要多少块？泥砖打好之后，还要晒10到15天，就是要等到完全晒干。一块泥砖，重量差不多都是40斤，也有的是41斤、42斤的。要是晒得非常干的话，大概是38斤。那个泥砖，差不多都是自己家打制的。青砖就是从外地买了运来的。旧时候，建房的很多材料，那都是需要自己家一点一点地准备的。所以，那时候，普通人家要是修建一栋房子，大概需要三年的时间。就算那家人是地主，他有钱，那他建一栋房子，差不多也需要一两年的时间。

以前，我们这里的客家人，建墙大部分都是用泥砖。泥砖厚重，所以多是单墙就好。泥砖相互交错，把墙砌好。也有的人家是使用小泥砖建墙。那种泥砖，一般都是14厘米左右长的。在小泥砖的外面再用一层红砖，就是用红砖包住泥砖，这个就是包墙。包墙差不多都是在房屋的廊那里。

除了砌墙，还有的人家是舂墙的。舂墙使用的材料，是蚝壳灰、黄泥和砂子。那些有钱的人家可能还会再加上一些漏水糖（意为红糖）和糯米粉，这样修的墙更加坚固。村里修炮楼，一般也都是要加这两样的。到了舂墙的时候啊，那是要一圈一圈地（意为一层一层）向上舂的。就是下一圈晾干之后呢，再向上面继续舂上一圈。以前舂墙，舂到顶的情况比较少见，一般都是舂到平水。（为什么？）因为要缩非啊，那个是不容易舂好的。也有的人家，只舂到1米甚至2米多高。那剩下的墙体呢，就都用泥砖砌好的。砌墙、舂墙的时候，还要留出一定的空间，准备来放置门框、窗框那一些的。在以前，我们这里的房屋，是很少会开后窗的。（什么原因？）说是这样会"前门进、后门（意为窗）出"，风水就不好。所以，通常都是在房屋的旁边，开一个小窗，规格大概是45厘米×50厘米吧。20世纪50年代以后，尤其是在1966年左右，政府提倡要讲卫生，要求房屋开窗通风。这样，才有不少人家开了后窗。

砌好底下的方形墙体之后，向上砌三角形的墙体的过程，这个叫作"缩非"，也就是封顶。三角形的墙体，叫作"非"。以前的非，一定是前短后长的，这样看起来才有气势。旧时候，9寸为一缩，就是大约31.5厘米。这个是按照鲁班尺寸计算的。从栋的最高点垂直向下，要落在中心点前面的一缩的地方。也就是说，前面的比后面短了一缩。以前建房子，基本上说都是这样的。

上梁的时候，也需要根据通书，就是日历，挑一个良时吉日。梁只要是直的、大的木材，那就可以了。除了这个，没有太多的讲究。

上梁一般都是在白天。这是需要挑个好日子的。在上梁的时候，最好要让小孩子避开，为的是避免小孩子说一些不吉利的话。这个时候也要让孕妇那些人避开，她们也可能带来不吉利的。

上梁的时候，要在梁的上面挂红布。升起梁之后，要烧鞭炮，要给上梁的师傅包利是。以前负责建房的师傅只有两三个。主家自家的成员，也有的是请邻居家的人，做小工。上梁的时候，梁必须是由师傅抬上去的，不能用绳子吊上去。抬梁上去的时候，必须是从房子的前墙一步一步地上，决不可从后墙向上抬梁。上梁的两个师傅都是泥瓦匠。木工师傅，主要负责的是加工栋梁，他不负责上梁的。以前，上梁之前，要先把梁修直，该涂红的地方涂红。弄好了，就要很快上梁了。要避免在地面停放太久，梁被小孩子或者其他人踩到，或者是什么人从梁的上方跨过去了，这些都是不吉利的。上主梁和安放小梁的时候，泥瓦匠师傅的腿，是不能穿过梁吊在下面的。据说，如果师傅这样做了，那么，这家房子主人的家里人，以后可能会出现吊死鬼的。

中华人民共和国成立以前，我们这里建房屋需要的栋梁，都是从外地买来的。那个时候，大部分都是从黄村那里，经过水闸，逆水将木材拖上来的。1948年，有一个大户人家，修了3栋房子。当时请了十几个长工，把建房需要的木材一根一根从河水上面拖来。20世纪60年代以后，本地才开始种植杉木了。但是，不少人家建房子使用的是松木，还有一些人家用的是杂木。

中华人民共和国成立以前，有的人家建房的时候，会把栋梁涂红。这个有比较好的寓意。以前的红漆油，短则3到7天就可以晾干，长则10到15天就可以晾干。房屋正中间的那根主梁，我们客家人称为栋。栋下面的两根梁，称为附（副）梁。再向下面的，那就统称为梁了。与梁垂直的，称为桷，桷通常是8厘米×2厘米的木条。从最中间的栋开始算起，栋下面的第二、第四根梁，它们和房子最中间的两条桷所形成的十字交叉处那个位置，那是不能打钉子的。有的大户人家，会将这两条桷一起涂红。但是，在实际建房的过程中，对于打钉子，不少人家没有十分讲究，全部会打钉子。

以前，经济条件好的人家的正厅，面积通常是15至17桁，房子则是11至13桁。普通人家的房屋正厅，面积大概是13桁，两房9至11桁。面积最小的，也有9桁的，进深是5米到6米。不过,这通常是广府人住的,客家人不住的。

桷与梁形成的方形空间,我们这里称为瓦坑。上好栋梁之后,就要在瓦坑里面铺设瓦片。瓦片呢,有大瓦与小瓦之分。铺的时候,要大瓦在下、小瓦在上,小瓦靠近屋檐的地方,还要用灰砂封住。这个呢,一方面是防止小瓦滑落,另一方面是防止小瓦、大瓦被风吹跑了。如果房屋是15桁的话,屋顶一共就铺14列的瓦,左右各7列;13桁的话左右两侧各有6列。屋顶还会放置几块豪光,这个也叫明瓦。一般是放3到5块,三块的比较普遍多见,成"品"字形。要是放3块的话,必须保证做到啊,站在大门外向内看房屋顶部,前面是一块明瓦、后面是两块明瓦。因为前面是一块,后面是两块,这样才是可以聚财的。要是后面小、前面大,就是前面是两块、后面是一块,那就寓意散财,那个是不吉利的。

家里要打灶的时候,那也是要挑一个吉日吉时的。主家的外家,要比主家更重视这个择吉的。

家里要是打了灶台,那外家是要来拜的。我们这里的说法,这是给女儿家暖火灶。这个时候,外家的人要买来碗、筷子,还要挑着葱、蒜、豆子、米那一些物品,一起挑到女儿、女婿家。这个样子,很像是盖了新房入伙的时候。到了中午的时候,大家就一起吃顿饭,这就可以了。新灶头的第一顿,需要煮什么东西?这个倒没有什么讲究。

以前,灶头比较齐全的人家呢,那是有5个灶头的。稍微少一点的人家,那有3个。5个灶头的,一个是大灶头,2尺2的,这用来煮猪食的。一个是小灶头,是1尺8的,也有1尺6的,是给人煮饭、炒菜用的。还有两个灶头,一个用来煲汤,一个用来煲凉茶。在火道的内侧,就是在靠近烟囱的地方,有一个锑包,这时用来煮水的,就是用来冲凉那一些用的。这个地方也是可以把水完全烧开的。一家里面的灶头,不能是4个,本地说"四眼八鼻,不吉利"。以前的灶头,那多是一层的。到了后来,才逐渐发展成两层的。

一般人家的灶头,都是放在家里的左侧。分家的时候,那是要分灶的。

以前,新房子也是要装修的,那个时候,主要分为三个部分,就是内、外批荡和铺地面、摆放家具等。摆放家具,这个也是算装修的。

批荡,分为内批荡、外批荡两种。内墙的批荡,通常使用的是砂浆,它的成分就是田砂和泥。有钱的人家,会使用砂浆进行外墙批荡,这样可以更好地防止风吹、日晒、雨淋。穷苦的人家,外墙批荡的材料,差不多要不就是用牛粪加谷壳,要不就是使用切碎的稻草加泥。使用这两种材料,也都可以防风、防水。不过,不那么好、不那么结实就是了。

在20世纪60年代之后,铺地面大部分都是使用38厘米×38厘米的板砖,也有使用40厘米×40厘米的板砖。那在中华人民共和国成立前,差不多都是泥土地,就是把地面舂实。不过,泥土的地面,很多都是坑坑洼洼的。那些有钱的人家,那多半就是使用砖头铺地了,都是使用青砖。这个时候,砖头之间的缝隙,不能正对大门的中间。不然的话,那就叫作破中。门头上面的砖,也是这个样子的要求,就是也不能够正对着大门的中间。摆放门头最中间的那一块砖的时候,必须是一次成功,还不能用泥刀敲,也不能前后左右移动。门头上面砖头的排数,那就不一定非是单数才可。

房屋修好了，那在里面肯定需要摆放一些家具的，就是桌子、椅子、板凳那一些。在以前，那些有钱的人家里呢，就是摆放八仙桌、八仙椅（意为太师椅）那一些。贫苦的人家，就是摆放一些简单的桌子、凳子了。

入伙是要找风水先生，挑选出一个吉日良辰。我们这里，一般都是挑在晚上的子时，就是现在说的11点到1点入伙。

在入伙之前，要先贴上对联。入伙的时候，先要在门外烧纸钱、拜神，要拜天神、地神。这个时候，一般不会烧鞭炮的。入伙的时候，一般都是家里年纪最大的人，带着家中的晚辈入伙，就是以老带幼。走在最前面的老人提着一盏灯笼，跟在他后面的人挑着装着五谷、三牲的担子，担子的两头，还要各放一盏煤油灯，称为"五谷两边有火"。五谷，就是寓意五谷丰登。挑东西的容器，我们这里称为米斗箩，两侧放置的煤油灯，那称为米斗火。

进门之后，要把所有东西，都放在厅内侧靠墙的土地神牌位那里。挑进家中的三牲，就是鸡、鸭、鹅，都是活的，要将它们关到笼子里面。其他的，比如葱、蒜、果品那一些，放在土地神位前。这些东西，都是要放三天之后，才可以收起来的。在这三天以内，也是不能够打扫地面的。我们这里的说法，是"堆金积玉"。入伙之后，也就把家神请回家了。

到了第二天，一般都要弄些酒、菜，就是拿去拜神。大概是中午的时候，那就要请客吃饭了。吃饭的时候，还需要再拜一次神。这次拜神的时候，可能会请邻居家的几位老太婆，就是请她们来帮忙拜神。这个时候，要单独准备一份酒菜，其中要包括所有准备好的菜肴。这份菜肴要先供奉神灵，之后就会给帮助拜神的几个老太婆吃掉。

问：那一般来说，家里都是拜一些什么神？

答：20世纪80年代后，一般人的家中，一般都设有一个三层的木质神阁。底层放土地神，中间放祖先牌位，上层放观音。在这之前的话，出大门后的左手边，一般放置的是门官。大门上还贴着驱邪的关公那些神的像。在正厅的最里面靠墙的地方，安放家中的祖先神位。

要是房子的前方有对自己家不吉利的，那户人家就会在大门上挂个八卦镜。这个有点以牙还牙的感觉，意思就是把那些不好的，都返还给对方。这个也是引起邻里纠纷的一个因素。在以前，你家的前门，不能正对别人家的前门的。要不然，肯定起纠纷。

问：牛山这里的房屋上面有很多部件，比如那边的那些。那都叫什么呢？

答：那名目就多了。比如，我们客家人的大门口，那差不多都是有一个狗洞的。以前家里的狗、猫多嘛，那个就是供它们出入用的。房屋的百鸟嘴，我们这里称为檐头。它下面伸出的部分，我们就叫屋檐。墙角一般都放有麻石，主要是因为屋角容易碰撞，麻石更加坚固（耐碰撞）。以前，那些有钱的人家还会使用花岗岩建造门框。你看到伸出墙外承接屋檐的那个部分？那个就称为跳。

问：以前，为什么梁和梁之间，要相互垂直？

答：这个叫四水归池。正厅两侧的房，相当于人的上身。天井两侧的廊房，那就相当于人的下身了。这样相互垂直的话，水可以从四面流向天井的中央了。天井的排水口，以前是必须设在天井的右侧的，这叫左龙、右虎。坐北向南的房屋，那个水一定要从右边流出去的。

问：房屋与周围的人家的房屋之间，有没有什么要遵守的？

答：以前，人家建房都要考虑到周边的房屋的。比如说，地基和栋梁的高度，要跟人家的一致。又比如，后起的房子，不能比人家先起的房子高。不然的话，很容易引起邻里之间的纠纷，甚至是争吵、打斗。

以前，一个人选定一块地方，那之后他就一直在这里发展了。一般来说，等到他的儿子们大了，就是要分家了，他就会在附近找到一块地方，建房子来给他一个儿子。这之后，他继续再在附近找地方，建房子给他另外的儿子住。等到一个地方的空地都被占满了，就是不能再建新房了，那他就会到外面找另一块地，当作新的房基地。这样子，到了很多年以后呢，一家人，逐渐地就住得分散了。

问：那分散了，还会经常串门吗？

答：那当然会的，还是亲人嘛。以前的亲戚，住得都是比较近的，串门很容易。要是邻里之间，更是会经常串门的，就是到隔壁家里坐一下什么的。村子里面都有一些公共空间，比如村口、大榕树下、祠堂那些地方，很多时候大家都会去这里。有的人家，在他的门口的两边，放一些长条的麻石，就是用来给家人乘凉、休息的。这些地方有时也会聚集很多人的。

问：建房的时候，要不要避开祠堂等呢？

答：祠堂、庙宇的所在地，那是不能做民宅的。它们周围的地方都是可以的。客家人，都是这样看的。我们这个村子里有的人家，还有跟祠堂共用一堵墙的呢，这个一直都是可以的。

问：村子里的那个炮楼，那是谁建的？

答：是我们这个村子建的。那炮楼就只有一个。是当时一个姓陈的，他是个大地主，他建的。当时这个地主很有钱，结果，就有一些土匪、地痞、流氓，老是来骚扰他。于是，他就修建了这一个炮楼。大概有10米高吧，相当于现在的三层半楼的样子吧。里面是木板搭成的棚子（意为楼板）。当时是加了漏水糖舂的墙，所以是很坚固的。有一年，有日寇来这里骚扰，凿炮楼凿了很久，也才凿出一个碗口大小的洞（即直径约10厘米）。可见炮楼的墙啊，那确实是非常坚固的。

问：以前本地的土匪多吗？

答：本地的土匪，那是不多的。外地来骚扰的，经常就有一些了。比如黄村的土匪。中华人民共和国成立以前，那里一直都是有的。我们这里的乡勇，到20世纪40年代至中华人民共和国成立前，才出现（意为存在）的。建炮楼是20世纪30年代的时候，那时候人们还没有（当乡勇、打土匪）这种觉悟。

问：以前本地的水井、水渠那些，是怎么布局的？

答：水井的话，一般来说，一个村子里面有一个。牛头村在以前就是有两个的。打井的时候，本地人来看一下，就是大概来说，哪里有泉水涌出，就在那附近打井。巷子的排水渠，一般放置在右边，这个按照房屋的朝向来的。

问：如果在建房时，家里有人去世了，那怎么办？

答：建房时家里有人去世了，那就要看情况了。如果房子已经开始建了，那么，至少要停工 100 天。就是最少要停 100 天之后，才可以再动工。要是还没开工的话，那就要推后半年或者是 1 年的样子。

家里有人去世了，有一部分人家可能会留一张他的相，放在厅堂。不过，这样做的人家不多。大概三成的人家吧，会这样做。

问：狗洞主要是做什么的？

答：狗洞一般都是安置在大门的左侧，都是挨着地面的。这样子呢，你关了大门之后呢，狗还可以从狗洞进出自己家。

房子的墙上，都有金鱼口的，那个是下雨天排雨水用的。前面说到的那个檐口，其实不叫檐口，叫作鳌头。

问：以前，这里的教育情况怎么样呢？

答：基本上每条村子都有私塾，但是，绝大部分都不长久的。开私塾的，一般是本地比较有文化的人，比如读到秀才，他回家之后，没事做。那他就在自己家开办私塾。但是，办个几年之后，有可能是老师撑不下去了，也有可能是学生家里不让孩子继续读书了，就是让孩子出去打工、放牛那些。这样的话，这个私塾就关门了。

在本地来说，积善里的私塾是最长久的。（原因?）一是积善里的文人比较多。他们是一个大姓，也很照顾自己的子弟；二是他们的孩子比较多，家庭条件还可以，就是过得去。所以，他们的私塾维持得下去。以前的私塾先生，都是秀才乃至举人。在以前，这些人是要穿长衫的。他们有月俸，所以不能做工。月俸是从蒸尝田里面给的，给他们补贴。还有，一部分学费是孩子自己交的（也可以补助他们）。另外，有些人家的条件还不错的，那这家就可能资助先生一些。

问：以前的宗族，是有族长的吗？那他都会管理一些什么事情呢？

答：族长是有的。他管的事情很多，比方说，要管理蒸尝、添丁、结婚、族谱那些事情。

以前结婚的时候，要先拜祠堂的。拜完祠堂之后就回家，摆酒招待来客。一般来说，大部分是在新郎家的邻居家里请客、吃饭，新郎家地方不够嘛。

第三章 传统村落的空间结构

传统上,今东城下辖的各处村落几乎全部坐落在山水之间,其空间结构普遍受丘陵与水系双重的、深重的制约与影响。即使是时至今日,温塘、桑园、余屋、周屋、鳌峙塘等主要的东城村落,依然相对较好地保留了旧时传统村落空间的基本面貌,依然可以较为清楚地看出其旧时的村落空间结构的肌理。

本章中,我们尝试通过对这些古村落的空间结构的观察和分析,尝试理解传统的东城人们的空间观念,尝试还原古村落的日常生活空间并探究当时的文化。

第一节 传统村落的一般空间结构

村落供村民日常居住与生活之用,因此,首先必须尽可能地保证居于其内的居民的安全,其次还必须尽可能地方便村民日常生活以及长远发展的需要。"土地平旷……有良田、美池、桑竹之属",虽说是《桃花源记》杜撰出来的某种理想状态,但东城的村落确实都是拥有这些基本的结构要素。其奠基者专心寻求瓜瓞绵绵、万世长安的祥和,为此尽力追寻"前有照、后有靠,左有辅、右有弼"的理想家园,当然也需要因应具体的环境而做出适当的调整。

一、村落选址

为了保证村民的基本安全与日常生活、生产等方面的方便以及长远发展的需求,就必须仔细地、周到地为未来的村落进行选址。现在仍然可见的东城的传统村落,不少传说建于宋元时代,即使是晚近的也是建成于明清时代,距今也已经有百年以上的历史了。当时东城的先民们为村落选址时是如何具体考虑的、又具体涉及了哪些决定性的因素,如今即使是村里见多识广的老人也早已经茫然不知。我们通过各种方式的反复调查得知,东城人在历史上并没有形成相关的文字或者图画等资料,当然也不可能有任何形式的资料流传至今。因此,我们只能够结合村民的认识、仍然可见的实际的村落空间结构和一般的村落选址通例,试图推测当时先民们村落选址的若干方面。

综合我们多方面的考察所得,发现旧时东城人在为村落选址时普遍遵循如下三个最为基本的原则,即背山、面水和近田,这也基本上就是传统的风水学说所说的最好能够做到"前有照、后有靠,左有辅、右有弼"。

（一）背山

就东城广府人和客家人的全部村落的实际情况来看，所谓的背山，指是村落要背靠山（实际上多为一座或者几座丘陵）。老人们普遍认为，先人这样的选址有深厚的传统文化方面的意蕴，但我们相信更有现实生活方面的考虑。

在现在的东城村民中，似乎很少有人真正懂得传统的风水学。但访谈时几乎所有的老人都会强调本村的风水好以及如何好，显得似乎人人都懂得某种形式的风水学。而在谈及本村的所在即村址时，老人们几乎都会认为"本村背山开基"，认为之所以如此是先人精心地推算了风水，认为有了这样的"靠背"即背山及其左右两侧的山峰或者余脉即所谓的辅、弼，才保证了村落的安逸与祥和。背山确实符合中国传统的风水理论，传统的风水学历来普遍推崇依山而建村落或者宅子，旧时称之为"背后有靠""坐实"等。旧时认为所依靠的山要整齐、灵秀，植被茂盛但山又不能太高，否则就可能会"欺主"。风水学认为，这种山的作用主要有二：阻止生气、旺气等外泄而使气聚而不散，遮挡外界煞气的侵袭使生旺之气不被冲散。应该说，传统的祠堂风水学上的这些说法，与老人们的认识几无二致，如此看来，老人们确实普遍懂得风水学。

但是，世界各地的人们在最初建村起屋时，其实只要有可能，都会尽量选择背山。这个事实说明，背山其实是一种普遍的选址现象，是基于现实生活的一种择优的结果，而与风水等不见得有多少关系。东城的老人们同样普遍认为，背山才能够挡住北方来的寒流，从而保证村落在冬季依然能够相对温暖，这其实就是一种现实考虑。各处的人们选择用于建村的吉祥之地，通例必须处于较高或者相对较高的干燥之处，只有如此才能够让村民免于水患而安心地生活，这应当就是所谓的"人同此心"。而所依靠的山不能够太高且必须植被茂密，其实也与"生发"即后人昌盛之类的可能无关，而是出于非常现实的考虑，如避免出现山体滑坡、泥石流之类的灾害，以及便于获得煮饭用的柴火等。

无论如何，对东城传统村落的空间结构来说，背山产生了决定性的影响。正是出于这种选址考虑，才使得绝大多数的村子都以南或者偏南为朝向；才使得所有村子都以里联系山上与山下、而以巷联系村子的左半与右半；才使得民居得以成排逐层排列，民居井然有序排列；等等。后文中，我们将结合具体的村落对这些逐一进行描述。

（二）面水

华南的各处汉人社会传统村落的村口或者村落正面的某处，通例要有一口一般称为风水塘的池塘。东城的人们普遍认为，必须有这口水塘是出于风水考虑的结果。而老人们则至今普遍相信，这口风水塘保证了村子与村民的繁荣与兴旺。

应该说，老人们的这种认识确实是很有风水学的根据的。传统风水学一向认为，"山主人丁水主财"，意思就是择山可以令后世人丁兴旺，而择水可以令后人财源滚滚。而在山、水二者之中，传统风水学又一直有"风水之法，得水为上"之类的说法，可见择水极其重要。让东城人至今感到特别自豪的是，在整个东城境内，不论是广府人的村落还是客家人的村落，几无例外地都是在背山的同时又面水。实际上，不仅几乎每处村落前面都有一口甚至多口面积相当大的水塘，而且还普遍临近河流、池塘等相对较大的水体。① 许多老人都认为，这就是风水学上的水体越大则聚气越厚、财富也就越厚的观念作用的结果。因此，他们同样认为这也是风水观决定了具体的村落选址。

但在我们看来，就各地的汉人社会甚至就全世界的情况来说，各处的人群同样都是尽可能地择水而居，因为只有如此才能够满足最基本的生存所需，也才能够奠定当时谋生的主要途径即农业生产的基础。东城人经常自豪地说"本地从来都是种水稻的"，就是因为有了充足的水这个物质前提。而在实际上，面水的效应其实远不止这些。访谈时老人们经常回忆起，旧时的水绝不仅仅是人们生活与生产中不可或缺的物质基础，更是物资运输、流通交易的便利而又快捷的交通线，因此是"古代的高速公路。过去运输主要是通过水道，（所以）面水立村，那是再合理不过的了"。再进一步说，社会的发展必然促成物质交换，古今中外商品的集散地，因此几乎无一例外地选择在水边或者水道边。世界各处的发展都离不开水，而只有当水与商品交易也就是财富的关系稳定地建立起来之后，"水为财也"这句俗话才有了更为确实的基础。（见图3-1）

当然，仔细考察实际所见的东城村落的村址，可以发现东城的先人们当时就不是只重山或者只重水，而是同时注重山与水并使之互相配合，背山面水或者说位于山与水之间，于是成为了当时最为基本的村落选址策略。访谈时许多老人认为，这就是传统风水学择址的结果，即村落必须位于"山屏障、水汇聚"之处，也就是古代的风水学名著《金锁玉关经》所说的"宅后青山数丈高，前面池塘起彼涛"。我们相信东城的先人不见得有如此

图3-1 鳌峙塘现在还有不少面水的人家

从容的考虑，而且这种组合的布局其实也是遍见于汉人社会各处的，但无论如何，这种选址确实给东城人带来了安居的基本保障，使得所建设的村落几无例外地都得以赓续至今。

（三）近田

在漫长的历史时期，东城各处的村民普遍以耕种为最主要的生计，因此田地至为重要。种植季节，村民几乎每日都要数次往返于田地和家园，田地必须与村落相近，如此才便于村民劳作。而如果太远，则会给播种、田间管理等带来诸多不便，也会给看护以及运输收获物等带来莫大的困难。

---

① 据调查，旧时的东城多有各种有相当面积的大的水体，相当部分其实等于通常所说的湖泊。但在传统上，东城的人们普遍称之为塘、海之类的，而极少有湖泊之类的说法，其原因何在我们尚不得而知。

本次调查时，我们得到了一个扎实的反例。今塘边头村的男性村民依然全为袁姓，其先人原本是居住于温塘的袁姓人家的一支。老人们回忆，这支人的田地位于温塘大塘的对面，当时从温塘出发，需要交替使用水路、陆路，花费两个多小时才能够到达。最初，这块田地的周围没有村落和人家，负责耕种的人们只好早出晚归地耕种，中午则在田间地头凑合着休息、饮食。村民说，当时这块田地主要用于种植水稻和甘蔗。由于担心甘蔗和水稻等被偷盗甚至哄抢，每到作物成熟时，很多人在晚上就被迫留在田间地头守护。因此，人们慢慢地搭建了一些简陋的草棚，主要是供这些人夜间守护时勉强栖身。但是，这样既不方便又不安全，更不是长久之计。因此，到了某个现在的人们已经不太清楚的时候，这支人干脆整体搬出温塘而在此处建房定居。随着简陋的草棚变成了泥砖房、红砖房并日渐增多，一个独立的村落即塘边头村就形成了。对于这个村子来说，其产生的直接原因就是为了近田。而对于温塘村来说，由于距离田地太远而最终失去了这批村民，现在塘边头村已经改为归属主山行政村。

东城的传统村落都是位于山、水之间且近田地，村落内具体的民居则几乎都是分布于山脚至山腰之间，这是综合比较多种因素后理性选择村址的结果。在这些地方居住不仅耕种、取水都较为方便，更为重要的是可以节省宝贵的宜耕土地以便种植更多的农作物。但是，这样的选址其实也有诸多不足之处，最为窘迫的是过去遇到雨多水大之时，村落经常遭受洪涝灾害。老人们回忆，中华人民共和国成立后修建防护大堤之前，东城的大部分村子几乎每年都会遭受严重的水淹。每到这时，低处的街巷就变成了条条航道，运输各种物资进出村子都只能够使用小船。水灾尤其严重时，甚至会漫过村中民居一楼的楼顶，住在最低处的村民只好往半山腰甚至山头暂避。20世纪中叶的几场大水灾危害尤其严重，访谈时许多老人依然心有余悸，本书的有关章节对此有一定的描述。鳌峙塘的九叔是一位见多识广的老人，访谈时他就曾经情不自禁地发问，既然几乎每年都要遭受严重的水灾，祖先们为何选在这样的地方建村？这可能是许多人的困惑。

二、基本的村落空间结构要素

（一）物质生产空间要素

1. 田地

一般相信，自汉代开始，汉人社会就以精耕细作的小农经济作为主要生计方式，田地于是成为了历代汉族人民物质生产中最为重要的资源，也是传统汉人社会中占绝大多数人口的农民甚至整个国家的立命之本。旧时所谓的恋乡之情，其实不仅仅指依恋长期居住的住所，更是指对赖以生存的土地的无限依恋。田地作为传统生活中最为重要的空间要素，其重要性自然不可忽视。

东城虽然位于丘陵地带，但相对来说起伏不是太大，而整体的地势偏低、偏平，因此较为容易开辟出相对平整的、较大块的田地。一般来说，山脚之下较为低洼的地方，因为水源充足而容易被开垦为水田，山脚之上相对少水的地方则被开垦为旱地或者果园。不过，虽然东城人历来兼种水田和旱地，但似乎始终以种植水稻为主业。东城属亚

热带季风气候,终年高温、多雨且潮湿,这种气候也极为有利于水稻等农作物生长,稻作普遍一年能够两熟甚至三熟。(见图3-2)

图3-2 周屋最后的一块农田①

田地为历代东城人提供了基本的生存保障条件,是小农经济时代人们能够安居乐业的前提,也是当时村落都能够兴旺发展的最基础的条件。但如果从总体上说,历史上的东城人人均拥有的田地相对偏少,而且相当不平均。一方面,仅占中华人民共和国成立前总人口6%的地主和富农,所拥有的土地数量占到了66%,占同期人口91%的贫农、雇农和中农,却仅拥有36%的田地。② 而在另一方面,旧时各个村落或者宗族的田地数量也相差较大。如老人们说,那时的温塘村有相对较多的田地,以至中华人民共和国成立后政府把原本属于温塘的几百亩田地划归其他田地较少的村落所有时,居然引得很多温塘人高兴,因为他们"再也不需要种这么多的地了。(以前)田地太多,都累死了"。③ 而鳌峙塘村则是严重缺乏土地,有老人甚至回忆说,中华人民共和国成立前整个村子在家种植田地的村民,加起来"不会超过十个。其他的人啊,都得去到红梅、望牛墩、麻涌那些地方'揾食'(意为谋生),④ 就是去那里帮人家干割水稻那一些活,打零工"。但无论田地多或者少,也无论田地是属于宗族集体、房支所有还是个人所有,这些田地都是围绕着村落展开的,⑤ 也就是上文所说的村落选址要近田地。如果田地距

---

① 近些年来,这块田种植的水稻经常用于制作精美的稻田巨画,以吸引游客开展观光旅游,因此它兼具农业生态、生态保护和休闲观光功能。由于如此,这块稻田不追求高产,现在的亩产通常只有400~450公斤,所获则主要作为福利分给周屋的居民。
② 详参考《东莞市东城区志》编辑委员会《东莞市东城区志》,中华书局2012年版,第435页。
③ 类似的情况见于东莞市的清溪镇,当地不少广府人的村落由于土地太多,"把人累死了都种不完",因此周围的客家人不愿意把女儿嫁给这些村落的广府人。详参考张振江、麦淑贤《东莞客家民俗文化:清溪的个案》,广东人民出版社2017年版,第68页。
④ 红梅、望牛墩和麻涌均为东莞市辖地,距离东城均不远。这些地方由于拥有很多相当晚近才浮出水面的沙田,故田地的总亩数与人均田地数都比较多。
⑤ 但有一种例外情况,即某些村落、宗族、房支或者富裕的人家后来购买的田地,则可能距离所在的村落较远,这些田地通常都是租给当地人耕种而不是自己耕种。

离村落过远，则几乎可以肯定地说必然要散枝开叶、另立村落，如前文所说的塘边头村的袁姓人家那样。

2. 河流与水塘

东城地处起伏不平的丘陵地带而又雨量充沛，形成了大大小小的河流与水塘。各种水体是历史上东城每个自然村的空间中不可缺少的物质生产因素，对村落空间的布局与延展也起到了制约性、引领性的作用。

纵横交错、彼此勾连的各种水体，首先是村落重要的物质生产空间，既天然地适合发展航运业，又天然地适合发展渔业。但就历史上的东城来说，东城人依赖河流即以航运为业的相对较少，而且这些人似乎历来主要集中于峡口村一带。但是，间接依赖航运谋生的人口却极为庞大，几乎每个村落的人民都需要不同程度地依赖河流运出或者运入各种物资，靠水因此能够成为村落选址时决定性的因素之一。正是因此，河流才被老人们说成是旧时的"高速公路"。在历史上，东城人多有主营或者兼营渔业以谋生的，沟壑渠塘众多再加上人工改造，于是形成了大大小小的水塘即鱼塘。访谈时有多位老人都说，"我们东城的每个村子，它的村口，那是都要有一口鱼塘的嘛。村子的周围，以前也都是有鱼塘的嘛"。水塘甚至影响到了村落的地下结构，如所有传统村落的地下排水系统，最终都是通到鱼塘。从风水上来讲，这是"为的聚财"，即使得"村子兴旺发达"。而从现实来说，则是让各种生活污水及其所夹带的各种物质汇入池塘，这既保证了村落的清洁，又为池塘内的鱼类提供了足够的食物。据调查，各村以前鱼塘的所属不一，如有的属于某宗族或者房支所有，有的则属于村落集体所有。但不论具体的属性如何，旧时几乎都是承包给私人养鱼，承包者向拥有者缴纳相应的租金，以满足某些公共性事项的需求，常见的如用于雇佣看更、招募乡勇等。

各种水体还是东城人从事精神活动或者生产的物质基础，这在旧时村落中最为重要的集体性活动之一即端午节划龙舟（意为赛龙舟）时体现得尤为明显。今温塘的白庙的对面是一大块极为平整的田地，但就在不久之前，还是一片由河流与池塘合构而成的面积相当广大的水体。传统上，每年的农历五月初一到初十，温塘村民都会在此处举行划龙舟活动，届时本村以及周围各村的人们都会集聚在这里加油助威，村落还会在此举办"做大戏"即演出粤剧，小商贩等还会趁机在此贩卖各式物品。中华人民共和国成立后，政府为了彻底解决当地的水患，修建了运河引流又修建了大堤隔开了东江，但这在防范了水患的同时，也使得温塘及其周边的水急剧减少，导致许多河流和鱼塘消失，这块水体也逐渐成为了田地。不是许多亲历过的老年人说起，现在外人实在无法想象出这里以前居然是一处水体。

当然，在相对来说人们改造世界的能力较为有限的过去，河流与水塘有时又极大地限定了村落的基本格局，东岸坊或许可以说是最为典型的一个例证。东江流经峡口村时，把一座村落一分为二，其位于东江东岸的部分就成为了东岸坊。东岸坊背靠铜岭，面南背北地展开一众民居。但分别从东北、西南两个方向蜿蜒而来的东江（南支流）和寒溪河在此汇合，[①] 这从根本上限制了东岸坊的布局与发展，使之最终只能够演化为

---

① 中华人民共和国成立后又开挖了东莞运河，使之成为了三条河流的交汇地。

一个整体上呈楔形的狭小区块，即从山脚开始，所有的民居都面向水系逐层、逐排地向前内敛性地延伸。很多人都认为，河流引领了这个村落的发展，因为家屋越接近河流，越可以有效地为室内以至整个村内降温，而且人们也就越能够便利地用水。

对于如何利用河流和水塘等各种水体，东城的村落古今表现颇有不同。古代基本上是利用水的各种便利，如发展商贸等对外往来，因此那时的市场和商埠几乎都是沿水展开。但现在各种水体的重要性早已经大为降低，因此人们大规模填平各种水体增加可用的土地，以满足村落各种各样的建筑用地的需求。因此，时至今日，东城各村的河流或者水塘早已经大幅度减少，温塘等村落的水体已经少到实在让人无法理解其为何会是水乡。只有经过仔细的对比，才可以发现其后出的村落地境，实际上通常就是沿着原本的河流与水塘发展出来的。在这个意义上说，河流与水塘依然引领了村落的空间格局。

（二）日常生活空间要素

1. 门楼

旧时的东城村落周遭以及内部的里巷等区域，普遍有各种形式的围墙，因此有相当多的围门供人们出入村落或者里巷之用，村民通常称为门楼、城门、围门等，我们统一称之为门楼。（见图3-3）

图3-3 温塘大元村存留的围门①

大致上说，旧时的门楼可以简单地分为两大类。一类是位于村落各个出入口处的门楼，为了便于区分，我们称之为村落门楼或者围门。第二类是位于里巷口处的门楼，为了区分我们称之为里巷门楼。这两类门楼的功能有极大的一致性，即都是为了防御外在的敌人而保护村民，但具体防护的范围和保护对象则有一定的差别。由于有这个差别，二者在建筑方面以及使用方面也相应地有一些不同。

按照其规模，东城的门楼又可以分为大、小两种。大的门楼几乎都是建于村落出入口处的围门，几乎全为双层甚至三层的建筑。其下层即第一层为门洞和大门（村民多称为"闸门"），开启大门即用于出入村落之用。其第二层或者第三层则几乎都有用于值守、观察与防守的各种设施，因此，这种门楼完全可以视为一处独立的、相当坚固的房屋。东城各处村落现在已经很少见到村落门楼即围门，这种门楼以前是一种属于全族、通常也就是全村的公共建筑。据调查，围门最初一般都是由村里有钱有地位的人提议，然后全体族人或者村民出钱出力集体修建的。由现在仍然可见的村落的格局来看，旧时一处较小的村落通常设有两个村落门楼，而较大的村落则设置有三四个围门。至于少于2个或者多于4个围门的，似乎始终不见，这可

---

① 图片来源：http：//www.360doc.com/content/12/0627/21/7804454_220844177.shtml。

能是平衡村落便利与安全需求的结果。

　　小的门楼普遍位于村落内部各处的里或者巷的出入口处（见图3-4），几乎全为一层的建筑，很少见到两层甚至以上的。这种门楼几乎都没有自己的独立的山墙，而普遍是借用相邻两侧民居的部分墙体充当山墙，这或者是其最大的特色。旧时的这种门楼也是有门扉以及天地门等设施的，因为只有如此才能够充分发挥其防御的功能。其上部也可能有值守、观察与防守的各种设施，只是整体的规模略小而已。据调查，以前到了晚上不少处都有人守护的，显示出当时的社会不是非常安宁的。

图3-4　温塘重建的一处里巷门楼

　　中华人民共和国成立后，东城各处的各种门楼大多因故遭到拆除。近些年来许多村落又有所恢复，但其形制与功能颇为类似于牌坊，如已经不具备传统的功能，而更类似于一种标识或者装饰。

　　在修建门楼建造之前，一般都要先请风水先生专门来看风水、择日等，以便决定某处是否适合建门楼以及应该建什么样的门楼。到了择定的合适的日子，才能够动工修建。修建里巷门楼通常也要择日，但一般也仅限于择日而无其他的特殊要求。不同村落的门楼的墙体通常都特地修建得比较厚实，但在具体的厚度方面可能有一定的差异。其原因除了各村的经济实力各有不同之外，还受具体因素的影响。一般地，受威胁较大的村落的围门墙体较厚，而受威胁相对较小的村落门楼的墙体则通常薄一些。由于有村落门楼作为第一道防御，里巷门楼通常规模小一些、墙壁也薄一些。不过，旧时这两类门楼的墙体，通常都是由青砖或者青砖加麻石、红石砌成，偶尔才会见到使用红砖甚至泥砖修建的，这应当是综合考虑了保证村落安全与村落面子的结果。其门框普遍为麻石或者红石质地，门楼内的地面通常横铺整条红石条，门楼前后的地面经常也砌有大块的红石条。有的门楼的正上方还特地铺设一块较宽的红石板或者石条，用于刻写门楼的名字、修建年月以及其他题字等，温塘村内有几处至今还保持得非常好。

　　传统上，到了夜间各处门楼的大门都要紧闭，主要是防止外人随意进入，以策万安。以前的门楼（尤其是村落门楼）普遍设有枪眼，必要时可以通过枪眼射击以抗击来犯者。老人们普遍认为，以前的村落门楼以及少数里巷门楼都是有人看守的。由于主要用于观察村外各处道路上的情况，因此当时的人们普遍把去看守村落门楼称作去"守路口"。据回忆，那时几乎都是由村里或族里集体出资雇人，"一般都是晚上，才派人看守围门的。也有的是白天、黑夜都有人守着，不过这个很少见的。这样的话，就得你那个村子很有钱，那才做得到的"。对于由什么人看守，不同的村子中似乎有不同的方式。如访谈时余屋村多位老人都回忆，那时候该村由乡勇、民团之类的负责日夜巡逻村落内外以维持治安,而他们的主要职责之一就是守护围门,晚上需要时刻在门楼处瞭望外部动静,因此"围门呢,从来就不需要另外雇人看守了"。鳌峙塘村老人则回忆说,当时民团还派人住在元美街的围门上,自然也不需要另外雇人值守了。

至于村内各村里巷门楼的守卫情况,则明显地更加不一。多数村子的里巷门楼仅为一层,该处通常无人看护,但几乎都有人负责到了晚上"落闸",即关闭大门以封闭本里巷。两层的里巷门楼则可能有人值守,通常是由同一条里巷的人家合资雇人或者轮流派人,到了晚上去二楼上"值夜",即负责看守、防护,还要负责准时关闭进出的通道即"关闸门"。① 图 3-5 为位于温塘村柴市坊的一处里巷门楼,它罕见地高达 3 层,而且居然四面都有窗户、瞭望孔和枪眼。②

图 3-5 温塘形制罕见的里巷门楼 1
（图中的泥砖屋建于中华人民共和国成立后）

据调查,中华人民共和国成立前夕,在该里巷居住的主要是一个富裕的地主遗孀。临近中华人民共和国成立时,该处仍然位于村落的边缘,因此直到中华人民共和国成立初期,这户地主家一直专门雇佣了几个人日夜在此楼值守,当时的值守者就住在该处的 2 楼。本次调查时发现,该楼至今有楼梯可以很方便地上、下,其门楼、闸门以及楼梯等整体的状况依然良好。（见图 3-6）

图 3-6 温塘形制罕见的里巷门楼 2③

2. 围墙

旧时各处汉人普遍在村落边缘修建高大而又坚固的围墙,围墙最主要的作用是有效地把村落与外部的世界区分开来,从而在内部形成一个本村村民可以共同享有的、安全的空间,即将村内彼此熟悉的"我们"和村外陌生、未知的"他们"隔开来,这其实也就是将安全和危险隔离开来。

如今东城所有古村子都已经没有了完整的围墙,绝大多数古村子连围墙的残迹都已经无从辨认。访谈时梨川村的不少老人和干部都感叹,现在该村内仅存有几栋青砖老民居及其周围的几条青砖铺地短巷,历史上高大的围墙、恢弘的祠堂以及其他的古建筑,

---

① 访谈时有一位老人说,东莞的村子里多采用里巷,是从城里的里巷模仿来的;而城里的里巷自古就是晚上要关门的,所以村子里也要准时关门。这位老人无意中指出了里巷制及其扩散,确实不容易。
② 有人认为该处是魁星楼,但我们经过反复的调查后发现该说有误,故不从。
③ 图片来源：http://www.360doc.com/content/12/0408/12/7804454_201884184.shtml。

早已经出于各种原因而拆除殆尽，弄得现在连"村子以前的影子都没有了"。老人们回忆，东城的村子以前普遍都是有围墙的，但绝大部分在中华人民共和国成立初期至20世纪60年代拆除了。访谈时，不同村落的老人都说过类似的话语："那在以前来说，只要是村子，肯定是有围墙的。不然的话，那你怎么能够叫围呢？"① 即使时至今日，人们有时还会以围墙界定某些地域或者某些人的身份。旧时横坑村有许多人以船为家，平时在寒溪河、黄沙河上以打鱼和运输为业，晚上就随意地泊在温塘大围之外的某处河边过夜。等到他们上岸后，逐渐聚居形成了一处聚落，就是现在的坐头村，村民以钟姓为主而杂有袁、萧、杨等姓。因为是船民又以水为生，所以这些人家始终并没有多少田地。直到现在，温塘老人提起他们时还会把他们称为"（温塘）围外人"，而称温塘人是"（温塘）围内人"，言辞间仍然不免略有区别。

旧时东城各处村落最为常见的围墙，大多是采用青砖等较为坚硬的建材修建而成的高大的墙体。老人们回忆，直至中华人民共和国成立初期，鳌峙塘村仍然有4处村落门楼（见图3-7），4处门楼以围墙串联起来，封闭了整座村落。现在三处门楼都已拆除而仅仅留下元美街门楼，但由元美街门楼和另外三处门楼的些许残余以及偶然幸存的围墙残迹来看，当时围墙的主体确实都是全部使用青砖垒成的，而且几乎全部都是采用双砖砌成即围墙墙体是双层的，如此更加坚固也就是可以更加好地保护村落。而在周屋村、温塘村甚至牛山村的积善里和余庆里，也都可以见到小部分残存的青砖墙体。这些村落城墙过去的大体走向至今依然清晰可辨，围墙内至今依然可见保存不一的青砖建筑和纵横交错的麻石里巷。

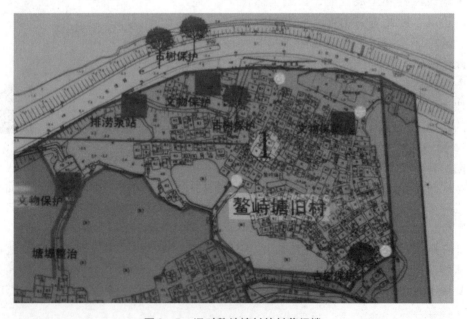

图3-7 旧时鳌峙塘村的村落门楼

---

① 在东城，围的含义有多重，并不仅仅是指围墙，本书第十一章有所涉及。

但是，依据我们的调查可知，旧时不同村落的围墙形式以及建材，就可能有所不同。例如，由于建围墙所费不赀，有些村落的部分围墙就不是特地修建的墙体，而是借用民居等建筑的墙体，或者借用池塘、河流等天然障碍物，以此充当部分围墙墙体从而节省费用。相对来说，鳌峙塘村在这一方面可谓典型。该村几位老人都回忆，以前该村的围墙，就是同时利用了多处民居的后墙和几口池塘。甚至有老人回忆说，当时所谓的村落围墙，其实大部分就是民居的外墙，"以前村子最外面那一层房屋的外墙，连起来就成了村子的（部分）围墙。所以最外面的房子的外墙，都是又高、又不开窗户的。就是到了现在，那些房子也还基本上没有窗户"。（详参考本书第二章）这些民居的后墙，通例是使用青砖修建的高大而又坚固的墙体，没有任何较大的孔洞或者窗户。民居如果有窗户，也一律开设在面向村内的前墙，为的就是确保村落的安全。即使是时至今日，这种基本的家屋布局依然保持而鲜有改变。① 这种以民居外墙充当部分围墙的方式，似乎是当时较为通行的做法，东莞的南社、佛山的璜溪等著名的古村落都是如此。

也有些村落不是使用青砖，而代之以红砖甚至泥砖等其他相对较为廉价的建材，这样也可以节省成本。旧时属于所谓的"温塘十二园"之一的庵元村，至今仍然是一个面积很小、人口很少的村子，以龙姓和袁姓居民为主而杂有少数其他姓氏。村民普遍传说，龙氏始祖于明末抵达温塘居住，约在清朝中期又因故迁居到现址开村。到了现居地居住了一段时间后，村民集体修建了围墙。可能是由于该村较小而经济又不是非常好，其城门处使用的是红砖，整座村落的围墙则是采用夯土的方式筑成，图3-8所示的就是其部分残余。这种围墙只需要村民花费若干力气，就近取来泥土后夯筑即成，因此成本相当低廉。

据调查，旧时的东城人的围墙，其实常常不单单是一道围墙，围墙外还通常种植簕竹以增加防护力。簕竹是一种禾本科植物，成年的簕竹竿高15至24米，直径8至15厘米。其底部的小枝常短缩为弯曲又锐利的硬刺，如果成片密集种植，这些小枝即可相互交织而成为稠密的刺丛。因此，这种竹子经常被作为防御林而广泛栽种。我们在广东、广西以及贵州等省区的村落调查时，经常可以见到种植这种竹子并以之单独或者与围墙一起合力充当村落防护物的。在东城村落的近池塘边、河流边等相对来说难以通行处，人们经常不是修建围墙而是直接栽种茂密的簕竹，单独以之起

图3-8　庵元村残存的部分围墙②

---

① 图片来源：http://www.360doc.com/content/12/0627/21/7804454_220844644.shtml。
② 在鳌峙塘以及其他有类似的城墙的村落中，现在也有极少数人家在外墙的最高处开设一两扇狭小的窗户，偶尔甚至也可以看到个别人家的大门开设在外墙。但据调查，这些窗户和门都是近些年才开设的。

围墙的作用。访谈时老人们回忆,直至中华人民共和国成立前夕,余屋的前方和左方均为难以徒步通过的河流、池塘和沼泽地,当时这些地方就都没有修建围墙,而是种植了密密的籟竹。几位老人都说,这种竹子下部的枝节密密地勾连在一起,组成了锐利而又密集的丛刺,因此"连老鼠、蛇都没法穿过",同样非常好地起到了防护村落的作用而又大大减少了成本。温塘村也有老人回忆,今白庙的对面原为一大片开阔的水体,当时其岸边同样多种植这种籟竹。但到了现在,东城各处已经难觅各种竹子的踪影了。

3. 民居

民居是村民日常生活中最为重要的空间,也是村落空间最为重要的构成因素。实际上,民居完全可以说是一处村落的最为核心的要素,其他所有的要素事实上都是为了民居而展开的,即创造宜于村民居住的环境。在本书的第二章,对于传统的东城民居有较为详细的描述和分析,故此处我们仅仅略微涉及。

明清以来,东城村落中的传统民居的建材主要有青砖、红砖和泥砖三种,三种可以单用,也可以混合使用。东城人使用泥砖的历史同样久远,据调查,历史上的使用还相当普遍,许多普通人家的家屋都是泥砖修建的。但是,由于泥砖的寿命相对较短,再加上历史上东城各村经常遭受洪水之害,[①]因此现在所见到的泥砖房,几乎都是中华人民共和国成立后至改革开放前修建的。那时人们的经济普遍较为艰难,大多只能够以泥砖建房。现在所见到的以青砖建造的家屋和祠堂等各类民用建筑,则几乎都是明清至民国时期修建并传承下来的,[②]据传所用的青砖都是从外地购入的。虽然东城的温塘等地很早就出产红砖,东城人也很早就有使用红砖建设的,但出于某种我们未知的原因,东城人使用红砖建房的始终较为少见。现在所见的红砖修建的各种民用建筑,几乎都是建成于20世纪下半叶尤其是改革开放初期。图3-9为使用红砖修建的一处村落的围门(其具体修建年代不详),这在整个东城都是极为罕见的。

传统的汉人社会的村落内,一向追求街巷纵横而且屋舍俨然,东城的村落同样如此。几乎所有的东城村落都是采用梳式布局,即

图3-9 庵元村约建造于民国时期的红砖门楼[③]

[①] 访谈时老人们普遍反映,20世纪五六十年代东城遭遇了几次大水,几乎使得所有老泥砖房都毁于一旦,因此东城各村现在都"看不到老的泥砖房了。现在只能够看到老的青砖房,因为青砖比泥砖抗水,所以得以留下来了"。

[②] 在许多村落中,都可以见到人们拆除老民居后利用所得的青砖建造的新房。不过,这种房屋多是在改革开放初期修建的,而且数量较少。

[③] 图片来源:http://www.360doc.com/content/12/0627/21/7804454_220844644.shtml。

整体上说众多的民居依照里巷集聚在一起,大体上呈半椭圆形状。如果由前后来看,村落向前即向山脚发散而向后即向山腰收敛;如果由左右来看,则村落外向收敛而内部发散。由于背山面水,因此几乎所有村落都是后部相对较小而前部相对宽大,祠堂等阖族代表物位于村落的最前方,这就是通常所说的起到引领作用。最外层民居的外墙经常修建得高大又坚固,这些外墙通常连在一起,起到了类似于围墙的效果,即具有一定的防御作用。实际上,不少村落的部分围墙就是借用了这些墙体的,使得村落成为了一个对外严密封闭的安全居所。最外层的家屋不论朝向,毫无例外地都向村内开门,村内的家屋则尽可能地朝南或者偏南的方向开门。村落内部的各处家屋确实大体上能够做到"屋舍俨然",即所有的民居都是极为规则地分列在各条里巷的左右或者前后,而以通常位于山腰处或者山脚处的一条主干道统领起来。诸条里巷可以视为联系村落内部各处的肌理,散布的家屋借助于里巷彼此勾连成为一个村落整体。似乎完全可以说,旧时的东城各处村落都以对外封闭、对内勾连为最主要的特征。

如果从村落的内部空间结构来看,因为要尽可能地节省宝贵的土地,所以房屋普遍建造得较为紧凑,但整体上并不显得非常局促,这说明建村时考虑得极为周详。在一条纵向的里巷的一侧分布着多排民居,每一排相邻的两栋房屋之间通常隔有一条极为狭窄的凉巷。但相当多的家屋共用一堵山墙,兄弟家的两栋房屋几乎必然建在一起,经常还共用一堵山墙。在一排房屋的前或者后,则有一条相对较短、较窄的小横巷,用于隔开前后排并充当其后一排人家的出入路径,这里同时也经常是后一排的人们日常闲聚、休息的场所。在旧时的珠江三角洲各处村落内,一直普遍有"男人街、女人巷"的说法,其中的"巷"指的就是这种巷子。这句话的意思是说,女人们普遍在自家门前或者附近的巷子内闲聚。而每隔一定的距离,则通常设有一条较宽的横巷。这种巷子内可能还设置了水井,水井边通常还有一块空地,用于满足纵巷两侧多条横巷的人家日常用水与社交等所需。

这种格局构成的一个个小区块,其实也可以认为是旧时村落中一个个生活单元。一个区块或者一个生活单元的内部,似乎以亲密紧邻、守望相助为基本的建构思路,这与那时村民中浓厚的宗族氛围颇相吻合。

4. 道路(里巷)

道路是村落中最不引人注目,却使用最频繁的公共性的生活空间要素。粗略地说,东城的传统村落道路可以分为内和外两大类别,两大类的功能不尽相同。

在外的道路即沟通本村与外村他地的道路,这种道路实际上在确保能够对外沟通的同时,几乎又都有明显的对外防御的考虑。依据其具体的形态,这种道路又可以分为陆路和水路两大类型。传统的水路通常追求水体开阔、宽敞且埠头平而大,这样才便于人们搬运各种货物上或者下船。这时的水体可能是位于村落附近的与河流相接的池塘,但主要是流经村落的相对较大的一条或者多条河流。有的码头就是村口处或者是村口之一,如东岸坊就多见类似的情况。但这时许多码头尤其是主要的码头即村民所谓的"大码头",则通常都与村落有一定的距离,温塘的大码头就是这方面的典型之一。人们认为,只有这样才既便于人们进出本村从事各种活动,又可以有效地避免给本村带来不测。陆路则明显地与水路不同,其宽度通常都极为有限,不少时候甚至窄到完全可以视为稻田间的田埂。访谈时老人们说，这主要是有两个原因：既要尽量节省土地，还要尽量给可能的外敌增加来犯的难度。据调查，旧时的东城人主要依靠水路出入以及运输，陆路的宽窄确实也不是太重要。我们实际的考察发现，旧时的陆路多是人们反复经过而自然形成的土路，只有极少数最为主要的"大路"或者"马路"，才可能特地使用石块铺设。不过，这些石块通常还都经过一定的打磨，因此路面显得平整、划一。陆路几乎都不会直通村内，而多通往围门，只有经过围门后才可以沿村内的里巷进入村内各处。访谈时老人们都说，只有这样才能够确保安全，又兼顾到了人们的出行方便。

东城各处村落内部的道路几乎都是陆路而极少水路，这可能与旧时东城的村落通常都不是非常大有关。鳌峙塘、余屋、峡口村、大王洲村、梨川以及苏屋园村等村落内，其最外一排的房屋中有一部分直面水滨甚至直面码头，但村民从来不会驾船往来于村落内部。而在麻涌镇漳澎村那样的大村中，临水的人家每家每户都在后院临水处设有简易的小码头，村内的交通可以借助于陆路，但借助于水路可能还更加快捷。① 村内的陆路其实主要体现为里巷，里巷有通行的功能，但其最主要的作用是分割各处的同时又勾连内部各处。由于村落面积小而又必须尽可能多地安排民居，因此村落内部主要依靠里巷分割出不同的部分，这样才能够有序地、高效地安排家屋，才能够实现彼此的分割。如果从大的方面来说，这些道路分割出坊、里、巷等区块，从小的来说则分割为具体的横巷、民居等生活单元。到了晚上关闭里巷的大门后，里巷这种分割的作用体现得尤为明显。实际上，这时的村落完全可以视为若干个彼此相对封闭的区块。

当然，分割的同时也是连接，即把村落内部不同的居住区域勾连为一个整体。但是，不同的道路或者里巷，在这方面的重要性或者作用差异极大，通常可以据此分为不同的等级。现在的东城村落通常都有环村大道或者穿村而过的主道，但旧时几乎都没有这种大路。那时村民根据村内道路的宽度和重要性，通常细分为街、里、巷三类，这其实也是珠江三角洲各处村落的传统分类法。街以及较为重要的里、巷通常都有自己的名字，如平安里、凤眼巷之类。但是，最为普遍多见的名字则同样是以直（纵）或者横构成的，如直街、横巷之类。主要是为了便于描述，我们暂时分为三级。

第一级是构成村落骨干的道路，旧时通常一处村落只有一条这种道路。在许多村落中，人们称之为"街"，路面多是采用打磨的麻石精心地铺成的。② 第二种道路多为纵向的巷子，村民多称之为纵巷。这些巷子大都能够纵向贯穿村落即连接起山腰与山脚，其两侧分布着成排成片的居民的房屋和各类生活设施。这种巷子多使用麻石或者较大的石块铺就，但也有使用碎石块铺设或者干脆就是土路的。（见图3-10）第三种是较短、较窄的巷子，通常位于某一排民居的前方或者后方。这种巷子多是使用相对较小的石块铺就或者是土路，但有钱人家也可能特地使用麻石细心铺设，鳌峙塘元美街门楼一侧的一条短巷就是如此。对于这种巷子村民多称之为横巷，但由于太短、太窄小，因此很多时候并没有专属于自己的、单独的名字。此外，还有一种巷子即凉巷（又称为冷巷等），其实是左右相邻的两栋房子间极窄的一道间隙，因此通常并不能够作为道路使用，

---

① 详参考张振江、陈志伟《麻涌民俗志》，汕头大学出版社2008年版，第175—177页。
② 但在鳌峙塘、余屋等有自己的市场的村落，则可能在村子的前部另有一条街，主要供商品交易之用。

也没有专门的名字。但这种巷子很有用，如万一发生火灾时可以隔断火头、利用温差原理调节家屋内的气温、标记彼此的宅基地界线免致争执等。

在上述三类主要的道路即里巷中，前两类几乎都有一定的、有时甚至相当大的弯曲度。实际上，东城各处村落中都难以找到笔直的、较长的里巷。首先当然是适应山体、地势的结果，但同时又是先民们布局村落时的精心设置。东城村落几乎都是依山而建，而山体不论是自左到右还是从上到下，都有一定的自然曲折起伏。因此，在其上所修的道路也就是里巷，自然也会相应地有某些曲折起伏。但在另一方面，人们经常又故意地设置某些弯曲而尽力避免直通，因为直通会造成穿堂风等给村民及其生活造成不好的影响。

与村落外的道路不同，村落内部的道路的作用比较复杂。一般来说，道路最基本的功能是将村内的各个空间连接起来，使村民得以在

图 3 - 10　纵巷的两侧分布着家屋①

不同的空间中自如地转换。但是，这其实远远不是村内道路的全部功能。② 村内的各级道路伸入村落各处形成树枝状道路网络，既分割各处又连接各处具体的人家。其交叉口通常具有转换方向和改变路径的基本功能，这就是分割和连接作用的一种体现。而较为宽阔的里巷，其实还经常同时具有区分人群的作用。东岸坊由同一个刘姓宗族的三个房支居住，他们依次比邻而居但以里巷区分开来成为三个大的区块，这样里巷同时又成为了彼此的界线。③ 而在道路的交叉口以及民居的门前、屋侧的里或者巷，因为经常成为村民聚集之处即连接了村民，因而使之具有高度的休闲、沟通等方面的功能，我们在后文介绍具体的村落时将加以描述。

5. 排水渠

在东城所有的古村落里，都有精心设置的排水渠（见图 3 - 11），用于排出日常生活污水以及雨水等。排水渠虽然不引人注目，但对具体家庭的日常生活和常态的村落生活其实都有重大的影响，因此是生活空间的重要因素之一。

---

① 图片来源：http://www.360doc.com/content/12/0627/21/7804454_220844644.shtml。
② 约翰斯顿在其名著《地理学与地理学家》中指出：传统村落的道路既受村落规模、地形、地貌的影响，也受功能、营建习惯、礼制等文化方面的影响，至少有两种最主要的功能：连接村落内各处人家，这是其基本功能；供人们闲坐、聚集、聊天等，这个附加功能虽然经常不被人们谈及但其实相当重要，在缺乏公共空间的传统农村更是如此。
③ 在中国的某些民族地区也可以见到相同或者类似的情况，如可参考张振江《水族村寨空间结构中的家族制约因素》，载《广东职业技术学院学报》2011 年第 8 期；张振江、杨槐、代世莹《水族村落的民族传统空间结构》，载《文化遗产》2012 年第 1 期。

由现在所见的旧时铺设的排水渠或者其遗迹来看，它们原本都有预先设计好的统一的规格和形式，显然是建设古村落之初就通盘仔细考虑的结果。这种排水渠的宽度和深度一般都不超过30厘米，通例设置在民居的前墙或者靠巷子的山墙的边上，作用是把家庭内各种污水以及雨水等排出。而每隔一定的间隔，通常设有相同深度、宽度但较短的横渠，目的是起到导流或者使

图 3-11　巷道中的旧时排水系统

污水转向的作用。几经曲折后，排水渠由村落的最顶部纵向延伸至村落的最底部。同一里巷内各处人家的积水和生活污水等，经这种排水渠辗转汇聚到里巷的最低处即尽头，再多采用暗渠的方式通过村落前的道路，最后流入村口处的池塘或者河涌。按照广府人的传统习俗，人们习惯上将此种排水方式称为"四水归堂（塘）"，寓意"财通万家""财不外流"，因此，这种排水方式极有文化方面的意义。

　　依照传统的风水学，水渠应该设置在里巷的左侧，这就是旧时的珠江三角洲普遍通行的所谓"左渠右路"规范。但由各处村落中旧有的排水渠来看，确实有设在巷子的左边的，但也有设在巷子的右边的，甚至还有在里巷的两边分别设立的。这些差异似乎说明，建村时人们可能已经不是非常讲究这个规范了。旧时珠江三角洲各处村落中的这种沟渠通例为暗沟，人们认为只有这样才能够更加好地保持里巷的洁净，才能够不使各种污秽影响人们的日常生活。但是，在东城的许多村落中，确实也经常可以见到旧时即有设置明渠的情况。所有这些似乎都间接地说明，东城的古村落可能没有村民所说的那样古老。

　　客观地说，各处古村落所见的旧时设计并修建的排污系统，虽然历日弥久，但似乎依然远远优于后出的各种排污设施。例如，近几十年间东城兴起的各处新村内，如果有这类水渠的话，似乎很少见由全村统一规划的，其具体的样式、规范等也没有定例，而普遍都是依照地势较为随意地开挖。由于新村前大都没有水塘，经由排水渠流出来的水的出路，更是经常四处乱流污染了环境。

6. 埗头

　　东城人所谓的埗头又经常写作埠头，就是通常所谓的码头。在传统东城社会中，埗头扮演着重要的角色，是日常生活与生产中不可或缺的空间结构要素。

　　以前的东城绝大部分村落都近水，不仅大大小小的多条河流绕村而过，其周遭又几乎都有多处大大小小的池塘。因此，各种各样的埗头必不可少。在峡口村的东岸坊，沿河的道路边上几乎每十多米就有一个埗头。以前许多东城人家都拥有小船，各种收获物经常要靠船运回来。而到了夏季洪水淹没村落地境时，更是要靠小船运输、出入村落，埗头因此是重要的生产工具。对于商业活动较为活跃的村落来说，埗头更是不可少的。依据民国版《东莞县志》的记载，当时的温塘村有两处大的埗头，即所谓的"一往莞

城兴隆桥，泊在竹排街；一往石龙墟，泊在石街口"。当年的温塘中和圩物阜民丰，行商坐贾云集，每天的货物交易量极大，而莞城和石龙则是两处主要的货物来源地，因此需要设立专门的码头才能够满足需求。榴花市场因为近码头而兴盛，后来在很大程度上又因为码头衰败而衰败，可谓"成也萧何，败也萧何"，旧时码头的重要性由此可见一斑。（见图3-12）

图3-12 一处荒废的埗头

在旧时人们的日常生活中，埗头尤其是接近村落的埗头同样不可或缺。当时村落内普遍少有水井而河水则水质纯净，因此，几乎所有居民都到埗头处挑水回家，以满足家庭的各种所需。白天各家的妇女集聚埗头，一边洗刷各种物事，一边家长里短地闲聊或者窃窃私语，埗头于是成为了女性的社交场所。以前的家屋面积普遍偏小，到了黄昏时埗头就又成为了成年男性的冲凉房。这时他们几乎还都会带上孩子任其学习游泳或者戏水，几十年后不少老人还记得当年跟随父亲在埗头玩耍的温馨情景。茶余饭后或者闲暇无事时，各处埗头尤其是有较大树木的埗头处，由于其相对较为空旷又湿润、凉爽，就成为了村落中成年男性最主要的聚集处之一。他们在此高谈阔论、"指点江山"，也有不少人在此沉沉入睡以消夏。

随着改革开放后陆路交通彻底取代了水路交通，河流与埗头失去了运输与往来通道的作用，许多埗头就此荒废了。现在东城各处的水体普遍严重污染，早已经没有人以之充当食用水。连在水边塘边洗衣、游泳，都早成为了陈年往事。水与埗头，已经远离了东城人的日常生产与生活。

7. 古树

在民间文化中，树有调节风水的作用，如可以挡风、冲淡湿气，因此旧时几乎每个村落都有由树木组成的风水垒。历史上，这种树木由于事涉本村风水而备受保护，无人敢随意攀折或者砍伐。但总体上说，东城由于地势低，树木易遭水淹而死亡，再加上旧时村民对木柴的需求一直极大，因此，各处村落都普遍缺少大树。即使时至今日，境内过百年的古树依然是少之又少。

东城可见的古树或者大树，绝大部分都是大榕树，这些大榕树通常都是枝叶尤其茂盛，因此遮阴面积特别广大。因此其下常常是村民的聚集地之一，每到饭后或者闲暇时光，村中的男人们经常聚集到这些大树下，使之成为了人们日常休闲、小憩、闲聊、议论等的重要场所之一。过去各处村落的村口都能够吸引村民前来聚集，主要原因之一就是村口处通常有古树或者大树可以遮阴。老人们回忆，去村口几乎可以看成是当时许多人尤其是成年男人每日例行的消遣活动、社交活动。上三杞旧村现在早已经由于少人居住而显得空旷、衰败，但村口处的大树下，几乎每天依然有几位年迈的老人聚集，不过变成了老婆婆而不再是男性而已。

古树通常寿命长、树形奇特，经常会被人们认为有某种神异之处，因此普遍受民间的尊敬，并衍生出不少故事甚至固定的民俗。据传，火炼树村最初是由罗姓村民所建立的，故初名为罗围。故老相传，当时村前（一说村口处）有一棵古老又高大的颇为神异的火炼树，① 村民对其尤其崇拜，并在其下方立起一块大石块，在其上大书"火炼白公"几字以示尊崇。由于这棵树太出名，竟然逐渐替代了罗村而成为了村名并沿用至今。至于枝叶繁茂的古树，更是被作为开枝散叶、子孙兴旺的象征而广受信奉，因此东城，无论是广府人还是客家人的村落中，普遍都有契大树的习俗（详参考本书第五章），人们日常也会拜祭。这些大树的根部，因此常常有香、烛、酒等的痕迹，温塘白庙前方大榕树下密布的各种祭祀残余更是蔚为大观，堪称自成一景。

8. 庙宇与祠堂

传统上，无论是广府人还是客家人的村落都有多座庙宇和祠堂。

但一般来说，旧时的各种庙宇通常都是设置在村落之外的某处，与村内的民居通常刻意保持一定的距离。因此对于村落的空间结构来说，其影响通常不是非常大。据老人们回忆，直到中华人民共和国成立初期，周屋仍然有北帝庙、观音庙、金花夫人庙等，它们都位于村落围墙之外的旷野处，因此有老人甚至说那时北帝庙周围相当荒凉。客家人的祠堂与民居紧连，通常位于一处村落的前排中心处。广府人的祠堂虽然与民居通常也有一定的距离，但总是位于围墙之内且距离民居不是很远，因此对于村落空间的结构有着较为重大的影响。（见图 3-13）

图 3-13　今周屋村口的庙宇和古树②

---

① 火炼树村旧为罗姓人家独占，后来才有蔡、林、温等姓氏人民迁入。火炼树就是通常所说的苦楝树，东城人又称之为森树，是相当常见的。其皮、叶、果等均可入药，其质地较轻、木纹较直、不裂不翘，其心材呈浅红褐色或红褐色，板面花纹明显，故旧时的东城人多用来做中等档次的家具。历史上的东城缺乏松树等木材，老人们回忆，旧时不少东城村落以之做龙船，采用松木或者杉木制作龙船其实是较晚才出现的事情。

② 图片来源：http://blog.sina.com.cn/s/blog_4903e9ef0102w08c.html.

东城大部分的村落内其实都有不止一座祠堂,如普遍既有一座大宗祠又有数座公祠。访谈时不论广府还是客家的老人们都认为,一个宗族或者一个房支发展到了一定的阶段,修建宗祠或者家祠几乎就成为了阖族或者整个房支必然的、一致的意愿(本书的第十一章对东城的祠堂有专门的描述和讨论)。完全可以说,在宗法制盛行的过去,祠堂是一个宗族或者村落的多种意义上的中心。不过,东城广府人和客家人对这个中心的理解则有相当大的差别,而这种差异对两个族群的村落空间要素的组合以及结构也产生了较大的影响。

在广府人传统的认识中,祠堂是历代祖先身后的集体居所,故此阴气极为浓郁旺盛。民居必须在祠堂一段距离之外才能够修建,否则,屋主可能会因为受不住"阴气"而受损。旧时不少村民中一向有所谓的"庙前贫,庙后富,庙左庙右出鳏孤"的说法,其中的庙指的就是祠堂。而在实际所见的属于广府人的村落中,宗族祠堂(但不是房支祠堂即公祠)确实都是较为孤单地位于村口处,其前方甚至左、右方均为空地,民居均集中于其后方或者侧后方。① 袁督师公祠位于温塘的中和圩,据几位老人的回忆,它是在 20 世纪 80 年代时才因为不慎失火而烧毁的(温塘村于 1996 年编写的《温塘乡志》则认为它是被拆毁的)。温塘村编印的《幸福温塘》认为它建于乾隆三十一年(1766 年),是村中的袁姓人家为了纪念族中名人袁崇焕而建的。可能是因为它建于为其平反或者恢复名誉之前而需要掩人耳目,② 温塘村民始终称之为"大司马公祠",至今依然如此。③ 据调查,直至中华人民共和国成立初期,温塘村民始终四时前来虔诚祭祀。我们综合文献记载和访谈资料,发现其原本的形制大体为:通体红石青砖,进深约 25 米,面宽约 17 米;分为三阵即三进,每进正门前为 3 级台阶,后阵供奉有袁崇焕及其随从的石雕像。现在这座祠堂的周边较为荒凉,但已经有少数民居。不过这些民居均系后出,实际上多是迟至改革开放之后才陆续修建的。访谈时老人们普遍回忆,这座祠堂原来"孤零零的",距离中和圩中最近的民居也有近百米之遥。

与广府人不同,客家人认为祖先的魂灵只会庇佑自己而不会为害自己,因此其宗祠总是位于村落的中心处,即通常位于村落正面第一排家屋的中心。人们认为,只有这种安排,才能够使得祠堂起到引领整座村落空间的作用,在其背后才能够分割为里和巷,

---

① 现在许多村落的祠堂位于村落内部,这是近几十年村落发展的结果。但在桑园等少数古村落中,祠堂很早就位于村落的中心处,这同样是其村落发展的结果,不过是相对较早的发展而已。详参考后文。

② 在历史上,明崇祯三年(1630 年)八月,袁崇焕被认为叛逆而被凌迟处死,其家人被流徙 3000 里并抄没家产。到了清乾隆四十七年,乾隆"披阅《明史》,袁崇焕督师蓟、辽,虽与我朝为难,但尚能忠于所事。彼时主昏政暗,不能罄其忱悃,以致身罹重辟,深可悯恻"。当时以及后代的许多人都相信,这在事实上等于为其平反并一定程度上恢复了其名誉。

③ 这座祠堂的名称确实至今成疑,如地方文献中即有袁督师公祠、袁大司马祠等名称,访谈中发现村民又称之为袁司马公祠等。现在其前堂仅左半边有部分残存,大式飞带式垂脊完整但原来的蹲兽已失。残存的半边船脊之上仍有鳌鱼,封檐板雕饰花草,麻石质虾公梁,其上为"一斗三升"式斗拱形石雕。前檐使用穿式瓜柱梁架,梁头雕饰精美,红石勒脚及墊台。除了这些之外,尚余门墩石、石柱及部分墙壁等旧物。虽然现在该处确实可以称为狼藉一片,但依然可以看出其往昔的辉煌。按:袁崇焕出生于东莞市石碣镇的水南村,清乾隆四十八年(1783 年)时降旨为袁崇焕平反,嘉庆元年许可入祀乡贤祠。但至于这座祠堂的性质,村民多认为是公祠,即这处祠堂不是为祭祀袁崇焕而建的。其名称中的司马也颇令人疑惑处,访谈时有一位老年村民甚至据其中的"司马"二字而认为是纪念司马迁而建的。

进而逐排、逐行有序地布置民居。此外，位于祠堂两侧的民居也不需要刻意与祠堂保持距离，实际上，这些民居几乎都是与祠堂共用两侧的山墙的。传统的客家地区有时可见一座大祠堂贯穿一座围村的前后，即实际上起到中轴的作用，在其正后方以及左、右两侧依次大体上对称地展开诸多民居。① 东城的客家人相对后来，所居的村落地境始终尤为有限。应该是因为如此，在东城所有的客家村落中，至今不见这种规模极大的祠堂。实际上，牛山村以前三进的张氏祠堂已经算是比较大的了。但是，客家村落中的民居，依旧能够做到以祠堂为中线而大体上对称地分布。

与旧时候相比，如今东城各处村落中的庙宇或者祠堂等都已经大为减少。图3-14为位于鳌峙塘村外的海潮庵。以下以梨川村为例。梨川旧称棠梨川（又称棠梨涌），她坐落于莞城的北郊，东与樟村村接壤，南邻堑头村，西与莞城北隅为邻，北临东江的南支流。现在的梨川行政村由梨川村、大王洲和麻洲岛三块土地组成，下辖兰基头、市地、水围、大泉、大街、周屋围等自然村，至今仍然可谓是名副其实的岭南水乡。该村古来重视文

图3-14　传说始建于明朝的海潮庵至今
　　　　位于鳌峙塘村外

教，"祁门三进士，九子十登科"历来被东城人传为佳话。根据《梨川村志》（稿本）的记载，旧时梨川的祠堂和庙宇不仅建筑样式非常讲究，数量也特别多，较为重要的就有祁氏祠堂、布政祖祠、大夫祠、文献祠、玉溪祠、祁氏大宗祠、祁氏家庙（即所谓的新祠堂，原为"茅溪书院"）、祁氏二宗祠、梨川书院（旧时曾又称为"茅溪书院"，清代梨川学子多在此接受启蒙教育）、一生祁公祠、元宗祠、留示祖祠、珊洲祁公祠（又名"大书房"）、周氏宗祠②、周氏东庄祖祠、渔越祖祠、渔隐祖祠、大仙庙（梨川最早的庙宇）、天后庙、玉皇庙、文昌庙、包公庙等几十座。但出于各种原因，到了21世纪初期，几乎所有庙宇和祠堂都已经被全部拆除一光了。如今只有挂在梨川村委会墙壁上的一张图画，才可以让人依稀想象其往日的大祠堂等的无限风光。

三、空间结构要素的基本组合方式

从整体上看，东城无论是广府人还是客家人的古村落，几无例外地都是采用梳式布局，梳式布局可谓东城村落空间结构要素的基本的组合方式。

所谓的梳式布局，是从明清到民国初期的珠江三角洲地区颇为常见的一种村落布局

---

① 可参考张振江、麦淑贤《东莞客家民俗文化：清溪的个案》，广东人民出版社2017年版，第150—152页。
② 据调查，梨川的周姓人家自清初陆续从常平周屋厦迁入，约在清代乾隆年间定居梨川。

形式。其最为基本的特征，就是在村落某处（就东城的村落来说，通常是最高点）以一条主要的道路或者里巷为起点，向相反的一侧（就东城的村落来说，通常是最低处）延伸出若干条里巷并安排民居；在这种结构中，除了村落外围的少数民居之外，村内其他的所有民用建筑，呈或者大体上呈南北方向整齐地排列；祠堂等公共空间通常位于村落的前部，甚至孤零零地突出于村前部；村落的后部，则是整齐划分的居民区域；每条里巷建有至少一座、经常是多座民居，民居堂屋门通常朝南，院落的大门则在侧面开设；大门外便是里巷，这样极为便于沟通与分割以及排水；前后两排房屋之间则有一条横巷，主要用于交通和防火；两列民居之间有一条小巷用于交通和散热，其走向通常与当地的主导风向一致。①

借助于梳式布局，东城的村落把诸多村落空间要素组合在一起，并使之整合起来成为一个内部一致的独特的村落空间。但受具体地势的制约，有些村落的梳式布局相对齐整，而有些村落的梳式布局则有一定的改变。东城的周屋村、余屋村、鳌峙塘村、樟村、夏屋村、积善里、余庆里以及温塘下属的各个村，几乎都属于较为严整的梳式布局。这些村落整体上呈半椭圆形，通常是在最低处即村落的正面前方设置一口大水塘，这就是村落的风水池。相反的一端通常是村子的最高处，该处设置一条里巷（即相当于梳子的背）作为村落顶端一侧的起始点，整座村落就是位于这两者之间。每间隔一定的距离，这条巷子由顶点处向风水池方向大体上平行地延伸出一条较为宽大的纵向的里巷，由高处直达山脚即贯穿整个村落，同时起到了分割和勾连的作用。至于其称呼则通常较为混乱，东城人称为里或者巷的均有。这种巷子在最低处和最高处各有一个端点，通常在其最低的端点设有门楼，极少的时候两端都各设有一座门楼。到了晚上关闭门楼的大门，这条巷子即告封闭以策安全。从上到下每间隔若干距离，每条这样的纵向的巷子依次连接起若干条大体上相互平行的巷子。由于这些平行的巷子大体上沿着所依靠的山横向分布，因此人们通常称之为横巷。多数横巷太短小、太狭窄，故没有专门的名字。纵横交错的这些里和巷就成为了村落的骨干或者肌理，民居有秩序地分布于某一条里和某一条巷的侧边。

至于各个村子内部的诸多房屋，主要有两种分割或者整合方式。一种是街巷式即以里、巷为单位，同一条里或者巷内的多户人家成为一个整体，一条里巷内有大树、水井、家祠等，这方面桑园最为典型。在这种时候，里和巷既是一种道路的单位，也是一种传统的区域单位，还是一种传统的社会生活单位。② 中国里巷制的起源很早且含义多变，东城不同村落的里巷同样含义不一。另一种则是坊式，即以多条里巷及其周围的民居组成一个区域即一个坊，一个村子则由若干个坊组成，其内有多处大树、水井、家祠等，这方面最为典型的是温塘。中国的坊同样起源很早，原为城市之中的一种区域单位、社会单位，但珠江三角洲各处的农村也普遍采用这个制度，坊至今在某些时候依然

---

① 详参考张振江《流水、坊巷、人家——村落漳澎的人类学景观》，中山大学出版社 2014 年版，第 35—36 页；陆元鼎、杨谷生《中国民居建筑》（中卷），华南理工大学出版社 2003 年版，第 517 页。受水和山等具体因素的制约，梳式布局有不同的变体，参见王东、颜正纲《广府水村落梳式布局形态堰话及当下性初探》，载《小城镇建设》2018 年第 6 期。

② 参见张玉坤《聚落住宅：居住空间论》，天津大学 1996 年博士学习论文。

通行。① 也有的村子出于某些原因成为了这两种方式的混合体，即村内一部分区域以里巷为单位，而另一部分区域则是以坊为单位，在这方面旧时的余屋村似乎可以为典型。但从整体上说，可以认为里巷制和坊制是传统东城村落内部结构的基本范式，以下我们结合具体的村落从多个方面进行描述和说明。

第二节 桑园的传统村落空间

桑园村位于东城境内的东北部，北邻主山村，东北临周屋村，东南面临温塘村，辖区面积约 6.5 平方千米。民国时属温塘乡辖境，是温塘六坊之一。1958 年起属于附城人民公社，即今东城的前身。桑园村现在下辖 3 个居民小组，约有 3000 个村民。第一居民小组和第二居民小组是原来就属于桑园村的，而第三居民小组是近年才转隶而来，居民主要为陈姓。1993 年起建设了"圃梓新村"和"圃园新村"两个住宅小区，现在村民几乎全部居住于其中。

极为粗略地说，现在的桑园村落地境可以分为两大块，即旧的桑园村与新的桑园村。② 新的桑园村其实包括几块，但都是在改革开放后才逐渐出现的，改革开放前则都是一片片田园。本节所要着力探讨的旧的桑园（通常称桑园旧村，以下简称桑园村）的村落空间，其历史则要悠久得多。

一、村落选址

老人们说，桑园村始建于明朝的永乐年间。如果确实如此，则该村已有 600 多年的建村历史了。根据该村袁姓人家的族谱和多位老人的叙述，温塘 12 世祖唐勋的长子省修、二子省猷和四子省勤三兄弟，出于某些原因迁出温塘而移居到了桑园，几经周折最终发展出了桑园旧村。桑园原本是温塘村的十二园之一，③ 其先祖们到达时此处种植了大量桑树，应该是因此而名之为桑园（详参考本书第十一章）。即使到了 21 世纪初，还有一些老年桑园人种桑、养蚕，不过已经变成了个人爱好而不再是为了谋生。（见图 3-15）

---

① 参见张振江《流水、坊巷、人家：村落漳澎的人类学景观》，中山大学出版社 2016 年版，第 34—36 页。天津大学在这方面有连续的研究，可参看张楠《作为社会结构表征的中国传统聚落形态研究》，天津大学 2010 年博士学位论文；王飒《中国传统聚落空间层次结构解析》，天津大学 2012 年博士学位论文；林志森《基于社区结构的传统聚落形态研究》，天津大学 2009 年博士学位论文。

② 访谈过程中也有老人认为，如果从民用建筑的角度说，桑园的村落地境可以分为三块，即：历史上至改革开放前形成的各类传统样式的建筑的所在，其建筑的墙体多为青砖和泥砖；改革开放初期形成的各类建筑的所在，其建筑样式多为新旧结合而墙体则多为红砖和混凝土；21 世纪初期形成的各类建筑的所在，其建筑样式则多为独栋的新式洋楼。出于本文的目的，我们暂时分为两块。

③ 具体是哪十二园有不同的说法，一般认为是西瓜园、松园、欧屋园、大园、庵园、王江园、黎屋园、大坑园、岭下园、祠堂园、竹园和桑园。一般认为，历史上这些所谓的园都是围村。

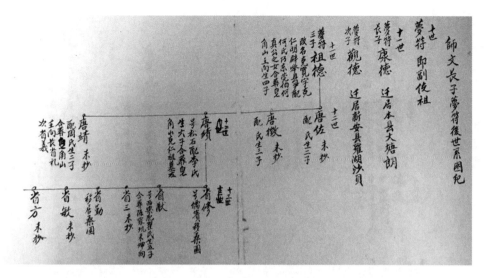

图 3–15　手抄的《袁氏族谱》

桑园村背靠一处小山，村前有一口较大的池塘，村落的四周则都是大片的农田和水体，这完全符合一般所见的东城村落选址原则。珠江三角洲的各处村落，只要有可能几乎都必定如此选址。但桑园村的很多老人相信，桑园先民根据传统的风水学进行了仔细的选址，因此"此地的风水特别好"。在他们看来，桑园西北方的几座山头连成了一线而中间的山头最高，整体上看形似一张椅子的靠背和两边的扶手，桑园就稳稳当当地坐着这张靠背椅并倚在靠背上，即是传统的"前有照、后有靠，左有辅、右有弼"的理想风水。而从莞城著名的黄旗山开始，有一条山脉向桑园方向延伸，逶迤到达桑园的背底岭后与另外几条山脉连接，这个连接处则成为地势最高的地方。这条近 10 千米长的山脉宛若一条伏龙，而桑园就位于这条龙的头部。另一方面，从莞城向东北和东南分别连绵的两条低洼地带形成了一个"八"字。这个"八"字分别向东南和东北向延伸，最终在桑园村前的池塘汇聚到一起，如图 3–16 所示。① 桑园人将这种格局称之为"骑龙分八字，八字水归塘"，历来认为这种难得的风水圣地必定是殚精竭虑地选择才可能得到的。

不过，在我们看来，桑园袁姓的祖先其实很可能是被迫离开温塘的。当初有无可能精心选址以及最初选择此地的确切原因，迄今并没有见到任何确实的文字记载，似乎迄今也没有其他确切的资料可以揭示。但是，村民依然普遍如此传说并津津乐道。这其实完全正常，几乎所有的汉人社会都会为自己的村落所在找出美妙风水的解释，几乎都会常常赋予村落以风水尤其是某种仿生的象征意义。即使是在今天的珠江三角洲，传统的风水依然能够给村民极大的心安，而心安处即是家。因此如此说法虽然可能失真，但其实也并无任何不妥。

---

① 据调查，历史上这些地方最初多为池塘，后多改为水田，现在则已经成为了城区。

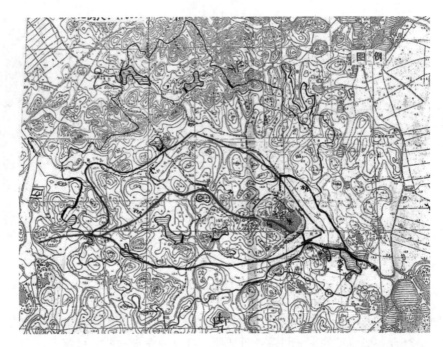

图 3-16 桑园村民认为的风水（小圈为桑园，大圈为八字和水，中间的曲线为龙）

二、基本的村落空间结构要素

（一）门楼

桑园村现在存有五座门楼，分别为桑圃古里门楼[①]、文明里门楼、和乐里门楼、登桂里门楼和宝成大巷门楼。除了桑圃古里门楼可能是例外，其他的门楼分别位于其名字所对应的巷子的入口处。老人们说，以前还有"槐园旧址"门楼，位于桑圃古里门楼背后槐园路附近，但在20世纪六七十年代被拆除了。

据调查，这些门楼虽然有些是新近重建或者重修的，但在历史上都真实地存在过，有些还知道其确切的修建年代。和乐里门楼位于由和贵上巷通往亨吉旧居和袁卫民旧居的巷子的入口处，人们知道它修建于清代的光绪年间，属于相当晚出的。最为古老的是位于村口的"桑圃古里"门楼，这处门楼现在仅保留约2/3，左侧墙和门楼的主体基本保存，但右侧墙已被房屋覆盖，其建造的时间也已经不可考。现存的门楼宽3.75米、高2.6米、深0.8米，通体用大块的红石建成，上方红石中间阳刻有"桑圃古里"四字（参考本书第十一章）。这座门楼的背后还供奉着一尊土地神，据说该处以前就是土地神位。（见图3-17）

关于这处门楼的来历，村民中至今流传着一个相关的传说。访谈时几位老人都给我们讲过这个传说（参考本书第十一章），大致情节为：

---

① 据调查，"桑圃古里"原本仅仅是该处寨门门楣处的题字，但后来成为了该处门楼的名称。

这个门楼的正前方有个山头，山头上有座坟墓，是座姑嫂合葬坟，姑姓马，嫂子姓刘，因此合起来就叫"马刘"坟了。

此地名为桑园村，而"马刘"在方言里是马骝（意为猴子）的发音。村民认为这就寓意"马刘"会来取桑果吃，就破坏了桑园村的风水，还害死了不少人。后来有个风水先生提出，要在村头建造一个粉红石的门楼，门楼还必须正好对着那座坟。因为这样就好像造了一个"马刘"架，就可以把"马刘"镇住了。

图3-17 "桑圃古里"门楼今貌

对这个传说，村民其实至今有不同的认识。如有老人就认为，无论"马刘""桑果"还是"马刘架"，其实都是风水学上的象征说法，而不是其字面上的意思。然而"由于村民不懂这些"，因此代代相传后，就使得"有人以为以前对面山上真的有猴子，还曾经到村里偷吃桑果"。但无论如何，人们修建了这处门楼，并使之大体上完好地保存至今。

（二）道路（里巷）

如今桑园村的道路主要分为四级，一级是环村的主干道，宽5米到7米。但除了位于村落正面与风水塘之间的小部分之外，其余的部分都是改革开放后才修建或者扩建的。老人们回忆，旧时村落正面即有沿着水塘的一条便道，经过近几十年的改造，成为了桑蒲中路的一部分。二、三级道路级则分别指村内主要的纵巷和横巷，它们都是于立村之初就规划出来的，即旧时就有的。二级的道路至今通常名为里或者巷，宽度在0.9米到1.2米不等。除了槐园里和宝成横巷在横向上连接之外，其余的均纵向连接了山上与山下。三级道路其实可以视为二级里巷的附属横巷，其宽度通常不到1米，在其两侧或者一侧均分布着地基大体相等的若干民居。此外，左右或者前后两栋房屋的山墙之间还经常有一条狭长的空隙，村民普遍称之为"凉巷""冷巷"等。这种巷子虽然因为太窄几乎都不能够通行，但对民居降温、防火以及划分宅基地界等却都有很大的帮助。（见图3-18）

图3-18 穿过桑园村的麻石路

桑园村落内部的道路其实也就是纵横交错的里巷，但不同区域的里巷的命名却有明显的不同。如果以自今村头（大体上为东北方向）向村尾（大体上为西南方向）为顺序，则村落内部的主要的纵巷依次为：古里巷、文明里、登桂里、平安里、龙眼巷、凤眼巷、西乐巷、保安里、宝成大巷以及和贵上巷。由这些名称可知，今村口处的里巷多命名为里，而村尾部的里巷多命名为巷。（见图3－19）

至于形成这种差异的原因，似乎已经无人知道。我们实地考察后发现，这种差异与两个房支的人民分布的地域基本相等，则又说明二者似乎有着某种内在的联系。桑园村内的横巷多为纵巷的附属，因此通常相对较短，主要是供两侧的人民出入其他里巷之用。不论纵、横，通常均较为曲折而少有平直的长路，这当是受制于山势的缘故。路口则多为丁字形，几乎不见有对称的十字交叉形路口，

图3－19　桑园旧村的里巷路面已经失修①

这可能是故意设置的结果，如可能借此避免造成直穿而过的大风。这些横巷普遍没有自己的名字，只有宝成横巷是一个例外。这条巷子与其他横巷不同，它相对较长而且仅一端连接保安里，即与其他纵向的巷子都不相连。访谈时有老人说，该巷子所连接的地带是较早建设的村落地境之一，而这条巷子当时处于村落的边缘。传说先民们开通这条巷子，主要是为了便于到山上种植。

在今和贵上巷附近有一条麻石路的遗址，这条路原本始于与温塘的交界处，终于村内亨吉旧居书房门前。老人们都还知道，它是由村内的一位善人于1920年捐资兴建的。在旧时，温塘以至比邻的茶山等地的人民经常经由此路往返莞城，而村内的孩子则每日取道这条巷子往返学校与家庭。

（三）民居

如前所述，桑园村的民居布局严整，从山下望去纵横交错有致而又格局谨严细密，这主要得益于多条里巷的分割和勾连。

多条里巷在分割了民居的同时，又把不同处所的民居勾连起来。民居一律背山面水，成排落于各条横巷内。第一排与儒宾公祠和西乐袁公祠平行，然后逐排向上推进并最终止于山腰略偏上部。每一排民居的右侧即东侧，设有或明或暗的小水渠，用于排出家庭中的生活污水、雨水等，这符合当时的惯例。但是，在左侧设水渠的也有，只是相对较少而已。有老人说，这是要迁就地势的结果。

据调查，最初开发的民居地带，其实主要就是自池塘向山腰延伸的有限部分，大体上依照房支而分为既有区别又有相对松散的联系的两个区域。应该是由于这样，位于山

---

① 图片来源：http://news.hexun.com/2013-12-05/160301537.html。

腰偏上处当时没有开发，后来才得以成为了富户的居所。村内最出名的富人的遗址即亨吉旧居就是位于山腰偏上处。虽然目前只残存了几间房屋，但"在以前，这家的房屋面积达1000平方米。从这处旧居往上的半座山，都是这家大户的土地"。五桂家祠是民国时期修建的一座祠堂，依照广府人的通例，当时必定是修建在村落的边上。

但随着改革开放后村落的发展，现在即使是山顶部也早已成为了建设用地，该村的幼儿园、小学就是曾经位于山顶，多层的民居也已经不止一处。

（四）祠堂

桑园村现存清代至民国时期修建的祠堂四座，其中的两座为公祠，分别为儒宾公祠和西乐袁公祠，是历史上袁姓的两房人家各自为其房支祖先而建设的。另外的两座则为家祠，分别为五桂家祠和月开家祠，则是两房下的两个小房，分别为自己的祖先而修建的。不过，桑园村民日常所说的祠堂都是指这两座公祠，二者在以前紧邻村落前部的风水塘，现在则隔着一条马路即桑园中路。

据调查，儒宾公祠是始祖之一省修的后代于清朝咸丰年间集资所建的，西乐袁公祠则是另一外始祖省猷祖德的后代集资兴建的。由于人们认为西乐袁公祠坐落于所谓的"龙脉"的中央位置，因此后来一直是桑园的各种正式的和非正式的权力的主要中心，至今仍然大体如此。月开家祠是24世祖月桂与26世祖开运合力捐款修建的，人们各取二人名字中的一个字名之月开。五桂家祠则是由"省猷祖的五个儿子的那些后代，集资修建的"。人们为这个祠堂起名五桂，既显示了尊祖又显得极为吉祥。

在清代至民国时期，五桂家祠同时还长期充当了桑园村的学校，而且还是该村历史上第一所新式的学堂。到了中华人民共和国成立后，它事实上收归村落集体所有，但仍然长期充作村落的小学校（详参考本书第九章）。本次调查时我们发现，其室内至今仍然处处可见当时教学的各种实物与遗迹，整座祠堂虽已显得较为残旧，但各处基本上保持完好。

（五）水井

虽然桑园村依托山势逐层向上发展，但用水历来不是非常严重的问题，这与其拥有相对较多的水井直接相关。

据调查，历史上的桑园村周遭的地势尤其低，因此各种水体尤其众多。访谈时很多老人都回忆，以前村民根本不担心没有水用，但年年都担心水太多了——村子的水田经常因为被水淹没而导致颗粒无收。即使是在正常的年份，也有相当大比例的水田被水淹。现在村落的前面仍然有一口面积颇大的池塘，人们习惯称之为鱼塘，但实际上是村里的风水塘。风水塘再往前又是多处面积颇大的水体，20世纪下半叶才被逐渐填平，但不少老人仍然有记忆。因此，桑园村落背山而面水，这完全符合当时为村落选址的惯例。

而在村内部尤其是山坡处，即距离水体较远的地方，村民普遍开挖水井以增加水源。在当时的条件下，在山上找到合适的地方挖出水来确实不易，因此多是家族或者邻近的若干家合力才可以开挖成功。因为这样，访谈时有多位老人说，以前拥有水井就是富裕的一种标志。当时开挖的水井大体上位于一条纵巷的中部，这是因为该处的地势通常相对较低故地下水比较容易汇聚，同时也便于周遭的各家取水、用水。我们逐一考察后发现，旧村内现存有20多口水井，但只有一小部分是旧时留下来的，说明当时开挖水井确实不容易。大部分则是改革开放后私人挖掘的，通常位于开挖者家的门前而几乎都是只供该家使用。

（六）古树

在东城境内，很少能够见到较为古老的大树。我们通过访谈与实地考察发现，虽然历史上的东城村落内偶尔有一棵甚至数棵大树，但整体上说严重地缺乏大树。广府人和客家人村落中的老人们都普遍认为，这一窘状与东城历史上地势低洼而多水、致使树木难以长大有直接的关系。正是因为缺乏大树，旧时人们有盖房或者烧窑的需要时，都必须远赴东江上游的龙川等地购买。

可能是由于普遍缺乏大树，桑园村的两株相对古老的大树尤其引人注目。村落的中心部分有一棵大榕树，据说已经有超过100年的树龄。每天的早晨和黄昏，这棵树的下方都会有许多村民集聚休闲或者闭目养神，使之成为了一处事实上的村民中心。而在村落的最上方即背底岭的最高处，则有一棵茂密的富贵子树，据说已经有80多岁的树龄。可能是由于其名称颇为吉利，桑园村的人们历来对这棵树有一种美好的情怀，并形成了一些相关的习俗。例如，传统上每逢七夕节，村中的一众少女就会来此收集或者购买一些这棵树所结的果实，然后几个姐妹相约晚上一起祈求七姐即乞巧。访谈时有老人说，以前每到这时，她们还要把平日所做的各种手工展示出来供村民任意评比。

（七）市场

桑园是一个较大的村落，老人们说桑园村一直有自己单独的市场。

现在的桑园村市场位于大榕树和清境宫对面，这里其实也就是旧时市场的所在地。不过，以前的市场只是一片平地，没有现在市场所见的平台和天棚，占地面积也远远没有现在的大。老人们还记得，那时这里就是一个小小的、孤零零的市场，出售者差不多都是将菜等物摆在地上叫卖，但肉类却是"摆在肉案上"出售。市场的边上则有一座庙宇即清境宫，除此之外当时周围还是荒凉一片。

有老人回忆，比较古今的桑园村市场，其间最大的区别在于老的市场其实是位于村落之外，因此才得以与同样位于村口外围的大榕树和清境宫相望，这对当时人们的日常生活以及后来的空间村落结构等都有相当的影响。至于为什么会选择在村外，老人们的回答普遍语焉不详，但似乎隐隐约约地与决意脱离温塘而彰显自己的独立性有一定的关系。

（八）庙宇

目前，桑园村内香火最为鼎盛的一座庙宇，是重新修建的清境宫。旧时这座庙宇就是位于此处而近村口，①是完全符合旧制的一处选址。因为内中供奉的主神是大王菩萨，所以村民普遍俗称之为大王宫（详参考本书第十章）。但至于这位大王到底是谁，似乎已经无人可以说得清楚。本次调查发现，东城的不少村落有"大王宫"或者"大王庙"，但村民也普遍只知道是"大王"而已。（见图3-20）

这座庙的边上，有一棵相对较大的大榕树，但树龄其实不是很长。现在每天早上和下午，都有许多男性村民聚集在这棵榕树下打牌、聊天或者闭目养神，这是旧时的村民一种传统休闲之道，但是"桑园历来少大树"。

桑园村还有一座濂洞慈航庙（访谈时老人们多称之为水濂庙），旧时与三元宫（访谈时也有人称之为黄大仙庙）相邻。据老人们说，二者都是修建于清代的乾隆年间，但无确实的证明。有老人还记得，直到中华人民共和国成立初期，

图3-20　大王宫庙

水濂庙的右厢房或者右边还有一处称为"客厅"的房间，主要是供异乡的过客或者外乡来做各种手工艺的人临时寄居。老人们说："到了'文化大革命'的'破四旧'运动中，两座庙均被拆除，原址现在修建了桑园第一居民小组的办公室。"1985年村民重修了辉光庙，内中仍然供奉光华老爷。2009年，村民又集资重新修建了濂洞慈航庙，也依然供奉水濂娘娘，但似乎少有人知道这位神明到底是什么职能的神。这两座庙宇的香火则似乎都不是非常旺盛。本次调查期间，每日几乎都只能够见到几位老太太来此烧香、烧纸钱即"拜菩萨"。

（九）田地

很多老人都说，中华人民共和国成立前的桑园历代村民普遍善于经营，因此本村有许多田地，散布于村子周围以及外地。

在袁氏人家到来之前，今桑园村的所在很可能只是一片种植了若干桑树的相对荒凉的地域，那时候即使有人烟，人数也必定极为稀少（详参考本书第十一章）。因此，袁姓人家定居之后很容易就通过开荒、购买、围垦等方式，逐渐获得了大片水田（属于所谓的埔田。详参考本书第十一章）。但由于桑园村所处的地势尤其低，在历史上各处水田都极易遭受水患而歉收，甚至经常颗粒无收。从1957年开始，在政府的大力组织下，人们持续地修筑了大坝，这才得以首次控制住水，桑园的水田才彻底摆脱了梦魇般的水灾。

定居后，人们又逐渐开垦了定居处之上的山以及周围的多处荒山、丘陵，从而获得了一些坡地等旱地。但在旧时候，这些坡地主要用于种植果树等经济作物，用于种植旱

---

① 但也有人认为该处是村尾，这种差别可能与村落的变迁有关。

地农作物的相当有限。至于其原因,则在于"我们这个地方,从来都是种水稻的,也只习惯吃大米"。据老人们回忆,种植旱地作物最多的时候是20世纪六七十年代,那时候按照政府的统一要求,桑园生产大队把旱地以及许多水田都改为种植小麦、高粱和红薯等。但是,由于收成不好加上人们不习惯吃这些收获物,因此只种植了一两年又恢复了传统的水稻种植。

(十) 水塘(鱼塘)

桑园村的风水塘位于旧村落的正面而略微偏东南,大体上呈半月形。由于这口水塘的存在,才成就了桑园村位于山水之间的空间布局。据调查,历史上它与比邻的水体相通,但现在则几乎已经是一口孤零零的水塘。

老人们说,从桑园村建立之初这口风水塘就存在了,据说当时是在天然水坑的基础上加以人工开挖而成的。但几乎从一开初它就用于养鱼,因此人们历来又普遍称之为鱼塘。实际上,直到中华人民共和国成立初期,袁氏族人每年还都通过竞标的方式把它承包给某人养鱼,承包者需要缴纳租金给袁姓人家,这笔承包费用成为了宗族的一项稳定的集体收入。

在日常生活中,这口池塘有多方面的功用,绝非仅仅用于养鱼这样简单。例如,每天早上村里的妇女们三五成群地将衣服等拿到池塘边洗刷,池塘成为了妇女们集聚之所。黄昏的时候男人们则喜欢在其边上闲聊、议论,池塘成为了他们的表现之地。白天老人们喜欢在池塘边消磨时日,在那里听老人说故事几乎总能吸引许多孩子,许多老人至今还记得他们孩提时的这种乐事。

(十一) 墓地

桑园村的祖先墓地,位于村子西南边一个叫作七棵松的山头之上。传说最初那里有七棵松树,故名。但也有老人说,他们的先人初来时该处山头还没有专有的名字,由于修建祖坟时在坟墓后栽下了七棵松树,故名。

访谈时很多老人都说,桑园村其实是被迫立村的,但立村后能够一直发展得非常好,主要的秘诀就在于这块"祖先的墓地风水太好了"。人们认为七棵松的后面即北方有一座高山,恰似一把扶手椅的靠背。其西南方向有一座山脉向南延伸而东南方向有另一座山脉向北延伸,仿佛是这把椅子的左右两个扶手。其南面则是一片平坦的大片水田,则好像一张宽大的案台。旧时的大户人家在厅堂端坐时,面前通例置有一张几案以供置物、倚憩等之用。人们认为,祖坟坐落于此处就如同人后靠椅背、两侧握扶手而俯视案台,显得舒适、典雅、庄重又格局宏大,因此这里是能够"发后人"即可让后人富贵的"吉宅"。①

---

① 按:这里的说法实际上蕴含了中国古代风水学中的"朝案之山"的认识,如《人子须知·砂法》即说:"穴前之山,近而小者曰案……如贵人据几案处分政令之义。有案山,则穴前收拾严密,无气不融聚之患。"不过,东城的村民的说法已经高度世俗化了。

三、桑园村落空间结构

从整体格局上看，传统的桑园村落空间结构属于珠江三角洲习见的梳式布局。应该是受其具体的地势与历史发展过程的影响，其具体的细部则有一定的变通，但依然沿用传统的里巷制。由现在仍然可见的规制来看，其旧时的里巷比较规整，且基本的格局至今几乎完整地保留下来。

（一）梳式布局

老人们普遍认为，旧村内宝成大巷与宝成二巷相交所构成的一块区域内的建筑相对后出，我们发现该处至今仍然与村落的主体略显游离。至于旧村落的其余部分则是最早的桑园旧村地境，但也是历史上叠次建设的结果而非一次建成的。

这个旧村的地境采用的是常见的梳式布局，整体上呈半椭圆形。现在桑圃中路与桑圃西路、桑圃东路的连线依然构成了一个半椭圆形，虽然所包括的区域增大，但基本上没有改变原来的形状。村落的最内部也就是最高处由横向连接村落两侧的槐园里（和宝成横巷以及后出的园冚路）构成梳背，① 其他纵向连接山上与山下的诸多巷子构成梳子的齿。这些巷子的头部与槐园里分别相接，另一端即尾部则直达村落最低处，那里当时有一条滨水的便道，现在则早已经成为了桑圃中路的一部分。桑圃中路一带至今地势仍然最低，其另一侧就是桑园村的风水塘，再往前过去是几口颇大的水体，约20年前才被填平。

在槐园里（和宝成横巷以及后出的园冚路）与今桑圃中路二者之间即旧村落的主体部分，相对规则地散布有若干条纵巷和横巷，显然是历史上仔细规划后的结果。纵巷沟通了山上与山下，是主要的村落内部的通道，但同时也是分割线，即把村落分成几个主要的纵行。横巷则沟通左右两边或者一边，即起到了联结两侧或者一侧纵巷的作用，同时又把民居分隔成一排排的横排。由于这些里巷的分割与勾连，即使是到了现在，从远处看桑园旧村依然清晰地体现出自上而下纵成行、横成排而又纵横有序交错成为一体的严整格局。（见图3-21）

这些横巷和纵巷的建设年代不一，而部分巷子尤其是登桂里、龙眼巷、凤眼巷和平安里等可能先于其他所有的街巷，桑园村最早的建筑其实就是始见于他们所在的地带。人们普遍认为最初迁来的三位祖先中，老四不知何故很快又迁往他处定居了，因此桑园村实际上只有两位先祖，就是由他们两位发展出了延续至今的两房也就是两支袁姓人烟。② 到了后来的某个时间，两房的后人各自为其始祖建立了祠堂，就是现在仍然可见的儒宾公祠和西乐袁公祠。两处祠堂的所在地是旧村落地境的前沿，似乎大体上也可以

---

① 东城传统上的威胁主要来自经由水路或者陆路突然而至的土匪、盗贼，与现在的认识不同，那时的人们认为越靠近山越安全，因此村落内部的最高处即为最内的地方也就是最为安全的地方。

② 由于后代又不断地开枝散叶，现在的桑园村已经有"很多个房（意为小房）了"。即使是本村的老人，不对照族谱也说不清楚。不过，如果细究起来这些小房都是分别属于两房中的某一房即大房。所以本村人有时候说本村只有两房人，有时又说有许多房人。

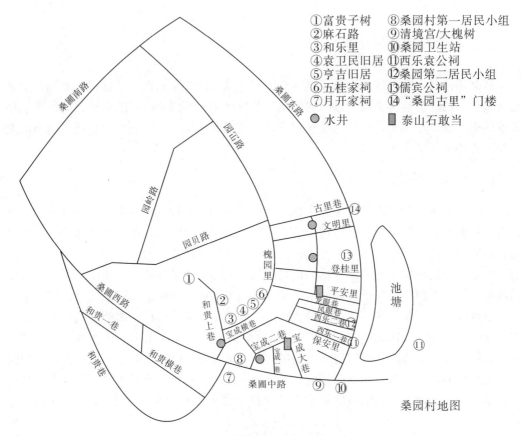

图 3-21 桑园旧村空间结构示意

认为是当时村落的两处外部的端点。这就是说,大致上平安里至古里巷为一处区域、龙眼巷至保安里大致为一个区域,应该就是最初的两个始祖的初住地。前一个区域应该以今古里巷为村口,后一个区域则以保安里一带为村口,现在则一为村头一为村尾。

在这两处祠堂之间,就是旧时的桑园村最为集中的两个居住区域中间应该有断续的居住区域。老人们说,在旧村中尤其是在最初形成的区域中,直到中华人民共和国成立后的很长时间内还是主要采取聚支而居为主的形态。大致上说,儒宾公的后代主要居住于村落中以儒宾公祠为中心的地带,而西乐公的后代主要居住于村落中以西乐公祠为中心的地带。至于每个区域的内部,则可能又依照具体的小的房支的差异而安排居民,这些小的房支后是后来族人代代繁衍的结果而不是说当时就已经存在,但可能在当时就已经预留了足够的空间。当然,随着近些年来宅基地的变迁尤其是随着桑园新村的建设,现在的人们早已是混居而不再按支系分布了。(见图3-22)

第三章　传统村落的空间结构

图 3-22　如今已显破败的桑园旧村①

(二) 古里巷的个案

从现在的一个村口即大体上从东边进入桑园旧村落地境，第一条巷子就是古里巷。老人们都说它是一条历史久远的古巷子，"从桑园的村子开始出现的第一天，就有这条巷子了"。虽然是否如此已经无从考证，但在历史上它长期处于桑园村落的边缘地带即是村口。即使到了今日，其东侧就是改革开放后才出现的桑园新建筑群，因此仍然可以被视为村落空间的一条新与旧的分界线。

古里巷同样是一个相对完整的村落结构的单元，是旧时居住于其内的村民的日常生活、作息之地。在这个以巷子为中心而布局民居以及其他元素的生活单元中，相应的诸多要素组合在一起，满足了村民各种日常的基本所需。桑园旧村的村落空间，就是由一个个这种里巷即单元所组成的。现在的古里巷已经处于半荒废状态，部分民居已经倒塌，残存至今的民居也极少有人居住。但是，其旧时的整体格局以及大部分建筑依然完整地保存了下来。(见图3-23)

这条巷子的入口处，就只有部分残存下来的桑圃古里门楼，这里以前也是桑园村的村口。门楼的两边则是坚固的红石质地筑起的高大围墙，但现在也只能够见到少许残迹(详参考本书第十一章)。古里巷的一头(一般称为巷尾)与槐园里即村落梳式布局的梳背相接，交界处形成了一个丁字形的路口，对着路口的墙上刻着一个泰山石敢当以"挡邪气"，老人说这是当时的通例。由相交点向山下延伸，这条纵向的巷子联系起了山下与山上。在巷子的两侧，各分布有三条横巷以及几条更为狭窄的横巷，主要用于安排具体的民居以及分开前后排家屋。这几条横巷同样刻意形成了一定的位置差，即两侧的横巷彼此不是呈一条直线状而是刻意保持一定的间距。老人家说，这种情况的出现与

---

① 图片来源: http://news.hexun.com/2013-12-05/160301537.html。

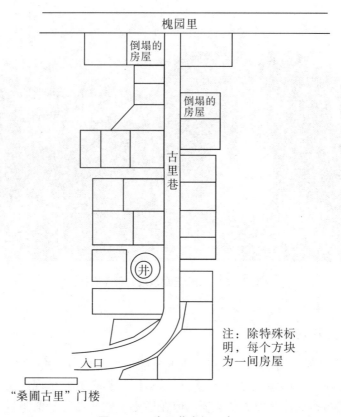

图 3-23　古里巷空间示意

巷子两侧的地势不平自然有关，但更是为了避免成为直线而造成横穿的大风，从而给居民造成不好的影响。这条纵向的巷子本身也不是笔直的，而是有一定的弯曲度，其原因大致相同。但由于巷子的纵向长得多，适当的弯曲又有增加或者减少风力的作用。置身于这样的巷子中，即使外面完全无风也能够感受到阵阵凉意。应该说，中国古人在营造小微气候方面确实多有独到之处。

　　历史上，住在这条巷子内的都是血缘相当近的同一房支的族人，而住在同一排的许多时候甚至是父子、兄弟关系。但是，因为这些横巷长度很短而右侧的横巷尤其短，所以左侧的每排通例只设有两处家屋，右侧的每排通例只设置一处家屋。① 在整条巷子中，家屋的标准形式似乎应该是三开间即一明两暗，但多数都因为地基有限而难以做到，所以使得每处的室内显得较为仄逼。每处家屋的大门则统一面向横巷开，② 门前则就是相当窄小的一条横巷，再前则是前一排家屋的后墙或者前墙。这种布局既最大程度地利用了有限的空间，又最大程度上便利了居于其中的人们的出行与往来。成排设置民居的模式遍见于各处依山面水的村落。如果与周围客家（如清溪镇）的排屋或者排屋

---

① 此处所谓的左、右，是以面对古里巷而言的。
② 整条里巷中，只有两处民居不是坐落于横巷，而是分列于古里巷的两侧。因此，二者的大门开在纵向的巷子一侧而不是面对横巷。

楼的布局相比，其空间分割的思路有一定的类似之处，只是这里的规模相形之下小得多罢了。①

门口的横巷虽然窄且短，在旧时的村民的日常生活中却有重要的意义。那时这里不仅仅是一条通道，实际上还是居民们日常闲聚尤其是女人们闲聚或者做某些家务的场所，即所谓的"男人街，女人巷"中的巷子。② 由于这样，几乎所有横巷靠近墙体处，都有若干处由条石或者石块充当的简易坐具。（见图3-24）而到了炎热闷湿的夏天，横巷还是男性村民以及孩子们夜间休息的场所。

在古里巷自下向上数起的左侧第二条和第三条横巷之间，有一眼年代古老的水井，其周围还刻意留有相对大的一块空地而没有安排民居。老人们说，旧时整条古里巷是一个相对封闭的生活单元，居住于其中的人们几乎都是挑这里的水回家满足各种用途，人们取水时碰到通常会停下来一起闲聊几句；巷头巷尾的妇女们经常约好聚在此处一边洗刷、一边家长里短，而她们的孩子们则在周围玩耍……这些都使得水井周围成为了一处公共空间，这也就是这口井的周围特地留有一块宝贵的空地的原因。实际上，即使是在桑园村后来修建的村落区域内，水井周围依然是女性聚集的空间，每天仍旧有许多女性来此边洗刷边闲聊。（见图3-25）

访谈时发现，桑园村以及其他村落中的曾经长期居住于这种巷子中的老人们，至今普遍对里巷中的水井有着某种难以言传的、极为温暖的、复杂的感情。不同村落的老人们在带我们实地考察里巷时，几

图 3-24　横巷中的简易石凳

图 3-25　新村内的水井仍然是女性聚集的地方

---

①　可参考张小雄《凤岗排屋楼》，广东高等教育出版社2012年版。
②　这句传统的话语，也可以认为是对传统的基于性别的社会空间分布或者分割的概括。这种空间模式几乎见于所有的珠江三角洲村落，如可参考张振江、朱爱东、罗忱《漳澎传统村落社会研究》，中山大学出版社2016年版，第180—181页。

乎总是会不由自主地在巷子中的水井边停留,有时是深情地介绍,但更多的时候只是默默地回忆。

四、桑园村村落空间的演变蠡测

从整体上说,桑园旧村的空间结构形态,在过去的几百年间大体上经历了从两点式到扇形式再到半圆式的转变。(见图3-26)

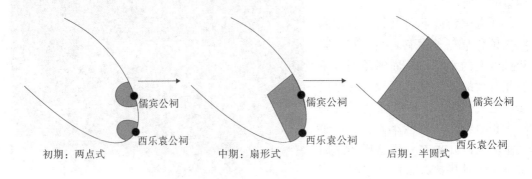

图 3-26　桑园村落空间变迁示意

仔细分析桑园村的村落结构,可以明显地发现它是由两个最初的小聚居点逐渐相向扩展开来而形成的。人们传说袁姓人家最初有三位祖先来此地,但只有两位即老大省修、老二省猷定居下来,而老四后来却出于某些原因又离开了。由现在的村落结构也可以清楚地看出,这位老四应该是抵达后很快就离开,因此并没有在村落结构中留下什么痕迹。老大和老二则分别在山脚下围绕两个点各自修建家屋和其他生活设施,由此形成了这两个最初的点状聚居地。

依照广府人的通例,祠堂修建于村口并且距离村内的民居有一定的距离。但是,桑园村的儒宾公祠和西乐袁公祠却略微显得有些奇怪,二者分别位于两个聚居点的中心位置,而不是循例位于村口或者各自聚居点的入口处。至于其原因何在,我们始终未能够得知。比较大的可能,是这两处祠堂并不是大宗祠(其大宗祠位于温塘村内)而只是公祠,故选址可以不同。随着子孙繁衍导致人口不断增加,村落内部对住宅地的需求日益增加,现在这两个祠堂已经可以说是处于村落的中心位置了。老人们说,最早建立的是儒宾公祠,其中供奉的祖先是老大省修,省修一支到现在只有300个左右的后人。老二省猷一支的后人则不断壮大,目前已经约有1600名后裔。老人们普遍传说,省猷的后人认为,已修建的儒宾公祠的名字中"少了一个袁字",不能够展示其为桑园的袁姓人家的祠堂。因此,他们也为其祖先修建了一座公祠,并特定命名为西乐袁公祠。如果确实如此,则儒宾公祠先建而西乐袁公祠后建。(见图3-27、图3-28)

图 3-27　儒宾公祠　　　　　　图 3-28　西乐袁公祠

初步定居后的村落早期的发展如何，现在已经无人知晓。而如果由现在所能够看到的村落空间结构来看，当是这两个点状的聚居地不断地沿着山脚平行地相向发展，并最终导致二者连接起来。应该说，这主要是要顺应山势才能够获得发展或者建屋的结果。应该是在稍后一点的时间，住宅地的压力迫使人们又开始往山上略高处发展，最后由此形成了一个扇形的村落空间，这个区域基本上完整地维持到了改革开放时期。现在这个区域内所见到的幸存下来的民居古建筑，其形制与建材都是比较古老的，说明这个扩张的过程应该也是在比较早的时期就完成了。也应该是因为如此，人们对这个过程已经几乎没有任何记忆。如果根据空间结构来说，宝成横巷和五桂家祠连成的一线，似乎可以作为这个扇形在当时的顶点。很多老人都记得，中华人民共和国成立前设于五桂家祠内的学校的周围颇为荒凉，可以作为证据之一。五桂家祠似乎形成了其西南部的界线，这个家祠当时距离村落略有距离，这符合一般广府人建祠的通例。实际上，即使是今日，它与村落的主体仍然相隔一条进村的主路。至于其周围的房屋，虽然有些看上去古色古香，但其实主要是到了改革开放后才修建的。至于村落在东北部的界线则多年维持不变，依然止于古里巷，有老人说是基于气候的原因。

改革开放后，桑园的各式民居急剧涌现。由于缺乏宅基地，新出的这些民居开始不断地往山上延伸，甚至开始从向阳的南麓向其他几面山坡延伸。例如，旧村落之上的山坡原本有一块很大的坡地，长期用于种植荔枝、乌榄、白榄等经济作物以及各种杂木。但大致上从 1980 年起，这里就逐渐变成了民居用地，现在早已经是民居连片，再难以见到果树或者其他经济树种。仅在一些人家的院子里，偶然可见种有一两棵残存的树木。到了 20 世纪末期，民居已经覆盖整座山的东面、南面与西面，形成了一条狭长的半椭圆形布局。到了现在，即使是背阳向阴因而相对条件较差的北坡，也已经修建了各种民用设施，新建的桑园广场，更是坐落在旧村相反的一面。由于这些建筑的大量出

现，现在的桑园旧村几乎可以视为以山峰为中心的一个大村落。(见图3-29)

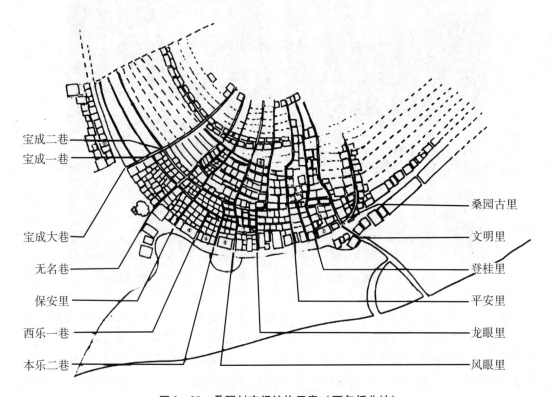

图3-29 桑园村空间结构示意(不包括北坡)

　　老人们说，清末至民国时期村子的村口，是在古里巷外面的"桑圃古里"门楼处，那里也是从温塘、茶山等地进入桑园后再前往莞城的道路的入口。现在随着村子的扩大，通往村子的道路增加了不少，主要的入村道路已经是通过村子两边的道路，因此变得难以看出明显的村口。此外，虽然村落内的旧屋和道路的格局完整地保留，但是，村落及其周围的地势则改变得十分明显。袁老人已经年逾70岁，他一辈子在此地奋斗。最近他花了3年时间做出了一个沙盘，精致地复原了改革开放前桑园村周围的地貌，当时村境内合计有103座小山头。随着中华人民共和国成立后尤其是改革开放后的挖山造田运动以及平整土地以修建厂房等活动，村落周围的山头全部被铲平，所得的石头和泥土等填入低洼地，最终使得以丘陵为主的地貌改变成为小平原。

　　同样，以前村子周围有众多的、有时面积还非常大的水塘，集体生产时期的填湖造田活动有许多被开发为水稻田。而随着近二三十年来城市化的推进，残存的池塘以及水田又基本上被改造为道路、工商业用地和住宅用地，现在仅村落的东南部保留有一小块水田，供人遥思往昔的田园风光。

第三节 温塘的传统村落空间

温塘位于黄沙河的西岸,总面积约 11 平方千米。她东与茶山镇隔河相望,南毗连寮步镇的竹园村,西靠东城的主山社区,北与东城的桑园、周屋两村接壤。温塘属埔田地区,北部多水田而南部属丘陵地带,故整体的地势南高北低。从 1959 年开始,温塘人历时 6 年整治河流、修建防洪大堤,终于实现了农业生产的旱涝保收。船只可由流经境内的寒溪河经黄沙河进入东江,因此水运历来十分发达,20 世纪 90 年代后陆路才彻底取代了水路。(见图 3 - 30)

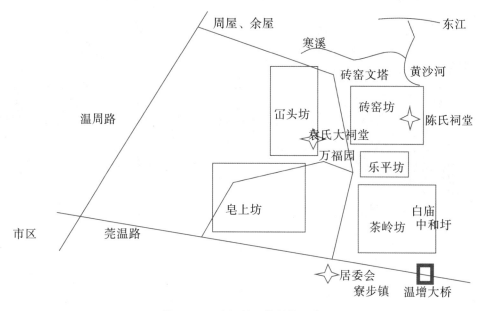

图 3 - 30 今温塘五坊结构示意

一、村落选址

历史上的温塘含义不定,如其中一种含义是该温塘是 20 多个村落的统称,但一般说的温塘其实是五坊的合称,即茶岭坊、皂角坊、冚头坊、乐平坊和砖窑坊,① 而在每个坊的下面则下辖若干村落。其中部分村落较为特殊,如茶岭坊的亭下村是历史上由以船为生的人上岸定居而形成的,故取艇的谐音为亭。这部分人原本没有土地,因此与乐

---

① 如果在这五坊之外另加上桑园,则成为六坊。历史上,确实也有过含有六坊的温塘。就是这个缘故,现在有的老人还习惯把桑园视为温塘的六个坊之一。

平坊和中和圩联系较紧密。后二者原本是温塘的市场，居民以经商为生而其他坊的村民则以种田为生。中华人民共和国成立前，温塘有5400余人，其中约千人以经商为生，不过他们通过购置等手段而拥有了大量的土地。

历史上的温塘多山又多水，大部分山和水其实是在最近才消失的，因此村民普遍对它们有深刻的记忆。人们传说，袁姓始祖悦塘公认为此地丘陵起伏、山清水秀而又水网纵横，其后人于是定居下来并渐次发展出了温塘袁氏。陈姓人家的先人同样认为此处山水相间而尤其多水，定居后经过不断的围垦造田，最终拥有了无数良田。如今的温塘地境可以说是一片坦荡，这是20世纪中叶尤其是21世纪初开始的大规模的平山、填水以造地的结果。村内及周围数量众多的池塘大多被填平后，现在唯余茶岭坊东侧的几个较小的池塘，以及由3个小池塘合建成的环湖生态公园。不过，20世纪中叶填平它们主要是为了增加田地以生产粮食，现在填平则主要是为了获得建设用地。流经村落中心的温溪被填平后，修建了贯穿整个温塘村的主干道，确实大大地满足了当今车流的需要。（见图3-31）

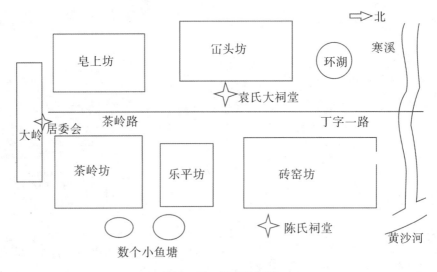

图3-31　现在的温塘

位于村落南部的大岭是温塘的最高点，但全村现在仅残余6座较大的丘陵。温塘的五个坊就是各自背靠其中的一座而建成村落的，因此每个坊的村民都说自己"后背有靠山"，即温塘同样是依托山体而开基立村。很可能正是由于这几座山是村落的"靠山"，才得以侥幸逃过被铲平的命运。老人们回忆，到了中华人民共和国成立前夕，虽然周遭的水体已经基于围垦造田等原因有所减少，但山峰和丘陵则几乎完全没有遭到破坏。陈姓老人说："我小时候，我们的人都住在山脚这里，村子就是靠山修建的。那时候，就只有五大坊是土地，就是因为靠山。"而给他以深刻记忆的，除了山之外就是各种各样的水体，"坊以外的那些地方，除了水田，全都是沼泽地，里面长满了杂草和灌木。那时候，村里有很多的池塘，不少池塘是很大的"。指着祠堂前的空地，另一位陈姓老人回忆："以前我们陈氏祠堂前面，那全都是水的。当时山脚下面呢，就只有这个祠堂。

你再往下走，就全都是水了。顺着祠堂前一直走到岔路口，那里原来是一个大埠头，陶瓷厂里的人，就在那里装船。我们以前要去城里，也要走那里。袁氏大祠堂的前面呢，以前也是有一口大池塘，那也是很大的。还有一条河，从皂上坊那边，沿着这条路，一直流到砖窑坊前面，再流到那条内河（即寒溪河）里面。"温塘的地境，三面环山而中间地势尤其低洼，因此三面的各种地表径流都流向中间，于是形成了众多水体，还形成了温塘人至今引以为傲的贯穿村落的大河即温溪。

对于自己的村落所在，温塘人同样有着风水的解释。但在我们看来，背山、面水又近田地，或者这些才是使得温塘各姓的先人们最终先后驻足此地并在此繁衍不息的根本原因。在当时的历史条件下，这种村落选址确实最大程度地利用了自然所提供的可能性，基本上能够满足村落例常的各种需要。而由历史的事实来看，温塘始终处于相对强势的地位，各种水体以及迷魂阵一样的广大的稻田极为有利于防御外敌。访谈时一位精于地方文史的退休老人家回忆，从一个侧面有力地证明了这种选址的优越性："温塘以前有一帮烂人，经常到外面去打家劫舍，弄得周边的村落民怨沸腾，与温塘的矛盾激化。有一年，甚至有96个村子联合起来攻打温塘。但是，我们温塘有六个山头围着，到处又都是水、水田，他们根本认识不了道路，全都迷在水田，出不来了。最后还是温塘人开了个口子，他们才离开的。中华人民共和国成立后，这些烂人有的被枪毙了，有的被抓去劳动改造了。"这个故事或许并不完全真实，或者如同所有的民间传说那样有所夸张，但似乎足以说明温塘人心目中村落选址之优越。

当然，三面环山使得温塘处于类似于锅底的低洼的不利地势之中，使之几乎每年都可能要面对洪水的危害。而最为根本的，则是不论选址多么精心用意，也仍然抵挡不住尤其强大的外力的入侵。①

二、村落空间的物质形态

明清时期的温塘已经是一个巨大的但又结构松散的村落，包含五个坊以及多个小村落。② 由于地域太大、涉及太多，我们实在无法逐一仔细描述，故此处仅仅概述涉及全体的一般性的空间结构要素。

（一）道路（里巷）

由于下辖的村落（坊）众多，旧时温塘的地理中心较为特别。那时一条从村落中

---

① 根据巨野木子、醉红颜的研究，1964年编写的《温塘村史》中有在温塘水域发生的往事的记载，大意是：1934年，温塘村由当时的乡绅组成"自治局"把持村政。他们与土匪头子"金拐松""飞天计""闹吵坚""龙眼斋"等勾结，在温塘水域开设堂口。他们在新海口抢劫过往的货船、商旅，在白庙分赃。他们的所作所为激起了茶山、大朗、寮步等地商人和老百姓的愤怒，六十三乡商民联合军队洗劫温塘。他们抢去了温塘民众的耕牛以及大批财物等，温塘人奋起反抗，商兵死伤40余人。商兵声言还会来报复，温塘群众惊恐，立刻逃避他处。入夜，温塘村中已空无一人。这次为时一年多的逃难，当地人称为"走黄兵"。后来，"自治局"明令村人出人丁钱贿赂官府，这件事才算平息。村史中所记的这个故事似乎说明，无论多么精心地选址，在面对尤为强大的外力时依然不能够保证村落的万无一失，谨摘录以备考，详参考http://www.360doc.com/content/12/0430/07/7804454_207617948.shtml。

② 一说六个坊，第六坊即桑园村。

间穿过的河流粗略地将全村分为东、西两大部分,这条河流也可以视为村落的地理中心。在以水运为主的过去,它其实相当于现在的一级路即主干道,联系起了村落内外与全村各处,因此那时不少村民家中有小船。改革开放后填平了这条河流以及其他河流,陆路替代水路联系起了村落中的各坊并沟通了外界各处。(见图3-32)

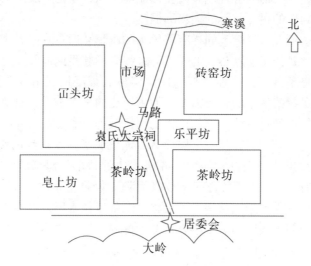

图3-32 主干道与五坊关系示意

在过去,温塘的二级道路多为麻石道路,但目前只在砖窑坊(贯穿全坊)和岜头坊(环村道路部分)还可见旧时的麻石路的部分遗迹。三级道路则为巷道,宽约1.5米,连接社级道路与村落,并分割和连通聚集在一起的数户民居形成的生活单元。这种道路多是麻石或者其他石质的,出口处几乎都建有门楼。四级道路是民居门前或者两侧的通道,宽度在一米上下甚至更窄,因此有时不能作为通道而只能发挥冷巷或者分割宅基地等方面的作用。

生活单元内的通道位于家户家门前,常被占用放置杂物或圈作己用,邻里关系因此陷入危机之中,此时若无人让步,便需要有公信力的人员或组织进行调解协调,传统村落中,担任此项工作的往往是所谓的"公明耆老",即村中德高望重、有威信的老人,但村中也存在许多"亲密格局"的村落布局方式,此时则多由双方共同的长辈进行调解,这种空间结构模式中居住的村民由于彼此间血缘上的亲密关系而更为团结,面对此类矛盾也更容易达成和解。

(二)民居

据调查,民国时期的温塘开始出现洋楼。这些新式的建筑一般为两层,使用青砖和水泥等建材,整体上带有一定的域外风格而以中西合璧为主,如其窗户多采用的满洲窗样式即为一例。① 但是，这类建筑始终为数极少。中华人民共和国成立后至20世纪70年代修建的民居，多为下半部分使用青砖或者红砖，上半部分则普遍采用泥砖，也颇多通体使用泥砖的，这主要是受制于经济能力。到了改革开放后的最初20年间，村民则普遍采用通体红砖加水泥建房，如图3-33所示。

但完全可以说，温塘旧村内的民居依然以传统样式的建筑为主。现在仍然可见的传统古民居均为清代至民国时期修建的，普遍采用红石铺设墙基而以青砖为建材。至于现在的温塘村中为何不见较为古老的泥砖建筑，除了泥砖本身寿命短难以延续到今之外，最主要是因为历史上频繁遭受水灾尤其是遭受20世纪中叶的几次大洪水而全部倒塌了。最常见的青砖质地的家屋有三种：第一种是中间为厅堂而其两边各有两间房间，名为"金字屋"；第二种是一边为厅堂而另一边为两个房间，称为"明字屋"；第三种是厅在前而房间在后，称为"直头屋"（详参考本书第二章）。但不论哪一种，宅基地通常都不超过三间房。在旧时的珠江三角洲各地，这种情况普遍多见，似乎是当时的某种不成文的规制。

图3-33　改革开放初兴建的直头屋延续旧时的格局

温塘的一个横巷中居住着若干户人家，他们经常是所谓的一爷之孙，这种现象的出现与分家习俗有关。传统上，温塘村民通行分家后必须单独居住的风俗。这时大富之家自然可以购置宅基地另加新屋，一般家境的人家大多只能够利用原有的宅基地新建房屋，而贫困人家则多会把家屋及其宅基地分为几份以满足需求。② 由于不断分家而分散了宅基地，一般来说温塘人的家屋面积都越来越小。为了满足基本的需求，后出的这些家庭只好向空中发展，这也是现在所见的温塘祠堂的家屋多为两层或者虽然只有一层但实际上等于两层的原因。由于这种风俗，兄弟们多会居住在同一排，由此形成了大量的一爷之孙比邻生活的现象。

（三）门楼

旧时温塘的里巷普遍设有门楼，现在许多门楼都已经因故拆除。

图3-34与图3-35是位于冚头坊冚上村某里巷口的一座门楼，它可谓温塘现在保存最好的门楼之一。其外是一条主要的通道即大巷，因此旧时需要严加防守。这座门楼通体采用青砖，红石勒脚，通道铺设麻石（红砖是后来改铺的）。大门为坚固厚实的木

---

① 满洲窗是清代至民国时期流行的一种窗户样式，是用传统的木框架镶嵌套色玻璃蚀刻画组成的窗子，以传统题材为内容，有红、黄、蓝、绿、紫、金等颜色，加上不同的形状设计使窗户显得典雅秀丽。

② 据调查，当时的贫苦人家多是在自己的家中砌墙，将家屋等分成几份，自己留一份而把其余的分给儿子们。也有的人家是将家屋分割成两份，自己留一份而一份给长子，其他的儿子成年后则要外出广州、香港或者东南亚等地打工自谋出路，或者日后衣锦归故里另购房产。

门,并有天地门增加防护力。其两侧都紧接高耸的民居,使得这座门楼成为了进入这个生活单元的唯一的必经之路。门楼内的面积约有 4 平方米,左侧为土地神龛,现在仍然常年有香火供奉。右侧为一个小房间,是给夜间负责看守值更的人居住的,现在则已经是多年不曾有人居住了。据调查,这处门楼在中华人民共和国成立后即逐渐失去了其往昔的防御作用,但日常有许多老人家尤其是女性老人家在此聚集闲聊,成为了一处理想的用于消闲、消夏的公共场所。随着现在里巷内居民变得稀少,这处门楼已经难掩荒凉与寂寞。

图 3-34　冚上村门楼（外景）　　图 3-35　冚上村门楼（内景）

温塘的门楼大概如此,最主要的差别在于规模和高度。如有的门楼为两层,下层为通道,上层为负责看守值更的人瞭望的地方,夜间又是他们的住所。一般地说,这种门楼都是位于重要的关口处,因此需要登高远望以更好地掌握情况。

（四）水井

温塘村虽然很大,但传统上却没有多少水井。老人们说,因为以前村落周遭都是各种水质优良的水体,所以一般村子里都不需要有很多眼水井。

温塘村内传统的水井一般都采用青砖垒起井壁,而以红石制成井沿。（见图 3-36）整口井通常呈圆形,直径则在半米上下,远比北方通常所见的要细小得多。老人们说,这是因为居民都通用小巧的水桶。即使是时至今日,冚头坊这些旧水井基本上仍然悉数存在,由井绳在其井沿留下的深深的磨痕甚至残损,不难想见其古老,也不难想见其往昔的辉煌与热闹。

村内还有其他时代较后的水井。第一种是中华人民

图 3-36　古老的水井

共和国成立前后挖成的，井壁以青砖或红砖垒成，井沿则以两块或者四块麻石拼接而成，但仍然多呈圆形而少见方形，直径一般也不超过半米。第二种则是人民公社时期统一用机械钻的井，直径约为1米，井壁和井沿都是由两块半圆形的水泥构件拼接而成的。第三种是压水井，因为卫生、安全、方便而在20世纪中后期开始普及，许多温塘人家甚至自家都有一口这样的水井。㕢头坊内至今留有数眼，但均已锈迹斑斑。

（五）祠堂

历史上温塘有较多的祠堂，属于各姓人家，但许多后来被拆毁、自然坍塌或者改为他用。现在温塘所存的祠堂仍然有10余座，其中数量最多的是所谓的公祠或者家祠即房支祠堂，而大祠堂即宗祠则只存有两间。

现在所见的一众公祠，几乎全部都是属于袁姓人家的。阆川公祠是纪念茶岭坊的袁姓人家祖先而建的。它坐北向南，据说建于明朝中期。历史上经过多次翻修，现在是茶中股份经济合作社的办公地点。副使公祠地属㕢头坊祠下村，据说建于明朝初期，是袁氏子孙为纪念袁梦符副使而建。这座三开三进的建筑，1962年起曾在多年间做过温塘村史博物馆，现为祠下村经济合作社办公室。原本属于赵姓人家的梅轩公祠，位于砖窑坊柴市村，三开三进，占地约160平方米。据说它修建于明代宣德二年（1427年），围绕这座祠堂至今有许多传说。

袁姓人家的祖祠就是著名的袁氏大祠堂（见图3-37），又称为著存堂，据传历来是温塘的主要祠堂之一，据说修建于明代天顺四年（1460年）。这座祠堂坐西向东，旧时其门前有一处面积较大的晒坪即地堂，背后则是背底岭以及其上的林子，因此，整体上是以"晒坪—祠堂—山林"的顺序而布局的。老人们回忆，以前它靠近村口的牌坊，祠前还有一处名为污池（记音字）的池塘（现已经填平成为了温塘市场），原本与从祠堂左边流过的寒溪河相通。其西北面则是属于㕢头坊的各村。与祠堂紧邻的称为祠下村，①而位于祠堂背后的部分则称为祠堂前。这类地名都是根据其与祠堂的相对位置关系而来的，如温塘人认为"左"与"下"对应，而祠堂的前后与左右都被称为"前"，故有此两个名称。而这两个名称则有力地说明，是先有这座祠堂而后才有此两处民居之地的。

图3-37　1973年的袁氏大宗祠及其前的风水塘②

---

① 以面对祠堂为基准分左、右。
② 图片来源：http://www.360doc.com/content/12/0606/16/7804454_216422606.shtml。

中华人民共和国成立后，这座祠堂历经多种用途。据《温塘村志》，1969年时它被拆毁。但访谈时有村民回忆，当时只是改作集体的大礼堂，并没有彻底拆毁。到了改革开放后，它又曾经改作毛织厂，1993年因毛织厂失火才彻底毁灭。2010年，温塘袁姓人家筹集了600多万元资金，在原址扩地重建了这座大祠堂。2011年7月建成后，面积达到1100多平方米，比旧祠堂足足大了一倍。新的祠堂三开三进，砖石结构，地基石则弃用传统的红石而改用麻石，原因则是人们认为红石质地松软易风化而麻石则更为坚硬。

　　温塘的另一座最重要的祠堂是陈氏大祠堂（见图3-38），坐落于瓦窑坊。陈氏历来是温塘的另一个最为主要的姓氏，传说其始祖落籍温塘后，即一直定居于瓦窑坊一带。《温塘乡志》认为，这座祠堂建于明代永乐二年（1404年），如此则比袁氏大祠堂早了近60年。《温塘村史》认为，温塘"定地立围之初，以赵、黎、陈三姓最先。（现砖窑坊梅轩祖原是赵姓祠堂），其后袁、钟、余、龙、翟等姓先后接踵而至"①。两姓祠堂的这个时间上的差异，也许可以作为一个小小的证明。

图3-38　重修前的陈氏祠堂②

　　中华人民共和国成立后，陈氏祠堂被征用，如附近的国营陶瓷厂用作烧陶的地方，"文化大革命"时期更是被部分毁坏。陈老人表示，现在陈姓人在温塘的仅仅有200余人，若"没有了祠堂，还谈何团结"。当年他自己曾作为红卫兵的一员，参与了破坏这座祠堂，他现在回忆起来十分悔恨，因此有义务致力于其重建工作。他于2013年牵头，在其他人的支持下募集了资金，拆除了旧祠堂并在原址重建。新的祠堂三开三进并有后花园，二进的大厅名为叙和堂，叙意为叙事厅，和表示和睦、和为贵。这个堂名是一位现在居住在寮步的90多岁的族人特意题写的，字迹确实工整，颇见功力。

　　这位老人回忆，重建陈姓大祠堂时，温塘的许多股份合作社及许多袁姓人家纷纷解

---

① 转引自：http://www.360doc.com/content/12/0423/11/7804454_205838627.shtml。
② 图片来源：http://www.360doc.com/content/12/0423/11/7804454_205838627.shtml。

囊。老人深情地说，"没有他们的捐款，我们修不了这座祠堂的"。所需的各种建材大都是由这位老人以及其他老人家亲自前去各地购买的，如青砖来自龙门，麻石则来自福建。新建的陈氏祠堂同样弃用了红石而采用麻石作为地基石，但原因则与袁氏的说法有些不同。陈姓老人说，如今红石稀少故价格高昂，现在"两块麻石的价格加起来，也比不上一块红石"，因此使用了麻石。对于重建过程中的这类精打细算，老人感到十分骄傲，"我们这个祠堂造价是很低的，建造大约花了250万元，建成后摆酒大约花了30万元，总共也不到300万元"。

（六）庙宇

温塘传统上主要信仰观音、天后、北帝、康王和土地神。老人们普遍说历史上的温塘多水，而由所信奉的神明来看也确实如此，天后和北帝都是专制司水的。

观音庙和天后庙在中华人民共和国成立后的"破四旧"过程中被彻底捣毁，此后也始终没有再重新建庙。但在其他许多主神的庙宇中，通例都会供奉观音。历史上的东莞人观音信仰极为普遍，东城也不例外。温塘人信仰天后的可能始终只是一部分人，绝大部分人都是以土地上的各种活动谋生的，因此与之关系不是特别之大。土地神是比较特殊的一位神明，其实依据各自的职能可以分为不同的类型。① 东城人建有三间较大的土地庙专门供奉土地神（见图3-39），温塘的一间土地庙少见地大，其旁还供奉着一只"天狗"，更显得特殊。此外，温塘的每处村落、里巷以至具体的民用建筑，通常都会供奉"自己的"土地神。其实这种情况也遍见于珠江三角洲各地以及传统中国的各处汉人社会，无不反映出旧时包括田地、宅基地在内的各类土地的极端重要性。此外，温塘还有一间文武帝庙，现在同时供奉观音。不过，其他坊的村民似乎对之所知甚少。文武帝庙的侧殿还有一座小庙供奉黄大仙，据说是新近加修的而非原本就有。至于供奉伯公、井龙王等民间信仰对象的，更是有多处。而从大的空间分布上来说，主要的庙宇中除了康皇庙和天后宫位于砖窑坊、康王庙位于冚头坊之外，其他的无论现在是否依然存在，都分布在茶岭坊。至于为什么会如此，我们尚不得而知。

东城人普遍把北帝庙称为白庙，白庙位于茶岭坊的中和圩，据说建于明朝，供奉的神为北帝，是温塘规模最大、最著名的一座庙宇。传统上的白庙具有多方面的意义，如著名的温塘游会便是从这里开始的，届时北帝会被请出坐在轿子中由村民抬着出巡。传

图3-39　里巷门楼处的一处土地神位

---

① 详参考张振江、陈志伟《麻涌民俗志》，汕头大学出版社2008年版，第266—267页。

说白庙建成之后，负责人及理事到佛山定做北帝诞游神时抬菩萨的三乘木轿子。结果木轿店的老板回答说几天前已经有一位白发老者来定做了，还给了定金。理事感到很奇怪，回到温塘后仔细查访，但无论如何也查不出来，人们于是认为这是"北帝老爷亲自订轿子"。从此温塘三月初一至初三北帝诞游神的风俗，就变得更加盛行了。中华人民共和国成立后，白庙有过多种用途，甚至还当过学校。但到了"文化大革命"期间，也没能够逃过被毁坏的命运。1989年，香港同宗集资，按照原来九梁十八柱、二十八缩、三十六步到檐前的结构重修了白庙。

北帝虽然是温塘最为重要的一位神明，但现在村民对其的认知已经不多。至于白庙的来源，倒是有多种传说依然流传（详参考本书第十章），不过似乎当作故事来讲而没有多少神圣性。旧时的白庙内有固定的神职人员，现在则是由村集体承包给了个人经营。本次调查期间，我们巧遇白庙举行一年一度的"祭祖大会"，它是专门为客居外地（多为香港）的本族子孙而举办的。由于这些人的祖先的旧居、坟茔等因为各种原因现在已经消失而难觅踪迹，因此他们在庙宇中集中拜祭寄托思念。但这是要交香油钱的，而且少则几万元多则数十万元，香油钱不同法事的规格自然也不同。在平时，除了居住在附近的人前来进行日常的拜祭外，来此求助的都是有某种宗教方面的需求的人，本书第十章有专门的描述。

供奉康王的庙宇现存两间，分别题为康王庙和康皇庙。康王庙位于冚头坊冚下村（见图3-40），康皇庙位于砖窑坊的寒溪旁。对于康王到底是位什么神明以及康王与康皇是一位还是两位神明，[①] 温塘村民的说法颇为不一，主要有南宋的开国皇帝、南宋的一位亲王、龙捷指挥使康保裔等。在福建和广东的许多地方，都有相同或者类似的庙宇，东莞各处供奉康王的更是极为普遍。如果综合起来看，似乎以祭祀的是康保裔为是，[②] 但温塘的村民现在则似乎多附会为南宋的某位皇帝。无论如何，据说村子"供奉康王之后，神鬼都怕他，他可保一方平安"。每年的七月初一至初七，温塘都要举行康王诞，据说这已经有数百年的历史了。

如前所述，这类庙宇通例不应该位于村内。因此，它们与温塘下辖的各村村口的土地一样都具有某种标志意义。二者的差别在于，庙宇通常位于村外某处，而土地庙通常则位于村口的附近。如此一来，借助于庙宇和村落土地神位，

图3-40　冚头坊康王庙

---

① 在当地的方言中，王与皇同音。
② 例如，在距离东城不远的东莞石排镇横山村上宝潭村、塘尾村等地，各自都有康王庙（有时也称为灵应祠），这些地方的村民普遍认为祭祀的是康保裔。人们传说他在抵抗金兵时力战至死，后被宋帝封为"威济善利孚应英烈王"（事见《宋史》的《忠义列传》），故称康王。

我们至少可以大致确定旧时的村落空间的大致边界。

（七）文塔（文阁）

村民普遍称文阁为文塔，它一向被认为是温塘人家的"风水塔"，其地位几与白庙相当。至于其修建年代则不确定，主要有两个说法：访谈时老人们多认为是在清初所建；塔前的石碑则认为是明代即1484年所建。到了2000年，由袁氏第28代后裔袁淦堆捐款重修。后经扩充占地面积，成为了现在的文塔公园。

这座文塔通高20米，青砖灰砂砌筑，整体为六角形（见图3-41）。共计分为四层，自下而上逐层阴刻其层名，依次为"韧发冲于""光照楼""达诗"和"云境"。镌刻名字的大石块颇有讲究，依次为横石、竖石、椭圆石和横石。而且其层名的铭文都是自左至右排列，与当时的行文体例不合，留下了不少谜团。老人们说塔内原有供上下之用的楼梯以及阁楼，但据说最终毁于20世纪末期的一场火灾。

图3-41 文塔今貌①

老人们认为，当初修建文塔的目的，应该是激励族中子弟刻苦读书以光宗耀祖。但村民历来普遍视之为"风水塔"，因此还产生了一则流传颇广的风水故事。大意是：风水先生告诉袁氏祖先在此建造文塔可使袁氏兴盛，陈姓的一位老人（据说约80岁）坐在此处不肯离开以力阻。一个放牛娃对他说：等你百年之后我们再建。老人听后便离开了，袁姓人家得以如愿以偿。后来，袁氏果真发展得越来越兴盛（详参考本书第十章）。

如今，人们早已不再拘泥于这个故事的真假以及风水，文塔已经真正成为了温塘全村的标志。本次调查期间，我们多次在文塔下访谈不同姓氏的多位老人，他们彼此和睦相处，言笑晏晏。

（八）池塘、水道与埠头

温塘于1958年开始填鱼塘，大约至1988年基本填平。到了21世纪初，其他水体也几乎都被填平，因此现在只能够见到几处残存的水塘。靠近瓦窑坊的著名的陈屋大塘至今基本犹存，鼎盛时期其水面有80余亩，现在则缩小了许多。其右侧的另一口水塘

---

① 图片来源：https：//mp.weixin.qq.com/s?__biz=MzIwMTU5Mzk0Nw%3D%3D&idx=1&mid=2650296508&sn=8f4a5119baef18a4e09a9761c9e22deb。

旧时也有70余亩的水面,现在也只剩下一部分。

除了流经境内的寒溪河之外,温塘最主要的一条河流是温溪河,它经黄沙河流入寒溪河,最后汇入东江。这条河流贯穿温塘而把温塘分为两个部分,使得5个坊的居民都可以便利地经由水路到达莞城或者广州等地。但在温塘人的眼中,这条河流还是十分狭窄,因此它又经常被称为"渠",由此不难想见当时其他水体的宽大。老人们说不计水塘,旧时的温塘还有众多河流。如文阁面对的是寒溪河的一条分支,虽然现在河道狭窄且污染严重,但在历史上必定不是如此。否则,人们不会在其边上专门看风水而修建文阁以及康皇庙。

据调查,以前温溪河的岸边有多处小码头,其主河道还是较为宽阔的,可轻松地通行载重一吨的货船。直到中华人民共和国成立前夕,许多温塘人还是驾船沿此水道前往广州、东莞等地售卖所产的鱼和猪肉等。而在砖窑坊陈屋村旁的寒溪畔,建有一座旧时温塘最重要的码头即陈屋埗头,是水运时期货物进出温塘的必经之地,当时的货物尤其是陶瓷厂的产品几乎都在此装或者卸。访谈时有老人家回忆,旧时自水边到岸边有多级台阶,装卸货物时用一块细长的跳板连接起船只与码头,跳板的一端就搭在麻石台阶上,另一端则搭在船只上。这些台阶全部都是经过雕凿的厚达十余厘米的麻石条,而每一条麻石则长3米左右。每条台阶起码都由两条这样的麻石条铺成,由此不难想象这座码头之大。

温塘地势低而又水体众多,过多的水常常会给人们带来深重的灾难。许多老人尤其清楚地记得1959年的夏天,一场特大的洪水淹没了温塘的大半个村落以及所有的稻田,导致村内近百间民房倒塌。当年水稻绝收,许多村民顿时无家可归。为此,自1959年开始,温塘人连续用了6年时间筑起了一道由周屋口至温塘黄麻岭山腰、全长5540米的拦河大坝,以及由茶山塘边河口至陈屋埗头的全长4000米的筏子堤,从此才彻底改变了遭受水淹的命运。

(九) 水田与旱地

温塘的地势自南向北倾斜,岜头坊、砖窑坊位于温塘北部故拥有更多水田和水塘,而茶岭坊、皂上坊由于位于温塘南部故拥有更多旱田。但如果从整体上说,则温塘各村落历来以水田为主。这是因为温塘的村落都位于山水之间,有开辟水田的先天优势。"到了民国初年的时候,温塘的水还是很多的。我们都是住在温溪河的两岸,村子一面靠山,另一面就靠水了。"最初这些山和水都是无主的,虽然填平水体以获取良田主要是中华人民共和国成立后的事情,但各姓的历代先人在大力利用各种水体发展渔业之外,都持之以恒地填平水面造出水田。"我们温塘,古时候就是在海边。那时就只有五大坊是地,外面全是沼泽地、大水塘。每一代的祖先,那就不停地造堤围田嘛。多少代人坚持下来,原来的水就成了水田了。不过,到了中华人民共和国成立前,温塘还是有很多水塘。那时候,有的人家图种田方便,就直接住在池塘边上。还有的,就住在自己家的水田旁边。"

据调查,旧时温塘的水田确实尤其众多,田地总数以及人均田地数都远远超出周围的村落。访谈时老人们都回忆:"那时候,温塘的水田多到种不完。中华人民共和国成立后，就是在集体生产的时候，把我们的田地划了几百亩出去，就是划给了水田少的那些大队。那时候，我们知道了可高兴了，总算不用种那么多的田了！"但是，中华人民共和国成立前各个村落或者坊所拥有的总的田与地的数量，又是极其不均的。老人们普遍说，以经营手工业和商业为主的砖窑坊，在当时却拥有数量最多的土地，原因在于"他们做生意的。有钱啊。他们赚了钱，就拿来买地，就成了土地最多的了"。（见图3-42）对于当时温塘的不论是务农还是经商的人来说，田地都是最为重要的财产，是生活富足的根本保证。因此有了钱财，人们总是设法买入土地，认为这样才最为心安。至于每个村落或者坊内各个家庭所拥有的土地数量，也极不均匀，总的来说，富人家通过购买等方式拥有越来越多的田，而穷人家的田地则越来越少。穷人家少地，除了其他的因素之外，也与分家的习俗密切相关。在东城，分配田地历来就是分家时最重要的分配内容之一。但是，如果不能够不断增加田地数量的话，已有的田地自然是越分越少，甚至终究会走到无田地可分的窘境。

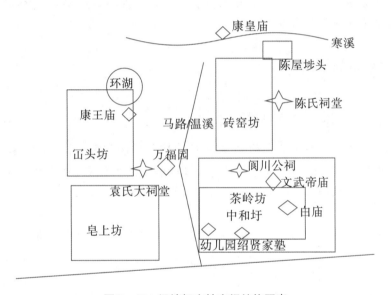

图3-42　温塘标志性空间结构要素

据调查，以前有些人家的土地少到无可再分时，其子孙们只好佃田耕种、替人种田或者打短工，也有些人前往广州、香港等地打工为生。小部分甚至成为无业游民、地痞、无赖，即前文所述的村民口中的烂仔。他们在本地以及周边地区游荡，甚至犯下偷盗、抢劫、勒索之类的恶行，激起了本村以及外村许多人的反感。为了避免出现这种窘境以及避免出现不肖子孙，清末东城的一些田地多的富有人家，甚至坚决不许儿孙们分家，希望他们可以维持较大数量的用于出租的田地，依靠所获取的大量租金而能够过上安稳又富足的日子。

（十）墓地

温塘各姓人都是移民，依照珠江三角洲各处的通例，最初的几代人应该葬于原籍或者迁出地。但是，温塘的实际情况有所不同。如老人们认为，袁姓人家的始祖即悦塘公，就是葬于温塘本地的砖窑岗。至于在本地安葬的具体原因，则已经无人知晓。旧时的温塘多水，坟墓通例葬于山上以免遭水浸泡，地势较高的砖窑岗自然是适宜的地方。历史上该处似乎是属于陈姓人家的，陈姓人抵达温塘后最初就是聚居于该坊。但至今温塘的其他坊内或者村内少见陈姓人家。主要基于这个缘故，早几年在该处重建袁姓人家的坟茔时还出现了争执。

无论如何，该处从此就成为了袁姓人家的祖坟地。但据调查，现在在该处所见的袁姓人的祖坟是1997年重建的（有老人说是原址重建）。传统上，温塘人多在清明节当天拜祭自家的祖先，而在清明的第二日上山拜祭始祖等祖先。不过，人们所拜祭的可能不是祖先的全部遗体，而可能只是其部分遗骸。以前的温塘实行捡金即二次葬，请人将"金"即第一次下葬后尸体腐烂所剩下的骸骨逐一捡出，然后放入陶制的坛子即"塔"或者"金塔"中。这些塔一般都是以房为单位分别摆放，一个房内则通常依照辈分有序地摆放在祖坟处。现在改为火葬没有骸骨了，村民便将骨灰盛入"塔"中，但多集中安放在大岭而不再是各自摆放。

三、村落空间结构

（一）温塘总体的空间结构

温塘原本是多个小村落的合称（见图3-43），聚居着多个姓氏的村民。只是到了后来的某个时间，其村落空间才逐渐变为一体而居民也才变成了以袁姓人家为主。应该说，这个演变特征从根本上影响了温塘村的空间构成特征。

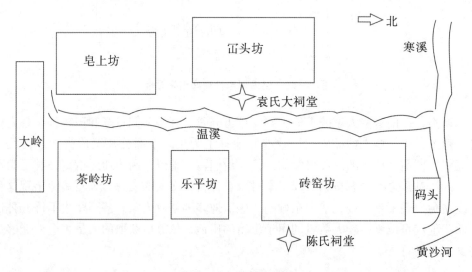

图3-43 旧时的温塘

除了应该是因为商业而形成的乐平坊之外，其余的四个坊各自下辖若干个大小不一的村落,所以,通常所说的温塘指的就是由这五大坊所构成的一个巨型的、结构松散的大村落。这五大坊在寒溪河（现在则为贯穿村落的大马路）的两岸,呈向心状分布,整体上说村落的中间部分低而周边的部分高,各坊的后面则为各自相对来说的最高处即各个坊所靠的山。而在构成这五大坊的各种因素之中,起支配作用的是血缘。现在的温塘有余姓人家500余户,传统上全部分布在砖窑坊的大元村而不见于他处。① 而陈姓人家和袁姓人家,尤其典型地体现出这一制约。

如前文所述,在温塘村形成之初或者之前,陈姓人家可能已经落籍。且在历史上的很长时期内,陈姓也是温塘数一数二的香火鼎盛的大姓。（见图3-44）只是由于后来的迁徙等许多原因,现在的温塘只有200余陈姓人。据调查,陈姓人家自一开始就以经商为主,因此聚居在温塘东北部即今砖窑坊东侧的砖窑岗下。该处虽然远离后来的村落中心,但与寒溪河毗邻,聚居地的旁边就是温塘历史上极为重要的埠头,也就是后来所谓的陈屋埠头。老人们说,直到中华人民共和国成立之前,陈屋埠头仍然是温塘最主要的装卸货物的码头,也是村民出温塘去东莞、广州等地最主要的水道。在以水为路的历史时期,这一居住态势十分有利于陈姓人家经商和发展,这应当是陈姓人家选择此地聚居的最大理由。

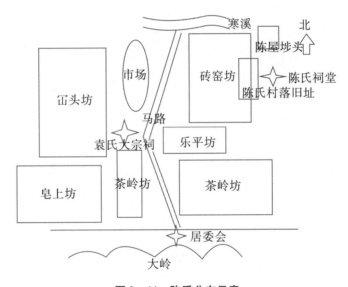

图3-44 陈氏分布示意

温塘现有24姓而以相对后来的袁姓人家为主,其占如今温塘总人口的近80%即有约8500人。这些袁姓人家分别居住在五大坊中,即不同的房支居住范围也不同。老人们至今还能清楚地说出某个袁姓人现在虽然住在××坊,但本来是居住于××坊的。据传,袁氏宗族的始祖移居温塘之后,其诸子各居一坊而开枝散叶,分别成为了温塘各大坊的祖先,如阆川祖是茶岭坊袁姓人家的祖先。这种"开枝散叶",成为了后世所见的

---

① 乐平坊集聚了不同姓氏的商人,与传统上的其他四坊形成的原因不同。此处暂且不计。

温塘村落空间布局的雏形。此后同一"伯公"的村民聚居一处,① 形成了各自较为独立的生活单元,这对目前温塘的村落形态产生了非常大的影响,如今的村落布局依然清晰地展现了这一依照血缘而居住的特点。各坊内同一"伯公"的人聚居在一起,村民表示这是村民在建筑房屋时有意识选择的结果,这样有利于内部的团结和抵御外敌。

(二) 村落空间结构:冚头坊

冚头坊和砖窑坊较为完整地保留了传统的民居空间结构形态,而其下辖的冚上村与冚下村更展示出了修建初期的两种不同的空间结构模式,既有典型性又有特殊性,故我们以之为例进行简要的描述和分析。

冚头坊位于皂角山的西侧,在温塘的各个坊中来说,其地理位置根本说不上是优越。(见图 3-45) 村民认为,这种选址是因为该处虽然也很早就围了一处聚落甚至一个坊,但相比起其他除乐平坊之外的几个坊来说则最为后出,实际上可能是某些人因为他处无法容身,不得已而只好开辟此处以栖身,所以没有能够占地利之便。其下辖的三个主要村落即祠下村、冚上村和冚下村,整体上都是面对西方和北方,这种朝向其实非常不利于村民的日常生活。在整个珠江三角洲来说,这种村落选址方式都不是常态。

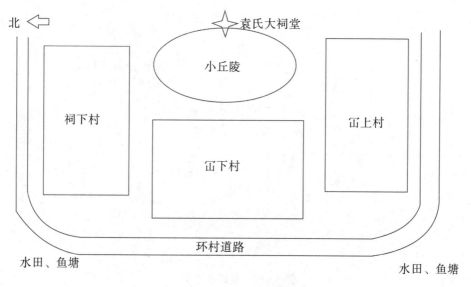

图 3-45 冚头坊位置示意

但就整个坊及其内部的各个村落的内部空间结构来说,冚头坊与其他各处村落的设置几乎并无二致。例如,其下辖的每个具体的村落同样都是采用梳式布局;整体上同样由若干条里巷构成整齐而又封闭的村落空间(但里巷的走向等具体设置情况则可能有较大的不同,详参考后文);所有的民居规则地分成不同的排或者列,沿各自所在的里、

---

① 伯公意为祖先、祖宗。温塘村民在自家堂屋神龛处以供奉五代以内的伯公即祖先为常,但也有不少人家只供奉三代以内的直系祖先。

巷而有序地分布；在每条里或者巷内或者一个居民单位内通常设有一口水井，其周边的多户人家共用这口水井，这处水井同时也是这些村民的"公共社交场所"；在各村的村口，通例有一棵或者几棵古老或者相对古老的大榕树，树下则是村民尤其是男性村民传统的社交、休闲场所；每一个村落的水塘和水田都分布在该村的周边；捡金得来的骸骨装入金塔中分房支放置在该坊所倚靠的丘陵上，该处就是这一整个坊的坟地；冚下村村口的大榕树下则有康王庙，冚头坊村民所有的愿望几乎都可以由这一位神明满足。

在具体的布局方面，冚头坊的各村又略不同，冚上村和冚下村堪为代表。

冚上村的东部为背底岭，传统上就是用于栽种果树以及摆放先人二次葬后的金塔。北面仅隔一条较为狭窄的巷子与冚下村相望，西侧和南侧的边界现在均为较为宽阔的环村道路，其外即是农田或者水塘。老人们回忆，这两侧在以前也是一条环村路，只是当时的道路是简陋、窄小的泥路而已，主要是由于村民外出耕种以及往来而自然形成的。村内有两口水井，另有约在 20 世纪 80 年代修建的两口压水井。整体上说村落坐东朝西、依山而建，村内的地势逐渐下降，民居也相应地呈阶梯状分布，巷头与巷尾平均约有 3 米的高度差。旧时村落的顶端当为上图中标注的断崖处，现在仍然残留有青砖质地的断墙，墙内的里巷地面比其外即其上紧邻的山坡地约低 1.5 米。至于这处墙壁的来历以及历史等似乎已经无人清楚，老人们普遍认为是以前的围墙。

冚上村有三座门楼，其中一座为与冚下村界巷的门楼（即图 3-46 中标示为 3 的门楼）。但是，与一般的村落结构不同的是，另外两座门楼内并不是通常所见的充当村落肌理的贯通村落各处的里巷。冚上村其实没有任何一条深入村落内部由头至尾连接起各处民居或者生活单元的纵巷，而只有位于分别家屋之间的几条横巷。这几条横巷把整座村落分割为若干个生活单元，同一个单元内的横巷又分别勾连起来，最终通达门楼起到联通内外的作用。图 3-47 中用①、②示例性地标注出了其中最为重要的两个生活单元（即粗黑框围起部分），一个生活单元包含数家至数十处家屋，家屋通例两两相对开大门，横巷依次经过每处家屋的大门前。横巷就是这样把单元内的这些家屋横巷彼此联通起来，使它们合起来成为一个基本的生活单元。不同的生活单元之间则相互完全封闭，生活在一个生活单元的人即使要进入隔壁的另一个生活单元，也只有先从横巷经门楼外出到今环村道路，才能够再辗转进入。

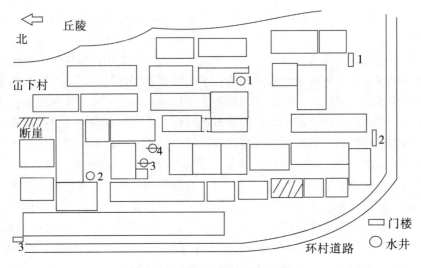

图3-46 峎上村空间结构示意1

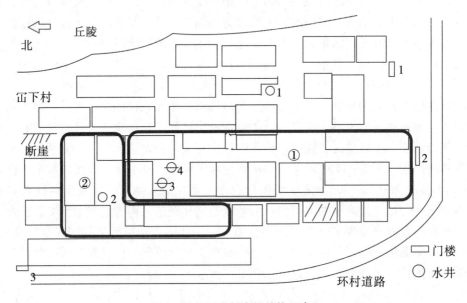

图3-47 峎上村空间结构示意2

如果要进出一个这样的生活单元的内部,必须逐一经过所在单元外部的各处家屋门前。据村民介绍,旧时居住于一个生活单元中的是同一个伯公的数户甚至数十户血缘关系相当亲近的人家。因此,这样的生活单元内的村民不仅彼此信赖、十分团结,而且由于只有一条进出的道路而有利于防御,十分适合在当时动荡的社会中守望相助。老人们说,如果有窃贼进入其中,只要关闭门楼,窃贼就被困死在横巷中而无法逃脱,村民便可集体将其抓获。需要时巷道与门楼相互配合,其形态有如"丁"字,故由此而来的防御设施被称为"丁字闸"。① （见图3－48）老人们回忆，那时候若是村民发现了有盗贼可能也会抓，但是，"抓贼的人必须要是胆大、讲义气的，一般的人那是不敢出面抓的"。民国时期岜下坊以及其他各坊都建有自己的队伍即乡勇、民团，用以保护本坊的农作物和住宅安全。这些乡勇和民团成员都是本坊或者本村的青壮年，大多都没有土地而游手好闲、惹是生非，因此村民对他们的评价普遍很差。但在预防贼人盗窃以及制止盗贼方面，确实还是起到了一定的作用。

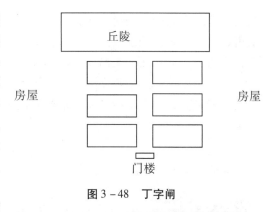

图3－48 丁字闸

在一些村民的门口、巷道口以及某些节点处，也可见到设置有类似的防御性设施。同样是因为其形似"丁"字，村民也普遍将之称为"丁字闸"，现在仍然可以见到某些遗迹（见图3－49）。根据实地考察可知，其建材主要为土砖、青砖及红砖，中面通常设有一处方形或者圆形的小孔，供对外射击来袭的贼人等之用。

岜下村同样也是靠山而建，整体上坐东朝西而呈南北向分布。其北侧原有大片池塘，如今大多已经成为环湖的一部分。其西北侧建有康王庙一座，该处历史上是"村头"即村口。其东部为背底岭，旧时主要用来栽种果树，盛放村民先人遗骸的金塔原来也是集中摆放于此。其西侧则有大量的水田和池塘，旧时这些是本村的人们赖以安身立

图3－49 门口形似水闸的挡板

命的根本。其南边就是岜上村，两村之间有一条较长的纵巷充当两村的界限，巷门口有一座门楼。

岜下村整体位于山坡上，巷头即最低处就是现在的环村道路，巷尾即最高处现在则是约莫两层楼高的围墙。围墙原为青砖筑就，现在大部分已经垮塌而只有部分残余。由这些残余来看，当时修建这处围墙是一项极为浩大的工程。老人们说，以前的温塘有些村落或者坊各自有围墙，但是，并没有一堵完整的围墙把温塘各村全部围起。因此，"你说温塘有围墙，对。你说温塘没有围墙，也对"。在整体上说，该村同样采用梳式

---

① 老人们说，温塘的砖窑坊下辖有丁一村、丁二村等，其名字即来源于此，由此可见这种防御性布局以及相应的设施的重要性。

布局，南北走向的一条道路犹如梳子的梳背，连通了整个村落。而东西方向的纵巷即为梳齿，共有 4 条，分别纵深延伸入村落至尾部。每一条纵巷的两侧各有 6 条横巷充当通道，民居成排分列在一条横巷的前侧或者后侧。因此，加上最外围的第一排，全村共有 7 排房屋。纵巷与横巷交错分割出一个个居住单元，图 3-50 中一个方框代表一个生活单元。据调查，每个生活单元内最初只供 3 户人家居住，但后来则出于各种原因而变得情况不一。

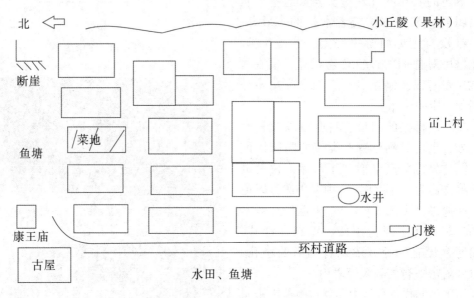

图 3-50　岇下村空间结构示意 1

但与岇上村完全不同，岇下村内部的空间结构与习见的村落几乎完全一致，即都是采用习见的里巷制规整民居，生活单元相对来说不是非常重要。

以保存较为完好的××巷子为例。（见图 3-51）这条贯穿村落上下（村民也称为前后）的纵巷的顶端，是残存的旧时修建的高大的围墙，故整条巷子的出入口始终只位于地处巷头的一处。巷头处修有通高约 3.5 米的门楼，门楼两侧主要借用民居的坚实墙壁，中间为大门（现已不存），大门其上有屋顶。旧时每到晚上就栓门上锁，从而封闭巷子以保障整条小巷内居民的安全。这条巷子全长不足 100 米，巷头与巷尾由于山势的缘故而有 2 米左右的高度差。巷子有一定的弯曲度，可能是当初适应自然山势的结果，但更可能是有意追求的结果，因为适当的弯曲度才可以更好地达到调解小微气候的效果。纵巷的两侧有多条较短的横巷，横巷的前后为成排的民居。每一排只有民居的墙壁普遍采用双层砖，既更加安全又起到了更好的安全、隔热以及隔音的作用。现在巷子内共有一口旧水井以及两口后出的压水井。水井位于第一条小巷子，以前没有压水井的时候，整条巷子的人都使用这口水井。现在整条巷子仅有 2 户人家居住，都是独居的老人家，他们的孩子都早已经搬去新社区居住。

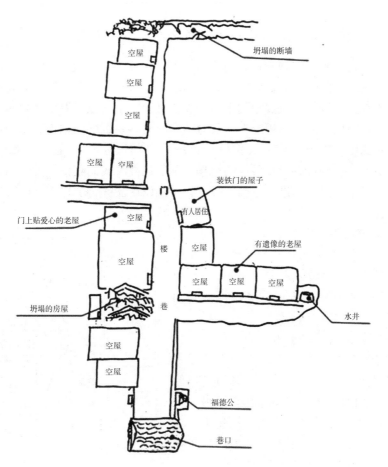

图 3-51　山下村空间结构示意 2

访谈资料：

如今巷子里的这些房子，许多都是闲置或者已经彻底废弃的。如果有人居住的，居住者几乎都是外来的打工者。居住在巷头处的民居内的，是一对来温塘打工的湖南籍中年夫妇。在整个温塘，外来的人口早已多于本地人口，但外来人口不会完全遵从温塘的传统习俗如既不会拜土地神也不会祭祀袁氏大宗祠，因为"那些都是他们本地人的，跟我们没有一点关系"。

仍然留居巷子里的屈指可数的本地人都是 80 岁左右的老人家，以女性为主，他们还是非常重视本地的传统的。例如，每逢初一、十五，老太太们都会一大早就去袁氏大宗祠祭拜祖宗，当然也会祭拜本巷巷头处的门楼内的土地（即图 3-51 中的福德公）。我们通过访谈得知，仍然留居此处的一位老太太，甚至每天早上都会去巷头门楼里的土地神面前插 3 根香祭拜，据说几十年间从来没有断过。

(三) 特殊的村落空间结构：乐平市场与中和圩[①]

过去的温塘村人有一句颇为自豪的话语，即"天上有王，地上温塘"，由此不难看出当时温塘的发达兴旺。老人们说，旧时周遭的几个村子中，温塘的商业贸易是最为繁荣的，其原因在于一方面当时温塘的人口最多，另一方面则在于温塘有当时远近闻名的市场。据调查，历史上的温塘曾经在一段时间内同时存在过两处相当著名的市场，一为乐平市场，一为中和市场（字面又作中禾市场）。但时至今日，这两个市场均面目全非，中和圩更是早已经难以寻觅曾经的繁华。本次调查时我们获得了关于两者的一部分相关资料，但还不足以对其进行全面的描述，希望以后能够再加以丰富以得出更加全面的图景。

1. 乐平坊与乐平市场

本次访谈时发现，温塘多个村落的老年村民至今都经常说，"温塘自古便有乐平坊"。但在实际上，乐平坊在中华人民共和国成立初期已经不存在了。

乐平坊原本的地境位于乐平山的边上，从整体上说这个坊同样是依山而建。（见图3-52）在现在已经不能够确知的某个时间（可能是清初），人们在此处或摆摊或设店而开展各种商贸活动，最终形成了乐平市场。历史上，这个市场长期是一个重要的中心商品市集，集中反映了温塘的经济发达和商业繁盛程度。

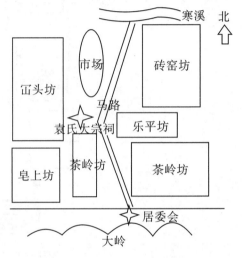

图3-52 乐平坊位置示意

访谈资料：

这个乐平市场，其实就是现在的温塘市场，到现在都已经差不多有40年了。这个温塘市场跟万福园，原来都是村里养鱼的大鱼塘，都有好几十亩大的水面。后来才逐一填平，变成了平地的。

乐平市场其实就在温塘五个坊的最中间的位置。就是这个缘故，那里才慢慢地成为了市场。听老人家说，最初的时候，那里只有两三家卖鱼的档口。那条村子不是叫乐平吗，所以那里就叫乐平市场了。不过，当时温塘村民的生活水平普遍比较低，很多人家连吃饱饭都做不到，所以这几家的生意也都很差。好像是到了中华人民共和国成立前后吧，这个市场才一天天地兴旺起来了。不过，那时还是在马路边上摆卖的。

老人们说，在主要以市场为中心而形成一定的规模之后，就每日开放买卖而渐渐与温塘其他部分的居民区隔开，最终使此地成为一个专门的商业区，成为单独的一个坊也就是乐平坊。（见图3-53）这也就是说，乐平市场与乐平坊也可以认为合一了。

[①] 本部分除了使用我们自己三次调查期间所得的各种实地考察资料、访谈资料、拍摄的图片和其他资料外，还主要参考、使用了《温溪水，塘边人家——探寻东城温塘老墟旧迹（二）》（http://www.360doc.com/content/12/0309/13/7804454_192992922.shtml.）的部分图片和资料，谨此声明并致谢。

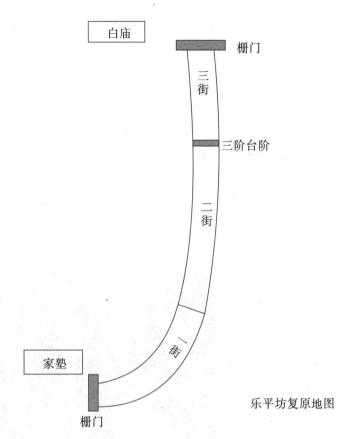

图3-53　乐平坊的空间结构

中华人民共和国成立后不久，乐平坊就已经不存在了，其原本的地境上虽然现在仍然颇有商业气息，但早已经不复昔日的繁盛之景。而在上几代人日常生活尤其是商贸生活中，它曾经占有极为重要的位置。许多位老人都回忆，在中华人民共和国成立前夕的乐平坊，坐地经商的商人加上其家人合计有1000多人。对于一个村落而言，这确实是很大的数字。而在乐平坊的头和尾，各有一道栅门以确保安全以及方便内部管理。"现今万福园对面的卫生所那里为头，从这里一直走下去，到白庙处的粮站那里，那就是尾。"乐平坊的四周有围子封住，而头尾的栅门之间，以打磨过的麻石板铺出一条道路。这条路也就是市场的主体所在，当时共计细分为三段，人们由头至尾分别称之为"一街""二街"和"三街"。而在"一街里面，还有个转弯的地方，就是这条街不是笔直的。二街和三街就比较直，二街有三级台阶跟三街相接"。除了本村人每日来买菜之外，就连临近镇子的人也会来采购各种物品。

旧时的乐平坊大体上位于温塘的中心位置，而在乐平市场里做生意的主要是袁姓的本地人。① 他们在其内开设有固定的售卖百货的多家商铺，据回忆有三四间杂货铺卖柴米油盐；市场的东西两端各有一间布铺，周围的村民来此"扯布做衣服"。此外，坊内还有四间剃头铺和两间茶楼即酒楼，生意很是红火。老人们说，乐平市场内还有一间当铺，可以满足人们的不时之需。温塘很早就有陶瓷业，市场内也有三四间陶瓷厂，但当时全部依靠手工进行生产。最为奇怪的是其中还有一座祠堂，与整个市场的氛围似乎颇有差异。这个市场内，每天都有各种买卖，而每到逢墟即赶集时尤为生意兴隆、气氛热闹。在其面积颇大的露天的临时性的市场中，每天清早都有人来临时摆摊贩卖。不少老人还记得。当时连"坊内的道路两边，也有人摆上摊位叫卖"。其中，售卖鱼、肉、蔬菜的都是半固定的摊位，"每天都有不少盈利"。

中华人民共和国成立之后，新的政府开设温塘供销合作社等，乐平坊原有的一切固定的商业设施都变为国营或者集体所有，其民众也被就近并入其他几个坊而分散安置。这处市场几乎就此繁华散尽，至今也没有恢复往昔荣光的迹象。

2. 中和圩

中和圩以前也是温塘的一个市场，规模比乐平坊稍小，位置在旧时温塘村的边缘地带。人们都公认，虽然中和圩其实主要就是一条不长也不宽的街道，但自清代至民国时期，它一直是一处热闹非凡的"圩场"。现在的中和圩地境早已经面目全非，连名字也变成了"中禾街"。（见图3-54）

图3-54 现在的中和圩（局部）②

人们传说，"中和"一名来源于"位于附近几个村子中间"与"和气生财"（详参考本书第十一章）。中和圩距离乐平坊的直线距离约有700米，应该是在清代中叶前后才逐步兴起的，结束于抗日战争时期。许多老人都认为，该处靠近白庙，周围原本没有多少建筑而比较空旷，有足够的空间作为市场。也有很多老人说，那里实际上可以看成是一块近水的空地，"边上就是海"即面积非常广大的水体，也可以说"一面是地、一面是海"。应该说，这个市场的兴起与这两个因素有着直接的关系。例如，它直面"大海"即广大的水体，这就给买卖双方都带来了极大的便利。老人们回忆："那个圩设在温塘的边上，在白庙那里。当时都是水路运输的，货物可以用船一直运到中和圩的边上。好比以前买建筑用的杉木，当时就是编成杉排，从（上游的龙川等地经）水路浮下来，一直到这个市场的边上。买的时候，可以直接从水路拖走，所以买卖两方都非常方便。以前，中和圩边、白庙前就是大海，一直到对面的茶山的卢屋、大岭厦、两头塘、横坑，那时候都是一片大海。

---

① 访谈时也有老人说，集中到乐平坊的主要是"没有田地的本地人和从中和圩搬来的外地人"，但同样认为主要是袁姓人。

② 图片来源：《温溪水，塘边人家——探寻东城温塘老墟旧迹（二）》（http：//www.360doc.com/content/12/0309/13/7804454_192992922.shtml）。

一到大潮，那就是海浪滔天。当时水路很方便，所以四周的乡村，就算是很远的，也都来中和圩投圩做生意。"

我们实地测量后发现，中和圩只有一条窄长的中禾街，只有约 300 米长。在当时，它随地势弯曲由北往南也分成了三段。相应地，人们由北往南分别命名为中禾上街、中禾中街和中禾下街。但也有老人说，当时是分成一街、二街和三街的。上街即一街始于著名的绍贤家塾的当铺附近，① 白庙附近则为下街即三街，二者中间则为二街。中禾街的尽头有一处十字路口，路的对面就是圩亭。有老人说，当时中和圩其实分为商铺区和圩亭两大块，两块的设置非常合理。商铺区里主要是各种店铺，出售的都是日用百货如油盐酱醋，也有裁缝熨染、竹织、打铁、中医与中药、打金银首饰等服务项目。（见图 3-55）袁姓老人记得，在中和圩的店铺里经商的人家来自四面八方，最多的时候有 20 多个姓氏。直到现在，该处仍然留有 16 个姓氏的后人，这 16 个姓氏是袁、李、谢、钟、罗、卢、叶、杨、梁、祁、翟、何、王、骆、庄和陈。当时这些人家似乎各有所长，每个姓氏的人专注于某一两项生意。如他还清楚地记得，他小时候这个街道中当医生的人家姓王，李姓人家是打铁的，而姓陈的人家则从事竹织。"那时候，中和圩里数打铁铺最旺。那个李师傅是从企石镇那边来的，打铁技艺非常好。温塘附近的四乡人，要是犁、刀那些铁器坏了，都拿来请李师傅打。"不少老人都说，每逢圩日这处打铁铺里外都围满了人，"就像是聚会一样。那家铺头，生意确实很好"。

图 3-55 中和圩曾经的药房②

而圩亭则是类似于现在的市场，袁姓老人回忆，由于街道分为三段，因此整个圩市也相应地分为了三栏即三段市场。每到赶圩日，"四乡的"即周围村落的人们从四面八方赶来在圩亭从事各种交易，那时候"各种农产品、生鸟禽畜，什么都有的卖，卖布的、卖猪苗的、卖牛的，都有。建材甚至寿材，那也都是有得卖的。就是说，你日常生活需要的，那里都有卖的，好的、坏的都有，真是五花八门。那时每逢圩日人声鼎沸，不过现在成了一座荒废的轮窑了"。据回忆，以前这个市场实行"三日一当圩"即每三天赶集一次的制度，二、五、八或者带有二、五、八的日子开市。民国初期，该圩市聚集了大约有 11 个姓氏的商人在此做生意，但主要都是外地人，这与乐平市场的情况有一定程度的不

---

① 这处当铺名"广生当铺"，老人们说占地面积在一亩以上，与绍贤家塾同属于温塘名人袁显庭所有。村民传说，袁显庭起初是在顺德的陈村发家的，那时他在陈村开设一处谷行，生意大到甚至可以左右着陈村的粮食价格。发家后，袁显庭回家乡建了绍贤家塾和当铺。这处当铺除门店、库房、岗哨之外，还有 2 个园林、油榨等，"当铺里面，油榨都有好几条"。转引自《日寇铁蹄踏破繁华》（http：//blog.sina.com.cn/s/blog_411f848f0100z6jz.html）。

② 图片来源：http：//blog.sina.com.cn/s/blog_ 4903e9ef0102wj28.html。

同。不过,许多前来经商的人在此定居下来,后来就成为了温塘人。当时以交易村民自产的各种农副产品为主,每逢圩日时,温塘以及其周围村子的村民普遍到此处出售或者购买各种物品。不少老人还记得,这个圩市涉及的范围比乐平市场的更加广泛,打铁、打石、染布、木工、理发、裁缝、建筑等行业都有,民国时期甚至还出现了医院。温塘以及周边20多个村落的村民,经常到这个乡间集市"投圩"即赶集。据说该处织布的人数较多,温塘女性有在农忙之余织布的传统,也有些女性平日在家织布,到了圩市时拿到圩上摆卖。圩内开设有一处当铺,故址位于今温塘幼儿园与绍贤家塾附近。这处当铺使用了钢筋、水泥,建设得相当坚固,中华人民共和国成立后,人们费了很大的力气才彻底拆除。

  过去的温塘始终动荡不安,经常有盗贼、土匪"扒围打劫",因此,市场的人们也格外小心防备。如中禾街的几个转弯的地方即中禾上街、中街和下街的弯位,过去分别设有一处圩门,"门是立樾子的"即采用的是趟樾门,这种门可以很好地防御外人。巡丁晚上巡更时负责把樾子立好、锁上,到了天亮时又把樾子打开。但是,中和圩似乎始终没有"商会"一类属于自己的专门的管理机构,这类保安的事情具体如何操作我们还没有确知。① 但市场确实有某种安保措施,如中和圩就出面由商人雇用或者自发地组织了巡更。但不论如何,这处圩市还是治理得较为有序。例如,圩市内如果出现了某种纠纷,还是都能够通过某些渠道得到较为妥善的处理。原来的一街中一处房屋临街一面相当于二楼的较高处,现在幸存有一块民国时期所立的石碑,其上的文字为(参见本章附录):"兹因骆桃之屋越过秉钧堂当铺墙界数寸,本堂众会友集会公议,并由乡公所调解,补回公馀费银二千五百元,作为了事。自后此墙两家通用,勒碑为记。中华民国三十三年农历四月初八日。秉钧堂、骆桃仝立。"

  不知某种原因,这块极有意义的碑刻极为侥幸地保存了下来,上面的字迹至今清晰可见。② 由于该街道的居民变动过大,现在的村民似乎已经无人知晓到底发生了什么事情。而如果仅仅根据这通碑刻来看,是一位村民或者商户占用了一处当铺即秉钧堂的少许土地筑墙。双方沟通后,在村公所的调解下该村民赔偿对方银两,并立碑明示许可此墙由双方共用,事件得以圆满地解决。这块碑文扎实地说明,当时的市场确实得到了有效的控制与管理。

  不过,温塘及其周围历史上多有土匪,这些土匪又普遍拥有枪支,他们时不时打劫这个圩市。中和圩的商人普遍不敢与之公然对峙,财产和生意不免大受影响。到了民国初期,这个圩市就因为遭受一场土匪抢劫的大劫难而变得有些衰落。当时还有许多地痞、流氓之类,也经常骚扰市场。如流传较广的一种说法是,那时有一帮"温塘的烂人",由于眼红中和圩商人赚大钱而大肆劫掠,据说还带走了许多生产工具。"由于那时中华人民共和国还没成立,没有法律,那些不务正业的人,比如好吃懒做的、吃鸦片烟的烂仔那些人,就三个一群、四个一党,在中和圩打劫。连在街上见到一只鸡,那都

---

 ① 如有老人说,当时是由这个市场出面申请,经过乡公所、保甲等政府组织具体操办安保事宜的。但也有老人说,清末和民国时期,其实不是由这个市场组织安保的,而是由温塘乡政府出面安排的。

 ② 图片来源:http://www.360doc.com/content/12/0309/13/7804454_192992922.shtml。

要捉走。有时候，甚至还会搞出人命来。由于中和圩是百家累姓，他们又不是本地人，不团结，所以没法对付这些烂人。有一段时间，一到晚上六点多钟，大家就都关上铺门大吉，怕这些人来惹麻烦。"土匪及其劫掠使得中和圩大受打击，但这个市场仍然得以顽强地维持。

抗日战争期间日本人到来后，中和圩的生意顿时变得更加难以维系，生意几乎一落千丈。不少手工业者陷于失业，① 有些人被迫迁往乐平坊，联合起来建立了陶瓷厂，生产煲、盆、缸、塔等较为粗糙的产品。中华人民共和国成立后，这处陶瓷厂收归国有（详参考本书第三章）。至于其余的行业，则自此随着圩市日益暗淡而逐渐消失。现在已经年近90岁的袁姓老人愤愤地回忆，日本军队占据中和街时，他年纪还很小，只记得"当时整条街上住满了日本兵，就是圩日也没有人敢来投圩的。商人都开始逃难了，走得五零星散，中和圩就此散了。到现在都70年了，只有温塘中和圩这个名字，早就没有这个圩市，更没有投圩了"。本次调查发现，时至今日，虽然温塘中年以上的人普遍知道有过中和圩，但他们通常也只是知道其名字而已，已经很少有人知道其往昔的盛景。

如今的中和圩根本不像市场，新的名字也是街，即中禾街。即使是时至用地极为紧张的今日，整条街道依旧显得颇为荒凉，街道两边几乎只有一排家屋，家屋的后面就是荒山坡或者荒芜的田地。曾经极为富丽堂皇的袁大司马公祠，现在也仅可见零星的残垣断壁。现在整条街道中，由头至尾只有几间商铺式样的青砖或者红砖质地的建筑，据说是民国时期幸存下来的，后来成为了普通的民居，现在早已经废弃了。老人们回忆，民国时街道两边的房屋，都是"按照商铺的样式一间间建成的"。老人们说，日本人入据使得这个圩市基本荒废，而此后的两次大洪水彻底改变了其面貌。1957年夏天，粤东地区爆发罕见的大洪灾，自河源、梅州以下多地都成了一片汪洋，中和圩的商铺被大水淹而倒塌过半。祸不单行的是，人们还没有从这次洪灾中恢复过来，1959年又发生了一次更大的洪灾。老人们回忆，经过两次灾难，整条中和圩中只有街头高地上的几间房屋侥幸残存下来，"一间原是寿方铺，一间是理发店"。灾后大部分人家搬走了，剩余的少数人家重建家屋时完全依照普通的民居式样建设，中和圩至此彻底改变了模样。

历史上的中和圩似乎不仅仅是一处乡村市场，还有其他方面的作用。

如据调查，旧时的温塘村同样很早就有一处义祠，但具体出现的年月已经不详。这处义祠位于白庙的边上，虽然所在的地界属于茶岭坊，但却是由中和圩的一种组织即"十二行商会"出资建立的。有几位老人都说，当时就是茶岭坊与中和圩的这些商人商量，一方出地、一方出钱而共同建设。"那时候的商人，其实很懂回报社会的。你说他是跟地方搞好关系也行，但是对地方确实有好处。"这处义祠名为齐仙堂，主要负责照顾温塘村内孤苦无依而又寿命将尽的老人，并负责在其故后将其安葬等一应事宜，所需要的各种费用则由中和圩的商人捐献。到了民国初年，这处义祠才出于某些缘故逐渐消失。

又如，中和圩的尾部位于白庙附近，而旧时温塘年度最为盛大的村落集体性的活动

---

① 有老人说，当时有很多商人逃去了相对安全的东莞寮步镇的龙洲圩继续谋生。

即游会,① 就是从白庙出发而又最后终于白庙的。"民国的时候,我们这里是叫作温塘乡的,下边分成四个大的坊,就是冚头坊、茶岭坊、乐平坊和牛压曲坊(即今天的皂上坊)。一个坊轮流负责举办一年(游会以及演出),要四年才能够轮流一遍。"以前每年的游会结束之后,都要在白庙前"连做三个晚上的大戏(意为一连三晚演出粤剧)",主要目的是娱神、娱人。老人们回忆,民国时期每到这时都会有人承包这种演出,他还会专门设立较为简易的,但是封闭的剧场。"剧场用竹子搭的栅栏围住四周,要买票进去才能看到做戏。用葵叶当盖遮太阳,里面不会晒。里面设有一排排的座位。来看戏的,男女老少应有尽有,都是穿红穿绿、戴着金银首饰。"旧时每次举办游会和演出粤剧都要一笔费用,据调查都是"各坊的那些有钱人捐助的",而中和圩的商人不但每年都踊跃捐助,还会暂时让出部分街道、交易场地以便举办游会、做大戏等。

本章主要参考文献:
[1] 冯尔康. 中国古代的宗族与祠堂 [M]. 北京:商务印书馆,1996.
[2] 林志森. 基于社区结构的传统聚落形态研究 [D]. 天津:天津大学,2009.
[3] 彭一刚. 传统村镇聚落景观分析 [M]. 北京:中国建筑工业出版社,1994.
[4] 施坚雅. 中华帝国晚期的城市 [M]. 叶光庭,等,译. 北京:中华书局,2000.
[5] 王飒. 中国传统聚落空间层次结构解析 [M]. 天津:天津大学,2012.
[6] [英] 约翰斯顿. 地理学与地理学家 [M]. 唐晓峰,等,译. 北京:商务印书馆,1999.
[7] 张楠. 作为社会结构表征的中国传统聚落形态研究 [D]. 天津:天津大学,2010.
[8] 张玉坤. 聚落住宅:居住空间论 [D]. 天津:天津大学,1996.

---

① 现在已经改为每3年举办一次,上一次的花费在300万元以上,主要由各级政府负责筹集。

本 章 附 录

中和圩幸存的碑刻如图3-56所示。

图3-56 中和圩幸存的碑刻

第四章 传统婚姻习俗

先秦古籍《礼记》中有一句后世经常引用的名言,即"婚礼者,将合二姓之好,上以事宗庙,而下以继后世也"。这句话极其简明地道出了婚姻的一般社会意义与功能。但是,特定的婚姻又是特定地区的社会、文化、经济等诸多因素综合影响的产物,是特定地区社会、文化、经济等诸多因素的一种反映形式。因此,对婚姻进行描述与研究可以帮助我们认识地方社会。

东城的居民分为广府人和客家人两大群体,他们的传统婚姻习俗有相当大的一致性,但又各具一定的自己民系的特色。限于笔者的能力,本章主要以东城的广府人为对象,从婚姻观念、通婚范围、婚礼仪式等几个方面展示其传统文化。①

第一节 传统婚姻观念

不同时代理解的通婚观念的内涵其实不一,根据调查所得,本节描述并讨论传统的东城人的结婚年龄、择偶方式等两个要素,这两个要素极为典型地反映出了东城传统社会的某些极为本质的方面。东城人的婚姻延续到今天还将继续延续下去,现在遵循的大体上是新旧结合的观念。

一、结婚年龄

东城的许多老人都回忆说,以前男孩子到了 16 岁、女孩子到了 14 岁,就被认为是成人了。当时也没有什么成人礼,但此后他们即符合社会年龄规范,可以进行婚配。对于父母来说,为儿子娶媳妇或者把女儿嫁出去才算是尽到了做父母的义务,也是完成了家庭的一件大事。这种基本的观念古今一致,时至今日,老人们几乎仍然都是这样认为。但当时的人们还认为,为儿子或者女儿早日成家也有利于子女们早日安定下来并更好地发展自己的小家,如他们早结婚不仅会早得益,还能够使他们更好地养育自己的孩子。通过我们的调查可知,这种观念在旧时确实相当流行,这与当时恶劣的社会环境密切相关。如访谈时我们惊奇地发现,很多现在年龄在 70 岁以上的老人的父母,一方甚

---

① 东城的客家人的婚姻习俗与广府人有相当大的一致性,但又具有自己的族群特色。本章的附录部分,介绍了某些相关的习俗。

至双方由于贫困、疾病等而在年龄甚轻的时候即去世，导致他们的早年生活更为艰辛。有位86岁高龄的老人说，中华人民共和国成立前一般人"也就是活到四五十岁。一整条村子里呢，都不知道有没有一个80岁的。所以你得早结婚，还得早生子。不然你死了，你的孩子还很小"。访谈时几位老人都表达过类似的意思，担忧身后无人照料子女长大成人也是旧时促使人们早婚配的一个主要原因。

我们调查发现，在传统婚姻观念的影响下，旧时东城人普遍年纪比较小就结婚，女性更是流行早婚。传统上东城男子的结婚年龄普遍比女子大，大多数都是到了20岁出头才结婚。其主要原因之一在于，人们觉得男孩子长成慢，即比同龄的女孩子懂事晚，而婚后男子又是一家之主，因此男子必须稍微大一点，即遇事能够自己拿主意时才可以结婚，如此才可以保证婚后其家庭的顺利发展。但是，我们通过访谈发现，现在年龄在80岁上下的男性老人中，有一部分是到了30岁左右才结婚的。他们都承认自己是属于例外的情形，各有各的原因到很迟才结婚。而最为普遍的原因则是，虽然他们的父母同样也希望他们早结婚，但因为家中实在贫穷导致"说不上媒"，即无人愿嫁或者娶不起，他们才被迫一再推迟结婚。我们在东莞各处的调查都发现，以前男子如果不能够在惯常的年龄结婚，几乎都是由于家里极为贫困无法娶到媳妇。由此看来，虽然老人们经常说"那时的人没有这么贪财"，但经济因素在当时的婚姻中同样占有极为重要的地位，是当时的人们的婚姻观念中一个极为重要的基础准则。

儿子在比较成熟的年龄结婚并迅即通过分家而出去独立生活，人们至今普遍认为是好事。这样不仅事实上减轻了父母的负担，也有利于儿子更有责任感而能够更好地开始新的小家庭周期。旧时东城女孩子的初婚年龄普遍比男子的要小，却有着另外的理由。周屋的一位80多岁的婆婆回忆：

访谈资料：

那时候的女孩子，都是嫁得比较早的。我们村里面，不少女孩才14、15岁，就结婚了。女孩子要是到了18、19岁，就怎么也必须结婚了。

我们那时候啊，一个女孩要是到了21、22岁，还没有嫁出去，就一定会被人叫作"老姑婆"了。有的女孩因为什么原因，到了22、23岁才嫁人。那这个时候别人就一定会说，那个新郎"娶了个妈回家"。意思就是说呢，这个新娘实在是太老了。这种话，我都亲耳听到过的。

许多人都承认，这个年纪的女儿刚到了能够为家庭做出实质性贡献的时候，日常生活与生产中她们都可以成为父母最大的帮手。但是，她们却要离开家庭而另组自己的家庭了，因此当地也一直有"女儿是赔钱货"之类的说法。至于女孩子为什么要在年龄比较小，还不能够回报家庭的时候就要嫁出去，我们访谈男、女老人时得到的一般意见都是，"那个时候风俗就是这样的""晚了就嫁不掉了""女孩大了家里没有地方给她住"之类的。应该说，同样的意见也普遍见于珠江三角洲各地，可能确实是旧时女子早嫁的根本原因。

但在访谈时有几位老人都暗示，其实最根本的原因可能在于"女孩子懂事早"。似乎是说因为女孩子性成熟早，所以必须尽快嫁出去以免她们"心大了"即有了性意识，而意外地发生什么"丢人的事",即通奸甚至未婚先孕之类的。在传统的东城乡村社会中,某家的女儿如果出现了这种丑事,足以使得该家自此难以在村落中抬不起头来,甚至被迫远走他乡以躲避各种难听的言语。老人们说,万一出了这种事情,当时通例是由家族出面,集体以"浸猪笼"的方式惩罚(详参考本书第五章),即把当事女子装入猪笼中,然后扔进水塘或者河流里活活淹死。当时的人们认为这样既使得犯事者得到了应有的惩罚,同时又给了其他人以血淋淋的警示免致触犯。我们访谈时发现老人们不论男女普遍熟知浸猪笼,但人们皆不愿对此多说,因此我们没有得到一个扎实可靠的、实际的案例,也不能够由此而证明"女孩子懂事早"导致了早婚。

但无论真实的原因是什么或者是哪些,旧时的女子必须早嫁。调查时许多老人都回忆说,即使是到了社会环境已经大为宽松的中华人民共和国成立初期,如果超过了一定的年纪还没有结婚的女子,依然会被同村的人普遍嘲笑,人们依然会说她们一些不好的话。老人们回忆,中华人民共和国成立初期,过了30岁还没有结婚的女子几乎等于嫁不出去了。该女子如果有父母等家人,这时候都会主动提出来不要聘礼或者多给嫁妆等"优惠条件",唯一的目的是能够顺利地将这个女儿"尽快送出去"。但一般来说,即使是在旧时,这类超出年龄却没有出嫁甚至终身不嫁的也始终为数极少,只是偶见的个案。而且她们通常都是各自家中的长女,几乎都是家庭的特殊原因而不是因为自身的缘故才如此。如我们调查时大井头村的某阿婆已经年近90岁高龄,在她还只有十几岁的时候父母就不幸相继去世。作为长女,她被迫承担起父母的责任辛苦拉扯4个弟妹长大。但等到帮助最小的弟弟成了家,这时她已经快40岁了嫁不出去,只好独自一人生活。

珠江三角洲各地普遍有等同于北方的"长兄比父""长姐比母"之类的说法,为了照顾弟妹成长而影响了自己,应该是这类说法出现的事实基础。我们多年在珠江三角洲从事调查,发现相当多的村落中都有类似的个案,如以广府人为主的麻涌镇、客家人为主的清溪镇以及水上人为主的沙田镇。但相对来说,代替父母的长兄几乎迟早仍然可以成家,但代替父母的长姐却经常被迫孤老终生。旧时的东城女性尤其是长姐,所要付出的确实更加多,因此着实令人敬佩。

二、择偶方式

我们的调查发现,东城传统的观念认为,婚姻是人生不可缺少的最重要的环节之一,但子女具体与谁婚配,则必须完全由父母做主,而与当事的男女双方几乎毫无关系。这种传统的观念源远流长,因此使得直到中华人民共和国成立后相当长的一段时间,东城的婚姻依然几乎全部都还是遵循传统的"父母之命,媒妁之言",依然几乎不能够遵从当事人自己的意愿。

老人们回忆,旧时父母为自己的子女找寻合适的婚姻对象有不同的方式,但最为基本的方式则有两种。一是某个媒人主动到某家里为其子或者女提亲,事成后媒人可以从中赚取一定的财物作为报酬。二是父母觉得自己的某个子或者女到了适婚年龄,特地拜请某个媒人或者合适的人选帮助物色合适的对象,事成后也会给予一定的报酬。旧时各村几乎都有职业性的中老年妇女充当媒人,而在这两种情况下,媒人通常都是本村或者邻村的,即事主家对其有足够的了解防止出现不实甚至欺诈。但无论是哪一种情况,一旦父母决定了适婚的对象,当事的男或者女通常只有服从而别无选择,这也就是村民所说的"无论自己中意不中意(意为喜欢不喜欢),自己的一生都要与这个以前没有见过面的人连在一起了"。访谈时发现,东城的老人们几乎都把这种婚姻称为"盲婚哑嫁",意思是双方事先都根本不知道自己结婚的对象是谁。

访谈资料:
(访谈对象:余爷爷)
问:那您那时候和奶奶结婚,是不是也是媒人介绍的啊?
答:是的。那时候都是盲婚哑嫁的,都是娶回来了,你才能看见的。
问:那媒人介绍之后,你们不会先见一面吗?
答:不能的。那时候,双方很少能够先见到面的,除非你想出个什么办法。一般都是到了结婚,才看见对方的。
问:那不是无论是好看、难看,自己都不知道吗?
答:那就是不知道啊。就只有请父母帮忙,就是帮你看!

对这种婚配模式,老人们的评价不一,但普遍认为它完全不尊重当事男女的意愿,因此总体上说"很不好"。我们的一位主要男性访谈对象已经70多岁了,他是在20世纪60年代中期结的婚。访谈时他回忆,他结婚的事情根本由不得自己做主,"那时候大家都是盲婚哑嫁的。所以那时候啊,结婚可没意思了。不过,那时候大家还都是只能遵从父母的意思,就这样结婚"。我们发现由于到了现在已经时隔多年,他已经没有多少愤愤不平,但无奈还是不自觉地溢于言表。有老人私下跟我们说,这位老人其实婚前早已有他自己喜欢的对象,但后来被迫遵从父母之命跟现在的妻子结了婚。他对于不能够与自己喜欢的人结婚总是耿耿于怀,导致婚后的夫妻关系一直不是非常和谐。

但也有部分老人认为,这种模式还是有不少好处的,而最大的好处就是"父母什么都替自己安排好了,自己省心。还安全(笑)。我们那时候盲婚哑嫁的,还不都是生儿育女,一心一意地过下来了?再说那时候啊,没听说过有谁闹离婚的。现在的自由恋爱好是好,就是离婚的太多了"。相当多的老人在指出这种择偶模式弊端的同时,也认为父母是过来人,对婚姻更有经验,更为注重对方的人品、是否贤淑、有无家庭责任感等也不无道理,值得现在的年轻人选择结婚对象时吸取经验。我们还意外地发现,有部分年轻人也肯定这种模式确实有一些好处,如"自由恋爱?好是好,坏处就是什么都自由了。不过呢,你自己找的,万一以后离婚了也怪不得别人。还是父母他们那时候好,结婚了就死了心,夫妻两个怎么都是一辈子"。应该说,当代婚姻的高度不确定性以及越来越高的离婚率,促使人们不再把传统的模式一棍子打死。在一些年轻人看来,旧时的门当户对其实就等于现在的"有共同的语言",因此,也不见得就是属于封建等级观念。

我们发现在这种传统的盲婚哑嫁的婚配模式中,当事男子的父母最主要考虑的是双方家庭各方面基本相当,尤其是当事女子是否能干、耐劳等,即注重的主要是女子的个人品格方面。有老人说过一句东城的谚语，即"一代好媳妇，三代好儿孙"，大概可以认为极为精炼地概括了当时的父母最为重要的择媳标准。而仔细分析现在的老年男性也就是当时盲婚哑嫁婚姻中年轻的男主角的言辞，发现他们心目中认为这种模式最让人诟病之处，其实是他们当时无从事先得知以后的妻子的长相如何，即他们注重的其实是个人的外在方面。访谈时的不尊重当事人的意愿云云，其实在某种程度上可以视为他们现在的思考或者一种托词。

我们相信两代人当时的这种差别很有意思，传统乡村中的婚姻确实有"合二姓之好，上以事宗庙，而下以继后世也"的基本功能，但可能不止于此，这为后世的婚姻观念变迁开了预先方便之门。

三、中华人民共和国成立后的婚姻观念

中华人民共和国成立后尤其是到了改革开放后，全新的社会形态尤其是村民的生计模式的改变，直接促成了人们一套新的婚姻观念。现行的这套观念有许多全新的要素，但同时也有传统的某种继承。

东城人这一方面最为直观的重大变化，首先体现为女子的初婚年龄大幅度推迟。访谈时我们无意中说起我们调查过的某地区现在还有很多女孩子十几岁就结了婚，这被村民普遍视为不可思议，视为该地落后、愚昧的一种证明或者表现。现在东城各处村落的女孩子大多都外出工作，她们自然可以自己选择对象、自己选择结婚年龄，但几乎都会征求家里的意见甚至同意。仍然在本地居住并在本地工作的相对少数的女孩子，一样可以完全自由地选择自己的结婚年龄。一般而言，村民认为现在到了法定年龄即可以结婚，我们在某些村落也确实发现有少数这样的个案，但理由则是与旧时完全不同。例如，火炼树村的某女子才 21 岁就结了婚，因为在她看来："早结婚就可以早把孩子生了，以后就可以专心工作了。现在有不少女孩子到了二十几岁才结婚，那你说你怎么办？要孩子还是要工作？"

我们发现在现在的东城各处村落中，女孩子最普遍多见的初婚年龄都是在 25 岁上下，这比起旧时已经晚了许多。事实上，村内也有极少数女子到了 30 岁上下仍然没有出嫁的。这时候其家人或者村里的老人可能"都替她们着急"，但普遍对她们并没有什么过分的非议，也普遍没有某种不好的猜测。访谈时老人们几乎毫无例外地认为，女孩子"始终还是要嫁人的"，这种观念显然有旧时认识的成分；但另一方面他们又认为，晚一些结婚是完全合理的，可以让她们更多地享受青春，还可以为她们多积攒点各方面的基础，这显然又融进了新时代的要素。多年担任温塘村妇联主任、退休后仍然闲不住现在某市场工作的一位年迈的妇女，接受访谈时抚今追昔很有感触：

访谈资料：
问：你年轻的时候，女孩子一般多大年纪结婚啊？
答：那个时候啊，22、23 岁结婚的都有。一般来说，大部分是在 23 岁到 27 岁之间吧，那时候政府鼓励晚婚嘛。到了现在，一般的女孩子都是拖到 25 岁才结婚。主要是怕结婚以后年龄大、生孩子难，不然，肯定大部分人还得拖后才结婚。

问：那28岁以后有没有还没结婚的呢？

答：我那个时候是很少有的。我们村里到了28岁以后还不结婚的，那时好像没有一个。现在就有好多了。我有一个本村的好姐妹，今年都50岁了，还没有结婚。她父母找过人给她做媒，她不肯，是她自己不想结婚的。

问：那如果过了一定的年纪还没有结婚，现在村里会不会有人说闲话啊？

答：现在没有这些闲话了。

我们的调查证实，现在当地的女子多在25岁上下结婚而不是到了更大年龄才结婚，主要原因却是考虑到再大了才出嫁可能导致生育不易，这与传统的考虑显然完全不同。但我们访谈年轻夫妇时发现，女子这个年纪结婚其实也有很多烦恼，而最为常见的是工作与孩子不能够兼顾。

但是，新的婚姻观念并不是完全排除所有旧的要素，而是有选择性地把二者适当地结合起来，这尤其典型地体现在择偶方面。现在各村都已经完全见不到旧时意义上的盲婚哑嫁，但有许多时候仍旧保留着媒人介绍这一环节。我们发现有些人其实已经相恋多年，而到了真正开始进入结婚程序时，经常还要请媒人介绍，这就是村民口中带有戏谑成分的说法即"走形式"。有些时候双方事先的确不认识，是完全由"媒人"介绍才得以成为恋人的。但与过去不同，村落中已经难以见到旧时意义上的职业性媒人，现在的"媒人"几乎都是亲友、同学、同事等临时充当的。而更重要的是，经由介绍才得以认识的男女双方，现在可以就此经常相约见面以充分了解、增进感情，过了一段时间后再决定是否继续相处以及是否最终走向婚姻。我们发现东城人对这种媒人介绍的方式并不怎么排斥，现在当事的男女双方通常也会依照传统听取父母的意见，但最终决定对方是否能够成为自己的婚姻对象的，多是双方自己的意愿而不是父母的意愿，这与以前由父母拿主意根本不同。2015年，我们在东莞市清溪镇调查时发现，该镇的某村有一个男青年与在镇上从事色情活动的某失足女相识并结婚，被淳朴的村民普遍讥讽为"真爱"。该男子的父母最终还是无可奈何，只能够气得多日闭门不出。我们在东城没有见到这样的极端个案，但发现父母们对子女的婚姻已经普遍持开放态度，认为只要子女自己喜欢就好，父母可以提建议但不应该横加干涉。也有些老人反映其实不是他们不想干涉，而是"说了子女也根本不听，都没用处。说多了，还弄得大家都不高兴。所以，你干脆就撒手不管吧，他自己喜欢就行。以后是祸是福，都是他自己的事，万一夫妻不和他也不能埋怨你"。

不过，现在的父母虽然通常不能够左右子女的婚姻，但在子女尤其是儿子的婚姻中仍然能够起重要的作用。依照东城的传统，父母必须为结婚的儿子提供一所住房，因此建新房历来都是父母的义务或者重担。实际上，以前有小部分男人年龄很大时仍然娶不上媳妇，最常见的原因就是家贫，其父母无力为其提供房子。即使是在"左倾"思潮盛行的20世纪六七十年代的集体生产时期，即最讲究所谓"新风尚"的时期，这个传统观念依然根深蒂固、固若金汤：

访谈资料：

问：那集体生产的时候，男子要结婚的话，女方会有什么条件啊？

答：那时候大家都是都种田嘛，因此大家都穷，一般也就没有多少条件了。

问：那结婚时，男方是不是要有自己的房子？

答：那肯定得有啊，再穷也是要有房子的。这是结婚的基础，因此不能算是一个条件。不过我结婚那时候，大家的房子都是很小的。一般的房子，都是50多平方米。那个时候最大的，也就70平方米吧。

问：那房子是男子的父母出钱盖的吗？

答：是的，那肯定是得他的父母出钱盖啦。不然的话，谁嫁他儿子啊。

到了现在，大多数东城的年轻人外出各地工作，日常在村里居住的很少，留在村里工作的更加少。到了结婚时，不少男子已经通过自己的努力具备了较好的经济能力，他们结婚用的新房多数位于莞城、镇上或者其他某处小区，只有一小部分依然是在村内。这些婚房之中，有的是全部由新人出资购买或者建造的，但大多数似乎还是由父母出资或者父母与儿子共同出资购买或者建造的。在许多老人看来，虽然儿子自己有能力了，但为儿子建新房实属天经地义，是为人父母的一项最为基本的义务，因此还是得出钱、出力甚至完全建造好之后交给儿子。这极为明显地展示出传统观念的力量。

第二节　通婚范围

所谓的通婚范围，指的是哪些人跟哪些人可以通婚或者不能够通婚。这种通婚的边界可能是由地理因素决定的，也可能是由某些社会因素决定的，还可能是由二者同时决定的。而就历史上的东城的情况来看，地理上的和社会上的因素共同影响了旧时东城人的通婚范围，但二者的作用及程度不同。

一、通婚的地理范围

旧时的东城人虽然确实有以经商或者航运为业的，但以在本村务农为主。在这种总体上以自给自足为核心的社会生活形态中，普通人的交往范围普遍极为有限，有较多联系的人通常都限于自己本村或者邻村。而在历史上，东城几乎所有村落都长期被各种水体所环绕，给人们的出行与相互交往造成了极大不便，这又进一步造成了人们所可能认识的人在地理上有极大的限制。应该说，这两个因素直接使得当时的人们的通婚范围相应地变得极为有限。

例如，访谈时有一位老年妇女回忆，20世纪50年代初期她嫁入村子的时候，当时入村的"路的两边全是大大小小的鱼塘。只要下一点雨，水就涨起来漫过了路，然后鱼塘和路就连在一起，根本分不清楚哪是路、哪是鱼塘了"。我们的调查发现，旧时水大的时候甚至连位于半山腰的民居的一楼都会被大水完全淹没。在这样的自然条件下，村民日常的生活圈子以及其所能够接触的人，基本上就局限在相邻几个村子之间。我们的调查发现，大体上直到20世纪80年代末为止，东城村民的通婚对象几乎始终限于一个相当小的圈子。访谈时许多老人其实都深知这一点，因此才经常说旧时妇女的娘家与婆家间的距离"就是一顿饭的工夫"。或许这种说法有点夸张，但的确具有极大的真实性。我们在调查时常常会发现，峡口的袁婆婆是从温塘嫁过去的，桑园的徐婆婆原是鳌峙塘人，温塘的徐婆婆则是从峡口嫁来的等。而这几处村落其实彼此都是近邻，人们甚至可以隔着两村间的田地或者水体相望。

东城人长期依赖村内彼此熟悉的媒人为子女介绍婚配对象，这个习俗经常从另一个方面限制了通婚的范围。旧时东城的传统社会是一个所谓的熟人社会，村民与媒人相互熟悉，因此一般可以放心地交由她们承担为自己的子女撮合婚姻的重任。据调查，旧时的东城几乎每个村子都有若干名职业或者半职业的媒人，即使是时至今日，少数村子还有一两名媒人存在。这些媒人几乎都是中、老年妇女，她们对于本村各家的家庭情况以及有无适婚的男女等颇为熟悉，一有机会就会主动或者受托而奔走男方与女方家庭之间。不过，因为旧时的妇女所能够出行的村落更为有限，所以她们所撮合的经常都是本村或者邻村的。有时她们所介绍的则是其娘家所在的村落的人，这就使得她们与村里的熟人介绍的婚姻对象出现了重叠。传统上，一个女子嫁入了另一个村子之后，基于种种原因经常把其娘家与婆家的适龄男女相互介绍给对方的家庭，并最终"成就了一对又一对"。经由这种非职业的媒人介绍的，很多时候最终都能够顺利成婚，人们历来认为她们的作为是"积德"的好事。由于这两类媒人的努力，在东城的村落中我们经常可以见到这样的情况，即一个村子的许多媳妇来源于同一个村子，而且这些媳妇在娘家时就是近亲，到了婆家时又成了近亲。

东城的村落大体上可以分为广府人的村落和客家人的村落，而在某些客家村落中通婚的地理范围有时则较大。旧时尤其多有与梅州、河源等相距甚远的地方通婚的，这是某些特殊的因素而造成的可以视为例外的现象。

东城人普遍相信客家人的本地居住史只有200年左右，与祖籍地至今多有密切的联系，其中一种联系就是通婚。现在这些客家村落与其周边的其他客家村落或者广府人村落都可以通婚，但部分人仍然与祖籍地的人通婚，我们的一位女性访谈对象即是十余年前从河源下辖的紫金县嫁过来的客家人。东莞的客家人其实源出多地，但历史上主要是自或经江西或者福建迁入广东的边缘地带。因此，其在广东境内迁入东莞现居住地之前的祖居地，多为东部的汕尾一带、东北部的梅州与河源。据调查，旧时的东莞各处客家人与这些故地通婚的更为多见，而当时主要就是依靠嫁入的妇女也就是非职业的媒人在两地间介绍。牛山村下辖的某村落一位60余岁的访谈对象回忆，其母亲是在20世纪40年代从普宁嫁来的。后来主要通过她回娘家以及娘家人来此小住探望她，得以把其两个妹妹都介绍了过来，"本来是姐妹，现在成了一个房的妯娌"。

我们发现类似的情况普遍见于东莞各处的客家人村落，其原因较为复杂。除了传统的影响之外，两地同属客家人因而生活习俗相同或者相似更易于夫妻共同生活，可能是主要的原因之一。此外，历史上遭受先到的广府人的排斥导致有时在本地难以寻觅婚姻对象，则可能是另一个主要原因。我们在牛山的一位客家的主要访谈对象认为，中华人民共和国成立后东城的广府人和客家人总体上说相处和谐，但相互歧视有时还是可见的。他读书时所在学校的学生都是东城子弟，但分为广府人和客家人两个群体，而他因为所说的广府话带有客家口音,所以经常被广府的同学集体嘲笑。由于有一些歧视,再加上客观方面如经济条件的差异,"以前东城的客家人嫁给广府人的很多了,要是反过来的,就是广府人嫁给客家人的,那以前是很少有的"。

但总体上说,无论是东城的广府人还是客家人,到了现在其通婚的地理范围已经大为扩展。温塘的一位长期从事妇联工作因而对村民的通婚范围有深入了解的女性,在接受我们访谈时抚今追昔不由得感叹,以前的"那个时候,温塘村这么多女人,就是100个里面,都不知道有没有一两个嫁到外地去的。直到1986年前后,我们这边工厂也多了,有越来越多的外地人过来工作。这样又过了几年,本村人也越来越多地出去厂子里工作。就是从那个时候起,本地人与外地人认识的机会多了,结婚的也才变得多了"。完全可以说,如今东城人的社会形态与出行条件等方面都已经大为改变,传统的通婚范围自然也相应地大为改变。

二、通婚的社会范围

人们在通婚时又有许多关于双方家庭的阶层、地位、姓氏、血缘等社会方面的规定或者习俗,从而构成了各自通婚的社会范围。传统上的东城人同样遵循汉人社会的各种社会范围,但同时又具有某些较为独特的社会禁忌。

我们调查发现,旧时的东城人对社会阶层、地位等同样有讲究,这就是老人们经常说起的"门当户对"。老人们至今普遍认为门当户对的婚姻最好,因为双方以及双方家庭日后容易相处融洽。但从历史上实际的婚姻事实来看,东城的人们其实又不是非常讲究,旧时当地的富家女嫁给寒门的也不是非常少见的,几乎每个村落都有这样的个案。樟树村至今流行的贫民卢映宾娶了富家女并借助岳父家而兴旺的故事,就是一个真实的案例。虽然有人认为其岳父是因为其女儿年近30岁仍然待字闺中,才愿意将女儿嫁给他并承担婚事费用,但这个故事的各种版本都没有显示出其岳父嫌弃其家贫。许多老人都认为,这种"不是非常讲究"应该与旧时的东城各村的人们都是处于熟人社会之中而又普遍贫穷有关。不过,我们只知道这个历史的事实,暂时还无从加以解释。

我们认为,东城各处村落在通婚的社会范围方面的最大特色,在于极力坚守传统的同姓不婚的禁忌。我们在调查时发现,不少东城老人甚至于到了现在还坚持这样的禁忌,依然认为同姓的男与女无论如何不得通婚。在中国古代社会中,同姓不得通婚的禁忌可谓源远流长,先秦的著名古籍《左传》即有"同姓不婚,其后不藩"之类的说法。[①] 后世各地汉人社会中,也曾经普遍坚持这一禁忌,但具体的理由则可能五花八门。不过,面对由此造成的通婚圈可能极为狭小的现实局面,许多地区的汉族先人们改为采用比较理性的处理,即在维持的同时又加以某种适当的变通。各地普遍多见的变通方式之一,就是即使是同一个远祖的男女,只要出了"五服关系"即彼此血缘变得较为疏远之后,就可以合乎社会规范地通婚。实事求是地看,历史上的这种变通极为可

---

① 1930年,民国政府颁布《民法》,正式废止了同姓不婚的原则,而代之以辨认血亲,这部法律规定,禁婚的范围是直系血亲、八亲等内旁系血亲、直系姻亲、五亲等内旁系姻亲辈分不同者,属于这些范围的相互间不得通婚。

取，既避免了近亲通婚所可能带来的后果，又解决了适龄人可能难以寻觅配偶的难题。在中国的不少民族地区，也可以见到颇为类似的变通之道，如水族。①

但根据我们的调查可知，旧时的东城人不仅确实普遍不许可同姓婚姻，而且即使是彼此"出了五服"的同姓人，仍然普遍不能够通婚，这在汉人社会中显得相当独特，樟树村长期就是如此。该村子原名张村，应该是由于张姓人家开村而得名，但至迟到了清代已经变成了一个杂姓大村。根据《樟树村志》的记载，清朝乾隆年间，莫姓派部分人到今樟村境内看守其祖坟，这些人在樟村的一处称为苏屋园的地方定居，至今已经逐渐繁衍出了200余人的规模。②我们的访谈发现，这些莫姓人家虽然彼此间已经隔了许多代，但至今仍然没有互相通婚的个案，而且与麻涌等地的历史上的同族莫姓人家也不得结婚。

至于各处村落拒绝同姓婚姻的原因，则古今不一。传统上，人们的理由同样是"其后不藩"之类的古训，突出的是血缘人伦。到了与古典思想颇有轩轾的现在，在继承了传统的同时则又较具独特的东城地域色彩。本次调查中，我们的一个非常重要的访谈对象是温塘一位年逾80岁的老人家，他的相关见解颇能够代表传统东城各处村民的看法：

访谈资料：

同一个村子的男女间结婚，那是可以的。但是，如果是同姓的男女间结婚，那就肯定不行了。在我们这里，如果是同姓的男女，就算是两个人之间隔了很多代，也还是不能够通婚的。

主要原因有两个：一是怕结婚后生出来的孩子（因为父母血缘近）有畸形；二是拜伯公（意为祖宗）的时候，他们都是同一个姓。比如，你看到伯公的牌位上写着袁公、袁母，这样就会显得很奇怪。

在这位老人家看来，不但同一个村子的同姓男女不得通婚，就是不同村子的同姓男女也仍然"不得通婚"。而在他的两个理由中，第一个显然是来自传统的观念，第二个虽则略微显得有些古怪，但确实是具有地方色彩的限制性因素，访谈中不同村落的数位村民都表达过类似的观念。据说，历史上在若干东城的村落中都因此而葬送过一些可能的婚姻。

访谈资料：

问：你说不好啊？

答：是的，我们鳌峙塘，这些古老的习俗坚持得就是不太好。

问：比如说？

答1：比如说结婚，以前要三书六礼的。但是，这个我们就没有坚持下去。

答2：我们这个族里念书的人多，见识也广，因此父辈也开明。所以我们的父辈，就是很久以前，也有不做礼（指古老的习俗）这些的。不像其他村子，他们比较守旧

---

① 水字的相关情况，可以参考张振江、姚福祥《水书与水族社会——以〈陆道根源〉为中心的研究》，中山大学出版社2009年版，第429—432页。

② 详参考东莞市东城区樟村社区《东莞市东城区樟村村志》，2013年打印稿本，第848页。

一些。
问：那可以同姓结婚吗？
答1：以前不可以，现在可以了。
答2：现在不是有了？你们都看见的。管不了他们了。

访谈时发现老人们承认，发展至今同姓之间的通婚禁忌已经变得颇为宽松。实际上，东城的社会已经把这种限制归为"封建思想残余"或者"封建束缚"之类。而在实际的婚姻实践中，也已经可以看到部分同姓为婚的个案。例如，在温塘某单位工作的袁老人的某个儿子，就是娶了同样姓袁、原为其同学的一位姑娘为妻，周围的人们并没有什么异样的眼光。

但我们同样发现，出现这些变化可能主要并不是因为传统的婚俗主动放宽限制，而是因为近几十年来尤其是近20年来年轻人婚姻逐渐开始自主。访谈时不少老人感叹，自己的孩子与谁结婚已经在很大程度上"由不得老人话事（做主）"了。应该说，随着婚姻方面"尊重父母的意愿，但自己最后拿主意"的趋势日益明显，未来的婚姻范围还会出现变化。

三、通婚范围的特殊禁忌

在东城的某些村子之间，历史上还存在着一种特殊的通婚禁忌，即特定的村落之间不得通婚的禁忌。我们的调查发现，这种禁忌与地理范围或者社会范围都没有关系，却与历史上各自的先人们之间的恩恩怨怨有关。虽然现在的人们其实早已不清楚到底祖先们彼此有什么纠葛，但直到现在，这种禁忌仍旧在发挥其作用，特定的村子之间仍然不能够通婚。

但具体来说，这种禁忌似乎仅仅存在于余屋村与周屋村、横坑村之间。

（一）周屋与余屋不得通婚的禁忌

东城各处的村民似乎都知道，周屋和余屋两村的村民之间不能通婚。人们还知道这个禁忌由来已久，普遍认为这个禁忌已经存在了"起码好几百年了"。至于为什么这两个村子不得相互通婚，我们在访谈时发现，即使是两个村落中知识最广、年龄最老的老人家也是说法各异，其他村落的人的说法更是莫衷一是、不一而足。相对来说，当地有两种说法最为流传。

第一种说法认为，历史上两村原本关系非常好，事实上不是两村而同属一村。但是，后来由于这两个宗族争夺某处田地产生了龃龉，并最终引发了大规模的集体性械斗，从此导致地理上以堤坝隔开成为互不往来的两村，相互间自然更不会通婚。

访谈资料：
周屋以前都是姓周的，余屋以前都是姓余的。这两个村子不得通婚，是因为以前他们的祖先争夺一块田地。因为争夺田地，两个家族的祖先出现过非常严重的械斗，从此结下了怨恨。所以，从那以后历代后人不许相互通婚。

本来周屋和余屋两个村子是连在一起的，其实也可以说是一个村子。那个时候，连两个村子里面的那处菜市场，都是相通的。然而，两家为了争夺一块田地，导致经常打架。日子久了，结怨就深了，最后使得双方有一年总爆发，大打了一架。当时，两个村子都是全村的男人参加打的，就是集体性的械斗。从此之后，双方各自就在平地上垫高，形成了一条大堤，就好像陆上的一座长桥一样，彻底将两个村子隔开了。

从那以后，周屋和余屋才彻底变成了不相连的两个村子，就是现在所见的这个隔着一条大堤互不往来的样子。

第二种较为通行的说法，则主要与余屋的太公即祖先有关，人们说正是他不许可与周屋通婚的。这个版本的故事本质上涉及了金钱和面子，而周屋则是被动地接受了这个结果。有一次在余屋的新建祠堂的访谈中，一位余姓老人家给我们讲述了这个版本的故事，后来其他的余姓老人家以及其他村落的老人家又略有补充。综合我们在各个村落所听到的，这个版本的故事的梗概大致如下：

访谈资料：

我们的一个太公，就是我们的一个祖先，以前把一个女儿嫁去了周屋，没想到后来发生了问题。以后两村就不来往了，也不通婚了。

那时候余屋要修祠堂，但是钱不够，太公就叫这个女儿也出一些。后来，这个女儿拿钱过来，给她的爸爸就是这位太公修祠堂。这个女儿自己那时候还没儿没女，当时她是哭着把钱送过来的。我们的太公就觉得，女儿肯定在周屋那里有问题，就是肯定遭受了周屋人的歧视、虐待。他觉得这是周屋看不起余屋、欺负余屋。

当时这个太公气得把碗都摔了。他就把钱都扔出去了，最后也没有收她拿来的钱。这个太公当时就定下了一条规矩，说后人以后再也不准和周屋结亲了。

我们发现周屋人似乎普遍不太愿意提及此事，而余屋人说起此事时多采用第二种版本。因为所获得的资料还极为有限，所以其中的原因我们还不好认定。但如果对这两个最为流行的版本进行分析，似乎第一个版本较为可能。原先的亲如兄弟般的关系因为争夺田产等生活资源而彼此反目相向甚至大打出手的，在历史上的珠江三角洲各处都颇为常见，械斗几乎可以说是明清时代珠江三角洲各处村落关系中的一个主题。此外，这个版本所描述的两村原本在一起、后来才建起了大堤隔开彼此等，也与历史文献的相关记载以及至今可见真实的地理关系更加符合，如现在两村之间就是以一条大堤分割彼此。

除了上述说法之外，还有一些其他的说法。例如，有老人认为是因为风水，大意是：千百年来周屋的人自然姓周，而余屋的人自然姓余。在历史上两个村子都有很多鱼塘，各自都有不少人以打鱼为生，而小舟则是打鱼时必不可少的工具。但是，由于周与"舟"同音而余与"鱼"同音，出舟打鱼即为周克余故相克，因此余姓人不能够嫁给周姓人，导致了双方不得通婚。

不过，无论确切的原因为何，这一条婚姻禁忌直到今天仍然发挥着强大的限制作用。虽然今天周屋和余屋之间的关系已经相当平静，但两村的年轻人之间似乎至今仍然没有通婚的。而据当地的老人家回忆，中华人民共和国成立后政府为了改变这一陋规做了许多工作，甚至曾经一度规定在政策上给予某些特殊的优惠以鼓励相互通婚。但是，最终没能够带来任何的改变。我们在访谈时两村都有人说，两村中始终都没有人敢打破这一禁忌，因为大家都不愿意做第一个破坏祖宗定下的规矩的人，而且可以通婚的范围"那么广，也没有必要非得冒这个险"。我们分别问过两村的老年人，假定两村有一对男女一定要结婚会怎么样，两村的老年人的回答不约而同，大致上都是"那肯定是可以的，完全合法嘛。但是，村里的族人，那以后肯定都不会再理他们的"。如此看来，两村之间真正改善婚姻关系还路途漫漫。

（二）周屋与横坑不得通婚的禁忌

调查时周屋的村委会提到周屋除了不能和余屋通婚之外，历来也不与横坑村通婚。周屋村委会所搜集整理的资料中有一则故事对此进行了解释。我们稍做文字上的处理，该故事（本故事的另一版本参见本书第七章）的情节大致如下：几百年前，横坑村民把周屋的状元地当作他们的祖坟，每逢清明、重阳等时节，就骑马到这里祭祖。由于当时横坑村民势力较大，不把周屋人放在眼里，每次来这里都是大摇大摆的，盛气凌人。骑来的马也像他们的主人一样蛮横，到处践踏啃食庄稼。周屋人对此十分痛恨，却又无可奈何。

后来，周屋人想出一个办法。他们夜晚在状元地的那个祖坟上面建起了一间庙，取名为大王庙。周屋人还用烧着的草把墙壁熏黑了，这就使得它看上去像是一间有10多年历史的老庙一样。到了第二年横坑人再到状元地祭祖坟，他们见到的只有大王庙而祖先的坟墓不见了。横坑人当然十分气愤，就找到周屋人要问个明白。周屋人说这里原本就是只有这一间庙，已经存在十几年了，他们怎么也不承认这座庙宇是新建的。

于是双方就打起了官司，最后一直打到京师的衙门。衙门派人到周屋调查后，判周屋人有理。自此，横坑人再也没到周屋捣乱了。（但是，双方自此也就不来往了，更不要提通婚了）

其他村的村民对于两村长期不通婚也是心知肚明，但给出的原因同样是五花八门。例如，有一位现在年逾80岁的老人曾经长期担任桑园村的领导，他对周边村落的掌故也同样非常了解。他认为那时的周屋人确实连夜在横坑人祖坟之上修建了一座大王庙，但原因是当时村里"发生了一场很大的瘟疫"。有人认为是横坑人的这座祖坟破坏了周屋村的风水才导致了这场瘟疫，因此需要在其上建庙以禳除灾祸。修建这座庙引发了两村间的官司，但由于横坑人并不能拿出证据证明此庙的下面就是自己的祖坟，因此被判定为诬告，其村民还有因此而坐牢的。横坑的祖先一怒之下，就发誓从此不与周屋的人"做亲"即通婚。但不管确切的原因到底是什么，这个陋俗也延续到今天而无人敢于触碰，两村仍旧不通婚。

第三节 订 婚

旧时东城人在正式结婚以前,要经历寻偶、求婚、定亲等诸多环节,为了方便计我们统称为订婚。这个过程其实不但相当复杂而且相当微妙,男方家庭只有极尽小心顺利地走完全部过程,才可能迎来最终的婚礼。

一、寻偶

（一）父母之命、媒妁之言

如前文所述,旧时东城的广府青年、客家青年通常都是通过各类媒人（习俗通称大媒）的介绍,才得以找到婚配对象并最终步入婚姻的,这就是历来为人们称道的所谓"媒妁之言"。

媒人牵线是开始常态的婚姻程序的第一步,通常也是不可或缺的一步。历史上的东城人坚信,只有有了"明媒"日后才可能"正娶"。老人们回忆旧时的大户之家,不论是嫁出还是娶入,都根本不会出现没有媒人的情况。即使是时至今日,许多东城的新人还要有个形式上的媒人。[①] 但在另一方面,人们对媒人的要求历来又是较为现实的,即他们既可以是职业、半职业的媒人,也可以是临时客串的亲戚、朋友、熟人甚至偶然相识的人等。但不论是哪种类型的媒人都是中老年妇女,旧时似乎从来没有男性以及青年女性充当的。

访谈资料：
问：那您的妻子也是通过大媒介绍认识的吗？
答：是的,那时就是横坑村的那个大媒,就是她介绍的。
问：她经常帮人介绍的吧？
答：是的,她就是靠这个吃饭的。我们这里,叫大媒是规矩的说法。一般人,都是叫那个"大葵扇"的,就是把两个人扇到一起的意思。我们这里平时不叫媒婆的,就叫这个"大葵扇"。意思就是她把那个大扇子一扇,就把两个人扇到一起了。

对于称媒人为"大葵扇",有些人给出了另外一种解释。大致是说因为这些中老年妇女每天都是东家坐、西家坐,而且几乎总是手持一柄大葵扇与双方的事主家庭折冲往还,故名。一般来说,旧时某家的男孩或者女孩到了差不多谈婚论嫁的年龄,媒人经常就会主动找上门来为其介绍对象。而在有些时候,则是孩子的父母去拜求媒人,托其为自己的子女寻找适合的结婚对象。从茶山镇某村嫁到峡口村的某老婆婆现在已经94岁

[①] 老人们说,旧时即使是自幼时即收养的童养媳,到了举办婚礼时也要象征性地有媒人。他们认为,没有媒人的婚姻"跟野合有什么差别？"

了,但对其年轻时的婚俗还记忆犹新。

访谈资料:

问:婆婆,您是多大年纪结婚啊?

答:我那时是到了 22 岁才结婚。那个时候,我们这边村子里的女孩,差不多都是一到了 16、17 岁,那就得结婚了。不过,等我到了十几岁的时候,日本人侵略我国,那家里就没有办法了,是不是?那就办不了婚事了。因此,我就又在家过了几年。到了很大了,就是都 22 岁了,这才结婚。那时候,22 岁那是很老的姑娘了。

问:那个时候,一般是男的找人去提亲,还是女的找人去提亲啊?

答:这个是都有的。不过,男方家主动的多一些。好比说,男的父母主动去找媒人,看看她能不能帮忙找一个年纪差不多的女孩子,就是当媳妇。要是觉得合适的话,男家就再请她去提亲。

媒人介绍后,需要得到父母的认可才可以开始下一步的程序并最终导向婚姻,这就是所谓的"父母之命"。由于整个过程全部由父母和媒人一手包办,一般来说当事人直至举办完婚礼的当天晚上,才得以第一次看到自己的配偶的模样为何。但据调查,即使是在旧时,也确实有极少数当事的男子会设法经由某种途径事先见过。比较常见的,是他在结婚之前托媒人暗中安排或者自行通过其他途径如赶集、参加庙会等场合,设法偷偷地看上未来的配偶一眼。人们回忆那时"敢这么干的,都是非常调皮的男的"。但男子一般也不敢跟对方有任何言语交谈或者其他接触,因此对方几乎根本不知道她被未来的丈夫偷看。至于女子要求事先偷看的,人们都说如果有的话也是极个别的。而在牛山等客家人的村落,更是"非常封建,根本不可能事先见面的,变个法子也不行。那是到了中华人民共和国成立初期的时候,才开始有双方结婚前见面的,就是你们说的相亲。我那个时候啊,就是媒人陪着她,到我家见上一小会的"。老人们普遍认为,即使是到了 20 世纪的集体生产时期,通常也只能够让女子在媒人的陪同下到男方家短暂地"相睇"(意为相亲),但许多老人都说结果"其实连长什么样子都没有看清。因为太紧张了,太害羞了"。

访谈资料:

问:你结婚的那个时候,那时中华人民共和国成立五六年了吧。那在媒人介绍了之后,能不能自己私下见面?

答:那个时候肯定是不能先见面的。那时候,都是嫁过去,男的掀了红盖头,才知道你长什么样子的。

问:那偷偷地见一面也不行吗?

答:那时候是不敢的。主要怕男的见了之后,嫌你不好看。要是那个男的悔婚了,那你怎么办。

但根据我们仔细的调查,中华人民共和国成立前有些东城的村子,其实已经许可双方在适当的场合短暂地见面,如樟树村就是如此。访谈时几位老人都回忆,大致上从 20 世纪 30 年代开始,双方家庭约定好时间与地方后,在媒人和各自的亲属陪同下当事的男女可以相隔一段距离短暂地对望,但不能够相互交谈,更不能够有任何身体的接触。不过，樟树村的一位老人回忆完自己的经历后评论说，这种所谓的见面其实等于未见面，因为"那个场合肯定都是很害羞的啦，男的、女的都低着头，所以就什么也没有看见，根本不知道对方长什么样子"。一直到了20世纪50年代之后，"盲婚哑嫁"才逐渐变为了婚前相亲的模式。这时的男女双方由媒人介绍后，已经逐渐可以在婚前相对自由地见面。而且如果当时的男或者女觉得不合适，这时还可以告诉家人、媒人希望回掉这门拟议中的亲事。不过，就算是到了这个时候，无论是商定礼金还是择定日期、送嫁等，媒人与父母的作用还都是举足轻重、不可置疑的。访谈时峡口村的某位老人已经年近70岁了，但他还记得当时相亲时不少细节：

访谈资料：
问：你们那时候结婚，是自己拍拖（意为恋爱）的，还是有人介绍的啊？
答：那时候，一般还都是有人介绍的，就是大媒介绍嘛。我那个大媒，就是那个横坑村的一个老太婆。
问：那大媒介绍了之后，男女双方能够见面吗？
答：如果年庚没有冲突可以继续见面，那大媒会安排好见面的，就是可以去跟那个女的见面。那时候，都是男的去的。那时候，那个男的还都会请一两个男的陪同去，就是有个幌子嘛。不过，基本上都没有人叫父母陪同去的。我那个时候，还闹过一次笑话的。大媒叫我的工友去相亲，那个工友就叫我陪他去。见了面以后，大媒就去问那个女方是什么意见。大媒回来跟我说，那个女的说"觉得我可以"！

随着相亲的出现，尤其是中华人民共和国成立后相亲逐渐普及，人们开始有机会选择与自己喜欢的人结成夫妻。到了现在，随着人们活动范围扩大尤其是生计方式急剧改变，普通东城年轻人的交际圈子早已经不再局限于本村或者邻近的村落。相应地，他们寻觅合适的婚配对象的范围也早已经极大地扩大了。例如，本次调查发现，东城的年轻人嫁给外省人或者娶入外省人，人们对此早就司空见惯。

(二) 传统的求偶信仰习俗

传统上，东城的广府人和客家人都有一些关于求偶的信仰习俗。概括起来说，这两大群体在这方面有极大的相似性，都可以分为两个最为主要的内容。

在还没有混排对象的时候，相当部分的东城青年男女尤其是青年女子，可能会在年节或者择日去寺庙或者尼姑庵里祈求姻缘。在古代中国的各处汉人社会中，这类事情同样普遍多见。一般都是虔诚进香即可，并不需要特别敬奉各类供品。而到了每年七夕节的晚上，还没有婚配对象的东城青年女子通常都会依例在一种名为富贵子的大树下，各自或者集体虔诚地举行一种通常称为"拜七姐"的仪式。[①] 这时所祈祷的内容通常包括几个方面如"乞巧"，但最主要的内容之一必定是盼望自己的好姻缘能够尽快降临。

[①] 据调查，这个习俗普遍存在于东城的各处村落，但各村具体的习俗则可能有差异。如有的村子是青年女子在自家院落内或者门口前设案祭拜，有的村子是青年女子集中在村内某处空地集体祭拜，这时还要展示各人的手工作品供村民品评等。较为特别的是娘仔房中的女子，多是由老太太带领在所居住的娘仔房处集体祭拜（详参考本书第九章）。

访谈资料：

问：这座观音庙，那一边不是有厢房吗？我在那里边，看到有一个月老的塑像，他手上还拿着很多条红线。

答：是的，月老帮人牵红线，那当然手上要有很多的红线喽。

问：那一般来观音庙拜神的，是在这边求观音，还是去那边求月老？

答：这个得看你求什么。你要是来求婚姻的，那就是去那边求月老。要是求观音菩萨保佑，比如说生小孩的，或者别的什么事情吧，那都是在这边求观音的。其实求婚姻，以前也都是在观音菩萨这里求的。早几年呢，在那边立了那个月老，现在很多人就到那边去求姻缘了。

问：那比如说，我在这边求观音的，后来真的应验了，就是真的结婚了。那我要来这边还愿吗？

答：那肯定要的，求观音就跟观音还愿，求月老就跟月老还愿。我们这里一般的人，都是会在结婚以前，就过来还愿的。

如果请愿后顺心如意地达到了目的即顺利地得到了婚配对象，则祈求者需要依例还愿。还愿的时间似乎没有特殊的规定，但一般都是在结婚的前夕到庙宇中所求的神明面前"还愿拜神"。访谈时老人们普遍认为，这样才显得自己"不忘神恩"。还愿通常必须由当事者自己进行，但确实也有由其母亲等长辈至亲代行的。一般来说，这时的拜祭自然主要是要表达自己的感激与感谢之情，但几乎所有的感谢这时还都会祈求神明继续保佑自己。

另一个主要的信仰习俗就是合年庚，这个习俗至今依然广泛存在。在媒人介绍之后，男女双方的父母如果都觉得对方合适即有通婚的意愿，这时就会互换自己子女的生辰八字，然后各自都会找人"合年庚"，即将男女的出生年、月、日、时等分别或者一起写在一张纸上，然后请喃吣佬或是负责看相、算命的人测算，其最重要的目的是看双方的八字等是否相合。由于男女双方的父母是各自请人算的，因此，一定要两家算的结果都是满意的才可以开始下一步即定亲。若是双方算出来的都是相冲或者相克之类的，拟议中的婚姻必定胎死腹中。如果一方算出来合适而另一方算出来犯冲、相克之类的，那么这门亲事可能就充满了变数。例如，如果是女方发现男方可能克己，则这门婚事几乎必定告吹。而如果是男方发现只是己方克对方，很可能就会隐而不发而提议定亲。当然，如果一方坚定地想要结亲，双方还可能商定找神婆之类的求"解"，即破除相克等而化凶为吉，然后再看看最后如何定夺。

质言之，旧时的东城的广府人和客家人对八字属性的信仰都是十分坚定的，在很大程度上来说，是否相冲、相克直接决定了双方能否顺利地走向婚姻。到了中华人民共和国成立后，合年庚虽然明里不再是结婚所必须经历的一个环节，但人们实际上对此依然非常在意，此类的信仰依旧根深蒂固，相关的习俗甚至可以说依然时有可见。本次调查时发现，许多老年人说"算或者不算，其实都没有多少影响"。应该说，这种说法确实已经有了相当多的实施基础，但是，至少相当部分的老年人在定亲时依然会讲究八字，至少相当部分的老人仍然会将婚姻不幸归因于八字犯冲。本次调查时上三杞的梁婆婆已经76岁了，她就是如此解释她的婚姻的：

访谈资料：

问：那中华人民共和国成立后结婚的时候，是不是还要合八字啊？那您那时候算了吗？

答：这个不一定的，中华人民共和国成立后不许了嘛。那时候有人算，有人不算的。我要是算了，就不可能嫁给我老公啦。我属火、他属水，水火不相容嘛。我们是相冲的。

问：那是因为什么分开的啊？

答：就是因为八字相冲，水火不相容。后来分开了，我觉得还好一些。你看我跟他，这些年都是分开住，也分开吃，就等于是离了婚啊。

问：那找老公，还有什么要注意的？

答：那我跟你说啊，找老公，千万不能比你大6岁的！要是大6岁，就是结了婚也一定会破裂的。好的话就是离婚，不好的话，你俩就会死一个。我老公比我大了6岁，这不就分开了。我从59岁开始到现在72岁，都是与老公分开生活的。

在整个访谈过程中，提起婚姻时梁婆婆不时露出怅然若失的神情。对她来说，八字是否相合始终在她的婚姻中占据着重要的地位。而对于她几十年的实际婚姻中出现的问题，这位老人还是习惯于用八字来寻求解释。

二、定亲

（一）提亲

如果双方都觉得八字等没有问题且又彼此觉得合意，在媒人的居间沟通下双方跟着就定下初步的意愿即定亲。

传统上，通常由媒婆陪着男方到女方家提亲。提亲时当事的男子几乎都不会去，而通常都是在男子的父母、叔伯等长辈中的某一位带领下，一行人在约定的时间登门拜访。因为提亲时可能涉及一些需要协商的问题，所以去提亲的主要是长于言辞的男性长辈。老人们说，去提亲时历来都是需要一定的礼物的，这也是去的多是男子的原因之一。人们认为这些礼物不仅仅是礼物，更重要的是显示男方的诚意。有些礼物是固定的即不可或缺的，如礼饼；有些礼物则是随时代而定的。但总体似乎可以说，不同时期，礼物的具体品种和数量不尽相同。如有老人回忆，中华人民共和国成立前夕，男方家去女方家提亲时，一般需要送30斤鱼、30斤猪肉和50斤礼饼以及水果、礼糕等若干礼物。收到这些礼物后，女方家庭首先要送一些给神明（主要是礼饼），还要分送给自己的房族各家。因此，女方家人实际得到的远远低于所送的数目和重量。

到了中华人民共和国成立后的一段时间，由于经济普遍变得较差，许多人家根本送不起这么多礼物了。访谈时火炼树村的一位老人家已经年近70岁，他是在20世纪70年代结的婚。他回忆，当时只是送了不到10斤猪肉和二三十个礼饼。由于那时候家庭普遍困难，因此其岳父家也能够理解："当时岳父家也没说什么。他家也没有什么好吃的拿来招待。也没有拜神。（结果？）就是把女儿嫁给了我啊。"到了现在，物质极其丰富了,人们对这种礼物的需求大大降低。因此,现在有些男方家只是象征性地送一些礼物(但可能会给一些利是,即钱),而许多时候女方家也只是象征性地收一些礼物。

(二)落聘

提亲之后的一段长短不一的时间内,双方家庭尤其是女方的家庭如果发生了什么不好的事情,人们就可能认为这代表祖先或者神明不同意这门婚事,双方可能就此结束相关的各种接触。而如果没有发生什么意外的事情,人们则会认为这代表祖先和神明对这门婚事都没有意见。这样男方就可以择吉日去女方家落聘,即正式宣告双方确定了婚姻关系。

传统上,男方去女方家送聘礼时需要事先请喃呒佬之类的人择定吉日。这一次的人员较多,由男方家的一位亲人带领,在择定的吉日把充当聘礼的各种物事送到女方家去,聘礼包括礼金、鱼、肉、礼饼以及一些其他的特殊礼物。女方家庭如果收下了,即代表正式同意了婚事。随后女方家还会设宴席招待来送聘礼的人,宾客喜气洋洋地尽欢而散。

老人家回忆,这时的聘礼很讲究。依照传统的习俗,礼金历来都是必须有的,但似乎始终没有规定具体的金额必须是多少,传统上主要视男方的家庭条件情况而定,"从几十到几百块钱的都有"。老人们回忆,由于旧时人家普遍贫穷,因此一般来说都不会有太多的钱。至于富裕的人家,则又另当别论。依照习俗,女方家庭在收礼金时不能全部收下,而要适当地退回一部分。这个习俗称为"回礼",老人们说它寓意以后小夫妻的日子能够尽快添丁、发财等。

聘礼中必须有相当数量的礼饼,广府人和客家人至今仍然非常看重礼饼。现在所送的礼饼只是具有象征性的传统礼仪性物品,因此多以"个"为单位来计算,常见的是16个、18个等带有"6"或者"8"的数目,主要是"为了图一个好意头(意为彩头)"。但在贫穷的旧时,礼饼则是日常生活中难得一见的美食,因此有着非常实际的意义,赠送时通例以"担"为单位来计算。不过,礼饼并不是仅供女方家人享用,而是必须由女方家庭供奉神明、分送其所有的房支近亲。因此,男方早在赠送礼饼之前,都要设法打听并仔细计算女方家到底有多少叔伯兄弟之类的,确保届时女方家庭能够给每一家都送一定数量的礼饼,千万不可出现有遗漏或者礼饼不够分等情况。否则,可能会横生枝节。只有等到所需要的具体数目切实地落实之后,男方家庭才能够确定下来要送多少担。

聘礼中除了钱和礼饼之外,通常还要有猪肉、鸭蛋、米等多种物事。富裕的人家几乎必然有金或者银的耳环、戒指、手镯等礼物,即使是普通的人家也会尽力送上其中的一样或者几样。中华人民共和国成立前,东城的女性有金银首饰的为数不少,这也是主要的原因之一。而相比之下显得较为特殊的是,传统上的东城人的聘礼中几乎必然有一对染成红色的槟榔。但与日常用来食用的槟榔不同,这种槟榔的外观类似于山核桃。访谈时许多老人都说,这对槟榔是一对夫妻的象征。因此,女方家庭收到后会仔细地收好,据回忆也有摆到神台上的,等到女子出嫁时再给她带上。女子嫁入男方家之后,一般都是将它们摆在梳妆台上。访谈时有老人开玩笑地说,这对槟榔就是以前的夫妻结婚照,如果从功能上说倒确有几分类似之处。

（三）落聘后的意外

在男方成功落聘之后，男子与女子自此可以正式称为未婚夫、未婚妻，婚事几乎成为必然。但在某些特殊情况下，虽然落聘，但婚事仍然难以进行。

最为常见的是在落聘之后至举办婚礼之前的时间内，男方或者女方一方因为遭遇某种意外而身亡。① 这种情况下是否仍旧举办婚礼，就可能出现较大的变数。如果意外去世的是男方而男方家庭又坚持要举办，则女方家庭受旧时从一而终观念的制约几乎都还是会把女儿嫁到男方家。在结婚的当日把新娘迎娶回来后，新娘子只能够与一只代表新郎的公鸡拜堂成亲。如果是出于男方的父母很喜欢这个未过门的儿媳妇等原因，他们主动表示愿意放弃这门婚事，则该女子无需过门而几乎自动地恢复自由之身。如果意外去世的是女子而双方家庭议定仍然举办婚礼，则到了择定的吉日时将该女子的衣服等物品摆在轿子中代表该女子，然后依照常规的仪式"娶"回新郎家。由于该女子已经不存在，这个迎娶过程只是象征着迎娶新娘，因此俗称之为"娶鬼"。但这个仪式具有意义，日后男子如果再娶亲，通常都必须先举办仪式安抚这个并不存在的前妻。老人们说，否则的话，这个妻子可能出于嫉妒等原因为难其新娶的妻子。

在定亲之后，也还可能会发生一方悔婚甚至逃婚而导致婚事不遂的情况。旧时的婚姻通例为盲婚哑嫁，有一些当事者不甘心受摆布或者基于某些原因不愿意接受这个配偶，就可能采取逃婚等手段破坏拟议中的婚姻。温塘有一位现在已经70岁上下的老人，他就曾经见过这种单方面悔婚的：

我们这里就有一句话，就是"云嫁孙，鬼影都不见"。这句话里面的"云"，就是我姑姑的名字。我们这里的"孙"就是侄女，她的一个侄女的花名（意为绰号）恰好就叫"鬼影"。这句话有点像笑话，说的是根本就结不成婚。

我姑姑的大女儿，当时就是这样的，就是订了婚逃婚的。那时她第二天都要结婚了，头一天的晚上却逃走了，就是她偷偷地跑了。后来才知道，她跑去找跟她一直相好的那个男的去了。但是，后来也不知道是什么原因，她又回来了。她没有嫁那个相好的，也没有嫁家里给她安排的那个男人，就是两个男人她都没有嫁。到了最后，嫁到横坑去了，还是家里安排的。

这件事情发生在中华人民共和国成立后，因此没有酿成大祸。老人们说，如果是发生在中华人民共和国成立前，结局可能就难以预料。当时一旦发生这种事情，逃婚的一方自然会受到社会舆论的普遍谴责，所在的宗族通常还会设法追回来处罚之以儆效尤。而被逃婚的一方通常及其家庭，也几乎必定会长久地成为全村人甚至周边村民茶余饭后的谈资。由于当事人及其家庭几乎自此颜面尽失，双方间几乎必定会争吵、起冲突，有时甚至会演变成为两个家族间的打斗。不过，由于这种事情事关重大而且牵涉得很广，因此似乎历来极少发生。我们知道的极少数个案，几乎都是发生于20世纪七八十年代。而到了婚姻几乎完全自主的现在，则早已根本不可能再发生这种事情了。

---

① 也有双方都意外身亡的可能性，但访谈时老人都没有听到过这种情况。

但在如今东城的男女之中，总有少数人未婚同居但最终却与另外的人结婚，访谈时有几位老人开玩笑地说，"这就是新时代的悔婚"。

第四节 婚礼前夕

举办一场婚礼通常所费不赀，尤其是所涉及的事宜众多、琐碎而又无一可以掉以轻心，实在是劳心劳力。因此，旧时从订婚到办婚礼通常都需要预留相当的时间，为的就是让主家有足够的时间充分筹集资金、准备物事以便周详地安排相关的各种事项。限于篇幅，此处我们仅围绕婚俗的部分环节进行描述。

一、择日

在这段准备时间中，首先要办的、在一定意义上说也是最为重要的，就是尽快地、精准地择定举办婚礼的吉日良辰。

由于事关重大且又可能涉及儿子甚至子子孙孙的未来幸福，旧时男方这时通常都不会自行择日，而几乎都会找神婆、喃呒佬之类的专业人物测算。男方"得到"了具体的日子后，随即会专门写一张大红的帖子派专人送去通知女方家庭，女方家庭一般都会同意所择的日子。老人们说，以前偶尔也有女方要求推后的，但似乎从来没有听说要求提前的。我们相信，这种现象很有意思，可能并不仅仅限于"不舍得女儿走，要尽可能地多留在家一段时间"。

依照习俗，传统上的选择婚期首先需要避开几个月份，而最为常见的是避开农历的三月、六月和七月。人们认为，农历的三月之中有清明节、七月之中则有广府人和客家人都颇为忌讳的鬼节，而这两个节都与鬼魂有密切的关系故不吉利，因此这两个月份需要避开。而从婚姻实践中看，我们确实也没有发现有人选择了这两个月结婚的。农历的六月当然与鬼无关，但因为其刚好处于全年的一半，所以东城人历来认为不吉利，认为选择在这个月寓意夫妻只有"半途的命"而不能够白头偕老。由于如此，也不会有人选择这个月的日子当婚期。但也有不少老人私下里指出，三月、七月正值农忙季节，不选择这些月份其实是出于非常现实的考虑，即让正当年的这些青年女子再为家里的生产尽量多做些贡献。此外，七月、八月天气炎热，旧时又缺乏冷藏设备，也极其不利于准备食材。

在不同的村落中，可能还有一些特殊的择日禁忌。例如，依照有些村子的习俗，男女双方的家里如果有直系亲属预定在某月里做寿辰，则婚礼一定要避开该月份。人们认为，同一个月中举办两件喜事，就很容易造成二者彼此冲撞而给主家招致某种不吉利。但也有几位老人说，其实真实的原因在于旧时村民普遍经济困难，如果一个月内接连办两件大事，必定导致事主家承受不起；即使勉强举办了，也一定会导致主家未来的日子雪上加霜。

二、筹备阶段

婚配不仅关系到当事的男女,还关系到双方的家庭甚至家族的社会声望与社会地位等。因此,当事的双方及其家庭都有许多繁杂事务要精心地准备,有许多事项要逐一仔细地完成。

(一) 女方

相对来说,女方家庭的事情要比男方的单纯一些、简单一些。

1. 准备嫁妆

从订婚到结婚的时间不定,但旧时一般都不超过一年。在这个时间段内,女方家庭最主要的工作,就是准备适宜的嫁妆。

老人们回忆,过去的穷人家嫁女儿时嫁妆一般都比较简单。夏屋基的刘婆婆现在已经快80岁了,她小时候家里很穷,而婆家同样也是很穷。她回忆出嫁的时候就是"带了几套新衣服过去婆家,就算是嫁妆了"。而据她说,这几套新衣服中还有一些是婆家预先送的。至于那些有一定积蓄甚至富裕的家庭,嫁妆则会齐全得多,相应地准备工作也多了许多。堑头村的袁婆婆也快80岁了,她在16岁时嫁到了堑头。其娘家在温塘某坊经营颇为得法,因此当时她的嫁妆很丰厚。她回忆,当时父母给她准备了许多,她记忆最深刻的是一大一小两口红色的皮箱子,用于盛放作为嫁妆的各种衣服和首饰。据调查,东城人传统上用的箱子全部是木质的,大概从民国初期起才逐渐流行皮箱,现在则几乎都是高档的皮箱。余婆婆还清楚地记得,大的箱子里装有一套新睡衣、一条新裤子、一双新的鞋子以及其他物事,小的箱子里则放着新内衣、内裤以及其他零散的物事。办得起的人家还需要准备婚后小家庭需要用到的各种家居用品,通常至少包括一张吃饭桌、四把交椅、一个梳妆台、一床新被子以及其他的日常杂用物事。依照习俗,这张梳妆台中还会特地放一把红色的短的木梳子,东城人多称之为"笃"。而无论穷富,父母都需要给新娘准备一面新镜子带过去,人们至今多习惯称之为"明镜"。东城的许多村落中至今有句俗语,即"明镜照新郎,媳妇五男二女摆成行"。旧时这两件物事是必不可少的,好在所费无几,人们都可以备办得起。至于这两件物事的具体含义或者为什么必不可少,则已经是人言人殊。

不同的村子具体的风俗有差异,嫁妆的种类以及多少同样也彼此各异。周屋村的一位老婆婆曾经做过多年的大妗姐,而据她回忆,以前本村的母亲需要为将要出嫁的女儿准备好两副担子。一副叫安乐担,里面放鸭蛋、瘦肉等,还有水果如甘蔗、苹果之类的有"好兆头的那些"。另外一个叫嫁子担,① 里面同样也是放水果、鸭蛋、瘦肉等,但是名字却不一样。如果女儿出嫁到较远处的话,也可以不准备这两个担子,而是包两封利是代替。而在温塘,有老人家回忆,旧时要为新娘子准备一对公鸡、母鸡和一把乌头,供其出嫁时去男方家。抵达新家后这对鸡不能够吃掉,而必须继续喂养直至其自然

---

① 记音字,本字未明。

老死。至于乌头,则是因为其里面包含着很多个小的乌头籽,人们以之寄寓了对新娘子多子多福的祝福。访谈时一位已经 80 多岁高龄的樟树村的莫姓老人家,现在经常在村头与几位村民闲话家常。他隐约还记得他很小的时候即 20 世纪 30 年代末期,村内有一户地主为其女儿准备了一匹高头大马作为嫁妆,这头大马当时让他大为震撼。

不过,现如今已经几乎没有人还会准备出嫁的家畜。实际上,现在许多人家也不会为女儿准备较多的嫁妆,而多是折算为现金届时给红包,任新人们自行购买"自己中意的(意为喜欢的)"物事。老人们普遍认为,这样对孩子和对自己"都好。都高兴还省心"。

2. 上阁

女方在出嫁前夕,条件许可的家庭几乎都会收拾出一个单独的地方给她居住,并且还会让其要好的姐妹陪同睡觉。据回忆,当时有钱的人家往往会请五六个小姐妹连续陪她十几个晚上,而家境普通的则通常只陪同 2 到 4 晚即可。这帮小姐妹夜晚聊天、闲扯,一同度过在娘家的最后时光。如今的村民已经说不清楚这种习俗起源于何时、为什么要这样,但这一习俗基本上延续至今。访谈时许多老人都认为,这是婚礼前必不可少的。

旧时的准新娘子在上阁的日子里,还会在夜晚唱某些哀伤愁苦的歌曲,一般称为"哭嫁歌",常见的有"哭父歌""哭母歌""哭兄弟姊妹歌""哭叔伯嫂婶歌"等。如果从其内容上看,则是以表达自己与父母兄弟等亲人之间的情感深厚不忍分开的为主,也有表达对亲人的感谢和祝福、叮咛的。

在珠江三角洲的许多地区,曾经都存在过类似的风俗,曾经都有类似的歌曲流传。[①] 但到了现在,各地似乎都已经没有人能够完整地唱出来了,东城各村落同样如此。我们多年在东莞的麻涌、沙田、虎门和红梅等地调查期间,先后幸运地搜集到了若干片段,与刘伟民先生早年在东莞的莞城一带所搜集的这类歌曲大体相合。现从《东莞风俗叙述与研究》中转录一则完整的"哭父歌",目的是借以展示这种歌曲的大体风貌:

> 奴身岂不三年念?昊天罔极在心田。
> 只靠乌禽来哺啜,晨昏侍奉报亲前。
> 谁料奸细来设计,孔雀屏开射眼帘。
> 总知竟作堂前燕,久羁何得雁行迁!
> 免怀之事成虚否,杜鹃泣血也徒然。
> 奴身不敢同枭样,安忍将奴地隔天!
> 今日好似伯劳南与北,他朝千岁鹤谁怜!
> 只有斑鸠朝夕唤,徒然引领作煎熬。[②]

从歌词中可知,即将出嫁的女儿主要表达的其实有两层意思:父母养育之恩浩荡无

[①] 如东莞市的麻涌镇。详参考张振江、陈志伟《麻涌民俗志》,汕头大学出版社 2008 年版,第 109 页。类似的习俗其实也见于中国南方的许多少数民族,如广西富川县瑶族的新娘传统上要哭七天七夜。

[②] 东莞市政协:《东莞风俗叙述与研究》,广东人民出版社 2008 年版,第 62 页。

垠；女儿出嫁后远离难以报答。而根据刘伟民先生的细致研究，当时这类歌曲的内容大体上都是如此。①

3. 摆酒

在男方正式举办婚礼的当天上午或者前一天的晚上，女方的家庭要在自己的家里先摆酒席，宴请自己家的亲朋好友尤其是本房族的至亲。

但与结婚当天男方家大宴宾客不同，女方家庭的这种酒席一般都是比较简单而随意的，实际上几乎可以视为女方家的亲友借机聚一聚。宴席上的菜肴通常也远说不上丰盛，一般都是聊表心意而已。

来宾一般都会送上贺礼恭喜有女长成并出嫁，但礼物的价值一般来说相当有限。按照多数村落的固有习俗，这时新郎都不会到场，但新郎家则可能会派人到场并送些礼物以示恭喜。

（二）男方

相比起女方的家庭来，男方家庭这一期间所要准备的则可谓千头万绪。而除了通知亲友、备办各类食材之外，最为重要的就是准备迎接新人的一应物品。

1. 报喜

婚期定下来之后，男方家需要及时通知村内外的各处亲戚、朋友，邀请他们届时前来参加婚礼。

在过去，由于交通方式和联系方式都极为落后，男方家需要提前若干时间专门派一人甚至派几人，通常以关系远近为序挨家挨户地登门告知。老人们回忆，当时多借助水路乘船前往各处，这是一种比较舒适、快捷的方式。不过，许多时候还需要步行，这就比较辛苦了。依照习俗，同一个房支的所有人家是需要全家都请来赴宴的，属于一族但分属不同房支的以及本村的人家通常请一人作为代表即可。至于其他亲戚、朋友，一般也都是请一人作为代表。至于本村里德高望重的老人即耆老、族长等管理者，也需要事前邀请其届时参加。人们认为，这样做一方面是认为"老人家有福气"，前来参加可以使新人沾点福气；另一方面也是借机表达对耆老和管理者的尊重。

2. 安床

临近举办婚礼时，男方家需要专门为一对新人准备一张新床。

旧时不同人家结婚用的新床，其具体的形态也差别巨大。有钱人家用的是讲究的床，如所谓的"百子千孙床"等，温塘、鳌峙塘等村至今时有可见。没钱的人家用的都是普通的木床，更为贫苦的人家用的可能就是一张床板加上床架而已。由于东城常年高温、四季多蚊，因此蚊帐必不可少，安装的时候同时要挂好蚊帐。

访谈时有老木匠告诉我们，以前各处人家都非常讲究安装这张床的具体时间。各项具体的准备工作可能很早就开始了，但一般来说，多是在举办婚礼的前一天才在新房中开始组装，而必须在晚上的11：00前即交子时前完成。或许是出于求吉的考虑，人们

---

① 关于刘伟民先生的具体说法，可参考东莞市政协《东莞风俗叙述与研究》，广东人民出版社2008年版，第62页。

对负责安装的师傅颇为客气,当日新人家会请其吃饭,开始装时或者完工时除工钱之外还会给其红包。

各村具体的安床习俗可能也不同,这尤其体现在安床的具体时间上。例如,有的老人家就表示,本村从来都没有固定的安床时间,只要在婚前挑一个好日子请木匠来家里装好就可以了。

但是,新床组装起来之后,包括新人在内任何人都不能在上面睡觉,而要等结婚之后才能够使用,这则是各村都通行的禁忌。老人们已经普遍不知道其背后的原因,我们相信与人们关于床的传统文化观念密切相关。中国的历史上经常有所谓的"失其床"说法,所涉及的不仅仅是物质上的床。

3. 贴对联

到了结婚的前一天的早晨或者上午,男方家庭通例要在自己家中各处大大小小的门上以及窗户等处都贴上对联。这时的对联通例采用红纸黑字(也有使用金色字的),内容则都是对新婚者美好生活的祝福和希冀。

东城人历来有贴春联的习惯,如果结婚时这些对联依然存在而没有被风雨吹刷掉,庆祝新婚的对联一般贴在残余的春联的边上。但在有些村落中,则也可以直接覆盖于其上。不同地方贴的对联的含义以祝福为主但侧重点可能略有不同,如大门处贴的对联多为恭贺新婚夫妇喜结良缘,常见的诸如"鸾凤和鸣成佳偶 鸳鸯福禄结良缘",常见的横批如为"百年好合"。此外,大门两边通常还要贴上大红的"囍"。而家中新婚夫妇即将入住的新房的房间门上,内容则以祝愿新人早生贵子的为主,常见的如"贵事贵发生贵子 兰树兰花长兰孙"。

在相当多的东城村落中,与新人家邻近的其叔伯等近亲的大门上以及所属的房支和宗族的祠堂的大门上,也要贴上大红的对联以示庆贺,同时也是告诉外人本家、本房支以及本宗族又有喜事了。

4. 烧嫁衣

以前的东城人认为,结婚不仅是家庭活着的人的大事,还是已经过世的祖先的大事。因此,儿或者女要结婚时都必须禀告先人并祈求其保佑。

例如,传统上的男方家庭这时不仅要在家里郑重祭拜并告知祖先,在婚前一天还要派专人去祠堂里拜各位祖先,向他们禀报后代丁男×××即将成婚的消息,并祈求祖先庇护这对新人。至于派去的人,则可以是新郎或者新郎家的某成年男性,但也可以是男方家所请的大妗姐。不论谁去,这时候一定要有供奉的祭品,而且除了通常祭拜时各种拜品之外,还一定要有若干件纸做的嫁衣。

时至今日,这种风俗有时仍然可以见到。本次调查过程中,我们就见到了一位大妗姐代替某男子家烧纸衣、禀报的。余婆婆家住在温塘的某坊,现在已经年过80岁了。她出生于余屋的一个地主家庭,因此年幼时得以上过几年学。中年时开始当了30多年的媒人,因此她对本地的婚俗非常了解。本次调查中,她解答了我们许多相关疑惑之处:

访谈资料:
问:男方派大妗姐到祠堂去,她去做什么?

答：男方派的大妗姐啊？那是要去烧嫁衣，就是去拜神、拜祖先。

问：烧嫁衣？为什么要烧嫁衣？

答：那种嫁衣是纸做的，不是真的出嫁穿的衣服。那个嫁衣，是烧给伯公的。伯公要吃东西，也要穿衣服的。去祠堂烧嫁衣的时候，还要有饭、鸡、饼、糕、水果这些吃的，还有茶、酒这些喝的。这些祭品都是要一起拿到祠堂里去的。

（我们看到她烧的那件，确实是纸做的嫁衣，是绿色的。）

问：这种嫁衣，都是绿色的吗？

答：这是不一定的。绿的、蓝的、黄的、红的、紫的，都可以的。还有花的呢。只有一种颜色的，那也可以。不过，一般都是有几种颜色的。就是几种颜色同时都有的。也不是一定说哪一种颜色的要多少件，反正加起来烧够36件，那就行了。

在东城人的心目中，每遇大事时祠堂以及祠堂内的祖先依旧不可忽视、怠慢。不仅婚庆时需要到祠堂拜谒祖先，丧葬也同样如此，这与我们在珠江三角洲所见的习俗相同，也与湖南、江西等地所见的客家人的习俗相同。

三、出嫁

女子出嫁是其一生中最重大的事件之一，从此与一个新的家庭发生了命运攸关的关系。

（一）上头

传统上，东城新娘在出嫁前一天的晚上，必定要由大妗姐或者某位女性长辈挑一个好时辰帮其梳头，这称为"上头"。

具体的上头时间似乎历来统一，以东城的广府人为例。因为其算出来的适宜出嫁的时间几乎总是子时，所以上头的时间常常会定在出嫁日前一晚的11点至12点。① 届时大妗姐一边帮助梳头，一边还会念或者唱一些吉祥的词句，常诸如"一梳梳到尾，二梳白发齐眉，三梳儿孙满地"，这些似乎也是历来统一的。梳完之后她即会帮助准新娘子把头发盘起来成为一个发髻，即从此由少女的长辫子发式而变成了妇人的发式。

在有些村子中，此时负责为准新娘子梳头的人，可能是家中的某些女性长辈如婶母，也可能是村中或者家族中某位子孙满堂的"有福气的"老妇人，还可能是新娘子的某位家中有多个兄弟姐妹的好姐妹。

（二）开面

所谓的开面，就是由大妗姐或者婶母等人用一根细线将准新娘子脸上的绒毛慢慢地绞掉。等到全部绞掉就完成了开面，表示该女子从此脱离了少女的身份。因为开面具有

---

① 在中国传统的12个时辰的计时方式中，一个时辰大概等于现在的2个小时。可能是这个原因，东城不同村落的"子时"似乎不同，如有的村落认为11时是子时，有的村落认为12时是子时，还有的村落认为11时开始至次日1点前都是子时。

社会象征意义,所以直到现在新娘子们普遍还是会开面。

开面虽然很痛,但在传统上是必不可少的重要的程序。人们认为开面不但让新娘子的脸看起来更明亮、使得其出嫁的时候更好看,更重要的是它表示女子即将嫁作人妇即进入人生的新阶段。访谈时老婆婆们回忆,开面要按照固定的顺序依次绞掉脸上的绒毛。大姈姐一边绞,一边还要说或者唱一些祝福的词句。绞掉的绒毛要收好,然后在村里找一个三岔路口小心地丢掉。人们认为这个习俗同样也有寓意,即代表着"随手丢掉纸尿布,女儿脚踏银桥步,步步高"。

据回忆,旧时的贫苦人家可能请不起大姈姐帮助开面,就只能由自己的某位女性长辈或者平时玩得好的某位姐妹帮忙。大概是从中华人民共和国成立前夕开始,东城有些村子里开始出现了专门替人开面的中老年女性。

(三) 沐浴

在出嫁的前一天晚上或者当天的晚上,新娘需要冲凉后换上新衣即嫁衣。依据我们的调查所得,不同村落的沐浴、着嫁装时间不同,但似乎以出嫁当晚沐浴的为多见。

东城长年高温湿热,女性冲凉即沐浴几乎无日无之。但是,与平日的沐浴不同,这时候沐浴不能够使用普通的水,而一定要用由香茅草、柚子叶二者或者其一煲成的水。传统上,珠江三角洲各处的人民普遍认为,这两种植物有除秽和除晦的作用,因此可以除去女子身上可能有的某些不好的物事等,以便其干干净净地迎来婚姻。即使是从现在来看,传统上的这种做法依然是极有道理的,洁净大概是人类永恒的追求之一。

据说在以前的大户人家中,准新娘子在完成了沐浴后,还要由其母亲、婶子或者嫂子等年长的女性帮助其依次着嫁衣。老人们说,这时候的着衣通常不是单纯的着衣,而几乎都是借机明示或者暗示某些为人妇的性知识。访谈时有位老婆婆回忆,"那时候的人都害羞,就算是父母,平时也不好意思说这些的"。这时候这些有经验又年长的过来人"趁机有意无意地说一点,就是周公之礼那一些"。东城的民间,至今多流行这类古雅的说辞。

(四) 服饰

古今的新娘子都要穿着嫁衣出嫁,现在的嫁衣各有不同,而民国时期东城新娘子的喜服即嫁衣也是各不相同,老人们也是众说纷纭。

据调查,传统上东城的喜服同样是大名鼎鼎的"凤冠霞帔",到了民国初年这种嫁衣依然极为常见。但是,这时已经出现了若干变化,许多新娘子穿着的是全新样式的服饰。本次调查时,已经95岁高龄的余老婆婆依然精神矍铄,她是从邻近的茶山镇嫁来峡口村的,幼年时其娘家的家境颇好。她记得当年她出嫁的时候穿的是"租来的一套红色的喜服。那个衣服是上下分开穿的,就是要穿上下两件的。上半身穿的是短衣,就是扣子开在右边的那一种。不过呢,那种短衣的衣袖很长的。下半身穿的是裙子,也是很长的"①。在红色嫁衣的里面则穿着自己的衣服,款式与平日穿着的传统珠江三角洲广府女性服饰相同,只是用料更精致而且是全新的。这位老婆婆还清楚地记得,"连头上盘发髻用的也是租来的,就是跟嫁衣一同租的。盘好了发髻之后,上面还别着一根发簪。到了临上轿的时候,头上还要再盖上一块红盖头,这才能够出嫁"。

可能是由于具体的村落不同,也可能是由于时代的差异,有些新人出嫁时的嫁衣另有其他风味。例如,本次调查时,周屋的某老婆婆已经年过80岁了,但思路极为清晰且言辞颇为文雅。她出生于地主家庭,因此出嫁时虽然时局已经颇为艰难,但仍旧颇为讲究。她回忆她是因为形势动荡才"拖到"1948年出嫁的,当时身上穿着"三层"即3套衣服,脚上则穿着"底很厚的木屐。那时候都是穿木屐的,为的是不让新娘子的脚粘上尘土"。出嫁那天气候炎热,因此她对穿三套衣服她印象深刻,我们对这些嫁衣也深感兴趣。

访谈资料:

问:过去出嫁之前,女方要准备些什么东西啊?

答:那一般都是要买新衣服的。那个时候,只要是买得起的,都是买衣服了,不是自己做的。普遍来说呢,那是都要个十套八套的。

问:颜色有没有什么要求?比如说要买红色之类的?

答:那是肯定的,是要讲究颜色的。我出嫁的时候,外面那是穿了两套衣服的。最里面贴身,还要穿一套。那时候女孩子就有内衣了,这个还没算进来的。我最里面的一套衣服是红色的,中间的那一套是白色的,最外面的那一套是黑色的。我们这边,以前外边都是穿黑衣服的,不是红的。红的,那是穿在里面的。

问:3套衣服一起穿吗?那不是一下子穿了很多衣服啊?

答:那也没有办法的,那个时候都是这样的。不过,等你到了男家那边,外面的那两套衣服就可以马上脱下来了,就是再也不穿啦。

问:为什么嫁人要穿那么多套衣服呢?

答:3套,就是红色、白色、黑色的各一套嘛。这3个颜色都要有的,那时候就是这样的。具体是什么道理?那时就是这样的风俗。

我们多年在珠江三角洲各处调查,发现旧时候相当多的新娘子出嫁时都是在最外面穿着一袭黑色的衣服、里面穿一袭白色的衣服。(见图4-1)牛山村的某老人回忆,他小时候该村的新娘子落阁上轿时,就是身穿黑色与白色的两套衣服即外黑内白,当时俗称"金衣(黑)""银衣(白)"。至于衣服的质地则各异,而不论广府人还是客家人都普遍以香云纱为最优。对于影视作品中反复出现的珠江三角洲女子着凤冠霞帔坐轿子出嫁,东城的老人们似乎颇有意见,普遍的说法则是"到了男方的家里,才可能是那样穿的。在路上的时候,外面都是穿的黑的衣服的"。当时一般都是等到进了新房或者拜堂之后,才把这些黑色、白色的衣服脱掉并珍藏起来供日后特殊的日子使用。

---

① 清末民国时期,贫穷人家的女儿出嫁时多穿的是简单的衣服,而有钱有地位的人家租用婚服以嫁女的颇为常见,当时的东莞多地均如此,如麻涌(详参考张振江、陈志伟《麻涌民俗志》,汕头大学出版社2008年版,第92页)。

图 4-1　打红伞、穿黑衣的新娘子①

但是，中华人民共和国成立初至改革开放前的几十年间，由于各处村落人们的生活水平普遍较低，因此婚礼的服饰也就变得简单了。牛山村的某老婆婆现在已经年过60岁了，她是1970年19岁时结婚的。她还记得当时买布要布票，而每人一年只有3尺布票。为了满足她结婚所需，家里只能设法积攒布票，又借了一些，才给她做了一套新衣服充当喜服。当时衣服的颜色种类也很少，以黑、白为主，即使是新娘子的喜服"也很少有红色的。我结婚那个时候的婚服，上身差不多都是里面穿一件白色的衬衫，外面再套一件黑色的外衣。那时候也不许穿裙子了，都是穿裤子，裤子也全都是黑色的。平时也穿木屐，不过结婚时穿鞋子的多，也有人穿塑料的拖鞋。那时候，塑料拖鞋还是很时髦的"。

（五）拜神

新娘子在踏上出嫁的路途之前，要在自己家里举行一次"拜神"仪式，主要是祭拜并感谢祖先以及各位神明。

在开始拜神之前，新娘子先要吃下一个鸡蛋，这代表她就要离开现在的家庭而成为男方家的人了。至于为什么吃鸡蛋，则似乎已经无人知晓。家人早已经在家中的神台上摆好各类祭品，静候女子吃完蛋后来祭拜祖先。旧时常见的祭品是3碗饭、3块熟肉、3杯酒以及3个当季的水果（现在几乎都是苹果）。人们认为，祭品的数量为三寓意着"三三满满"。②

据调查，大部分东城村落中的风俗，在这时都是准新娘子先拜神明、后拜祖先。但前文所述的95岁高龄的余老婆婆却回忆，当时她是先拜祖先、后拜当天等神，这让她至今仍然觉得非常奇怪。当时许多村落的习俗是，新娘子在离开娘家时都要拜祭"横头离"。所谓的横头离，指的就是家中的神格即神龛，当是由于它是一块横插入中厅的后

---

① 图片来源：https://xw.qq.com/gd/20160617055230/GDC2016061705523000。
② 对这句话的含义，有不同的说法。有老人说取其谐音"生生满满"，即意为祝愿新娘子未来儿孙满堂，这种说法似乎极为切合原意。

墙面的木板而得名（详参考本书第二章）。但这时拜祭的意思不是祭拜，而是准新娘子自此告别娘家的祖先。① 她至今还特别记得当时她拜祭"横头离"的情形，因为她是站立而不是跪着拜祭的即没有"行大礼"。访谈时老人家们说，由于娘家的祖先从此以后就不再是新娘子的祖先了，因此拜"横头离"时可站可跪但以跪拜为常见，"因为始终是祖先"。她还记得当天在拜祭神明时，她确实行了三跪九叩的大礼，人们认为如此才能够显示自己的虔诚与恭敬。她记得祭拜祖先和神明时，大妗姐都站在她的边上，还都说了一些吉利的话，大意是"××今天要嫁进××家了。祝他们百年好合、举案齐眉"之类的，用意都是祈祷祖先或者神明保佑她婚姻幸福、早生贵子等。

在旧时，这次祭拜的世俗意义是代表着女子已经长大成人且要出嫁了，拜祭完毕即意味着该女子从此不再是女方家的人而将是男方家的人。而在传统民间信仰方面的意义，则是从此以后她原来的列祖列宗都不再与她有原来的关系即不会再如常保佑她了，而她从此以后也只需要拜祭夫家的祖先而不再需要拜祭娘家的祖先了。

（六）出嫁

新娘出家门启程出嫁时，需要在家门口的空地放鞭炮三声，这意味着女子正式离开家门踏上出嫁路。

据调查，以前许多村落中的风俗，都是由大妗姐背着新娘子走完从家门口到轿子这一段路程的，这时要确保新娘子脚不能够沾到地。人们认为，这样不仅可以避免新娘子的脚沾染尘土，更重要的是可以确保新娘子"不回家"，即婚后能够与丈夫白头偕老。② 行走时新娘子的边上还有人替她撑着一把新的红伞，用于遮蔽各种邪气之类的"不好的东西"。但大概从抗日战争结束时开始，就逐渐变成了由新娘子自己撑着红伞。不过，此时的这把伞仍然必须是新伞，而绝对不能够是旧伞。许多村落的习俗是撑起这把伞遮住新娘子前，要当众先把其伞面小心地撕开一条细缝。老人们说，这个仪式其实具有高度的象征意义，既彰显新娘子婚前白璧无瑕，也暗示她从此嫁作人妇。也是从这一时期开始，新娘子普遍改为了穿着厚厚的木屐自己走出家门坐上轿子，媒婆或者大妗姐则在其边沿途撒米，口中还要念念有词。人们认为木屐同样具有使得新娘子免沾尘土的作用，而米则能让"那些不干净的东西走开，就是不要跟着新娘"。

旧时的东城新娘通常都是坐"花轿"出嫁，或者先用轿子后用船即二者连用，但历来极少只用船的，这当与东城具体的交通环境有关。当时使用的轿子，是一种由两个成年人抬的较小的轿子，轿子两边还要各有一个小孩子，他们手执小木棍沿途不断地敲打轿顶。③ 因此，虽然人们常说过去使用四人抬的大轿，但真正抬轿子的其实只有两个人。至于不使用大轿子的原因，可能在于旧时东城各处的路都较窄，实际上经常是所谓

---

① 访谈时有老人说，旧时的女孩子只有到了出嫁时才会拜祭这处神龛，因此东莞的许多地方都有"拜过横头离"的说法，意思等于说自己已经结婚了。而如果问某人什么时候拜横头离，也就等于问某人什么时候结婚。即使是到了现在，似乎多数女子在出嫁时仍然要拜娘家的神龛即拜别娘家的祖先。

② 在先秦古籍《战国策》中，就有记载女儿出嫁时其母亲祝祷"千万不要让女儿回来"的习俗，与此相仿，似乎说明这一"不回家"的习俗源远流长。

③ 至于为什么要小孩子敲打轿顶，则说法各异而似乎无通行的解释。

的"田埂路",只有二人抬的轿子才容易通行。此外,虽然旧时东城人的通婚范围通常相当有限,但有时仍需要借助船只渡河或者乘船而行等,这些时候也只有这种小轿子才有利于上船、下船。如果需要摆渡或者乘船,这些时候新娘通例是不能够下轿子的,而总是由轿夫连人带轿一起抬上船坐在轿子里乘船行走,或者待过河后再继续坐轿子沿陆路赶路。

老人们说,旧时穷人家嫁女时相对简单。而旧时的富家嫁女时,经常由许多人组成一支庞大的队伍陪同新娘子。敲锣打鼓的仪仗队走在队伍的最前面,新娘的花轿在中间,其后面则是送嫁妆的人员。帮忙搬运嫁妆的人并没有固定的选择范围,但几乎总是新嫁娘家族的亲人或者其平时雇佣的人员。大件的或者难以搬运的嫁妆,通常都已经提前送到了男方家去,因此这时的嫁妆相对来说不是非常多,而且几乎总是小件的。[①] 但有一个必须严格遵守的禁忌,即搬运嫁妆的人数一定要是双数,这样才能够祝福新娘子日后"成双成对"即有"好意头"。送嫁的这支队伍浩浩荡荡,一路吹吹打打迤逦奔向男方家。旧时的人们认为送嫁的场面越是隆重、送嫁的队伍越长,越能说明新娘子的嫁妆殷实、越能说明其家庭重视该女子。很多老人都说,这样才是极其风光的大场面。

中华人民共和国成立后,随着"破四旧"运动轰轰烈烈地开展,各处村子里都搞起了"婚姻改革"。从这时起就不准坐轿子了,新娘出嫁多变成了在几个至亲的陪同下,由她自己撑着红伞走路去夫家。这把伞的上面会缠红带子并从四面垂下,这称为"挂红"。老人们说,这其实是模仿过去从轿顶上垂下来的流苏。到了"文化大革命"期间,随着"破旧俗、树新风"运动的开展,出现了不少新郎骑着自行车上门接新娘的案例,婚礼的程序相应地也大为简化。许多老人都说,传统上东城的男子是在家等候新娘子到达的,改为新郎登门接新娘子就是从这个时候开始的。到了现在,新郎登门几乎成为了必然。当然,现在的新郎都是用各种高级的汽车接新娘。新娘出家门后撑着红伞上车,与新郎并排坐在车的后面一排。因此,该排的座位又被称为"鸳鸯座",意思是新人永不分开。

(七)陪嫁

新娘离开家门上路的时候,所有村落都会有媒婆、大妗姐、陪嫁娘以及平日里与新娘子要好的一众姐妹陪送,有的村落如樟树村还会有亲人陪送,这就是所谓的"送轿"。而据一位曾经在女间(详参考本书第九章)居住过的袁姓老婆婆回忆,她出嫁的时候与她在同一处女间居住的姐妹们也有来送,她们还唱了哭嫁歌。她至今还记得,遇到不记得的歌词时这帮姐妹还偷偷地互相提醒。

与媒婆、大妗姐和陪嫁女会一直陪同新娘子到男方家不同,这些姐妹们以及其亲人们通常都只是送到门口或者村口即止。这使得此时的家门或者村口具有了特殊的标志意义,即意味着该女子从此不是本家或者本村的人。而女子到达新郎所在村落的村口和家

[①] 据调查,出嫁的前一天家人或者伴娘即把新娘子的各色嫁妆都收拾好并装入各种箱子内或者托当地包装好,然后把主要的陪嫁妆奁等派专人送至男方家庭,旧时称之为"搬嫁妆"。因此,女方出嫁时几乎不再携行任何嫁妆。不过,这种情况似乎较为少见。

门口时也有一些特殊的活动,也是因为其具有标志性的意义。传统上所谓的嫁出的女子如同"泼出去的水",老人们说指的就是出家门。这个女孩从此就是"我们村嫁出去的人"而再也不是"我们村的人"了。

一般来说,送轿的部分人要陪同新娘子抵达男方家,这就是所谓的陪嫁。据调查,旧时有一些村落送轿时就是提着灯笼一路送达的,这时灯笼就是必备的物品。至于为什么要这样,则可能与旧时东城人通例多在半夜登程出嫁有关。在珠江三角洲的各处村落中至今仍然可见半夜出嫁的,颇得婚嫁的本意。①

(八)出嫁途中的禁忌

在出嫁的路上过去也有一些禁忌,而最重要的有两条。

第一条是路上绝对不能遇上出殡的队伍。人们认为,如果遇上的话会导致新娘子婚后始终生不出孩子即绝后。东城有的村子的习俗是在夜里出殡,因此这种可能性确实存在。为了避免遇上这种不吉利的事情,新娘子的家人通常都会事先多方设法打探。而万一还是偶然遇到了,新郎家则需要尽快到庙里做一场特定的法事,据说才能够化解。过去的东城人有时把死去的人叫作"黄麻",因此,人们又会戏谑性地把这个法事称为"斩黄麻"。

第二条是途中不能够遇到孕妇。珠江三角洲的许多地方都认为,因为孕妇加上其腹内的孩子合计共有四只眼睛,所以人们普遍带有一定轻蔑口吻把孕妇称为"四眼",并有许多专门针对四眼的特殊禁忌。东城人至今在许多重要的场合都要遵守"四眼"禁忌,出嫁途中尤其忌讳遇到四眼即孕妇。至于万一遇到有什么后果,则说法不一。如有人认为会导致新娘子婚后不孕不育,有人认为会导致新娘子婚后始终生死胎,还有人则认为就是晦气而不会有什么严重的后果。

老人家回忆,出嫁的途中其实经常发生许多无伤大雅的有趣的故事。如依照传统的习俗,两顶坐着新娘子的轿子过桥时要是不期而遇,这时候双方的轿夫就会想尽办法把对方的轿子挤到一边而使得自己的轿子先过去,但这时又绝对不能够挤翻对方的轿子,否则,于人于己都不吉利。双方的轿夫抬着轿子进进退退,斗智斗勇,经常要历经多个回合才决出胜负,场面很是喜庆。而到了中华人民共和国成立后,这个习俗也相应地有所改变。如中华人民共和国成立后的很长一段时间内,新娘子必须步行去新郎家。如果途中过桥时与另一位新娘子不期而遇,两位新娘子或者负责打红伞的人,各自就会尽量把手中的红伞举得高高的,举得低的一方必须自觉让路,而举得更高的一方则得意洋洋地先过桥。

---

① 详参考张振江、陈志伟《麻涌民俗志》,汕头大学出版社2008年版,第113页。

四、迎娶

（一）新郎的准备活动

与新娘在出嫁前需要沐浴、上头、开面等一系列复杂的准备不同，新郎在迎娶前的准备活动要简单很多。

据回忆，新郎也需要沐浴，但主要为的是显得整洁。之后他把头发梳得干净、整齐，再换上新郎服、戴上新郎帽即算完毕。东城人旧时的新郎服与当时珠江三角洲各地所见的并无二致，如最外面的同样是一袭长袍。这件长袍除了不能够为白色之外，颜色方面没有其他要求，实际上以蓝色、黑色的较为多见。又如，新郎帽同样多是状元帽的样子，帽檐的两侧带有金色的长长的"枪花"也就是流苏。但可能是由于地处沿海得风气之先，到了民国初期，东城的许多新郎开始穿着全新式样的服饰，至于传统的与新式的混搭，则更加常见。实际上，在那一时期的东莞，各地的情况大体都如此，男子以至女子的各种服饰的变化都是相当大的。[①]

在不同的村落里，新郎这时的准备活动也不是完全一致的。如在一些村落中，新郎这时也要上头，只是其过程比新娘的要简单得多，这也是通常没有什么要教的或者要叮咛的。东城的人们认为，结婚是男子长大的最重要的标志，上头在一定程度上等于成年的形式标志。

（二）迎亲

在现在的东城的各处村落中，接亲时新郎几乎都要亲自上门迎娶新娘，这是几乎毫无例外的主流形式。访谈时老人们普遍回忆说，"就是在'文化大革命'时'移风易俗'运动期间，才改成了现在的样子的"。而在以前，通例是由男方派一位或者几位口才好的叔伯等男性近亲，带着媒人、花轿、仪仗队以及礼物等去女方家接新娘即可，新郎都是不会自己去登门迎接的。

早在举办婚礼前的数日，男方家庭已经专门请算命先生、风水先生之类的人精心算好了迎娶的吉时，得到吉时后，男方家庭都会即时通知女方家庭以便做准备。到了结婚当日的吉时，准备好红包和礼物后男方就一路吹吹打打，去女方家迎新娘。由于东城人的吉时普遍都是在夜晚，因此迎娶仪式也大多是在夜晚举行的。不过，当时的男方一行人一般都要"经过千难万险，才能够接到新娘子"。例如，据回忆当时到了新娘所在的村口以及其家门口，通常都需要向阻拦的孩子、新娘子的姐妹以及其亲戚们发红包。如果认为他们所派的红包不够，一行人就会被一直拦着不让进村、进门；只有等到认为红包足够之后，一行人才会被放行。老人们说，这就是必须派口才好的人去的原因。或许是由于历尽艰险，因此老人们又称迎亲为"抢亲"。

等到历尽磨难迎到了新娘，一行人才高高兴兴地一路上吹吹打打地返程。

---

① 详参考张振江、陈志伟《麻涌民俗志》，汕头大学出版社2008年版，第85—90、92—95页。

第五节 婚　礼

在过去，由于家庭居住面积普遍有限，东城人的婚宴可能在家中举办，但更可能在所述的房支（有时是宗族）的祠堂中举办。老人们都回忆，以前即使是"很有钱很有钱的人家"也几无例外。不过，婚礼的诸多环节通例都是在新郎的家中举行的，家屋在这时凸显出特殊的意义。

不同人家的婚礼程序可能有细微的差别，以下我们大体依照时间的顺序展示通常的婚礼程序。

一、进门

传统上，新郎的家庭早就安排人观察动静。一旦发现迎新的一行人抵达，家人或者安排好的人就会马上放鞭炮三声。新娘的花轿抬进新郎的寨子后在村口放下，新娘下轿由大妗姐背到新郎家。这时候要特别注意，整个进家门的途中都要确保新娘的脚不能够沾到地。据说如果沾到了地，会导致婚姻不谐。

新郎家早已提前在家门口摆好了一个火盆，里面通常放着香茅草、纸钱、元宝等易燃物。新娘子快到时就要烧起来，以便她从火盆上方跨过去进到家门里面，据说是为了"去掉新娘子路上沾染的邪气"。在旧时的珠江三角洲各处的广府人以及部分客家人的村落中，都普遍可以见到这个习俗，但到了现在，很多人认为它对新娘子来说可能有一定的侮辱性，因此这个习俗已经几乎消失了。

迎新的一行人通常都会比择定的吉时早一些抵达村落，在一些村落中就可能不许可直接进家门，而必须在某处等待直至吉时到来。一般来说，这时多是安排在叔伯等近亲家中稍候，而叔伯等家必定殷勤招待。

二、进新房

新娘抵达男方家的时候往往还未到拜堂的吉时，绝大部分的村落许可其先进家门，但会先让新娘子在新房里稍作休息等待拜堂的吉时到来。

到了差不多的时间，媒人拿一个小桶装一些米摆好，米上面还要摆一个小石榴和小橘子，这就是所谓的"米斗"。据调查，石榴寓意多子，橘子寓意吉利。然后大妗姐点燃6支香，交给新郎与新娘每人3支，让新郎新娘共同"拜米斗"，拜完之后将香插在米斗的两侧。老人家说这个仪式的含义，是新人能够早生贵子、添丁发财。一对新人拜的时候，媒人则会在一旁唱称为"贺米斗"的歌。本次调查中我们有幸得到了余婆婆给我们的一个手抄本，兹转录相关的歌词如下：

好时好日贺新房，新抱五子连丁金玉满堂。
贺喜一间新洋楼，洋楼高上永无忧。
贺喜一间新房，新抱（意为媳妇）二男一女摆成行。
贺洒米斗，新郎返来贺米斗。
米斗内头藏白米，福财郎做大老细（意为大老板），丁财富贵样样齐。
贺喜斗娘娘保新返平样样有，百花齐放永无忧。
贺喜一对洒吉生祥真秀茂，贵花贵子结成球。
贺喜一柏树，松柏丛丛出桂枝。
贺喜一对洒石榴，新抱五子连丁成一球。
贺喜一把牙快子，数来崧又崧，新抱返来开花秀茂衬夫容。
贺喜两碗衣食米，先生挣钱大路归。
贺喜一对洒灯头，新抱明年灯带城门楼，今年怀到时古耳，出门灯带城门眉。
贺喜鹅仔鹅姆一大堆，新抱丁财富贵一齐来。
六支保香齐奉上，保福气和顺百年长。
香烟升上天堂去，五子连丁大发财。
贺喜洒米斗，新抱百子千孙在后头。
贺喜又贺喜，贺喜新抱年添又桂子，夫妇又齐眉。
一杆添到尾，一百结发夫妻到白眉。

拜完米斗、唱完歌之后，新娘要拿出提前准备好的两封利是分别送给大妗姐和媒人。接着新郎要拿一把扇子在新娘的盖头上轻轻地敲3下，旧时这个仪式称为"敲头帕"。新郎一边敲一边还要说一些话语，大致的意思则是：从此以后你就是我家的人了，生了孩子要叫我爸爸。① 新郎敲完、说完之后，再用扇子将新娘头上的盖头挑起来。在过去，这个仪式称为"揭头挂"，它极有象征意义，意味着新郎从此可以见到新娘的真面目，即两人从此成为了坦诚相对的夫妇。

访谈时有老人认为，这一整套动作、说辞其实暗含着男权至上的意识，即该女子从此要听从其夫君的话、替其夫君家传宗接代。也有老人认为，这一整套其实是一种法术，但其用意同样是压服该女子，使得她从此听命于丈夫。

三、铺床

掀开红盖头之后，新房内前一天就已经准备好的新床，这时才可以正式启用。传统上，首次使用有个仪式，这就是所谓的"铺床"。

媒人（有的村落是大妗姐）在新床上首先仔细挂好蚊帐，然后逐一铺上早已准备好的新的席子、床单、枕头、被子等一应卧具，最后把新娘子、新郎的衣服各一套放在床上，把新郎、新娘的拖鞋并排摆于这张床前。而如前文所述，床在中国传统文化以及

---

① 我们在麻涌镇也听到过完整的说辞，大意则相同。详参考张振江、陈志伟《麻涌民俗志》，汕头大学出版社2008年版，第114—115页。

民间文化中含义复杂,这个仪式同样含义多,而最主要的则是祝福新人从此同眠共枕永不分离。

依照许多村落的传统习俗,媒人(或者大妗姐)在铺床时,还要唱特定的祝福的歌谣,这就是至今依然广为人知的所谓的"铺床歌"。我们多年在珠江三角洲各地调查,发现无论是在广府人的村落还是在客家人村落中,都普遍流行这种歌谣,而且歌词完全统一或者相差无几,似乎也说明有统一的来历。如依据袁洪铭先生的研究,清末民国时期莞城一带最为通行的《铺床歌》歌词如下:①

挂起一张红棉帐,飞龙飞凤对双双,
红漆枕头花锦被,龙须席衬象牙床,
今年汲水淋床脚,明年洗锅煮糖姜,
桂子三年和包两,轮到六年添两双,
九年六子登金榜,选入朝中伴帝王。
蓝纱帐,大红檐,良时吉日结新婚,
百年好事今宵定,爹娘生子子生人。
红锦被,绣奇花,风流帐底乐繁华,
举案齐眉唔在话,天长地久不分瓜,
合欢花茂真奇雅,自然发达长根芽。
汉缎褥,衬苏毡,佳期成就是前缘,
好丑皆从心所愿,一由父母二由天,
五世其昌为此日,三多吉兆卜他年。
佳纹席,象牙床,好比梁鸿配孟光,
和谐鱼水相偎傍,白头双守永同房。
铺锦被,向东头,年少夫妻乐唱酬,
三生有幸成佳偶,琴瑟和谐过百秋,
风流一刻千金凑,儿孙历代出公侯。
铺锦被,向南新,团员福禄寿加增,
满门高冠王封赠,堂上荣华富贵春,
年少洞房同合卺,今晚邻鸡莫唱勤。
铺锦被,向归西,麒麟早降显英威,
其昌百世传诗礼,此夕欢怀乐绣帏,
团圆诗咏关雎句,叮嘱邻鸡莫快啼,
从此赤强方足系,他朝夫妇与眉齐。
铺锦被,向北方,今朝织女会牛郎,
夫唱妇随如水样,五子连登金玉满堂。

铺好床铺之后,媒人或者大妗姐拿起早已精心挑选出来的花生、红枣、龙眼干等历

---

① 转引自东莞市政协编《东莞风俗叙述与研究》,广东人民出版社2008年版,第38—39页。

来有美好寓意的果子，均匀地撒到床上的被子里面（有的村落中则是撒在被子的上面）。许多老人都回忆，约从民国初年起，这些果子中又增加了糖果，他们认为这主要是为了增加对孩子们的吸引力，同时也祝福新人的婚后生活有如糖果般地甜甜蜜蜜。在当时，糖果颇为稀罕，东城人多延续旧习，仍然称之为"梨膏"。媒人或者大妗姐一边撒，一边还要唱歌谣即"撒果子歌"。各地所见的"铺果子歌"的歌词也同样相当一致，依据袁洪铭先生的研究，清末民国时期莞城一带最为通行的《铺床歌》歌词如下：[1]

> 铺完锦被床中上，果子张来撒四方。
> 撒果子，且从东，佳人才子喜相逢，
> 百年衿枕无更动，笑乐鸳鸯始尽终，
> 喜见美人同跨凤，欢交佳婿共乘龙，
> 夫唱归随闲耍弄，早生贵子受王封，
> 今晚鸳鸯连入梦，保守长春日日红。
> 撒果子，向归西，身修夫妇得家齐，
> 但愿莲花开并蒂，梧桐永远凤凰栖，
> 苦乐甘从皆一体，枕簟恩情不可亏，
> 琴瑟和谐声细细，丝萝缔好意齐齐，
> 女嫁男婚依古礼，天台直上自云梯，
> 生男育女成家计，传留世代姓名题。
> 撒菜子，便依南，国风诗句咏关关，
> 君子好逑休意慢，应然绿鬓对红颜，
> 贞坚但得如鸿雁，纲常不乱在人间，
> 成双到老唔分散，夫妇恩情莫当闲，
> 嫁女须当将婿拣，娶媳妆奁切莫贪，
> 男情女意恩无限，共枕同衿笑夜闲。
> 撒果子，过北边，夫妻保守到百年，
> 姻缘分定成连理，情投意合两心欢，
> 开枝散叶天长远，生花结子意绵绵，
> 桂子兰孙人满地，寿如彭祖又加添，
> 五男二女情安泰，沾领王恩福禄全。
> 撒果子，是中央，夫荣妻贵姓名扬，
> 蛰蛰螽斯多衍庆，绵绵瓜瓞自芬芳，
> 共结斯罗山海固，永谐伉俪天地长，
> 联吟风月诗无草，同梦文章字有香，
> 相依他日乾坤大，配合终身岁月长。
> 撒果子，在床中，三生有幸会娇容，

---

[1] 转引自东莞市政协编《东莞风俗叙述与研究》，广东人民出版社2008年版，第39—40页。

鹊桥高架天台洞，桃源莫把武陵封，
帐内并头连理共，东方勿快日头红。
撒果子，在床唇，金屋婵娟会贵人，
锦上添花唔在问，胜如彭祖寿加增，
从此满门多和顺，生男养女一大群，
众人听见多欢喜，路路相逢遇贵人。

依照传统，撒果子、唱歌要同时结束。这时新郎家人提前找来的打扮一新的几个小孩早已等候一旁，等到一撒完、唱完，主人家就会让他们马上爬到床上到处乱蹦乱踩、找果子吃。① 如果果子是在被子下面的，这时还一定要他们钻到被子里到处摸果子。传统上，东城人把这个仪式称为"爬床"，② 其最为基本的寓意则是祝福新人早生贵子、多子多孙并能够生活幸福。

四、贺新床

铺好新床之后，媒人会让新郎、新娘二人并排坐于新床的边上，然后她面对他们唱贺新床歌。访谈时也有人称之为贺新房歌，但我们没能够得到其理据，似乎因为这种歌曲通例是由贺新房开始的。

据调查，贺新床习俗的历史也已经颇为久远，在珠江三角洲各处历来也都是颇为通行。旧时各地所唱的贺新床的歌词也几乎完全一致，令人不禁怀疑也有统一的来历。这种歌曲的内容，传统上不外乎祝福新婚的二人早生贵子、日后生活幸福美满之类的。因为贺新床仪式直至今天仍然普遍多见，所以人们又可能加以某种改编甚至全部重新编词，以适应全新的生活。

贺喜一张龙凤床，新抱（意为媳妇）二男一女摆成行。
贺喜一个床前面，新抱明年BB仔（意为孩子）在床圆。
贺喜一个床朋背，先生男子再生女，状元公子一齐来。
贺喜一对鸳鸯装，夫妻和顺软绵绵。
贺喜一张龙凤被，夫妻盖得笑眉眉（意为眉开眼笑）。
贺喜四支蚊帐挂，新抱踏返床上抱孩儿。
先抱男时后抱女，状元公子一齐来。
贺喜一堂蓝花帐，桂花桂子在蓝床。
贺喜龙床和大斗，新抱百子千孙在后头。
送果子送到床中，新抱锦上添花从叠。
送果子送到床东，新抱长头生一个后生以松。

---

① 据调查，这时的孩子多为5岁上下，几乎都是叔伯等近亲的孩子。有的村落这时全用男孩，寓意新人生儿子、传后代；有的村落这时则是男孩、女孩均有，寓意新人儿女双全。
② 袁洪铭先生称之为"摸铺床桔"（见东莞市政协编《东莞风俗叙述与研究》，广东人民出版社2008年版，第40页），但我们从来没有问到过这个说法。未知是地域的差异，还是文人加工的结果。

长头生一个男儿子，第二胎生一对洒玲儿。
又有仔时又有女，花开都有月来陪。
送果子，送归南，金橘石榴衬牡丹。
送果子，送归西，新抱和堂水坳好夫妻。
送果子，送北方，新先生四边银两进华堂。
男铺夫，女铺生，抱出孩儿衬牡丹。
男铺裤，女铺裙，抱出孙儿绿绿云。
床头当一，床尾当一，明年BB仔仔（意为孩子）在床圆。
床头当一吓，床尾当一吓，出年（意为来年）BB仔叫爸爸。
今年担水淋床脚，出年（以为明年）BB仔射尿在床前。
贺喜一张4脚凳仔稳真（意为稳当），家里生出的状元人。
贺喜房门尽打开，花公、花母送儿来。
第一送男，第二送女，丑柳之人唔送新抱，送几个肥肥白白豆花开。
贺喜新抱，一堂添五代，五子连丁发大财。
贺喜老人家，添孙发湿响人华。
贺喜奶奶、老爷娶新抱返来唔使忧（意为不用担心），老人越做越心欢。
贺喜靓女真系（意为是）靓，拍拖（意为恋爱）拍到笑眉眉（意为眉开眼笑）。
贺喜隔离（意为隔壁）和左右，银纸（意为钱财）使眉唔使忧。
贺喜亲朋和戚友，老板权威做是头，生意兴隆一本万利，攒钱回家比威威。
贺喜小孩听勤书倦，读满高中大学考状元。
贺喜小妇听勤家俭，福夫旺子两齐全。
贺喜家肥屋和润，一帆风顺攒钱银。
贺喜男女听佳吉庆，一帆风顺响安宁。
贺喜又贺喜，贺喜新抱年添又桂子，夫妇又齐眉。
一杆添到尾，一百岁夫妻到白眉。

以上歌词是由余屋村的袁婆婆专门提供给我们的，余屋村委会也给了我们一份相同的手稿资料。本次调查时袁婆婆已经70多岁了，由于在中年时曾经充当媒人多年，因此对本地的婚俗以及贺新床歌谣都非常了解。据她回忆，她当媒婆时所唱的贺新床歌就是上述的样子，是她自己沿用原来的曲子但改编了部分歌词而成的，而由上述歌词来看，确实因为改编而略微显得新旧混杂、雅俗互见。[①] 至于改编的原因，则是她认为"人都喜欢听最喜欢听的嘛"。

[①] 此歌词是由张婆婆特地手书给我们的，大体上是语体文与粤方言口语词汇的混合体。可能是基于她文化水平较低又使用汉字记录粤方言语词即类似于日语记录汉字音的缘故，再加上她现在年老且又时隔多年可能记忆有误、有遗漏，文内似乎颇有一些语义含混甚至上下不连贯处。我们全文照录未予更改，只在适当处用括弧的方式略加注释说明其意。

五、拜堂

吉时一到,新娘一行人马上从新房里出来参加拜堂仪式。东城人至今认为,拜堂具有高度的复杂的含义,是整个婚礼过程中最为重要的一个环节。

拜堂通常在厅堂的正中举行,厅堂内放置好的八仙桌上早已经摆好了香、烛、酒、茶、鸡、猪肉、水果等一应物品,旧时还要摆上 12 个红枣、12 个花生(寓意早生贵子、多生贵子)。拜堂仪式开始后,新娘先与新郎一同跪拜当天等神明、再跪拜新郎家中的历代祖先,上述的祭品就是拜祭当天和祖先所用的。拜完神和先祖之后拜人,最为重要的是共同跪拜新郎的父亲与母亲。

全部跪拜完之后,便开始"奉茶",即新娘子给新郎的父母等敬茶。如果男方的爷爷和奶奶仍然健在,这时候新娘则需要先给其爷爷、奶奶奉茶,之后再给家公、家婆奉茶。男方家至亲长辈如大伯、叔叔之类的及其配偶,也要敬奉。有的村落也要给平辈中的年长者如哥、嫂等奉茶,但大部分村落似乎都是只向长辈奉茶,被敬茶者通常需要给红包以示"回礼"。新娘子向爷爷、奶奶、公公、婆婆等直系至亲敬茶时需要跪着,但向叔伯之类的奉茶时站着即可,如果需要向平辈奉茶更是只需要站着。等到给全部人都奉完茶之后,新娘即拿出提前备好的新的手巾与新鞋,按照亲疏远近依次发给男方家的所有亲人。仪式临近结束时,一般还需要给所有在场的亲朋好友分糖水喝,在场的人无论喝不完喝得完都会喝了再添加一点,这个习俗称为"成双"。

依照东城人的传统习俗,如果新郎的母亲不幸早逝,在儿子结婚之前她的牌位是不能放置在家里的神格即神龛之上的,而需要在神格下另设一个单独的地方安置。到了举办婚礼的这天,其儿子才能够将母亲的神主牌恭敬地"请"到神格上面并就此"入住",以便在拜堂的时候接受儿子与儿媳的祭拜,从此她也有资格与其他祖先一样享受日常的拜祭。

六、婚宴

旧时新婚人家摆酒席可以在自家摆,但多是在祠堂里举行。基于经常要举办红白大事的缘故,几乎每处东城的祠堂都备有大量的桌椅板凳。

富人家的酒席自然是难得的盛宴,穷人家的婚宴也必须多花心思备办周全。来宾们觥筹交错、言笑晏晏,喜事场合总是充满了欢乐。新郎、新娘同样还会由家中长辈带着,逐一向所有的宾客敬酒。概言之,东城的婚姻与一般所见的并无二致,最多只是菜肴的具体种类以及丰盛的程度有别而已。

东城人的婚宴中显得较为特别的是普遍多摆一围即一桌,无论是在家中举办还是在祠堂中举办都是如此,人们通常称之为"加宴"。额外加上的这一桌同样是八仙桌,其周围摆有 8 张椅子、8 张小矮凳,桌子上的饭菜中通常必须有 8 碗咸丸子。传统上,有些村落中这桌饭菜是要请"外面的老婆婆来吃的",有些村落"只有老人家才有福气吃"而年轻人则无缘消受。但据调查,实际的情况可能略显复杂。

访谈资料：

问：中华人民共和国成立前村子里的人家结婚摆酒，一般都是去家祠里面摆的吗？

答：以前差不多都是这样的。现在那就没有了。现在，大多数都是新郎到祠堂里拜一下，新娘子都不去的。新郎在祠堂里拜的时候，还要告诉祖先，保佑他快点添丁（意为生育儿子）发财。

问：在去祠堂摆酒的时候，有没有什么仪式的呢？

答：那肯定都是有的，热闹得很。不过，具体来说每个村子都可能是不同的。那一般来说，都是拜先人，然后客人再喝酒、吃饭那一些。我们这里比较特殊的呢，就是一般都要用祠堂里的八仙台专门摆一围酒，肉菜先在家里做好，然后再拿过来摆上。这围酒叫作"加宴"，是专门给村里60岁以上的那些老人吃的。

问：那要是60岁的老人很多的话，只有一桌的话可能不够吃吧？

答：以前，能够活到60多岁的也不是很多的啦。再说，一般都是族长、元老那些人去吃，就是族里那些比较有威望的人，那才能够去吃的，那桌酒席，可不是谁都可以去吃的。如果还是坐不下，那就要看身份，身份高的那一些，就可以去吃。

但是，我们通过访谈时发现，人们又普遍将这桌"加宴"视为献给祖先的，之所以要有8张椅子和8张小矮凳，就是要分别供年长的和年幼的祖先享用时所用的。如此说来，这种特殊的设置方式具有多方面的含义，还值得加以探讨。

七、入洞房

老人们回忆，过去新郎、新娘子在敬完酒之后可以继续参加宴席直至婚宴结束，但也可以提前退席。他们回到家里后则有"入洞房"仪式。参加婚礼的诸多宾客，均可以到新房"闹一下"新人。

待人们全部离开后，通常是由大妗姐服侍这对新人就寝。等到一切都安排好后她准备退出新房时，就会献上一条雪白的新手帕给新郎。传统上，这条手帕是用于"验证新娘的贞操"的。新郎接下手帕后要递给大妗姐一个红包表示谢意，大妗姐接过红包后细心地掩上门出去，这时房间里只留下一对新人。旧时到了新婚第二天的一大早，新郎或者其家人就会把这条沾有血迹的新手帕展示给众人看，以证明新娘子纯洁无瑕。如果没有展示这条带血的手帕，可能就预示着一场大的纠纷即将到来。

很多老人都回忆，新婚夫妇到了这时才得以第一次面对面地交流。传统上，初次开口说话时一定要讲些吉利的话，习俗叫作"开金口"。依照传统的习俗，这时候是说一些固定的套话。如通常新郎第一句要说的是"百子千孙"，新娘第一次的回答通常都是"夫妇齐眉"。① 开了金口即说了第一句话之后，新郎需要拿一些家人早已经准备好的橘子、红枣、莲子和一包红包送给新娘，意在表示爱恋以及祝愿妻子早早顺利生育。

但是，由于旧时总是采取盲婚哑嫁的方式，实际的情况经常可能有差别。如我们通过访谈发现，不少男性老人都回忆，当时他们由于彼此陌生，这时几乎都不敢看妻子而是闷

---

① 张振江、陈志伟：《麻涌民俗志》，汕头大学出版社2008年版，第118页。

着头呆坐。通常是过了很久才会跟妻子说第一句话,而最常说的一句话却是"睡觉了"。

八、闹洞房

在汉人社会的婚礼仪式中,通常都有闹洞房的习俗,但闹的具体形式和内容可能有不同。

在东城传统的婚俗中,闹洞房是婚礼仪式中必不可少的一个环节,而且还是一个欢乐与尴尬同时并存的环节。老人们说,在新人洞房的当天晚上,新郎的朋友们以及村内的男孩子们会结伴去新房戏弄这对新人。比较文明的,是设一些游戏为难新娘。常见的如在水里面放一团团的小面团,让新娘手执两根香去夹。面团沾水之后会变得非常滑,再加上香又细又长,因此新娘子想要夹起来经常会洋相百出,经常会惹得一帮伙伴乐不可支。

有一些游戏则是让新郎与新娘子一起做,这些游戏中经常会有亲密的肢体接触,每到这时新人就会很尴尬而众人则会很开心。常见的如用绳子吊起一个橄榄核让新郎、新娘子同时咬,由于橄榄不断晃动他们便可能会咬到一起即变成了接吻。另一种比较常见的游戏是放一张矮长凳让新娘新郎分别站在两端,二人要走到对面去还不能把另一个人挤下去。他们走到中间相遇的时候,新郎只有把新娘抱起来转身才能完成游戏,新郎和新娘子这时都会感到尴尬。而到了这种时候,看客们都会拍手大笑、鼓噪不已。

据调查,以前的闹洞房大体上说还是比较文明的,很少有出格的举动,通常最多也不过是通过某种方式吓吓新人、让新人不好意思而已。总体而言,这些都是为了增添喜气、让婚事更加热闹,因此新郎的家庭和新人一般都不会计较,反而普遍都会鼓励"年轻人一起闹一闹",有比较多的人来闹才说明自家"人缘旺"。到了夜深时分,许多家庭还会煲糖水、做点心等给来闹的人以示招待,同时也借此暗示他们不要闹得太过分。

第六节 婚礼后

与其他汉人社会一样,东城人在婚礼结束后的一段时间内还会有一些"手尾"即后续的事情要完成。这些"都是固定套路的"行为,其中有一些甚至可以完全称为仪式性的行为。

一、媳妇饭

旧时新婚后的第一个早晨,女方家会派人将称为"安乐担"的礼物担子送至男方家,以便其女儿做"媳妇饭"。

一般来说,这副担子早在新娘出嫁之时就已经大体上备好了。礼物中必定要有鸡、肉、鱼、蛋、苹果、白米等食材,人们认为这个担子主要表示的是娘家人关心其女儿,同时也向婆家显示这个女儿在其娘家人心目中的地位。新娘子在婚礼的次日起床后要用送来的这些食材第一次做早饭给夫家人吃,① 这在传统上称为新娘子"下厨"。而新娘子用这些食材所做成的饭,就是所谓的"媳妇饭"。不过,实际上也有男方家使用自家既有食材做饭的,因为婚宴刚过,家里通常还有不少未使用的各种平时难得一见的食材。但不论使用何种食材,这顿饭的菜肴中都必须要有一条鱼,至少要有完整的一个鱼头和一个鱼尾做出的一道菜,人们认为这道菜象征着新夫妻的生活"有头有尾"。

一般来说,家婆这时并不会让新媳妇真正煮饭,② 而通常只是让她切些葱花之类的象征做饭即可。因此这个"下厨"的仪式内容可能很简单,但其含义却很深重,即从此开始,夫家全家人的日常饮食就交给她了。人们又认为,这顿媳妇饭及新娘子做饭本身,一般足以显示新娘子的人品和手艺以及她对新郎家人的情感,因此对新娘子融入新家庭来说,经常有非常大的意义。

新娘子给全家人做第一顿早饭可能是象征性的,但当天早晨早起挑水、煮猪食两件事情,却是她必须真正做到的。如果恰好是在水少的季节,新娘子需要很早就起床先去河边或者井边挑水回家里来供各种使用,然后再煮猪食喂猪。在有些村子里,这时新娘子还需要替其哥、姐、叔、伯等家挑水供他们使用,还要一直把这些家的水缸全部装满水为止。等到做完这些之后,通常天才刚刚亮,人们认为这样的新娘子才是好的。东城人有句俗语即"出阁媳妇,下代孩儿",意思是新媳妇和小孩子都是不能太娇惯的。

当然,这次之后她就无需再为这些近亲挑水了。至于日后她是否需要每天早起做饭、煮猪食等,则要看其家公、家婆的意思。如果他们很喜欢这个新媳妇,很可能就不需要辛苦她做这些。如果他们不是非常喜欢这个新媳妇,那该女子"就要捱苦日子了"。在东城的广府人和客家人的访谈中,都能够经常听到旧时的媳妇不堪回首的各种生活故事。

二、拜祠堂

所谓拜祠堂,旧时新娘子要与新郎一起到男方家的祠堂拜祭男方家的祖先。

老人们说,这时最主要的意思,是告知祖先新娘子从此成为了本家族的一员,因此祈求祖先要从此善加保佑,同时还要祈求祖先保佑新夫妇能够早生贵子且儿孙满堂。老人们又说,这其实也是一种"认门",即告诫新娘子"她的祖先、祠堂从现在起就都转换了,她要记住以后要拜这里的了"。

但是,不同的村子这方面的习俗不完全一致甚至差别甚大。据调查,即使是在历史上,东城也只有部分村落有新娘子拜祠堂这一习俗,而且当时就是有的村子迎来新娘子后立即去祠堂祭拜,有的村子则是在举办婚宴的当天稍后或者婚后的第一天才去祠堂祭拜。又如,有的村子是新郎与新娘子同去拜谒,有的村子则只需要新郎去拜谒而新娘子

---

① 历史上的东城人家同样多是采用一天两餐制,多在上午 10 点左右才做早饭,因此访谈时也有老人说是做午饭。
② 另一种说法则是,这顿饭不能够由新娘子做而必须由新娘子的婆婆做给新娘子以及家人吃,新娘子吃了这顿饭则象征着新娘子"吃了男家的饭",从此她就要承担起为新的家庭做饭的责任。

则不需要或者不能够同去。但不论新娘子去与不去,以前每到这时,祠堂都是热闹非常,鼓乐喧天、鞭炮震耳,尤其是祠堂大门上的大红喜联与满地红红的鞭炮屑,使得整座祠堂内外充满了喜庆。

访谈资料:

问:吹奏音乐,是从接新娘的那一刻开始的吗?

答:从出发去接新娘开始,那就要吹音乐了。接新娘回来的时候,也是要一路吹的。到了村里去祠堂,还是要一直吹的。去祠堂是吹给祖先听的,属于阴,所以吹的是"阴乐"。接新娘回来的时候,是吹给"阳间"的人听的,吹的是"阳乐",那就要喜气洋洋的。

问:是新郎、新娘一起去祠堂,还是只是新郎去祠堂呢?

答:新郎自己去的。我们这里没有新娘去祠堂的。新郎去到祠堂里呢,就是要去告诉他的先人,让他的先人知道他已经成家立室,就是长大成人了。

问:刚刚说是吹着音乐进祠堂的,新郎进了祠堂后还要吹吗?

答:要一直吹进去,就是一直吹到新郎走到最里面。就是走到摆放祖先牌位的那里,这才不吹的。然后,新郎要禀报祖先,还要三跪九叩。新郎的爷爷、爸爸这些人,都要陪着新郎一起去。以前,一般都是去家祠的,基本上没有去宗祠的。

有老人们回忆说,主要是由于战乱的影响,大概从民国后期起即使是拜祠堂的村子中,新娘子去不去就已经是都可以的。[①] 而到了现在,许多村落已经失去新人拜祠堂的传统习俗,而在那些保留了这个习俗的村落中通常也只是新郎或者其他人去拜谒,新娘子同去拜谒的相当少见。完全可以说,事实上可以认为祠堂已经远离了东城人的婚姻。

三、三朝回门

到了新婚后的第三日,新娘需要和新郎一起回一趟娘家,东城的广府村落多称之为"三朝回门"。而在东城的客家地区,人们通常称之为"翻面"(又作返面),有人认为意思是翻转(或者返回)回头见一面。这次新娘子回娘家不能够久留而主要就是吃一顿饭,饭后通常就要离开赶回婆家也就是自己现在的家。不过,时至今日对新妇回门已经没有什么严格的规定了,结婚的当天新娘子就回趟娘家的已经司空见惯。

旧时的新娘回门时,其家公、家婆通常都要为她准备一些礼物让她带回去。这时一般也是一个担子的形式,包括猪肉、蛋、米等各种礼物,由大妗姐挑着陪同新郎、新娘一起回门。这些礼物中必须有的一样东西,就是"烧猪"即烤乳猪。如果没有送烧猪,就代表了新娘子在成婚之前就已经失去了贞操。[②] 不过随着现在人们的经济条件越来越

[①] 据调查,也有部分东城村落在婚礼的前一天由亲人携带三牲、香烛等供品,簇拥着新郎到祠堂祭祖的。传统上,拜祭完毕后新郎一行人回到家中,其家才能够举行"安床"仪式。由于这天在拜祭后即请叔伯等少数至亲先喝喜酒,因此这日称为"开厨"。

[②] 类似的习俗过去似乎在珠江三角洲各地广泛存在。如可参考张振江、陈志伟《麻涌民俗志》,汕头大学出版社2008年版,第118—119页。

好以及观念越来越开放,送烧猪成为了常态,但意义通常仅仅限于作为礼物而没有了任何其他道德方面的意义。

回门时,新娘子还要准备红包给父母以及娘家亲戚的一众小孩。依照传统的观念,东城人认为结婚是长大成人的一种最为重要的,也是最为明显的标志。实际上,珠江三角洲各地的人至今仍然认为,只要没有结婚,无论年龄多大都还被视为孩子,因此都不能够向别人派发红包。女方在回门时派的红包因此而具有了高度的象征意义,即代表着她已经出嫁也就是已经成为大人了。

在一些村子里,旧时还有称为"返面"的一种习俗。即在洞房后的第二天早饭后,伴娘和男家的一位挑着"安乐担"的女亲属陪同新娘子回其娘家。但她在娘家吃午饭后,又要马上返回男家。有的村落中,则是回门与返面合一进行。

四、满月与探新年

在有些东城的客家村落中(如主山村),结婚后的第七天女方的一众亲人会到男方家去作客,习俗称之为"挪七朝",意为两家现在是亲戚了,因此要互相走动一下以热络亲情。但也有老人说,实际上除了联络感情之外,这些女方的亲戚还负有来看看男方的家境以及男方如何对待该女子等的任务。

不论是客家还是广府人,到了新娘子结婚满一个月时都需要回一次娘家,习俗也称之为"满月",又有"住够月"等多种不同的叫法。这时其丈夫通例必须陪同新娘子一起去,意思是探望并感谢其岳父、岳母。男方家庭这时还要备下一担槟榔以及其他各种礼物,届时让他们带去女方家以作酬谢。① 据调查,有钱的人家这时则会专门派人隆重其事地挑去,以显示本家的富有和对新娘子的重视。由于以槟榔为礼物显得较为特殊,因此有时又称这个习俗为"酬槟榔"。② 抵达后女方家庭通例都会盛情招待,新郎在饭后通常都会返回家中,回去时其岳父、岳母也都会准备一些礼物作为回礼让他带回去。新娘子则会留下在娘家住一段时间,之后其夫来再接她回家。

传统上,到了婚后的第一个春节,新人夫妇还要准备一些礼物一起到女方家庭去给女方的长辈们拜年。这时的礼物通常包括肉、鱼、酒等寻常物事,但似乎没有特殊的、必备的物品。新人一般都是在年初二这日同去,习俗称之为"探新年"。一般来说,女方家庭招待他们吃完午饭后,新人夫妇就要返回自己的家,回家时也有些礼物要带回来。探完了新年,也就标志着整个婚姻程序至此正式结束。此后新人夫妇与双方的家庭依然会有一些互动,但这些属于正常的亲人间往来或者互动,而与传统的婚姻程序完全无关了。

---

① 详参考东莞市政协编《东莞风俗叙述与研究》,广东人民出版社2008年版,第423页。
② 对于为什么要用槟榔,容媛有过解释,认为是旧时的遗俗(详见东莞市政协编《东莞风俗叙述与研究》,广东人民出版社2008年版,第424页)。本次调查时有老人认为,清代时东莞人多有往海南采摘槟榔的,故有此俗。我们未详何者为是,谨录以备考。

第七节 特殊婚姻

在任何社会中,婚姻其实都是多种多样而远非单一形态的。在历史上的东城广府人和客家人的村落中,同样都有一些与前述不同的相对少见的各种婚姻形式,我们统称为特殊婚姻,这些婚姻在原因、形态、后果等方面各有特异之处。

一、童养媳

历史上的东城同样有童养媳,近代以来的童养媳主要有三个来源。

一是旧时东城的广府人和客家人都有一种风俗,即在儿子年幼的时候领养一个小女孩。等到儿子到了结婚的年龄就让这个女孩给他当媳妇,这就是一般所谓的童养媳。[①]在那时几乎所有的汉人社会中,这种婚姻都可谓司空见惯,相对来说东城还算是比较少见到的。第二种是旧时有些童养媳是被人贩子之类的从外地拐卖到本地来的,后来因为各种原因成为了童养媳。不过,这种情况在东城始终相对少见。东城现在还健在的曾经的童养媳中,还有一些是被其亲生父母等卖掉的,这主要发生于抗日战争期间。东莞与惠州比邻,抗日战争时惠州长期遭难,不少惠州人逃难到了东莞或者路经东莞逃亡它地。有些人家在无奈之下,只好卖掉女儿当童养媳以糊口或者换取些微路费。老人们回忆,当时还有一些人走投无路只好卖儿子给东城人的,我们就见过其中几位这样的"儿子"。

对于这种女孩,东城人过去多称之为"媳妇女"。在那个时候,媳妇女幼年时在夫家里的地位极为低下,即使是长大成婚后在社会上也普遍被人看不起。因此那时通常也只有家里极为贫困而孩子又很多的人家,才会因为养不起孩子而将一个女孩送出去做童养媳。访谈时不少老人对这种命运坎坷的女孩子深表同情,但对此举多数持赞同的态度,而普遍的理由则是"这样不好啊。不过呢,至少可以让那个女孩子活下来啊"。此外,依照旧俗,收养童养媳的人家多多少少总是都会给该女孩的家人一些钱财,这对该家也不无裨益。

老人家们回忆,在大多数情况下,以前收养童养媳的其实几乎都是贫穷或者相对比较贫穷的东城人家,很少有富裕人家收养童养媳的。历史上的富裕人家虽然也经常买幼女来家里,但几乎都是买来做"妹仔"即佣人之类的,而几乎从来不会作为婚配对象。其原因在于这些富裕人家因为这些女孩出于寒门,会造成"门不当户不对"而丢了自

[①] 但是,主山村的几位客家老人都回忆说,旧时有些家境相当不好而年纪又相对较大的男方,可能经过与女方家庭商量后把女方家的某个小女孩带回家。当时不需要举行什么仪式,但把女孩抱回家一般都要提前合八字,不过"有的人家因为不懂,结果就没有合八字"。女孩到了男方家后则要帮忙干活,即是个劳动力。等她长到了惯常的结婚年龄,就与男方"圆房"即结婚,客家人称之为"埋房"。圆房的时候也要拜祖先、摆酒及举办婚宴即婚礼,与通常的结婚礼仪大致相同,只是不如正常的婚宴那样隆重而已。

家的面子。穷人家则实际得多，主要担心的是因为自己家里穷等到儿子长大后娶不到老婆，所以其父母会早早地就收养幼女以解决儿子的婚配问题。此外，这样以后结婚时还可以省下提亲、聘礼等开支，也不用再为了娶媳妇而花钱盖新房子了。一般来说，由于所收养的幼女基本上都已经到了懂事的年纪即有能力帮助家里干若干活，这又等于提早给家里增添了一个劳动力。媳妇女被收养的境遇，则无法一概而论。男方家尤其是其未来的家婆如果很喜欢这个女孩，则会将其当作女儿来养即很疼爱她，如一般不会让她干很重的活等。不过若是该家尤其是其未来的家婆因为觉得她"长得不好看"或者出于别的原因而不喜欢她，则就会对其多加苛责，也几乎必定让她干很多重的活。

等到了适婚的年纪，男方的父母就会让两人举行婚礼完成婚配。与常态的即"明媒正娶"的婚姻相比，童养媳结婚的仪式几乎都简单很多。一般都只需要挑个吉日拜堂，然后"喊几桌近亲、朋友来家里吃饭，那就可以了"。不过，婚礼的仪式虽然简单却有重要的象征意义。童养媳自被收养之日起就住在男方家却不能与该男子同住一个房间。而在举行过婚礼之后，双方必须住同一个房间。因此，婚礼的仪式过程虽然大为简化、场面也略显寒酸，却是不可或缺的。如果有人买了童养媳后没有拜堂就让其与儿子同房居住，则会广为村里人笑话是"偷妻"。在以前，这经常让该男子无法在社会上"抬起头来"。

二、改嫁与再嫁

许多地方都把女子因离婚而另嫁他人称为改嫁，而把女子因为丈夫去世而另嫁他人称为再嫁。但据调查，在东城的各处广府人和客家人的村落中，经常把改嫁与再嫁混为一谈而不细加区分，因此我们合并描述。

老人们回忆，东城的各处村落都是从来不禁止女子改嫁或者再嫁的，但当事的女子是改嫁还是再嫁，则有不同的处置方式。一般地说，造成女子失去配偶的原因主要有两种，即离婚与丧偶。历史上的女子讲究从一而终，这种观念在东城的各个村落中至为牢固，因此女子主动离婚的历来非常少见。实际上，即使是时至今日，夫妻间出现了裂痕甚至丈夫"有了别的女人"，妻子通常都是默默忍受或者百般顺从以尽力维持家庭的存在。本次调查时，我们发现有数对分居多年的夫妻，他们至今没有离婚，似乎也从没有过离婚的打算。但是，古今都有男子因故执意离婚的，这些"被休掉的女人"可能此后一人或者依附某个子女继续在村内生活，但也可能改嫁。传统上，这种女子如果改嫁的话，村民一般都能够理解其苦衷而不会说什么闲话。但依照旧俗，她必须遵从某些条件或者约束，而最为普遍的是她不能够改嫁本村人而必须嫁到外村去，如果能够嫁到较远的外地则更好。对那些因为丈夫去世造成丧偶的妇女再嫁，人们则普遍相当宽容。如果该妇女还没有孩子，那再嫁与否几乎悉听尊便。人们原则上也不反对有了孩子的丧偶妇女再嫁，但其夫家及其亲人可能会反对或者劝其慎重考虑，主要的纠纷在于改嫁后孩子由谁抚养。历史上，无论是东城的广府人的村落还是客家人的村落，似乎历来相当少见其公公、婆婆有意愿又有能力替她养孩子的。

我们的调查发现，大部分的东城丧偶女性其实最终都没有再嫁，至于其原因则是多种多样。例如，有些人是因为其家公、家婆对她非常好，当成自己的女儿疼爱，觉得如果再嫁，则自己对不起他们因而没有再嫁；旧时的这类女性几乎都是嫁给失去了妻子的男性，有些人就顾虑男方有孩子容易因此造成各种冲突而不愿意再嫁；也有些人是因为对逝去的丈夫感情深厚，因此不愿意再嫁。但无论原因何在，这些失去了丈夫而又不再嫁的女人，此后都要独自承担日常生活与生产中的各种重担，如独力养家糊口、独力拉扯孩子成人等。虽然这个过程中其公公、婆婆等亲人可能会提供某些帮扶，但她们的日子依旧普遍都过得极为艰辛。实际上，即使是到了改革开放初期，这些人的情况依然大体未变。

访谈资料：

问：那过去如果寡妇要改嫁的话，会不会有很多人反对啊？

答：如果没有孩子的话，就没人反对。如果有孩子的话，那就很多人反对。你改嫁的话，孩子放在家里，谁给你养？

问：可是如果有孩子就不改嫁的话，一个人带着孩子也很辛苦啊？

答：有人帮忙一起带的，不过还是很麻烦。有一个男的，才三十几岁就不行了，留下4个小孩。他老婆一把泪水、一把泪水地过日子。她家公、家婆都对她很好的，但你一个人养4个孩子，还是很麻烦的。那时候种田，最要人的时候，你没老公怎么办？还好，现在她几个小孩都挺好的。我有一个姑妈，就住在孝贤家塾的旁边。她老公是个很好的人，30多岁就患癌症死了。我姑妈要一人养活3个孩子，累到没办法的时候，就到我姑丈坟头那里去哭。

问：那她到现在还是一个人过吗？

答：她一直没嫁。现在她2个儿子都自己开了厂子，一个女儿嫁得也挺好的。

访谈时我们发现，村民尤其是老人们对这种经历惨痛的女性普遍极为尊重，普遍希望她们有"孩子有出息""晚年过得好"之类的"好报"。这些话语既说明东城的村落至今依然是传统的村落，而且传统的道德观念以及悲天悯人的情怀依然随时可见。

三、续弦

东城的无论是广府人的村落还是客家人的村落，从来都没有过禁止男子丧妻后再娶的习俗。如果某男子的原配夫人过世了，该男子可以合乎习俗地再娶老婆。这与旧时的各地汉人社会所见的一样，传统上称之为"续弦"之类。

概括地说，古今东城的男子续弦都是比较常见的事。至于具体的续弦时间，似乎各个宗族或者村落历来就没有明确的规定，通常都是由当事男子自行决定。依照我们实际所见的情况，似乎绝大多数人都是在妻子死后很多年，才出于年老无助等缘故而经由亲戚、朋友介绍再娶一位老伴，主要目的是更好地度过晚年的日子。但同样也有相对少数的一部分人，则是在妻子过世仅仅几个月后就另娶了一位妻子，其目的则较为多样，如有的人是急需帮手照顾已故的妻子留下的孩子，有的人则是急需帮手照顾生意等。东城的社会习俗对于这些都予以认可，人们最多不过是短期内对再娶者有"情薄"之类的私下议论而已。

与第一次结婚时颇为繁复的仪式不同,续弦的仪式过程相对来说则要简单很多。但其中必有一个程序,就是新娶的这位妻子必须虔诚地祭拜原配的神牌。老人们认为,这既是表示对已逝者的尊重,同时也表示从此之后与原配"就是一家人了",因此希望逝者不要因为嫉妒等而破坏新的姻缘。

续弦后的日子则与第一次结婚时的无大异,但有一点通常必须遵守。东城的许多村落有一个比较特殊的习俗,就是丈夫与新夫人所生的所有的孩子的名字之中,都必须含有原配的姓氏。例如,本次调查时主要访谈对象之一温塘的袁××,其亲生母亲姓钟,但因病早早故去。其父因为一个人实在忙碌而续弦,袁××的这位继母所生孩子的名字里,因此都有"钟"字,即名为即袁钟×等(参考本书第五章)。这位继母对袁××视同己出,已近晚年的袁××至今珍藏着这位继母的神牌并时时擦拭。访谈时他讲起这位继母,感情深厚一如讲述自己的生母。

四、纳妾

旧时的东城男人同样有纳妾的现象,据调查以前纳妾的人数还不是非常少。老人们说,××村、××村至今还有几位曾经为妾的老婆婆在世,中华人民共和国成立后独自生活或者改嫁的都有。但基于某些缘故,我们未能够亲眼见到。

传统的汉人社会并不特别强调一夫一妻制,因此,纳妾在那时的人们看来是很正常的一件事。一般来说,即使是在当时,东城人纳妾也多是有具体原因的。例如,常见的原因之一是原来的妻子身体不好,既无法照顾家公、家婆,也无法操持家业、照料孩子。老人们说,由于以前条件差、劳作又重,旧时东城许多女性的身体确实不尽如人意,无法承担日常的操持。另外一个常见的原因则是原配婚后多年但始终不生育,为了延续香火丈夫另外纳妾。处于东城这块移民地域的广府人和客家人如果没有男孩或者少有男孩,则该家以至该族必定势力单薄,经常会因此而成为其他势力强大的家或者族的欺负对象。①为了能够传承香火、为了能够壮大家族,纳妾于是就成了当时一个合适的解决办法。适当的多子是东城人一直的追求(详参考本书第五章),至今仍然基本没有大的改变。本次调查期间,某公职人员的儿子已经大学毕业工作了2年,其妻则又适时地响应号召怀上了"二胎"。

据调查,旧时东城的妾在家庭和在社会中的地位同样远不如正妻。因此,以前愿意嫁给别人做妾即所谓的"小老婆"的女性,几乎都是出自经济极为困难而又多子女的家庭,似乎历来很少有女性愿意主动当妾的。纳妾时男方送的礼金和聘礼,普遍比娶正妻时的数目少很多,婚礼的仪式也会简化许多。而且在婚礼上妾室一定要当着众人的面给其夫的正妻奉茶,这一方面寓意期盼将来成为一家彼此要和睦相处,但同时也有力地说明了

---

① 明清时期东莞的各个家族都努力扩大自己的各种利益如地盘,当时的东莞总体上说地广人稀有,可能大力拓展本家或者本族的利益,但这首先需要家庭和家族有足够的人力尤其是男子的力量,所以家庭和宗族都极力鼓励生育。本书的第七章对此有所涉及,我们在《东莞客家民俗文化:清溪的个案》(广东人民出版社2017年版,第136—138、167—169页)有过较为仔细的讨论,可以参看。

正妻的地位较高，妾借奉茶表达对她的尊重和服从。但老人们说，虽然妻、妾之间有地位高下之别，但是，她们的孩子之间却没有明确的地位高低之分。例如，一般均是按照长幼统一排序。而一旦父母过世后继承家产，一般都是将家产平分为若干份，由长子继承其中的2份而其余所有的儿子平等地获得1份，也并无所谓嫡出、庶出的差别。

传统上，无论妾室有没有生出男孩或者女孩，她去世之后的牌位都是可以放入家中的神龛和祖祠之中的，通常与正室的牌位并列，或者分列在其夫牌位的侧后面。一般来说，妻的牌位在左而妾的牌位在右即以左为尊。

五、冥婚

所谓的冥婚，指的是父母出于某些原因为还未结婚就过了世的孩子举办的一种特殊的婚礼。这些孩子可能还未出世即告死亡，也可能是夭折，还可能是青年而卒。

据调查，举办冥婚通例都是到某处庙宇里由神婆或喃呒佬主持进行的。据北帝庙里的一位神婆介绍说，来配冥婚的人家大都是因为近期家里"有什么不好的事情发生了，比如家中有人遭到了灾难"。家人如果找不出合理的解释，就可能会到庙里或者某处找神婆、算命佬之类的人推算其原因。如果算出来的结果是因为没有结婚即死去的孩子想要结婚而引起的，可以有两种具体的方式应对。一种是赶快多烧纸钱给早逝者，以便其有钱在阴间自行婚配。另一种则是家人请托神婆把早逝者本人"带上（阳世）来"问明他的意愿，然后家人为之举行"配婚"。一般来说，这两种具体的方式都属可行，事后都可以禳除灾祸。据调查，在民国时期，东城人的这类婚配都是基于这类缘故而被动地举行的，即几乎从来没有主动为这些孩子进行这种配婚的。

六、两头家

由于东城的各处村落出海都极为方便，因此历史上不少男人"下南洋"（又称"过番"）即到东南亚等地谋生。由此形成了该男子在家乡和在谋生地各有一个家庭的情况，习惯上称为"两头家"。

依照习俗，当时的男子几乎都是在结了婚甚至生育了之后才出去闯荡的。最初出国的目的地多是东南亚国家，这也就是"下南洋"一说的来历，传统上，人们把东南亚称为南洋。虽然后来又有去美国、欧洲等地谋生的，但人们一般仍旧称为下南洋。男子到了东南亚等地长期生活之后，因为需要人照顾等又在当地娶了一位妻子。这样他就在东城的故乡村落中和东南亚谋生地各有一个老婆，旧时的习俗称这种情况为"两头家"。在历史上的广东、福建、海南等地，这种特殊的婚姻形式都曾经普遍存在过。旧时的东城人也有这种情况的婚姻，但似乎一直不是非常多见。而随着当事者因为年老而自然离世等原因，到了现在几乎已经完全看不到了。

东城的两头家还有另一个完全不同的意思，指某男子同时在村里和外地某处各有一个老婆即在两个地方同时有家庭。这种情况其实在东城很早就出现了，但因为是旧时各地普遍存在的陋俗，而且当时某男人有妻有妾甚至妻妾成群也并不是什么异类，所以人们对此不以为意。我们通过访谈发现，村民至今普遍认为在家乡的女子为"大"而在外的女子为"小"。根据我们的调查可知，历史上的东城出现这种婚姻形态的主要原因，在于少数东城人以在外地谋生为主而甚少回家乡所致。但因为东城人历来以农为主、以商为辅，在外地专以经商等为业的相当稀少，所以这种情况的两头家虽然一直有，但始终不是很多见。不过，以前的这些妾多不是出自贫苦的农家，很多人的为人处世以及眼界、历练等都远非正妻可比。一般来说，当事的两位女子各在一地生活，因此彼此虽然知道，但通常都能做到相安无事。

七、入赘

有些东城人家只有女儿而没有儿子，传统上这时通常都会让最小的女儿留在家里，父母为她招一个女婿上门，习俗称之为招婿，该男子则为入赘。

大概地说，历史上的东城广府人相对来说多见招婿上门的，客家人虽然从来没有禁止招婿的习俗，但相对来说招婿上门的较为少见。招赘的家庭条件通常比较好，招女婿主要是为了传宗接代和帮忙照顾女方的父母。而入赘的男方的家庭条件则比较差，如家中兄弟多而经济困难，而且入赘者几乎都不是家中的长子。依照东城广府人和客家人的传统，长子、嫡孙的地位颇高，并且日后都是要继承家产的。因此无论在什么情况下，长子和嫡孙几乎都不会入赘到女方家中去的。入赘后的男子既是女婿，同时也兼有"儿子"的身份。在女方的父母过世之后，他必须以儿子的名义为老人"买水担幡"即处理其后事，他也有权利继承其家产。一般来说，虽然是上门女婿，如果尽到了生时赡养和死后送终的责任，就可以合乎习俗地继承老人的遗产而任何人不得有异议。

但在多数情况下，以前入赘的男子在各处村落中都普遍受到轻视。访谈时有客家老人说，这种歧视在东城的客家村落中表现得尤其明显，上门女婿不但经常遭受村里人的白眼、冷遇以及背后的议论，其妻子一方的叔伯兄弟等人更是经常看不起他甚至欺负他，主要原因是这个上门女婿将来会继承财产。传统上，如果某人身后财产无人继承，则通常都是归死者的叔伯兄弟的孩子即其侄子等人。上门女婿在家里也没有多少话语权，家中经常是由父母或者妻子说了算。因此在旧时除非不得已，很少有家庭愿意让自己的孩子做上门女婿。

男子入赘后，几乎毫无例外地都必须立即改为女方家庭的姓氏。对于其下一代的姓氏，不同的村子似乎一直有着不同的习俗。在有些广府和客家的村子里，孩子还是跟随父亲的姓；在有些村子里，则要求孩子必须跟随母亲的姓以达到女方家原先打算的传宗接代的目的，似乎这些村落多是客家人的村落。而在另外一些村子里则没有明确的规定，具体如何处理需要双方的家庭商定，因此才有人说，"这种问题啊，那在结婚之前，双方肯定就都商定好了的"。也有一些村民说，最好多生育几个男孩，这样可以"一个跟爸爸姓，一个跟妈妈姓，就两全其美了"。

到了现在，入赘的情况又有了一些变化，客家村落中入赘的不再是仅有的个案了。但最主要的变化，是随着生活水平的大幅提高，东城的广府人和客家人都几乎没有愿意入赘上门的了。牛山的一位张姓老人家对此很感慨："这些年'嫁'进来的小伙子，那可都是外省的了,差不多都是厂子里认识的。以后,他们的孩子普通话肯定说得好,就是还得会说客家话啊。"

八、自梳女

在旧时东城的不少村落中,都可以见到若干名女子终身不嫁的。导致她们不结婚的原因主要有二:照顾年幼的弟妹长大而使得自己错过了嫁人的年华;自己的特殊意愿而自愿不嫁的。后者中最引人注目的,就是一般人所谓的"自梳女"。就东城的历史事实而言,自梳女终身没有结婚或者"没有真正结婚"。[①] 我们附于此处略加介绍,纯粹只是出于方便的考虑。粤方言中的"姑"通指未婚的女性,因此人们有时带有一定轻蔑地把包括自梳女在内的终生不结婚的女人称为"老姑婆"。本次调查时,我们发现仍然有不少人称自梳女为老姑婆。

一般相信,珠江三角洲女性自梳的习俗相沿长达300余年,而以晚清至民国前期为高潮。传统上,珠江三角洲各地的少女通例留长发、梳辫子,但到了结婚时,则需要用喜梳把头发梳三遍后盘起成发髻,意思是她从此成为人妇。这时一般由某位年长的女性帮助梳头,她还要边梳边唱"一梳梳到尾,二梳梳到白发齐眉,三梳梳到儿孙满堂"等固定的话。而极为概括地说,自梳女就是未婚的女子举行某种仪式后把头发梳起来盘起成一个发髻,以此表示此生永不嫁人。这时通常还要举办某种仪式,讲究的人家通常在尼姑庵中完成仪式,还需要择定吉日、备办祭品等。有的人的仪式则非常简单,就是有几位见证者在场见证,然后自行或者由他人帮忙梳起头发即可。但一般来说,当事的女子这时都需要燃香点烛并行三跪九叩大礼,自报姓名、住址后对神灵发誓,表示自己终身不嫁并将忠贞不二。据调查,东城历史上的自梳女大多数都是出自寒门,因此多是采用较为简单的仪式甚至没有举办任何仪式的。但无论如何,自此她就过上了"自己的头自己梳,自己的生活自己过"的自梳女生活。

在那时的珠江三角洲各处都可以见到自梳女,主要分为两类:在本地或者附近从事缫丝等工作而谋生的自梳女,20世纪初前往南洋打工的自梳女。据调查,东城各村旧时的自梳女,主要是由于照顾弟妹或者协助母亲维持家庭而耽误了出嫁,因下南洋等地打工则相对少见,历史上的东城从来不以出产桑叶、丝绸之类的而闻名。自梳女自梳后可能仍然在家乡生活,也可能长期在外地甚至国外谋生之后才最终归老家园。她们可能设法寻觅一处终老,[②] 也可能集聚于一处共同生活直至过世。在东城,旧时普遍采用的是后一种样式,即共同生活、互相照料。传统上,东城的人们把她们集体居住的地方称

[①] 有一位老人家私下跟我们说,中华人民共和国成立后其实也有个别的自梳女"违背了誓言的。就是通过教育,以后又结了婚的。不过呢,大家都没有什么意见"。对这种说法,我们因故没有证实或者证伪。

[②] 老人们说,旧时自梳女通常回不了原来的家,一般只有单人独居或者合住某处集体"住所"。如果她一定要终老于"家",那时也可以采取两种主要的方式。一种是所谓的"买门口"。自梳女出钱给某男人娶妾而自己成为名义上的妻子,这样将来可以老死在这个名义上的"夫"家。第二种是一般所谓的"冒贞""守清"即"嫁鬼"。自梳女出钱给有夭折的男孩的家庭当媳妇,即充作夭折者名义上的妻子,这样将来也可以老死在该家即其"夫"家。

为"姑婆屋"或者"姊妹屋"之类的,前者带有一定的贬义。

老人们说,这种居所都是由一个或多个自梳女发起,然后由有意愿以后入住的自梳女集体出钱建造,发起人通常被自梳女尊称为"大姑头""大姑太"等。至于其建造地点,通常选择紧邻村落的外围,也有的选在村外但距村落不是太远的某处。访谈时老人们说,这主要是为了免生闲言碎语,也是为了"避讳"。在温塘绍贤家塾的左前侧,至今仍然可以见到几间已经大部分坍塌的老房屋,但建材则主要是泥砖。有老人说,这里就是旧时温塘自梳女的聚居之处。有几位老人还明确地说,当时自梳女们名之为"清修院"。① 这个事实也非常有力地说明,绍贤家塾、姑婆屋的所在,以前离温塘主要的居民区是有一定距离的。这些房子的前面有一栋两层的民国初期色彩的建筑,明显地带有一定的外来成分。这里在中华人民共和国成立后曾经长期充当温塘的卫生院,有老人说以前是自梳女住所的一部分,有老人说原本是一间药材铺,也有老人说是由自梳女经营的药材铺。

至于老人们口中的所谓"避讳",大概的意思似乎有两层:自梳女远离众人即避开男性居住,从而尽力避免招惹各种不好的议论;其他村民有意无意间仍然认为充作自梳女不好,因此不希望自己家的女儿受影响而也走上自梳的道路。或者同样是出于后一个原因,东城的父母普遍不愿意成为了自梳女的女儿仍然在家居住,平时也与她们没有多少来往,这与顺德等地的情况不一样。

有老人回忆,在清修院居住的自梳女最多时有近10人。由于岁月流逝,她们中的大部分已经在那里自然终老。通过访谈得知,前几年该处还剩下几位长寿的自梳女。而到了本次调查时,她们则因年迈多病等,已经分别被其侄子辈接去各自的家中颐养天年。本次调查时基于种种缘故,我们未能够访谈到她们,这实属一大遗憾。东莞的自梳女极少有人提及,而随着她们的离去这段历史也很可能将要永久地尘封起来。

本章主要参考文献:
[1] 东莞市政协. 东莞风俗叙述与研究[M]. 广州:广东人民出版社,2008.
[2] 董家遵. 中国古代婚姻史研究[M]. 广州:广东人民出版社,1995.
[3] 张振江. 漳澎传统村落社会研究[M]. 广州:广东人民出版社,2008.
[4] 张振江,陈志伟. 麻涌民俗志——岭南水乡社会研究[M]. 汕头:汕头大学出版社,2008.

---

① 老人们回忆,旧时温塘有三处供女子集体居住的处所即"庵堂",即清修院、西庵和积善庵。但是,对其性质人们说法不一。老人们公认清修院当时是自梳女们集资自建的一处集体住所,但另外两者有人则认为是尼姑庵而不是自梳女的住所。对清修院这个名称,老人们也是说法不一,多数老人认为他们历来都是称之为姑婆屋,并不知道有清修院这个名称,但也有老人说"那帮姑婆们自己,就是这样叫的"。据调查,中华人民共和国成立前这些自梳女多数跟基督教会有或多或少的联系,所以有不少人在后来因此遭受了磨难。

第四章　传统婚姻习俗

本章附录
（婚姻访谈资料整理）

访谈时间：2017年8月6—7日。访谈地点：牛山文化中心。访谈对象（即下文中的答）：张爷爷（男，约70岁，客家人）。访谈者（即下文中的问）：戴斌黎、朱间珍、左宁宇。

我们这里的客家人，那在以前，婚姻历来都是父母他们包办的。文绉绉的说法，就是什么"父母之命，媒妁之言"。我们自己的说法就是"盲婚哑嫁"。

所以，以前有一些婚姻，现在看是很奇怪的。比如有一种叫指腹为婚，就是双方的父母在他们还没有生出来时，就口头约定好婚姻了。孩子都还没有出生，所以叫作指腹为婚。这种婚姻，就没有什么特别的仪式了。等到双方的孩子都生下来，要是如愿生的是一男一女，那就要知道对方孩子的八字，然后就是去问八字了。八字要是不合，那肯定就算了，双方都不会答应这门婚事的。以前的人，那不是都非常迷信嘛。八字要是合的话，那就聘请媒婆说媒，等孩子长到几岁的时候，那就确定下来这门婚事。

以前还有童婚，就是孩子才到了十二三岁，家中就让他们结婚了。一般地说，这都是因为双方的父母身体不好。他们担心万一自己离世了，孩子的终身大事就没人给他们办了。在中华人民共和国成立以前，我们这里确实是有不少童养媳的。一般都是家境不好的男的，年纪也比较大了，结果就娶不到媳妇。最后，家里就跟哪个女方家商量好，就抱个女孩子回去。这个可能是没什么仪式的，我确实不太了解，不能肯定有没有。那个女孩到了男方家，就慢慢长大。等长到一定的年纪了，那就要帮男的家里干活。就是说，她就是男的家里的一个劳动力了。等她到了可以结婚的年龄，那就圆房。我们这里的土话叫"埋房"，意思就是圆房。也要合八字，不过是在把女孩抱回家之前先合的。有的人家不懂这个，那时候就可能没有合八字。圆房的时候，女的一样也要拜男的祖先，也要摆酒。婚礼与一般的结婚大致相同，只是不如正常结婚那么隆重。这个，我是听说的，没有亲眼见过，所以也不太了解。

以前，一般的结婚年龄，是女子16岁左右、男子18岁左右。16岁左右的姑娘，那是刚刚能够真正帮家里做事，可是就要出嫁了。所以，在以前，我们这里认为嫁女是"出小丧"，因为家中人口从此就少了一个嘛。所以，出嫁的时候啊，新娘和她的母亲都要哭，全家人也都是哭丧着脸的。没有听说哪户人家，是高高兴兴嫁女的。

正常来说，家里的孩子慢慢长大了，那可能就要求姻缘。这个，一般是老人心急抱孙子才去求的。青年男女自己，那是很少去求的，以前也很少有的。现在，有的年轻人在外面旅游什么的时候，要是碰到庙什么的，那可能去求一下。不过，一般都是表达一下愿望罢了，几乎没有人当真的。所以，没有什么人以后真的要去还愿的。

那怎么找到合适的对象呢？主要是靠媒人。媒人的情况，就比较复杂了。可能真是

207

媒婆，也可能就是偶然帮忙，就是临时的介绍人。以前，我们这边每一条村子里，差不多都有那么一两个媒婆。媒婆在以前来说都是女的，没听说过有男媒婆的。她们靠介绍对象为生的，是专门的，平日里就是到处说亲。要是她看到谁家的女儿、儿子到了差不多的年龄，就是到了十五六岁了，还没有对象，她就会主动去说媒。不过，很多人能找到合适的对象，不是靠这种专门的媒婆的。多数的婚姻，其实都是靠熟悉两家人的亲戚，也可能是熟悉两家的朋友，是他们帮忙介绍的。这样结的婚，我们这里也说成是媒人介绍的，其实是介绍人介绍的。这些人啊，我们这里不会称她们是"媒婆"，一般都是叫"某嫂"那种。这种熟人介绍的，现在还是很常见啊，现在也还有很多经人介绍的婚姻。

其实以前只有极其个别的家庭，因为子女相貌不太好、家境不太好，或者其他什么原因，一直没有人上门说媒，结果孩子很大了，婚姻大事还没有解决。那他的父母肯定着急啊，这才会专门去请媒婆帮忙。我们这里主动找媒人帮忙介绍的，一直都是很少见的。父母觉得哪个媒婆会说媒，那就去找她，不是说必须要找哪个的。

在以前，各种各样的媒人介绍对象，一般的标准都是"木门对木门，竹门对竹门"。这是我们这里的说法，就是你们说的门当户对的意思。一般来说，双方的家境差不多，相貌又般配，就是很般配，这样就好了。中华人民共和国成立前，媒人上门说合了之后，要是双方的父母都同意了，那就行了，子女是插不上嘴的（意为不能够表达意见的）。其实，中华人民共和国成立前，双方根本是见不到面的。一般都是到办完婚礼到洞房了，双方才第一次见到面的。到了中华人民共和国成立后，新式婚姻讲究自由恋爱，那就慢慢地变得不一样了。我们牛山这边，是到了1949年年底的。到了1950年，老围村的李运生结了婚，他是牛山第一起新式婚姻。不过，一直到了改革开放前，我们这里主要靠农业，婚姻还是以各种各样的媒人介绍为主的。

媒人说合了之后，要是双方的家长都同意，那就要合八字。一般都是男方向女方要八字的，就是女方出生的年、月、日、时。把两个人的八字，写在一张红纸上拿给会算八字的人，用那个五行来推算。要是八字不合，有一方不满意，但是另一方一定要结婚。这个时候也可以找神婆，看看可否设法化解。反正一定要相生大于相克，这才可以通婚的。夫妻之间不是完全没有相克的。好比说，夫妻之间总有一些磕磕绊绊的，这其实就是相克。只要相生大于相克，那就可以了。合完八字后觉得可以了，那是要谢媒的。以前谢媒需要很多礼物，其中一定要有一担酒、一些钱。家境殷实的，还要送些吃的，比如鸡、鸭、猪肉等。所以一般来说，那时候礼物是很丰盛的。我们这里有句老话，就是"媒人成不成，烧酒两担平（记音字）"。意思就是说，不管最后是不是说得成，主家那都要谢媒的。就算那些是没说成的，那也要谢的。要是说成了，那自然要重谢了。我们这边的土话，就把这个叫"大谢"。

为什么要谢媒人？还有一个原因。以前，在整个结婚过程中，媒人都是十分重要的。从筹备结婚到最后办喜酒，整个过程中有很多个环节，都要依靠媒人两边传话，甚至全靠媒人两头劝说。好比商量聘礼的时候，两家人是不见面的，就是全靠媒人在中间传话，全靠她说服两家人都同意一个数目。所以等到结婚后，生了男孩之后还要谢媒，就是请媒人来喝酒。这个时候不但不收媒人的礼金，主家反过来还要送媒人礼物。

双方都说好了，那就要择日了。就是根据双方的八字算出日子，要精确到时辰的，就是要选个吉时。我们这里，有时候就是只看男方的八字择日的。不过，多数还是根据双方的八字。有一些日子，那肯定是不能够选的。那在以前，肯定不能够择在农历的六、七月结婚。因为六、七月刚好是一年的中间月份，就是一半。要是这个时候结婚，那好像是说婚姻只有一半，就是婚事到了中间就会"破"掉。建房子的门槛，它的中间不能有缝，跟这个是一个道理，就是都不能够"破"。除了这两个月，还不能选在清明、重九、三阳杀这些日子。清明、重阳，那都是祭祖的日子，就是拜死人的日子，那肯定不好嘛。我们这边一直说的"三阳杀"，就是每月的初三、初七，是凶日，当然不能够选了。也有人说，每月的13、17（18）、22（23）、28日这些日子，也是属于"三阳杀"的。我们这边，遇到建房、结婚这些"好事"，那都是要避开这些日子的。择日呢，不用避开亲人的生日。那在以前啊，除非是大富之家，没有什么人过生日的。那时候，你连饭都吃不饱，哪还有什么心思过生日。

下聘的时候，也就是定亲的时候，这个是有一些仪式的，等于现在的订婚仪式。下聘之后，就像现在签合同一样，就是明确地定下了这门婚事。下聘也是要择日的，正式结婚的日子，那是在完成下聘后再慢慢择的。下聘，那当然要有聘礼啊。在以前，聘礼里面一定要有烧酒，多少那就不一定了。除了酒，还要有一两只鸡和鸭，还要有猪肉、钱那一些。我们这里是客家人，因此这个时候有些人家还一定有礼饼的，以前都是论担挑去的。等到男方回家时，女家也要回礼，主要是包一个红包，就是给钱，是女方的父母给男方的父母的。当天一大早上，男家请一个担夫担着礼物送去女家，男方要给担夫红包的。大户人家，那可能要请几个担夫才行。这个时候，男方的父母、长辈和媒人都要去的，男方本人不需要去。到了女家，女家客气一下就会收下礼物，然后请男方家来的人一起吃顿午饭。就是两家父母一边聊一边吃。聊得高兴了，女家还会再留男家人再吃一顿晚饭，别人会说这两家人关系好。要是聊得非常高兴，女家留男方家父母住两天，这个也是有的。

结婚的时候，女家那肯定要给嫁妆了。一般来说，就是被子、床铺、柜子、盒子这一些。大户人家，那肯定不一样，肯定是非常丰厚的嫁妆了。中华人民共和国成立前出嫁时，普通人家的女子，大部分还要带一对樟木箱子出嫁。箱子的大小不一定，比如说，可以是一大一小的。过去樟木比较名贵，很多人家女儿出生时，那就种下两棵樟木树。等到她长大，就是到出嫁的时候，砍到拿来打制箱子。依我看啊，这个可能不是我们客家人才有的风俗。我听说江西那边的客家人，也有这样的风俗。要是没有樟木，也可以用杉木制作箱子。这对箱子，一般都是涂成红色的，也可以整个箱子都涂成红色的。有的人家，箱子的边角才涂成红色的，中间部分就空出来不涂，那是要拿来画漆画、油画那一些用的。在以前，主要画的都是梅、兰、竹、菊、牡丹那一些花。整个箱子红红绿绿的，这样才显得喜气洋洋的。到了20世纪60年代，我们这里就很少用箱子了。不过，嫁妆里一定要有被子。

现在，我们这里早没有还拿箱笼那些做嫁妆的了。现在，父母一般都是直接给钱，就是给一张银行卡。不过，这个钱不是给男家的，是给女儿的。就是说，让女儿带去男家，以后自己花用，就是怕她不够钱用嘛。

在以前，到了出嫁前要出嫁的那个女儿，一定要在自己家里住的。大户人家的女儿，那是有单独的房子的，我们这里以前称为"闺阁"。出嫁前的差不多一个月，家里就专门请人教新娘子怎么哭。我们这里，以前有个风俗，就是"哭嫁"。哭嫁的时候，要哭得有曲调、有歌词。歌词的内容，主要是埋怨男家，就是埋怨男家让自己离开父母。还有的是诅咒男方的，那就什么难听的话都骂。新娘子的那些姐妹，还有那些跟她平时关系好的女孩子，这时候要陪她住两三个晚上。我们这里把这些女孩子称为"陪娘"。我记得，一直到了20世纪70年代，我们这里都是有陪娘的。

结婚前的这三两天，那新娘子肯定不能够出门了，她还要忙着刺绣。以前绣得比较多的，就是绣肚兜、帽子、围裙那一些。她还要编织带子，就是绣的帽子、肚兜的带子。那个时候，好像是分为华带、锦带，有很多种类的，刺绣品也有很多种类的。具体的是哪些、又是怎么弄的，我老婆比较懂，我就不太清楚了。我们是男人，很少关心这个，也就知道个大概。有的女孩不会刺绣、不会编织，那就只有请母亲帮忙。她绣的、编的这些东西，出嫁到男家的时候，那是一定都要带去的。

要出嫁了，还得提前一两天梳头、剪面。剪面，就是那边的广府人说的"开面"。这个可能要花半天的时间才弄得好。都是请专人做的，这个人是中老年妇女，专干这行的，非常有经验。这一行都是代代相传的，不是每个女人都会的。做的时候，先用白粉"打粉"，之后再擦脸。等到擦得她的脸觉得有点麻了，再用细线仔细地把脸上的毛都打掉（意为绞掉），连眼睑附近的细毛，都不能够留下。以前东莞城里的人在街边坐着剪面，说是因为家里空间小。之后，那就是梳头了。这个呢，都是找上了年纪、有威望、夫妻双全、多儿多女的婆婆，就是要找"有福气的老人"来梳头。这个老人，差不多都是新娘子的近亲，有的其实就是她的家人。分成几梳的，每一梳还都要说固定的吉祥话，什么"一梳梳到尾，二梳白发齐眉，三梳儿孙满地"，跟广府那边的是一样的，都是祝福"白头偕老、长命百岁"的意思。这个老人要是不会说，那是要去学的，梳头时这些话是一定要说的。等到梳好了头，就盘成妇女式样的盘髻。就是先编成辫子扎在头上，再用黑丝线包好、扎紧，最后用网罩罩住。这个就是妇女的式样，很漂亮的。在以前，女孩子有女孩子的式式，那跟妇女的发式是不一样的，这个是不能够乱的。

结婚时候，新郎、新娘都要事先沐浴的。这个时候，一定都要用橘子皮、没药花叶子的梗、香茅草、柚子皮那一些东西，混合在一起煮成的水洗澡。这个水对人是很有益的。以前我们这里，每年到了大年三十的时候，全家的男女老少，都要用这样的水洗澡的，之后再用其他的水冲洗一下。最少也要用这样的水擦擦膝盖、肩膀、胸口、额头，我们这边的客家人，一直认为这样会带来吉祥。

新娘当然要穿新娘装出嫁。那在以前，外面都是穿黑色的唐装的。里衣（意为内衣）一般没有什么讲究。（为什么外衣要是黑色的?）那在过去，我们这里认为黑色辟邪。不过，这可能也只是一种说法。老祖宗就是这样的，就是这样一代一代地传下来的。那个时候，新娘子都是穿裤子出嫁的，没有穿裙子出嫁的。有人说是因为过去没有裙子，也有人说穿裙子不庄重，这个我就不清楚了。唐装的上身有从左肩到右腋下的襟，新娘装的斜襟、袖口上，有比较宽的锦带花边，大部分都是红色的。女式的唐装是圆领，不是现在这样的衣领。脚上穿黑色的布鞋，大户人家的女儿裹脚，穿绣花鞋。

那个时候的新郎，要穿黑色的长袍，长袍也是黑色的，大襟上没有锦带。他还要戴毡帽。帽子上还用红带子箍住，在红带与帽子中间，插红布做的花。新郎，也穿黑色的布鞋。

出门之前，新娘子是不是要拜自己家的神？这个不好说，各人家里的情况好像不一样。但是，都有"哭新娘"，还要一直哭到上轿。"哭新娘"，就是出嫁前新娘子哭，大概的内容就是：父母养了自己十几年，自己还未报答父母的恩德，就嫁到别家了。至于上了轿子后她还哭不哭，那就不知道了。我跟你们说一个笑话："有一个新娘出嫁前在家哭，哭着哭着她突然问周围人：哎，新郎家怎么还不来接我？"等把新娘子接回家，她要去拜男家的祠堂，这个是一定要去的，意思就是要祖先认识她、以后也保佑她。

结婚的当天，新郎一整天不能拿刀，这个是一条禁忌，现在也还是这样。结婚当天上午，男家要宰一只没有阉过的公鸡，煮熟了给新郎吃。新郎要吃完这一整只鸡，绝对不能分给别人吃。新娘，好像没有听说当天一定要吃鸡。但是，新娘子当天一般都是要吃鸡蛋的。

说到鸡，我想起来一个传说。以前，我们这里就传说，新郎因为什么原因不在家，所以有的新娘子，当天是抱着一只公鸡成婚的。我们这里，就是一直有这样的传说。但是，我没有见过谁家女儿是抱公鸡成婚的，也没有听说过哪家是这样的。所以，我不能够说从来没有，但是，我可以说没有一个实际的例子。

新娘子出门时，要派叔伯兄弟两人，拿着一条新娘哥哥的旧裤子，一人拉一条裤腿站在家门口，让新娘从裤裆下穿过出门。出门时还要拿一把筷子敲两下竹篾编的簸箕，等到新娘子出门之后，还要把这把筷子和裤子朝新娘离开的方向扔过去。新娘走开了以后，再捡回来。新娘出门要一直用簸箕遮在新娘的头顶上，一直到她上了轿才为止，就是不能让新娘子见到天的。这些都是有含义的。比如说，我们这里的话里"裤"与"福"同音，因此这个仪式的意思是给新娘送福。一大把筷子意味着增丁，就是新娘子以后儿女多。用筷子在簸箕敲两下，表示警醒新娘：她从此就出门了，以后要好好做人。用簸遮在新娘子的头顶，意味着保护新娘。簸箕还是用来扬米去糠的，因此意味着粮食充足。这可能是因为以前的人迷信吧，不过，反正用这些，主要的意思还都是很好的。

送新娘子出家门的时候，父母都是不送的，他们这个时候是不跟女儿见面的。这个时候，母亲都是在家里哭。以前不是说嫁女是"小丧"，那女儿就要嫁走了，当妈的肯定舍不得。这时候都是其他亲人送新娘子送上轿的，陪娘、媒人那些人还要一路跟去男家。到了男家以后，男家要给她们红包，以前就有这个风俗。

女家送女儿出嫁的时候，以前还要有专门的人"挑箩萝"。女家要送男家一些专门的礼物，穷人家就用一对箩筐装着，有钱人家用皮革质地的箱子什么的装着，因此叫"挑箩萝"。箩筐或者箱子里面，一般都是装稻谷（种子）、豆类种子（红豆、绿豆、大豆、黄豆、梅豆等各种豆）等，这些寓意新娘子以后多子、粮食丰收；还有给新郎的红包、荷包（即钱包）、裤带、大蒜（谐音"算"，寓意"好计算"即脑袋清楚）、大葱（寓意聪明）。那时要专门派人挑着，从女家一直挑进男家。到了男家后，男家要给这个挑的人很丰厚的红包。

那个接新娘,一路上也是很热闹的。男家还没出自己的大门,就开始放鞭炮了。一路都要放鞭炮,有的人家是用一条长鞭炮拖着走,有的人家是边走边撒鞭炮,反正一路上都要不停地放。一路上,还都有乐队敲锣打鼓的,还有人家请舞狮队舞狮、舞麒麟的。还要有陪郎,少则三五个,多则十几个。当陪郎的,一般是男家家族内的人,就是新郎的兄弟,很少有请外姓人的。陪郎跟陪娘的数量,是不需要一样多的。

接亲的人回来走到新郎那个村口,那以前不是一般的村口都有土地庙嘛,新娘就要下来拜一下土地。没有土地庙的,那就算了。拜土地的时候,她的红头盖不能掀开的,还要打着伞,意思也是不让新娘子见天。过去条件差,一般都是纸伞。把新娘子接到男家的家门口了,要请一个有福气的中老年婆婆牵着下轿。新娘从自己家出来,也是男家派来的人牵着上轿子的。新娘在轿子里,要把手搭在轿子的竹杠上扶着轿,这样才坐得稳。有的轿夫,很坏的,会故意晃荡轿子。新娘下轿时,这个人一定要牵着她下来,她头上不是还遮盖着吗,自己看不到的。等到下来之后,新娘子怎么样进男家的门、怎么样去拜堂,全程都是这个人指导新娘怎么走、怎么做。拜完了送新娘子入洞房的,也是这个人。

以前,新娘子进家门有仪式。比方说跨火盆,就是在犁头(一般是生铁材质)上放稻谷壳、稻草、没药、柚子叶、茅草等物,点燃后让新娘从上面跨过去,意思是去邪气。这个时候还要撒米,就是让男家最老的一个妇女往地上撒大米。有的人家,是让有身份、多子的妇女撒米。[问:听说有的地方,新娘上轿后就要开始撒米。这边有没有这个风俗?答:(想了很久)好像是有的。嗯,应该是有的。撒米呢,就是给买路钱,这样鬼怪就不会跟随新娘子出嫁了]进了家门后,有司仪主持整个婚礼仪式。那在以前,司仪都是男家的家族内比较懂程序的人来当的,年龄一般都比较大了。

以前还有专人唱祝文的,就是祝贺新婚的。一般来说,各家唱的祝文的内容和形式都差不多。家里要是没有现成的祝文,那就请族里或者村里最有文化的人赶紧写一篇。祝文肯定都是吉祥的话了。等到祝文唱完了,就要拜堂了。

以前,我们这里每家每户都有神案的,结婚的时候,神案上要摆放祖先牌位、香炉、果品(包括生果和粉果)那一些。要是刚好碰到了年末,一般还会另外有橘子(谐音意为"吉利")、柚子(谐音意为"和睦")。神案下方摆好一张八仙桌,两边放两把椅子。拜堂,包括拜祖宗、拜父母和夫妻对拜三大部分。

拜祖宗的时候,双方都是跪拜。这个时候,其他的人也都不能坐着。最大的就是祖宗啊,拜祖宗你还敢在一边坐着?拜父母双方也是跪着拜,是从辈分最长的直系亲人开始拜的,不是说从父母开始拜的。比如说,新郎的爷爷、奶奶还在世,那就要先拜爷爷、奶奶。爷爷、奶奶不在了,才是先拜新郎的父母。爷爷的兄弟、父亲的兄弟那些至亲,不用拜的。拜的时候,除了磕头还要献茶。每一个受拜的人,都要给新郎、新娘每人一个红包。拜完一代长辈后,再拜下一代长辈,一直拜完才算。最后就是夫妻对拜了,以前是行半礼。比方说,我们这里,过去女子是屈膝福一福身,不用跪的。

等到都拜完了,新郎、新娘就一起入洞房。进了洞房后,新郎用手在新娘头上点3下,也有的是竹棍子、筷子那一些轻轻敲3下,意思是让新娘以后听新郎的话。之后,新郎拿手掀新娘子的红头盖，也有用筷子什么的挑开的。新郎出去陪酒，新娘就在房中等着。这个时候新娘子不出去见人的，连饭菜要端进新房里来给她吃。

以前，怎么样布置洞房那是非常讲究的。举办婚礼的前一天的晚上，要请人铺床。那时候床上不放被子的，就是只铺两床厚厚的草席。在铺床的时候，要一边铺一边"说是偈"，就是说好话、说吉祥的话。铺好了，就要撒上很多糖果，还要撒上很多别的东西，比如花生什么的。这些食物都是香的、甜的，意思是祝愿小夫妻以后的生活香甜。那就让家中三四岁的男孩爬上去抢糖果，也让左邻右舍三四岁的小男孩一起来抢。小孩是越多越好，不过一定要是男孩，他们还一定都要爬上床去抢撒的那些东西。这个风俗，意思是祝愿新夫妇快生孩子、多生孩子。以前的人，都是希望多生嘛。

闹洞房是一直都有的。路远的陪娘，当天也会留在新郎家住宿。路近的，那当天就回家了。闹洞房是在晚上，本村里的男青年来闹，当然也有小孩了。不止逗新娘，连陪娘也一起逗的。有的人，出很多诡计捉弄新人，好比弄一条很窄的过道，就是只容一人通过的道，让新郎、新娘各从一头走，走到中间碰到时，就要拥抱一下。那在以前，当时当众拥抱是很害羞的事嘛。有的用线拴一块糖吊着，让两个新人来咬。一般都会闹到凌晨三四点，甚至闹到天亮。闹多久，那是随闹洞房的人的心意。

闹完洞房了，就到了结婚当天的最后一步，就是挂蚊帐。这时候，也要"说是偈"。以前的蚊帐，差不多都是麻的蚊帐。我们这里，是闹洞房的人给挂好蚊帐，挂好了以后，大家一起吃夜宵去。不过，不同村子里，挂蚊帐的时间可能不一样，挂的人也可能不一样。反正不论是谁挂，挂蚊帐这个程序，那都是要的。

结婚的次日，就是办婚礼的第二天，一大早新娘子就要起床去问候公公、婆婆。如果起得太早，公公和婆婆还没起床，那她不能够催他们起来，要在别处静静地等公婆起床之后，那再去问候。一般来说，公婆知道她会来的，都会特别早起的。这个时候，很少有新娘子献茶的，一般来说，就是问候一下，那就可以了。新娘子起来后要是碰到了家里的其他人，她都要主动打招呼。这天早上，她还要下厨房做饭，还要干点什么活。不过，就是劳动一下也就可以了，意思是说明她是干活的。所以，就算是她做饭，也没有说一定要做什么菜，就是显示她不懒，就可以了。

我们这里，也是结婚3天后，新娘子要回门，就是回娘家。这个风俗，就跟广府人是一样的。不过，我们这边的话叫作"翻面"，意思是翻回头，见一面，我觉得，应该就是这个意思吧。那天她还要准备一些礼物，然后回娘家。其实主要就是吃一顿饭，跟父母说说话。要是到了结婚后的第七天，女方的家人、亲戚那一些，就要到男家来，这个叫作"挪（记音字）七朝"。意思是两家从此成了非常近的亲戚，双方就要走动一下。女家其实也是要来看看男方家的情况，还要看看女儿在这里怎么样。

我们这边的客家人，一直都是很少有离婚的。这个离婚以前是叫作"休妻"的。就是丈夫写一封休书，那夫妻关系就结束了。以前，男方可以单方面休妻的。原因那就有很多种了，比如妻子懒惰、妻子做了不正经的事、妻子不生育等。要是妻子干了什么不好的事情，丈夫多次警告过她，她就是不改，那就可能要离婚了，也就是休妻了。不过，这些都是非常少见的。也有别的原因，丈夫主动离婚的。以前，我们这边确实有的女子，结了婚以后又跟别的男人跑了，就是私奔了。那这样的话，那个丈夫只能休妻了。

　　我们这里的客家人一直都是很少有人愿意上门入赘的。入赘的男人，一般家中有很多兄弟，家中生活实在困难没办法，那才愿意的。入赘的男子，一般都会被妻子、叔伯兄弟等人欺负，就是会被看不起。比如说，在家里他拿不了主意，现在的说法就是没有话语权。这样的夫妻，一般都是妻子说了才算的。以后生了孩子，也要跟妻子的姓氏。所以，入赘的男子受妻子欺负。这个上门的女婿，以后会继承财产的。要是没有不是这个上门女婿，财产本来是归叔伯兄弟他们的。那你说说，叔伯兄弟能不气吗？那肯定要欺负他。

第五章　传统生育习俗

在任何一个人类社会中，生育都起着至关重要的作用。生育不仅帮助维护了社会的完整与稳定，更重要的是源源不断地为整个社会提供了一代又一代人口资源，通过人口的有效继替实现了社会的延续与发展。但是，生育不单单是一种生理行为，而是蕴含着丰富的文化内涵。生与育的整个过程形成了一系列约定俗成的社会习俗与规则，这些深刻影响着人们相应的思想与行为。不同社会甚至同一社会的不同阶段的生育文化含义并不相同，由此形成了千姿百态、彼此迥异的地方性生育习俗。

东城的生育习俗有其浓郁的地方特色，本章中我们试图从传统的生育制度、生育信仰与相关民俗等方面，探究东城社会传统的生育文化的某些侧面。

第一节　东城的传统生育制度

在一定意义上说，人类所谓的生育制度，其实可以视为人类为实现自身有效延续而发展出来的一种人为的保障。[①] 任何一种生育制度都包括许多具体的、程度不一的具有社会约束性的内容，但任何一种生育制度又都是始终处于不断的调整之中，因为只有这样才可以更好地适应不断变化发展的社会。

明清时期东城的传统生育制度源于传统的社会，大体维持到了 20 世纪 70 年代末期。之后随着来东城村落社会在各个方面的迅速发展而急剧变化，到了现在，传统的生育制度的许多具体的内容已经只有残余。

一、传统生育观念

东城所辖的众多村落，分别主要由先后迁入的广府人和客家人居住。这两个民系虽然在许多方面差别明显，但在生育观念方面却一致性极大。在我们看来，这既显示出源远流长的汉族传统生育文化对他们的极大制约，也显示出两个民系对于同一地方的自然与社会环境的适应性逐渐趋同。

---

① 费孝通：《生育制度》，商务印书馆 1999 年版，第 54 页。

(一) 生育目的

根据我们的调查所得，东城人传统的生育目的，可以简洁地概括为承继香火和开枝散叶，这是其两个最主要的侧面。在老年人中，这两个侧面依然时时可见。这极为有力地说明，东城的人们既深受汉人源远流长的生育以"传宗接代"的传统观念的影响，也说明他们同时又受东城具体的地域与社会条件的影响。

在传统的"不孝有三，无后为大"思想的长期而又强烈的持续影响下，东城的广府人和客家人至今都极为重视"种"，普遍认为"种"的存亡等同于一人、一家甚至一族的存亡。"绝种"即家族香火中断而身后无人祭祀，因此成为了东城境内传统上最恶毒的詈辞、咒辞之一。由于如此，传统上的东城人认为，必须生育尽可能多的后代尤其是男性后代，才可以确保"种"的延续。① 人们至今普遍认为，种寓于生育之中，通过生育尤其是生育男性后代，才能够不仅实现自己的个体生命也就是香火的有效传递与延续，也才能够使得一个家族得以有效地形成、存续与壮大。我们本次调查发现，东城无论是广府老人还是客家老人，他们在这方面的最大心愿并无二致，都是期望自己的生命能够以子孙万代且不断发扬光大的形式绵延不断，即都是期望自己的后代能够枝繁叶茂。在东城的祠堂内或者民居的神龛处，最为常见的祷辞都是"香火永续"和"开枝散叶"，这两句话简洁地传达出了村民的核心生育目的，简洁地传达出他们最美好的生命意愿。不过，本次调查发现，现在的东城青年人甚至不少中年人都普遍认为，孩子并不要很多，而最好的孩子构成则是一儿一女即儿女双全。

历史上，东城的广府人和客家人尤其强调生育的目的之一，就是借此实现家庭或者家族的开枝散叶，这显然又是迁入现居地后的在地化适应的结果。

现在的东莞以致整个珠江三角洲居民的主体，其实主要是从唐代开始尤其是在明、清两代定居现居地的，少部分（如牛山的部分客家人）迟至民国初期才从各处辗转迁入现居地。这些先人抵达后，渐次定居下来而形成了东莞广府人和客家人如今的居住与分布态势。② 这一种定居化的样式与过程尤其是其中的辛酸与劳苦，自然使得他们无一不是极为强调开枝散叶。当代的许多研究都发现，在这些先民渐次抵达现居地的历史时期，除了某些市镇已经人烟辐辏之外，珠江三角洲尤其是其乡村地区，整体上仍然可说是地广人稀，无主的山、林、田、地等可资利用的生活资源颇多。而也是在这一时期，各种水体的持续退却甚至消失，还在源源不断地提供肥沃的田地如沙田等，又形成了许多新的生活资源。这个时候，人们必须尽可能地生育更多的子女即开枝散叶，才能够扩大地盘并占有更多的各种资源，以利于最终形成并不断发展壮大本家或者本家族的

---

① 不过，本次调查发现，现在的东城青年人则普遍认为，一对夫妻最好儿女双全即一儿一女，但只生育一个也无所谓，无论是男是女都可以。甚至如果夫妻事先商量好，一个都不生育也可以。他们普遍认为，导致这种观念出现的最主要的原因，是现在养育孩子的方式不同，使得养育成本大幅提高。相当部分的中老年人也认同儿女双全的观念，但较少认同仅仅只有一个孩子而普遍认为最好是养有三四个儿与女；但他们也认同，现在的养育成本太高，导致很多年轻人无力抚养多名子女。

② 更多的相关背景知识，可以参考张振江《广东语言的人类学研究》，见黄淑聘《岭南族群与区域文化研究》，广东高等教育出版社1999年版，第93—95页。

势力。

现在所见的珠江三角洲最为重要的家族,几乎都是肇始于此一时期。极为简单地说,其根本的原因就在这里。而随着子孙后代的不断增加,以及随之而来的不断加剧的生存压力,人们主动或者被动地通过家庭或者家族分拆的方式,让一房或者一支等部分家人或者族人播迁远近不一的某处开设新村,这实际上等于使得本家或者本族壮大了地盘。考察东城的广府人或者客家人的居住区域,同样都可以见到这种发展模式。本次调查时我们所暂住的桑园村,就是袁姓人家通过从温塘村分裂出来一支而逐渐形成的,其村民的直系先祖的祠堂,至今仍然在温塘完好地保存。不过,据说当时是彼此不和才被迫迁出而不是自愿迁出。但无论如何,仍然是通过另立新村壮大了该姓人家的实力与势力范围。

此外,在现实生活中,人们还确实存有某些虽然具体但可能更为切身、更为功利的生育目的。例如,传统上人们总是认为,年龄稍大的孩子就是家庭中不可缺少的劳动力或者辅助劳动力。至少在其结婚前的一段时间内,无论是在日常生活还是在生产中,他们都是父母的好帮手,甚至是某种形式的劳动主力。实际上,直到中华人民共和国成立的初期,东城人其实一直普遍不是非常注意孩子的文化教育如何,也不是非常在意如何养育子女,而事实上主要是视他们为劳动者。而在一定程度上说,孩子们确实也是父母的好帮手,经常相当有效地减轻了父母某些日常生活的压力。因为如此,东城的孩子在成长到六七岁即能够基本自理时,普遍就要开始帮忙做一些日常的家务甚至简单的生产工作,如扫地、喂鸡、割草喂猪等。而当孩子再长大一些,就要跟随父母去田里共同劳作或者协助经商。人们普遍认为,这样做长远来看,是为了培养孩子以后谋生的基本技能,但在当时,孩子们却是有效地减轻了父母的生产负担。

访谈资料:

(访谈对象:鳌峙塘徐老人,67岁)

问:您家有多少兄弟姐妹呀?

答:我家里啊?那有兄弟姐妹5个。在那个时候来说,这不算多的。以前,兄弟姐妹10多个,也不算稀奇的。

问:那孩子这么多,家里生活会不会比较辛苦呢?

答:是的,你家里小孩子多,那在他们小的时候,那家里的日子,肯定过得就要艰难一些喽。那时候啊,和现在的情况不能比的。现在养大一个小孩,花费很大。现在的孩子也很娇贵,什么都不用他干的。我们以前啊,大了一点点,就是才到了六七岁吧,那就要帮着家里干活啦。你不干活,那不行的,因为大人忙不过来啊。就说我家吧,我是老大嘛,那很小就要帮父母照顾孩子,就是照顾我弟弟、妹妹。除此外,我还干很多其他的活。

通过生育孩子使得家庭人口增加从而增强了家庭的力量,这是调查时许多人都提及的旧时另一个颇为重要的生育目的。在缺乏公权力保护的传统的东城乡村社会中,人们经常被迫借助家庭的力量实现自我护卫,因而仅仅家庭人口的多少一项,经常就与该家庭在当地的社会地位如何直接相关。那时的人们普遍认为,一个家里人少尤其是男性少，就等于家庭力量薄弱、缺乏反抗能力，因此容易遭到人口众多的大户的欺凌。反之，如果家庭成员众多尤其是男丁众多，则等于家庭力量较为强大，不但别人轻易不敢招惹，甚至反过来可以随意欺负别人。因此，那时候人们普遍认同，必须多生育孩子尤其是多生育男丁，如此才能够保证自己的家庭安全、生活安稳，也才能够使得自家很好地在村落社会中立足。

人们普遍认为，旧时必须生育较多的孩子还有一个理由，就是只有生育了至少一名男性后代，才能够使得自己的家产更加有意义地顺利传承下去。依照东城的传统习俗，某人如果没有自己的后代而又没有过继或者收养孩子，那么，一旦他去世，他一生所积累的家屋、金钱等各种家财，通例是由其兄弟的儿子们即其侄子们平分。但人们普遍认为，这些继承者虽然是自己亲兄弟的孩子，但终究是他人的后代而非自己的直系血脉，因此仍然难免普遍强烈地有一种将辛苦积累起来的财富"拱手送给他人"的失落感，更难免有能否顺利承继、发挥其作用的担忧。在温塘的某坊，至今矗立着一处从外部看极为精美的青砖古民居。但实际上，其内部已经高度破败，甚至其主屋的大梁约在10年前即因为白蚁蛀蚀而跌落。这处虽然无梁但依然能够傲然矗立多年不倒的民居，极好地证明了当时建筑的精良，令我们惊叹不已。在其左侧居住的一位老人家告诉我们，该屋的男主人曾经是该村的大户人家，但在中华人民共和国成立前就已经去世。其太太孀居多年，在20世纪60年代初去世。由于该家主人无后，这处家屋就由男主人的一位侄子继承。但其侄子因为另有自己的住处，而实际上放手不管任其破败。看着残存的精美檐板和满地新生的苔藓，这位邻居对我们嗟叹不已："这么好的一栋房子，要是那家有儿子继承，怎么会让它破成这样！"

（二）理想子女数

有研究表明，18世纪初期，全国女性平均初婚年龄为17.41岁，[①] 故女性的生育年限通常都比较长。旧时东城的初婚年龄与此相仿，因此在理论上说，一个育龄女性一生中能够生育较多子女。我们通过调查发现，东城的人们普遍认为"家里孩子多一些好"，旧时一位妇女的生育总量也确实较大。

虽然过去东城人通常每一家中孩子的数目也很多，但一般来说这并不是刻意追求的结果，这与东莞的清溪镇客家人刻意追求"多子多福""越多越好"不同。访谈时老人们普遍认为，一对夫妻"当然要生几个孩子"，但同时他们又普遍认为，太多的孩子也不见得就是好，即孩子的多寡"顺其自然就好"。

访谈资料：
（访谈对象：鳌峙塘徐婆婆，女，65岁）
问：那您兄弟姐妹一共多少个呀？
答：我家啊？那一共有6个。
问：在你那个年代，这算挺多了吧？
答：多什么？一点也不多！那时候，有的家还有9、10个孩子的。那个时候，又没

[①] 王跃生：《清代中期婚姻行为分析》，载《历史研究》2000年第6期。

有计划生育,都是随便生的。

问:那时候的人,都希望多生一些孩子?就是有多子多福这样的思想?

答:没有,这些都是没有的。没有什么人一心一意,就是一定要生这么多的。主要是因为那时候没有计划生育,也没有什么避孕的方法,结果怀孕了,那就只好生出来嘛。所以,孩子就多了,不是一定要这么多孩子的。

在 20 世纪 70 年代以前,东城还没有大规模地推行计划生育政策,村民是完全可以按照自己的意愿任意生育的。但是,那时的人们一般认为,一对夫妇生育"五六个孩子,那就可以了";普遍认为这样的家庭已经是"孩子很多的"家庭了。而如果生了更多的孩子,几乎完全不是夫妇主观追求的结果,而"主要是因为无法避孕"。传统上,乡村的人们羞于谈性,那时没有科学的方法和用具,也几乎无人知道如何有效地避孕,其结果就是妇女不断地怀孕、不断地生育。我们在访谈时就听到不少老年妇女感叹,自己年轻的"那个时候啊,自己还都不知道,就又怀孕了"。而一旦怀孕就只好生下来,这就造成了高生育率。本次调查时已经是 77 岁高龄的袁大爷,曾经长期在村子里担任领导工作,他对村民在 20 世纪中、末期的生育情况有比较全面的认识。

访谈资料:

问:那以前村里一个家庭,大概有多少孩子呀?

答:以前,那差不多每家都是有很多个孩子的。一般都有四五个孩子。更多孩子的家庭也有,不过相对来说比较少就是了。那个时候,只有一两个孩子的,那是很少的。

问:那时一家那么多孩子,会不会养不活呢?

答:有的。有些小孩养不大的,就是还很小就死了。

除了追求生育一定数量的孩子的主观意愿之外,主要因为无从避孕,所以 20 世纪末实行计划生育以前,多数家庭都会生育五六个孩子,多达八九个甚至 10 个及以上的也不是罕见的个案。而据老人们的说法,历史上当地的生育数量就是如此,这与我们通过家谱、族谱、村志以及祖先故事等地方文献所搜集到的生育数量基本上一致。但由此也可以充分看出,人们历来所希望的子女数量,其实是有界限的,而不会刻意追求多生多育,即生育了更多孩子实际上是顺应自然的结果,而不是完全出于村民的个人意愿。

历史上,东城长期以农业为主而兼营部分商业和副业,几乎完全处于以家庭为单位的自给自足的小农经济。这种经济形态中劳动力非常重要,孩子多特别是男孩子多的家庭,因为劳动力资源充足而几乎总是能够获得更大的收益。从这一方面说,一家自然是生育得越多越好。但是,人们又并不刻意追求更多的子女,这主要是受经济条件的影响。因为即便是在生活水平较低的过去,生孩子尤其是养育孩子仍然是需要付出很高的成本与代价,"养不起"这个制约因素从相反的方面根本上限制了生育的数量。我们的调查发现,旧时几乎每个东城的广府人或者客家人的村子中,都有少数家庭因为养不起而把孩子送人的个案。

访谈资料:

(访谈对象:温塘袁老人,男,86 岁)

在中华人民共和国成立前,我们这里有些人的家庭条件实在是不好。这些人家的孩子如果太多了,那肯定就没办法都养活的。那你能怎么办?就只能把孩子送给别人家。那个时候,送走的一般都是女孩。送男孩的,比较少。

以前收养孩子的人家呢,可能是送孩子的那一家的亲戚,也可能就是没有孩子的其他人家。那些收养孩子的人家,多多少少都会给那家人一些钱什么的,就是算作补偿什么的吧。不过,这个确实不是卖孩子。

卖小孩的家庭,我们这里以前确实也是有的,那家没别的办法了,就是养不活孩子。不过,卖小孩的家庭,我们这边始终是很少的。以前卖的主要是男孩,卖女孩的很少见。因为很少有人家会买女孩的啊。

我们随机统计了部分村落中生于20世纪50年代前的村民的兄弟姐妹数目,发现一家中以有五六个的为最常见。但我们同时又发现,这个数目普遍与其父母实际生育的子女数目有距离,有时甚至还相差很大。造成这种差距的原因很多,主要在于孩子夭折,小部分在于"送人"或者"卖掉了"。应该说,其实就在不太远的过去,在全国各地的汉人社会中,类似的不良习俗还都是相当普遍存在的,那时各地同样遭受经济能力有限故而养不起的严酷限制。

也是由于养不起,旧时东城还有一些今天看起来颇为残酷的习俗。访谈时有两三位老人闪烁其辞地说,旧时东城的各处村落其实都有溺婴的恶俗。"那个时候,你生了,你又养不起,(除了溺死)有什么办法?"有一位女性老人家回忆,她小时候还亲眼见过溺婴的,"那个时候,命不值钱的。当时也没有什么感觉"。但这些老人同时又都表示,进入民国时期之后,"本地就没有这种事情了"。不过,这种说法似乎不完全符合实情。我们在许多地方调查时发现,历史上多地都普遍有过类似的恶俗,绝对不是仅仅只有东城人才如此。清溪镇的某位老人甚至回忆说,抗战时期村里溺死的孩子太多,而且尸体都扔在村子后面的一条小溪流里,一度甚至把这条溪流堵断了。① 这种现在看来极为残忍的恶俗,当时在许多地方都有,无不反映出当时生活条件普遍极度恶劣,从另一个侧面说明了人们不追求生育更多的子女的一个根本的原因。

当然,相对来说,送人、卖掉或者溺死的孩子毕竟还是少数,夭折才是经常造成旧时家庭的子女生育数目与长成数目有别的最根本原因。我们发现,现在年龄在70岁上下的东城的广府或者客家的男、女老人家,普遍不会对夭折感到惊诧或者陌生,有时反倒认为现在的年轻人对此感到惊异是"大惊小怪"。

访谈资料:

(访谈对象:余屋余老人,86岁)

问:村子里的人,会不会觉得女人生孩子,是一件很晦气的事吗?

答:不会的,我们这里不会的。但是你得知道,以前生孩子的时候使用的那些工具,都是没有消过毒的。所以剪脐带的时候,就很容易造成破伤风了。所以,很多孩子生出来没几天,就死掉了。我们这里有句话,就是"三朝七日",就是说生出来以后,3天最多到7天,那个孩子就可能要死掉了。

---

① 详参考张振江、麦淑娴《东莞客家:清溪的个案研究》,广东人民出版社2017年版,第127页。

以前，我们这里啊，一个女人一辈子，那都是生七八个孩子的。生10多个孩子的，那也是有的。但是，每家起码有三四个孩子，在很小的时候就死掉了。生了很多又会死一些，所以一般的家庭呢，就都是剩下来五六个孩子。要是不早死几个啊，家里的孩子那要多得多了。

我们通过访谈以及核对户籍等方式，专门对此进行过核实。结果发现，主要是旧时生活条件极为有限而医疗卫生条件、保健观念与手段等又极为落后的原因，在旧时所有的东城村落中，确实都出现过相当数量的孩子夭折的现象。我们相信，正是因为过去夭折现象普遍多见，所以东城的不少村落中才出现了"三朝七日"这一极为沉痛的隐晦说法。其实际的意思，其实是暗示孩子夭折不可避免。由这个说法也不难看出，当时社会中婴幼儿的死亡率极高，也可以看出这个现象背后所隐含的生活极端艰难的社会现实。①

（三）性别偏好

传统上，汉族社会面对生育子女时，长期而又普遍地存在重男轻女的观念。在东城的广府和客家的村民中，至今流行"养儿防老，积谷防饥"这一古老的说法，很好地反映出旧时东城人的性别偏好以及其背后的原因。我们在访谈时发现，许多东城的老人家其实都认为女儿对家里、对自己有更大的帮助，"女儿从很小的时候，就能够帮家里的忙……就算是以后她出嫁了，也可能对你比儿子对你更好"。不过，人们虽然高度评价女儿，但现实中人们还是普遍认为一对夫妇一定要生育一个儿子，最好是生育几个儿子；至于女儿则"最好有。要是实在没有的话，那也是可以的"。除了是受传统观念的影响以及实现宗族开枝散叶的需要之外，这种性别差异现象的形成，也是东城传统乡村社会现实需求的结果。

在东城人看来，女儿迟早总是要嫁出去的，而婚后"她生的那些孩子，肯定跟她丈夫的姓，那当然就不是自己家的姓了"。只有儿子的孩子才肯定跟随自己家的姓，这才是自家实现传宗接代的根本所在，才是自己一脉的香火得以传承的根本保证。访谈时一位退休的老校长认为，旧时儒家所谓的"不孝有三，无后为大"，其实说的就是夫妇必须生育儿子，即所谓的"后"指的就是儿子；只有有了儿子，才可能不断地"有后"，否则就是"绝后"。传统上东城人认为的传宗接代或者香火延续，其最为直接而又最为实际的表现，就是"儿子、儿子的儿子"代代相传，而且"千秋万代的子孙，始终都是跟随自己的姓"。访谈时我们发现，有儿子的东城老人都很愿意细说其儿子的事，而只有女儿的老人则明显地不愿意多谈论子女，涉及时也几乎总是会故意扯开话题。这种差异似乎说明，即使是现在，人们其实还是非常在意香火永续之类的。

虽然人们都知道现在养育男孩比养育女孩需要的花费多得多，如仅仅是为其盖房

---

① 但在本次调查时，有少数几位老人家私下认为，旧时普遍多见的夭折虽然不是好事情，但也不一定全部都是坏事，因为"那些体质弱的、有缺陷的孩子，那早早就死了"，所以这样"其实是一种自然淘汰"，对孩子、对家庭、对社会都有好处，即"大家都没什么拖累"了。在他们看来，现在有这么多的孩子"有这样的、那样的问题，就是没有了这种自然淘汰"。应该说，这种说法可能确实有违惯常的伦理观念，但可能也有某些道理，可以说明某些传统生育中不好涉及的问题。

（现在多是买房）、娶妻，就要付出一笔很大的金钱。但即使是如此，村民仍然希望自己能够生育儿子，并心甘情愿地为了儿子的未来而辛苦地奋斗。而一旦新婚夫妇生育了儿子，整个家庭以至整个家族都会非常高兴。如果是在旧时，必定都会依例摆酒席宴请一众亲友以示庆贺。还会依例到祠堂举办"开灯"仪式，正式向先祖禀报"有了后"或者"又多了一个后"之类。即使是时至今日，如果一对夫妇始终没有生出儿子，该户人家则几乎必定会受到同村人的明里暗里的嘲讽甚至诋毁。① 而在过去，如果某个妇女生的是女孩，则其家人普遍会觉得非常失望，不但没有任何庆祝仪式，该母亲通常还会被其婆婆责骂。

访谈资料：

（访谈对象：桑园袁老人，男，86岁）

问：为什么一定要生到儿子呢？

答：儿子是传宗接代的，当然是一定要生的。儿子始终都是在自己家里，女儿都是要嫁出去的。女儿嫁出去以后，那就是人家的了。她生的孩子，那都是跟孩子的爸爸姓的，不是跟母亲姓的嘛。儿子生的就跟自己姓，就是跟祖宗的姓。所以，一定要有男孩。

那些实在生不到男孩的，以前就都是跟人家过继一个男孩来当儿子。不然的话，等你死了以后，你的家产就没有人继承。那样的话，就要给兄弟的儿子分了。是不是这样？所以，一定要自己找一个。

依照汉人的传统旧俗，父母过世后，其财产由儿子继承，女儿不论出嫁与否都没有继承权。旧时的东城各处村落中同样如此，现在虽然略有改变，但大体依然如故。我们的调查发现，不论男女，东城老人似乎尤其在意自己家产如何传递，似乎尤其担心没有儿子作为自己家产的继承人。"要是你一个儿子都没有，那等你死了，你的家产就没有儿子继承了。那就要拿出来了，就是给你兄弟的儿子，他们拿去分掉了。说得没错，那些人都是自己的侄子，也是自己的亲人，但是，你心里肯定不是个滋味。"在东城各个村落的访谈中，我们几乎都听过类似的话语，反映出人们对家产传承的格外重视。我们相信，这与旧时的人们长期处于极端贫困的社会状态尤其有关系，值得进一步探讨。

因为这样，人们总是会想尽办法以防止出现无后的情况。如在以前，"那些实在生不出儿子的，就是那家的丈夫，就会从他哥哥、弟弟那里过继来一个儿子。要是没有兄弟过继的话，那也要从外面领养一个儿子来。买一个来的，那在以前其实也是有的"。依照东城的旧俗，过继或者领养来的孩子，经过一些程序后就是其儿子，其名字也可以正式地登入族谱之中，日后他也能够顺利地继承遗产。极少数只有女儿的家庭则可能通过招赘的方式解决，即为家中的一个女儿"娶"来一个上门女婿，在解决香火传承的同时也解决了遗产继承。这种情况下，女孩一般都是家境富裕，而上门女婿则几乎都是出自贫寒又有很多兄弟的家庭。但据调查，招婿的个案始终相当少见。不过，不论是过继、领养还是招婿，虽然解决了家产承继的难题，但因为这些儿子毕竟不是自己的亲生

---

① 现在则已经有了一定的变化，尤其是年轻人的生育性别偏好已经有了一定的不同。但在整体上说，东城村落社会在生育方面，还可以说普遍存在重男轻女的观念。

骨肉，所以人们的内心普遍还是"不是滋味"。前文所述的温塘的桥头街有一处因为年久失修而显得颇为破败的房屋，但仍然能够辨认出其旧时的华美与精致。这处房屋现在名义上属于主人的侄子所有，但他其实任由这座房屋自生自灭。对此很多老人都是很有感慨，家住附近的一位老人就说，"还是说什么都得有自己的儿子。要是自己的儿子，怎么着也不能让祖屋就这样烂掉了"。

按照东城的传统习俗，父母身后儿子能够继承遗产，但其实他们必须先满足某些条件。历来最主要的条件之一，就是他们必须赡养父母并最终为老人送终。访谈时不少老人认为，老话中所谓的"养儿防老"，指的主要就是父母一旦丧失了自我养护能力，到了这时儿子就要负起赡养的责任。老人们历来普遍相信，这是生育儿子最主要的目的之一。但在旧时的东城，由于受传统的分家习俗的某些负面影响以及受人们普遍贫穷的制约，如何养护年迈的父母，似乎始终解决得不是非常好。例如，有些老人采取跟随某位已婚的儿子生活的方式，这个儿子自然多多少少都会照料年迈的父母，他以后也可以因此而多分一些父母的遗产。但在相当多的情况下，年迈的父母都是采取独居的方式，即并不跟任何一位已婚的儿子及其家人居住，这就可能直接导致他们很少能够真正得到儿子们充分的赡养。① 我们在访谈时发现，虽然现在这类独居的老人普遍都有很好的经济保障、几乎都能够完全自立，但他们如何得到及时的、足够的赡养尤其是来自后辈的精神方面的慰藉，依然是一个大难题。实际上，如何赡养老人不仅是老人们的普遍的心病，也是儿子们挥之不去的困扰。潘光旦先生曾经说："中国以家族为中心的文化……如其尚有相当部分值得保留，我以为父母的侍奉依旧应该做婚姻的动机之一。今后所不同者，此动机应完全由子女自己发出罢了。"② 而如果从事实来看，完全实现他这一愿望，似乎还有非常遥远的路途。

可能正是因为旧时的父母普遍得不到多少赡养，所以有不少东城的老人认为，以前所谓的"养儿防老"的真正意思，其实只是指望儿子"在自己百年以后，能够体面地为自己送终"。访谈时老人们普遍理解孩子谋生不易，普遍说"儿子也有自己的家庭，也需要他养家。没法要求他天天来照顾你"。因此，只要求体面地送终，这种意义上的"养儿防老"其实是放低了要求，等于是对儿子的最低限度的期望。如同当时的各处汉人社会中所见的一样，旧时东城区的丧葬习俗，也是要求儿子为去世的父母料理一应后事。因此，没有儿子就可能会无人为自己办理后事，就可能因为年节时无儿孙祭拜而使得自己身后"不得血食"。老人们说，以前的许多村落中，确实都出现过因为无后而需要由侄子或者房、族帮忙料理后事的。身后逢年过节，这些人自然也无人供奉祭品即血食。老人们普遍认为，这是极其悲哀的、一定要尽力避免的事，因此无论如何也要有自己的儿子。传统上的东城人普遍采用土葬，儿子们尤其是长子办理丧葬事宜的各种付出相当多。应该说，在这一方面儿子们历来做得都比较好，如我们从来没有听说过哪个村

---

① 我们发现，即使是到了经济等各方面的条件都已经大为改善的现在，东城各村中独居的老人仍然比比皆是。不过，他们的儿子有时会为他们请一位保姆负责照料而不是儿子或者其家人亲自照料。老人们和儿子都对此习以为常、认为理所当然，而且普遍觉得能够请保姆看护，已经是一种很好的赡养方式了。

② 转引自李银河《生育与村落文化·一爷之孙》，文化艺术出版社2003年版，第344页。

落中的哪位儿子未能够让逝去的老人"入土为安"的。①

在东城这样传统气氛相对浓厚的社会之中,传统的生育性别偏好仍然存在,但人们对自己后代的性别期望已经有了一定的变化,相比以前更加现代和平衡。

二、生育观念的演变

曾经有学者指出,"中国人对生育的执着是中国传统文化中最令人百思不得其解的一个谜"②。但是,随着近些年来国家的生育政策的改变,随着社会与经济条件的改变尤其是生计方式的大幅改变,东城的人们尤其是年轻一代对生育的态度已经发生了很大的变化,而且还将发生更大的变化。

(一) 传统生育观念的传承与变化

1949 年后,随着新的政权建立以及新的法规、观念等的迅速普及,东城人的婚姻观念与实践很快都发生了巨大的变化。但是,人们对生育的观念与实践,却维持了很长时间而没有多少改变。大致上说,直到 20 世纪 80 年代中期,东城人依旧基本传承了传统的生育观念,即希望多生孩子尤其是多生儿子以便传宗接代、壮大家族。那时的人们仍然普遍认为,婚姻最主要的目的就是生育,而生育则是女人的最重要的,也可以说是终生的事业。许多老人都回忆,那时候的妇女几乎总是不停地生孩子、养孩子,但她们自己也普遍将之视为其人生的最大乐趣,普遍视为女人的本分而没有多少怨言。

这时候的人们依然持有严重的性别歧视,包括女性在内,人们依旧普遍重男轻女。访谈时有老人回忆,到了 20 世纪 50 年代之后的若干年也就是集体生产的时期,如果生了男孩,人们家里通例都会办满月酒并隆重地举行开灯仪式。而如果生的是女孩,绝大多数时候甚至连满月酒都不办。至于办了开灯仪式的女孩,在当时几乎更是绝无仅有。当时村子里的男孩、女孩已经普遍都可以上学了,但家里面对待他们则有明显的区别。如男孩几乎都可以一整天呆在学校学习,而不少女孩只能够有半天上学的时间,因为另外的半天她们需要在家帮忙干家务活。在新的风气的引导下,那时在祠堂摆酒宴的逐渐变少了。如果办酒宴,依然只有男孩子可以参加,他们仍然是族里的"男丁"。而女孩仍然不得随意进入祠堂,更不得参与酒宴,甚至连帮忙准备酒席都不行。

真正促成东城人生育观念发生了重大改变的,首先是由于 20 世纪下半叶开始的计划生育政策。即使是到了全面放开二胎的今日,在各处村落内,"实行计划生育是宪法规定的公民义务""生活要小康、人口要下降""生儿生女都一样,女儿也是传后人"等当时的标语(见图 5-1),依然随处可见。

---

① 东城现在普遍采用火葬,逝去的父母们的骨灰,依照惯例由长子负责处理或者保存。
② 李银河:《生育与村落文化·一爷之孙》,文化艺术出版社 2003 年版,第 353 页。

图 5-1　村内的计划生育宣传标语

老人们回忆，刚刚开始推行计划生育的时候，因为与传统的生育观念迥异，所以东城各处村落的人都是普遍不接受的，不少人其实是尽力抗拒的。当时政府考虑到农村是传统观念极为浓厚的地方，而且村民通常也不会考虑到人口过多会导致国家的资源枯竭这样深远、宏观的问题，因此决定采取循序渐进的方式以有序推行。一般而言，当时的东城各村对计划生育始终管理得相当严格，允许村民生育两个孩子。而且如果一对夫妇所生育的两个孩子都是女孩时，还可以再生育一胎。不过，不论所生的是男是女，第三胎后都不能够再生了。

接受访谈时许多老人都认定，他们本来肯定要生更多孩子的，但因为那时候"村里的计划生育管得确实很严，所以这一辈人，一般都是只有两个孩子的"。完成了生育计划之后，丈夫要结扎而妻子则要上环或者结扎，则成为了当时人人皆知的例行性的计划生育措施。一旦出现了计划之外怀孕的情况，则可能会被采取某种措施。有位老人家当时是村干部，据他回忆，在那一段时期，"三天两头都有公社的哪位干部，下到村里来检查计划生育的情况。大队里所有结了婚的适龄妇女，都要定期到医院做孕检。要是发现有违反政策怀了孕的，那就都要打胎。听说别的地方啊，如果哪位妇女被发现怀孕又拒绝打胎的话，她还可能就会被抓起来，然后就是强制流产了。情况比较严重的，甚至家里的房子都会被拆掉。不过，这些都是听说的，我们这里从来没有过这些情况"。当然，在当时的大势所趋之下，他回忆村民几乎都没有做过什么太过激烈的事情，因此政府也就几乎没有采取过什么过激的措施。而由现在的东城各村落人口的结构来看，当时的计划生育相当有效，这与村民的相关认识是一致的。例如：

访谈资料：
（访谈对象：桑园袁老人，男，86 岁）
我跟你说啊，那时候都是多生孩子的，每家都是一样的。我是 1961 年结婚的，结婚的时候20岁。等我到了32岁的时候，就已经生了5个小孩了。

你看，到了20世纪70年代的时候，我们这里就有了计划生育了，就是那个妇女要去上环。就是这个样子，我这才没有再生了。我才32岁，就已经生了5个小孩了。要是没有计划生育政策，就是让我一直这样生下去，那比如说生到40多岁，那我是不是就有十个、八个小孩了啊？

幸亏有了计划生育，我才没有再生。5个孩子，都养大就不容易了。

从当时村民生育事实的层面上来看，那些没有男孩子的夫妇中，有一部分确实是自觉自愿地为了"纯女户"的，但有相当大的部分是不自愿地成为了纯女户的。对这些家庭，政府当时定期给予他们某些额外的补贴以及某种特殊的照顾。不过，虽然当时的计划生育制度确实很严格，但有极其小的一部分村民，由于传统观念根深蒂固而又求子心切，还是会想尽办法"超计划生育"尤其是生育儿子。"当时，另外也有一部分夫妇，就是没有儿子的，那他们就会设法偷生。他们一般都是要一直偷生到生了男孩，这才停止生育。"当时身为村主要干部的某位老人家，参与处理过一些这类事件，因此至今对此有很深的印象：

访谈资料：

我们村里啊，那时候就有一户人家。他们两夫妇生了几个孩子了。不过，全都是女儿，就是没有生出一个儿子。这两夫妇就一直生，到了第八个，是个男孩！这才不生了。到了他生第八个的时候，就是生那个儿子的时候，他都45岁了！

与当时全国各地所见的情况一样，一旦偷生被发现了，一般都是按照规定对超生的家庭进行罚款。罚款的数额在几十到几百元之间，视超生的具体情况而定，一般来说是超生得越多罚得越重。虽然现在来看当时罚款的数额可能不算很大，但那时候村民的经济条件普遍较差，对许多家庭来说这笔罚款确实是不小的负担，因此具有一定的吓阻力。但由于求子心切，还是有极少数人铤而走险超生，这些人都会想出种种办法以免被发现。访谈时有一位老太太回忆，她的孩子都是那时出生的，其中的几个是偷生的。为了不被发现，自怀孕开始她就到外地的几位亲戚的家中轮流躲避。出生后，这几个孩子的户口也是上到了这几位亲戚的家中，导致到了现在他们还都不是本村户口。

（二）当代的生育观念

如同全国许多地方所见的一样，现在东城的年轻一辈中，也有不少人不愿意多生孩子了。即使现在的政策已经明确放开即许可生二胎，许多年轻夫妇却完全没有生育两个孩子的想法，"弄得家中的老人着急得要死"。在许多人看来，这是因为如今孩子的抚养成本太高，年轻人"生得起、养不起"，所以极大地打击了年轻夫妇的生育欲望。但依据我们的调查和观察来看，从根本上说，这则是社会变迁导致的生活方式与生育观念的改变的结果。

访谈资料：

（访谈对象：鳌峙塘徐老人，男，67岁）

问：以前，你们这个村子里，是不是每家都有很多的孩子？

答：是的。以前的人都是要生很多的孩子的。但是你看现在，父母要他们生，他们也都不生。我大儿子有了两个孩子，这个也不算很多吧？我二儿子到现在只有一个！我老婆急得很，老是催，就是让二儿媳妇再生一个。她老是说"不生、不生"，还说"一个孩子就够了"。就是到现在，她也还是只生了一个啊。现在，是老人比他们自己着急，年轻人不愿意生孩子了。

我们在调查时意外地发现，许多老年村民都在抱怨自己的孩子或者儿媳妇迟迟不愿意生孩子，尤其是抱怨他们不愿意多生孩子。但是，同样是这些抱孙心切的老人，也不止一次地提到，"我们这里养大一个男孩子，现在起码要100万元。对于一个农村家庭来说，确实是非常大的负担。孩子要是生多了，那家庭承担的压力就更加大了"。这种说法或许略有夸张，但现在孩子的抚养成本大幅增加，确实是无可争辩的事实。导致抚养孩子的成本大幅提高的因素有许多，村民普遍认为，人们更加重视养育孩子的质量是一个极为重要的因素。老人们回忆："以前每家每户的孩子都多，那时候父母又忙，不可能有多少精力照顾到每一个孩子。说句不好听的，那时候，真有点像养猪一样，给他吃就行了。其实，确实有点像任由孩子自生自灭（笑）。"而现在的孩子不但早已经成为了全家关注的重点，而且人们的养育观念早已不同。满足其温饱是最为基本的、不言自明的，从小给孩子最好的生活、最好的教育等才是人们所追求的。现在追求的是抚养的质量而不是以前的那种粗放式养育，标志着养育思路发生了根本性的转折。新的方式对孩子的身心顺利、健康、全面地成长自然好处多多，但由于这种养成需要耗费更多的人力、物力和财力，其结果之一就是直接导致成本急剧上升。

许多老人至今依然持有传统的观念，认为儿孙满堂才是福气，因此普遍希望年轻一代生育三个甚至以上的孩子。老人们迫切地希望有数量足够多的孙辈，这一方面显然是传宗接代等传统观念影响的结果，另一方面可能也是老人解决自身孤独感的需要。但是，现在似乎已经没有哪位老人要求儿女们生育五六个甚至以上的孩子了。而综合访谈资料可以看到两代人之间明显的差异，绝大多数的年轻人觉得生育一个孩子、最多生育两个孩子，"这就足够了"。即使家里的老人热切地希望子女生育孩子、生育更多的孩子，年轻一代已经普遍不愿意多生孩子了。对于年轻一代来说，他们所考虑的可能已经完全不同，尤其是女性的地位完全不一样了。现在仍然有许多女性婚后不久即生子，① 据调查可能是出于"反正是要生一个的，早生育、早完事"的考虑，但其实可能更多的是迫于公婆或者父母的压力。她们自己的本意，可能是要等自己有了相当的经济实力之后，才考虑是否生育以及到底要生育几个孩子。访谈时很多老太太都感叹，现在的媳妇真幸福，可以决定生不生、生几个，而以前的妇女地位实在低下，"就是被看成生孩子的工具"。旧时评价一个妇女最重要的标准，经常就是能不能生和有没有生育儿子。假如一位妇女没有生育或者没有生育出儿子，则在家庭中几乎必定终生处于劣势，在社会中几乎必然终生会成为别人的鄙视对象。即使是她自己，也会始终心怀愧疚，认为是自己的缘故才使得夫家断了后。但到了现在，主要是因为社会的急剧变迁，东城女性的地位同样也早已经大幅上升，年轻一代的女性在家中越来越有话语权，越来越能够主宰

---

① 此处不考虑未婚先孕即戏称的"奉子成婚"的情况。

自己的命运。越来越多的女性为了自己的事业与前途，不愿意早生孩子、多生孩子。

访谈资料：
（访谈对象：余屋袁女士，女，30岁）
问：那您还打算再生一个孩子么？
答：我不想再生了，但我老公想再生。
我家4个大人、1个小孩，比较清净。我老公的同学，生了3个男孩。我老公的弟弟生了1个儿子、1个女儿。他们两家是连通的，所以就有5个孩子在一起玩。每次去他们家，我都很烦，嫌他们太吵了。

不过，我家里只有这1个小孩。他1个小孩没人陪着玩，有时候就比较无聊，所以他就老是看电视。我和老公觉得，他总是看电视不好，有空就多带他出去玩。那些滑滑梯什么的，他都不喜欢玩，就想去我老公的同学家里。那里的孩子多，他可以跟几个小朋友一起玩。家里一个孩子的话，孩子可能会觉得无聊吧。

问：那您还是会生小孩吗？
答：我真不想再生了。

东城的广府和客家人历来以核心家庭为主，现在年轻一代夫妇多认为有一个或者两个孩子是最为合适的。许多年轻夫妇希望能够生育一儿一女，认为这样的话家庭才最为圆满。但同样在年轻一代的父母中，只要一个孩子且不在意子女的性别的，已经占了相当大的比例。我们通过本次调查意外地发现，在东城这样的传统氛围浓厚的农村中，已经有一定数量的人甚至认为女儿更加可爱，将来给自己带来的各种压力也更加小。其实即使是在现在的老年人中，也有不少人已经把女孩子当成"首先是自家的孩子"而注重对其加以各种培养，而不再仅仅视为"以后是人家的人"。访谈中一位伯伯回忆，20世纪70年代末，他觉得男孩、女孩其实都是一样的，都是自己的孩子，因此他费尽心力甚至借钱供自己的女儿读完了大学。但在当时，很多人对他的这种行为都不理解。当时人们大多认为，等女孩子到了一定岁数就该嫁出去，此后即"不是自家的人了"。比较以前和现在，他很感慨，说仅仅一代人的时间内，人们的观念居然就发生了"天翻地覆的改变"，他甚至觉得有些不可思议。

本次调查发现，随着东城的大多数人另谋他业而不再依赖土地，随着个人和家庭收入迅速提高且来源日益多元化，人们对男孩子即劳动力的需求不像旧时那么大了，这又直接导致男女平等的观念更加深入人心。虽然现在仍然还有许多老年人坚持子女必须生育男孩，但已经有相当数量的老年人认为，"无论是男还是女，都是自家的孩子。只要孩子能够健康成长，那就好了"。我们发现，这种态度可能是他们真实的看法，但也可能是对子女无可奈何之下的妥协。而在另一方面，许多年轻人也被迫做出了某些妥协。虽然年轻人已经普遍无法理解老一代人对于生育孩子的执着，许多人已经无法接受老一代人关于生儿子以传宗接代的逻辑，但在一些情况下，他们也还是被迫按照父母或者公婆的意愿生育或者再生育。当然也有不少年轻人坚持己见，甚至已经有小部分的青年人接受了"丁克家庭"的观念并付诸实践，这让老年人普遍感到震惊甚至愤怒。老一辈与年轻一辈在生育观念方面的差异以及随之而来的冲突，已经或明或暗地时时可见，说明东城人的生育观念还处于角力之中而处于未定之天。

但我们相信，无论结果如何，夫妻加上一到两个孩子构成一个核心家庭，这可能是最大概率的事件。如此一来则每家的子女数目，会比改革开放以前的即可以自主生育时的大幅度减少，家庭规模会比改革开放以前相应地大为缩小。

第二节 传统的生育信仰

传统上，生育不仅仅是一种自然的行为，还体现为与生以及育相关的一系列观念以及相关的民间习俗事项，这就是通常所谓的生育信仰。在不同的时代或者不同的地区，人们的生育信仰可能并不相同。比较东城人古今的生育信仰，已经发生了很大变化，许多具体的内容已经完全消失了。

一、生育信仰体系

旧时东城人的信仰比较繁杂，其中有许多与生育有关的神灵。这些神明往往各司其职，掌管与生育相关的各项事宜。由于本书的第十章信仰部分对这些神明以及相关的事项多有涉及，因此此处我们只是泛泛略事描述。

（一）观音

人们认为观音菩萨慈悲为怀、保佑众生，因此"你去求任何事情，都会灵验的"。因为这样，寺庙里经常可见观音塑像。在我们去过的几处不同主神的寺庙中，几乎每一座里都有观音菩萨。而在东莞各地，传统上人们对观音菩萨就是非常崇敬的，至今相当数量的家庭中仍然自行供奉着各种造型的观音塑像。

人们普遍认为，观音的最大作用就是送子，即能够保佑妇女顺利怀孕、生育。位于鳌峙塘村的许仙岩庙据说已经有500多年的历史了，现在其主神就是观音菩萨（详参考本书第十章）。现在负责打理该庙的年近60岁的妇女说，"破四旧"的时候这座庙同样遭遇过劫难，她的家人把其中的观音菩萨塑像藏了起来，才侥幸没被毁坏。等到改革开放、宗教信仰自由后，她家才重新把菩萨请了出来。附近的乡亲们都很信奉观音，因此大家都乐意捐钱、出力，重新修建并扩大了许仙岩庙。如今庙门前几乎日日都点燃塔香敬神，可见这座庙宇香火鼎盛。

其正殿供奉观世音菩萨，人们心目中观音的意义一如正殿门口两侧挂着的一副木刻对联所示："许你行善积福真富贵 仙神保佑添丁寿诞长。"正殿的墙壁上也绘有许多精美的图画，其中之一就是"天赐麟儿"。这座庙里还专门有一尊送子观音塑像，求子的人都会来拜这位送子观音，"祈求天赐麟儿"。这座观音塑像的旁边有一根雕刻柱子，其上雕刻的图案已经模糊了，据说是旧时流传下来的老物件。在以前，这根柱子是用来挂大大小小的铁锁之用的。因为那时的人们担心自己的孩子出现各种意外、不能够顺利长成,所以就在这根柱子上挂上铁锁,据说如此一来就可以将他们锁住,让观音菩萨保佑他们平安长大。到了现在,这一风俗已经逐渐消失,而且这根柱子也已经被保护了起来,不再允许人们随便挂锁了。塑像旁边的墙上贴着许多红色的符纸,上面写满了各种祈求观音菩萨保佑的话语,而以希望能够赐予孩子、希望家中孕妇能够顺利生下健康孩子的为多。此外,还有一些是希望保佑自己的孩子与家人平安健康的。旧时必须亲自前来祈福并贴上这种符咒,现在如果实在没空的话,则可以请管庙的妇女代劳,事主只需说明姓名以及祈求的内容,而她就会帮忙写好并贴在墙上。

在旧时,祈求完之后,事主通常还会掷圣杯,以便检验所求是否能够获得观音保佑,即能否如愿以偿。在珠江三角洲各处村落中,圣杯都颇为常见,指的是两片各自一面平滑、一面突起的木质的求神器具,合起来形如一个完整的橄榄。东城人普遍把向上突起的拱形一面称为阳面,而把平整光滑的一面称为阴面。投掷到地上后,共计有一阴一阳、两阴和两阳即三种组合方式,据说根据杯面的组合情况,就可以得到神灵的旨意。一般而言,东城人认为一阴一阳是最好的结果。本书的第十章信仰部分对此有较为详细的相关描述,故此处不赘述。

> 访谈资料:
> 问:这个是干什么用的呢?
> 答:圣杯啊。一般就是你问完神了,就掷这个圣杯,它有不同的面。
> 问:不同的面?那有什么说法?
> 答:有啊。两个平面朝上的,叫阳杯。一个平面、一个弧面朝上的,叫圣杯。两个弧面都朝上的,叫保杯。面不同,意思是不一样的。

现在还有许多中老年妇女到各处庙宇中祭拜观音以祈求各种庇佑,但据说已经比以前少了许多。其原因在于现在许多普通的人家中都供奉观音塑像,一般情况下在自己家里祭拜即可。不过,如果遇到特别重要或者自己难以解决的事情,普遍都还是去庙里求助。有老人说,只有这样才显得更加"诚心,也才会更加灵验"。据调查,由于人们认为年轻妇女不懂拜神的礼仪和程序,甚至还可能会因为某种言行的失误而冲撞神明,导致不能够获得如意的结果,因此传统上东城人求子时,通常都不是当事的年轻妇女亲自去庙中求,而几乎都是由其婆婆代劳的。我们每年调查时,几乎都能够见到这种抱孙心切的婆婆祭拜观音。

(二) 金花夫人

东城人尤其是老年女性经常提及金花夫人,认为她是主管生育的最重要的女神。传统上当地的广府人和客家人都认为,只要祭拜了金花夫人,即可以顺利地怀胎、生育。东城的神明经常有明显的地域性,但金华夫人信仰则相当流行。

据回忆,历史上东城有一些村落有专门的金花夫人庙,但由于"文化大革命"的破坏,现在似乎已经没有了其单独的庙宇。在温塘村的白庙、柏洲边村的大王公庙等少数庙宇中则有其塑像,金花夫人寄居在这些庙中。温塘白庙中的金花夫人塑像面带微笑,头饰与衣衫极为华丽,但摆在12奶娘的边上,使得她看起来似乎是12奶娘的附庸。大王公庙中的金花夫人表情较为严肃，她身着红衣绿坎肩，右手托着一个身穿红肚兜的孩子的臀部，左手则握着这个孩子的脚。这座塑像则摆放在主神的左边，她的下手位才是 12 奶娘的塑像。这种摆放方式可能比较符合历史上的原意，也与珠江三角洲其他庙宇中所见的相同。

传统上，新婚后准备生育或者婚后长久不孕的妇人几乎都会虔诚地跪拜在金花夫人面前，祈求在她的庇佑下能够生育子女。人们认为，金花夫人不仅可以赐予孩子，还能够保佑孩子平安健康地成长。如果孩子在家中不听话，或者遭遇了某种不好的事情，旧时其母亲或者奶奶就会念叨"金花夫人保佑"之类的话语，就能够让孩子听话或者恢复平安、健康。据调查，东城不少村落都有这种习俗。由此可见，在孩子的成长过程中，金花夫人同样起着重要的作用。

金花夫人旁边有时会有送生司马，是当地生育诸神中仅有的一位男性形象的神明。少数老妇人知道是他主管生育的神，但具体如何主管则不清楚了。在现在的东城各处村子中，似乎都没有单独祭拜这位神明的，也没有单独祈祷这位神明庇佑的，通常都是在拜祭 12 奶娘等时顺便祭拜。如此看来，在 12 奶娘等专司舍命的挤压下，这位神明的角色已经在很大程度上模糊了。

（三）12 奶娘

东城人同样信奉 12 奶娘，但是，不同村落或者不同庙宇中 12 奶娘的具体表征物则并不相同。温塘白庙中现在所见的尤为特殊，是以一尊神像代表了全部的 12 奶娘。但其他寺庙中所见的，都是 12 位姓氏各异的女性神明。

即使是都有 12 位奶娘，不同庙宇中奶娘的姓氏也不完全相同。至于为什么有如此差别，似乎无人能够给出解释。实际上，关于本村或者本庙中的 12 奶娘为什么是这些姓氏而不是别的姓氏，也似乎早已经无人知晓。在珠江三角洲各处，类似的情形普遍可见，也没有通行的解释。我们相信这当是人们各自根据自己的传承、理解所致，但无疑也说明 12 奶娘习俗流传广泛。一般相信，金花夫人与 12 奶娘信仰都是明清时期才出现的，在相对较短的时期内居然得以如此大范围地流行，显然反映出当时各处的生与育都极为艰难。

桑园的黄大仙庙和水莲娘娘庙里都供奉着 12 奶娘（见图 5-2、图 5-3），两座庙宇间只隔着一条窄窄的小道。两座庙里虽然都供奉 12 奶娘，但彼此 12 奶娘的具体姓氏则差异非常大。现在这两座庙宇的规模都比较小，看起来也略微显得简陋甚至寒酸，如都没有 12 奶娘塑像而只有张贴的画像。黄大仙庙中有 12 张神明的画像，从左到右分为上、中、下三排，依照从右到左、从上到下的顺序分别是"丁氏、黄氏、陈氏、周氏、王氏、田氏、阮氏、徐氏、刘氏、薛氏、张氏、蒋氏"。

图 5-2　黄大仙庙中的 12 奶娘

图 5-3　水莲娘娘庙

在水莲娘娘庙中，实际上有 14 位神明的画像，即上两排各有五位而最下一排只有四位。按照从右到左、从上到下的顺序，这些奶娘的姓氏分别是："祁氏、王氏、田氏、徐氏、苗氏、陈氏、蔡氏、刘氏、何氏、蒋氏、黎氏、叶氏、花母、花公。"访谈时发现，村民认为她们是 12 奶娘而不是 14 位，这着实令人感到奇怪。我们进行过反复的调查，也没有发现什么人能够解释多出的两位是什么神明，以及为何会出现这种情况。我们在东莞市清溪镇调查时，也曾经在一座庙宇中发现过 14 位奶娘，但同样无人知道原因何在。至于这两者之间有无关系，更是无从知晓了。

我们发现，本村以及周围的村民其实普遍知道这两座庙中 12 奶娘的姓氏和数量都不同，但似乎并无人非常在意这些差异。同一村落相邻的两座庙为什么会有如此大的差异,这让我们很困惑,似乎说明东城人的12奶娘信仰已经高度程式化、仪式化。但由于这已经超出了本书的范围,故我们暂不细论。

在柏洲边村的大王公庙里,则寄居着12奶娘的塑像(见图5-4),这些神明的造型彼此不同。从左至右依次是:双手手心朝上放于两膝之上,身着红衣的蒋姓奶娘;右手抱孩子,肩背上趴着一个孩子,身着黄衣的张姓奶娘;右手抱着襁褓婴儿,左右抱着孩子,身着藕色衣裙的袁姓奶娘;右手抱孩子,左手拉着一个赤裸孩子,身着黄坎肩、粉衣的刘姓奶娘;右手抱着襁褓婴儿,身着绿坎肩紫衣的周姓奶娘;手拿杆秤在称一个赤裸孩子,身着绿衣的韩姓奶娘;右手握着孩子(站在澡盆里)的右臂,左手握着毛巾,正在给孩子洗澡,身着粉衣的王姓奶娘;双手怀抱一个男孩,身着深绿衣的何姓奶娘;右手抱孩子,左手拿着拨浪鼓,身着浅绿衣裙的甄姓奶娘;右手持戒尺,左后扶着孩子肩膀,身着红衣的马姓奶娘;双手抱着襁褓婴儿的关姓奶娘;右手放于膝上,左手握着如意,身着黄衣的陈姓奶娘。这些塑像是不久前才从外地购得的,据说以前也是画像形式的。

图5-4 大王公庙12奶娘

在珠江三角洲的不同地区,人们对12位奶娘与金花夫人是什么关系一直有不同的认识。在许多地方,人们认为她们都是金花夫人的手下,但各自掌管生与育的不同环节,而每位奶娘不同形态的塑像,就直观地展示了各自具体的职责和功能。如怀抱婴儿表示是送子的,给孩子洗澡则表示是负责抚养孩子的等。但人们到庙中祭拜时,总是将她们作为一个整体同时祭拜,而不会只祭拜某位不拜其他。如果庙中有金花夫人的话,则必须先拜金花夫人再拜她们。

(四)床公与床母

在几乎所有的东城广府人和客家人的村落中,不少村民都会自行供奉床公与床母两位神明。人们认为,这两位神仙因为历来都是放在夫妇的床头边,因此才得了这样的名字。由于两位神明分别位于夫妇的床的头和尾,因此人们有时又略带亲昵地称呼他们为床头公和床尾婆。传统上,床公与床母都是摆放在夫妇睡床的下方,传说只有这样才可以避免被外人轻易看到,也才能够保证其发挥神力。访谈时也有老人说,这其实是教育夫妇性事是高度隐秘的,绝对不得示人。

对床公床母究竟是谁,历来有不同的说法。有的认为是周文王夫妇,传说他们生育了100个儿子,有旺盛的生育能力,因而被人敬奉。汉人社会敬奉床公床母的习俗很早就有,一般认为他们是保护房帏的神,主夫妇安寝、妇女生育、儿童健康等。旧时的东城人则普遍认为,这两位神明主保佑夫妇早生贵子。到了现在,人们似乎普遍认为其在抚育方面的作用更大,即可以帮助夫妇有效地管教幼小的孩子。这其实也是传统汉人社会的认识,即婴儿一出生就受到他们的保护而不会受意外伤害,他们二者还负有教导婴儿的责任。依照东城通行的某些村落的习俗,如果小孩子调皮、吵闹、不听话而大人又管不住,家长就会拜床头公和床尾婆以祈求帮助。这时要在他们的面前供上两碗饭,还要在一张纸上写明是奉献给床头公和床尾婆的,意思是让他们知道这家人有求于他们。据说这样拜完以后,当天晚上孩子就会变得老实、听话。

与此较为类似的,是一种称为"请花盆"的习俗。不过人们所请的这种花盆,在孩子小时候才能够起作用,即这种习俗只适用于孩子。需要时父母"请"一个花盆摆放在孩子的床头边,据说这样就能够使得孩子日后变得乖巧懂事。等到孩子年满16岁时,父母就要把这个花盆"送走",但一般都是放在水塘边即可。不论是"请"花盆还是"送"花盆,一般都不需要举行专门的仪式。

这个习俗还有另外的含义,即扎实而又有力地说明了旧时东城人确实是以16岁作为成年的界线的。

(五)八公(宫)主

在鳌峙塘的许仙岩庙的偏殿里供奉着八公主,又称为八宫主(详参考本书第十章)。门口的一副对联"举世神灵天地知,八位宫主皆广阔"说她们神通广大,人们认为她们也有赐人子女、助人养育的职能。

在庙宇墙壁的绘画中,有一幅画就是展示她们的。图画中的何仙姑手中拿着令牌,七仙女每人都是双手持花。(见图5-5)在珠江三角洲各处的广府人和客家人村落中,他们都普遍把孩子称为"花",因此七仙女手中的花,其实就是象征着孩子,这幅画的寓意是人们可以求子得子。现在管理这处庙宇的妇女说,求子的人们在她们面前跪拜祈求,就可以得到一朵"花",即一个孩子。

与之相应,这处偏殿的墙上画着许多朵粉红的莲花。东城人历来

图5-5 墙上绘制的莲花

图5-6 五代同堂图案

认为莲花多子,因此通过谐音的方式,以相连的莲花寓意着"连连有花",即多子多孙。至于粉红色,则象征着孩子娇嫩的肤色。莲花图案的下方还有一幅名为"五代同堂"的画(见图5-6),正是承接了莲花多子多孙、后代昌盛的寓意。

二、求子习俗

（一）拜神

在东城的民间，无论是广府人还是客家人，至今仍然普遍把孩子看作"花"，而且普遍以"白花"代表男孩子、"红花"代表女孩子。因此也有老人说，去庙里拜神求子其实也就是"求花"，即"求白花"或者"求红花"。

到达庙里之后，在开始拜祭神明求子之前，必须先选择好某一种颜色的花，借此表明自己是求男还是求女。在旧时以男孩为重的东城农村社会，几乎所有去祈求的人家都是求男孩。因此，以前庙中准备的红花很少，而准备的白花则很多。老人们说，因为白花用量大，虽然多准备了但还是需要经常添置、补充。我们通过观察发现，这种情况到了现在其实也没有根本性的改变。早在去庙中拜神之前，家人就要准备好祭品。过去的祭品中是不是包括荤菜，则要看具体的情况而定。人们认为观音、金花夫人、12奶娘等是女性神，她们是吃素的，因此肉食不是必须的，这与许多祭祀不同。但是，现在的祭品中一般都包括猪肉、鸡肉等荤食，还有饼、花、果、团子、酒水、米以及例行性的香、烛等。水果历来多用苹果和葡萄，因为两者"有好意头"，如葡萄寓意多生孩子尤其是多生男孩。在珠江三角洲的许多地方，我们发现人们因为葡萄形似睾丸，因此普遍以之代表男性、寓意多子多孙。在佛山的许多传统民居以及祠堂的大门上，经常可见雕刻着葡萄图案。以前祭品中也必须有白花或者红花，但现在则一般都改为使用百合花。人们认为这样寓意"百事都能够合心合意"，求子时自然可以有求必应。

传统上，人们认为最好是由当事的年轻夫妻共同到庙中祈求。但是，旧时年轻的妻子普遍由于害羞，再加上由于年轻，对具体如何祭拜神明等通常也所知极少，因此这时一般都是由其婆婆出面代劳，当事的媳妇通常无须亲身前往。但也有陪同婆婆前往，并依照指点做些辅助性的事情或者依照指点行礼的媳妇。

访谈资料：
（访谈对象：温塘余婆婆，81岁）
问：去庙里面拜神求子，那拜的都是什么神啊？
答：就是去拜金花夫人、12奶娘、送子爷爷，就是拜那一些神。你要是去的话，要送白花或者红花，还要拜神的。比如你送了白花，那到时候你先去摸一下那个公仔（意为神明的塑像），再送上白花，最后再拜。那你回家后，很快就会有儿子的了。
问：去求子，还要带些什么东西，就是祭品？
答：就是肉、水果那一些。酒要带三杯，还要带一些米。带去的东西里面，最关键的是一定要有米。你到了以后还要添香、烧纸、烧元宝，这些都是要的。

到了寺庙中，把带来的各种祭品逐一摆放在所要求助的金花夫人或者某位神像前，然后敬献蜡烛，之后手中拿着点燃的香（一般为3支）跪在神明面前的蒲团上，虔诚地向神灵跪拜叩首，同时还要说出一些希望神灵保佑、能够赐给孩子之类的话语。拜完后，还要到外面的香炉边烧纸钱和元宝，其数量并没有明确的规定，"都是随自己的心意定的"。但是，仪式全部结束时一定要烧一盘大的鞭炮。东莞许多不同类型的仪式结束时最为典型的标志，就是燃放一盘鞭炮。

访谈时一位负责打理庙宇的婆婆介绍说，如果是在以前，由婆婆代替媳妇来求子的情况非常多见，即使是到了现在，也还有不少。人们相信其实谁来都无所谓，"你要是去做这些事情呀，关键是要心诚。你诚心诚意地来拜了，菩萨就知道了你的心意了，就一定会赐给你孩子的"。访谈时女性老人们几乎无一例外地说，这类求神的事情是很灵的，而且几乎都能够举出××求了之后就顺利地怀孕、生子之类的例证加以证实，所以说"金花夫人一定会满足你的愿望的"。但在实际上，我们发现确实有一部分人婚后久久不孕，虽然到了庙里请神婆做法事但依然不孕。其中的多人多次求助了神明，但结果始终不如所愿。访谈时女性老人们普遍对此则不愿多提及，而是普遍推说"各人有各人的命"或者"你命中注定没有孩子（或者儿子），那也没有什么办法"之类的。

随着时代的发展，现在婚后较长时间不孕或者长期没有生育孩子的夫妇，几乎都会选择去医院检查或者进行相应的治疗。但是，也还是有老人会去庙里进行这种祭拜、祈祷。这时的婆婆们则几乎是同时寄望于医学和神明，使得这种祭拜颇为类似于西南地区所常见的"神医双解"。

（二）许愿与还神

由于求子心切，去庙里拜神祈祷的人们，几乎都会在所求的菩萨面前许下种种诺言，常见的如"如果能够赐给我孩子（或者儿子），许你大鱼大肉、金银财宝"，或者与此相类似的言语。传统上，人们把这称为"许愿"。我们发现人们至今非常看重在神明前许愿，普遍认为"愿是不能够随意许下的"。而如果日后果然如愿得到了孩子尤其是得到了儿子，一般都必须按照先前所许诺的，专程到庙里的神前逐一兑现，东城人称之为"还神"。

许愿自然都是发生在求子时，至于何时还愿，时间并不一定，主要是看许愿时的约定。现实中所见的，有人是一确定怀孕，就马上到庙里感谢神灵；也有人是等到孩子平安降生后，再自己或者带着孩子一起到庙里还愿；还有人是到了某个特定的时刻，才履约去还愿。但无论如何，人们普遍认为求子时所承诺的，在愿望达成以后就要一一完全兑现。因此，还愿时人们普遍会带着许下的物事来拜谢。但是，有些许愿可能是一时心切所许的，出于各种原因而事实上难以兑现，这时就要对神明仔细说明原委，并恳切地请神明谅解。访谈时一位负责打理庙宇的老婆婆对此深有体会，总结道："还神呢，最重要的是心意。所以不管能不能兑现，你都是一定要来感谢的。神是很宽容的，你就是兑现不了，神也不会计较的。"这种说法与许多老人家的认识完全符合，即神明看重的是心意而不是物事。

访谈资料：
（访谈对象：桑园袁爷爷，86岁）
问：那如果他们去求了神，要是以后真的生了孩子，那要怎么办呢？
答：要是真的生了孩子，那样的话，那个生了孩子的母亲，那就肯定要去还神了。

因为她求的那个神已经保佑她生了这个孩子了,所以她要去还神。

问:这个时候,一定要兑现所有许下的?

答:那肯定了,那是当然要兑现的了。但是,那就是一个心意。有的时候,她其实有一些是还不了的。比如,她说许愿的时候,就是那些金、银什么的,许愿以后都给神。这个,其实有的是兑现不了的。那她最后去还愿完成的,其实就是一种心意罢了。就是她到那里去还神了,这也就好了。是不是完全兑现,不是最重要的。

问:她还愿的时候,要写什么东西么?

答:不用的。只要人去了,让神知道你来了,你感谢了,这样就行了。不过,她在哪里求的神呢,那她就得去哪里还神。

在村民看来,既然神灵帮助其完成了心愿,那就必须要去感谢。否则,神灵会因事主违约而生气,可能就会由此而招致不好的后果。至于是不是如约定的那样送上各种物事倒在其次,最重要的是必须有心意。但对于求神是否真能够如所愿,现在的人们的看法似乎不一。老年人中认为可以如愿以偿的较多,不少人还能够举出某些例子来加以证明。而在所有认可的人之中,管理许仙庙的妇女的说法似乎最有代表性,她认为这类事情是"信则有,不信则无"。这其实正是汉人的传统观念。东城的传统民间信仰可能主要不是追求客观的真实与否,而更加强调当事者的主观感受。在这个意义上说,这种民间信仰其实无关宗教信仰,而是一种完全世俗的关于人的慰藉、寄托、推脱甚至解脱,即帮助求助者实现其内心的安宁是其第一要义。如此一来,人们则必定会去酬神还愿。

第三节 传统上有关生的习俗

许多东城的老人至今仍然认为,一对男女结婚最为根本的目的就是生育孩子。他们相信只有生育了孩子,才能够使得自己的生命得以延续,自己的家产也才有合适的人继承。因此,生育孩子是一对夫妻一生中最根本的目的。

或者正是由于这种传统观念的影响,完全可以毫不夸张地说,即使是时至今日,任何涉及生子的事情,东城的老人们都会极其认真地对待。当然,由于如今的人们更加尊重生命,生与育都具有了全新的重要性。

一、孕的习俗

(一) 初孕年龄

在旧时东城的任何一处村落中,人们对婚前性行为以及婚外性行为都是严格禁止的。访谈时发现,不论是广府老人还是客家老人都异口同声,那时万一某女与人发生了婚前性行为又被人发现,"那可是一家最大的羞耻。真的是这样的话,她肯定要遭受重罚的"。因此,中华人民共和国成立前几乎没有人敢在婚前做出这样的事,自然也就不可能出现未婚先孕了,至少我们没有得到过这方面的实例。

访谈资料:

(访谈对象:余婆婆,女,78岁)

问:以前是不是都要结了婚之后,才能怀孕?

答:那肯定是的。其实那个时候,全中国到处都是这样的了。哪里像现在,现在好多新娘子啊,都是大着肚子结婚。

我们那时候(意为20世纪70年代),那可大不一样啊。要是谁敢这样,还走出家门,那肯定就要被人家骂死的。要是再早一点的时候,这个样子的话肯定是会被浸猪笼的!

中华人民共和国成立前,一旦发现了婚前性行为或者未婚先孕的事情,当事的女孩子必定会被讥讽为"不守妇道"。她本人以及其父母,都将遭受强大的社会舆论压力以及严厉的处罚。老人们说,许多村子中都会采用将当事女子"浸猪笼"(又有"宰大猪"等不同的叫法)残酷的处置方式。这时先将该女子的双手反绑,然后塞入平时用于装猪的小小的竹笼之中,最后活活地将其扔到河里或者池塘里淹死。据说以前有少数村子较为开明,即罚没该女子的家庭若干担稻谷即可,或者既罚没稻谷同时又将该女子赶出村落即可。中华人民共和国成立后随着族权急剧衰落,集体生产时期,万一某女子未婚先孕,自然仍旧被人们广泛地谴责甚至唾骂,但几乎都不会再受到社会任何实质性的惩罚。据回忆,到了20世纪70年代末期,一旦某女子未婚先孕,该女子的家人一般都是赶紧将其嫁出,"这样可以免得家里出丑"。有老人回忆,这种处置方式甚至被故意作为某种策略。如当时某村的某男子与某村的某女子经媒人介绍后订了婚,双方的感情也一直非常好。但是,因为男方的家庭经济相对较为困难,所以女方的家庭后来打算反悔。于是当事的男女私下里发生性行为,并使得女方怀孕。万般无奈之下,该女子的家庭只好匆匆忙忙让他们结婚,以免成为丑闻败坏了自家的名声。

如同全国各地未婚先孕现象逐渐多见一样,如今在东城,这类事件也时有所闻。访谈时我们甚至发现,东城的老人们对此已经"见多不怪"。而在旧时东城各处的村落之中,只有结了婚才可以怀孕。当时的女子普遍较早结婚,普遍多见的初婚年龄在18岁上下。而到了25岁之后还没有结婚的女子,则会被普遍认为是"再也嫁不出去的老姑婆"了。从我们对民国时期的若干相关资料的统计来看,一旦女子到了这时还没有出嫁,相当大的一部分确实都是终身不嫁的了。

一般来说,旧时的女子婚后不久就会怀孕,而且多数女子都是在婚后一年之内,就会顺利地生下其第一个孩子。这也就是说,传统上女子初次怀孕的时间是在19岁上下,而生育头胎的年龄在20岁上下。访谈时老婆婆们普遍说,那时候的女人对于自己能否怀孕其实根本没有把握,因此有一些人在结婚后不久,就可能会去庙里找神婆帮自己"看相之类的,就是看看自己以后会不会生孩子,看看能够生多少个孩子,还有到底是生男孩还是女孩"。访谈时很多老婆婆还现身说法,承认自己当时独自或者在婆婆的带领下"去算过"。

访谈资料：

（访谈对象"余婆婆，女，约 80 岁）

问：那个庙里，会有人帮忙做这种事情吗？

答：那时候，是有的，就有那个神婆帮忙的。不过，你要给利是的。我年轻的时候，有一次去庙里，那里就有一个神婆是看相的。她看了我几眼就说，我能生孩子，生的孩子都是男孩，但是我是生不出女孩来的。我当时还以为她在耍我，但是，后来真的是这样。我先生了两个儿子，后来怀了第三个，又是儿子。到了第四个，还是个儿子，那个没有要成。后来，我就不高兴再生了。

问：那真有女人会去问，就是问自己以后生几个孩子的？有人真会去问生男孩、生女孩什么的？

答：当然有的，以前会有很多女人去问的。不过，也有没有去问过的，我那时候，也不是专门去问的。

到了现在，东城的女子普遍到了二十五六岁才结婚。而随着初婚年龄不断推迟，初次怀孕的年龄也相应地推迟了。但婚后生育头胎的时间，则有一定数量的缩短了，这从另一个侧面说明了确实有一定数量的人未婚先孕。至于这种现象是好是坏，则见仁见智。访谈时有一位已经退休多年的男性村干部说，现在"本地的十个新媳妇中，倒有九个是大肚婆了，这才结的婚。就是大部分新媳妇，都是未婚先孕的。当然了，很多男方家呢，其实是乐于见到这样的，因为这样起码说明，娶进门的这个新媳妇啊，那肯定是能够生孩子的"。但无论如何，随着时代以及社会环境的急剧变化，东城的村民对未婚先孕的态度已经发生了巨大的转变。而在很多时候，由于年轻人平日普遍在外地工作，老人们想管也无从管起，这可能是未婚先孕增多的一个客观原因。

（二）怀孕

旧时人们的知识水平普遍低下而条件又差，既没有避孕的概念也没有适当的方式可以避孕以及控制生育。因此，妇女一旦结了婚，通常很快就会怀孕，而且很可能从此被迫长期处在怀孕和生育的循环过程之中。

老人们认为，"那时的女子地位低下，就是被当作生孩子的工具。都是这样啦，就算是你不愿意生，也无可奈何"。实际上，过去人们普遍认为，娶妻最根本的目的就是为了顺利地生子即实现传宗接代。访谈发现，甚至连旧时的女子其实也普遍认同这种观念。而在当时的社会里，女子要想在夫家立足，唯有生下孩子，并且一定要生下男孩，这才能够得到夫家人的认可。因此男方家在挑媳妇的时候，总会想要一个可以多生育的女子，社会上还专门出现了不少相关的判断标准。

如果不能够生育或者始终没能够生育出男孩，则这个媳妇在家中和社会都不会有什么地位，肯定会受到长辈的责骂以至村民的嘲讽。因此，能不能生儿子以及生几个孩子，就成为了那时评判媳妇优秀与否的最主要的标准之一。旧时如果某个女子多年间没有生育孩子或者没有生育儿子，这时她的丈夫一般都会娶一房小妾，以便完成传宗接代的任务。这个女子在家庭中几乎必定就此彻底失去各种地位，甚至沦为奴仆之类的，她本人还只有自认理亏而"没有任何话好说"。

访谈资料：

（访谈对象：袁爷爷，男，86岁）

问：结了婚之后，那20岁左右就要开始生孩子了？

答：是的。那在以前一般都是今年结婚、明年就生孩子的。那时候，其实她自己也不知道怎么的，其实就怀了孕了，她自己不懂得这些的嘛。一结婚很快就生孩子、生了儿子，这样的媳妇就是好媳妇了。

问：就是要生了孩子、生了儿子，才是好媳妇？

答：那当然是的。你把她娶回来，她要是一直没有生出小孩来，一直没有生出儿子来，那你还不是就娶了一个无用之人！

问：不生小孩，那就成了无用之人？

答：那肯定是这样的。她当媳妇，第一个任务就是要替她男人生小孩嘛，就是生儿子嘛。这样的话，她丈夫才能传宗接代。

据调查，以前各方面的条件都比较落后而相关的知识又极度缺乏，当时妇女们一般都是以有无月经为依据，来判定自己是否怀孕。若当月经期到了而月经没来，那么就知道自己很有可能是有孕了。这时没有生育过或者生育较少的妇女，可能还会请婆婆等有经验的老妇人帮忙判断。不过，当时人们只能够推断出大概是哪个月怀的孕，但不能确切地知晓到底是什么时候怀孕的。在怀孕5至7个月时会产生胎动，有时胎动还比较厉害，东城人通常称此为孩子"转甲"。传统上东城人认为，孩子至少要在母亲体内生活9个月才能够出生，这样生出来的孩子称作"足月的"孩子。而如果是7个月前后即生下的孩子，当时一般都被认为是早产儿。但由于当时只能够大致推定怀孕的时间，所以无从确定确切的怀孕周数，是否足月其实也只是大概而言的。

以前只有等到孩子出生之后才知道其性别，但是，老人家们往往有自己的一套土方法来提早判断。一般来说，当时人们认为，如果孕妇出现呕吐，说明怀的是女孩，而怀男孩则不会呕吐；孕妇的肚子上如果可见红线，说明怀了男孩，如果可见蓝线，则说明是怀了女孩；孕妇的肚子圆而高，说明怀的是女孩，如果是尖而低，则说明怀的是男孩；孕妇肚子如果往左边偏，则说明怀的是男孩，而如果往右边偏，则说明是怀了女孩；孕妇肚脐尖一点，说明怀的是男孩，如果凹进去，则说明怀的是女孩。此外，还有一些别的土方法。如访谈时有几位女性老人家都说，孕妇如果喜欢吃酸的食物，说明怀的是女儿；如果喜欢吃甜的食物，则说明怀的是儿子。当时的东城人中还有一种比较奇怪的判断方法，即认为孕妇在生产前1至2个月时，脚如果浮肿得比较厉害，则说明怀的肯定是女孩。老人们说，要等孩子生下来之后，孕妇的脚才能够逐渐消肿。

一般来说，旧时的女子尤其是少妇一旦怀孕，几乎都会觉得这是一件比较害羞的事，因此普遍不愿过早地让别人知道自己怀孕了。东城的传统习俗，是怀孕初期的孕妇用长布条、毛巾之类的绑住自己的腹部以尽量遮掩，一直到了实在无法遮掩时，才只好公开示人。但是，怀孕初期的女子总是会出现呕吐等一些正常的妊娠反应，并且在怀孕的头两个月口味也可能变化较大，如总会想吃某些东西而不愿意吃另外一些东西。这些也都会有意无意间告诉别人自己怀孕了，因此，怀孕初期的孕妇又必须想出别的办法尽力遮掩或者强忍。看到现在的孕妇的情况，不少老婆婆极为羡慕，说相比起来，她们那时候"跟做贼似的"。

旧时人们的生活条件普遍非常差,妇女即使怀孕了也得不到多少特殊的营养补充。访谈时有一位老婆婆回忆,她是在20世纪60年代首次怀孕的,那时候正值"三年困难时期",看到什么东西都想吃,但"家里也没什么好吃的,就只能够吃特别多的米饭。那个时候啊,食量非常大的"。即使怀了孕,那时的妇女也普遍得不到多少优待,许多人其实都是劳作到临盆为止。老人们回忆,那时的孕妇"不像现在的孕妇这样娇贵。怀孕了,还不是一样要上山下田干活?就是孕妇后面背上一个大框子,前面挺个大肚子"。几乎所有接受我们采访的老婆婆,都对她们年轻时孕期的各种辛劳与艰苦记忆犹新。

(三) 保胎与安胎

顺利怀孕并不等于可以顺利生产。在漫长的孕期中,由于各方面条件都极为落后,可能基于各种原因而导致流产等意外。应该是这个缘故,旧时东城各处村落都有自己的保胎与安胎的习惯做法,也有老人称为特殊的"秘方"。不过,可能是事涉敏感或者某些别的缘故,人们似乎不太愿意过多地提及这些方面,导致我们通过访谈所获得的只是一些最为常见的方法。

相较而言,东城最有特色的安胎或者保胎的传统方法,是孕妇在需要时会饮用蒲桃干为原料制成的蒲桃水或者汤。以前东城的各处村落,蒲桃树都非常多见,到了每年的三、四月份,蒲桃树就会大量结果,成熟后的果实是青黄色的。过去食用之余,人们收获蒲桃晒制成蒲桃干,供以后使用。传统上,男人们用之来泡酒,孕妇则用其泡水或者煲汤饮用。老婆婆们说,这种水或者汤既有去湿的作用,同时还有安胎以及保胎之效。因为蒲桃易得又不需要花钱,所以旧时的孕妇普遍饮用这种水或者汤,使之成为了最为通行的民间安胎、保胎之物。

访谈资料:

问:您那个时候要吃什么东西安胎么?

答:我那个时候(指20世纪70年代),还都是喝那个蒲桃泡的水的。我们这里的蒲桃,不是市场卖的那种小小的葡萄。蒲桃是像桃子那么大的,那个树很高的,像荔枝树那样高。那个果实呢,是青黄色的。我们这里呢,就把蒲桃果晒干,孕妇就用那个蒲桃干泡水,也有拿来煲汤喝的。孕妇有时候肚子不舒服了,就喝蒲桃水,就是拿来安胎的。有一次我家婆(意为婆婆)说,她们那个时候也是喝这种水安胎的。

老婆婆们说,胎儿如果有异动,孕妇就会感到腹痛。这时就要赶紧喝这种水或者汤,很快就能够使孕妇得到一定的缓解,如此则可以保胎或者安胎。直到今天,东城的孕妇们有时候还是会用这种土方法,不过已经相当少见了。

在各方面条件都极为有限的过去,人们能够主动做的其实相当有限,而更多的时候孕妇只能够寄望于神明保佑。因此,过去孕妇及其婆婆拜各种神明尤其是观音菩萨、土地公、金花夫人、12奶娘等,极为普遍多见。例如,旧时一旦孩子胎位不正,生产时就极有可能会给母子造成巨大的风险,甚至会导致母子双亡的惨剧。据说这种事情虽然不是多见,但也不是绝无仅有的。因此,一旦觉得可能是胎位不正,就会导致人们极为紧张。孕妇或者其婆婆就需要赶紧去拜村口的土地公（但不是土地婆），稍后可能还要去拜其他的诸位神明。过去人们相信，孕妇拜了土地公以后，其胎位就能够慢慢地变正了，也就不会有危险了。

在珠江三角洲各处村落传统生与育的习俗中，几乎总是能够看到男性神明的影子，这个事实显得很有意思。如东城人普遍祭拜送子司马，而东莞清溪镇的人们则向关公求子。① 在清溪镇一处年代不详的古武帝庙中，存有可能是立于清代的一通碑刻，上面就有"祈男乞女，有叩皆灵"等字句。② 至于生育为什么会涉及男性神明，可能不仅仅在于"男权社会"之类，值得深入地探讨。

（四）孕中禁忌

在旧时的东城各处广府人和客家人的村落中，男女地位都是严重不平等的。日常生活中社会对妇女有各种限制，而对孕妇的各种禁忌则更多。

过去虽然人们普遍盼望女性能够为自己生儿育女、传宗接代，但在实际生活中，却又普遍严重地歧视孕妇、污名化孕妇，导致社会中出现了许多专门针对孕妇的禁忌。东城各处村落中一向都颇为严格地遵守"忌四眼"之类的忌讳，③ 就是著名的长期性的、社会性的歧视之一。但是，本次调查时也有许多老人认为，如果换一个角度来看，这些歧视或者禁忌，其实也可能是旧时人们所可能做到的最好的保胎与安胎的措施。应该说，这种说法可能有一定的合理性。相关禁忌中的某些方面确实可能很有道理，如孕妇不能够随便吃某些食物等。在当时的条件下，这些歧视或者禁忌对孕妇及其胎儿确实可能起到了某种保护的作用。

传统上，人们认为，在整个孕期中，孕妇无论做任何事情都要格外小心谨慎，要时时严守各种禁忌。那时的社会普遍认为，只有这样她才能够平安地度过孕期，最终顺利地生下健康的孩子。否则，很可能就因为有意或者无意间犯了某种忌讳，导致出现流产等意外的不幸事件。因此，不仅孕妇本人时刻在意，其母亲或者婆婆等人，也经常严格监督，帮助其做到各种相关要求。

我们在访谈时发现，由于时日不久，不少老婆婆对这些禁忌记忆犹新。实际上，某些禁忌甚至到了今天依然存在并发挥作用。旧时东城广府人和客家人的孕期禁忌可谓多种多样，但归纳起来说，最主要的有如下若干条。

（1）孕妇不能够坐在床上使用剪刀剪东西（也有人说孕妇不能把东西放在膝盖上剪），也不能够动针引线，否则会使得婴儿唇裂。

（2）孕妇不能够在自己身体的任何部位贴膏药，否则孩子生出来后相对应的地方

---

① 详参考张振江、麦淑贤《东莞客家民俗文化：清溪的个案》，广东人民出版社2017年版，第196页。
② 东莞市文化广电新闻出版局编：《东莞历代碑刻选集》，上海古籍出版社2014年版，第364页。
③ 孕妇有两只眼睛，但其腹中通常是一个胎儿，而婴儿也有两只眼睛，两者合起来则有四只眼睛。所以过去珠江三角洲许多地方的人们，都经常把孕妇称为"四眼""四眼婆"之类的。不过，老人们认为，这类称呼含有贬义，至少含有某种不好的意味。

就会有胎记。①

（3）孕妇不能拿锤子敲钉子，更不能钉钉子，否则会惊吓到腹中胎儿。

（4）孕妇的家中不能装修，否则会吵到孩子。如果邻居家装修，孕妇家可以前去交涉。

（5）孕妇房里的东西不能够乱动，其睡觉的床绝对不可以移动。移床会使得孩子胎位不正，生产时容易出事。

（6）孕妇不能贴红纸、绿纸之类的"像符那样的东西"，否则孩子会长红胎记。②

（7）孕妇不能爬到高处，也不能站在高的地方，否则容易跌落导致流产。

（8）孕妇不能够洗厕所，否则会导致孩子被冲走。

（9）孕妇不能吃生的或者性寒凉的东西，否则会导致孕妇腹痛危及胎儿。

（10）孕妇不能吃薏米、红花之类的东西，否则容易导致滑胎即流产。

（11）孕妇不能吃螃蟹，因为螃蟹爪子多，会导致生出的孩子多指或者多胳膊、多腿之类的（另一种说法是说螃蟹性寒，容易导致孕妇流产）。

（12）孕妇不能吃蛇，否则会导致孩子出生之后像蛇一样软绵绵的没有手和脚（一说生出来的孩子的皮肤可能会像蛇一样，即患鱼鳞病）。

（13）孕妇不能把柚子放在腿上剥开，否则孩子会有缺陷。

（14）孕妇不能吃鲤鱼，否则生出来的孩子会发鲤鱼疯。

（15）孕妇不能吃羊肉，否则生出来的孩子会发癫痫病。

（16）孕妇不能吃山鸡即公鸡，也不能吃田鸡即青蛙，因为这些东西都比较古怪、偏邪气的，吃了以后胎儿会受到不好的影响。

（17）孕妇与孕妇之间是相冲的，所以千万不能够互相吃对方的东西。否则腹中的孩子会"被冲撞"。

因为事关孩子的健康，所以一般来说孕妇都会严格遵守，事实上她们遵守的远比上述的要多。例如，旧时的东城人经常认为孕妇比较"小气"，因为她们即使是被小孩子无意中碰到了，她们通常也都会责骂该孩子。因此，旧时的孕妇们要努力与小孩子保持一段距离，以防止他们无意中撞到自己。当然，从现在来看，孕妇责骂儿童可能不过是孕妇保护胎儿的一种自然的反应而已。

如果生出来的孩子不幸有某种缺陷，人们会普遍认为这是因为其母亲在孕期违反了某一条或者某几条禁忌。如果孕妇确实不小心触及了某一条禁忌而且生出来的孩子确实有某种缺陷，旧时不仅其婆婆等人会对其大加责骂，其丈夫如果性格比较暴躁的话，很可能就会对其大打出手。老人们回忆说，以前发生这种毒打一顿的事情"是一点都不奇怪的"。而产妇也会认为是由于她的过错才造成了孩子的缺陷，许多人会因此陷入长久的自责之中而不能够自拔。其实即使到了现在，老年妇女依然普遍在意这些传统的禁

---

① 本次调查时，周屋的某位女性说，她的舅母在怀孕的时候扭到了脖子，于是就随手在脖子上贴了一块红色的膏药。结果，她生出来的女儿的脖子上，就长有一块红胎记。在她看来，这就是这一条禁忌合理性的最好的证明。但对此我们始终未能够证实或者证伪，所以只能暂时列以备考。

② 鳌峙塘村的一位妇女说，在她怀孕时，她的家婆规定，她绝对不能够坐在床上包利是，否则以后她生出来的孩子的身上，必然会有红色的斑或者红色的胎记。据调查，其原因在于利是封通例是红色的。

忌，但年轻的妇女则可能早已经不以为然。在她们看来，这些禁忌都是完全不足信的"迷信"。但是在孕期的实践中，她们一般也都会顺从婆婆或者妈妈的要求遵守或者表面上遵守这些禁忌，而不会和她们争论或者公然违反，为的是免得双方斗气。现在的年轻孕妇经常采取的是阳奉阴违的办法，就是背着婆婆或者妈妈偷做某些"违禁"的事。访谈时上三杞村的一位年轻母亲说，她"怀孕的时候，有一天不知道为什么就是想喝冰冻可乐，就出去偷偷地喝了一大杯"。但回家后因为老是打嗝，就被刚好来探视她的婆婆发现了，结果自然遭到婆婆的一顿数落。她当时表面上恳求婆婆"放自己一马"并信誓旦旦地说不会再犯，但心里却根本不以为然。

二、生的习俗

（一）生产

因为以前的妇女不能够确切地知道自己怀孕的时间，所以也都几乎无法准确地推测出孩子的出生时间。老人们回忆，那时一般都是"感觉到肚子疼了，就知道要生了"。本次调查过程中，有几位主要访谈对象都是老婆婆，她们几乎都有过类似的经历。老人们说，过去生孩子"不像现在这样麻烦，弄得婆家、娘家都不得安宁。那时候生个孩子啊，好像根本不是什么大事。女人当然天生就会生孩子啦，就跟母鸡天生就会下蛋一样"。实际上，即使是到了现在，许多老年人还是会半开玩笑地把女性生育等同于母鸡下蛋，认为既天经地义又轻而易举。

虽然如此，如何确保产妇生产顺利依然是一家的大事。只有顺利地生产，才可能实现家庭和家族"添丁"，最终达到传宗接代、开枝散叶的根本目的。因此，传统上，东城无论是广府人还是客家人的每处村落中，都有一位或者几位接生婆。她们中只有一小部分人是职业的产婆，大部分则是业余的。但一般来说，必定都是中、老年妇女，即有丰富的生产经验的妇女。旧时东城的孕妇生产时尤其是第一次生产时，普遍是找接生婆来自己家帮忙接生，但有的时候则是到接生婆家求助。许多村落的老婆婆回忆，直到20世纪70年代初期，这种情况依然没有得到根本改变。我们的访谈对象之一是温塘的一位唐姓老婆婆，她在20世纪70年代首次生育，当时就是她自己走去找产婆的。她回忆当时村内有一位接生婆，还设了一间专门的房子充当产房。

访谈资料：

问：您生孩子的那个时候，是怎么知道自己要生了呢？

答：我那个时候，就是干着活突然觉得肚子疼了，那就知道是要生了。我就自己去，就是走到接生婆的家。就在砖窑坊那里，离这里不远的。然后，就在那个房子（意为产房）里生了孩子。生完之后，当时身体很虚弱的。那个接生婆是很好的，她就让我休息一下再回家。有些人，家里会有人给产妇送饭的，一般都是婆婆送饭。婆婆也有经验，可以照顾产妇。我没有家婆（意为婆婆），[①] 所以就是在那里休息了一下，然后就

[①] 该妇女在婚后分家，与婆婆不住在一起，故有此言。

自己抱着孩子回家了。

　　一般地说，事后产妇或者其家人都会给接生婆若干财物当作报酬。有老人回忆，"那时候给的钱不多，1971年我生孩子的时候，记得给了一块钱"。不过人们又普遍承认，那个时候一块钱也是很值钱的。可能是出于节省的考虑，再加上以前人们很多时候也根本不把生育当作什么难事，因此产妇如果不是第一次生育而已经有过经验，很可能就是在自己的家里生。这时通常也不会找接生婆帮助，而是由自己的婆婆或者有经验的女邻居辅助。甚至还有孕妇独自完成生育的，我们就知道一个确凿的案例。如果是在家里生产，依照传统的习俗，其丈夫以及家里所有的男性成员都必须避开。他们可以呆在家中别的房间里，但普遍都是去家外某处等待。

　　生产时要提前用开水烫好准备用于剪脐带的剪刀，人们认为通过高温消毒，可以避免产妇感染破伤风。也有人家会特地买来一只新的碗，孩子出生后将碗打烂用其碎片割脐带。这时还要准备好足够的热水以及一个大水盆、一些毛巾或者布料之类的，以便于产后用于母、婴擦洗。旧时的人们认为，孩子一生出来就要设法立刻让其睁开眼睛，人们认为，不然的话，孩子"以后会瞎眼"。这时还要将其手、脚都拉直而不能弯曲，如若不然，则孩子"长大了，会是罗圈腿"。之后马上用热水擦洗干净其身上的血迹等秽物，然后用旧衣服等暖和、舒服地将孩子包裹起来，这时才能够将脐带剪断或者割断。① 旧时的人们普遍认为，脐带是孩子接收母体所给予的营养的唯一通道，因此必须要等孩子暖和以后才可以切断。否则，孩子将会有生命危险。剪完脐带后再给孩子穿上衣服，这时还要为其穿上或者包裹好用旧衣裤做成的尿布等。使用旧衣服一则是因为那时村民普遍贫困，二则是因为旧衣服比较柔软不会伤到孩子的皮肤。传统上胎盘被认为是"脏的""无用的"，因此，一般都是用布包起来拿到河边或者某处丢掉。

　　由于以前的条件非常落后，孕妇生产时所使用的东西大都没有经过严格的消毒，很容易带有各种细菌。因此，旧时的很多产妇和婴儿在生产时很容易就得了各种疾病，甚至还有因此而双双丧命的。东城人对死于产后疾病或者难产而死的女性不太忌讳，一般都会比照正常死亡者办理丧事。至于死婴或者夭折的孩子，则通常都处理得非常草率，一般都是用布草草地包一下，然后用簸箕装着拿到山上或者别的什么地方埋了即可。据回忆，以前也有不少死婴就是顺手扔到河里的。那时村子里孩子夭折是常有的事，因此对于夭折的孩子，其他人不会感到有什么特别。当事人的家里也并不会觉得有什么特别不吉利，因此几乎都不会专门请人来家中做法事以禳除邪气。②

　　如同全国各地一样，现在东城的孕妇普遍定期做孕检，一般都会提前多天到医院做好各种准备静候生产。因此，产妇与婴儿的安全都非常有保障，不会再出现产妇因为难产而死亡的事件。访谈时老婆婆们对这一点深表羡慕，但同时对当今的产妇似乎又颇有某些微词。某老婆婆现在已经年近80岁，年轻时她有几次都是自己给自己接生。在她看来，女人生育"就跟母鸡下蛋一样简单。哪有母鸡不会下蛋的？"，每次快要临盆时，

---

① 温塘的一位婆婆说，可能的话还会用碘酒给孕妇和孩子消毒。
② 在旧时，这可能是相当普遍的情况。如可参考张振江、朱爱东、罗忧《漳澎传统村落社会研究》，中山大学出版社2016年版，第294、299—300页。

她都会预先买一只新的碗。等到孩子生出来后,她自己把碗打烂,再用碎片割断脐带,"这样可以避免感染破伤风"。然后她再用事先准备的温水给新生儿洗澡并擦洗自己,如此这般"就算完事了"。对比今昔,她觉得现在的女人"太贵了,不就是生个孩子吗?弄得两家(意为娘家和婆家)鸡飞狗跳的",言辞间满是鄙夷。

访谈时我们发现,老人们不论男女都普遍认为,生孩子是每个女人一生中都要经历的最自然而又最平常的事,那时并"没有觉得有什么大不了的,与现在完全不同"。对于婚姻、生育以及相关的具体方式,不同年代的人明显存在着差异,但我们相信很难一概而论何者为是,但老年人普遍觉得如今的妇女生育"太折腾人",似乎也有部分的道理。

(二)产后习俗

传统上,在家生产的妇女生完后,就在房间内休息若干时间。而在外(包括现在医院)完成生产的妇女,要跨过摆在家门前的一个燃烧的火盆才能够进入家屋,火盆里放有一些稻草和元宝。这个习俗一般称为"过火",人们认为生育毕竟多有污秽以及某些不洁的"晦气",必须经"过火"即经过火的烤炙才可以消除。产妇跨过火盆进屋,意为"那些脏东西就不会跟着进家门了",即过了火就能大吉大利。旧时人们消毒的手段极为有限,许多被认为可能粘带污秽的人或者物都需要经过火炙。当然,现在也有年轻女子认为这是一种侮辱女性的行为。

生了孩子的村民,几乎随即都要向亲友报喜并一一赠送红鸡蛋。他还要即刻在自家的门环上挂镰刀、生姜、蒜、鞋、茅草等物或者其一,表示自家新生了孩子。有老人回忆,以前他所在的村普遍用一段红头绳绑上一块姜,然后挂在自己家的门环上。[①] 在一些村落中,这种物件挂在门的左边表示家里生了男孩,挂在右边则表示自家生了女孩。旧时东城各处村落普遍会煲猪脚姜、姜汤之类的给产妇补身体,姜渣也会倒在自家门口而不会倒在别处。这两个习俗都是通行日久的,因此本地人一看到就会明白该家生育以及生育了什么性别的孩子,也会随即提醒自己不要随意进入该户人家。传统上,人们迷信,普遍认为外人"脚头重",即认为外人如果踏进刚生产的人家里,很容易就会把出生的孩子踩死。因此一般地,外人都至少需要在产后一个月才进入这户人家。如果因故实在不得不进去的话,就必须在进门前用清水冲洗一下脚,人们认为,这样一来就不会对孩子造成什么伤害了。有的村落许可外人进家,但外人一般不能够进入产妇与婴儿所在的房间,而且进门后要保持安静不能够高声大气地说话。

类似的风俗在东城各村普遍存在。如在有的村落中,人们认为女孩子如果进入刚生产完的人家,则她以后就很难嫁出去。但是,对男子则没有娶不到妻子之类的说法。如果仅仅从表面上看,这些习俗(至少部分)可能确实属于"迷信",但归根结底都是为了更好地保护产妇和孩子。例如,这时候的孕妇与孩子都比较脆弱,外人闯入很容易带来病菌,从而加大他们得病的风险。而且这时候进入自家的人通常有事情要商议,不经

[①] 有一位鳌峙塘的报道人说,生男孩时要在门上挂一只鞋,生女孩则要挂一块姜。似乎此说不确切,但也可能是小范围的习俗,即该村的风俗。

意间的大声说话可能会让孕妇和孩子都受到惊扰。因此东城的习俗,对偶尔不小心或者因故闯入的人,主人家虽然表面上不会太责怪,但心里其实都是很不高兴的。倘若刚好孩子因之啼哭甚至发生了意外,人们普遍认为就是闯入者惹的灾祸。像这样关乎子嗣的大事,一般人都会特别注意,社会也会通过某些习俗约束个人的言行。

以前营养物资极为有限,普通人家的产妇用以"补身体"的所谓的高级食物,通常也不过是鸡蛋、鱼、猪肉等。至于富贵之家的产妇,则又另当别论了。但有两种食物,是旧时所有产妇不论贫富都要食用的。一种是用生姜煲成的汤,另一种则是用薯油煲成的汤。① 此外,薯油也可以用来洗澡。这两种汤的制作都极为简单,又因为都是本地出产而不需什么额外的花费,所以在整个坐月子期间产妇每天都要喝。老婆婆们说,这两种食物都有祛风的功效,因此有助于产妇提高免疫力,更好地抵抗病患。此外,产妇还普遍要喝猪脚醋,这是用猪蹄与醋煲制而成的。人们认为这种食物富有营养,是大补之物,极为有益于产妇恢复。

而如果产妇没有奶水或者奶水极为有限,则普遍用木瓜、骨头、花生等煲汤给产妇饮用,据说"可以下奶",即刺激乳汁产生。也有些人家是用鸡汤、鱼汤刺激"下奶",但据说这两种汤都是清煮而成,即不得添加任何调料。有一位老婆婆回忆,她当时没奶,因此被迫喝了鱼汤。当时的那种汤,是使用虎口大小的几条鲢鱼整条煲制而成的清汤。因为鱼既没有去鳞也没有去内脏,而且汤内连盐都不加,所以其味道实在古怪至极,多年后她仍然认为那是"天下最难喝的汤"。人们认为,八爪鱼也是一种下奶的食材,但由于属寒性,需要和姜一起煲制才行。在旧时,如果产妇饮用了这些之后仍然没有奶水,那么通常就只好拿米熬煮成米糊给孩子吃,其营养可想而知了。

(三)月子禁忌

传统上,妇女在生产之后的一个月内要一直呆在家中。东城人普遍把这个习俗称为"坐月",而坐月子的产妇则被称为"月婆"。人们认为,这一个月期间她既不能够随便出家门,也不能干比较繁重的活,这是普遍多见的、必须遵守的两项禁忌。坐完月子的产妇才可以随意出门,旧时人们带些戏谑地称之为"出窝"。

但访谈发现,中华人民共和国成立前的穷人家几乎都无从遵守这两项禁忌。即使是在中华人民共和国成立后的一段时间内,其实也很少有人能够真正"坐月"即守住这两项禁忌。许多老婆婆都回忆,她们那个时候也就是20世纪50年代前后,村内几乎没有一个普通人家的产妇能够真正坐满一个月的,而是生下孩子的几天之后,就必须干家务活甚至必须参加家庭的各种生产劳动。② 东城各处村落中多见的情况,是新人婚后与公婆分别生活、各自居住,因此,"如果婆婆比较好,愿意过来你家照顾你,那你就

---

① 学名为吴茱萸,是一味中药,生长在秦岭以南的广大地区。按照中医的说法,这种草药可以驱寒温胃。
② 有位男性老人家表示,旧时东城广府民系的女性,其实历来不下田,即不参加各种生产劳动。到了中华人民共和国成立后,政府号召"妇女能顶半边天",她们才逐渐开始参加各种生产活动。按,我们在调查时得到许多反证说明,此说恐非事实。如在中华人民共和国成立前,相当部分的广府女子不愿意嫁给温塘人,主要理由之一就是"他们的田地太多,干活累死了"。这与东莞市清溪镇的广府女子不愿意嫁给境内的客家人的理由相同,足以反证当时的女子必须要参加各种劳动。

能够多休息几天。要是家婆不愿意来照顾你,那你就得自己做饭,还得做家务。这样的话,你最多也就是休息几天"。到了集体生产时期,虽然按规定产妇可以呆在家中一个月不参加繁重的集体劳动,但几乎都必须干一些相对较轻的家务活。还有人回忆说,其实当时不少产妇虽然还在月子里,但已经参加集体劳动了,因为"你不去的话,你工分就少了,分得的那一些口粮也就少了"。

依照传统的习俗,女儿生育后其母亲都要尽快去看望她。这时母亲要送给她背孩子用的背带,还要给新生儿带上小衣服以及屎尿片等必需的用品。屎尿片中必须有新的、有旧的。旧的一般都是产妇的哥哥、姐姐的孩子幼时用过的,人们普遍认为因为经过多次洗涤、比较柔软不会伤害婴儿皮肤,所以旧的更好。旧时东城人的通婚圈通常范围相当有限(详参考本书第四章),母亲家普遍离女儿家较近甚至就在同一个村落,因此女儿生育后其母亲也可能经常过来帮助女儿照料孩子,还会指导女儿如何育儿并敦促、监督她遵守各项禁忌。

为了产妇尽快得到恢复,传统上,除了上述几乎难以做到的两项禁忌之外,坐月子期间产妇的饮食、行为等方面都必须遵守另外一些相关的禁忌。东城广府人和客家人在这一方面的禁忌不完全相同,不同村落的禁忌亦不尽相同。但根据我们的调查所得,最主要的月中禁忌可以归纳为如下一些:

(1)产妇不能吃山鸡即公鸡和羊肉,否则会导致孩子发癫痫病。
(2)产妇不能喝公鸡炖的汤,否则也会导致孩子发癫痫病。
(3)产妇不能够吃鲤鱼,否则会导致孩子发鲤鱼疯。
(4)产妇不能吃田鸡,否则会导致孩子得急症。
(5)产妇只能够吃母鸡炖的汤即喝母鸡汤。
(6)产妇禁止吃一切生冷的食物。
(7)产妇禁止吃辛辣、腥气、酸的食物。
(8)产妇绝对不能使用冷水洗澡,若必须用到冷水,也必须使用冷开水。否则产妇会浑身酸痛。
(9)产妇不能洗头,否则产妇容易发烧。实在需要洗头的时候,可以用姜煲的水洗头。
(10)产妇不能被风吹,否则会导致头疼。

这些禁忌可以大体上归纳为两类,即主要是关于食物的实质上是为了孩子的,以及主要是关于行为的即是为了产妇的。访谈时老婆婆们回忆,旧时前一类禁忌很容易遵守,但根本的原因在于"那时候大家都穷,鸡、羊肉那一些,那时候你就算是想吃,也没有得吃"。后一类禁忌她们几乎都能够遵守,经常违反的其实主要只有两条。东城常年高温、湿度大,如果"一个月不洗头,那个实在难受"。因此坐月子期间,几乎所有的产妇都会用姜水或者热水洗头。第二条则是旧时几乎难以真正"坐月",而经常需要参加各类劳动,因此难以完全避免被风吹雨淋。牛山村仁厚里的一位客家老婆婆说,她在月子里到村后的山上捡树枝,准备拿回家煮饭之用。这是很轻的活,没有什么风险的。但回家的路上恰遇一场暴雨,就"遭了大雨淋,到家后又没有擦干身子,结果就落下了偏头疼的毛病"。据她说,一直到现在她仍然时不时会头疼。

第四节 传统上有关育的习俗

旧时的东城人普遍认为，孩子长到 16 岁才是成年。[①] 而父母必须把孩子养育到成年，这才算尽了义务。在这漫长的十几年中，父母尽心尽力又担惊受怕地养育孩子，并早就形成了一套较为完整的关于育子的习俗。

一、育的习俗

（一）满月

孩子生下来满一个月的时候，要办酒席招待宾客，这就是满月酒。以前普遍只为男孩子办"满月"，到了现在早就有许多人家生了女孩也办。老人们普遍认为"这样很好，新社会男女平等"。

但依照东城各村的传统习俗，其实并不一定是要刚好在孩子足月的当天办满月酒，而多是在其满一百天的时间段内，挑选出一个吉日就可以办理。办了满月酒之后，新生儿就可以抱出家门到各处活动，这个习俗称为"见世面"，即让小孩看看外面的世界。此外，对产妇来说，满月酒还有一个很实际的意义，即自当日起，她就可以正式地随意走出家门到外面各处活动了。

确定好办满月酒的日子后，旧时多是由孩子的爷爷亲自到各位亲戚家通知。通常都是在中午办满月酒席，但当天一众亲友几乎都会提前来贺喜。以前亲戚们一般给孩子一封利是作为贺礼即可，也可以另外再送一些礼物。亲戚们给利是的时候，主人家要把早已染好的红鸡蛋回赠给亲戚作为回礼。这时孩子的外婆家必定要来人恭贺，还必须送一定类别的各种礼物，如必须送给孩子若干件帽子、衣服、鞋子。外婆家通常还会送一对有小铃铛的脚镯，人们认为铃铛的响声能够驱赶鬼怪从而保孩子平安。[②] 在许多村落中，外婆家还有给孩子送长命锁将其挂在孩子脖子上的习俗，寓意是希望孩子能够长命百岁。至于条件好的人家，除了上述的物事之外，几乎还都会送金的或者银的手链、脚链给孩子。这些铃铛、锁、手链等都是以闭合为根本特征的，人们普遍认为它们可以"圈住"孩子而不使各种污秽近身，孩子就能够平安地长大。由于有这个美好的期望或者寓意，传统上孩子都会多年间随身佩戴这些饰物以发挥其作用。访谈时有老人说，他所在的村落中一般都要到结婚即真正长大成人而不再是孩子时才会取下来。

[①] 我们的调查发现，在不同的村落中，对何时为成年的认定似乎历来不同。但一般来说，大多都是以 16 岁为界线的，即到了 16 岁之后即为成年人。

[②] 调查时也有些老人说，以前每到此时，孩子的外婆还要亲自煮一大锅肉带来给女儿吃，意思是希望自己的女儿能够更好地调理身体。不过，这可能只是个别村落的习俗。

访谈资料：

（访谈对象：余屋余婆婆，86岁）

问：送那个手镯、脚镯，材质有什么规定吗？

答：那是没有规定的。就是看家里买得起哪一种，那就送哪一种。这个手镯、脚镯，那时候一般都是要戴到结婚才拿掉的。外婆还要买一个长命锁，送给孩子挂。我小时候就有一个，还很漂亮的。

问：那长命锁有什么用处呢？

答：以前条件差，那个孩子都是很难养到大的。所以就要用那个长命锁，就是锁住他。这样，那些不好的东西都不能碰到他。这样的话，小孩就不会死掉，就能够平安长大。我们这里，以前很多小孩都养不大的，很小就死了。那时候，家里各方面的条件都很差。

办酒的主人家需要提前准备喜饼、咸汤丸等小点心，在当日摆在自家的厅堂里，供前来贺喜的客人就餐前当零食享用。人们说，如何办酒席其实是要看具体的家境。有钱人家的酒席菜肴自然是大鱼大肉、山珍海味，穷人家可能就是跟外婆家来的客人等一起随便吃一顿饭，"最多是比平时多几个小菜。这也是可以的。心意到了，那就可以了"。较为特殊的是，这时的菜肴中必须有葱、蒜和鸡蛋等物，这些食材寓意孩子长大后既聪明又会算。

几乎所有的东城村落都通行一个习俗，即办满月酒的当天早上要给孩子剃头。人们认为，剃过头的孩子能够长得更壮实。这时先在家中用一种称为"田基黄"的草药（也有用柚子叶）煮水，① 然后给孩子洗澡。等到了选好的吉时，由其妈妈或者奶奶抱着孩子出门去找剃头匠剃头。人们把孩子未出世前生长出来的头发称为"始毛"，剃头时要把始毛和眉毛全部剃掉。据说如此一来，孩子长大了就不会有白头发了。另一种说法则是始毛类似于绒毛，剃掉之后再长出来的头毛会变得粗壮。剃头匠这时一般都不会收费，但孩子的家人总是会准备好一封钱比平时多的利是给他。有些孩子的外婆这时还会专门送一些米来，称为"剃头米"来，寓意孩子以后能够丰衣足食、健康长大。

在大多数村落里，人们都很重视剃下来的这些"始毛"。旧时有不同的处理方法，而以下三种方法较为普遍。第一，用一张红纸包裹始毛带回家，然后小心地放在祖先牌位下。第二，用一块红布包裹始毛，拿回家后小心地放在门角落处，过了几天再将其丢掉。第三，用一块泥巴将始毛裹起来拿回家，然后丢在灶里烧掉。但无论哪一种做法，人们认为其意都在于祈求孩子平安又健康地成长。

旧时的习俗，剃完头后回到家里，还要给孩子再洗一次澡，主要是要洗掉身上残留的碎发，然后就要开始拜神。首先要在自己家里祭祖、拜神，祭品一般包括酒、米饭、水果、松糕、鸡肉、猪肉等。这时的米饭很有讲究，其实不是米饭，而是米饭捏成的大小不同的米饼，还必须从大到小一层层地有序地垒起来，整体上呈宝塔状。摆好祭品后上香、点蜡烛，然后家人开始祭拜，最后以烧元宝、放鞭炮结束。随后，母亲要抱着孩

---

① 田基黄，属于藤黄科，中医认为具有清热利湿之功效。在东城的广大的田间地头，至今仍然可以随时见到这种草药。

子去祠堂里拜神明与伯公即祖先,顺序是先拜当天神、再拜其他的神、最后拜祖先。拜的时候母亲要将孩子双手合十以示拜祭,自己则还要说些"快高长大、好生好养、健康富贵"之类的吉利话语。根据几位老人家的回忆,这时的整个拜祭过程,都要专门请一位拜神婆即神婆主持以示隆重其事,而通常的祠堂拜祭则是村民自行操办即可。等到仪式全部结束后,主人家一般都会请这位拜神婆一起到家里到吃满月酒。她吃完离开时,主人家还会依例特地给她一封利是,钱数还一般都不会太少。

到了现在,虽然男孩和女孩都可以举办满月酒席了,但摆酒的地点几乎都已经从事主家中换到了酒楼,气氛也有了微妙的变化。而更重要的变化,则是仪式已经越来越简化,人们尤其是老人家可能还会在家中自行祭祖、拜神,但几乎已经无人还会再带着孩子去祠堂拜祖先、祭神明了。如果一定要去祠堂,几乎总是孩子的爷爷奶奶之类的代去,老人家身上还是有较多的传统意识。

(二) 取名

在以前,东城初生儿的乳名普遍起得比较随意,而阿鸡、阿猪、阿蚁之类的贱名,则相当多见。这是因为人们相信,孩子的名字越贱越好养活,因为鬼怪等不会来为害这些名字比较贱的孩子。

孩子何时取"大名"并无固定的说法,但通常都是到了孩子满月的时候,就要由孩子所在的宗族、房支或者自家中的最年长的某位男性长辈,给孩子"改名",即取一个正式的名字。传统上,这个正式的名字也称为"官名""大名"或者"学名"(但有的孩子则是到了入学时再由老师等人起"学名",又称为"书名"等)。有部分老人说,以前登录入族谱中的也是这个名字(但有不同说法),其身后立碑时所刻的名讳也是这个名字。即使是到了现在,一般还都是由家中最老的长辈负责取名字。但是,现在孩子的父母如果觉得所起的这个名字"太土气",或者认为有某种不合适处,则可以自行更改。起原先的名字的长辈大多也不会有什么意见,很多长辈甚至直接让孩子的父母负责起名而自己不插手。

访谈资料:

(访谈对象:温塘K姐,59岁)

问:孩子大概什么时候取名字呀?

答:生出来一个月以后,那一般就要取名了。以前,是先叫那个老太爷取名的,就是家里的最老的长辈取名的。现在,要是觉得取得不好呢,那就再自己改。像我儿子,最先就是叫太爷取名,就是我家公的爸爸取的名字。他取了个什么名字呢,叫刘海带!我们都要笑死了,觉得不好,后来我们两公婆,就自己改成现在的名字了。

问:就是不一定要用太爷取的名字?

答:是的。不用他取的名字,老太爷也不会生气的。我家的那个老太爷,背后还说我们起的名字好呢。

东城人名字的结构同样是固定的,至今也没有多少变化。正式的名字中的第一个字是姓氏,是不能够改变的,姓氏即父亲的姓氏。第二个字则是本宗族历史上就统一排定的字辈,即排行用字,[①] 旧时同一辈分的所有男孩子,通常都必须采用同一个辈分用字,而且这个字是不能够有丝毫改变的。因此,长辈们可以取的其实就是其名字中的最后一个字。人们对于取官名很重视,因此历来有一些讲究。以前有的人家甚至还可能会请风水先生等来给孩子合八字、看五行,如果发现孩子的五行有所缺,则会根据五行确定某个字,意思是通过用字来补充其五行所缺。此外,传统上取名时还有一个颇为严格的禁忌,即如果当年家中有长辈去世,为了避讳,孩子的名字中就不能够使用这位长辈所用的字,即使只是同音或者音近的字,也不能够使用,这个禁忌到现在也还大体上维持不变。

> 访谈资料:
> (访谈对象:温塘袁爷爷,86岁)
> 问:那这里的孩子取名字,有什么讲究没有?
> 答:有的,在我们这个村子,很多人都是叫阿鸡、阿猪、阿狗的那一些。这个是有原因的。比方说爸爸、妈妈以前生出来的孩子都死掉了,现在生的这个呢,那就当他是猪、狗,这样比较好养活。那个时候女孩子,最多见的名字是叫兰,这个也是有道理的。就是代表她上边的孩子,都是女孩,所以生到她这个就要"拦"(谐音兰)住,就是不要再生女儿了。也有一些女孩子叫转的,意思就是转过来生男孩,不要再生女孩了。还有叫进娣、招娣,凡是起这些名字的,就说明她没有哥哥。还有一些男孩叫什么女的,意思就是说不要再生男孩了,要生女孩。
> 问:那起名字和五行之类的有关吗?
> 答:以前,一般都是有关系的。先看五行,看看你少什么,那就要在名字里面补什么。比如少木的时候,那起的名字中就要有水或者水字旁,比如叫汝。这个意思,就是用那个水灌那个木。如果少水的,那就不能用火字旁的字,水火不相容嘛。这个五行,以前都是要讲究的。

旧时东城的人名中,经常蕴藏着家人的某种期望,或者说明其所受的某种限制,因此从某人的名字中,经常可以了解到不少其家庭或者个人的情况。比如某女孩子的名字有"兰""转"之类的字眼,说明其只有姐姐而没有哥哥。男孩子名字里有"鑫"字或者带有金字旁的用字,说明该男孩五行缺金,而使用"森""林"等字眼以及带有木字旁的字,则说明该孩子五行缺木。而在珠江三角洲各处的广府人或者客家人村落中,几乎都可以见到男子的名字中带有"女"字或者女字旁的(常见的如"妹"),其原因可能较为复杂。

本次调查时,温塘的袁爷爷已经年近90岁。他记得,同村的一位男性族人排行为"祝"而起名为"祝妹",原因是其父母接连生了3个儿子之后很想要个女儿,于是就为第三个儿子取了这个名字。但是,其父母所生的第四个孩子还是个男孩,于是就又为四子取名为"祝女"。但虽然如此用心良苦,"到了最后呢,他爸妈始终没有生到女孩子"。在这位老人家看来,旧时的农村虽然普遍以男孩为重,但也有人家生了儿子之后还想

---

① 当时的人们的名字,通常只有三个字,即姓(一个字)加上名(两个字),第二个字通例是排行。但在有些时候,也可以把排行用字放在第三个字的位置上,只是相对来说较为少见而已。

要再生个女儿,因为"儿女双全,这样才是最好的"家庭。出于这个原因,东城就出现了不少这类寄寓了父母生育女儿的愿望,从而略微显得有些古怪的男孩子的名字。

但是,我们在东城以及珠江三角洲其他地区调查时,还得到过另外几种不同的解释。例如,以前的广府人和客家人普遍认为女儿命贱、故易养,因此有时会给儿子取"女名"即"女"字或者女字旁的字,以此期望儿子能够平安成长。我们在东莞的清溪镇调查时,主要的访谈对象之一是位中年男子,他名为"韩某妈"。其父母回忆,当时就是因为出于这种考虑,才这样为他取名的。如此看来,取女名可能是一种由多种因素导致的传统民俗。当然,到了现在,这种现象似乎已经日趋消失,而主要的原因之一则是"要是还取这样的名字的话,儿子会被学校里的小朋友们取笑的"。

(三) 百日

东城的广府人和客家人的村落中,几乎都有给新生儿过百日即庆祝新生儿满百日的传统习俗。但是,孩子满百日当天的具体活动以及其具体含义是什么,则人言人殊。综合我们的调查所得,下面几种说法似乎最为通行。

在有些村落或者有些人家中,在新生儿满百日当天举行一个庆祝仪式,一般称为"吃味"。意思是在孩子百日那天,家里让孩子尝尝用鱼、鸡等做成的荤菜,即知道其味道。这时由于孩子还太小,因此其实只是让孩子象征性地舔一下、尝尝味。但这个仪式却具有相当高的象征性,即意味着从此以后孩子不是只能喝奶,而是可以和大人一样吃包括荤菜在内的各种日常食物了。

在一些村落或者家庭中,孩子百日当天父母用葱、鱼做成一种(也有的是做成几种)菜肴给新生儿吃。人们至今认为,这些都是"有好意头(又作寓头,即寓意)"的食材、菜肴。例如,桑园村民中一种至今较为普遍的说法是,葱谐音"聪",寓意孩子长大以后会聪明伶俐;新生儿在这一天吃了鱼,长大以后就会非常懂得如何吐鱼骨头而不会被鱼刺卡住,而如果这日没有吃,则长大以后吃鱼时可能就不是很会吐鱼骨头,而且可能经常会被鱼骨头卡住。

在一些村落或者家庭中,在孩子满百日的当天办酒时,孩子的外婆要送些带花的白色衣服给新生儿,要送碗、调羹等,还要送一条鱼。中午的时候先把这条鱼蒸一下,然后用韭菜把鱼包起来给孩子吃,实际上是让孩子"尝味道"。

在另外的一些村落(如峡口村),在孩子满一百天的时候喂之吃饭,这时还要给新生儿挂上一块口水牌,以防止掉下的饭菜弄脏了其衣服。而依照当地的习俗,百日前是不能够为之挂口水牌的。但在百日以后,随着新生儿吃饭的时间增多,婴幼儿时期就可以每次吃饭时都挂上口水牌了。当天的中午一般也是要蒸一条鱼,孩子的妈妈会把鱼肉以及猪肉等嚼烂以后喂给孩子吃,这意味着以后孩子就可以吃各种食物了。当天的菜肴中,韭菜也是必不可少的食物,因为韭菜谐音"九菜",即其意味着多种多样而概括了所有种类的蔬菜。

由此观之,东城区各个村庄、家庭的百日风俗既带有各自明显的特色又有相似之处。不同的习俗都是祝福孩子能够有美好的未来,而百日必须给孩子吃鱼则是饮食方面最大的共同点。至于为什么要吃鱼,人们的解释各不相同,但以祝福孩子以后能够"有余"则是比较为人们认可的。

（四）开灯

开灯又称为点灯、添灯等，仪式一般分成三个最主要的环节，即点灯、庆灯、结灯。① 人们认为灯是丁的谐音，故名。历史上只有男孩子可以称作丁，因此以前这是生了男孩子的家庭才会举办的仪式，寓意子孙繁衍、开枝散叶。本书的其他部分也有较多的涉及，此处择其要点略微补充介绍。

老人们回忆，直至中华人民共和国成立初期，开灯仪式通例都是在本族或者本房的祠堂中举行的，每次开灯都可以说是当年族中、房中的一大盛事。因为许多村落就是一族人甚至一房人，所以这个仪式也成为了整座村落的一大盛事。开灯几乎总是在男孩子出生后第一个元宵节之前的某个正月的日子举行。但如果该男孩是在第一个元宵节前的一个月内出生的，由于他还实在太小，连满月酒还都没办，这样一般就只是推迟到再下一年的正月（初一）十五前某个正月的日子再举办。人们至今普遍认为，开灯必须在满月酒之后举行的。据调查，东城各个村庄的具体点灯的时间不尽相同，但一般都是选择正月初二至正月十五之间的某一日进行。有的村落或者宗族是固定在某一日举办，有的宗族则是择日举办（详参考本书第七章）。访谈时人们认为，无论如何，以前开灯这个仪式是一定要有的，因为只有经历了这个仪式的男孩子才会被家族承认的。至于开灯的具体细节，则可以从权或者临时变通。

例如，即使是在旧时，也并不是一定要在孩子出生后的第一年就举办开灯仪式，隔几年甚至很多年再办，其实历来也都是可以的。对于具体的家庭来说，旧时办开灯确实是一笔非常大的开销，如果该男孩家中实在没有办法承担这笔费用，那么就会拖下去，甚至拖到男孩结婚的时候和婚礼一起举办。如果是这样，这时的仪式就较为简单，主要就是在婚礼之前点上一盏灯，意味着这个男孩成人了、可以结婚了。这样确实比较节省，但几乎必定会被人嘲笑，会被人"看低"即瞧不起。因此绝大多数的家庭，都是尽力设法在男孩出生的第一年的正月初一开始点灯、十六结灯。

许多老人都说，那时东城的人们往往对长子更为重视，因此一般而言，长子的开灯仪式会办得比较隆重，而之后出生的儿子就比较简单。据说，最后生的一个或者几个男孩子，甚至可能就因为家庭实在困难就不办开灯了。不过，这种现象如果有的话，也是相当少见的。温塘的几位老人家都提到一种非常特殊的情况，那就是所谓的"卖大开小"，即有些家庭在生下一个儿子以后，实在没有钱办开灯仪式了。在万般无奈之下，可能就会把已经办了开灯的某个儿子甚至是大儿子卖掉，拿得来的钱给这个小的儿子办开灯。"以前，我们这里买卖孩子的事情，其实还是很多的。买卖的差不多都是男孩子。

---

① 也有人说分为四个步骤，即请灯、点灯、庆灯（贺灯）和结灯，还有的老人说分为请灯、挂灯、点灯、庆灯和结灯五个部分。但多数老人都认为，也许更早的时候存在过请灯以及挂灯，但至少在他们开始记事的时候就都已经不存在了。他们小时候即20世纪二三十年代，一般就是由老人家挑个好日子去买灯回来即可，已经说不上是专门的"请灯""挂灯"了。

不过，没有办过开灯的男孩子，那是肯定没有人要的。"① 当然，这是以前东城经济水平落后时候的无奈之举，即使是在历史上也不是常态，到现在早已没有这样的事了。

确定举办开灯后，生了男孩的家庭都要提前准备灯笼，自家制作或者购买都是可以的。历史上人们对之很重视，因此曾经专门称之为"请灯"。一般来说，还要到临近的茶山买来足够数量的"泥公仔"用于分发给该家的亲戚朋友，② 告知自家生了男孩并要举办开灯。在主家的神台上，则要摆放好三个一套的这种泥公仔，意思是告知神灵、祖先并请他们保佑自己的孩子。

通常是到了举办开灯仪式的当天，事主家小心地挂好灯笼，然后仔细地放好油碟或者蜡烛并点亮灯笼。③ 各个宗族挂多少灯笼的风俗也并不一定，有的只在祠堂挂一盏大灯笼，有的在传统的中堂或者享堂以及大门口各挂一盏大灯笼，有的在自家大门口还要再挂一盏。但基本的原则，都是以一盏大灯笼代表一个男孩子，因此族里当年有多少男孩子开灯，祠堂就要挂多少盏大灯笼。"这样路过的人一看灯笼的数目，就知道这个族又新添了男丁，也知道又添了多少男丁了。"人们通常同时在祠堂挂上大小不一的几个灯笼，大灯笼挂在祠堂大门口和/或享堂，这种灯笼的直径一般都在一米以上。在祠堂的外围则挂相对小一些的灯笼，有些村子中祠堂的门官处也会特地挂上小灯笼。

之后仪式就可以开始了。在旧时，整个仪式一般是由族长、房长或者长老来主持。这时要在祠堂享堂的祖先牌位前摆放好猪头、鸡、鹅等菜肴以及饭、茶、酒、筷子和一些水果，还要点上三支香和一对红蜡烛，然后虔诚地祭祖。开灯的男孩子由其父亲或者祖父（少数宗族则是母亲或祖母）抱着，在祖先牌位面前磕头，意思是告诉祖先家里添丁了，祈求祖先保佑孩子平安健康地长大。拜完祖先后将酒洒在地上，意思是祖先已经知晓并且饮了酒。

之后就是庆灯，这也意味着灯酒开始，也可以说灯酒是开灯仪式中最主要的内容、最欢乐的环节。在旧时，当年开灯的男孩子或者其家庭习惯上被称为"灯头"，一条村子里所有的"灯头"通常选好一个好日子，集体在祠堂举办开灯，共同办灯酒即共同宴请村里的所有 16 岁以上的男丁。这些男丁被称为"上丁"，女子以及年龄不够的男孩子，历来是不允许进入祠堂"喝灯酒"的。来喝酒的男丁们一般都不需要带什么礼物，"就是空手，你只要去喝酒，那就可以了"。酒宴一般是八人一桌，菜肴则有肉、鸡、鱼、蛋等多种，一般有 10 个或者 12 个菜，这在当时来说是非常丰盛的了。据说非常讲

---

① 如同历史上全国各地一样，以前东莞境内确实有不少买卖儿童的事件发生。被买卖的儿童中，男孩和女孩都有。据调查，女孩多被买去做童养媳，男孩多被买去当儿子养。好几位老人都说，东莞革命烈士卢仲夫（又名卢步云，1919—1940），就是一例。他生于鳌峙塘村，本姓徐。因为家庭极其贫困，其父母在他小时候，就被迫把他卖给今东莞市东坑镇石狗前村的一户人家当儿子。1930 年，他考入东莞中学，短暂外出后，他于 1933 年年初回东莞参加抗日救亡活动，1936 年加入中国共产党。1937 年 4 月，任中共东莞县工委委员兼东坑支部书记。1938 年 4 月任中共东莞中心县委委员。1939 年年初，任东宝惠边人民抗日游击大队中队长。同年 9 月 14 日，同其他几名干部在惠州被国民党军杀害。
② 在东莞市政协主编的《东莞风俗叙述与研究》（广东人民出版社 2008 年版，第 446—448 页）中有如下的记载："茶山公仔，在旧社会时代很有名气，珠江三角洲一带地方，或许更远一些，无人不知……茶山公仔的生产，不是捏塑而是用一泥模印成的。"这些文字，值得认真思考。
③ 以前珠江三角洲各处的油灯，经常是使用碟子而不是使用瓶子装油的，这个碟子经常成为油碟。

究的人家的菜式有所谓的"八大篮"之说，即每桌摆上八大碗讲究的菜肴，但在东城来说，这种情况似乎较为少见。不论菜式如何，其中必须要有的一种蔬菜则是茨菇，原因在于东城的方言中这个词与表示小男孩的词同音。

宴请时所有的开销，通常都是由当年开灯的"灯头"承担的。灯头事先把钱交给管理祠堂的族长、房长或者理数之类的人物，由他置办一切需要的东西。旧时人们普遍集体办，这样可以节省家庭的开支，举办的家庭越多，每家的开支就会相应地减少、各家的负担就会较轻。如果是一家独办开销则会比较大，该家的负担就会比较重。可能是由于开灯确实给许多人家都造成了极大的负担，因此各个宗族都要设法既办灯酒、又不要太拖累族人的家庭经济。老人们说，有的村子里或者宗族就限定了只许可摆多少围酒，就是要减轻负担。如余屋村，据说过去每到正月十四、十五即结灯的时候，"每个灯头出四席酒"，在祠堂里请族人享用即可。① 有的村子里或者宗族则是"（虽然）几个灯头合起来办灯酒，灯头只请自己房的人喝了。就是大家一起在祠堂里摆酒，各个房的人却是分开坐的，就是各房喝各房的酒了"。共同生活在一个村里的人肯定都是熟悉的，但这时一般不会到其他房"串酒"，即喝其他房的人办的灯酒。

访谈资料：

（访谈对象：温塘袁爷爷，77岁）

问：您还知道您小时候开灯的事吗？

答：我当然记得很清楚，因为我爸爸一直讲给我听嘛。我爸爸说，我从小就是"败家子"，我出生的那一年，整个村里，连我只有3个灯头。那这样，每一家都要出好多钱喽。所以，我爸爸说我败家。还有呢，以前村里的人，大家都吃（意为吃来吃去）。就是今年你吃我的（灯酒），明年我吃你的（灯酒）。但是，轮到我就很不合算了。因为等到我长到了可以喝灯酒的年纪，村里的规矩就变了，就是族里不办了。所以，村里只有别人喝了我的灯酒，我连一次别人的灯酒，那是都没喝到过的。我哥哥好歹还是喝到过几次的，所以我更是败家了。

宴席结束后，宾客各自回家，灯笼则多是高挂在祠堂内外。许多宗族到了正月十五（有的是正月十六）才会取下所挂的灯笼，有些宗族则是一直挂下去直至其自然烂掉。传统上称把灯取下为结灯，结灯意味着整个开灯仪式的结束。取下来的这些灯笼，有一些人带回家收起来准备以后使用，有些人则是在祠堂或者某处烧掉。不同宗族具体的做法历来有所差异，但都是可以的。

访谈资料：

（访谈对象：余屋余爷爷，男，86岁）

问：中华人民共和国成立以前，男孩子一般在哪里开灯呢？

答：中华人民共和国成立以前都是在祠堂的。那些生了男孩子的家，都是挑正月十五前的一天，一起去祠堂开灯。

问：那中华人民共和国成立以后呢？

---

① 《新修东莞侯山余氏族谱》编委会编印：《新修东莞侯山余氏族谱》，2003年编印本，第283页。

答：1949年以后就取消了，都是自己在家里开灯。

问：为什么取消呢？

答：那个时候国家说要取消，那不就取消了。那时不是要破除四旧嘛，说这些是封建迷信嘛。但是呢，还是会在自己家里开灯。

中华人民共和国成立后不久，各处村子中的开灯仪式就普遍趋于沉寂，原本热闹的祠堂开灯仪式尤其是喝灯酒很快就消失了。① 但是，生男孩要开灯这一传统的习俗，在村民内心并没有完全消失。对于东城的普通村民而言，毕竟"添丁"与"发财"一样，是传统上所认为的人的一生中的大喜事，因此无论如何还是要庆祝一番的。当时村民普遍缩小了开灯的规模、省略了仪式的程序（如登录灯头簿），并把仪式搬到了家中私下里举行，请来参加仪式的人很有限，通常只限于叔伯兄弟之类的至亲，仪式结束后在家中摆酒招待。据回忆，当时基层政府对此既不鼓励但也不公开反对，基本上是放任或者默许的态度。几位老年村干部都回忆说，这主要是尊重传统民俗，也为了避免触犯众怒。

虽说是在自己家里私下开灯、省略了许多程序，基本的过程则与在祠堂里开灯时的大致相同。据回忆，当时比较讲究的人家还沿用一些较为传统的固定的做法，周屋的某阿婆回忆了她家当时的举办情形：先是点灯。就是拿1个圆铜盘（也有的人家是拿一大一小两个鱼笼），在其中间放1个大的油碟，在其周围摆上1圈小的油碟，一般都是6盏或者12盏。家中的神像前，摆上猪肉、鸡、鹅等肉食，还要摆上米饭、茶、酒、水果以及筷子，中间还要摆上一些红的松糕和红团，为的是增加喜庆气氛并"取个好意头"。吉时一到点上香和蜡烛之后，先拜当天，然后依次拜观音、家中供奉的其他神灵以及门官和土地，最后则是拜祖先。神明拜完了点灯，通常称为长灯。点着后要一直小心地看护着，保证一直亮着而不能中途熄灭。否则，可能会招来不吉利。因此，家人要随时注意添灯油或者更换蜡烛。依照传统的习俗，这种灯一般都是摆在供桌上，每个神的前面都要放一个。对比今昔，这位阿婆很感慨地说，现在的人们"都不会那么麻烦了"。据调查，现在一般都是由孩子的爷爷提前买好一只红红绿绿的四角彩灯，届时由孩子的父亲挂在家里客厅的正中间或者家门口即可。

庆灯仍然要事先"找好一个吉时"，然后准时烧三种纸钱给祖先。所谓的"三种纸钱，就是元宝、金纸和锡钱"。元宝的定例要10个，金纸和锡钱则没有数量上的规定，一般都是各取一沓即可。一边烧还要一边念一些祈求祖先保佑孩子的话语，如保佑孩子"快高长大、身体健康"一类。等到了中午，就在家中设宴款待来客，"这就是庆灯了。那个时候村民普遍贫穷，政府又不许大操大办，就是在自己家中，一起吃一顿便饭"。中华人民共和国成立前在祠堂举办的灯酒相当丰盛，一般一桌是10或者12道菜，这时通常都是简单的饭菜，最多只是略微丰富而已。但菜肴的数目仍然必须确保是双数，否则，人们认为可能会招来不吉利。菜肴中同样一定要有茨菇这道菜。这位婆婆回忆，就

---

① 现在不少人家生了儿子甚至生了女儿也会举办开灯仪式。但是，虽然普遍在祠堂挂灯，但几乎已经没有人还会在祠堂举办灯酒。说起往昔在房族祠堂举办时的盛况，不少老人显得颇为惆怅，认为那是增进族人关系的一个良机，是一个村民共同把酒言欢的好场合。

是这时开始,来客不再是空手前来了,而普遍需要给孩子包一封利是,也有的是给些花布等充作礼物。不过,不论是红包还是礼物,其价值通常都是相当有限的。办完灯酒的当天或者之后的某一日(多为正月十六),据回忆,这时候多数人家都会把灯取下来仔细收好以备再用,"那个时候大家都穷,能用的都舍不得扔掉"。当然,从结灯当日开始,人们就不会再为其添油、换蜡烛,即不再点亮了。

(五)上契

所谓的上契,类似于北方的认干亲,是东城各处广府人和客家人的村落中都较为常见的一种传统的风俗。上契的原因多种多样,如有些时候父母为了使得孩子更好地成长,就选择为自己的孩子上契。但主要的原因则有两种,即孩子出现与父母五行上相冲,或者孩子一直体弱多病。如果出现了这些不好的情况,其父母几乎必定都会给孩子上契,据说如此一来就可以便改变其运势。

上契自然必须先有上契的对象,根据孩子的具体情况,旧时具体的上契对象也是多种多样。总的来说,则主要有与人、神和物(主要是大榕树)三种。

1. 与人上契

传统上,孩子出生一个月时,其父母一般就会请人为之算命。测算之后,有些孩子并没有发现有任何问题,但其父母为了保证其更好地成长,还是会为其上契。老人们说,那时举办这种上契的,通常都是"那些比较有钱的人家,因为他们的孩子比较金贵"。但不论家境到底如何,这些父母同样都是希望自己的孩子能够健康成长、能够长命百岁,因此就会去找长寿而又儿女双全的老人家,让他与自家的孩子上契。这个时候所找的老人家男女均可,但通常都是比较贫穷甚至非常贫穷的。由此看来,这个习俗的背后,似乎依稀有着贫贱人家子女易养的传统观念,似乎也与贱名易养之类的传统习俗有着某种相通之处。

测算后如果发现该孩子的生辰八字、五行等和父母的相冲,人们认为以后就可能发生彼此相克等不好的事情。这时父母几乎必定就要根据五行而相应地给孩子取合适的名字,还几乎必定要设法找到一个和孩子八字相合的老人而把孩子"契"给他。据调查,旧时一般都是孩子到了4周岁左右举办这种上契。人们认为,上契之后这个孩子名义上就是别人的孩子了,因此就不会和自己的生身父母"有冲撞了"。但在实际上,除了名义之外没有任何实质的改变,如孩子仍然称呼自己的父母为爸、妈,也仍然是由生身父母将其养大等。

相对于上契的老人而言,上契的孩子称为"契子"。据调查,旧时收"契子"的老人,大部分都是家境比较贫穷甚至非常贫穷的。他们希望这些孩子以后能够多少照顾自己一点,因此愿意收契子,一般还会收不止一个。另外还有一类人也比较容易收契子,这些人通常是风水先生、喃呒佬以及神婆之类的。人们认为他们有神力,认为主动与之上契可以使得孩子平安健康,还可以使得自家的家宅兴旺。也有些父母因为孩子生病或者突然出现某种不好的事情,请他们来为孩子治疗并使得孩子痊愈或者恢复,父母于是就与之上契。不过,这些人是一些比较"有能力"的人,他们通常也都不会收太多的契子。

父母们去找老人等为子女上契，需要带些礼物。但至于这些礼物是什么似乎自来并无明确的规定，一般人家都是"各凭自己的心意，带一些礼物去"给老人等对象即可。老人则要回送一个不易摔烂的碗、一把勺子、一双筷子，外加一些米、咸鱼、肉等让家长拿回去给孩子做饭吃。这时还会首次给孩子一对红灯笼，这对灯笼意味着孩子有光明的前途。如果是女孩子和老人上契，则老人这时还会回送给女孩家一朵白花，意思是希望她日后能够生儿子。

契子一生中只能和一位老人上契，即使该老人去世了也不能够再和别人上契。上了契的孩子就是老人的"契子"，而孩子则自此称呼该位老人为"契公公""契婆婆""契爷"等。契子平时并不需要特别去看望其契爷，一般都是在逢年过节才带些礼物送去，这时通常同时还要送一封利是。但如果日常生活中老人生病，契子则需要去探望，一般还都需要送点礼物或者钱财以表示心意。上契后的每年元宵节（一说中秋节），契爷都要送给其契子一对新的灯笼。孩子则每年都要把这对灯笼带回家中挂在神像前，同时在神像前把以前给的旧的灯笼烧掉，还要告诉神明今年又有新灯笼了。

2. 与神上契

如果觉得可能会出现相冲等不好的事情，孩子的家长可能会自己去到寺庙里挑选一位认为可以保佑自己孩子的神灵，然后与之上契。也有的人家是请神婆测算，看看自己的孩子与哪位神上契比较合适，然后再据之去拜神上契。

去庙里上契时要敬献一些祭品，常见的如猪肉、鸡、水果、酒等。把祭品逐一仔细地供奉在神灵前，上香、燃烛、焚烧金、银元宝（也有的是在祭拜完毕后才焚烧元宝）之后，该孩子就可以和神上契，就此成为了这位神明的契子。一般地说，每一位神明几乎都有很多位契子而几乎都没有数量的限制。

上契之后如果孩子出现了什么不适，家长就会去到庙里拜该位明神，求其保佑其契子平安。平日里这位契子并不需要经常去庙里拜该位神明，但每年的年初一则一定要去拜祭。以前温塘村每年的三月初一则要举行大型的游会祭拜神明，因此温塘以及周围的一些村子的契子，每逢三月初一也要去庙里拜祭。

3. 与大榕树上契

如果孩子一直体弱多病，或者不听话，其父母就可能将其与某一棵大榕树上契，人们通常把这种树称为"大树公"。（见图5-7）传统上，因为与大榕树上契并不需要给钱或者礼物，也不用买多少东西作为祭品，再加上上契的过程也很简单，所以旧时许多穷人家，都愿意选择让孩子与大榕树上契。

这种上契一般也不需要选日子。一般都是由孩子的父母自己挑个好的日子，然后带上孩子去跟大榕树上契就可以了。届时一般只需要带上香和蜡烛，到达后点燃香、烛祭后再拜，仪式即告完成。据说，还有人家会带上一

图5-7 大树公

斤水和一斤泥巴，为的是让大榕树更加枝繁叶茂，从而可以更好地保佑自己的孩子。

上契之后，父母每逢初一、十五以及年节都要去拜大榕树，但这些时候一般也都是只要上香、祭拜即可。如果平日里孩子们因为打雷、闪电等受到惊吓，其母亲或者奶奶也可以去拜这棵大树公，请求大树公保佑自己的孩子。据说去拜了以后，一般到了第二天孩子就会完全恢复正常。

（六）喊惊（喊童年）

在过去的东城各处村落之中，喊惊都是非常多见的。因为喊惊几乎都是发生在一个人的童年时期，所以人们也称之为"喊童年"。人们普遍认为，孩子因为年龄还小，"他的魂还没有生根，总是会乱飘"，所以，孩子尤其是幼年的孩子，很容易因为受到各种"邪的东西"的惊吓而"掉魂"。一般来说，传统上当孩子受惊吓而"掉魂"甚至因此而生病的时候，人们几乎都必定帮他喊惊。

在过去，相同或者类似的习俗其实遍见于全国各地的汉族居住区域。但是，传统上的东城人的喊惊不仅多见，而且长期被"视为（孩子受到惊吓而魂魄不附于身上时）唯一的补救方法"[①]，因此尤其值得略加记述。

据调查，旧时最为主要的喊惊类型有如下几种。

1. 寅时惊

一般是在3点到5点即天快要亮的时候，由孩子的某长辈站在自己的家门口连续三天为孩子喊惊。由于这个时候大体上相当于传统时制的寅时，因此，东城人一般称为"寅时惊"。

负责喊惊的一般是孩子的奶奶或者妈妈，而从不会是家里的男子出面。喊惊的日子是有讲究的，即第一天必须要挑选"一个好日子"。至于之后的两天，则并无特殊要求。这时事先要准备该孩子穿过的一件衣服，以及米、元宝、香、蜡烛、镜子、剪刀和尺子等物品。镜子用于朝"四面八方照一遍，就可以寻找到孩子的魂魄"。剪刀在地上砸发出响声，为的是提醒孩子家的方向，同时也有吓走别的鬼怪的作用。尺子则是用来丈量回家的路程。喊惊开始前，先把香和蜡烛点好，之后孩子的奶奶或者妈妈一边洒米一边喊"洒米簌簌，童年回到屋（或者家、床）"等话语。在《东莞风俗叙述与研究》中，详细记载了当时东莞人喊惊时所喊的话语。本次调查时发现，现在所使用的其实仍然是这些话语。由于现在似乎已经没有人能够喊全了，故特地转录如下：

东方米粮，西方米粮，南方米粮，北方米粮，四大方，五大路米粮，米粮落地人神起，刀响一声魂魄齐，某年某月某日某某（小孩名字）同年（即魂也，俗称喊惊为喊童年）归呵！请到九天玄女，王母六娘，洪山教主，追番某某同年来归，来归觉醒觉瞓，觉醒觉乖，一觉还一觉，二觉到天皓（皓字读厚音，即天光也）。猫儿老鼠吓起惊，猪狗畜生吓起惊，飞禽百鸟吓起惊，牙鹰白鹤吓起惊，圆毛三十六般吓起惊，扁毛三十六般吓起惊，洗手洗面吓起惊，过河渡海吓起惊，临头亚妹吓起惊，华童之子吓起惊，四眼八臂（孕妇）吓起惊，大声细声吓起惊，亚哥亚姊吓起惊，亚姑亚叔吓起惊，

[①] 东莞市政协编：《东莞风俗叙述与研究》，广东人民出版社2008年版，第114页。

亚姨妗舅吓起惊，亚婶伯娘吓起惊，有意着惊，无意着惊，吓得久，归得快，俾番某某同年来归呵！左门官，右土地，招魂童子，带魄童郎，斩开地皮铲地狱，斩开地狱赎真魂，黄金买得千年命，细丝赎得万年魂，一魂归，二魂归，三魂七魂就归齐，某某同年来归呵！来归承香继祖（如为女孩子喊惊，则无此句），来归福爹旺母，福兄福弟，福姊福妹，根基稳养，寿命延；来归时时迪吉，来归日日康宁，来归食茶长血，食肉长肉，来归红颜益壮，红气加添，来归随年长大，随月长乖，撒米倏倏，同年归到屋，撒米沙沙，同年归到家，撒米行行，同年归到床，某某同年来归呵！认得衣衫穿着过，魂魄就随衫上归，孩儿小细唔知路，请个追魂童子带魂归。①

老人们说，这时洒米是为了引导孩子的魂找到回家的路。如此唱念完毕之后，奶奶或者妈妈要把早已准备好的三对元宝与稻草一起烧掉，烧的时候也要念叨孩子的名字，为的是让他不要被鬼怪等吓到。最后还要拿着孩子穿过的一件衣服在火的上空甩动一番，这时也要喊他的名字让他赶快回家。在家门口做完以后，马上到家中孩子睡觉的处所，一边拍他的床一边说"×××（孩子的名字）回来了！好吃好睡！"之类的话语。如此拍打、念诵几遍之后，整个仪式结束。

传统上的人们认为，如此连续三个早晨喊惊之后，当事的孩子的"魂就会回来了"即恢复健康。因此，这个仪式又称为"喊三朝"。

2. 平安惊

这是根据目的而命名的一种喊惊。所谓的平安惊，不是因为受到了某惊吓而喊，而是为了能够使其更加平安、顺利地长大而喊，故名。

据调查，其具体的施行方式，与寅时惊并无太大的差异，只是不需要连喊三天每早各喊一次，而是只需要在择定日子的早上喊一次就可以了。

3. 土地庙喊惊

这是根据喊惊的地点而命名的一种喊惊方式。

这种喊惊是到土地庙旁进行的，喊的时间不是早晨而是太阳快下山的时候即黄昏，同样也需要连喊三日。至于其余如具体的施行方式以及祭品等，都与寅时惊大致相同。

人们认为，其效果与寅时惊也大体相同。

4. 饭盖惊

饭盖惊是一种比较古老的喊惊方式，据说现在早已经消失了。

相对来说，这是一种比较简单的喊惊方式。具体的做法就是在饭煮熟了以后，孩子的奶奶或者妈妈先敲打几下饭盖（意为锅盖），然后再打开饭盖，趁锅内的蒸汽冒出来的时候喊："童年归，童年归，金花夫人，12奶娘，保佑×××（孩子的名字）平安健康。"据说如此一来，就可以达到目的。

5. 年晚惊

所谓的"年晚惊"又称为"新年惊"，是在大年三十的晚上进行的一种喊惊，因此也是得名于施行的时间。这种喊惊同样由孩子的奶奶或者妈妈负责。

家人如果觉得在过去的一年中孩子多灾多难，如身体不好、事情多有不顺等，就可

---

① 转引自东莞市政协编《东莞风俗叙述与研究》，广东人民出版社2008年版，第114页。

能会帮孩子喊这种惊。人们认为，这种喊惊可以使得当事的孩子在新的一年中能够身体健康、平平安安、顺顺利利。

传统上，这种喊惊主要是针对年纪相对较小的孩子。等到孩子大一点（现在是"上学以后"），家人就不需要再喊了。

6. 大人喊惊

在珠江三角洲各处，需要喊惊的其实不限于孩子，因为"碰到了脏东西"而受到惊吓等"丢了魂"的成年人（似乎多为男性），同样也有需要喊惊的。

不过，成人喊惊的方式与孩子的大不相同。给成年人喊惊时，首先需要找到当事者所认为的受到惊吓的地方，然后在该处献祭三杯酒、三杯茶、两碗饭、一些斋菜，此外还一定要有一个煮熟的鸡蛋。这个鸡蛋要连着壳从中间剖开，然后蛋黄朝上放在饭上或者斋菜上都可以。通常也由当事者的母亲或者奶奶负责进行，仪式开始后拿着当事者的衣服边甩动边念诵一些话语。仪式结束后将这件衣服带回家给当事者穿上，据说就会平安无事了。

如果成年人遭遇的情况比较严重，自己家里人自行喊惊或者用别的办法都无法使之恢复，那么，其家人就可能会到庙里请道士等做法事为其喊惊。本次调查期间，在温塘村的白庙访谈时，我们正巧碰上了一场某老太太为其一位成年的儿子举行的喊惊仪式。下午4点53分仪式开始，主要的仪式过程如下：

喊惊开始时，一个道士拿出一张草席铺在地上，在上面摊开铺好被喊惊者穿过没洗的衣服。随后他将桌子上一个装有几只生鸡蛋和一片梨的碗严整地倒扣于地上，之后在衣服的四周摆上几只小的碟子。衣服领部附近的碟子为朱红色，其余部位的5个碟子皆为白色。

在碟子里放进一些艾草的渣，点燃后熏当事者的衣服。接着道士将一根红绳绑在鞭子上，手持鞭子围绕衣服抽打。打完后开始吹角（一种乐器），协助他的一位神婆则在一旁撒米、甩动衣服。

之后神婆拿一把红尺作势丈量了一下后放到席子上，又拿出一面镜子照了两下，再拿出一把剪刀象征性地剪了几下衣服。随后，拿起衣服大力向地面甩打，边甩打边撒米，口中还念念有词。

最后放两次鞭炮，宣告仪式结束。

整个仪式的气氛较为严肃，但只持续了不到一个小时。等到仪式全部结束、女事主携带相关物品离开后，我们对负责此次喊惊的某道士（男，50岁左右）进行了访谈，他解答了我们不少的疑问。

访谈资料：

问：刚才为什么要把鸡蛋打碎呢？

答：把碗扣到地上，那是为了压小人、不好的东西的。一个鸡蛋就代表一件事，就是压一个小人、一个不好的东西。打碎了，代表把小人、不好的东西破坏了。碗里面还有一片雪梨，梨代表分离、分开，就是要把他和那些不好的分开来。

问：那撒米又是什么意思呢？

答：那就是要指路，就是指路给他回来嘛。

问：那镜子照又是为什么呢？

答：镜子反光的，晚上的时候要有光，才能指路。

问：拿尺子量，是干什么用的呢？

答：魂魄回来的时候，路上可能会遇到海、河那一些什么的，那就过不来了。这个时候，尺子就可以当桥梁让他过来。

问：用剪刀假装剪衣服，是什么意思呢？

答：魂魄如果回不来的话，那肯定是被什么困住了。这个时候就要用剪刀剪，就是剪破那些困住他的东西。衣服就是魂魄的载体嘛，魂魄回来了，就会附在衣服上。让她（指当事者的母亲）带回去，给他穿上，那很快就万事大吉了。

我们仔细观察了这个仪式的所有用品与仪式的全过程，发现基本的观念、倾向、用具等，与家人自行举办的同类仪式尤其是寅时惊如出一辙。如此说来，人们到庙里举办这种仪式，似乎可能只是出于某种心理，而不是庙里所办的仪式有多少特殊之处。或许村民对此心知肚明，才会很少有人来庙里举办。

喊惊的习俗在旧时较为常见，而现在已很少有人这样做了。

（七）成年

本次调查发现，旧时东城人似乎普遍默认年满16岁即为成年。[①] 但是，东城似乎从来没有过普遍通行的长到多大即为成年的规定，广府人和客家人的村落中对于成年均有不同的认识。

成年具有明确的社会意义，从此这个孩子就可以享受某些权力，但同时也必须尽某些义务。如旧时男孩子满16岁时，就正式成为了"上丁"即大人，从这时起他就有资格进入祠堂，参加开灯等摆酒的场合，而合乎习俗地进入祠堂，可以视为男孩成年的一个仪式或者具有一定象征意义的标志。女子似乎没有类似的标志，只是在出嫁后发式才有所改变。传统上，东城的女子在未出嫁以前都是留长头发，编成一条长辫子或者两条麻花辫。但在结婚成为人妇后，则必定会把头发盘起来。本次调查时我们发现，老婆婆们不管年纪多大都把梳得整整齐齐的头发细致地盘成发髻，然后还要扎上一根红头绳，显得非常漂亮、精神。

传统上，东城人还有一个更加具有实质意义的成年标志，那就是结婚。依照传统的习俗，一个人只有结了婚，才算是真正地长大成年即"是大人了"。因此，只有结了婚的人才能够给后生小辈发红包。传统上，结了婚的人身后可以立碑、进祠堂或者立牌位成为祖先。而如果一个人始终没有结婚，虽然可能他年龄已经很大，但始终会被认为是个孩子。因此，他在年节时不能够给后生晚辈发红包，去世后可以起坟但不能够为其立碑，更加不能够成为祖先。

但据调查，旧时在父母去世后，有些大姐这时就要负责把其弟弟、妹妹拉扯大，通常直到他们全部成家立业才算结束。但到了这时，她们通常已经年龄大到几乎无法嫁出去了。因此她们中的多数人单身而只好终身独居，或者与某位弟弟或者妹妹一起生活并

[①] 但在实际上，许多村落都是以到了16虚岁为成年的标志。以16周岁为据的村落，实际上似乎是少数。

帮助带孩子、谋生,实际上就等于把自己的一生奉献给弟弟、妹妹了。她们的行为赢得了村民普遍的尊敬与钦佩,因此访谈时经常有村民称赞她们是"伟大的人"。等到这些女性去世以后,人们几乎都会为她们立碑以示纪念。我们发现,在旧时的珠江三角洲的各处村落中,几乎都有这样的女性。

(八) 其他相关风俗

1. 出花园

据调查,这个仪式历来都不是所有的孩子都必须要举行的。一般说来,只有家里觉得自己的孩子有需要的,才会去庙里请道士举行仪式。

东城人认为,孩子出生后的很长时间,其实是在称为"花园"的地方成长的。人们传说,花园里面有12奶娘、金花夫人等一众神灵,她们负责保佑并照顾孩子,还陪他们一起玩耍。当孩子长大到一定的年龄即开始懂事了,就会自己从这处花园中出来,随后用心做事或者学习。但是,有的孩子虽然到了一定的年龄,但仍然留恋于在花园之中玩耍而不愿意出来,其具体的表现则是"调皮、不用心",如读书始终读不好等。这时其家人发觉孩子可能有些小问题,就会到白庙等庙宇中请道士做一场专门的法事,据说这样就可以将孩子从花园中带出来,而且这个孩子以后就会变得"生性",即聪明、努力、懂事,如学习就会即刻变好。

出花园的习俗见于珠江三角洲以至华南的许多地方,但不同地方的具体内涵等,则可能有所不同。① 例如,东城的人们认为,处在不同年龄段的孩子的花园数目是不一样的,总计有36个、64个以及128个三种。因此道士做法事时,也会相应地加以区别而对待。如6岁的孩子出"小花园"即36个,12岁的孩子出"中花园"即64个,而16岁的孩子则是出"大花园"共128个。

2. 中秋习俗

每年中秋节来临之前,已经出嫁的女儿要专门挑选一个好日子,届时她要带上月饼、水果之类的应景过节礼物,特地回娘家看望母亲。依照传统,这时她还要特地封一封利是给母亲。在传统上,这时习俗被东城人称为"探中秋"。②

其母亲则一般也要包一封利是作为回礼,还要让女儿带一些其他应景的礼物回其家中,其中必须包括有若干对灯笼(见图5-8)。

图 5-8 中秋灯笼

---

① 如距离不远处的东莞市麻涌镇的漳澎村,就与此略有差异。详参考张振江、朱爱东、罗忱《漳澎传统村落社会研究》,中山大学出版社2016年版,第300—301页。而在潮汕等地,其出花园习俗的具体细节,则可能与此相差更大。

② 我们在贵州省独山县的建群村等水族地区调查时,意外地发现当地存在这种与东城(实际上或者是珠江三角洲一带)颇为类似的中秋习俗,但未详细披露此具体的异同何在以及有无某种关联。

依照东城的传统习俗，每到中秋节，外婆一定要送给每一个外孙或者外孙女一对灯笼。到了中秋节傍晚的时候，10岁以下的孩子就会点亮外婆给的灯笼，然后提着灯笼和小朋友一起在村子里到处玩耍。这时他们一般都会去村里的各处铺头，对每处的店员都要说一些"添灯、添蜡烛"之类的话语。在东城通行的粤方言和客家方言中，"添灯"都与"添丁"谐音，蜡烛则有香火传承之意，因此这些都是极为吉祥的话语。每处的店员在听到孩子们的这些话语后，就会拿出早已准备好的蜡烛给孩子们拿去玩。① 一直要到了比较晚的时候，孩子们才会陆续回到各自的家中享用中秋美食。

我们发现，在珠江三角洲各处村落中，至今都普遍可见类似的习俗，连各处的孩子们所说的话语都几乎完全一致。② 由此看来，这个习俗必定具有较长的历史了，因此值得进一步深究。

本章主要参考文献

[1] 费孝通. 生育制度[M]. 北京：商务印书馆，1999.
[2] 宋兆麟. 生育神与性巫术研究[M]. 北京：文物出版社，1990.
[3] 张振江. 流水、坊巷、人家——村落漳澎的人类学景观[M]. 广州：中山大学出版社，2014.
[4] 张振江，陈志伟. 麻涌民俗志[M]. 汕头：汕头大学出版社，2008.
[5] 张振江，麦淑贤. 东莞客家民俗文化：清溪的个案[M]. 广州：广东人民出版社，2017.
[6] 张振江，朱爱东，罗忧. 漳澎传统村落社会研究[M]. 广州：中山大学出版社，2016.

---

① 但据调查，较早的时候外婆给的灯笼几乎都是点油灯而不是点蜡烛的。访谈时有老人说，大概是从民国初年开始，随着洋蜡烛的逐渐普及，灯笼才逐渐开始多用蜡烛而不是油灯。因此，在较早的时候孩子乞讨的和店员所给予的，应该主要是油而不是蜡烛。

② 如可参考张振江、朱爱东、罗忧《漳澎传统村落社会研究》，中山大学出版社2016年版，第302—303页。

本 章 附 录
（生育访谈资料整理）

访谈时间：2016年8月10日。访谈地点：牛山村文化中心。访谈对象（即下文中的答）：张爷爷（男，本村客家人，约70岁）。访谈者（即下文中的问）：戴斌黎、左宁宇。

那在旧社会的时候，我们这边的客家人，普遍都是偏爱男孩的。我觉得，各个地方的客家人，可能都是这样。比如我去过梅州、河源那边的好些地方，发现也都是这样的。我们这边的客家人一直觉得，长子、长孙尤其重要，所以分家的时候，他们是可以继承双份的家业的。长孙，就是孙辈中年纪最长的那个男孩子，那他不一定是长子的孩子。分家的时候，爷爷要留出半份家产，直接给长孙。但是，一般来说长子的长子就是长孙了。分家时，长子大约继承父亲的一份半家业，再加上爷爷给长孙的那半份，因此长子家实际上大约得到两份家业。

要是哪对夫妇只有女儿，或者连一个女儿都没有，那一般都会设法抱养一个男孩来养的，意思就是叫他以后继承自己的家业嘛。我们这里，就叫这个是抱养。养子抱来的时候，不管他多大了，就算是已经十几岁了，那也一样都要办满月酒的。就是请他那一整房的男人，一起都来祠堂里吃饭、喝酒。这样的话，这个养子的身份才能够获得本房人承认的。就是说，你办了酒，那以后大家都认你的，你在家中也有话语权嘛。要是他的养父母去世了，那整个家业都归他。要是不办的话，那他那一房的人就不认他，那个后果是很严重的。比方说，等到养父母去世了，养父母兄弟的儿子，就是他的叔叔、伯伯的儿子，那就会来争这份家产。这个时候，这个养子就可以肯定地说，他就什么都得不到了。

我们这里，据我所知，好像是从来都不反对招赘。但是，招赘的确实是始终比较少。这个，我真的也不知道是因为什么。现在，来我们这里打工的外地的男孩子，那就多了。有一些，就跟本地的姑娘恋爱，就结婚了。这个，在实际上，就是从我们这边看，那就是招赘嘛。你要是从那边看，就是当了上门女婿嘛。所以我经常说，现在我们这里招婿的，反倒是多得多了。

一般人，结了婚之后，大多数都是一年之内就生孩子了。在以前，有的才15岁就生了孩子的。男的、女的，才15岁就有了孩子的，那时候是都有的。你结婚早，那当然你生孩子也早嘛。能生的话，一年内就生了。儿媳妇或者老婆怀孕之后，以前时兴保胎的。那在以前，东莞城里的那些有钱人呢，就是会请老中医那些人，就是请他们帮助保胎。我们这里是农村，没有这些人的，但是，那时肯定也是有自己的办法的。不过，这个我知道得不多，女人可能知道得多。反正以前这边很少听说有流产的。这个说明，那时候不知道用什么办法保的胎，反正是有效果的。流产的，以前确实是有。我们这边的人，就是知道流产的，差不多都是因为那个计划生育。那时候就抓去了，就流产。

怀孕之后，那要看这户人家讲究不讲究。如果讲究的话，那他家里就有很多禁忌了。不过，我们这种农村地方，一般都不是怎么讲究的。其实，那时候大多数人家，也是讲究不起的。我老妈就经常说，都快生了，那还得在田里干活。以前，有的人正在地里干活呢，觉得肚子疼得很了，这才往回走。结果还不是在路上走就生了。还有的，甚至在田里就生了。你说那个时候，又能够有多少讲究？

那时候的接生，也不像现在这么麻烦。那在中华人民共和国成立前，讲究一点的人家呢，就都是请接生婆接生的。很多人家，其实就是自己的婆婆接生的。也有的人呢，是请有经验的妇女帮忙生的，就是邻居。我妈妈就说，我就是请住在前排的婶子帮忙接生的。

生了孩子以后，家里人要马上用一小把茅草，还有那个没药，就是两三支吧，用红线与牙镰（割禾用的，有牙，很薄）捆在一起，那就挂在大门的那个门耳上。有的人家是挂在门边的砖缝里的。为什么要用镰刀呢？那是因为镰刀有杀气，这样就是可以辟邪。这样捆的一把，挂上去之后，那就无论什么邪，就都能辟了的。

以前，我们这边家里都很穷的，没有什么营养品的。女人生产后，一般都是吃姜汤煮鸡蛋，用这个来补身子。当然，她也还吃别的东西，就是一起进补身体。不过，姜汤煮鸡蛋，那是一定要吃的，这个也是最补的。所以，我们这里，你生了孩子，亲朋好友一般都是来送姜、鸡蛋，就是给生孩子的人家。我看梅州那边，就是让产妇喝娘酒，说是对产妇来说很补。我们这边，就一直没听说有这个风俗的。喝醉了，怎么办？

要是哪一家生了孩子，村里的人都是要注意的，就是这个时候，不能够随便去那一家的。在以前，哪一家生了孩子，村里人很快就都知道了。这是一件大事啊，村里怎么会不知道。所以，除了少数至亲，这个时候，一般的亲友不去刚生了孩子的人家的。就算是至亲可以去，孩子出生的第三天和第七天，也是不能够去这家的。那个原因，就跟每月"三阳杀"里面的初三、初七差不多的。到了现在，老人还在说，"三朝七日这两天，孩子最小气"，意思是说，这两天孩子的"气场最小"，就是特别容易招引不吉利的东西，最容易给孩子带来不利。就算是到了现在，第三天、第七天，就是三朝七日这两天，也还是没人去的。

以前，我们这边也要坐月子的。那在以前，还一定要坐足30天。这30天里，那也是有一些禁忌的。比如，不能吹风；不能出大门；要在房里洗澡，只能擦身体不洗身体。（有没有禁忌说不能吃哪些东西，比如说蛇肉？）过去我们这里那么穷，几乎什么都没得吃的。那时候，就算是你想吃蛇肉，那也得有才行啊！

我们这边的客家人，其实也是有办满月酒和开灯两种习俗的。有人说，客家人不开灯，不是这样。不过，有的村子是办满月酒，他不办开灯酒。有的村子，是办开灯酒，不办满月酒的。还有的村子呢，是两个都办的。你看那边姓蔡的人家，就是那个大地村，就是只办开灯的。

办满月酒呢，以前那是生了男孩才办的。家里要是生了男孩，那就要大排筵席。那就是要有烧猪那一些菜的，那必须是很丰盛的。那在这个时候，要请族人和亲戚。外婆家的人，也一定要请来，他们还要送小孩衣服的，还要给钱，还要送鸡、鸡蛋、姜那一些，就是补身体的东西。满月酒，就是大家一起大吃大喝，那以前就是在祠堂里办的，大家热热闹闹地办的。开灯呢，意思就是添丁，丁跟灯，就是一个音。那每年年初的那些天，就找一天办开灯。但是，一定要避开初二那一天。（为什么?）初二是人日，就是这天，其实是每个人的生日，那你当然要避开。也一定要避开初三和初七，就是这两天。这跟我们这边一直说的"三阳杀"，那是有关系的。

以前，满月的时候要给小孩子剃头，就是他第一次剃头。以前很穷的，因此剃下来的头发，大部分人家都没有什么讲究。那时候，很少有人家会珍藏起来什么的。现在，大部分人家都会收起来了。出生后给小孩子取的名，那就是乳名，也就是小名。平时，大家都是叫他这个名字的。到了上学的时候，还要有个学名。这个名字大部分人都是老师给起的，也有的是家长自己起的。等到他结婚的时候，那要给他取一个正式的名字，以前我们这里叫作"字"。这个结婚时起的名字，在以前那是要严格按照家里的辈分取的。以前，是不能乱起的，跟现在不一样，要按照族谱来的。这个时候，还要另外给他再取一个字，以前的人，不都是有名有字的嘛。结了婚，那人家才认为他真正成人了，因此就要起正式的名字。这个名字还要写进族谱的。

有的孩子一直多病，就是身体不好。那在这个时候，要是按照我们这边的风俗，那就让他去契一个神，这个就是上契。要从这个神的名字里面，取一个字，然后就是放到他的名字里面。比如，这个神叫"胜君"，那你就可以取"胜"这个字，给他起名叫胜利什么的，就是起一个带有胜这个字的名字，那就是可以的了。（契哪一个神?）那是由神婆决定的。依我看，其实就是看那个神婆信哪个神。

以前，我们这里的客家人，那是没有跟人契的，就都是跟神契的。（为什么?）因为只有神，那才是有神力，那才能够保佑孩子。不论多么长寿的老人，他也还是个人嘛，还是没有神力的。所以，我们这里一直没有跟人契的。也有人，就是他跟那个大榕树上契的。不过，这是有的，就是一直都比较少见。

第六章 传统家庭

传统上,不同文化的人们都公认家庭是社会的细胞,相信家庭是构成社会的最为重要的基本单位。而在东城的传统乡土社会中,家庭更是影响了个人的方方面面,仅仅家庭这一个因素就经常能够在很大程度上决定一个人的社会前景。

东城的居民主要分属广府人和客家人,这两个族群在传统家庭方面有极大的一致性,展示出族群的历史继承性与在地化之后的适应性变迁。本章中,我们以田野调查所得为基础资料,试图分从几个角度主要描述并分析东城广府人传统家庭的图景,同时简略涉及东城客家人的传统家庭。

第一节 东城的传统家庭

家或者家庭是一个极为常见的概念,频繁出现于日常生活中的各种场合。但是,在不同文化中,其含义可能是完全不同的。即使是同一文化之中,不同时代或者不同的地域变体中家的边界、类型、规模等也可能不一甚至可能差异极大。

一、传统的家的观念

与一般人的认识相反,汉人社会中的家,其实是一个具有多重含义的极其复杂的概念。在不同的情况下,家的确切含义甚至可能风马牛不相及。[①]东城人心目中的家同样含义多端,不同情境下家的意义可能完全不同。

例如,东城的老人经常认为,跟自己一起居住的配偶和未成年的孩子就组成一个家。但这时候家的意思,其实指的是核心小家庭。如果通过分家使得原先的一个核心家庭发生分裂,即父母与已婚的子女分开而不在一起居住了,许多时候人们就认为,从这时起就是几个家而不再是一个家,父母与已分家的子女从此也就不再是一家人。这时候家的确切含义,其实指的也是核心小家庭。正是这个缘故,在遇到同村人结婚之类的需要送礼等人情世故场合时,父母所构成的家要送一份,已经分出去的儿子每家也要送一份。而传统上在遇到村里修路、架桥之类的涉及全村的公共事务时,父母与已经分家了

---

① 麻国庆:《分家:分中有继也有合——中国分家制度研究》,载《中国社会科学》1999 年第 1 期。又参考他所著的《家与中国社会结构》(文物出版社 1999 年版)等论著。

的儿子，这些时候通常也都是作为单独的家庭各自承担自己的义务。

访谈资料：

问：那孩子分了家之后，假如村里有人结婚，别人家是当成两家分开来请，还是当成一家一起请啊？

答：别人家肯定是要分开来请的。给人家的结婚贺礼（礼金），也都是要分开给的。没分家的，就给一份红包就可以了。要是分了家的，父母家和儿子家就是不同的家了，这就要分开给礼金了。就是说，父母和儿子各自都要给一份的。

问：那在以前，要是村里进行修路之类的公共建设，是父亲和分家的孩子合起来出一份钱、出一个人就行了，还是分开，就是各自都要出啊？

答：这些涉及全村的事情，以前都是太公田（即蒸尝田）出钱的。要是太公田的钱不够，那每家就要分担一点了。要是你已经分了家，那就是单独的一家，你就要自己出钱、出人了。

但是，在遇到家里举办结婚、祭祀、丧葬等重要的以家庭为单位的活动时，人们有时又会认为，父母与已经分了家的一位或者几位儿子及他们的家人仍然是同一家，实际上，他们也几乎都是作为同一个家庭的家人共同参与这些活动的。在这些时候，人们甚至可能认为，"只要是同一个爷爷的，那都是同一家人"，即他们都属于传统上所谓的"一爷之孙"①。在遭遇丧葬时，"五服以内的，那都是一家人"，都要参加的"自己家的丧事"。在这个时候，家庭的范围变得更大，即扩大到爷爷的爷爷一辈了。实际上，在这些时候不少人甚至认为，只要是与自己血缘相近的亲属，"那都可以算作一家人"。

访谈资料：

问：那些家里的牌位，就是那个神主牌，一般都是哪些祖先的？就是一般会供奉哪些祖先的牌位？比如说到爷爷或者爷爷的爸爸那一代就不供了？

答：一般是到爷爷以上的就不供了。比如说我家，我家里就有我爷爷的牌位。再远的祖宗，就供到祠堂里了，家里不供的。

问：那您结婚的时候，那些亲戚都要过来帮忙吗？

答：结婚的时候，亲戚是不来帮忙的。这个时候来帮忙的是亲人，亲人要来帮忙。亲人就是自己的兄弟、自己的堂兄弟、爸爸的兄弟那一些人啊。这些是一家的，所以都要来帮忙的。

由此看来，东城居民心目中的家，与其他汉人社会所见的相同，即在不同的情况下的具体含义不同，同样也是一个具有多重含义的复杂多变的概念。大概来说，东城人的家历来同样是以父系血缘为基本标准，根据不同的需要或者标准而上溯到祖父或者更远的血缘祖先，然后再分别组成一个个范围不一的范畴，从而形成了不同的家，或者说使得家有了不同的、有时相差甚远的含义。

因此，在东城人那里，自己嫁出去的姐妹及其后人，与自己就只能是"亲戚"关系而不是"亲人"即家人关系。正是由于彼此不属于同一家，因此各自承担的社会义

---

① 李银河：《生育与村落文化·一爷之孙》，文化艺术出版社 2003 年版，第 244—252 页。

务也自此不同。结婚时亲人需要来帮忙而亲戚则只要来参加婚礼就行了之类的差异,则是关于家的边界的一种最为直观的反映。

二、家庭类型

沿用国内外学术界较为流行的分法,我们以家庭中夫妇的数目为标准,将东城区的传统家庭分为核心家庭、主干家庭和扩大家庭三大类型。

(一)核心家庭

所谓核心家庭,通常是指由一对夫妇及其未婚的、年幼子女所组成的一种家庭类型。在现在的东城地境内,不论广府人还是客家人都是以核心家庭为最主要的家庭类型,而且家庭规模普遍偏小。如峡口村东岸坊的居民为广府人,2011年时其户籍人口225人、分属70户,[①] 即平均下来每户只有约3人。而据调查,历史上东城家庭的类型也是如此,但客家人略有差异。

我们通过广泛的访谈和文献调查发现,造成东城(实际上是整个珠江三角洲地区)如今的这种以核心家庭居多、家庭规模偏小现象的最主要原因,首先在于其延续至今的、普遍存在的分家传统。[②] 一般而言,东城的儿子一旦结婚,很快就会与其父母亲分家,而另行组建自己的核心小家庭独自生活。这样一方面确实有效地延续了核心家庭的类型并增加了核心家庭的数量,但在同时也大大地缩小了核心家庭的规模。

访谈资料:

问:听说这边的男孩子,一结婚就跟父母分家了,是吗?

答:是的,一结婚就分家啊。孩子结了婚,那他就是成家了,那他就要和爸妈分家了。

问:那这里有没有结婚之后不分家的呢?

答:这种情况也是有的,不过就是很少见到。一般的人家,那都是要分的。孩子大了嘛,结婚了,他就要自己过他自己的生活了,就是他自己要撑起一个家了。你就算是父母,那也没有义务养他一辈子的嘛。

儿子们先后结婚并逐一分出去并渐次生育、抚育自己的孩子,就造成了更多的核心家庭。据调查,这种以核心家庭为主的形态,在历史上的东城各村就是普遍存在的。古今的差别,仅仅由于"旧时代的子女数量普遍比较多",因此相对来说以前的核心家庭规模比现在的大一些。

在我们看来,历史上的儿子们普遍婚后即分家,除了要依从传统的分家习俗之外,更主要的是由于经济能力的限制,这一点可能与现在的分家动因不完全相同。老人们普遍认为,因为旧时村民的生活普遍极为困难,所以除了极少数富裕人家有时能够做到几

[①] 数据来源:东莞市东城区峡口社区东岸坊村:《旧村之逝:东岸坊纪念画册》,2014年,第4页。

[②] 此处暂时不计计划生育的影响。历史上的人们子女较多,实行计划生育后子女数量明显减少,现在由于养育成本以及观念的改变,又从新的方面限制了子女的生育数量。

代同堂之外，绝大多数的人普遍根本无力维持较大的家庭，而必须分开各自努力才可以谋生。那时也只有分开各自居住，大部分人家才得以勉强维持最基本的住宿条件，本书第六章有较多的描述，可以参看。

等到儿子们全部结了婚并逐一分家独立出去之后，原来的家庭只剩下了已经是中年甚至老年的父母。他们可以选择与某个儿子（多为与小儿子）的家庭一起生活，不过，东城广府人古今最为普遍多见的情况，都是父母选择独自生活（现在的客家人可能略有不同，参考本章附录）。因为分家早已经成为了定例，所以除去一对年轻的夫妇及其未婚子女组成的典型的核心家庭之外，东城由仅剩的父母组成的核心家庭同样普遍存在。我们发现，以前的父母选择独自生活，主要是依从习俗以及出于经济方面考虑的结果。而现在的父母选择独自生活，则主要有以下几点原因。一是观念变迁。父母与儿子及其家人在思想观念、生活习惯等方面可能多有不同，他们选择独自生活，可以有效地避免因为这些差异而在日常生活中与儿子等人发生冲突。二是对于生命的理解改变。他们普遍希望能够按自己的意思"过自己想过的日子"，不再愿意因为要顾虑儿孙们的想法而委屈自己。实际上，现在的父母也已经普遍不再坚持传统的家庭观念，不强求三代同堂、四代同堂之类的家庭。三是经济能力增强。旧时，年龄增长会导致谋生能力迅速下降，原本是为子女提供经济支持的父母，逐渐变成了"负资产"，必须依附子女或者由其提供支持才能够度日。而现在的父母的经济能力普遍极大地改善，这为他们独自生活提供了坚实的物质前提。访谈中发现，现在不少父母实际上还有能力"倒贴给子女"，如他们能支付孩子们买房首付款的全部或者大半部分。

访谈资料：
问：那您是单独住，还是和您的孩子一起住啊？
答：我的孩子都结婚了，现在我就是和我老伴一起了，两个人单独住。
问：那您为什么不和孩子一起住呢？
答：要是住在一起啊，那样会很麻烦的。比如，年轻人的口味，跟老人的口味肯定不一样。要是跟他们生活的话，我跟老婆还要帮他们带小孩，那也是很麻烦的。我现在跟老婆单独住，想吃什么就吃什么，也没有那么累。你看我，现在天天早上出来喝早茶，上午去到村委会，跟一群老人闲聊天。我中午回到家，老婆已经煮好饭可以吃了。我睡了午觉后，去打打牌，要不就是去哪里聊天什么的。我现在过得都很随意，还很轻松。跟孩子一起住，我感觉累。

访谈时发现，避免造成儿子之间出现不和，也是老人们愿意独居的一个原因。老人们说，如果选择了与某个儿子及其家人共同生活，父母们几乎都要承担代为照顾其子女的责任，还要承担绝大多数的琐碎的日常家务如煮饭、洗衣等。虽然这是自然而然的，也是人们都能够接受的惯例，但其他的儿子尤其是他们的妻子，仍然可能会认为父母偏心，这就很容易造成父子之间、兄弟之间出现不和。而由调查来看，东城的父母中越来越多的一种趋势是，他们不帮助任何一个儿子看护孩子，但也有一定数量的父母依次或者轮流照顾儿子们的孩子，如传统那样只给某一个儿子带孩子的相当少见。每到了周末或者节假日，儿子们带着家人齐聚或者轮流到父母家探望，父母乐呵呵地忙于为儿孙们煮饭、做菜，现在已经成为司空见惯的景观。

随着时间的推移，父母中的一方可能因年高而先行离世。这时仍然在世的丧偶者也有改为依附于某位儿子的，但这种情况历来都极为少见，而通常仍然是自己成一家独立生活，由此形成了老年性单人家庭。

个案：

鳌峙塘的徐××是1949年出生的，本次调查时67岁。他的母亲是1923年出生的，本次调查时已经是93岁高龄了。

徐××结婚后，不到一个月就与其妻子搬出去住。所以他原来的家中，只留下其母亲与其父亲一起生活。约十年前，徐××的父亲因病过世。从那时起，其母亲就一直都是一个人独自生活，自成一家。她非常欢迎徐××尤其是其子女去家里看她，但始终不愿意搬去与他们一起生活。

如果夫妻一方过世时他们还有未成年的孩子，一般的情况都是由丧偶者独自将孩子养大成人。[①] 这位丧偶者必须将这些年幼的儿女们逐一抚养大，还需要逐一为其婚配即全部自立，人们认为这才尽到了为人父母的责任。这时家中只剩下这位丧偶者，通常是一人作为一个家庭单位独自生活，而很少有依附哪个孩子度过余年的。即使是时至今日，这种老年性单人家庭仍然不是非常罕见。

（二）主干家庭

所谓的主干家庭，一般指由一对夫妻与其父母或者其他直系长辈以及其未婚的子女组成的家庭。由于一个儿子（少数情况下也可能是招婿的女儿）婚后继续与父母生活在一起，因此这种家庭中有两对夫妇同时存在。东城历来存在一定数量的主干家庭，可以具体分为三种类型。

第一种类型是某一个儿子虽然结了婚，但仍然与家人一起生活。依照传统，儿子婚后要很快与父母分家即独自生活，但由于要帮助照顾家庭或者经济困难、住房紧张等无法独自生活，这对新人仍然要与父母及未婚的兄弟、姐妹们一起生活，由此形成了一种主干家庭。东城人历来习惯于按照长幼顺序依次结婚，因此这种情况几乎总是见于家中的长子身上。

本次调查发现，在东城的各处村落中，长子夫妇不分出去，而是留在家中帮助父母将弟妹们逐一养大，并逐一完成其婚姻大事，其实历来都不是非常罕见的情况。这也是人们历来认为"长兄比父"的主要根据之一，也是人们认为父母去世后长子有权多分家产的主要根据之一。等到妹妹们逐一出嫁了、弟弟们逐一结婚并逐一分出去组成自己的核心家庭独立生活，这时候长子夫妇可能也选择分出去，但也可能继续留下来。如果是后者，原来的家中就剩下长子及其妻、子仍然与父母共同生活，即继续维持原来的主干家庭模式。

[①] 这个时候长女可能出面协助。旧时的东城有不少终身不嫁的女性，有些就是因为照顾弟妹而耽误了自己的婚姻大事。本书相关部分有描述。

访谈资料：

问：对了，您在家里排行第几？

答：我是排第二的，在我上面，还有一个哥哥。

问：您结婚的时候，您的哥哥结婚了吗？

答：他结婚已有好几年了。我们这里的风俗，一般都是按照从大到小的顺序，一个一个地分先后结婚的。都是大的先结婚，然后再轮到小的。

问：那您结婚的时候，您的大哥分家了吗，就是独自生活吗？

答：我结婚的那个时候啊？那他还没有。那个是过了几年，就是等到我结了婚之后，大哥才分出去的。那个时候，我也结婚了，又过了一两个月吧，我们兄弟俩一起都分出去了。只有父母在老家里。

东城的传统习俗是，孩子们依照年龄的顺序先后成婚，否则，就会被称为爬头。① 因此，当时惯常采取的都是"结婚一个（儿子），分出去一个"的方式分家。只是在比较少见的时候，才会采取等到儿子们全部结婚后，再一次性地全部分出去的方式，上述个案就是如此。据调查，这种情况多出现于极为困难的家庭，这些家庭需要年龄较大的已婚的孩子留下来继续帮助家庭一段时间。

但常见的依然是儿子们依次结婚、依次分家，等到较大的儿子们全部分出去之后，原来的家里只剩下父母与其最小的儿子。父母最终帮小儿子完婚后，有时候与小儿子分家而独自生活，但有时候则是与小儿子一家共同生活，由此形成了第二种类型的主干家庭。在牛山等客家村落，这种家庭似乎尤为多见。这种情况其实主要发生在原家庭的后期阶段，即到了这个时候，该对夫妇所有的儿子都已经成家，并已经各自开展自己的家庭周期。这其实等于是说，原家庭所谓的"开枝散叶"基本宣告完成，而新的小家庭"开枝散叶"已经宣告开始。

访谈资料：

问：儿子结婚以后就分了家，儿子就一个个地都分出去了。那父母一般跟哪个儿子一起住，还是他们自己单独住？

答：不一定的。我们这里啊，父母选择单独过日子的情况比较多。这个是有传统的，以前大部分也都是这样。有的老人，选择跟哪一个儿子过日子的，这个历来也都是有的，比较少就是了。要是跟儿子一起过的话，那一般都跟最小的儿子，也有一些是跟大儿子的。什么原因？那很简单啊，就是父母一般都是喜欢最小的儿子嘛（笑）。

我们调查发现，旧时东城的父母如果这时选择与某位儿子一家共同生活，则通常是选择大儿子或者小儿子，几乎没有选择其他儿子的。而在这两个儿子中，又以选择小儿子的最为多见，似乎至今依然基本如此。至于其原因，实际上可能比较复杂，似乎多种多样。前述的父母偏爱小儿子所以跟他过，其实可能只是原因之一。某次访谈时，有一

---

① 爬头，意思是兄弟姐妹中年龄大的还没有结婚而年龄小的先结了婚。如果是这样，先结婚的弟弟或者妹妹在结婚时必须给其当时还未婚的哥哥或者姐姐某种礼物（如几件衣服），这时还要说"我爬头了"之类的话。在珠江三角洲的许多地方，至今仍然可以见到这种习俗。

位老人家现身说法，就给出了另一种颇有说服力的解释。

在他看来，等到了小儿子成家的时候，一般来说较大的儿子们都早已经独自生活多年即早已经站稳了脚跟，只有小儿子才刚要正式步入人生的新阶段。因此，他特别需要指点和扶持，父母因此会选择跟他生活。访谈时有一位村委会干部开玩笑地说，这就是所谓的"扶上马，送一程"。老人们普遍认为，这个时候父母的年纪通常都比较大了，而且由于不停地为几个儿子造新房，也把资产耗费得差不多了，因此只能够在拿主意、照顾孩子、做家务等方面帮助小儿子。但是，这些帮助对于小儿子来说仍然价值无量。当然，父母历来都有选择跟其他的儿子尤其是大儿子住的。牛山村下辖的某自然村的张××，访谈时已经年过60岁。他的老屋早已经垮塌了，因此现在他的名下只拥有两套住房，这在当地属于较少的。在许多村落中，他这个年纪的人名下一般都是有三套住房的，即旧村中的一处老屋、20世纪末建造或者分得的一处新房，以及21世纪初建造或者分得的一处别墅式楼房。他把这两套房子分别给了两个儿子，然后"我和老婆，就跟大儿子一家一起生活"。其原因在于，大儿子夫妇经营工厂极为忙碌繁忙，他跟大儿子住便于照顾大儿子的孩子。

但不论是哪一种情况，随着跟父母共同生活的大儿子或者小儿子的孩子出世，这种三代同堂的主干家庭会较为稳定地存在多年。

第三种类型的主干家庭较为特殊，据调查在东城历来也都是较为少见。如果某对夫妇只有一个或者几个女儿而没有儿子，出于某种考虑他们可能就会选择让一个女儿招婿。这个招婿的女儿所组成的家庭，通常都是与其父母共同生活的，这就造成了又一种类型的主干家庭。

根据我们的调查可知，不论是广府人还是客家人，都从来没有禁止过招赘婚姻。但是，各处村落中的招赘婚历来都是极为少见，这主要有如下几个原因。第一，传统上的人们可以自由生育，因此历史上只有女儿的家庭较少，需要招赘的自然不多。第二，以前的人们尤其讲究维护本家族的血缘纯正，因此不但有儿子的人家几乎肯定不会招婿，就是只有女儿的人家，也多是通过过继兄弟的儿子等其他方式解决香火传承等问题，实际上招婿的相当少见。第三，传统的东城社会认为，入赘是一件很不光彩的事情，至少说明该男子的家庭极为困顿。因此不到万不得已，父母一般都不会轻易让自己的儿子做上门女婿，儿子自己也几乎都不会愿意上门为婿。由于东城的招婿现象始终相当少见，因此因为招婿而导致的主干家庭，自然也始终是少之又少。

假如某对夫妇没有儿子且只有一位女儿，如果决定招婿的话，自然就是让这位女儿招婿了。但如果他们有几位女儿，则普遍都是让一个女儿招婿，而似乎从来"没有让几个女儿都在家招婿的"。仔细分析我们所得的有限个案可知，历史上东城夫妇有几个女儿的时候，一般都是把其他的女儿依次嫁出去，而选择让小女儿留下来招婿，父母自此与女儿夫妇一起生活。在北方的汉人社会中，有时可以见到让大女儿招婿以便协助持家的，在东城可见大儿子婚后暂不分家以帮助父母谋生的，但是，似乎始终不见让大女儿留下来成家并协同抚育其弟妹的,① 这个差别似乎很有意思。

访谈资料：

问：那要是一家只有几个女儿，就是没有儿子，那怎么办？会不会招婿？

答：招婿那是有的，我们这里是许可招婿的。不过，很少人愿意招婿的，算是没办法的办法吧。你这个家，总得把那个香火传下去嘛！

问：那一般是让哪个女儿招婿啊？

答：这家要是有几个女儿的话，一般的情况，那都是让小女儿招婿。不过，招婿的这种情况，在我们这里一直都是很少有的啦。

问：那生下来的孩子跟谁姓啊，跟父亲还是跟母亲？

答：孩子当然是跟妈妈的姓了，就是跟随女方家庭的姓。只有这样，才能够算是让家里传宗接代嘛。那个男的，就是入赘的，改不改姓都可以。但是，孩子都必须跟妈妈的姓。

依照东城的习俗，入赘后男子一般可以保留自己的姓氏而无需改随女方家庭的姓氏，这一点与在许多汉人社会中所见的习俗不同。但是，他所生育的所有子女，则通例都要随母姓即跟随女方家庭的姓氏，这则与他处汉人社会所见的相同。旧时的家族或者房支，普遍都是绝对不许可子女跟随入赘者的姓氏，人们认为只有跟随母姓才能够实现该家的香火传承。

出于许多具体的、特殊的原因，东城也有更加少数的女儿通过招婿结了婚之后，却在当时或者以后与父母分家即各自生活的情况。这样没有能够完全实现招赘的初衷，但也还是实现了香火传承这个最为重要的目的。不过，从本书的角度来看，这样就没有形成主干家庭，故我们不讨论。

（三）扩大家庭

扩大家庭是指由父母和其几对已婚的子女，或者由已婚的几对兄弟、姐妹，即多个核心家庭共同生活而形成的一种大家庭类型。一般而言，中国传统的扩大家庭，多是父母和其两个或者两个以上的已婚儿子及其配偶与子女一起生活。

在中国的历史上广为传颂的所谓"大家庭"，几乎都属于这种情况。但是，这些大家庭往往只是一种极度理想化的或者过渡状态的家庭类型，而在实际上却可能相当少见。综合我们的调查，在古今东城的各处村落中，这种家庭模式虽然确实有，但同样始终都是极为罕见的。至于其原因，似乎与东城人历来采取儿子结婚就分家的方式有关。这种基于经济的现实的生存策略，当然极其有利于家庭或者家族的开枝散叶，但是，导致几乎不可能出现扩大家庭。我们访谈过许多老人，他们模糊地知道中华人民共和国成立前某村的某个大地主、大商人的家庭可能属于这种"大家庭"的情况，但似乎没有人确切地知道哪村落在旧时确实有过这种家庭。访谈时有几位老人都认为，这种家庭必须"很有钱，不然没法维持的"。因此老人们普遍认为，温塘的砖窑坊、柴市坊都可

---

① 但大女儿不嫁而帮助父母甚至代行父母抚育职责的，却又时有所闻。对这类为了弟妹付出甚多的女性，东城人普遍尊敬有加。

能有过这种家庭,旧时代那些地方的家庭相对来说较为富裕。其他广府的村落如果有,也只是属于偶见的个例,中华人民共和国成立前,樟村有一户著名的大地主家,据说就是"一个少见的大家庭"。但是,该村仅此一例。在老人们看来,即使是非常有钱有时也不行,因为这样的大家庭中人多嘴杂、矛盾重重,导致家人相处异常困难。所以这种家庭"就算是有,那也长不了。过不了几天,那还是得分家的"。人们还举出徐景唐等旧时东城最为出名的达官贵人作为合适的例子,认为即使是如他们那样有钱又有势,也还是没法做到"几兄弟(的家庭)一起过"①。

但是,与之具有一定相似性的家庭类型倒是时有可见,而其形成的原因,也与东城人传统的分家方式有关。在这种家庭中,父母有几个儿子(不计女儿),但儿子们尤其是大儿子结婚后仍然跟原家庭一起生活。到了以后的某个时间,等到所有的儿子都成了家,这些已婚的儿子再分批或者同时分家出去独自生活,使得原家庭自此就只剩下父母或者父母与一位儿子及其配偶等人。访谈时发现,老人们普遍知道这种父母与大儿子带着已婚的几兄弟及其家人在一起生活一段时间的家庭类型,但都认为这是一种权宜之计。由于这种家庭的存续时间通常极为有限,因此我们认为它只是一种过渡状态而不是稳固的扩大家庭,本书不多加描述和讨论。

三、家庭规模

比较东城古今的家庭,可以发现旧时家庭规模普遍较大,而现在的家庭规模普遍较小。东城人普遍这样认为,这是近几十年来东城的社会变迁、经济发展、人们的生育观念和国家政策合力作用的结果。

(一) 核心家庭的规模

在旧时的各处村落中,一对夫妇普遍生育了数量较多的孩子。但是,一般来说,其中只有五六个孩子能够最终养育成人。这也就是说,旧时东城核心家庭的规模,等于孩子的数目加上父母两人,即以七到八人的最为普遍多见,这也可以认为是当时最基本的核心家庭规模。

与今天的核心家庭规模相比,旧时的核心家庭规模明显要大得多,其原因首先在于以前的孩子数目较多。可能是受最终成活率的影响,老人们普遍认为当时村民理想的子女数目为五六个。不论如何,这就直接导致了家庭成员为数众多。至于当时子女众多的原因,老人们主要认为在于当时的人们缺乏有效的避孕手段和流产措施,认为那时的妇女一旦怀孕,都只能够将孩子生下来再作安排。本书第五章中,对此进行了较多的相关描述和讨论,可以参看。

个案:
桑园的袁老人,1940年出生。对于地方知识,他知道得非常多。

---

① 据调查,事实上,徐景堂成年后几乎没有在故乡生活过。人们普遍认为,他修建了著名的"耕馀书室",只是在其母亲做大寿时等特殊的日子,才短暂地回来居住过。详参本书第二章关于其故居的描述。

他父母共计生育了6个孩子，他原本应该是排行第四的。在他的上面，原本有一个姐姐和两个哥哥。而在他的下面，原本还有两个弟弟。但是，最终顺利长大成人的，只有他的一个姐姐、他自己和一个弟弟。至于其余的3个孩子，都不幸早早夭折了。

就是这个缘故，现在的人们经常认为他是排行第二。①

袁老人家中，孩子的存活率只有50%。从这个个案可以清楚地看出，旧时东城的婴幼儿死亡率相当高。实际上，以前的东城核心家庭的规模之所以没有变得更加大，主要就与当时较多的夭折有关。但也有老人认为，正是当时这种高死亡率，才最终导致了高出生率，因为只有这样才能够保证一对夫妇最终能够有足够的孩子存活下来。这种说法可能也有一定的道理，事实上，旧时许多地方的人们（如藏族）都曾经被迫通过多生育以保障足够的成活率，这也是人们成功地生存或者传承策略之一。

到了20世纪五六十年代，由于从整体上说东城人的生活条件和医疗卫生条件都有了一定的改善，婴幼儿的死亡率已经大大地下降。那时一家之中，有七八个长成的孩子已经不是非常少见。但等到这些孩子进入育龄，即到了20世纪七八十年代时，因为受当时的计划生育政策的强力限制，普遍的生育数目则降为3个左右。到20世纪八九十年代，即国家开始严格实行计划生育时，东城各村的出生率同样普遍地进一步下降。当时即使是村落中的农民，一对夫妇普遍也只能够生育两个孩子。分析我们通过各种途径所获得的资料，可以发现这个时期家庭孩子的数量，确实也是以两个孩子为最常见。只有1个孩子或者有3个及其以上孩子的情况确实都有，但都是较为少见。因此，这一时期核心家庭规模相应地降为4人，即父母加上两个孩子构成一个核心家庭。

到了现在，东城核心家庭的规模进一步缩小。我们发现，各处村落中过半数的年轻夫妇只生育有一个孩子，而生育了两个孩子的年轻夫妇不到一半。很多村民对此颇有抱怨，认为现在的青年人不愿意生、对家庭不负责。鳌峙塘村的徐先生出生于1964年，其父母共计生育了4儿、2女即6个孩子，幸运的是最终都养大成人，他排行第三。他于1989年即25岁时结婚，按照当时的政策和规定，他育有1儿1女两个孩子并都顺利养成。现在，他的儿女早已结婚并生育，他有了1个孙子和1男1女两个外孙。他觉得女儿生育了两个孩子"还可以"，但儿子只生育了1个孩子，那就是"太少了。家里只有1个孩子，没有其他孩子跟他玩，孩子太孤单了"。因此他很支持近年国家实行的开放二胎政策，认为一家之中起码要有两个孩子才行，最好是有"1个男孩、1个女孩，这样儿女双全嘛"。在他看来，现在的市场经济比计划生育政策厉害得多，因为市场经济"让人自觉自愿地不生了，现在都快养不起孩子了"。他和不少老人都估算，村中的一个孩子养大到18岁即高中毕业，"起码要花100万"。

（二）主干家庭的规模

东城的广府人和客家人历来都盛行逐次分家，因此东城的主干家庭历来少见，在为

---

① 东城人可能依照爷爷来统一排行即所谓的"一爷之孙"，但也可能依据同一父亲统一排行即所谓的手足兄弟。如果依照后者，较为通行的计算排行的方式主要又有两种，一是按照出生的顺序，一是按照活到成年时的子女顺序。如在本案例中，依照前一排行方式他为老四，而依照后一排行方式则他为老二。过去这两种方式同样通行，但似乎是出于忌讳，日常所说的多采用后一种。

数较少的主干家庭中,其家庭形态基本上都是表现为父母与已婚的小儿子及其配偶和子女一起生活。但根据我们的调查可知,这种情况可以说至今依然没有根本性的改变,但可以说已经有了重大的改变,这直接影响了对主干家庭及其规模的认定。

一般而言,由于旧时一对夫妻平均最终能够养成五六个孩子,因此那时最为常见的主干家庭为9至10人,即父母加上其1个儿子及其配偶、儿子的五六名未婚的子女。据回忆,即使是在较为极端的情况下,主干家庭的人口数也有5人,即父母与1个儿子及其配偶、1个孩子。老人们说,这种极端少子的情况历来非常少见。访谈时有一位老人回忆,中华人民共和国成立初期,他曾经到现在同属于东城的堑头村参加土改工作,发现该村有一户贫农家庭就是如此。由于他在之前没有见过这种"两代大人围着一个孩子转"的情况,因此至今印象非常深刻。而在各处村落中,除了父母加上新婚还没来得及生育的儿子夫妇这种过渡形态的家庭之外,似乎没有出现过始终只有父与子两代夫妇构成的主干家庭。

随着20世纪中后期国家大力开展计划生育工作,村民的生育数量大幅减少。相应地,主干家庭的规模现在也早已经大为缩小。完全可以说,由五六个家人构成的是主干家庭的基本形式,即父母加上儿子夫妇及其1个或者2个孩子。其实如果就整体的情况而言,随着计划生育政策的影响逐渐显现,尤其是时代变迁导致的生育观念的变迁,东城的出生率日益趋于降低,似乎已经成为难以扭转的趋势,各种类型的家庭规模都相应地呈现出明显的下降。现在国家已经全面放开了"二胎"政策,未来包括主干家庭在内的各种类型的家庭规模可能会有所扩大,但如果从总体上说,却再也无法回到往昔的1对夫妇生育并养成五六个孩子的盛况。由1对年轻的夫妇加上1个子女所构成的核心小家庭,和由子女分出后剩下的老年夫妇组成的空巢家庭,很可能会成为两种最为基本的家庭形式。而作为主干家庭,最为常见的形式可能是五六人,即父母、1个儿子及其配偶再加上其一两个孩子。

但在另一方面说,也可以认为现在东城的主干家庭数量增多、规模增加。历史上,父母虽然与子女分了家,但通常仍然都是在同一个村落居住甚至比邻而居,现在则早已经大为不同。随着儿子们及其家人日益走出村落,而到莞城等地定居谋生,父母们与儿子们普遍各住一方。这就导致父子间的一次分家变得模糊,即虽然儿子们都早已经在外地成家、立业、育子,但并没有经历传统的与父母以及与兄弟门的分家过程。这也就是说,在一定意义上看他们仍然是一家,而不是几家。

个案:

余庆里的张老人有两个儿子,现在都已经成家并在莞城工作、居住。他平时与老婆在村里居住,通常每周都会到儿子家里轮流住几天。两个儿子在城里买房时,他都出了一部分钱,"出的钱一样多。不然的话,儿媳妇可能会有意见的"。他认为儿子们在城里,实际上也"跟分家差不多。平时都是分开各自吃饭的。他们在城里的家里吃,我在老家里吃"。

但是,由于没有正式分家,他认为现在他与两个儿子仍然是一家。村民也普遍认为,他们仍然算是一家。因此,村里的人家有红白事时,都是由他出面送一份礼金即可,没人认为不合适,没人认为他、两个儿子需要各出一份礼金。

访谈时发现，类似的情况在各处村落中都是相当普遍的。老人们普遍表示，儿子们大都不在身边，他们可能会固定去城里的某个儿子家生活一段时间，也可能是轮流去儿子们的家中生活一段时间，但主要还是生活在村子里。而每到周末或者节假日，儿子们或者部分儿子及其家人，就都会回到老人在村中的住所即共同的家。访谈时发现，许多老人其实可能也很困惑，如他们中有人认为这种情况属于分了家的，有人认为这种情况则属于始终没有分家的，两种意见几乎持平。而如果只有一个儿子，老人则普遍更加说不清楚到底分家了没有。埕头村的某老太太已经丧偶多年，她只有一个儿子。她儿子已婚多年，现在有一个7岁的女儿。儿子及其家人在莞城工作，因此多年前就在位于黄旗山附近的某小区买房定居。平日里，老太太一人独自在村里生活，她风趣地对我们说，她是"一人吃饱，全家不饿"。儿子家里也有给她准备单独的房间，她几乎每周也都会去住两三天。其实主要是"心疼儿子忙"，因此去帮忙煮饭、做点家务。而在这些与儿孙在一起的日子，她又是三代同堂了。因此访谈时老太太说，"我就一个儿子，我也不知道这个样子算不算分家。分不分，也都是这样过啦。反正，以后家产都是他的"。应该说，随着城市化的浪潮迅猛推进，这种情况或者类似的情况很可能会更多地出现。东城的家庭以及家庭类型可能都会出现全新的面貌。

第二节　传统家庭关系

所谓的家庭关系，指的是一个家庭内部一众家人之间的复杂又微妙的各种关系。家庭关系的某些基本方面古今是一致的，但在不同的时代也可能各具特征。

一、夫妻关系

东城历来以核心家庭为主，因此家庭关系首先体现为核心家庭的主体即夫妻之间的关系。旧时东城的夫妻关系同样是不平等的，也是以男尊女卑为其最基本的特色，女性在家庭里尤其是大家庭里始终没有多少地位。但夫妻双方几乎都以共同维护完整的家为目的，历经风雨、多有曲折而终能白头偕老。

成家后，年轻的夫妻很快就通过分家而组成了一个新的命运共同体。由于他们二人要共同维持这个新的家庭几十年间的正常运转，夫和妻其实虽然在社会上确实地位"有差别，那要是在家里，就是夫妻两个之间，也没觉得有什么男尊女卑"。例如，老人们普遍认为，以前家中的现金一般都掌握在妻子手中，日常生活中什么时候该买什么、不该买什么以及买多少等具体的、涉及金额较少的家庭事务，基本都是由妻子独自决定就可以了。而对于家中的支出较大的事情如买田地、买耕牛、建新房等，则通常都是夫妻两人一起平等商量后共同做出决定。夫妻间最令人深刻的不是所谓的地位差别，而是如果仅仅从表面上看，双方的关系似乎总是冷冰冰的或者极为生硬的，乍看上去根本没有多少至爱至亲的人之间的温暖与关怀。例如，传统上的夫妻极少通过某些亲密的言语或者行为体现出对彼此的关心与爱护。实际上，直到今天，老人们依然普遍如此，这尤其典型地体现在称呼方面。访谈时发现，老年夫妻们几乎总是用显得有些草率甚至粗鲁的方式称呼对方，如面称时最为常见的是"哎""喂""你"之类的语气词、代词等临时性地充当称呼，背称时几乎总是经常使用"他""她""我老公""我老婆"等说法。而一旦有了孩子，双方又经常以"孩子名+××"的方式来称呼对方，如妻子几乎总是以"××（孩子名）老大"来指称其丈夫。

访谈资料：

问：你在中华人民共和国成立以前，丈夫一般怎么称呼他老婆啊？是叫名字吗？

答：这个基本上没有的，一般都是叫个"哎"，也可以叫"喂"，就是那一些。你一叫，她就知道了。那以前的时候，大家都不好意思嘛，一都不会直接叫名字的。要是有了孩子呢，那普遍就是随孩子叫了。我们这里有句话，就是"有仔跟仔叫"。就是孩子叫什么名字，你也就跟着叫什么了。

问：那是怎么叫啊？

答：我们这边呢，叫"爸爸"是"老大"。那就比如说吧，孩子叫"阿福"。那老婆要是叫他老公，那就叫"阿福老大"了。不论在外面也还是在家里，基本上都是这么叫的。

对于这种表面上的冷淡、粗鲁等，人们早已经习以为常、不以为意。实际上，旧时的夫妻如果表现得较为亲近甚至亲密，几乎总会遭到家庭或者社会的各种压力或者阻力，几乎每个村子中都有因为对丈夫较为"上心"而被婆婆申斥的媳妇，或者因为爱惜妻子而被社会普遍嘲笑的丈夫。但是，这不等于东城的夫妻真的就是关系冷淡，而只是不使用甜言蜜语之类的现代人熟知的方式展示亲密关系而已。东城传统的夫妻情谊，主要体现为相应的、细微的、实际的行为，即日常的亲密关系，几乎完全内化于生活和生产中的各种无言的协作、体贴与关怀之中，这可谓是旧时东城夫妻关系的传统特色，也是传统中国夫妻关系的常态体现。至于是否存在男尊女卑以及程度如何，人们其实不是太关心，或者以"那时候，都是那样啦，又不是谁特别"而轻描淡写地带过。

表面上没有如今所谓的爱情却能够彼此携手甚至生死相许，退休多年的某校长总结自己的婚姻时说的可能有所启发："我们那时候的人结婚啊，跟现在的人结婚啊，那是大不一样。以前的婚姻，基本上都是盲婚哑嫁。但是，既然父母让你结婚了，你也就等于注定要跟那个人一起了，就是要跟那个人过一辈子的。所以结婚后，家是最重要的，婚姻就是为了家庭。现在的婚姻，说是为了爱情。婚姻和家怎么样，自然不如以前重要了。"成家后双方同心建设家庭并始终如一地维护家庭，这应该是传统的人们结婚的根本目的。无论是对夫还是对妻来说，个人的一切都要围绕这个终极目标而取舍、平衡甚至做出巨大的牺牲。我们相信主要就是这个缘故，旧时的东城夫妇才几乎都能够做到年轻时相互配合、齐心维持家的运作，而年老时相依为伴、相互扶持直至终老。即使是那些少数长期感情严重不和的夫妇，彼此关系淡漠甚至长期分居，但几乎也都不会离婚即不会拆散家。"那时跟现在的女人不一样，现在动不动就离婚，不要家了"。完全可以说，虽然在通常长达几十年的夫妻生活中各种冲突可能处处存在、时时存在，但冲突历来不是东城家庭的最主要的内容，完整的家基础之上的守望相助，才是旧时东城夫妇关系的基本色调。

在这个漫长的其实经常充满了各种艰辛的过程中，素不相识的双方突然走到了一起，需要经过反复的认识、试探、调整与磨合，才有可能到达彼此默契、齐心协力维护以建设家园，或者至少勉强维持家庭表面上的完整。其间无论是夫还是妻，其实都有许多不满、怨言、冷漠，严重时甚至暴力相向。由于传统的社会奉行男尊女卑，女方所付出的以及所要忍受的尤其多。但根据调查可知，东城的夫妻关系完全破裂甚至离婚的，始终都是极为罕见，女性主动离婚的几乎可谓绝无仅有。自清末以来，西方的爱情自主、婚姻自由以及相应的新式观念就传入中国，离婚一度被视为妇女解放的一项突出的权利而大加宣扬。但直至改革开放初期为止，东城（实际上是整个中国）的离婚率一直都处于极其低的水平。即使是时至今日，各处村落中依然少见夫妻离婚而公开分道扬镳的。当然，这不意味着男尊女卑好或者不好，而是说在男尊女卑基础上的女性的付出与隐忍，对此起到了至关重要的作用。

访谈资料：

问：在中华人民共和国成立前，要是两夫妇经常吵架，就是感情不好，那会离婚吗？

答：那一般都是没有的。中华人民共和国成立前，两夫妇就是打得再厉害，就是再不好，也基本上没有离婚的，基本上都是一直过下去的。不过，有的夫妻确实过得不幸福。

问：那为什么不离婚呢？

答：那时候，不是讲究"嫁鸡随鸡，嫁狗随狗"吗？结了婚，那一个女的，就跟定这个男人了。所以，那时基本上没有离婚的。现在，两个人一有不合，说离就离了。那个时候，如果打架打得实在太厉害了，老婆就回到娘家，就是去住几天。然后，一般就是派她的兄弟，就把她送回来了，也有男的去接回来的。家里的老人调解一下，两夫妇就又在一起生活了，就又没有事情了。

历史上，夫妻间遭遇严重的歧见、冲突、漠视甚至暴力相向时，社会几乎总是能够过通过某种合适的途径，使得二人短期内弥合分歧而重归于好，因此访谈时老人们普遍认为，"天下就没有不吵架的夫妻。反而（夫妻）越吵越甜"。人们认为，旧时的社会调解从另一个方面颇为有效地防止了夫妻关系破裂甚至家庭解体，即夫妇起冲突时，总有合适的人或者机制及时地进行调解，并最终起到了劝解、调解、维持、改善甚至增进夫妇关系的作用。传统上，这时主动或者受邀调解的人很多，但几乎总是年长、有经验、有一定身份或者地位者，常见的如父母、公婆、邻居、长辈、耆老。老人们说，以前女性受到丈夫严重的欺负或者感觉走投无路时，可能会"跑回娘家躲几天"。娘家通常都会对其进行安抚，必要时甚至会由其兄弟出面教训其丈夫，即"替她出气"，但同时也会对她进行多方面的劝慰、疏导甚至批评、教育。而过了通常不长的时间后，其丈夫几乎都会主动或者被动地前去接她回家，这实际上等于丈夫认了错。有时则是由其娘家派人将其送回，丈夫则通常都会热情招待娘家的来人，这其实也等于丈夫"认错。两个人(虽然)什么都没有说,就和好了"。接受访谈老人们回顾自己的婚姻经历时,最常见的说法是夫妻"两个人,就是这样打打闹闹的,一直都是磕磕绊绊的。也不知怎么的,一辈子就这么过来了"。

对于那时的人们不离婚究竟是好还是坏,或者说如何评价传统的以维护家庭完整为根本目的的夫妻关系,老人们的看法则明显不一。① 但令我们印象极为深刻的是,可能是有感于如今城里、村里离婚日多的客观事实,人们已经普遍对传统的婚姻及其利弊多有反思,甚至出现了某种程度上的"复古"思潮,如对包办婚姻、门当户对等,都有全新的重新评价,值得进一步深入探讨。②

二、亲子关系

旧时的东城社会对于父辈和子辈的规范,与现在所见的不大不同。与各地的汉人社会一样,当时父母与孩子的关系同样是不平等的,主要体现为父母全面管教而子女需要无条件地服从。父母通过带有当时特色的这种"独裁方式",把自己的爱、关心、期望等全部倾注于日常养育的细节中,最终含辛茹苦把孩子养大成人。

总体上说,父母们历来认为对子女的第一义务是抚养,这种抚养还必须充满发自内心的、无条件的关爱。在他们看来,这既是义务也是为人父母的天性,"虎毒不食子"之类的说法至今在各村盛行。尤其是在孩子处于婴儿或者幼儿时期,即使是平日里冰冷冷的父亲,也经常情不自禁地流出由衷的怜爱之情。不过,旧时父母对于孩子的爱意,更多的还是通过日常生活与生产中的各种具体的行为体现出来的。通行多地的取贱名,就是最为常见的一种。实际上,在不久前的东城,取贱名仍然是最普遍多见、最为人知的一种表达疼爱子女的方式,这是汉人社会历史风俗的遗留。贱名历来多取自日常所见的家养动物,如猪、狗等。其原因在于人们认为这些家畜并不用费多少心思照料,却能够很容易地养活长大,因此以之给孩子取名,就可以避开"那些邪的"加害而有利于孩子健康长成。"贱名能够让小鬼不去找那个孩子。因为孩子取了个贱名,那就说明这个孩子命贱,那就不值得小鬼去纠缠。这样的话,孩子就能够顺利地长大了。"我们发现,直到今天这种思想在老人们中依然普遍存在,只是因为顾虑到这类名字可能会使得该名"小朋友被人嘲笑",所以取贱名才变得难以一见了。

---

① 东城其实至今少见离婚的,而在历史上离婚更是极其少见,不到万不得已绝对不会离婚。据调查,当时的偶见的离婚个案中,女性几乎都是被动的。综合我们的调查所得,这可能有以下几个最主要的原因。一是当时的女性持有传统的观念即"嫁鸡随鸡,嫁狗随狗",维护丈夫和家庭是其最高的目标。即使不为了丈夫而为了孩子和家庭,女性也会选择默默坚持下去。不少老人认为,"嫁鸡随鸡,嫁狗随狗"或许有封建的意味,但对维持家庭确实有其积极的一面。二是历史上的社会对离婚持极为负面的看法,夫妻白头偕老不仅是社会普遍的愿望、理想,而且早就内化为人们的观念与实际行为,一旦女性离婚,其将要遭受极为惨重的、有时难以承受的心理打击。三是东城的乡村社会中女性长期依附于丈夫和家庭,几乎完全没有独立的经济地位与经济能力,这也使得女性离婚则会失去经济基础与社会基础。

② 这种情况可能不是偶然的,上海市婚恋博览会组委会成员单位上海市妇女儿童服务指导中心(巾帼园)的一项青年交友状况调查,特别对"80后""90后"的爱情观进行了解读,发现"90后"(78.81%)比"80后"(74.74%)更为认同"门当户对"。(详参考:"90后"比"80后"更认同"门当户对"万人相亲会上这份交友调查引关注,http://www.zaobao.com/wencui/social/story20181118-908641)。

访谈资料：

问：以前的小孩子都要取小名，是吧？那一般来说，叫什么的比较多？

答：我们这里是农村。农村的小孩，那时一般都是叫什么狗、猪那一些的，就是叫这些牲畜的名字。这些就是以前用得最多的小名。

问：怎么取这些难听的名字？

答：那些狗、猪，都是家养的牲畜，都是很容易就养活、养大的。我们这里以前的小孩子呢，很多出生以后就容易生病，过了不久就死掉了，就是说，有很多都是养不活、养不大的。那时候的人相信，要是给孩子取个这样的名字，那可能就好一点。这样的话，那个小孩子就能够顺利、健康地长大。

但是，从孩子稍微大一点开始，父母则几乎总是通过另一种方式疼爱孩子，这也是经常为现在的人们所诟病的方式。传统的父母认为，自己是父母但同时还是孩子的老师，因此有权利、有责任，也有义务向孩子们传授其以后生活中所可能用到的各种生活知识、劳动技能、处世经验、礼仪规范以及道德准则等。在以农耕经济为主的东城各处村落中，旧时几乎总能够看到父母们各自指导自己还小的孩子，让他们学习从事各种生产与生活实践，以期培养其相应的技能、增进相关的知识。人们认为，孩子学习这些，才是与父母最重要的交流方式。他们掌握了这些，则是对父母最为恰当的、最令父母欣慰的回报。因此，不管是否情愿，旧时东城的孩子从很小就要开始学习照顾自己，而稍微大一点就要逐渐参加各种生产活动，并渐次熟知各种社会规范。在今天看来，这可能太难为孩子，对孩子的要求可能太多或者太高。但那时的社会普遍认为，只有传授了这些并确保孩子掌握了这些，才是父母对孩子的真正关爱，才是父母实现了其对其子女的责任或者义务。

访谈资料：

问：那孩子小时候，一般都让干些什么活呢？

答：那你还是个孩子嘛，那就是你能做什么，你就做些什么了。比如，有的是下田帮助父母干活，有的是帮家里放牛、喂猪，就是这一些他能够干的活。

问：那时候等孩子到了多大年纪了，家里就会让孩子真正下田干活？

答：那一般都是要到十几岁，那时候才有力气。不过，这个也要看家庭具体情况的，这样才好说的。我们这里，在中华人民共和国成立以前，一般都过了10岁，那就要学习种田了。有的家庭心疼孩子，就让你干些轻点的活，比如放牛、放鸭、喂鸡那一些。

而保证完成这些传授内容的方式，则几乎总是各种强硬的灌输式训导甚至棍棒式的管教。老人们回忆，以前的父母极少跟孩子耐心地互动，更没有多少言语方面的细致交流。其原因主要在于"以前，父母都太忙了，都没有空的。再说，那时候的父母，也没有（通过语言交流培养感情）这些想法的。其实，他们可能也不知道怎么交流"。旧时的父亲们普遍少有对孩子亲昵的言行，日常生活中的态度几乎总是生硬的。父母普遍认为，他们对未成年的子女有近乎绝对的支配权利，"父母要是打骂孩子，那总是有道理的，肯定是为他好的。父母打孩子，那是天经地义"。对于父母们以严厉的、粗暴的方式管教孩子，传统上的人们司空见惯，丝毫不以为异。在东城的各处村落中，历来都很少有"父为子纲"之类文绉绉的说法，但旧时父亲们实际的所作所为，却经常直白无比地体现这一传统的观念。实际上，包括老婆婆在内的不少老人至今仍然认为，打骂"不听话"或者"犯了错误的"孩子，那才是"真心的"疼爱孩子，而不打不骂即放纵不管，"那才是害了他"。

访谈资料：

问：那孩子要是犯了错，父母都是怎么教育他？

答：那要是在以前，那就是打喽。有时候，还会狠狠地打。我们这里有句话，说"老虎都是不打就不怕的"。所以，孩子要是犯了错，那就打，这样他才怕，以后才会不敢再犯了。

问：那孩子年纪如果还小，也打吗？

答：那也要打的。要是实在太小的孩子，比方说还不会走路的孩子，那他也犯不了什么错啊，那就不用打了。到了几岁大了，犯了错那就都是要打的了。不是打他的话，你还能怎么办？

问：那孩子如果长大了，比如说都有十几岁了，那还打吗？

答：那也一样是打的，只要不听话，那就是打。太大了，那就基本上不会打了。他也长大了，父母得给他留些面子。

访谈时几乎所有的老人都承认，他们小的时候都是经常被父母打骂。而等到他们自己成为了父母以后，也普遍打骂自己的孩子。但他们又都说，等到自己老了，才真正发现自己的父母"那时候真不容易"，意思是当时父母打骂他们，确实是出于"责之深，爱之切"。现在仍然健在的东城老人中，有不少都学过《三字经》，熟知其中的"子不教，父之过"。他们对多年间将此视为封建专制，普遍感到不可理解，有些人甚至认为难以接受。老人们相信，表面上看是父母打骂孩子，但归根结底是因为父母认为自己具有教育子女的义务，打骂使之成器，则是父母的责任和义务。应该说，基于传统伦理的这种认识或者观念，虽然与今日主流的育子理念相距甚远，但确实影响巨大而又深远。

东城人同样历来实行双系抚养，父亲和母亲在孩子的抚育中都扮演了重要的角色。一般来说，孩子幼小的时候母亲所起到的作用较大，但孩子稍微大一些，则父亲所起的作用较大。对稍微大一点的孩子，父母则或明或暗地有分工，如最常见的是由父亲出面训斥或者打骂，而由母亲出面开导或者安抚。这与汉人传统的双系抚养的内涵以及行为特征符合，极为符合汉人社会历来所谓的"慈母严父"认知或者理想。这种差别也清楚地说明，两性分工是形成双系抚育的一个重要条件，① 说明传统的"男主外，女主内"思想始终有着巨大的影响。老人们回忆，他们在孩提时普遍认为，父亲威严、沉默、生硬、令人恐惧，但又是家中的主心骨、出了大事时的最大依靠；在感性上，他们始终莫名其妙地与父亲有距离，稍大后似乎还有某种说不出的尴尬或者畏惧；因此，更多的时候他们对父亲敬而远之。对于母亲，年龄稍大一点的女孩子可能会与母亲保持一

---

① 费孝通：《生育制度》，商务印书馆1999年版，第68页。

定的距离，但通常都能够维持亲近甚至亲密关系。而稍大一点的男孩子，则普遍会略微刻意地疏远母亲，不然的话会被小朋友们嘲笑"还要吃奶"。在另一方面，父母着重传授给子女的各项技能与知识，其实也有基于子女性别的差异。旧时东城的各处村落中都通行"子不教，父之过，女不教，娘有错"之类的观念，意思是说父母都要教育子女，但具体教育时又有性别方面的区别，即主要由父亲教育儿子，而主要由母亲教育女儿。传统上，父亲和母亲都会教儿子或者女儿耕地、种田等日常生产与生活的基本知识，但是，由于人们认为儿子将来必须是"一家之主"、是家庭的"顶梁柱"，因此多由父亲以指导、训斥和打骂等方式传授以谋生为主的各种知识。如果儿子以后在这些方面有所闪失，则社会认为是父亲教导不力。女儿则是多由母亲以示范等平和的方式，教以如何操持家务等持家之道。如果以后女子不会"女红"等，则社会会认为是母亲的过失。

但即使是在传统社会中，父母与孩子之间的关系也并不是单向的，孩子也会做出自己的反应，服从和听话则是那时主要的反应形式。现代心理学经常讲究青少年叛逆、逆反等，但我们通过调查发现，似乎传统上东城的孩子虽然有时候会对父母的指点或者要求有抵触甚至抗拒，偶尔的时候在比较大的事情上自行其是，但是，似乎说不上普遍有多少叛逆或者逆反心理，更极少出现比较严重的叛逆言语或者行为。至于被视为十恶不赦之一的忤逆，在东城各处村落中，似乎都是从来没有听说过的。老人们回忆，他们小的时候，"孩子不听话"那是司空见惯，但极少见到哪家出了什么"父子不和"的事情，我们也没有收集到历史上的父子对抗之类的严重的冲突。回顾自己的来路，老人们认为，传统上整体的社会氛围限制孩子、维护并巩固权威与秩序，如经常在有意无意间以族规、家规等吓唬孩子，但通常也就是到此为止。孩子则是"从小就是听父母的，都是打从内心听大人的安排，根本没想到说还可以反抗"。事实上，很多老人对于时下许多关于以前父母与子女关系如何充满对抗、如何恶劣之类的描述，似乎颇有看法。

访谈时老人们经常感叹，现在的孩子"太聪明了，太有个性了"。但他们在夸奖如今的孩子的同时，似乎也有某种莫名的惆怅、失落甚至隐隐的、说不清的忧虑。亲子关系到底该当如何，似乎是一条无尽的、没有标准答案的长路。事实证明，过去的亲子关系确实不是尽善尽美，但眼下的亲子关系如何，我们感觉老人们确实有一言难尽、欲言又止的感受。

三、其他关系

（一）祖孙关系

如同其他汉人传统社会中所见的一样，东城的祖孙关系同样也是复杂多样的。而根据我们的调查所得来看，"爷孙隔代亲"虽然可谓是历代的主流形式，但同时存在出于各种原因导致的某种疏离、隔阂或者顾忌。

东城老人同样普遍认同隔代亲，而且认为历代都是如此。至于其原因，则说法各种各样，最主要的说法似乎有两种。第一种看法认为，老年人因为自己老了，所以要对孙子们好，"这样其实也就是对自己好。因为孙子是延续自己的血脉嘛"。类似的说法其实遍见于全国各地汉人社会，不独东城为然。第二种说法相对来说较为特别，实际上带有不少反思的意味。许多老人尤其是男性老人认为，汉人的父亲历来不善于对待儿子，结果使孩子受了不少委屈、吃了不少苦，因此现在要对孙子好。已经退休多年的某校长总结说，传统汉人社会历来不鼓励父亲柔和地对待儿子，因此男人们尤其是父亲们普遍不善于表达自己的情感。其结果就是"爸爸呢，心里明明是对儿子好，就是不知道怎么说。实际表现出来的，经常是冷漠、严厉、斥责，经常反倒是打骂儿子"。在他看来，中国的父亲对待儿子，历来都必须奉行这样"隐忍"的爱与"隐忍"的表达。我们相信，如果纵观整个中国历史，这种隐忍的接受与疼痛，或者是中国传统上最基本的父子伦理规则，也可以说是中国人一贯的、显性的父子行为方式或者规范，实际上至今基本依然可以认为如此。接受访谈时不少老人有些自嘲地说，现在他们老了却努力善待孙子，"就当是还儿子的。算是补偿也行"。但是，实事求是地说，如今的东城老人们普遍还是不太会与儿子沟通，也还是不太知道如何善待早已经成年的儿子。他们对待孙辈好是一种明知不会有回报的、单向的感情投入，但至少可以避免不知道如何表达而带来的各种尴尬。

人们普遍认为，旧时的祖父母同样生活艰难、要忙于谋生，因此没有多少能力、也没有多少心思照顾孙辈，这自然也会导致祖孙之间出现疏离、隔阂。温塘的砖窑坊现在仍然残存有建于清代后期的一座类似于四合院的大宅院，其主人年轻时在东南亚谋生而致富，年老落叶归根回乡建了这处宅子，并在多年间维持了一个东城村落中少有的联合家庭类型。本次调查时，其孙子已经80多岁了，但他还清楚地记得，他儿时爷爷非常疼爱他，就是从爷爷那里他第一次知道了"淡巴菰"①。他还记得，爷爷经常要他早起去"饮早茶"即吃点心，弄得他苦不堪言。访谈时很多人都说，这位老人的童年经历，其实是一个有力的反例，可以说明以前主要就是因为没有能力，也没有心思，才导致了祖父母普遍不怎么照顾孙子辈。

如今的老人们的经济条件早已经普遍大为改善，他们也普遍认同隔代亲，而且对待孙辈确实极好。但是，虽然祖父母尽心尽力照顾孙辈的衣食住行，有时候也会给予某种教育或者指导，却几乎仅限于小心翼翼地照料，而几乎都不会训斥孙辈，更不会当真地打或者骂他们，"连重话都不会说"。人们普遍认为，这是因为孙辈是儿子尤其是儿媳妇的孩子，所以打骂他们有很多顾虑。在很多方面，祖辈不好过多插手，或者"很难插手"。牛山的张老人现在已经年近70岁，是一位热心、厚道又见多识广的客家老人，他现在已经有一个孙子。每天准时开车接送孙子上学、下学，则是他一天的诸多事务中"头等重要的事情"。对于为孙子花钱他从不在乎，甚至为此还有一种成就感或者幸福感。他对孙子的教育、成长等极为牵挂，但这些方面他却从来"不拿主意，就是从不插嘴"。在他看来，这些是孙子的"父母的事情。我不好说什么的。说多了会讨人厌的"。这种情况如今其实也遍见于全国各处，但由此也产生了某种事实上普遍存在的、非常无

---

① 意为烟草，一般相信源出自西班牙语 tobaco 的音译。学术界普遍相信，这个词是经由东南亚传入中国的，清代乾隆年间的文献已经有相关的记载。如清王士禛的《香祖笔记》卷七记载："吕宋国所产烟草，本名淡巴菰，又名金丝薰。"字面又作"淡巴姑""淡巴苽"等，如清代俞正燮《癸巳存稿·吃烟事述》记载："烟草出于吕宋，其地名曰淡巴姑。"

奈的顾忌、疏离或者隔阂。

个案：

鳌峙塘的徐老人，育有3个女儿和1个儿子。他的儿子已经结婚，已经生育了一个儿子。他和他老伴现在的主要工作，就是帮儿子照顾孩子即"看孙子"。

孙子在村里读幼儿园，很淘气，脾气也很急躁。有一次，孙子从幼儿园放学一回来，就打开电视想看动画片。节目中间出广告的时候，他就拿起棍子砸电视机。徐老人在房间内听到声音赶出来，还没来得及劝阻，孙子又拿起棍子砸了过去，这一下把电视机砸坏了，自动关机了。徐老人当时感到又好气又好笑，但也没对孙子怎么样，反而替孙子辩解说"他觉得，砸一下就可以把广告砸没有了"。

东城的人们对于自己的祖父辈，其实也普遍存在着某种疏远之感。最为明显的证明之一就是，我们在访谈时发现人们普遍对于自己的祖父母的所作所为普遍所知甚少，约有一半的老人甚至不知道自己祖父母的名字。在他们看来，旧时由于贫穷导致分家，所以日常生活与生产中孙辈基本上都不与祖父辈在一起，这让孙辈普遍觉得"说到底，爷爷的家不是自己的家"。他们对于祖父辈的所知自然会少，彼此也自然会有某种疏离感。访谈时很多老人都说起，同样是由于贫穷，旧时的人们普遍早逝也成为了疏远的一个重要的原因。即孙辈还处在孩提时，而祖父、祖母已经离开人世了，"你连他们长成什么样子都不知道，又哪来的感情？"可能主要是这些原因，老人们虽然普遍对于自己的爷爷、奶奶有着基于理性的尊重，但普遍没有多少感性上的亲近。本次调查时发现，依照传统的习俗，东城人应该通例在家中摆放祖辈、父辈的牌位、画像或者照片，认为他们是自己最为亲近的先人。但是，很多时候其实人们可能只是因为遵从习俗而摆放了祖父、祖母的牌位，而且神龛之中只摆有父母的牌位的家庭其实不是非常少，这也间接地说明了人们与其祖父母们的疏远。

现在东城各处村落的中、青年人大多在莞城等外地生活，他们即使名义上没有与父母分家，日常生活也早已经彼此分离。但一般来说，每到周末或者逢年过节，他们都会带妻儿等回村里来看望父母等老人。由这种"不分家的分家"而来的阖家团聚场面，在各处村落中都已经司空见惯，并已经在很大程度上改变了东城老人的生活节律。至于那些留在村内或者在村周围工作的中青年人也多是双职工，他们的孩子几乎都是由祖父、祖母（或者外公、外婆）照料。但祖父辈通常只是负责白天照料、接送等，孙辈几乎都是以自己的家为基本的生活场所，这使得东城其实相当少见惯常意义上的"隔代抚养"。但不论如何，比起以前，如今的祖父辈与孙辈的接触大幅增加，他们在孩子长成中所起的作用远比以前大得多。但是，祖父母们似乎离孙辈们仍然比较远，彼此之间依然普遍有某种隔阂。

(二) 婆媳关系

旧时的东城婆婆对媳妇几乎全都拥有绝对的权威，媳妇的日子普遍过得"很辛苦"。但因为媳妇嫁入后大多都是很快就会分家而各自生活，所以婆媳之间的关系又变得相对简单。此后双方一般都能够维持较好的关系，很少会发生较大的冲突，"都不在一起生活了，那还有什么好闹的？"。

访谈时几乎所有的男性老人都承认，传统上东城家庭中的封建气氛极为浓厚，婆媳关系中历来以婆婆为主导，儿媳妇尤其是新媳妇几乎毫无任何权利可言。旧时珠江三角洲多地都流传一首著名的儿歌《鸡公仔》，就很好地反映出了以前的小媳妇的悲惨遭遇。这首歌的具体词句各地可能略有不同，较为通行的是："鸡公仔（意为小公鸡），尾弯弯，做人新抱（意为儿媳妇）甚艰难。晨早（意为早晨）起身都话晏（意为迟），眼泪未干就要到下间（意为厨房）。"在许多老婆婆看来，这首儿歌完全没有什么夸张，描述的就是她们那个时候的媳妇尤其是新媳妇的实际境遇。至于比她们早的那些媳妇的生活，那就"更不用提了"。几位老婆婆都回忆，那时她们跟公婆同桌吃饭时根本不敢夹菜，经常连饭都不敢吃饱，生怕被婆婆责骂"跟猪一样，就知道吃"，搞得她们"每天都觉得很饿"。有一位老婆婆还清楚地记得，在"日本人走的那一整年"的时间里，婆婆就没"让她吃过几次大米饭。那个时候啊，天天就觉得饿"。这可能只是较为极端的个例，但类似的媳妇被婆婆刁难之类的情况确实普遍出现过，我们在麻涌、沙田、清溪以及凤岗等分别属于广府人和客家人的镇子调查时，都听过老婆婆们有类似的心酸回忆。

但是，因为媳妇嫁入后不久就分家出去单独生活，所以媳妇普遍不需要熬太久，均能够脱离"婆婆的管制"。人们回忆，以前举行分家仪式时，场面上婆婆倒是很客气的，基本都会满脸笑容地把一些日常食具交给儿媳妇，还会说一些吉利的话语祝福媳妇一家。① 分家之后，婆婆和媳妇各自负责两个不同家庭的日常事务，不是非常特别的情况彼此不会有多少交集。依照习俗，即使是分了家，婆婆依然可以干涉媳妇的事情而媳妇必须听从，但实际上，似乎很少出现这样的事情，主要原因在于"各过各的日子，谁都不想讨人厌"。在日常生活与生产中，儿媳妇是自己家的女主人，完全可以按照自己的意愿从事各种日常的活动，婆婆几乎都是不闻不问。媳妇更是不敢过问或者干涉婆婆的事情，也几乎都不敢公然责怪婆婆不照顾或者帮助自己。许多老婆婆回忆，自己生儿育女时婆婆没有给予任何帮助，全凭自己辛苦地折腾过来。对此她们在无可奈何之余，只能够表示理解，"婆婆自己也是一大家子，她也要忙自己家的"。媳妇如果觉得婆婆对待自己、自己的丈夫以及自己的孩子不公平，通常也只能够忍而不发，最多只能够跟丈夫或者跟有相同遭遇的妯娌私下发发牢骚而已。公然指责公公或者婆婆不公的事情虽然偶有听闻，但始终只限于个案。总之，由于日常的交集普遍极为有限，婆媳间的关系普遍显得比较微妙，老人们普遍的说法是双方都"比较客气"。但我们觉得这似乎是一种委婉的形容性说法，真实的内涵很可能较为复杂。

约从20世纪80年代中、后期开始，东城的婆媳关系慢慢地起了全新的变化。而进入新世纪之后，变化尤其大。比较古今婆媳的关系以及各自的境遇，访谈时许多婆婆都颇为婉转地说，如今的婆媳关系与她们年轻时切身经历过的已经大不相同，她们也在努力适应做新时代的婆婆甚至太婆婆。一般来说，现在婆媳同样因为各居一家而相对较少

---

① 张振江、陈志伟在《麻涌民俗志》（汕头大学出版社2008年版，第140—141页）中有相关场面的描述，可以径直参看。

接触，但几乎都能维持彼此尊重之上的关系融洽。反映在日常生活中，就是家里有好吃的食物时，通常都会分一些给对方享用。汤在珠江三角洲各地有时具有特殊的意义，东城的家庭主妇们同样经常煲汤，于是汤就成为了婆媳间最常互送的食物。

访谈资料：
问：婆婆、媳妇做了什么好吃的，会互相给一点吗？
答：这是经常有的。我们这里每家不是都经常煲汤吗？她们就会经常送一些汤的。比如说，今天媳妇要煲汤，那她多放一点水，那不就多一点汤了？煲好了，就可以送给老人一点了嘛。婆婆和媳妇互相送什么好吃、好喝的，这个现在是经常有的事情。

不论是出于礼仪还是出于真诚才送汤、送食物，但这些都可以说明她们之间至少没有太大的矛盾。据调查，现在如果婆婆和媳妇之间有矛盾，通常的原因在于婆婆是否帮助带媳妇孩子以及应该如何抚育孩子等。不过，这些通常都不会招致大的冲突，而且通常都是婆婆退让，即以尊重儿媳妇的意见而结束。如果彼此间有相对较大的冲突，则几乎都是因为媳妇觉得婆婆偏爱某个儿子或者某个儿子的孩子，或者怀疑婆婆私下里给某个儿子什么家产等。不过，这些冲突似乎也少多了。绝大多数的老人都表示，"我们这里，婆媳关系很好的有，很差的也有。不过，多数都是各过各的太平日子。不要有什么，这就好了。有心呢，媳妇就多走一下，多看一看"。人们普遍用客气来婉转地形容以前的婆媳关系，现在的婆媳关系则确实可以用客气来形容，很多时候完全可说是彼此关系平和而又亲近。如果从历史发展的角度来看，东城的婆媳正在发生深刻的变化，只是现在还看不太清楚其结果而已。

（三）兄弟关系

传统的东城家庭中孩子多，兄弟自然也众多。[①] 孩提时代他们之间既有各种各样的小矛盾，但更多的是彼此互助、共同成长的愉悦。因此到了各自成家立业后，他们基本上都能够维持较好的亲情关系，兄弟反目成仇的历来极为罕见。

以前夫妇几乎每日都必须忙于糊口，而他们的父母有能力或者有意愿帮助照看孩子的相对较少，因此几乎都是夫妇自己设法解决照顾子女的问题。老人们回忆，旧时的父母们无奈之下经常把孩子带到田间地头，大人劳动时任孩子自己在一边玩耍或者睡觉。樟村年逾50岁的莫老人模糊地记得，大概是他3岁那年的冬天，父母与其他生产队员到地里收红薯，把他带去了，让他在边上自己玩。那天他又冷又饿，所以一直哭。有一位生产队员给了他一个刚挖出来的还带着泥的红薯，让他当玩具玩，结果他"玩着玩着，就睡着了。不知为什么，我们就那一年种了红薯。那以后，再没有见到种红薯了"。等到家中有了几个孩子时，父母们通常就是让稍微年长的孩子在家里照顾更小的孩子。火炼树村的罗老人现在已经年近70岁，他记得有一次父母让他在家照看四五岁的妹妹。父母去上工后，他就偷偷地带她去游泳。但到了码头妹妹却不敢下水了，"怎么哄都不行，就一把把她推下水去了。没想到她一下子就沉下去了，看不见了。我都快吓死了，

[①] 由于女孩子长大后几乎全部出嫁，故此处不描述姐妹们及其与兄弟们的情况。

就赶紧扎进水下乱抓,不知怎么就乱抓到了,就捞出来了。妹妹吓死了,吓得哭都没敢哭"。过了几天这事让父母知道了,结果他被父亲暴打了一顿。

在旧时的日常生活中,稍微长大一点孩子们就要学习料理自己的事务,还要逐渐参加各种劳动,常见的如放牛、割猪草等。直到改革开放前,这种情况还依然是常态。而在这些时候,几乎总是大的孩子带着并帮助、指导小的孩子。老人们回忆说,他们关于游泳、钓鱼、打猪草、砍烧火用的树枝等的技能,几乎都是平日里跟随哥哥姐姐们有意无意中学习得来的。主山一位老太太还是孩子时,第一次割草就是跟着哥哥去的。她不知道该割什么草,老是担心镰刀会割到自己,结果一上午也没有割到多少。哥哥示范给她看,回去的时候还把他割的草给她一些。把草交给生产队后,她记得当时给她算了1个工分,不过她不明白1个工分是什么意思。当然,由于他们毕竟还是孩子,更多时候是一起娱乐、嬉戏、打闹。在旧时的东城各村,哥哥姐姐带着弟弟妹妹在家中或者家附近打闹成一团的场面,可谓司空见惯。

访谈资料:
问:那外公、外婆会带孩子吗?
答:我们这里几乎是没有的。(为什么?)他们也有自己的孩子要带嘛。我们这边,现在都是爷爷、奶奶帮忙带孩子,以前很少的。
问:我老家那边,家要是有几个孩子的话,那就是大的孩子带小的孩子。你们这里,是不是也这样?
答:这肯定是的。我们这里一直都是这样的。你想一想,那时候父母忙着种田、挣钱,不能老是在家照看孩子啊。那就只能够指望大孩子,就是让他带了。比方说,家里五六岁的孩子带两三岁的孩子,就是大的带小的。以前那个时候,到处都是大的带小的,所以到处都是一群孩子一起玩耍。不像现在,一家也就是一两个小孩,不需要大的带小的一起玩了。不过,几家的孩子一起玩,这个还是常见的。一起玩的呢,年龄都差不多。

旧时的东城人家普遍住房严重不足,过了10岁之后的孩子,不论男女通常都要外出住宿很多年(详参考本书第九章),白天在家的有限时间则多要参加各种劳作,这就极大地减少了兄弟、姐妹间的各种日常小摩擦。但也是这个缘故,他们之间的各种互动更多的是见于少儿时期。由于彼此是年龄相近的小孩子,兄弟姐妹之间也会因为一些事情而产生矛盾,旧时最为常见的是因为争夺食物或者玩具。历史时期至改革开放前,东城普通人家中的条件相对有限,各种物资远不像现在那么丰裕,家中偶尔有什么好吃的食物或者什么玩具,几乎必定都会引起所有孩子的垂涎,经常会因此引起各种各样的摩擦。积善里的张老人现在快60岁了,他上有两个哥哥、下有两个妹妹,但他小的时候父亲特别喜欢他。1961年,父亲到外地开挖运河回家时,特地带了一个小皮球给他当玩具,结果引得兄弟姐妹们一场大混战。他至今还清楚地记得,几个孩子相互"好几天都不说话"。

孩子们之间的关系其实也较为复杂,一般来说,年龄相近的几个孩子之间更为亲密,而与年龄相差较大的则可能会略微缺乏亲昵。每个孩子几乎都有自己相对更为亲密的哥哥或者姐姐,而与其他哥哥姐姐的关系则可能一般。但一般来说,哥哥或姐姐都是弟弟和妹妹的保护者。访谈时老人们回忆自己当小弟弟、小妹妹时,大多是很有感情地说起哥哥如何保护自己、姐姐如何照顾自己,而几乎无人说起哥哥、姐姐如何欺负自己的。而在某些特殊情况下,哥哥或者姐姐甚至起到了父母的作用。温塘的袁老人还只有4岁的时候,他的父母就在两年内相继谢世。其大姐代替父母,拉扯起全部弟妹,一直到他们各自成家立业为止。但她自己则终身未嫁,最终以自梳女终老。70多年后说起这些童年往事,老人家仍然泫然欲泣,令人真切地感受到姐弟情谊深厚。

(四) 妯娌关系

传统上,儿子们结婚之后大都很快地与父母分家,之后兄弟们几乎都是彼此独立,即"自己过自己的日子"。由于这样,兄弟们的妻子们即妯娌自然基本上都不在一起生活,相互之间产生矛盾的可能性大为缩小。人们公认,以前如果妯娌间产生了较大的分歧甚至冲突,通常都是发生在分家之后,可能是因为一家得利而自家的利益受损,但更多的是因为公婆不公或者觉得公婆不公。

兄弟分家之后,彼此不再是家人而成为了血缘相近的亲人,经常还是有着血缘关系的邻居。但是,兄弟们之间通常都能够维持兄弟情谊,再加上还要面对父母的压力,因此通常以和为贵。某位兄或者弟碰到要吃点小亏的事情,通常他都是忍让了事。但是,对于他们的妻子来说,情况则可能完全不同。她与丈夫的父母以及其兄弟的家庭成员原本是陌生的,和他们的联系也仅仅是基于丈夫的血缘。即她与这些人之间并没有先天的血缘方面的规范性制约,日后彼此关系如何,几乎完全在于双方如何相处。而就实际的情况看,她们普遍更加注重建立和维持与邻居之间的关系,而对丈夫的兄弟及其配偶与家人则普遍平平,她们几乎都能够维持礼仪与习俗所需要的关系,但除此之外,一般都并不会有多少特别的往来或者亲近关系。整体上说,妯娌之间通常显得不是特别亲密的,彼此近乎是一种"熟悉的陌生人"的关系,即相互客气而平淡,用梨川村罗老人的话说,就是"有温情没有温度"。

访谈资料:

问:那煲了汤,会不会送给兄弟家?

答:这一般就很少了。不过,要是有哪一个兄弟家里比较困难,比如说煲不起汤,那可能那个嫂子、弟媳妇煲汤,那就会送一点过去了,就是照顾一下嘛!兄弟之间,有的时候还是要相互帮一下的。

问:那兄弟的媳妇之间,会不会因为什么事情产生矛盾?

答:那肯定有的。她们都把小事看得很大,因为一点小事就可能吵了。

一般来说,遇到涉及公婆的事情或者按照习俗要求整个家族参与的事情如兄弟的子女婚嫁等的时候,妯娌间普遍都会热心合作,尽心尽力地把事情做好。尤其是遇到某个侄子或侄女结婚的时候,妯娌们更是非常热心地参与,积极地帮助处理各种事物,她们经常是婚礼中不可或缺的角色。樟村的刘婆婆是1976年结婚,那时她的几位婶母都非常帮忙,"梳完头穿衣服的时候,她们那几个不停地跟我很多'疯话'①,说得我很脸红但心里很感谢她们的。我们那时候的人,其实都不懂这些的,平时没人给说这些的"。不论是广府还是客家的人们都普遍公认,旧时婶子或者嫂子在婚礼中有着独特的作用,新娘子关于性、新婚的知识,其实主要就是指望她们现身说法地传授。

妯娌间虽然关系平淡如普遍的村民,但一般也没有多少特别的冲突,而只是如同普通的村民一样各自过日子。如果有冲突,多数情况下与妯娌这种身份并没有多少关系,而主要是受利益关系的驱使。如主要受宅基地的限制,兄弟分家后经常是比邻而居。作为邻里,妯娌之间通常能够维持普通村民间习见的基本关系,但也可能因为鸡毛蒜皮的小事闹意见,甚至因为宅基地以及家屋的样式等而起较大的冲突。这些冲突是村居生活中普通村民间常见的情况,并没有什么特别之处。例如,牛山村的张××打算盖楼房,其弟弟与他是邻居,也打算稍后一点拆了老房子盖楼房。于是,他就去找弟弟商量,说两家都建成四层的,这样保证两家的新房子一样高,其弟弟当场极为痛快地答应了。在汉族社会的许多地方中,人们至今认为从风水上说,相邻的两处家屋高的得风水而矮的则会失去风水,所以他会有此建议。他的四层楼房建成约一年后,其弟弟开始建设。但是,建成后他发现,虽然弟弟确实也是修建了四层,但每一层的层高都刻意比他家的高一点,所以整座楼房比他家的楼房高出大半米。他知道这是"弟媳妇的坏主意",但作为老大,他又不能够"对弟媳妇怎么样",所以只好生闷气。但他的妻子就不干了,"就到弟弟家,就跟他的媳妇啊,大闹了一场",最后还是他去把妻子硬拉回家来。两兄弟虽然很尴尬,但此后还能够维持起码的面子,两位妯娌却自此就相互没有好脸色了。本次调查时,当事的两位中年妇女,几乎公开地对我们互诉对方的不是。

在几乎所有的东城村落中,都可见到因为种种原因妯娌间矛盾重重,同样经常可以见到妯娌们分化成小集团,即某几位妯娌间关系密切而与另外的某几位妯娌关系疏远甚至敌对,还可以见到妯娌们团结起来对付公婆。尤其是涉及公婆不公或者妯娌们认为公婆不公,这种纵横捭阖更是可能会大行其道。妯娌之间的关系复杂多样,彼此的关系实在难以一概而论,我们所述的仅仅是冰山一角而已。

第三节 传统家庭的功能

家庭是社会构成的基本单位,所以通常说家庭是社会的细胞。在各国、各种文化的传统社会中,家庭尤其具有复杂而又相对齐全的功能。例如,旧时东城的家庭在教育与抚育、经济生产和消费、赡养和祭祀许多方面,都有着极为显著的,而且又在相当的程度上与今不同的功能。本节中,我们试图描述并讨论其中几个相对显著的侧面。

---

① 是一些关于性、性生活的话语。

一、教育功能

随着新人正式结合以及为随之通过分家等而来的新家庭出现,一般来说,一对新夫妇的孩子很快就会接二连三地降临人世。在传统的东城人看来,结婚的目的就是组建新家庭,而组建家庭的根本目的则是不断地生育儿女。生育是个体、家庭、家族乃至整个社会得以延续的必要手段,夫妻繁衍后代就形成了稳固的三角形,[①] 而教育孩子随即也成为了其父母的首要任务。

一般而言,只要家庭有足够的能力,以前的父母同样都会让孩子进私塾、学堂或者学校,以便接受某种形式的正式教育。然后再视自身的家庭情况和孩子的学习情况,考虑是否让孩子继续学习下去。当然,总的来说,以前的东城父母似乎相对较少有"望子成龙,望女成凤"之类的想法,绝大多数父母都是很现实地只是让孩子接受一定年限的正规教育,即让孩子掌握基本的文化知识、基本的读写能力和算术能力,可以谋生而不至于成为"睁眼瞎"。

访谈资料:

问:以前你们这个村里,读书的孩子多吗?

答:中华人民共和国成立前是不多的。有钱人家的孩子,那就去上学了。穷人家的孩子,上不起学的,就算是上了学,顶多也就是读个一两年或者两三年吧。

问:那以前的父母,对孩子有什么期望呢?比如说学习好啊什么的?

答:以前,一般哪敢有这个想法。以前,普遍就是只要孩子能够不学坏,能够好好干活,那就好了。那个时候都穷,就算是孩子上点学,也就是能够认点字,会写自己的名字,也就差不多了。要是能够写字、算账,那就是很好的了。多读书的孩子,肯定是有钱人家啊。

等孩子念了一两年的书、到了一定年纪之后,旧时东城的家庭几乎都是立刻就让他们辍学,孩子们就都成为了各自家庭中重要的补充性劳动力或者小帮手,但这不等于教育就停止了。在传统中国的东城家庭经常也是最为重要的场所,事实上,家庭是东城子女受教育的第一场所。父亲和母亲无论是在生理上还是心理上都有很大的差异,再加上社会关于家庭角色的伦理规范的差别,以及历史沿袭下来的关于丈夫与妻子、父亲与母亲的传统观念有异,所以父母在抚育子女时有明显不同的性别角色定位和期望。于是两性的分工与合作,就成为了双系抚育的重要条件。[②] 历史上的东城人同样实行双系抚养,在孩子的养育过程中父母双方都扮演了重要的角色,但双方在孩子成长过程中的影响各不相同。如果极为概括地说,旧时的东城夫妇有意无意地有所分工,日常生活中母亲所起到的作用远远超过父亲,这或者同时也与生理抚育的单系性有关。但是,最为重要的社会习俗方面如开灯、取名等,都必须由孩子的父亲(或者祖父)完成(详参考前文以及本书第九章)。

[①] 三角形的含义,详参考费孝通《乡土中国:生育制度》,北京大学出版社1998年版,第159—167页。

[②] 费孝通:《生育制度》,商务印书馆1999年版,第68页。

依照习俗,等到稍微大一点,女孩子就要开始帮助父母处理各种家务以及其他劳作,男孩子则要下田帮父亲干活或者帮父母做工。人们认为这其实不仅仅是为了家庭,而更重要的是为了孩子自己。因为在帮助父母的同时,孩子自己也学会了相应的生产技能和生活技能,而这恰恰是汉族传统社会中所重视的个人得以安身立命的根本。传统上,东城各处的乡村中的孩子们之中,只有少数得以通过教育等方式外出甚至实现向上的社会流动。绝大多数则是"生于斯、长于斯、老于斯",即一辈子都在乡村生活,和泥土、庄稼打交道。因此,如果没有熟练的农业生产技能,他们连维持自己的生存都很难做到,其社会地位以及未来的家庭及其社会地位更是无从谈起。

访谈资料:

问:以前的小孩子,读书的多吗?

答:这个难说的。家庭好的呢,那就让孩子去读书了。不好的呢,那就让孩子去放牛、去帮父亲做农活那一些。

问:男孩、女孩都一样吗?会不会女孩就不用去了,在家里帮妈妈做家务呢?

答:那在以前,男孩、女孩都要去学做农活的。不过,那时的女孩子,还要在家里帮母亲做家务,就是洗衣服、做饭那一些。

问:那一般来说,孩子多大的时候,家里会让他们下田干活啊?

答:差不多都是十几岁的时候,就得真正下田干活了。三四岁就太小,那就是就围着妈妈转了。等到再大一点,那就得跟着大人去田里了,不过,那不是真要他干多少活。你围着妈妈转,那这个时候也是在田边转,家里没有人带他。

在向孩子传授这些知识与技能时,东城的传统家庭一般都是采用比较粗放的方式。平日里父母与孩子之间很少有平和的沟通交流,一般都是通过训斥、教训责骂甚至打孩子来使之掌握。在这个方面,旧时对待男孩和女孩其实没有太大的分别,女孩子也同样经常遭受打骂。许多老人都说,以前教育孩子的许多任务,都是由母亲承担的。但是,那时的父母文化水平普遍都不高,教育孩子时很难说出什么大道理,也不懂得采用什么方式,一碰到孩子犯了错误时,即使想使孩子明白一些道理也是有心无力,普遍都是采用暴力的方式。

访谈资料:

问:那孩子一般犯了什么错会打他呢?

答:这个就难讲了,各种情况都有的。比如,孩子自己偷跑出去玩、在外面打架。总之,孩子不听话,那就是要打。家里的几个孩子闹矛盾,比如说吵架了,那父母的脾气要是不好的,也可能就打了。

问:以前要是孩子犯了错,父母一般都会打?

答:这个还得看父母的脾气怎么样。那些脾气好的、有文化的,那可能就是说一下,最多是骂一顿,就是告诉你、教会你怎么样做。比如"这样做啊,为什么不好,下次就不要这样做了",就是说这些话。要是脾气差的,那就直接动手了,那就是打了。以前,我们这里打孩子的理由多得很。只要孩子犯了错,那差不多都是打。你打了他,他就长记性了,就记住了,就学会了。以前教育孩子,差不多都是靠打。

家庭是孩子的第一课堂，是孩子社会化的最重要的空间。除去生活生产技能外，孩子在父母的言传身教下学习伦理道德。在家庭的氛围中，孩子学习如何为人处世、如何与兄弟姐妹相处、尊老爱幼等，完成濡化。除去这种潜移默化的言传身教之外，由于历史上东城宗族势力比较强大，许多村子或家庭都有家训、祖训等书面形式的教育。中华人民共和国成立前，在全族祭拜祖先的时候，宗族中辈分较高又有威望的族老，通常就会当众宣读家训或者祖训之类的，以此来教育族人。随着时代的变化，家庭的教育职能也发生了巨大变化。传统家庭承担的相当大一部分教育职能已经转移给了学校，交由社会、国家来承担，这在文化知识传授方面表现得尤为突出。但在日常的生活技能、为人处世、伦理道德方面的教育，家庭的作用依然不容忽视。我们在本书的第九章有相关的描述和讨论，故此处不赘述。

二、生产功能

东城典型的传统家庭主要体现为核心家庭，因此经济生产方面的家庭分工也主要体现在丈夫和妻子之间。

与中国其他的传统汉人社会中所见的一样，旧时的东城核心家庭也长期遵循着"男主外，女主内"这种似乎是不言自明的分工规则。丈夫在外面即承担主要的生产劳作与经营以养家甚至发展家庭，妻子则在家中打理一切琐碎事务，包括抚育子女、做各种家务等。但一般来说，妇女们还必须或多或少地帮助丈夫从事农业生产或者其他经营活动，在家中还几乎都会从事某些手工以补贴家庭。历史上的东城始终以农耕经济为主，主要的生产劳作如耕田、耙地、收割、运输等都需要较多的体力，这些几乎都是由相对来说体力更好的男性来完成的。女性在体力方面则处于劣势地位，所以除了少数尤其困难的家庭之外，女性在这些方面通常只能够承担某些辅助性的劳作。不少人都说，旧时不少女性虽然也"要出一把力"帮助种田，但其实主要是在田间管理时负责到稻田拔草、捉虫子以及协助收割水稻等，这些劳作通常需要细心、耐心，但不需要付出多少体力。因此，她们虽然同样懂得主要的农业生产技术与程序，也不乏实际从事各种农业生产活动的经历与经验，但婚后她们最主要的日常工作则是管理好家庭，以及从事各种副业如养猪、做女红等。即使是时至今日，不少老人仍然坚持认为，女性只需处理好家里的事情就行了，最多是在种植、收获等"特别需要人手的时候，出去帮下男人的忙"而已。

访谈资料：

问：那以前这边是种田的，妇女要不要去种田啊？

答：一般来说，都是男的种田的，女的一般是不种的。女的，主要在家里做家务那一些，就是做饭、洗衣服、带孩子那一些。以前她们还要送饭的，就是把饭菜送到田里，给干活的男的吃。有时候，她也会让孩子去送。去送饭的，差不多也都是女孩子，因为大一点的男孩，都在田里干活。

问：那些菜园子一般都是谁来种？是妇女种吗？

答：这个不好说，不过还是男的种的多，女的种的比较少见。妇女就是做家务啊，她还要喂猪、喂鸡这一些。以前舂米、晒稻子这一些,也都是女的做的,因为她们在家里。我们这里舂米,以前也有用脚的(意为通过踩动木槌来舂米)。以前女的,就在家里用脚舂米。

相较来说,农业生产等较为容易拿出实际的业绩,而且对家庭是实实在在的帮助。如果缺少农业生产或者经营不善,则几乎必定会使得整个家庭陷于困顿。而家庭事务繁琐,对于维系家庭来说虽然极其重要,但又似乎可有可无,也不容易看到实实在在的业绩。所以访谈时不少老婆婆都说,"确实是一天从早忙到晚,但又不知道干了些什么。自己说起来,都觉得心虚"。或许正是由于这种差异,才导致了家庭中的两性地位极不平等。女性通常都会认为男人在外操劳非常辛苦,觉得男性是家庭主要的生产经营者,是家庭得以维持下去的主心骨,所以日常生活中几乎总是会尽力维护男人,都会设法尽量减少男人在其他方面的付出、操劳而宁愿自己多辛苦。

本次调查时,我们访谈了众多七八十岁的男女老人。对比现在常见的家庭构成与分工,他们对于历史上长期存在的这种分工模式各有自己的看法,认为好的、认为坏的或者认为好与坏并见的都有。但在总体上说,则似乎是偏于正面的看法为主。在他们看来,这种分工方式最大的坏处,是几乎把女性全部"绑死在家里",而其最大的好处,则在于彼此分工明确而且极为有利于家庭的总体稳定。如此看来,传统的"男主外,女主内"似乎并不是一无是处。至于对女性来说是不是封建桎梏,似乎也可能难以一概而论。

在历史上的东城人中,始终有一小部分人主营或者兼营商业、渔业、航运等行业,也有不少人主要以外出打工或者帮工谋生。在某些具体的地方如峡口村、温塘的瓦窑坊以及乐平坊等,从事非农业的人口甚至还可能是主体。但在整体上说,农业是最重要的生计方式,是多数家庭的根本大计,农业人口也始终是东城的主体人口。而据调查,历史上的东城人种植过小麦、红薯、高粱等,"文化大革命"期间"还种了玉米,还种过番薯"。但是,东城人始终以水稻种植为主。例如,温塘坐头村外现在还残存田园风光,如图 6 - 1 所示。不过,直到中华人民共和国成立后的一段时间,由于大米的收获有限,许多东城人日常食用的其实是大米加杂粮,不少困难人家甚至以杂粮为主食。老人们回忆,"中华人民共和国成立前,村里一年到头天天吃大米的,没有几家"。由于粮食不足,人们普遍利用旱地种植木薯、红薯、花生、甘蔗、黄麻等其他补充性作物。那时木薯、番薯是重要的食物,花生则主要用来榨油供日常食用。许多老人都回忆,"我们这个地方历来拿花生油当食用油吃"。至于甘蔗、黄麻等则是经济作物,主要用于出售以换取零钱补贴家用。此外,普通的人家通常还养有少量的猪、鸡、鸭、鹅,但只有部分用于逢年过节或者重要的时日食用,其余的主要用于出售以换钱补贴家用。

图 6-1 温塘坐头村外现在还残存田园风光①

访谈资料：

问：以前这个村子的人主要是干什么的，比如是种田还是做生意？

答：以前，大部分人都是种田的。做生意的也有，不过是少数人。

问：那除了水稻之外，这边还会种些什么？

答：主要的作物，还有黄麻、花生、甘蔗、木薯那些，以前是普遍都种的。黄麻都是拿来编绳子的，编好了卖钱。在以前，不少人家里的那一点钱，就是靠黄麻得来的。花生主要是榨油，甘蔗主要是榨糖。以前，大部分的花生，都是拿去榨油的。家里担着花生去作坊，就是拿去换油回来吃的。要是自己家里有糖寮（意为榨糖作坊），就自己拿甘蔗榨糖。没有的话，那就只能卖了。中华人民共和国成立后，我们这边普遍都穷，自己家养的鸡、猪，大部分都是拿去卖了。那时候，自己家养的，那是都舍不得自己吃的，都是拿去卖的。

在东城这样的以农业经济为主的社会当中，农业基本上可以保障一个家庭的基本需求。但是，仅仅靠农业来发展家庭，则几乎总是困难重重。例如，一家遇到盖房、娶妻等大事情，通常需要多年间在多方面都辛苦积累才可能完成，仅靠农业实在难以凑集足够的资金。老人们回忆，以前家里预计有这些大的事项时，都是提前多年就规划，然后多年节衣缩食、开源节流才可能勉强应对。例如，家里会同时设法种植一些经济作物、尽量多饲养家畜，借此帮助积攒一些所需要的资金。而为了维持农业生产或者更好地开展农业生产，有些方面也需要不时地投入。老人们都认为，旧时在家庭的生产投入方面，最重要的是买耕牛和养护耕牛。但是，买一头牛则需要花一大笔钱。传统上，一个家庭通常需要积攒很久，才能够买得起一头牛。据调查，有一些较为贫穷的家庭无法积攒下足够的钱，只好采用联合的办法即几家合资买一头牛。通常都是兄弟几个的家庭或者彼此亲近的几个家庭联合起来出资购买，这头牛归这几个家庭共同拥有、共同使用。

---

① 图片来源：http://bbs.sun0769.com/forum.php?mod=viewthread&tid=1015394。

访谈资料：

问：赚来的钱，一般是家里谁管？老婆吗？

答：这是不一定的，得看你家里的情况了。不过，以前确实一般都是女的管钱的。女人都会节省的。男人花钱比较快。

问：那赚来的钱，主要花在哪些方面？

答：要是在平时，就是家里拿来买油、买盐、买布，主要就是这些。我们这里集体生产的时候，上小学不用什么钱的，不用交学费。到了上中学了，那就要花很多钱了。以前我们这里没有衣服卖的，都是自己买布，回家来自己做。要是你不会做，那你就请别人做喽。逢年过节，有钱的人就买新的衣服、裤子、鞋那些。穷的话，就只能穿旧的了。

问：那这里逢年过节吃些什么肉？

答：以前哪有什么肉吃，自己养的猪；都不舍得吃，拿去卖了换钱。要是过年，可能买一点猪肉吃，其他的肉就没有了。家里辛辛苦苦攒一点钱，有人拿去做生意的，不过这样的很少。大部分人家，都是攒够了钱，把房子翻新一下。钱比较多，那就建新房子。以前娶媳妇、盖房子，那都是要全家人一起积攒很多年，那才够钱的。

在东城传统的家庭经济生产活动中，其实几乎随处都有孩子的身影。东城老人普遍承认，旧时孩子是父母最好的助手，是家庭主要的补充性或者辅助性的劳动力，这与现在对孩子的一般认识几乎完全相反。在解释为什么历史上东城的孩子经常辍学时，老人们几乎一致承认，最主要的原因就是家里需要孩子尽可能早地帮助谋生，由此可见当时孩子的重要性。不过，老人们同时也普遍承认，虽然孩子们积极地参与了家庭的各种经济生产活动，但是，通常都不是他们自己主动要求的，更重要的是他们毕竟不是各种劳动的主体，他们虽然重要但只是辅助者；而且要他们参加各种劳动也不仅是为家里助力，其实更主要的是让他们通过劳作而学习，借此培养其日后成家后独立谋生的技能与经验。

三、赡养与送终功能

访谈时发现，东城老人普遍心疼儿子谋生不易，所以在平时尽量避免影响儿子的生活。我们的调查发现，几乎所有的老人都尽可能地不给儿子"添麻烦"，即尽可能地不寻求其帮助、不依靠其养老。应该是这个缘故，古今的东城最为常见的养老方式，都是老人们独居并自食其力。不到万不得已或者不到最后的时刻，他们几乎都"不会给他们添麻烦"。时至今日，自我养老其实仍然是东城老人最为主要的养老方式。图6-2为东城某族谱部分。

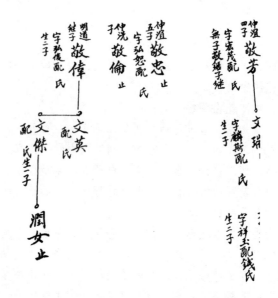

图 6-2 某族谱部分（其中的"止"代表该家绝后）

但是，如果老人到了一定的年纪或者因为遭遇严重的疾病等，完全或者基本上完全丧失了自我照顾、自我养老的能力，他们就可能被迫指望儿子们适当地反哺，指望儿子们这时候负起赡养老人的责任。人们相信，赡养老人历来是东城家庭的一项主要的功能。东城人的这种观念历来深重，通常都能够做到老人在世时敬事老人。依据传统的习俗，已经出嫁的女儿并没有赡养老人的责任，但古今都有许多女儿尽力照料老人的案例。而儿子能否照料好老人即做好"生养"，则历来是社会判定这位儿子是否"孝"的最重要的标准。据调查，东城的儿子在赡养老人时历来有几种不同的方式。最为常见的一种是老人自己生活，而子女们给予适当的经济和实物等，多见的是几个儿子共同承担起老人生活所需的责任。第二种是老人跟着某个儿子及其家人一起生活。这个儿子通常是其小儿子，也有少数是老人跟大儿子一家生活的，但跟随其他儿子生活的始终罕见。第三种是父母轮流在几个儿子家里生活一定的时间，在某一个儿子家时由该儿子满足所有的需求。当然，每一种方式之下可能都有种种具体的差异。例如，东城历来存在一个儿子赡养父亲，而另一位儿子则赡养母亲的情况，即每个儿子分别承担一位老人的赡养义务。在牛山等客家地区，这种分别赡养的情况似乎尤为常见。

假定父母独居且自我养老，日常父子们则各自谋生。有事的时候彼此自然戮力相助，但是，日常没有特别的事情时，相互间的往来其实也比较少，关系显得相当平淡。尤其是婆媳关系，这时几乎总是以彼此客客气气为主。访谈时多位老人都说，平日里"两父子，还不是各过各的日子"，相互间跟普通的村民"也没有多大的区别"。至于日常的饮食，也是父子各自开伙。逢年过节儿子及其家人是否会和老人一起团圆欢宴，则要视具体的情况而定。据调查，过去确实有儿子及其家人全部聚集到父母家中集体欢庆节日的，但旧时相对来说比较少见，主要的原因则在于经济能力有限、物资缺乏。老人们回忆，以前多见的情况是各自在自己的家中过节，但儿子一般都会挑个日子看望父母，并送上若干过节的应景礼物。也有老人回忆，以前父子经常是比邻而居的，这个时候几乎都会相互送一些较好的菜肴之类以过节。但是，老人做寿则是一件大事，也是人们认为最能够体现子女孝心的关键时刻之一，所以"一大家子"必定要在一起吃饭。每到这个时候，传统上所有分出去的儿子以及已经出嫁的女儿，都会尽力拖家带口齐聚父母家共同祝福老人。由于这样，做寿不仅表达了儿女对父母的心意，也使这个场合成为了大家庭难得的一次大聚会。

访谈资料：

问：你们这边是不是也要给父母做寿？一般都是什么时候做寿？

答：我们这边，父亲从 50 岁开始做寿。母亲从 60 岁开始做寿。以后，到了 60 岁、70 岁、80 岁、90 岁，那都是要做寿的。以前做寿，其实也没有什么的，就是一大家子人一起做顿好吃的。不过，这时候一定要用万寿果（即木瓜）跟猪肚、鸡肉一起煲汤。为什么要用猪肚呢？因为这象征每个人，都是从娘肚子里出来的嘛。这时候，女儿、女婿也都会来，都是一个大家的人嘛。寿星要给来的人发红包，就是一两块钱。但是，一定要每人都发，图个好意头。做寿，不用祭祖的。

老人们说，日常生活中的所谓"有事"，一般都是指父母遇到修缮、收割、运输等事情需要付出较多体力的时候要求儿子们前来帮忙，儿子们通常都能够及时地满足要求。但如果儿子因故不帮忙，父母们一般也不会在外人面前多说什么，反而经常会用"儿子自己也是有大有小的，也是一大家子，他也有难处"之类的话语主动为其开脱。另一种含义较为委婉的"有事"，是指父母遭遇重大疾病或者某种意外。这种"有事"时，几乎必然会使得儿子们集聚在父母或者老大的家中，共同商议如何应对。他们一般都能够做到共同出钱、共同照顾"有事的"父母，还会主动承担父母家的各种日常家务，如洗衣、做饭等。传统上的人们极为看重这一点，认为是区分孝与不孝的最主要的依据之一。在这个时候，老人的媳妇们通常都能够非常好地合作，妯娌们经常难得地有序配合。

依照传统的习俗，父母一旦过世，积极办理其丧事等一应事宜，则是所有子女的共同义务，只是各自参与丧事的方式或者程度可能有所不同而已。东城的各处村落至今都可以视为传统伦理观念盛行的社会，老人们普遍并没有过多地期望子女回馈自己，所以如果某个儿子因为各种原因没能够非常好地赡养父母，社会或许还可以原谅。但是，如果某个儿子办理父母的丧事时不尽心、不尽力甚至不参加，整个社会则几乎都会"一边倒地"指责他"不孝"，并会对他施加强大的舆论压力。传统上，一般是由长子"担幡买水"，也是他总体负责并领头办理老人丧事的一应事宜，而其他几个儿子都要从旁尽力协助，即"各尽本分"。办理丧事所需的费用，一般都是由儿子们平摊。但是，如果老人生前一直是跟着某个儿子生活的，则这时多由这个儿子负主要的责任，大儿子等其他儿子则从旁襄助。通常也是由这个儿子负责全部或者大部分的费用，所收的礼金也多是归这个儿子所有，但日后也是由他负责向送礼金的人家"还礼"。由于这个儿子通常都会继承老人大部分的或者全部的遗产，所以人们普遍认为，这个儿子更多地出力、出钱是合理的。

访谈资料：

问：如果父母过世了，几个兄弟里面，谁来负责丧事？

答：那一般都是老大来主持的，其他的几个儿子都得来帮忙。不过，也要看能力啦，有能力、有钱，可能你就主持了。要是没能力、没钱的话，就是那你是老大，也就只能给其他人弄了。

问：那办丧礼需要的钱，是几个儿子平摊吗？

答：这是不一定的。有时候是平摊的，有时候是小儿子或者哪个儿子出钱的。比如小儿子和父母一起生活，他拿了父母的钱，还有家产那一些，那当然他要出钱了。

东城人始终认为，养老、送终尤其是送终历来都要依靠儿子。不少人认为，东城人至今时常说及的"养儿防老"的含义就在于此，也是老人对儿子最主要的要求，也有老人说是"最低要求"。一般来说，在老人的养老和送终方面，女儿、女婿没有多少必定的义务，社会习俗也历来并不要求他们在这些方面尽心尽力。老人在世时，女儿如果逢年过节以及特定的时日或者生病等时候回来探视，人们认为她就已经算是尽到了本分，日常并不需要她承担照料等方面的责任。即使是父母患了大病，人们希望女儿们来照顾，但她不是必定需要出资，所需的费用主要由其兄弟承担。到了送终的时候，女儿与女婿其实接近于客人的角色，即虽然积极参加但并不参与丧礼的筹办、组织等具体的事宜。

但是，假如过世的老人只生育了女儿而没有生育儿子，并且始终也没有过继或者收养儿子，依照旧时的习俗，这时其女儿和女婿可能就需要负全责，为其办理后事。这时其女儿和女婿仍然不能够继承其遗产，他们通常都是采取事后设法变卖老人全部资产的方式，所得则用于补贴办理丧事的费用，以及偿还可能存在的债务，这历来都是习俗所许可的。如果某个老人只有女儿而没有儿子，其身后也可能由其房族帮忙办理后事，或者由其兄弟或者侄子等近亲负责，社会习俗对此历来都是许可的。如果是后者，依照传统，这位死者的田地、房屋等全部的遗产，也都由具体操办其后事的这位兄弟或者侄子全部继承。人们至今普遍认为这是合理的，因为"他办了后事，付出了心力，那当然这些都要归他了"。本次调查中，我们得到过几个这样的案例。

访谈资料：

问：那如果有个老人，家里就只有他自己一个人，他死了之后，那怎么办丧事？

答：就是他那个房里的人，还有邻居那些人，会帮忙办的。他那一个房里的人，那就有钱出钱、有力出力，大家一起准备棺木，还有杀牛、杀猪那一些，最后把他给葬掉。

问：那如果他没有儿子，只有女儿，女儿又都出嫁，那怎么办呢？

答：要是死的人只有女儿，那也就没办法了，那就只能由女儿、女婿出钱办了。他的兄弟、侄子这些人，有时候，也有出钱办理他的丧事。不过，这个很少见到的。

据调查，历史上东城各处村落的许多房和族都有公共资产，但是，几乎从来不会用于为无后的老人办理后事之类的，这与不少地方的习俗大相径庭。老人们说，到了实在没办法的时候，房中、族中或者村中的某人或者众人，可能会挺身而出为其料理后事，人们认为"这是做善事嘛，当然是可以的"。温塘的桥头街就有一例这样的情况，独居又无后的女主人去世后，其侄子帮其办理了全部的后事，也继承了其全部的资产。遗产之一是一处大住宅，建设得非常讲究，类似于四合院，这座主屋多年前就失去了主梁，居然仍然能够安稳地矗立至今。不过，这时的丧事通常都显得比较草率，"一般就是弄出去埋了，就可以了，什么讲究都没有了。他没有后人嘛（怪不得的）"。在许多现在的村民看来，正是这种身后凄凉的事情，才使得村民普遍觉得无论如何都得自己生育儿子。他们相信，前人也是这样认为的,所以当时才生了很多孩子。

访谈资料:

问:在父母养老这方面,女儿起的作用大吗?

答:在这方面,女儿还是不行的,还是得靠儿子的。女儿那是要嫁出去的,儿子不管怎么样,还是在你旁边嘛。等你老了、走不动了,想喝一杯茶,那还是得儿子给你端过来。女儿过年、过节来看看你,带点东西回来给你吃,那就算好的了。

问:那女儿嫁出去以后,一般什么时候回来看望父母?

答:逢年过节,那都是会来看望的。父母生日的时候,也会来看望的。端午和冬至这两个节,是当天来。要是中秋,那就要提前几天来。过年,从初二开始过来都行。这些时候女儿一定要来,女婿就不一定了。外孙小的时候,多数会跟妈妈来。等他大了,多数就不来了。以前老人是不留女儿吃饭的,因为她家里,还有她的丈夫、孩子,她得赶紧回去照顾嘛!

但是,在这些方面女儿并不是总是处于如此消极的地位。有些时候,女儿可能比儿子和儿媳还发挥着更加重要的作用,特别是在赡养已经失去了自我养护能力的老人方面。本次调查时,鳌峙塘村徐××的母亲已经93岁,其配偶也就是徐××的父亲已经在多年前过世,从那以后她一直独居。在日常生活中,徐××的一位弟媳妇负责上门给她做一日三餐,但洗澡、洗刷衣物等日常护理工作以及家务,却都是由他一个出嫁多年的妹妹负责的。在人们看来,虽然女儿已经嫁出去成为了另一个家庭的人,但对年老的父母特别是母亲来说,女儿其实是比儿媳妇更亲的亲人,他们有些话、有些事情可能不方便告诉儿子或者儿媳妇,却大可以对出嫁的女儿倾诉或者交代。① 访谈时许多老人都说,有些不适合让儿子或者儿媳妇做的事情,都可以要女儿帮他们做。在这个意义上说,这些女儿确实经常可以成为年老父母有力的精神慰藉。

四、祭祀功能

祭祀历来被东城的人们视为家庭最重要的功能之一,也历来被视为生育子女的最重要的目的之一。如果某人没有子女尤其是没有儿子,其身后就必然无人祭祀,东城人历来认为这是极为凄凉悲惨的。所有的后人都要祭祀祖先,人们通常把祭祀分为家祭、祠祭和墓祭三种,后两者可以视为扩大的家举办的家祭。我们从家庭的角度合并对三种祭祀进行描述,可以与本书第十章从空间的角度进行的描述与讨论相互参照。

所谓的家祭,就是在自己的家里祭拜血缘关系尤其亲近的祖先,实际祭拜的对象一般都是已经过世的爷爷、奶奶、爸爸和妈妈等至亲。东城人也有在家祭祀曾祖和高祖的,不过历来都是比较少见的。至于更为久远的祖先,则一般都是到祠堂里进行拜祭。历史上,几乎每户东城人家里都普遍有专门用来供奉祖先牌位的神龛(俗称为横头离等),其上摆放已逝的父母等人的黑白画像(现在则多为大的照片)或者牌位,也有不用牌位等而用某

---

① 访谈时有老人说,这有利也有弊,"闹不好的话,就会影响女儿与儿媳妇的关系"。

种象征物（多见的是香炉），以此代表列祖列宗的。依照传统的习俗，神龛以及神龛上的这些神物不能正对家屋的正门摆放，而通例必须稍微偏左或偏右。我们考察后发现，老屋中确实多是如此，不少人家还刻意放在侧面。至于为什么要如此，则似乎已经无人可以说清楚了。如有人认为这是因为逝者的像、牌位等性属阴而怕光，所以不能够正对正门以免阳光直射到；也有人认为如果正对正门，则会坏了自家的风水。因为这样等于把一个家分为了两半，所以极其不吉利。

旧时的神主牌几乎全部都是木制的，不讲究的神主牌只有正面有字，刻或者写的通常都是该位祖先的姓名、辈分、彼此关系等，一般的格式如"民国显二十八世妣袁母萧氏孺人神主""民国显二十八世考阿敦袁公府君神主"之类。较为讲究的神主牌背面，可能还有一些描述性文字，通常都是介绍或者描述神主的生平业绩。如果是后一种神主牌，其本身通常是护套与牌位的合体，只有从护套中抽出牌位之后，才可以见到其背后的文字。我们在樟村、峡口、柏洲边、主山等村落中，都见过这种传承下来的神主牌，但大部分是中华人民共和国成立初期制成的。不少村落中还存有清代时期制作的神主牌，但数量都比较有限。旧时穷人家的神主牌普遍是裸露的，而有钱人家则会做制作有两扇可以开阖小门的精致的木盒，将神主牌放入其中供奉。一般地说，一个这种盒子中只能够放置一位或者一对祖先（如祖父与祖母）的神主牌位。老人们认为，这样不仅显得更为恭敬，还便于搬家或者迁徙时随身携带。根据相关的研究可知，明清时代的汉人社会颇多这一类物件。我们在桑园村亲见过两个这种盒子，是清代初年从梅州老家迁入东城时带过来的旧物，其上的工整的毛笔字迹依旧清晰可见。

中华人民共和国成立后，由于神主牌属于封建迷信的范畴，所以许多旧时传承下来的神主牌被毁坏或者烧掉了。现在大部分人的家里所见的牌位，其实都是新近的工业化生产的物品，上面通例写着"某姓堂上历代祖先牌位"之类的简单而又概括的文字。现在人们的家中也普遍设有神龛，但有相当多的已经变成了工业化生产的三层的木质神台。一般所见的格局，则是上层放置观音菩萨塑像、中层放置祖先牌位而最下层放置土地神位。每月的初一、十五和一年中的各种节日如清明、端午、春节以及祖先的忌日，家人都要举行例行性的家祭，但不同日子的祭祀可能有繁简之别。如正月之外的每个月的初一和十五的家祭，通例只需要点香、燃烛、诵祷即可。而在清明、端午等节日期间举行的家祭，除了上述之外，还需要呈奉一些特别的供品，如肉、米饭、水果等（现在多为苹果，寓意"平平安安"）。而在清明和重阳两个节日祭祖时举行的家祭，还一定要烧一些纸钱。如果是在祖先的忌日进行的家祀，基本的仪式活动与清明、重阳等时的家祭基本一致，但依照惯例这一天全家大小都要守夜。访谈时有一位老人记得他小的时候在爷爷的忌日时举办家祭的情形，"那天点香、烧纸钱。还摆上了猪肉，还有好些其他祭品。那天晚上不能睡觉的，家里面的每个人都不能睡，就是要守着。要一直守到天亮"。

与祠祭等另外两种祭祀不同，古今的家祭都是从来不禁止女性参加的。在原则上说，只要是自己家里的人，历来都是不论男女都可以、也必须参加家祭。实际上，现在的女性往往是家祭的主要操办者，准备以及摆放各种供品以及祭祀时点香、燃烛等工作，几乎全都是由女性一手操持的。在许多人家中，这时还要由家中最年长的女性长辈负责感谢祖先、向祖先祈福等活动。即如果有婆婆等长辈，即由婆婆等司其事；如果是核心家庭即没有婆婆，则由妻子负责。有几位老人说，在更早的时候即民国初年之前，虽然各种准备工作都是由女性做的，而感谢祖先、向祖先祈福等则是由家中最年长的男性负责的。当时到了当夜的子时时分，由这位男性长者率领家人集体肃穆站立致敬祖先，也是由他说些感谢祖先、向祖先祈福等话语，说完之后他还要向祖先敬酒、敬饭等。跟我们多年的调查所得来看，在历史上似乎普遍都是这种情况。

东城人普遍有家祠和宗祠，里面摆放的分别是本房或者本族较为久远的祖先的牌位，而本房或者本族的始祖即太公的牌位，则是必然要敬奉于其中的。所以去祠堂祭祖，其实只是拜祭较远的祖先。访谈时老人说，以前"家中放不下的祖先牌位，都会放到祠堂里面去"。旧时的东城确实有此一习俗，家中一般只摆放三代之内的祖先牌位，三代之上的祖先牌位就要移到祠堂中，而家中最多只摆放一块"列位祖先"之类字样的牌位代表他们。直到今日，东城的人家中通常仍然只有祖父辈、父辈的牌位及画像或者照片，仍然难以见到超过三代的。

老人们回忆，直到中华人民共和国成立之初，每到春节、清明和重阳三个节日，大部分家族都要举行祠祭，这时男性族人们集聚到祠堂祭祀历代祖先（又参考本书第十章）。不过，据调查，至少从民国时期尤其是从其后期起，各个家族的具体的情况就不太一样了。如有的家族清明或者重阳时的祠祭相对简单，春节时的祠祭则较为隆重；有的家族则是反过来，清明或者重阳时的祭祀隆重而春节时的祭祀较为简单；甚至还有的家族根本没有专门的祠祭，而只是在拜山时"顺便"在祠堂祭祀列祖列宗。但无论如何，隆重祭祀时，全体男性族人都是先到祠堂前集合，这时地堂就真正派上了用场。族人们在地堂集中并整装后鱼贯进入祠堂，在族长或者某位耆老的指挥下统一集体行礼祭拜，气氛显得极为庄严肃穆。拜祭结束后，旧时通常还有"讲族规"的仪式，即由族长或者族中老人宣读并解释本族祖训或者族规的确切含义，以确保本族的族人能够遵循无误。老人们说，这个环节绝对不仅仅是形式，而具有极为重要的现实意义，万一某族人违反了法律等遭官府羁押或者惩处，族里可以以此为借口向官府推脱本族的连带责任。

祠祭时，族中每家的男性不论大小都要参加，具体参加的方式则各村或者各族可能有不同。有一位老人回忆，他在1945年跟随父亲参加阖族祠祭时，是一个房支的人排在一起，而房支内则是一个家庭的人排在一起，当时就是父亲拉着他的手在一起的。他的岳父是不远处的横坑村人，他们那里却是随便的，差不多都是平时玩得好的，那排在一起。祠祭时祭品相对来说都是较为丰富的，甚至还可能有一头大的烧猪。等到祭祀完毕后，即会把这头烧猪平分给在场的每一位男性族人，① 这就是至今仍然在传说的所谓的"分太公肉"，广府人和客家人的村落普遍都有这一习俗。② 依照传统，只有族中的男丁才能够分到这种肉而女性则没份。分肉的具体方式也不一定，但一般都是以家庭为单位，一个家庭中在场的全部男子领完后，再给下一个家庭分。在贫穷的过去，太公肉给人们带来了许多欢乐，许多老人对此至今印象深刻。中华人民共和国成立后，祠堂一般都被充公而作他

---

① 据调查，有的宗族不论是否在场，只要是本族的男丁都可以领取一份。不过，相对来说只分给在场的男丁的情况比较多见，据说原因在于这样可以"尽量让多点人来参加"。

② 但是，也有老人回忆，他所在的宗族只有清明祭祖即拜山时才有烧猪作为祭品，所以只有在清明时才"分太公肉"。祠祭的祭品虽然也很丰富，但并没有烧猪。

用,自然就不再用于祭祀,政府也长期不许可祠祭。到了现在,虽然不少祠堂又恢复了往日的风貌甚至变得更加富丽堂皇,但集体祭祀基本上可以说已经全然不见了。

依照东城人的传统习俗,每年的清明或者重阳,要到祖先坟墓的所在地进行墓祭。现在墓祭时,一般是先拜祭最新过世的祖先、后拜本房支的祖先,最后拜祭太公即本族的始祖(详参考本书第十章)。墓祭通例需要有较为丰富的祭品,一般除了有金元宝、银元宝、纸钱、香、红烛、烧鸡、烧猪、水果等之外,祭拜时还一定要向祖先敬献三杯茶、三杯酒、三盅饭(或者三碗饭)和三双筷子。至于为什么这些都必须是三,似乎也已经没有人知道真正的原因。我们得到的说法中,有三种相对来说较为通行。第一种说法认为,三分别代表男性祖先、女性祖先和后代,象征着本族瓜瓞绵绵、源远流长;第二种说法则认为,三代表多,象征着本族香火鼎盛、人丁兴旺。最后一种说法则认为,三代表着一天之中的三餐,象征着祖先在阴间衣食无忧、血食不尽。

依照习俗,祭拜时必须按照先敬茶、再敬酒、最后敬饭菜的顺序进行。这个顺序万不可颠倒,否则,即为对祖先的大不敬,并可能因此而招来某种不吉利。人们认为,东城人日常就是以这样的顺序来待客,认为这样才可以显示对客人的敬重。祖先虽然过世,但仍然如同在阳世一样生活,所以需要以同样的顺序进行,表示后人对他们的敬重即事死如事生。人们又认为,先敬茶和酒,也有利于祖先消化而得以身心健康。旧时东城乡村的生活普遍艰难,敬茶与敬酒经常有较为特殊的含义。

访谈资料:

问:听说这边到坟墓去拜祖先的时候,还要准备茶、酒?

答:那肯定都是要有的。到了拜祖先的时候,就是要先敬奉三杯茶、三杯酒,还要敬奉三盅(杯)饭。还有得给他们摆好三双筷子。

问:那是先祭茶,还是先祭酒?

答:先敬茶,然后是敬酒,最后才是敬饭。这个顺序千万不能乱的,否则会招来不吉利的。我们这边,一直都是这样的顺序的,这个不能乱的。

旧时每到墓祭时日,男性族人们通常以家庭为单位抵达某处集中,然后再集体去墓地。过去人们认为,只有男丁才是属于本族的人,所以墓祭时只允许本族里的男性参加;而不论本族出生的还是嫁入的女性都是不属于本族的,所以都不得参与墓祭活动,甚至这时女性连帮忙做饭煮菜、准备祭品之类的都不许可。到达祖坟处后,族人们先做一些拔草、扫墓等前期工作。等到了吉时良辰(但也有人说,墓祭并不需要事先择定吉时良辰),族人通常依家庭(或者以辈分和年纪)为单位排列好,然后由族长或者族中的耆老等长辈带领,先敬献祭品、后鞠躬致敬。在这个时候,通常还要由族长或者耆老代表族人发表感念祖恩之类的言语。等到了结束时,通常要燃放大的鞭炮。此后人们可以就地享用烧猪等祭品,但大多是把烧猪带回村中,再依照每个家庭的男丁数目逐一分配。许多老人都回忆说,那时候男丁分到烧猪肉很少会当场吃的,而几乎都会带回家中让家人共同享用,结果给"一大家子的人"带来快乐。"那在以前啊,一年也吃不了几次肉的,肯定都高兴啊。"

随着时代的发展,现在本族的女性也早都能参加墓祭了。不过,现在的墓祭早已不复当年盛况,许多宗族、房支甚至连集体墓祭都难以做到了,更不要说强制性地规定每个家庭的所有男丁都要参加。现在参加集体墓祭的尤其是到较远处的祖坟墓祭的,通常都只是房族中的一小部分中老年男性。访谈时发现,很多老人对此也看淡了,"有空你就去,没空你就不去。现在是随便你的,都可以的"。不过,他们的语气中似乎更多的是充满了某种无可奈何。以我们的观察,东城的宗族到底是复兴还是衰落,似乎还在未定之天。

第四节　传统家庭的分家

东城人所说的分家,其实包括两种,我们分别称为一次分家和二次分家。学术界相信,分家(一次分家)是家庭再生产的一种主要方式。① 已婚的儿子与父母以及未成年的兄弟等分开,自此脱离原家庭而另起炉灶、自立门户,正是分家的最为直观的体现。

东城老人至今经常用"树大分枝,鸟大分窝"这句常用的俗语,来形容分家的必然性与合理性,认为分家是儿子长大成人的一个重要标志,也是本家乃至本宗族发展壮大的一个重要的标志,所以分家历来都被看成是一件大喜事。

一、分家的原因

东城人通常所说的分家,其实就是指一次分家,也就是儿子在婚后过了长短不一的时间后独自生活。本节的最后部分单独描述二次分家,所以此处主要描述一次分家,只在作为对比时才会提及二次分家的相关内容。

东城人历来普遍欢迎一次分家,其实珠江三角洲各地历来也都是如此,② 这与北方的汉人社会颇为不同。但旧时导致分家的具体原因,则很多时候都是令人心酸的。极为概括地说,主要有经济条件的限制和家庭矛盾的影响两大类主导因素。当然,这两大类因素经常不是单独起作用的,分家经常是多种因素合力作用的结果。访谈时许多老人都异口同声地认为,过去一般的家庭经济能力都极其有限,这是导致分家的第一个最为重要的原因。

以前的东城属于农业社会,人们极端依赖土地。但东城的土地数量极为有限,而生产力又长期低下,这就直接导致了绝大多数家庭在经济方面极为困难,所以"那在以前啊,都没有钱,很少有人能够维持大的家庭的"。为了生存,旧时的父母们通常主动地选择与已婚的孩子分家,通过逼迫成年的孩子担起责任、自谋生路,从而有效地减轻了原家庭的

---

① 如果从功能主义的立场来说,对分家的概念,中国学术界似乎主要有两种理解。费孝通等学者从代际家业传递的角度,认为分家是父母将财产传递给下一代的最重要的步骤之一,通过分家,年轻一代获得了对原属于其父亲的部分财产的法定权利,对这部分财产开始享有了专有权。林耀华等学者则从兄弟间分割家产的角度把分家看成是家产在兄弟之间的平均分配。此外,也有学者综合这两种说法。而在国外学者中,则另外有从标志物来认识分家的,如孔迈隆以分家产作为分家的标志,滋贺秀三则以分灶作为分家的标志。出于本书的性质,我们主要从儿子的角度出发,描述和分析儿子们分割家产等。

② 如可参考张振江、陈志伟《麻涌民俗志》,汕头大学出版社2007年版,第135—136页。

负担。

　　访谈资料：
　　问：这里经常说分家，那是因为什么要分家的？
　　答：这个是不是要分家，主要得看家庭是富裕的，还是不富裕的。老爸要是富裕的话，那就能维持家庭，那不用分家。不富裕的话，就是老爸没钱，那就只能分家。就是让孩子各自去找钱养活自己了。一个家，家里的人那么多，开支那么大，还是分开好一点。
　　问：那这边一般是什么时候分家？
　　答：这个也不一定的，要看各家的具体情况。比如，有的人家，那是要等几个孩子都结婚了，这才分家。有的人家，是到了有了孙子的时候，那才分家。不过，我们这里比较普遍的情况呢，是儿子结了婚，那很快就分家了。

　　旧时的东城人同样有多代同堂、儿孙环膝承欢的大家庭梦想，但在实际上，大家庭却难得一见，连扩大家庭在事实上都为数极少。其最主要的原因，就在于维持这样的大家庭需要超强的经济实力，而这正是旧时绝大多数的东城家庭极端缺乏的。传统上绝大部分的东城人依赖土地为生，小部分人依赖手工技艺、营商或者货运为生。但是，这种生计模式确实能够让家人勉强糊口，能够让一小部分家庭小有积蓄甚至能够走上小康之路，但非常难以积累起维持大家庭所需要的经济能力，这使得分家成为必然之选。而在另一方面，这种生计模式并不需要过多的劳动力，夫妻二人或者父母加上半大的孩子通常就足以应付，所以分家并不会太影响家庭的生产，这也为分家提供了现实的可能。

　　如前文所述，东城历来缺少扩大家庭，相对来说主干家庭也较见少。老人们认为，造成这种现象的另外一个最为主要的原因，就在于"家里如果人口太多的话"，则很容易"嘴杂"而使得家人难以相处。家人看法不一甚至认为利益不均等，导致彼此不合甚至关系紧张不已，分家于是成为了调和矛盾的一种有效的手段。访谈时许多老人都说："亲儿子，又怎么样？过不来，还不是分家？"即便一家的两代人甚至三代人都愿意勉力维持一体生活，但一般来说，也只不过是延迟了分家的时间而已。温塘村柴市的陈老人现在早已年过80岁，其祖父早年在海外打拼，勤勉节俭积累出一份家业。约在民国初期，他于柴市修建了一处豪华住宅，现在仍然大体上完整地存留，院内残存的精美雕刻依然让人流连忘返。这位祖父在世时，他与几个儿子以及多名孙子三代十几口人构成的一个大家庭尚得以维持，引得许多不明内里的外人艳羡不已。但几乎在这位祖父去世之日，这个大家庭就因"人太多、嘴太杂乱"而解体了。陈老人的父母分得了少许资金和靠近村子路口处的一处档口，他们就以屠宰生猪、贩卖猪肉为生。老人回忆，那时候家庭的"日子过得很难的。叔叔、伯伯都在边上，但是都指望不上的。就是因为明争暗斗才分的家，分家后自然更加谁也不理谁了"。他还清楚地记得，每天爸爸需要走村串乡收猪，很多时候都是到了夜晚才回来，而妈妈也要像个男人一样帮他屠宰，还需要售卖猪肉。

　　访谈资料：
　　问：听说这边儿子一结婚就分家了，那为什么要分家？

答：家人合得来，就不分了。要是合不来，那就分了。没有人说一定要分家的，不过，我们这里基本上都是要分家的。

问：都是一家人，有什么过不来闹到要分家的？

答：这就很难说了，各种各样的原因都有。就好比说我吧。我只有一个儿子，现在住在莞城。我每个星期都去他家一两次，就是去看看孙子。我老婆就很少去，她跟儿媳妇搞不来，因为两个人的口味不一样。两个女人，都对我儿子好。但是，她们的好法又不一样，这是她们关系不好的根本原因。这个就难搞了，婆媳相处不来。现在不住一起住，也算是分家了，还好一些。

整体上说，两代家人相处不愉快几乎必然会导致分家，至少极大地加速了分家的进程。有时候，父母为了避免儿子结婚后家里出现矛盾频发甚至彼此厌恶、势不相容的局面，就会主动提出与儿子及其配偶分家。我们的访谈发现，一旦出现这种令人难以名言的分家，不论是男性老人还是女性老人，几乎都是本能地认定，这是"因为儿媳妇难以相处"，而儿子则不应该负什么责任。应该说，老人们的这种说法非常可能失之偏颇，但确实也有部分极为扎实的历史事实的根据。实际上，每个朝代组成大家庭的各个婚姻单位的夫妇都有分家的预期，只是相对来说媳妇的离心倾向尤其突出而已。Margaret Wolf 以女性的视角来分析我国台湾农村中的普通家庭和普通女性的婚姻实践，提出了"子宫家庭"（Uterine Families，一译阴性家庭）的概念，[①] 认为每一位妻子都致力于通过生育孩子最终建立一个属于但也仅仅属于自己和丈夫的小家庭，而表现出强烈的与大家庭分离的倾向。以母亲为中心的阴性化家庭，就这样不断地产生又不断地瓦解，这或许是女性的天性与中国传统文化合力的结果，但这导致东城的历史上反复地上演因为女性加入而分家的戏码，导致核心家庭始终是多个家庭的主要类型。这说明，即使是在婆婆普遍强势的历史上，东城的媳妇也远非始终都是乍看上去那样的低眉顺目、被动无为的。如今东城的代际关系、婆媳关系等正在经历全新的变化，而变得简单则是清晰的演化主线。

二、分家的方式

从总体上说，东城人传统的分家其实是分两次。第一次是父母在世的时候由父母主导的分家，常见的形式是儿子们逐一结婚、逐一分出去并就此单独生活。东城人日常所说的分家，其实指的就是第一次分家。人们普遍认为是喜事的分家，其实指的也就是这一次分家。第二次则是父母过世之后，由儿子们共同分割父母遗留下来的财产以及可能存在的债务，这次分家发生于儿子们之间，由于父母已逝而几乎总是有些哀伤的成分。

对于一次分家，传统上的东城人一般采用的是某个儿子结婚、某个儿子随后就分出去的方式。经过逐次分家后，所有儿子及其配偶全部分出去而原家庭剩下父母，或者只剩下父母与某位儿子（多为小儿子）及其妻、子。但在个别情况下，也有采用集体性分家的。即父母等到所有的儿子都成了家甚至都生育了之后，才一次性地把所有的儿子

[①] 详参考 Wolf, M. Women and the Family in Rural Taiwan. Stanford University Press，1972。

及其妻、子都分出去，原家庭就此只剩下父母，或者只剩下父母与某位儿子（多为小儿子）及其妻、子。不过，由于这种分家需要一次性提供诸多处家屋，才能够保证所有的儿子及其家人都有地方可住，而旧时很少有人家能够做到这一点，所以这种方式始终相当少见。即使是在物质与经济条件都已经大为改善了的今天，这种方式仍然极其少见，故本书以下描述一次分家时，以逐次分家时的情形为主。

在第一次分家中，以新婚的儿子及其配偶为一方，而以父母及其未婚的孩子为另一方。这位新婚的儿子能够获得原家庭的部分资产，通常是若干数量的田地、生活用具、生产用具以及若干资金等。他还几乎总是能够获得一处住所，至于是新建的还是旧有的，则因具体的家庭情况而异。旧时的东城人同样以专门建结婚用的新房为好，但是，不少父母只能够为新人提供旧房，甚至只能够提供旧房的部分空间，对此社会习俗也历来都许可。这一次的分家通常不会分割原家庭的债务，如果有家庭债务（包括该为儿子结婚的费用）的话，也几乎总是由原家庭即父母承担。但分家时尤其是第二次分家时，长子可能比其他的儿子多得一份遗产，老人们普遍认为这也是合理的。不过，第二次分家时如果父母有欠债，则通常要均等地分给各个儿子。

老人们回忆，旧时的一次分家过程通常都是较为简单的，一般只是限于父亲与儿子或者儿子与儿子等少数家人之间达成某种协议即可。据说有的人家这时在开始分家前或者分家结束后，专门举行某种仪式并集体吃一顿饭，但这样做的始终为数极少。传统上，人们几乎都是采用口头协议的形式分资产等，而很少采用立字据之类的书面方式。据调查，这跟旧时大部分的普通人都不能够撰写或者理解相关文书有关。即使是到了民国后期即东城的教育已经相对较为普及的时候，绝大多数村民最多也只是粗通文墨即可以写自己的名字、记账目而已，撰写或者理解这类措辞严谨的合同文字，还是经常超出一般村民的能力。其次，这也跟人们传统的"财不外露"的观念也有关系。为了应对宗族内部的财经问题以及可能的经济纠纷，历史上东城的宗族或者房支中，几乎总有人精于此类事务，有时还会专门请有理数之类的专门人才（详参考本书第七章）。但如果分家时请他们撰写分家文书之类的，则无异于自行透露自家的家底。在社会不靖的过去，这是很多东城人家不愿见到的隐患。而更为重要的是，不论是第一次分家还是第二次分家，以前一般的东城人家其实都没有多少家产可资分配，所以"也不值得请人来舞文弄墨的"。通常只需要父亲与儿子或者几个儿子之间通过口头协商达成某种协议，就能得到清晰的分割，而根本没有订立书面字据的必要。访谈时几乎所有的老人们都认为，以前的村民普遍质朴，而且协商分家时限于父子或者兄弟等骨肉至亲之间，所以分家几乎总是"非常好办"。

访谈中还有老人回忆，以前在一次分家时，当事的儿子普遍都会觉得自己以前小、没对家里做出多少贡献，而"拿来分的家产"等几乎"都是父母挣来的"，所以"那就给你多少，你就要多少。给你什么，你就要什么。你又没有挣来什么，那你有什么资格去争啊？"。我们在东莞的其他地方以至整个珠江三角洲调查时几乎都听过类似的话语，这应该是当时的人们一种普遍多见的态度。

访谈资料：
问：以前分家的时候，要不要有什么文书，就是写下个字据那一类的？

答：那一般都是没有写下来的。一般的情况，都是只要家里人互相说好了，那就行了。那些家产大的人家，那是有可能会写下来的。主要是担心分家之后，几个儿子觉得分配不均有矛盾、又反悔了。

问：如果分家之后有个儿子反悔了，那怎么办？

答：那这家里，就会有纠纷了。要是哪个儿子反悔了的话，那就要有人去调解啊。以前，就是族长、叔叔、伯伯这些人出面。调解的人，一般都是长辈，名声又好的，这才说得了话。一般都是家里人去请他们来到家里，就是请他们出面主持调解。那一般的，都是可以调解好的。

不过，有的时候基于家产较大、兄弟关系紧张、父母觉得不好处理或者其他较为棘手的原因，也可能会主动专门请中人来主持分家或者协助进行分家。据调查，一次分家时采用逐次分家的较为少见这种情况，但集中分家时则可能较多地请中人。依照习俗，这时可以请族长、叔叔、伯伯等主持，但比较多见的则是请母亲的兄弟即孩子的舅舅来家里，由他充任中人负责一应分割事宜，所得的结果人们通常普遍遵从。传统上人们认为"舅舅为大"，所以他说的话有权威性而必须听。此外，人们也认为舅舅通常在另外的村子居住，平时与外甥们的往来相对较少，彼此间几乎不会有什么利益纠葛，所以一般不会偏袒某一方即比较容易做到公平处置。相反，如果请的是父亲的兄弟即儿子们的叔叔或者伯伯，由于他们彼此住所紧邻、日常接触多，可能会有各种利益纠葛，所以比较容易出现偏袒某一方的情况，结果就可能会做出有失公平的分配。但访谈时许多老人私下说，舅舅是至亲不会随意透露家底，这才是请他来的最根本原因。

访谈资料：

问：分家的时候，会不会请什么人来分？

答：这个有啊。有人家自己不好分，也有人家怎么分都分不好，那一般都是让舅舅来主持分家了。叔叔、大伯那些长辈，到时候也会来做个见证。不过，要是兄弟感情好的，就不用这么麻烦分得那么清楚了，人是有感情的嘛。比如，大哥有钱、弟弟穷，那大哥就分少点，就是给弟弟多分点。以前女的没有地位，分家的时候，女的都不在场的。分家就都是男人的事情（所以分家比较好办）。现在，媳妇都可以在场了，男女平等了嘛（但是，分家也就不好办了）！

问：那为什么要请舅舅来主持，而不请叔叔、伯伯主持？

答：舅舅呢，他是老妈那边的嘛，那就不容易偏向哪一个啊。不过，如果舅舅分得不好，一样还是会有纠纷的。

中华人民共和国成立后特别是改革开放以来，随着女性地位的提高，婆婆和媳妇也能公开地参与到分家仪式过程中，并经常直接影响分家的结果。传统上，女性是不能参与分家协商的，但她们其实同样可以影响分家的结果。访谈时各村的老人普遍都说，旧时"分家就是家中男人的事情。儿媳妇和婆婆都是不会到场的，她们没有参加的权利"。但人们又普遍承认，就算是在那个时候，婆婆和儿媳妇等事实上对分家经常有重要的影响。包括老婆婆在内的老人们都举出了许多实例证明，分家后如果出现了纠纷，特别是分好了之后又出现了某个儿子反悔等现象，几乎可以肯定都是肇因于她们对结果不满。例如，父子或者兄弟之间一致同意了某种分配方案，但某位儿媳妇知道后认为此多彼少，她可能就会有意见。这时她几乎都会通过某种方式迫使其丈夫提出重新协商，以争取自己的家多得一些。如果其丈夫坚决不从，她甚至还会直接到公婆处吵闹，甚至公开指责公婆分家不公。不少有切身经历的男性老人都回忆说，当年他们分家时，由于"大家都是父子、兄弟，有什么不好说的？就算是你多一点、我少一点，又有什么关系啊？很容易就商量好分家的了。这个时候最难搞的，就是女人。因为女人心小，又会眼红"。几位男性老人都颇为直接地表示，有些人家分家时丈夫其实只是个傀儡，表达的全是其在场或者不在场的妻子的想法，而要是这样，"那就难搞了。那就得有哪个兄弟多让步了。不然啊，她肯定没有个完"。

三、分家的内容

（一）一般家产

传统上，东城各处村落的村民中除了极少数从事经商、运输等的之外，历来都是从事农业生产的。所以那时一户普通人家的家产，主要包括现金、田、地、房屋以及其他一些生产资料，但也包括日常生活中的某些用具如锅、碗、瓢、勺等，这些家产一般也都会进行彻底的分割，这与北方汉人社会的分家习俗有一定的差别，但与珠江三角洲其他各处的分家习俗相当一致。我们第一次见到分家时分锅、碗等是在东莞的麻涌镇，当时感到无比诧异。说到当时的场景时东城的老人们一派淡定，认为这些都是肯定要分的物件，"东城也一直都是这样的啦"。

为了方便计，我们把除了家屋、债务等之外的家产暂时称为一般家产。对于这些家产，一次分家时是分出部分给予当事的儿子及其配偶。无论是东城的广府人还是客家人，其基本的原则历来都是采取均分制。均分并不表现为各人所得的在数量上的绝对平均，而以实际内容或财产的质量等方面的均等为基本原则。某些不方便均分的物品，以及分割之后会损害原价值的物品如耕牛、柜子、房屋等，人们都不会采取简单的物理分割进行均分，而普遍采取其他的方式，常见的如等价交换、变卖现金后均分、共用或者留待以后处理等。

采取均分时普遍有一个例外，即几乎都会给长子多分一份家产。东城人中至今通行一句俗话，即"长子、嫡孙分两份"，指的就是这种情况。在名义上说，多出的这一份家产是给长孙的，但实际上是对于长子付出的一种变相回报。访谈时人们普遍认为，一户人家的诸多兄弟姐妹中，就数长子出力最多、对于家庭的贡献最大，所以他多分一份是完全应该的。

访谈资料：
问：听说过去分家产的时候，长子会多分一份，是这样吗？
答：过去，长子那差不多都是会多一份的。比如，一家有5个儿子，那个父母分家的时候，一般就要把家产分成7份。就是5个儿子各人一人一份，还要给长孙子留一份，还要给自己留一份。

问：那分家产的话，房子、土地、钱是怎么分的？

答：那田多的话那就分，田少的话就不分。要是不分的话，那就大家一起种。不过呢，中华人民共和国成立前的家庭，多多少少都是有些田的，都是能分一点的。分了比较好。锅、碗、瓢、盆、水桶这一些，那是一定会分的。老爸、老妈，都会专门留出一些首饰不分，那是给女儿当嫁妆的。女儿不能继承家产（这样算是一种补偿）。女儿嫁出去了，那她就是别人家的人了（如果分给她田地等，就等于分给了别人家）。出嫁要给她们嫁妆，其实这也等于是给她分了家产。

传统上，女儿是不能够分得家产的。那时的人们认为，女儿嫁出去之后就不再是自家人而成了别人家的人，如果她分得了家产，就等于把父母积攒的部分家产转移给了别人家。但是，父母通常都会预先给女儿准备一些首饰，并在适当的时候以适当的方式（如嫁妆）交给她。至于首饰的数量和价值，则要看家庭的具体情况而定，较为普遍的是金或者银的戒指、手镯之类。老人们普遍说，旧时东城"就算是穷人家，那多多少少也还是有一点首饰的"。由于这些供其随身佩戴的物品始终属于其女儿所有，而且一般也只能够供女儿所用，所以即便女儿出嫁后带去了婆家，人们认为也不算是家产外流，"那也还是她的嘛。就是只有她用嘛"。对于这样的安排，其兄弟们一般都不会有什么意见。

（二）债务

依照传统，一次分家时如有债务通例由父母负责。但如果是二次分家时家里有债务，这时则可以采用不同的处理方式。

一次分家时，如果父母能够偿还或者预估能够偿还这些债务，则都不会分给儿子而由自己负责。据调查，其最主要的原因在于父母顾虑到儿子刚分开独立生活，各方面尤其是经济方面的压力更大，所以不愿意为其增添更大的烦恼。但是，如果父母预估眼下或者将来确实都没有能力偿还，这就必须由儿子承担全部或者部分的债务了，这就是人们普遍认可的"父债子偿"，它是东城各处村落至今仍然通行的一般原则。至于具体到哪些债务由儿子偿还、又由哪些儿子偿还，则可能还要看具体的情况而决定。

访谈资料：

问：分家的时候，家里有以前欠的债，这怎么还？

答：这个得看情况了。父母有钱的话，那就是父母负责还了。父母没钱的话，那就是分出去的几个儿子一起还了，就是每个人还一点。

问：比如，给小儿子办婚事父母向别人借了钱。那几个大的儿子，都分出去了，他们要帮忙还吗？

答：分出去的儿子一般都不会帮忙还的。肯定是要这个儿子还的，就是结婚花钱的那个儿子还的。

问：那女儿要帮忙偿还父母欠的钱吗？

答：女儿出嫁了，那她一般都是不用帮忙还债的。不过，要是她愿意，她家里也有钱的话，她帮帮忙，那当然是可以的了。

一般情况下都是老大先结婚、先分出去,如果父母确实无力偿还因为给他办理婚事、建造新房等而欠下的债务,这个大儿子虽然早就独自生活了,但可能还是要分担一部分债务。老人们说,在以前比较困难的时候,这种情况其实还是有的。有老人回忆,在"文化大革命"期间,火炼树村就有一位大儿子自行偿还了原家庭因为他结婚而产生的债务,"那是个地主的儿子,很义气的一个人"。不过,也有人说,他自行还钱是担心受其父亲地主身份的牵连。整体上说,大儿子还钱的这种情况虽然确实有,但历来都是极其少见的,因为给儿子盖新房、娶媳妇,历来都被公认为是"为人父母"的"不能推卸的责任。所以这些债务没有理由让儿子自己还"。老人们普遍认为,即使父母为此而长期背负还债的重压,那也是天经地义的,这是父母"不能躲避的义务"。

在大儿子分出若干年后,如果因为其弟弟结婚、盖新房等,而使得其原家庭又产生了债务,他更加没有义务分担了。事实上,确实有许多兄长没有承担分毫费用,而只是在结婚时给予了应该给予的礼金。但是,如果其父母跟他商量,看看他可否帮助偿还部分债务,则他可能看在彼此都是家人的情义上,在事后帮助父母偿还一部分债务。人们说,这种情况至今仍然很常见,原因在于彼此"兄弟间,那都是有情义的嘛"。也有些长子事先跟父母说好,预先资助一部分款项或者负担一部分费用,从而避免或者减少了原家庭的相关债务。

(三) 房屋

依照习俗,东城人分家时历来也分房屋。一次和二次分家时所处置的家屋其实有根本的不同,具体的处分方式也极不一样。

在东城人一向的观念与实践中,一次分家几乎总是儿子们依次结婚、然后逐一分出去独自生活,即所谓的各自"另立门户"。人们至今认为,父母有为儿子建造新房的义务,这是"天经地义的责任"或者义务。[①] 所以等儿子到了一定的年纪时,父母就要提早做出适当的安排。旧时有钱人家通过购买或者填出一块宅基地建新房,而占人口绝大多数的普通人家,有些是分割旧有的宅基地建造新房,有些是把自己居住的房屋的部分甚至全部让出来给儿子充当新房,老夫妇则居住剩余的部分甚至搬去他处栖身。[②]

依照传统,无论通过何种途径获得的新房,也不论有无明说,某位儿子在这处房屋结婚并在此居住,这处房子也自此归这个儿子所有。一次分家或者二次分家的时候,几乎都是根本不会考虑这处房产的,最多也只是确认这处房产属于该位儿子所有而已。历史上,人们普遍遵守这个传统,但现在则偶然可以见到因此而起纠纷。祖山村的某个老人有两个儿子,大儿子在某法制单位工作,早已经在莞城自成一家,老人则与一直小儿子在村里共同生活。2012年,老人变卖了村内的一处房产,以自己的名义在莞城购买

[①] 但依照东城的传统习俗,儿子们没有义务建房给父母住,也普遍不会把自己多余的家屋让给父母住,直到最近,这种情况才开始出现某些微小的变化。在东莞的客家地区也有类似的情况,我们在《东莞客家民俗文化:清溪的个案》(广东人民出版社2017年版)和《漳澎传统村落社会研究》(中山大学出版社2016年版)中都有所描述。

[②] 由于这样,有时候可以见到儿子居住在父母原本拥有的房屋中,而父母则在该房子边上搭上简陋的棚子聊为居所。2007年在东莞市麻涌镇某村调查时我们第一次见到这种情形,当时极为震惊。东城虽然也可以见到类似的情况,但据调查可知,只是偶见的个案。

了一处商品房,用于给小儿子结婚时当新房,小儿子婚后也是始终居住于该处。2015年,老人不幸突然去世。办完丧事后不久,小儿子打算把这处房屋正式过户到自己名下。大儿子随即以该处是父亲的遗产为由提起了诉讼,要求获得相应的权益。

访谈时说起此事,发现许多村落的人都知悉此事,而成年村民普遍直摇头,认为该长子的举动虽然有可能合法,但肯定既不合情理也不合传统:"太没道理了。大儿子就是太贪了,没有一点兄弟情分。"老人们也都说,这件事情也给大家提了个醒,以后分家时,要更加小心地处理房屋等家产。

(四)神主牌

依照东城人的传统习俗,无论是在一次分家还是二次分家时,祖先牌位即神主牌都是绝对不会分的。

一次分家时父母都健在,所以根本不会涉及继承神主牌的问题。而在二次分家时,则通例都是由长子继承。东城至今流传的"长子不离香火堂""长子不离祖先台"等俗语,指的就是这个有着久远历史的传统。依照习俗,其他的任何一个儿子都没有权利继承这个神主牌。他们有需要时,可以带着祭品到大儿子的家中祭拜,大儿子必须提供方便。人们心目中惯常的分家其实限于父子两代人之间,但这个普遍多见的神主牌继承现象非常有意思,提示分家或许还有其他代际因素的限制,而并非仅仅限于两代人之间。这个现象也提示我们,需要进一步地深入认识分家尤其是二次分家的性质与含义。

不过,由于祭拜祖先是旧时家庭的日常性的事务,每次都到长子家中祭拜会给大家都造成许多不方便。所以很早就有不少人家事从权宜,即在自家堂屋相当于神龛的位置处,摆放一个香炉并配以祖先的画像,充作神主牌进行日常祭拜。而在客家村落的某些家庭中,则可能只用一个香炉代表祖先。这个香炉可能摆放在相当于神龛处,也可能摆在堂屋内一般用来摆放土地神像的地方。可能是由于迁入较迟而且经济能力相对较弱,东城客家人家屋内的神主牌位以及相应的祭拜设施,普遍显得比广府人家的要简单得多。牛山村下辖的一个自然村内有一处已经无人居住的老屋,主人带我们进入考察时发现,其堂屋地面中间有一个用月饼盒改成的香炉,其内还有未燃尽的香、烛,其前则摆着几个酒杯以及筷子。主人告诉我们说,这些物事是上年的春节其母亲回来这里拜祭时遗留下来的。该屋虽然已经无人居住,但仍旧是祖屋,所以每到年节时都是要到这里祭祀自家的祖先。"现在简单了,就是老母亲一个人来拜,那就行了。以前是要全家都到场的,要一起拜祖先的。"这种情况与我们在东莞市清溪镇所见的情形几乎全部相同,依照惯例,那里的人们也都是在祖屋的堂屋中间祭奠祖先。

中华人民共和国成立后的"破四旧、立四新"以及"文化大革命"等运动,使得绝大多数的神主牌遭到破坏。老人们回忆,那时村民普遍在原来的神龛或者牌位处贴上毛主席的画像,或者摆上了毛主席的半身石膏塑像。到了改革开放后即又可以自由"祭祖、拜神"的时候,村民家中开始普遍摆上一块写有"历代祖先牌位"字样的牌位,用以代指所有的祖先。旧时逝去的祖父、祖父母、父亲和母亲通常也都是各有一块牌位,现在则情况不一。到了现在,绝大多数的人家中都用上了工业化生产的三层的木质神龛,中间摆有"历代祖先牌位",有些人家还在其旁边摆上已故的父、母等的画像或者相片等。人们普遍不再拘泥于"长子不离香火堂"的传统观念,普遍改在自家内自行祭祀祖先。但这时通常都是由女主人一人代劳,而不再是全家集体祭拜了。

四、分家之后

东城人历来实行分家即分灶,即从此分开为不同的家庭而各自做饭、各自吃饭。传统的东城人认为,不论哪个儿子分出去,其最直观也是最重要的表现,便是他从此另起炉灶自行饮食。人们认为,分家之后,原来的一家人自此就是两家人,当然就不能够再一起吃饭了。

在一定意义上说,这种观念尤为着重的其实是食物,从一个方面反映出旧时生活的艰难,也印证了人们关于分家的原因的说法。如前文所述,旧时代东城人的经济状况普遍艰难,有能力为儿子另置宅基地的东城人家非常少,所以父母多是在自家原有的宅基地盖新房或者把原有的家屋分一部分给儿子当新房等。由于这样,分家后父子、兄弟多是比邻而居,同屋异室而居的也不是罕有的个案。不过,即便仍然居住在一栋老房子里,依然是自此各自吃各自的饭、自家过自家的日子。除非逢年过节,否则两家或者多家人"不会再在一口锅里吃饭"。

访谈资料:

问:听说这里分家的时候,锅、碗、瓢、盆、水桶那一些,是都会分的。说分家就是分灶,是这样的吗?

答:是的,这些都是要分的,就是各人要另起炉灶嘛。分家了,那就会各自分开做饭,然后分开吃饭嘛。

问:那分家之后,比如说过年过节的时候,几个兄弟还会一起吃饭吗?

答:过年一般都是要一起吃顿饭的。一般都是大家到父母家,跟父母一起吃顿饭,算是过个年。要是其他的节日,感情好的话,那就一起过了。要是不好的,那还不就是各自单独过了?

分家之后父子之间、兄弟之间,除了基于血缘产生的各种传统的联系之外,其他方面则一般来说并没有多少特殊的交集点。在日常生活与生产中,他们对待原家庭或者兄弟的家庭,与对待普通街坊邻居的家庭也并没有多少明显的区别,主要"只有称呼"方面可能有区别。例如,在日常的经济生产方面,从分家时起,原家庭与新家庭就要各自安排即"自家顾自家"了。自此父子或者兄弟之间一般不会再继续共同劳作生产,所得的各种收益也不会再共同享用。

访谈资料:

问:分家之后,几兄弟之间的关系一般会怎么样?比如,农忙的时候会相互帮忙吗?

答:农忙?那就基本上就不会了。因为这时候你忙,那他也忙。他自己都顾不过来了,哪里还能互相帮忙什么的?

问:那比如说,会不会这几天先帮大哥家把稻子收了,过几天再去帮忙收另一个兄弟家的？或者说大哥忙完了自己的，弟弟还没有忙完，那大哥自己就去帮帮忙？

答：这个要看感情的。好的话，那就去帮忙。一般来说，都是这样了。

当然，分了家并不等于说父子、兄弟在各个方面从此不相往来。无论如何，相比起普通的村民来说，他们彼此至少在血缘方面还是更近一些，彼此还是兄弟并有共同的生活以及由此而来的兄弟情感，所以在许多方面彼此还会更经常地互相帮助。访谈时不少老人都说，刚分出去的儿子在持家、生产等许多方面都没有经验，父母们还需要经常予以主动的指导。柏洲边的刘姓老婆婆很健谈，村民都说她非常善于蒸水蛋，而她的大儿子"自小就喜欢吃"。但是，刚分出去独自生活时，她的"大儿媳妇就是做不好蒸水蛋。不是水多了，就是蛋多了，要不就是蒸得太老了。根本不滑、不嫩"。所以刚分家的头一个月里，大儿子家每次要蒸水蛋的时候，她都会过去指点大儿媳妇，帮忙做这道"其实很简单的菜"。而分出去的都是已经长大成人的儿子，他们都是具备了完全的劳动能力的身强力壮的青壮年劳力。在原家庭因故急需劳动力时，他们几乎都会主动地前去帮忙。而如果是父母或者弟弟主动要求的，他们通常都会想方设法提供助力。由于早几年大规模的拆除、重建，现在牛山村只残存几栋20世纪70年代修建的老房屋。当时张老人动手拆除自家老式的平房时，他的几个早已经分了家的儿子都主动过来帮忙。上房顶拆除砖瓦等较为"需要体力的活，都是他们自愿干的"。说这话的时候，老人一脸的自豪。

不论是父子间互助还是兄弟间互助，基本上全都是建立在完全自愿的基础上的。东城社会中，历来并没有这方面必然要遵守的规矩或者习俗，这与北方的汉人社会不尽相同。北方的不少汉人社会虽然也没有这些方面的硬性规定，但有道义或者伦理方面的要求，即如果不帮忙则通常会被议论，会面临较大的社会舆论或者文化的强大压力。在旧时的东城，一般来说这时通常要看父子间或者兄弟之间的感情如何，同时还要看自家是否具备相应的能力。如果都具备的话，通常也都会主动互帮互助的。

访谈资料：

问：分家之后，哪个兄弟家有事的时候，是不是还会相互帮帮忙？

答：这说不定，那就是要看他们兄弟之间的感情了。感情好，那就会帮的。

问：假如兄弟里一个人有了困难，其他兄弟会不会帮忙？比如说借钱给他什么的？要是不帮忙，会不会给村里人说什么闲话？

答：这不是一定要怎么样的了。有钱的话，那就借一点了。他们都是兄弟，能帮当然好嘛！你要是不帮呢，那也是正常的，村里也不会有人说你的不是。

但在父母或者某位兄弟遇到某种大事时，已经分了家的父子之间或者兄弟之间，则有道义上的义务尽力提供某些帮助，否则，几乎肯定会被村落社会议论甚至谴责。所谓的大事，通常涉及父母遭遇重病、兄弟姐妹喜迎嫁娶或者生儿育女等，这些事情或者是需要的财物较多，或者是需要的人力较多，总之都是父母或者兄弟一家难以单独应付的。每到了这些时候，兄弟们通常都要有所作为，一般来说他们也都自觉自愿地助力。至于是出力、出钱、出人还是如何，则要视具体的情况以及各自家庭的情况而定。

访谈资料：

问：那分家之后，家里在哪些情况下，会请兄弟参加或者帮忙啊？

答：比如，碰到孩子出生、开灯、结婚等事情，这些事情肯定是要请兄弟帮忙的了。兄弟们也都会帮忙的，因为毕竟都是自己的兄弟嘛。再说了，有些事情啊，你一个人，哪里忙得过来，以后你也得请他们帮忙的。

彼此分了家仍然这样做，这既是基于道德或者伦理方面的义务，但实质上同时又是一种互惠行为。人们知道日后自己肯定也要面对相同的大难题，那时自然也可以获得父母或者兄弟给予相同的帮助。不过，东城的人们一般把这看成是亲情，而几乎不会明说是互惠。传统的社会讲究更多的是脉脉温情，而这种温情在东城的各处村落中确实历来都存在，至今大体犹然。

五、二次分家

所谓的二次分家，是指父母过世之后其儿子们对于他们所遗留下来的金钱、房屋、土地等全部的财产逐一进行仔细的分割。由于中华人民共和国成立前村民的生活普遍比较贫困而没多少财产可分，而且具体分割时还要顾忌村民可能的议论，所以这次的分家通常都比较简单而顺利。如果老人留有债务，通常也在这时由儿子们分担。

依照旧时的习俗，女儿是不能够参加一次或者二次分家产的。但是，如果她或者她们年龄尚幼而没有出嫁，那么，这位或者这几位年幼的女儿有权分得部分父母的遗产，以便用作自己日后生活和出嫁的主要经济来源。由于这是传统的习俗，所以儿子们对此都不会有什么意见，他们甚至还会主动做出相应的安排。约在1995年，峡口村某家进行了二次分家，当时该家中有一女孩尚未成年。当时她的几位哥哥就主动协商好，预先就留出了部分资产不参与分配，为的就是满足她日后成长以及长成后出嫁时所需的资金。人们普遍认为，这样是完全应该的。老人们回忆，在中华人民共和国成立前东城许多村子都有不少所谓的"姑娘田""女儿田"，就是为了满足这些需要而特地划出来给女子的。办完丧事后，未成年的女儿可能就此自己生活，也可能跟随某位哥哥一家共同生活。如果跟着某位哥哥生活，这位哥哥日后有办理其出嫁等事宜的义务。待到该女子长成并出嫁后，属于她的"姑娘田"等资产，则改归这位哥哥所有而不再归属于女子。人们认为这样既补偿了这位哥哥多年的付出，又保证了自家的田地不会归属于别人家。

据老人们回忆，旧时的二次分家发生在儿子们之间，主要有两种情况。第一种是父母过世前留有遗嘱，办完丧事后，儿子们便约定时间依据遗嘱分割财产以及可能的债务。旧时的人们普遍没有多少文化，所谓的遗嘱大部分都是口头的。但人们又普遍认为预立遗嘱不吉利，所以多数情况下都是老人到了临终前，才在匆匆忙忙间口头交代相关事宜。也有少数老人确信到自己即将不起时，可能提前召集家人尤其是儿子们，相对从容地交代分家产等后事，这等于留下遗嘱。据回忆，后一种情况相对较为少见。为了保证遗嘱的真实性以避免儿子们产生纠纷，可能的话都会请有威望的人充当中间人做见证。如果实在来不及，也可以由几位家人共同见证、彼此证明。此外，有些父母在预感到自己即将辞世时，可能会偷偷地把某个自己喜欢的儿子或者女儿叫来，私下给些钱财或者物品并交代某些特殊的事情。访谈时老人们说，这种事情其实还不是非常少见，现在也还有的，因为这是人之常情，"只要是当父母的，都可能会这样做的"。不过，这就可能为日后兄弟姐妹间的猜疑甚至纠纷，埋下某种祸端。

第二种是父母没有留下任何遗嘱，这时儿子们通常采用两种具体的方式加以处理。如果是父母独自生活，他们去世通常由儿子们均分父母留下来的遗产。钱财以及可以分配的小件物品一般都是现场分掉，难以分割的大件物品则采用折价等方式处理。如果父母有尚未偿还的债务，儿子在分得家产的同时也继承了偿还这些债务的责任，"父债子偿"的观念至今依然通行。分债务同样也多是采取均分的方式，但这时的情况比较复杂，具体的处理方式也相应地有所不同，主要涉及两种类型。

假定儿子们都已经成家立业分出去，而父母在生时是独居即不与任何一个儿子生活，这种情况下比较常见的方式，是先把父母的遗产都变现用于偿还债务。如果仍然不足，则由儿子们均分剩余的债务，然后各自设法偿还。据回忆，这时哥哥们一般都会多分一些债务，而弟弟们则少分一点债务，原因则是哥哥们通常成家早而"家业更好一些"，所以可以多承受一些，这也体现出兄弟间还是有感情的。如果有盈余，则可以作为遗产，由儿子们均分或者另行约定分配方案。

如果父母在生时不是独居，而是跟随某个已婚的儿子一家生活，由于一般来说儿子们在当初分家时早已经协商好未来处分遗产的方式，所以通常都是按照当初的约定办理。就实际的案例来看，最为常见的是与父母共同生活的这个儿子多得一部分甚至继承全部的遗产，人们普遍认为这是合理的。在村民看来，他所获得的这些家产，可以视为对他平日里赡养老人而应得的补偿，也是对他负责办理丧葬事宜而进行的补偿。依照习俗，这个儿子要负起办理父母后事的主要或者全部的责任，所需要的费用也主要或者全部由他承担。虽然由某个儿子继承了父母全部的遗产，但其他的儿子也总是会出钱、出力帮助料理后事的，差别在于付出的可能有多有少而已。例如，即使是不跟自己住、自己也没有得到丝毫遗产，大儿子都还是会主动负起"买水"等仪式方面的责任。某个儿子由于没得到遗产而撒手不管、根本不参与的，老人们说这种事情闻所未闻。东城的村落至今还可以视为传统的社会，基于传统的伦理观念与道德的压力依然极为深重。

而到了父母们都已经去世的二次分家时，儿子们另一个要处置的主要物事是父母的居所，该处通常也就是这些儿子们的祖屋。如果父母在世时与某个儿子居住于该处，则该处通常由该儿子继承。① 假定该家屋由父母在生时单独居住，如果父母有遗嘱，则一般都是按照遗嘱处理；如果父母没有遗嘱，对这处难以分割的不动产，就有几种不同的处理方式。旧时最为常见的方式则是作价后变卖，然后由兄弟们平分所得。旧时另一种较为常见的方式，是由某个兄弟获得，然后由他适当地补偿其他几个兄弟。现在村民都住上了新式的楼房，还普遍有几处房产，几乎无人愿意出资购买这种老旧的祖屋。所以，现在经常可见暂时并不分配而归兄弟们集体所有的情况，留待日后视情况再做处理。

---

① 现在许多父母除了拥有祖屋之外还另有几处房产，所以情况变得比较复杂。但由于本书的性质，我们暂时不予描述或者讨论。

本章主要参考文献：

［1］李银河. 生育与村落文化·一爷之孙［M］. 北京：文化艺术出版社，2003.

［2］林玮嫔. 汉人"亲属"概念重探：以一个台湾西南农村为例［J］. "中央研究院"民族研究所集刊，2000（90）.

［3］麻国庆. 家与中国社会结构［M］. 北京：文物出版社，1999.

［4］张振江，陈志伟. 麻涌民俗志［M］. 汕头：汕头大学出版社，2008.

［5］张振江，麦淑贤. 东莞客家民俗文化：清溪的个案［M］. 广州：广东人民出版社，2017.

［6］张振江，朱爱东，罗忱. 漳澎传统村落社会研究［M］. 广州：中山大学出版社，2016.

本章附录

一、《忠襄公余靖〈家训〉》（节录）

宗族是扩大的家，一定意义上说祠堂也可以认为是扩大的家屋。在东城的众多祠堂中，有一些至今还以某种形式较为完整保留了历史上的家训和祖训等。从这些家训和祖训之中，我们可以很清晰地看到传统家庭的伦理教育的内容。余屋的余氏祠堂中藏有《余氏族谱》，内有《忠襄公余靖〈家训〉》，兹节录相关内容如下以窥探旧时风貌之一斑：

（1）孝父母。孝为百行之首，一有所亏即行莫赎。凡人无贵贱，且问身从何来？父生母鞠，保报提扔，费尽劬劳教养，婚配殚成。当惧疾而求祷求医身与之惧恙；当远游而倚门倚闾，心与之惧游。父母爱子未尝少懈，人子之敬亲，可不加勤？故家有富必甘旨常供，即家而贫，亦当菽水克继，温定晨省。子职所宜，生养死葬，务期尽礼无憾。竭诚孝道不愧其为人，亦不愧其为子也。

（2）友兄弟。兄弟谊同手足，乃父母一体所分。休戚务宜相关，患难亦宜相顾。不以小忿弃懿亲，勿听妇言乖骨肉。勿急赀财致阋墙，勿恃意气至角弓兴怨。诗曰："世间最难得者兄弟，门庭之内和气致祥"。父母其顺则家道丕兴矣。

（3）睦家族。宗族虽非同父所生，实同祖所出。从族众人繁，应无厚薄之分。情深意切慎无隔膜。相见，勿见富贵而生岐求；勿见贫贱而生傲慢。务使尊卑有等，长幼有序，吉凶患份，急相处释。乃昭敦睦族之谊也。

（4）和乡党。比闾之地，虽非亲戚，出入相友，守望相顾，疾病相扶，吉凶庆吊，相周相恤乃称德邻。不可恃势力以凌人，不可逞智巧以愚众，勿因私仇使人兄弟不合，勿因小利而使人父子不睦。须排纷解难勿背地生唆，须济急勿鉴危弗救。一乡之中谊同一室，斯姻睦任恤无愧，可封之仁矣。

（5）隆祭醮。祠宇为祖先魂所依，墓坟乃祖先礼魄所藏。为子孙者，不可不世守而崇奉也。所以或道祭田或存公费或捐香仪，清明、重阳享祀维虔，礼之本也。倘有子孙从他为，欲祖房退卖者，只宜售给本支承顶，断不许贪图重赀卖与异姓。其本支承者亦不应低价抑勒致生衅隙。至于午祭产，虽有贫困之人亦不得退卖。甚者有不肖子孙，将已葬坟墓挖去原骸，将坟出售者，应合族鸣究，复还原葬，斥黜其人，不许列于谱中。

（6）重教育。朱子云："子孙虽愚，经书不可不读。"古之圣贤义理具于书也。朝夕讲贯，可以陶养德性，开启知愚。对上可显亲扬名，其次，可知立心行事，持身涉世之要。故读书不特为起家之本，亦是保家之助。孟子曰："贤愚利钝非出科子孙之质而成败实关乎父兄之教。"故凡我宗族勿以贫难而辍诗书，勿以顽钱而弃教育。

（7）勤诵读。学问之道无他，求其放心而已矣，故能屏绝外缘，专心研索，熟读精思，日就月将逮至浸淫浓郁。含英咀华，则青紫之取如拾草芥。显亲、扬名、封妻、荫子，皆在于此。语云："不吃苦中苦，焉为人上人。"看世上登科发甲之英，谁非雪案、囊萤之志士。愿我后世子孙，习业务必朝稽夕考，惜寸惜分。不因循懈怠，庶学士鹊尺之兴而家声大振也。

（8）慎交友。语云："与善人交如入芝兰芝室，久而不闻其香，与之俱化矣！与恶人叫如入鲍鱼之肆，久而不闻其臭，与之俱化矣！"又云："近朱者赤，近墨者黑。麻生蓬中不扶自直，故君子必慎。"所与乡党中笃志力学，孝友忠信之士，朴诚淳厚，好善乐施之人，是良友也。率弟子亲之、近之，舍己以从之。至以恃势凌人、矜才傲物、美衣纷脸、嗜酒行窃、赌博奸淫、生事犯法丧良瞒心、欺骗之辈，戒弟子远之避之，自省而改之。庶交友须正随，而邪避远也。乃免赌、匪、淫、朋之牵引而品行可归巨矣。

（9）务耕稼。民以食为天，食之所出在地利，凡为农者务竭三时之力，水源蓄泄预为备耕。更适期，艺术麻豆锄畲，男归皆付其力，木油果菜之类，亦可兼资。诚不惮胼胝之劳，自堪享盈宁之庆。愿我子孙竭力田亩，则千仓万箱邱事俯畜，事有赖乎。

（10）崇节俭。奢侈为败家之媒，简朴乃集家之本。凡婚丧宴会，衣服饮食皆当节省。勿尚浮华苟嗜恣之念。愈纵愈狂，美又思美，丰又思丰，浸淫不已，胡可究极。不若俭素相安，勿以贪而殁富，勿以寡而为多，宁留有余勿致不足。语云："常将有日思无日，莫把无时作有时。"省一己之升免借人一斗，诚至言也。况惜财即是惜福，奢费每多促寿。又何苦以难得而易失之财，恣情奢荡而害己哉。

（11）戒争讼。朱子训云："居家戒争讼，讼则终凶。"诚以片腴甫投则科差之用，央请中正之用；自己往来搬费之用；讼师保歇冯空吓诈之用；甚则贪官打点，疲吏拖延。事上增罪，节外生枝，有司武断向上鸣冤。种种用费，每至倾家。回想当初所争几何？倘忍一时之气，直可省百几之忧。语云："饶人不是痴汉，痴汉不会饶人。"此为理直言也。自觉理亏忧希胜一筹，水清石现，身受剥肤之痛，声名败裂财利冰消，后悔无及矣。

（12）惩横暴。子弟气习和顺为贵，若有赋性乖戾逞离使气倚党势力者，撒泼打降显干。

二、关于客家家庭的部分访谈资料

访谈时间：2017年8月8日。访谈地点：牛山张氏祠堂。访谈对象（即下文中的答）：张老人（男，约70岁，客家人）；访谈者（即下文中的问）：朱间珍、左宁宇、戴斌黎。

问：以前一个客家人的家，家里的孩子多吗？

答：以前的人，那跟现在的人观念是不同的，就是孩子普遍都多。我小时候，那每一家还都有好几个孩子的。

那在以前的时候，女子几乎都是被当作生育工具，她就是不停地生孩子。所以，我们这里的一个客家女子，一辈子有可能要生十几个孩子的。就是我们这个村里面，就有一个女的，她一辈子生了12个孩子。4个是男孩、8个是女孩，她还全都养活了！但是，像她这样全养活的，那在以前是极少见到的。(为什么?)那个时候，医学水平低，再加上家庭经济条件普遍很差，夭折的孩子是非常多的。我完全可以负责任地说，那在中华人民共和国成立以前，很少有哪家没有孩子夭折的，不少家庭还夭折几个。

问：你们这里的客家人分家的时候，长子也跟广府人那边一样，就是可以多分一些家产吗?

答：那到了分家的时候，长子是明显多得的，我们这里一直都是这样的。比如，有一户人家，有两个儿子。他家只有两间房，就是只有一间正厅和一间偏厅。我们这里，偏厅一般都是比正厅少两行瓦的样子，那就是小一点点嘛。比如，正厅如果是 15 桁，那偏厅就是 13 桁了。这一家分家产时，肯定是长子分得正厅，次子只能够分得偏厅。除了房子外，分钱、谷子还有其他财产时，也都会优先照顾长子，就是多分一些给他。

问：女儿可不可以参与分家?

答：女儿?那都是不能够参加分家的。父母留下来的东西，什么也不会分给她们的。主要原因是在以前的人看来，女儿那是不算丁的，她们就不是本族、本家的男丁，所以不能够分东西。要是依我看，其实就是现在，我们农村里普遍也还是这样看的，就是认为女儿不是丁，所以不能分父母的财产。不过，现在有打官司的了，就是女儿也要分父母的家产的。所以，女儿以后会怎么样，就是能不能分，那就不知道了。

要是一家只生了几个女儿，那等到几个女儿都出嫁了，这家就只剩下父母了。到了那个时候，那就要看这些女儿的孝心是怎么样的了。她要是没有孝心的话，她从来就不回来看父母，父母也没有什么办法。她要是有孝心的话，她就会经常回来探望父母，她还经常会买点好吃的东西，拿来给父母。不过，不论是不是有孝心，等到她们的父母去世，父母的家产那一些，就全部归她们的叔叔或者伯伯的儿子，就是归她们的侄儿们。她们不是丁，所以肯定是没份的了，女儿是不能够继承父母的家产的。

问：假设一家有几个儿子，儿子结婚后，那肯定要分家了。那要是儿子分家出去了，父母怎么办?是跟哪一个儿子过，还是自己老两口独自生活?

答：比如，有这么一家，五口人，就是父母两个，他们有两个儿子、一个女儿。那女儿迟早都是要嫁人的，所以不算。在以前，那就是可以分三个家的了，就是父母一家，两个儿子各自成为一家。现在，那一般就是只会分成两个家的，就是不会让老爸、老妈自己成为一个家。所以现在，要么是两个老人分开跟，就是一个老人跟一个儿子生活；要么就是两个老人不分开，就是都跟着哪一个儿子生活。我们这边客家人，父母一般都是跟小儿子过的，因为小儿子结婚迟嘛。但是，房产一般还都是给大儿子的。现在有些改变了，时代变了。

问：以前这里会分两次家吗?就是儿子成家时分一次家，等到老人去世时再分一次家?

答：我们这边，也有这种情况的，就是分两次家的。不过，以前分两次的比较多一些，现在就少一些了。有些人，就是只分一次了。

现在人分家的时候，一般都是早就事先协商好的，就是结婚分家的时候，就说好了。所以，都比较容易解决。家庭内部要是协调不好呢，那就去公证处解决，也可以去政府解决。以前是找生产大队，现在你也可以找村委会。

第七章 传统宗族

东城现在早已经是人烟辐辏、物产富足,这是历史上不同时期不同地方的人民迭次迁入并历经多代筚路蓝缕开启山林艰辛努力的结果。不同支系、不同姓氏的先人陆续落籍,先后卜居并开村立业,渐次由最初抵达时的一人、一家或者一个小支,经过多代的开枝散叶而逐渐壮大为如今所见的一个个庞大的宗族。

传统上,宗族是东城传统乡土社会最为重要的一种社会组织形式,对村落、宗族和具体的个人具有多方面深重的影响。那么,东城的传统宗族是如何形成又是如何发展出来的?历史上其结构、族产、管理形式以及具体的功能又如何?本章中,我们根据本次田野调查所得的各种资料以及相关的研究成果,以几个主要的村落中的几个宗族为例,试图进行描述和分析。

第一节 宗族流入与扩散

东城是由历史上先后抵达的不同民系的汉族移民而形成的社会。东城人普遍相信,广府人最先到达现居地,客家人则是相对后到的。我们通过调查发现,东城的客家人也普遍认为,他们是在清代才陆续到来的,本地的居住史一般只有两百年左右。至于广府人具体的到达时间则说法不一,有人认为早在宋朝已经到来,有人认为主要是在明朝或者是清朝时期才到来。而根据调查所得来看,我们相信东城的广府人的主体,是在清初前后时期才最终生成的。

但不论如何,两大民系的各个姓氏的先民历经周折抵达东城落地生根,并由此最终形成了现在所见的一个个血缘宗族。

一、温塘的袁姓与陈姓

温塘是东城境内占地面积最大、人口最多的村子,今男性居民有28个姓氏。现在人口最多的是袁姓,约占该村全部人口的80%,图7-1为袁姓一处采用红砖为"眠"

的旧民居。陈姓居第二位，其他的还有余、龙、钟、刘、谢等人数相对较少的姓氏。① 现在各个姓氏与所居住的地域之间，有时已经看不出有明显的、极为固定的紧密的联系，但村民认为，在历史上某些区域其实是只由或者主要只由某个姓氏的人居住。这应该是极其有历史事实根据的，因为即使是时至今日，袁姓与陈姓这两个最大的姓氏，在村内仍然各有自己的大体的分布范围，而袁姓人家的不同的房支，也仍然可以见到较为固定的分布地。

据村民反映，袁姓人家并非历史上最早到来温塘的，也并非始终是温塘人口最多的姓氏。许多人认为，其实谢姓来得更早，而陈姓人家曾经占过村里人口的主导地位。② 但不论事实是否如此，近代以来的温塘，却一直是袁姓的人多，在地方上也更有势力。例如，中华人民共和国成立后该村的历任党政领导者，几乎全部出自这一姓氏（详见参考本章附录）。我们在访谈时发现，温塘的袁姓人家大多认为，他们的祖籍地在江西。宋朝时，其先祖悦塘公因故偶然路过温塘，觉得此处风水甚好、适宜居住，他或者他的后人便就此或者稍后便在这里定居了下来。人们说他总计生育了3个儿子，但长子袁诚因故迁回到了原籍江西，季子叔祖因故移居距离东城不远的今麻涌镇境内，只有次子袁通留居温塘，所以成为了温塘袁姓人家的真正的伯公即始祖。人们相信，在悦塘公和袁通的时候及其以后的一段时期，温塘袁姓的人口还是较少的，所以当时仅仅集中定居在现在温塘的乐平坊一处。只是此后由于子孙迅速地繁衍，再加上其他姓氏的人家多有迁出，才导致如今所见的袁姓人分居温塘各处。

图7-1　温塘袁姓一处采用红砖为"眠"的旧民居

---

① 古今温塘的居民有较大的变动。例如，村民传说历史上赵姓人家也是主要的一脉，还建有一座形制相当独特的祠堂（现为袁姓人家的梅轩公祠）。人们传说，温塘赵氏出自宋太宗支派，是宋宗室濮懿王的后代。传说其一世祖赵必瑀（其名字有不同说法）颇有才学，元初曾助饷宋末元初名将熊飞起兵勤王，因事败从莞城的文顺坊避祸于温塘，终身不仕。

② 本次调查的主要报道人之一是袁老人，他已经85岁了。在他看来："我袁氏始祖刚刚到来温塘的时候，最初是独自筑居。那时只有谢家人，在现在的大园村对面山居住。那个地方，就是现在的谢屋墩。谢家人，比我们袁家人还要早来。但是，到了清朝，姓谢的不知道为什么，就大部分都迁走了。温塘其余的人家，比如赵、黎、余等姓人家，都是在袁氏来之后，才逐渐迁来的。余姓是明朝期间迁来这里的，最初也是在大园定居；赵姓的始祖，是赵秋晓，最初是在现在柴市村定居。到了明朝的时候，大部分姓赵的人家，就搬到了黄江；与赵秋晓一起来温塘的，还有陈氏的始祖，就是陈东湖。其他的黎氏、翟氏、周氏那些人家，先后都来了。不过，基于各种原因，到了清代的中、后期，他们大部分又都搬迁到别的地方去了。比如说黎氏人家，清初的时候就有1000多人了，那在当时，算是温塘的一个大族了。后来才差不多都搬走了的。"按，清末时温塘的谢姓人家因故大规模外迁，据《温塘乡志》记载，1995年谢姓在茶下村有4户，岙下村有2户，合计只有29人。而温塘姓黎的家人原本聚居于黎屋街，但在清末已经人口锐减。抗日战争时，谢姓人几乎都逃难去了香港。《温塘乡志》记载，1995年温塘仅在皂一村尚有两户姓黎的人家，合计10口人。

但是，上述的说法其实只是较为通行的一种。袁姓的人对于其始祖为谁以及其历史业绩如何，其实有很多不同的认识。本次调查时，一位袁姓老人就讲述了关于其祖先的另一种说法，此说同样也比较通行。

访谈资料：
问：听说是姓陈的比姓袁的先到达温塘？
答：不是这样的，应该是我们姓袁的来得早。我们是在北宋的时候从江西逃过来的。他们姓陈的，是在南宋时候才来的。
那个时候，逃荒、逃难、逃打仗，这些事情，都不可能是一个人逃的，应该是一家人、很多人一起逃的。反正逃到了这里，我们就是自己开荒，然后过日子了。

与上述较为流行的说法相比，这种说法就有很大的不同。如果根据这个说法，则其师祖是逃难等而来的，我们相信这可能更接近历史上的事实。

但两种最为通行的说法都认为，袁姓的祖上源自江西，这应该是有一定的可信度的。不过，不能够由此断定其更早的祖先是江西本地人，还是在江西长短不一地暂留的所谓的"中县人"即中原人士。历史上，江西曾经是由中原南下岭南的主要通道，而后人把祖先迁徙过程中的暂居地或者路过处当作故乡的，实在是多见。如现在的广府人普遍认为，其祖先自粤北的珠玑巷迁出。但学术界早已经扎实地证明了，其实珠玑巷只是这些人的祖先的暂居地之一，或者是路过处之一。而由现在仍然可见的某些蛛丝马迹来看，似乎后者的可能性更大。例如，袁老人就认为："我清楚地记得啊，以前的那个袁氏大祠堂里面，供的祖先牌位上，写的（祖籍地）是江西信丰。所以我就知道，我们的祖上，是从江西信丰迁来温塘这里的。更早的祖先是哪里的，那就不知道了。我小时候，听老人说过，好像最早的祖先，是住在河南的，就是河南的太康。到了后来的什么时候，才又迁到江西的。不过这些，那我就更不清楚了。"

在现在的温塘袁氏的族谱中，明确地记载了"从始祖袁姓悦塘公发展起来的"说法。但是，不少袁姓人对此持保留态度，其最主要的理由，是由一个人发展成现在的规模可能不太现实。在访谈中有一位老人就认为，"我们确实是移居来的，不过呢，当时是一群人一起过来的，就是老祖宗有几个人。要是只有一个老祖宗，那是不可能发展（出来现在）这么多人的。当时呢，应该是兄弟几个，他们一起过来的"。与他持类似看法的人都相信，更加可能的情况是，"当时几个兄弟一起过来，就在这里发展壮大了。后来追溯祖先的时候，才追溯到了这几个兄弟的父亲，就是这位悦塘公。所以，后来就说，是从他一个人发展起来的"。我们也相信当时可能是几位兄弟一起过来的，后来由于开枝散叶才分居不同的地方。也只有如此才可以解释，为什么现在有许多温塘袁姓人认为悦塘公其实并不是始祖，而通祖即袁通才是温塘袁姓人家的始祖。

但无论如何，袁姓的一位或者几位先人自江西辗转到了温塘，并就此在温塘以及周围地区发展壮大、开枝散叶，这是不争的历史事实。袁姓人家普遍认为，到我们访谈时为止，袁姓人家已经在温塘传承到了35代。如果确实如此，以34代而每代25年来计算,① 则他们在本地的定居史已经有850年,相当于他们的祖先是在1166年前后即南宋的中、后期迁来温塘的。

至于袁姓始祖当时迁居或者定居温塘的具体原因,访谈时所得的同样也是五花八门。相比较而言,上述访谈资料中的第二种说法似乎更为可信。历史上移居岭南的中原人士,几乎都是在原居地因故无法生活,而才被迫辗转流落至这个当时的"蛮荒之地"的。袁姓的人也已经不知道始祖初来时具体的社会与经济情况如何,但老人家普遍猜想,当时的境遇似乎颇为不佳,否则,不至于要到了许多代之后,才有能力兴建祠堂等宗族的象征物。

访谈资料:

问:那你们祖上过来的时候,最早是做什么的呢?

答:我们以前啊?那是耕田的居多。最早过来的祖先,可能就是开荒、耕田的。最早的时候呢,温塘这里是没有什么人居住的。所以那个时候,他们就可以随意开荒了,开出田地,就拿来种田。我们这些姓袁的,就是这样从小到大,一代一代地发展起来的。

问:那姓陈的人家过来以后,也是种田的吗?

答:是的,他们的祖上一样也是种田的,就是你们说的种地的。以前,温塘这个地方,是没有人住的。那这样的话,就是谁都可以开荒了。估计在最开始的时候,这些老祖宗住的也是很简单的,可能就是盖个茅草房遮雨。能这个样子,那就行了。

时至今日,温塘村内袁姓的人口数量,早已经超过了陈姓的人口数量。而据访谈所得可知,陈姓祖先因故先从河南迁至福建泉州某处居住。经过一段时间后,再因故搬迁至温塘定居。温塘较为通行的一种说法认为,这是在明代初年才发生的事情。正是因为这样,温塘的陈姓人家才一般都认为,他们的祖籍地是福建。访谈时老人们说,在福建省的原籍地即今泉州同安的义井乡,至今还有许多其同族的兄弟生活,直到现在彼此还经常来往。以前的多年间,他们持续地资助原籍地的兄弟,如帮助修建祠堂、买地、修路等,近几年这些同族兄弟才完全能够自足。原籍地的同族兄弟,也经常会应邀来参加祭祖、庙会等活动,目的既是彼此联络感情,同时也有助于在温塘壮大陈氏一族的声势。

到了中华人民共和国成立前夕,据说陈姓人家因故卖掉了几乎全部的田地等族产。当时还"因为意外"而烧掉了祖传的族谱,所以其世系传承等,现在已经不可确考了。关于其始祖是哪一位,陈姓人家之中也是颇多争议。但人们大多相信,这位始祖初来时,就是定居在桥头街一代,而且他还是一位以教书为业的文化人。温塘不同姓氏的多位老人都认为,历史上的陈姓还确实是温塘的一个比较富裕的宗族,直到民国时期,该族还"有600多亩鱼塘,有3000多亩水田"。据说到了临近中华人民共和国成立前夕,陈姓人家"不知道什么原因"而出卖了几乎所有的族产,陈姓的实力从此才大减。有人认为,当时是因为准备阖族外迁,所以才出卖了全部的田产。但是,这只是一部分人

---

① 温塘袁姓人家的第35代现在通常还是幼儿,几乎还没有开始他们的生命历程,故此处忽略不计。

的说法，似乎也无人可以肯定此事有或者无。

人们普遍相信，陈姓曾经一度人口较多。有不少老人都认为，其人口数在相当长的时期内还远超袁姓人家；因此，历史上的陈姓人才是温塘的最主要的居民。我们相信这可能是事实，因为除了温塘之外，还有其部分的族人迁出到邻近的桑园以及东莞的大朗、厚街等镇内居住，当时如果该族的人口较少，是无法做到这一点的。但是，现在温塘的陈姓虽然是该村的第二大姓，但人数其实比袁姓的少得多。至于其原因，老人们的认识也不一。陈姓的老人家多认为，这是因为陈姓人家历来以外出做生意、读书等为主，所以流出的后代较多，而留在温塘村内的子孙较少。陈姓的老人家还认为，由于袁姓人家历来以种田为主，所以其族人留在温塘的人数比较多。此消彼长之下，就直接导致了现在温塘以袁姓的人口为最多。不过，这只是陈姓人家一家的说法，其他姓氏的人可能并不完全同意。

袁姓与陈姓的人们都认为，两姓人家在村内的大祠堂即宗祠，都是在明朝中期甚至后期时才开始修建的。这时他们经过多代的努力、积攒了足够的费用，应该有能力修建了。这也符合明朝时各地民间大修祠堂的事实，所以可能是真实的历史。我们多年在珠江三角洲考察，发现各地的大祠堂，也普遍都是到了此时才开始修建的。但是，即使历史确实如此，这仍然既无助于断定两姓人家到达温塘的时间，也无助于断定袁、陈两姓究竟谁先到来温塘。两个姓氏的不少村民都认为，他们的先祖是在北宋或者南宋时期抵达的。因为难以找到扎实的证据证明其为实或者为伪，所以我们只能暂且存疑。但由我们现在所获得的某些蛛丝马迹来看，似乎可能没有这么早。

访谈资料：

问：您刚刚说，姓黎的也比姓袁的早到温塘？
答：是的，姓黎的到得早。不过，他们现在只有几十个人了。
问：那为什么姓陈的来得早，却不如姓袁的后人多呢？
答：姓陈的来得也早，但是人口发不起来，现在也只有两三百个人。这是因为我们以前请人占卦，说要建文塔，这样我们姓袁的就能发了（意为后人多）。但是，其他姓氏的人知道了以后，当时就不让我们弄这个。那时候，还有个老头子，天天坐在文塔那里守着，就是不让我们建。后来他走了，我们才赶快建了文塔（现在还在那里）。

如据《温塘乡志》所言，这座四层的文塔被村民视为风水塔，是由袁氏族人于清初修建的。[①] 如果上述访谈所云属实，则袁姓人家香火变旺即人数超过陈姓人家，是相当后的事情。这样看起来，似乎两个姓氏的人家到来的时间好像没有宋朝那么早。访谈时有几位陈姓老人在不同的场合分别说起，他们的祖先其实是在明朝初年到来的，这个说法似乎更合乎事实。人们普遍认为，除了陈、袁两姓之外，较早到达温塘定居的还有黎、龙等姓的人家。而这些人家则似乎普遍认为，他们的先祖是在明代才到来的。

至于两姓人家到达的先后，当地主要有三种不同的认识。一种说法是袁姓人早来，一种说法是陈姓人早来，而以陈姓人家为主的部分人则认为，两姓同时到达。相对来

---

① 东莞市附城温塘管理区编印：《温塘乡志》，第78页。

说,陈姓人早来和两姓同时到达等两种说法,似乎流传得比较广。我们相信陈姓人早来应该是历史事实,否则,难以解释为什么陈姓人家得以占据温塘村内条件较好的桥头街一带,而且还能够控制其对面的地界、导致袁姓人家长期无法修建文塔。但这还只是猜测,还需要更多的资料以证实或者证伪。

二、袁姓扩散到桑园

桑园地处温塘的西北方向,彼此相距极近。实际上,以前桑园就是温塘村的一块田地,后来才独立出成为一个村落,至今这是人人皆知的一个事实。目前桑园总人口共2700人左右,主要以袁姓为主,占比高达约89%。陈姓人家占比约7%,剩下的4%,则分属其他的几个姓氏。

访谈时许多桑园的老人都说,桑园原本是温塘一处主要用于种植桑树以养蚕的田地,所以得了这个名字。但另一种同样较为流行的说法则认为,袁姓先人搬来定居后广种桑树,所以命名这处新村落为桑园。我们发现,温塘至今仍然有多处以"园"命名的所在,显示在历史上温塘人似乎采用过类似于今天的功能分区的土地使用方法。由此看来,第一种说法似乎更加有说服力。

有人认为,在袁姓人家搬去之前,桑园其实早已经有人居住了。桑园这块土地,是他们的先祖从原住者手中买下来的。但多数人都认为,当时这里就是属于温塘的一处田地,主要用于种桑树。所以在最初时,该处最多只有少数草棚、寮屋之类的临时性的建筑,主要是供村民放置农具等不时之需,并无家屋,也无人固定在此居住。我们相信后一种说法可能是确实的。例如,关于桑园的得名,至今有不同的说法。但是,不论哪一种都暗示,该处原本并无人定居。桑园袁姓人家的先祖因故决定搬离温塘后,在此处大兴土木建家园,才最终形成了众多的家屋。在现在的桑园旧村中,还可以清晰地分辨出最初建设的居住区,该处至今仍然可以视为桑园旧村的核心地带。

由现在仍然可见的桑园旧村的空间格局来看,其先人们在建设桑园时,显然是预先经过了极为仔细的规划。如同样是采用了背山面水的基本布局,同样采用村口设祠堂、村尾建庙宇的固定模式等。据调查,袁姓人家迁来定居后,部分人起初聚居在老村内今俗称为麻石路的一块区域。① 虽然也要就山势而建设,但该处的整体布局依然显得极为规整、有序。直到现在,该处仍然是旧里巷有序纵横、古民居依次成排。访谈时有不少老人说,桑园旧村始建于明朝的永乐年间,即公元1403年至1424年。但也有人说,是到了清朝初期才开建的,我们暂时无从断定何者为是。不过,在温塘村名为祠下的一处地方,至今仍然有一处桑园袁姓人家的祖祠,这就是副使公祠。(见图7-2)该祠堂至今大体上保存完好,现在逢年过节时,桑园的袁姓人家还会去那里祭拜这位祖先。故老相传,这座原本为一处三进三开间的祠堂,修建于明朝初年,当时为的是纪念该族的名人袁梦符副使。如果确实如此,则桑园似乎不可能是在明代初年就开村的。否则,无

---

① 这里应该是其最早的居住处之一,详参考本书第三章。

从解释为何他们搬离了之后,仍然要在温塘修建这处纪念性的祠堂。①

当时迁来桑园并就此定居的,一般相信是原本居住于温塘祠下的袁姓第十二世祖唐勋的大儿子省修、二儿子省猷和四儿子省勤等三兄弟及其各自的家人。对此人们几乎众口一词,认为就是他们发展出了如今桑园的一众袁姓子弟。至于这三位兄弟为何要离开温塘而搬到桑园,则温塘的和桑园的人们至今有不同的说法。

图 7-2　温塘副使公祠②

访谈资料:

问:听说桑园以前是属于温塘的?

答:是的,那里的人到现在大部分也还是姓袁的。他们其实是从祠下那里袁姓人家的分出去的,就是一个分支。那时候,儿子长大之后就要分出去了。他们的老祖宗,娶了四五个老婆,一个老婆生了2个孩子,那合在一起,就是很多个孩子了。等到孩子长大了,那就要分出去一部分,不然的话都活不了。他们就是这个原因,就从冚头坊的祠下分出去,分到那边去了。

问:那为什么以前大家都分出去了,现在只有桑园姓袁的人比较多呢?

答:不是的,姓袁的现在到处都有分支的。以前还有分去深圳、香港、茶山那些地方的,所以就是到处都有。那个时候,分去了桑园的人,原本就比较多,到现在,都有2000多人了。迁去桑园定居以后,其中的很多人很有本事,所以他们又娶了很多老婆,这样人口就发起来了。

到现在,温塘的袁姓人家祭祖的时候,他们桑园那边的人,还是会来参加的,就是过来拜这边的山坟(意为祖坟)。也没有强制要求他们过来,他们都是自愿来的。来不来,其实就是看子孙后代是不是孝顺了。

这是温塘一位陈姓老人的说法,我们后来发现这其实是当地比较有代表性的一种说法,也应该确实是历史的事实。温塘的田地虽然远比周围的其他村落都多,但受当时的作物品种差、种植技术落后等方面的限制,每年的收获仍然非常有限,导致实在难以养

---

① 《东莞市第三次全国文物普查成果图册 东城篇》(自印本,第17页)说:副使公祠位于东城温塘社区副使祖新屋场路25号左侧。始建年代不详。坐南向北,三间三进两廊布局,通面阔12.3米,通进深21.7米,占地266.9平方米。砖木石结构,抬梁与穿斗式混合梁架,硬山顶,人字山墙,灰塑龙舟脊,绿琉璃瓦当及滴水。青砖墙体,麻石墙裙、勒脚、柱及柱础,红砂岩门框,门额阳刻"副使公祠"4字。木雕花鸟纹檐板细致精美。该祠堂对研究岭南地区祠堂建筑文化具有一定价值。温塘村编印的《幸福温塘》(第18页)介绍说,这座祠堂为明初所建,桑园社区的袁氏便是由此分支出去的。该祠堂曾于1915年维修时封闭了后一进,故只有两进。20世纪60年代失火烧过,1962年做过村史馆。袁梦符实有其人,元代忽必烈时期任统兵副使,字子琦,但生平事迹多不详。

② 图片来源:http://blog.sina.com.cn/s/blog_4903e9ef0102wj1e.html。

活全部人口。由于生存的压力极大，部分人口因此而被迫四散以便各自谋生。例如，传说其一支于明朝时就迁入了主山村，在今上三杞开村立业。到了清朝，上三杞的袁氏部分后裔因为生存的压力，又被迫扩散到了更远的萌基湖村。同样是为了求得更好的生存条件，上述的三位兄弟便离开温塘，而来到桑园定居并自此发展起来。在东城以至整个珠江三角洲，这其实都是一种很常见的情况。而脱离原居地另行开基立村，也完全符合人们"开枝散叶"的传统期盼。

访谈资料：

问：那您知道当时你们的祖先，为什么会从温塘搬到桑园吗？

答：这边有田。温塘人多、田少，收的粮食远远不够吃的。那时候，就是哪里挣得到吃的，就去哪里生活。到了我们这里的第一代人，一共有三兄弟，所以现在就是有三（大）房人。到了第二代呢，我们就有五个兄弟了。

问：五兄弟？那是三兄弟里面的哪一个的后代？

答：是老二的。那个五桂家祠，就是（老二的）这五房的，是他们五房人，大家一起齐心修建的。

问：那三兄弟里面的老大，有几个孩子啊？

答：他也有两房后代。但是，老三啊，族谱里面就没有记载了。

这是桑园一位袁姓老人的说法，但是，我们发现真实的情况可能还不仅仅如此简单。如根据调查可知，现在桑园的袁姓人家到温塘祭祖时，一般都不会与温塘的袁姓人家同时进行，而是彼此分开时间各自祭拜，这说明彼此间芥蒂明显。实际上，访谈时温塘与桑园有些顾忌较少的老人就直截了当地明言，当时这部分人是被迫离开温塘迁去桑园的，所以彼此虽然是同族人，但至今关系明显疏远，说起对方时，至今明显地互有不屑之意。如此看来，虽然当时部分人离开温塘到了桑园独立开村，从而事实上巩固并壮大了袁氏宗族的实力，但这种"开枝散叶"的背后，可能确有不足为外人道之处。

在珠江三角洲各处，历史上的某姓人家通过宗族裂变、支系的迁徙等，从而主动或者被动地在他处建立了若干村落，最终形成了今天的人们津津乐道的所谓"一袁四坊""一莫三村"之类的"开枝散叶"，这样就是人们梦寐以求的宗族发展壮大。但是，实际的裂变或者开枝散叶，可能并不总是欢天喜地、一团和气的。我们多年在珠江三角洲的调查发现，超出了原村各方面的负荷导致无法容纳全部族人，经常是致使部分族人外迁以另立新村的客观原因。但到了被迫分居时，留居者与离开者之间可能早已经是矛盾重重、隔阂深重甚至水火不容，再共处一地似乎也早已经不容易。应该说，出现这种现象其实纯属正常。桑园当时如果确实也如此，也只是增加了一个类似的个案而已，并无任何特异之处。

三、余屋与周屋

周屋与余屋相连，其实历史上二者曾经近到彼此事实上是一个村子。应该正是这个缘故，清代编纂的一种《东莞志县》中，才可能统一称为凹头村。

余屋现在总共有 2000 多人，余姓是该村的第一大姓。除了余姓人家之外，早期曾经在余屋定居的，其实还有过屈姓与业姓等两姓人家，而且他们似乎比余姓人家来得更加早。在余屋村内，至今有一处地域名为屈家屋，这个地名有力地说明了屈姓曾经在余屋居住过。但据现在的余姓人家所述，在现在的余屋，这两姓人家所存甚少，如屈姓就仅存两户。至于为何会如此，有人说是因为两姓人家后来搬到他处居住了，也有人说是两姓人家香火不旺、代代人口减少的结果。在东城以及整个珠江三角洲地区，无论阖族他迁或者渐次失传，其实都是颇为常见的，说明一个宗族并不是总能够在一地成功地扎根并开枝散叶。

余姓人家的始祖迁到余屋的原因，早已模糊不清。访谈时有两种主要的说法，即为了躲避战乱；为了"揾食"（谋生）。有人认为该村立村于宋代，但村内较为常见的一种说法则是，明代时余姓人家的祖先从广东的韶关曲江迁居至此地，所以他们至今认为是韶关余氏的分支。人们普遍认为，余屋余姓的始祖是德新公，目前已传承到第 32 代，如此则至今已有五六百年的本地定居史了。余德新有 3 位兄弟即余德泽、余德昭和余德明，村民普遍已经不清楚余德明一支后来去了哪里，有人说可能是搬迁去了广西的平南县定居。余德泽早年间在广州念书，后来搬去东莞新堂镇的东宁村定居并繁衍出一支，现在有 800 人左右。余德昭一支后来曾经搬到桑园的一处名为五台山的地方居住，该地位于温塘与桑园的交界处。据说由于当时余屋连年遭遇洪涝，这一支无以为生，所以只好再次搬迁。德新生两子即文远和鹏远，现在在余屋村定居的，就是文远的后代。

但是，对于余姓人家是从哪里迁到韶关的，则有不同的认识，传统上，村民中间主要有两种相关的说法。一说是从福建迁到韶关再迁到余屋，一说是从江西迁到韶关再迁到余屋。余氏人家现在普遍认为，他们的远祖是北宋名臣忠襄公余靖，他的原籍是韶关曲江，史迹多有可考。但如果是这样，则余屋的余姓人家原本当是客家人，现在韶关的余姓人家依旧是客家人。而在不远处同属于东莞的清溪镇，有一批人同样认为自己是余靖的后代，他们同样至今仍然自认为是客家人。① 在本次调查过程中，我们的一位调查员就是籍贯为韶关的客家人，她对余屋村民所讲述的先祖故事颇有似曾相识之感，对余屋人所说的粤方言土话也不时有耳熟之感。对于这个问题，似乎还值得进一步探讨。

如今的周屋总共约有 2600 名户籍村民，绝大部分的男性村民都姓周。（见图 7-3）极少数他姓的村民，主要都是"中华人民共和国成立后才迁来的"。访谈时有村民说，由于本村是由姓周的人家开村，所以叫周屋，这个说法似乎完

图 7-3 周屋（旧村）的村口②

---

① 详参考张振江、麦淑芳《东莞客家民俗文化：清溪的个案》，广东人民出版社 2017 年版，第 150 页。
② 图片来源：http://blog.sina.com.cn/s/blog_4903e9ef0102w08c.html。

全可以成立。

关于其祖先，现在的村民中同样有不同的说法，而最为流行的一种说法，则追溯至北宋的名儒周敦颐。这种说法认为，周屋人的入粤始祖周直卿，他就是周敦颐的嫡重孙。相传周直卿的后裔中有一部分人因故迁入东莞，于是他就成为了周屋周姓人家的直系先祖。但是，周屋的民间其实一直还有其他说法。如有一些人认为，周屋周姓人家的远祖其实是周岐秀，据说他于宋朝时来到东莞开基。这位始祖定居后一共生育了9个儿子，其第9个儿子就是周姓人家的直系祖先。

访谈资料：

问：那最早的祖先是谁啊？

答：他就是叫周岐秀的那个，是宋朝来东莞的。他的坟就在常平镇的连一山。我们就是后来从那里分过来的。现在我们每年都还有很多人，去那里拜他的墓。中华人民共和国成立前，那也是很多人去的。一直都是阴历九月十五去。

问：周岐山有没有儿子？有几个儿子啊？

答：他有9个儿子。不过，有4个早死了，只有5个活了下来。最小的儿子，就搬到周屋住了，他就是我们的祖先。他的其他兄弟呢，就是在东莞的常平、万江那些地方住。这个最小的儿子呢，后来也有5个儿子。这5个儿子啊，就繁衍到周屋的5个坊。

访谈时另有一位老人表示，2015年他还去了常平镇拜山，即祭扫这位祖先的坟墓。我们专门核实过，发现确有其事。这说明，这些周姓人家的直接迁出地，可能确实应该就是不远处的常平镇。但周姓人家的始祖何时迁来周屋定居，同样是人言人殊。有人表示是在宋代，但较多的人认为可能没有那么早，"应该是在明朝的哪一个时候，那才从常平搬迁来"到现居地的。至于其原因，人们多认为是因为原居住地的族人增加太多，导致谋生艰难。我们相信这种说法可能接近事实，否则，不至于到了清代，周屋与余屋仍然合起来称为一个村子即凹头村。这个事实似乎扎实地说明，一直到了那个时候，周屋还没有形成后来所见的五坊体制，间接说明了周屋的人烟还远没有后来那么多。

依据我们的有限知识，华南地区所见的以"屋"为村名的村落，似乎都是属于或者都是应当属于客家人的村落。但周屋与余屋两个村落虽然以屋为村名，而且当地的方言中似乎有不少客家话的成分，但村民都认为自己是广府人，而无人认为自己是客家人或者是客家人的后代。根据一般的意见以及实际的体验可知，现在的东莞人主要形成于明清两代，这一期间无论是维持族群特性还是因故转变族群身份，应当说都是普遍多见、较为自然的事情。例如，我们在东莞的大朗镇调查时就发现，居住于该镇境内以"屋"为村名的村民现在也普遍认为自己是广府人，但老人们还知道其祖上原本是客家人，即历史上发生了族群融合或者族群身份转换。周屋与余屋是否经历了同样的变化，我们尚不得而知。

在东莞境内，类似的以屋为地名的村落不是很少见，其族群属性也较为复杂。对此进行进一步的相关的深入探讨，无疑有助于认识历史上的东城人群关系，也有助于认识中古以来东莞地方社会的构成与变迁。

四、鳌峙塘的徐姓人家

现在鳌峙塘村民有 1000 人左右,几乎全部姓徐,因此有人说该村是一个单姓村。访谈时有老人家说,村里现在"只有 5 户人家姓其他的姓,他们都是不久以前才从外面迁进来居住的"。经过我们的核实,发现情况确实如此。但是,在历史上,鳌峙塘可能不是一个单姓村。例如,距离东城不是很远的东莞市横沥镇的半仙山村是一个古村落,居民以朱姓人家为主。这些村民认为,他们的始祖是朱熹,所以村内朱氏祠堂大门上展示源流的对联为"鳌塘宗派、鹿洞家风"。人们近乎一致地认为,其始迁祖是朱敬斋,就是他从鳌峙塘迁来此地,并最终繁衍出这一脉人烟的。至于其迁居的原因和时代,则已经不详。如果确实如此,则历史上的鳌峙塘确实另有他姓,如朱姓人家。

鳌峙塘以前称为牛氏塘(见图 7-4),有人认为这说明此处以前住过姓牛的村民,这种说法未必属实(详参考本书第十一章)。至于为何现在的鳌峙塘的村民几乎全部姓徐,村民中现在流传有几种说法。有一种与风水有关的主要说法认为,鳌峙塘的居民其实原来根本不姓徐,而是全部姓康。当时在徐姓人家居住地的对面,还有另一个村子即朱屋村,则是由一些朱姓人家居住的。但到了后来的

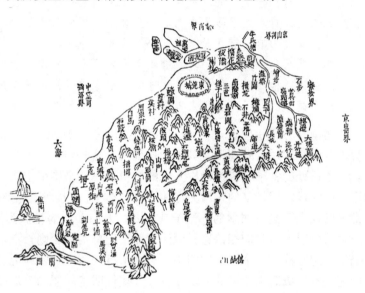

图 7-4 鳌峙塘在康熙版《东莞县志》中作"牛氏塘"

某个时期,鳌峙塘的这些康姓人家突然发现,由于两姓人家风水相克而己方处于下风,所以屡次遭遇厄运。于是,他们就请了风水师寻求"解",最后才决议集体改姓为徐。据说,从此徐姓人家就变得一帆风顺了,"还出了不少大官"。

访谈资料:

问:那你知道鳌峙塘的人为什么姓徐吗?

答:我听到过一个故事的。说是以前,我们这个村的人,都是姓康(谐音糠)的,住在我们对面的那个村子的人呢,都是姓朱(谐音猪)的。那猪不是吃糠吗?好了,既然猪吃糠,所以后来有一年,我们这个村子就死了很多人。

后来,我们的祖宗就商议了,就把姓氏改了,就是都改成姓徐(当地话中谐音锤)了。那锤不是打猪吗?好了,既然锤打猪,那边朱屋村的运势,从此就变得很差了。再后来,那边姓朱的人,就都跑掉了。你看到了现在,村里连一个姓朱的人都没有。

在我们看来，这种说法未必是徐姓人家的确切来源，不过极有可能曲折但真实地反映出了当地历史上复杂的人群关系。在我国西南的某些民族地区的许多民族中，原本并没有汉族式样的姓氏。对他们来说，这种姓氏其实只是外来的某种符号而已，所以经常可以见到因故改姓以追求或者保护己方利益的情况。① 但在封建时代的汉人社会中，这种行为几乎可以视为背叛祖宗、忤逆不道，不到万不得已似乎难以采用。可能正是因此，在旧时的珠江三角洲各处，因为风水的原因而迁居他处的非常多见，但不迁居而改姓以应对的，则似乎全然不见。而由此看来，这种说法似乎不甚妥当。

另一种说法认为，村民几乎全部姓徐，是因为"从一开始，这里就是由姓徐的人开的村"。这种说法认为，以前有一对徐姓的夫妇，原本生活在广东的南雄，以做毛竹生意为生。后来某一年，他们为了贩卖毛竹而顺东江南下，经过鳌峙塘的时候因故停留，并最终定居下来了。他们在此一共生育了2个女儿和4个儿子，这4个儿子就是现在的鳌峙塘徐姓人家的4位始祖，所以全村的人都姓徐。我们觉得这种情况虽然确实可能发生，但似乎没有关于这对夫妇以及四位始祖的扎实证据，村民中认可这种说法的似乎也较少，故此处不从此说。

也有些人认为，如今以姓徐的为主，是历史上村民姓氏构成变化的结果。访谈时不同姓氏的许多老人家都认为，早期的鳌峙塘其实曾经有几个姓氏的人共同居住，即属于"杂姓村"。人们相信，康姓人家最早到达此处并开基立村，而且他们可能因此而得以占据了各种优势的资源，因此一度成为了村内最为富裕的家族。稍后姓王的、姓何的、姓陈的、姓徐的才依次到来，最后到的则是姓朱的。但到了更后的某个时期，因为各种原因，其他姓氏的人家先后迁离了，只有徐姓人家留了下来。徐姓的几位老人则具体地、明确地指出，他们的先祖到达之初，是依靠充当康姓人家的长工而谋生的。只是到了后来，"不知道是什么原因，康姓人家逐渐衰败了"。而与此同时，徐姓人家却开始逐渐兴盛。人们还确切地知道，后来徐姓人家出钱购买了很多原本属于康姓人家的大宅子和土地。随着康家越来越衰败并最终离开了鳌峙堂，徐家越来越兴盛，并发展为鳌峙塘的主要家族。

至于徐姓人家的始祖是谁，其实至今也无定论，有两个主要的说法。一说最早的祖先叫徐龙起，他在5个兄弟中排行第四。传说龙起因为某种原因自某地到了鳌峙塘居住，而他的几位兄弟都去了其他的地方发展，但人们已经不清楚他们分开的时间。在鳌峙塘村，这位龙起近乎白手起家，通过当雇工以及辛勤地耕田、养鱼等，逐渐站稳了脚跟并实现了小康。后来他通过生儿育女逐渐壮大了徐姓的势力，逐渐发展出了如今的徐姓人家。第二种说法则认为，其祖先是元朝时的一位姓徐的"东路将军"。人们已经不清楚何为东路将军，但传说当时他负责管理宝安县和东莞县。后来他因故定居在鳌峙塘，逐渐发展出了几支人家，他也成为了鳌峙塘徐姓人家的始祖。

到了明朝，其中的一支出了一个刑部尚书，这是鳌峙塘第一位历史名人，至今为人津津乐道。这位刑部尚书为家乡做了许多事情，如正是经他首倡，徐姓人家才得以合力修建起了现在仍然存在的徐氏大宗祠。但人们普遍认为，这位尚书的儿子是个败家子。所以过了几代之后，该支"就没有什么人了"。

---

① 可参考张振江、姚福祥《水书与水族社会》，中山大学出版社2008年版，第448—449页。

第二节　传统宗族的内部结构

历史上不同的姓氏渐次流入之后，各个姓氏的宗族逐渐成型并各自发展。宗族一方面通过迁移型的开枝散叶完成了宗族扩散，从而形成了桑园袁姓等新的宗族；一方面通过繁衍子孙型的开枝散叶造就了不同的房支，从而使得宗族变成了内部极为复杂的结构体。但无论如何，到了几百年后的现在，每一个宗族的内部其实都包含了相当复杂的结构。

一、房支

房支又称房或者支，是汉人传统的宗族内部的一个非常重要的结构单位。国内外的学术界通常都认为，这是厘清汉人传统家族制度的关键概念。一般来说，房所指涉的范围不受世代的限制，即它在谱系上的扩展是连续的。房可以指同一父亲的几个儿子及其配偶所形成的结构单位，也可以指同一个祖先的所有的男性后代及其妻子所组成的父系团体。因此，虽然其表现形式均为"大房""五房"之类，但具体的内涵却不同，即可能指的是父子与二代之间形成的房，也可能指的是同一男子的数十代后裔的集合体。①

东城的村民尤其是老年人中，至今普遍保留有强烈的房支的概念，反映出传统的深远而又扎实的影响。人们普遍知道一个宗族之下分为多个不同的房支，普遍知道自己具体属于哪一个房支。但是，日常生活中人们很少有房支的说法而通常称之为房，只有在追溯房支发展历史等场合时，才多会称为支、房支或者支系等。一般地说，东城村民的房支观念，实际上包括两种具体的内涵。

在第一种内涵的房支中，东城人所指的其实是始祖的几个儿子长大成人，婚后分家并由此而产生的房。这时有几个儿子，以后就分为几个房，其配偶以及其所有的后代及其配偶，始终固定地从属于这几个房。仔细体察东城村民所述，其心目中的房在多数情况下都是指的这种。

如图7-5所示，假设父亲A生有两个儿子即B与C，分家后B与C各自独立而与A分开，就形成了B和C两个平行但不同的房。房的拓展性表现在无论B、C及其后代各自怎样开支散叶分出多少个房支，但这些房支依然都是分别属于最初的B、C两房。东城人相信，鳌峙塘、温塘、桑园与周屋的情况都是如此。如一种说法认为，鳌峙塘徐

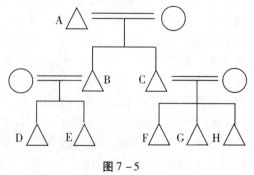

图7-5

---

① 详参考陈其南《房与中国传统家族制度——兼论西方人类学的中国家族研究》，载《汉学研究》1985年第1期。

姓人家的始祖共计有4个儿子，但只有两个儿子即老大和老幺留在了鳌峙塘，其余的两个儿子则分别去了其他地方（有人说是去了邻近的博罗县和广州的花都区）发展。因此，如今的鳌峙塘的徐姓人家全部分别属于这两个房，特定的人家必定是这两房中的某一房的后代。

在第二种内涵的房支中，始祖的几个儿子长大分家后所产生的家庭，成为了最初的几个房。但与前述不同的是，他们的后代及其配偶"如果繁衍起来，也可以建立新的房"。因此，这种情况下流传下来的房支，既与原来的房支不同而且必然多于原来的初始的房的数目，如图7-6所示。

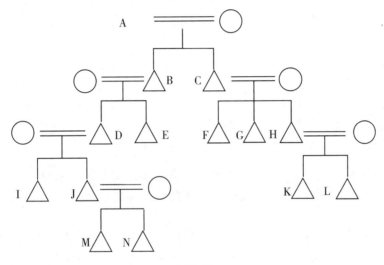

图7-6

假设始祖A生有两个儿子即B与C，分家后B与C各自独立而与A分开，形成了B和C两个平行但不同的房，这就是前述的情况。但是，B与C的后代则可能脱离原有的房，而独立成新的房支。假设B的后代开枝散叶，虽然M仍属于B房，但N一支则另外发展为一个新的房。同样，C的后代开枝散叶，到了第四代时虽然K仍属于C房，但L则发展为一个独立的房支分了出去。在这种情况下，新出现的各自独立的这些房支，独立的时间并不一致。人们认为，余屋的房支的情况就是如此。如有一种说法认为，余屋的始祖余德新有三个儿子，由此形成了余姓人家最初的三个房。但在日后的发展过程中，这几个房在不同时间先后繁衍起来，在各自支系的努力下独立出了新的房。例如，如燕山祖一房就是从原来的阳岗祖一房分出来的，其支系的祖先与阳岗祖是两兄弟关系。因为这样，现在余屋的余姓人家已经远远不止三个房，有人认为实际上共计有九个房。但是，这些的房支的层次或者含义完全不同。

随着代际的发展，东城各个宗族的房的内涵变得复杂起来。在最初的房的基础上，后代经由不断的裂变而不断地产生新的房。这些新的房支有时候仍然同属于最初的房支，即只是导致房支层层嵌套而已。但在另外的时候，这些新的房支则已经自成一系而完全脱离于最初的房。根据我们的调查，这两种含义的房支在东城的各村都普遍存在，所以需要根据各自具体的情况而分别对待。

二、大房与小房

我们在本次调查中发现，东城的广府人和客家人至今普遍在一个宗族之下区分大房与小房。但对于什么是大房和小房，则似乎都没有一定之见。我们相信，这可能与不同的民系以至于不同的人对于大房与小房的理解不同有关。

传统上，一个男人所娶的不同的太太也称为房，如大房、二房之类的。但一般来说，东城的人们普遍认为，房支与祖先的配偶这类关系无关，即不是由于其太太的地位或者嫁入的先后而形成的。

访谈资料：

问：如果有一个伯公是属于大房的，他先后娶了两个老婆，那这两个老婆是不是就分出了大房、小房？

答：那不是的。娶老婆，不分大房、小房的，农民不分的。过去的地主、官僚才分，就是分大房老婆、小房老婆。要是大房的伯公娶了几个老婆，她们就算生了小孩，还都是属于大房的。就是说，跟老婆生的，完全没有关系的。

不过，虽然人们都是按照同一父亲所生的儿子即房支的始祖来界定大房、小房的，但具体的认识却可能并不同。一般地说，现在的东城的村民中，主要有三种相关的说法。

最为多见的一种说法，是按照房支始祖的长幼顺序而划分。即房支始祖如果是大儿子，就是大房；如果是小儿子，则就是小房；等等。这种分类的方法，其实也是各处汉人社会中最为普遍多见的习惯分类。以图7-5为例。假设B和C都是A的儿子，由于B是大儿子所以是大房，而C由于是小儿子所以是小房。

访谈资料：

问：那村里有没有大房、小房这样分的？

答：那有。一直都是有的。

问：那什么样的算是大房？什么样的算是小房呢？

答：假如说是同一个父亲的儿子，那大儿子就是大房，小儿子就是小房。

问：不是人多的是大房，人数少的是小房吗？

答：不是的。这个大房、小房，跟房里的人数是没有什么关系的。祖先的大儿子就是大房，二儿子就是二房，三儿子就是三房，小儿子就是小房。就是这样，一直都是这样的。

而在历史事实上，旧时的任何一对东城夫妇，几乎都是有好几个儿子的，这时人们通常以长幼为序分出二房、三房、四房之类。反映在现在的日常生活中，人们也几乎都是沿用这种长幼关系来指称相应的房支。但这时人们其实是认为，大儿子为大房，而其余的儿子都是小房。在日常生活中，这种差异可能不太看得出来，但一旦到了有严格的礼仪规定的丧葬、婚嫁、祭祀之类的场合，就会明确无误地展示这种区分。这种方式认为长子为大、其余的为小，这其实完全符合儒家传统的礼制秩序观念即嫡长子制。东城村民至今普遍尤为看重嫡长子、嫡长孙，就是这种传统观念的一种反映。总而言之，这个划分方法遵循的，其实是传统的世系标准，更符合人们对于世系和传统道德的认知与理解。也是因为这样，才得以在东城的各处乡村通行得较为广泛。

但在东城的各处村落中，确实有按照一房之中的人数与力量来划分大房与小房的方式，虽然这并不是时时都摆在台面上的划分方式。在这种划分方式中，人数多且力量大的房支就是大房，反之则是小房。仍然以图7-5为例。虽然B是大儿子而C是小儿子，但由于C房的人数明显多于B房，且C房更有实力，所以有人认为C房就是大房，而B房却是小房。不过，由于这种划分不是基于传统的世系，而且与传统的道德观念有所不合，所以相对来说可能不是非常通行。但我们确实发现，历史上另有相当扎实的理由导致了其存在。

接受访谈时不同村落的老人们都时常说起，一个房支在宗族里有无权力、能否为宗族做出某种重要的决定，"这些实际上非常重要"。而在现实生活中，这些经常决定于一个房支的人数、实力等非常现实的因素。传统上，大房即长房，但在历史上的东城各个村落中，经常出现其他的房占据了这种地位的情况。虽然人们不见得在名义上改变大房或者小房的称呼，但这时长房由于没有话事权，事实上等同于小房；而某原本的某小房却由于有话事权，却在事实上等同于大房。应该说，这可能就是第二种分类法的历史事实基础。

访谈资料：
问：那刚刚您说的大房、小房，是怎么划分的？
答：老大是大房，老二是二房，老三是三房，就是这样啦。
问：那这是按照儿子们的排行来的？
答：是的。排老大是辈分，不过，掌握权力的不一定是老大。哪个房人多了、变强了，哪个房就是有话事权的。
问：话事权？就是说在一个宗族里面掌握大权，是吗？
答：就是这样啊。他要是有了话事权，那他不就是大房了？最多就是没有这个名义罢了。

访谈时某老人家以切身的实例说，他所在的宗族有几个房支，二房由于明显地人数更多、势力更强，在村落事务上有发言权，在宗族中也有发言权，即可以决定宗族大事的，所以事实上是大房。据说，在旧时，其他房支的人如果违反了族规，必定要受到较重的处罚。但是，这个房支的人如果违反了相同的族规，所受到的惩处则较轻。在这位老人家看来，旧时宗族的某些惩罚措施，甚至就是由这类有发言权的房支来制定的，只有他们参与才可以决定宗族的大小事务。我们在某客家村落中，见到过现实的类似的情况。

该村的祖先有5位兄弟，老大最先由梅州一带先到东莞落籍，而老四在很后才前来依附。虽然最初只是兄弟两位，但最终由他们发展出该村的大房和小房两房人家。到了现在，小房在各方面都兴盛，明显地具有发言权，即事实上等同于大房。而大房由于人丁不旺、实力有限，居于从属地位即事实上等同于小房。这两房在历史上都有各自的祠堂,现在小房的祠堂经过翻修后焕然一新,大房的祠堂则因无力维护而已经倒塌大半。每到逢年过节等需要祭祀祖先时,大房人家只好到小房的祠堂中祭拜,但其中供奉的却是小房的祖先。我们发现日常生活中大房人家说起小房时颇多无奈,小房人家说起大房时却经常语带轻蔑。由此看来,虽然封建时代早就建立起了嫡长子等一套有关秩序的制度,但在实际的、日常的运用中,这套制度可能有颇多的变数。

无论如何,上述两种说法有一个共同点,即都是建立在图7-5所列举的同辈的祖宗作为起点来划分大房与小房的。但确实也经常出现图7-6所示的情况,即最初分出的房支到了某个时期,其内部可能各自又分出若干个房支出来。这样就导致了不同起始点的房支,即后出的某个所谓的"大房",其实在本源上可能属于某小房,大房、小房因此具有相对性。为了区别这两种不同的房,有些村民在对举时又把原本的房称为大房,而把由其所分出来的房称为小房,这就构成了对于大、小房的第三种理解。相比较而言,东城人持有这种认识的似乎不是太多,而在同属于东莞的清溪等地则是普遍的观念。①

历史上这类后出的房支,有一些是由于初始的房支兴旺发达所造成的,这样新老不同始点的大、小房并存同一村内。但在许多时候,则是由于初始房支开枝散叶即异地分居所形成的。人们在对举时,经常把在原居地所属的房称为大房,而把迁入地新形成的一众房均冠以小房的名义。传统东城人上一旦外迁,原宗族的房支分类就不再完全适用,新家园的始迁祖的诸位儿子及其后代,就构成了新的宗族及其大、小房。如温塘袁姓人家的第13代有6个兄弟,其中的3个兄弟去了桑园,由他们发展出了桑园袁姓人家最初的3个房。这3个新的房彼此区分大小,但与温塘袁姓人家的房支情况不再有关系。不过,在追溯先祖以及历史源流等即需要对举时,人们则可能把桑园的3个房都称为小房,而把原来所属的温塘副使公一房称为大房。正是基于这个缘故,温塘和桑园都有老人家在对举时,都把温塘的副使公祠堂称为大房祠堂,让当时不明就里的我们深感诧异。

对于属于某个具体房支的村民来说,本宗族以及本宗族的始迁祖当然重要。但是,在日常生活中,具体的房支以及其相应的支系的祖先,与他们的关系可能更为密切。因之,有些时候宗族以及始迁祖,却可能显得较为疏远。例如,祭祖的时候,人们普遍都是首先各自祭拜自己的直系先祖,以后才是分别或者阖族祭祀本族的始祖。访谈时有老人形象地解释说:"一个是你的爸爸、妈妈,一个是你的老祖宗。你当然跟爸爸、妈妈更加亲近啦。"应该说,这种观念在相当的程度上反映出了所谓宗族的某些本质的方面。

访谈资料:

问:那有结婚那些好事的时候,其他的房的人也会过来参加吗?

答:朋友、亲戚,就是这一些什么的,这时候都可以来,不用分那么清楚的。我这房的人做好事,以家族(意为房)为中心,不是这个房的亲戚、朋友,也可以请的。

问:就是说请的时候,要先请自己的亲人?

答:那自然是啊。我们这里,一直都是先请亲人,再请同房的人,再就是请亲戚、朋友那一些人的。

---

① 详参考张振江、麦淑贤《东莞客家民俗文化:清溪的个案》,广东人民出版社2017年版,第141—146页。

随着在本地定居日久，几乎每一个宗族通常都发展出了众多的房支，不同支系的族人间同时变得相对疏远，这纯属自然。而依照传统的东城习俗，对于特定的个人来说，通常房支远比宗族重要。在日常生活中，通常都是房支而不是宗族涉及自身的各种利害关系。例如，旧时东城人所谓的族产，通常都是各个房支管理各自的并用于本房支，宗族其实并没有多少可以运用的资源。当然，同族的人通常比异族的人要亲近得多，而且每年中都还有一些阖族的活动以凝聚彼此，这恰好说明了费孝通所谓的祠堂的人际差序关系。

三、分家与分房

国内外的学术界都相信，分家是家庭裂变和再生产的重要方式。而在现实生活中，通过不断的分家同时可能产生了新的家族或者宗族，即使得原先的一家变成了诸多个在血缘上互相有联系的诸多后代家庭。本书的第六章从家庭的角度描述并解释了分家，此处我们简单地从宗族的角度进行描述和解释。

东城人至今普遍认为，分家是一件极为普遍的事情，也是一件好事情。在他们看来，只有通过不断地分家，才能够最终实现开枝散叶即实现家与族的扩散，才能够实现家与族的不断发展和壮大，所以人们历来普遍不把分家当成什么伤感的事情。① 仍然以图 7-5 为例，假设 C 有三个儿子即 F、G、H，起初他们自然是一家，后来逐渐分成了三家或者四家。传统的东城人的分家，通常都是发生在该位儿子结婚之后，比较普遍多见的是三个儿子依次结婚、依次分家，所以该家总共需要两到三次分家。② 即大儿子 F 结婚后与父母以及未婚的弟弟进行一次分家，二儿子 G 结婚后即与父母和未婚的弟弟进行一次分家，到了小儿子 H 结婚时第三次分家即与父母分家。当然，父母也可能与 H 即小儿子共同生活而不分家，如此则只需要进行两次分家。③

个案：

张老人，男，牛山积庆里的一位年约 75 岁的客家老人。

在 4 个兄弟中，他排行第三，另有 1 个姐姐、1 个妹妹。他还不到 10 岁时，两个哥哥和 1 个姐姐就相继成家了。1962 年他也结了婚，婚后不到两个月也分了出去。老人回忆，那时他其实不想分家的，觉得自己还"不懂得持家"。当时已经是集体劳动时期，所以"那时候分家，也没有多少好分的。父母给了两间小房子，给了些锅、碗、瓢、盆、桌、椅、板凳那一些，给了170多元钱。还分了些粮食给我们，多数是杂粮，那时候大米很珍贵的"。

他有 3 个儿子、4 个女儿，都早已经各自成家了。

从事实层面上来看，东城的家庭至今以核心家庭为主，即父母多数不愿意和任何 1 个已婚的儿子及其家人住在一起。这时他们通常是一对老夫妇独居，有一定的财产足以

---

① 在珠江三角洲各处，似乎普遍都是这种心态，这与北方的汉人社会大不相同。
② 也有的是一次性分家，如果采取这种方式，在大儿子婚后即一次性分家的相对多见。
③ 在极少数的情况下，东城的父母也可能依附大儿子一家共同生活，而把其他儿子逐次分出去。

养活自己，当然通常也会得到子女的某些赡养。到了现在，这类情况似乎更加多见。访谈时许多这类老人表示，我们"自己可以舒服地住在一边，吃住自由，不用看儿子、儿媳的脸色，也不用帮他们忙做家务和带孩子"。父母帮助孩子养育他们所生育的孩子，似乎一直不是珠江三角洲各地的人们所过多地强调的，这与北方各地的汉族似乎有相当大的不同。

访谈资料：

问：那咱们这个家族，有没有分成几个房？

答：有的，祖先一共有两个儿子。等到他们结婚了，那就分家。那到了后来，就是老大家成了一房，老二家成了一房。

问：要是老大有了自己的儿子，是不是还要再往下面再分？

答：是啊，就是这样的。

问：那每一个房都有各自的财产，是不是会留一部分给后代？

答：有一些房比较富裕，那肯定就会留一些给后代的。那些穷的房，本身就没有什么财产，那也就没有没有什么留下来了。老祖宗有多少个孩子（意为儿子），那就分多少个房。老祖宗要是赚得多，那就有一些钱，那当然他的后代就好过一点。

而从某种意义上说，分房就是扩大版的分家，它将始祖的儿子从分家扩展为分房。当然，这并不是代表分家和分房是同一时期的事情，分房经常是在多年以后才追溯的说法，即从现在看过去，将当初的分家上升至分房。在分家时候得到的财产以及分家后通过各种努力获得的财产，这时早已经转化为各房的公共资产的一部分。房支的公共资产同样包括伯公田、鱼塘、果树等。

第三节 传统宗族的族产

传统上，东城几乎每一个宗族都有其族产。族产是当时的宗族维系其内部结构、促进宗族发展的重要保证，一定程度上也可以说是宗族赖以生存的核心。

旧时的族产主要包括两部分。一部分是"尝产"（有时也会称为蒸尝等），[①] 一般包括族田、鱼塘、果树、店铺等生产资料，这部分每年都会产生一定的收益，用于维持该宗族的各种活动的基本开销等。另一部分包括宗祠、族谱、族学、墓田等非生产性的物事，这些虽然不能够直接产生经济效益，但是传统宗族的极为重要的代表物，具有高度的象征性含义，有时也会给宗族带来意外的收益。

[①] 旧时东莞各地的宗族普遍有蒸尝即尝产，其分配、传承以及使用等大体如一，如可参考张振江、麦淑贤《东莞客家：清溪的个案》，广东人民出版社2017年版，第146—149页。

一、尝产

尝产是东城人对于本族的公共族产的笼统的称呼，一般来说包括族田、鱼塘、果园、店铺等资产。

传统上，东城人称呼族田为"伯公田""太公田""尝田""公尝田"等。以前东城各个宗族最为普遍，也是最为重要的族产，就是族田。对于农业社会中的每一个宗族或者每一个房支来说，族田都是最具实际意义的族产，仅仅拥有的族田的多少一项，就几乎可以完全反映出一个宗族、房支的经济实力。

伯公田有不同的所属，如有属于一个族的，有属于一个房的。据调查，历史上的东城各处村落的不同宗族、不同房支，拥有尝田的情况差别很大。以宗族论，富裕的宗族通常拥有相当多的尝田，而贫穷的宗族的尝田则较少，甚至还有完全没有尝田的。而在同一个宗族的内部，富裕的房支的尝田较多，而贫穷的房支尝田较少，我们甚至还发现过完全没有尝田的房支。如果以族群而论，则广府人的尝田较多，而客家人的尝田较少。我们相信，这可能与二者到来的先后不同有关，也与二者主要的传统生计方式不同有关。

老人们普遍认为，尝田首先与始祖有莫大的关系。始祖抵达东城各处后，通过辛苦劳作、精心经营等获得了若干田地。等到他们去世，这些土地自然就分给了其几位儿子及其家人，但也有可能留下部分田地不分，而是作为祭祀等公用费用的来源，由此就形成了一个宗族最初的公田即族田。实际上，这种公田也几乎都是后来所见的全体后代族人所共同拥有的公田的主要来源。后人们经过努力，一般都能够使得族田面积代有增加。如我们的访谈发现，中华人民共和国成立前夕，桑园袁姓人家的族田有好几百亩之多，有些甚至分布在距离桑园颇远的地方。

另一方面，随着族人的不断增加，过了若干年后，一个宗族的内部分成了若干个稳定的、彼此界限清晰的房支。如果房支的祖先同样也留下了田地，这就成为了该房支的公田，即属于该房支的所有人所共同拥有的田地。由此可知，尝田其实也是有不同的类型的，即一个宗族可能有全族人公有的尝田，一个房支可能有属于自己房的尝田。旧时的人们对于这种区分很清楚，彼此绝对不会混淆。因为这样，可以享用某一特定的尝田后代的范围，也是不一样的。即这些不同的祖先留下来的尝田相互独立，特定范围的后代可以享用特定的尝田，传统的人们对此也非常清楚。牛山的张老人就明确地说："我们这里的客家人，是清朝的时候才到的，比广府人来得晚。所以，老祖宗留下的尝田，也就没有多少。我这个房呢，祖宗特别能干，留下的尝田比族里的族田还多。那么这些田地呢，中华人民共和国成立以前就是专属我们这个房的人的。那时候，其他房的人，当然是不能够随便用我们的。"

不同房的后人都可以共同享用属于本族的尝田，但每个房支的尝田，只能够由本房的享用。"就是比方说，小房的人，享用小房的尝田。大房的人，享用大房的尝田。就是小房的人，不能够享用大房的。大房的人，也不能够享用小房的。"这两类尝田的数量都可能会出现变化，一般都是增加，但确实也有变少的。族里或者房里基于什么缘故急需用钱，就可以出售一部分甚至全部的尝田以套现。老人们说，温塘的陈姓人家就是如此，在中华人民共和国成立前夕因故变卖了所有尝田，所以他们没有多少这方面的祖产了。如果族里或者房里因故获得一笔资金或者收益而又不用于当年分配，就可能用于购买尝田，从而使得尝田的量增加，牛山的张姓人家就是如此不断地获得新的尝田的。虽然这批客家人在相对较晚的时间才到东城，但部分房支通过不断的购置，最终积累了相当多的尝田。至中华人民共和国成立前夕，甚至距离其村落百里开外的地方，也有其尝田，每年都有不少的收益。回想起祖辈的辛勤与荣耀，张老人充满了钦佩与自豪。

由于尝田是一个族或者房最为主要的经济来源，因此人们每年都要设法使尝田获得收益以至最大化的收益。据调查，旧时东城人的尝田普遍用于出租，通过收租的方式获得收益。一般地说，当时每年都公开招标一次，① 通过投标的方式确定出租对象。投标者既可以是本村、本族、本房的人，也可以是外村、外族、外房的人。这时投标者都必须列出所准备支付的租种的回报数额，如一年支付多少斤的稻谷。传统上，交付租金最多的投标者获胜（当时一般称为得标）。在投标结束后，得标者即获得该尝田的使用权。得标者每年必须按照议定的数额缴纳租金，还必须按照双方商量好的具体的方式按时支付。

访谈资料：

问：那以前你们有公田吗？

答：有的，公家（意为宗族）以前有公田，租出去就有收益。一部分，就拿来给乡勇做薪酬。那个时候，一般都是租给本地人的，就是没有田的那些人。中华人民共和国成立前比较多的呢，是三七分成。这个都是事先商量好的，就是先确定下来，租一年给多少谷子，给钱也可以。以前，大部分都是给谷子的，一次给一年的谷子。那时候，谷子用处大，像我们这里，那时理发都是给谷子的。

问：那交上来的谷子怎么办？是不是要建一个大粮仓储存起来？

答：那是有的，有的就是这样的。不过，以前一般都是没有这个大粮仓的，不像现在的粮站都有大粮仓。比如我们这个族，每家都有一个小的储藏粮食的地方，是自己家围起来的。那就记好数目分给各家，就是分开储存。这个不一样，看各个族的储存条件吧。

以前普遍选择以稻谷支付，通常都是不论价格如何变化，承租者到时候都要交议定好的数量的谷子作为租金。例如，当时议定的是每亩交 100 斤稻谷，价值 20 元。到了交租子时不论价格如何涨或者跌，都要交 100 斤谷子。很多老人都说，这是由于清末至民国时期货币的币值非常不稳定，所以当时的人们几乎总是会优先选择实物的方式。当然，也可以双方议定采取现金的方式交租金，这时人们通常就要设法规避币值变化所带来的风险。据调查，在当时的珠江三角洲许多地区尤其是东莞一带，除了通行各种大洋、纸币之外还通行外币，而港币的币值相对来说比较稳定，东莞距离香港较近又方便使用，因此也有不少都是以港币交租的。2015 年我们在东莞的清溪镇、凤岗镇一带调

---

① 在实际的操作中，不一定是每年投标一次。有老人回忆，当时有长租给投标者使用的，即一次性租给对方使用若干年，据说这样更加方便。至于租金，则可以每年商定以增加或者减少甚至全部减免。

查时，发现这些地方在历史上也有不少是采用如此的方式的。①

访谈资料：

问：那具体要交多少谷子呢？

答：那时候，是按田收取稻谷的。稻谷就没有统一的价格了，都是按当年的市场情况价来定的。

问：那你们的那个尝田，是怎么收租的？

答：中华人民共和国成立前尝田是收钱的。不过，不同时代给的钱不一样。所以现在也没法估计每年到底要多少钱。民国时期，钱贬值得很快。所以中华人民共和国成立前，我们这里最通行的是收港币，都觉得这种钱比较稳定。

我们这里的尝田，一般都是水田。旱地就不好说了。旱地其实很少的。田和地收的租，那是大不一样的。当时的水田，一亩田普遍可以收获 150 斤稻谷，那就商量好，折成钱来收。不过，不同时期的钱不一样，所以说实际上收的钱其实不一样。

此外，具体的收租的方式，有时也与田地的距离有关系。一般的情况是，位于较远地方的太公田收钱的可能性大，而较近的地方收谷子的可能性大。这主要是因为，"远的地方收谷子，那是非常麻烦的。收了谷子，你怎么弄回来？要是收钱，那就比较方便了"。但无论采取哪一种方式，还得必须留给承租方一定的，有时甚至是较为可观的赚头。据调查，旧时通常都至少留取全部收获物的三成或者以上给承租者。否则，承租方可能就难以与出租的宗族达成协议。出租的宗族，经常还必须考虑当年承租方的具体情况。例如，由于旧时的东城各地经常发生各种自然灾害，所以出租水田的经常歉收甚至颗粒无收。每到这时，双方可能就要重议改变收租的数额或者方式，如没受灾的田地维持不变，而受灾的田地予以减租。如果灾情极为严重导致当年确实无法交租，甚至还可以免交当年的租金，或者推迟一年与下一年的租金一起交。桑园的袁老人说："那时候，我们这里的田啊，三年倒有两年遭水淹。他都没有一点收成了，你不给他减免租金，你又能怎么样？"据他回忆，他的父辈经常碰到这类无奈的事情。临近中华人民共和国成立时，他自己也亲眼见过几次这种情况。

为了避免这类风险，也为了使本族或者本房的收益最大化，有时候尝田就不用于出租，而是由本族或者房自己耕种。据调查，这时一般都是请长工来帮助耕种。长工的薪酬，则来源于其所耕种的尝田的收获物。据调查，中华人民共和国成立前夕一人一年的工钱多为三至四斗稻米。至于其余的收益，则是首先"留下一部分给伯公，"剩下的通常都是由本族或者本房的人按照人头均分。

访谈资料：

问：那个伯公田，是谁种？

答：那时候，我们就请长工来种。一个长工，一年发几斗米，这个就是他的报酬。那时的长工，他想做就做，不想做就不做了，都是不会强求的。跟有些地方说的，就有点不太一样了。

---

① 可参考张振江、麦淑贤《东莞客家民俗文化：清溪的个案》，广东人民出版社 2017 年版，第 146—149 页。

问：那伯公田每年的收获，怎么分啊？

答：几个兄弟（意为房支）分，还要留一些给伯公（意为用于祭祖等）。种伯公田，那也是要本钱的，就是还要买肥料、买农具那一些。

除了尝田，鱼塘是旧时东城人又一最为常见的尝产。以前东城的各村普遍地势低洼又毗邻东江，多见由于积水或者河水流入等而形成的池塘。此外，人们还普遍利用合适的地势，开挖池塘或者截取部分河道形成池塘。这些池塘有的面积相当大，如位于余屋村的余氏祠堂前面的一口鱼塘，就有60多亩大，而鳌峙塘村的一口水塘，在旧时居然有300多亩之大。这些池塘有些是属于整个村落所有的，但大部分是属于某一个宗族或者某一个房支所有的。不论具体的归属如何，旧时都是普遍用于养鱼，以造福全体村民或者族人。根据调查可知，以前鱼塘也是采用招投标的方式出租给个人，承包者则每年以现金的方式交租金。此外，每年的年节时还要免费提供一定数量的鱼给出租的村民，用作节日美食。

除了尝田和鱼塘之外，有些族或者房还有山头、果树、茶树、商铺等族产。但一般来说，这些都是较为少见，因而不是当时的族产的主要部分。例如，我们的调查发现，直至中华人民共和国成立前夕，仍然只有少数宗族才得以拥有几间或者多间商铺，如当时条件较好的温塘袁姓人家和陈姓人家。有老人回忆，民国时期这两个大族及其房支不但在本地有商铺，甚至在东莞的莞城以至广州城都至少有一到两间铺头。到了中华人民共和国成立后，这些商铺才都被政府"充公了，就是没收了"。

除可能分给村民之外，尝产的每年所得，主要用于本族或者本房的各种公共开支。据调查，这是历来通行的做法，对此族人始终无异议，反而一向颇为支持。旧时最为常见的主要用途，则有用于拜山即祭祖、维修道路与河堤、修缮祠堂、办学堂课族人子弟以及修族谱等。（见图7-7）

图7-7 维修河堤是旧时主要的开支项目之一

据调查，除非本族或者本房支没有任何尝产，以前家族集体祭祀活动的资金，几乎总是来源于尝产。现在的很多村落中，还是来源于某种集体的资产。但是，具体如何使用则有区别，基本的原则是祭祀阖族的祖先即始祖时，用的是本族的尝产；祭祀某房支的始祖时，则使用属于该房支的尝产。具体的开支项目，则一般包括购买各种祭品及相关开支。如果路途较远时，还要用于族人往来的路费，以及给长途跋涉去祭祀的族人的补贴（当时一般称为凉茶费）。等到祭祀结束后，各族或者各房支还普遍都会张榜公布本次活动的明细，普遍包括具体的开支项目以及相应的金额，其上一般还会有经手人以及监督人或者核算人的签名。在现在的珠江三角洲的各处村落，这个习俗依然普遍存在。不过，现在祭祖的资金主要依靠族人捐款或者某种集体资产，但同样需要向族人们张榜公布。我们在许多村落中都见过"祭祖收支明细单"之类的大红榜，一般都是张贴于村内某一两处显眼的地方，为的是便于族人监督。

访谈资料:

问:伯公田出产的那些东西,是给伯公,还是每个人都能分到?

答:伯公能分到一些的,私人也能分到一些的。比如说,伯公田一共有3亩水田,就先缴1亩田的(稻谷)给伯公,剩下其他的,再拿给族人平分。

问:一个房的这些田地,那都是谁在管呢?

答:我们这里,一房的田地就是一房的田地,都是那个房自己管,别的房,那是不能插手管的。这一房的田地,一般都是这一房最老的人在管。等到最老的那个人死了,那就让第二老的管。每个房,都是有专门的人,旧时负责人管钱、管账那一些。一房的田地赚得的所有财产,都是拿来建祠堂、结婚时送礼这一些。有时候,还会帮一下房里比较穷的那些人,就是这一些用途。

问:那你们有两个房,修大祠堂(意为始祖)的话,两边怎么出钱?

答:我们这个家族,确实一直都是有两个房的。村头的那些人,他们是一个房。我们村尾这边的人,又是一个房。就是一个房在元美坊,一个房在元头坊。以前怎么做的不知道了,祠堂都是不知道多少年,那才翻修一次的。前几年我们翻修大祠堂,就是各个房的人,公开、自愿捐款的。每个人捐款的情况,那个大祠堂里面有的,就是墙上贴的那个,就是"芳名录"。

问:以前族里的公共建设,比方说挖鱼塘、修路这一些,那是谁出钱?

答:全族的事情就是全族里的公共财产出钱。要是大房的事,就是由大房的公共财产出钱。要是小房的事,就是由小房出钱。你说的都是公共的事,就是由公共出钱,私人是不用出钱的。好比说,爷爷下面有爸爸,爸爸下面有儿子,大家都是有田、有地的。那就先由爷爷出钱,不够的话,再从爸爸那里出钱。不需要个人出钱的。

旧时尝产的第二个常规的用途,是用于建设与维护涉及本族、本房全体人员的各项公共设施。

传统上,祠堂等公共设施如果因为某种原因需要紧急修理时,或者因为时日太久需要重新翻修时,所需的资金几乎必定都是如此而来。据调查,由于东城的绝大部分村落都是处于相当低洼的地带之上,在中华人民共和国成立后政府修建东江大堤保护村落之前的几百年间,普遍都需要修建堤坝之类的,以保证本村免遭洪水的危害。老人们说,旧时几乎每年总是基于各种原因,导致修建好的堤坝出现部分坍塌。因此,每年都要拨出一部分尝田赚来的钱,专门用于维修堤坝,这几乎成为了每个家族的年度例行公共事务。如果需要较大规模地修筑,还需要更广泛地募集资源,才可能满足所需。① 而修整

---

① 在鳌峙塘村外的鳌峙塘围堤碑亭中,立有"重修鳌峙塘围堤记",其中的相关记述可以为参考:"鳌峙塘地处下游,尤水患所交集。我先考聘西公岁为此虑,恒与族众堤事是勤,然而财用不赡,功辄中辍,诚有以知其难矣。比年,余与东来上校斥资购材,于堤薄弱圮注处加以补苴,惟效仅片段,未及全堤,又有以知其难矣。去夏,峡流暴涌,湍悍为虐,下游成巨浸,禾尽漂,牲畜多淹没。迨月潦退,勘视两堤,北堤决口一,长二十五公尺;南堤决口二,长二十公尺及十六公尺。族众悼茁害之烈,于今春设围堤董事会,以余任董事长,主修堤事,谋所为一劳永逸者……计需工谷八千余万斤……遂告于香港东华医院而请振焉。蒙院主席徐君季良慨许所请,首席总理王君汉清、何君智煌、周君湛光悉赞同,复遣钟君仁普赴视决堤,拊揾备至,先后发振款港币八万圆为助。自是而庀材鸠工,壹有藉矣。"

村内的道路、码头等公共交通设施,也是常见的例行性事务。(见图7-8)所需要的经费,也几乎总是从尝田所得中开支。

图7-8 维修道路是旧时一项例行性的开支

访谈资料:
问:那尝田里的收益,一般都是怎么花的啊?
答:一般花在修路、修堤坝那一些上面的,就是都花在家族的公共事情上了。还有,要是官员来了,你这个族,那你要请客吧?每一年,还要接待其他村的同宗兄弟吃饭吧?以前,要是族里有人实在不够钱做开灯活动,那这个时候,公家(意为宗族)要是有的话,可能也得多少补贴一点的。所以,尝田赚来的钱,每一年剩下的,都是没有多少的。

在旧时,出于管理日常宗族事务的需要,几乎所有的宗族或者房支都需要雇佣或者招待某些人员,以维护本族或者本房的利益或者处理某些事务。因此,也需要将部分尝产的收益用于这些方面的开支。据调查,旧时的东城各处村落中的宗族都有族长,他们负责全面管理该宗族,可能每年都是有一定的报酬的。不过,数额则通常都极为有限,至少在表面是如此。所以访谈时才有人说,这类似于"象征性的"。牛山村有一位老人回忆,旧时他所在的客家宗族里面选出来当族长的人,几乎都是出自该宗族里的富裕人家,因此很多族长根本不会拿这点钱的。据说其原因在于,"就一点点钱。你拿了,对家里也没什么帮助,还会让别人说闲话"。而据他回忆,他的祖父就当过多年的族长,但他从来没有看他祖父拿过这种钱。

但是,即使是族长主动不领报酬,有些人则是必须支付其报酬的,其中最为常见的,是东城人所说的理数。所谓理数,就是负责一个宗族或者房支日常的财务往来以及一些具体的文字书写等事务的人员,相当于现在的会计与文书合体的一类人物。理数全为男性,日常他们自有其他的正常谋生的途径,只是应聘在业余时抽空帮某个宗族处理账目以及其他事务。理数通晓该房或者该支的经济状况,因此可以认为是一个宗族或者房支绝对的核心人员,对于一个宗族或者房支可能影响重大,所以通常都是慎之又慎地招聘而来。此外,旧时的宗族或者房支,普遍需要聘请少数人员负责看护与打理祠堂,还需要雇佣一定数量的乡勇与民团等安保人员,由他们负责夜间巡护村落、防御外敌等。这些方面也都需要花费,通常也都是从尝产中开支的。

在旧时,每个宗族每年都要接待来访的同宗兄弟,所需要的花费几乎可以视为年度例行性的开支。所谓的同宗兄弟,其实类似于北方所谓的本家,指的是同属于一个祖先的、血缘关系较为亲近的诸多后裔,这些人可能居住于自己周围的村落,也可能彼此相距一段距离。在历史上的广东、福建等地,同宗兄弟不单单具有血缘上的意义,还经常具有极为现实的意义。例如,一旦发生械斗等大规模冲突,很有可能就需要同宗兄弟援手或者设法调停,而这可能对本族具有生死攸关的意义。因此,旧时各族的人们普遍极为看重同宗兄弟。传统上,东城人几乎每年都会花费不菲的资金,用于龙舟趁景或者联宗祭祖等方面,目的就是通过这些方式相互来往,以维护并加深彼此的情谊。

除了上述的花费之外,尝产的另一个常规用途,是用于涉及全族或者全房支的各种公益慈善活动。其中最为常见的,是在村内某处(通常是祠堂)设立学堂,然后花钱聘请教职人员教授本族或者本房子弟。有些族人子弟在读书时以及外出考试时遭遇经济困难,几乎也需要从尝产中资助若干,这些方面有不少实例。我们在本章的后文以及其他本书的其他章节有所涉及,故此处不再赘述。

二、宗族符号等其他族产

(一) 宗祠

东城人至今普遍认为,祠堂历来是供奉祖先的最重要场所之一,也是传统宗族的重要内容与体现,所以完全可以看作一个宗族的最为主要的象征物之一。

传统上,修建祠堂是每个宗族发展到了一定程度后都会做的事情。茶山镇南社村樵谷公祠的楹联是"聚子姓于一堂,为穆为昭万世羹墙如见;祀祖宗于百代,报功报德千秋俎豆生香",就极为简洁地总结出了祠堂的传统意义。但在实际上,祠堂也是炫耀本族的经济实力和社会地位的重要工具。因此,经济条件稍好的宗族,都会尽力修建富丽堂皇的祠堂。在历史上的一处村落中,最好的建筑几乎必定是祠堂,就是这个道理。在原则上说,旧时进出祠堂的人一般以中老年男性为主,只在逢年过节或者初一、十五等拜祖先的时候,女性才可以进出祠堂以拜祭等,其他时间她们则几乎完全不许涉足其内。即使到了已经全无限制的现在,日常经常进出祠堂的女性依旧相当少见。

东城的祠堂数量较多,各种规模的各类祠堂散见于村落内外。人们认为,祠堂大体上可以分为"宗祠"和"公祠"两种类型。所谓的宗祠,指的是全宗族共同所有的祠堂,其中供奉的是本族的始祖,这种祠堂日常也称为大祠堂。东城的一个村子多都是由一个家族组成的,因此一个村内通常只有一处这种祠堂。而所谓的公祠,则是指一个房支的人共同所有的祠堂,其内供奉的是本房支的始祖。由于每个各种意义上的房支都可以为本房支的始祖修建祠堂,所以每个东城的村子内,几乎都有好几处这种公祠。

但不论是宗祠还是公祠，可能最多只有极小的一部分修于明朝，① 而似乎至少绝大多数是修建于清朝时期和民国初年。其基本的格局，是采用三开间三进合院式布局，但因为各种原因而总有一些例外。如经济能力实在有限的宗族，通常只能够修建较小的（如两开间、两进的）祠堂，而实力超群的宗族则可能修建更大的（如五进的）祠堂。在现存的这些古祠堂中，绝大多数都是三开间的，两开间的较为少见，五开间的似乎只有鳌峙塘的徐氏宗祠、余屋的余氏宗祠和周屋村的周氏宗祠等少数几处。三进的祠堂占了绝大多数，间或有四进的和两进的，后者显然是财力不支的无奈之举。即使是时至今日，族人们说起自己的两进或者四进的祠堂时，彼此的神色依旧截然不同。祠堂大门上通例贴有一副对联，内容以描述本族源流、阐述本族品德、申明家风（族风）或者称颂祖先功德为多见。不过，现在最令今人注目的，可能是各处祠堂几乎毫无例外地都在大门处特地精心修建了高高的门槛。（见图7-9）

老人们说，祠堂多建在村里"风水较好"的地方。但实际所见的大祠堂即宗族祠堂，通例都是集中在村落的前部，② 而房支的祠堂则几乎都是修建于

图7-9　东城的祠堂通例有高高的门槛

该房支所在的地方，呈现出相当大的规律性。例如，广府人村落中的大祠堂即全宗族的祠堂通常建在村口处，原先距离村内的民居通常有一定的距离；而客家人村落中的大祠堂，通常建在村落第一排建筑的中部，其两侧以及后部都与民居紧邻。但不论是广府人还是客家人的大祠堂，其前面都一定要有一口有一定面积的水塘（现多俗称为鱼塘）。至于其原因，老人们一般认为有三个：为村民提供了一处水源，方便村民日常洗涤；方便村里排生活污水和雨水等，排出的生活用水还为鱼塘里的鱼提供了肥料；万一村落内发生火灾，池塘内的水可以用于救火。而在我们看来，除了这些之外池塘还为村民或者族人提供了一个日常闲聚的适宜的场所。许多研究都已经证明，这种池塘确实有助于改变村落的小微气候。③ 所以不论是余屋还是周屋，其村前池塘的靠村落的一面，每天的早和晚始终聚集了不少来消闲的村民。牛山张姓人家祠堂前的池塘因为道路施工而被填平，现在人们只好都走进祠堂里面消闲，导致每天都要开着风扇降温。

---

① 有人认为，东莞市境内乡间出现祠堂，应该肇始于宋朝。东莞现存较为完整的早期祠堂，似乎是中堂镇潢涌的黎氏大宗祠，其内仍存有刻于明代镌刻的"东莞黎氏祠堂碑记"，一般认为可以证明其修建于宋代。东城的公祠中，有人认为似乎以梅花轩公祠为最早。村民传说，该祠堂原本是赵氏人家的宗祠，建于明代宣德二年（1427年）。由于赵氏是皇室宗族，因此可以建造这种四檐滴水样式的宗祠。到了景泰七年（1456年），赵氏因故搬出温塘而迁至黄江定居，遂将这座公祠卖给袁姓人家的梅轩公，这座祠堂也从那时起改名为梅轩公祠。但迄今似乎不能够确证。这座祠堂的祠、亭合一的形制确实较为特别，所以村民普遍传说就是因为这种样式"只有皇帝家"才可以使用，详参考本书第八章。

② 由于近些年来村落地域不断扩大，现在大部分的大祠堂都已经出于村落的内部了。但这是后来的变化而不是本来就如此，这种变化在一定程度上也体现出人们对祠堂、祖先以至鬼神等方面的观念的某些变化。

③ 可参考秦筑《徽州古村落理水分析》，载《华中建筑》2009年第8期。

祠堂内的后进摆放着供奉列位祖先的神案、香炉等,"列祖列宗的牌位,按照辈分的高低,依照左昭右穆的方式排列"。但是,在多少情况下,并不是列祖列宗的排位全部都供奉在祠堂内的。关于什么人的牌位才能放入祠堂,似乎不同的村落的做法不一样。如有老人表示,"以前的人啊,只有那些60岁以上的,又儿女双全、三代同堂、身体健康、配偶健在的老人家,他们过了世,才能把他的牌位放进祠堂的神龛上"。而在实际所见的祠堂中,几乎都是只有本族或者本房支部分先人的牌位。因此有的老人认为,中华人民共和国成立前可能族人的牌位都放进祠堂的,但现在都只是把最早的几代祖先的放进去。现在的人们一般对于年龄等没有特别的要求,在其他方面有倒是新的要求。余屋的余老人就指出,"祠堂是祖先住的。不过,就算你是祖先,你也不是一定就能住进去的。有功名、有名气、当官的那些人,那他身后才能住进去的。这个呢,他还必须是比较早的。前面的进士牌匾上的那个人,①那他当然有功名啊。那他的牌位,为什么没有进祠堂里呢?就是因为他太晚了。就是前面的人很多了,祠堂里住不下去了"。

访谈时发现,到现在人们普遍还是比较重视祠堂的。袁老人坐在重修的袁氏大祠堂里面对我们说,"后面那座山,就皂角岭。这座祠堂是原地重建的,原来就是袁氏宗祠的所在地。'文化大革命'期间祠堂拆掉了,当时盖了一座戏院,还是一座大礼堂,平时村里拿来开会什么的。戏院后来失火烧掉了,就一直空着。早几年,袁氏族人一共捐了大约500万元,就重建了大宗祠,面积比原来的面积大多了"。说到这些时,老人一脸的心满意足。但是,如今的人们其实已经普遍不怎么在意身后是否可以进祠堂,这有力地说明人们的相关观念已经有了很大的变化。由于本书有专章描述并讨论东城的祠堂,故此处我们不再赘述。

(二)族谱

在传统的东城社会,几乎每个宗族都会有自己的族谱,至今依然如此。(见图7-10)

有些宗族现在并没有族谱,这可能是由于该族历史上就没有族谱,也可能是其旧时的族谱因故没有传承下来。如今所见的族谱中,有的是从祖居地处承继而来的,有的是流入现居地多年之后编纂的,还有的是近些年才新编的。前两种人们一般称为老谱,后者则一般称为新谱。相比较而言,人们对于老谱更加看重,普遍认为老谱更有价值。一般来说,现在的东城无论是广府人的村落还是客家人的村落,都以新谱为多见。但不论有无族谱,人们普遍知道自己的来历,不少村落(即家族)至今还与自己直

图7-10 牛山的张姓族谱

---

① 指余屋进士余士奇,传说万历皇帝为表彰他而下旨建造了"进士牌坊"。余士奇于万历二十六年考中进士,时年四十六岁。村民传说,在万历三十三年的政考中,他获最高等评价。1613年升任宁国知府,获赐牌坊一座。这座牌坊至今犹存,历史上多次翻修。

系祖上迁出地的族人有来往。这个事实似乎也说明，许多家族迁入东城的时间其实可能不是太久。

在这些族谱中，老谱普遍是刻印的，新谱有铅印的，也有手写的。旧谱虽然可能包含多卷，但普遍都是只有一本。新出的如果是印刷的，则多数都分为几册即几本。访谈时发现，有不少村民似乎认为，卷数也就是本数的多少可以证明本族的落籍的长久，可以证明族人枝繁叶茂以及本族在历史上的荣耀。由于族谱极为重要，旧时各处村落中的族谱多是由族长保管，也有的是由村里有钱、有文化的人保管。因为这样，访谈时不同村落的老人们都说，以前掌管族谱的肯定是地主之类的人家。但也是由于如此，中华人民共和国成立后随着这些人被处理以及"文化大革命"的破坏，就直接导致了许多家族的族谱失传。所以访谈时许多家族都说，他们现在只有新编的族谱而没有了老谱。正是因为这样，近些年不少家族在重新编写族谱时，必须求助于原籍的同宗兄弟甚至求助于早就移居海外的族人，才获得了某些历史上的资料或者"旧本族谱"。

一般来说，族谱之中记载了该族里所有的房支谱系及其分布、男丁及其配偶和子女等方面的情况，可以作为认定某男子是或者不是本族的最为重要的、有时甚至是唯一的依据。老人们说，旧时偶然可以见到的所谓"认祖归宗"，就是正式把某人或者某一支人脉写入族谱之中，从而使得该男子或者该支系从此有了谱系上的依据。依照旧时的习俗，每位男性族人必须在族谱上有其名字，才能够正式获得该家族的承认。因此，传统上，到了正月里开灯的时候，本族上一年所有的新生男儿，都要由其父亲或者祖父（少数时候是其母亲或者祖母）抱到祠堂，由族里的理数（或者族长、理事等人）在专门的登记簿上，郑重其事地当面登记下其名字，以作为重修族谱之时正式登记入族谱的根据。访谈时广府人和客家人村落的老人们都说，以前东城的普遍习俗，是每隔50年就要重修一次族谱，即大致相当于每两代人重修一次。每到重修的时候，就要把过去的50年中出生的男丁及其配偶等方面的情况加入新的族谱中。但也有老人说，由于旧时的族谱普遍是手写本，故可以随时编插，所以男丁开了灯就要马上登记进族谱。否则，当事的人家会不依不饶。

访谈资料：

问：要是新出生了男丁，那怎么把名字加进族谱里面呢？

答：现在就是自己写了。好比自己家里分家什么的，这些也都是自己写，因为每家都有一份族谱嘛。中华人民共和国成立前，有个灯头簿，每年有哪些新出生的男孩子，那个理事，就会一一都记在这个灯头簿上。他要把整个村子的男丁都统计清楚，等到了修族谱的时候，就拿出来直接登记进去，这样就可以了。

依照旧时的东城习俗，族长等人一般都是把族谱放在自家中保管，但也可能是放在祠堂内保管。当时的族谱采用刻印的或者手抄的都有，但普遍都是装在特制的木盒子内，也有用长长的布料包裹住的，这样既便于珍藏又可以显示其贵重。访谈时老人们都说，旧时族谱是不会轻易给人看的，即使是族人想看，也不一定能够随时看到。其原因之一，是人们认为这样才显得族谱重要，即"重器不可以轻易示人"。另一个主要原因则是"那些管族谱的人，差不多都是地主，那你敢不敢上门去随便要来看？"，因此那时候普通的族人,对于本族的族谱其实普遍并不了解。有老人回忆说,当时一般人也就是在祠堂祭祖的时候才看得到族谱,这时族长等人还要当众宣布,过去的一年中本族的×××等几家添了男丁等相关的情况。也有老人回忆说,他们的家族有每年夏天晒一次族谱的传统,只有这时候才许可族人任意观看,但观看时必须态度恭敬、虔诚。

到了改革开放后,几乎所有的东城宗族都重修并大量印刷了某种形式的族谱,基本上都做能够到全体族人每家一册。相形之下,温塘的最大姓氏即袁姓人家,至今没有自己编印的族谱,这显得特别奇怪。① 但是,现在的人们对于族谱的观念,普遍已经有了很大的改变。如我们访谈时发现,除了少数男性老人家之外,其实很少有人仔细地看过本族甚至本房支的族谱、宗谱之类。而对于修谱的人的某些做法以及修谱的过程,似乎许多姓氏中都有人持有不同的看法。

(三) 族学

在旧时代,一个宗族如果出了通过科举考试而顺利获得功名的人,对本族来说,那不但是光宗耀祖的大事,还可以为本族带来实实在在的利益。主要是这个缘故,与当时全国的许多地方一样,旧时东城的几乎每个宗族都极为重视兴办族学以教育本族子弟。② 旧时尝产的很大一部分,也是定例用于这一方面。

以前的东城绝大多数宗族都自觉地兴办族塾等,办学的地点几乎都是祠堂。到了20世纪初期尤其是30年代前后,各村才先后开始通过各种途径修建"学堂""家塾"等新式教育场所。如果本族无力办学或者办得不如别的宗族好,则本族子弟只好到其他族甚至外村的族塾就读。由于这时不但几乎必定要交学费(多见的是交稻谷),学生可能难免会有某种寄人篱下之感,因此各个家族都会想尽办法办学。鳌峙塘徐姓人家的祖先出过一位尚书,所以历代尤其有耕读传家的良好家风。到了民国时候,村中还出了徐景唐这样的人才,人们自然更加重视教育。故民国时期的鳌峙塘有多所各类学堂,除了收本村的适龄儿童外,还收了周围不少村子的儿童就读。本村子弟免费或者以宗族或者房支的尝产代缴学费,外村的学生缴纳了一定数量的谷子即可入读(详参考本书第九章)。

访谈资料:

问:听说以前村里的祠堂经常拿来做学校?

---

① 袁老人说:"现在我们温塘姓袁的,只有一本全国统一的《中华袁氏家谱》,没有专门的温塘袁姓的族谱,我觉得主要有两个原因,一是没有很详细的历史资料遗留下来,只有一些零零散散的记忆,想修起来不容易;二是没有人重视这个,这个东西不能赚钱嘛。再说,年轻人对族谱什么的,都不感兴趣了。但是就地方来说,族谱还是很重要的。听说化州那边,就有人专门修。以前我们温塘袁姓人,那也是有自己的族谱的,我年轻时还看过的。不过,那时的族谱也是祖上传下来的,已经不完整,好像是零零散散的。到了'文化大革命',袁姓大祠堂里供的祖先牌位,还有这些族谱,那时就都拿来一起烧掉了。我估计,现在应该还是有一些旧的族谱存下来的,只是不知道在谁的手里。"

② 刘正刚、袁艳平在所著的《明代广东宗族组织探析》(《广东史志》1998年第1期)中指出:"明代广东宗族组织的整合与重构,主要依靠功名人物来完成,功名人物是整合宗族组织的最有力人物。一个宗族在社区中的地位也主要是由功名人物来决定。"这个说法用来描述清至民国的情况依然完全正确,这也是当时人们努力发展教育以培养族中子弟的最重要的动因之一。

答：是的，现在重修的那个祠堂，就是当过很多年学校的。以前当学校的时候，就叫强毅小学。里面的大概的格局，① 直到现在还没有大变化。那个时候到祠堂里的学校念书，本村的孩子不用出钱的，② 外村过来附学的，那就要交学费了。当时周围的几个村子，都有让孩子过来念书的。我们读书的那时候，加起来有一百多个学生。

现在我们这些一起念书的老头，有时候还会说起来。不过，那只记得读书的好，不记得当时老师打我们喽。我们那个时候的老师有三个，他们都是有工资的，就住在祠堂里面。老师有本村的，也有外村的。因为我们族里有钱，所以请的几位老师素质很高。

问：有没有学生也住在祠堂里面的？

答：有的。超过12岁的男生，有的就住在祠堂里面。女孩子呢，那时候住在祠堂旁边的那处私人的屋子里，那个人家有多余的屋子的（就当了女生宿舍）。不过，那时候的女学生很少，顶多10个。我们上的课，就是语文、算数、地理、自然、尺牍那一些。

但是，相比较而言，历史上东城的各类学校，似乎一直不是办得特别好。许多老人都认为，虽然以前投入的人力、物力、财力也是非常多，但培养出来的著名的人才却相当少，历史上得到过各种功名的人，也远比莞城、虎门甚至地处水乡的麻涌等地少得多（详参考本书第九章）。但即便如此，族塾、私塾等还是使得相当多的普通人家的孩子们获得了一定的识字与记账能力，使得相当多的族人们具备了一定的文化知识。

本次调查时，石井村有一位老人给我们留下了极为深刻的印象，而他就是在本家族办的塾学接受的教育。据他回忆，当时的该所塾学设于该村水流坑自然村的戚氏祠堂内，教学基本上全部沿袭传统私塾教育的内容以及方式。在他读书时，该处全部学生有近20人，都是本村人。老师则始终只有1名，他还记得是从邻村请来的。当时该家族较为贫困，也没什么尝产，所以就读时他和同学每人每月都要交1斗米充当学费。其中的部分用于支付该位老师的工资，其余部分用于支付塾学其他方面的所有开支。由于仅靠这点工资该位老师实在难以为生，所以当时学生和家长还要轮流供给他一些柴火、蔬菜等，帮助他解决日常生活的难题。

由于时隔多年，这位老人已经不记得为什么这位老师隔三差五就要他背诵并默写《百家姓》，但这使得他终身对《百家姓》"烂熟于心"。本次调查时，这位老人家坚持要从头到尾背诵《百家姓》给我们听，还一定要我们手持《百家姓》逐字核对，结果我们发现果真一字不错。但是，由于他的家庭非常贫苦，所以他当时只在这所塾学中读了半年的书，几乎是"只学了半本《三字经》"，以及他至今极为熟稔的《百家姓》。但他始终认为，《百家姓》所包含的500多字，实实在在地开启了他的世界，让他以后通过自学而能够应付生活与生产中的文字需求。

本书有专门的部分描述包括族学在内的教育机构，故此处不再赘述。

---

① 指的是当时划分教学区域以及课室设置等方面的情况。

② 但也有老人回忆，当时学生"都要交钱的。但是交得不多，因为要让村里普通人家的孩子，都能念得起书"。我们相信因为不同时期具体的情况不一样，这才导致了回忆有所不同。

(四) 祖坟

传统上，各地的汉人社会都是极为看重祖坟，祖坟始终是其一种极为重要的特殊的资产与符号。东城各个宗族至今都认为，祖坟是其族产的一个重要的部分，而在传统的族谱等资料中，必定会清楚地标明祖坟所在。人们历来认为，祖坟既具有极强的象征意义，在某些情境下又具有极强的现实意义。

东城的广府人和客家人都普遍把祖坟称为山坟，也都普遍连带地把祭祖称为拜山。其主要的原因，似乎在于他们的祖坟几乎都是位于远近不一的各处山上。至于为什么祖坟要修在山上，老人们一般认为主要有两个理由。一是东城的地势低洼容易遭受水害，只有修在山上，才能够使得祖先遗骸免遭水浸等灾患。二是认为祖先只有位于山上的高处，才能够"看得见"即保佑所有的后人，同时也便于后人随时看得见祖先而心生敬畏。此外，也有一些老人私下里给出了非常现实的"最主要的理由"，即以前由于各个家族对于田地的依赖都极大，所以普遍都把先人葬在山上，这样可以节省宝贵的土地，"就是死人不要跟活人争地嘛"。

由于地处丘陵地带，东城几乎所有的村子都独立地拥有许多座山头。在过去，由于各个宗族都努力通过购买等方式以期获得某些外地的田、地、山、林等，这样就经常使得该宗族拥有的山峰、丘陵更多，而这也意味着可以葬逝者的地方更多。但在另一方面，过去不是每一个山丘都适宜于建造祖先坟墓的，旧时在下葬、起坟前，几乎都要请人看风水，东城至今流行着各种关于墓葬的好风水以及找好风水的传说。因此，择定的有时是村子某处的山峰，有时则可能是远处的某座山头，结果就导致祖坟修建于其他地方甚至东莞以外的地方。① 温塘行政村下辖的某自然村张姓人家的始祖坟，就是修建在有相当距离之外的黄旗山上。而同属于东莞市的麻涌镇莫姓人家的祖坟，更是位于距离相当远的东城樟村境内。② 到了中华人民共和国成立以后，有些人身后仍旧葬于先人们迁入现居地后设立的远近不一祖坟处，但大部分人已经改为就近在本地的某处山峰选择墓地，有时可能就因此而导致了两个宗族间出现若干纠纷。应该说，虽然社会已经发展到了现在，东城的人们尤其是老人们，对于坟山及其在风水方面的影响还是相当看重的。

各个宗族的老人们至今仍然普遍认为，自己的祖坟风水是如何之好。访谈时我们多次听余屋的多位老人津津乐道，说其位于今大朗镇境内的六世祖坟的"风水特别好"。他们说，该处祖坟的周边全部是黑褐色的土壤，但中心穴位却是略带黄色的白沙。依照传统的风水学说，这种坟地被认为是"主大吉大利、百世其昌"，因此风水尤其好。不过，由于东莞市建设松山湖科技园的需要，这座祖坟于2002年迁至余屋的大山，当时依然请人极为慎重地看了风水。新修建的祖坟选定为巽向，择吉于2002年5月17日下午酉时立碑。2002年5月26日，余屋余姓人家千余人与前来的增城同宗兄弟300余人

---

① 东城另一种传统的方式，是各个家族都在一部分族人身后将其运回祖居地安葬，定居在现居地的初期尤其多见这种情况。本书此处暂时不涉及。

② 也有人说，莫姓祖坟在该处，是该族的迁移历史的缘故。我们暂未详证何者为是。麻涌莫姓人家另有说法，可参考张振江、陈志伟《麻涌民俗志》，汕头大学出版社2008年版，第198—200页。

一起，隆重地举办了新祖坟拜祭仪式，一众老者虔诚叩拜。虽然墓祭至今仍然是东城人一种主要的祭祖形式，但这一活动也明显地体现出传统的祖坟观念依旧影响深重。

第四节 传统宗族的管理

传统上，宗族与地方社会生活的各个方面息息相关，因此旧时的各个宗族，都需要努力管理涉及本宗族的各个主要的方面，以确保本宗族能够顺利地生存并发展。而在清朝中叶以至民国时期，东城地方社会局势尤为动荡，官府对地方的控制力相对较弱，这就对宗族的管控力提出了更大的要求。

一、管理者

随着辗转而来的人们定居日久，至迟到了清朝的中叶时期，东城的各个宗族内部就已经普遍分化为族和房两级形式。相应地，其管理以及管理者，也通常可以分为族与房两个层次。

在宗族这个层面上，旧时普遍都是由族长、族中耆老和理数等人负责管理一应大小事务。老人们回忆，旧时东城的族长一般由本族中辈分最高、有威望、办事能力强、有文化的老人充当。在一个特定的时段内，各个宗族历来都是只有一个族长。相当多的老人们认为，那时的族长并不是通过全族男丁选举所产生的，而是以房为序由老人们推荐担任的，至少在表面上看是如此。

访谈资料：

选族长的时候，我们这里，一般要先从大房论起的。大房要是没有合适的人，那就序齿到二房。二房要是也没有合适的人，那再到序齿其他的房。

比如，大房有合适的人，就选大房的那个人当族长。大房没有合适的人，二房和三房又都有一个辈分同等高的老人家，都合适。那就是二房的那位老人家，就是让他就当族长，不是让三房的那个老人家当。等到二房的这个老人家过世了，那再让三房的那个老人家，让他接着当。

但我们通过访谈与查阅资料发现，实际上充当族长的人物，与上述访谈所描述的人物经常有较大的距离。我们所知道的现实中的各个宗族的族长，几乎总是由有钱有势的族人充当的。也是因为这样，到了中华人民共和国成立后，这些人的家庭成分几乎都被划为了地主。就是说，族长似乎从来没有出身贫寒人家的。其实东城人，很可能早就明白理想与现实中的这种差异。所以访谈主山村的一位老人时，他就直言不讳地说："族长啊，那肯定都得是地主那些人当了。你要是没钱没势的，你说话又有谁听？就算是你当了，你有什么用？顶多也就是一个傀儡。"不过，旧时的各处汉人社会通例如此，不仅仅是东城才偏重这些人。

访谈资料：

问：那上次说这里以前也有族长的？

答：有啊。不过，我们这个族的族长，他不管事的，其实是傀儡来着。实际上他不管事的，都是管得住的人在管族里的大事。

问：管得住的人？那是些什么人？

答：就是有钱、有名声、社会地位比较高的那些人。就是能够得到大家信任的人，也就是办事好、为人又公道的那些人。一般来说，他们都是读过一些书的。比如徐景唐的弟弟，当了族长也当不了管事的，因为他没有能力。

所以，就是要哪个房管得好，哪个房就说话算数。族长，有时候就是个名义罢了。

1898年，东莞在全境全面推广保甲制，20世纪初随着清朝的灭亡而改为普遍推广区乡体制。但到了30年代初，又恢复了清朝的保甲制。① 我们的调查发现，在温塘这类人群关系较为复杂的村落中，到了20世纪30年代时，族权与政权早已经分为了两套不同的，但又可能互相影响的独立系统。在这两个系统间，经常是政权压倒了族权。可能是这个缘故，访谈时许多人都反映，至少在民国时期，族长有没有多少实际价值，那就要具体看是由什么人充当才可以确定。据调查，那些时候的一些宗族中，不少够资格的族人不愿意掌权，极其不愿意出任族长，为的就是避免"受官府的气"。所以从清末或者民国初年起，族长就不仅必须管理全局，还必须越来越多地应付政府以及甲长、保长乡长之类的官员及其要求、命令或者指令，就是"得罪人的事情啊，那就越来越多了。族长啊，那就不好当了"。但在整体上说，由于天高皇帝远，清朝之前东城的族长的日常事务都比较单纯，几乎仅仅主要限于调解族人、与外族折中或者处理某些违反族规的事情等。历史上的族长确实长期是一个荣誉极高的职位，因此由族长出面安排或者调解的事情，族人经常必须予以服从。

如果充当族长的人不能够或者不愿意掌控本族的局面，真正有权力即能够影响本族的重大事项的，就变成了族里那些不是族长、但"管得住事情的人"。这些人通常家境优渥而实力雄厚、能力强大，与宗族和官府都有密切的关系，因此可以有效地左右本族。例如，旧时东城的一个宗族里面几乎都分为几个房支，办事情时经常因为彼此掣肘而变得复杂无比。这时候的族长多半就不能或者不愿掌控本族大事，以免他得罪了哪一方。这时候的宗族大权，经常实际上落到了势力强大的某一个房支手中。

访谈资料：

问：那你们那个族，有没有族长？

答：有啊，以前哪一族都是有族长的。那个当族长的人啊，一般都是族里辈分最高的、最老的那个老头。族里的男男女女，那时都很敬重他的。

问：有没有别的人协助他？

答：那肯定是有的啦，就是有具体办事的人的。中华人民共和国成立前的我们那个族长，其实也就是个傀儡。因为哪个房最强，哪个房就是这个族实际上的老大，就是实

---

① 详参考《东莞市东城区志》编委会编《东莞市东城区志》，中华书局2010年版，第13页、17页。

际上的族长。明面上的，就是办事的人。办事的人，一般都有几个的。他们起码在表面上，也还是很敬重族长的，族长是个荣誉嘛。

应该说，"族长其实就是个傀儡"，确实是许多老人心目中族长的形象。至于为什么会成为傀儡，原因则比较复杂。一般来说，不愿意拿主意或者不愿意掌控大局以免得罪人，这可能是第一位的主因。现在已经年逾90岁、被认为是周屋"活着的人里面最有学问的"周姓老人，清楚地记得他小时候的保长、甲长和本房的"话事者"的名字，但无论如何记不起经历了几位族长，更加记不起来他们的姓名以及他们到底干了些什么。应该说，就是这种"傀儡"说法的事实根据。由此看来，与传统的情况相比，民国时期乡村的宗族已经有了很大的改变，政权与族权的关系已经各有不同而颇为复杂，这些学术界似乎还较少有涉及的。

在传统的东城宗族中，拥有较大的实际权力的，其实通常是理数，东城人有时又称为理事。一个宗族的理数人数不定，少的只有一位，多的则有两位甚至以上。理数通常都不是本族人，许多还是外村人。人们认为，只有这样才可以更好地保证其公正性。但是，确实也有些村子的理数，是本村的本家族或者异家族的人充当的。"这个主要是看人品。人品好，哪里的人都行。"旧时理数最重要的职责，是管理一个宗族的全部族产，而且每年他都要定时公布该年度该宗族族产的账目往来等方面的明细。老人们回忆，这时通常也都是写在大的红纸或者白纸上，张贴在祠堂内供族人仔细核对。但他可能也要负责其他一些较为琐碎的公共事务，如开灯时协助处理各项前期准备和收尾事宜；负责登记当年新出生男丁的姓名、辈分、房支等情况；族人生老病死需要帮忙和协助时，一般也是他出面处理。不过，为宗族"管账"则是其最主要的职责。

由于理数涉及全族的金钱往来，因此如何保证其诚信也就是其"人品"，就变得极为重要。选人是非常关键的第一步工作，旧时一般都是尽力选择做事认真负责、为人正直又老实的人充任。有些宗族都聘用两位或者以上的理数，他们彼此各自负责一部分工作，同时又有互相监督的职责，这是当时保证理数公正、廉洁的一种常见的方式。此外，也有的宗族专门聘请"查手"（相当于现在的会计师），代表宗族核查特定时期内所有的账目，借此杜绝理数作弊而保证族产的安全。每次在公布相关账目的时候，族人们通常都会仔细地核查，因为"那时候，那些东西的价格，差不多都是固定的。所以我们一看，就大概都能知道花了多少钱的。他就是想，也没法糊弄我们"。如果发现有错误的话，族人可以当场指出来，理数则有义务说明、解释、更正等。而如果查实是因为理数有贪污等行为所致的，理数就会马上被宗族公开撤职，这等于公开宣布他是不诚实之人，使得他从此在整个宗族、整个村落以至附近地区颜面尽失，从此难以在村内以及周围立足。由于事关重大，所以旧时的理数通常都不敢胆大妄为。

但是，即使如此谨慎防范，仍然确实有一些潜规则通行。例如，理数如果挪用族产但在公布账目前全数归还，族人则认为不是贪污，是大家默认的或者可以接受的行为。其主要原因似乎在于，人们认为理数的报酬相对较低，所以被迫出此下策。旧时理数每年都会得到一些报酬，但通常都是相当有限。老人们说，那时没有人是专门做理数的，就是因为所得的不够谋生。理数都是平时有自己的谋生职业，因此也可以认为都是兼职的。

访谈资料：

问：那理数会不会多分一点？

答：那一般都会的，就是多分一点的啦。有的理数呢，就是比较贪心的那些，他自己还可能会偷偷地设法多拿一点呢。不过，我觉得原因啊，是那时他们的工资太低了。换算成现在的钱，他们每人一年的报酬，也就是100元左右吧。所以，他们平时都必须有自己的工作，只是抽点时间（当理数）帮忙，算是挣点补贴吧。

村落中的耆老在中国古代普遍存在，东城人有时称为长老，日常生活中又经常称他们为"老人"，指的是宗族里年纪大、辈分高、节操又好的男性老人家。旧时的东城参与一个宗族管理的耆老，通常来自同一个族的不同的房支，一般来说每位都是各自的房支中具有高度威望的人。耆老从来不具有正式的权力，只是他们因为他们的威望，才得以经常与族长等人一起管理宗族。族里发生了极为重要的事情的时候，耆老们就会集中起来，与族长等人共同协商应对措施，然后共同决定本族的行动。而在日常例行性的生活中，他们并不参与管理族产或者钱财一类的具体事务，通常只参与调解族人纠纷、联络宗亲以及对族人实施道德教化等。例如，万一本族的某人违反族规，做出了"什么伤风败俗的事情"，通常都是由他们与族长等一起，在祠堂里开会商量如何处罚，最后也是他们监督执行惩罚措施。由于耆老被认为是道德的楷模与表率，是本族以至本村最为德高望重的人，所以一般来说，他们提出的意见几乎都会为族人接受。

不过，由于他们毕竟代表不同的房支，而不同的房支对于宗族的影响力经常有不同，因此人数众多、经济实力雄厚的房支派出来的耆老，通常都是更能影响宗族的决定的人。此外，也并不是所有的耆老都是没有实权的。如有的耆老就承担了族中理数的职位，负责管理本族的族产以及本族的其他相关事务。据调查，这一部分的耆老都是可以"话事的"，而且说话是极其有分量的。实际上，他们通常都是具有相当影响力的地主或者房长等人。

在房这一级，其各项设置基本上与宗族的设置相同。如在旧时，许多房都有一名自己的总的管理者，当时一般称作房长。房长多是由本房内年长、辈分高又公认为有德行、节操高的男性老人担当。名义上，由他负责独立处理涉及本房大大小小的所有事务。旧时东城的各房，同样普遍有自己的伯公田、鱼塘等公共财产。对于具体房支中的族人来说，这些公共资产与自己的关系更加密切，很多时候甚至比族产还更重要。因此，许多房也聘请有专门的理数，负责打理本房支的这类公共财产。与宗族中所见的相仿佛，理数也负责管理各房的小谱等事宜，如随时记录或者登录本房每年新出生的男丁等。

耆老当然可以参与本房支的决策，可以协助引导并维护本房支的正常运行。有老人回忆，一般来说，在日常生活中，有需要时这些耆老都能够做到积极组织、处理涉及本房的各项重大事宜，如由他们推选房长、组织祭祀等。此外，他们可能还要协助处理本房内的生老病死等琐碎的事宜。但一般来说，那些只是"年长、辈分高又公认为有德行、节操高"的耆老，参加房支的各种活动时，一般都只是显示身份或者表示支持，而普遍都不会有具体的意见或者作为。在这意义上说，他们同样也是"傀儡"或者摆设。对于本房来说，其他的耆老即有钱、有权、有功名的那些人，才是尤为重要的人。例如,本房支每遇到大事时,几乎都必定要请他们来会商后,才能够做出相关的决定。也有数位老人回忆,不论是东城传统上的客家人和广府人的宗族或者房支,几乎都不会以宗族或者房支的名义出面或者出资抚恤鳏寡孤独者,这类人遇到严重的困难时,几乎都是由这类耆老私人出资资助。一旦鳏寡孤独者过世,也几乎都是仰仗他们的鼎力相助,或者由他们出面安排并带领邻里解决其身后的一应相关事宜。这种耆老在房内的日常生活中极为重要,因此才有老人回忆说,"房长其实也是傀儡"。很多老人都说,由于是同在一个房、周旋的余地相对较小,房长通常更要仔细倾听这些人的具体意见,才会做出某种决定或者采取某种行动。

二、管理方式

历史上,东城的宗族同样一般都会制定本族的族规。族规通常由本族的族长、耆老、名流一起协商讨论、制定。制定好或者修定好之后,再召集全体男性族人齐聚祠堂公开宣布。历史上,各处的族规一般是口头性的而少有成文的。但是,确实有的宗族会特地将之写入本族的族谱之中,在祠堂等族人集聚处也可能有明文显示,目的是希望族人以及后代能够按照订立的规则行事。人们认为,这样既有利于时时刻刻警醒族人,又能凸显其地位重要。但无论成文与否,所有的族人务必要遵守本族的族规,即族规对于一个宗族的任何成员来说都具有强制性。

据回忆,旧时的族规一般包括一些基于儒家学说的具有普遍性的价值观,如孝敬父母、友爱兄弟、尊老爱幼、不能偷盗等。同时,通常还会明文列出禁止的行为,以及一旦违反这些将要遭受什么样的惩罚。如对不正当男女关系,普遍有各种规定严加禁止,还会有相应的惩罚措施以保证人们严格遵守。在旧时各处村落的详简不一的族规中,涉及男女关系的部分,普遍都是显得最为重要的部分。不过,由于距离现在已经时日太久,似乎没有人能够完全背诵出旧时族规中的相关部分的全部内容。但桑园的广府人袁老人和牛山的张老人都回忆,旧时他们的族规中,大致涉及三种最为主要的相关的情况:一是女性不能未婚先孕;二是寡妇不能无媒苟合;三是同姓不婚。在各个家族新编的各种族谱中,依然普遍列有类似的族规,不过都已经普遍做出了某些改变,也普遍没有了可能要面对的惩罚性的措施。

有一些东城的房支或者豪门大家,也可能有自己的家训。至于其内容,则主要地分为三个部分:对个人的道德和品德要求;对家庭和社会即亲情和友情的劝诫;对社会甚至国家的义务。综合来说,这些家训在大体上相当一致,也同样反映了中国古代儒家的"修身、齐家、治国、平天下"的思想。比如余屋的余姓人家,就反复重复其祖上的家训:

忠襄公余靖《家训》
1. 孝父母
2. 友兄弟
3. 睦家族
4. 和乡党

5. 隆祭礁
6. 重教育
7. 勤诵读
8. 慎交友
9. 务耕稼
10. 崇节俭
11. 戒争讼
12. 惩横暴

（资料来源：余屋宗祠所藏《北宋名臣余靖世家谱》）

到了现在，余屋人的这种家训早已经成为了新的族规的一部分，同样也见于该家族新编的族谱之中。历史上原本是某一家的家训，后来转化成为其后代人的族规，这种情况实在多见，并不足为奇。

如果宗族或者房支的任一成员违反了其中的某一或者某些规定，族长、耆老等人在祠堂内共同商议后，可能就要按照族规中的规定，处以相应的惩罚。但具体的惩罚程度，则可能要视许多具体的因素而定。例如，因为儿子有时候不太孝顺而引起的不太严重的家庭纠纷，族长和长老通常只是训诫该儿子、调解彼此关系即可。东城乡村社会至今民风淳朴，所以对于偷盗行为人们历来普遍嗤之以鼻。如果抓到了偷盗者，则都会予以某种处罚。

具体的惩罚方式，一般视被盗物品的价值、偷盗者的年龄以及其平时的表现、偷盗次数等而定。但在决定是否处罚时，偷盗者的身份其实首先是一个重要的考虑因素，即如果是外村的外族人，普遍则会重罚。如果是本族人，则会普遍轻罚。如果是实力弱小的房支的人，可能要重罚。如果是实力强大的"话事"的房支的人，则可能要轻罚。老人们都说，这其实是一个一直存在的潜规则，即"一个族里面，要是的大房的人偷盗，那要怎么处理？那肯定会跟处理小房的人偷盗，那是有差别的。他是大房的，是话事的房，你拿不了主意的"。如果不计偷盗者的身份，老人们普遍说，偷盗者的年龄是如何惩罚的一个重要依据。如果偷盗者是未成年的孩子，一般只是由耆老之类的人对其行某种道德教育，通常就可以放过了。旧时的宗族认为，成年人理应为自己的行为负责，所以只是成年的偷盗者，一般都需要承担相应的惩罚。这时一般会要结合考察偷盗者的人品、平日的表现等，最后再做出如何处罚的决定。如果偷盗者平时孝顺父母、友爱兄弟、尊重族里的长辈，"大家自然都愿意给他一个机会，就是让他改过自新。大家都会认为，他确实可能碰到什么难处了（这样才偷盗的）。要是他向来游手好闲，就是不干正事，好比说今天摘李家的菜，明天又偷刘家的果，那大家自然会认为他是痞子，那就需要严加惩处了"。一般来说，当时多是训诫一番了事，最多也不过是加以若干惩罚性的罚款。但如果是人品恶劣的惯偷且偷盗物品价值高昂，则可能就会被处以极为严厉的惩罚。至于具体的惩罚方式，似乎每个村子并不一样。如余屋多会把成年偷盗者绑到祠堂前的柱子上，让其示众以示羞辱。桑园的惩罚措施，则是绑起小偷后拉着他游街，也是让他"丢人现眼"。处罚最重的似乎是峡口村，抓到这种盗贼后只要族长同意，有时就可以直接枪毙了。老人们回忆，从清朝末年到中华人民共和国成立前夕，该村一共枪毙了3个这种人。其中一人还是本族人,但其人品极为恶劣、品行极为不端,经常小偷小摸,弄得全族甚至全村的人都极其厌恶他。有一次,他把村里埠头处的一棵大榕树偷偷砍掉了并卖了,而这棵树是村里的风水树,这就引起了更大的公愤。他被抓到后,族人们就"新账老账一起算,从祠堂拉出来以后,当场就枪毙了"。至于其他两个成年人,则也都是屡教不改的惯偷,也都是因为村里"受不了了"而遭受了极刑。

老人们回忆说,清末至民国前期,族里面这方面的规矩尤其严。当时族人即使是小偷小摸,也可能会被处以重罚。"那时候啊,你就是只偷了一棵菜,都可能会被打死的。"但是,到了抗日战争至中华人民共和国成立前的这一段时间,由于战争时期的地方社会一直动荡不定,而宗族也同样风雨飘摇、无力管控,所以相关的工作明显地松动了许多。有一些老人回忆,这时候如果是偷些相对普通的食材甚至较为值钱的食材如菜、鸡、鸭等,通常都不会被宗族追究。因为那时候的族人,"普遍缺乏生活物资,大家都觉得,这些虽然是恶行,不过,多少还是可以理解的,你总不能让他家都饿死啊"。如果是偷盗对于维持生计来说极为重要的资产如耕牛,抓到后则会责令偷盗者归还。如果已经被偷盗者转卖,则会要求其按价赔偿。如果是入室行窃,则会被视为重大的恶行,但也只是要求其赔偿,并被带到祠堂示众,最多是再当众责备甚至痛打一顿而已,也并不会危及其性命。

如前所述,对不正当男女关系的人进行严惩,几乎是旧时每个东城宗族族规必有的内容。至少在原则上说,族中的男、女不论已婚未婚,一旦被发现有发生不正当的两性关系,都必定要遭受严厉的惩处。旧时似乎尤其在意寡妇偷情,对寡妇的处理几乎都极为严重。据调查,传统上的东城广府人或者客家人其实都允许寡妇改嫁,并不强求其必须守节之类的。但是,二者都不容许寡妇发生不正当的性关系。无论如何,一旦抓到发生了不正当性关系的男女,族人们就会打开祠堂,由族长和长老等人共同讨论如何惩罚。据回忆,当时都是当场向等候的一众族人宣布处理结果的,随后一般都是按照决议马上加以处理。

访谈资料:

问:以前村里有没有族规什么的?

答:有的,那个一般叫乡规民约。以前很少有写出来的,大概的内容就是不许族人偷东西,要尊老爱幼,主要就是这一些吧。一般,还有同姓不婚这一条,那时就算是出了五服,也还是不能结婚的。现在可以了,现在族里管得没有那么严,其实也没有什么族规了。

问:以前要是违反了族规,会有什么惩罚吗?

答:有的,比如说游街示众,意思就是让他丢人,让他以后再也不敢了。以前,要是发现了违反族规的妇女,那个惩罚是最严重的。那个时候,绝对不可能有未婚妈妈的。要是有的话,那肯定就要浸猪笼了。还有一条呢,就是寡妇绝对不能偷人。她可以嫁人,就是她可以改嫁的,但是,就是不能偷人。因为如果她偷人的话,那就太败坏民风了。

问:以前真的有这么厉害的惩罚?有这样的事情吗?

答:那是真的。不过,很少见到就是了。因为一般情况下,犯了的人,就会自己偷偷地走了，那时不敢让别人知道的。就比如说，她知道自己偷了人了，知道自己会浸猪笼的，那还会在那等死啊？早就跑了，你抓不到的。

访谈时我们发现，老人们普遍知道历史上的东城有过根据族规进行浸猪笼之类的严厉处罚。据调查，这种惩罚一般涉及两种当时绝对不能够容忍的情况：同宗的男女私自通婚；男子与未婚女或者寡妇发生奸情。老人们认为，以前的同宗男女是绝对不能够结婚的，否则，一旦发现，当事的双方依照族规可能都要被族人浸猪笼。但老人们同时表示，要是真有这样的事情，当时的双方肯定不会坐地等死，而必然都是事先预备好一切，然后私奔外地隐名埋姓地生活。不过，一般来说他们从此不敢跟家里联系，更不敢让家族知道他们躲在什么地方。这些人一般都是终老外地，其后裔也不敢回故乡。但也有老人说，如果这两个人以后在"外地发达了"并且大力回馈宗族，则也有可能会被宗族原谅。

访谈资料：

问：那我们这个村子里，以前有没有过浸猪笼的？浸的是男的，还是女的？还是男的和女的一起浸的？

答：以前都是要浸的，都一起浸了。不过，这个只是听说的啦。

问：那听说有的地方啊，把那两个人赶出村子就可以了？

答：这个应该也是有的啊。因为浸猪笼太残忍了嘛。所以有的村子，就是那个家族，就把那个男的、女的，一起从村子里赶出去，就是不许他们再在村里住了。不管是未婚的还是已婚的，都是一起赶出去。除非他们出去之后赚了很多钱，然后又给村子里修路、捐钱，就是做了很多好事，表示他们知道自己错了。这样的话，大家也许就会原谅他们，就是让他们再回来住。

但我们发现，受传统两性观念的深重影响，这类处罚尤其针对女性，即一般情况下女方的惩罚都会比较重。在东城的广府人和客家人的村落中，似乎至今仍然没有完全消除"万恶淫为首""女性是祸水"之类的陈旧意识。而在旧时，一旦女性被人发现与某男子发生了不正当性关系，不论其是否结过婚，几乎都必然遭受极重的处罚。调查发现，涉事的女性即使没有被浸猪笼，也几乎都会被赶出所在的宗族和村子。如果女子被人发现未婚先孕，即使男方表示愿意娶她，也会被宗族认定为伤风败俗，而几乎必然予以严厉的处罚。常见的是将女子浸猪笼，最轻的也是被逐出家族和村落。如果发现寡妇跟某男子私通，则该寡妇几乎必定会被浸猪笼，因为这种事情"太败坏民风了"。但相比较而言，对男子的处罚一般都是较为宽松的。如男子几乎都不会被浸猪笼，通常都只是遭受罚款（或者上缴同等金额的谷子）之类的处罚，或者同时示众以使得他从此在族内、村内没有什么社会地位。只有少数"犯事"相当严重的男子，才有可能会被逐出家族。犯了更为严重的（如通奸），则可能会同时被逐出村落，即强迫他到外地生活。在宗法制盛行的过去，被逐出家族和村落的后果非常严重，因为他从此失去了家族和村落的保护与支持，很可能终身只能够过上颠沛流离的困窘生活。但从另一方面说，虽然他被迫背井离乡独自谋生，但起码保住了性命。

在我们的访谈对象之中，只有一位老人家明确地回忆过，他很小的时候确实看到过一次浸猪笼,当时是族里把一个"死了丈夫"的女子扔进河里淹死了。但由于他当时还太小,所以具体的事由以及经过他并不清楚。除他之外,再没有人确切地指出某族的某人遭受过这类处罚。这可能说明过去民风淳朴,故这类处罚极为罕见,但也可能是人们出于忌讳。实际上,在有较多人参与的访谈中,即便是颇为健谈的老人,一般也都不愿过多地谈及这个话题。

第五节 传统宗族的功能

人们公认,旧时的宗族有着多方面、多层次的功能,起着多方面、多层次的作用。传统的宗族在很大程度上相当于村落一级的、文化性的、复合性的政权组织,负责照顾、保护和管理族人,负责维持宗族正常的秩序,负责本宗族对外的沟通、交涉与联络等。

如果从这个角度来看,则传统宗族的功能可以粗略地概括为对内与对外两个侧面,本节中我们分从这两个侧面简略地进行描述。

一、对内功能

在对内方面,东城的传统宗族的功能与旧时全国各地汉人社会所见的各个宗族几无二致。结合东城的实际情况,大概有四个方面:一是通过宗族以及宗族活动将族人紧密联系在一起并形成紧密的血缘性团体;二是为族人谋福利、保平安;三是对族人、族中的日常事务进行各种管理;四是通过各种传统宗族符号和集体活动增强宗族凝聚力,使得本族能够传承并发扬光大。

由于本书的其他部分以及本章的前文事实上已经有多处涉及这些对内的方面,所以我们此处主要从阖族祭祖和族人开灯两方面进行若干补充性的描述。

(一) 阖族祭祖

东城人所说的祭祖,就是祭祀祖先。(见图 7-11)其基本假设就是相信在灵魂不灭的条件下,已经死去的祖先具有可以影响后世生存及其好坏的能力,为此必须建立死者与生者之间的联系。而祭祀祖先,就是生者与死者之间建立关系的一个最为重要的、常规的渠道。祭祀祖先表现出对共同祖先的追忆和尊奉,这既是宗族集体力量的体现,也是加强宗族力量的重要举措。如果依照祭祀的时间来划分,则传统上的祭祖主要有春祭、秋祭和冬祭等三种类型。如果依照祭祀地点来划分,则又有在祠堂举行的祠祭、在祖先墓前举行的墓祭,以及在各自的家中自行举办的家祭等三种。不过,东城人中最为通行的说法,则是区分为祠祭和墓祭(民间通常称为"拜山")两种。

图 7-11 温塘袁姓人家 1997 年重修的祖坟①

东城的宗族历来极为重视祭祖，一般都有等同于春祭和秋祭的祭祖活动，具体的祭祖时间，则主要是在清明和重阳两个节日。这两次祭祀，几乎必定都是拜山即墓祭。至于是一年中的这两个时间都祭祖，还是只是在其中的一次祭祖，则依照具体的村落（或者宗族）而定。此外，过年时通常也会祭祖，但规模相对较小，而且以各家自行拜祭为常。据调查，旧时东城的每个村子或者宗族都要祭祖，但具体的祭祖时间和程序也可能略微有差别。一般的情况是当天的上午去祭拜自己的祖先，中午或下午祭拜本族或者本房的始祖。有的宗族是全族人一起去祭拜，有的宗族是按房划分由各房自行商定时间。去祭祖的人几乎都是族中的中、老年男性，人数则不一定，少的可能只有二三十人，多的则有差不多将近 200 人。老人们认为，按照道理来说，这些时候祭祖应该是所有的男丁都要去的，但在实际上，就是中华人民共和国成立前，"也是有人不去的，就是去的人不是全部的"。而那时不去的人，一般都是"太老的，还有太小的"，即主要是基于体力的缘故这些人才不去。"跟现在年轻人，说不去就不去了，那是不一样的"，老人们说。

如果祖坟在本村的山头或者附近，所花费的时间一般就极为有限，当天即可走路来回。但如果祖坟位于外村尤其是较远的地方，所花费的时间就比较多了。可能次日即可回来，也可能需要几天的时间才可回来。如余屋的余姓人家以前到大朗和同沙湖的山坟祭祀，一般往返需要两天。但去韶关祭拜"更老的老祖宗的"山坟时，就要舟车劳顿。温塘的某姓人家会去广州花都祭拜入粤始祖，需要几天的时间。旧时珠江三角洲各处河网交错而交通不便，人们经常都是自行划船往返，经常还需要很久的路程。许多人说，这也是以前去的人以中年人为主的主要原因，即他们才有足够的气力。大概是到了民国后期，才开始有人乘车前往，现在则几乎都是包车祭祖。

到了清明或者重阳的当天，族人会先行各自拜祭自己家的较近的祖先如父母等，然后全房或者全族人一起上山去祭拜最老的伯公。由于历代的先人太多，一天可能拜不

---

① 图片来源：袁氏宗族文化 https://mp.weixin.qq.com/s?__biz=MzI4OTM1ODU5NQ%3D%3D&chksm=ec311302db469a14790949a9d6ad1f7c29d4500828b8914c037dab9bf4959ff7ce91f2862aff&idx=1&mid=2247484782&scene=21&sn=a44534ee1d85d911a592bb427d923d1d。

完，也可以在农历的三月或者九月，任意选择一天去拜祭某些祖先。"去拜祭老祖宗的山坟，那是要大家都一起去的。就是拜祭太公是统一的，都在同一天去拜祭。要是拜祭自己房的伯公，大部分就是清明、重阳两天拜祭。如果没有时间，就在三月、九月，随便找一天去拜祭，那也是可以的。"而在清明或者重阳祭祖时，人们一般都会奉献上较为贵重又丰富的祭品。所需要的费用多数是"从太公田里出的"。要是没有太公田的话，就只能够由大户族人捐献，或者向全体族人集资。这两次祭祀的祭品中，一般都要有烧猪、水果、香、烛、鞭炮、茶、酒、各种点心以及金银纸等。届时人们带上这些物事，逶迤来到祖坟处行礼如仪。访谈时有人回忆，他所在的族"很少买烧猪。因为要带去山上，先要拜祭祖先。拜祭了以后，这才能吃的。可是放了那么久了，就不好吃了。所以，那时候很少买烧猪。一般都是买些猪肉，有钱就多买一点。猪肉也容易弄熟的，炒、煮都行。弄熟了再带去"。不过，这种情况即使有的话，也必定是属于极少数，因为大部分老人都回忆，烧猪是必须有的。而且如果没有烧猪，随后自然就无法"分太公肉"，而这是旧时的人们普遍极为看重的固定习俗。

访谈资料：

问：那中华人民共和国成立前的祭祖，是怎么样进行的？

答：以前，到了清明、重阳这两天啊，那是一定要拜祭自己家的伯公的，也要上山去拜，就是去拜祭最老的那个伯公的。其他的太公呢，你可以前一天先拜祭，也可以后一天再拜祭。我们这里的习惯，是每天早上6、7点就起来出去干活。到了10点多，才回来吃早饭的。

所以，以前差不多都是到了11点，那才开始去上山的。中午没饭吃喽，那就带一些饼干，饿了就吃一点。

以前，走路去要3个小时，差不多3点多才到，那到了就拜祭老祖先了。现在，都是提前通知祭祖的时间。到了时候，还会有人敲锣通知，就是通知到路口集合。一般来说，每次都有一两百人去祭祖。去的人，每人发5到10元钱，算是凉茶费。不去的人呢，那就没有了。

老人们说，清末以来的祭拜仪式，通常来说都是相对较为简单的。即到了之后，一干人等分头先为祖坟除草、排水、修围墙等，然后摆好贡品、倒上茶与酒，最后再点上香与蜡烛。这些都做完了之后，在场的族人一般依照长幼的顺序排好队伍，通常由族长、耆老或者辈分高的人持香领头，鞠躬敬拜三下，大体即可结束。据调查，即使是在旧时，也很少会出现还要念祭祖文之类的场面。最后一个环节就是燃放鞭炮，这是古今都有的，而且是不可或缺的。老人们认为，这既表示致敬祖先，也示意祖先仪式全部结束。等到全部完成之后，族人随意休息、闲聊或者吃些水果之类的贡品，然后收拾好带去的部分东西开始回程。

访谈资料：

问：那要不要修一下老祖宗的坟啊？

答：要的，主要的就是把坟上的草除干净。（现在是指派人负责的）比如，今年我负责祭祖的事情，那就是我清除掉那些草。明年我弟弟负责的话，就是他除草。要是有钱的话，这个时候可能还会把坟翻修一下。

问：那回来以后要去祠堂吗？

答：要去啊。回来了，以前就是直接回祠堂了。现在那不一定了，很多人就是直接回家了。

从山坡上回来之后，几乎所有的宗族或者房支，都会在祠堂里隆重其事地"分烧猪"即"分太公肉"。如果是阖族祭祀，烧猪由全部的房支合力购买，一般都不是每房各自购买一只作为献祭。一次祭祀通常只用一只个头不是非常大的烧猪，现在很多时候其实也就是所谓的烤乳猪，或者比乳猪略大一点而已。但是，也有老人回忆说，某次祭祖时他们买了"好几只乳猪"。如果确实出现过这种事情的话，也当是例外。真正使用大猪制成的烧猪的，据说历来相当少见。

大部分老人都表示，把烧猪带回来后先在祠堂祭拜祖先，之后就平均配。① 分烧猪时，一般都是由理事或者族长等人执刀，按当天所去人数或者按照族中男丁的总数平均分配。基本的原则是每人都可以得到一块烧猪肉，但有时候族长或者理事则可以分到两块。（可参考本书第八章）"那个烧猪，那是肯定够分的，也都是当场分完的。一般地说，就是有多少人，那他就切多少份。人多的话，一份的肉就少一点。人少的话，一份的肉就多一点。"族人分得后有当场吃掉的，但旧时多是拿回家中与家人同享。本次调查开始前我们一直感到很奇怪，旧时祭祖时该如何处理所带的作为祭品的烧猪才好。老人们回忆，旧时几乎都是集体带回来村子后再分掉，但也有少数情况是拜祭完后，即分给在场的族人各自食用。由此看来，旧时宗族对于如何处理祭品，已经充分考虑了不同的情况。有不少老人说，那时不论多远都是带回村子来再分的，虽然肉已经"有味了"即可能已经部分变质了，但"那时候都穷，也都就没有那么多的讲究。那个时候，你有肉吃，你就高兴去吧"。我们在东莞的清溪镇调查时，发现过当地在旧时也有千辛万苦把肉带回来的情况，似乎说明当时不同地区的人们通例如此。

传统上，东城人的冬祭较为简单，主要就是春节祭祖。这时通常都是在除夕日前后或者当日去祠堂上香即可，也有摆各种贡品的，但祭拜完毕后，肉食类的供品几乎都是带回自己家享用。这时几乎都是以家庭为单位到祠堂祭拜的，似乎没有阖族或者全房支的人集体拜祖的。冬祭最主要的形式是家祭，而且这时家祭的祭品也较为丰富，人们说这是因为"祖宗也要过年"。在许多村落中，这时的祭品又可能有某些特殊的讲究。如石井村人多在年夜饭后开始祭祖，这时要先在神台上铺一块红色或带有红色图案的布，然后在其上依次摆放各种祭品，其中还"必须有一只生鸡"。这支鸡已经宰杀好并去除内脏，摆放的姿势也很有讲究：两个翅膀必须折叠于其背，双脚必须放进其肚子里，头必须昂起，嘴里还一定要含有一颗红枣。至于为什么如此，似乎也已经无人知晓，普遍都说"只知道先人传下来的，就是这样的"。等到全部祭品摆好后，全体家人开始拜祭，男主人还要说缅怀祖先恩德、祈求祖先保佑子孙绵长之类的话语。②

---

① 可参考《青丝，为谁梳起——东莞自梳女故事（1）》，http://blog.sina.com.cn/s/blog_411f848f0100inc3.html。

② 但据调查，现在几乎都变成了由女主人一人操持并祈祷，而少见全家祭祖的。

(二) 开灯

在本族或者本房支祠堂里为本族或者本房支上年出生的男性婴儿举办开灯仪式,[①]是旧时东城宗族一个主要的、极为热闹而又令人极为欢快的活动。本书的其他章节从生育习俗等角度对开灯进行了一些描述与讨论,此处我们较为具体地描述开灯仪式的几个主要的方面,以期完整地展示开灯的仪式过程。

在每个宗族或者房支之中,很自然地每年都或多或少都有一些孩子出生,其中的一部分则是男丁。旧时的人们认为,这些新生的男丁是本宗族或者房支得以延续的基础,更加是本宗族或者房支能够未来强盛的希望。因此生育了男孩子,既是一个家庭的大事,也是一个宗族的大事。但依照旧时的通行习俗,不论是东城的广府人还是客家人的宗族中,新生的男儿并不是就会自动地成为本宗族或者本房支中的一员的,而必须经过一个特殊的仪式。即在其出生后的第一个元宵节之前的正月前一半的某一天,人们在宗族或者房支的祠堂内为其举办仪式,同时还要摆酒大宴宾客,以求让祖先认识自己新添的子孙而加以荫佑,并恭请神明加以庇护而使之顺利成长。这个仪式中,一定要有男丁的家庭所购买或者制作的纸灯笼,高高悬挂在祠堂的正中央、大门口以及其他各处。不少老人家都认为,由于这个仪式中灯笼最为显眼、堪为标志,因此这个仪式就称为"开灯",又有"挂灯"等不同的说法,所摆设的酒席则称为开灯酒。经过这个仪式之后,该男丁才能够得到宗族以及其他族人的承认,才能够享受作为族人的权利(如"分太公肉")。当然,他以后也要遵守相应的规定并尽某些相应的义务。[②]

所谓开灯,顾名思义是必须有灯笼的,而且一般同时有多盏灯笼。传统上,灯笼的规格有大有少,一般依据挂的位置以及"灯头"即开灯人家的经济状况而定,大的灯笼的直径通常在1米以上,小的灯笼的直径则只有30厘米高甚至15厘米。一般来说,人们普遍都是大、小灯笼搭配同时使用。大灯笼通常挂在祠堂的大门口、中堂的横梁上(也可以在中堂前部两根柱子之间拉一条绳子挂住灯笼)。如果是两进的祠堂,则多是祠堂的大门口或者享堂的横梁上。小灯笼则多挂在祠堂正门两旁和前侧的大树上、供奉祖先牌位的神楼里、事主家的客厅或者家门前等处。但在有些宗族中,事主家的大门口也是悬挂一盏大灯笼。传统上,这时用的灯的样式以八面的和圆形的两种为多见。八面灯的各个面上通常各自绘有吉利的图案,常见的如"添灯发财""灯火万年""多子多福""柳下传书"等。这些灯有的用油、有的用蜡烛,至今很少能见到使用电灯代替的。

访谈资料:

(访问峡口村90多岁的刘老人)

问:以前你们这个村里开灯的时候,那个灯笼是怎么样的呢?

[①] 据调查,很早的时候几乎都是阖族举办开灯的。但是,随着后来族人大量增加,随着当事人家的负担不断加重,有些宗族就改为了分房支各自举办。本文主要以宗族为例,进行相应的描述。

[②] 在东城的某些客家村落或者宗族中,可能没有开灯仪式,而代之以其他的方式。可参考本书第五章关于客家人生育习俗的附录部分。

答：那时候的灯笼是拿红纸、绿纸糊的灯笼。这些灯笼大部分都是自己做的，也有人家是买的，茶山那边就有很多卖的。大部分的都是圆的，方的比较少。到了开灯的时候，祠堂和家中都要挂这个灯笼。挂在祠堂的那个灯笼，差不多都是很大的，有一米多宽（意为直径），一米多高呢。这个灯，那是要挂在祠堂的中堂的。就是挂在梁上，要不就是拉一根绳子，拿来挂住灯。挂在自己家里的灯笼，那一般就小多了。最大的，也差不多就是半米宽、半米高。

图7-12、图7-13展示的是2016年正月主山村某户村民在黎氏宗祠中堂为其儿子举办开灯时遗留下的八面纸灯。这种灯也称为八角灯，包括一盏主灯及其两侧各带有的一盏小灯笼。这个灯笼是事主家从茶山购买来的，通体以大红为主色，因此显得非常喜庆。大灯笼即主灯用红绳悬挂在祠堂中堂心间的横枋正中，其每一个侧面都绘有彩图，而且每一个角还都饰有吉祥的纹样。

图7-12　主山黎氏宗祠中堂的大、小灯笼

图7-13　灯笼侧面的图画

概括地说，东城的男丁以在其出生后的第一个元宵节前即新年正月十五之前举行开灯的最为常见，但是，具体哪一天办则可能不一定。例如，有些宗族规定，凡是在新年元宵节前出生的男丁都要在该元宵节前举办开灯，如此一来，就可能出现当年出生、当年开灯的情况。但多数宗族则规定了最低的时限，如下桥村规定，新生男丁要在出生满

7天以后才能够开灯,余屋则规定新生男丁必须要满月才能够开灯等。如果出生后不够这个最低时限,则必须顺延到下一年的元宵节再举办。老人们说,婴儿尤其脆弱故不能够受到惊扰,而开灯时婴儿循例必须到场容易受到惊吓甚至出意外,因此,必须延后一年以策安全,人们也不会对此有什么议论。访谈时也有不少老人私下说,其实是因为以前孩子出生后不满月即不幸夭折的情况其实很普遍,所以要隔开一段时间举办,这样才可以避免出现办后却夭折的不吉利情形。

表7-1显示的是几个村落开灯仪式的时间。由此可知各村或者各个宗族具体的开灯时间,其实是依照各自的习惯而历来有一定的差别的。就整个东城来说,有些宗族或者村子在固定的日子办,如固定在正月的初八、初十等举办。但实际所见的多没有固定的日子,即只要在正月初二到正月十五的这段时间之内,[①] 选择任何一个日子举办都是可以的。这个日子通常为初二、初四、初六等双数的日子,可以由灯头自行选定,也可以请神婆或者喃呒佬之类的人帮助选定。

表7-1 四个村落的开灯仪式时间

村落名称	挂灯时间	开灯时间	落灯时间
鳌峙塘	不定	正月初八	正月十五
峡　口	不定	正月初八	正月十六、十七
温　塘	正月初五	正月初十	正月十五
牛　山	大年三十	正月十五	正月十五

访谈资料:
(余屋余氏宗祠访问余老人)
问:这个大祠堂办入伙前,那些祖先牌位是谁搬来摆放好的呢?
答:入伙的那时候啊?那都是村干部搬进来的,也是他们摆放的。我还记得,刚办完入伙来不久,那个就有人来给小孩开灯了。
问:开灯啊。那族里有没有规定,就是小孩出生的当年就要开灯?还是说出生后过几年再开灯也可以呢?
答:一般情况,那都是出生的第二年就要开灯了。到了那个时候,那些还没满月的,那第二年就不需要开灯的。就算是他的父母要开灯,也没有人来喝你的开灯酒的。所以,这一年十二月(农历)出生的孩子,那就是都要等到再过一年,那才可以开灯的。不过,到了那个时候,你就一定要开灯了。除了极个别的,你是不能一直拖下去的。

现在举办开灯时的仪式大为简化(见图7-14),旧时开灯则是一个较为复杂的过

[①] 但是,确实偶然有村落或者宗族选择在正月初一举办开灯的,不过极为少见而已。如《新修东莞侯山余氏族谱》编印的《新修东莞侯山余氏族谱》(2003年编印本,283页)的记载:"在余屋,从古至今有满月、开灯风俗习惯……开灯之家。在农历正月初一,家人择吉时到茶山买回灯公、花灯……一直挂到正月十五,然后择吉时结灯……现亦有图方便,在初一当天结灯。"

程，包括不同的环节（详参考本书第五章）。其重头戏则是在祠堂里举办宴席，传统上普遍称为"开灯酒""灯酒"等，这其实也是族人最为满心期盼的环节。许多老人说，就是因为有这个宴席，开灯才成为了整座村落或者整个宗族的年度大事。依照旧时的通行习俗，在举办开灯酒时，本族或者本房支的所有年满 16 岁的男子，通常也必须到祠堂参加仪式并享用开灯酒。在许多宗族中，这时都是由族长召集本族的成年男丁准时参加，如果不参加则会被普遍认为是一种失礼的行为，可能会对族人的家庭关系、私人关系都造成影响。这时主家则需要近乎免费地举办酒席招待众多的来客，这些人全部是或者主要是其族人或者血缘极为亲近的族人。但是，虽然这场宴席必然花掉相当大数额的钱财，旧时来庆贺的族人们却是无需带任何礼物的，也无需给予任何礼金。本次调查时年逾八旬的袁老人回忆，那时来客"喝灯酒都是不给礼金的"，最多也就是带"半尺、一尺的布头给他（指主家），就算是贺礼了，这点礼有什么用？"。与现在来客动辄给予数百上千礼金的习俗显然大相径庭，当时的主家普遍付出极多而基本上没有任何财物方面的收益，所以办灯酒对主家的经济是一场极大的考验。

图 7-14　现在的 20 名孩子集体开灯①

由于开灯通常所费极大，而男丁则是本族或者本房的未来，因此，事主家所在的宗族或者房支如果上年有足够多的盈余的话，则可能帮助其支付部分费用。② 但如果宗族或者房支比较贫困，那就只好由事主家独自负担所有费用。根据我们所得的案例可知，旧时几乎总要由举办开灯的人家即"灯头"独力承担所有相关费用，而这有时就会给主家造成相当大的困难。为了尽力减轻负担，族人们通常集体开灯，即本族或者本房支

---

① 图片来源：http：//news.timedg.com/2018-02/27/20646744.shtml。
② 在东莞的某些地区，总是由宗族或者房支支付相关的费用。由于每家都可能要开灯，因此其实是公平的，族人历来对此没有意见。例如，麻涌镇漳澎村的林姓宗族就是如此，每年所有的灯头开灯的费用，都是由族里尝田所得来支付的。据调查，该宗族在正月的初六、初七挂灯，固定在正月十二办灯酒。但较为特殊的是，由于该宗族在村内有四座祠堂，人们在每座祠堂里都要摆一次灯酒，因此每次都要连续四天喝灯酒。老人们回忆，当时是每天下午 4 点多开始，一个小时后即 5 点多钟即告结束。

中需要办理开灯的若干个家庭,集体商量后合伙举办"开灯"仪式,办开灯酒所需的资金则由这些家庭平摊。如此一来,则每个家庭所支出的可以大幅减少。老人们回忆说,以前村民普遍贫穷,所以这样的事情相当常见,几乎都是几家甚至十几家合伙举办的。但是,如果当年只有一家生育了儿子,则该家只能够独自举办并承担所有的开支。对于没有足够资金的家庭来说,这时通常只有出售自家的谷物、典当资产、借钱甚至其他极端的途径,才能够勉强度过这一关口。

旧时有极其少数的家庭因为家里的经济状况实在太差,只好被迫拖延一段时间后再开灯,甚至偶尔还有拖到孩子到了结婚时才办的。该家和当事的儿子可能就成为了人们嘲笑的对象,但社会习俗对此其实一直是许可的,"他家实在没有钱,那他家不拖下去,又能怎么办?不过呢,以后怎么着还是得办的"。但即使是在旧时,这种情况也可以视为极为罕见的例外,人们总是会千方百计地设法按时为儿子开灯。以前的东城甚至因此而出现了"卖大开小"的做法,即家里如果实在没有钱为后来出生的儿子办开灯,则会将已经开了灯的较大的儿子甚至大儿子卖掉,然后用卖得的钱给这些儿子开灯。据调查,在旧时的东城似乎还不止一次、不止在一村出现过这种现象。这当然是极为悲惨的,但由此也可看出开灯这一仪式在传统东城社会中极其重要。

举办开灯仪式之前,一般都要提前做好各种相关的准备工作。准备好并挂好灯笼,是必有的、重要的准备工作(详参考本书第五章)。但何时挂上去,则各个宗族或者村落也不一。如有些宗族固定在正月年三十或者初一的大清早,就在祠堂里外都挂好了灯笼。但多数是由灯头选择一个好日子后,提前几天或者当天到祠堂将灯挂好,即不是在固定的日子挂灯。到了开灯也就是举办开灯酒的当天,父亲或者其他亲人再抱着新生的男丁,欢欢喜喜地到祠堂去参加仪式,并在随后举办开灯酒等。一般来说,新生儿只需要在祠堂呆一会就可以抱回家中。

开灯仪式中的庆灯很重要,通常都是在族长的引导与指导之下,灯头家人(通常是新生儿的父亲)恭敬地在祖先牌位前站立(有的宗族中需要跪拜),拜祭后将自家新生男丁详细的生辰八字等逐一禀报给列祖列宗,之后再跟随族长等人念诵一些吉利的、祈求性的话语,主要的目的是祈求列祖列宗能够庇佑新生儿。据回忆,以前大部分的宗族都是由族长带领新生男丁的父亲念诵这些话语的,即族长先念颂一句,新生男丁的父亲跟着念诵(实为复述)一句。访谈时许多老人都说,"开灯时念诵的那些话,那都是先人传下来的。那在旧时候,都是写在一本专门的书上的。这本书以前只有族长可以看"。人们普遍认为,由于这本书的内容关系到本族、本房支的人丁是否兴旺等,所以只会一代一代地在历任族长中流传,其他族人则轻易不得见,更是从来不会给外族人随意观看。

访谈资料:

(温塘白庙访问袁老人)

问:新出生的孩子是爸爸抱的,也是他爸爸来讲这些话吗?

答:那肯定是的啦,原因是很简单的,他是爸爸啊。不过,他旁边会有一个老人家帮助他的。第一步,就是要告诉他要怎么做。不然的话,他们这些年轻人,怎么知道要怎么做呢?年轻人一般都是不会的。第二步呢,是老人家还要告诉他要怎么讲。一般都是老人家先讲一句,年轻人再跟着学讲一句,其实就是一句一句地重复,也就是你们学校里面说的复述。

问:负责教的那个老人家,是这个新出生的孩子的爷爷吗?

答:那不一定的。这个老人家啊,有可能是孩子的爷爷。但是,一般情况下,这个人都是这个村子里话事的人,差不多就都是族长了。那在以前,不是每个祠堂(意为宗族)都会有一个族长吗?这个时候,就是这个族长告诉他的。其他的人,一般是不知道要说什么的,其他人没有那本书。以前,就是族长主持整个开灯仪式的。

之后灯头需要向祠堂中主持仪式的族长或者理数之类的人上报添丁之事,这时要仔细、准确地说明出其生日期等,族长或者其他人便在族中的"丁头簿"上写上相关的内容。① 这个习俗其实相当于新出生男婴的登记制度,访谈时不少老人都说,这样做一是为了确保本族的血统纯正,没有登记的不会被认为是本族人;二是为了保证族人的利益,如只有登记了以后才有资格分"太公肉"。老人们说,以前的人们非常看重某人是否是属于本族的,登记了就为该男丁提供了是本族人的确切无疑的证明,万一需要时,这个记录就成为了其身份的最为可靠的凭证。老人们说,旧时候有时会出现所谓的"认祖归宗",其最重要的形式标志就是在丁头簿(和族谱)上登录上相关人员的名字,这就"跟现在为这些人办理身份证,那是同一个道理"。

在有些宗族或者村落中,开灯的时候还要将新生男丁的名字写进族谱里,但各个村落或者宗族具体的做法也不尽相同。如有些是在开灯前父亲将新生男丁的出生日期、姓名等告知理数或者理事,到了开灯时再由其将这些写进族谱;有些则是将族谱放在祠堂内,开灯时让新生男丁的父亲等家人将相关内容自行写进族谱;还有的则是让族中资格最老、有儿又有女的所谓"好命的"老人,在开灯时把相关内容写进去。这时候登记的婴儿的名字,通常都是其乳名。但也有匆忙起了大名并在开灯时登录进去的,只是较为少见而已。旧时东城(实际上是整个珠江三角洲)男性的名字情况较为复杂,讲究的人家更是有不同的情况。

然后就是热热闹闹的开灯酒,人们觥筹交错开怀畅饮,整个场面欢声笑语不断。宴席一般都会延续到下午甚至到黄昏,"那在以前的时候,都是穷,难得有好吃好喝的,所以很多人都是大醉而归,醉得不省人事"。而在庆灯的整个过程中,一直有喃呒佬等人"吹吹打打"即演奏音乐助兴。到了接近开灯酒席尾声的时候,② 许多宗族同样也要分猪肉。灯头事先单独或者集资购买来一头大烧猪,在开灯仪式过程中这头猪充作主要的供品用于祭祖,而等到了开灯酒结束的时候,则把这头猪的肉切分成若干份,分配给族中的每个男丁或者在场的男丁。其基本的原则,仍然是每个在场的人分到相同重量的猪肉。据回忆,以前通常也就是分得一块 2 两左右的肉。在有些村落或者宗族中,这时族长同样也可以分两份,算是对他的尊重。依照传统的习俗,只有 16 岁以上的男性族

---

① 所谓的丁头簿,实际上是一个宗族或者一个房支的全部男性族人的花名册。有些包括历代的男性,有些则只包括在世的男性,即具体的内容不尽一律。一般来说,丁头簿由族长跟族谱放在一起保存,但也有与族谱一起放在祠堂内保存的。

② 据调查,有的宗族是在仪式结束而酒宴没开始前分猪肉。

人才可以去祠堂参加开灯仪式、"喝灯酒"。对于那些未满16岁因而不能够参加的男性族人，则可能会给予一定的钱、物作为补偿。至于女性族人，则无论年龄大小都不能够参加开灯仪式、不能够喝灯酒，也不会得到猪肉或者金钱的补偿。

在一些宗族中，到了正月十六就要结灯，即把灯取下并烧掉，烧灯的时候同样也要说一些吉祥话。但也有宗族许可灯头把灯拿回家中另行处置，如收好以备再用。老人们说，许多人家都是一直挂下去，所以传统上这种灯挂的时间比较长，直至其自然烂掉为止。但现在因为怕悬挂期间出意外（如发生火灾，也有人说担心期间出现家里老人家去世之类的不吉利的事情），人们觉得可能会给孩子带来某种不好的影响，所以一般都只点一天，即当天就把灯取下来并烧掉或者收好。

由于本书的其他章节章有相关的描述和讨论，故此处不再赘述。

二、对外功能

旧时东城的宗族的对外功能，主要集中体现在防护外部各种威胁、伤害以保护族人、维护宗族利益等方面。由于清末民国时期政府失控导致地方社会尤为动荡，东城宗族的这种对外的作用更为明显，以应对歹人和械斗为例。

整个清末民国时期，东城的许多村落都出了若干名土匪、歹徒、恶霸。他们有时在自己的村内也会胡作非为、鱼肉人民，但更多的时候，是到外村惹是生非、打家劫舍，有时甚至因此惹来涉事村落或者宗族的强力报复，而给本村、本族招来莫大的灾难。温塘的老人们回忆，在1937年前后，一伙外地的歹人和本村的某些不肖子孙互相勾结，里应外合大肆劫掠温塘，还涉及了临近的几个村落，最终惹起了一场牵涉很广的轩然大波。据回忆，这些歹人非常猖獗，有时近乎明火执仗作恶犯奸，人们对他们非常忌惮，满怀恐惧又无可奈何。访谈时不少老人都说，当时"这些人，有时候是晚上进别人家里，就是偷盗。邻居就算听到了响动，也没有人敢做声的"。由于这些匪人几乎都拥有枪支，他们甚至会在光天化日之下持枪抢劫，还经常美其名曰"找点钱买鸦片抽"。当时的歹人们通过种种不法手段弄来钱财后，就去鸦片馆、妓院等地醉生梦死地尽情享受。中华人民共和国成立前夕，温塘、余屋、主山等寻常村落中，居然有生意颇为热闹的鸦片馆、妓院之类的场所。到了中华人民共和国成立初期，当时的周屋乡和余屋乡等乡政府收缴鸦片、烟枪以及枪支弹药等时，还需要县政府专门派力量支援，由此可见当时歹人们的猖獗。

据调查，由于匪人势力强大，民国时虽然已经设有温塘乡政府之类的强力机构，但这种所谓的政府屈服在其淫威之下而莫敢如何，普通百姓自然更加是不敢招惹他们。各处的人都是人人自危，普遍被迫设法遭免匪难。一般来说，村落内被偷盗的多是有钱人，他们面对威胁普遍购买枪支用于危难时自卫，这是旧时的东城各处村落中枪支颇为多见的一个主要原因。本次调查时我们核实了数起有钱人家遭遇明抢的个案，但始终没有听说过哪个大户敢于开枪自卫的，其原因则是"你打了他，他暂时走了。你家在这里你跑不掉的，以后那些人，会想尽办法来报复你的"。旧时居住在同一条里巷的几乎都是同一个祖先的人家，这些人家一般也都会在所居住的里巷口设置门楼等设施以自卫

（见图 7-15），还会请人或者轮流值更。他们一般都会约定，万一有事时联合起来互相保护。但据老人们回忆，如果真的有哪一家遭了暗偷或者明抢，这些人家其实并没有多少勇气协力抵抗的，其原因普遍也都是害怕这些歹人吃了亏之后"想尽办法报复"，因此，这种自发性的自卫措施其实并没有什么用处。

因此，在当时的条件下，保护村民即族人的重任主要还是依靠村落集体也就是宗族集体。历史上，各处村落中的宗族几乎都组织族人沿村落外围修筑高大厚实的围墙和寨门，通常还会在围墙的外围设置栅栏、丁字闸、毛刺之类的，以期起到防止贼人进入的作用。有些宗族还会集体出资或者轮流派人，不论白天还是晚上都在寨墙的门楼上四面观察动静，并派有专人

图 7-15　周屋一处里巷的门楼

在村内各处巡逻防范。许多宗族还专门组织了民团、乡勇之类的准武装力量，以更好地保护本族的生命与财产安全。如温塘村，民国时期该村是一个独立的乡，既拥有乡勇又拥有民团。据调查，乡勇是由自然村或者坊各自雇佣的，每队的人数在 2 至 8 人之间；其民团则是由"乡上"即温塘乡政府雇佣的，一般维持在 12 个人左右。[①] 但不论当乡勇的还是当民团的，几乎始终都是温塘的青、壮年男子，这主要是出于安全的考虑，人们认为招聘外人可能"不可靠，甚至引狼入室"。白天民团和乡勇要巡逻所负责的各处以维护各处的治安，晚上还要定时地沿着围墙巡逻村落的内与外。访谈时很多老人还清楚地记得，他们还是孩子时，每晚都听到这些人绕村"敲锣、打更"。而一旦面临匪人入侵、贼人作乱等重大的险情，有时就会把各坊或者全乡的乡勇、民团全部集中起来以应付事变。

访谈资料：
问：听说以前你们族里有很多产业？
答：那时的产业，还是很多的。以前的产业很大，乡勇、民团费，都是从这些族产里头出钱的。
问：是不是因为那时候有土匪，才有民团的？
答：是的，那时候土匪打家劫舍，那就要有民团来保卫了。那时候，温塘比较富裕，出了一些事情，还出现过 6 条村子联合起来打温塘的事情。
问：那民团那些人，是哪里来的呢？

---

① 也有老人回忆，当时二者都是由乡政府出资并出面聘任的，乡政府当时还给他们发放枪支弹药。另有些老人说，有的人是"给了钱，这才当上乡勇、民团的"，似乎说明当时二者的报酬不低而且"好处不少"。

答：差不多都是本族的人，也就是本村的人。有的村子就是一个族，就一个族出全部的人。我们温塘主要是姓袁的和姓陈的两个大族，那就姓袁的出几个人，我们（意为陈氏）出几个人。姓袁、姓陈的都给他们人。要是还是不够，那就其他的那些小姓的人再出一些。

一个村有多少田，那就（按比例）出多少个人。从田里的收获拿出一点粮食，从鱼塘里捞一点鱼卖了，得到的都拿来当民团费。就是一亩田拿出来多少斤粮食那一些，用来养民团。

由于充当乡勇、民团的人多数品行不端，因此老人们至今对他们的评价非常低，访谈时经常称他们都是一些"歪东西""坏家伙"之类的。本次调查时袁老人已经快90岁了，他亲身和这些人打过一些交道，临近中华人民共和国成立的一段时间内他似乎还短暂地负责管理过这些人。

访谈资料：

不过，那时候好的人，那一般也是不愿意当民团那一些的。都是些好吃懒做的人，才愿意当的。民团、乡勇那一些，大多数都是不好的人，都是些不愿意种田做工的人。他们经常小偷小摸，那时候村民都是管不了这些的了，也就认了。

但是，他们还会联合外面的人来抢本村的，抢劫本族的。表面上，他们自己没抢。其实他们提供情况，让外面的人来抢。这些事情啊，那就很坏了。这些人，都是些坏东西。

虽然有民团、乡勇这种地方性的自卫式武装力量，但他们能起到多大的保护作用，可能大有疑问。实际上，他们自身经常就会给村民造成某些较小的损失，也经常确实让村民感到担心。例如，他们自己不至于在村内或者坊内公开抢劫，但小偷小摸的行为几乎从不间断。至于盗取池塘里的鱼供自己食用之类的恶行，更是众所周知。由于这类行为太普遍，甚至已经成为了村民或者族人默认的潜规则。但尤有甚者，其中的若干宵小败类，居然有时还会私通外面的土匪、"烂仔"之类的人物，由他们出面强抢村里的粮食以及其他财产。即使是时隔多年，访谈时老人们说起这些时，还是情不自禁地连连摇头叹气，可见当时的这类行为给他们的伤害之深。或者正是由于知道这些乡勇、民团品行不端又不堪重用，所以当时规定了某些今天看来可能显得相当特殊的惩罚性措施。如他们有保护村民田产之责，所以他们不仅必须巡逻村落各处，还必须保护田地以确保作物安全。如果田地顺利地获得收成，则收成的一部分（通常是10%左右，另一说是20%左右）给他们，作为其部分的薪酬。但如果庄稼被偷了，则他们要赔偿所受的损失。据调查，他们一般都要赔偿收获物的五成甚至更多。在当时的中和市场，商贾云集、货物众多、生意兴隆，所以市场每年都要固定地付给他们一定的报酬，让他们着意保护市场。但如果市场内的货物被偷盗，则他们需要全数赔偿。

不过，我们综合各方面的所得发现，从整体来说，民团、乡勇等人虽然多有不端，但确实大体上维护了村落的平静，确实基本上保证了村落不会出什么大的恶性的事件，这在发生械斗等时表现得尤为明显。在过去，东城不同的村落频发村落间、通常也就是宗族间的械斗，这是宗族需要特别在意以保护村民的另一个主要原因。温塘和横坑两个村子相隔得并不远，实际上只是隔了些田地。

在历史上的珠江三角洲的各处地区，在某种意义上说，械斗可谓是常态。械斗及其惨痛的后果，经常对人们的某些行为以及某些社会规则，都会产生深重的影响。本次调查时，上桥村有老人说，在民国初期的某年，① 该村的村民与相邻的下桥村的村民，最初因为各自打鱼的地点之类的争议发生了小纠纷，最终演变成两个村落间的一场大规模的械斗。老人说，当时双方参加打斗的居然"有千人之多"，这几乎等于两个村子都是全民参加。这场械斗前后持续了几个月的时间，给双方都造成了严重的破坏，光是毁坏的房屋就有几十间之多。到了最后，还是"那个东莞县政府，实在看不下去了，就派兵下来镇压。这才结束了"。

械斗不仅发生于不同姓氏即不同的宗族之间，同样也发生于同一个姓氏的同一个宗族内部。桑园村民其实源出温塘（详参考本书第三章），两个村子都姓袁，且彼此血缘关系还是相对较密。但在1923年，温塘村民与桑园村民据说因为赌博而动了手，导致双方都有人受伤，并由此引起了一场大械斗。当时参斗者1500余人，双方被打死、打伤的合计就有33人。② 至于毁坏的庄稼以及树木，更是难以计算。横坑村民和周屋村民也是同一个祖先的，但是双方也照样械斗。

访谈资料：

问：听说以前，温塘和横坑关系也不好？

答：横坑和周屋的关系也不好，横坑的祖宗还发过誓，说不跟周屋的通婚。以前横坑的祖先在周屋有祖坟，在那颗柏树那里，现在那里还有个小庙，庙底下就是横坑祖先的坟。周屋的人认为这个坟影响了他们的风水，就想办法一个晚上在那个坟上面弄了个庙。

问：风水怎么不好呀？

答：村子里生瘟疫，就死了很多人。建个庙，就可以把邪气压住。他们一个晚上建了个庙，把别人的墓碑也弄走了。还把庙熏黑了，让它看上去是旧的。毁人家祖坟不地道，两个村子就打官司了。结果看起来周屋的庙是很早就有的，就打赢了官司，官府根本不知道那下面有个坟。横坑被认为是诬告，还有几个人被抓去坐了牢。

同一个村子的不同宗族之间，有时也会发生矛盾甚至打斗，但一般不至于大打出手，很少听说有发生大规模械斗的。好几个村落的老人们都开玩笑地说，温塘的陈姓和袁姓两大族，就是这种"斗而不破"的关系的典范。到了中华人民共和国成立后尤其是到了现在，本村异姓人之间一般更加不会"有事情"，温塘也有这方面的例子。温塘的陈姓人家在自己所聚居的砖窑坊附近的一座山丘上，很早筑起了本族的祖坟，据说该座山丘当时就是属于陈姓人家的。但是，到了中华人民共和国成立后，该座山丘同样也被收归了村集体公有。等到了改革开放时期，袁姓人家以本宗族要修建祖宗的山坟为由，要求村政府划出某个山头作为建设用地。后来村政府所给的这座山头，恰恰就是中

---

① 《东莞市东城区志》明确地认为，此事发生于1917年。见《东莞市东城区志》编纂委员会编《东莞市东城区志》，中华书局2012年版，第14页。

② 《东莞市东城区志》编纂委员会编：《东莞市东城区志》，中华书局2012年版，第15页。

华人民共和国成立前属于陈姓人家的那座山头。陈姓族人对这件事当然颇有不满，据说有人到村委会以及有关单位吵闹，但也仅限于此。

访谈资料：

问：以前不同家族之间，打架的多吗？

答：那就是械斗了，我们这里一直是叫械斗的。那在中华人民共和国成立前械斗是很多的了，几乎都会打的。比如，余屋的和周屋的打，鳌峙塘的和温塘的打。就是同宗兄弟，也都会打的。要是打起来了，那些兄弟村，有时候也会过来的，就是帮忙械斗。

问：都是因为什么原因发生械斗的啊？

答：原因有很多。不过，一般都是因为田地、山头、水源那一些。比如，一块田地是在交界的地方，双方说不清楚归属，那就容易打了。双方的土地要是连在一起，那就更加容易起摩擦。这样说吧，我们这边差不多大家互相都打过。田地用水、路过外村的田地偷了东西，本来就是这一些小事，最后都会变成打架。因为村落和宗族都是有枪的，就容易打了。

问：那有没有调解的，就是不打呢？

答：中华人民共和国成立前的时候，就有乡政府了。这个时候，乡政府就会出面，就是调停。双方村子的兄弟村，那也是会帮忙调停的。比如，余屋和周屋那两个村子，以前就经常打大架，就是械斗。那旧时候，两个村子都有枪，所以只要一打，就容易出大事的。鳌峙塘村，还帮忙调解过一次，就是请族里的耆老过去，给他们调解。结果两个村子听了，就没事情了，没有打。这个事情是日寇投降后的事情。打架跟用什么打是两码事，用拳头、竹棍打和用枪打，那就不一样，你要是用了枪，那就会出人命的，这样的话，那就很难调解喽。

例如，周屋和余屋分别由周氏家族和余氏家族居住，两个宗族原本应该关系是相当不错，所以历史上才会长期形如一体，而被归为一个村子，旧时的《东莞县志》就是统一归为"凹头村"。但是，据说在某个时候，基于婚姻的缘故，双方关系急转直下（详参考本书第四章）。应该是在这之后，双方在日常生活与生产中，经常产生各种各样的摩擦，时不时双方就可能会大打出手。

每到了这些时候，乡勇或者民团就变成了维护己方、打击对方的最主要的力量之一。据调查，上述访谈资料中所说的由鳌峙塘调停的冲突，发生在解放战争时期（但一说是发生在20世纪初期），据说就是因为争水灌溉引起的，双方还打得很激烈。起初是周屋的人吃了亏，据说还有族人不幸遇难。周屋的人更加不干了，就策划发动了报复。但是，余屋的人估计到了周屋人会报复，一早就布置了乡勇以及青壮年男性族人，预先在两村之间的堤坝己方一侧严防死守。周屋的人无奈之下，只好用炮隔岸轰击，最后以击中了余屋的祠堂取得了象征性的胜利。鳌峙塘的人介入调停后，双方的冲突才暂告一段落。

访谈资料：

问：以前这个周屋村子里，为什么需要有乡勇呢？

答：主要的是两个原因。一个是因为那时候有土匪，二是因为两个村之间发生摩擦。一直到现在,两个村子关系都不好。

问:那你们跟余屋这两个大村子,是怎么产生矛盾的?

答:各种各样的原因都是有的。比如,我们这里种水稻,那肯定是要放水、要施肥的。要是干旱的话,两个村子就会争水。因为干旱时水量是有限的,一个村用多了,另一个村自然就用少了,那就会起冲突。再比如,这个村的田刚施完肥,另一个村的田却要放水。那个时候,两个村子的田又都是连在一起的,放水就会把人家的田里的肥料冲走了。这样一来又会就起冲突。还有山头、果树,你说是你的,我说是我的。就是因为这些,都会起冲突。所以,两个村子都要有乡勇的。

问:那乡勇去的话,是去劝架的吗?

答:那可不是的。他们要是去的话啊,都是去替本村打架的。中华人民共和国成立前,他们都是有枪的。那时候村里集体买枪,基本上都是用地租买的。那个枪的威力,是很大的。余屋以前本有两个祠堂,旧的那个祠堂呢,就被周屋的乡勇用炮轰掉了。①那一年,两个村子的乡勇打得很凶。

但是,有时候乡勇或者民团确实能够成功地劝了架、阻止了械斗。甚至有时候他们不用出现,而仅仅是作为第三方即一种威胁力量或者某一方的后盾,也可以起到某种阻止的作用,人们对此类故事知道得还不少。例如,20 世纪 30 年代的某一年,②今石龙镇某村举办了一场爬龙船即龙舟比赛,周屋和余屋都参加了。不料比赛时,两个村的龙船无意中发生了较为激烈的碰撞,结果周屋的龙船把余屋的龙船碰翻了。余屋的人自然很恼火,很多人就站在比赛的河道一座大桥上,抱着大石头等着周屋的龙船过来时砸其龙船。结果,就把周屋的人吓得不敢过去了。这时就有人请鳌峙塘的人去调停,老人们回忆说:"我们这个鳌峙塘村,中华人民共和国成立前有人当官的,所以请我们过去调解。我们去的几个人就说,如果你们硬是调解不通,那你们余屋,就和我们打吧。九爷(一位村民的绰号)的伯伯,③还当场开了几枪,就是警告他们。我们还准备调动石龙的警察(意为民团),当作万一开打时的力量。这一下,才没人敢动了。后来,事情就息下来了。"

---

① 有老人明确地说,是使用土炮轰击的。但在旧时的珠江三角洲各处,经常把洋枪、洋炮混同而统一称为炮。此处的炮到底为何,我们暂时未能够确知。
② 也有老人说,此事发生在抗日战争结束后而解放战争还没有开始的时候。
③ 九爷是鳌峙塘村的一位村民,徐景堂的嫡系侄子,现在已经年过 70 岁。本次调查中,他给了我们非常多的帮助,其身残志坚、古道热肠,令我们印象极为深刻。

本章附录

一、温塘村民姓氏统计表（1995年）

1995年温塘村民姓氏统计如表7-2、表7-3所示。

表7-2 1995年温塘乡姓氏统计（一）

姓氏数量\村别	袁		钟		骆		罗		招		谢		祁		陈		梁		杨		卢		叶		朱	
	户	人	户	人	户	人	户	人	户	人	户	人	户	人	户	人	户	人	户	人	户	人	户	人	户	人
莲上村	151	564	2	5																						
莲中村	115	566	4	18					1	5					2	7										
厅下村	28	126													12	39					14	72				
莲下村	134	609	49	190	3	18	5	25	4	22	4	17	1	4	1	2	3	8	3	9	4	9	4	9	1	1
皂一村	135	505																								
皂二村	122	625																								
皂三村	122	542																								
岜上村	60	253																								
建和村	60	240																								
岜下村	157	626	1	1							2	12														
柯下村	123	436																								
塘边头村	27	115																								
庵元村																										
柴市村	47	273					1	2	3	11					3	11										
洋楼村	85	360																								
丁字村	93	444													7	25										
王山村	24	105	6	27																						
大元村	7	20																							1	1
砖厂	118	465	5	15											4	8			1	8						
总计	1608	6874	67	256	3	18	6	27	8	38	6	29	1	4	29	92	3	8	4	17	18	81	4	9	2	2

表7-3　1995年温塘乡姓氏统计（二）

姓氏\村别	温户	温人	龙户	龙人	余户	余人	徐户	徐人	何户	何人	黄户	黄人	萧户	萧人	周户	周人	刘户	刘人	张户	张人	邓户	邓人	蒙户	蒙人	林户	林人	曾户	曾人
茶上村																	2	11										
茶中村																												
厅下村													5	23														
茶下村																											1	3
皂一村					3	16	2	8							1	4					2	10						
皂二村																												
皂三村							2	11																				
岜上村																												
建和村																												
岜下村																												
柯下村																												
渚边头村																												
庄元村			48	205	29	145							3	12			4	17										
柴市楼											8	29																
拌楼村																									6	28		
丁字村	14	65																										
王山村															1	1			1	6								
大元村					84	345																						
砖厂					1	1			2	5	1	3							1	3	1	1	1	6	1	1	1	3
总计	14	65	48	205	117	507	4	19	10	34	6	15	5	23	1	1	7	32	1	3	1	6	1	1	6	28	1	3

（资料来源：温塘村委会提供。）

二、温塘历任党支部书记

1940年至今，温塘历任党支部书记如表7-4所示。

表7-4　温塘历任党支部书记

书记	任职时间
袁泽光	1940年2月至1941年5月
袁泽光	1941年6月至1941年10月
袁周成	1941年11月至1942年
袁树江	1942年至1945年5月
袁善	1946年3月至1948年7月
陈平	1948年8月至1949年12月
袁善	1949年7月至1949年12月
袁善	1949年12月至1950年4月
袁灼甿	1950年至1951年
袁始奴	1952年至1955年
余旭	1956年至1959年
龙灿	1960年至1965年

（续上表）

书记	任职时间
袁苏	1966年至1967年
龙灿	1968年至1975年
陈坤	1976年至1994年1月
袁祖	1994年1月至2002年2月
袁汝芬	2002年至2004年
袁文东	2004年至2008年5月
袁浩标	2008年5月至今

（资料来源：温塘村委会编：《古今温塘》，2011年3月印，第48页。）

三、温塘历任乡政府领导人

1950年至今，温塘历任乡政府领导人如表7-5所示。

表7-5 温塘历任乡政府领导人

职务	姓名	任职时间
乡长	袁灼渠	1950年至1953年
乡长	余旭	1953年至1956年
乡长	龙灿	1956年至1958年8月
大队长	龙灿	1958年9月至1960年
大队长革委会大队长	袁照明	1960年至1983年3月
乡长	袁周胜	1983年4月至1988年
管理区主任	袁周胜	1988年至1997年
管理区主任	袁汝芬	1997年至1999年
村委会主任	袁汝芬	1999年至2004年12月
居委会主任	袁浩标	2005年至2008年5月
居委会主任	陈效光	2008年5月至今

（资料来源：温塘村委会编：《古今温塘》，2011年3月印，第49页。）

四、余氏族规

（1）各处祖宗坟墓，岁节轮流祭扫，务孝敬以尽根本之诚，盖坟墓祖宗所依归，而子孙赖祖宗为庇佑，亡者安，存者也安，理之常也。人所贵者子孙，其死而坟墓有所托尔。世未有坟墓不祭守，而子孙昌盛者也。

（2）子孙盛衰，系积善与积恶而已。何谓积善？居家则孝友。处事则仁恕，安分守己,无作非为,凡所以济人者是也。何谓积恶?恃己之势,以自强剥人之财以致富,存心艰险,做事枭横,凡所以欺人者是也。是故爱子孙者遗之以善,不爱子孙者遗之以恶。传曰:积善之家,必有馀庆;积不善之家,必有馀殃。天理昭昭,各宜深省。

(3) 子孙和气处乡曲,宁使我容人,毋使人容我。宁使人敬我,毋使人畏我。切不可存怒人之心,恃势作威,欺凌穷愚,事有不得已者,则当以礼斥之,岂可与人炫奇斗胜,两不相下,彼以其奢,吾以其俭,吾何歉互哉!

(4) 子孙当以正直处宗族,凡遇家庭有事,或因田地争竞,或因小忿争斗,务虚披诚劝解,处断公平,不可旁观隐忍,唆是弄非,以起争端。至于外人或有欺凌,义所当行者,务同心协力,亲属一体,则毁侮不生二窥伺永免矣!语云:家和福自生,亶其然也。

(5) 子孙处事之道,不可过刚,亦不可过柔,凡百应对,及一切交际,须是合中,粮钱必须早完,公事预先料理,凡官甲有事应对,必须和顺,不可逞其私智,刚强逆上,自取罪戾,有辱家门。

(6) 子孙居家须恂恂孝友,见父兄坐则必起,行则比随。应对必以理称呼,必以字甚,不可以贤智傲仙人,亦不可与伯叔同坐。然为父兄者,亦不可当众詈骂,使人无容身之地,尊长有此,甚非教养之道,子孙倘有非为,当反复教训,使之自改。

(7) 子孙治家,尚俭朴,毋浮靡,安分守己,甘淡薄,习勤苦,房屋不可过奢制,用度不可僭分,冠婚丧祭,当以家礼,宜从简约,不可斗胜以炫耀耳目。

(8) 子孙局量器识,须要宽洪深厚,处事接物,须谦卑逊顺,守富贵而若虚处,贤智而若愚,不攻伐人之阴事,不谈论人之过失,勿称量人之有无,勿妒忌人之胜己,盈满自足,骄傲接人,则祸可立待矣!各宜自思。

(资料来源:余屋祠堂所藏的潮汕历史文化中心揭阳市研究会编印,《余氏揭阳族谱》。)

五、钱氏家训

个人:心术不可得罪于天地,言行皆当之无愧于圣贤,曾子之三省勿忘。程子支四箴宜佩。持躬不可不谨严。临财不可不廉介。处事不可不决断。存心不可不宽厚。术前行者地步窄,向后看者眼界宽。花繁柳密处拨得开,方见手段。风狂雨骤时立得定,才是脚跟。能改过则天地不怒,能安分则鬼神无权。读经传则根抵深,看史鉴则议论伟。能文章则称述多,蓄道德则福报厚。

家庭:欲造优美之家庭,须立良好之规则。内外门闾整洁,尊卑次序谨严。父母伯叔孝敬欢愉。妯娌弟兄和睦友爱。祖宗虽远,祭祀宜诚。子孙虽愚,诗书须读。娶媳求淑女,勿计妆奁。嫁女择佳婿,勿慕富贵。家福提携宗族,置义塾与公田,岁饥赈济亲朋,筹仁浆与义粟。勤俭为本,自必丰亨,忠厚传家。

社会:信交朋友,惠普乡邻,敬老怀幼。救灾周急,排难解纷。修桥路以利人行,造河船以济众渡。与启蒙之义塾,设稷谷之社会。私见?要铲除,公益概行提倡。不见利而起谋,不见才而生疾。小人当远离,断不可为仇敌。君子固当亲,亦不可曲为附和。

国家：执法如山，守身如玉。爱民如子，去蛀如仇。严以驭役，宽以恤民。官肯着一分意，民受十分之惠。上能吃苦一点，民沾万点之恩。利在一身勿谋也，利在天下者必谋之；利在一时固谋也，立在万世者更谋之。大智兴邦，不过集众思；大愚误国，只为好自用。聪明睿智，守之以愚；功被天下；守这以让；勇力振世，守之以法；富有四海，守之以赚。庙堂之上，以养正气为先后。海宇之内，以养元气为本。务本节用则国富；进贤使能则国强；兴学育才则国盛；交邻有道则国安。

（遵循钱氏家训成为钱王后裔之立人处世之本）

（资料来源：钱氏宗祠提供。）

悦塘公一支的一块地契碑

祖□洒　始祖悦塘公之十一世孙　洪武永乐两朝徵聘生一子五孙今成五房尝产多属五房轮收迫　万历至　国朝康熙年间□子孙蠲积增置地塘铺厥为　祀典以奉春秋数十年来契券多被蠹蚀二十一世孙冠共守此契箱夙夜不宁数请勒碑兹丙申花月吉旦集众房长衣冠命予膳录予即□承不敢急忽数日间考订阙虧抄实土名税贮书于碑内以垂不朽使后人见之思前人蠋积而继美也　二十二世孙呈北谨识

买受尝产开列税贮于后

一土名小横涌塘口及亭子下塘壹口原本祠壹份该得税肆贮叁分弍厘买囬各房子孙名下共税壹拾玖贮陆分肆厘惟第五房尚得二贮壹分六厘逢乙庚年得收租银壹半其余尽属本祠管业　有忠□□□□□□□□□□丙□年□□□□

一土名山贝田　坵税壹贮玖分三厘

一土名蔴涌第二涌田壹坵税三贮

一土名岳遥基田壹坵税弍分七厘六毫七系<small>达戊癸年收租□得一份</small>

一土名鱸鱼涌田中税二贮陆分九厘叁毫五系

一土名胡屋山地叁叚中税壹贮叁分

一土名横岭田弍坵中税壹贮玖分

一土名赤硃岭田大小叁坵中税壹贮弍分五厘七毫

一土名胡屋园田壹坵中税壹贮肆厘

一土名陈屋田壹坵上税壹贮肆分肆厘

一土名糖菓坑田一连五坵　共□税肆贮壹分五厘

一土名早塘田壹坵

一土名箫屋塘田弍坵上税□　八分柒厘四毫　弍分肆厘五毫

一土名红□榔田弍坵上税□

一土名胡屋田叁坵上税肆分陆厘

一土名橋子边田壹坵中税伍分壹厘五毫

一土名陈屋田壹坵中税壹贮壹厘五毫

一土名朱□田上税陆贮八分八厘本祠买受八分六厘

一土名□园田叁坵上税二贮八分七厘六毫

一土名高台山沙头片田叁坵中税二贮九分

一土名赤塘圳田中税壹贮弍分六厘

一土名陈屋田壹坵上税壹贮零七厘五毫

一土名槎头角等处田上税肆贮零八厘一毫

一土名陈屋田上中税壹贮零柒厘五毫

一土名木鹿洲等处田上税弍贮零八厘<small>中税二贮壹分玖里七毫六系</small>

一土名案贵岭地壹坵税叁贮肆分六厘

一土名陈屋田上税壹坵零七厘五分

一土名南坑尾田壹坵上税七分五厘

一土名木橋边田壹坵上税肆分八厘

税地壹坵内二分得壹份

一土名□贵岭地大小五坵中税叁贮

一土名横岭田中税壹贮陆分五厘

又田上中税弍分壹厘

一土名分永凹田弍坵中税壹分□□□□

又税地壹坵中税壹贮　分零伍厘

又田叁坵不税壹贮

乾隆肆拾壹年叁月吉旦

零作为尝产又买

一土名渡溶溶涌新基田

一土名渡溶溶涌角新基原税叁拾贮分与五

一土名牛尾塘壹半及壆

一土名隔塘岭荒山壹侧

一土名三合市铺壹间

一土名砖窑坊上爪园田壹

一土名古塘地壹园田壹

一土名古塘地叁园田壹

一土名台山田叁坵上税弍贮肆分

第八章 传统祠堂

人们普遍认为，祠堂是摆放祖宗牌位以及在年节及其他重要时刻祭祀祖宗的神圣场所，日常生活中则是一个个宗族或者房族的直观的物化形式。历史上，祠堂是东城的每一处村落中几乎都必有的属于全房、全族以至全村的公共建筑物，稍微大一些的村落中还几乎都有不止一处。人们习惯上根据其性质而分别称之为祠庙、祠室、家庙和宗祠等。但不论哪一种祠堂，通常都修建得颇为讲究，因此旧时代祠堂经常是村内最好的民用建筑。

在现在东城的各处村落仍然可见的祠堂中，有一些是历史上传承下来的，有一些则是近些年来新建或者重建的。总体上说，虽然现在祠堂的功能已经发生了重大的改变，但形制、习俗等方面古今却几乎完全如一，这使得我们得以通过现存主要祠堂一探传统东城祠堂的建筑样式、使用方式等。

第一节 东城的祠堂

在东城，广府人和客家人历来都有"祠堂"的说法。但是，祠堂其实是个笼统的名称，在日常生活中，这两个族群的人们几乎总是把祠堂细分成不同的类型并使用完全不同的指称，而最为简单也是最为常见的说法，则是宗祠和家祠。

我们通过本次调查发现，东城各处的村民普遍认为，宗祠是同一个村子中同一个宗族的所有族人所共同拥有的，家祠则是一个宗族之中的某一个房支的人所拥有的。前者属于一个宗族的所有族人，因此人们通常又称之为大祠堂。后者只属于一个宗族内的部分人，因此人们通常称之为小祠堂、公祠或者厅等。又因为前者通常历史更久也被称为老祠堂，而后者则相对年代较后也被称为新祠堂。人们通常认为宗祠的地位高于家祠，用于供奉始祖的，因此其规模一般都比家祠大、修建得也更为讲究。但是，具体到族人的层面，人们又通常会觉得家祠中的祖先与自己的关系更近，因此家祠比宗祠显得更为亲近。或许是基于同样的缘故，旧时有时又可以见到家祠反倒比宗祠修建得更大、更精致、更气派。但就本章所涉及的几个主要的方面来看，二者并无重大的不同。因此，本章中我们一般泛称为祠堂，只在有确实需要时才具体区分并明确表述。

东城最早的祠堂出现于何时，似乎难以获得定论。访谈时发现，有一些人家就认为其宗祠在宋代就已经出现了（详参考本章附录）。这虽然有一定的可能，但至少不是普遍多见的情况。我们利用所可能获得的各种资料，从多个方面较为细致地考察了东城现存和曾经存在过的各处祠堂，发现绝大多数是始建于明朝或者清朝，有一些甚至晚至民国才修建。而具体来说，东城的宗祠似乎大部分始建于明代，如温塘的袁氏大宗祠与陈氏大宗祠、周屋的周氏宗祠、余屋的余氏宗祠、柏洲边的钟氏宗祠、鳌峙塘的徐氏宗祠等。家祠则在明代或者清代始建的均有，但以建于清朝的居多，如温塘的梅轩公祠、阆川公祠、斡轩公祠等据族谱等均修建于明代，而桑园的五桂家祠、月开家祠等则均修建于清朝。这个现象很有意思，似乎说明东城人的先人主要是在明代才落籍，或者至少说明那时他们才变得富有并获得了一定的社会地位，因此得以修建宗族的大祠堂。

这是因为在漫长的中国历史中，祠堂曾经具有特殊的地位含义，不是随便什么人都可以修建的。极为概括地说，中国历史上民间普遍修建祠堂大体上开始于宋代，而以明清时期为高潮，民初则是其余绪。但即使是到了明清时期，修建祠堂不仅需要宗族具备相当的人力、财力和物力，宗族还首先必须同时具备相应的社会地位，只是这时对社会地位的要求已经变得相对较为宽松而已。东城的客家人自认为在清代中叶前后才抵达现居地，许多广府人则自认为祖先在宋代时已经抵达，但我们所看到的东城的广府村落其实可能主要形成于明代。即使他们的祖先确实在宋代已经落籍，各种官修和民间的史料都表明，借助于长期的以农业为主的积累尤其是在商业、贸易、航运等方面的长足发展，到了明朝，东莞各处人民的经济才普遍向好，这时才有可能普遍满足修建祠堂所需要的物质条件。同时，随着大批人员流入以及相应的明清时期东莞文化教育的大力推广与普及，更重要的是这一时期通过各种途径使得一批东莞籍贯的政治人物、军事人物、文化人物走上了更加广大的舞台，这才普遍满足了修建祠堂的社会条件方面的要求。鳌峙塘的村民至今津津乐道于他们的某位祖上在明代成为了尚书并修建了祠堂，正是这个时期东莞人地位上升的一个具体案例。

根据我们本次调查时所获得的各种田野资料可知，东城的老人们至今普遍认为，族人中有人取得科举功名，是旧时本宗族或者本房支得以修建自己的祠堂的最主要的社会条件；通过族人获取一定等级的官职等得以修建祠堂的，虽然确实有，但相当少见；而因为有袁崇焕、徐尚书等族人为高官而得以建庙修祠的宗族，则屈指可数，事实上完全可以看作例外的情形。

访谈资料：

问：为什么要建祠堂，是因为有经济能力建了就要去建吗？

答：是的，当然要有经济能力。不过，你还得先要有了功名，那之后才能建祠堂的。比如，族里要是有人考了举人、进士那一些，那时候，就在家门口树一支桅杆（意为旗杆），代表我高中了，然后那就可以建祠堂了。我们的祖先，是在明朝年间（指1417年），从温塘那边搬过来桑园这边来的。不过，一直到了清代才建的祠堂。这就是因为那时候才有了钱、又有了功名，那才修建祠堂的。

老人们普遍传说，旧时东城各处祠堂前普遍立旗杆（民间至今通常称为桅杆等），这些旗杆既是宗族得以建立祠堂的社会前提之一，更是彰显宗族在科举方面获得荣光的重要举措。不过，我们实地考察发现，东城各处村落中都很少见其祠堂前有用于插旗杆的旗杆石或者其遗迹，这与莞城、虎门甚至麻涌等地区的情况形成了鲜明的对比。而根据我们的访谈、考察和文献梳理,东城的各个宗族在历史上考取了各种功名的族人人数其实相当有限(详参考本书第九章),比起莞城甚至麻涌、虎门等地来说都要少得多。如此看来,当时人们得以普遍修建祠堂必定另有因由。我们发现老人们其实对此可能心知肚明,如对为什么居住于一处村落之中的几个家族都有祠堂这一类的问题,接受访谈的多位老人都给出过类似的解释,即"要是村里袁姓的修起了祠堂,你陈姓的、张姓的那一些人家,那就也得修起来吧。要不然,你肯定就会被人看不起的"。这种说法确实有相当的道理,但可能不是事实的全部,值得进一步进行综合的探讨。实际上,珠江三角洲到底是如何在明清时期得以大规模地修建祠堂,即满足了什么社会、经济等方面的条件,还值得深入而又细致的研究。

在明清时期的东城以至整个珠江三角洲地区,随着宗族的迅速扩张,同一个族之下出现了多个分支即房,由此不仅出现了属于全族的宗祠(多称为大祠堂、宗祠等),还出现了属于房支的祠堂,东城的广府人普遍称之为家祠、公祠,客家人则多称之为公祠或者厅。从原则上说,修建这种祠堂同样也需要同时满足相应的经济条件与社会条件,但就我们在东城村落所见的情况来说,几乎都是只要有足够的男性后裔和经济能力即可以修建了。对此有些老人解释说:"那个时候,我们这里都是乡下地方,那就是没人管的。只要你有钱,人又多,你就建就是了。"这种解释虽然确实具有很大的真实性,不过可能还是只有部分解释力。但不论如何,这种祠堂普遍出现了,而且由于不同的房在男性后裔数量、经济实力和政治地位等有差别,因此不仅造成了同一宗族的某房有家祠而另外的房没有家祠的情况,还使得这些家祠可能在许多方面各不相同。

与广府人的宗族的宗祠通例位于村口不同,这种房支的祠堂通常位于村内某一特定的地方,即一般都是位于该房人的聚居处。宗族的祠堂一般以该族的姓为该祠堂的名字,如袁氏大宗祠、黄氏宗祠、余氏宗祠、徐氏宗祠等,直接用某位先人的名号或者字为该祠堂的名字的也有,如桑园的月开家祠、柏洲边的坚立钟坚公祠等,但相对来说较为少见。而一般来说,东城广府人和客家人的家祠,都是主要使用后一种方式进行命名。但在基本的建筑形制方面,宗祠与家祠则并无大别,如常见的都是五进三开间、三进三开间以及二进三开间等。整体上说,东城的人们公认各种祠堂都以三进三开间的为最普遍,也是一般的宗族所能够做到的最好的样式。其最为基本的建筑特征,则是砖木石结构、抬梁与穿斗式混合梁架、硬山顶以及人字山墙。虽然祠堂在规模、形制、用料等方面都已经远比当时一般的民居要讲究得多,但由于祠堂同时还是宗族或者房支各种实力的具体显示,因此不同的族或者房之间仍然免不了互相攀比、争相斗艳。因此,访谈时老人们经常说起,祠堂的某些部件的具体样式,可以说明该宗族或者房支在当时的村落中的政治地位、社会地位等。所以虽然旧时这些其实是不能够随意乱用的,但在实际上,各个宗族可能都是尽力做到比别村或者别的宗族的更好,而不会非常顾及关于地位、等级等方面的社会规范等。

一般地说,这些部件及其样式主要涉及门槛的高低、屋檐的样式、祠堂门前桅杆(即旗杆)和祠堂里面的牌匾等具体的构件或者部位,但有时确实也有可能涉及祠堂整体的建筑样式。

第八章　传统祠堂

访谈资料：

问：那除了这个祠堂（指袁氏大宗祠），村里还有其他祠堂吗？

答：还有一个，就是梅轩公祠，就在那边，不远的。那也是我们袁姓人的，不过那是一个房的祠堂，所以叫公祠。那个祠堂也是明代建的。以前建祠堂，那是要有功名才可以建的。就是根据你的官衔、科举成绩那一些，然后再决定你能不能建祠堂，然后再决定你能建什么样的祠堂。因为他们那一个房支的祖上，有一个人中了进士，所以就能够建了那个梅轩公祠，还能够建成有四檐滴水式样的。别的人家，那就不能够那样建的了。不信你看整个东城，也就只有这个祠堂是这样的。

就整个东城的祠堂来说，梅轩公祠确实显得非常独特。（见图 8-1）如很少有祠堂采用这种亭祠合一的方式修建，很少有祠堂的前阵即第一进为二层瓦面，而且上层瓦面为四檐滴水样式。因此访谈时不少老人都对我们表示，这座祠堂极其不一般，其样式是皇帝特许的，是皇家才能够使用的；这座祠堂原本属于皇家的赵姓人，后来才因故而卖于袁氏人家；等等。就事实来说，这种样式虽然确实很特殊，但我们在广西的贺州、湖南的郴州等地甚至东莞本地（如企石镇的江边村、茶山的南社村）都见过。这种祠堂并无多少特殊的光环，只是较为少见而已。

在以前，祠堂是一个宗族最为重要的族产之一，也几乎可以说是一个宗族的最为神圣之地。由于这里是历代祖先的灵寝之地，因而具有高度的精神上的象征意义，旧时每逢年节以及重要的时刻，人们都会到此祭拜、祈祷。而在日常生活中，旧时的祠堂也具有许多非常实际的功能。如族中商讨大事、解决重大的矛盾纷争等，通例都是在祠堂进行

图 8-1　梅轩公祠

的。我们在访谈时发现，许多老人对祠堂有着极为温馨的记忆，主要原因则在于他们就是在祠堂里接受最初的教育。东城的祠堂有一些自始就兼有学堂的功能，供族中子弟学习之用，有些则是稍后同时用作学堂。而从抗日战争至中华人民共和国成立前后，祠堂兼做学校的几成当地的定例，以至于当时修建的一些祠堂甚至直接命名为"××家塾"。

中华人民共和国成立初期，祠堂的功能即开始发生根本性的转变。例如，由于当时宗族以及相关的事项被大力打压，村民在清明或者重阳时到祠堂祭祖之类的集体活动不久即消失。[①]虽然这时祖先牌位等基本上还得以保留，但祠堂实际上自此即彻底失去了其最为基本的功能。不过，由于祠堂是乡村中难得的空间较大的公共建筑，因此普遍得以保存，而被广泛地转用作学校、办公室、仓库、供销社等集体使用的场所，甚至有些祠堂在"共产风阶段"还被用作村民吃饭的集体食堂（如桑园）。但到了"文化大革命"期间，许多祠堂由于属于"四旧"而遭到大肆破坏。当时不仅祠堂内所有的神主牌等付之一炬或者被扔进河涌，部分祠堂还被整体拆除了。幸存的祠堂内外各处精美的

---

① 但访谈时也有很多老人表示，他们所在的宗族早在中华人民共和国成立前就已经没有了阖族祭祀。

木雕、灰雕、彩绘等装饰以及神堂等设施，则遭打烂、铲除或者覆盖而几乎破坏殆尽。

或许是由于经历了太多的改变，本次调查时我们发现，现在的东城人对祠堂的态度颇为微妙。例如，即使是对许多老年人来说，祠堂也早已不再是什么神圣之地。可能是这个原因，到了改革开放后，不少村落或者家族的人们又主动地把祠堂改作他用以牟利，如温塘的陈氏大宗祠曾经被改为温塘陶瓷厂，桑园的月开家祠曾经被承包给人用作毛线厂。我们发现，甚至至今还有好几处祠堂出租给外来工用作宿舍（参见本章附录），导致祠堂完全失去了其原本的功能。应该说，这种情况在珠江三角洲其他的地方似乎较少出现。

同样是由于人们观念的改变，东城的各处流传下来的旧祠堂中，现在已经有许多处于危殆状态甚至只剩下遗址，而历史上曾经颇为著名的司马大宗祠，因年久失修坍塌更是只剩下少量的残余石块、砖瓦。少数经过改造或者重修以及重建的祠堂，虽然在形制、面积、选址、朝向等方面基本上能够保持旧有的特征，但木雕、灰雕、彩绘以及建筑材料、工艺等却基于种种原因而大变。现在祠堂虽然也还用于村民各自在年节时祭祖，但更多的则是充当"老人之家"之类的，主要供老人平时休憩、活动。至于那些年代久远有些破烂的祠堂，则普遍完全被废弃，甚至被村民用于养鸡鸭或者堆放杂物。

第二节　祠堂的建筑特性

东城人认为，祠堂通常是由全族或者全房集体捐资建成的，是一族人或者一房人最为重要的公共资产，是后世子孙感怀祖恩、缅怀先人的神圣之地。因此，传统上的祠堂大多形制严谨、用料考究，修建时程序规范、工艺精美。我们的实际考察发现，旧时的祠堂确实经常具有与一般的民居完全不同的建筑特性，通常是一处村落内最为富丽堂皇的民用建筑。

一、外观形制

（一）概述

到了明清时期，珠江三角洲的各种民用建筑已经形成了固定的建筑范式。现在所见的东城各处的祠堂都是明以后所建的，展示出来的是典型的明清时期岭南祠堂建筑风格，如普遍采用硬山顶、人字山墙等。

东城的祠堂几乎无一例外地都是采用院落式堂寝制，整体上呈现为一个长方形的、相对封闭的独立的空间。如果从纵向来看，以从祠堂门外到门内的门厅、中堂、后堂（即俗称的第一进、第二进和第三进）为顺序，各处的地面依次加高而后堂最高，通常每向里走一处则地面抬升15至25厘米。访谈时有人认为，这是因为依山而建要适应地势的结果，也有人则认为如此才能够显示祖先在上的寓意。如果从横向来看，祠堂的主体建筑沿中轴线对称，其两侧大多对称地分别建有厢房，只有极个别的祠堂只有单侧厢房。但有的厢房确实是房子，而有的厢房其实等同于带顶盖的过道。厢房通常都是面积窄小，也相对较低，其屋脊远远低于正堂的正脊而与其垂脊的高度基本持平。人们认为，这样才能够体现出其尊卑有别、长幼有序的建筑思想，潜移默化间使得族人遵守传统礼制。而纯粹从建筑学上说，这种建筑思想也使得整座祠堂显得庄严而有序。

对于祠堂的规模或者面积，东城人至今几乎总是以"开间"来描述横向的宽度，而以"进"（又称"阵""栋"等）来描述其纵向的长度，东城人也普遍用这种表述方法来描述民居的面积或者规模。东城古今最为常见的祠堂都是三开间的，三开间甚至完全可以视为祠堂的标准宽度。五开间和两开间明显地展示出经济条件的作用，但两者都比较少见。由于一个开间的实际面积只是大致的而不是确定的，因此虽然两座祠堂同为三开间但彼此的实际面积可能有一定的差别，我们确实见过几处虽然都是三开间但面积明显有异的祠堂。不过，依据我们实地测量的结果，东城不同祠堂的一个开间的面积基本相当，可能正是因此人们才把开间作为基本的面积表述单位。

在现在可见的东城所有的祠堂中，只有新近修建的余屋村的余氏宗祠与鳌峙塘村的徐氏宗祠各自在门厅后修建了一道仪门。这样加上中堂和后堂，这两处祠堂就成为了四进的祠堂，二者是东城仅有的两处四进祠堂。但据我们的调查，这样的布局不是传统的格局或者样式，也未必是村民自己的追求。东城旧有的宗祠普遍为三进的，偶尔时也可见五进的，两进的则似乎完全不见。普遍来说，家祠的规模要小于相应的宗祠，整体上看东城的家祠小部分只有两进而大部分为三进。部分村落如温塘、鳌峙塘、柏洲边等地又把家祠称为"厅"，有人认为这是来自客家人的传统说法。宗祠与家祠的进深数，似乎自来就是依村落而定的。例如，一些村落中有明确的规定，即只有宗祠才能够建三进或者以上，而即使财力充足家祠也只能修建为两进的。我们在调查时见到一些雕饰精美、用料讲究但只有两进的家祠，应该就是这一限制的结果。但在另外一些村落，则可能古今都没有这种基于等级的限制，只要有能力就可以建三进或更多进的家祠。温塘的征聘祖公祠与副使公祠在规模、形制等各个方面，都与一般的宗祠完全无异。

（二）三进的祠堂

三进祠堂由三进组成，故称，这种祠堂可以说是东城各处村落最为标准的祠堂格局。三进祠堂实际上可以视为其他类型的祠堂的基础，因此，我们对其每一进的主要方面都较为仔细地描述。

传统上，三进祠堂中每一进的设置与功能各不相同。第一进又称前堂，普遍采用门堂式。由于它主要起进出通道的作用，因此其最为重要的构件是大门。大门多为凹斗式，木质的门板普遍高大、厚重、坚实，多为东南亚进口的坤甸等名贵木材质地。门槛处多有可拆卸的木质挡板，挡板普遍相当高，低于60厘米的较为少见。石质的门框或者门墙多为红砂岩或者麻石质地，门框两侧的边缘多有精美雕花环绕着门洞。祠堂名称有阳刻于大门的最上方或者门头红砂岩处的，也有烫金书写于黑色底牌匾之上悬挂于大门上方的。门枢的两端处普遍各设置一立方形门墩石即抱鼓石（又称门枕石），多为整块的麻石制成，显得十分厚重。大门两侧各设有一处设塾台，村民普遍俗称为"包台"，其上设有承重立柱若干，多为花岗岩质或红砂岩质，虾公梁上多饰有精美木雕或者石雕。第一进的屋脊普遍装饰精美，显得华贵而庄严。正脊多为灰塑，偶尔也有用陶塑的，造型则不一，但正脊两端几乎总是各塑有一座鳌鱼（也有老人称为鱼龙）。屋顶梁架多为抬梁与穿斗式混合结构，设计精巧、实用。屋檐下几乎都有雕刻精美的封檐板，通常绘有各种吉祥花卉、瓜果，也有绘有人物或者瑞兽等。

  进大门之后的两侧，几乎必定都各设有一间耳房，其内部通常以木板隔开成为上下两层。据调查，这里在旧时供管理者居住以及放置杂物之用，现在则几乎都是放置各种祭拜需用之物或者空置。其正面则几乎都设有屏风木门一座，多为两扇，上有牌匾、对联。此屏风平时通例不开，出入者需从其两侧绕行方可至第二进即中堂。前堂与中堂中间是一个长方形的天井，其大小并无定规。天井的两侧普遍各设有一较窄小的厢房，厢房前普遍留有通道。也有的祠堂不设厢房，而直接设为带顶盖或者不带顶盖的走廊，用于将前后两堂连接起来。中堂通常是一处祠堂中最为明亮、宽敞的地方，因此在过去常用作宗族的议事厅，遇到涉及全族的大事时管事者集聚于此商议。由于面积较大，因此这里也是家族以及族人摆酒设宴的主要的地方。或许是这个缘故，中堂的梁架、柱础等皆有雕刻以装饰，其墙壁顶部也常有图绘、题诗等装饰物。一般都在中堂约三分之二处的后方正中间位置立一座中门，其主要目的是将中堂与后堂隔开，避免外人直接对视后堂的祖先牌位。此门又叫中统门、中堂门等，多为高大的六扇门，门槛通常也相当高。此门平时不开，其两侧设有小门或者通道供人出入后堂之用。此门的中间正上方多悬挂有一红色底的大木牌匾，其上通常书写有金色的本堂的堂号。据调查，以前在此门的前方、堂号的下方设置若干把座椅等，充当议事者议事时的坐具。在邻近东城的南社村的某处祠堂中，尚依稀可以见到此等旧时情形。

  中门之后是第二处天井，它位于后堂的正前方。这处天井的面积通常比第一处天井的略小，故连接中堂与后堂的厢房或者走廊也相应地略短一些。其地面一般也都比两侧厢房的地面低30至40厘米，如此才便于集水并最终将水排出去。传统上，后堂主要是用作供奉祖先牌位的地方，需要营造并突出庄重肃穆的气氛，所以通常其内的装饰最为简单。传统上，一般只在两侧山墙近顶处绘有各种山水、花鸟或者绝句以装饰或者渲染某种意蕴。山墙中部的偏下处，有时还会悬挂有本族或者本房所获得的进士、举人等的牌匾。后堂的最中间为一座用于摆放祖先神牌的神台，其前方多有祭台，用于上香、献祭以及摆放祭品等。神台有时不贴后墙，而在神台与后墙之间设一处低矮窄小的屋子，主要用于贮存各种祭祀物事以及丧葬用品如棺材。依照东城的传统习俗，只有高寿者身后才可以暂时停放在后堂。后堂的面积比中堂小，但其地面却是三进之中最高的，直观地看后进也是整座祠堂建筑高度最高的。许多老人都认为，这是要借以显示其地位最为重要，显示后人的祖先在上等方面的尊重之情。而如果由实际的功能来看，则如此的设置最为便利于祠堂排除内部的积水。

(三) 二进与四进的祠堂

与三进祠堂相比，二进祠堂和四进祠堂在基本形制方面几无差别，主要是少了一个或者多了一个天井以及相应的空间（即一个进）。因此，二者在事实上完全可以视为三进祠堂的缩小版或者扩大版。

两进祠堂前堂的基本设施与功能跟三进的前堂无异，但似乎大部分二进祠堂的前堂建筑相对来说较为简略，如普遍都不设墊台以及相应的立柱等，如图8-2柏洲边村的坚立钟公祠正面所显示

图8-2 柏洲边坚立钟公祠

的。访谈时多位老人都说，修建两进祠堂的宗族或者房支，必定都是在经济能力方面相当有限，因为无力大举建设而只能够能免则免，导致缺少这些物事。此外，两进的祠堂的面宽虽然也几乎总是三开间的，但有时会比三进的三开间的面宽略微窄一点，即其每一个开间都比三进的开间略窄。在我们看来，除了经济上的原因之外，这似乎主要是出于祠堂整体上均衡的考虑。两进的祠堂也几乎都设置有坚实的大门以及其两边的耳房，大门的上方通常为阳刻于红石或者麻石之上的祠堂名称，但大门下方的前侧则通常不设抱鼓石即门枕石等装饰性物件或者附属物。

二进祠堂中同样设有天井，但只有一处且面积通常较小。这种祠堂在天井的两侧设置厢房的相当少见，通常都是设为无顶盖的走廊用于连接前后两进。其后堂其实等同于把将三进祠堂的中堂与后堂的功能合并起来，祖先神牌即置于后堂靠近后墙的中间部位的神台之上，其前通例也设有神台等供祭拜之用。神台的两侧一般各自设有隔为两层的一个房间，几乎都是用于存放各种祭祀或者摆酒时常用的物件。东城确实有两进的大宗祠，只是相当少见而已。人们认为，这种祠堂的建筑较为简单甚至简陋，实在不足以为本族带来多少荣耀。但由于没有足够的经济实力，也只好如此以满足祭拜等方面的需要。两进的大多数为家祠即某一族的某一房的祠堂，几乎都是以该房的第一代祖先命名的，这与宗祠的命名不同。一般而言，宗族势力强大故宗祠修建得较有气派，房支势力较小故家祠也修建得相对简略。但确实有某些家祠在建筑方面远胜所在宗族的宗祠以及同一族的其他房的家祠，展示出族与其下的房和同一族的房与房之间的微妙关系。

在整个东城，四进的祠堂似乎历来只有余屋的余氏宗祠和鳌峙塘的徐氏宗祠两处，二者都是在三进的前堂后与中堂前加建一座仪门成为单独的一进而形成的，所以其实仍然可以视为三进祠堂或者其某种变体。图8-3显示的是重建后的余屋余氏宗祠的仪门，其上部悬挂有巨型的一红色底金字牌匾，上题"风采流芳"四个烫金大字。仪门的中间开门，但一般并不作通行用，故其两侧另设月门容人绕行进出。据调查，历史上的余

氏人家很早就有其大宗祠，现在所见的这处新祠堂则是近两年才重建的，规模比原先的大了很多。老人们说，老的余氏宗祠也是三进的，即传统上的宗祠并无仪门。重建时古建公司加上了仪门，这样增加了进深，可以使得祠堂空间显得更加深邃而营造了肃穆之感。但这似乎并不是村民自己的意愿，更不是这座祠堂本来的面目。

图 8-3　余屋余氏宗祠

除了设有仪门之外，这两处祠堂在形制与功能等方面与三进的祠堂几乎完全相同。如其第三进（相当于三进祠堂中的第二进）为中堂，红底金字的堂号牌匾同样悬挂于此处。这里通常摆有各种坐具，供族人们在此待客、聚集、议事等。现在每天有一批本村的老人家固定时间在余氏宗祠的中堂消闲，在此调查期间我们多次在该处访谈他们。负责打理余氏宗祠卫生等的则是一位 30 多岁的女性，又让人感到古今余氏宗祠的差别不仅在于有无仪门。

二、建筑材料

东城的祠堂普遍为砖木石结构，主要建筑材料为青砖、木料、石料，辅助材料有片瓦、绿琉璃瓦当以及滴水等。由于人们认为祠堂是一族或者一房的象征，是其各种实力的全面体现，因此无论是建筑材料还是建筑工艺，都比绝大多数的民居讲究得多。

（一）青砖

东城的祠堂所用的砖皆为青砖，但通体只使用青砖的极其少见，一般是采用下石上砖的混合方式。这种情况说明东城人的先人极为重视修建这些祠堂，因为同时期的许多家族连通体使用青砖都做不到。

东城高温多雨水，各处村落的地下水位又普遍偏高，墙体下部使用石材有助于提升建筑物的安全性，并能够使之用得更久。东城的祠堂是在石材之上使用青砖层层砌成，没见有用红砖的。但历史上的东城虽然早就有多座烧制红砖的砖窑，却一直到很后的时期才出现烧制青砖的砖窑。较早时期建造祠堂所用的青砖，都是从外地通过水路运来。

人们已经不知道这些青砖具体来自哪些地方，老人们猜测可能来自邻近的增城以及较远的粤东北的梅县、龙川等地。但这些地方都在东江沿线，故有水运之便。

富有家族所用的砖通常都是经过专门打磨的青砖，这种砖有专门的名称，民间一般俗称之为"绿豆青"。这是因为其表面经过反复的打磨后变得非常规整、细腻、光滑，并呈现出均匀的如同绿豆一样的青色，故名。用这种青砖砌成的墙体显得通体庄严肃穆而又色泽怡人，所以深受人们的喜爱。但打磨这种砖非常费心费时，据介绍，即使是有经验的老师傅一天也打磨不出几块绿豆青来，所以除非有相当的经济实力否则难以使用。

垒墙时，上下两层砖或者左右两块砖之间必须使用黏合剂进行黏合，这样才能够增加墙体的牢固程度。据调查，东城人早期所用的几乎全为蚝灰或者米浆，这应该是因地制宜的结果。东城各处获取蚝灰或者米浆都非常容易，而且其黏着力也相当好。东城人使用黏土或者石灰充当黏合剂的，几乎都是见于中华人民共和国成立后的最初30年间修建的民居。此外，东城各处很早就与境外有各种联系，所以早在20世纪初，不少村落中就出现了少数使用水泥充作黏合剂的民居或者家塾之类的，但似乎没见到把水泥用于建设祠堂的。

（二）石料

东城的祠堂使用的石料主要有两种，即红砂岩（东城人俗称红石）和花岗岩（东城人俗称麻石）。

概括地说，石料的主要使用位置为祠堂的地基、前厅正门门框（但有的前墙全部使用）、墙裙、地面、勒脚以及堂内的部分立柱等。此外，祠堂前面的部分地堂以及左右两侧的通道，通常也使用麻石铺设。传承下来的祠堂的墙壁尤其是正面的墙壁，多使用大块的麻石或者红石为墙裙。由于旧时使用麻石修建要耗费更多的财力，实力较为有限的家族使用不起或者只能够有限度地使用，因此高度为30至40厘米即只使用两层麻石块的相当多见。至于富有的家族则可以多使用麻石，其祠堂各处的墙体经常都是用麻石垒到80厘米以上，还有的家族甚至通体使用麻石筑墙。

据调查，东城的石排、榴花山、余屋、周屋以及邻近的茶山等地皆出产红石，其质地没有麻石坚硬又容易风化而便于开采，因此东城的村民很早就普遍使用红石。这种石头因富含氧化物而普遍呈红色或褐红色，是至今仍深受东城人喜爱的颜色，因此，祠堂以及民居建筑都大量选用红石作为建筑材料，普遍以之充当门框、垫脚石、门槛石等，并赋予了鸿运当头之类的大吉大利的寓意。不过，虽然红石的抗水性、耐腐蚀性以及强度等都比青砖好，但还是远远比不上麻石，因此祠堂尤其是较后出现的祠堂多用麻石。

根据我们多年的调查可知，大概从清初开始麻石的产量就持续增加，由此导致珠江三角洲各地麻石的使用日渐普遍，麻石很快代替红石而成为祠堂的地基、立柱、墙裙、勒脚等部位的材料。到了清晚期，麻石更成为了祠堂的首选建材。考察东城现存的各处祠堂，同样可以看到这一历史进程。但是，由于麻石质地坚硬而开采较为困难，再加上东城从来不出产麻石，因此其价格比红石要昂贵得多。主要是这个缘故，即使是到了清末以至民国时期，东城使用红石充当祠堂建材的依然相当普遍。据调查，如今的东城修建祠堂时使用的麻石几乎都产自福建，多数是经陆路运输而来。历史上所用的麻石也是从外地采购，但经水路船运而来。至于具体是从哪些地方采购来的，似乎人们早已不知道了。访谈时有老人们猜测可能是来自邻近的番禺、新塘等地，这些地方都近水、有航道，但对此我们还无法证实或者证伪。

（三）木料

在祠堂修建过程中，木料使用得非常广泛。不仅梁、椽子、门、窗、屏风、梁枋以及部分立柱等选用木材，而且较小的部件如梁头、封檐板等处也要使用木材。此外，祠堂经常有大量的装饰性部件，其中的相当部分也同样需要使用各种木材，才能够做出精致的装饰品如各种木雕。

不少老人都回忆，东城人开始大力种树是20世纪下半叶的事情。过去因为处于丘陵地带又频遭水淹，所以那时东城各处村落基本上不出产可用的较大的木材，① 各处山头所见的几乎全是灌木。旧时修建祠堂以及民居所需要的木材尤其是较大规格的木材或者板材，完全依赖于去外地寻觅、购买。老人们说，以前的东江水比现在的大得多，木材在水上一放，便可以经水路直接到达大部分村落，那时"都是直接放到村口。你只要拖上岸，就可以用了"。访谈时峡口的不少老人都说，东城人很早就大量使用杉木修建祠堂以及民居等，这些杉木几乎都是从上游的河源等地编为木排沿东江水顺流漂下。由于地处水陆衔接要冲，一直到了中华人民共和国成立初期，峡口还普遍多见"放木排"，还几乎"每天都可以看到（上游来的）木排"。

旧时人们寄予了宗祠以象征着本族"永世其昌"之类的美好寓意，因此宗祠的某些最为重要的部位必须使用特殊的木材，这样才能够保证其使用长久即"永世其昌"。例如，祠堂的大门必须极为坚固、厚实，否则，在土匪蜂出的旧时难以保证宗祠的安全。我们实地考察后发现，东城各处旧的宗祠以及相当部分公祠的大门，通例都是采用质地异常坚硬的木材如坤甸木、黄花梨等做成，这些大门普遍制作得极为厚实、沉重，一般的女性甚至难以独力开关。但坤甸等名贵木材都不是东城所产的，而是当时设法从越南、缅甸、泰国、菲律宾、马来西亚等东南亚国家以及海南岛等地选购而来的。据调查，这些木材都是先装船海运再转河运，几经周折才得以到达东城。

在现在的东城各村，偶尔可以看到某大祠堂重修或者翻修时少量使用坤甸等珍稀木料的，这些木材仍然是自东南亚国家进口的。不过，现在愿意或者能够使用得起这些木材的宗族，似乎确实少之又少。由此不难看出旧时东城人的实力，也不难看出他们对祠堂的重视。

（四）瓦

东城各处祠堂的顶部，无一例外地使用瓦片覆盖。传统上，人们根据其大小而分别称为大瓦、小瓦。但是，各处村落所用的都不是北方意义上的大瓦，主要使用的瓦在北

---

① 旧时东城仅有的大树，几乎都是大叶榕、小叶榕。这两种树木深受村民喜爱，也可以非常好地为村民遮阴，但其树干几乎没有较为笔直的，而且其材质也不堪大用，因此几乎不用于各种建筑。

方都被称为小瓦。

我们仔细考察过东城历史上传承下来的家屋与祠堂等民用建筑，发现所谓的大、小瓦片不仅体积不同，各自的具体用途也截然不同。传统上，东城的建筑的顶部同样大量使用檩与桁，二者相交形成屋顶的两个坡的坚实支架。大瓦规则地逐一叠放于二者交叉所形成的空格处，最主要的作用是遮阳、避雨。如遇雨天，落下来的雨水就顺着大瓦相连所形成的坡顺利地流下而不会直接流到家屋之内。但是，相邻的两片大瓦间会留有空隙，这时小瓦就派上了用场。传统上东城人不是采用某种黏合剂补空，而是把小瓦紧密地盖在两块大瓦所形成的缝隙之上，从而避免了屋顶漏水等。图8-4展示的是温塘村韡轩公祠屋顶的局部，可以看到这种大小瓦的传统的搭配使用方式。

图8-4 温塘韡轩公祠屋顶（局部）

东城境内很早就出产这两种瓦片，现在温塘村内的一部分地区就名为瓦窑坊，足以说明本地产瓦的历史。中华人民共和国成立后，政府把该处原本私有的瓦窑作坊等整合改造为国营或者集体的陶瓷厂，曾经大量生产盆、碗、缸、烟囱等陶质生活用品，不仅满足东城人所需还能够行销外地。旧时祠堂所用的两种瓦片，一般来说比普通民居所用的相对更加厚重、坚实。至于是不是本地所生产的，不同的访谈者给出的说法并不一致，我们也暂时无从得出结论。

三、建筑程序

东城现存的部分祠堂年代久远，始建时的许多方面都已经难以查考。但这些祠堂大多经过后人的屡次修缮乃至重建，因此其选址、开挖地基、上梁等主要建筑程序与特性，还可以复原或者探知一部分。

（一）选址

传统上，人们认为祠堂不仅是一族的脸面，更与一族的兴衰荣辱紧密相关。其选址不仅关乎一所具体的建筑，更是关系到一族或者一房的众多人口的命运，因此显得尤为重要。

依照传统，旧时东城的各处宗祠几乎都是位于村口某处，有的甚至位于村落的整个围墙之外。访谈时老人们说，祠堂内居住的是祖先的灵魂，那里阴气太重，因此不宜建在村内而必须与民居保持一定的距离，这样才能免于阴气无意中伤人。在珠江三角洲，这种传统的观念流传得相当广泛，如麻涌一带同样有此认识。因此，祠堂具体位于村口的何处需要具体地看。但一般来说，因为东城的村落几乎都是采取背山面水、民居自低向高处渐次排列的布局方式，所以各处的祠堂几乎都是位于较低的位置即近水而远山。至于家祠，则以随该房支所居的处所散布在村落中为基本的形态。

宗祠的用地来源不一，多见的情况大概有三种。有些是由原本的族田改造而来的，有些是利用族产购买的，还有一些则是由某位或者某些位族人捐地而得以起建的。例如，余屋村余姓人家的旧大宗祠原址，初时是其某位族人的田地，该位族人捐献出来用以兴建了大宗祠。但是，宗祠的具体占地与朝向、布局等同样也需要视具体情况而定，人们认为绝对不可违背好风水的基本原则，即必须位于龙脉之上。祠堂选址历来都是非常讲究风水的，我们的调查发现，即使是时至今日，许多中老年人依然相信风水之说，依然认为单单风水一项就足以决定一族的"运势"。因此，人们这时总是需要专门请风水先生用罗盘（俗称"罗庚"）测算后精心择出位置、朝向等，然后再具体决定祠堂如何选址等。东城的村落有一部分是坐北向南的，但由于要符合"天运"即风水方面的要求，其宗祠则必须做出某些改变，常见的则是采用了其他的朝向。周屋的周氏宗祠后有蒲山前有位于山顶处称为"莲湖顶"的一块田，祠堂前则有一处巨大的水塘，稍远处东江蜿蜒而过。人们认为本族的宗祠就坐落在这条龙脉之上，因此宗祠选址十分吉利。

访谈资料：

问：建祠堂那要怎么选地址呢？

答：那就要请风水先生来，他用那个罗盘来选，就是选定地址。

问：这个祠堂的选址，有什么讲究吗？

答：讲究肯定是很多的啦。不过最主要的一条就是一定要讲究龙脉。你看看，我们这个祠堂的后面，就是那边，有一座山，那个就是蒲山。山的前面有一块田，叫作"莲湖顶"。那里是一个小山丘，东江发水将周围的农田都淹了的时候，莲湖顶也不会淹没。莲湖顶和蒲山相连，就是我们这座祠堂的龙脉。

我们邻村的余氏宗祠，也一样是有龙脉的。余屋的龙脉，比我们的还要好。

又如，受具体地势的限制，东城的宗祠几乎都是背山面水设置的。但人们认为，其背后的山形较尖属火，而其面前较平的田地才属土，因此人们在宗祠前普遍设置一处小广场，广场前再设置一处或大或小的水塘，为的就是达到生木、克火即满足传统的风水方面的要求。这块小广场有时还用栏杆、矮墙等围住，在祭祖等活动时供族人集中之用，平时也用于聚族摆酒等。而在日常生活中，这块村落中难得的平地则主要用于晾晒稻谷等，因此访谈时村民普遍称之为"晒谷坪"。其水塘多是天然存在的，但也有人工专门开挖或者人工扩大旧有的小水坑而成的。宗祠前设水塘是历史悠久的一个传统，历来具有丰富的风水方面的含义。但在实际生活中则主要用于养鱼，因此村民普遍称之为鱼塘。从现在的科学的立场来看，这处水面虽然大小不一，但都能够相当有效地营造小微气候而有利于村民避暑、消闲，在情况紧急时其中的水还可以起到救火止灾之用。

（二）择日、挖地基

为祠堂选好址之后，就需要择定良辰吉日动工兴建。人们至今认为，必须"找到了日子、好时辰，之后才能开工建造"。

据说旧时的择日比较复杂，要请专门的喃呒佬即风水先生负责。他首先要根据始祖或者时任族长的生辰八字等运算之后，再对照"通胜"即历书决定出吉日。然后再次运算并找出良辰。现在则普遍简单得多了，通常是请人甚至自行依据历书选择即可。老人们说实际所见的开工的日子不一而足，但以选在秋天的多见。至于具体的良辰，则大多是选在白天的某一刻。到了动工的吉日良辰必须准时开工，如果天气恶劣实在无法开工，"那也必须挖一点点土，就是表示动工了"。动工时"有冲犯的人，不许到场观看"。人们认为这些人如果在场，则必定会影响祠堂甚至整个宗族的运势。动工时通常都要请喃呒佬做法事如烧纸、拜土地与天神等，并在预定的祠堂的四个角和中间位置各烧金银纸钱，还要在预定的祠堂内放鞭炮以驱邪、求吉。在家屋的建设中，也有类似的程序（详参考本书第二章）。

动工的第一步是挖地基。地基稳固是修建祠堂时非常重要的考虑因素，因此祠堂几乎总是选择在泥土厚实且相对坚固的地方，以尽量避免出现滑坡、沉降等现象。即使如此，人们还要仔细地处理其地基。祠堂由于相对较为高大，因此地基主要用砖、红石或麻石铺成以增加其稳定性与坚固性。至于具体使用何种材质，则主要取决于该族或者房的经济实力。至于自然条件较差难以找到合适地块的村子，尤其需要更加稳妥地加固地基。

峡口的东岸坊坐落于铜岭的南麓，位于东江东侧的一处小小的冲积平原之上。寒溪河东江南支流（以及后出的东莞运河）与在此交汇（见图8-5），历时日久淤积成了这块土地。因此，该村地基普遍较为松软，同时一直受江水严重而又持续的冲击，如何处理地基就成为了建房的关键步骤之一。在修建位于村口的刘氏宗祠时，东岸坊的人们先打下很多根杉木木桩以稳定并增强地基。当时使用的木桩每根直径约20厘米，长则有2米左右。该村的老人们回忆，他们小时

图8-5 东岸坊的位置

候，祠堂门前修路时意外地把红石铺成的祠堂地基之下的部分杉木木桩挖了出来，因此他们得以亲见先辈们的努力。但即使如此，经年累月之后，刘氏宗祠仍然出现了十分明显的沉降，现在其整体地面已远低于门前的路面。

（三）上梁

房屋的正梁即主梁不仅对整座建筑有重要的实际意义，还有极为重要的象征意义。因此即使是修建普通的民居时，对放置正梁即上梁人们历来慎重。而对修建祠堂来说，上梁更是一件大事，因此在上梁的行为、人员、仪式等方面都有诸多讲究。

人们历来对选用什么样的木材作为主梁有非常严格的讲究，但大体上与家屋选材的要求相同（详参考本书第二章），故不赘述。我们实际所见的主梁以及其他的副梁几乎都是使用杉木，除了杉木较为便宜而且相对较为容易获得之外，还主要有另外两个原因。一是杉木在等体积的木料中重量较轻，这样可以减少屋顶的重量而有效地降低墙壁的负担；二是杉木经过处理后不易变形，这样可以更好地承重且能够使屋顶更加稳固。一旦某一根杉木被选定作主梁之用，传统上有许多禁忌。例如，从这根杉木刨好时起任何人都不许从其上方跨过或者在其上坐，否则，会被认为极其不吉利。这些禁忌与家屋主梁的禁忌类似（详参考本书第二章），同样体现出人们对房梁的看重。

　　与民居上梁一样，祠堂上梁也需要特地择定时辰，但实际上一般都是子时进行。老人们说，这主要是为了避免无关人等尤其是"有冲犯的人"有意或者无意地围观造成某些意外。依据传统的风俗，上梁过程中一些特定的人是不能够到场的，如丧偶、无儿子或者无子女人因为不吉不得到场，孕妇以及家中新近有丧事等的人因为不干净不得到场等。人们认为，如果这些人意外地出现了，将会带来很多不吉利，严重的甚至会败坏一族或者一房的运势。传统上人们欢迎非常有福气的人观看，尤其是60岁以上夫妻俱在且儿有女的老人，因为这些人福寿双全所以大吉大利。概言之，上梁过程以"趋利避害"为基本的价值取向。到了现在，有的村落则允许政府的官员、村干部、包工头等到场观看甚至指挥。但是，这些人通常也都会自觉地遵守传统的习俗，如觉得可能会冲犯则通常都会主动婉拒不参加。

　　现在上梁时的顺序不定，主要根据的是建成的先后次序。因此一般都是先上第一进的梁，之后再逐次上其他的梁。但在历史上，可能不是这样的顺序而有严格固定的规程。访谈时有几位老人家都回忆，以前三进祠堂上梁的顺序通常为第二进即中厅、第三进即后堂，最后才是第一进即门厅。但每一进上梁的过程与仪式，这是几乎完完全相同一的。传统上，祠堂上梁（俗称为"升梁"）的方式颇有讲究，与普通民居家屋的上梁习俗几乎完全相同（详参考本书第二章）。只是祠堂由于规格更高，因此各种仪式更为隆重而已。至于现在的上梁方式则大多根据方便而定，用人工将梁扛上去、用葫芦等器械将梁拉上去或者用起重机直接吊上去都可以。以前整个上梁过程都要有喃呒佬等人吹唢呐、敲鼓等以示隆重，现在也基本上如此。主梁升上去并摆放妥当后，多数村落这时有从梁上或者山墙上向下撒花生、点心、米等的习惯以示庆贺，这与北方撒馒头、糖果、点心之类的贺梁习俗类似。这时如果是民居，则多由事主家派人向下撒。如果是祠堂，则由当事的宗族派人向下撒。

　　在主梁事先选好的正中位置上，要对折垂下一块长长的红布。这块红布寓意大吉大利而"百无禁忌"，因此古今都是祠堂主梁上不可缺少的附属吉祥之物。与在民居中所见的相似，这块红布的后摆也要比前摆略长，据说这样蕴含着"后世绵长"的美好祝愿。主梁上大多还挂有或者内置有其他物品以求吉或者寄托某些愿望，但具体的物品种类视具体村子而定。如峡口村，祠堂的梁上要有一面镜子、一把长一尺的坤甸木木尺、一把蒲扇以及钱币等物件，这些都要用红绳拴住悬挂在这块红布的四个角。而在下桥，红布上则挂柏树叶、橘子叶、一面镜子、铜钱。这些物品具有什么含义，有些人还知道。如东城的广府话或者客家话中"橘"都与"吉"同音，橘子叶谐音吉利，体现了人们朴素、务实的原始信仰。但是，放置蒲扇、木尺等物的含义似乎已经没有人确实知晓。

四、装饰工艺

东城的祠堂通例都有各种装饰，这些装饰种类丰富、色彩鲜艳，一般来说呈现出吉祥、精致、典雅而又庄重肃穆的格调。

祠堂的装饰类型多样、造型丰富，远非一般的民居可比。许多老人都认为，以前建筑的装饰在数量、式样等方面都有等级的限制。一般来说，只有庙宇、祠堂等供奉神灵或者祖先的重要的公共处所，才有资格多加使用繁复而又精致的装饰。如果普通的家屋贸然使用这些装饰，则屋主可能会因承受不起而给自己甚至家人招来厄运。在祠堂内外，这些装饰遍布于屋顶、檐下、柱头以及墙壁各处。如果从工艺上来看，可以大致分为灰塑、陶塑、木雕、石雕、砖雕以及图绘（因其几乎总是彩色的，所以俗称为彩绘）等。如果从传统题材来看，最为普遍的则有神仙、人物、鸟兽、祥云、夔纹、瓜果、草木、故事、神话以及诗词等。旧时主要使用的材质，则有木质、石质、陶瓷、泥灰以及砖瓦等。灰塑以及砖雕不仅极为精致，而且透露出浓厚的岭南气息。

我们通过实地考察发现，不同时代的东城祠堂装饰，在工艺、题材、材质等方面都具有相当大的稳定性与一致性。不过，在体现出历史传承的同时，受不同时代经济、技术、审美等影响，这些方面也可能展示出某些变化。例如，在三进屋宇式祠堂首进门前的塾台上部的横枋之上，早期的装饰总是木质的一斗三升的斗拱、横枋和雀替，如图8-6所示。但随着其承重功能的彻底丧失以及采石技术的迅速发展，这些装饰就逐渐变成了石雕的金花狮子、仿月梁样式的石质横枋和石质雀替，如图8-7所示。

图8-6 温塘副使公祠

图8-7 温塘阆川公祠

（一）木雕

木雕可追溯到史前时代，至唐代开始写实而宋代趋于成熟，明清则达到高峰并形成了"四大名雕"即浙江东阳木雕、广东金漆木雕、温州黄杨木雕和福建龙眼木雕。广东木雕（又分潮派、广派两大派）到明代定型，鼎盛于清代。因此木雕在东城祠堂建筑中随处可见，几乎有木质构件处就有木雕，而尤其以梁架、封檐板、雀替和挂落等部位集中展现了木雕工艺。

1. 梁架

在梁架结构中，瓜柱、柁墩、梁底和梁头尤其是装饰的重点。作为房梁承重重要部件的瓜柱和柁墩，只有少数采用的是简单的线条作为装饰，多数都是别出心裁地设计并精心雕刻。图8-8为温塘陈氏大宗祠的中堂的驼峰斗拱，是新近雕刻的，繁复的卷草图案不仅使原本笨重的柁墩显得灵动轻盈，更营造了一种蓬勃向上的活力。桑园村的儒宾公祠的后堂承重正梁的柁墩（见图8-9）则是旧物，其表面雕刻成并排的一个桃子和一个石榴模样，桃上映一簇桃叶而石榴露几排石榴籽。传统上，桃子为长寿、吉祥的象征而石榴更意味着多子多福，这个柁墩不经意间展示了对后代子孙的期待和美好祝福。

图8-8　陈氏大宗祠中堂驼峰斗拱

更为奢靡的是梁架类型是博古架，如图8-10温塘阆川公祠的前堂房梁所示。在一整块名贵的木料上，采用高浮雕雕刻出某出戏剧场景。背景为一处宫殿，宫殿上金色的"金殿"二字尤为显眼，并在宫殿之外以祥云一般茂盛的树枝树叶衬托，采用黄色雕刻突出人物，群像神态各异，栩栩如生；用深棕色雕刻宫殿及其他背景，而将整幅木雕纹样繁杂而主次分明，雕工细致，线条流畅而自然，颜色对比明显而不显俗气，展现了高超的木雕技艺。

图8-9　桑园儒宾公祠后堂正梁下的柁墩

如图8-10所显示的，梁底和梁头其实并没有多少实际的负重作用，但是，这些地方由于位于祠堂的显眼处，因此几乎总是有精美的雕刻。所谓梁底，指的是房梁最下部位的梁枋底部，处于室内容易看到的高处，因此成为了装饰的重点。实际所见的装饰题材方面以繁花、卷草、藤蔓、瓜果等为多，工艺上以对称的浅雕刻为主，图形有的是简

图8-10　温塘阆川公祠前堂

洁的线条，还有的是刻龙、凤、喜鹊等祥禽瑞兽。（见图8-11、图8-12、图8-13、图8-14）如果是较长的梁，则主要的装饰图案可能分为几个焦点部分，而通常集中在两端和正中三个位置但又以某种简约的形式连为一体。

图 8-11　桑园月开家祠后堂心间梁底的波浪形花草纹饰

图 8-12　温塘副使公祠后堂的月梁底部繁花纹饰

图 -13　温塘陈氏大宗祠梁底的中部纹饰

图 8-14　下桥钱氏宗祠前堂的梁底图样

梁头主要指的是梁架间的梁头与檐下穿出檐柱的柱头，既见于室内也见于室外，但主要见于檐下。由于不同位置的梁头受到的关注并不同，因此不同梁头装饰的复杂程度也有很大的差异。一般来说，见于室内的造型多简洁明快，见于室外的造型通常复杂多样甚至有时以石雕接续。整体上看，旧时梁头纹饰的变化同样很多，从相对少见的最简单的几何图形，到普遍多见的卷草图案、祥云图案、龙头纹样以至龙头、瑞兽、人物等等，不一而足。（见图 8-15、图 8-16）

图 8-15　一组梁架间的梁头

图 8-16　一组穿出檐柱的梁头

除了瓜柱、柁墩、梁底、梁头等之外，梁架部分的梁枋也常处理为月梁的样式，即两端稍微下垂而略呈拱状。我们发现就是传承下来的祠堂中，梁枋几无例外地都是采用月梁形式。通过这种舍直取曲的处理，使得原本静止的略显单调乏味的梁枋顿时有了灵气，充满了飘逸与变化。

与此类似的是檐下挑出的房椽，通常也经过了舍直取曲的处理，使得单调的房檐变得灵动（见图8-17）。与现在所见的新出或者新近翻修的祠堂相比，传统建筑在这些细节方面尤其注意，而且无不追求精致与细腻。

图8-17　峡口东岸坊勤廷公祠前堂檐下房椽

2. 封檐板、雀替和挂落

除了梁架，封檐板、雀替和挂落等也是装饰普遍的建筑构件。虽然它们都是单体的相对来说结构简单的构件，但是，其装饰效果有时却极为明显。

封檐板又称檐板，东城人又经常因为其上几乎总是刻有或者绘有各种图案以及绚烂的色彩而俗称之为花楣，指的是附加在屋檐椽下保护房椽不受风雨侵蚀的木板。封檐板有实际的作用，最主要的是遮蔽住椽子的头部使之免受风雨侵蚀或者暴晒，从而有效地延长使用寿命。但是，因为封檐板位于一处祠堂最为醒目的位置之一，故大多都要有各种精美的装饰并涂饰以各种颜色，所以，封檐板本身又成为了极为常见的装饰。

在普通的民居中，封檐板通常见于主屋的前屋檐下，但祠堂因为较为讲究，所以通常都是每一堂的前、后屋檐下都有。从工艺上看，祠堂处封檐板的装饰主要采用的浅浮雕或者彩绘，题材则以鸟兽、花草、瓜果、藤蔓、如意等为常见。封檐板一般不是一块长木板，而是依据祠堂的开间数目使用相应数目的多块长木板。因此，有的祠堂每段封檐板上的图样各自独立，如桑园五桂家祠前堂右次间后檐下封檐板（见图8-18），雕刻的是葡萄，寓意多子多福。有的则连贯一体形成完整的图案，这种形式的似乎最为多见。

图8-18　桑园五桂家祠封檐板

但一般来说，位于中间的封檐板即心间通常是装饰的中心，此处的装饰也最为讲究。有些祠堂有题字，通例都是位于此处，如峡口东岸坊勤廷公祠前堂（见图8-19）。在两侧的浅浮雕的各种吉祥的花卉和瓜果烘衬之下，其正面心间封檐板采用浅浮雕的方式构成书卷样式，然后在其上阳刻出"积厚流光"四字，展示出本族的核心追求。可惜的是，由于时代久远，这处封檐板的色彩已经消退殆尽而只余下原木本色，但依然难掩其过去的绚烂。

图 8-19　东岸坊勤廷公祠封檐板

同样是因为封檐板位置突出而极其显眼，所以新近重建或者翻修的各处祠堂，虽然经常省略许多传统装饰或者旧有工序，但几乎仍然都会格外着意于装饰此处。图 8-20 为新建的温塘袁氏大宗祠中堂的心间封檐板，其正中同样是书卷，但为彩绘而非雕刻，工艺上似乎有失于草率之嫌。上书两个金色的字"如意"，其两旁依次为祥云、麒麟、铜钱、花草和龙纹。整幅图案的颜色虽然十分艳丽，但构图略显繁复而杂乱，似乎略显堆砌而缺乏一致性。

图 8-20　温塘袁氏大宗祠封檐板

而在同村的温塘陈氏大祠堂的中堂后面的心间封檐板正中，则以花框、流苏为背景，从右至左阴刻有"百世其昌"四字（见图 8-21）。据调查，这处祠堂虽然也是新近择地重建的，但祠堂所用的各种物件多有沿用旧时的，这处封檐板就是旧物。应该说，这块板也说不上雕刻精美，但与上一封檐板比较则高下立判。本次调查时经常发现新建或者翻修的祠堂整体上逊于旧时的，很多时候就是在这类细节方面粗疏所致。

图 8-21　温塘陈氏大宗祠封檐板

雀替和挂落在传统建筑中都是十分常见的，主要出现在梁与柱的交叉处，有一定的增加梁头抗剪能力，可以防止横（梁、枋）竖（柱子）构材间出现某些角度的倾斜，也有明显地减少梁枋间跨距的作用。但一般来说，其主要还是用作装饰以改变平直乏味之感，即可以使得梁柱展示出月梁的弧线效果。

东城所见的传统雀替有时是石质的，这些主要见于前堂横枋下，通常体现为狮子或者某种动物、植物造型。但是，各处所见主要是木质的，因此东城人又普遍依据其形状、使用位置或者材质，而把雀替称为"插角""斜撑"或者"托木"等。它与挂落的最大的不同之处，在于相对来说雀替一般较小且两侧不相连，其纹样变化也相对较大，从简单的花纹到花草等镂空纹饰再到复杂的写实木雕都有。一般来说，东城祠堂所见的雀替长度偶尔有几厘米长的，但似乎以二三十厘米长的为多见，如温塘阆川公祠后堂的雀替（见图 8-22）。这主要是出于视觉的考虑，由于雀替距离地面有一定的高度，过小的话则难以展示出其精美。

图 8-22　温塘阆川公祠雀替

相对来说，挂落则左右相连，常用镂空的木格或雕花板做成透雕或彩绘，也可由细小的木条搭接而成，但东城人似乎没有使用石质的。使用挂落能够使得梁、柱等构件及其组合体如同装饰了花边一样，这样不但遮蔽了原本空阔的上部，还使之产生了层次等变化，又具有明暗、透视与分割等作用，因此具有很强的装饰效果（见图 8-23）。其装饰面积通常比雀替大，而且又经常与下方的墊台及其（可能有的）麻石质栏杆形成上下呼应，因此深受人们的喜爱。完全可以说，东城旧时的祠堂不使用挂落的，至少是极为罕见的。

图 8-23　温塘阆川公祠挂落

（二）石雕

石雕的历史悠久绵长，发展到了明清时期则愈加繁华富丽。而且由于石材比木质更加坚固而不易损毁，因此，在历代修整、维护中经常都能够得以保留下来继续使用，使之成为了祠堂历史的见证。

东城的祠堂建筑中广泛使用各种石雕工艺，尤其集中表现在门框、门墩石、墀头和梁头、栏杆、石狮、石阶、石碑、抱鼓石、石柱及柱础等处。根据东城的具体情况，我们主要对门框和门墩石、犀头和梁头进行描述。

1. 门框与门墩石

祠堂的门墩石自然是石质的（见图8-24、图8-25），其门框则有木质和石质两种，与民居所见的一样。如果使用石材修建门框，则早期的祠堂多用红石，大概从清中叶起则多见麻石的。但不论使用的是何种石质，都几乎必然有极为精致但通常相对较为简约的雕饰。

图8-24　主山黎氏宗祠门墩石侧面　　图8-25　主山黎氏宗祠门墩石正面

我们发现东城的历史上流传下来且未经过大修的祠堂，大多数是以红石作为大门的门框，门框的上沿和左右两沿经常饰以图案。（见图8-26、图8-27）除了少数仅仅饰以简洁的双线以外，大多数都同时雕刻着多种纹样，从上至下常见的包括竹节、花卉、铜钱、绳结、流苏和兽面等，其他相对较少的纹样还有蝙蝠、夔纹、花瓶等。这些图案多近似线条画而线条流畅极具美感，同一门框上不同图案的可能合起来构成一个统一的图案，也可能自成一体而各自表达。但一般来说，这些纹样总是呈现出左右两门框对称分布。

图 8-26　温塘韡轩公祠门框　　图 8-27　桑园儒宾公祠门框

东城所有宗族祠堂的大门口都有门墩石（又称为抱鼓石等，民间多俗称为塾石），房支的祠堂即公祠门前则可能有也可能没有。传统的门墩石有红石的也有麻石的，偶尔还可以见到青石的。在我们所见的历史上传承下来的一众门墩石中，大多数都只是有简单的线条作为装饰，或者雕刻有简单的图形。图 8-25 所示的主山黎氏宗祠的门墩石，就是经过了相对简单的装饰的。但在比较少的宗祠的塾石上，可能雕刻有相当精美的图案。

2. 墀头与梁头

与门框和门墩石相比，祠堂的墀头与梁头几乎总是有装饰的，而且其装饰经常都是相当考究的。

墀头是传统建筑的构建之一，指的是山墙伸出至檐柱之外的部分，位于山墙与房檐瓦的衔接处，其主要的作用是支撑前、后出檐，同时兼有屋顶排水和边墙挡水的作用。但在实际上，由于其位置，人们几乎总是尽力装饰，墀头于是成为了祠堂或者家屋重要的装饰点之一，以使得墙头屋顶变得鲜活灵动。受东城砌墙方式（详参考本书第二章）的影响，墀头经常为石质的，采用砖雕的也有。但是，很少见木质的，这可能与东城多雨而又潮湿的气候有关。实际所用的多为红石，少数为麻石。

图 8-28　温塘韡轩公祠
左侧墀头内侧面

东城旧有祠堂的墀头通常较为讲究，题材广泛但总以吉祥为追求，常见的有人物、云龙、花草以及场景等。图 8-28 展示的是温塘韡轩公祠首进左侧墀头内侧的一幅雕刻，虽然至今已经由于历时日久略显模糊，但仍可看出为一幅四人悠闲聚集的场景，左二为一长髯长者而左三正在说话。一般来说，中国古代的墀头反映的或者是对封侯拜相、建功立业的渴望，或者是对清高雅逸、云淡风轻生活的追求，这两个方面或者可以径直说是旧时主流的题材。东城的墀头自然也不例外，如果说图8-28展示的是清幽，图8-29反映出来的则是一条半隐于云雾之中的祥龙，展示出人们对于能够飞黄腾达的期望。

东城人日常所说的传统的梁头，其实通常仅仅指的是各种梁在屋檐下外露出来的端头即柱头。大致上说，梁头常见的类型有挑尖头、麻叶头、带翘拱梁头及普通梁头几种，这些在东城的祠堂都可以见到，但似乎以普通的梁头为主。东城旧祠堂的梁头可能是纯木质的即各种梁或者柱的自然端点，也可以是刻意另加的石质或者木质的附属物。图8-30为勤廷公祠首进的梁头雕饰，就是附加的石质的构件。由其雕刻技法之精湛，不难看出时人对梁头部位装饰的看重。但现在访谈时，已经无人知道这位神仙是何人以及所为何事。

除了梁头与墀头之外，值得特别一提的是与梁头有一定类似的匾托。（见图8-31）在许多村落中，村民有时也把匾托与梁头混为一谈，泛泛地都称为梁头。但实际上两者的功能截然不同，因此必须简单地描述。

图8-29　峡口勤廷公祠左侧墀头正面

图8-30　勤廷公祠首进梁头

图8-31　大门上方的匾托

传统上,东城的匾额通例是木质的,但据说也有石质的,只是我们未能够亲见。根据访谈可知,东城祠堂大门的匾额原本普遍采用的是外加的木牌匾,因此悬挂在祠堂大门正上方等处时,就需要在其下方分别使用匾托,这样才能够帮助保持其稳定。但是,约在清代初叶即当匾额普遍转变为石刻的并成为墙体的一个自然的组成部分之后,传统的匾托就失去了用武之地,最终逐渐变成了纯粹的装饰之一。我们的实地考察发现,这些匾托的形式多样且变化繁多,从圆形、葫芦形等简单图形到扇贝乃至精致的蹲兽都有。

(三) 图绘

东城人经常把见于祠堂各处的绘画笼统地称为彩绘,但在实际上,东城的新旧祠堂中的绘画都可以根据用色分为两类,即彩绘和素绘两种。一般地说,使用彩绘还是素绘,与具体的内容、位置等有一定的关系。

彩绘多分布于前堂檐下、室内墙体上部、走廊墙体上部等地,沿房顶斜坡巧妙构图,以一幅幅历史故事、传说人物、山水风景、花鸟草木等题材的图画,组成宽54～58厘米的彩绘条带。祠堂的图绘多蕴含吉祥、昌隆之意,我们所见的历史故事题材的彩绘有温塘阆川公祠的《禹疏九河图》《敖子成名》等,传说人物有《五子登科》《福寿禄三星图》等,山水风景最为多见,花鸟草木也多表达欣欣向荣的意境等。这样的装饰,在视觉上增加了祠堂色彩,提高祠堂的艺术品位,减少森严、僵硬之感,使祠堂在端严肃穆之中,又有灵秀生动之感,增添了几分人间烟火的随和。例如桑园儒宾公祠,其后堂正梁之下的墙壁顶端是一幅繁花图(见图8-32),左右两边倚屋顶斜坡之势自然对称,与柁墩、封檐板等处的花果木雕相互衬托,生动而富有张力,而且图画正中嵌入一个圆形的钟表,与周围的花、叶自然地融为一体,其技艺和创新令人称奇,使祠堂整体看来,显得花团锦簇、生机盎然。

与此同时,彩绘图片也能够传达出悠然、邈远的意境,从文化上增添其高雅意涵,使祠堂更具有人文气息,更显其丰厚的文化底蕴,例如温塘阆川公祠后堂的《端砚图》(见图8-33),以文房四宝之一作为图片主题,显示出本房支对文化的重视,图画本身古意盎然,更显文人之乐。我们偶尔也能看到以一幅字占据一幅彩绘位置的情况,字画相映,疏密相间,颇为风雅。

图8-32 桑园儒宾公祠后堂彩绘

图 8-33　温塘阆川公祠《端砚图》

除此之外，祠堂的彩绘还有历史故事的隐喻、历史人物的经历等，或含蓄、或直白地表达着对本族后代的期盼和美好的祝愿，蕴含着种种吉祥之意，如图 8-34、图 8-35、图 8-36 所显示的。

图 8-34　主山乌石岗村黎氏宗祠的山水图绘

图 8-35　主山乌石岗村黎氏宗祠的《三星图》

图 8-36　温塘袁氏大宗祠《五子登科》

素绘与彩绘不同，指仅以黑白两色绘制的图画，多为卷草、龙兽等简化、抽象而成，在分布位置上，与彩绘的室内分布相对，也以室外的山墙顶部为主，且多以灰塑手法增强立体效果。我们看到一部分祠堂室内墙头亦以素绘装饰，有的还将素绘、彩绘、灰塑手法融为一体，图 8-37 为周屋周氏宗祠的两张照片。

411

图 8-37 周屋周氏宗祠

东城的素绘似乎以黑白为主色调，因为传统上黑色亦称为"玄色"，在五行之说中为"水"之意，所以在村民的一些说法中，认为在祠堂上用黑色素绘具有防火的功能。而在日常的生活中，对墙壁来说，所涂刷的黑色颜料则具有一定的保护作用，因此祠堂山墙外侧的顶部，多沿屋檐坡度绘制素绘，这在实际上是有必要的，详参考后文的"灰塑"部分。

（四）灰塑

岭南地区特有的灰塑兴盛于明清，这种工艺以纸筋或者贝壳灰等为主要材料经反复锤炼后制成草根灰或者纸根灰，然后以瓦筒、竹钉、铁钉、铜丝等为骨架，制作成型后晒干再涂上矿物颜料而成的。广东远离封建王朝正统思想的禁锢，其直观、热闹的世俗性审美在灰塑工艺艳丽而又多层的工艺特点中得到了满足。

祠堂普遍使用灰塑工艺，为古今东城的祠堂都增添了许多风采。需要时先将贝壳煅烧成灰，之后再与砂土、水等按照一定的比例充分混合而成基本的用料。对于东城来说，获取贝壳以及相应的灰并不难，但因为这种灰与泥、水的混合体难以依靠自身粘合力而保持稳固，所以还需要使用铁丝、铜线、竹钉等作为骨架进行加固。实际制作灰塑装饰时，一般都是先塑造出装饰物的大体形状，然后再逐一精雕细琢具体的部位。全部完成之后晾晒若干时间，待其干燥到一定程度时可以进行"装色"即涂上颜色。上色有可能需要进行多次，视装饰物本身的色彩需求而定。上色使得灰塑变得色彩缤纷且有层次，人物也更加栩栩如生。

图 8-38 为温塘韡轩公祠檐下的灰塑。因为在"文化大革命"期间其部分遭到了破坏，所以可以清楚看到其内部用以固定的铁丝。但是，现在仍可见浮雕、镂雕等多种雕刻手法，仍可以清楚地辨认其部分的楼阁与人物。而从其残余的色彩和花纹，亦可知其最初的时候装色之繁复与描绘之精致，也可知必定是经过多次上色才达致如此的效果。

图 8-38　温塘韡轩公祠

从使用位置来看，灰塑一般出现在祠堂的屋脊、墙体等处，包括正脊、垂脊、墙楣、山墙顶端等部位。图 8-39 为柏洲边村已经部分损坏的坚立钟公祠，其屋脊即正脊采用的就是灰塑工艺。现在中间的塑龙仍清晰可辨，但其两边的夔纹上原有的寿桃以及屋脊的两端原有的鳌鱼（或称鱼龙）都已经损毁无存。有些祠堂灰塑的屋脊上仍可看到两根竖起的铁丝，这便是原本所竖立的鳌鱼脱落后留下的痕迹，其檐下门墙上端墙楣处亦可见原以深浮雕手法塑造的灰塑作品残余。

图 8-39　柏洲边坚立钟公祠

据调查，东城各处祠堂顶部的正脊样式，历来有船脊和博古脊两种分别。（见图 8-40、图 8-41）但在近两端处各有一鳌鱼（有不同的名称），则是二者共同的。访谈时人们普遍认为，相对来说船脊出现得早一些；但一般来说，船脊要比博古脊稍微矮一些。船脊的中间部分常有以瑞兽、花草为题材的主画或者雕塑，其两侧部分则为诗歌、花草等题材的辅画或者雕塑。其两端则依船型上翘之势几乎都饰以传统的卷草纹样式，但也有发展为局部镂空的花窗而饰夔纹等。

图 8-40　主山黄氏宗祠前堂屋脊

图 8-41　余屋余氏宗祠前堂屋脊

在古今东城祠堂垂脊的末端,都常置以灰塑工艺所制作的龙或者狮子等吉祥蹲兽即传统上所谓的垂脊兽。(见图8-42)不过,一般来说这些蹲兽数量有限,即通常只限于龙或者狮子之一种。中国古代的垂脊兽有时会递减,但排位靠前的龙或者狮子不易被减掉,东城的实践扎实地证明了这一点。

图8-42 余屋余氏宗祠垂脊蹲兽

而在墙体上,灰塑主要见于博风板和墙楣等。博风板又称搏缝板、封山板等,是一种传统的保护性构件。为了防止风水的侵袭,以前的人们用木板钉在屋檐下檩条的顶端,起到了为檩条遮挡雨水即保护檩条的作用,最终由此形成了博风板。但在东城新旧祠堂墙壁上所见的都不是真正的木板,而是在传统的位置即山墙顶部与檐下的一条黑色保护带(见图8-43)。传统上这条黑色带可能只是简单地涂黑而成,但多是铺设了相对较薄的泥水混合物晾干而成的。因为毕竟经过了一定的处理,所以它仍然具有一定的保护作用。但在东城人看来,装饰性早已成为了其更主要的作用。传统上的博风板下正中作悬鱼,两旁为云状装饰物即惹草。东城祠堂所见的博风板几乎都是黑底白纹而以卷草纹和草龙等图样为主,以灰塑装饰增强图绘的立体效果。在较为讲究的民居建筑中,也可以看到类似的工艺。

图8-43 周屋以道公祠

所谓的"墙楣",东城人经常俗称之为"花托",指的是位于墙体最上端檐口之下的采用灰塑做成的装饰带,其作用主要是使得屋檐和墙体之间过渡得更为自然,同时也有很强的装饰作用。在东城的凹斗式三开间祠堂次间上端或衬祠墙体上端,常以灰塑制作出墙楣装饰。因为这里处于首进等同于祠堂的门脸,所以其工艺相当精致。图8-44为余屋余氏宗祠重修之后其衬祠墙体上端的灰塑装饰。

图8-44 余屋余氏宗祠

总体而言,灰塑用料简单、色彩鲜艳而又造型精巧,因此一直是传统的岭南祠堂建筑中最广为使用的一类传统装饰。甚至于在一些不那么显眼或者重要的地方,人们也会尽可能多地用灰塑以增加美感或者显示重视。如东城的祠堂多在大门内部左边墙壁上置神龛供奉土地神等保佑祠堂,而这些神龛有时也会用灰塑做一些简单的浅浮雕。(见图8-45)

但是,由于灰塑有易受侵蚀、易褪色等严重的缺点,旧时一般来说每隔五六年,一件灰塑装饰物原来的上色就会大体消退而失去光泽。因此,每过一定的年限便需要修复一次。相比而言,陶塑不仅克服了这些缺点,而且其外观更加光泽艳丽,还能够进行更加细致而丰富的刻画和塑造。因此,现在陶塑

图8-45 主山黎氏宗祠门口的神龛

代替了灰塑普遍使用于修建正脊、垂脊等,连装饰有镂空夔纹的船形脊、层次丰富而高耸的博古脊等也已经普遍改用陶塑了。(见图8-46、图8-47)

图8-46 鳌峙塘徐氏宗祠陶塑的船型脊

图8-47 温塘袁氏大宗祠前进的陶塑的博古脊

第三节　祠堂的功能分区和特色建筑元素

如本书其他相关章节所示，祠堂除了具有供奉祖先牌位以拜祭的基本功能之外，日常生活中也是聚族议事、族人闲聚以至摆酒设宴等的地方，还可能为孩子们读书提供场所。由于祠堂的这些完全不同于一般民用建筑的特点，祠堂出现了明确的功能分区和特色建筑元素。

一、功能空间

概括地说，传统上的一处完备的祠堂，整体上说要包括门前广场、戏台、大门、围墙、天井、享堂、拜堂、寝堂以及辅助用房等主要部分。东城的各处祠堂大部分历来没有戏台和围墙，但普遍有门前广场以及其他的基本组成部分。其最为主要的功能同样为享、寝、厨、库，下文中我们逐一对这几项功能及其完成空间进行简单的描述与说明。

（一）享堂

东城人很少说"享堂"，一般说中堂或者第二进。作为整座祠堂中最宽敞、最明亮的地方，以前中堂是族内议事、调解人伦风纪等重大事项（俗称为"议事""话事"）的最主要场所。

在三进祠堂的中堂后侧，通例设置高大的木质多扇大门，其上方通常高悬本堂的堂号。堂号是宗法社会的产物，也是一族人的共同徽号，因此在每逢年节喜庆之日，有的宗族还会在祠堂大门前挂起书写着本堂号的大红灯笼以彰显本族。应该说，旧时堂号对敦宗睦族以及维护宗族的稳定等都具有十分重大的作用。旧时通例在门前、堂号下对面摆放两排椅子和小桌子等，供参与议事者依照长幼与尊卑等顺序落座、使用，这不仅是为了隆重其事，更在于在后堂的祖先与堂号的注视下议事者能够尽可能从公心出发做出公正的处理。

参与"议事""话事"的是本族或者本房的主要决策者，通常都是全族或者全房认可的最有威望、社会与经济地位较高的人，如族长或者房长、理事、耆老等。可能许可其他的族人或者本房支人士旁听，但他们一般不能够参与讨论或者提供意见。有些村子如余屋，甚至还许可小孩和女子观看、旁听，但更加"没有话事权"，即没有参与讨论的权利。在这种地方由这些人讨论的，通常都是涉及全族或者全房的重大事项，族人一般的纠纷等是不许可在此争议的。就所谓的"故除祭祀、公务并有关伦纪之事外，不得在祠争论是非"。访谈时有老人们回忆，民国时期若村中有人严重地违反了乡规民约，可能就由族长（许多时候同时是村长）打锣召集这些人举行会议，依据族规或者家规得出结论并做出相应的处置。牛山下辖的某自然村的老人还记得，抗日战争胜利后某年某族人因为犯了偷盗的重大过错，被抓获后由这些头人在祠堂公议，最后被处以绑在祠堂的檐柱上让族人耻笑以及被拉去游街的惩罚,这样既羞辱了犯事者又有效地教育了其他人。

在传统的鳌峙塘村,徐氏族人把这些受人尊重的60岁以上的老人称为"老大",他们同样是本族大事的主要决策者。本次调查时有多位老人表示,旧时若有男女发生不正当关系并被抓到,族中"老大"们就会集聚享堂开会商议,若认为后果十分严重,则可能依照族规把当事的男女二人分别装进猪笼,抬到河边丢下去浸泡一段时间甚至直至溺毙。

访谈资料:

问:如果男女两个人发生了不正当的男女关系,那以前是怎么处理的?

答:那就是把他们都装进猪笼里,然后丢到水里去淹。

问:那怎么知道这两个人究竟有没有犯错的?就是谁说的算呢?

答:这些都是老大们审定的。要是发生了这种事情,他们就要到祠堂里商量,然后按照族规处理。

问:是用一个猪笼把两个人都装进去,还是用两个猪笼分别装上两个人?

答:用两个猪笼,就是一个装男的,一个装女的。

问:那是什么人来抬猪笼扔下去呢?

答:那是谁有胆子谁去。以前,人人都不想去抬这种猪笼的。那时候,大家认为这是没有阴德的事。

在各村访谈时老人们都表示,他们都只是听说过这样的处置方法,但本族或者本村从来没有发生过这类事件。老人们又表示,虽然将当事的男女丢下去只是执行老大们合乎族规的决定,但因为人们认为此举无异于动手杀人,因而可能招致不祥、有损阴德,所以当时没有什么人愿意去做执行者。

到了现在,绝大部分祠堂的享堂早已经没有了旧时的功能,而几乎都成为了族人尤其是族中男性老人休息、闲聊的场所。牛山村客家人的张姓大祠堂原为三进的,近些年因为门前修路拆掉了一进,所以现在成了两进的。虽然平日里依旧总是有村民聚集于此,但现在只能够在两进间的厢房或者天井下棋或者闲坐。访谈时发现,他们很怀念以前有享堂的日子。

(二)寝堂

所谓的"寝堂",指的是祠堂中用于安放祖宗牌位等的最后一进(通常为第三进),也就是村民通常所说的后堂。传统上,祠堂中"寝"的功能就是依赖后堂来实现的。族人每年到祠堂祭拜祖先以及新人来祠堂拜祖等时,其实历来也主要是在寝堂的内外举行各种相关的仪式。

从建筑学上看,后堂是整座祠堂内地位最高的建筑,同时通常来说也是整座祠堂里地势最高的建筑。因为这样"既顺应地形、便于排水的组织,也营造了庄严和渐进的空间序列"。其正脊、梁架等处虽然普遍有各种雕塑或者彩绘等装饰,但普遍比前堂和中堂的要简单一些,人们认为这样做是为了突出祖先牌位,即避免造成喧宾夺主的意外后果。

后堂之中最为重要的设施,是用于放置本族或者本房历代祖先的牌位的神台或者神楼(见图8-48),在旧时这里几乎必然成为后堂中少见的重点装饰对象。在历史上传承下来的神台中,有些整体使用麻石或者青色大理石甚至玉石雕琢而成,但多数则是使用各种名贵或者相对名贵的木材制成。而在神台的顶部、两侧棱柱以及底部等处,经常有多重装饰。下桥的钱氏宗祠和温塘新修的袁氏大宗祠在神楼顶部饰双龙戏珠图案,在神楼外侧的短柱上雕饰蟠龙,并饰以三层挂落以彰显其华贵。

图8-48　温塘袁氏大宗祠的神楼

但是,现在新近重建的各处祠堂中的神楼,则普遍没有以前的神楼那样讲究,而普遍显得相当简约甚至简陋。实际上,许多时候只是一处采用统一标准生产的以普通木料甚至夹合板为原料的"工业化神楼"。在许多房支的祠堂甚至是某些大宗祠中,我们都实际上见到过这种情况,如主山村黄氏宗祠中的神楼就是如此。(见图8-49)在一定程度上说,这似乎可以至少说明当代乡村宗族的真实地位或者所谓"宗族复兴"的真正含义,宗族及其附属物已经具有了某种全新的意义。

图8-49　主山黄氏宗祠的神楼

在神楼顶端的正中，一般都会贴有或者刻有金色或者黑色字体的"百子千孙""百世其昌"等吉祥的话语，借以表达人们对本宗族或者房支子孙繁衍、人丁兴旺的美好希望，也反映出人们普遍认为祖先会庇佑后人、帮助后人达成心愿的传统信仰。而在东城各处的客家村落祠堂中以及普通的民居的后堂或堂屋栋的底面上，也普遍可以见到相同的字样。传统上，客家人民居建筑的主梁处，通例采用彼此间隔约20厘米一上一下并用两根梁的方式，并把上面的实际起作用的梁称为梁，而把位于下方的具有浓厚的装饰意味的梁称为栋（现在也有些村落混一统称为栋）。东莞各处客家村落中至今普遍可见的传统习俗之一，就是把栋向下的侧面即底面削平后染成红色，然后阴刻有"百子千孙"或者"百子千孙 百世其昌"等字样，一般都是涂成金色或者黑色的底色。这些语句的排列顺序也有讲究，常见的如图8-50所示。

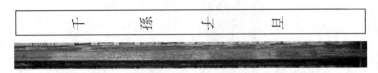

图8-50 牛山社区张氏宗祠后堂的梁底"百子千孙"

神楼之上最为重要的，就是竖立的各位祖先的长方形的牌位，通常也是漆成红色或者黑色。传统上，制作牌位的木料多为樟木，这是因为其气味芬芳而又具有较好抗虫蛀作用。依照东城历来通行的方式，本宗族或者本房支始祖的牌位，必须单独放在正中的最高处，而其所有的已经过世的子孙的牌位，则依各自的辈分以及长幼而有序地一排排地摆放于其下方，这就是传统的所谓昭穆。摆放在同一排的必定是同一辈分的，而位置越低的则说明其辈分越低。由于历代祖先的牌位众多，由此造成了牌位整体上呈阶梯状或者山形的情况。一般来说，一处神楼中普遍多见地摆放有六七排即六七代人的牌位，少数情况下也有多达十几代的。应该说，这些牌位扎实地说明了这些宗族在现居地的生活历史的长短。

到了"文化大革命"期间，东城各处村落的祠堂，只有小部分被拆毁或者遭到废弃，大部分则改作他用。祠堂中的历史上传下来的祖先牌位，则几乎无一例外地遭到了破坏。访谈时老人们说，当时多数是堆在一起放火烧掉，也有抛入水中任其顺流而下自沉江底的，目的则是彻底消除"封建残余思想"。到了现在，还有极少数祠堂仍然没有恢复牌位，桑园的西乐袁公祠是一处二进祠堂，祖先牌位等被毁后始终没有恢复。这里现在事实上成为了老人活动中心，每天上午和下午常有老人在其后堂闲聊或者下棋，显得十分悠闲。但绝大多数的祠堂中，都重新摆上了近年制成的牌位，只是牌位的木质普遍变差。有的村子是根据侥幸残存下来的族谱重新制作并逐一摆放，有的村子则是仅仅摆上了始祖的牌位或者最初两代祖先的牌位以为示意，甚至有的祠堂中仅仅供奉一块上书有"×村×姓历代祖先"之类的字样的牌位作为代表而已。而在周屋村的周氏宗祠中，则是在神楼内供奉一位始祖的牌位及其画像，显得颇为特别。（见图8-51）

传统上，神楼的两侧通例还要悬挂本族或者本房支祖先的画像，以及与本族或者本房支有关的各种牌匾、所获得的赏赐或者功名等实物，以彰显本族或者本房在历史上的极大荣耀与地位。到了旧物遭受"破四旧"和"文化大革命"的破坏而普遍无存的现在，只有少部分祠堂还能够悬挂幸存的少数实物，大部分祠堂神楼的左、右两侧或者是空白，或者是张贴新近制作的关于本族的来历、迁徙路线、谱系等的简介。（见图8-52）

图8-51　周屋村周氏宗祠的神楼

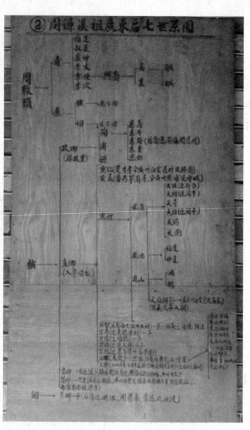

图8-52　周屋周氏宗祠后堂"周濂溪祖广东后七世系图"

可能同样是因为没有古物，有些祠堂还可能张贴某些文字或者图像，择要介绍本族最为著名的历史名人的生平与荣光。鳌峙塘村在明代第一次出了一位全国性的名人，他就是曾任尚书的徐兆魁。村民至今普遍传说，由他倡议并带头捐资，于明万历二十九年（1601年）建成了徐氏宗祠，他是村民至今津津乐道的首位乡贤。到了300多年后的20世纪初期，鳌峙塘又出了第二位最为著名的乡贤即民国闻人徐景唐。戎马倥偬之余，徐景唐发起、筹募并主持重修了这处徐氏祠堂，很长时间内这座全新的徐氏宗祠都是东城境内占地最大而且建筑最为讲究的。为了感念这两位的功绩，新近翻修过的徐氏祠堂的后堂神楼的两侧，分别醒目地挂上了他们的画像及相对详细的介绍。

（三）厨库

发展到了明清时期，祠堂已经普遍包括四大组成部分，其一就是所谓的厨库。（见

图 8-53）而在传统的东城社会中，厨房以及厨库具有非常现实的意义。由于当时的普通人家的家屋面积有限，遇到婚丧等大事时便缺乏足够的场地以宴客。而在阖族祭祖或者开灯等集体性的活动结束时，同样需要一处较大的场地以供族人饮胙。祠堂于是成为了难得的合适的公共空间，其"厨"的功能极为重要。

东城人至今普遍把祠堂中的厨房称为"祠间"，通常紧贴于祠堂

图 8-53　桑园儒宾公祠新建的厨房

的主体建筑但位于主体建筑之外。许多时候是后来才附加上去的而不是一体建设的。因此，东城不少建设得较为讲究的三进祠堂的第二进的两侧，又各自建有相对低矮的一间房子作为祠间，使得整体上看祠堂好像变成了五开间。宴请宾客之处一般为前厅和中堂以及相应的天井等地，若赴宴者较多祠堂内部坐不下，也可以在祠堂门前的空地宴请宾客。许多祠堂的后部也特地留有空地，据说主要目的一直就是设宴摆酒。据说清末时樟村有一位子弟考取了功名，其所在的房支在祠堂大排筵席以示庆贺，当时祠堂内部以及其前、一片杯盘交错的热闹气氛，邻近几个村子的村民至今传为美谈。但无论宾客如何多，族中或者房支中最为尊贵、德高望重的人通例必须坐在享堂内，这样才能够显示其地位不一般。

但是，厨库并不总是用于宴饮即厨，还经常用作仓库做盛纳各种用具以及物资之用，这应该也是其称为"库"的由来。

除了阖族的集体活动需要之外，族中或者房支中每家都有举办酒席之类的需要，因此旧时总是由宗族或者房支集体置办一些相应的公共物品如桌、椅、碗、筷以及各类厨具等，平日里放在祠堂内以备不时之需。（见图 8-54）厨库里另一类常见的物事是各种阖族祭祀、拜祭时的所需之物，如各种灯笼、令牌、仪仗等。有些村落中，旧时甚至还可以把私人的丧葬用品如棺材也存在祠堂内。重建或者翻建祠堂所需的物品以及翻新后替换下来仍有价值的旧物等，也几乎总是存放在祠堂内。因此，余屋新建的余氏宗祠的梢间存放着旧祠堂的柱础等构件，温塘新建的陈氏大宗祠的耳房中则保留着旧祠堂的部分雕刻精美的柁墩、封檐板等构件。一般来说，规模较小的祠堂内平日里可能将桌椅等杂乱地放在厅堂中，而规

图 8-54　温塘阆川公祠存放的圆桌

模较大的祠堂则通常只在前、后进的耳房以及厢房等处存放各类物事。

近年来，东城的大部分村子已经不同程度地实现了城市化，村民的经济水平也大幅提高，现在每逢红白大事或者开灯几乎都是到酒店摆酒，已经没有人家还会在祠堂内宴客。这个变化导致祠堂传统的厨与库的功能极为显著地弱化，许多祠堂的厨房已经废弃或者改作他用。一般来说，现在通常只在每年一度的阖族祭祀或者阖族聚餐等少数场合才可能会使用到祠堂，这些时候吃什么其实根本不重要，人们更加看重的是借此显示族人的身份以及彼此的认同与欢聚。

当然，由于祠堂是难得的足够大的公共空间，除了上述传统的主要功能之外，人们几乎总是赋予其某些额外的功能，祠堂因此在村民生活中常常扮演着重要的角色。如充当学校。以前的东城人也普遍把学堂称为"卜卜斋"，旧时的祠堂多同时是学堂（详参考本书第九章）。上课主要在中堂，厅堂以金柱为界隔开心间和次间。民国时期周氏宗祠同时用作学堂，一、二年级的教室设在后堂，三、四年级的课室设在中堂的右侧次间，五、六年级的课室则设在中堂的左侧次间。其第一进天井两旁的走廊则隔出几个房间，作为老师的办公室和宿舍之用，部分学生及未婚教师可寄宿其内。又如充当宿舍。祠堂的住宿功能其实并不限于学校内，相当部分村子的祠堂历来允许本族的未婚男子在其中住宿。如鳌峙塘和柏洲边村，村中人家的男孩子如果没有睡觉的地方，则通例可在祠堂的走廊、耳房等处搭铺住宿。但各村都不许在正厅中居住，否则，就可能是对祖先的大不敬。本次调查时年约70岁的某老人，在柏洲边村的一处祠堂内指着耳房的门口大门的上方告诉我们，他当时就是与几位小伙伴一起在该处用木板床搭铺住了好几年。他当时根本没觉得住在那里有什么辛苦，现在回忆起来更反倒是充满了不舍，认为小伙伴们在一起不仅过得很愉快，还互相学会了不少东西。

二、特色建筑元素

祠堂与民居的在功能方面有许多不同，因此必然具有某些特色建筑元素。前文我们已经说明过封檐板、神楼、祖先牌位等主要的表现元素，也简单地涉及了屋脊、梁架、天井、大门等元素。此处我们从古建筑的角度，再相对集中地就主要的祠堂建筑元素加以描述与说明。

（一）屋顶及梁架结构

东城的祠堂屋顶及山墙的形制比较统一，即都是硬山顶、人字山墙。东城人常把墙俗称为"篱"，这个说法似乎说明当地墙的历史状态。正脊则普遍采用船型脊或者博古脊的样式，其上近端处立一对鳌鱼，脊与鱼通例都是采用灰塑或者陶塑工艺。船型正脊的末端向上翘起的部位，东城人俗称为"飞车""飞轮"或者"飞顶"等。

一般来说，多进祠堂前堂的正脊，比其后各堂的正脊显得更为繁复，也具有更多装饰构件。人们认为，这是由于第一进相当于人的脸面，因此尤需在意。其后的各进尤其是安置祖先牌位的最后一进的屋脊，则只能够相对简单地装饰。人们认为，这是出于防止人们降低对祖先的关注的缘由。温塘新近重建的陈氏大宗祠，其前堂使用人物繁多、殿堂林立、类似于连续雕塑或者画的博古脊，中堂使用造型相对简洁的两端饰夔纹的船型脊，后堂则使用造型更加简单的船型脊。三处屋脊可以明显地看出在繁与简方面的重大差异，如图8-55、图8-56、图8-57所示。

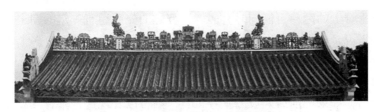

图8-55　温塘陈氏大宗祠前堂博古脊

图8-56　温塘陈氏大宗祠中堂夔纹船型脊

图8-57　温塘陈氏大宗祠后堂船型脊

所谓的垂脊，指的是自正脊两端沿着前、后坡向下修建的一种屋脊。东城的祠堂对垂脊也普遍非常重视，传统上一般使用大式飞带式垂脊。在这种垂脊样式中，前、后坡的两条垂脊在山墙平面的上端互相接合，三者合力构成了人字山墙。其前、后坡两条垂脊上缘各自呈倒置的抛物线形向下延伸，到下部后向上翘起并在末端以蹲兽（间有人物）即垂脊兽收束。主山某祠堂前堂的前坡设置有垂脊及蹲兽（见图8-58），就是一个很好的个例。

图8-58　主山某祠堂前堂大式飞带式垂脊及末端蹲兽

蹲兽有固定垂脊下端第一块瓦件的作用，但东城的老人普遍认为最主要的是起装饰的作用。垂脊的弧度和端处的上翘，使得直椽屋顶具有了举折的视觉效果，这可能就是东城老人们所说的装饰效果。从这处祠堂的侧面观察，该垂脊之下的山墙墙楣处原有灰塑浮雕卷草纹，但由于时代久远前垂脊下的已经大部分脱落，后垂脊下的保存得相对较好。古代一条垂脊上的蹲兽可能同时有多个，彼此的先后还有一定的固定顺序。但就东城的祠堂所见来说，似乎一条垂脊始终只使用一个蹲兽而没见同时有多个的。

如果垂脊的末端并无人物或者垂脊兽，则通常采用向上突然翘起以顺势作结的样式。可能是出于吉祥，东城人把这种式样普遍称为"虎尾"（见图8-59）。但访谈时也有几位老人指出，如果把前后两坡的垂脊拉直，则可以发现这种垂脊其实完全等于正脊中的船形脊，因此也是草龙即龙的变形而与虎无关。根据我们的实地考察，旧时东城比较讲究的民居中有许多是采用这种方式的，但老人们说主要因为其"不够气派"，所以，祠堂采用如此式样的历来都是相对较为少见。

图8-59　乌石岗村黎氏宗祠后堂大式飞带式垂脊末端无蹲兽

不过位于温塘村的梅轩公祠，却有着完全不同于所有其他东城祠堂的屋顶。梅轩公祠首进的屋顶样式称为"四檐滴水"，村民不仅至今对样式此津津乐道，还衍生了许多故事或者解释。如我们访谈时发现，人们普遍认为考中进士才有资格如此修建的，甚至还有不少人说这种样式是皇帝独有的规制，这座祠堂就是得到了皇帝的特批才得以使用四檐滴水样式。但在事实上，这种样式虽然少见但不是没有，如我们在广西、广东的汉族甚至非汉族地区都见过同样的祠堂，表明这种样式虽然特殊但与皇帝或者进士云云并无关系。但无论如何，在东城人们的观念中，"考取功名"至今是一件光宗耀祖的大事，在古代则不仅使整个宗族为之自豪，更为实际的是祖宗也会因此而拥有享用祠堂甚至更高规格的祠堂的权力。

访谈资料：

问：村子里面，还有其他祠堂吗？

答：那边还有两个，就是阆川公祠和温塘韡轩公祠。

问：它们都是什么时候建起来的？

答：两个建起来的时间差不多，都是明代建的。其实那边还有一个梅轩公祠，那也是明代建的，更厉害一些。以前，建祠堂那是要有功名的，就是根据你的官衔来决定你的祠堂建成什么样子的。他们那边以前有人考上了进士，因此才能建成四檐滴水的，就是那个梅轩公祠。整个东城，再没有第二个那个样子的了。

东城的祠堂的屋顶虽然有种种不同，但其前、后屋面均是覆以绿色或者灰色的筒瓦。东城各类屋顶的前、后两坡的长度经常有差异，即前坡略短而后坡稍长，由此导致了前檐抬高而后檐降低。在东莞的许多地方都可以见到类似的现象，如不远处的东莞市清溪镇客家人的家屋与祠堂的坡面也是如此，人们还有种种解释。东城人同样也有种种解释，但似乎没有一种解释能够得到人们的公认。至于其屋檐，传统上则多以琉璃质地的瓦当及滴水剪边，一般来说这是其他民居建筑难以做得到的。传承下来的祠堂的瓦当和滴水多为灰色，几乎总是带有各种吉祥的图或者文装饰，而以花、草以及文字（常见的是"福""禄"二字）最为多见。不少祠堂在使用瓦当以及滴水时颇为用心，如其纹饰经常有变化而显得非常有讲究，且会刻意使得前堂、走廊、后堂和中堂的瓦当与滴水的图案全不相同。（见图8-60）现在重建或者翻修的祠堂几乎无例外地使用瓦当以及滴水，也多是绿色或者黄色的琉璃瓦质地，其上仍然常见各种图饰，但很少有旧时的那么精美讲究的了，因此普遍显得缺乏韵味。

图8-60　桑园五桂家祠前堂后檐瓦当及滴水

在东城传统的各类民居建筑中，瓦面之下即是与正梁平行的诸梁，东城人普遍俗称之为"桁条"。桁条的数目历来必须为单数，这是历来都遵守建筑必须稳固这一规定的自然结果。与正梁垂直的桁则称为"桁桷"，心间的桁桷数目则通常为双数。旧时正梁和最中间的两根桁一般都要漆成红色，这个习俗直到现在仍然普遍得以保持。

瓦面之下最主要的结构体是梁架，即柱间上部用梁和矮柱重叠装成的用以支撑屋面檩条的组合结构体。东城祠堂所见的全部传统的梁架大致上属于所谓的"插梁式构架"，即组成屋面的每一根梁下都有柱子承载，其特征是"屋架上不立于地面的每一个瓜柱骑在或压在下面的梁上，而梁端插入临近两端的瓜柱柱身"。但在实际上，又兼具抬梁式与穿斗式的特点不仅限于典型的穿斗式或者抬梁式。又因为其梁与柱直接结合而使得斗拱较为简单或者干脆不用斗拱，所以人们又经常称之为"柱梁结构形式"。人们相信这种传统结构的最大优势是"节点交接明确，做法简洁实用"，因此在旧时的珠江三角洲各处地区普遍使用。东城的梁架结构通常都能够做到结构极为简洁巧妙，而且普遍不设置天花板而直接露出屋顶结构。传统上，整座结构通常以原木色，或者以深棕色、黑色油漆涂于各处木构件的表面之上，取得了使得木构件古朴、沉稳而整座祠堂又显得庄严、肃穆的效果。

425

但如果纯粹从古建筑学上来说,东城传统祠堂的梁架其实并不是纯粹的插梁式构架,而经常都是采用穿斗与抬梁混合的结构,具体的则可以细分为三种小的类型。图8-61显示的是位于峡口村松柏坊刘氏宗祠,其梁架类型属于所谓的驼峰斗拱,梁其实主要是置于斗拱之上而没有多少"插"的运用。斗拱间的连系构件大致呈倒置的"C"形,内雕颇为抽象的蔓草纹样,因此整个斗拱显得精致飘逸。周屋的周氏宗祠的中堂,也是采用此种类型的架构。

图8-61 峡口松柏坊刘氏宗祠驼峰斗拱梁架"C"形连系构件

图8-62显示的是温塘村袁氏大宗祠的中堂梁架,它是今年新近重新设计并修建的,据说参照了旧时梁架的特征,但实际所见似乎至少大为简化了传统的结构与工艺。整体上说这处新的梁架属于瓜柱梁架类型即主要以瓜柱和梁构成,其五斗梁和三斗梁的两端点各自削成方形,然后依次穿过相应的瓜柱中部构成梁架,合力起到了上下承重和左右支撑的作用。但全然不见叉手等,显然是大为简化的结果。梁头则饰以龙头,虽然较为简单,但仍然可以有一定的显示变化以避免单调或者随意感的作用。

图8-62 温塘袁氏大宗祠中堂瓜柱穿式梁架

温塘村阆川公祠前堂前檐的木雕的图片,充分显示其所使用的是第三种类型的梁架,也就是通常所说的博古梁架。一般来说,这种梁架虽然相对后出,但由于造型变化更多、更富有装饰效果而受人喜爱。但这种架构的承重效果则不是特别突出,因此在传统的东城祠堂中,这种架构几乎总是见于承重压力小而装饰要求更高的前檐或者后檐,阆川公祠所见的就是如此。祠堂的屋顶及梁架结构构成祠堂建筑的上部主体,在结构上具有不可替代的作用,但同时又具有装饰作用,是祠堂建筑中最能够彰显祠堂风格的元素。由实践中看,古今的东城人在建造时祠堂都能够牢记这一点。

(二) 走廊（过道、走廊和廊屋）与天井

东城的祠堂均为两廊式结构，即在左、右两内侧各设一道走廊用于连接起前后各进的主体建筑。如果细分，这种走廊有三种形态，即可能只是简单的通道即过道，也可能是在上部加盖了屋顶以遮蔽风雨的走廊，还能是加上了屋顶与前墙的屋宇即"廊屋"，一般来说前两者较为普遍多见。我们统称为走廊，但在为了避免混淆时各自称呼。

从本质上说，走廊其实是从一进向另一进过渡的空间，这一点决定了走廊最为基本的建筑特征。例如，其高度相对较低，大致上与后一进的屋檐持平或者稍低。其宽度，约与厅堂的最侧一间（即三间祠堂的次间或五间祠堂的梢间）的面阔相等或者稍窄。至于其长度则似乎并无定制，主要根据所在的祠堂的规模而决定。但无论如何，走廊必须相对低矮、窄逼，如此才能够保证突出厅堂，此外，我们实测东城的多处三进祠堂后发现，后天井侧的两廊普遍比前天井侧的两廊略低、略短，其原因我们暂时还不能够确定。

有些廊屋的屋面可能相对简单，但那些讲究的廊屋的屋面与厅堂的屋面通常相同，即均为碌灰的筒瓦，也是以瓦当及滴水剪边。至于屋面的样式，则主要有卷棚顶、硬山顶或单坡等几种。极少数祠堂的廊屋可能还筑有屋脊，如温塘新建的陈氏大宗祠，其走廊的屋顶为硬山顶，屋脊上还饰有夔纹，使之显得极为少见。陈姓村民称之为"壁古"，认为这是由于本族有先人曾经官至翰林院大学士，才可以如此修建。

访谈资料：

问：这两边的走廊，以前的旧祠堂就有吗？

答：是的，以前就有的。这个走廊上面的突起，是有讲究的，就是要有官衔才可以建。以前是文官还是武官，修的样式也是不一样的。

问：那这个祠堂的那个样式，是文官还是武官的？

答：那是文官的！我们有一位老祖宗，本来是教书的，后来当了官，最后做到了翰林院大学士。他是个文官，因此我们就建文官样式的。

问：那个屋顶突起的那部分（指第一个天井旁边走廊的屋顶），有没有什么名字啊？

答：我们就是叫壁古，那个也是有讲究的。在以前，你的壁古修多大，跟你的官有多大有关系的。

对于这种说法，我们暂时还无从验证其真伪。但是，温塘另有一处新近修建的祠堂即袁氏大宗祠，其后天井两侧的廊屋的屋顶虽然为单坡，但其上同样立有屋脊即博古脊（见图 8-63）。访谈时有老人说旧时的袁氏大祠堂就是如此，但也有老人说现在的样式是承建单位设计的结果。

图 8-63　温塘袁氏大宗祠单坡走廊的博古脊

桑园村民几乎全部为袁姓，历史上源出自不远处的温塘村（详参考本书第三章）。境内的西乐袁公祠修建于清朝的咸丰年间，但现在所见的则是经过了20世纪80年代翻修了的，因此许多构件已经不是旧时的物事。不过，根据我们的调查与实地勘验，其原本的建筑格局与样式得以基本保持。例如，其天井侧边的走廊原本就是廊屋样式，其屋顶在旧时即为单坡，而且屋脊处以砖雕等作为装饰。这种砖雕虽然不如前述的两处博古脊那样壮观（见图8-64），但在东城以至珠江三角洲各处的祠堂中都属于少见的了。

图 8-64　桑园西乐袁公祠走廊屋脊

走廊的屋顶梁架，一般都是采用较为简单、装饰较少的瓜柱梁架，只有很少一部分祠堂使用博古梁架，东城人把后者称为"金钟架"。而在许多厅堂建筑中都颇为多见的驼峰斗拱梁架形式，则未见被运用于祠堂的走廊。图8-65为乌石岗村黎氏宗祠前天井的左侧的廊屋顶部，其梁架形式即为穿式瓜柱梁架，即横梁穿过瓜柱和檐柱。在其梁头处，还分别使用较浅的浮雕或者透雕龙头纹样，目的是起装饰作用。

图 8-65　主山乌石岗村黎氏宗祠走廊的瓜柱梁架

图8-66为下桥钱氏宗祠前天井左侧的走廊，采用博古梁架而又多有通透之处，使梁架美观古朴而不失轻巧。梁架各部件均用深红色油漆，使得整个组合体看上去厚重沉稳。而黎氏宗祠与钱氏宗祠的走廊均为双坡面，不使用中梁而是用四根或者六根梁支撑

屋面，使得整个屋顶以及上部架构呈现出独特的风貌。在传统的古建筑中这种工艺经常使用，成为了另一道独特的风景线。

图 8-66　下桥钱氏宗祠走廊的博古梁架

东城的天井面积不一，这主要决定于各自所在的祠堂的大小。至于其底面，则大多比各自边上的走廊的地面低 20 至 25 厘米。东城人普遍认为天井的作用主要用于采光、通风以及聚集雨水并排出，但是，有的祠堂的天井同时有供人出入即起到了通道的作用，甚至还有的为此专门铺设了通道，这方面最为典型的似乎当属余屋的余氏宗祠。这座传统的天井两侧并无走廊而是不带过道的厢房，天井的中间则设有通道，把门堂到仪门之间的天井分为两半。仪门到中堂之间也是设有过道，两边建厢房代替走廊。（见图 8-67）

这座祠堂的仪门前与仪门后的穿过天井中间的过道，都是采用红砂岩条石铺成的，图 8-68 显示的是其仪门前的过道。但从打开的仪门中间也可看到其后的过道。在旧时传下来的祠堂中，有时也可以见到天井有此作用，但普遍不会如此讲究。一般所见的都是在天井中随意垫上块石头便于上下，这似乎是由于旧时的祠堂相对较小无法如此铺设。

图 8-67　余屋余氏宗祠中堂前的天井及过道

图 8-68　余屋余氏宗祠仪门前的过道

东城的广府人和客家人同样都认为"水为财也"，因此从祠堂各处屋顶的内坡流下的雨水，必须先汇聚到天井中后再经天井内设的某种渠道辗转流出。传统上，后堂积聚的雨水还必须先从地下通过中堂与前天井中的积水汇集到一起，之后再通过地下渠道从某处排出祠堂。（见图8-69）依照传统的处置方法，这些水几乎毫无例外地都是在祠堂的正前方某处直接流入祠堂前的水塘之中。以前设置的祠堂的排水渠几乎毫无例外地都是采用暗渠，暗渠口还经常偏于天井的一侧，但隐蔽得非常好、难以发觉。老人们经常说东城的祠堂大门前多有三级台阶，这样使得祠堂的地面整体上高于其外部，从外到内层层抬高，这不仅使祠堂更具威仪，也满足了排水的需要。这可

图8-69　下桥钱氏宗祠天井排水口

能是事实，但东城几乎所有祠堂的地势都是前低后高，因此也不一定非得要借助台阶抬升架势不可。

至于近年新建或者翻修的祠堂，则几乎都是采用明渠，而且所积的各种水多是从侧面流出祠堂。即使是使用暗渠的，其出水口通常也非常明显，如图8-69的下桥钱氏宗祠天井的排水口所示。类似的退步加上在建材与工艺等方面普遍略显粗糙，使得有不少东城老人家感叹祠堂已经风光不再了。

（三）大门、屏门及其附属构件

祠堂中，大门、仪门、中堂门等都是很有特色的祠堂元素，除了其本身作为门的各种实际功能，它们还承载着更加丰富的象征意义。

东城祠堂的大门几乎总是比普通住宅的门更高大，许多门的通高在3米以上。通例必须为两扇门板，不见一扇门板的。门板的厚度一般在6至8厘米，材质优良且十分坚实厚重。图8-70为温塘阆川公祠的一扇门板，可以看出是几块木板构成的，东城祠堂似乎没有由一块大木板构成的门板。其上与下各有一处突起，因此门板不是规整的长方形。

门板上突起与门楣等相接，下方则多由木质的门枢固定在石质的门墩石上，图8-71为俯视的余屋某祠堂的门墩石上门枢的图片。门轴插入门墩石不仅固定了门板不使之倾倒，还可以使得门板只能够沿中线转动。在门板与门墩石相接即容易摩擦处通常以木垫隔开，如此可以保证门的寿命。这处的门墩石形状规整，

图8-70　温塘阆川公祠大门的一扇门板

并有简单但精致的雕花作为装饰。

从质地来看，东城祠堂的门墩石确实古来就有木质的。但是，因为木头不耐磨损又不耐潮湿因而极易损坏，所以历来只是偶见的形式。老人们说，东城的门墩石历来以红石、麻石和青石等质地的为主，的确是符合历史事实的。东城的一块门墩石通例为一整块石头，但可以大体上可以门为界，分为门外与门内两部分。内、外两部分在宽度、高度等方面相同，但门内的部分一般较短。一般地说，位于门外的部分几乎总是为立方体石块，其正面与左右两侧面甚至石棱处均不乏精美的雕饰，通常为阴刻的寓意吉祥的动物或者植物。门内的部分因为不在显眼处，所以几乎总是稍加处理的无雕饰的原石，造型则以弧形、心形、尖形等为常见。温塘的中和圩旧时原有大司马公祠，访谈时有村民回忆，这座祠堂已经倒塌十余年了，图8-72为其原址上残存的门墩石。这对门墩石具备东城的门墩石的一般特征，但装饰较为简单。

图 8-71　余屋某祠堂门墩石及其上木垫

图 8-72　温塘中和圩大司马公祠门墩石

对于何为门墩石、门枕石、抱鼓石以及彼此间的关系，似乎各地的认识历来不同。（见图 8-73）在东城境内传承下来的各类古建筑中，似乎全然不见有北方意义上的抱鼓石，即不见带有北方一般称为门鼓的抱鼓石或者门墩石。我们前前后后在东城进行了接近半年的实地走访，也仅仅只在下桥钱氏宗祠门前见到一对石鼓，其直径约 52 厘米。而据调查，这对石鼓是后出的而非本有的，是村民近年集资翻建时由承建方即某古建公司参考传统古建筑后建议增设的。

我们在广东的其他地方以及赣南、湘南、福建和广西等华南地区的广大乡村调查时也发现，这些地方的门鼓石与东城所见的应当属于同一类型，而且也极少见到带有鼓的抱鼓石。至于为什么会如此，我们尚不得而知。

东城祠堂的门槛历来普遍较高，人们至今普遍认为只有高门槛才能够显示本族的卓尔不群。实际所见的门槛一般高 65 至 70 厘米，有些甚至超过 70 厘米，全为木质的且可以随意移动。门槛插在两门墩石的中间或者后方，通常从上方插入或者抽出。东城人一般的使用习俗是，关闭祠堂时插入门槛，在开启祠堂时则移除门槛，图 8-74 即为抽去门槛的开启状态。但祠堂开启时也可能不拔出门槛，这时主要起民居所见的矮门的作用。木质门槛之下常铺设有麻石板，主要起保护木质门槛防止其受潮，但在祠堂打开时又可充作门槛之用。

进入祠堂的大门，左右两侧通常为耳房，正对面则通常为前堂的屏门，图 8-75 为温塘儒宾公祠的前堂屏门。屏门通例为两扇，门板之上还多设有各种形式的横风窗，长度通常与前堂厅堂的宽度相同。屏门的装饰通常较为简单，横风窗的装饰简单与繁复均见。有的祠堂在横风窗处悬挂牌匾,固定屏门的其两柱还悬挂楹联。传统上,东城的屏门使用习俗与全国各地所见的一样,平日则处于紧闭状态,故人们出入祠堂时需要从其两侧绕行,即只在贵客光临或者重大时日时才打开以示隆重。但在访谈时许多老人又都说,祠堂内包括屏门在内的几道门平日都是紧紧关闭的,主要原因是防止祠堂内的阴气或者魂灵意外出来影响生人。根据我们的访谈与参与观察,在东城的各处村落中这种认识都可以说是根深蒂固。

在东城的祠堂的前堂与中堂之间,偶然也能见到另外设置有一道仪门的。东城人普遍把仪门称为"风水楼",原因当在于这处仪门都是处理为门楼的样式并使用"四檐滴水"的特殊屋檐样式。东城境内只有余屋的余氏宗祠和鳌峙塘的徐氏宗祠各自建有仪门,但平时都不作为通道使用。两处仪门的两侧各自开设一处小门,供普通人日常出入。(见图8-76)这两处仪门的正门也都是六扇门,其前、后的偏上方分别悬挂书有大字的牌匾,人们认为同时有彰显本族旨趣以及装饰之用。

图8-73 下桥钱氏宗祠门墩石及其上抱鼓石

访谈时我们发现不同村落的人普遍认为,"只有那些有了官位的人,才可以在宗祠中建造这种门"。但根据调查可知,历史上的徐氏宗祠即有仪门,而余氏宗祠的仪门是新近重建时由负责建设的古建公司设计后加上的,由此看来则与为官与否无关。

图8-74 余屋余氏宗祠的大门口

图8-75 温塘儒宾公祠的前堂屏门

图 8-76　余屋余氏宗祠仪门（背面）

祠堂的第二进即为中堂，是一处祠堂最为重要的建筑元素，也经常被村民认为是一处祠堂的核心地带。旧时，中堂的后部普遍设门即所谓的中门，中门的两侧还普遍设有金柱，如图 8-77 所示的周氏宗祠的中堂。中门多为厚重的六扇门，几乎总是有各种装饰，通常为吉祥的植物或者花鸟。依照传统的习俗，中门以及金柱一般都要漆成深黑色或者暗红色的，目的是借之营造出庄重、沉稳的庄严气氛。中门的上方通例悬挂木质牌匾以写明堂号，金柱上亦悬挂有或者阴刻有

图 8-77　周屋周氏宗祠中堂门正面

楹联。据回忆，旧时不少祠堂在中堂的前部即前屋檐的下方也设门，多为可以便利地移除的多扇门即所谓的"门板门"。但现在东城各处翻修或者重建的祠堂中，则似乎不见设有此门的。

因为中门的地位极为重要，所以历来又有"中统门"等不同的名称，其使用也有专门的礼仪。如与前堂的屏门和仪门一样，通常只有在贵客光临或者重要的时日才会打开中门以示郑重。传统上，只有最重要的人物才能够从中门的六扇门的中间两扇门处通过，比较重要的人可以从六扇门的侧边四扇门处通过。至于那些不是非常重要的人如随从之类，则按惯例只能够从边上的侧门进出。

祠堂前堂的大门、屏门、仪门以及中堂的中门等诸多重要的门有一个共同的特点，即它们都是位于祠堂的中轴线上。传统的中国人极为讲究堂堂正正、正大光明，这些门的位置正是这种传统观念的明白无误的体现，是本族优秀品德的直接彰显形式。但除了这些主要的门之外，祠堂内其实还有许多次要的小门（见图 8-78），如各处的侧门以及厢房、耳房和厨房的门等。经过实地测量可知，这些小门的宽度一般在 80 至 90 厘米之间，极少有超过 1 米宽的。不过，虽然门较小，但为了显得庄重人们也非常注意其细节。如厢房、耳房和厨房的门通例使用两扇门板。实际上，旧时中堂或者后堂的前屋檐下普遍设置多扇门，也总是两两相对形成一副相对完整的门。

传统上，东城一处完备的祠堂必须具有厨房，这时通例在后天井的左侧开一个通向

433

厨房的小门以便于人们出入劳作。除此之外，传统的祠堂通例不会再有其他的通向外界的门甚至窗。到了现在，因为翻修的或者重建的祠堂普遍加设了厨房，而厨房设在祠堂的左边或者右边的都有，所以在祠堂的一、二进之间或者二、三进之间的左侧或者右侧甚至两侧，同时开有侧门以方便出入的都有。有些祠堂在最后一进之后还有院落等设施，这时几乎必然开设侧门。访谈时发现，现在这种侧门用处很多，如很多祠堂都是必须从侧门进入后才能够去开或者关祠堂的大门，而无法直接从大门的外侧打开大门。

在后堂即摆放祖先牌位的地方，传统上除其前方开门或者留空而不设门窗之外，旧时严禁在另外的三个方向开门或者开窗。我们在访谈时发现，老人们普遍认为这样做是出于某种"风水"的原因，但具体的原因到底何在以及要达到什么特定的目的，则现在似乎已经无人确切地知道。我们的调查发现，东城的广府人和客家人至今都普遍而又严格地遵守这个惯例，因此，虽然如今的东城人在新建或者新近翻修的祠堂的许多地方都有改动，但至今不见有在后堂的这三个面向开设门或者窗的。

图 8-78　余屋余氏宗祠的小门

（四）联匾

联即对联、楹联，匾即横匾、匾额，二者遍见于东城的传统祠堂各处，一般的目的同样在于合力"使建筑物内外充满文化气息"。[①]但在实际上，广泛使用联匾并不仅仅意在营造氛围或者充作装饰。我们在访谈时发现，东城的老人们普遍认为，牌匾还有许多其他更为重要的作用，而帮助实现祠堂潜移默化地教育族中子弟即教化作用，则是重中之重。

东城各处宗祠大门的上方，通例悬挂上书有"某氏宗祠"字样的讲究的牌匾，如鳌峙塘徐氏宗祠、峡口刘氏宗祠、主山黎氏宗祠、牛山张氏宗祠等均是如此。如果是家祠即房支的祠堂，则通例以该房支始祖的名、字或者号命名，如桑园西乐袁公祠（见图 8-79）、温塘韡轩公祠和阆川公祠、周屋以道公祠、峡口起庭公祠、柏洲边坚立钟

图 8-79　桑园西乐袁公祠大门联匾

---

①　赖瑛、杨星星：《珠三角广客民系祠堂建筑特色比较分析》，载《华中建筑》2008 年第 8 期。

公祠等均是如此。但不论是何种祠堂，不仅所用的牌匾的材质极为讲究，连具体的字体也都颇费心思。实际所见的各处祠堂的牌匾一律采用显得"大气"的宋体字，这绝对不是巧合。

祠堂大门的两侧，传统上多有阳刻于石质板材之上的对联。新近重建或者翻修的祠堂则多为逢年过节时张贴的纸质对联，其好处是可以随时改变对联。如果族人有婚配的，现在有时也可能在此处张贴喜联（但许多宗族至今仍然只许可在塾台即俗称的"包台"处张贴）。对联的用词造句通例以典雅、古朴为主，至于其具体内容则各有不同，似乎历来无一定之规而只要该家族认可即可。例如，有的是指明本祠堂的风水之佳，如桑园西乐袁公祠的"脉分旗岭，秀抱鱼峰"。指的是其后面有来自黄旗山的一处小山脉，前面远处有三座山头即鲤鱼山。① 类似的如峡口东岸坊的刘氏宗祠即萃焕堂的"鱼山钟秀气，峡水汇文澜"、勤廷公祠即惇叙堂的"屏山挂翠，塔笔生花"。②

有一些只是客观地描述本族所出，这个类型的对联如"颍川世泽 牛山家声"，这类对联在全国各处的客家人村落普遍多见，相对而言东城还算是偏于少见的，一般相信其主要用意之一在于告诫后人牢记祖籍地。也有些是展示本族的持家风范、高风亮节之类的，如"忠厚传家远 诗书济世长""芝兰世泽 宝树家声""一等人忠臣孝子 两件事耕田读书"等。③ 但更为多见的则是彰显本族的显赫先世、丰功伟绩、卓尔不凡或者辉煌历史等，如图8-80、图8-81所示的分别为牛山的客家人张氏宗祠的对联"青钱遗世泽 金槛著家声"和鳌峙塘的广府人徐氏宗祠大门的对联"将军世胄 司寇家声"。如果由这一方面来观察，则祠堂的对联确实不仅仅是一种装饰，而实实在在地具有潜移默化的教化族人的作用。

图8-80 牛山张氏宗祠大门门额及对联

---

① 资料来源：桑园村的村史展览馆。
② 据《旧村之逝·东岸坊纪念画册》（东莞市东城区峡口社区东岸坊村，2014年6月编印），原本刻有这两副对联的匾额现在均已遗失。
③ 相对来说，"一等人忠臣孝子"联或者其变体，如今在东城用作普通人家的春联的更为多见。

图 8-81 鳌峙塘徐氏宗祠大门门额及对联

除了大门之外，绝大多数东城的祠堂在祠堂内部各处使用匾额。如进入大门后即面对前堂的屏门，旧时这处普遍有各种装饰，包括挂有联匾。温塘新近重建的陈氏大宗祠屏门处的匾额，就是称赞祖先的功勋并追溯本族历史。访谈时我们发现村民至今普遍相信，其中的"科第"二字是需要得到皇帝认可才可以使用的，历经百年，祖先的光辉历史至今仍然是一族的骄傲。如前文所述，东城的仪门古今都相当少见，而且仪门不挂对联而是在其檐下的正面与背面使用横匾，如余屋的余氏宗祠正面为"风采流芳"，背面则为"两朝两弼"。（见图8-82）二者突出的都是祖先的光辉，后者据说更是得到御准才使用的。① 鳌峙塘徐氏宗祠的仪门的正面与背面的横匾，均为"南州正脉"（见图8-83），内容相同只是字体略有变化，突出的则是其祖先的不凡。

图 8-82 余屋余氏宗祠仪门正面和背面的横匾

图 8-83 鳌峙塘徐氏宗祠仪门正面和背面的横匾

概括地说，东城祠堂内的牌匾多出现于二进祠堂的后进中的神楼的上方，或者三进祠堂的中堂的后门的上方。但是，在少数三进祠堂的后堂神楼的上方，有时也可以见到挂牌匾，余屋的余氏宗祠就是如此。其中堂的后门上方悬挂有"引翼堂"，后堂神楼上又悬挂有"孝思堂"。这些地方悬挂的通常是本宗族的堂号，如周屋周氏宗祠"永思

---

① 新近修复的余氏大祠堂加上仪门共有四进，其匾额、对联较多，如正门横匾书"余氏宗祠"，二进正面有"风采流芳"、背面有"两朝两弼"，三进有"引翼堂"（议事厅），四进有"孝思堂"（供奉神主）。仅仅楹联即有五副，如正门对联曰："京国推贤永享曲江庙食；云礽追远聿兴侯岭祠堂。"彰显余氏家族源远流长。老人们说，旧时的祠堂即多是如此，不是如今新加的。

堂"、温塘袁氏大宗祠"著存堂"、主山黄氏宗祠"敦睦堂"、桑园西乐袁公祠"崇本堂"、桑园儒宾公祠"敦友堂"、峡口刘氏宗祠"萃焕堂"、峡口东岸坊勷廷公祠"惇叙堂"、柏洲边钟氏宗祠"尊敬堂"等。较少见的则如鳌峙塘徐氏宗祠,其中堂门的匾额非其堂号,而书"世德名宗",如图 8-84 所示。一般来说,所谓的堂号是表明一个家族的来历、族属支派或者延续族思想及行为规范、鞭策后人奋进向上的标记性称号,其核心是"尊祖贵德"。我们在访谈时发现,现在的东城人认为一处祠堂的堂号不是随便使用的,而主要是用来表达追慕祖先以及劝勉族人和睦勤勉,如此说来,同样具有潜移默化的教化功能。

图 8-84　鳌峙塘徐氏宗祠中堂匾额"世德名宗"

楹联多挂于中堂的前金柱、中堂门柱和后堂的前金柱、神楼两侧,一些祠堂也可能不在神楼置楹联而挂在后金柱。同时,较为传统的挂法为中堂门柱、后堂神楼上或后金柱的楹联字面朝外,而前金柱上所挂楹联,皆字面朝向中轴线,两联对面而挂。在近年翻修或者重建的祠堂中,有一部分将所有的楹联的字面均朝向大门挂置,如温塘袁氏大宗祠、鳌峙塘徐氏宗祠、周屋周氏宗祠等;也有一部分祠堂保留前金柱楹联对面而挂的方式,如温塘的陈氏大宗祠、余屋的余氏宗祠、柏洲边的钟氏宗祠等。至于楹联的内容,通常包括说明祠堂位置(多为风水)、追溯本族历史、称赞祖上功勋、祈请祖先护佑以及表达对后人的期待和祝愿等。

在新建的祠堂中,各类牌匾尤其多见,以新近落成的余屋村的余氏宗祠为例。(见图 8-85)其大门上挂漆框红底金字牌匾"余氏宗祠",两侧挂两副木底的永久性楹联,其外又有每年一度的红纸质的一副对联:

内:京国推贤,永享曲江庙食;云礽追远,聿兴侯岭祠堂。

外:巽水游鱼,一派曲江流世泽;乾山龚马,千年侯岭峙家声。

又外:遨游蓬岛荐先人祈荣后裔;祝赞瑶池当盛世庆会生辰。

图8-85 余屋余氏宗祠大门联匾

如上文所述，这处祠堂的仪门前与后均有横匾。其中堂的后门上方，悬挂有漆框红棕色底金字牌匾，上面大字书写"引翼堂"三字，为该祠堂的旧有堂名，牌匾的下方现在是一帮余屋男性老人们日常固定聚会的地方。中堂的门、柱皆有楹联，分别为：

风采动朝端，三使独劳气节，文章有宋华夷共仰；
嘉谋裨帝座，四贤并列功勋，世德即今谟烈为昭。

金柱的楹联为：

溯祖德宗功，由宋迄明，数百年创守维艰，衍奕叶云仍于勿替；
愿子孝孙慈，承先启后，千万禩明禋肆祀，报本源水木于无疆。

一如前文所述，这处祠堂比较特别的一个地方，在于其后堂内也挂有一块牌匾，即漆框红底金色字体的"孝思堂"牌匾。据调查，现在所见的这块木质的牌匾是重建时新制作的，历史上原有的那块匾早已经不见踪迹，只有其上的名称传承了下来。其后堂神楼的上方以及金柱处，同样也分别挂有一处楹联，神楼的对联为：

纪念仙宗聊表真诚思族祖；
福留后代还祈德泽荫儿孙。

金柱的楹联为：

显于宋，书于史，庙于韶，於赫先人之业；
厚其伦，修其礼，腆其物，庶几明德维声。

"孝思堂"的含义到底为何，现在人们似乎也已经解释不一。如有些老人认为它是后堂的堂名，有些老人则认为它只是表明此处是祖先神位所在处。综合我们所得来看，似乎当以后者为是。据说余屋的余姓人家是从温塘的大元迁来的，大元现在仍然有一座余姓人家的"武溪公祠"，据说始建于宋朝，但我们相信可能不会这么早。现在所见的这座新修的"武溪公祠"，是2008年由温塘居委会和余氏后人共同出资重建的，其中门也有一副对联：

显于宋，庙于韶，日月文章千秋供养；
发以明，派以莞，麟经世德积亦由新。

大元和余屋两处的余姓人家都坚定地认为，他们的祖先源出自籍贯为广东韶州（今韶关）曲江的宋朝名臣余靖。据说，因为家乡城西有一条名为武水的河流流过，因此余靖自号武溪，后人则普遍尊称他为武溪公。如果把这副对联与上举余氏祠堂金柱处的对联合看，似乎这两处的人民必然有某种渊源关系。

（五）碑刻

作为一个宗族主要的公共空间，旧时祠堂中经常存有记录本族最为重要的事件的石碑、石刻等碑刻，因此祠堂常常具有重要的历史与文化价值。

东城不少祠堂中，至今保存了不少珍贵的碑刻，这些历史记录或者嵌入祠堂的墙壁之中，或者矗立于祠堂内外某处。在这些碑刻中，有一些是早在建祠堂时就预先设计好要有的，因此这些碑刻多嵌在祠堂墙壁的某处，实际所见的多位于第一进右侧墙壁近墙角处的下方或者神台的两侧；① 另外一些碑刻则是后来因故才从某处移入的，所以这些碑刻多是单独立于祠堂内某处，放置得颇为凌乱、随意。

祠堂所藏的各种碑刻旧物，其碑体的四周边缘部分通常都有一定的装饰，有的装饰还同时充作界定范围之用。一般来说，这些装饰皆只用线条勾勒即简单地装饰而无过多雕琢。常见的是以线条或者线条加上某种其他装饰，如余氏宗祠内保存的《余氏祠堂记碑》

图 8 - 86　《明景泰六年袁甲初敕命碑》

和《诒谷堂记碑》（参见本章附录）都是带状祥云环绕碑文，《余氏祠堂记碑》的碑题附近还有凤鸟图案。温塘袁氏大宗祠保存的《明景泰六年袁甲初敕命碑》（参见本章附录）除饰以祥云图案之外，其左上角还饰以飞龙。（见图 8 - 86）但也有一些碑刻全无装饰，如温塘征聘祖公祠保存的乾隆年间的《尝产碑》和温塘阆川公祠的《重修阆川公祖祠记》，二者均为嵌入所在祠堂墙壁的石刻，说明尚未修建祠堂时已经预先打算刻写二者。其碑体基本上被文字所占满而无留白，其四周边缘也并无任何装饰。

---

① 所谓的右侧，是以与祠堂大门同向为基准而言的。

碑刻的文字多采用纵书楷体方式，但有些碑刻的标题则采用横书篆体的方式，如《诒谷堂记》《余氏祠堂记》等。一般来说，祠堂所见的碑刻的内容较为庞杂，大体上分为功名、记述祠堂、嘉奖以及尝产等几类。传统上，人们认为"报本之道，莫先于立身扬名，光显祖宗"，而获取各类功名则是报本的最为荣耀的形式。所以在珠江三角洲的许多村落中都常常可以见到所谓的功名碑，即族中子弟考取功名之后所立的碑。这种碑石通例立于祠堂门前，其上多采用阴刻的方式刻有所获功名、时间、姓名等内容。但是，因为历史上的东城人很少有获取功名的，所以这类碑刻极为罕见。

由现存的以及可以考证曾经存在过的各类碑刻来看，古今东城的祠堂中所藏最多的是各类嘉奖碑刻。在封建时代，如果能够获得朝廷的嘉奖可谓名副其实的"天大的喜事"。朝廷的嘉奖有时体现为赏赐牌匾或者碑石，相关的宗族经常把这类牌匾或者碑石高悬祠堂内或者置于某处特别显眼的所在，以期尽可能广泛而又长久地展示本族的荣光。前文提及的保存于温塘袁氏大宗祠的《明景泰六年袁甲初敕命碑》，就是属于此类。柏洲边村的村民至今主要为钟姓，该姓人家的一位先人钟绍曾经功名显赫，据说因此使得明朝武宗朱厚照专门敕赐牌楼一对，内含"历朝科第""奕世进士"牌匾一对、《明正德奉天敕命石碑》一对和《石麒麟浮雕》一对，是为表彰钟绍的父母教导出才识兼备、行高守正、孝义廉节并为国家建功立业的好儿子而御赐的。这两块碑历经磨难得以传承至今，现在保存在柏洲边集体时期修建的公共食堂的门前（参见本章附录）。在温塘的袁氏大祠堂内，也有一块类似的《明景泰六年袁甲初敕命碑》。至于旧时各级官员颁赠的褒奖碑石或者牌匾，虽然不如皇家赏赐的那样珍贵，但也是人们极为珍视之物，可谓是各自祠堂内的无价之宝。

兴建或者重修祠堂是一族的大事，人们经常立下碑石以记述其事。这类碑刻有单独树立于祠堂某处的，也有嵌入祠堂墙壁以期永远的。在这类碑石的正文中，经常有交代兴建或重修的时间、原因、主要发起者、参与募捐者及所募捐的款额以及建设经过等内容，因此使之成为了研究祠堂以及地方社会历史的重要依据之一。温塘阆川公祠中的《重修阆川公祖祠记》嵌入祠堂墙壁，正文中除了较为细致地记载了重修祠堂的过程之外，还详细记录了捐款人的姓名及款额等，村民至今可清晰地指认碑文中的先人名字。余屋余氏宗祠内的《余氏祠堂记碑》则是起建时单独树立的碑，所以近些年新的余氏宗祠建立时，这块碑可以顺利地迁入。在碑文中，撰作者除了叙述该族人最终合力兴建祠堂的始末之外，还概要地记载了余氏一族迁徙与定居的过程，这对认识明清时期东莞地方历史以及该姓氏人民的族群属性等都极为有益。

如前文所述，传统的东城各处村落本质上属于农业社会，因此，田地等作为从事农业生产时必不可少的资源长期为人们所看重，人们历来都用地契或者界碑等清楚地标明所属。封建社会另一个普遍为人们所看重的大事就是公祭始祖，而为了保证这种集体祭祖能够代代顺利地进行，东城人很早就出现了保证祭祀的尝田等尝产。对于这类意义重大的全族共有性质的田地等资产，其重要性更加突出。交代族中田产于是成为了族谱中的例牌内容，也成为了东城祠堂中一类很有特色的碑刻。图8-87是现在藏于温塘村征聘祖公祠内的《尝产碑》，碑文中除叙述了本族历史、立碑时间、立碑人等之外，还详细记载了族中各处尝产的来历、位置和大小等具体的信息（参见本章附录）。可能是因为认为这块石碑所述的极为重要，所以这块碑也被镶嵌于该祠堂的墙壁正中，而不是如一般所见的那样立于村口等处，任由风吹雨打。

（六）柱与柱础

东城祠堂同样普遍使用各种各样的柱子，人们通常按其横截面形状，具体细分为圆柱、方柱、六角柱、八角柱等不同的类别；也经常有人按其材质的不同，分为木柱和石柱两大类。①

较为概括地说，东城人旧时修建的祠堂相对更多地使用木柱，而现在翻修或者重建的祠堂则更多地使用石柱，据说原因在于粗大的木柱现在价值高昂且难以获得。② 至于不同形式的柱子具体如何使用，经常与其具体的位置或者功用有关。不同村落的不同祠堂在这方面具有相当的一致性，应该可以说明东城人在修建祠堂方面早就形成了一定的范式。如在一般的三进祠堂中，前后金柱通常

图 8-87　温塘征聘祖公祠保存的《尝产碑》（参见本章附录）

皆为圆柱，使用方柱的相对较少。后金柱因与中堂门相连而多为木柱，前金柱则多为麻石或红石质地的。檐柱少见木质的而多为六棱石柱，所用石料通常与前金柱的质地还有某种不同，少量祠堂甚至专门使用淡绿色的石柱（一般称为咸水石），其柱础的样式则与金柱相同或者稍稍复杂一些。各处走廊的廊柱如果是石质的，则最常见的是红石质地的方柱，其柱础还经常采用东城人俗称为"莲花托"的样式。由于东莞市文物部门正在专题研究古建支柱且其成果很快面世，因此我们此处只是简单地提及。

各类支柱是支撑屋顶的最为重要的承力部件，对祠堂的安全性而言具有极端重要的意义。因此，人们在柱子的底部尤其是木质柱子的底部，普遍使用石质的柱础以增加其承重性能并有效地增加其使用寿命。实际上，柱础不仅具有防潮湿、承压力的实际功能，还因为是祠堂重点装饰部位而成为了祠堂不能忽视的特色建筑元素之一。石质的柱础的样式、纹样等风格随时代变迁而变化，因此经常成为判断祠堂始建以及修缮年份的依据之一，也因为如此东城传统的祠堂中各种构件尤其是石质构件具有重要的历史与文化意义。东城的祠堂如温塘韡轩公祠、阆川公祠、柏洲边钟氏宗祠、下桥钱氏宗祠等建

---

① 在极少数传承下来的祠堂中，有时可以见到用砖头砌成的柱子即所谓的砖柱。据调查，这些砖柱都是中华人民共和国成立后集体生产时期基于各种原因而后加上去的，即不是祠堂本有的。访谈时老人们都说，如果使用这种砖柱修建祠堂，则无异于公开承认本族或者本房支在经济与社会地位等方面都极为低下。因此，旧时宁可不用柱子也绝对不会使用砖柱。

② 也有一些祠堂使用水泥柱，但外层涂以红色或者黑色油漆，使之看上去如同木柱。

成后在不同时代都经过了修缮与维护甚至重建，其柱础的样式也体现出多种不同的时代风格，而最为常见的柱础样式，可以归纳为图8-88所示的几种（上排从左到右依次为余氏公祠内塾台、副使公祠、阆川公祠塾台和副使公祠塾台；下排从左到右依次为徐氏宗祠内塾台、西乐袁公祠塾台、桑园月开家祠和袁氏大宗祠立柱）：

图8-88 新旧柱础的类型举例

不同祠堂的柱础有时会有差异，但有些差异与时代风格无关，而与修建者的经济与社会地位等直接关联。由于不同部位的支柱所承受的力不同，柱子的尺寸相差较多，相应地，柱础的大小也相差较多。如廊柱的柱础边长一般只有十几厘米，而金柱、檐柱等的柱础边长则可能达到50厘米，但余氏祠堂的檐柱大大地超出了通常的规格。余屋的这座余氏宗祠始建于明成化七年（1471年），2016年重建之后其原本的部分柱和柱础因为年久而被替换下来，现在专门摆放于余屋祠堂内以展示祖先的业绩，如图8-89、图8-90、图8-91所示。为了显示旧时檐柱柱础的高大，我们故意摆放了一支长14厘米的黄色自动铅笔作为对照，不难发现当时余氏宗祠所使用的柱础和柱的尺寸。应该说，这个柱础极为直观展现了当时余氏一族雄厚的经济实力。柱的尺寸、材质的优劣如木料名贵与否、石料是拼接还是整块等，无疑都是当时一个宗族整体实力的体现。

图 8-89 余屋余氏宗祠替换下来的旧柱础

图 8-90 余氏宗祠旧麻石檐柱柱础（底边长 77 厘米）

图 8-91 余氏宗祠的旧木柱，直径 50 厘米

从祠堂的特色元素中可知，祠堂的庄严肃穆与功名、官位等具有密切的关系，而这些则在根本上来源于传统的礼仪规范，无论是传说中的"四檐滴水"的"皇家规制"，还是只有祖上做到"翰林大学士"才可以用的"壁古"，宗族修建祠堂时使用某种规格的权力最终来源于官位、权力甚至皇权。因此，祠堂虽然表现为以祖先崇拜为核心，但具体的特色元素常常与传统的封建制度有着密不可分的联系，祠堂离不开现实中的权力。皇权与祖先崇拜的交织，共同构成了宗族意识形态的基础，并体现在祠堂文化的方方面面。

第四节 祠堂的修建与管理

因为祠堂被普遍看成是一个宗族或者一个房支最为重要的象征物之一,所以祠堂不仅需要精心用意地修建,日常通常还需要精心用意地管理以保持其神圣性。不过,虽然东城人古今修建祠堂的方式多有相同,但以前的和现在祠堂管理的内涵与方式则大不一样。

一、修建祠堂

祠堂不仅是一个宗族的象征物,旧时还是一个宗族举办某些重要活动时难以替代的处所,因此只要有了一定的经济能力与社会地位,那时的东城人几乎都会尽可能快地修建属于自己的祠堂。

但由我们所获得的访谈资料以及实地考察可知,现在东城的广府人和客家人的各个家族,几乎都是在落籍东城现居地几代甚至多代之后,才开始筹划并真正动手兴建祠堂,极少数人家到了现在仍然没有自己专属的祠堂。访谈时老人们普遍私下认为,[1] 东城不同家族的始祖中,从来没有听说哪位是殷实的移民或者隐居的富有官宦,而都是基于各种缘故而离开甚至逃离故土的。这些先祖初到现居地时,几乎都是囊中羞涩甚至一贫如洗。实际上,访谈时不少老人甚至认为,他们的祖先初来时,极端的情形下与流浪者几无差异。因此,落籍后,这些家族都需要相当长时间的努力,才能够逐渐积攒起建设祠堂所需要的经费,也才能够获得所需要的功名等社会条件。

经过了长短不一的定居生活,到了某时具备了相应的社会与经济条件后,通常是由某位或者某几位族人首先倡议,随后阖族人响应并共同决议,然后上下齐心修建祠堂。至于所需要的土地、资金等,通常都是由族人共同捐助的。[2] 余屋的余氏人原籍曲江,至七世祖时迁居现居地创业垂统。但落籍初期虽有田地,而祠堂未建也。传至十世孙曰泰,虽尝修族谱,而祠堂亦未建也。泰子曰绍先……乃聚阖族长幼而语之曰:"今建祠堂,以尽尊祖敬宗之心,追远报本之义,窃效行家礼可也。"众允如一。绍先首捐己地一区于寝室之东,以为建祠之址,众族人各出己资……各殚乃力,经始于成化辛卯孟冬,落成于壬辰仲春。自此之后余氏族人才得以每岁冬至祭始祖,立春祭先祖(引文详见本章附录"侯山余氏祠堂记")。这份历史资料扎实地说明,经过了几代人的积累之后,余氏族人才逐渐在各方面步上正轨。这时他们在生活上已经普遍变得相对较为宽裕,在满足基本的生活所需之后还能够普遍略有若干余钱,也才可能将钱财用于一些致

---

[1] 所谓私下,是指与族谱相对而言的。在各个姓氏的族谱中,几乎都是光辉的祖先,以及游宦至此见风景优美便卜居的说法。

[2] 该族的兄弟村、同宗以及女婿、外家等亲友,这时可能也会各自出资赞助。

敬祖先、显示本族地位的事情上。正是基于这个缘故，到了落籍后的第四代人即十世孙时，余氏人家耗费资金编纂了族谱，而到了第五代人即第十一世孙时又最终得以阖族响应，建立了祠堂。

根据调查可知，旧时通常都是由某位或者几位德高望重的人士首倡修祠堂，这些人士通常也就是建设祠堂的决策者。他们可能日常在村内生活，但也可能只是出于本村的在外地指点江山。上述的修建余氏祠堂的十一世孙绍是一位生活于村落中的杰出人物，鳌峙塘修建徐氏宗祠时的徐景堂则是一位出于本村的著名人物。但是，他们因为某种或者某些原因而具有高度的号召力则是一致的，也是因此才得以首倡义举并能够一呼百应。不过，这些决策者通常只是居高临下，起核心领导作用，也就是说他们通常只是负责确定基本的原则或者修建方针等，繁琐的具体事宜则另有人操办。访谈时老人们都说修建徐氏宗祠时就是如此，当时徐景堂等人坐镇，而由族中公推出来的几个年轻人具体负责。历史上的情况应该也是如此，如"侯山余氏祠堂记"明文记载，在绍等人倡议之后，则是"以十二世孙允中、旭、瓒、玮，十三世瑶，董其事"具体负责各项大小事务。一般而言，这些人具体负责的首先在于管理款项。老人们回忆，过去东城人修建祠堂的经费有多种来源，主要是族人的捐款以及尝田等族有公产的收益。① 在极其偶然的时候，可能是由带头倡议的人亲自管理款项，包括设法募集资金、应付各项日常建设开支以及查验账目等。但最为普遍多见的情况，则是该宗族或者房支专门选出一个人或者一组人负责这些事情，这个人或者这组人可能还会聘请一位通常是外村的专门的人士（即理数，类似于今会计）负责账目。而在修建的过程中，这些人还需要负责采办各种具体的建材如砖瓦、石材、木材，以及各类礼仪用品如神像、香炉、神台、牌位等，这些工作不仅很繁琐，还可能经常惹人误解。如访谈时有一位老人回忆，20世纪80年代末期他们修缮祠堂时，发现需要更换部分梁柱，而传统上的木材来源地是龙川县一带。于是他与几位族人辗转到了龙川，进到山林后费尽心思比较，前前后后花了10多天才最终买到并运回心仪的木材。但是，有的族人就私下嘀咕说他们这么久才找到，根本就是花大家的钱去游山玩水。

到了当代，修建或者重建祠堂的方式虽然已经有了一定的甚至重大的变化，但似乎仍然没有发生根本性的改变。

例如，在多数情况下，现在仍然是由相关的宗族中一位或者几位决策者或者名人、有影响的人首先倡议，然后经过本族人公议，再全体捐资修建或者修缮。因为东莞市各级政府现在重视地方文化建设，所以可能会对修建或者修缮某些祠堂予以数目不同的补贴。此外，村集体也可能予以适当的赞助，有时甚至承担大部分的资金。但一般来说，所需的资金的主体仍然是依赖各个宗族的族人捐助。传统上的捐款是以男丁的名义进行的，现在仍然主要是以男丁个人的名义捐资。不同的是，现在有些族人以家庭的名义集体捐资，还出现了族人以个人的名义捐资的情况。此外，还出现了以女性单独或者偕同

---

① 访谈时几个村落都有老人说，旧时某位族人考取了功名以及在朝中为官，皇帝可能会据这个人的功名、官职等情况特别赏赐若干款项，专门用以帮助其修建祠堂，这时修建的一般为此人所在的房支的祠堂即家祠。不过，我们尚没有确切的证据证明某处祠堂是由此而来的。谨录以备考。

其家人捐资的,这些女性则已经嫁往外地甚至港澳或者国外。据调查,历史上就有出嫁女捐助本族修建祠堂的情况,但当时通例是以其夫婿的名义捐献的。

如今人们也是推选族中的一些人具体负责,通常包括首倡者以及其他一些年岁高、见闻广、实力强、有威望的人,他们通常出自人丁较多的房支。此外,一般来说还可能会邀请属于该族的村委会领导之类的人参加,主要为的是方便协调相关方面的工作。这些人通常组成"××祠堂重建委员会"之类的专门的领导机构,全程负责筹措资金、确定建筑样式、选购材料、筛选施工队、解决建造过程中的所有事务以及完成后的入伙、使用等问题。但是,也有采用别的途径组织领导机构的,如重建袁氏大宗祠时以该村的"老人协会"为基础,专门组建了"袁氏大宗祠重建委员会"。温塘村里很早就成立了属于该村子的"老人协会"组织,主要由村内60岁以上的较为有声望的男性村民组成。这个组织经常开展各种有益的活动,因此在村里很有威信。温塘人以姓袁和陈的为多,这个协会的成员也主要是袁姓和陈姓的。到了修建袁氏大宗祠时,部分袁姓老年村民顺理成章地就成为了该委员会的成员。为了办好祠堂建设的工作,该委员会特地组织这些成员外出参观、考察其他祠堂以期借鉴,然后再结合袁氏祠堂原来的规制、样式等制定出了新的袁氏大宗祠蓝图。

现在人们通例委托建筑设计公司、古建公司或者施工队负责设计,其设计出来的蓝图得到相关的委员会审查认可后,即可以开工兴建。温塘的陈氏大宗祠、周屋的周氏宗祠、余屋的余氏宗祠等,都是如此兴建而成的。老人们说,这是现在的标准建筑程序,但与以前的程序有非常大的不同。如据调查,历史上的人们大多都是由族人自己设计或者向承建者指定建造式样的,也有提出原则性的要求而由建造者具体建造的。因为那时修建祠堂与民居的技术早已经高度成熟,人们对相关的建筑及其程序了然于胸,所以那时无论是谁负责设计或者建造,都根本不需要事先画出设计图之类的。

二、祠堂的管理

(一)中华人民共和国成立前的管理

传统上,东城境内不同村落中的不同宗族对待祠堂的具体方式有一定的差异,因此那时如何管理祠堂就各不相同。①

据调查,虽然过去不同宗族的东城人普遍珍视自己的祠堂,普遍视祠堂为自己宗族的神圣之地,但是,在日常生活中,其实有少数祠堂基于各种缘故而完全说不上有专门的管理。因此访谈时才有老人说,以前的祠堂很重要,但其实也说不上是多么神圣的地方,如××宗祠的内部就是"黑乎乎的,脏得很,里面什么都有"。对于这些祠堂来说,一般只是到了逢年过节要祭祖或者遇到婚丧嫁娶等重要的时节,才临时派人或者由主家急急忙忙地打扫一下以供使用,其他时间基本上都是一任其灰尘满地甚至家禽出

---

① 如本书第九章所述,清末民初时起东城的大部分祠堂经常作为学校使用,其管理等各种情况自有不同。由于描述的角度不同,本章暂时不考虑这一点而只就祠堂论祠堂。

没。即使是现在，历史上传承下来的老祠堂内饲养着鸡鸭的，也仍然不是仅有的个案。

但是，旧时的祠堂通常毕竟不但是一族人显示本族荣光的地方，还是一些宗族商议族中大事的场所、处理宗族事务的中心，宗族的重要日常生活如祭祖、开灯、婚姻等更是都离不开祠堂，因此，人们普遍都是比较在意其日常管理的，相当多的祠堂还是可以做到始终清洁有序。据调查，旧时可能会由族长或者乡长亲自管理，① 但一般来说，当时最为常见的形式则是在族长或者乡长的统领下，由一个或者是几个比较"靠谱的人"具体负责日常打理祠堂如开关大门、打扫卫生、看管财物等。

访谈资料：

问：一般都是什么人来当看管祠堂的人呢？

答：以前有专人打扫的，还要负责开门和关门、上香那一些。那是公家选出来的，原意为村里服务的。一般都是有各方面知识，又有威望的中老年人，来看管祠堂。

问：他有报酬吗？

答：他们的报酬是很少的，他们的待遇不高，主要就是靠从别人租田的租金里面拿一些钱来，给他就算是报酬了。以前的人不像现在的人那么讲究金钱。现在，没有钱什么都办不成，以前不是这样的。

现在各处的祠堂多由某位或者某几位中年女性打理，由男性负责打理的相当少见。而据回忆，旧时请来管理祠堂的人，几乎都是本族或者本房支内年纪较大的男性，很多还是孤寡老人，因此有时他们就住在祠堂。这些人通常对祠堂有较为深厚的感情，又因为年纪大不适合干某些重活，所以通常都能够尽心尽力地照看祠堂。他们同时还负责监管祠堂，如随时留意并检查是否有损毁等。如果是简单的、较小的破损，可能就由他们自行修缮。而遇到有较大的损坏，他们有义务上报给祠堂的管理者即"理事"或者"老大"等人，以便从公共财产中出钱及时进行修理、维护。但据调查，旧时有这种日常管理的祠堂其实为数极少，这种有专人打理的情况其实相当少见。与现在一般所见的祠堂管理也就是日常打理的情况相比，旧时的所谓祠堂的具体情况几乎完全不同。

老人们回忆，在清末民国时期，东城各个祠堂具体的管理方式和内容，彼此间有一定的有时甚至是很大的差异。至于各个宗族在这方面的具体要求或者处置方式，更是彼此各异。但是，那时所谓的祠堂管理，通常根本不包括打理祠堂即洒扫庭除之类，而几乎毫无例外地体现为宗族共有资产的管理，主要包括管理尝田等公有田地以及宗族所拥有的鱼塘、商铺以及其他所有的资产。

旧时东城几乎每个宗族都会有一定数量的祖宗留下来的田地，俗称为"伯公田""太公田""尝田"等。这些田产可能位于本村附近，也可能位于遥远的外村某处。这些田地几乎都是出租给本族或者外族的人耕种，宗族则收取一定数量的谷子或者租金作为收益，主要用于维持宗族运转并支付涉及整个宗族的各种活动如祭祖等。访谈时许多

---

① 据调查，清末以来今东城地域有族长、房长之类的民间头领，但普遍实行保甲制并设有乡长、保长、甲长等职务，即在制度上并无族长或者房长之职。访谈中老人们多次提及的乡长其实是民间的俗称，所指的其实可能是乡长、保长或者甲长。由于当时的一个乡、保或者甲有时指的就是一个村，且其居民属于一个宗族，因此老人们经常称保长或者甲长为族长或者乡长。

老人回忆，民国时东城各个宗族的最主要的经济来源，通常就是这种尝田。旧时的东城地域内多水，几乎每个宗族都有几处鱼塘等公共资产，这是东城的宗族与东莞其他大多数地方的宗族不一样之处。东城的这些鱼塘通常面积很大，通常也用于出租以获取租金供全族所用。少数宗族还在村内或者邻村甚至莞城、广州拥有一间或者几间商铺，这在当时是极为重要的资源，每年也有一定的收益。由于水路航运是当时最为重要的一种交通运输方式，近水道的某些宗族，则会向过往船只收取"借路费"作为宗族的共同收入来源之一，但这种做法据说相对较为少见。如何有效地管理这些资产，如何公平地使用这些资产，就构成了当时祠堂管理的主要内容。一般来说，每个宗族的"理事""理公尝"等人会测算出该年预计的全部收入，然后据之规划该年的全部支出，如用于购买祭祖所用的烧猪等祭品、用于开灯期间摆酒席等，该年中本族与外人之间的人员来往所产生的开销等，也是从这批款项里面支出的。如果预计收入大于支出，则多出的部分通常会留到来年使用。但如果预计收入少于支出，则可能就需要族人捐款以填补差额。

由上述的描述可以清楚地看出，旧时东城的所谓的祠堂管理其实严重地名不副实。实际上，主要是管理宗族的经济等方面而不是管理祠堂本身，或者说是以祠堂的名义管理宗族的经济活动等。由于旧时一个宗祠与一个宗族严格对应，重要的事情又都是由宗族出面，而且主要的宗族活动又都是集中祠堂中进行的，可能因此才出现了这样的祠堂管理。

传统上，管理东城的一处祠堂其实也就是一个宗族各种集体性收入的人，一般称为"理事""理公尝"等。而收取租金的工作，可以由本族人负责，也可以由"巡丁""民团"或者"乡勇"等人负责。所谓的理事、理公尝，指的是由族内较为德高望重的人共同商量之后而选拔出来的、负责祠堂管理即宗族经济管理的某个人或者某些人。据回忆，民国时鳌峙塘有一种由 60 岁以上的男性族人组成的民间宗族性团体，俗称为"老大"，但这些老人个人也可以称为老大。老大类似于长老会议成员，他们组成的就是鳌峙塘徐氏宗族内的最高决策机构。一旦需要时，其成员都会集中于祠堂议事。"凡是他们去祠堂议论的、商量下来的，那肯定都是关于整个族的大事啦。"当时祠堂的具体管理者即理事，也是经过"老大"的集体商议而选出来的。访谈时有一位经历其事的老人回忆，当时由族长召集鳌峙塘的老大到祠堂，通过集体讨论并反复比较，以"忠厚老实"为最主要的标准，选出某位男性族人充当该任理事。[①] 理事除了负责日常的收入与支出等之外，在每年的年末之时，都要将本族在这一整年的所有的收支情况详细地用大字写在纸上，然后张贴于祠堂大门口的两侧，以供全体族人查验，达到公共财产收支分明的目的，从而避免族人因为钱财的来去而发生矛盾。任何族人都可以自由地对各种收支提出质询，需要时"老大"还可以组织人或者委托人即所谓的"理数"，专门进行查证或者核实，最后还要把结果告知大家以免除疑虑。

访谈资料：
问：以前是怎么选出这个人的呢？
答：每年都会投标一次的，投的人里面出钱最多的那个人，他就可以负责了。投

[①] 访谈时这位老人给出了具体的名字。为了遵守学术规范，此处我们隐匿其名。

标获胜的人,可以向过往船只收过路费。不过,他也要承担村中一切大小事务的费用。

问:理事收租以后,是怎么处理这些租金的呢?

答:族里有什么事情,都是拿这些租金作为费用的。例如,清明或者重九的时候族里面的人去祭祖,花的钱就是这里面的。到了端午节,其他村子的兄弟或者亲戚,来本村撑龙船,那就需要接待他们,也是使用这个钱的。

以前每到年底,理事都会在祠堂门口张贴这一年的收入、支出的表格,是公开给族人看的。要是这一年有剩下来的钱,就留到下一年再用。要是不够的话,那就要大家凑齐款子了。

在民国时期的柏洲边等村,也是通过类似的程序选举出理事。当时也是由这位全体族人选出来的"理事"管理祠堂即族内的钱财,有老人还记得,当时的选拔标准共有四条:"本宗族的;三四十岁的;忠厚老实的;男性。"但在极其少数情况下,可能是经由其他途径产生的,这方面最为典型的可能是峡口村。因为峡口处于东江与寒溪河的交汇之处,与其他村落相比其田地尤其少,祖先也没有留下多少尝田,所以通过地租获取的收入较少。但是,峡口地处航道的咽喉处,每年过往的船只数量较多,因此,向过往船只收取费用,就成为了祠堂即宗族的一项重要的收入来源。旧时峡口每年都会通过竞标选出下一年负责管理祠堂即宗族财产的人,也就是理事,标的则是来年为整个宗族提供一定数额的资金。参加竞标的人可以是外村的或者外族的,但据说获胜者通常都是本族的。旧时以出钱最多者胜出,该名人士就会成为新的一任理事。他得到下一年管理该族祠堂即财产的权力,可以顺理成章地向过往的船只收取一定的费用。理事交给宗族的钱,用于该宗族一年之中的大小事务,据说每年的账面上几乎都没有多少剩余的钱。老人们回忆,到了每年年尾公布族里一年的开支的时候,理事则几乎必定都会满面愁苦地说,"这一年过往船只的收入,刚好够全族所用"。老人们说,那时其实每年光是收取的船只过路费一项,就会有相当数量的盈余的,不过被收费者也就是理事私自占有而已。

不论通过何种途径选出来的理事,都要接受村民尤其是老大之类的村落或者宗族头面人物的监管,但这方面各村的具体情况不一。涉及钱或者权等的时候,不论人心如何公正、监管又有多严格,仍然难免会有部分人犯错,常见的如贪污等。如果族人发现理事所处理的宗族的钱财出现了收支不相符合的情况,又或者发现其虚列了并不存在的开支项目,这些就可能说明理事存在贪污的情况。产生这些异议的时候,当时比较多见的处理方式是族里另外找一个或者几个公认为"忠厚老实"的人来具体核实,也可能另请一位外地的理数即会计之类的人才专门查账。如果查实有贪污、虚报、瞒报之类的不当行为,这位理事几乎必定就会被宗族即时免除职位,他还需要偿还贪污或者虚报的全部款项。由于被认定成"贪祖宗的钱",这个人从此会在本族或者本房支中声名狼藉并遭受孤立。如族人们普遍"不愿搭理他,宗族举办的一些集体活动可能也不会叫上他"。老人们说,这也是旧时人们不敢贪的一个重要原因。

访谈资料:

问:如果一个理事贪污了,要怎么才能知道他贪污了呢?

答：那时是全村人一起监督。要是有人发现了（这个理事可能有贪污），然后族里找一个人，就是忠厚老实的人，叫他去查。要是不放心，也有找几个人查的。账上每一笔收入和支出，那都是要有详细记载的。这样一对照，就知道他是不是贪污了。

如果这个理事确实是贪污了，那就让他把这些钱如数还回给公家（指祠堂），同时他也不能够再当理事了。这个负责查账的忠厚老实的人，很有可能就成为了新的理事。

但在某些村落的某些宗族中，虽然人们怀疑有贪污、报大数即虚报实际开支等嫌疑存在，但可能并没有委派特定的人负责监督、查账、核实等工作。老人们都说，旧时的确存在贪污公款等行为。据调查，其主要原因在于当时管理这些族中公共财产的人如理事、老大等，一般都是族中较为有权有势的头面之人，因此一般的族人很难去监管这些人。有些时候虽然人们有怀疑，但一般的族人根本没有专业的能力查证账目中的资金流向等。因此通常情况下，即使是有人产生怀疑最后也是不了了之。不过，传统的东城人普遍认为，祠堂的钱是祖宗的钱财，如果贪污了则会对自己的家庭不好，如会使得自己的家人多灾多难等。而且负责管理的人一般来说都是家庭财力宏厚，没有必要冒险贪污祖宗的钱财而使得自己的家庭遭受不幸。所以理事、老大等都会自觉奉献，很少有人会打什么歪主意。访谈时老人们举过数例证明当时人的廉洁，最出名的一个故事发生于温塘村的某坊。大意是某坊请了一位族人当理事管理账目，年终时发现短少了一笔款项而他又无从解释，族人于是认定他贪污了。这位理事辩白说自己绝对没有贪污，并当即抱着炮口发誓说"若果大炮不响，就证明没贪污"。族人点燃了火炮果然没有响，此事只好不了了之。过了很久，还是别人想起来他买了石灰用于修缮祠堂但忘记了入账，因此才造成了收入与支出不相符合。

理事所负责的祠堂财产包括收入和支出两部分，而收入通常依赖于尝产等所产生的租金，很多情况下这些都依靠"乡勇""民团"或者"巡丁"等人收齐。东城所谓的乡勇或者巡丁制度确切地起源于何时，现在似乎已经无人确知，我们也没有找到相关的历史文献。访谈时老人们都认为，这些人是一个宗族里（经常也就是一个村落里）负责管理安全的人，但日常其最重要的职责之一却是收取租金。据回忆，民国初期东城的乡勇或者巡丁其实分为两类。一类是通过族中较为有地位的人共同商议后决定的，如成为鳌峙塘的乡勇，要由"老大"在祠堂里集体商议后才能够决定。老人们又回忆，当时鳌峙塘的基本原则之一是，必须保证每个房支中选两个人（至少也要选一个人）出任乡勇，这样才能够确保每个房支都有人在乡勇队伍中，避免出现某个房支的人过于集中的情况。而一旦族里发生争执或者不和的时候，由于每房都有人在乡勇队伍中，这样也便于顺利地解决矛盾。另一类则是属于雇佣型质的，即通过雇佣关系来选人，聘请的宗族通过某种方式给所聘任的人相应的报酬。相对来说，这些人的选用标准较低，人们说最为重要的两条是必须"身家清白，手脚干净"。据回忆，甚至这些人是不是本村人，有时也不是非常紧要的。但如果是外村人当乡勇或者巡丁，一般必须知道其底细或者有本村人担保，这样为的是防止其成为"内鬼"祸害本村落或者本宗族。一般来说，旧时邻村的关系通常比较微妙，因此据说很少是由外村人充任的。

访谈资料:

问：你们鳌峙塘以前的乡勇、巡丁、民团这些人，那是怎么选出来的呢？

答：老大那些人，在祠堂里开会商量，最终决定哪些人来当这个乡勇。每一个房要选两个人当，至少也要选一个人当。这样的话，就可以避免几个房支出现纷争。如果哪个房没有三四十岁的合适的男人，那也要出一个20多岁的人来当。这些人都是三四十岁的人，都是男的。身体必须健康，还要有力气。到了临近中华人民共和国成立的时候，鳌峙塘一共还有十几个乡勇。

问：乡勇一般都要做些什么工作呢？

答：他们每天都要不停地巡逻，晚上一定要守卫的。他们最主要的工作是防盗，如果村里不见了什么东西，乡勇是要赔钱的，因为请了你，就是要你维护治安的嘛。当乡勇没有钱拿，就是没有工资。不过，族里的人家呢，都要按照自己家土地多少，交多少数量的谷子给他们，算是工资吧。他保护了你，你当然得交保护费了。

问：那乡勇有什么标志吗？比如有没有制服什么的？

答：没有的，那时他们没有什么特别的衣服的，跟现在的保安不一样。但是，他们都有枪，是真的枪。在平日里，他们都是背着枪巡逻的。1949年前，我们这里有很多枪的。那个时候，我们这里每个宗族，都会集体买枪的。

这些巡丁、民团、乡勇在负责保护村子即宗族的安全与维护正常的生活秩序的同时，通常还需要负起收集公田的田租之责。收得的租金是多数东城村子最为重要的例行性的公有资金来源，普遍用于该族中的大小事务，包括祠堂的日常维护所需的开销、族中重大事件的花费等。至于为什么要他们肩负起收租的使命，许多老人说可能与当时收租颇为不易有关。据调查，东城历史上频遭各种灾祸尤其是水灾，不同村落的老人们都常说民国时期"三年收一"，即耕种三年可能只有一年有收成，而另外两年全因各种灾害毫无收获即"白种"。在这种窘迫的情况下，如何收齐租金确实是一件相当难办的事情。我们在樟村访谈时有曾经老人一脸苦笑地说起，当时每次收租时，都需要到对方处反复商量；遭受大的天灾实在没有收成的时候，该年只好不收或者缓收。综合当时各个宗族的实际情况来看，实际情况可能远比这些要严峻得多。我们相信，这可能也就是巡丁、乡勇、民团负起收租责任的原因。

（二）中华人民共和国成立后的管理

从20世纪50年代初期开始，随着政治风云的急剧而又猛烈的变换，祠堂的性质及其命运发生了彻底的改变。一直到了改革开放后的一段时间，祠堂才又逐渐重新回到东城的民间。如今的人们对传统有了不同的理解，已经逐渐形成了一套新的管理制度与体系。

自20世纪50年代初期起，在全国范围的村落内一种全新的观念开始流行，全新的身份划分开始出现并展示意义，全新的土地制度以及随后全新的生产制度开始实施，这些对祠堂产生了根本性的影响。在新的制度下，人们的社会观念、宗族观念、传统信仰等面目一新，祠堂不再是祖先的光芒或者宗族的荣耀，而是封建伦理的标志或者余孽。宗族原来的族长、老大、理事等乡村耆老或者传统的精英，在新的身份划分下或者出走或者成为了被打到与管制甚至镇压的对象。所有这一切，无疑极大地改变了族人对祠堂的认识与行为模式。而更加重要的是，由于实行了全新的土地制度，原本的公田即尝田全部分给了村民并在后来成为了生产队的土地，这个变化使得绝大多数东城的祠堂即刻断绝了常规性的收入，直接造成了日常维护祠堂与各种例行的宗族集体活动即刻陷于停顿，也极大地削弱了族人参与宗族集体活动的热情，祠堂随之遭受了与以前完全不同的命运。

据调查，中华人民共和国成立初，东城有少数较小的祠堂（通常是两进的）被分给了一户或者两户贫苦的村民，并在此后的几十年间一直充当普通的民居。但是，绝大部分祠堂却没有如宗族或者地主的浮财一样分掉，而是在随后先后转化成了村落集体的某种公共空间。老人们说，主要原因在于东城祠堂的规模普遍超过当时一般人家的面积，如果分给一家充当住房，显然有失公平；而分给多家共同居住，则又很容易造成日常生活中的各种矛盾。结果多数祠堂都是闲置下来，或者成为了中华人民共和国成立初期的民兵办公室以及住所。由于地理因素和历史因素，当时民兵的地位与作用都显得颇为重要。访谈时有老人回忆，他当时就是与几个民兵一起居住于祠堂内，白天的主要任务是负责维护村落治安以及看管、监视村内的"坏分子"，每天晚上则还要扛着枪四周巡逻，主要是防范"国民党匪特作乱"。到了20世纪50年代末期之后，随着新政权日趋稳定和生产集体化的不断加深，这些祠堂中的大部分相应地成为了村集体的各种公共用房，如被作为生产队或者大队的办公室或者仓库等。据调查，不少祠堂在"大跃进"期间还充当集体饭堂使用，不过"时间不长，集体饭堂就解散了"。

此后直到改革开放为止的约30年间，东城祠堂的命运各有不同。例如，虽然大部分因为作为集体用房而得以保留下来，但有一部分基于自然的原因垮塌了，有一部分则被人为地拆除了，据说主要是借此达到破除四旧或者获取建材的目的。如20世纪六七十年代，东城人大规模开展水利等农业基础建设时，需要非常多的石条等优质建材修建水库、河道等。牛山村的一位当时的生产队长回忆，拆除一座客家的祠堂可以获取很多石材，而修建他原先所在的村子附近的水库所用的石条，主要就是来源于该村拆卸的祠堂。

到了改革开放后，祠堂的命运再次发生变化。在现在的东城境内，除了樟村等极少数村落没有了自己的祠堂之外，其他每处村落内几乎都有一处或者几处祠堂，不过，不同的祠堂的状态可能相差甚远。由于年久失修，现在东城有不少的祠堂显得破烂不堪，少数面临随时垮塌的危险，甚至有些已经只有垮塌后的部分残余物。但是，也有相当部分的祠堂窗明几亮、焕然一新，这是相关的村落或者宗族在近20年间各自陆续修缮或者重建的结果。

至于祠堂的所有权或者管理权，现在则有几种形式。如有的归于相应的宗族，有的归于村委会或者居委会，还有的是两者相互合作共同管理。如果与以前相比，现在的祠堂则全部没有了尝田等族产作为固定的收入来源，开展活动所需的资金来源普遍呈多元化状态，其管理则主要体现为打扫等也就是东城人常说的日常打理。现在通常由一位中老年村民负责管理一处祠堂的日常事务，多是由村委会或者社区居委会指派的本村、本族人，似乎没有由族里或者房支指派的。至于其性别则男女都可以，而以男性为主，这主要是由于去祠堂的依然主要是本族男性。不同祠堂每天具体的开门与关门的情况不同,如有的祠堂早上开门后直到黄昏再关门,有的祠堂则是上、下午各开、关门一次,还有的祠堂是需要时临时开门、关门。指派的这个人主要负责平时祠堂的开门、关门,开门之后到关门之前的"其他的时间,在祠堂也行,不在祠堂也行"。此外,这个人还要负责清扫等日常维护工作,有时候可能还需要给祖先牌位上香、斟酒等。逢年过节或者婚丧嫁娶时如果有族人来祠堂祭拜祖先,需要时这个人也可能会提供若干协助。日常维护过程中,如果发现有需要维修、更换的物件,也是由这个人上报给村委会、社区等进行相应的处理。

访谈资料:
问:当时为什么会让你看管祠堂呢?
答:那时我刚刚退休,周屋社区居委会就让我去看管祠堂了。居委会的主任对我都很好,觉得我比较老实,就是不会背后说人坏话嘛。当时有些人看不起我,主要是觉得我穷。原来我在农业机械厂当工人,当了30多年的工人才退休的。
问:那你退休多久了?
答:到现在?已经20多年了,我今年都80岁了。
问:要是祠堂里有什么东西需要修理,或者是有什么东西需要添置,是谁负责呢?
答:我去告诉居委会就好了,他们会有人来处理的。
问:祠堂晚上会关门吗?也要防止有人偷盗吧?
答:不会有人去偷祠堂里的东西的,哪有这样的人。再说了,祠堂里面有什么好偷的。现在到了一晚上祠堂就要锁上门,是害怕小孩子进去玩火出事故,所以才锁门的,不是防止偷盗。
我们东城管祠堂的人,都是只需要早上过来开门、晚上过来关门就可以了。最多就是每天早、晚再上香给祖先,就可以了。
问:那在祠堂摆酒、开灯、结婚的时候,管理祠堂的人需要做什么呢?
答:他们其实根本不需要特别做什么的,跟平时一样。最多也就是叮嘱一下摆酒的人,比如叫他们要注意卫生,酒宴结束后要收拾好东西。一般就是这一些了,这就可以了。

一般来说,现在的祠堂每年例行的各种事项几乎都不可避免地涉及钱财。由于早已经没有了族田等方面的收入,现在举办同类的各种集体活动,都需要筹款以应付所需。除了争取赞助和政府资助之外,最为多见的筹款形式是由族人自愿捐款。捐款通常以族人(成年男丁)为单位,但也有以家庭为单位的。这些时候可以由族人自己决定捐款的数额,也可以由族里定下每人捐助的数额,还可以由族里定下最低的数额而欢迎多捐助。这些时候的捐款都是以宗族为单位收取的,但在形式上则表现为各个祠堂自理。负责收取以及管理钱财的,可能顺理成章地就是平时负责管理祠堂者,但也可能是宗族另行指派的人。本次调查期间,我们恰好碰到了一次族人捐款。

观察资料:
距离鬼节还有一个月的时候,负责管理周氏宗祠的人就在周屋老人活动中心外的树荫下下摆好桌子，以便收集用于七月十四即鬼节所用的各种捐助。

这次周氏宗族仍然以男丁为收取对象，原则上每个男丁都需要捐钱。宗族设定的数额最低为20元/人，最高为200元/人。我们发现，实际上以每位男丁捐助20元、50元和100元的最为多见。传统上女性不能够捐款，现在则欢迎女性自愿捐助，这次就有好几位热心的女性族人到场捐款，以自己的名义和以家庭的名义捐助的都有。

族人的家庭各自派一个人来，先向负责收钱的人报出自己家男丁的数目、各自的名字，然后说明每个男丁捐多少、总数又是多少。负责收钱的人则会在一个专用的本子上逐一清楚地列明，并要让捐助人核对以确保无误。出于历史上的集体生产的缘故，这次周屋收款时仍然按照大队分列，即同一个大队的男丁的名字，写在同一页纸上。

第五节　与祠堂有关的若干习俗

作为全体族人或者房族共有的一种重要的财产，祠堂具有相当的公共性与庄严性。同时祠堂又拥有较大的空间，能够为族人提供当时的族人难以通过其他途径获得的宽敞的空间。因此，旧时的祠堂经常成为了宗族以及族人举办各种重大活动的合适场所，并由此形成了许多相关的习俗，不少还延续到了现在。由于本书的相关章节分别多有涉及，因此在本节中，我们只是择其要者略加描述以及简略的分析。①

一、祠堂入伙或开光

祠堂建成以后，同样需要举办一个特定的仪式之后才会投入使用，这个仪式有时也同样称为"入伙"，许多东城人又称之为"开光"。但在有些村落中，村民则认为"入伙"专用于指称民居的仪式，而"开光"则专用于指称祠堂和庙宇等的仪式，二者不得相混。

在举办入伙前，首先要将列位祖先的神位或者是一块写有"××堂上/姓列祖列宗"之类字样的总牌位，恭敬而又仔细地放进祠堂后寝的神楼上。这时通例要挑选一个吉利的日子，由一位儿女双全、子孙较多、高寿、身体健康、声望地位高的男性族人负责安放。人们认为，这样寓意着族人也可以像这位老人家一样多福又寿。现在有些地方依然是要请这种"福气好"的老人来安放祖先的神位，有些地方则是让村里的村干部来安放祖先的神位。

安放好祖先的牌位后，就可以入伙了。通常是由族人中某位较为有声望的长老，挑选一个吉利的日子举行仪式。在入伙的当天，族人会聚集在祠堂里共享一餐午饭，现在仍然如此。以温塘袁氏大宗祠的重修后的入伙为例，这次入伙整个温塘的人都会过来参

---

① 传统上，与祠堂密切相关的一个重要的习俗是开灯。但由于本章过长，故相关的内容我们分散入本书的宗族等章节叙述。

加,由温塘村"老人协会"的成员主持仪式。入伙的当天,还请了书记剪彩,仪式过后则专门设宴大宴宾客。

访谈资料:

(周屋周氏宗祠访问周老人)

问:入伙在这里是叫入伙还是叫开光呢?

答:大的(指祠堂、庙)叫开光,小的(指民居)叫入伙。所以,祠堂跟庙的,那就都是叫开光了。

问:祖先牌位、祖先画像那一些,是开光之前搬进来的呢?还是开光这一天搬进来的呢?

答:是开光之前搬进来的。事先就摆好了的。

问:那是谁搬进来呢?

答:那就需要是三代同堂的人喽。就是爷爷到孙子,合计三代,都齐全的。只要是哪个人都可以来搬。

问:这个人是一定要本族的人吗?还是本村的人都可以呢?

答:那自然了,一定要是本族的。入伙当天还要拜祖宗的。原来的祠堂里,那是有几排牌位的,后来发大水冲走了。以前中间的牌位,是辈分最高的那些祖先的。在两边的都是他们的子孙。

访谈资料:

(温塘袁氏大宗祠访问袁老人)

问:入伙之前,祖先牌位是由谁来摆放的呢?

答:你说的是前几年办的那个入伙啊?那当时是村干部搬进来的。

问:入伙的时候,有哪些人可以参加呢?

答:这个没有固定的,都可以来的,喜事嘛。

问:是男女老少都可以来吗?

答:是的。温塘整个乡的人都可以来的,那天其他姓的也来了不少。那是到现在为止,我们温塘这里最热闹的一天了。

问:那是谁主持这个仪式呢?

答:就是我们老人协会主持的这个仪式。我们摆酒的钱,是建祠堂的时候筹集的钱剩下来的。当天,书记还来剪了彩的。

问:那天的入伙酒听说很热闹。是怎么样摆的呢?

答:那确实是太热闹了,那天人太多了,实在没办法一起吃。结果就是60岁以上的老人,安排在祠堂的外面吃饭。那些60岁以下的人呢,就分散了,就是在自己的生产队里吃饭。

二、结婚

在东城的村落中,历史上村民举办婚礼时有些就是并不需要到祠堂祭拜祖先的,但通常需要在祠堂里摆酒，这主要是出于家庭空间有限的考虑。而新人尤其是新娘是否要到祠堂里祭拜夫家的祖先，则有不同的风俗。

访谈资料：
（桑园访问袁老人）
问：结婚的时候需要到祠堂里祭拜祖先吗？
答：结婚的前一天晚上，新郎一家都会到祠堂来拜祭一下。这个时候，还要请喃呒佬（一般为本村人）来吹唢呐。第二天早上去接新娘，到了下午5点左右，就开始接新娘回家了。
问：那新娘回来后需要再去拜一下祖先吗？
答：不需要的，女的不可以进祠堂的。
问：那么以前会在家祠里摆酒的吗？例如结婚、开灯等。
答：会。我记得我小时候看见过新娘在祠堂门口"摸鱼"。就是把几条鱼放在水桶里，让新娘去摸出来。

但在大多数东城的广府人或者客家人的村子里，旧时的人们在结婚时都是会到祠堂去祭拜祖先的，还普遍在祠堂里摆酒宴请一众亲朋好友。不过，这时所去的，其实一般都是所在房支的祠堂，也就是通常所谓的家祠或者厅之类的（详参考本书第四章）。据调查，真正去到大祠堂即宗祠举办婚礼的，似乎始终较为少见，其原因可能在于亲疏远近有别。

访谈资料：
（牛山张氏宗祠访问张老人）
问：结婚的时候会过来祠堂吗？
答：会的，那时候很隆重。新娘和新郎一起来到祠堂拜。有一个人念好词：一鞠躬、二鞠躬，敬茶敬酒。要搞一个多小时才会结束。有人在旁边吹吹打打，然后新娘新郎回家。

需要到祠堂拜祭的，具体的情况也不一样，对新郎和新娘的要求也有所不同。如在某些村子里，新郎在接新娘的前一天晚上先到祠堂祭拜祖先，在祭拜的全过程中还需要一直吹唢呐。在某些村子里，新郎在接到新娘以后再去祠堂祭拜祖先，一路上请喃呒佬或者其他人吹奏结婚时候的曲调。而在祭拜的时候，新郎家有时候还需要特地准备一围酒菜放在祠堂的八仙台上，这是专门用于祭拜祖先的，主家还要告诉祖先保佑新人快些"添丁发财"。等到祭拜结束后，请族中较有威望的8位老人享用这围酒席。有些村子则是在接到新娘以后，新郎和新娘一起到祠堂里面祭拜祖先。这时还要在祠堂里举行叩拜仪式，新郎和新娘还要一起向新郎的父母敬茶、敬酒。此外，有些村子习惯于在家里闹新娘，有些则是在祠堂门口闹。如果是后者，这时常见的一种恶作剧就是让新娘到祠堂门口，让她从一个大木桶"摸鱼"。据一位在小时候目睹过这个"摸鱼"的场景的老人回忆，这个木桶通常高约一米、直径约一米。因为水桶很大，水桶里面的水又很多，再加上新娘子害羞、紧张，所以这在个"摸鱼"的仪式中，几乎从没有哪位新娘能够摸到鱼。但是，新娘子"摸鱼"的过程却让观看的众人十分开心、欢乐，增添了婚礼现场的喜庆热闹的气氛。

总的来说，结婚的时候在祠堂进行各种仪式有以下原因：第一，希望将这桩婚姻告知先人，并祈求得到先人的保佑；第二，祠堂作为公共的聚集场所，同时也是族内最为尊贵的地方，可以更加方便地使得其他族人知晓族内新添了成员即新娘；第三，以前一般人家的房宅面积较小，祠堂则是较为理想的摆酒宴请亲友的地方。因为这样，我们在不同的村落访谈时总是有老人家说，中华人民共和国成立前民居空间极为有限，几乎都是去祠堂摆酒的。

老人们回忆，当时通常在祠堂的厨房或者是在祠堂门口临时搭建一些炉灶，然后主家请上若干名"自己的兄弟"等人来帮忙，做上一些酒菜就可以招待前来的亲朋好友了。据他们回忆，这个时候负责做菜的大厨等人，通例都是男性。现在早已几乎都是到酒楼结婚、摆酒宴，老人们觉得这样虽然方便，但没有了热闹的气氛。

三、集体祭祖

东城人集体祭祖一般是在清明节或者重阳节，这时的祭拜是族人集体的活动，以逐一祭拜自己各位祖先为中心内容。本书的家庭、宗族和民间信仰部分各有描述，此处我们只略述组织者以及参加者的变化。

在中华人民共和国成立前后，祭祖的主持者、组织者的身份也多有变化。在中华人民共和国成立后，宗族已经大为减弱，宗族势力已经难以感受得到。实际上，祭祖的主持者、组织者的身份已经完全可以说几乎没有了共同点。

访谈资料：
（温塘袁氏大宗祠访问袁大爷等4位老人）
问：这座祠堂在清朝就有了，那时候是谁主持拜祖先的？
答：那时候是乡里的绅士主持的。就是由族里的有头有脸的人物出面组织的，当然也是他们主持的。那些人有钱有势的，说的话有人听，才能组织。
问：现在是什么人负责主持祭拜祖先呢？
答：都是由我们老人协会负责的。

传统上，在族中长老、族长等组织者的带领下，老老少少的男性族人带着事先准备好的各种祭品，到各处的山上祭拜列祖列宗，整个过程常常需要耗时几日。祭品则一般包括水果、饼干、糖果、元宝、蜡烛、炮仗等，最为重要的是几乎可以认为是必备品的一只烧猪。祭拜仪式完结后的"分猪肉"则是祭祖重要的内容，也是那时的人们普遍最为期盼的。不同宗族的具体分法有不同，有的直接在山上将烧猪分给在场的族人，但大部分家族则会将烧猪抬回祠堂再分。至于在祠堂的哪里分，各个家族也有自己的习惯方式，如有的是在祠堂的中堂分，有的则是在前厅分。各个家族都普遍按照男丁的人数均分，以每丁分得2两猪肉最为常见，这似乎说明以前的烧猪有大致的规格。有些宗族的族长可以分两份猪肉，但女性既不允许参与祭祖，也不许参加分猪肉。

访谈资料：

（桑园第二小组办公室访问袁大爷）

问：那以前是男女都可以去拜吗？

答：只有男的才可以去拜。

问：女的不去拜，去帮忙做饭，这总可以吧？

答：那也是不可以的，女的不许进去祠堂的。

问：那女的干嘛呢？

答：（笑）女的啊，就像平时一样啊，她平时该干什么，就做什么。

问：小孩子可以去吗？

答：凡是男丁，都可以去。

问：那可以不去吗？

答：现在就不好说了。要是在以前，那是不行的。就算是刚出生的男丁抱着也要去。

…………

问：西乐公祠以前有神主牌位吗？有人会去拜神吗？

答：以前那是有不少神主牌的，我记得，最老的祖宗放在最中间。自己家里比较近的祖宗的神主牌，那就放在自己的家里。1959年到1962年的时候，祠堂里的那些神主牌，就集中起来全部烧掉了。现在也还会有人去祠堂拜神的，就是去那里拜祖先。

问：去的话有规定的时间吗，还是只要想去随时都可以去呢？

答：一般都会在开灯摆酒、清明、重阳节，这些时候才去。

问：这些时候都一定要去吗？

答：那不一定。现在是谁有空就去，没空就不去喽。

时至今日，祭祖的某些内容依然维持或者基本上维持。如家族中远行去拜山的依然都是男性，很少或者干脆全然没有女性参加。而在某些其他方面，则已经发生了许多重大的改变。例如，早已经无人再尤其关注太公肉，它已经失去了食物的意义而变成了纯粹的祭品。而最大的改变，似乎在于人们对祭祖有"必须去"和"有空就去"两种相互矛盾的态度，即以前的规则是必须去，而现在的规则则是有空才去。这种态度上的变化既说明了如今的人们更加宽容，但似乎也说明宗族的地位早已经衰落到相当的程度。在几千年的传统宗法制生活中，中国社会早已形成了普遍、坚固的祖先信仰，即使是日常生活也经常不同程度地渗透着祖先崇拜，集体祭祖更是祖先崇拜的一种集中的标志性的活动。在宗法制度严密的过去，依照习俗它是每个男性族人不可缺席的大事。而从实际的利益和社会意义上来说，过去宗族势力强盛，个人依附于宗族之下才可能享有社会地位等方面的保障，才可能享有各种族产等物质方面的利益，才可能享有宗族所带来的人脉等各种资源。因此，人们必须拥有并确保自己的"族内"身份，从各方面来看，参加拜山祭祖自然都是必需的。而到了当下的社会，宗族存在的意识基础即祖先崇拜已经大为削弱，而尝田等族产的消失更使得宗族的物质利益基本散尽，宗族也已经不能再为人们提供什么社会或者功利性的保障，即宗族对个人来说已经全面式微、几无实际的关联。事实上，随着各个宗族的年轻人普遍外出工作，越来越多的人全方位地脱离了村落、脱离了宗族，祭祖这一重大活动，在实际中自然也就只能够"没空就不去"了。

2018年重阳节后的某日，我们又一次前往桑园村考察，适逢该村袁姓人家的一支举办祭拜该房始祖的活动，该次祭拜的祖坟就在该村边的不远处，参加的男性族人及其妻子、儿女约有200名，主事者极为高兴地对我们说，其中的许多人平日里都是在外地生活、工作的，这次专程拖家带口赶回来参加活动。在他看来，这种活动不仅有助于在村内、外地生活的成年族人相互熟悉、增进感情，更重要的是可以借此让在外地的青少年知道自己的来历、认祖归宗。我们多年在珠江三角洲各地调查，深知这位主事者所述为真，深知他所述是如今的普遍想法。但是，这种想法或者认识，其实与祖先崇拜或者宗族都没有多少关系，事实上佐证了"没空就不去"的当下合理性。

四、获得功名

在历史上，如果某个宗族中有某位族人通过了科举考试而获得了举人、进士等，[①]其他的族人普遍会认为这是一件十分光宗耀祖的、极为重要的、关系到阖族的事情。它不仅代表着一个家庭、房支、宗族的文化底蕴深厚或者尚学的风气浓厚，更重要的是这意味着本家族将要得到相对应的权力、社会地位与其他的各种各样的收益。因此，获得功名通常都是一件足以让该族、该房、该家大肆张扬并长久自豪的重大事情。

依照传统，如果某宗族中有人高中了举人或者进士，他所在的房支甚至宗族，都会依例在本房支或者宗族的祠堂大门前特地立起一根高高的旗杆，过去东城人经常因其形状而称之为"桅杆"。老人们回忆，那时的桅杆一般都是用笔直的一整条的杉木做的，高度则一般在7到10米之间，具体的高度则要根据所获的功名以及木料的长度等决定。人们认为，这种旗杆远远高出了当时一般民居的高度，为的就是让"不论远近的人，都可以很容易就看到"。

据调查，旧时东城不同宗族的桅杆有不同的设置方法，而最为常见的是其底部插进一块有一定厚度的长方形的石条（也俗称为石墩）中。这块石条的两边各有一块石碑，绑缠后用于合力夹住石条。两块石碑的下部深埋入地下约一米深，用于保证其稳固性。我们实地考察后发现，东城的这种石碑通例都是采用麻石制作的，一般的规格为高2米、宽50厘米、厚10厘米。这两块石碑向外的侧面上，通常都刻有内容完全相同的若干字样，一般都是获得功名者的姓名、所获取的功名与时间，有些宗族还会刻上立碑的时间。

图8-92是峡口刘氏宗祠的在中举后所立桅杆的残存下来的一块石碑，其上至今可见刻有"光绪十九年癸巳恩科中式第廿五名举人刘培炜立"等字样。图8-93是柏洲边钟氏宗祠门前族人中举后所立的桅杆残存的石碑，刻文已经有部分损毁，但仍然可见"道光二十三年癸巳第□十二名举人钱时新立"等字样。在旧时代，这根桅杆及其附属设施会一直矗立在祠堂的前面，当事者的后代以及其整个的家族甚至宗族及其后代都会

[①] 历史上，东城人也有获得武举人等功名的。但日常人们所说的，其实几乎都是仅指科举而言的，故本书暂时不涉及武举人等。

一直守护，绝对不会让其受到任何的破坏。

在祠堂门口树立桅杆的同时，其族人一般还都会特地为获得功名者制作一块牌匾，通常为木质，用于挂在祠堂中堂的边墙上。在这块牌匾上，同样会写明或者刻上中举的人的姓名、所获的功名、牌匾制成的时间等。人们认为，这同样也是显示本族或者本房支荣耀的一个彰显性的物件。一般来说，这块牌匾还要高悬在距离地面一定的高度上的醒目的位置，这样还可以防止人们不小心碰坏。据调查，历史上也有一些宗族会另外制作一块较小的牌匾，上边通常刻有"光宗耀祖"四个烫金的字，用于送给获得功名者的家庭供其悬挂于门楣或者室内。柏洲边的钟老人回忆，当时家人将之高悬在正屋的门楣处或者高挂在厅堂中间的都有，他小时候还亲眼见过。

图8-92　峡口刘氏宗祠

如果考中了功名，这是该家几乎必定会宴请全体房支甚至全族的人来共同庆贺。至于酒宴的规模以及菜肴的丰盛程度，则由事主根据自己家里的经济状况而决定，基本的态度是"丰俭由人"。但因为这是一件大喜事，所以普遍都是尽力尽心办得体面光彩。同样因为是大喜事，无论菜肴怎么样，族人们都不会计较而普遍都会衷心道贺。据调查，在有些房支或者宗族中，则是由房支或者宗族出面办宴席即"公家办"以示庆贺。由于事关本宗族的荣耀，加上又是族人们集体欢宴，因此对此也不会有什么人有什么意见。

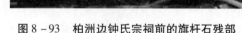

图8-93　柏洲边钟氏宗祠前的旗杆石残部

我们在访谈时发现，东城的老人们至今非常看重族人曾经获得功名，但其理由却非常具体而又十分牵强。如在他们看来，以前的社会是"只有哪位族人获得功名了，那以后呢，家族才能够修建祠堂的"。整体上看，这种说法虽然确实很有传统文化史的根据，但与东城的历史事实则多有严重的不符。东城的许多宗族事实上从来没有哪位族人有任何功名可言，但依然早就修建了祠堂。此外，又有相当多的老人认为，旧时"只有中了举的人，才能够修建自己的家祠"。应该说，这种事情确实偶然可见，但东城现存的家祠似乎绝大多数都不是因为这样而得以修建的。不过，虽然这些说法可能根本经不起推敲，但无疑反映出人们由于本族、本房出了获得功名者而产生了无比的自豪感。

本章附录

一、东城部分祠堂举例

东城部分祠堂如表 8-1 所示。

表 8-1 东城部分祠堂

祠堂名称	属地	始建时间	使用情况简述
西乐袁公祠	桑园	清咸丰年间	曾经用作医院
儒宾公祠	桑园	清咸丰年间	曾经用作集体食堂，后改作大队办公室
五桂家祠	桑园	晚于清咸丰年间	曾经用于办学校，是桑园村第一所学堂所在
月开家祠	桑园	晚于清咸丰年间	曾经用作麻线厂，现在基本保存完好
袁氏大宗祠	温塘	明天顺四年（1460）	"文化大革命"期间被拆改作大礼堂。改革开放后用作毛织厂，后毁于大火灾。现在的为重建的
梅轩公祠	温塘	明宣德二年（1427）	经济合作社办公室，但已经半废弃
阆川公祠	温塘	明朝中期	1957 年后用作茶中村大队部、现作为温塘茶中股份经济合作社办公室
韡轩公祠	温塘	明代	"文化大革命"期间改建为大队部，祠堂内的柱子、后墙上至今存有多处用红笔写的毛主席语录
征聘祖公祠	温塘	明天顺四年（1460）	1958 年合作化时改作供销社，使用至今
副使公祠	温塘	明朝初期	20 世纪 60 年代被烧，有损坏。1962 年做过村史博物馆，后作为祠下村股份经济合作社办公室至今
袁督师公祠	温塘	乾隆三十一年（1766）	已毁坏，仅余少量残迹
武溪公祠	温塘	—	—
松逸公祠	温塘	—	位于皂上村大巷，多年闲置，保存良好
陈氏祠堂	温塘	永乐二年（1404 年）	曾经用作温塘陶瓷厂的厂房
周氏宗祠	周屋	传说始建于宋代后期	新近重建
余氏宗祠	余屋	明成化七年	新近重建
刘氏宗祠	峡口	—	曾经用作集体的仓库
勸廷公祠	峡口	—	曾经用作集体的仓库
起庭公祠	峡口	光绪十九年	仓库、大队办公地方
星墟公祠	峡口	—	曾经用作集体的仓库

（续上表）

祠堂名称	属地	始建时间	使用情况简述
徐氏宗祠	鳌峙塘	明万历二十九（1601）	民国十九年（1930）重建，曾经用作学校
钟氏宗祠	柏洲边	明正德年间	新近翻修
坚立钟公祠	柏洲边	清末	曾经用作生产队办公地点，现在已经半废弃
黄氏宗祠	主山	传说始建于南宋昭熙、庆元年间，明代重建	现在为村民的集体活动空间
黎氏宗祠	主山	明洪武十年	曾经用作集体场所
钱氏宗祠	下桥	明代	新近翻修
张氏宗祠	牛山	清朝乾隆年间	先后用作学校、公共食堂、集体的仓库

二、碑刻

（一）温塘征聘祖公祠《尝产碑》

温塘征聘祖公祠《尝产碑》如图 8-94 所示。

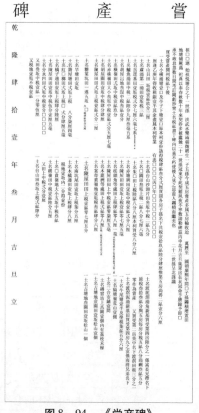

图 8-94 《尝产碑》

(二)《侯山余氏祠堂记》

侯山余氏祠堂记
陈嘉言

　　祠堂肇建，其来尚矣。紫阳朱夫子《家礼》曰："君子将营官室，必先立祠堂于正寝之东，以奉先世神主，以序昭穆。"参谒祭享之仪，既详且备矣，盖欲人竭其尊祖敬宗之心，追远报本之义也。非世家之贤子孙，孰能讲而行之哉？侯山余氏，吾邑茂族，系出曲江，宋朝奉大夫守工部尚书、集贤院学士、柱国、始兴郡开国公、谥忠襄公之后也。忠襄公次子讳仲荀，字师珉者，升任山东布政。仲荀之子讳嗣昌字之才，偕母粟氏夫人迁居东莞紫坭巷，始定籍焉。推其所自出，以忠襄公为一世祖，布政公二世祖也。之才生子七人，仅存其三，曰讳仁者，其次子也。相传至七世祖有讳德新者，号竹轩，由祖居紫坭巷徙居侯山，创业垂统，置祭田，祀祖宗。祭虽有田，而祠堂未建也。又传至十世孙曰泰，游泮庠，登太学，虽尝修族谱，而祠堂亦未建也。泰子曰绍先，忠襄公十一世孙也，一旦乃聚阖族长幼而语之曰："吾余氏先世自忠襄公传至于今，几十五世，宗族蕃衍，子孙众多，皆由吾祖宗积功累德之所致也。今建祠堂，以尽尊祖敬宗之心，追远报本之义，窃效行家礼可也。"众允如一。绍先首捐己地一区于寝室之东，以为建祠之址，众族人各出己资，鸠工市材，以十二世孙允中、旭、瓒、玮，十三世瑫，董其事。各殚乃力，经始于成化辛卯孟冬，落成于壬辰仲春，室堂厨库，规制适宜，复缭以墙垣，壮以门楼，诚所谓美哉轮兮，美哉奂兮者也。于是每岁冬至祭始祖，立春祭先祖，出入必告，朔望必参，器服有制，昭穆有序，一遵夫《家礼》，余氏子孙尽此可谓孝而贤矣。虽然，祠堂之建所以报本也，报本之道，莫先于立身扬名，光显祖宗。为余氏子孙者祭享祖宗斯堂，饮福受胙斯堂，亦惟思曰："吾一世祖忠襄公，二世祖布政公，俱为前代名臣，流芳后世，吾子孙当各相勉励，以迓续祖宗之光，为余氏增重。"顾不韪欤？兹因瑫携其世袭事实，偕予姻表辽宰曰璘、绍先之子曰珊，来请为记，书此以纪祠堂建立之岁月，并为余氏子子孙孙勉云。

　　时
弘治元年岁次戊申孟春吉旦
赐进士中宪大夫知柳州府前户部尚书郎邑人陈嘉言并书篆

　　说明：此碑现移入余屋余氏宗祠右庑永久保存。青石，高132厘米，宽80厘米。"余氏祠堂记"五字为横书篆字，碑文20行，行37字，提头38字。正楷，七行之后字多漶灭，漶灭之字，据《增益碧江余氏族谱》所载补。碑文之后有小字刻立石人名，漶漫不可识，只是开头有两"绍"字。

（三）《诒谷堂记》

《诒谷堂记》如图 8－95 所示。

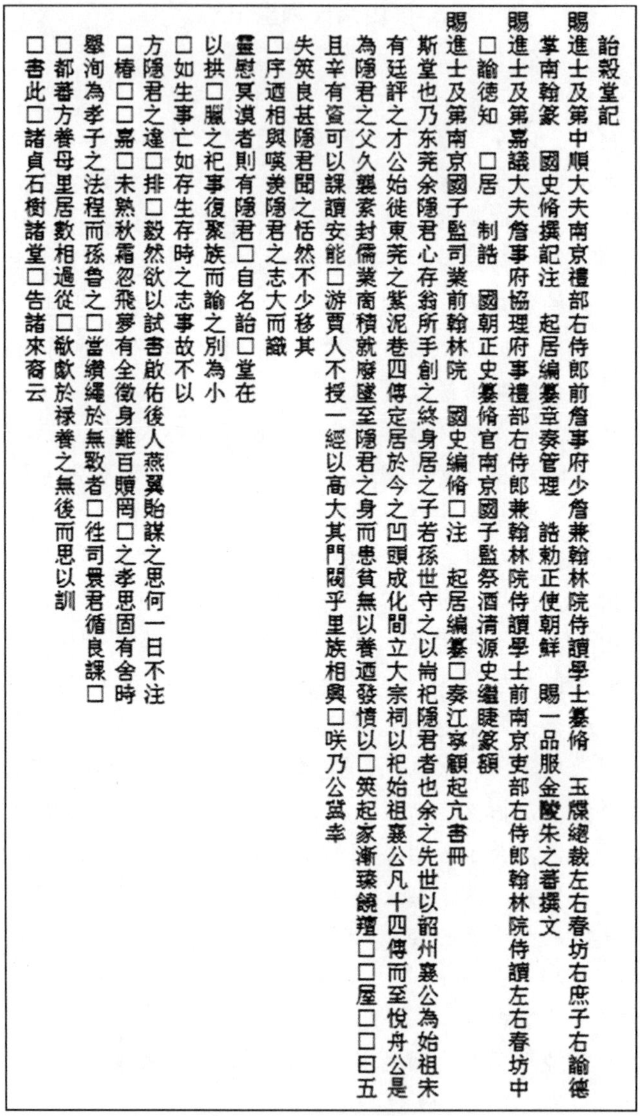
詒穀堂記
賜進士及第中順大夫南京禮部右侍郎前詹事府少詹兼翰林院侍讀學士纂脩　玉牒總裁左右春坊右庶子右諭德
掌南翰篆　國史脩撰記注　起居编纂章奏管理　誥勅正使朝鮮　賜一品服金陵朱之蕃撰文
賜進士及第嘉議大夫詹事府協理府事禮部右侍郎兼翰林院侍讀學士前南京吏部右侍郎翰林院侍讀左右春坊中
□諭徳知　□居　制誥　國朝正史纂脩官南京國子監祭酒清源史繼睫篆額
賜進士及第南京國子監司業前翰林院　國史编脩□注　起居编纂□奏江夏顧起亢書冊
斯堂也乃东莞余隱君心存翁所手創之終身居之子若孫世守之以崇祀隱君者也余之先世以韶州襄公為始祖宋
有廷評之才公始徙東莞之鰲泥巷四傳定居於今之凹頭成化間立大宗祠以祀始祖襄公凡十四傳而至悅舟公是
為隱君之父久襲素封儒業商積就廢墜至隱君之身而患貧無以養迺發憤以□筴起家漸臻饒羶□□屋□□曰五
且辛有資可以課讀安能□游賈人不授一經以高大其門閥乎里族相與□咲乃公筴幸
失筴良甚隱君聞之恬然不少移其
□序迺相與嘆羡隱君之志大而識
靈慰冥漠者則有隱君□自名詒□堂在
以拱□臘之祀事復聚族而諭之別為小
□如生事亡如存生存時之志事故不以
方隱君之違□排□穀然欲以試書啟佑後人燕翼貽謀之思何一日不注
□椿□□嘉□未熟秋霜忽飛蓼有全徵身難百贖罔□之孝思固有舍時
舉洵為孝子之法程而孫魯之□當續繩於無斁者□往司景君循良課□
□都蕃方養母里居數相過從□欷歔於祿養之無後而思以訓
□書此□諸貞石樹諸堂□告諸來裔云

图 8－95　《诒谷堂记》

诒谷堂记

赐进士及第、中顺大夫、南京礼部右侍郎、前詹事府少詹、兼翰林院侍读学士、撰修玉牒总裁、左右春坊左庶子、右谕德、掌南翰篆、国史修撰、记注起居、编纂章奏、管理诰敕、正使朝鲜、赐一品服金陵朱之蕃撰文。

赐进士及第、嘉议大夫、詹事府协理府事、礼部右侍郎、兼翰林院侍读学士、前南京吏部右侍郎、翰林院侍读学士、左右春坊中允、谕德、知起居、制诰、国朝正史纂修官、南京国子监祭酒清源史继偕篆额。

赐进士及第、南京国子监司业、前翰林院国史编修、记注起居、编纂章奏江宁顾起元书丹。

斯堂也，乃东莞余隐君心存翁所手创之，终身居之，子若孙世受之，以专祀隐君者也。

余之先世，以韶州襄公为始祖。宋有廷评之才公始徙东莞之紫泥巷，四传定居于今之凹头，成化间立大宗祠，以祀始祖襄公。凡十四传而至□舟公，为隐君之父，久袭素封，儒业耕商，积就废坠，至隐君之身，而患贫，无以养，乃发愤，以盐荚起家，渐臻饶裕，仰屋窃叹曰："吾始婚之夕，梦五竹生于闺帏，中一竿透屋瓦作干霄势，三竿先后振迅，唯一竿中折。今举五子，而夭其一，梦半有征验矣。且幸有赀，可以课读，安能世游贾人，不授一经以高大其门阀乎？"里族相与窃笑："乃公冀幸于不可知而坐损其橐中装，失荚良甚。"隐君闻之，恬然不少移其初念，唯勉诸子力学无少息。逮岁壬午，今司农大夫次公士奇登贤书，季公士魁游黉序，乃相与叹羡隐君之志大而识远，非侪伍所能及也。比次公戊戌成进士，而隐君已不逮养，率昆季而谋所以飨英灵慰冥漠者，则有隐君所自名诒谷堂在焉。生平游居寝处其间，即百岁后，魂梦尚当往来栖息无间也。拓其橐所置田，以供伏腊之祀事。复聚族而谕之，别为小宗祠以寄永慕，而属史蕃为之记，以示后之子孙。

蕃惟：圣人之论孝之至，必曰"事死如生，事亡如存。"生存时之志，事固不以即亡而与之俱亡。故语继述之善，不过如其生存，而事亲之极，则可以无忝耳。方隐君之违众排俗，毅然欲诗书启佑后人；燕翼贻谋之思，何一日不注其胸中，何一念不垂诸堂构者哉？桂馥初承，灵椿遽损；嘉实未熟，秋霜忽飞。梦有全征，身难百赎。罔极之孝思，固有舍时祀无以告处，匪专祠无以明志者。司农君是举，洵为孝子之法程，而孙曾之所当缵绳于无（"择"去"扌"右边加"夂"）者欤？往司农君循良课最，蕃职代言，既已稔闻隐君高风。

比司农君官留都，蕃养母里居，数相过从，辄唏嘘于禄养之无从，而思训淑于百世，俾知诗书之泽，自隐君贻谋，实始基之。乃援书此，勒诸贞石，竖之堂庑，告之来裔云。

时万历癸壬岁季秋之吉

说明：碑存凹头余屋余氏宗祠右庑，与《余氏祠堂记碑》并列，两碑以水泥砌于庑壁。余氏祠堂记碑中有十二行的中间部分，所刻之字几乎磨平，连字影不可见。据村中父老说：中华人民共和国成立后余氏宗祠为小学校舍，石碑碑面向上为路面，日居月诸，字被磨去。据此推测，今嵌镶于庑壁之两碑，必非原立之处。

诒谷堂今已不可考。《诒谷堂记碑》高144厘米，宽85厘米，22行，行47字，提头48字，楷书，篆额。碑文之上、左右两边皆刻样云纹。

(四)《明景泰六年袁甲初敕命碑》

《明景泰六年袁甲初敕命碑》如图8-96所示。

图8-96 《明景泰六年袁甲初敕命碑》

奉天敕命

奉天承运,皇帝敕曰:国家于任职之臣,必褒显及其亲者,所以重本而劝孝也,而何间于存殁哉。户部河南清吏司主事袁衷之父甲初,庆钟厥子而禄养不逮,揆其所自,宜有显褒。今特封尔为承德郎户部河南清吏司主事,灵其不昧,尚克承之。

景泰六年三月初九日

说明:立于明景泰六年(1455年),位于东城街道温塘社区袁氏大宗祠,高135厘米,宽87厘米。

(五)《明正德五年钟琪敕命碑》

《明正德五年钟琪敕命碑》如图8-97所示。

图-97 《明正德五年钟琪敕命碑》

奉天敕命

奉天承运,皇帝敕曰:父有善行,为子者务在显扬;臣有贤劳,为国者必先推锡。此天理人情之至,亦家规邦制之常。伦理所关,恩封何后?尔广西梧州府儒学教授致仕钟琪,乃户部湖广清吏司署员外郎事主事绍之父,学赡才优,行高守正,蚤登乡荐,恒存恬退之心;累陟儒庠,大著甄陶之效。方期晋擢,遽乞归闲。一经成教子之功,三釜享居官之□。康强无恙,退龄已逾乎七旬;光显维新,褒宠宜申乎一命。眷国章之伊始,见世业之足征。兹特封为承德郎户部湖广清吏司主事,远贻林壑之光,益衍家庭之庆。

敕命之宝 正德五年十二月二十六日

说明:立于明正德五年(1510),现藏于东城街道柏洲边社区食堂,高148厘米,宽73厘米。

(六)《明正德五年钟绍之母谢氏敕命碑》

《明正德五年钟绍之母谢氏敕命碑》如图 8-98 所示。

图 8-98 《明正德五年钟绍之母谢氏敕命碑》

奉天敕命

奉天承运,皇帝敕曰:母德兼乎教育,与父式均;君宠重于□□,惟臣是劝。况乃郎曹之续,足征慈范之良。典式具存,宠恩宜厚。尔谢氏乃户部湖广清吏司署员外郎事主事钟绍之母,柔惠静专,孝慈勤俭,系出仁贤之族,归于诗礼之门。秉正道以相夫,功光儒校;佐义方以教子,名显甲科。肆当贵显之时,尤切官箴之训。贤劳既积,禄养方隆。爱推锡类之仁,肇举貤封之典。福惟自至,恩岂徒施。兹特封为太安人,谅慈寿之有征,庶家规之永赖。

敕命之宝 正德五年十二月二十六日

说明:立于明正德五年(1510),现藏于东城街道柏洲边社区食堂,高 148 厘米,宽 73 厘米。

三、东城的历史名人

本次调查期间，我们通过各种途径收集到了若干东城历史名人的事迹、故事以及传说等，这些对认识历史上的东城社会或者有益。现择要附录几则如下以为示例。

（一）东岸坊——刘纪文

刘纪文（1890—1957年），原名兆铭，字自然。民国名人，曾经先后出任国民政府南京特别市市长、广州市市长等重要职务，1957年因病卒于美国。

一般认为，刘纪文祖籍地为今广东省东莞市横沥镇的下车岗村。1931年的重阳节，已经功成名就的刘纪文曾经回乡重修祖坟。现在上车岗村公园的一角可以见到立有3块墓碑，其落款均为"二十世孙纪文重修"，据说就是刘纪文当时留下的。

一般认为，刘纪文的祖先世代务农。到了清朝的咸丰、同治年间，刘家因故从东莞迁居顺德，刘纪文就是出生于顺德古楼堡的佩江乡。但因为旧时人看重祖籍地，所以刘纪文后来仍然称自己是"东莞人"。不过，我们本次调查时有东岸坊老人回忆，传说刘纪文一家原籍东城的东岸坊，刘家当时家境清贫，曾以捕鱼为生。东岸坊近水，故颇多人以打鱼为业。

我们不能够断定真伪，谨录以备考。

（二）东岸坊——刘百全

年轻时留学德国，专攻水木工程及水利，获德国国授特许工程师学位。毕业后，由于成绩优异获聘为德国西门子联合建筑公司工程师。1938年抗战军兴，他毅然归国，先后任职于兵马工署、重庆市政府、军政部等机关。不久，转任国立同济大学工学院教授兼土木系主任。

刘百全很早就对政治有追求，念完中学后先后加入中国青年党、国家主义青年团。1945年抗战胜利后，刘百全返粤助理青年团团务。1947年7月，任中国青年党广州特别市党部执行委员。

（三）松柏坊——刘毅

刘毅，明朝弘治十四年（1501年）举人，义宁州教谕、衡州教授。

族人至今传说，刘毅一生刻苦勤勉，行为极为检点。成名后他教人做人要诚恳、品格高尚；做官要廉洁奉公、有礼度。有位新进士的家境极为贫困，刘毅曾经慷慨予以资助。

（四）峡口（西边围）——熊飞的故事

在东莞峡口社区的榴花村（即今东城峡口），有一座草木遮掩的石砌的坟墓。那里安葬着一位抗元义士和他妻子的衣冠。这位义士就是熊飞。熊飞出生于宋理宗绍定五年（1232年），字翼之，号花溪，他的曾祖父熊绅，父亲竹侣均系务农为生。熊飞幼年好学，勇略过人，长大后娶东莞白马乡士绅李用之女为妻。李用是东莞著名的理学家，也是一个"死节之士"。曾题诗云："冬岭秀孤松，松枝傲霜雪，不同桃李春，永抱岁寒节。"可见其品格之高洁。李用的长子、次子都考中举人做了官，在肇庆、南恩州（今阳江）等地任职，宋朝灭亡后不肯再去做官。一门俊杰，名重一时。熊飞深受他的岳父李用道德文章影响，立志报效国家。

宋恭宗德佑二年（1276年）正月十八，元朝丞相伯颜率兵进驻南宋首都临安（今杭州市）城外三十里的皋亭山，年仅六岁的宋恭宗赵㬎和他垂帘听政的祖母谢道清向伯颜送上传国玉玺，上表投降。5月益王赵昰在福州即位，改年号为景炎。元兵势如破竹，直逼福建、江西、广东。元军广东经略使徐直谅骗南宋守将梁雄飞向元朝投降，元军又任命梁雄飞为招讨使。在这国家将亡的危难之时，熊飞在其岳父李用的支持下，联络各地义士，奋起反抗，毅然组织义军北上投奔文天祥。兵过江西时被元朝大将黄世雄带兵阻止，并要求为其镇守潮州。熊飞假装应允，骗过黄世雄，带兵从河源地区来到惠州。黄世雄发现后派兵追杀，熊飞被迫带领义军折返东莞。6月13日，黄世雄带兵尾随熊飞南下进入了广州。

熊飞退回家乡之时，居住在东莞的宋王朝宗室赵必㻫鼓励熊飞继续抗元，他说："师出无名而举兵，只是一伙强盗而已。我听说王师（指宋军）现在驻扎在南海的船上，准备派遣赵溍、方兴制订安抚广东的计策。你们不如打上宋军旗号，告知赵、方二位将领，然后举兵抗元。事成则可复兴宋室，不成，亦可千古流名。"熊飞接受赵必㻫的意见，立刻打上宋军旗号，即日起兵，赵必㻫捐出家资三千缗（一缗为一千文）、米五百石作作军费。当时，跟随熊飞起兵的义士有千余人，其中有熊飞妹夫叶刚，叶刚之弟叶判、叶钊，城西人许之鉴，石碣人伍凤及姚凤等。

黄世雄得知熊飞再度起兵的消息后，便派部将姚文虎前去攻打。元军来势汹汹，攻陷莞城，兵逼榴花村。8月10日，元军来到榴花村附近的铜岭（即现今莞龙公路旁边的榴花塔山下）与熊飞义军大战。熊飞在铜岭布阵与姚文虎决战，杀得元军人仰马翻，尽歼元兵，并斩姚文虎于铜岭之下。

9月11日，熊飞乘胜收复莞城，并与新会曾逢龙的义军约定从东西两面夹击广州的元兵。元军裨将率部至东莞招降，又被熊飞围歼于铜岭，并乘胜出击直捣广州，西路新会的曾逢龙亦挥兵指向省城。元军守将黄世雄、梁雄飞等弃城而去。熊飞与曾逢龙合兵收复了广州城，军声大振。降元叛将李性道逃走不及，见曾逢龙率兵入城，即列队欢迎并进见，痛哭流涕，哀求免罪。曾逢龙义正辞严，痛数李性道为虎作伥的罪行，斩首示众，并没收他的家产，以充军费。宋景炎帝在福建行都闻讯，降旨嘉奖。

不久，广东制置使赵溍、转运使赵淇、安抚使方兴等率兵来广州会合。赵溍当即擢升曾逢龙为韶州通判，并命曾逢龙、熊飞挥兵北上，收复韶州、南雄，驻守梅岭，以防北兵南下侵入广东。10月曾、熊军队开抵大庾岭，至此广东全境收复，归为宋地。不久，元军元帅吕师夔又率领大军越过梅岭，直逼大庾岭，赵溍派遣曾、熊领兵前去抵御。吕师夔凭借着兵力强大，屡次重挫曾逢龙和熊飞的义兵，并且围攻南雄。曾逢龙见大势已去，无可挽救，乃正衣冠，向东南方跪拜后，自缢殉国。熊飞则率领残部退守韶州，抵御追来围城的元兵。

11月14日,元兵围城,熊飞乘夜引兵出去劫营,但未能获胜,部将夏正炎不幸中箭身亡。熊飞势弱力孤,仍然登城督兵抵御。11月21日,手下叛将刘自立打开南城门迎敌投降。熊飞领兵与元兵展开巷战,取民间几案、屏障等物堵塞街口,坚持战斗,终因寡不敌众,身上数处受伤,最后投水壮烈牺牲。熊飞之妹夫叶刚及刚弟叶钊化装逃回东莞后,在熊飞的家乡榴花村为熊飞筑墓立碑。

　　熊飞将军墓,始建于宋末,为衣冠冢(在现今东城新围村后面山坡上),墓长8米,宽4米,砖石沙灰砌筑,有享堂两个。清同治六年(1867年)重修,中华人民共和国成立后于1982年、1999年两次维修。熊飞坚贞不屈的民族气节深为东莞人民所景仰。

本章主要参考文献:
[1] 陈忠烈."众人太公"和"私伙太公"——从珠江三角洲的文化设施看祠堂的演变[J].广东社会科学,2000(1).
[2] 东莞市文广新局.东莞历代碑刻选集[M].上海:上海古籍出版社,2015.
[3] 冯江.祖先之翼:明清广州府的开垦、聚族而居与宗族祠堂的衍变[M].北京:建筑工业出版社,2010.
[4] 赖瑛.珠江三角洲广府民系祠堂建筑研究[D].广州:华南理工大学,2010.
[5] 赖瑛,杨星星.珠三角广客民系祠堂建筑特色比较分析[J].华中建筑,2008(8).
[6] 楼庆西.千门之美[M].北京:清华大学出版社,2011.
[7] 杨扬.广府祠堂建筑形制演变研究[D].广州:华南理工大学,2013.
[8] 左云鹏.祠堂族长族权的形成及其作用试说[J].历史研究,1964(1).

第九章 传统教育

教育是人类社会实现其文化传承的最主要的方式，是使得人类社会具体的成员完成其社会化的最主要的途径。因此，任何一个人类社会无不高度重视教育。虽然历史上不同的人类社会具体的教育形态可能大相径庭，而且即使是同一社会在不同时代的具体的教育对象、内容和形式等方面也可能有种种差异，但一般来说，传统的教育都可以大致分为学校教育、家庭教育和社会教育三种类型。

东城的传统教育同样也分为这三个方面，而且清末以来其传统教育的许多方面都极有自己的特殊之处。甚至到了今天，其正反两面的影响有时依然清晰可见。本次调查时不少有识之士就指出，现在东城各级政府在各类教育方面的投入确实堪称巨大，但每年的产出仍然有较大的可以提高的空间，这就可能与传统上东城普通人的教育理念有关系。本章中，我们选取清末以来东城教育的几个典型而又变化剧烈的侧面进行描述和分析，试图借此展示东城传统文化之一二。

第一节 传统的私塾教育

东城境内何时出现了私塾或者类似的学堂教育，现在似乎没有确实的资料可以扎实地证明。但是，历史上尤其从清中叶开始，各种私塾不断涌现并广泛存在于东城的各处村落，却是公认的、不争的事实。即使是到了20世纪三四十年代新式学堂普遍兴盛之后，东城的私塾依然以某种方式继续存在。

访谈时老人们普遍承认，旧时私塾不仅是读书人的起步点，更重要的是它是旧时的东城村民得以接受某种程度的教育、获得若干知识的最主要的场所。因此，对于传统社会的传承与个体养育，各类私塾其实可能都起到了极为重大的作用。

一、传统私塾教育的类型

传统的东城人通例聚族而居，而依照当时传统中国的习惯，一个宗族中的长老、富裕者或者大户人家有三件必做的事情，即修路、建祠和兴学。因此，旧时的东城村落中普遍"族有族学，村有村塾，家有家教"。对于当时的这些教学机构即私塾，现在的东城老人经常大致地将其分为家塾、散馆和族塾三类。在本次调查所及的清末至民国初、中期，三者在教学的性质、内容及方法等方面虽然大体相同，但在教学经费来源、教学对象与场所等方面确实有一定的差异。

(一) 家塾

家塾是富贵人家专门聘请水平较高的教书先生,来家里或者在周边某处设馆,用以教育自家子弟以及某些近亲的子弟的一种私塾形式。这种形式的教育所费不赀,因此,旧时只有极少部分的东城村民享受过家塾教育。据调查,或者为了减轻负担,或者是为了普惠恩泽,旧时不少东城的这类家塾都会酌量兼收少数挚爱亲友的子弟一起就读,有老人家至今习惯地称之为"附读"。附读的学生的家庭可能要相应地负担一部分费用,但也可能完全不用负担而"白读"。

由于相对来说家塾的师资较优而学生人数通常较少,因此总体上说,家塾无疑是当时东城的各类私塾中教学成效最好的。访谈时老人们回忆,至迟在清中叶之后,东城各处家塾的教书先生几乎都是从外村请来的"优秀人才"。而我们发现实际可考的,确实绝大多数都是请自本村周边的邻村。老人们说,那时很少有从距离较远的外地请来的先生。当时认为,除了距离远难以明了其确实的底细之外,①最主要的原因在于如果距离太远,则可能造成先生往来不便而耽误教学。此外,距离太远的话彼此的方言各异,极有可能会影响教学成效。至于为何几乎从来不请本村的教书先生,我们调查时得到的最为一致的解释是一句本地俗语,即"本地的姜不辣",其真实的意思是"本村人都知道本村教书先生的水平不高,认为外村的教书先生水平更高"。但访谈时有几位老人私下里明白地对我们说,"如果请本村的,大家都是本村人也就是熟人,那你就算是有什么意见不合,也不好开口"。应该说,这两种说法都在一定程度上反映了当时的实际情况,只是着眼点可能略有不同而已。本村人普遍知晓当时的本村人的受教育程度相当有限、难堪大用,故只有外聘择优录用。而在外聘其他村的人员时,自然不需要顾忌太多,可以随意择优以及随时提出各项具体的要求。

富贵人家如果请教书先生来开塾,一般是依例在同一时间只请一位先生任教。至于塾师的待遇,通常主要包括协商好的薪资,以及食、宿、行等基本的条件,这些几乎总是由主家独力负责的。上课的地点通常是在主家的家中,但在少数情况下,也有出于某些原因改在祠堂或者他处授课的。例如,20世纪初期,峡口村的一位地主聘请了在周围村落很有名气的塾师刘思才来开设家塾,这位塾师就是在松柏坊的祠堂里开塾授课的。不过,不论是在家里授课还是在祠堂等处授课,主家虽然几乎都会通过考查学生等方式间接地掌握教学的情况,但通常都不会直接干涉先生授课的方式、内容、进度等。如果主家认为有不合适之处,一般都是婉转而又客气地向先生提出,先生则通常都会做出相应的改变以满足主家的要求。但如果所请的是名师,则情况可能有所不同,不少老人们都回忆,这些先生很可能坚持己见,而主家只好静观其变。

---

① 访谈时有几位老人分别讲述过一件历史上的事情,大意是:距离东城不太远的凤岗镇的某村的某私塾,曾经聘用了一位外地的老师。这位老师不但水平极高,而且教学极为负责,为人又极为热心、本分、低调,所以很得村民的好评。但是,几年后清政府寻踪追到该村,村民才发现原来他是太平天国的一位军领。太平天国失败后,他流落民间多年,以教书为业以谋生并掩盖自己的身份。该村被认为是私藏匪首,因此惹了大祸。因此访谈时老人们都说,找先生必须找不太远的,这样"知根知底,不会招来麻烦"。

当时一般的教学与管理情况，似乎与同期全国所见的并无大异。访谈时曾经在该家塾就读的某男性老人家回忆，这所私塾的全部学生加起来还不到10个人，主要是这位地主的孩子及其兄和弟的孩子。虽然最后基于某些原因选在了在族中的祠堂里教学，但所有的费用等则仍然由这位地主一力承担。老人回忆，当时的学生都是男学生，年龄参差不齐，但相差也不是太多。当时的先生即刘思才还不到40岁，不过早已经以"文化程度比较高，而且要求极其严格"而出名。遇到学生有旷课、迟到、早退或者没有按时完成作业的，他一定"都会用戒尺打手心"，或者"用细藤条打小腿"。这位老人至今清楚地记得，那时他打学生"打得很厉害的。打了一次之后，学生几乎都不敢再犯了"。旧时每到夏、秋两季农忙的时候，各地的乡村私塾之类的都有给学生放农忙假、让其回家帮助收割的惯例。但这位刘塾师认为，放假必定会耽误学生的学业，而且放了假等于他拿了钱却不用干活，因此他会照常授课，而不会如一般的私塾那样放假。但如果某家庭确实需要儿子回家帮助，他几乎总是立刻准许该名学生回家。据说基于这些原因，他颇受欢迎，所得的聘资也高出别人不少。不过，这所家塾开办了不几年便停办了。访谈时老人们都说，这主要有两方面的原因。一是由于刘塾师是名师，故聘资较高，导致主家的经济压力较大；二是当时东城父母对子女的期望普遍不高，等到孩子掌握了基本的读、写、计算能力后，都是几乎即刻选择让其退学，"很少有家长，还会让孩子继续读下去的"。

　　根据调查，清末时期这种家塾的教书先生始终以男性为多，女性塾师虽然确实有，但少到完全可以视为例外。东城的村落中何时出现女性塾师，似乎已经难以考证。老人们普遍相信，可能是到了20世纪30年代初才出现的。至于具体的年代以及最初的女性塾师是何人，他们已经无法确知。历史上，有极小一部分富有的东城家庭，可能专门为自己家以及亲友家的几个女孩子办一所"女学"即女性家塾。但所请的塾师，通例也都是饱读诗书的老年男性老师。到了20世纪30年代前后，有一部分这种女学已经改为聘请女性塾师，据说教学效果还很不错，女学生还可以在各方面都得到发展。我们相信，由于地理上邻近港澳，当时的东城社会常常可以得外部风气之先，因此在许多方面都显得颇为开明。

　　在这种女性家塾中，教授的内容也很有一些女性特色。如据曾经在这种私塾中就学的几位老婆婆回忆，除了"四书""五经"等旧时必有的教学内容之外，教学时还特别包括传统上女子应遵守的社会道德规范即所谓的女德，以及某些实用的知识如持家之道等。本次调查时已经78岁高龄的一位老婆婆出生于地主家庭，因此得以在这种女学读过两年书。这位老人家已经记不清楚当时她所在的这所女学的名字，但还清楚地记得教她的是一位年轻的女塾师。据她回忆，这位老师"我记得是本乡的人，不记得是哪个村子的了。那时她也就是20出头的样子，像个大姐姐。她是在广州念完的中学，那时候说是洋学生。她毕业了，不知道怎么就来当了老师"。据这位老人家回忆，当时同她一起学习的都是年纪比她大的女孩子，是她的姐妹或者堂姐妹之类的至亲。那时她们不仅学习并背诵了《三字经》《千字文》等例行性的入门书以及"四书""五经"等经典古籍，还学习了专为女子而设的"三从四德"、持家之道等传统女德方面的内容。此外，还专门学习了一些当时流行的日常礼仪规范等。据她回忆，后面的这些内容其实是这位

"女先生"应主家的要求而特设的。当时主家认为"好女孩呢,要能够知书达礼",而这位女先生在省城读过书、见过世面,因此可以教给学生们相关的知识。这位老婆婆读书时还只有七八岁,因此对于这位女老师已经没有太多的记忆了。但她觉得在这所女学里很开心,也并不觉得她当时所受的教育是封建的、压抑人性的。个中缘由,似乎颇为值得细究。

(二) 族塾

所谓的族塾,指由一个宗族独力举办的、通常也只招收本宗族的学生就读的一种私塾形式。由于只有具备了足够的族产等才可以应付聘请塾师等方面的需要,因此当时能够设立族塾的宗族,通常需要具有相当的经济实力。当然,该宗族还必须具备一定的眼光与追求即舍得在教育上花费。

传统上,本宗族中如果有子弟在科举考试中高中,这不仅是一件光宗耀祖的大喜事,而且对本族来说经常具有巨大的实际的意义,如从此就能够使得本族立于乡里前列、得享政府的各项照顾或者殊荣等。出于这个原因,在旧时的中国各地乡村中,这种私塾都是普遍多见的,也可以视为中国最具有悠久历史的传统之一。东城的各大宗族同样非常重视教育族中子弟,历来尽力使得族产能够善用于教育族中后进。人们普遍情愿在其他方面节减而努力培养子弟,在有需要时还普遍非常愿意捐资以兴学。在鳌峙塘村北的东江岸边,有一座由该村所出的第一位历史名人徐兆魁倡议并带头捐资1450两银修建的鳌峙塘徐氏宗祠,一般相信落成于明万历二十九年(1601年)。该祠为二进硬山顶砖木建筑。(见图9-1)首层深42.22米、宽20.98米、占地面积885.78平方米,两侧有二层建筑,各宽3.55米、深40.22米,面积为285.56平方米,全祠建筑面积为1141.34平方米。在这座祠堂中,现存一通清代镌刻的《重建徐氏祠堂碑记》,充分展示了人们对于教育族中子弟的重视(参见本章附录):

> 昔者范文正于宗族之间置义田,则贫者赖以养;设义学,则少者赖以教。清末废科举,改学制,吾族亦曾于祖祠附设学校,景唐诵读其间者有年。中以款绌停办,子弟失学。及民国十五年,景唐奉家君命,复董兴其事。数年之间,学子常盈百人,升于中、大学者,亦数十人矣。衣冠钟鼎,吾族其从此复兴乎?祠宇经岁日就倾圮,校舍偪塞,不足容生徒,乃议重建,就原址而扩充之。以正座奠安祖位,中座为习礼及授课之所,两庑及钟鼓楼则为寝舍。经始于民国十八年冬十二月,落成于十九年夏五月,共享建筑费一万四千余元,款由族人题助,不足则景唐任之。事克厥成,此承先启后志也。今者仗祖宗之灵,厚乃基,安乃宅,辟乃门户,固乃垣墙,使吾弦诵于其间,学成而用,大则庇天下,次之则庇乡国,小之则以庇间阎宗族,庶无负收宗立学之意也。

据调查,几乎从修建之初,这座祠堂就同时作为族塾供教育徐氏本族子弟之用,也就是上文中所谓的"少者赖以教"。在这个意义上说,中国古代其实早就有了某种意义上的义务教育的传统,即由宗族兴办的通过族塾的形式提供的蒙学教育,与现在的差别似乎仅仅在于不是由国家提供资金而是由宗族提供资金而已。原则上说,本族中所有人家的儿童都有进入该所族塾接受若干教育的机会,似乎没有听说哪个族塾规定本族中的哪些人家的哪些孩子不许入族塾就读的，徐氏开办的这所族塾，历来就是供教育本族全体孩童之用的。实际上，即使是到了清末教育改制即这座族塾也随例改为新式学堂之时，其作用几乎仍然一如其旧。因此，徐氏的族中学子得以"弦诵于其间，学成而用，大则庇天下，次之则庇乡国，小之则以庇间阎宗族"。这确实道尽了徐氏宗族"收宗立学之意"，其实也道尽了旧时所有的族塾对本族中子弟的殷切厚望。

图 9-1　民国时翻修的徐氏大宗祠二进（曾用作教室）

访谈时徐氏宗族的老人们普遍认为，旧时作为义塾之一种的族塾，其最大的功能其实在于使得即使是宗族中家境尤为贫寒的子弟，也多少能够获得一定程度的教育。一般来说，族中每个家庭都愿意送孩子去这种族塾中读几年书，尤其是贫穷的寒家子弟，通常只有通过在族塾中的学习，才能够习得基本的识字、写字和算账等技能。而等孩子到了能在家里的生产与生活的某些方面充当某种帮手时，很多贫寒人家就会让孩子辍学。因此，这些贫穷人家的孩子通常只受过两三年的蒙学教育。这些知识与技能确实极为有限，确实不能够使他们转战科举考试等。但是，能够在一定程度上为他们成年后独力谋生甚至改善生活打下一定程度的扎实的基础。访谈时不少老人们回顾了自身成年后的经历，认为这种作用其实可能是族塾最为重要的、最为实际的意义。当然，确实还有少数出身富家的族中子弟通过族塾以及随后的不断进阶，最终达到了"庇乡国"甚至"庇天下"的境界。这时再来"庇间阎宗族"也就是衣锦还乡而光宗耀祖，那自然是无上的荣光。上述碑文中所涉及的民国初期闻人徐景唐（详参考本书第二章），在一定意义上说就是如此。而在建功立业并名动天下之后，或许是感念幼时的族塾启蒙之功，徐景唐衣锦还乡并"奉家君命，复董兴其事"即重建徐氏宗祠，致力于在其内复兴族学以继续教育后人。① 他还在村内为自己建了一座名为"耕余书室"的居所，这著名的中西合璧的建筑的名称本身就非常有提示性，实际上也确实意图兼做居住、读书之用，一定意义上说与族塾可谓一脉相承。

访谈时老人们说，东城的族塾几乎自来都是各自设于本族的宗祠之中。一处族塾的

---

① 调查时我们发现，鳌峙塘的人们依然无人不知徐景唐，几乎每个人都能讲出一些徐景唐的生平或者传奇般的经历。村民都乐于向我们讲述徐景唐的故事，对他闯出的成绩感到骄傲，对他不遗余力地出资、出力为当地创造了一个良好的读书环境深深感恩。也正是因为如此，鳌峙塘的整体学习氛围一直都是很好的，人们也都愿意奋发向上。访谈时人们总是骄傲地说，"我们那个时候，不说别的，鳌峙塘的学生读书，成绩在班上肯定都是数一数二的。只要是班上读书好的，你卑一问，肯定大多数都是从鳌峙塘来的"。可见，徐景唐个人对当地的教育影响也是极大的，一直是鳌峙塘子弟用功读书、发愤图强的好榜样。

经费来源，主要是依赖本族的族田等族产，因此所招收的学生一般也只限于本族的子弟。但是，确实也有酌收外族学生的情况。本次调查的主要访谈对象中，有几位老人就是在别村的族塾中念的书。袁老人是温塘村人，但从小在鳌峙塘长大，因此得以在鳌峙塘村的设于徐氏祠堂的族塾中读了6年的书。他还记得，当时这所族塾的学生中，大部分都是鳌峙塘的徐姓学生，但确实有他以及其他几位邻村的外姓学生。不过，鳌峙塘徐姓的学生是免费入读的，而他们这些外族的学生则需要交纳一定的学费。通常来说，只有到了某些特定的时候如宗族出现了严重的经济困难，这时本族的学生可能也要交一些钱财或者米、菜、柴等作为学费，访谈时几位老人都谈及过这种情况。

一般来说，族塾的塾师也同样多是从外村聘请的。老人们评论说，这些老师通常都是比较尽心的。访谈时不少老人还记得，读古文时老师普遍要求学生会背诵，但并不仅仅是只要求学生死记硬背，"先生会逐一讲解每个字的意义，当时称为'解字'"。回顾来路时老人们普遍认为，那时的先生对学生的学习，一般都是极为严格要求的。例如，如果学生不听讲或者没有完成塾师布置的学习任务，先生则几乎都会用戒尺打学生的手心，或者以藤条抽打学生的小腿正面，即都会给予严厉的惩罚。老人们回忆，学生学习古文时需要背诵给先生听，第一次背错通常不受处罚。但从第二次背错开始，每错一次先生都会用戒尺或者藤条惩罚一次，一直打到学生能够流利地背诵为止。因为当时这两种处罚司空见惯，几乎人人都挨过多次打，所以学生们还私下为其起了别名。如把以藤条抽打小腿正面称为"小炒肉"，因此某学生被如此惩罚了，则被戏称为"吃小炒肉"。访谈时不少老人都回忆说，"小腿啊，那就是一层皮包腿骨头。拿藤条抽小腿的正面，其实抽的就是骨头。这样不会造成多大的伤害，但是，会让你觉得非常疼"。较为有趣的是，有老人家回忆，当时犯了不同的错，老师打的方式也不同。例如，先生"解字"之后可能随即就会问学生某一个字的含义是什么，如果学生答不出来，这时先生则通常都是用戒尺敲打他的脑袋，而不是打手心或者抽小腿。

当时普遍由当事的宗族为先生提供住宿，实际所见的则是老师普遍在所任教的私塾里或者附近居住。每到逢年过节，先生们通例各回自己的家。如果不回家，则由聘请他的宗族负责招待节日饮食。村子里凡有婚庆之类的大事举办酒席时，通例也会请这些老师出席，人们还会请其去坐上座以示尊重。不过，那时的老师虽然住在村内，据老人们回忆却几乎从来都没有家访之类的活动。如果某对父母想知道自家孩子的学习情况如何，通常都需要主动去私塾里找老师了解。一般来说，只有学生出现了某种较为严重的情况，例如犯了某种大错误或者学习成绩突然变得很差等，塾师才可能会主动联系其父母，请他们来说明情况或者询问原委。一般来说，这时都会要求父母加强教育自己的孩子。

访谈资料：

问：以前读私塾的时候，那些老师会家访吗？

答：那时候？很少有家访的吧？比如我家，老师就没有来过。

问：那当时你的父母关心你的学习吗？

答：那当然关心。再说了，你去读书，那家里毕竟是花了钱的嘛。

问：那比如说你父母，他们一般是通过什么途径了解到你的学习情况的呢？

答：有些父母就会去问老师嘛，那不就都知道了？有些时候呢，老师可能会让父母去。那一般就是告诉父母什么事情,然后让父母回家教育自己的孩子。

根据我们的调查,东城各处村落中的族塾之类的,绝大多数都是存在于20世纪初期之前。而在进入20世纪的第二个10年之后,由于废除科举的影响,尤其是受战乱不断、地方不靖等的影响,很多宗族失去了足够的经济能力,被迫相继停办了自己的族塾。我们在访谈时也发现,现在许多年龄在80岁左右的东城老人家,年幼求学的主要途径都是散馆,这从一个侧面扎实地证明了当时族塾确实普遍停办。

当然,相继停办并不等于说族塾就此在东城彻底消失了。据调查,当时许多大的宗族尤其是宗族下的一些有相当能力的房支,依然继续努力维持某种形式的族塾教育。如房支开始替代宗族办学以教育本房以至本族子弟,就可以说在一定意义上使得族塾教育得到了延续。本次调查时周屋村的81岁的周老人家回忆,当时周屋以及邻村的几个大的房支,就都各自开办了这类学校。这些学校都是设在各自的房支祠堂内,即设在各自的所谓的公祠内,而不是设在全宗族的大祠堂内。学生则一般都是本房支的子弟,但也有很多是本族异房的。据他所知,在民国的第二个10年间,周屋村的北溪公祠和愚奄公祠两所房支祠堂,都曾经被各自的房支用作这种教育子弟的场所。

(三) 散馆

散馆是指由塾师自行设馆而授课的一种私塾形式,一定程度上类似于现在所谓的私立学校。由于它对学生的籍贯、年龄、宗族、村落甚至性别等均无限制,使之颇得孔夫子的教育观念尤其是"有教无类"的真传。而在当时的其他类型的私塾里,通常有各种限制,尤其是不许或者严格限制女孩子就读。

因为是私人自行开办的,所以入读这种学校时,学生都需要交纳一定的学费。但据回忆,当时的数额通常都是较为有限,普通的人家都可以承受得起。这种学校所教授的课程与其他类型的私塾教授的相同,但学费低了很多,因此成为了经济状况一般或者较差的家庭的首选,使之成为了20世纪初期族塾停办后东城最为多见的一种私塾类型。但由于毕竟是需要交学费,当时大部分家庭都是优先让家中的男孩子入读,愿意自己辛苦而让家中的女孩也上学的父母很少。因此,即使是到了20世纪40年代,许多亲历者仍然回忆,"当时的一个班里面,[①] 最多也就只有两三个女孩子。她们那肯定都是有钱人家的孩子啦。一般来说,她们顶多也只就能够读个两到三年"。到了20世纪40年代,由于日寇入侵造成时局严重动荡,入读散馆的成本也急剧增加。如这时一名学生每学期要交十几斤大米以及若干蔬菜等作为学费,对当时的许多家庭来说,这是一笔不小的负担。因为负担变重,再加上子女只需要接受有限教育的传统思想作怪,所以这时入读散馆以及其他各类学校的孩子辍学率非常高,女孩子能够读到三年的更是寥若晨星。

依照当时的习俗,孩子第一天去散馆上学的一大早上,其父母通例先要在家里上香、点蜡烛、烧纸钱和金元宝等物,然后虔诚地拜祖先,意思是祈求祖先保佑孩子能够聪明、有出息。当时家长带着孩子到了学校之后,还要先包一个红包给老师,金额多少

---

① 据调查,当时的散馆同样不分班,基本的教学方式与私塾等一样。因此,此处所谓的"一个班"实际意思为一所散馆。

则没有规定。一般来说，散馆的所谓教室更加是临时性的，多数是塾师将自家的房屋或者村中的某处公共建筑（通常也是祠堂）略作改动或者重新布置而成的，因此，学生普遍需要自带桌子、椅子等供上课时使用。老人们回忆，虽然校舍可谓因陋就简，但当时几乎每所散馆中同样都挂有孔夫子的画像。本次调查时有一位老人还清楚地记得，他所就读的散馆设在一处带院子的两进的公祠内，孔子画像就挂在祠堂照壁的内侧上。平日里学生先后到校后，要对着孔子像上香、鞠躬、作揖，之后可以开始各自学习。"那个时候，是谁到了谁就拜，好像就没有集体拜过的。"散馆从每周一早上或者上午开始上课，到周六的中午上完课后即放假，然后到下周一的早上或者上午再上课，即每周有一天半的假期。（见图9-2）每年有寒、暑两个假期，暑假一般为一个月，但奇怪的是寒假的时间通常还要稍长一些。至于是否放农忙假，则视各位塾师的意思而定，多数都是有这种假的。

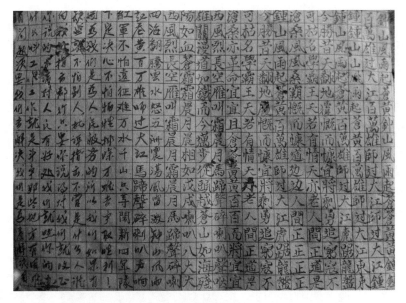

图9-2　某老人在中华人民共和国成立初期的练字本

一处散馆中通常只有一位塾师，塾师多是本村的读书人，这与前述几种私塾中先生的来源情况截然不同。据回忆，只有在极为偶然的情况下，才可能会有外地人充当塾师。这些所谓的外地人，大多是因为某种较为特殊的原因而长短不一地寄居在本村的。王志超塾师就是这样的一位外地人，他一度寄居温塘并开设了一间散馆，借课徒聊以谋生、打发光阴。

个案：

温塘的袁老人是1933年出生的。十四五岁时，他先后在本村的两间散馆读过书。直到现在，他还清楚地记得两所散馆的位置和塾师的名字。

他所就读的第一间散馆，是一位叫王志超的外地人所开办的，这所散馆只有王志超一位老师。在这所散馆里，他正式开始了学生生活，主要学的是《三字经》和《千字文》等蒙学读物。"在当时来说，这些属于入门的课程。"

王志超是因为家乡遭遇了战乱，才暂时躲避到了温塘的，有一段时间里以课徒为生。后来到了"太平盛世"也就是其家乡安全了，王志超就关闭了所开设的散馆，回自己的家乡去了。袁老人就只好转到了本村的另一所散馆继续读书，它是由一个名叫"威伯"（真名不详）的本村人开办的。他在这里学习的主要是"四书""五经"等，在当时属于较为高级的课程了。

传统上，孩子在年龄甚小时就要开蒙即入读蒙学。但据调查，在清末民初时期，东城的男学生一般到了八岁到十岁时才开始入读各类私塾学习蒙学。① 有些甚至到了十几岁才开始读书，这些人几乎都有各自的特殊的原因。如上述的袁老人，就是因为家里极为贫困、父母实在无力负担，所以很迟才"入学开蒙的"。因为在这两间散馆里他都是年龄最大的学生，访谈时其他老人总是开他的玩笑，说他始终"都是第一名"。

老人们说，当时不同散馆的塾师如何对待学生差别很大，有的塾师就非常严厉，温塘村就发生过一件相关的事。该村某散馆任教的先生是从邻近的桑园村请来的，由于一向过于严厉，学生们都很反感他。有次一位学生犯了错，他大加惩罚，结果把这位学生的两只手都打肿了。该学生的家长看到后，一时冲动便拿了一把猎枪去找这位老师"讲数"（争论）。虽然最终没有酿成恶果，但吓得这位老师以后再也不敢狠打学生了。不过，大部分老人都说，因为散馆是依靠课徒为生而学费又很低，所以许多老师对学生们的学习抓得并不紧，对学生非常严厉的是少之又少。余屋村现在仍然完好地保存有一所历史上非常著名的建筑即学海家塾（见图9-3），据其历史可知，它是在光绪壬寅年即1902年仲夏建成的。由其整体的建筑格局来看，它最初应该是作为祠堂而修建的，但几度同时用做私塾之类的。我们的一位主要访谈对象余老人出生于1927年，他在8岁时进入了这所学海家塾读书，但只读了不到一年也就是到了1935年年底他就辍学了。据他回忆，他就读时，这处私塾时任教的只有一位60多岁的老师，平时这位塾师根本不管学生如何学习，实际上他当时已经"有些老糊涂了"。多年之后余老人还记得，"他上课啊，有时其实都是不知所云的"。访谈时许多老人都认为，那个时候很多散馆的情况都是如此，"老师一点都不负责，根本不管学生"。老人们公认，在上述三类私塾中，散馆的教学效果通常是最差的。

应该是由于这位老师已经年高，这所私塾在1935年年底又一次停办了。有老人回忆，此后几年

图9-3 学海家塾（正面）

---

① 据调查，当时东城男孩子读书普遍比女孩子早一些，所以10岁之后才读书的女孩子不是非常罕见的。

间，学海家塾专一用作该村某一房支的祠堂即公祠。① 这样一直到了阿虚接手，这所建筑才又重新充作学堂。访谈时老人们推算，阿虚接手应该是在1938年前后，但确实的年份已经无从得知。

访谈资料：

学海私塾的那个先生姓余，是余屋本村人，当时大家都称呼他为阿虚。

学海家塾是一处很大的建筑物，阿虚把它的前半部全部改成了私塾。后半部就是供他和家人生活时使用。当时，东城以及周围一带混乱不堪，所以，很多村民都逃去了香港、广州那些地方。他们就是跑出去避难，在那时算是一种惯例吧。但是，阿虚始终没有离开过村子。

他希望本村的孩子能识一些字、有一些文化，但是学校又都关门了，于是他就开办了这所学海私塾。他开馆不是为了赚钱，更不是为了谋利，所以他收的学费很少。阿虚当时觉得，这些学费能够让他和家人"混口饭吃"，就够了。

阿虚在学海家塾开办了几年的散馆，但具体办了多少年，现在也是人言人殊。据回忆，该散馆最少时只有10多个学生，最多时也只有20多个学生，学生始终都是余屋本村的。他们同样需要自带桌子、凳子等，学海家塾"就是一个空房子，里面什么都没有的"。每天的早上七八点学生到校读书而九点放学，下午一两点开始上课而四点又放学了，因此课业实在不算重。老人们回忆，这所散馆的"大部分学生的大部分时间都是在玩"，根本无心学习。但是，这位阿虚几乎从来不会严加管束，最为根本的原因在于他的本意就是只要求本村的学生"粗通文墨"，即够应付基本的生活所需就可以了。至于学习用的课本则一仍旧习，即启蒙的学生学《三字经》《千字文》《百家姓》等，程度稍高一些的学生学学"四书""五经"等。有兴趣的学生还可以自愿跟他学《左传》等先秦古籍，阿虚对教授这些倒是很感兴趣。老人们说，教这些书时"阿虚教得很仔细，也很耐心。要求也比别的科目严多了"。本次调查时有位老人家就即兴背诵了一段《左传》，这让我们感到非常惊奇，他说就是当时自愿跟阿虚学习的。

概括地说，在最初的一段时间内，几乎所有的散馆都如同学海家塾一样采用传统的教学方式、教材等教育学生。但大致上从民国中期开始，有些散馆在教学的许多方面开始逐渐发生变化。抗日战争期间，温塘的副使公祠和高祠堂都被用作散馆，设于副使公祠的散馆在许多方面都颇有新意而异于传统。这处散馆是由本村的一位私塾先生设立的，但由于适逢战乱导致非常多的学校关门，使得这所学校的学生数量暴增。因此，他又只好另外请了3位教书先生来共同负责教学，其中有一位是20多岁的女教师。她是与温塘邻近的峡口村一位大地主的孩子，当时刚从广州（一说莞城）读完高中回来。

---

① 本次调查时，我们有一次在学海家塾门前巧遇曾经长期居住于学海家塾附近的一对中年夫妇。该位丈夫介绍说，以前学海家塾的四周都是稻田，所以周遭都有围墙围护。围墙内的主体建筑前，还有一处大的空地即晒谷场，他小时候经常翻墙进去玩耍。中华人民共和国成立前该处既是祠堂又是私塾，应该是基于这个缘故，中华人民共和国成立后该处长期被用作余屋村幼儿园。20世纪80年代初，他就是在这里读的幼儿园。该位太太则介绍说，学海家塾是他们夫妇所在的房支的祠堂，现在是村里仅存的、木雕装饰最为精美的一处家祠。她还指着木雕等说，该祠堂现在"还来得及翻修"，但由于房支族人的"人心不齐"，因此一直"没有办法翻修"。

老人们还记得，她在该校任教时并不依照惯例住校，而是住在温塘的一位亲戚的家中。① 在整个东城来说，这位女子应该都是较早的女教师之一，这种迥异于传统的教师构成很有意思。这所散馆还根据学生的学习能力与程度等，把学生编为初、中、高三个班，每个班分别采用同一进度教学，这也与传统的教学方式完全不同。袁老人1931年出生，11岁时进入这处散馆，在那里前后共计念了3年的书。据他回忆，他就读时初、中班的人数最多，合计约有60人。而高级班的人数也有20人左右，但都是男生。当时早上诵读各种古文，所用的古籍也是传统的教材即《三字经》及"四书""五经"之类，由学生根据自己的学习进度分别自备。下午则是三个班统一学习自然、历史、地理、算术等新式科目，各科的课本是由这所私塾统一订购来分发的，这也非常接近新式学校的方式。其上课时间也很接近现代学校的惯常设置，即早上7点至10点、下午1点至2点以及3点至5点为上课时间。为何分为三段略显奇怪，但访谈时老人们也说不清原因何在。也有人猜测，可能跟当时东城很多人家一日两餐的时间有关。

由此看来，这处私塾已经不再完全是传统意义上的私塾了，而是与当时东城各地日益壮大的新式学堂日益趋同。这一个很有意思的变化趋势，既说明传统的私塾在新的形势下发生改变以求得适应，同时也说明新式学校的影响日益扩大。

二、东城传统私塾教育的内容与教学方法

东城的上述3种私塾其实都是属于民间办学的，差别主要在于具体的资金来源不同。在教育的内容、方法等方面则三者几乎完全同一，都是既体现出传统中国私塾教育的一般方面，又具有若干共同的地方特色。

（一）教育内容

在整个科举考试存在的1000多年的时间内，中国各处私塾的教材都以儒家经典古书为主。学子们掌握这些古籍的最高目的，普遍在于通过科举获取功名，从而实现光宗耀祖，即所谓的"鲤鱼跃龙门"。为了达致这一目的，全国各地的学子花费多年时间循序渐进而又极为辛苦地攻读。

但就清末民初的东城各处村落来说，具体的教育情况似乎颇有一些不同。本次调查中，我们先后访谈了近10位年纪在80至90岁之间的老人。如果按照不久之前通行的家庭成分来区分，则他们出自地主、中农、贫农和雇农之家的都有。这些老人都是生于科举考试废除之后，自然不会认为他们读书是为了参加科举考试。访谈时发现他们普遍知道科举考试、知道如果高中必定可以光宗耀祖，他们还有关于本村或者外村的某位先民高中而风光无限的传说或者故事。但是，他们普遍回忆，从来没有听说过自己的长辈中有谁参加了科考，也几乎全没有听说过哪位长辈幼时读书是为了参加科举考试。我们

---

① 由于许多方面的限制，当时各类私塾的先生们几乎通例住校。副使公祠的旁边，就设有几处房间充作老师的宿舍，其残迹现在仍然可见。该女教师不住校，所以显得较为特别。但人们认为这样可以避免别人说闲话，所以对她来说是很好的安排。

的调查可能有遗漏，老人们的回忆也可能各有偏差，但是，东城各处乡村的各类祠堂前，相对来说古今都少见代表功名的旗杆石。访谈时许多老人都感叹，与莞城、虎门等地相比，历史上"附城（东城的旧称）没出多少（科举）人才"，在文化与教育等方面"一直都很落后"。应该说，这种说法确实有极为扎实的历史事实根据，但也可能说明当时的东城普通人另有追求。

访谈时不少老人都感叹，旧时自己的父母确实是费尽了心力设法供自己上学，"有时候父母一天就只能够吃一餐粥，这样省吃俭用让孩子上学。目的就是要让他们会读书、能写字啊"。老人们回忆，当时学生在校读书的时间普遍只有两年左右，这么短的时间内自然难以学得到多少知识。而就这些老人的实际情况来看，他们从学校获得的各种知识确实极为有限。当时的各类私塾尤其是散馆极其不稳定，经常出于各种原因随时停办，因此孩子们其实也无从学到多少知识，这则是客观的原因。但最为根本的原因，可能在于另外非常现实的方面。接受访谈时老人普遍回忆，当初父母送他们入私塾等读书的根本目的，就不是为了让他们以后参加科举而出人头地、光宗耀祖，而只是要他们掌握基本的文字能力和一些"算术"即算账的能力，从而有助于他们长大后"不要做睁眼瞎"、不被人欺骗，即能够更好地生活。只要达到或者基本达到这个学习目的，父母们通常都已经心满意足了，都极有可能会即刻让孩子辍学了。历史上东城各村少有人取得功名，因此似乎是自然而然的结果。本次调查时有几个社区的工作人员仍然对我们感叹，这些年来东城教育确实投入巨大，但相对来说回报暂时还不成比例，如近些年来考入名校的相当少。他们共同的感觉之一，就是应该与这段粗识文字即无心向学的传统旧习多少有一定的关联。

不过，可能是由于传统教育范式根深蒂固的影响，也可能是由于新的范式还没有完全定型，旧时东城各处私塾中的教学，基本上仍然是遵循科举考试的要求并沿此路向而循序渐进地展开的。因此访谈时老人们回忆，虽然他们入学读书时科举已经彻底废除多年，但首先面对的仍然是传统的各种蒙学读物，如《三字经》《百家姓》《千家诗》《千字文》等。即使过了一两年后他们开始更高的学习时，主要学习的仍然是"四书""五经"等传统课本，最多加上一些新式科目如自然、历史、地理等，这些多半是点缀而不是最为主要的教学内容。应该说，与通常的以参加科举考试为目的的私塾教育相比，这些教学内容其实没有多大的不同。至于极为富有的那些少数人家，到了这时仍然可能专门请教师来家里教自家女孩子学习《女儿经》等，这与传统的女子教育也没有什么不同。

访谈资料：

问：那你读私塾的时候，学的是些什么呢？

答：学古文，就是《三字经》那一些。

问：你读了两间私塾，两间私塾教的东西一样吗？

答：那有些还是不一样的，看你的程度定。我在邓志超那里读书的时候，就是学《三字经》那一些。后来在威伯那里读书的时候，就是学"四书""五经"那一些。

一般来说，旧时东城各处村落中的多数子弟都能够入私塾并学习完入门读物，其实学习的就是传统的蒙学读物。他们中的一大部分，还得以学习高级读物中较为浅易的部分如《论语》《诗经》等。但是，只有为数极少的学生得以学习完了其余的高级读物，这极小部分的学生通常都是出于巨富之家。普遍多见的情况是，旧时东城的孩子在花了两年左右的时间学完《三字经》《千字文》等即掌握基本的读、写与算术能力后，随即退学而开始帮家里谋生或者外出闯荡。这种情况起码延续了很长时间，因此，老人们才说"一直到中华人民共和国成立初期，还都是这样的"。但即使是只读了短短的一两年的私塾，对学生日后的生活、为人处世还是有相当的影响。例如，中国古代教育学生的最主要目的是维护纲常伦理，极为注重培养学生的情操与抱负，即所谓的"修、齐、治、平"之类。直到中华人民共和国成立初期为止，东城各处私塾的教育主旨依然如此。因此，除了注重书本知识学习以外，当时的各类私塾都很注重对学生的思想、品德、教养等方面的全面教育。访谈时老人们普遍回忆，后面的这一些是当时教育的极为重要的组成部分，根本目的是希望使得学生成为有知识、有文化又品德高尚的人。老人们普遍认为，在这一方面旧时的教育比现在的教育做得好，形式也多种多样且易于让学生接受。例如，当时有些是通过儒家经典灌输给学生的，有些则是通过老师日常的言行举止潜移默化地影响学生的。如此看来，虽然民国中、后期的私塾教育的内容略与时代脱节显得不伦不类，但对旧时东城的村民获取知识仍然有很大贡献，对当时东城的乡村维护与延续传统礼俗、伦理观念等也有很大的贡献。

访谈资料：

问：听说阿虚办私塾的时候，就是办那家学海家塾，收的学费很少。那他们家的生活怎么样？

答：学费是很少的，学生都交得起的。那时候，阿虚的生活是很困难的。我们还经常帮他家打水，还去山上砍柴给他家烧火。有时候，还要从家里拿青菜给他家吃。他这个老师真不容易。他那几年办这个学，真不是为了钱。

阿虚呢，平时不怎么管学生，但是讲古书，那就很认真了……他还逼我背《左传》，我到现在还能够背一些的，就是当时他逼的。

这是我们访谈一位男性老人家的记录，本次调查时这位老人家已经年近90岁，晚年的光景似乎较为凄凉。如其住所是一间现在很少见的矮小又窄逼的平房，小到连厨房都没有，他平时只能蹲在门外侧的路边凑合着切菜、煮饭。但是，这位老人颇为达观、开朗。而他对我们做出上述对阿虚的评价时，颇有些夫子自道的意味，依稀可以看出阿虚的经历对他的影响。谈及目前的学校教育的不足时，我们发现这位老人似乎早有对比、早有想法。如在他看来，传统的教育最重要的目的是育人，即把学生培养好，现在教育最重要的目的是成才即教给学生以后谋生的技能；传统私塾教育注重教育学生的人品，现在的教育注重教育学生的才能；二者本来不是必然对立的，但现在的情况却是二者经常对立；等等。应该说，他的这些见解确实一针见血，足以发人深省。

本次调查过程中最后一次访谈这位老人时，他得知我们即将结束工作回校，于是特地给我们吟诵了《论语》中的两章，即"弟子入则孝，出则悌，谨而信，泛爱众，而亲仁。行有余力，则以学文"。以及"贤贤易色。事父母，能竭其力；事君，能致其身；与朋友交，言而有信。虽曰未学，吾必谓之学矣"。这两章恐怕都是经过他精心挑选的，或者就是老人心目中理想的教育？

(二) 教育方法

传统上，中国各处的私塾混合编班，或者说所有的学生在同一个班中共同学习，这一点经常被今人诟病为不科学。但在实际教学时，过去则普遍都是实行"一对一"的教授方式，都是采用"因材施教"的方法区别教授学生，并不是在同一个班学习即必须适应同一个进度，旧时的东城情况同样如此。我们发现，虽然已经时隔几十年，访谈时老人们每每说起这种教学方法时多数评价颇高，认为这种教法确实有明显的效果。这些评价似乎都说明，传统私塾教育方法虽然有死记硬背、体罚学生等缺陷，但似乎同时还是有不少值得当时的学生留恋之处的。

如前文所述，旧时东城的一间私塾中一般只有一名塾师，但因为学生入学有先有后以及彼此的学习能力、学习进度等方面都不同，所以这名老师可以同时教授多名学生。例如，当时的塾师一般都是根据每名学生的理解能力和记忆能力等，分别教授以同一本书的不同内容，有时甚至教授不同的学生不同的书。访谈时几位老人都举过类似的例子：两名同时入读的学生中，一名学生可能还在读《三字经》的前半部分，而另一名学生则可能已经快学习完了这本书。实际上，当时共处一个教室的同学包括了现在所说的多个年级，他们不仅彼此年龄可能相差较大，所学的内容也可能相差巨大。例如，在同一间私塾的同一间课堂上，有的学生学习《三字经》，有的学生学习"四书"，有的学生则学习"五经"。在当时，这种情况实际上是一种各地都通行的一种教学方式。访谈时有一位现在已经退休的校长对我们说，这就是中国古代的"复式教学法"，我们认为他的这个说法颇为形象、生动、准确。访谈时不少老人即曾经的学生则认为，这种复式班其实很有好处，如年龄大的再可以照顾、帮助年龄小的，老师有事时大的还可以代替老师照看小的学习等。当时一间私塾内的学生，彼此的年龄可能相差十几岁，他们觉得大、小孩子共处并没有多少"代沟"之类的弊端，反倒是有助于培养学生们的"长幼之序，师门之谊"。现代的教育学一般认可同龄的学生编为一班，认为这样有助于彼此发展；而认为传统的大、小合班有碍同学交往，不利于孩子的各自发展。但是，这些老人们显然不是持这种观点。

老人们回忆，当时先生每次教授的内容有一定的量，具体来说则一般都是以"句数"为单位的，即由塾师每次向学生传授一本书或者几本书的多少"句"。而如果改为以字数来计算的话，通常以一次教授的量在十几字到一两百字之间为常。但具体的量是多少，其实也是需要视学生的具体情况而定，如初学者通常一次只需要学习十几字到几十字，而程度较高的学生可能一次要学习数十字到数百字，等等。在为一名学生划定好具体的"句数"之后，先生要先教该位同学诵读这些字、句，然后向该位同学逐字讲解这些字、句，最后还要串讲这些语句。等到这些全部完成后，该名学生回到自己的座位上自行学习这些"句"，至学生完全会背诵并明白或者大致明白其含意，即可以向老师报告，然后背诵并讲解给老师听。经老师检验并获得认可后，一轮教与学即告完成，随后可以开始新一轮的教与学。因此，虽然不同的学生在同一间教室内，每人每天学习的量不是完全相等的。即使是同一名学生，每天学习的量也并不是固定的。

访谈资料：

问：当时教书先生是怎么教学生学习《三字经》《千字文》这些书呢？

答：刚开始的时候，就是教书先生一个字、一个字地教我们读，就是我们一个字、一个字跟着老师读。一般，一次都是只教那么几行的。

这个进度也是不一定的，主要是要看各个人的具体情况来定的。比如说，学习好的学生呢，那就多教他一点；学习差的学生呢，那肯定就少教他一点。然后，先生就要求我们练习背诵了。要是你会背了，那你就自己走过去背给先生听。他也会背了，那他就自己走去背给先生听。那个时候，这个背诵也不是统一的。不过，有一条就是老师当天教的，学生一般当天都要会背，最迟明天一早就要背给先生听。你要是背错了呢，那你就要继续背。那个时候啊，先生会用戒尺打你的手掌心，还会用那个藤条打脚（意为小腿）。

我们读书的那个时候，那你还要点书的嘛。就是先生教到哪里，你随手就要点到哪里。不然的话，就不知道教到哪里了。

一般来说，当天学生背完先生所教的全部内容后，第二天师生接着从昨天点到的地方开始教、学新的内容，然后学生继续自行学习到完全会背诵为止。如此周而复始，一直到能够"背诵完整本书，这样才算学完一本书"。今人经常诟病传统的私塾教学方式，似乎其实主要就是因为其周而复始、不停地背诵。

概括起来，在学习完一段新典籍的时间即一个完整的教学周期里，当时的老师授课与学生学习一般来说包括几个具体的环节：一是授书。即老师讲授、学生学习课本也就是老师所教的典籍上的内容。由于这时学生拿着书自己到先生的桌子那里，因此这也称为"上书"。这个环节其实包括几个具体的内容：①"点书"。即老师在学生拿上来的书中逐一标出句读，也有由学生事先点好句读再由老师审定的；① ②"读书"。即老师把需要学习的内容示范朗读或者吟诵（吟诵以三遍为多见，但有老人说也有吟诵六遍的），学生跟着老师逐字学习，这其实主要是教授字音与吟诵的腔调；③"讲书"。即老师先逐字讲解、最后串讲，涉及字义以及该部分大致的意思等方面；② 二是背书。先生讲授完毕之后，学生回到座位后自行学习。学习的内容包括典籍内容、相应的注疏以及老师的讲解等。典籍内容部分，则几乎都是要求会背诵的，因此称为背书。三是复讲。即学生在自认为已经完全学会、能够背诵之后，可以举手向老师示意。获得老师许可后，学生离开座位上前背诵给老师听。但这部分通常不限于背诵典籍，几乎总是包括述说讲授典籍的内容与含义等，也正是因此才被称为复讲。但我们的调查发现，访谈对象中只有很小一部分在学习时全部如此，相当部分的学生其实没有经历过"复讲"的全过程，即他们通常只需背诵，而无需讲解或者复述大意。

---

① 据调查，东城的老人中很少有人记得老师为其点书的，他们的记忆绝大多数都是自己事先点好书，再请老师为其审定。此外，如前文所述，东城的点书有时另有不同的含义。

② 访谈时有老人说，《三字经》中所说的"凡训蒙，须讲究，详训诂，明句读"。这几句话所指的，就是这种蒙学的教学情形。

访谈时很多老人都承认,刚入学时他们其实经常不是非常明白老师讲的到底是什么意思,但当时"就是凭着年纪小、记性好,就这么死记硬背下来了"。而随着年纪稍微增大,他们才开始逐渐明白一些。但有不少内容,甚至是到了离开私塾之后的多年,才完全明白的。不过,访谈时发现,似乎老人们现在很少埋怨这种以背诵为主的方法,反而多数人似乎觉得这种方法有一定的道理,并且似乎认为在一定程度上还值得大力提倡。本次调查时梨川村有一位84岁的男性老人家,在向我们回顾了他自己幼年时的求学经历后,说出了似乎是他平日里深思熟虑后得出的看法:"那个时候,老师教了以后呢,我们都是先自己学习,然后再死记硬背。到了最后啊,还要能默写出来,这才算学好了的。我那个时候年纪小,其实那些句子啊,有很多那时候不是很懂的。就是说,书里的意思啊,其实很多都是不懂的。等到了长大之后离开了学校,有时候回想起来背过的那些句子,却又懂得了不少。有时候觉得,古人真是很有智慧的。"应该说,在学生的背诵能力普遍严重下降的今天,这个说法似乎尤其值得深思。

传统私塾的这种根据各人能力而"因材施教"并且以学生自我学习为主、以学生为教学主体,我们在访谈时发现,对这种教学方法许多老人也颇多肯定之词。他们认为,与现在通行的以老师讲授为主、学生主要只是被动接收的"灌输式"的教育方法不同,当时的塾师主要只是"起提点"等指导作用。他们认为,这样不但学生学习的能动性更大,而且对学生养成自我教育习惯的作用也更大。应该说,很多曾经接受过私塾教育的老人因此而终身受益,他们确实可以说做到了"活到老,学到老"。本次调查时,余屋村有一位已经90多岁的男性老人,在离开私塾后坚持自我教育,至今仍然每日识字、学画不辍。据调查,因为家里极为贫困,他小时候只在设于余氏宗祠中的族塾念过半年书,离开族塾时只掌握了非常有限的汉字。但他自此养成了自主学习的习惯,在以后的几十年间,他每天都要在各种零碎纸头上抄上几个他不认识的汉字,然后向认识的人请教并反复学习、记诵。到了现在,他早已经掌握了许多汉字,对不少古文确实还颇有心得。有一次访谈时,他还饶有兴致地给我们背了几段《增广贤文》中的文章。

在他看来,中华人民共和国成立前开办一间私塾并不需要很高的成本,通常只需要有一间房子、一个塾师,然后就可以招生教学。学生学习一段时间后,一般都能够认识一些字,踏入社会后普遍能够做到简单地记账、写对联。在他看来,这些就可以满足大多数父母的期望了,也能够帮助学生谋生了。至于日后学生能够走多远,最主要的是看学生自己能不能坚持自我教育,就是"师傅领进门,修行靠个人",老人最后用这句俗语进行了总结。

第二节　近、现代时期的学校教育

随着政治形势发生巨大的变迁,从民国初期开始,整体上看国家的各类教育机构都逐渐从传统的私塾向近代新式学堂、小学进而向现代学校教育形式转变。东城的教育也经历了从传统向近、现代的各种转变,在教育体制、学校管理体制、学制以及教学内容等方面相应地都发生了巨大的变化。但与此同时，似乎保留了若干传统的以及特有的地方印记。

一、近、现代学校教育的类型

自清朝1905年正式宣布废除科举制度起，国家、社会和各级政府即通过各种方式，大力鼓励开办新式学堂而事实上强力抑制私塾。社会和地方教育行政机构通过劝导或者逼迫塾师调整办学方式，使得私塾得以逐渐转变或者停办，而各种新式教育得以逐渐兴起。但这毕竟需要多方面的配合，因此进展缓慢。实际上，一直到了中华人民共和国成立后，新式教育才最终在全国得到普及并逐步得到完善。

（一）新式学堂

极为概括地说，传统的私塾以培养科举人才、达至"鲤鱼跃龙门"为最高理想，而新式学堂则以培养具有实践能力的全方面人才为终极目标，这与传统的教育有根本的不同。当然，在建立之初，由于师资、教学惯性等因素的影响，东城的新式学堂依然普遍多有旧式教育的痕迹。在许多年间，所谓的新式学堂主要只是在形式上或者科目上有所改变而已，与当时并存的各类私塾中的教育经常相差不大。访谈时不少老人经常弄不清楚自己所就读的到底是什么类型的学校，经常把学堂与各类私塾等混用，则从另一个侧面说明了二者的相近。

老人们回忆，受当时的国家和社会整体氛围的影响，东城的新式学堂其实很早就出现了。到了清末正式废除科举时，东城几乎各处村落中，都已经有了数目不一的新式学堂。但是，这些早期的新式学堂虽然名称与旧时的私塾不同了，但在实质上甚至外表上仍然与私塾多有相同之处。如最初的学堂同样全部都是借用各处祠堂为校舍的。据调查，这主要有两方面的理由。一是当时的国家与政府无力快速修建大量的学校；二是在各处村落中祠堂通常都是最大的公有建筑，大体上也适合用于开办新式学堂。而且由于在历史上各处祠堂几乎都是一直是同时作为校舍使用的，兼做或者改作成学堂也符合民众的心理与习惯。①温塘村的袁氏大宗祠就曾经在多年间用作私塾，而从20世纪30年代起则用作由国民政府兴办的新式学堂，直到日军入侵后才被迫停办。

不过，受政府的指令制约以及受新思潮的带动，即使是最初的新式学堂，也毕竟已经不完全等同于私人开办的各类传统私塾。如与私塾相比，其在教学内容、课程设置以及教师与学生的来源、经费获取等方面发生了许多变化。完全可以说，虽然仍然有诸多

---

① 在东城邻近的茶山镇南社村的旧园公祠内，存有清同治十七年戊辰岁（公元1868年）润四月吉日订立的"本祠重修公设规条"五条，其第一条为"一、祠内最宜请师教读。若非教官，祇许怡静诚实子孙闲居。如系教官，既要搬迁让师"。由此可知，当时人心目中祠堂就是办学课徒的最为合适之地，传统的基本目的之一就是"请师教读"。其余四条及相关文字则为："二、祠内不得开场聚赌，以及呼群引类狂饮戏谑。三、祠内不得放置农具以及家事什物。四、祠内不得堆积柴草、粪便等物。五、祠内祠外俱不得拴牛寄牛。以上数条，各宜凛遵，如违集祠革责，不贷。"这几条规例颇值得玩味，似乎可以借此认识当时的祠堂的若干实际状况，如即使是在历史上祠堂也可能并不是时时都那么神圣的。

旧的痕迹，但已然是教育从传统向近代转变的重要开端。

访谈资料：

问：您是几岁就开始读书了的？

答：我10岁时上学堂。那时是民国时候。那时候，就是在袁氏大祠堂办的一间学堂。

问：袁氏大祠堂？最早是在什么时候开始在那里办学堂的呢？

答：最早应该是在1930年前后吧，那时就开办了。不过，到了抗战的时候，那就办不成学堂了。但是，抗战时候，村里又有私塾了。这个时候的私塾，一般都变成了是在本村找的老师。就是本村那些有文化的人，就自己办学，就是招学生来读书嘛。

问：那学堂是谁办的呢？

答：学堂当然是政府办的。那个时候，校长加上老师，全部都是上面派下来的。比如老师都是政府从东莞城里请来的。我还记得，我们读书的那个时候，那个校长叫袁锡田。

问：您在学堂里，一共读了几年书呢？

答：我总共读了7年的书。前面4年在学堂，后面3年在私塾。

由于距离科举不远，加上人们观念的滞后性以及还要面对仍然有一定活力的私塾的竞争，东城早期的新式学堂通常都兼有传统私塾与新式学堂的内容。例如，教学时既有自然、地理、历史等全新的教育内容，也有《三字经》《千字文》及"四书""五经"等传统的教育内容。不过，民初之后基本的趋势，则是大部分新式学堂逐步放弃传统的教育科目，而逐步代之以国语、算术、历史、地理、自然等新式科目的名称与内容。徐景唐倡议并出资在鳌峙塘的徐氏祠堂中设立了一所新式学校，这所学校出来的学生有许多能够考上中学，因此其教学质量得到普遍的肯定。这时仍然是本村的孩子可以免费入读该校，而外村的孩子则仍然需要交纳一定的学费才可以入读，这与私塾时代相同。但这时的老师则多是从外地聘请的文化水平很高的新式教育培养出来的人才，这就与旧时完全不同。这所学校的所教与所学，也已经完全不同于私塾。如初小由传统的背诵《三字经》之类的改为主要学习语文、算术和珠算，到了高小还要学习自然、历史和地理等全新的课程。除了这些新课程外，二年级以上的学生还要修读《尺牍》。《尺牍》是一本教授孩子们如何写信、如何称呼他人等方面的课本，因此"尺牍"这门课主要是教授日常生活礼仪与规范的。当时的自然课，有时候还相当贴近当时本地的生活与生产的需要，如主要教授孩子们认识各种农作物，也教授关于预测天气和关于耕种的时令知识等。不过，由于缺乏专门的老师，很多时候这门课流于形式。此外，还有老人还回忆说，在似乎不太长的一段时间内，这所学校还开设过乡土教育方面的某种课程。当时老师主要讲授东城的习俗、文化等内容，还带领学生进行过实地考察。访谈时老人们回忆起这间学校时普遍认为，这所学校的教育比较贴近实际的生产与生活，因此"学了一两年，就不仅懂得了识字和算账，还会一些农作物方面的基本知识"。不少老人都认为，与当时并存的其他的各类私塾相比，这所学校的教学显得"比较实用"。

东城的新式学堂开始逐步具备近代小学的模样，不仅有多位来自异乡、学有专长的老师各授一科，还破天荒地出现了现代意义上的专门负责管理学堂的校长。传统上，族学、村塾等虽然均有族中或者村中的头人们等负责，但从来没有专门的管理者，直到这时才出现校长这种专门的管理者。不过，那时的校长跟现在的校长还是有许多不同，带有时代的特色。例如，虽然有的校长是"由政府派来的"，但确实有不少是由学校所在的村落或者宗族任命的。有老人说，其原因在于"出钱的人不同。政府出钱，就是政府派校长、派老师。村子或者家族出钱的，就是村子或者家族派校长、派老师"。根据我们的调查来看，基本的情况确实如此。早在民国初期，周屋村的北溪公祠就用于兴办学堂，这就是一度颇为知名的濂溪学堂。老人们说，当时起这个名字是为了纪念先祖周敦颐，周屋人相信他们是周敦颐的后代。本次调查时已经95岁高龄的余屋村民余老人，被普遍认为是该村仍然健在的老人中最有学问的，他当年就出于某些原因得以在濂溪学堂读过几年书。

个案：

自1922年起，余老人在设在北溪公祠里的濂溪学堂读书。他回忆，他入校读书的时候，这所学堂里总共有60多个学生，其中"只有六七个是女学生"。当时总共分4个年级，由3个教师授课。当时教学的科目主要有国语、算术、珠算、自然和常识等。所以这几位老师都需要同时教不同年级的不同科目。老人说，"那几位老师，都是没法专门教一科的，都是需要同时教几门课程的"。据他回忆，当时的几位教师中，文化程度较低的教一、二年级的科目，文化程度较高的则教三、四年级的科目。

至于学堂的管理运营模式，也完全不同于以往的各种私塾。学校里既有多位老师，还有一位专门负责管理整个学校的校长。他读书期间经历了几位校长，所以他觉得那时校长的任期不是固定的。平时有学生需要请假之类的，都是找校长而不是找老师批准，"跟在私塾里不一样"。余老人回忆，当时校长主要负责学校的正常运营，是由周屋村里经济较好又有一定文化且有话语权的人士担任的。他感到奇怪的是，教课时老师们要是有不懂的地方，都是向校长请教。那时候他还太小，不明白为何会如此，但觉得校长是一位全能的、水平非常高的人。

当时的濂溪学堂显得有些奇怪，因为有一到四年级但又没有五、六年级，所以既不是完小也不是初小。老人们回忆，其原因主要在于当时能够读到五、六年级的学生为数太少，没有办法单独组班，于是就出现了这种较为独特的设置。按照当时一般的情况来说，能够读到五、六年级的人已经可以算是相当有文化的人了。但是，当时东城的村民经济情况普遍较差，再加上父母对孩子读书的期望值普遍不高，因此很少有家庭能够或者愿意支持子女读到五、六年级的。老人们公认，当时的父母一般都只是支持孩子读两三年左右。

虽然资金的来源可能不同，但大部分新式学堂都是由政府统一管理的。一般来说，这时普遍需要学生自行负担学费等费用。余老人回忆，他在濂溪学堂读书的时候，不算课本费等，"光是一年的学费，那就要交一担谷子，就是一百斤谷子"。据他回忆，按照当时的市价约等于两块大洋。对于那时的很多人家来说，这笔学费确实是很大的负担。历史上，东城的各处村落都经常因为遭受洪灾等而导致整年颗粒无收，只有在收成较好的年份才有若干收获以至盈余，所以普通人民的生活普遍较为艰难。温塘袁××的父母务农之外兼事养鱼、经商，因此家境尚可。但他读到三年级时父亲突然去世，家中顿时失去了经济支柱。他不得已只好辍学了，就"出去外面做工"以帮助养家。因此，仅仅学费就把许多孩子挡在了校门之外。为了解决这一问题，东城的一部分新式学堂沿袭私塾旧路，即仍然由宗族出资以维持本学堂的基本运作所需，而学校免费（或仅收取书本费）招收该族的孩子入读，这样就基本上保证了贫穷人家的孩子也能够有书可读，实现了两全其美。老人们回忆，民国十八年（1929年）时，余屋人为纪念其七世祖也就是余德新开拓余屋，借地村内的余氏宗祠兴办了一所新式小学即德新学堂。其办校所需及开办后多年间的日常营运经费，就是主要来源于余氏的祖上留下来的部分尝产，主要是出租鱼塘、埔田（详参考本书第十一章）的收入。余氏本族的子弟均可以免费入读该校，但需要交纳书本费，不过数额甚小。这所学校先后聘请了教师多名，开设了一至六年级共6个班级而成为了一所完全小学。老人回忆，最多时该校学生总数有近百人之多。日本人入侵东莞后，这所学校同样被迫停办。但到了战后，余姓族人利用族田的收入迅速地又复办起来。本次调查的主要报道人之一余老人，就是这时在这所小学读的几年书。

余老人回忆，这所学校的学生主要是余屋村余姓人家的子弟，外村的或者外姓的学生可以入读，但为数始终很少，而且他们要缴纳书本费和学费。老师都是从外村甚至外地请来的，一般都是新式中学的初中毕业生。在当时，他们差不多都可以说是高级知识分子了。他就读时该校的学生有四五十人，但已经设有一到六年级6个班级。初小主要学习的科目有语文、算术等。据他回忆，那时的算术课"有珠算那些，就是珠算课包括在算术课里面。那个时候，家长非常欢迎珠算课。要是家里算账什么的，你会珠算，那就很有用处了"。到了高小阶段，学生还需要另外学习历史、地理和自然等课程。按照当时的标准，余老人的家境属于比较优越的，因此在抗日战争期间这所新式学堂停办时，他还能够转到别的私塾里继续念了几年书。他的父母都没有什么文化，也很少具体关心他的学习情况，更无法辅导他学习或者提出什么有用的建议。余老人认为，父母不是不想管而是没有能力管，当时东城的很多普通家庭都是如此。

除了由政府和宗族兴办的新式学堂以外，民国初期东城的村落中，又出现了一些由富裕又有家国情怀的个人尤其是国外归来者兴办的免费的新式学堂。不过，其数量始终相对有限，存在的时间也相对更加短暂。

老人们回忆，早在20世纪20年代，曾经在德国留学且多有所成的东城闻人刘百畴，因故回到了故乡峡口村的东岸坊定居。他见到村中许多孩子因为家贫出不起费用而无法读书，觉得于心不忍。于是，他便借用东岸坊内的一处祠堂，自己出资创办了一所新式小学即花溪小学。本坊任何家庭的孩子，都可以免费前来接受教育。他不仅亲自担任校长，还负责支付学校日常所需的所有的开支。老人们回忆，贫苦的家庭对这所免费的学校普遍极为欢迎，因此学校一开门，"一下子就涌入了五六十名学生"。当时东岸坊的总人口相当有限，这个数目差不多等于村中一两家就有一名前来就读的学生，由此不难看出这所学校受欢迎的程度，也不难从中看出当时东城村民普遍的贫困程度。

老人们回忆，可能是由于这位刘百畴先生"出过洋，眼界开"，在教学方面，他在这所学校有不少大胆的创新，很多教学设想远远超出时人的意料之外。例如，好几位老人都回忆，他当时最大的心愿就是建造一艘"大大的船"，以便将该校的学生送到外地，"一边游、一边学"。在他看来，这样可以开阔学生们的眼界与见识，从而可以更好地培养学生。但受各种条件的限制，老人们都说他最终未能完成这个心愿。而随着日军入侵东城，这所私人推动的花溪小学也被迫停办，多年之后才得以复办。

（二）现代小学

随着现代学校教育制度逐步建立起来，到了1949年前后，东城境内涌现出许多现代意义上的小学。主要与各自原先的教育状况和经济情况等因素有关，不同村落出现现代小学的时间可能略有差异。但即使是20世纪初就建立的学校，由于遭受灾荒、战乱等之苦也处于时办时停的窘境之中。尤其是到了抗日战争时期，所有的由政府主导的新式学校都被迫停办了，给东城的人们受教育带来了极大的影响。反映在本次调查中，就是我们发现在抗日战争期间成长起来的东城各处村落村民中文盲的比例都超出其他年份长成的人。

不过，这些所谓的小学，与前文所述的学堂或者各类私塾经常混淆，实际上的教学效果等可能也相差无几。尤其是在其初期，小学与学堂最大的区别，首先似乎只是名称的不同，即称为"小学（校）"而不是仍然称为"学堂"。其次，在于它们不教授传统的科目而全部改授新的科目。这些学校起初仍然几乎都是在村内的各处祠堂中开办的，最多是将祠堂经过简单的改造和功能划分后即作为小学使用。许多老人都说，温塘村第一个符合现代意义的小学，是于1946年前后在袁氏大宗祠开办的。虽然在此前的多年间，该祠堂都是同时用于举办私塾之类的学校，但到了这个时候，办学的性质已经发生了本质上的变化。例如，在这所新式学校里，完全废除了传统的教学课本及相关的读物，各科全部使用由政府发放的、统一的教科书；学生则根据入学先后和学习程度等，分别编入一到六年级。[①] 每个年级的人数一般有几十名，最多时全校总共有两三百名学生。据调查，其初小部分的学生主要学习语文、算术等科目，高小部分则主要学习语文、算术、历史、地理和自然等科目等。所有这些，都与传统的各类私塾迥异，而显示出新式教育的全部特性。

但是，访谈时老人们对这所学校到底叫什么名字则有各不相同的说法，如有人认为是"袁氏大宗祠小学"，有人认为这个只是其俗名而不是其正式的名字，还有人认为这所学校根本就没有正式的、通行的名字。这个现象很有意思，似乎可以说明新式学校刚刚出现时面临的各种艰难，也说明当时小学与学堂彼此间的界限确实颇为含混不清。本次调查时已经81岁高龄的袁老人，从12岁开始共计上了3年学，第一年即一年级便是在设于袁氏大宗祠的这所新式小学校里就读的。他回忆说，他读书时这所学校总共只有四五名教师，都是政府派来的。老师都是东莞籍贯的，其中的两名还是本村人。女教师只有一名，不过，由于当时全校的女学生合计也没有几名，因此，对教学等也没有多少影响。这几位老师都是东莞人，因此，他们上课时都是用东莞粤方言教课，而学生也用粤

[①] 按照当时的划分，一到三年级称为初级小学即初小，而四到六年级称为高级小学即高小。

方言回答问题等。他和其他几位老人都回忆，到了建校约3年后也就是1948年前后，该校的多名学生突发疾病，患上天花、脑膜炎的学生病情尤为严重。稍后，又有一些学生出现了耳聋、失明、双腿残疾等症状甚至还有学生死亡。而在村民中间，也开始出现同样的现象。这些让村民产生了极大的恐慌，于是就开始质疑学校的存在。在当时的医疗技术与科学知识的条件下，人们并不知道这些疾病其实都是由某些细菌所引起的，而普遍错误地以为是祠堂内外的鬼神作怪所致。袁老人回忆，他那时还只有10多岁而没有多少自己的见解，但清楚地记得当时有不少族人认为在宗祠里办学，惊扰了祖先而引起祖先发怒，因此导致了这些病患出现。在村民的或明或暗的种种重压之下，这所学校被迫搬到了高祠堂续办，① 名称正式更改为温塘小学，并从此沿用了多年。

访谈资料：

问：当时为什么把小学又从袁氏宗祠搬到高祠堂了吗？

答：那个时候，好像是脑膜炎流行，还有天花。最后导致村子里死了很多人，有不少就是那里的学生，就是小孩子。那个时候，大家都没有什么科学知识，不知道是因为什么引起的。结果，就以为是祠堂有鬼神作怪，也有人说是祖先发怒。反正到了后来没办法了，就把学校搬到了高祠堂那里。

当时，袁老人也转到了设于高祠堂的温塘小学继续就读，图9－4为通往学校的麻石巷。他还清楚地记得，在这所学校里，每星期一早晨到星期六中午上课，每天则分为3个不同的上课时间段。如夏天的具体上课时间段大体是：上午7点开始上课，至11点下课，学生回家吃午饭；12点返校上课，至14点放学，学生回家；15点继续上课，至17点放学，学生回家，一天的学校学习至此全部结束。如果从现在的教学节奏来看，每日这样的上课时段安排显得有些奇怪。至于其原因则众说纷纭，有人说是因为当时学习香港的结果，但更多的人认为是沿袭私塾教学时间安排的结果。一般相信，中国古代蒙馆的学习时间一般是一天2到4小时，学馆的学习时间一般是一天4到8小时。新式小学大

图9－4 通往高祠堂的温塘小学的麻石巷

体上相当于蒙馆，一般一天上课的时间合计在8个小时左右。时间分段则大体如旧习，只是每一段各自长了一些而已。

有一些新式学校如同私塾那样，仍然会专门放农忙假，停课让学生回家帮忙。位于

---

① 温塘有一位老人家有记日记的习惯，其多年间积累的日记，是一份宝贵的民间文献。根据其日记的记载，高祠堂在1936年以前就已经用于开办某所小学了。但其名称以及开办的日期等，日记中没有记载，似乎现在也没有人知道了。到了日军入侵东莞后，这所小学也停办了。

高祠堂的这所新式小学不放农忙假,但如果有学生确实需要请假回家帮忙收或者种,一般也都会获得学校的准许。这位袁老人回忆,那时这所学校办学严格、纪律森严,如学校大门口还专门有由学生充当的"童子军"轮流把守,严防学生随意出校甚至逃课。但学校也能够照顾到具体的情况,并及时做出合理的、适当的安排。例如,他家以制作陶瓷器皿为生,而每天约有60个这类器皿需要他帮手,否则无法完成。因此他获得学校的特别许可,每天得以提前回家帮忙。在这所学校里读了两年即读完了三年级时,他觉得课业负担太重、难以接受而不想读了。父母也觉得他已经大了,可以很好地帮助家里生产陶瓷谋生了,同时读完了初小"也够用"了,因此,便让他辍学回家专心制作陶瓷了。

据他回忆,类似于他这样的情况,在当时的东城的各村中其实都是极为普遍的。他觉得,那时的父母自然明白孩子必须学习若干知识,只有如此才便于其孩子们日后更好地谋生;但许多家庭苦于无力承担更多的学费,因此,大部分孩子都是在掌握了最基本的汉字和算术能力后,便立即应父母之命辍学以减轻家里的负担;而更加重要的是,那时的乡村社会普遍认为孩子是父母的重要帮手,年龄稍大点就能够也必须帮助父母以维持家里的生计,而不需要上太多的学。我们的调查发现,虽然早已经进了民国时期,虽然学生们进的也已经是新式的小学,但是,这时候的学生年龄有时还是相差很大。在同一个班中,经常可见最大的学生已经差不多20岁了,而最小的还不到10岁。① 人们认为,这些孩子尤其是年龄较大的孩子辍学后,不仅可以很好地分担父母的辛劳,也可以借此培养其日后独立生活所需要的劳动技能,因此对家庭和孩子来说都是有利的。

所有这些考虑全都不无道理,但不幸的是,这些因素合起来就直接导致了孩子辍学率居高不下。实际上,类似的情况也遍见于当时的中国各地。历史上全国各地的孩子尤其是汉人社会的孩子,普遍从孩童时代起接受3年左右的蒙学教育。但等到稍微大一点即可以成为家庭的某种帮手时,就经常都被迫辍学而帮助家里谋生。这已经成为了一种习惯,人们早已经对此见怪不怪了。我们相信,这可能就是在旧时汉人虽然识字率高于世界不少国家,但一般的汉人普遍只是受过相当有限的教育的原因所在。

在这位老人看来,那时的父母虽然对孩子的学习不是很关心、要求也不高,但普遍还是愿意供孩子尤其是儿子上几年学的。一般来说,到了孩子正式入学时,几乎所有的父母都会在家里为孩子举行"开蒙"仪式,不过这时的程序则比起传统的来已经大为简化。几位老人都回忆,当时最为讲究的人家中最主要的程序,是在入学前一天晚上10点左右,先由孩子的妈妈虔诚地上香拜祖先祈求保佑,然后孩子的爸爸则教孩子"点书",② 意在预祝他入学后能够把书读好。袁老人至今仍然清楚地记得,父亲为了他上学特地"花大钱"给他买了一支当时最为时髦的英雄牌钢笔。他就是用这支笔蘸上红墨水随手点在《三字经》上,就算是完成了点书仪式。在传统私塾时期,学生读典

---

① 我们在访谈时又意外地发现,对于私塾等旧学堂同一个班中同学年龄经常不一甚至差别很大的情况,老人们的看法有时跟现在通行的认识不一样。例如,许多老人认为,现在一个班的学生都是同龄的即一样大或者仅仅相差一两岁,结果导致了彼此间没有了由于年龄以及相应的知识等所带来的敬畏,而出现了互不服气、互不尊重甚至互相拆台与算计的情况。这种认识不见得正确,但似乎也值得深思。

② 据调查,好像当时的父母根本没有读过书,自然不会点书。为了这个仪式,这些父母只好临时向会的人学习并事先练习,但多数人届时依然点得不伦不类,"好在小孩子还不懂,也看不出对不对"。

籍时经常需要随手圈点书中的某些文句或者标识句读，这就是所谓的点书。但他那个时候还不认识字，因此只是在书上按照父亲的指点胡乱点了几下，大致上是略得其意而已。① 他也还记得开蒙时父母的叮嘱，大意是希望他能"多识几个字、学会算术。一定要学会珠算。这些都会了，以后长大自己做生意，就不会被人家骗了"。差不多70年后回首短暂的校园生活，老人很多感慨，认为当时父母愿意"花大钱买英雄笔"给他读书用，说明他们很希望他能够多读书的。他也自认不负父母期望，尤其是那三年中所学的古义，对他长大后的为人处世很有作用。直到现在他还能够背诵一部分古书，这"也算是感念父母"的一种方式。

温塘小学当时所在的高祠堂，位于今天温塘社区皂上坊后的山上。村民普遍认为，这座祠堂是整个温塘境内位置最高的一座祠堂，因而得到了这个独特的名字。高祠堂其实是由两座单独的公祠组成的，一座为唐靖公祠，一座为少兰公祠。到了中华人民共和国成立之后，新政府几乎迅即全面接管了这所学校，师资以及教学方式、教学内容以及课本等相应地也迅即改变，但学校的名称没有改变，校园也仍然长期设在高祠堂内。一直到了1968年左右，这所小学才迁到如今东城第一幼儿园所在的地方。中华人民共和国成立前，该处是温塘一位村民的当铺，其前面还有一片较大的稻田。当时把当铺拆掉，所得的宅基地与稻田一起成为了新校园，此后沿用多年。2013年时，村里因故拆除了高祠堂，该处现在只剩下若干残迹，原来的教室等自然无从寻觅。但幸运的是，温塘村民袁老人是位有心人，几年前他就手绘了设于高祠堂的这所学校的平面图（见图9-5），还先后请了多位曾经入读该校的学生仔细校正，这使得我们仍然得以一窥当时温塘小学的全貌。

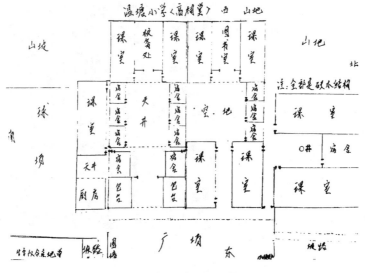

图9-5 手绘的温塘小学平面

---

① 但也有老人回忆，在开学前或者之后的几天里，由妈妈或者奶奶带着准备读书的孩子上一炷香祭拜祖先和门官，然后一起去到学校并同时带去作为学费的米，几乎就算办完了全部的入学仪式或者手续，即可以正式入学就读了。

从这幅手绘图来看，这所温塘小学基本满足了现代小学的功能与要求。如该校不仅有众多的教室，而且教室尽可能地通过某种方式间隔开，即彼此保持一段距离。图9-5中最上方所显示的是教务处和图书室，二者就各自隔开了教室。老人们回忆说，这样就基本上可以保证不会出现两间教室同时上课时互相干扰的情况。这所学校的与教学有关的其他设施，也基本上等同于现在的学校所见的，如有校务处、图书室，甚至还有单独的体育活动场所（旧时的东城人普遍称之为球场）。一般来说，历史上的各类私塾其实也很重视让学生锻炼身体，因此"射"从一开始就是孔子定下的六艺之一。不过，由具体的实践来看，历史上东城各类私塾最多只是利用课余时间偶一为之，从来没有过设立体育课之类的制度性的保障，更没有相对较大的单独的空间即操场，而这所学校都做到了。这张图也很好地展示出了私塾以及初期的新式学堂、新式小学的一个特点，就是虽然建有供老师居住的单独的宿舍，但宿舍与教室同在一个区域，而不是如现在通常所见的那样即彼此分开。人们认为，其原因在于当时的各类学校通常都是利用已有的祠堂而来，其空间相对较为有限且改动不易，因此只能够采取这种变通的方式，这才出现了图中右侧所见的两边为教室但中间是宿舍与水井的格局。

本次调查的主要报道人之一是温塘的袁老人，他于1943年生，从6岁开始多年在设于高祠堂的这所小学读书。① 如图9-6所示，这所小学的遗址至今还在。他回忆，当时的学费已经是交现钱而不是交大米了，不包括书本费一个学期的学费是两块钱。当时一本教科书通常是两三毛钱，而一本作业本子则是几分钱，因此一般的家庭会感到有压力，有些家庭需要节衣缩食才承受得起。与私塾的另一个不同在于，这所学校这时已经有了成绩册，成绩册上写明学生的期中考和期末考以及平时测验的成绩等，期末时同样也有老师的评语。期末时学生需要把成绩册拿回家给家长看，但由于当时的父母多不识字，因此很少父母能够明白。

据他回忆，他于1949年秋季入校不久，东城就解放了。新的温塘小学包括校长和教导主任在内，也一共只有10名教职工。那时招聘老师的程序仍然很简单，只需要得到校长的同意即可，"跟私塾、学堂那些一样的"。教师们的工资还不是现金而是发放大米，与中华人民共和国成立前的私塾、学堂等大体相同。学生有不懂的各种学业问题都可以去请教老师，而各科的老师

图9-6　高祠堂现在仅存断壁残垣

---

①　在中国古代，富贵人家的孩童传统上以3岁进蒙馆为蒙学时期，相当于现在的幼儿园时期；6岁入学馆为学馆时期，相当于现在的小学时期（12岁到20多岁为去县学、府学继续学习的官学时期，相当于现在的中学时期，之后学习专业、四周游历，到三十五六岁开始参加科举考试，高中后出仕为官），这时开始读经、习字、练武等。但在东城，似乎普遍到了七八岁甚至更大一些才开蒙即开始蒙学的学习，至少在本次调查涉及的清末民初时期是如此。其原因可能在于经济能力普遍较差。

若有不明白的通常仍然是去请教校长。因此，当时选择校长的最为重要的标准，就是必须知识渊博而又才学高深。这所学校每个班都配有一名班主任，这是东城的教育历史上从没有过的新鲜事物。班主任通常还要教授教语文或者算术中的一科，有的甚至两科都要教。当时的人们公认，这两门课是小学教育中最重要的两门主课。此外，该校还开始了历史、地理、自然等课程。这些课目都有单独的老师负责授课，但有时则会由校长或者教导主任代授，老人已经记不起为什么会这样的了。不过，他至今清楚地记得，语文和算术是每天都有的必修课，而历史、地理和自然每周有三到四次课，相比起私塾来更为不同的是，当时该校还开设了音乐、美术和体育等课，而且各科也有专门的老师授课，一周有一至两次课。不过那时师生们以及家长们都不太重视这些科目，这位老人对这些课程也已经没有多少印象了。

周屋村最大的祠堂是周氏大宗祠，它也曾经用作过一所新式学校即周屋小学的校园，这所小学是周屋村第一所现代意义上的小学。该小学约于1947年创办，之后多年间借用周氏祠堂教学，1953年前后迁出。人们在周屋另外开辟出一块地方，略施建设后成为了其新的校址。但到了约1955年，周屋小学与邻村的余屋小学合并成立了一所新的小学。新的学校借用余氏宗祠作为校园，因此两个村子的学生又一同在祠堂上课。又过了五六年的时间，两个村子出于某些原因各自办起了自己的小学，并就此延续下来。2000年，根据上级的指示，周屋小学、余屋小学、柏洲边小学、峡口小学和鳌峙塘小学合并，成为了现在所见的东莞市东城第二小学。周屋村有一位人们常常戏称为阿排（化名）的老人家，本次调查时已经81岁高龄。他从7岁开始就在设于周氏宗祠的这所周屋小学读书，读完四年级后因为家贫无力承担学业所需才辍学离开。

他记得，当时这所学校学生数量较少，教师也很少。阿排读书时，全校总共才只有4名老师。但已经设有6个年级，因此，老师们普遍要兼教几个年级、负责上几门不同的课程。阿排以及其他老人们都回忆，当时经常出现这样的情况，就是一位老师在教一个班新课的时候，他所负责的另外一个甚至几个班的学生们只好自行默书、温习或者预习。据他回忆，他就读时这间小学低年级的一个班只有十几个人，而高年级的一个班更是只有七八个人，全校学生加在一起也不超过100人。这一方面是因为当时的周屋村还是个较小的村落，总人口也就是700人左右，所以相应地学生数目也较少。而在另一方面，则是因为当时村民的经济状况普遍较差所致，很多人家不但无力供自己的孩子上学，还需要孩子帮助家里谋生。阿排就读时的学费是每年近两担谷子，而当时一个普通的家庭一年只能收获10担左右的谷子。对于大多数家庭来说，这确实是一个非常大的负担。由于生活困苦再加上传统的重男轻女的观念，那时候父母们通常都是只供男孩子读书，愿意送女孩子读书的家庭为数极少。阿排有兄弟姐妹4个而他是最小的。他的哥哥读了两三年书后就辍学，出去做工帮父母养家了。他的父母并不重男轻女，也同时送他的两个姐姐入了学。但她们只读了一年的书也辍学了，原因是家里经济困难无力供养几个孩子，要把钱省下来供他上学。

据调查，这一时期东城各处其他新建的现代小学，普遍面临着类似的学生较少尤其是高年级学生较少的难题，最后几乎都是通过转学、合班等以整合学校资源的方式来解决。桑园的五桂家祠始建于清朝的同治年间，是一座三间两进两廊的建筑（见图

9-7），占地总面积大约有 500 平方米。在这个时候，五桂家祠也成为了一处新式小学的校园。设于其内的桑园小学，就是桑园村的第一所现代意义上的小学。在该处连续办学 90 多年后的 1980 年左右，桑园小学才搬迁去了新建的校园。①袁老人是 1940 年生人，他在这所学校就读了小学一到四年级。据他回忆，当时这所学校总共也只有四五个老师，薪资都是由政府发放的。老师都是从周围村落请来的，因此上课时无论老师还是学生都使用本地方言。到了他入读时，这所学校

图 9-7　已经残破的五桂家祠

已经设有初小和高小两大部分，即共计设有一到六年级。但总共只有 80 名左右的学生，平均每个班只有 10 多个学生。有些年份由于学生人数实在太少，一、二年级的学生只好合并成一个大班，由一个老师在一间教室内分别授课，其情形类似于今天某些极为贫困地方的复式授课。

相对来说，这所学校的情况较为特别，一般都是高年级才会出现因为学生少的情况。这位袁姓老人家主要是在中华人民共和国成立初期读的书，他的同学都是本村的，当时桑园仅有五桂家祠一处小学校。初小学习的主要科目是语文和数学，高小则还要学习历史、地理和自然等。不过，当时的自然课，其实包括了许多方面的知识。例如，现在的化学、物理和生物等科目的内容，这门课其实程度不一地都有所涉及，只是相对较浅而已。教科书也都是由教育部门发放的统一的课本，但需要学生各自付钱。中华人民共和国成立前在这所学校就读一学期，学生需要交纳两斗米（相当于 20 斤米）作为学费，还需要时常带些柴火给老师作为烧饭等之用，柴的数量则没有规定。到了中华人民共和国成立后，则是一学期交纳 2.4 元的学费，但不需要再交柴火了。等到他读到五年级时，因为只有不到 10 名学生无法组成一个单独的班，所以这些学生全部并到了设在温塘的一所完全小学，他就是在那里读完了五年级和六年级。据他回忆，一直到了中华人民共和国成立初期，东城的孩子稍大一点，许多人就要辍学帮家庭做工以维持生计，很少有家庭能够或者愿意让孩子继续读书，因而能读到五、六年级的学生非常少，因为人少而合并、转学等的情况经常会出现。

有的时候，因为学校中每个年级的学生人数都少，而教师资源又相对缺乏，所以当时的现代小学一度普遍出现一个老师同时给两个甚至三个年级学生授课的情况。中华人民共和国成立前夕由两位老师在峡口的兰厦祠堂合办的兰溪小学，到了中华人民共和国

---

① 据调查，五桂家祠从此不再用作学校，到现在已经彻底废弃，部分建筑已经坍塌。迁往新址的桑园小学一直办到 1997 年左右，由于当时已经有近 200 多个学生，实在容纳不了，于是桑园、上桥和下桥等村落联合择地建设了新校址，这就是现在的东城第三小学。

成立初期很快就复办了。当时分为幼稚班和小学两大部分，小学部则包括一到六年级。虽然在一个宗族的祠堂内，但全村的孩子都可以来上学而并不限于本族，也不限是男还是女。不过，所有的学生都需要交同等的学费。祠堂前堂的大门内侧挂有一口古代留下来的大钟，"上堂、下堂（意为上课、下课），都是敲钟表示"。幼稚班类似于旧时的蒙学班，主要的任务是学习临摹字帖和写毛笔字，人数总是非常少，有时甚至少到总共只有两三个孩子。而一到六年级每个班的学生人数其实也很少，因此只能够采用两个年级共享一个课室而由同一位老师分别授课的方式。主要是由于学生和教师太少，约在1953年这所兰溪小学与邻近的鳌峙塘村在徐氏祠堂内兴办的学校就合二为一。因为新学校设于峡口，所以称为峡口小学。但是，合并后的新学校学生人数仍然偏少，一个班大概也只有20名学生。全校分为6个班，合计也只有120名左右的学生。据调查，到了20世纪60年代末，一方面由于峡口村的学生人数增加较多，另一方面由于鳌峙塘村的学生去峡口上学时要翻越山岭极其不便，因此峡口和鳌峙塘两村又分开办学，鳌峙塘又在徐氏祠堂开设了小学校。峡口小学则保留原有的名称，在原址继续兴办，到了2000年时才合并进了东城第二小学。

刘老人出生于1943年，是峡口本村人。1952年，他进入峡口小学读书，毕业后在外地学习几年即长期在这所小学工作，并曾经多年担任过峡口小学校长，因此对该校的人事、历史、教学历程等都是非常了解。据他回忆，土地改革运动结束后，峡口小学改由政府管理即变成了公办小学。到了人民公社时期，改由当时的公社管理并发放工资，仍然是公办小学。因为峡口小学的学生数目始终较少，所以不仅他读书时学校总共只有五六个老师，即使是到了20世纪80年代也只有10名左右的老师。不过，中华人民共和国成立后不久这所学校的老师，就全部都是由政府统一选派来的。至于他们的工资如何发放，则经历了一定的变化。① 大概从1952年起，工资从原来的由村里发放改为国家负责，这所小学也从此全面接受政府的统一管理，即变成了一所完全的公办小学。

个案：

从1952年开始，刘老人就在峡口读小学。当时，一个学期大概需要交纳10元的费用，② 主要分为学费、书本费和杂费三大类。

据他回忆，他当时学习的科目，主要有语文、算术、历史、地理、唱歌、体育等。当时这所学校的教学，大体上分为初小、中小和高小三个阶段。初小阶段主要学习语文和算术，但从中小阶段开始，就要学习历史、地理等课程。至于唱歌和体育，则是不论哪个年级都要学习的。

到了20世纪80年代中期，从四年级开始，这所学校的每个年级都必须学习英语课程。

---

① 据调查，到了1952年左右，东城境内所有的小学教师的工资由原来的政府、村落、宗族或者其他途径分别发放，改为由新的政府统一负责。与此同时，所有的小学全面接受政府的统一管理，变成了完全的公办小学。访谈时有多位老人认为，这样做有效地保证了学校的正常运转，对学校和学生来说都是好事；但是，他们又认为，从此学校与村民、宗族或者村落的关系发生了彻底的改变，不仅东城传统的教育方式至此消失，也因此衍生出了公办学校的一些弊端。

② 此处的10元，指的是中华人民共和国货币改革前的旧币。

这位刘老人回忆，即使到了中华人民共和国成立初期，东城的父母们对自己孩子的学习仍然是普遍管得不严，对孩子上学仍然是普遍没有很大的期待。按照他的记忆，那时的父母们只是要求孩子学会基本的识字、阅读、算术等方面的技能，认为只要掌握这些知识，孩子就足以应付成人后的生活基本所需了。

在他看来，造成这种现象的原因有很多种。但是，最为重要的则是"因为当时东城本地可做的活，那是很多的。你想要找个好出路，那个时候一点也不难。不像如今，需要靠学历，才能够找到好的工作（所以得尽可能地多读书）"。据调查，大概从清中叶开始，东城人就主要以务农、养鱼以及经销猪肉等为最主要的谋生渠道。而在当时的历史条件下，这些工作确实都不需要太多的知识，有初小文化也可以从容应付了。

二、近、现代学校教育的内容

民初之后的新式学堂的教学内容逐步改变，如逐步引进并确立了自然、地理、历史等科目。如果与清末的情况相比，完全可以说东城近、现代学校教育的内容发生了翻天覆地的变化。由于中华人民共和国成立后全国各地的教育渐趋划一，因此，此处我们主要描述民国中、后期以及中华人民共和国成立初期东城教育的若干风貌。

随着新式学堂的逐渐出现，许多影响深远的改变也相应地逐渐在东城出现了。这时不再是如以前那样混沌如一而是分为初小和高小，学生编入不同的年级而不再是共处一室，不同年级的学生不再是按照老师的主观评判或者个人好恶，而是按制度各自接受系统的教育。但最大的改变可能来自新的教学方式，从此时开始学生所要学的知识被分成不同的科目，而且这些科目由不同的老师分别教授不再是如同私塾那样由一位全能型的老师教授所有的。

访谈资料：

问：民国时期读的小学、学堂那一些，都教些什么呢？还都是传统的古文那一些吗？

答：不是的。那时候，一般都是要教新式的，就是语文和算术那些。一、二年级就学语文和算术，二年级还要学习珠算，那时候也称为算术的。到了四年级，还有自然课。五、六年级的学生，还要上地理、历史两门课。还有一本《尺牍》，是二年级以上的学生才能学的。

问：这个自然课，包括哪些内容呢？

答：内容是有很多的。有一些就是我们平常耕田的知识。还有什么？就是教我们认识农作物这一些啊，还有怎么样看天气那一些啊。比如什么样子的天气，就可能要下雨。这门课的内容就是这一些，有一些内容，跟现在的化学那些课程教的比较相似，不过浅多了。

访谈时许多老人都回忆说，语文和算术这些"实用的"科目深入人心。至于其他科目，虽然不少学校都渐次设置了，但实际的教学内容与教学质量有时候并不好。在不少学校中，事实上可能流于形式。而有一些新式学堂或者小学，除了这些之外，还会出于某种原因而增加了某些科目。例如，有些学校开设有"乡土教育""尺牍"等课程。清朝在1904年颁布《钦定学堂章程》时即明文规定，新式学堂必须在一、二年级讲授乡土历史、乡土地理和乡土科学等知识，这就是后来全国各地学校频见的"乡土教育"课程。（见图9-8）但各地实际的执行情况，却相当复杂。① 具体到当时东城的各处新式小学，据老人们回忆，其情况也是颇为杂乱不一。如有的学校根本就从来没有开设这门课，有的学校则穿插进已有的地理、历史或者自然等课程中讲授，有的学校则

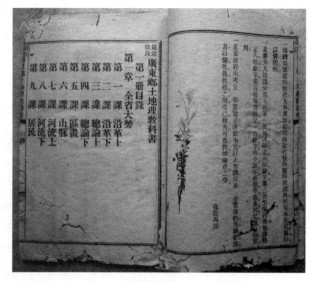

图9-8 广东乡土地理教科书书影

是单设"乡土教育"一门课。至于有无以及使用什么课本，同样是五花八门。访谈时发现，许多老人甚至根本不记得还有这门课，遑论使用什么教材了。

与之形成鲜明对比的是，访谈时老人们普遍记忆深刻的是"尺牍"课程。他们认为这门课很有用处，不少人还感叹，现在的学校其实也应该开设这类课。所谓的尺牍，最初是指古人用竹、木或者帛之类的制成的尺把长的版面，作用相当于后世用来书写的纸张，旧时又称为尺素、尺函等，后世普遍以尺牍代称信件。如果仅仅从名称上看，"尺牍"课程似乎是关于如何写信的，但实际上其内容远远不限于此。当时东城的各校开设这门课程时，所用的课本似乎也颇不统一。但在我们所见过的有限几种幸存下来的《尺牍》课本中，普遍不仅包括了写信时常见的称呼等礼仪常识，还包括了月令别名、四时令节、编号情仪、完姻祝文、冥配祝文、男家礼书、男家迎取帖式、男丧讣文式以及男挽联等内容。甚至有一种还有包括简要的文法即虚字使用，以及纠会序、判山据、坟山禁砍树合据诸多内容。如果称之为学生用的简明而实用的一种百科全书，似乎也不为过。

访谈资料：

问：那《尺牍》是一本书还是一门课，是什么呢？

答：这先是一本书名，那个时候也是一门课的名字。《尺牍》这本书是教怎么写书信那一些的。那本书里面还有教你怎么称呼长辈、平辈那一些的内容。还有就是介绍一些基本的生活礼仪，就是那些做人方面的。

那时候学生和家长都觉得这本书是很实用的。就是到了现在，有人碰到大事要写对联了，还是会到那里面找对子。

---

① 程美宝在所著的《由爱乡而爱国——清末广东乡土教材的国家话语》（《历史研究》2003年第4期）一文中有过很好的讨论，可以参考。

我们在东城以及东莞的许多村落甚至广西、贵州的一些少数民族的村落调查时，都发现过一些旧时中小学的学生学习用的《尺牍》课本。据调查，在这些地方，民国时期同样开设过类似的课程，同样使用各种版本的《尺牍》教材，至今同样有村民视之为宝，并经常从中找寻合适的对联。如我们在贵州的汉族和少数民族村落调查时经常发现，在婚丧等场合可能需要使用相当文雅的对联时，人们几乎总是翻寻这类极为实用的古旧书籍。

老人们回忆，在开办之初，东城各处的新式小学通常大体分为初小和高小两部分分别教学。初小的学生主要学习国文、算术和修身3个科目，高小的学生则主要学习国文、算术、修身、历史、地理和理科合计6个科目。但在总体上说，由于传统的惯性、学科的特性以及其他各种教育方面的因素（如师资、教材等）的限制，几乎所有的新式学堂的教学，仍然是主要以语文和算术为主，这与私塾等相比其实没有太大的区别。老人们说，当时的老师、学生以及家长最为看重的其实也就是这两科，大部分学生入学就读为的就是掌握这两科的若干知识，从而便于其日后谋生。而就我们调查所得来看，实际情况也确实如此。例如，访谈时发现，老人们至今普遍记得当时的国文、算术所教授的内容，甚至还有人会背诵《左传》《诗经》等名著，但几乎没有人记得起修身和理科等到底讲了什么。

到了这一时期，新式小学所教授的语文教育与私塾所提供的还是有相当大的的雷同，这尤其是体现在古文上。所以接受访谈时有老人说，"那个时候啊，还是会教一点孔子的，就是学孔子写的，很短的那种文章。①之外，还要学一些简单的古诗。这一些啊，那也都是要背的"。主要的差别在于，这时语文教育的指导思想已经完全不同了，所用的课本更是发生了重大的不可逆转的改变。就全国范围来看，随着各种新式学堂的迅速而大量地出现，清末时期识字、作文等已经成为小学教育变革的重点，一批新体的蒙学用书也应运而生。②而到了民国中期，由于政府大力鼓励开办各种新式学堂，各种新体的蒙学读本更加流行。为了适应当时的具体情况，这些新体蒙学读本采用的是所谓的"浅近文言"，即较为简单的文言与当时的白话的混合体，目的在于适应由传统文言文向典范白话文的过渡。本次调查过程中，我们有幸从某位村民手中得到的一本上海会文堂重增绘图《幼学琼林》（见图9-9），就是这样的新式课本中的一种。

所谓的《幼学琼林》，一般认为是由明末时西昌人程登吉所编撰的。这是中国封建社会晚期时非常著名的一种儿童启蒙读物，主要供相当于现在的一、二年级程度的学生所用。本书采用骈体文写就，且全部用对偶句式，但所用的语言相对较为浅显易懂，容易诵读又便于记忆。由于其内容确实可谓包罗万象，因此又被称为中国古代的百科全书。例如，本书其实还是一本礼仪实用大全，不仅对一般的传统生活常识多有介绍，还讲解了不少传统的礼仪知识，因此对于孩子们来说显得非常有用。因此这本书具有这些优点，所以该书通行极为广泛，各种翻刻本等也是层出不穷。到了清末民国时期尤其是

---

① 按，指《论语》中的某些篇章。但是，《论语》其实不是孔子本人所写的，而是其门人后来根据其平时的语录而编纂的。

② 详请参考陆胤《清末"蒙学读本"的文体意识与"国文"学科之建构》，载《文学遗产》2013年第3期。

到了民国中期（1928—1937年），其增补本、绘图本甚至中英文对照本，依旧在各地不断涌现，而且传布得更加广泛。① 现在一般所见的最为通行的本子，就是由清人邹圣脉所增补、注释的《幼学琼林》。这个本子以及以之为基础的其他本子，是当时许多新式学堂或者小学的不二教科书。

当时东城的部分新式学堂或改良私塾所通用的语文教材，正是这样的一本新式的书。在这本上海会文堂重增绘图《幼学琼林》中编者写到，"余少时往还闾里，辄闻有读书声自乡塾来者，倾耳而听之，非四子书即幼学琼林也，逮学制变更、改良私塾，教科书风行一时，有辍四子书不复读者而诵幼学"，可见新体蒙学读本逐渐替代了传统私塾所学的"四书""五经"等传统典籍。东城的这本曾经的课本再次证明，它已经成为当时的改良私塾和各种新式学堂的

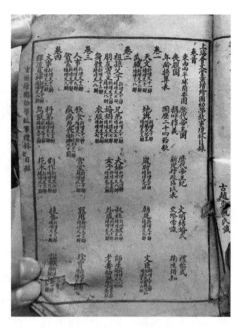

图9-9 上海会文堂重增绘图《幼学琼林》书影

主要教科书。由于年代久远而且缺乏妥善保管，我们发现的这本书已经多有破损，但整体依然良好，主要内容仍然完整无缺。这本课本有卷首，但其实等同于现在一般图书中所见的附录，依次为东西两半球简要图、历代帝王图、历代帝王纪、文明结婚式、礼帖式、丧服图、称呼释义、新定行政区域表、交际常识、卫生须知、年龄换算表、国历二十四节歌。其正文共计分为四卷，分别为：卷一为天文、地舆、岁时、朝廷、文臣和武职六个部分，卷二为祖孙父子、兄弟、夫妇、叔侄师生、朋友宾主、婚姻、女子、外戚、老寿幼诞、身体和衣服十一个部分，卷三为人事、饮食、宫室、器用、珍宝、贫富和疾病死丧七个部分，卷四为文事、科第、制作、技艺、讼狱、释道鬼神、鸟兽和花木八个部分。全书多有相关的绘图，使得课本的内容更加生动且易于理解。当然，如果从现在的观点来看，这本蒙学读物包含了近、现代学校所教授的许多学科的内容，如涉及天文、地理、历史、自然、常识、医学等多方面，因此更接近日常生活知识大全之类的，而可能不会被认为是语文课本。当然，由于处于新旧之交的时期，这本蒙学读本仍然保留有许多传统的蒙学读物的若干特点，如其全书皆使用繁体字竖版编排，而且所用的文体始终带有不少浅近文言文以及当时的白话文的特点，因此，有人可能难以认为它是一本好的甚至合格的语文教材。温塘的一位退休的校长很有体会地说，古代中国的私塾教育等是以经典为核心的通识教育，而不是如今分科所产生的教育，其教材自然也不是如今的分科的教材。这本书无疑展示出语文学科的不断进步，同样也反映出语文科目

---

① 2012年夏天，我们在贵州省独山县的一处极为偏僻的少数民族村落调查时，意外地发现了一本中英对照的增补绘图本《幼学琼林》，它是当地的一位地主的儿子在1938年前后在当地中学上学时所用的课本之一。这本书竟然传播得如此迅速而又广泛，让我们感到无限惊奇。

进步过程中的举步维艰。

在这一时期，除了涵盖知识范围极广的新体蒙学读本涌现并逐步成为语文的标准课本之外，算术则是新式学堂的又一个重要教学内容。现今的小学必然设有的数学科目，在清末民国时期乃至中华人民共和国成立后相当长的一段时间内则称为算术。访谈时老人们普遍认为这两个名称的差异含义重大，认为当时的算术教与学的目的，与现在的数学的教与学的目的几乎完全不同。

老人们普遍认为，传统的私塾其实也会教授一些算术方面的知识。有老人甚至认为，私塾中其实也历来都是教授各种算术知识的，并不是现在一般人印象中的只教授古文。但是，他们又公认，在私塾中算术历来不算是主课；更重要的是，当时所教授的所谓的算术知识极其有限，其实完全可以与后来的算术课中最为基本的知识即四则运算"画等号"。超出这个范围的知识非常少，最主要的"就是关于怎么记账的"。不过，虽然现在看来这些内容极为简单，但因为"这些有用"即在学生的日常生活中有其极大的实用性，所以当时的学生或者家长对于只教这些内容都没有什么意见。实际上，这种相对简单、有限的算术教学内容，在很大程度上其实正是当时的父母所期望孩子学习的。不少老人都认同，掌握了这些基础的算术知识与计算技能尤其是知道如何记账之后，学生即可以在家庭的日常生活、生产以及商业往来中运用并解决实际的问题。很多学生还在学校学习时，就已经成为了家里的"小会计"，即帮忙做流水账等日常的往来账目。（见图9-10、图9-11）因此，这一科目及其教授的有关内容，得到当时的东城父母们的支持。

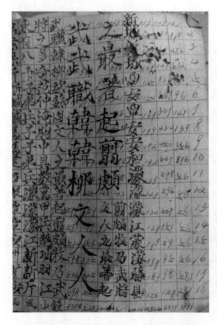

图9-10 用过的账本用来练字

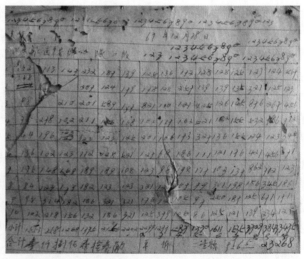

图9-11 "文化大革命"期间的生产队记账本

而到了新式学堂中，算术成为了独立的、地位与语文比肩的最为主要的科目之一，教学时间大幅增加并得到了制度性的保障。几位退休的老校长都认为，当时算术教学最主要的目的，则改为了增加儿童对数的认识和观念，以期培育儿童快捷、准确地计算的能力。对这一时期的算术教育，老人们的评价则不一，有时甚至相距甚远。但老人们大多认为，教育尤其是算术教育需要随着时代的改变而改变，那时的算术教学在增加了许多全新的知识的同时，也延续了部分旧时的教学内容，即当时教授的内容是新旧结合的。如果用数学语言概括起来说，新的内容大致包括：量与计算、几何图形、数的应用、统计与账簿等。旧的内容则大体包括：数与计算、家用簿记、分类簿记的意义和记账方法等。不过，这些虽然是原本实际教授内容的延续，但都经过了新的规范化处理。本次调查时，许多老人对他们当时如何学习数学几乎都有记忆，还经常互相揭露彼此当时如何学不会。关于当时背错乘法口诀的笑话特别多，回忆起来每每令他们开怀大笑。至于具体的教学内容，他们依稀记得学习了数目和计算、图形和平面几何及其运用等。但可能由于时日太久，而且他们现在年事已高，因此，大都不能够具体地举例详加说明了。有人记得他还学习过实地测量，但也同样不能够说清楚具体如何测量、测量了哪些以及目的何在。

老人们说，即使到了中华人民共和国成立前后，关于记账的教学仍然最受村民的欢迎（见图9-12）；但学生却普遍认为，"都是些枯燥、难学"的内容，因此很少有感兴趣的。张老人是本次调查的主要访谈对象之一，本次调查时这位客家老人已经年过70，经历颇丰，人们说他因为家庭出身的问题，少年时连小学都没有能够读完。但可能是受经商的爷爷的影响，他从小就对数字很敏感，对记账等课程尤其留意，在学生中显得很另类。他当学生时就经常帮家里记流水账，离开学校后又逐渐成为了生产队的记分员和会计，中年后又在企业里工作到退休。在他看来，记账的知识成就了他，"就是你要有兴趣啊。记账啊，要是有兴趣的话，那些数字就是活的，一点都不枯燥的，都是有故事的"。不过，就算是他，也只记得学记账、打珠算那些内容，其他的回忆不起来了。"打珠算啊，很锻炼人的。我记得，'文化大革命'时，学生还学珠算的，现在都不学了。"说这话时，老人显得一脸惆怅。

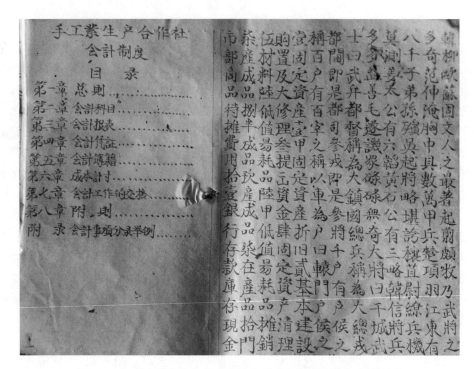

图9-12　主山某老人中华人民共和国成立初期抄录的会计制度

第三节　传统的家庭教育与社会教育

在传统中国人的观念中，家庭与社会其实是一体两面、不可分割的。二者都对孩子有深重的教育作用，但与学校教育不同，其教育作用既无处不在又无时不在，而且几乎总是通过具体而微的方式潜移默化地教育孩子。旧时东城的村子普遍有不成文的村规民约之类的，主要针对男性"偷鸡摸狗、结交匪人"之类，以及女性"伤风败俗"之类的即不贞之类等。老人们回忆说，"小时候，茶余饭后有时大人会谈论这些的。要是有违规的人，还会在祠堂受惩罚。那我们耳闻目染，自然就知道什么能做、什么不能做了"。家庭和社会就是通过这样的不经意间的教育，使得孩子逐渐地完成了社会化的进程而成为社会人。

由于家庭教育和社会教育的内容实在太多，因此我们只选择了几个侧面简单地加以介绍，而较多地描述相对较为少见的"男间"和"女间"的社会教育作用。

一、传统的儿童家庭教育

按照现在通行的说法，家教其实始于胎教。在著名的《大戴礼记》（"保傅"第四十八）以及其他的中国古籍中，早就有过关于胎教的多种探索，而且其原则跟目前通行的所谓的科学胎教理论几乎完全契合。不过，由于当时普遍贫穷，再加上观念的束缚，传统上的东城父母似乎并没有什么胎教。一般而言，旧时东城的家庭教育，普遍始于孩子的婴幼儿时期。

孩子自出生到三四岁为止属于婴幼儿时期，东城的孩子即使到了三岁也很少有开始读蒙学的。[①] 老人们回忆，那时他们几乎总是终日呆在家里或者门前屋后，父母施以各种保护与教育期盼其健康、顺利地成长。当然，虽然他们这时还是非常之小，也没有开始读书，但已经要逐渐开始学习某些最为基本的生活常识、礼仪与规范知识，还要逐渐养成自我成长方面的一些最为基本的技能，如自己穿衣、自己吃饭、自己睡觉等。而在各处传统的东城村落中，最为普遍多见的家庭是核心家庭，即由一对父母加上其未成年的孩子所组成的家庭（详参考本书第六章）。因此，传统上在东城的家庭教育中教给孩子这些知识与技能的，通常就是孩子的父亲和母亲，即孩子来到世上之初的几年接受的教育几乎总是来自其父母。人们公认，父母在儿童的成长中扮演了最为主要的角色，他们的性格禀赋、言行举止、行为方式等无不对孩子们的影响尤其重大。

在教育子女方面，东城的父亲与母亲其实彼此之间或明或暗地一直有大致的分工或者约定（详参考本书第六章）。实际上，由于生物学和传统文化养成的差异，父母教育孩子时的方式也必然有着显著的不同。例如，中国古代一向有所谓的"严父慈母"的文化认知，认为父亲必须严厉地对待子女尤其是儿子，如此才可以培养他们成才。一般来说，传统的东城父亲在教育自己的孩子尤其是儿子时，也主要是以训斥或者打骂等粗硬的方式为主即严厉为主。当时的社会认为，这样才有助于儿子日后独立开始其社会生活，也才有助于其成家立业后在自己的家庭中树立威严。访谈中不少老人提起过童年时父亲给予自己的指导、鼓励或者帮助，但从没有哪位老人提起得到过父亲的温柔的教诲之类的。至于母亲，传统上则认为要慈祥地对待子女。而在历史上的东城，母亲确实也几乎总是以和风细雨的婉转劝说、百般疼爱为主，因此历来几乎都是所有的儿子和女儿的依恋对象。即使是孩子犯了较为严重的错误，传统上母亲也不过是絮絮叨叨地"数落"，很少如父亲一般疾言厉色地责骂，真正动手教训的更是少之又少。可能是出于这个缘故，我们发现访谈时老人们回忆起自己的母亲时，几乎总是不自觉地露出柔和的神情。

同样主要是受传统文化中关于社会性别的认知的影响，以前东城的父母所给予儿子与女儿的教育内容，也经常有相当大的不同。实际上，即使是时至今日，有时仍然可以见到这种基于传统性别角色的差别或者其若干残余。访谈时老人们回忆，由于旧时东城人家普遍生活艰难，孩子还在很小的时候就要开始学习自己照顾自己，而略微大一点就要尽可能地帮助父母维持生计。因此，他们普遍在孩童时就要学习做一些简单的家务或者干一些简单的劳动，如捡柴、做饭、扫地甚至帮助种地、售卖货物等。但是，父母们几乎总会有意无意地以各自不同的方式、以不同的内容教育儿子和女儿。

---

① 一般相信，传统上的富贵人家多依照惯例在孩子3岁时就送之入读蒙学。但是，我们相信即使是在历史上，这可能也只是一个惯例而不是必然的定则，实际上主要看具体的家庭而定。而贫穷人家的孩子，几乎都是到了七八岁甚至10多岁才入学。

访谈资料:

问:我听人说,这边是男孩要教农活、女孩要教手工的?那以前父母教育子女,教男孩、女孩的会不会不一样啊?

答:男孩当然要学一些农活,女孩子一样也是要学的。以前我们这里的女孩,那也是要学习干农活的。要不然,等到以后她结婚有了自己的家,那她家吃什么啊。不过,女孩就是要多学一些礼仪的那一些,男孩就是要多干农活那一些。就是这一点差别。

以前,那个男孩就不用专门学礼仪的。不过,他在"仔间"住的时候,其实也会学到一些礼仪的。以前的"女间",也是有这种作用的。礼仪什么的,其实就是教你怎么做人。

在女儿还很小的时候,父母就会要求她们做些家务活即学习持家,常见的如洗衣、煮饭以及带小孩子等。访谈时很多老太太都回忆,她们还在连走路都不太稳的时候,就要开始自己洗自己的衣服,而哥哥或者弟弟却几乎都不用他们自己洗。旧时父母教育女儿的又一项主要内容,则是通过各种方式让她们掌握相应的女德、女红以及与家人相处之道等。对于传统的女子来说,万一在某些方面不尽如人意,不但会祸害自己还常常会连累家人。但是,父母也会教给她们相应的生产知识与技能。现代的人经常认为,旧时的汉族女子不能够外出而只能终日在家内,因此并不会实际从事田地里的农业生产,也不知晓多少农业生产知识。但是,实际的情况几乎完全不是如此,不需要学习农事的,最多也就是寥寥几家巨富大户的女儿。东城人历来以水稻种植为主,经济状况长期不好,仅仅依靠男主人通常无力养活全家,而必须夫妇通力合作才能够勉强维持家庭的生计。因此,女性不仅总是需要主内,经常还需要主外。

而在教育男孩时,父母也会教育他们如何立身处世,但经常会更加偏重于教他们包括各种生产技能在内的生存技能。实际上,旧时的东城父母对儿子的生产技能与谋生之道的养成普遍尤其在意。因此,很多东城的男孩长到六七岁的时候,就要跟着父母、哥哥等人去田地里看他们如何干农活,甚至还要开始力所能及地跟着学劳作。至于那些田地特别少的家庭,则可能会送儿子去某处跟随某位匠人学习一门技术或者手艺,以求以后孩子能够多一条谋生的出路。以前东城的每个村落中都有一些会技术或者手艺的师傅,常见的如木匠、铁匠、理发匠等,有些父母就会送孩子去拜师傅当学徒。这些孩子在十二三岁就要跟着师傅学习技术或者手艺,两三年即大致上学会以后,还要跟着师傅再做几年才能出师。等到他们长大成家独立生活之后,他们很可能就会依赖所学的手艺维持新家庭的生活,日后他们通常还会将自己的这门技艺传给自己的儿子。温塘的袁老人的祖上,就是拜师后跟别人学会做陶罐的。从祖上一代一代地传承下来,最终成为了一门家传的技艺。袁老人从小就跟着父亲学习制作陶罐,甚至在他上学即年龄还很小的时候就要每天做成60个。为此,他就读的学校还特批他每天可以提早放学回家,以便他有足够的时间制作。

调查的广府人和客家人中都有明晰的宗族,宗族实际上可以看作包含了更多小家庭的大家庭。旧时宗族中所有的长辈都有权利也必须承担长辈的角色对晚辈进行教育或者惩罚,此外宗族内部很早形成了强大的族规等软性或者硬性的约束力,一般情况下足以防止宗族内部的某位晚辈越界或者做出有损宗族形象、利益的不良事情。桑园的一位袁姓老人家回忆,以前若是有子女不孝而其父母又没有办法加以管束,就会由宗族中的老人出面进行教育。如其不改,则会由整个宗族出面加以强力制止,直至将其驱逐出本族。由于本书对于宗族有专门的研究,故本章此处不赘述。

二、民间故事作为社会教育手段

东城有许多民间故事在传承,这些民间故事承载着人们的东城记忆,也是东城人精神文化的重要体现。这些民间故事背后体现的是东城人的人生观和价值观,通过一代一代的口头传承熏陶了一代又一代的东城人民。但限于篇幅,以下仅选取两则比较有代表性的故事进行叙述。

(一)拾金不昧——还金亭的故事

现在在莞城至温塘公路的路边,有一座"还金亭"。村民相传,最初的亭子始建于明朝洪武年间,是当时的温塘一位叫作袁友信的村民自己建立的。但那时这座亭子还只是一座供他卖茶水之用的茶亭,并不出名。只是到了后来人们为表彰袁友信拾金不昧的高尚品德,并希望后人能够将其美德发扬光大,才集资重修了这座茶亭。为了隆重其事,人们还特意将其命名为"还金亭"。(见图9-13)

图9-13 还金亭[①]

据老人们说,历史上这座亭子经过多次翻修。现在所见的新的亭子是新近移过来的,属于砖瓦结构,通体长约5米、宽约4米、高约2米,在同类的亭子中也算得上是有一定的规格了。(见图9-14)在其正门的两侧有一副对联,据传是袁友信的同乡温塘村的旧时秀才袁珲宇为之特地撰写的:

[①] 图片来源:http://www.sohu.com/a/214946139_365640。

邑乘志清芬，溯此地名贤，茶煮廉泉，三载遗金还故主；

笠车堪小驻，悯当途热客，重建旧址，百年嘉树荫劳人。

图9-14 还金亭今貌

这副对联简洁地描写了袁友信拾金不昧的故事，也说明了人们重建茶亭的原因和目的，即"重建旧址，百年嘉树荫劳人"，即期望以此教育后人，但也说明那时就已经是重建了。温塘村清光绪年间的秀才袁掞英，还为此特地撰写了"还金亭"碑文，更为详细地说明了这则故事的原委：

族祖友信公尝在此亭施茶，见座有囊金，知过客之遗也。守之，候其来取。不料日暮，客不至，因载归。翌日，复载而出，如是经年。客乃重来，偶说旧事。公始询悉端委，出囊还之。客谢以金，辞不受。事载邑志。兹重修此亭，敬取还金二字额之，因并载其事，所以示后人尔。时甲子吉日。温塘袁掞英题跋。

本次调查时，我们多次听到东城几个村的村民都传说，袁友信拾金不昧的故事越传越广，后来竟然"不知怎么地"就传到了京城，而且一直传到了当朝的一位权重朝野的尚书那里。适逢当时的福建官府正需要一位有才干而又忠厚的人士专理钱粮，于是，那位尚书便据此向皇帝推荐了袁友信。由于这个机缘，袁友信于洪武三十年（1397年）被皇帝征召，并于随后奉诏前往福建任职。在福建期间，袁友信才干过人而又廉洁奉公，先后多次受到朝廷的嘉奖。任职若干年后他老了，便告老退仕还家乡，依然继续经营他的茶亭。据说，他重开茶亭后依然提供茶水给过往的人饮用，唯一的变化是所有人喝他的茶水都是免费的。如此又过了若干年，据说袁友信又于明永乐五年（1407年）被征召到京城担任某要职，他最后客死于异乡即京师。[①]

在许多村落，我们都多次听到过不同的人讲述还金亭的故事，老人们每次都会热情洋溢、充满了自豪地讲述。老人们说，他们在他们小的时候，就从父母、长辈或者是"男间"里的小伙伴那里了解到这个故事，给了他们很大的教育。有些勤于思考的老人，现在还会质疑这个故事的合理性。如关于故事中的银两是否有300两，一位讲述者就曾进行过相当细致又有道理的分析：

"300两白银，有二三十斤重吧？他（袁友信）每天还要挑着茶水和茶具那些去茶亭，那些也都是不轻的。而且一挑就是三年！那他得有多累啊。

"所以，这个银子数量的真实性，我觉得可能有一点夸大了。可能是那个说这个故事的人啊，为了突出他的品质好，就故意地加大了？

"当然，这只是我个人的想法。"

---

① 本段部分内容参考了张鑫华所著《东城故事》，作家出版社2009年版，第62—63页。

袁友信拾金不昧的品质，一直为温塘村以及其周围的村民所赞扬。我们在访谈时发现，温塘人提到袁友信因为其高尚的品德而受到两朝皇帝征用的时候，总是感到发自内心的自豪。这则故事一代又一代地流传，拾金不昧的优秀品质也早已在历代东城人的心中生根、发芽。

（二）勤于学问、廉洁为官——"进士牌坊"的故事

在东城余屋社区的东江大堤边上，屹立着一座十二柱三间三楼牌坊，正面匾额上书有"进士"二字，背面则书有"貤恩"二字，这就是东城余屋村村民津津乐道的"进士牌坊"。（见图9-15）据调查，这座牌坊修建于明万历四十一年（1613年），是当时的皇帝为了表彰余屋村人余宗旦、余士奇父子而赐建的。现在是东莞市重点文物保护单位，也是东莞目前仅存的一处进士牌坊。

图9-15　现在的余屋的"进士牌坊"

在这个"进士牌坊"背后，有着一段让该村村民至今仍引以为豪的传奇故事。村民普遍传说，明朝嘉靖三十一年（1552年），余士奇出生于余屋村。传说他从小聪明过人，而且幼时就志向远大。到了万历十年（1582年），他考中了举人，随即在寿州任职儒学教谕。但是，余士奇的抱负并不止于此。在任该职期间，他仍然刻苦读书不辍，并最终于万历二十六年（1598年）考中了进士。此后他的官职一路上升，获授安徽宁国知府。又因其处理徐、梅两家的"通天"大官司和一群童生与颜给事大官司的两大案件时显示出了公正廉洁，并最终使案件顺利完结，因功而升任南京户部主事。当时的万历皇帝认为其父余宗旦因教子有方，所以特地赐为文林郎以示褒奖，并且钦赐在其家乡东莞余屋修建一座"进士貤恩"牌坊，① 以彰显其父子的荣耀，并鼓励人们以之为楷模。

关于"进士牌坊"来历的故事，在该村一代一代地流传至今，早已经成为村民教育子弟勤勉学习、为人正直的样板。本次调查时，几乎每位余屋人都会向我们不遗余力地介绍这座"进士牌坊"，普遍认为余士奇在当时能够考中进士，那是极其不易的事情；而自己的家乡曾经出过进士，则无疑是一件值得骄傲的大事。因此，每当提及"进士牌坊"时，不少人又几乎都会又要求我们一定要去实地看看，村民的自豪感可见一斑。

---

① 参考张鑫华《东城故事》，作家出版社2009年版，第88—91页。

三、娱乐活动作为教育手段：三三棋

在东城，所谓的三三棋也称为侗棋或者打三棋等。这种棋制作极为简单、方便，规则又简明易懂，但行棋时招数变幻无穷，因此深受人们的喜爱。至于为什么称为这个名字，我们得到了许多有意思的说法，但尚不能够确定何者为是。据调查，三三棋是一种主要流行于广西的侗族和壮族等少数民族地区的一种双人对弈的休闲娱乐棋类游戏，但在其他某些民族地区也有一定的流传。访谈时有东城老人说，据说历史上（约在清代时期）东城有一些东城人到广西境内经商，返回家乡时从广西带回了这种游戏，并以其简单易学但又变化无穷得以在东城民间迅速、广泛地生根。但这个说法的真伪，我们也尚难以确定。

概括地说，三三棋的对弈过程，可以大致地分为两个主要的阶段。首先是"摆棋"即布局阶段，双方交替将己方的棋子放在适当的位置上。而在摆棋过程中，如果一方有三颗棋子连成了一条直线，则可以选择对方的任意一个棋子吃掉，同时放一颗己方的棋子在对方被吃掉的棋子旁边或上面。如此反复不已，一直到棋盘上都摆满了棋子。之后即进入第二个阶段"动棋"即对弈，也就是真正的行棋阶段。在动棋前，要先将棋盘上摆棋阶段吃掉的双方的全部棋子拿掉，以便随后有空位摆棋子。这时后手的一方先挪动棋子，然后彼此交替进行。一方有三颗棋子连成一条线时则可以吃掉对方任意一个棋子，而当某方只剩下两颗棋子即无法形成三颗棋子连成的线时即为输。

东城最早何时开始流行这种棋类游戏，恐怕已经无人知晓。访谈时一位80多岁的老人家说，他还是孩子的时候就"看大人经常玩"，因此"他不需要人教，就自己看会了"。如此说来，这种棋艺最少在百年前已经广为流行了。因为制作简单，所以不少村落中都是随处可见三三棋棋盘。（见图9-16）而在温塘，人们经常在茶余饭后或者闲暇时聚在一起下棋。万福园每天都有一群中老年男性高手对决，几乎总会引来许多人围观。这种活动不

图9-16 万福园石凳上的手绘三三棋棋盘

仅可以非常好地帮助老人们消磨时间，而且还能够促进他们的心智活动而有益于他们的身心健康。（见图9-17）

由于这种棋的棋图可以随手绘制，而所用的棋子则通常都是随地捡来的一些小石头，并没有什么特别的形制或材质的要求，而只要能够区别双方的棋子即可，因此极其适合小朋友们随时随地在一起对弈。（见图9-18）三三棋的玩法有点类似于围棋，就是虽然乍看上去简单，但想要玩得好，其实非常不容易。如开局时有不同的布棋技巧，

具体博弈时的变化更是变幻无穷,对计算的要求很高。因此,三三棋不仅仅是一种休闲娱乐活动,也是一种益智活动。

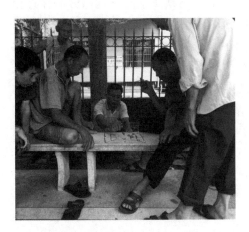

图 9-17　万福园下棋的老人们

图 9-18　女孩子们在万福园对弈三三棋

四、"男间""女间"与儿童社会教育

在旧时的东城,孩子们长到了一定的年纪时,① 通常几乎都要外出另觅晚上睡觉的地方,由此形成了历史上的东城各处村落都司空见惯的所谓"男间"(又俗称为"仔间")和"女间"。从本次调查的角度看,二者成为了历史上的东城的孩子接受社会教育的一个主要途径。

(一)"男间"与"女间"的由来及基本功能

1."男间"与"女间"出现的原因

所谓的男间和女间,一定意义上说类似于现在的公共集体宿舍,分别指的是通常供本村到了一定年纪的男孩或者女孩住宿的场所。② 这种场所可能是村内的某处民居,也可能是祠堂或者其他某种公共建筑。在这些地方居住依例都是免费的,我们从来没有听过哪位访谈人关于缴费的说法。在东莞的其他村落以至珠江三角洲相当大的区域内,历史上不少地方面临同样的家庭无法为子女提供足够的过夜空间的难题,因此,也同样多见有类似的集体性的住宿场所,但不同地区的叫法可能不同。例如,距离东城不远处的麻涌镇的漳澎村等多处村落中,其"凉棚"就同于"男间",其"娘仔房"则等同于"女间"。③ 而在珠江西岸的一些地方如佛山、顺德等地,这类公共居所最为通行的名字

---

① 据调查,不同村落的孩子搬进男间或者女间居住的年龄不一样,但一般都是过了十岁之后而以十二三岁开始入住为常见。人们认为,这时候的孩子已经具备了照顾自己的最基本的能力,所以可以出去住宿了。

② 访谈时柏洲边的一位老人说,他小时候跟几个同村的男孩子同住一处男间,有一段时间他还叫上了邻村的他的一个好友一起住。但是,老人们普遍的说法是一处男间只限于本村的数个孩子一同入住。

③ 详参考张振江《流水·坊巷·人家——村落漳澎的人类学景观》,中山大学出版社 2014 年版,第 259—262 页。

则是"妹屋"等。

我们在访谈时发现，村民已经普遍并不知晓这种居住形式最早是何时在东城村落出现的。访谈时几位 90 多岁的东城老人都表示，早在他们还是孩子时，就都曾居住过男间或者女间，而且他们记得其父母等长辈也住过类似的场所。如此说来，这种在一定意义上说类似于贫民集体宿舍的民间居所，在东城也可谓是源远流长了。至于其消失的时间，东城中年以上的人倒是普遍非常清楚的。随着改革开放后经济等各方面的迅速发展，普通村民的居住条件得到极大的改善。因此，大体上说，到了 20 世纪 80 年代的中、后期，东城就没有女孩子还需要外出到女间居住的了，女间因而随之消失了。而到了 20 世纪 90 年代的初期，也没有哪家的男孩子还需要外出居住，男间自然也随之消失了。

至于历史上的孩子们为什么会分别住进男间和女间，老人们说其原因既复杂而又简单。本次调查时，我们得到过少数较为特殊的案例，发现少数孩子居住女间或者男间其实各有其具体的原因，似乎说明入住的原因多种多样。有一位老婆婆的较为特殊的经历，就似乎有一定的启发性。

个案：

樟村的一位李姓老婆婆，是 1933 年出生的。在她 4 岁左右的时候，她的父母就几乎同时去世了。她回忆，那个时候家里只剩下她一个人，所以平日里都非常害怕。尤其是每天一到晚上，她总是赶紧吃完饭，然后就赶快跑去自己村里的一处女间玩耍并在那里过夜，其实是避免因一人独处而害怕。

她回忆，这一处的女间是，由村里一对养牛的夫妇自愿提供的。当时东城有牛的人家不多，几乎只有都是富户才养得起牛。而这户人家则主要是以养牛为生，仅此就可见其经济能力之不一般。这对夫妇并没有如愿得到儿子，但有两个女儿。房主家的正房是一明两暗的常规布局，所以堂屋两侧各有一间卧房。他们自己住一间，另一间原本是空置的，愿意拿出来充当女间，任由其两个女儿同一帮本村的女孩一起住。

这间一侧的卧房，其实是用木板隔开分为上、下两层的，这也是当时东城甚至珠江三角洲各处村落分割家屋空间时的通例。下层即一楼，主要用于养牛。当时许多东城人家都把牛养在家里，晚上则几乎必然拴在屋内，这也可以认为是那时的通例，目的都是为了防止被偷盗。在一定意义上说，二楼其实略微类似于现在的阁楼，不过相对来说高大、宽敞许多而已。这位李婆婆回忆到，那时她和一些年龄比她"大的姐姐，晚上就睡在那上面的一层。那一小间房子里，好些年总是有 10 多个女孩子一起住的"。

据她回忆，当时那些年龄较大的女孩子们，一般都是起床后即回家吃早饭，然后整个白天通常都要下田帮助父母劳作或者在家里帮助操持家务。一般都是到了晚饭之后，才又都回到女间过夜。不过，一帮女孩子在一起一般都要"一起唱歌、闲聊什么的。所以有时很快就入睡了，多数时候都是会闹到很晚才睡的，所以经常会被主人家责怪"。这位李婆婆还记得，当时这所女间的女主人虽然是以养牛为生的，但同样精通各种农活。因此，她经常教她们这些小女孩有关耕种水稻之类的知识。在她看来，当时她们这些借宿的小姑娘与房主的关系一直都是相当好。

但是，她是我们整个调查过程中所得的虽然有足够的房子住，但仍然主动住进女间的唯一的个案。而在其他一些虽然有房子居住，但仍然住进了男间或者女间的个案中，都是出于自己所居住的房子成了女间或者男间的缘故。综合我们的调查所得以及与同为东莞市下辖的漳澎、清溪等地对比，我们发现虽然确实有时候原因很复杂，但通常的居住男间或者女间的原因其实非常简单，就是几乎清一色地都在于旧时家屋实在太小、无法为孩子们提供住宿之处，故而必须孩子们另觅住宿地勉强过夜，这其实有深刻的原因。

概括地说，受多子多福的传统生育观念以及缺乏避孕知识与措施等的影响，以前的东城人家普遍孩子较多。一般来说，旧时一对夫妇一生起码生育有四五个孩子，有八九个甚至十多个孩子的夫妇也并不少见（详参考本书第五章）。但当时的东城的民居普遍面积狭小，绝大多数人家都是挤在一处占地二三十平方米的小房子之中（详参考本书第二章）。摆上了主人夫妇的床以及必不可少的厨具、农具、粮食等各式物件之后，大多数人家就只能够勉强挤出一个小小的会客兼吃饭的地方，根本不可能有足够的空间为数量众多的子女们设置足够的床铺。当时宅基地极为有限而大多数的人们又普遍贫穷，因此根本没有能力另建新房或者拓展家屋空间以满足需求。如历史上的温塘多水而少田地，仅有的田地要优先满足生产所需，因此建筑用地长期极度紧张。本次调查时一位老人指着一处住宅小区告诉我们，"这里，还有那一片地方，原来不是现在这个样子的。以前，都是大水塘。以前那边都是小山丘，就是你们说的丘陵，都是盖不了房子的。这些年塘、山的，差不多都填平了、推平了，这才有了宅基地，才盖起了这些房子"。而在另一方面，由于经济普遍困难，即使是到了中华人民共和国成立后的相当长时间内，一般的人家通常只有在儿子结婚时才会依照惯例盖新房。但即使是盖一栋简陋的小房子，仍然极为吃力。某老人是20世纪60年代初结的婚，他回忆，"我那个时候，大家都穷。那时都是用泥砖建房子的，用红砖的都很少。建房子也不是一次性就全部建好了的。那时都是先建起一部分，以后一点点攒起来钱，有点钱建一部分、有点钱建一部分，都是这样一点点地建起来的。我结婚的那个新房，前后盖了5年，才完全盖好的"。

家屋狭小又无力扩大或者新建，大多数家庭都是父母和小的孩子们挤在一处空间狭小的房间即所谓的主人房里面睡觉。等到孩子数量多到一定的程度或者年龄大到一定的程度，东城的家庭则普遍把主人房内部的上方或者堂屋的另一侧的卧房的上方隔开，开辟出一层新的房间即类似于阁楼的房子。年龄稍微大一点的孩子们，每天就得通过楼梯爬上这处阁楼睡觉。访谈时老人们普遍回忆，那时候"家中的那些小孩子，到了自己能够爬楼梯的时候，就得到阁楼睡觉。从这时开始，他就不再和父母睡在一起了"。这种阁楼通常面积狭小，高度则不一，有时候甚至距屋顶只有几十厘米。由于担心安全不敢开窗而缺乏通风的条件，再加上东城常年气候炎热、高温、潮湿，好几个孩子挤在一张席子上愈发闷热难耐。访谈时不少老人都不禁感到奇怪，他们当时究竟是如何熬过来的。但是，即使是这种地方，等到一帮兄弟、姐妹们长到10多岁时即已经有了性别意识的时候，也不适宜再集体混住了。访谈时老人们经常说："你不可能长到十几岁了，还和爸爸、妈妈、兄弟、姐妹一起睡嘛。"他们所说的，其实指的就是这种情况。总结旧时东城的儿童的住宿情况，很多老人家都说，"爸爸、妈妈在房间里睡觉。年龄很小的孩子，跟着爸爸、妈妈睡。大一些的孩子，就到阁楼睡觉。要是再大一些，那就搬出去住男间、女间睡"。因此，不论是主动还是被动，也不论是男孩还是女孩，旧时大多数的孩子到了10多岁的年纪，几乎就必然要出去另行觅地过夜。

我们通过访谈时发现，老人们普遍不觉得到当时的男间或者女间居住有什么不好，反倒是普遍认为他们一帮小孩子那时其实很愿意外出过，认为这样对他们更有好处。例如，几乎所有的男性老人都回忆说，在男间睡觉不仅更为凉爽、更为舒服，更重要的是有助于小伙伴们相互学习、彼此互助、共同成长。温塘的一位袁姓老人家回忆说，他在男间住的时候，绝大多数的晚上都是敞开房门睡觉的，所以夜里尤其是到了下半夜，总是会有"非常凉爽的风吹进房子里来，人觉得非常凉爽"。据调查，当时的男间通常仅仅是供男孩子们晚上休息之用的场所，其中并无任何贵重物品，因此，他们完全可以随意敞开门大睡，而不用担心财物或者其他方面的损失。童年的时光总是快乐的，因此不能够排除访谈时有些老人们的说法有移情因素的影响，但认为他们居住在男间或者女间时很开心，确实有相当扎实的事实基础。当时东城的一般人家晚上休息时，普遍都是关紧门窗以防止被偷盗等，访谈时许多老人尤其是老年女性对暗室的闷热难耐记忆尤其深刻，"夜里实在受不了，就冲凉，要不就是搬到天井里凑合着睡"。

2. 男间与女间的来源

不论是男女间还是女间，都是由闲置的家屋等居住空间或者可以居住的某种空间转化而来的。根据我们的访谈和实地考察，最为常见的来源是村中某家出于某种原因而有多余的房屋或者房间，可以提供给需要的男孩或女孩居住。

在历史上，有些村民因为经商等各种原因而举家常年在外生活，其房屋自然就空了出来。这时屋主通常愿意拿出来充当男间或者女间，这样既解决了本村一些孩子的居住问题，也使得自己的房子因为有人住而避免出现因为"没有人气，房屋损坏得快"之类的问题。据调查，这其实可能是历史上的惯例，人们并不觉此举有什么特别高尚，如果不拿出来而是空置倒可能会被村民纷纷议论。不过，虽然这种闲置家屋的情况确实有，但不是男间或者女间的主要来源。

男间或者女间最为寻常的来源，则是某对子女较少的夫妇的家中有两间或者以上的住房。他们住其中的一间房而其儿子或女儿住另外一间房，这时房主可能会允许村中无处住宿的同性的孩子来与自己的孩子一同居住。在这对夫妇看来，这样既给村中无处居住的孩子们提供了住处，又能够给自己的孩子找到玩伴共同成长。前文所述的李老婆婆居住的女间，就是属于这种情况。一般来说，这种情况下的女间或者男间，通常都能够维持比较长的时间。一般都是过了若干年后即到了该家的儿子长大成家立业需要用到这间房子时，其他的孩子才会离开另找住处。据调查，到了这个时候，借住的人家通例都会主动地让自己的孩子离开该处，而不会让主人家为如何开口而为难。

在旧时的东城，几乎每个村子都有一些独居的寡妇和"自梳女"①，她们自然几乎都有多余的房间等可以住宿的地方，而她们也经常愿意把这部分空间提供给女孩居住，这些房子成为了女间的又一个主要来源。据我们的调查，中华人民共和国成立前东城的自梳女有聚居的，如温塘的绍贤家塾门前至今残存有她们集体居住的家屋。但是，相当一部分自梳女出于经济能力较好等缘故而独居，她们的家中几乎总是有空闲的住所。至于寡妇独居的原因，则主要有两种。有一些是因为没有子女而造成的，另外一些则是因为女儿出嫁或者儿子成家后搬出了而造成的。但无论如何，一般来说，这些年龄较长的女性都会有空闲的住处可以贡献出来，而她们也都很欢迎有女孩子来居住。

据调查，她们这样做主要有两个方面的考虑。一是有一群小姑娘陪伴，可以排解自己独居的寂寞；二是可以借此"避免村里人说闲话"，因为"一堆小孩睡在她的家里，就不会有哪个男的在她那里怎么样。这样就防止人家说你什么，就是说那些不三不四的"。但在我们看来，最主要的原因应当还是遵从时俗。很多老人都回忆，那时候家里闲置的住处给别人住，是理所当然、顺理成章的，而无处住宿的孩子住到别人家也是理所当然、顺理成章的，彼此都不会觉得有什么特殊。在物权或者私隐之类的概念日渐高涨的当代人看来，这可能有些难以理解、恍若隔世。我们的访谈发现，当时的提供者不会觉得自己有什么高尚，借住者也不会觉得有什么不好意思。

个案：
温塘的×××现在已经60多岁了，她有4个兄弟和姐妹。
她爸爸原本带着全家在外面的茶岭生活，长期以卖猪肉为生。到了中华人民共和国成立初期，他们响应政府的号召回到家乡，也同当地分得了田地和房子。但是，分得的房子实在太窄小，"只摆了一张床和一张桌子，就只剩下一个很窄的过道了。要横着走，人才能走得过去"。因此，她被迫去女间过夜。
她的爷爷早就去世了，剩下她的奶奶孤身一人生活。奶奶的卧房的上方，建有第二层就是一处阁楼。这处阁楼就成了女间，供她和本村跟她几个要好的女孩子晚上住。以后多年，她"就和女伴们睡这个阁楼。每天晚上，都会有老人家在奶奶家里聚集。我们有时候听她们说话，有时候说我们自己的"。

不过，不是所有的寡妇或者自梳女的住所都必定可以成为女间的。村落社会对这些寡妇、自梳女等人，其实长期另有一些不成文的但相当具体的要求。一般来说，除了必须要有空置的房间外，这些人还必须同时满足一定的社会条件。如这些妇女首先要被公认为行为端庄、品行良好；其次要具有相当的为人处世、生活与生产以及持家等方面的知识；最后还要会讲故事、唱歌以及具备做手工的技能，最好还认识一些字、知道一些诗词或者文章即受过教育；等等。这是因为在女间中，寡妇或者自梳女不仅是房主，还

---

① 在历史上的珠江三角洲，各处的女子未婚时一般都是采用脑后梳着一条长辫子的发式。而到了结婚时，则由其母亲或女性长辈替其把这条辫子打散，挽成一个发髻紧贴在后脑勺。所谓自梳女，也称妈姐、姑婆等，指的是自己把头发像已婚妇女一样盘起以示终身不嫁的一类女性。根据相关研究可知，这类女性大概出现于明代，盛行于晚清至民国初期。据调查，当时东莞自梳女的数量远少于佛山、顺德等珠江西岸地区，但也远不是某些人所说的"为数少到完全可以忽略不计"。

是一位教育者,她的一言一行以及品德、技能等,有意无意都可能会对住在该处女间里的女孩们产生好的或者不好的影响。而在男间中,对于男房东一般都没有这些要求,或者说要求没有这样高。这种差别似乎清楚地说明,传统的村落社会对两性的要求不同,即对成长中的女子的防备心理较为严重。

个案:

峡口的袁婆婆,是从桑园嫁到峡口的。她在娘家时有5个兄弟和姐妹,她从14岁开始就住女间。

在她看来,女间热闹而有趣,"因为那里有伴。大家白天都出去干活,晚上就回来一起睡觉"。房主是一位老年寡妇,女孩们称她为"西大伯娘"。"西"是其名字,"大伯娘"则是对其的敬称。她有一个女儿,但早已出嫁,所以当时"家里有一间屋子空着,就欢迎我们去住,也算是陪她,热闹一点嘛。那个时候,她都是几十岁的人了"。即使是逢年过节袁婆婆白天回家,晚上还是回到女间,所以节日也算是与老太太一起度过的。

这位老太太会的很多,经常教女孩们唱歌、裁剪、缝衣服等。每年的七夕时,她会与女孩们"带上水果、香,还有蜡烛那一些,一起去拜七姐"。她还教她们如何拜,也会教她们如何念诵。据她回忆,每到中秋节,这位老太婆还会与住在她家的女孩们一起吃宵夜、喝糖水。

第三种主要的来源,则是村内某种可以转化为居住或者聊以栖身的某种公共建筑。在平时,这类空间一般无人固定居住,因此实在需要时可以把其中的某些部分用作孩子们的栖身之所。由我们的调查所得来看,这些地方总是用作男间,我们没有发现作为女间使用的,这可能是出于安全方面的考虑的结果。在这类公共建筑中,最常用作男间的是村内的各处祠堂。据调查,祠堂由于相对面积较大而平时又没有人固定居住,万般无奈时就会有一些男孩子住到祠堂里,我们认识的几位老人就有过类似的经历。这时通常不会利用祠堂后厅两侧的房间,人们认为这主要是怕孩子们吵闹,会打扰到后厅中间供奉的列位先人,影响到其"休息"。而几乎总是把门厅两侧或者一侧的房间改成住所,甚至可能把门厅上方等部分改造成住处。我们在柏洲边村的一位老年访谈对象回忆,他所在的房支的祠堂也充作过男间,他小时候就跟几个同伴一起在那里居住了多年。当时,由于其门厅两侧的房间均已经被他人先占用,他们只好把祠堂门厅上方的过道处改造成住处。这处过道连接起两侧房间的阁楼,用几根光树干铺就,原本是便于居住于阁楼中的人相互往来的。带领我们参观时老人好几分钟凝视着过道,一言不发而满脸的柔情。这座祠堂已经几近荒废,时隔多年过道处的树干已经几近腐朽。

这类公共空间中有一类比较特殊,就是土地改革期间没收的官员或者地主的大房子。中华人民共和国成立后,人民政府推行一系列全新的政策,不少地主、国民党官员等人的房子被部分或者全部没收了,然后由政府分配给某户贫苦的人家或者充作某种集体的用途。但是,有时这种房子出于某种原因就成为了男间。例如,鳌峙塘村有一处称为"小园"的高大、漂亮的三层洋楼,每一层都有若干间房间,底层和顶层还各有花园。该处楼房原来是一个国民党官员在家乡的住所,临近中华人民共和国成立时这个官员带领全家逃去了香港。中华人民共和国成立后，政府将这座洋楼没收，分给了好多户贫农共同所有。其原因在于这处房子太好、太大故不能够整体分给某一家，否则，"分得的那一家，不就又成了大地主了吗！"。因此，当时"基本上是一户穷人家分一间房，也有人家分到几间的"。分得某间或者几间房的人家可能就让孩子住在里面，他则通常都会邀请其他同村的好伙伴来共同居住。如此一来，就使之成为了另外一种意义上的男间或者女间。

个案：

鳌峙塘的徐××1954年出生，从12岁就开始在男间居住。他家里孩子比较多，而"你不可能都十几、二十岁了，还跟爸爸、妈妈一起睡呀。那时候，都是分开到外面找地方睡啊"。

他当时居住的那处男间比较高级，其实是小园里面的一个房间。这座洋楼由好几家村民共同分得，但因为许多缘故，长期几乎没有什么人家搬入居住，所以很多房间长期空置。后来，不少年轻人就合起来居住里面的某一间，这样就变成了男间。这处洋楼分三层，每一层各有很多间房，因此出现了许多间男间。

当时每一间房里面，一般都是住五到六个男孩子。每天他们吃完晚饭、到附近鱼塘里冲完凉之后，通常就回到各自的男间里玩耍、闲聊、睡觉。第二天早上，各人再"各自回家，就是洗脸、吃饭、做工"。

不过，如果从东城各村村落的整体上看，这类情况毕竟相当少见，而且其历史也相当短暂。因此，这种来源的男间或者女间，其实完全可以视为特定历史时期的一种特殊现象。

（二）男间与女间的运营

1. 入住男间或者女间

老人们回忆，以前东城的男孩子、女孩子几乎是到了10岁之后，才会搬出去到男间或者女间居住。这个时候的孩子通常都有了照顾自己的基本能力，而且这个年纪继续挤在家里一起住也已经不太方便了。很多老人回忆，要等到这个年龄才外出居住还有一个原因，那就是虽然男间或者女间里通常不存在年龄大的孩子过分欺凌年龄小的孩子现象，但是，多多少少还是时有一些"大虾细"（意为年龄大的欺负小的）的事情发生。例如，年龄大的经常会指派年龄小的替他们做些事情。我们在访谈时发现，几十年后回忆起当时被使唤的情况，老人们通常都是一笑了之，几乎都觉得当时"大的使（唤）小的"跟"大的管小的"一样完全正常，而且这种经历对于自己的成长其实还有些好处。

男间里那些大一点的孩子，那肯定会使唤那些小一点的孩子的。那小一点的，那一般都要听年龄大的孩子的话。等到这一批年龄小一点的变得大了，那他们就可以使唤那些新进来的，就是使唤那些更小一点的孩子了（笑）。所以，孩子太小了去住（男间或者女间），那不行，就是他还不知道（听话、做事）。七八岁的话，也还不怎么会照顾他自己的。所以去住的话，也还是不好的。等到再大一点的话，比方说，到了十多岁了，那就可以放心地让他去住了。

　　但是，确实也有少数孩子在七八岁甚至五六岁就开始住进去了，其主要的原因颇有玩味。当时一处村落内的男间和女间的数目通常有限，各自的宿位也相当有限。但当时村内有需求的孩子数量比较多，因此，很多时候想住进理想的男间或女间就得"排队轮候"，即等里面有人结婚或者因故搬离后，候补者才能够依次住进去。为了避免日后因为无宿位而住不进理想的男间或者女间，一有空位时有些孩子虽然还很小，但就提前住到里面了。这个时候他们一般来说还不是很会照顾自己，更加难以领会"大的"孩子的意思而做好"小的"本分，即及时接受指派、做事等，因此，他们经受的磨炼可能会更多一些。

　　男孩或者女孩在其中居住的时间一般都比较长，通常都是直到结婚即有了自己的单独的房子时才搬出。依照习俗，旧时东城的父母必须准备好一处单独的房屋给儿子做新房，这样儿子才可能结婚。但是，也有一部分孩子未住到结婚就因故及早离开了。据调查，当时有不少孩子虽然才十几岁，但就要出去做工以帮助家里谋生，或者外出当学徒为日后谋出路。因此，这些孩子通常就住到了工作或者学徒的场所。由于不断地有人出于结婚、工作等原因而离开，同时又不断地有新的孩子搬进来填补空位，因此，同一处男间和女间内居住的人员并不是固定不变的，而最多只是同一时间内大致固定的。实际上，即使是男间和女间也不是完全固定的，经常出现房主出于需要使用房子等原因收回该处，一众孩子只好另觅住宿处即再找一个新的男间或者女间。

　　据回忆，旧时一处男间或者女间内住宿多少人并无定数，主要视住宿空间的大小而定，少的时候可能只有两三人，而最多的时候则可住宿有十几人。不过，一处男间或者女间中，以住宿四至八人的最为常见。但是，同住一处男间或者女间的男孩或者女孩，几乎必定都是同村的，而且彼此几乎总是从小一起玩耍的好伙伴，访谈时老人们都说，"要是平时处不来的话，那是不会一同居住男间、女间的"。由于这样，这些孩子通常互相非常了解，关系也非常紧密。

　　个案：
　　访谈时徐××已经接近80岁了，幼年时他曾经在男间居住过多年。我们曾经问他，男间里的一帮男孩会不会拜把子之类的。这位老人回忆说："那肯定不会的。因为本来就是兄弟嘛，关系本来就是很好的。要是合不来的话，那肯定不会住在一起。凡是住在一起的，那都是平时关系就很好的。因此，男间里要是有哪个人要结婚了，他肯定会请同住男间的人去喝喜酒。不仅是去喝酒，还有的要去当伴郎。新郎的伴郎，也是他们住一起的那些人。"

　　这些孩子通常都是家境比较贫穷，其父母无力为他们提供足够的住处而被迫外出过夜。不过，确实也有一些孩子虽然家庭富裕、家中有足够的甚至单独的居住空间，但出于某些原因不愿意在自己家中居住而执意去男间或女间居住的，我们在调查中就遇到过这样的案例。至于其原因，主要在于这些孩子"贪恋跟小朋友一起玩"，而其父母为了避免其孩子"落单"，也愿意让孩子出去住。

　　居住在一处男间或女间里的孩子，跟外面的孩子同样多有交往。不住男间或者女间的孩子，也经常跑去平素要好的伙伴居住的某处男间或者女间找小伙伴们玩耍，结果使得他们虽然没有住过，但对其中的生活非常熟悉。鳌峙塘村的徐××小时候，家里住的是一处面积达90平方米的"金字屋"，他有自己单独的卧房，因此他始终没有在男间住过。但是，他平时的伙伴们之中不少人住进了男间，因此，他小时候经常去男间里找这些伙伴们玩，那时"大家一起到池塘里去摸鱼，再去弄点柴火，把鱼烤了，半生不熟地就吃了"。因此，他对男间及其生活的了解程度，并不亚于在男间里居住过的人。

2. 男间与女间的秩序与管理

通常来说，住男间的孩子们到了20岁上下结婚时离开。但也有少数男子到了30岁左右才离开，原因几乎都是"没有房子，哪户人家肯把姑娘嫁给你啊？"。访谈时已经60多岁的袁××，年少时家境尤其拮据。他从半大的时候开始，就和家人一起边挣钱边盖房。他回忆，前后总共花费了5年的时间，花去了他多年间辛苦挣得、积攒的1000多元的"血汗钱"，才把他结婚用的房子完全盖好，那时他已经27岁了，才离开了男间。

不过，这类情况相对少见。在男间与女间中居住的主体，都是十几到二十岁上下的半大的孩子。因此，尤其需要设法管理以在男间或者女间中维持一定的秩序，否则，孩子们难以和谐、健康地生活。

男间或者女间都并不是一种制度化的、体系化的机构，而是在自愿、互助的基础上形成的以住宿为主要功能的小型公共空间。其秩序与管理主要靠内部成员的共同维护，而几乎没有特定的外部力量加以某种约束。老人们说，不论大小，历史上的男间从来都没有外人管理过，完全依靠居住者的自律、协商与合作，但年龄大的孩子在其中起一定的、主导性的作用。老人们公认，男间的房主只提供住宿场地，对居住于其中的男孩们并不承担任何责任或者义务。我们的访谈发现，房主确实几乎完全不涉及孩子们的生活，最多只是偶尔会劝解一下严重地受了委屈的孩子，或者制止孩子们间的争吵或者冲突，以防止其扩大而导致什么不好的后果，以免"给自己带来不好看"。不过，万一发生了某种意想不到的后果，当事的孩子的家庭普遍认为不关房主什么事，几乎都不会怪罪房主的。

但在一个以半大男孩为主的公共空间内，漫长的男间住宿生活中不可避免地会发生各种各样的小摩擦，男间内外的人们对此都是习以为常。访谈时男女老人们普遍认为，出现这些小的摩擦是不可避免的，因为"男孩子调皮。到处的男孩子，都是这样的啦"。人们普遍认为，面对这些冲突、摩擦，除了孩子们的自律、妥协、协商与合作之外，男间中年龄较大的要负起一定的义务管理的责任。在男间中居住过的老人们回忆，如果闹得太凶甚至到了动手的程度时，年龄较大的孩子就会自动地扮演起管理者的角色，出面呵斥、制止双方，随后多半还会对双方进行调解、劝告、调节等。一般地说，双方都会接受他的制止、听从他的意见。所以在实践中，一般只要"大的出面管一管"，即通过某种方式制止一下，通常也就足够了。老人们又说，"那个时候，小男孩之间打得快，好得也快。那时候，都是不可能有隔夜仇的"。在结束冲突后不久，孩子们几乎就又都会马上言归于好，这也扎实地证明"大管细"（意为年龄大的管理年龄小的）的基本原则确实行之有效。

访谈资料：

问：男间里面，有专人负责管理吗？

答：没有的，都是没有专人管的。男孩子肯定都是调皮的。有时候就会吵架、打架那一些的。这肯定是免不了的。

要是小的吵闹得太厉害，大的都会管一下。小的呢，也都会听话的。过了一会，他们就和好了。他们也没什么大事的。一般就是吵吵架，很少有动手互相打的。

访谈中我们听说过许多发生于男间的吵架、打架的故事，但从没有听说过某处男间发生过极为严重的伤害事故，这个事实印证了年龄大的孩子的这种维护秩序的作用。其实接受访谈的男、女老人都经常说到，东城的男间中历来奉行"大管细"（意为年龄大的管理年龄小的）、"大教细"（意为年龄大的教育年龄小的），本身也就是对年龄大的孩子的这种管理角色以及维持秩序作用的认可。人们也普遍相信，其实这是男间秩序得以维持、延续的一个基本因素。桑园的一位袁老人家有过多年的男间生活，接受访谈时他对我们说，"那个年龄比较大的，要是看到哪个小的男孩做得不对，那他就可以管他，就可以教育他。这个是你应该做的，一点问题都没有"。在当时的社会看来，年龄大的实施管教是其行使管理的正当的方式。而对于年龄较小的来说，接受大的管教则是其受教育的一个自然的过程，是其学习、长大的一个自然的过程。

访谈资料：

问：大家住在一起，关系会很好的吧？

答：那当然是很好的。那个时候，打架、吵架是经常有的。但是，骂架的两个孩子，很快就又和好了。就是你说说我、我说说你，然后就没事了。就算是打了架，一般也就是生气一两个小时，然后就又和好了。

问：那打架的时候，大的会不会管一下啊？

答：会的。大的会去拉开你嘛，会去制止你打架嘛。要不然，不就是就打下去啦？那可能就要出大问题的。

如果发生了较为严重的冲突，觉得自己吃了亏的孩子在接受大的劝解后多半会自认倒霉，有时候则可能会回家向家长诉苦。家长几乎都不会认为这是什么大事，普遍都是采取息事宁人的态度，最多安慰一下孩子了事。但家长如果觉得事情比较严重，也可能会通过某种方式适当地出面，但通常最多不过是找到对方的家长评一下理、要求对方的家长适当地管教一下其孩子而已。"那个时候的家长讲道理，又都是一个村子的，所以很少会有只护着自己的孩子的。像现在这样替孩子乱出头的，那更是几乎一个都没有。"人们普遍认为，男间中的一帮小男孩打打闹闹无比正常，平时只要有大孩子管着就够了，而父母们几乎从来不会因此而卷入孩子的纠纷之中去。

相对来说，女间的情况更为简单一些。

据回忆，有一小部分女间既无外人管理也没有哪个居住者愿意出头管理，全靠居住者的自律与合作。但是，由于同住于一处女间的女孩们本来就都是很好的伙伴，再加上女孩子们几乎都不如男孩子们那么喜欢打闹，因此老人们回忆，虽然女孩子们普遍"心眼小，（女间里）鸡毛蒜皮的事情不断"，但一帮女孩子仍然可以比较融洽地相处，似乎从来没有出现过某位居住者经常遭受他人的霸凌、欺负的情况。不少老婆婆认为，"以前女间中，那个气氛很好的，连吵架那一些小的冲突都很少发生，大家反倒是经常可以互相学习"。其中年龄大一点的女孩子们，虽然不会主动出头负起管理之责，但仍然能够有意无意地起到一定的引领或者带动作用，在一定程度上承担起了示范、管理和教导的角色。或者是出于这种原因，几乎每处女间中都有事实上的所谓的"大姐大"即权威的存在。

不同于男间，绝大部分的女间都是有房主的。在这些由寡妇、自梳女等年龄较大的妇女提供的住处中，提供者即年龄较大的妇女通常会在一定程度上实施某种指导或者管理。人们也公认，这些年长的妇女只提供住宿场地，对居住于其中的女孩们并不承担任何监管的责任和义务。但在实际生活中，她们有时就如同女孩们的家长或者长辈一般，不仅会教她们一些实用的女工如针线活、绣花、缝纫、做衣服等，还会管教她们以维持女间的秩序。不过，她们的做法通常都具有女性的特点，即很少疾言厉色地呵斥、训斥，而通常都是婉转地使犯错者明白。老人们回忆，她们多通过讲故事阐明某种道理、通过做游戏推荐某种为人处世的方式等柔性的方式，使得女孩子们理解与人相处之道、理解人情世故等，也变相地为她们成家后管理家务等诸多方面做若干准备。

主要得益于自律、互助、合作和年长者某种程度的指导和引领，女间中的秩序几乎总是能够得到非常好的维持，一同居住的女孩子们通常关系极为密切。因此，每当有共同居住者出嫁，其他的女孩子都会依依不舍，不仅嫁前唱歌给新娘"哭嫁"，还会去当伴娘将新娘及其嫁妆一路将送到男方家中。但不同于共同居住于一处男间中的男孩子们婚后几乎都住在同一个村子里，这些一同居住的女孩们虽然都是同一个村子的，但出嫁后则一般都分散到了远近不一的各个村子。从此开始，限于各种条件她们很少有机会再与一众小姐妹们相见。我们的主要报道人之一的李婆婆，对此深有感触：

访谈资料：
问：那你现在跟那些一起住过的女孩子，还有没有联系？
答：她们个个也早都嫁人啦。各自嫁人以后呢，就没有过全部人一起聊过的了。女孩子，嫁到不同的地方，那可能以后就再碰不到了。
我有时碰到一起住过的，不论是哪个姐妹，那肯定都会聚一下的。

从10岁起，这位李婆婆就住女间，一直到了22岁结婚的时候才离开那处女间而嫁到了樟村。访谈时她回忆，一同入住女间的几个女孩儿彼此间感情尤其深厚。她出嫁的时候，其他的小姐妹当"陪嫁娘"即伴娘，还热心地帮忙将衣服、嫁妆等东西送到男方家里。离开女间分别的时候，大家都依依不舍。结婚之初，她还趁回娘家的机会几次回到女间同旧姐妹们聊天、闲聚。后来，随着原先的姐妹们一个个地先后结了婚而都离开了，新入住的人她又不熟悉，也就不回去了。但直到现在，只要碰到曾经一同住过的姐妹，她总是非常高兴，几乎必定就将其"一把拉到家里"，一边吃饭一边叙旧、闲聊等。

3. 男间与女间的收入与支出

男间与女间在性质上都只是住宿场所，主要功能供男孩和女孩们在其中过夜。他们白天的生产、活动，与之没有丝毫关联。访谈时老婆婆们回忆，女间虽然由某位妇女提供，但她们并不需要给房主任何报酬，也不需要主动帮房主做任何家务，反倒是房主有时可能要付出一部分。例如，女间用的火水灯即油灯，有时就是房主免费提供的，而不是由女孩们自己带来或者出钱购买。当然，女孩子们的家里有好吃的或者逢年过节食物丰盛时，她们几乎都会带上一些食物给房主一起享用，但这不是必然的。男间有的是由某位人士提供的，有的则是由某种公共空间经过适当的改造后而改成的，但同样都不需要支付报酬之类的。即房主完全是义务提供住处，彼此并不发生经济上的任何关系。

但是，在男间与女间确实也有收入有支出，维持收支平衡是其能够维持下去的一个重要内容。所谓的收入，主要是指靠出售男间与女间的小便后换来的钱。当时的男间与女间普遍使用一个大的木桶来收集尿液，旧时东城人俗称之为"便塔"。通常一个男间或者女间都有数个孩子居住，这样每隔一段时间，便可以积聚到相当数量的尿液。老人们称，这也是男间与女间存在的一个好处。如此积聚来的小便通常有几种用途，如供各自的家庭用作肥料。一般来说，没有房主的男间与女间积聚的小便，可以由同住者的家庭轮流获得使用。至于有房主的男间或者女间，如何处置则要看事先的约定，如由房主家与居住者的家庭轮流使用而房主多得一些，也可能是商定完全供房主家使用。根据我们调查的所得来看，这几种情况确实在历史上都出现过，但以最后一种即全部提供给房主家使用的情况相对多见。住在里面的孩子及其家庭也都认为，这是理所当然的、完全合理的。

访谈资料：

问：听说有些男间五六个人住在一起，是吗？说是那时会有一些小便什么的，都是给主人家拿来当农家肥使用？

答：你住在人家的房间里，人家就拿那个小便来当肥料。就是当然要给你住的这个主人家了。你住人家里，人家还不收你的钱了，你还要把那个肥料拿走，你还讲不讲道理了（笑）？

但是，也可以事先商定好由居住者出售。根据访谈来看，这种情况似乎还是主流。历史上的东城始终以农耕为主要的谋生之道，经过适当处理的小便在传统上就是非常好的农家肥料。[①] 因此，一直有许多务农的人尤其是大户出钱收集尿液，当作农家肥用于给水田施肥。旧时每隔一段时间，都会有专门的小贩到各处村落中收集尿液，然后转手贩卖以谋利。据回忆，双方谈好价格后，孩子们就会将积聚的尿液卖出去。鳌峙塘村有一位姓徐的老人家，他年轻时就曾经做过这样的小贩子。接受访谈时他回忆说，那时他这类小贩通常都是挑着一个担子，担子的前后各挂着一个大的木桶，一边走一边高声喊"买小便啊！买小便啊！"，听到喊声后，有足够的尿液的人便会出来与之商谈价格，如果谈成功双方就会交易。尿液也不算便宜，改革开放前一缸100斤左右的小便可以买几毛钱，而到了改革开放之初则需要几块钱了。在历史上，尿液可算是一笔比较可观的经济来源，但也几乎就是男间或者女间唯一的收入。

---

① 小便的处理过程及其作用，可参考张振江《流水、坊巷、人家——村落漳澎的人类学景观》，中山大学出版社2014年版，第238—240页。

男间与女间虽然简陋且活动不多,但仍然会产生某些日常的支出,而最主要的是照明的灯油钱。虽然男间与女间主要只是供男孩们和女孩们晚上睡觉的地方,但是,这些孩子们回到住处后,通常都不会立即就入睡。老人们回忆,晚上一帮孩子们一起闲聊到很晚,"那是非常普遍的"。而且女孩们可能还会做一些女红,男孩们可能还会读书、写字等。因此,照明用的油灯就是必不可少的日常用具。直到20世纪70年代末期,东城人还普遍使用"火水灯"即油灯照明。这种灯的结构很简单,就是用一个小铁盏或者小瓷碗盛上煤油、橄榄油之类的油类,然后在其中间浸一根棉线,点燃这根棉线的顶部线头即可发出光来。因为旧时的广东人们普遍把煤油称为水火油,故名水火灯。据回忆,以前的男孩、女孩夜晚需要长时间照明的情况不多,闲聊、做事或者读与写,通常都不会持续长的时间,而很快就会吹灯睡觉,或者熄灯后"黑天胡地地"继续闲聊一阵。清末民初时一斤火水油价值一两毛钱,而如果节省点使用的话,一斤火水油就能凑合着用上一个月左右的时间。

访谈资料:

问:那你们那时候,会不会晚上在男间复习功课呢?

答:有时候,晚上也会做作业啊。不过那时候是"文化大革命",作业都是比较少的啦。一般都是一放学就赶紧做完了。要是有时候你得帮家里忙做事情,那你就只能晚上有空才做。不过,也是很快就做完了的,很少会超过半个小时的,因为那时的火水油很贵的。

问:那个男间的水火油,是哪里来的呢?

答:这个说不定的。我住的就是卖那个小便换来的钱。就是你给多少钱就可以拿走小便,从这里得钱买煤油。一个月的话,也就是卖个几毛钱。反正你有了钱,那你就可以买煤油(火水)了。

据调查,当时水火油的来源有几种情况。如由居住者轮流从各自的家中带来;由居住者各自跟父母等要钱后,再集体凑钱购买;由房主慷慨提供;等等。但当时的人们普遍家境贫穷,这种灯油虽然一斤只要一两毛钱,但仍然属于比较昂贵的物品,因此这几种途径都不是长久之计。出售男间与女间积聚的小便从而得到买火水灯的经费,则是一条有效的解决之道。而由调查来看,实际上男间和女间尤其是男间几乎都是采用这个办法解决所需的灯油费用的。许多位老人回忆,在清末民国时期,一处男间或者女间的小便如果出售的话,每个月的收入一般也就是只有几毛钱的样子,据说人数最多的一间也只有不到一块来钱。虽然这点钱实在不多,但也已经足以应付照明所需要的灯油的费用了。

(三)男间与女间中的教育

1. 男间与教育

本次调查中我们采访了许多东城的老人,回忆起儿时的生活,他们大多说那时候"父母做工很忙,回来了都很累。那时家里孩子又多,他们哪里管得过来。那时候,都是孩子自己管自己"。当时的男孩子白天做工、上学或者聚到住地玩耍,晚上回到男间过夜。在男间中彼此学习并接受年龄大的孩子的指导，男间中的这种生活对孩子们的教育作用很大，甚至比父母的教育影响还大。

　　一定意义上说，住男间也可以看作男孩步入社会的一个过渡阶段或者实习阶段。他们离开家庭与伙伴一同住在男间，虽然彼此关系极好但彼此毕竟不是家人，因而都必须学会如何相处、互让等过程，是每个男孩都必须经历的。同住男间的男孩经常会一同出去玩耍，比如到河里摸鱼、游泳、爬山头玩等，这些游戏和活动不仅加深了他们的亲密关系，而且他们也会从中学到不少的许多生存技巧和生活技能。而在这个有时可能是略带痛苦的过程中，男孩们通过各种途径既学到一些应该遵守的礼仪、规矩和做人、处事的道理，也培养了他们彼此合作、互助等方面的美德。住在男间里的主要是10多岁的孩子，但也有少数20岁上下甚至30岁左右的男子。对于男孩们来说，年龄较大的那一些不仅是他们的住宿伙伴，同时还是他们的指导者、辅导者。桑园的袁××老人回忆，"我住的那个仔间里呢，年龄最小的就是我，其他都是年龄比我大的，我就跟着他们一路长大"。跟随这些年龄大的学习并接受他们的管教和指导，一代一代的年龄较小的小孩子逐步长大，逐步掌握了与人相处、学会做人和做事的基本道理以及一些谋生的基本技能。

　　例如，男间中有年龄较大、已经上学的孩子，晚上会在男间读书、写字。那些年龄较小的孩子，便可能跟着学到一些知识，这其实也是当时常见的情况。我们本次调查的关键报道人之一的袁××，从7岁起就住进男间，是当时那处男间里面年龄最小的孩子。据他回忆，有很长的一段时间，每天晚上他总是跟着大的孩子"学习古典，就是跟着念学堂发的那些古书。那时候，晚上大家有坐在那里的，也有躺在那里的。那个大一点、能识字的，就读七言诗歌。我们小一点的，就跟着他们读。遇到不懂的，还会请教他们，他们也教"。他自认他还很小的时候所掌握的知识，其实多数都是在男间里面学到的，也是因此，他还没上学就已经学到了一些简单的诗歌、认识了不少汉字。实际上，通过这个途径，不少小孩子还会学习到一些实用性的知识和技能，包括一些务农知识、读书、写字以及在当时属于禁忌的异性知识、性知识等。

　　访谈资料：
　　问：你又没有住过，那你是怎么知道男间的呀？
　　答：以前晚上我经常去那里玩的。你也知道，男孩有时候晚上也会聊女孩儿嘛。我不知道那个女间里面的那些女孩，会不会也这样，就是聊男孩啊（笑）。

　　在男间中居住的通常都是十几到二十岁的男孩儿。他们处在青春发育期，很自然地会对性、异性逐渐产生一定的好奇心。老人们回忆，这些渐渐成熟的男孩儿们晚上同住的时候，经常就会胡乱聊一些关于女孩儿的事情。而原本居住一起的某男孩结了婚之后会离开男间开始自己的独立的家庭生活，但在刚离开男间的一段时日里，他们还会经常回来同伙伴们聊天、叙旧、消磨时光。据回忆，通常是在小伙伴们的起哄声中，这位新婚者和大家分享一些自己结婚后的全新的生活，其中就不乏分享一些关于异性的知识、性知识。很多老人回忆，在当时的情况下，这是难得的一种学习相关知识的宝贵途径。

访谈资料：

问：那什么时候一般就不会再回去男间了？

答：一般来说，刚结婚不久的时候，他会经常想起以前一起住的那些小伙伴。所以，他就会经常回男间去。其实也没有什么事情啦，就是回去跟大家胡乱聊一聊。那些小伙伴呢，也会想从他哪里知道怎么样结婚那些方面的知识啦。等到再以后，比如他生了孩子了，他离开的时间也就长了，那就逐渐少去了。到了最后，可能干脆就不去了。

传统上，男孩结婚成家后就会离开男间。而在他结婚时，几乎总会邀请同住的人去喝喜酒，这些儿时的伙伴还顺理成章地成为了新郎婚礼上的伴郎。伙伴们这时除了积极承当伴郎忙活之外，还总是会凑些礼物以示庆贺。不同于今天的份子送钱，旧时的男间伙伴们总是凑钱送实物。据调查，清至民国时期，人们多是送一些布料。中华人民共和国成立后至改革开放前，人们大多是送几块布、一对开水瓶、一面大镜子、一座钟等，这些同样都是有一定的价值又极为实用的物品。以前人们的经济能力都有限，因此普遍崇尚节俭和务实。接受礼物的人也都非常喜欢这些物品，因此凡是可以摆放出来的礼物，通常都尽可能久地摆放家里的显眼处。例如，以前人们普遍缺乏计时的工具，因此常送的礼物之一是挂钟。新郎收到后，几乎总是把它挂在自家厅堂最显眼处，双方都根本不会顾忌其谐音"（送）终"不吉利。伙伴们经常合起来送一面镜子作为贺礼，其上还通常会分左右两边写上"××与××结婚志庆""××、××恭贺"之类的字样。新郎收到后通常都会高高地悬挂在厅堂的一侧墙壁，而且普遍会悬挂非常久。

一同住在男间中建立起来的亲密关系，绝大多数情况下不会随时间流逝而改变，相反还会长期维持甚至得到加强。在这个意义上说，男间的生活为他们以后的独立生活建立起了一个可持续而坚固的人际网络。伙伴们陆续结婚、陆续离开男间以后，由于婚后几乎还都在同一个村子生活，因此，大家也经常会聚在一起喝茶、聊天、叙旧，还会相互帮助、互相扶持。这些互动使得同住在男间的他们之间的亲密关系能够一直维系下去，甚至于持续到生命的尽头。我们访谈袁老人的时候无意中问及了与他同住过伙伴们的近况，老人的眼眶里顿时有些湿润，"那时我是年龄最小的嘛。当时住在一起的有7个人，不久前又走了一个，现在只剩下3个人了"。

2. 女间与教育

女间同样也不仅仅只是一个住宿的地方，在这个独特的空间里，各种知识和技能也在传播。女孩们在其中居住并长身体的同时，有意无意间接受各种教育促进其完成社会化的进程。

女孩子同样需要学会与他人相处。虽然由于女性的特质，她们在冲突、妥协、互谅、互让等方面的磨合可能相对容易一些，但无论如何这些也都是必须经历的。整体来说，女孩子们虽然"心眼小"而暗地争斗之类的无可避免，但不如男孩们那么热衷于打闹，很少会发生严重的争吵、斗殴之类的事情。一般来说，她们起码都能够保持表面的平和，实际上普遍相处得比较和谐而且愉快。在维护女间的秩序方面，年龄大的女孩子同样起到了主导的作用。再加上提供居所的妇人有时还会加以指点或者善意的、婉转的劝解，因此女间里面相对容易保持平静的秩序。女孩子们聚在一起，也总是会互相学习的，这种情况其实很常见。如大的女孩在房间里做各种手工的时候，小点的女孩子会在边上学习、模仿，不懂的还会向大点的请教，而大的女孩也几乎总是乐于传授。由于大家互相交流经验和技能，因此住在女间可以很容易地学习到许多新的技能，最后使得每一个人独有的技能变成了大家都具备的技能。

老婆婆们回忆，以后很多极为有用的而从他处难以获得的知识，更加经常都是小姐妹们互相传授的，访谈时一位老婆婆记得，她从很小的时候就住进女间，当时一共有5个女孩子住在一起，而她是年龄最小的一位。她刚住进去时，接连几个晚上都看到年龄大一点的几个女孩子凑在一起，很神秘地用一种面积较大的红色的纸做着什么。她从来没有见到过这种东西，因此觉得非常好奇，但因为刚来又不敢问。住得久了才知道，那几个年龄大的女孩子是在自己制作经期卫生用纸，当时经期用品全靠女子自己制作。也是从她们几个年龄稍大的女孩子那里，她才知道了女孩子还有令人难堪的经期。这些知识与经期用品的制作技巧，对她后来帮助很大，当时很难有其他的学习途径，即使是母亲也不太会讲授这些知识。

到了一定的年纪后，一起入住的女孩子们开始逐渐步入婚姻，初为人妇的女孩子则从另外的方面帮助了未嫁者，这尤其典型地体现在生理知识与性知识等方面。从桑园嫁到峡口的某婆婆回忆，她从14岁开始就一直住女间，一直到出嫁的前一天，才因为要回家准备第二天出嫁而离开。婚后每次回娘家省亲时因为娘家实在没有空余的房间，每次仍然需要在女间暂住。每到这时姐妹们就开始起哄，要她分享她自己的"洞房花烛夜"等男女情事。她刚开始时觉得非常羞涩，因此不愿意说。这时姐妹们就会立即开玩笑地威胁她说："你不讲啊？那就打你啊！"在这种嬉笑玩闹中，女孩们或多或少都会学到一些生理知识。在当时，父母或者社会对这些知识普遍羞于启齿，使得她们在这些方面几乎处于空白状态。而已经出嫁的姐妹的经历，就在一定程度上弥补了这些空缺，一定程度上帮助了她们为各自的婚后生活做些合适的知识准备。

提供住处的这些妇女虽然并不负有监管之职，但几乎都会出于各种缘故而教导女孩子们，而且涉及的面很广。访谈时有老人总结说，"反正，在女间那里，做人什么的，管家什么的，这些她都会教她们的。所以，一般的寡妇，凡是家里有女间的，都是有一定的文化的，都是有一定的知识的。不然的话，她也教不了"。由于她们潜移默化地影响着住在女间的女孩子们，这些妇女的个人品德、知识和技能等就显得尤为重要，这也就是为什么人们对贡献房间的妇女的品行历来十分看重。据回忆，她们所教授的首先是女子的各种言语、行为规范以及礼仪规范等。在她们的言传身教下，女孩子们渐渐学会如何成为当时的社会中的行为得体的女孩子，学会如何以礼待人以及应该如何尊重、孝敬家中的长辈等。这部分内容有时具有很强的时代特征，如有不少属于传统的女子要三从四德、恭敬顺从等。这些内容在中华人民共和国成立后曾经一度被大力批判，这些妇人也被认为是传播封建思想。老婆婆们回忆，在那时的东莞乡村，如何孝敬公婆、照顾丈夫是人们非常看重的事情，稍有差池可能就会被长辈打骂、被村民说闲话，因此当时的家庭普遍在女孩子还很小的时候，就反复地灌输这类内容。

生活与生产技能、持之道等，则是另一个几乎是必然有的重要的教导内容。几乎所有的老婆婆都回忆到，女房主都会教她们一些基本的女红，如做衣服、补衣服、绣花、做鞋等，有些还会教女孩子们织渔网、编竹篮等，这些都是她们以后的家庭生活中非常实用的知识与技能。此外,也还会身体力行地教她们一些精神方面的知识与技能,实际上是在培养她们的持家之道,这尤其典型地体现在"求神拜佛"即信仰的方面。即使是时至今日,普通东城人家的民间信仰活动仍然主要由家庭主妇操办。当时一到了年节等重要的节日,这些年龄大的妇女会教小女孩们操办相应的节庆活动。例如,每到了中秋节的晚上,女孩子们与家人过节后集聚女间,这些妇女会与她们一起煮茶、制作点心等,然后一边喝茶、吃点心,一边闲聊些相关的知识,还会示范如何在这日以适当的方式祭拜祖先与神明。在旧时的莞城、东城等许多地区,七夕都是个很隆重的节日,对尚未出嫁的女孩子们来说尤其重要。因此每到七夕节,这些妇女就多会带着女孩子们四处购买香、水果等祭品,晚上一同虔诚地拜祭七姐。这时她们还要带着女孩子们一起"乞巧",还总是会教女孩们如何"拜七姐""念七姐"。

东莞号称"曲艺之乡",许多村落的许多妇女在曲艺方面确有所长。在许多女间中,善于此道的这些妇女就会教女孩子们唱传统的儿歌、歌谣、粤曲、粤剧、木鱼①或者某些礼仪性的歌曲。这些是她们从她们的前辈那里学来的。在过去,这些有时也是日常生活中是必备的能力。如旧时的女孩子出嫁前的几天晚上,她的好姐妹们要来陪伴她"哭嫁",这时固定要唱的歌曲之一就是"老人歌"。这是一种高度礼仪性的歌曲,长期非常流行。

访谈资料:

问:那为什么要去女间住呢?

答:住女间,有伴嘛。大家白天各自人回家干活,晚上回来一起睡觉,有伴嘛。还有唱歌的嘛,好比唱《老人歌》。

问:那跟您一起住的女孩子跟您年纪差不多吧?

答:我们那几个女孩子嘛,都是差不多大。我们住的那个房子,是一个老太婆的房子。那个老太婆,还会教我们唱歌。因为那个时候你出嫁的话,是要唱歌的嘛,唱那个《老人歌》。

问:为什么出嫁要哭,还要唱歌呢?

答:我也不知道为什么要哭,估计就是风俗吧。以前的风俗,那就是这样的了。②比如我出嫁,你要陪我,你还要哭我(意为唱哭嫁歌)。那个时候,就都是这个样子的。大家是一班好姐妹,就都遵守这个风俗。我出嫁的时候,要是你不给我唱歌,那等到你出嫁的时候,那我就不陪你啦。

出乎很多人意料的是,学习以诗词为代表的传统文化,也是旧时女间的带有一定的

---

① 木鱼,珠江三角洲多地民间通行的一种曲艺,又称为"木鱼书""摸鱼歌""沐浴歌"等。常用唱腔分为妇女腔和盲公腔两类,民间妇女演唱时多无伴奏清唱,盲公等职业演员则多用三弦或秦琴作间歇性伴奏过渡。妇女腔流传于底层的普通民间妇女之中,行腔类似顺口溜,一般以四个七字句为一个单元,四、三句格而随字串腔,音域则在八度以内。一般相信,明朝末年至20世纪中叶,木鱼在东莞许多地方尤为盛行。我们在东莞的多年调查都发现,不少老年妇女至今仍然喜欢这种传统的艺术形式。

② 此处所说的是旧时莞城、东城等地的一种风俗。某女子出嫁前的几天,与之关系好的小姐妹们要去其住处陪她度过在娘家当姑娘的最后时日,还要连续几个晚上边哭边唱"出嫁歌""老人歌"等表示不舍得父母等亲人、好友的歌曲。详参考本书第四章关于婚姻的描述。

娱乐性质的、但是极为最重要的活动之一。据调查，在由有些文化的妇女所设立的女间之中，几乎必然都有此类内容。一般地说，她们所教授的这些诗词朗朗上口而又通俗易懂，还包含一些人生的道理。温塘有一个大地主，中年去世后为其妻子留下了一处类似于三间两廊的华丽大房子，这位妇人孤身一人而有比较多的空房。她依照时俗就把部分房间贡献出来，其居所就成为了一处较为出名的女间。她的一位邻居现在已经60多岁，有老人回忆中华人民共和国成立初期时还有十几位女孩子住在该处。这位寡妇年少时在私塾念过多年的书，因此很有文化。老人亲眼见过闲暇时她经常教这些女孩子们背诵古典诗词，以及教一些浅近的传统的蒙学书籍。虽然事过多年，这位邻居还记得几句："贫居闹市无人问，富在深山有远亲。谁人背后无人说，那个人前不说人。"这位邻居虽然当时是个孩子，但也觉得这几句说得很有道理。过了很多年，他才知道这是《增广贤文》中的句子。

本章主要参考文献：

[1] 刘景超. 建国初期苏联对我国中小学教科书内容的影响研究 [M]. 长沙：湖南师范大学出版社，2011.

[2] 陆胤. 清末"蒙学读本"的文体意识与"国文"学科之建构 [J]. 文学遗产，2013（3）.

[3] 张鑫华. 东城故事 [M]. 北京：作家出版社，2009.

[4] 张振江. 流水·坊巷·人家——村落漳澎的人类学景观 [M]. 广州：中山大学出版社，2014.

[5] 张振江，陈志伟. 麻涌民俗志 [M]. 汕头：汕头大学出版社，2008.

[6] 张振江，麦淑贤. 东莞客家民俗文化——清溪的个案 [M]. 广州：广东人民出版社，2017.

本 章 附 录

《重建徐氏祠堂碑记》如图 9-19 所示。

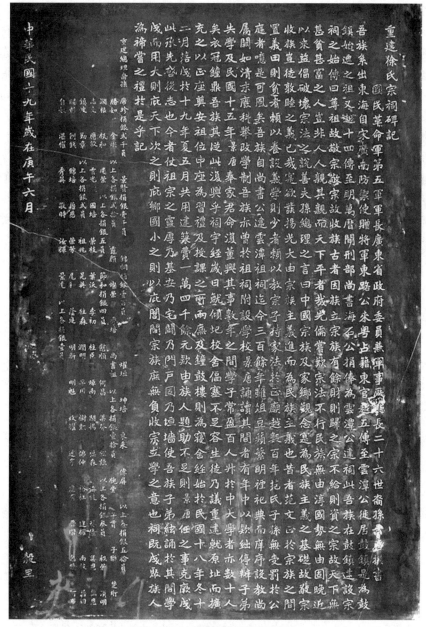

图 9-19　《重建徐氏祠堂碑记》

第十章　传统民间信仰

本书对中国的传统民间信仰有不同的理解，我们认为指的就是指植根于中国传统文化并经过了历史沉淀的有关鬼、神和祖先等方面的观念、认识以及实践等。对传统中国的至少绝大多数的乡土社会及其成员来说，这种民间信仰其实经常不是理论形态的，而是直观地体现为各种相应的极为热闹的仪式与活动。① 传统上，民间信仰可能解释了部分神秘的或者未知的事项，但最主要的是可以给予人们某种精神上的解释或者寄托，也就是以某种神圣的形式达致了人们日常世俗生活中的某种需求或者目的。因此，关于民间信仰的观念、认识等成为了人们知识体系中的一个不可或缺的重要组成部分，相应的仪式与活动成为了人们日常生活中一个极其自然的组成部分。

民间信仰对传统的乡土社会产生了极大的影响，并在很大程度上制约着人们的言与行。对传统的东城乡土社会及其村民来说，情况同样如此，民间信仰至今在东城村落的日常世俗生活中扮演者重要的角色。本章中，我们主要以广府人为例，进行相关的描述和分析。②

第一节　东城民间信仰概况

本节主要描述的是东城的民间信仰活动场所、事神人员以及与信仰有关的民间习俗，为下节描述当地主要信仰对象做铺垫。

一、民间信仰活动场所

（一）黄旗观音古寺

黄旗山原名黄岭，历来有岭南第一名山之誉，也是东莞第一高峰。黄旗观音古寺原名黄旗古庙，就坐落于黄旗山上。

---

① 详参考张振江、朱爱东、罗忧《漳澎传统村落社会研究》，中山大学出版社2016年版，第317页。
② 关于东城客家人的相关习俗，可以参考本章附录。

人们普遍认为黄旗观音古寺历来是东城境内香火最为旺盛的寺庙,① 在东莞地方史上久负盛名。根据地方文献可知,黄旗观音古寺始建于北宋政和年间。建成后因为战乱等各种原因屡遭毁坏,历史上也多次修葺甚至重修。最近一次大规模的毁坏发生于抗日战争期间,当时古寺遭到拆毁几成白地。到了改革开放后,经东莞城同善堂慈善会牵头募捐施赈,才得以于1993年原址重建。之后在各级政府的支持下又陆续修建各种配套建筑,最终形成今日所见之宏大规模。(见图10-1)

图10-1 黄旗观音古寺今貌

可以说,黄旗观音古寺始终是东莞民众文化生活不可或缺的一部分,至今是东城境内最为重要的民间信仰圣地,足可以成为东城民间信仰的象征或者代表。东莞坊间至今还普遍流传着这样的一个说法,即"去黄旗上香,一去就得去三年"。仅仅这句乍听上去让人不明就里的话语,就足以体现这座古寺在东莞民众心目中的地位。旧时每逢农历的初一和十五两日,来寺里上香的各地信众络绎不绝。据说这些时日烧香所产生的烟雾,甚至把黄旗山的半个山头都完全笼罩住了。而每到除夕的夜晚,更是有许多信众提早聚集涌入寺内,为的是争上头炷香。直到现在,这些习俗不仅依然可见甚至还更加盛大。

由于黄旗山和黄旗古庙长期鼎盛,由此形成了许多传说、故事。关于黄旗古寺的建立,就有一个至今颇为流传的十分传奇的说法,极好地展示了黄旗古庙其卓然超群、不同凡响的地位与影响:

相传北宋时期,东莞大户人家安葬祖先总是要选择一块风水宝地。当时南方最为著名的风水先生是江西人厉布衣。厉布衣,原名厉伯韶,精通坟地穴位,扬名于南粤乡间,广州城里一些显赫的家族也争相请他相坟。一次,一位东莞有钱人家重金请厉布衣前来相宝地。来到东莞后,厉布衣翻山越岭、走村过乡,寻遍了大半个东莞都找不到风

---

① 根据东莞市东城街道(原东城区)相关部门的规定,为保障市民人身安全,保护寺院古建筑,从2019年1月1日起黄旗观音古寺正式实行"文明敬香"。规定的主要内容为:禁止私自携带烟花爆竹及香烛纸钱进入古寺。验票点旁设有免费取香点,需要香支的市民可在取香点取3支香,并在指定燃香区燃香。重大节假日期间,如春节,不得在寺内私自燃香,礼佛完毕后在出口处回收香支,由古寺工作人员统一为市民燃香祈福。

水地。几个月过去了，厉布衣一无所获。一天早上，他来到黄旗山地界，忽然觉得这山长得有气势，透迤延绵，犹如旗展。又想这地方风物俱佳，生气蓬勃，应是出将拜相、吉兆降临之地。他左寻右看，都像是好地，又都不像是地穴之所在。

举棋不定之时，忽然瞧见远处有一身穿白衣白裤的妇人，正跪伏在一块地前呜呜哭泣。厉布衣不解其意，趋向前去准备相问，却见那妇人跪伏之地豪光四射，不正是出贵人之穴位吗？厉布衣大惊，心想自己在此寻了几月都未找着，这妇人跪伏得如此精确，莫非是懂得风水的高人？他整理衣襟，正欲开口相问，忽然一阵狂风吹来，风沙漫天。待风声去，妇人早已不见，却见天上有一朵祥云，悠然飘去。厉布衣猛然醒悟，这不就是观世音菩萨么！于是赶回去跟大户人家说，此乃观世音菩萨显灵之地，唯有建观音庙才适宜，从此这地方便建起了观音大庙。①

由于古今关于黄旗山与黄旗古庙的描述与研究已经非常多见，仅仅东莞市有关单位就已经编辑了《黄旗揽胜》等许多论著，述及这座神奇的山与神奇的庙宇的许多方面，② 因此此处我们仅仅概略述及而不赘述。

（二）白庙

白庙是温塘社区境内现存最大的庙宇，这间庙宇位于温塘社区茶下村的中和圩，与茶山镇卢屋村的鲤鱼山相对。

这座庙宇内供奉的主神北帝是一位著名的神祇，它在珠江三角洲各处都有极大的影响，历来得到人们普遍的、隆重的敬奉。这座庙宇的正式的名称是"北帝殿"，白庙其实只是其俗称。但我们在访谈时发现，东城的人们几乎总是使用这个俗称。至于这个名字的由来，有不同的说法。如在当地的相关资料中，就记载了至少两种不同的解释：

说法一：

据传，有一条大鲤鱼向温塘游来，想把温塘的东西吃光。茶岭岗有一只大白猫，整天伏在山顶上等鲤鱼游来，想把鲤鱼吃掉。鲤鱼见了白猫，不敢向前游，在卢屋和温塘交界外化成一座山，即现在的鲤鱼山。温塘人盖庙给白猫居住，起名"白庙"。③

说法二：

相传，明朝万历期间1592年的一天，温塘砖窑坊有一个财主家的老婆婆去参拜塘神北帝宫菩萨，恰巧有一只白猫在她的神盆里咬了她祭神的一只公鸡就跑了。她急忙去追赶，追到一个叫茶苓头的地方，白猫瞬间不见了。婆婆觉得这只白猫是北帝宫变的，来告诉她要在这里建一座庙堂。于是婆婆将这件事情告诉乡民，乡民听罢都支持她，于是大家捐款建好白庙，并于次年三月初三北帝神诞举行入伙开光大典，以祈求神灵庇护。④

---

① 转引自张鑫华搜集、整理《东城故事》，作家出版社2009年版，第106页。
② 《黄旗揽胜》原由东莞地方文史专家张铁文于1991年撰写，其后经过20多年的补充、修订以及大力扩充，现在即将再版。
③ 东莞市附城温塘管理区编印：《温塘乡志》，2006年印刷本，第77页。
④ 东莞市东城区温塘居委会编印：《幸福温塘》，2011年版，第59页。

在本次调查期间，我们向许多温塘老人询问了白庙一名的来历，每次得到的就是上述两种说法中的某一种。我们发现，他们通常持上述两种说法中的一种，而且各自相信只有这一种说法才是白庙真正的得名之由。

虽然白庙所供奉的主神为北帝，但其实还同时供奉着众多的神明，如观音菩萨、天后娘娘、地藏王菩萨、七位仙女、齐王、金花夫人、送子司马、12奶娘、张王爷、土地公、飞云童子、和合二仙、开山国老、朱雀老爷、玄坛老爷、华光大帝、太岁老爷、财帛老爷、富贵公公、医灵大帝、长寿老爷、保寿老爷、文昌大帝、屈原、包公老爷、城隍老爷。人们认为，北帝、观音菩萨和天后娘娘是全能神，可以满足人们所有的神圣方面的需求。而其他的神明则是分工明确的职能神，只能够满足人们某一个特定方面的神圣需求。访谈时有老人说，历史上这座庙内只供奉有北帝，现在所见的其他神像，其实是改革开放后陆续增添的，主要原因是这些神明的庙宇因故都不存在了。但也有老人说，在他们小时候即20世纪30年代，这座庙内已经是同时供奉多种神明。东莞的庙宇最初几乎都是为某一位神明而专门兴建的，但绝大多数在建成后就很快变成了同时寄居多种神明。如果比照这种一般的情况来看，则后一说可能属实。

因为此处是北帝庙，所以前来拜祭的人们所烧的头炷香，一定是献给主神北帝的。祭拜完北帝后，则可以再按照所求之事单独拜祭某一位或者几位所要祈求的神明。如求财的人之后可以拜财帛老爷，求子的人之后可以拜七仙女、金花夫人和送子司马等。在如今的温塘各处庙宇中，以此处庙宇的香火最为旺盛。许多村民都认为这座庙"非常灵验"，因此，白庙几乎承担了温塘村民所有的神圣活动。在我们本次调查期间，几乎每次前往白庙访谈都会遇上或大或小的法事，有时甚至是两三场法事同时进行。该庙里的主事者说，法事多的时候一大早就要开始忙活，一直忙到大半夜都不一定能够全部结束。

如今白庙一年中举办的法事林林总总，但可以极为简单地概括为两大类，即超度和打斋。据调查，历史上也主要是举办这两类法事，不过当时是由男性的庙祝和专职的道士、神婆等遂行。现在白庙早已经没有了传统意义上的庙祝，而是由几位女性老年村民负责日常打理。她们也兼做某些法事以及制作诸多法事用品，可能是基于这个缘故，村民有时也称她们为神婆。现在的几位"道士"其实也不是传统意义上的道士，据说他们是以每年3万元的价格承包了白庙开展法事的。做一场法事所需要的道士、神婆等人数，并不一定。据调查，最小的法事仅需一人操持即可，而最大的法事则需要8名甚至更多的人配合，这些人分别负责奏乐、引导、念诵等。我们发现，现在较小的法事多由神婆主持，而较大的法事则由道士主持。温塘村内甚至周围村落的一些中老年妇女，空闲时则经常前来帮忙，如打理庙宇或者帮助制作法事用品如元宝等，在做某些法事时，她们还可能充当助手。

白庙旁边有一座小庙，内中供奉着财帛老爷、太白金星、吕祖先师、太上老君和观音大士。该庙现在的管理者，是一位自称是太上老君的弟子、法号为恒玉的"大仙"（即神婆）的妇女。据她介绍，某位私人老板承包了白庙之后，邀请她来负责此处庙宇，而当时她答应邀请的主要条件，就是要把她的师父一并请来并造像供奉。与旁边的白庙相比，这间小庙显得颇为逼仄，但由于前往白庙祭拜的信众礼毕之后几乎必然都会顺便到这座小庙的神明前祭拜一番，因此，这座庙宇看上去也是香火兴旺。不过，我们发现小庙的这位大仙虽然号称善于替人消灾解难，但实际上前来找她做法事的人可能并不是很多。

与在白庙所做的法事相比，这座小庙内所做的法事在许多方面都有差异。例如，小庙内举行的法事通常规模较小，需要准备的法事物品也较少；仪式的全部过程由"大仙"一人掌控，最多仅有一两名妇女在旁帮忙，因此参与的人员少；求助者所托之事通常都较小，故常见的都是仅仅由家中的某位妇女作为家庭代表前来求助即可。我们通过观察发现这两座庙的法事最大的不同之处在于，前来这座小庙祈求消灾解难的人以及陪同她前来的总是女性，这与白庙举办法事时经常是全家几代的男男女女一齐前来大为不同。更重要的是，这座小庙举办法事时的主导者、参与者甚至围观者，通常也全部都是女性，而白庙中的各类法事通常都不会完全脱离男性的主导。

在这座小庙里，同样也经常有一些本村或者邻村的中、老年妇女来帮忙。实际上，她们与在白庙里帮忙的几乎总是同一批人。我们发现这些妇女应该已经有多年参与祭拜的经验，因此她们对相关的仪式流程与用品等，都是十分熟悉，她们甚至不仅能够"为大仙打下手"，还能够在法事进行过程中指导信众如何做。据调查，她们主要是出于信仰的缘故而自愿前来帮忙，但确实也可以获得某些祭品以及若干金钱作为回报。这些妇女相互间很熟悉，闲暇时常常聚在小庙前的空地上喝茶、聊天等。

（三）许仙岩

许仙岩是位于鳌峙塘村狮山南麓的一间寺庙，又名许公岩，据说是宋代时依山开凿出来的一处信仰场所。

据调查，旧时许仙岩也曾经有自己的男性庙祝，但现在的管理者则为一名妇女。她主要负责庙宇的日常管理与维护的工作，也负责招待信众以及指引信众进行拜祭等。旧时东城的各大庙都有鬼婆（即神婆）、道士等人员管理，现在的这位管理者的祖母，据说就曾经是温塘一名这样的神婆。不知出于何种原因，其母亲后来带着她来到许仙岩，接手了这座庙宇的所有事务并就此经营这间庙宇至今。

在历经数百年的发展之后，如今的许仙岩已经较具规模，其主体建筑可以分为3个大殿。正殿高3米、宽3.6米、深7米，[①] 内中除了供奉观音菩萨之外，还同时供有普贤菩萨、文殊菩萨、地藏王菩萨、送子观音、许圣真君以及十八罗汉。东城的各个庙宇中多见有供奉地藏王菩萨、送子观音等，但极少见有供奉普贤菩萨与文殊菩萨的，而供奉十八罗汉、许圣真君的则更加少见。主殿中的神像和神台，均是用红砂岩精心雕刻制作出来的。主神台长1.8米、宽0.73米、高1.8米，前沿边上刻有"大明弘治辛亥四年十二月吉旦本乡信士陈钦发心奉施石台一坐于慈前供□到今正德丁卯年正月初四日男陈璁环珍谨意重修托神护祐神福有所皈依者"等字样，据村民说它是旧物。

右殿高3.5米、宽3.5米、高7米，[②] 名为"八位宫主"，当是因为主要供奉八位宫

[①] 刘孟宇、张敏华：《南粤百镇丛书：附城卷》，暨南大学出版社1993年版，第127页。
[②] 刘孟宇、张敏华：《南粤百镇丛书：附城卷》，暨南大学出版社1993年版，第127页。

主和理神元君。所谓八位宫主，指的是大姐、二姐、三姐、四姐、五姐、六姐、七姐和八姐，即传统的七仙女加上何仙姑。至于为何是这样，管庙的妇女认为，"玉皇大帝的七个女儿就叫宫主，也称为'七仙女'。后来玉皇大帝又看到何仙姑，就收她作为第八位宫主了"。在东城民间，八位宫主具体是谁甚至有无八位宫主这个说法，意见颇为不一。如有一种说法认为，八位宫主就是七位仙女加上八姐七姑，合计为八位宫主。但这位八姐七姑又是何方神圣，甚至她是一位神明还是几位神明，则似乎无人确切知晓。在整个东城境内，我们仅在许仙岩庙得到"八位宫主"的说法，其他庙宇也有供奉七仙女和何仙姑的，但其塑像等通例都是分开摆放，而并不合并一起祭拜。

至于理神元君，其塑像边上有为其单独撰写的一副对联："理神正直皆众见　元君辛勤为子民。"但是，这座神像很奇怪地夹杂在八位宫主的塑像的中间，而且访谈时无人知道他是何方神圣，以及具体的职能如何等。如我们就此多次询问管理庙宇的妇女，她最终承认"这个神像是外边的一个人送来的（所以，我也不知道是什么神），其他地方没位子放了嘛，就在这里腾出个位置，就放下了"。我们无从断定其说法为真为假，但如果为真的话则很有意思，这个来历极好地象征了这座庙与外部村落联系较多而与本村联系较少的事实。

其实左殿并无正式的名称，主要由一个半开放式的山洞和龙宫大殿组成。这个山洞宽敞且明亮、干净，与一般所见的寺庙格局或者气象都不同。洞里供有齐天大圣、财帛星君、华光大帝、三元大帝、包公老爷、12奶娘、金花夫人、月下老人、和合二仙、车公、太岁老爷、玄坛老爷和地保等神明。这些神像较新且造像风格较为统一，当是较为新近添置的。龙宫大殿里，供有龙公、龙母以及一尊女神。人们对龙公和龙母并无异议，但对这位女神的认识则相差很大。如有人认为她是龙公的母亲，有人则认为她是另一位龙母。至于为什么这里会供奉这些龙神，也没有确切的说法。如管庙的妇女认为原因是这处原本就是龙王庙，当然要供奉龙神。但我们调查时发现，鳌峙塘的村民普遍不认可这种说法，他们几乎一致而又坚定地认为，本村从来没有所谓的龙王庙。

这间庙宇名为许仙岩，但与中国民间传说中因爱情故事而名扬四海的"许仙"并无任何关系。现在庙里供奉的主神既不是许仙，也不是常见的许圣真君、许仙公等仙人或者闻人，而是东莞人普遍信奉的观音菩萨，因此显得非常奇怪。我们的调查发现，现在东城人早已经不知道为什么会是这样，对这个寺庙名字的来历已经是人言人殊。例如，有一种地方文献在搜集相关资料并进行了考证，大意为：古代有一个姓许的人在该处放牛，某次不幸坠崖导致身亡，死后成为了仙人并在这个地方修身养性，村民称之为许公。为了纪念这位许公，人们后来修建了这座庙宇，因此称为许公岩。当时人们还在庙内还为之塑造了一座金身并四时奉祭。宋元祐三年（1088年）东莞县令李岩创修筑东江堤时，曾经刻碑记记述过此事，但这块碑早已不见踪影。这座庙宇后来坍塌了，清道光二十二年（1842年）时东莞人又捐款重修。[①] 如果按照这个说法，则这位放牛的许仙本是当地的某户贫穷人家的子弟，他成仙之后人们修建了这座庙宇以纪念他。但这显然与现今所见的不相符，许仙公并不是庙宇的主神。

---

① 详见刘孟宇、张敏华《南粤百镇丛书：附城卷》，暨南大学出版社1993年版，第127—128页。

在本次调查过程中，我们又得到了几种不同甚至迥异的说法。例如，现在负责打理的妇女曾经给我们讲了一则故事，据她说是她儿时听其外公讲的：

  许仙公本来的名字叫许仙。以前，许仙公在这个地方做了很多好事。他的父亲也是如此，他的儿子也是这样。

  许仙公小的时候，每天都过来这里放牛。有一天他看到这里有一个庙，觉得这座庙依山傍水环境很好，还很清静。于是，以后许仙公每天都来这里拜菩萨，还在这里打坐。他觉得这里是他以后成仙的地方，所以他就一直在这里。

  许仙公本来是坐神台中间的，① 但他知道自己坐不久，因为他的修行还不到。有一天许仙从这个庙下去，想到下边的那条河洗一下，走到半路见到一个老太婆走过来。老太婆和他打招呼，许仙就说："阿婆，你过来拜菩萨啊？"老太婆没说话，笑一笑就上去了。等到许仙回来，才发现这位老太婆原来是观音菩萨。他没有观音菩萨大，就让她坐在神台的最中间，他自己就坐到旁边了。

民间故事经常让人困惑，这个故事也难定真伪，但似乎依然可以提供某种参考。这个故事同样认为这位许仙公是本地人，也同样认为他幼时家境贫寒，这与前述文献一致；这个故事认为许仙在很早之前就修道成仙，也可以与前一故事印证。这则故事中提及，这位许仙公及其父、子都为地方做了许多好事，或许这才是人们建造这座庙宇的真正原因。但这个故事同样清楚地表明，早在他还是一个未得道的普通的放牛娃之时，该处就已经存在有一座供奉某位菩萨的庙宇，不过现在已经不知道其具体的名称而已。此外，这个故事虽然解释了为什么许仙公不是庙宇的主神，但其给出的解释可能不尽合情理。例如，既然其内早已经供奉某位菩萨，为何还会得到许仙公岩这个名称？这位许仙公又是怎样坐到中间即替代原先的菩萨而一度成为主神的？

在现今东城较大的庙宇中，除了某些特殊原因之外，信众前来祭拜时几乎都是同时或者先后祭拜庙里供奉的所有神明，而基本上不会理会其各自的具体职能如何。这是因为，东城人普遍认为拜得越多则自己受到的神明保佑就越多。但是，对于少数最为重要的神明，人们则是清楚地知晓其职能的，并且会给予更多的敬重与崇拜，做法事时经常都是单独拜祭或者先行拜祭这类神明。如许仙岩的不少信众认为，虽然地藏王菩萨天上、人间的事都管，但主要还是管人间事。因此，若是要进行超度仪式，则求助者需要单独祭拜并念地藏王菩萨超度心咒，还要在黄色的咒符上写下相应的地址、姓名等，这样才能够达到超度逝者的目的。最多人单独祭拜的神明依旧是观音菩萨，原因在于人们认为她不仅大慈大悲、解除厄难，尤为重要的是她还司职送子。实际上，直到现在不少中、老年妇女依然坚信，"送子观音，就是观音菩萨的三十六种化身中的一个，"其基本职能就是"主送子"。因为如此，东城古今通行的习俗之一，就是某位女子若婚后较长时间不能生育，则她或者其家人几乎都会到庙里祭拜送子观音以求神明赐子。

访谈资料：

  问：这边是观音菩萨，那边是八位官主，都是可以求姻缘、求子的。一般地说，拜

---

① 大致意思是，这位许仙公原本是这座庙宇的主神。

哪个的人会比较多？

答：一般说，拜观音菩萨的人多。八位官主就是可以到人间帮助人的，求婚姻、求小孩、解烦恼、消灾，这些都可以求她们的。

如果庙里只有七仙女，就专拜七仙女。如果庙里还有观音菩萨，那就是拜观音菩萨的人比较多。原因是七仙女没有那么清静。就是都成了神仙了，还私自下凡，和凡人结合。观音菩萨，那就不是这样的，就比较慈悲和清静，所以，拜观音菩萨的最多。如果求平安、求财、求工作事业，都是求观音菩萨比较多。有病、有事情，都可以求观音菩萨的。

这个大殿是拜菩萨的，所以这边是吃素的。那边就是拜七仙女的，那边是吃肉的。七仙女，她们也是可以吃肉的。

即每到农历的五月初八鳌峙塘村的龙舟队开始比赛，在出发前则都会来这座庙宇祭拜龙公和龙母，以祈求赛事能够顺利、平安。关于这个传统的习俗，村民已经不能够确切地知道是从何时开始的。但是，这座寺庙与鳌峙塘村落集体之间，常规的联系似乎仅此一项而已。

访谈时发现，鳌峙塘村民尤其是老年男性村民对许仙岩的态度似乎十分微妙。他们偶然谈及这座庙宇时经常语带些许不屑，有人甚至认为许仙岩实际上早已经成为了私人敛财的工具，而与信仰无关。访谈时不止一位男性村民说起，他们已有十几年未进过许仙岩。本次调查期间我们曾多次前往许仙岩观察和访谈，发现除了初一和十五有些村内的老年妇女例行来上香外，其他时间确实也很少发现本村的村民来祭拜之类的，这与温塘白庙的情况形成了鲜明的对比。我们似乎可以完全有把握地说，鳌峙塘村与许仙岩庙之间，确实没有其他村落与其庙宇之间存在的那种很紧密的关系。我们觉得，现在这位管庙的妇女是外来人，可能是导致他们不信任她以及这座庙宇的原因之一，但真实的或者全部原因何在我们还说不清楚。

（四）清境宫庙

清境宫庙位于桑园村的圃园东路、桑园中路和果园路三条路交接处的一处空地上，其实是一座占地很小的庙宇。（见图10-2）因为其内供奉的主神是"大王菩萨"，所以，村民称呼该庙为大王庙而几乎无人称之为清境宫或者清境宫庙。实际上，到底是清境宫还是清静宫，村民也普遍不清楚。而除了这位身份不明的"大王"之外，现在的庙内还同时供有观音娘娘、关公等神明。

据桑园村的相关史料记载，清境宫庙始建于清朝乾隆年间，历史上曾经多次翻修。2009年村民集资又重修一次，

图10-2　桑园清境宫庙

如今置于庙中的几座神像，就是这次重修时添置的。该庙的面积虽然始终都比较小，但该庙历来是该村村民最为主要的信仰场所。例如，虽然现在的桑园村境内还有黄大仙庙等几座庙宇，但问起村民如果有需要时去哪里祭拜，他们几乎总是毫不犹豫地回答"大王庙"，由此可见该庙宇在该村民众心目中的位置。本次调查时发现，每逢初一、十五，村内的信众纷纷一早就前往祭拜，这些时候小庙的外面挂上了许多塔香，庙内简陋的香炉也是一派香火旺盛的景象。

这座庙的对面现在是桑园村的菜市场，同时也是村民往返村子的必经地之一，无意间透露出这座庙宇历史上在本村落的重要地位。根据老人们的回忆，以前这里是一处村口（但也有人说是村尾），现在的菜市场原本一部分是水田，另一部分则是这座神庙前的地堂。许多老人都回忆说，这座小庙原本距离村内的民居有一定的距离，那时这处地方显得颇为荒凉。由于后来在附近修建了月开家祠，这里才变得略显热闹。随着近20年来桑园村落的迅速扩大，这处庙宇及其周边变为了村内的一部分，[1] 才逐渐成为村民闲时的聚集场所。

在传统的中国各处乡村，各类神庙通例都不是建在村内，而几乎一律建在村落外一定距离处，历史上的东城各处村落应该同样都是如此。这种空间关系无疑反映出当时人对于神明的某种既尊重又害怕的矛盾心态，但确实意外地帮助了我们借助庙宇确定旧时村落的规模及其边界。

（五）龙王庙

龙王庙位于峡口村的龙岭山上（见图10-3），村民传说至今已有两百余年的历史。关于龙王庙的建立，当地老人中有这样一个传说：

清朝年间，乾隆登位后要南下江南，正直从东江顺溜而下，远远望见铜岭山上有座宝塔，又看见山下榴花盛开，风景秀丽，急忙叫停船，执意要上山去游玩一番。船只从东江寒溪河口驶入，在龙岭山下的岸边停泊。乾隆正要上岸时，一不小心，手里握着的两颗龙珠，一颗掉下河里去了。官员们立刻大为紧张，急忙要几个水性极好的士兵下水去打捞。士兵们怎么下潜也潜不到水底，忙了半天最终还是找不到龙珠。乾隆见水深难找，也不想让随从为找龙珠而出人命事故，就下令停止寻找，又令在场官员和一切随从人员从今以后都不得再提今天所发生的事情。自从这事件发生以后，有不少老百姓和船夫见到有条像龙一样的东西在寒溪河口和曾经停龙船的地方游来游去。百姓都认为是那颗龙珠引了龙王来此地，于是他们广集资金，在现今的龙岭山兴建了一座龙王庙。[2]

东岸坊的一位老婆婆告诉我们，这座龙王庙历史很久，但后来毁坏了。现在的这间庙宇不是原貌，而是近些年来由私人集资修建的。由于几十年前龙岭山前的东江河道还是异常狭窄，因此原来的龙王庙的位置"也比现在靠外"，即更加靠近河道。中华人民

---

[1] 接受访谈时当地有村民简洁地把桑园村落及其扩大分为三个阶段：中华人民共和国成立前形成的旧村，20世纪八九十年代改革开放初期形成的新村，21世纪以来形成的新村。这座庙宇被包入村内，其实主要发生在20世纪八九十年代，故其周围的民居几乎都是传统样式的建筑，与传统民居的差异主要只是建材不同。

[2] 引自张鑫华搜集、整理《东城故事》，作家出版社2009年版，第118页。

共和国成立后，政府拓宽河道以改善
通航条件，因此重建的龙王庙也就相
应地向内移动到现在的位置，但仍然
能够直面东江，人们认为这样才能够
发挥其保佑航行安全的作用。

如今的这座龙王庙里供奉的主神
仍然是龙公和龙母，但还同时供奉着
文昌、土地公、土地婆等几位神明。
访谈时负责日常打理庙宇的几位婆婆
告诉我们，在新庙宇建成时，这几位
神明与龙公、龙母是"同一个时间进
来的。就是在以前啊，这间庙就是坐

图10-3 峡口龙王庙

着（意为供奉）这些神仙的"。如此看来，东城出现多位神明共处一座庙的情况确实有
些年头了。这与东莞其他各处乡村所见一致，但现在各处人们似乎都已经不知道为什么
会如此。①

历史上，因为东城地处东江下游而境内又多各种水体，所以经常遭受灭顶大水患，
但也可能遭受亢旱之灾。而更重要的是，历史上的峡口地处要津，是当时进出船只的必
经通道。那时由于水道窄而险，经常有船只在此失事导致船毁人亡。传统上的中国人于
此始终认为，龙公与龙母既可以治水，又可以保一方风调雨顺。因此，东城的先人诚心
建庙供奉龙公、龙母，就是冀望借助神明之力保佑地方安康、出行顺利。到了现在，人
们早已经赋予了龙公与龙母许多其他的职能。如当地历来有"扒龙舟"即赛龙船的习
俗，每次出发前人们都要到此处虔诚祭拜，祈求龙公与龙母保佑赛事顺利，保佑本队能
够顺利拔得头筹。据调查，这个习俗也已经很有历史了，且除了"文化大革命"期间
外一直延续。

峡口以农历的五月初六为龙王诞辰，每逢此日，这座龙王庙里都要举行隆重的祭奠
龙王诞辰仪式。据调查，中华人民共和国成立以前是以村落为单位集体隆重地举办庆贺
仪式的，但中华人民共和国成立后被迫中断了许多年。近些年来，虽然又许可人们自由
祭拜龙王并为之贺诞，但再也没有了以前的集体祭祀等仪式。老人们说，近几年来，每
到此日，只有村中少数信奉的妇女各自前来，她们奉上若干祭品并极为简单地祭拜龙公
与龙母，仪式即告完成，因此可以说"现在没有什么人信了"。在我们看来，如今峡口
的江面早就因为水道大大拓宽而变得一片平静，龙王庙庙前坚固高耸的大坝为两岸村民
彻底地免去了水患之忧，再加上东岸坊的人们从20世纪八九十年代起大规模上岸从事
各种陆地上的职业，龙王庙与人们的关系早已经变得极为淡薄，龙王诞自然不会引起人
们过多的关注了。

---

① 如距离东城不远处的以广府人为主的麻涌镇和以客家人为主的清溪镇都是如此。详参考张振江、朱爱东、
罗忧《漳澎传统村落社会研究》，中山大学出版社2015年版，第321页；张振江、麦淑贤《东莞客家民俗文化：清
溪的个案》，广东人民出版社2017年版，第202—207页。

按照东莞市制定的统一治水规划，为了进一步加宽水道，东岸坊即将整体搬迁。到了那时，村民中更加不会有多少人关心龙王诞辰，也更没有什么村民还会留意这座庙宇了。

二、主要的事神人员

对于事神人员，不同地方的理解可能不同。根据东城的具体情况，我们此处所谓的事神人员，既指民间负责掌管、打理庙宇并可能提供或者协助提供宗教信仰方面服务的人员，也指只提供宗教信仰方面服务的人员。他们可能是职业的，但绝大多数的则是兼职的。

（一）喃呒佬

据调查，历史上东城各处都曾较为广泛地存在过一定数量的道士、尼姑、和尚、喃呒佬、庙祝等事神人员，其中相当数量的人员还是职业的。但经历了中华人民共和国成立后几十年的风云变幻，现在民间传统意义上的职业的和尚、尼姑和庙祝等已经绝迹多年。[①] 所以现在可以看到的相关人员，几乎总是喃呒佬和道士。但在现在的东城人看来，这二者已经是同一类人而几乎无任何差别。

所谓喃呒佬，是当地的方言称呼，传统上指的是风水先生、地理先生等民间事神人员。我们通过访谈发现，现在大部分村民认为喃呒佬与道士并无区别，日常生活中人们也是普遍统称他们为"喃呒佬"。也有少部分村民觉得这两类人本来是有区别的，但现在当地已无道士而只有喃呒佬了，即"道士是要吃斋的，现在哪里还有吃斋的？"。而在这群人士中，他们几乎都是自称道士而极少称自己为喃呒佬，实际上也是认为二者已经合流同一。因此，后文中我们一般统称为喃呒佬，只在特别需要时才分别指称。

因为在同一区域从事相同的工作，喃呒佬彼此间经常存在着一定的竞争关系，即"各揾各食"（意为各自工作、各自谋生）。但是，遇到举办一些大型的法事如打醮之类的，这类活动就不是一两位喃呒佬就可以完成的。所以每到这时，可能会有七八位喃呒佬联合起来通力完成，之后每人再获取相应的报酬。有老人回忆，旧时各处大的庙宇里里都有自己的和尚、庙祝等人，因此一般不会出现这样的协作情况。

人们认为，与现在所见到的一样，历史上东城的道士和喃呒佬也都是由男性充当的。调查时几乎所有的村民都认为，当地只有男性才能成为喃呒佬，而从来没有女性被称为喃呒佬的。旧时的喃呒佬主要是由本地人充当的，现在则几乎全部是本地人。传统上的喃呒佬职责广泛，参与到人们宗教生活的许多方面。到了现在，其主要的职责通常只有两个，即在丧葬仪式上负责敲锣、打鼓、吹唢呐等法事活动，[②] 以及日常提供打斋、打醮等法事服务。我们的调查发现，如今相当数量的村民都认为，他们提供这些服

---

① 人们认为，现在黄旗古庙等大型的宗教信仰场所，在相当程度上已经带有官方色彩，其中有和尚等，但与纯粹的民间信仰无关，故我们不涉及。

② 据调查，东城人结婚即做红事时也有人家请喃呒佬来奏乐等，但始终较为少见。据说，主要原因在于人们担心喃呒佬主要出入丧事，可能会给喜事带来不吉利。

务纯粹是为了赚钱，而且他们"赚得很多又很容易"。或者是因为这样，人们普遍对他们持带有一定的负面的看法，提及他们时几乎总是语带轻蔑地说"那些喃呒佬"。

据调查，因为每个村落总是会有各种民间信仰方面的需求，因此历史上大部分东城的村落"都有自己的喃呒佬"。一般地说，由于在当时充当喃呒佬还是相对较为有利可图的职业，而且也无需多少资质方面的硬性要求，因此几乎总有村民自愿充当。传统上成为喃呒佬有3条途径，即自学、拜师或者家传，经由其一之人通常都会得到村民的认可。有少部分人还是祖传的职业，即家中连续好几代都有男性从事这一行业。我们发现这些"世家"出来的喃呒佬，经常有意无意间会认为自己的技艺高于经过其他途径培养出来的人，主要原因在于"有一些技术是自学不来的。拜师傅学？那师傅肯定会留一手，不会都传给你的啦。自己家的老人，那教你的肯定全啊"。但即使是在历史上，人们也普遍认为当喃呒佬不是多么有名誉的职业，做这一行经常要承担负面的评价。

随着东城乡村快速都市化，现在村民的谋生途径与方式变得多元，如今许多喃呒佬的后代都不愿再子承父业。我们发现，与旧时相比，现在喃呒佬的数量确实已经少得多，不少东城村落已经没有了自己的喃呒佬。在为时三年的调查过程中，我们见到的总是固定的那几位中老年男性喃呒佬，而从来没有见到过30岁以下的年轻男性喃呒佬。访谈时有一位老年喃呒佬就对我们坦承，"我们这一行，也面临着后继无人的情况"。应该说，这是头脑清醒的说法。

（二）仙姐

东城的各处村落很早就有女性事神人员，村民一般称之为神婆、鬼婆、仙姐或者阿姐。我们的调查发现，人们在背后多称她们为鬼婆，"男的叫喃呒佬，女的就叫神婆，也叫鬼婆。就是这么简单"。但由于人们尤其是女性村民认为"鬼、神什么的不好听"，因此日常称之为"仙姐"或者阿姐的也相当为常见，面称时更是几无例外地称为仙姐或者阿姐。后文中，我们一般称之为仙姐。

东城有一对夫妇都是事神人员，即丈夫是喃呒佬而妻子则是仙姐。有几位老人都回忆，虽然以前偶尔也有这种"夫妻档口"的情况，但这始终都是少见的例外。我们的调查发现，成为仙姐的家庭与一般的家庭并无异样，仙姐几乎都是到了三四十岁时才成为仙姐的。能够成为仙姐的女性历来为数很少，人们认为原因在于女性成为仙姐的条件，历来都要比男性成为喃呒佬的条件苛刻许多。东城的人们尤其是中老年妇女至今普遍相信，仙姐所拥有的知识和能力都是"神教给她的"，因此要成为仙姐需要同时具备两方面的条件：一是要和鬼神有缘分，通常是只有经常诚心拜神的那些妇女，才有可能因为某种缘故与神结缘而成为仙姐；二是该女性要在适当的时机展示出某种不寻常的神迹，即她被神明附了体之后才可能成为仙姐。

在东莞及其周边各地，历史上经常出现类似的打功夫的情况，甚至有些地方的男性有时也有这种奇怪的行为。① 华南与西南的汉族以及少数民族中，② 也普遍存在类似的现象与解释，如这些地方的女性也都是从三四十岁才开始成为巫婆，她们也必须首先展示出神迹才可能成为神婆等。各地的人们所给予的解释几乎完全相同，如当事者也都被认为对自己的怪诞行为一无所知等。但这些人群的类似行为与解释间有无以及有何种关系，我们暂时还无法得知。

直到今天，仍然有许多村民坚持认为，仙姐会"降身"，甚至还会"过间"即过阴等多种专门的法术，因此可以做许多法事。但在村落日常的神圣生活中，她们最主要的作用，其实通常都是帮助求助者进行请神、禀神、求神等。传统上，仙姐可以分为全职的和兼职的两类。所谓全职的仙姐，指的是以事神为主要的甚至唯一的职业的仙姐。据说旧时温塘、峡口、牛山、主山等村，都各有几位这样的仙姐，从中年起她们就是以此为生的。但是，现今似乎各村都只有兼职的仙姐，这些人平日里赋闲在家或者从事各种其他工作，有需要时才应邀去提供相应的服务。东城各处庙宇中，经常可见仙姐一边闲聊一边准备仪式所需的各种物品备用，这时她们与一般的妇女其实并无大异。

现在的村民对仙姐的认识普遍少且模糊，对待仙姐的态度普遍显得较为暧昧甚至隐晦，这与对待喃呒佬的情况明显地有所不同。访谈时大部分的受访村民都不愿意谈及仙姐，少数愿意谈及的村民说，他们并不太相信仙姐真有什么特殊能力，但"有时候你又不得不承认，这些仙姐讲的话，真的是很准的"。有位访谈对象还讲了一个他"很有把握的故事"，大意是一个村民去找外地的一个神婆寻求帮助，那个神婆一见面就说该村民结婚两年并有了一男一女两个孩子。但按照道理来说，这位神婆是不可能知道这些的。仙姐知道同村或者临近村落村民的家庭状况、生活经历等实属正常，但是，她们有时能够准确地说出远方求助者的某些私密的事情，"神婆就是能够莫名其妙地知道一些事情"，的确让人觉得有些不可思议。应该说，这可能是仙姐依然有相当的生存空间的主要原因之一，也是人们不由得既敬畏神婆又普遍对她们态度暧昧甚至隐晦的主要原因之一。

（三）庙祝

比较东城的古今，可以发现所谓的庙祝发生了很大的变化。

在旧时，人们所说的庙祝指的是日常负责管理庙宇具体事务的人，也就是现在所谓的"日常打理者"。据回忆，中华人民共和国成立前东城各处村落中的庙宇，有一些是有庙祝的驻守的，他们都是本村人。庙祝不是和尚或者尼姑，也不是神棍或者神婆之类的，而通常是年老孤独且无以为生的老年男性。旧时的庙祝几乎总是住在所负责的庙里，这样既便利于他管理、看护庙宇，同时也为他提供了安身之所。每年该处庙宇所获得的香火钱全部或者部分归庙祝，成为其日常生活的主要经济来源，有些村落可能还另外付给他们若干现金或者实物作为报酬。做法事时的各种祭品如水果、肉食，通例也全

---

① 如东莞大朗镇的长塘等村，不久之前村落中还有男子集体入定后看哪些人可以不自主地打功夫的，当时是一种在每年固定时间举办以展示这种超能力的例行性习俗。详参考张振江《长塘旧俗》（待出版）。
② 例如水族，详参考罗忧、张振江《三洞水族鬼师与巫婆的调查与研究》，载《文化遗产》2014 年第 1 期。

部或者部分归其所有。周屋有一位老人家现在已经90多岁，但记忆力与理解能力依然不俗。他回忆旧时就有一位这样的老庙祝负责打理北帝庙，当时位于周屋村围墙之外靠江边处。每次他路过那里时，老庙祝都会拿一些原本是祭品的水果给他吃，但他觉得"这种水果很晦气，不干净"，因此不愿意吃。在他现在看来，庙祝颇为类似于中华人民共和国成立后出现的"五保户"，当庙祝也可以视为村里为了解决其生活而做出的照顾性安排。

东城各处都已经极其少见到传统意义上的庙祝，人们现在所认为的庙祝，指的是负责日常打理庙宇大小事务的人。这个全新意义上的庙祝在东城普遍存在，大体上可以分为几种不同的类别。

现在最为常见的"庙祝"是中老年妇女，她们若干人合力负责本村一座庙宇的日常工作，如添香、供神、折元宝、指导信众完成祭拜仪式等琐碎事务。这些妇女多是年事已高早已无力工作的，打理庙宇既是其信仰的体现，也相当于帮助她们消磨时间。但也有一些是中年妇女，平时她们可能有自己的工作，只是固定或者不固定地抽空来帮忙。每年该庙宇的全部或者部分香火等收入，可能归她们所有。但她们也可能分文不取，而纯粹只是尽义务。村落可能每年给予她们固定的报酬，但也可能并不给予。第二类是固定由某人打理某处庙宇，这位负责者可以是男性也可以是女性，但一般来说都是老人家。位于打理柏洲边村外大王庙的庙祝就是一位男性，但他似乎同时还负责看守附近的一处村有水塘。鳌峙塘许仙岩的庙祝则是一位女性，不过似乎不少人对她颇有微词。余屋白衣娘娘庙的庙祝也是一位女性，她住在庙宇后面的房子里，每天分别在早上5点钟和下午4点钟左右来打理庙宇、开关大门。这类庙祝有住在庙里的，但几乎都是居住于自己的家中。有一位老年女性就开玩笑地说，她每天到庙里来就是上班。这种庙祝几乎都是由相关的村子委派的，因此通常村里会给予一定的报酬，没有报酬的很少。第三类庙祝则是村子出于盈利等目的承包了某处庙宇的人，如承包了温塘白庙的袁姓道士，便是人们公认的这样一位庙祝公。据调查，这位袁姓道士承包了白庙，村里不但不给他报酬，每年他还要交给村集体几万元的承包费。不过，似乎他每年都有盈利的。传统的庙祝其实主要相当于管理者，即通常不会参与神婆等职业事神人员做法事。但这位袁姓道士既是庙祝又是法事的主要施行者，其实他主要就是借由做法事谋取利益的。因此，人们有时因为他是承包者而称呼他为老板，有时又因为他参与打斋等法事而称他为袁道士，而并不觉得这两种称呼有什么冲突或者不妥。

在一定意义上说，东城庙祝的古今变化，很好地说明了人们对民间信仰与事神人员的认识的变化。现在有不少村民觉得神明是"自己心里信的"，因此，庙宇、法事、庙祝、道士等其实并不重要，这些只是谋生的场所或者职业之一。人们普遍认为，道士等人"为你做了法事，那适当地收你的钱，那也是应该的"，这也与传统的理解相去甚远。我们在访谈时发现，许多村民都已经把民间信仰及其相关物事理解为本地的一种传统的风俗，但同时又认为这些可能都是"封建迷信"。总体上说，传统意义上的民间信仰已经在一定程度上转换为某种心灵寄托，而相关的人员与场所则已经在一定程度上转换为某种相应的道具。

三、与信仰有关的民间习俗

对于东城许多老人家来说,特定日子的神诞或者日常的祭拜都是其生活中不可或缺的一部分,是而且经常只是传承下来的一种习俗。神圣与世俗在学术上是严格对立的一对概念,在真实的民间生活中二者经常并无明确的区隔。

(一) 神诞

东城几乎每个村子都有多间大大小小的庙宇,每座庙宇里一般都供奉着几尊神明。这些神明各有自己的神诞日、成道日或者出家日等,每到这些日子人们都要举行相应的仪式以示庆祝。现在有些仪式可能仍然非常隆重,有些仪式则已经变得极为随意甚至草率,颇有虚应故事的味道。(见表10-1)

表10-1 东城的部分神诞

时间	神诞名称	备注
二月初二	土地诞	—
二月十九	观音诞	观音菩萨圣诞
三月初三	北帝诞	温塘游会
五月初六	龙王诞	峡口东岸坊
六月十九	观音诞	观音菩萨成道日
九月十九	观音诞	观音菩萨出家纪念日

旧时最为隆重的庆祝仪式是游神,传统上也称为游会。所谓游神,就是在特定的时日,择人将庙里面供奉的某位神明的塑像、金身或者其行宫请进专门的轿子里,抬着在村落里各处巡游。这个活动寓意神明巡视乡里,以此保佑并赐福给境内全体村民。在岭南的很多村子,传统上都有在神诞期间隆重举行游神仪式的习俗。而据调查,东城境内历来最为隆重的游神仪式,当属温塘每三年举办一次的"北帝诞"游会。

所谓"北帝诞",就是北帝的诞辰。传统上,每到农历的三月初一到三月初三为止的几天,① 就是温塘人举办各种活动庆祝北帝诞的时间,而重头戏则是游会。1950年后的几十年间,这种游会曾因被认为是封建迷信而中断。在当地政府的组织和民众的呼吁下,2010年起游会又重新举办。温塘的人们普遍信奉北帝、玉皇大帝、观音菩萨、妈祖等几位神灵,尤其认为北帝是最为灵验的神仙。虽然现在大多数人都已经不知道多少北帝的故事了,但说起北帝诞游会,则似乎人人耳熟能详。

温塘的北帝诞游会在整个东莞都非常闻名,据说这一传统民俗活动至少可以追溯到

---

① 当地的相关资料中,也有认为是从三月初一起到三月初四为止的。但接受我们访谈的绝大多数温塘老人都认为,是三月初一起到初三为止。

明朝，如果确实如此，则这一活动已有400多年的悠久历史。人们认为，在春耕即将开始之时大肆庆祝北帝诞，神明则会保佑今年收成胜过旧年。旧时的温塘由四大坊即皂角坊、茶岭坊、砖窑坊和乐平坊组成，每年的游会通例由四大坊轮流举办。四大坊内各有一个叫"会主"的组织专事游会相关事物，负责当年承办游会的坊即称为该年会主的"会首"。这个组织的成员一般在10人左右，通常都是各个坊内的知名人士，他们负责游会的各种具体事项，如指定"带路程"的人员，决定当年组成文巡队和武巡队的人数，负责筹集所需的资金等。参与游会具体活动的人员都是本坊内的，他们需要自备活动所需的新衣物等，人们历来认为这是一项光荣的义务，而不会认为给自己增添了负担。但这毕竟还是会给具体的家庭带来某种负担，因此，一般来说较为富裕的坊自愿参与的人较多，较为贫穷的坊自愿参与的人则较少。据调查，旧时各坊具体承办游会的方式并不完全相同。如皂角坊、茶岭坊和砖窑坊，都是由其下辖的一个村子（或者几个村子合为一片）轮流承办的，即游会实际上并不是以坊为主体举办的，但坊会提供各种必需的帮助以确保顺利举行。例如，某年轮到某坊"上片"的村子承办但超支了，超支的费用则可以由该坊的偿田所得来支付。又如，若是"上片"举办时人手不够，该坊就要协调其他两个片即"中片"和"下片"的村子各自出人帮忙。在这个意义上说，也可以认为最终还是以坊为主举办游会的。至于为何有的是一个村子来办、有的则是几个村子分片来办，如今的老人已经不知缘由，只知道"过去一直都是这样办的"。

因为村民都是义务参与游会的各项活动，所以主办者所承担的费用，主要是请某些特殊的队伍以及采办某些物事的费用。费用的来源相对固定，主要包括当年承办的坊拨付、摊位租金以及白庙的偿田租金三大部分，有时也可以向村民等募集。旧时温塘每个坊的最主要的经济来源，其实都是其出租偿田所得的收入，举办游会的大部分开支就由这笔钱支付。乐平坊由于没有偿田，因此只好向居民募集，通常是由该坊的人均摊费用。在游会以及做大戏等时，会首以及中标者通常都会设立各种摊位用于出租，因此又可以收取一部分摊位租金，用于补贴所需。白庙自身拥有一定数量的偿田，民国时尚有15亩，都是用于租给他人耕种，所得的租金几乎就是专门用于游会各项支出的。

到了三月初一的一大早，游会就开始了。这日村里的妇女们早早起来，首先拿上水果、饭、酒、烧鹅或者乳猪、香烛等一应祭品，纷纷自行前往白庙祭拜北帝，这日她们普遍还会给白庙捐香油钱。这三天中每天都要游神，游行的队伍每天绕村环游一次，而且三天的路线尽量不要重复。三月初一这一天，游行的队伍从白庙出发，负有认路之责的称为"带路程"的人走在队伍的最前面。跟在其后面的，是敲锣打鼓的乐手以及举着"肃静""回避"等牌子的人员。紧跟着他们的，是村里内穿短褂、外穿长袍的七八岁的小男孩，他们装扮成古代英雄故事中的不同角色，在轿子中跟着大部队游行。人们一般认为，他们就是所谓的飘色队。① 飘色后面是文巡队，由穿着长衫的20多岁的年轻男子组成，这些人两两成排整齐地行进。他们的后面则是武巡队，由多位30岁上下的

---

① 所谓飘色，指的是传统上流行于广东民间的一种流动舞台上的戏剧造型艺术。通常由若干个小孩在板上扮演神话故事或历史传奇中的人物及场面供人观赏，板子由多个人抬着缓慢行进，还有八音锣鼓队奏乐伴随。实际上，飘色完全可以视为一种戏剧片断的化装游行。

壮实的男性武者组成。他们身穿短装衫胸挂红花球，看起来很是威风。人们认为文巡队和武巡队主要是为了显示对北帝的敬重和增加队伍的气势，因此游神时他们的主要活动就是不停地走。传统上，游行队伍中还必须有一支舞狮队。袁乃光老人回忆，他幼年时所见的那支舞狮队包括一只大狮子，威风凛凛地走在队伍中间；还有另外8只比较小的狮子，跟在大狮子的后面舞动前行。

出巡的菩萨位于队伍的最后部分，到了菩萨出巡也就是到了整个游会的高潮阶段。人们抬着三顶轿子缓缓前行，每一顶轿子里面坐着一位菩萨，依次是观世音菩萨、天后娘娘和北帝。这种轿子是专门用于出巡的，平日里则摆放在庙宇中。如今出巡的神像是新近添置的专事巡游的金身神像，旧时出巡的则都是平日里摆在白庙中供奉的神像。传统上每次出游之前，人们都要为神像换上崭新的、漂亮的衣服，之后再恭敬地将其请入轿子，之后才能够出巡。每顶轿子需要4个身体健壮的男丁来抬，这些人都是自愿充当抬轿手的。至于哪些人可以充当、对他们行事有何规范，以前都有明确的规范。人们认为为神明抬轿是一件崇高的事情，因此每次都有许多人争着充当。传统上，游神的部分资金可能是向村民集资而来的，充当抬轿手则可以免除缴纳这种份子钱。不过，人们普遍不认为争当抬轿手是为了免除缴费的义务。在震耳欲聋的鞭炮声中，菩萨启程出巡，每到一个坊，该坊都要大放鞭炮以示隆重地迎接。在每个坊的路口处，人们早已经用草、竹子等搭起临时性的棚子，棚子下临时性的神台上也早已高高垒起各种糕点、水果、米饭等供品。人们相信，"菩萨经过这里的时候，就会享用这些供品了"。

旧时游会中另一个例牌性的重要内容，就是要在白庙前方的地堂上即空地上搭台"做大戏"，也就是演出传统粤剧。因为演出的主要目的是要酬谢神明所给予的保佑，所以传统上这种戏就被称为酬神戏。出于这个缘故，以前每到演出时，最好的观看位置要专门留给神明，村落里最有头面的人通常还要坐在其边上陪着观看。演出其实从举办游会的前一天晚上就开始了，其后每天晚上都要上演大戏，因此共计演出四晚。必定要演的第一部戏也是整个游会期间规模最为宏大的戏，就是粤剧中著名的"六国大封相"。旧时"做大戏"的戏班都是专门从广州八和会馆请来的，请戏班以及所需要的相关经费，通例通过招标筹得，得标者通常要先行支付。① 以前得标者通常在春节刚过就要去广州，接洽相关事宜并确定具体的戏目。戏班从广州坐木船过来通常需要一整天，民国时期改搭"火船"即轮船过来就快多了。出发的时间由戏班自己安排，但必须在

---

① 据老人们回忆，旧时这种招标都是公开进行的，前来投标的人可以是本坊的，也可以是其他坊的，甚至还可以是外村的。基本的原则是以价高者得标，中标者要负责请戏班及其之后的一系列事务。如游会开始的几个月前，中标者就要前往广州写戏、请戏班，所以人们经常说中标的"这个人，吃了年夜饭，就要赶快去写戏了"。中标者一般都要先行承担部分费用，之后再通过其他途径赚回来。民国时期，最主要的途径是通过售票和收取摊位费，不仅可以赚回本还有一定的收益。访谈时一位已经年近90岁的老人家说，按道理说以前这种大戏应该是免费演给村民看的，但他从记事开始，就是用布等把白庙前的一大块空地即地堂围起来，要买票才能够进入观看，售票的收入归中标者。所谓的摊位，指的是这一大块空地上设置的各个赌博摊位。有意者出一定的摊位费就可以获得使用权而开设赌档，中标者则有权拿到部分摊位费，这就是东城人所说的"食佢数"。访谈时不少老人都说，这类中标者肯定都能够回本，通常还能够赚不少钱，但"操办这个事情，太劳神"。参加游会和观看做大戏的基本都是本地人，所以几乎没人敢公开抢东西或者其他的不法勾当，但土匪可能突然来抢劫，毛贼也几乎会干一些小偷小摸；由于这时人流量大而容易出现摩擦或者各种意外，因此中标者需要专门出资，请多人防范不测而维持秩序。据调查，民国时都是请温塘的民团、乡勇之类的人员负责。这类工作都需要花费大量的心血，即"太劳神"。

游会开始前抵达。

老人们回忆,"以前的人,平时没什么好娱乐的。一整年里,也就只有三月的游会,算得上是娱乐吧"。对于那时的温塘普通人来说,游会确实是他们一年里最为重要的欢乐时节。因此每到游会期间,男女老少都会尽可能地盛装打扮,纷纷走出家门积极参与各项活动。但人们认为,这样做其实主要不是为了表示对神明的敬仰,似乎更在于展示自家的富有。因此访谈时就有些老人说,"那些女孩子,自己去出会(意为出游)也好,带小孩去也好,那是都会戴上金器的。旧时候,戴戒指、戴金手镯的,应有尽有的,打扮得都很漂亮。还有带那些金做成的蝴蝶(头饰)的,就是金蝶啊。蝶上的两条须,还要嵌着两颗珍珠。要是没有这些的人,那就算是借,也要戴上这些东西的"。每到游会,温塘人都会邀请居住在他处的亲朋好友前来一齐看戏,还要花上一大笔钱在游会期间招待他们,但是人们对此心甘情愿而无怨言。"有钱人家弄得好些,没钱人家弄得差些,那都要有的。"节日的狂欢表面来看是人民在祭神、娱神,然而更重要的是娱人、娱己,因此温塘的人们才一直说"游神就是游人"。游会期间各种各样的角色扮演以及舞龙、舞狮表演和不绝于耳的锣鼓声,为村民平淡的生活增添了不少乐趣和情趣,在帮助村民释放压力、宣泄情感的同时也调节了他们的生活。当然,游会的目的或者功能,远不仅仅限于提供娱乐。如游会也使得所有的参与者增加了社会认同,维系了并加强了人际交往以及坊、村、宗族间的情感。

著名的人类学者格尔兹曾经指出:"一个宗教就是一套象征系统,首先设定了一些观念以说明存在现象的一般秩序,如此在人与人之间建立起一些普遍有力的、持久的情绪和动机,并且在这些概念上面加上事实的根据,使得整个情绪和动机看起来特别有真实感。这套象征体系在人们内心制造出极为坚强的、有说服力的,且源源不断的情操及动机。"① 温塘的游会能够传承几百年,并且能够再次复办,看来为格尔兹的上述说法又提供了一个扎实的案例。

(二) 日常祭拜

对于许多东城民众来说,供奉、祭拜神明与祖先就是其日常生活,是其日常生活中不可或缺的一部分。这类逐日进行的例行性宗教活动,我们统称为日常祭拜。

日常祭拜主要有两种情况,其中最为常见的一种是家庭里每日的例行性祭拜。每天清晨,家中的妇女都可能要为自己家中供奉的神明以及祖先等上香、上烛并添油,还可能为家屋或者院落内他处的神明如大门前的天官等上香。一般而言,这些时日只要上一支香就可以了。而到了农历每月的初一和十五,人们的祭祀则会普遍隆重一些,不少人还会专门去村子的庙宇、土地等处祭拜并上香、烛,而且这些时日通常还要最少上3支香、3支蜡烛。

但与旧时的情况相比,现在无论哪一种日常祭拜的流程,其实都已经简化了许多,人们的重视程度也普遍降低了许多。2016年农历六月十五的早上,我们在周屋祠堂边的一处较小的庙宇里,记录了该村一位中年妇女祭拜的整个过程:

---

① 克利福德·格尔兹:《文化的解释》,纳日碧力戈等译,上海人民出版社1999年版。

仪式时间：早上7：45—7：50，总用时5分钟。
仪式过程：

7：46 该妇女提着袋子来到庙里，先拿出灯油并往油灯里添油，随后拿出一大包香，数了18支一并点燃。

7：46 该妇女拿着这束香站在菩萨的面前，她首先念叨菩萨的名字祈求菩萨保佑平安，然后念叨其他的菩萨的名称并说出祈求之事。

7：46 念叨完后该妇女对菩萨拜了三拜，随后插6支香在大香炉中。

7：47 该妇女走到庙宇旁边的棚子中对着土地公公和土地婆婆念叨，大意是：我来拜土地公公和土地婆婆了，希望土地公公和土地婆婆保佑全家出入平安。

7：47 该妇女对着土地神像拜三拜，然后插3支香在其前面的香炉里。

7：48 随后该妇女走到棚子旁边竖着的《南无阿弥陀佛碑》前，插3支香。

7：48 该妇女走到庙对面的细叶榕树边，对着华佗神医、观音像和大树公碑拜了3拜，然后插3支香。

7：49 仪式结束。

为了更好地体验，我们临时提出可否请这位妇女指点我们的女调查员进行祭拜。她很愉快地就答应了，并好意地主动告诉我们，外地人祭拜神明同样会得到保佑，"都是一样灵验的"。因为我们没有事先准备拜祭用的香，这位妇女还主动地告诉我们可以用庙里存放的香，不过要捐献一点香油钱，实际上等同于付费买香。我们掏出钱准备往功德箱里塞时，这位妇女又热心地告诉我们，这种香油钱不能够这样随便放，即钱不能够是卷着的而必须摊平整，而且必须双手持钱在菩萨前拜三拜并说些祝福或者祈愿的话语，之后才能够平整地塞进箱里，因为如此才显得诚心诚意。

（三）上契

珠江三角洲各处几乎都有上契的习俗，东城自然也不例外，时至今日，依然有不少人家为自己的子女上契。

所谓上契，就是让家里年幼的孩子拜某位老人或者某种物事为干亲，人们相信如此一来孩子即可以顺利地成长。至于那些自幼体弱多病的小孩，因为更加容易遭受意外，几乎必定都要上契。传统上，东城的孩子都是在七八岁之前就上契的。而在上契之前，家里人先请算命先生等人为小孩仔细看生辰八字等，然后再据此决定孩子与何人或者何者物事上契。一般地说，传统上东城人上契的对象可大致分为三类，大榕树、石头等自然物；观音菩萨、北帝、土地公等神灵；高寿且多子多孙的老人以及某些"有能力的人"。

据调查，大榕树是古今东城人最为普遍的上契对象。人们认为，大榕树对生长环境的要求极低但生命力极其顽强，而且气须众多、经常能够独木成林，有后代昌盛的美好寓意，因此人们认为小孩如果与之上契，则会变得如大榕树一样健康、茁壮、后代多多。此外，人们有时也还有一些非常现实的考虑，如跟大榕树上契可以免除不少麻烦。访谈时有老人笑着说，"跟树上契，那就不用过年过节都要给他钱了，家里可以省下来钱嘛"。相对来说，跟榕树等自然物上契省事又方便，但人们认为上契者和上契对象之间的联系也最弱,这是其最大的不足。

传统上,人们对孩子要与哪位神灵上契并无一定之规,如可以依据孩子的生辰八字决定,也可以直接与当地最为灵验的神灵上契。而由调查所得来看,东城的诸多神明中,最为普遍地被作为上契对象的是观世音菩萨和北帝。不同的村落在这方面可能也略有不同,如温塘的孩子历来以与北帝上契最为多见,而较少与观音菩萨上契。在温塘人看来,北帝"最灵验",因此是最合适的上契对象。访谈时不少老人都回忆说,以前"要是怕小孩子过不了'三朝七日',那就把小孩契给北帝(意为与北帝上契)。那些老是生病的、难养的孩子啊,也都是契给北帝"。我们发现,这种与北帝上契的孩子至今不是非常少见。

上契的对象还可以是人,通常都是儿女双全即有福气的高寿老人,但也可以是某些"有能力的人",常见的是喃呒佬、神婆、风水先生等。人们认为,与有福气的老人上契,孩子都能够沾到其福气,因而顺利长大。至于成为了上契对象的所谓有福气的老人,并不一定是富裕之人,而可能是出自相当贫穷的人家,实际上似乎还以后者为多见。访谈时许多老人都表示,这是因为一方面这种老人希望多"收"一些子女,这有利于自己养老;另一方面通过上契将儿女双全且高寿的"好命"契给孩子,也有利于自己的孩子成长。在这种情况下,当事的双方都有较强的意愿,因此容易达成上契。至于喃呒佬等所谓"有能力的人",人们认为他们具有某种通灵的超能力,因此也可以助力孩子长成。但是,这些人则一般不愿意跟孩子上契,原因则是传说他们某位或者几位契孩子之后,则可能会使得其神秘的超能力量遭到削减。

一般来说,与大榕树等自然物事或者神明上契,当事的孩子通常不会因此而产生多少社会性的义务,如一般不需要刻意敬奉财物等,这与东莞清溪所见颇为类似。[①] 但是,与人上契之后,当事的孩子及其家庭,通常都有逢年过节时给予上契的人若干财物作为礼物的义务。我们的调查发现,有些具有上契关系的人或者家庭间能够多年维持相当好的关系,但普遍来说则彼此的关系较为平淡而不见得有什么特殊之处,这与漳澎所见有一定的差异。[②]

(四)掷圣杯

掷圣杯也叫作问杯、打杯等,是一种颇有历史的实现与神明沟通从而知晓神明意愿的方式,在中国华南各地都相当常见。对于普通的信众来说,掷圣杯是他们日常自主求神时获得菩萨指点迷津的主要途径之一。

东城的圣杯多为木制的,为两片半月形,其一面是平的而另一面是凸的,两平面相对合起来后整体上犹如一枚橄榄。习惯上,掷圣杯者在掷圣杯之前要跪在神明面前一只手拿着点燃的3支香敬奉神明,另一只手握着问杯在香上方旋转,一边旋转还要一边跟神明说出所求之事并请求神明给出具体指示。说完后把圣杯往地上扔,根据两片的状态即可得知神明的意见。两片共有3种组合状态:两片都是平面向上的,称为阳杯;两片

[①] 详参考张振江、麦淑贤《东莞客家民俗文化:清溪的个案》,广东人民出版社2017年版,第121—122页。
[②] 详参考张振江、朱爱东、罗忧《漳澎传统村落社会研究》,中山大学出版社2016年版,第293—294页。

都是凸面向上的，称保杯；一片平面向上一片凸面向上，称为胜杯。人们认为，3 种状态各自表示了神明的不同意见。阳杯表示神明对所求之事不置可否，也可理解为可以做这件事；保杯表示神明不赞同做这件事，或这件事不太好；胜杯则为最好，表示所求之事得到神明的认可，或者可以做这件事并有大好的结果。掷圣杯本来就是一件概率的事情，一次就掷到"胜杯"的概率其实并不大。因此实际上经常可以看到，若是掷到保杯或阳杯即不是最想要的结果，信众就会跟神明好说歹说一番，之后重新拜神明再掷一次。我们在珠江三角洲各地调查时经常发现，有人会连续投掷 3 次甚至以上，直至获得所要的结果才罢休。

一般而言，东城的信众都是自己掷圣杯并完成所有的祈愿等。但在传统上，如果因为不会投掷或者不愿意、不能够投掷，也可以请求庙里的庙祝等人帮忙代掷，人们认为二者都是同样有效果的。

（五）抽签

东城几乎所有的庙里都放置有供人们抽签用的签筒，许多庙宇中还不止有一个签筒，内中放置多支片状写有不同字样的竹签。老人们回忆说，旧时就是如此。

传统上，抽签是普通信众日常求神问佛的又一个主要的途径。依照传统的习俗，求助者抽签前要先点燃 3 支香，然后跪拜在神明面前说明所求之事，最后大力地上下左右摇晃签筒，使签筒中的众多签掉出 1 支到地上。若是不小心同时掉出了多根签，则需要将其全部放回重新摇动，直至只掉出 1 支。一次抽签求助实际上分为两次，即要先后摇两支签出来。第一次摇出来的签是关于信众自身的，第二次摇出来的签才是关于所求之事的。

签上写有一些语句，通常是对联或者诗歌的形式，也有一些则是故事之类的，但都需要弄明白其所代表的真实含义，即神明对所求的解答。因此，抽签之后需要解签。老人们回忆，以前多是由专人帮忙解签。现在除了少数高度商业化的庙宇中可能有专人解签之外，其余几乎都是由信众自行解签。例如，信众根据签上的号码找到某种书籍中相应的号码处的说明、解释，应该就可以明白该签的真实含义。如今东城人所用的这种书籍，似乎以标明为香港某出版社出版的《观音灵签精解》一书最为常见。"签文上有那些古代故事，就是岳飞、刘备那一些。你先看看那个是什么故事，比如说，是打仗走东边就有去无回、要是走西边就会很好之类的。然后再对照一下你求的事情，看着来解释，那就是了，就知道你求的是好是坏了。"

人们通常把签的好坏分为五个等级，分别是上上签、上签、中签、下签、下下签。其中，上上签为最好，表示所求之事可行或事情的前程光明。下下签为最差，表示最好不要做这件事或这件事的前程险恶。若是抽到了不好的或者很差的签，当事者可以接受这个结果，但也可以理直气壮地跟神明理论甚至责骂、数落神明一番，之后再重新拜神、抽签、解签，这与掷圣杯时的情况相同。我们在调查时经常发现，老年妇女几乎总是要反复多次，几乎总是以最终得到满意的签才结束。

抽签与掷圣杯还有一点是相同的，即若是当事者所求之事后来应验了，则需要择日，专程到该处庙里还神。而一般来说，这时都需要准备较为丰富的各类祭品，意思是酬谢神明的保佑。人们认为，如若不然，神明可能就会生气，可能因此就会给该名求助者及其家庭"加上"某种不利、不顺甚至灾难。许多老人都表示，与神明上契的人也应该终身或者至少每年尽可能多地去酬谢神明，为的也是显示自己不敢忘记神明保佑之恩，这样才可以避免灾祸降身。

第二节　主要的神明

与其他汉人社会通常所见的一样，东城人民所信奉的神明也是数量极多且彼此关系十分庞杂，甚至不能成为一个自洽的体系。我们的调查发现，东城至今难说有一个层次分明、关系明确的神明系统，而依然可说是杂糅的、无序的。因此，本节中我们只能够选取东城人信仰得最为普遍的神明进行描述。

一、观世音菩萨

观音信仰在汉人社会中由来已久，在历史上的东莞一带似乎尤其通行。即使是时至今日，在各处村落中最常见的神明依然是观音菩萨。

据调查，东城境内古今最为盛行的神诞就是观音诞。虽然妇女几乎一手操办了与拜神相关的所有事务，但绝大部分男性村民都知道观音诞的具体日期，这从一个方面说明观音诞影响之大。不过，现在的村民普遍认为一年中有三个观音诞，分别是农历二月十九、六月十九和九月十九。在村民看来，这三个观音诞其实分别是神诞日、成道日和出家日。很多老人家都说，旧时的观音诞是一个大节日，村落还会隆重地举办各种活动集体祭拜观音。但历经中华人民共和国成立后几十年的风雨，如今许多村落虽然还有为观音做诞的习俗，但仪式已经相当简化了，而且有演变为各家的妇女当日带着自己家的祭品各自前往庙宇祭拜的趋势。如此看来，东城人的观音信仰也可能很快就会有剧烈的改变。

在东城人的传统观念中，观音菩萨不仅仅是最为慈悲的菩萨，同时还可谓是唯一的一位"全能神"。例如，许多东城人认为，大慈大悲的观音菩萨能够容忍一切事情，因此所有的事情都能与观音菩萨说，"无论是求姻缘、求子、求财、问前程、问事业还是救苦、救难，都可以跟观音菩萨祈求，都能够得到观音菩萨保佑"。打理鳌峙塘许仙岩的那位妇女，则对观音有较为深刻的认识：

访谈资料：
观音菩萨的身边，有一对金童玉女。金童站在她的左边，玉女站在她的右边，这是因为要遵守男左女右的规矩嘛。

观音菩萨其实原来是男人，他在印度就是男身。男身的观音呢，拜他的人那就少一些了。他变为女人身之后，就有很多人拜她了，就有很多人供她了。所以，现在的观音都是女人身。观音菩萨本来是男的，古代的时候都是这样说的。观音菩萨塑像前的供桌上的那幅"戒定真香"绣品,是我专门摆在那里的。这个意思就是说,那里不能摆肉、酒那一些,就是只能用花、果、斋菜、油、米这些,用来拜这位观音菩萨,就是因为她是女的。"戒定真香"的意思?就是让你心更加清静。

时至今日,村民依然普遍在家中甚至祠堂中供奉观音菩萨。[①] 现今村民家中的观音造像多为抱珠观音和持瓶观音两种,但也见有送子观音或者滴水观音等不常见的观音造像,只不过是多存在于庙宇中而已。人们通常在正对着门的客厅正中间靠墙的位置摆放一个现代化的三格神龛,观音塑像通常就摆放于此处,因此人们一进门即能看到。这种神龛均为木质,几乎都是通体漆成朱红色,但其实历史并不久。其基本的功能就是用于摆放神明、祖先塑像或者牌位,一般从上往下依次摆放观音菩萨神像、祖先牌位以及地主神牌位。东城人家另一种相对较为常见的摆放方式,是不把观音神像置入神龛内而是直接摆放在厅堂的中间靠墙体处,同时把地主神牌摆放于观音神像正下方的地面。在这种摆放方式中,没有祖先的牌位。但不论如何摆放,村民都需要每日为家中供奉的观音上香,这种工作古今通常都是由家中的妇女负责。她们每日的例行工作之一,便是早起为观音菩萨添1支香。而如果是初一或者十五,她们通常还会摆放相对丰富的供品祭拜观音等神明,通常最少需要上3支香。

现在的东城境内已不多见观音庙,似乎只有峡口东岸坊的一处庙宇和鳌峙塘的许仙岩所供的主神为观音菩萨。但据调查,历史上观音庙几乎可说是所在皆有,至今几乎每个村子的老人都能够讲述一些本村的观音庙故事。到了现在,这些庙宇出于各种原因消失了。不过,现在虽然以观音为主神的庙宇不多了,但以其他各种神明为主神的庙宇中,几乎都必然同时供奉观音,甚至连小小的土地庙或者简陋至极的土地坛,也几乎总是都能够见到摆有一两尊观音菩萨神像。而在绝大多数普通村民的家中,都供奉着一尊甚至几尊观音塑像或者其"金身"。实际上,由于拜观音实在是一件太普遍不过的事情,以至于绝大部分东城人都不甚注意观音造像的差别。我们发现,人们除了较容易地辨认出送子观音与平常所见的观音像外形相差较大之外,几乎没有人会认为其他的观音造像间有多少不同。

二、土地信仰

(一) 土地神的类别及其形象

汉人社会对土地神的崇拜古老而又普遍,因此相关的象征物如塑像、木牌、石块等,几乎是历史上每一处村落或者一个区域的必备的标志。我们的调查发现,土地神信仰至今在东城各处村落普遍存在。

东城人至今普遍称土地神为"土地公公",但"土地公公"究竟是谁,其来历如

[①] 如果在祠堂中供奉观音菩萨,则通常将其塑像置放于后进即寝堂。一般在中间摆放该姓人家历代祖先的牌位,而在左侧偏前方某处摆放观音塑像。在许多时候,观音塑像与该祠堂的土地神像摆在一起。而在我们多年的调查中,极少在其他地方见到有在祠堂内摆放观音的。

何、有什么功能等，似乎人们已经普遍不太清楚了，通常的说法总是"保境安民"。旧时许多土地位于村口的大树下或者极为简陋的某处栖身之所，现在的土地坛或者土地庙则已经普遍修建得较为讲究。在其中很少见只供奉有土地公塑像或者其代表物的，多数都是土地公公与土地婆婆同时供奉。可能是由于这两位总是一起出现，因此东城土地坛（庙）的对联，也几乎总是"公公公十分公道，婆婆婆一片婆心"。至于这位土地婆婆具体是谁、有何功能，似乎也已经无人知晓，人们对她似乎也普遍不怎么关心。但东城人到土地坛（庙）祭拜时，总是"两公婆"即两位神明夫妻一起祭拜，而不会只祭祀土地公公。

汉人民间似乎普遍喜欢为神灵择偶，这并非土地神独有的现象，东城类似的现象还有车公与车母、雷公与雷母、花公与花母、床头公与床头母等，早已可谓司空见惯。只是土地公公与土地婆婆的配对更加普遍，更加为人熟知而已。粗略地说，这种现象自然极好地说明了人们以自身的经历想象出神灵的世界和生活，但同时也有力地说明了土地信仰的进一步世俗化。

历史上，东城土地神的形象或者其表示物较为多样，但随着土地神不断呈现人格化趋势，后代多见的土地神形象是一位蓄着白胡子的慈眉善目的老爷爷。行走在东城的村子中，有些时候还可以看到历史上遗留下来的各种土地神标志物，其中以一块石头代表土地神的最为多见。这种石头有的略呈人形，有的甚至还精心雕刻成人形，但更多的则是一块普通的红石或者麻石而已。现代所见的土地神，则普遍为一位端坐的白胡子慈祥老人，其具体的造像则主要有两种。一种是土地公公右手持杖、左手拿元宝；另一种则是土地公公右手拿元宝、左手放于膝盖上。在其边上，则总会有一位土地婆婆。

东城人认为，有土地的地方就有土地神，因此在每一村落及其内部普遍多见土地神。但人们认为这些土地神其实有一定的差异，我们依照其性质或者主要功能大体上分为三类，[①] 即保护整座村落的土地、保护村内一块区域如一条里巷的土地，以及保护一座具体的民用建筑如家屋的土地。[②] 一般来说，东城的人们日常所说的土地多是指第一种土地，但日常最为频繁祭祀的却是后两种土地，这可能是因为后二者与人们的关系更加密切。

在传统的农业社会里，农民通常只有拥有土地才能够生存，完全可以认为土地孕育并滋养了农民的一切。为了更好地守护这片土地以及生活于其上的人民，土地神应运而生。人们普遍建起土地庙（坛）供奉土地神明，期望借此获得神力的庇佑与福荫。传统上，每一个村子都会有一处属于全村的土地庙。（见图10-4）这种土地庙总是修建于村口处，而总时与村落内的民宅保持一定的距离，人们认为如此，土地神才能够保佑整座村落。上文所说的第一种土地神，就是只见于这种土地庙（坛）之中的。传统上，人们相信这种土地只保佑本村落而不会护佑他村及其村民，因此，一个村的村民只会拜本村的土地而不会拜其他村的，这是土地神与其他神灵相比而言较为特殊的地方。

[①] 在现在几乎所有的东城民居内，通常都是另有一处代表该处宅基地的土地。老人们说，历史上就是如此。本书暂时不涉及这种土地。

[②] 关于不同的土地及其划分，可以参考张振江、陈志伟《麻涌民俗志》，汕头大学出版社2007年版，第266—267页。与麻涌相同的是，东城人也早已普遍混同土地与社稷，所以本书同样一视为土地而不加分别。

后两种土地则分散于村内各
处，人们认为如此才便于其各自保
佑相关的地境，这两种土地至今通
常都不是采用土地公塑像的形式，
而是多以某种代表物来表示。如前
文所述，村子分为许多条里巷，而
旧时每条里巷几乎总是各有其修于
里巷口的门楼，第二种土地通常就
是供奉于这种门楼内左侧的神龛
中。供奉于门楼别处的，似乎只有
鳌峙塘村，据说该村历来都是于门
楼的二楼设坛供奉，成为我们所知
的唯一的例外。在漫长的历史上，

图 10-4　温塘较寮路土地庙

门楼是生活在同一条里巷的所有人家的第一道大门，因为具有防御、防盗的作用（详参
考本书第三章）而建得相对更为坚固。但设置于门楼内左侧的神龛，通常都是十分简
单，甚至没有专门的神龛而只有一张小小的供桌。以前这些地方的土地普遍仅仅以一盏
香炉或者张贴于墙上的一小幅红纸作为代表物，表示田地在此。这种红纸上，通常写有
"护宅门官、土地神位"之类的字样。因此许多村民都认为，这些处所和代表物实在太
简陋，因此，这些地方"充其量也就算是土地坛吧"。但虽然相对简陋，这处土地面前
几乎总是香火不断。

至于东城普通人家供奉的土地也就是本书所说的第三种土地，至今几乎总以一个香
炉、一块木牌或者一张红纸作为其代表物。人们认为，每一家都各有其土地保佑，① 因
此人们通常于自家大门外左边供奉这种土地。多数人家都是在大门外墙体上凿一个大小
适中的孔洞做成神龛，然后在神龛里贴上或者摆上某种代表物，如果是木牌或者红纸，
其前面通常还会摆一个小香炉。有的人家不设神龛，而是直接在墙体上贴写有"护宅门
官、土地神位"之类的字样的纸即可。现在这种土地几乎总是和门官摆放在一起供奉，
而以前二者则是分开摆放，"以前是左手门官、右手土地。现在，就将两个合并到一起，
旧时都放在左边了"。一般来说，这种土地只是以"门口土地"之类的字样笼统地代
表，似乎从来不见分别用"土地公公""土地婆婆"各自单独表示的。而对于保护一处
地境如一条里巷的土地神，则已经开始出现了分开单独表示的趋势。

（二）土地诞

由于东城人的土地信仰十分普遍，因此，旧时不少村落会举办土地诞以庆贺土地神
的诞辰，据调查，历史上温塘、余屋两个村落都曾举办过盛大的土地诞。现在有的村子

---

① 许多人认为，这种见于家庭内部的土地神，其实可以细分为两种类型，即专职护佑门口的土地神以及护佑
整座家宅的土地神，本文内所述的其实就是前者。相应地，现在的东城的人们在大门口附近挂牌位供奉前者，而在
家宅内的厅堂上设牌位供奉后者。一般而言，后者的地位似乎比前者高，所以日常生活中人们所说的土地神其实经
常指的是后者。

依然会在这一天举行土地诞,但仪式及其活动内容已大大简化,而最大的变化在于现在已经全然没有了村民集体祭拜土地神,通常所见都是村内的村民个人(多为老年女性)前往土地庙或者土地坛进行简单的祭拜活动而已。

而在旧时,每到农历的二月初二,人们照例都会隆重举行土地诞,借以为土地神庆生、为村落和村民祈福。土地诞是当时一处村落中较为重要的集体祭拜的仪式活动之一,仪式的内容相当繁多,还有许多娱神、娱人的节目。温塘的袁老人现在已经八十多岁,对于年幼时皂上坊土地诞仪式是如何举办的、如何具体祭祀土地的等问题,他已经记不清楚了。但对于当时的活动环节之一"抢炮头"却至今记忆深刻,他甚至认为,当时仪式的重头戏就是"抢炮头"。所谓的炮头,可以视为一种特制的鞭炮。而抢炮头,就是在这种特制的炮头逐一点燃升空并逐一落下来之后,人们争相上前抢夺以求获得好运。人们认为,如果能够抢到炮头,则意味着抢到了"好彩头",说明该家会在接下来的一年里"行好运"。因此,当时不仅本坊的村民竞相参与这一活动,其他坊的村民也会前来抢炮头以图沾上好运,所以,每到这个时候村子变得尤其热闹。传统上,皂上坊的炮头上印有或者绘有各种公仔的图案,不同的公仔图案对应不同的奖品,人们可以按照所抢到的炮头上的公仔图案领取相应的奖品。依照习俗,当年抢到炮头获得奖品者,要在来年举办时提供比他所得到的奖品略为厚重一些的奖品给来年获奖者,这一方面表示是为了向神明"还愿",另一方面也是为了使得土地诞能够延续不断地举办下去。

在珠江三角洲各地,土地诞抢炮头的习俗由来已久,许多地方至今仍然可见,但各地的具体习俗可能略有差异。如清人黄芝的《粤小记》所记录的清代广州土地诞时的抢炮头活动:"粤俗赛神,辄施放花炮,而广郡尤盛。二月二为土地诞辰,是日间闾里闹轰轰彻耳。余少时见花炮高不过三四尺,内实秆槁,外施五彩而已。厥后高至八九尺,备极精巧,有头炮、二炮、三炮之名,每一炮费至百余金。"在佛山不少村落的抢炮头活动中,至今仍然有一炮、二炮、三炮等的名目,而且每一炮所费仍然不赀。东城村落的这类活动似乎没有或者较少见到由抢炮头者出钱财的,与这些地方的具体方式略有不同。当然,虽然各地在细节方面可能有某一些差异,但"娱人娱神"的本质则是同一的。

(三)烧除仪式

在土地庙前,旧时不少村落还会举行烧除仪式。这个又被俗称为"打小人"的仪式,以前是一种在珠江三角洲各地都极为常见的仪式。在香港地区,这个仪式至今依然广为人知。

据研究,打小人习俗有着悠久的历史,类似的早在盛唐时期已相当流行,当时称为"厌诅"或者"厌胜"等,是一种被视为具有诅咒作用的巫术。[①] 在东城,这一古老的仪式的巫术性质已经颇为模糊,早已演变宣泄愤懑与不满的一种方式。在传统的东城人看来,若是感觉背地里有人为害自己,或者发觉自己近期诸事不顺,那就意味着很有可

---

① 详参考张振江、朱爱东、罗忱《漳澎传统村落社会研究》,中山大学出版社2016年版,第372页。

能是"小人"在作祟。这时所谓的"小人",可能是某个具体的人,也可能只是泛指那些陷害自己、图谋对己不利的人。人们认为,通过"打小人"去除恶祟,就可以达到使自己解除灾难、厄运的目的。

在该仪式中必须用到一张剪成人形的纸,用于表示所谓的小人。东城自来有用红纸来代替贵人或者神明的习俗,因此只能够白纸来代替小人。在纸的上面,通常还要写上"小人"字样。如果当事者确切地知道是哪一个人在暗地里陷害自己,则可以将其生辰八字等个人信息全部写上去。东城人相信,写得越具体则纸人就越能代表真正的人,打小人仪式的效果也就越好。然而在大部分情况下,施咒者其实无法确切知道对方的身份,或是说对方不止一人而是一类人,因此只能够用"小人"二字来替代。

各地举办打小人的时间不一,多见的是在惊蛰日即所谓的"白虎开口"日举办,但历来也可以是在农历每月的初六、十六、廿六以及除日举办,旧时这些都被认为是打小人的好日子。东城的多个村落似乎并无固定的举办日子,而是普遍认为有需求时即可随即举办。仪式中的施咒者即打小人者经常是认为受到小人缠身的当事者,但也可以请人来代替。由于仪式简单,人们对代替施咒者即代打者没有太大的要求,只是一般而言其年纪要比"小人"的年纪大,人们相信这样才有可能灵验。也有人请喃呒佬来进行仪式的,但因为费用相对较高而相对少见。

开始打小人仪式前要烧香,还要摆上较为简单的贡品,主要是用来供奉土地庙里的土地等神明。正式开始后,当事者先向神明禀告自己的姓名、诉说自己举行打小人的缘由和苦衷,最后希望土地等神明为自己做主。说完这些之后,开始用旧鞋或者破鞋狠狠地抽打纸质的"小人",一边逐一打其身体的各个部位,一边还要恶毒地咒骂。据调查,所咒骂的话语随着打的部位不同而不同。

据调查,东城不同村落的打小人仪式的具体程序也可能稍有不同。例如,峡口人以前举行打小人的时候需要先洒盐和石灰,这个动作代表弄瞎小人的眼。但是,打骂完之后,马上要把纸质的小人当场烧掉则是各村统一的。人们认为焚烧代表彻底去除了小人,当事者从此一切都会变得顺利如意了。

许多东城老人坦然承认,打小人仪式其实主要是为了泄愤与自我安慰,至于能否真正对"小人"造成伤害,则"实在很难说"。传统上人们认为,如果"小人"运气不佳即仪式灵验了,对方当天晚上就会做噩梦,还会出现精神不振甚至生病等诸多不良的反应;但是,如果"小人"的运气佳,则不会对他造成任何影响。由此看来,这个仪式灵验与否首先是与"小人"自身的运气紧密相关的。

近几十年来,打小人仪式已逐渐少见,绝大部分村落中已经完全绝迹。峡口的一位老婆婆谈到打小人时说,"大家都是街坊邻里的,哪有什么小人"。

三、其他神明

东城各处村落内还普遍存在着其他多位神明,这使得东城人的信仰对象变得无比庞杂,不同神明间的关系也变得极为混乱,始终不能够自洽成为一体。我们相信这种状况与东城人的来历不同有关,也与不同人群迅速集聚东城区域但社会整合还没有完成有关。

整体上说，这些神明大多可能只是一个或者几个村落信奉，或者可能只是某些特殊的群体信奉，真正能够较为广泛地通行的神明其实少之又少。此处我们以北帝和大王菩萨为例分别略事说明，北帝信仰所在多见，而只有少数村落才信奉大王菩萨。

（一）北帝

北帝也称真武大帝、玄天上帝、玄武大帝等，传说北帝一脚踏龟一脚踏蛇，因此东城实际体现的北帝塑像，几乎全为神、龟、蛇合体。温塘的袁老人认为，明代神魔小说《北游记》里的北方真武玄天上帝就是北帝，他最初是掌管星辰的神，后来变成了动物神，最后才演变为现在的人格神。我们发现，不少在旧时读过书的东城老人都认同这一说法，但我们没有弄明白其原因所在。

在现在的东城，北帝信仰似乎远不及观音菩萨、土地神等神明信仰普遍。如就庙宇的情况来看，现在仅有温塘的白庙以北帝为主神，其他一些庙宇虽然可能同时供奉北帝，但北帝不是其主神。而在传统上，北帝的地位远不是这样低，东城的北帝信仰同样历史悠长。桑园一位对本地历史与文化颇有心得的袁姓老人说，自从祖先在温塘定居开始，袁姓人就是一直信仰北帝的。即使时至今日，人们依旧普遍认为北帝是温塘一带最灵的神仙，"这个神非常灵验。所以就连温塘周围的村子的村民，也都会去拜"。至于现在东城供奉北帝的庙宇极为少见，一方面是20世纪中叶大肆拆除的结果，另一方面更是水患远离人们生活的结果。传统上人们认为北帝为司水之神，而东莞地处水乡，人民长期依赖水为生，即所谓的"广为水国，人多以舟楫为食"①。北帝的重要性不言而喻，东城人自然很早就极为广泛地崇拜北帝。白庙的袁道士回忆，在白庙的前面原本有一条大河，20世纪60年代这条河填平之前，每年夏季其河水都会溢出河道，每次都会给周边的农田、房屋等都造成严重的毁坏。东城人选择在此建庙供奉北帝，就是希望能够借着北帝的力量阻止大水而保佑全村的安全。

东城各村几乎都还有各种关于北帝显灵的故事，其流传至今，并为现今的人们所津津乐道。如温塘的一位老人告诉我们一个故事：修建白庙的时候，由一个叫两崖公的人负责掌管账目。有一次，他忘记了将购买石灰的"一笔数"即一笔费用入账，结果导致后来核对账款时发现账目有出入。大家都猜测说，这笔钱肯定被他贪污了。这个人就发誓说，如果是自己贪污的话，就会被"揽住的"（意为抱住）炮口炸死。于是，人们就让他去揽住炮口，其他人则点火发炮。但是，炮当时并没有响，而是等到两崖公离开炮口之后才响，这样就证明了两崖公是无辜的。后来大家查明了事实的真相，发现他并没有贪污而只是忘记入账了。人们至今相信，是北帝显灵救了他、证明了他是清白的。

另一个关于北帝显灵的故事，至今也颇为流传，其大意是：几十年以前，温塘附近一个称为寮步的村子中有一位男子，在2月最后一天的子时就早早来到了白庙，为的是能够抢到头炷香。到了的时候天还没有亮，这名男子就靠在白庙附近的一棵大树旁休息，但不知不觉间睡着了。睡着后他做了一个梦，梦到了北帝。北帝告诉他，有人正在

---

① 阮元修：《广东通志》卷九十二，道光二本刻本。

偷他家的牛，叫他赶快回去。由于旧时耕牛极其重要，因此男子即时惊醒，并立刻往家中飞奔而去。结果在回去的路上，他就顺利地抓到了偷牛的小偷并夺回了耕牛。之后男子赶回白庙，依然顺利地抢到头炷香。人们说，"可见啊，北帝一直都是很灵验的。你信北帝，就会有这样的好结果"。

（二）大王菩萨

现在很少听人说起大王菩萨，但其实还是有一些东城人信奉这位神明的，不过信奉者多是老年人。现在似乎早已经无人能够明白地说出"大王菩萨"究竟是哪位神明以及有何职能等。访谈时所得的一般答案都是，"以前的人叫大王菩萨，现在也这样叫"。

以前余屋有一座大王庙，旧址在新近建成的余氏祠堂的左后方不远处。据老人们回忆，当时大王庙的香火也很兴旺。每年农历的二月十五，还要隆重举办庆贺大王菩萨生日的神诞，当时称之为"大王会"。那时每到这一天，余屋的村民就要集体出资，请人来搭好戏棚，然后一连好几个晚上演木偶戏，每天晚上都是观众如潮。到了中华人民共和国成立初期，大王会奉命停办，大王庙先是改作他用，后来废弃。到了20世纪末期，这座庙宇的主体建筑部分因年久失修而自然坍塌了。由于至今没有重建，往昔大王会热闹无比的场景，也只存在老人的记忆中。

与余屋相邻的周屋村，以前也有过一座大王庙，旧址位于周屋新村的体育公园内。这座庙宇不知建于何时，但在20世纪70年代被拆毁，如今其曾经存在过的唯一的证据，是矗立在公园中间的一棵硕大的枯柏树。老人们都还记得，这棵树是旧时大王庙的物事之一。村民至今普遍周知这座大王庙，周屋村委会还给我们提供了一个当地广为人知的故事：

几百年以前，横坑的村民把周屋的状元地当作他们的祖坟地，每逢清明、重阳时节，就骑马到这里祭祖。由于当时横坑村民势力较大，不把周屋人放在眼里，一来这里就大摇大摆，盛气凌人。骑来的马像他们的主人一样蛮横，到处践踏啃食庄稼，周屋人对此十分痛恨，却又无可奈何。

后来，周屋人想出一个办法。一天晚上，他们在状元地建起一间庙，取名大王庙，还用烧着的草把墙壁熏黑了，使得它看上去像是一间有十多年历史的老庙。第二年，横坑人再到状元地祭祖，他们见到的是大王庙而不见祖先的坟墓。横坑人十分气愤，找周屋人问个明白。周屋人说这里原本就是一间庙，已经十几年了，怎么也不承认是新建的。双方为此打官司，最后把官司打到京师衙门，衙门派人到周屋调查后，判周屋人有理。自此，横坑人再也没到周屋捣乱了。

案子结束后，周屋人重建大王庙。在举行开光仪式那天，有两只麻雀从庙前飞过，落下两粒种子。不久，这两粒种子发芽，长成柏树和榕树。榕树后来枯死了，只剩下柏树。这棵柏树有些特别，枝条像柳树一样下垂，人们称它为柳柏。这种特别的柏树，在整个广东省也只有有两棵。当年周屋人每过三年就在大王庙举行一次斋戒，每次斋戒就从柏树上锯下一枝枯萎的树枝来烧，每次能烧三天四夜，非常神奇。树枝烧完剩下的炭和灰叫柏骨，这些柏骨散发出清香，有杀菌作用。那时候的小孩子得了天花病，就靠烧柏枝闻其香味来治病。所以戒斋结束后，那些柏骨都拿来拍卖，谁拍到就拿回家供奉。

可惜，这棵柏树在20世纪90年代遭雷击而死，只剩下高大的枯树立在那里。

本次调查期间，我们听过不同村落的几位老人讲述过大体相同的故事。故事的真实性似乎已经不可考，但让我们深感兴趣的是，为何周屋人要建大王庙？横坑的人明明有理，但为何不敢直接拆除庙宇而只是报官并最终导致自己失去这块祖坟地？对于第一个问题，我们始终没有获得答案，人们只知道"祖先留下来的"。但对于第二个问题，似乎显然说明那时大王菩萨威名赫赫，而且不同村落的人们都对之敬重有加。但到了现在，只有少数村落还有少数人信仰之。

第三节 与鬼有关的观念和习俗

旧时的东城人普遍相信人死后变成鬼，然后存在于另外一个完全不同的世界中。不少老人至今普遍对鬼充满恐惧，访谈时甚至不愿意涉及相关的话题。人们普遍认为，鬼经常会给生人带来各种难以除去的困扰，甚至经常会加害无辜的民众，如使人生病、遭受厄运甚至丧生等，不少人至今仍然持有这类认识。

为了祛除鬼怪避免招致不幸，人们早就发明了诸多与鬼相关的仪式。清宣统三年（1911年）修纂的《东莞县志》说，"粤俗信鬼而莞为甚，有病则燎火，使妪持衣招于门，延巫逐鬼，咒水书符，作诸无益，每夜角声呜呜然达晓"[①]。应该说，现在早已经极难见到类似的巫术，但同一性质的法事却几乎日日皆有。

一、与鬼相关的观念

（一）灵魂与喊惊

中国古人认为生命由肉体和灵魂组成，但灵魂有时是可以离开身体的。[②] 东城人同样相信人具有肉体和灵魂且二者可以分离，不同的分离会导致不同的后果。

人们认为，若是灵魂永远离开身体，表现出来的便是人死亡并在其后变成鬼。旧时的东城人相信，鬼和活着的人生活在两个完全不同的世界中，即所谓的阴间和阳间，习惯上也称为阳界和阴界。某人如果是了无遗憾地走完生命的历程而且能够寿终正寝，这是一件好事。东城人习惯上称这种死亡为"喜丧"，并且认为这类人变成的鬼，是不会从阴界出来害人的。但是，如果是因为夭折或者遭受各种意外而死或者遭遇横祸而死，传统上认为这样就是"死得不太好的"。对于这一类人变成的鬼，则需要举办相应的仪式，目的是使其能够在阴间走完应走的生命历程即完成他未了的心愿，如此他才能安心做鬼而不出来祸害生人。

---

① 叶觉迈修、陈伯陶纂：《东莞县志（民国）》卷九，民国十年铅印本。
② 马昌仪：《中国灵魂信仰》，台北汉忠文化事业股份有限公司1996年版，第121页。

但是，只要不是永久的分离即死亡，就可以采用不同的方法应对，从而使得二者重新结合在一起。部分东城人至今仍然认为，小孩子年纪尚小，灵魂和肉体的结合尚不紧密，因此灵魂暂时离开身体的情况最常见于小孩身上。如果受到较大的惊吓或者生了严重的病，小孩的灵魂便极其容易出走即"失魂"。一旦出现这种情况，便需要为其"喊惊"，这样才能够使其魂魄归来。但是，偶尔也有成年人需要喊惊的情况出现。人们认为，成年人的灵魂与肉体已经紧密地结合且稳定下来，因此一般不易于分离。但是，若患上某些重大的疾病、遭遇某些灾难或者厄运不断等，人们认为这些都是该成年人失魂的症状，同样需要为其喊惊。因此，成年人如果需要喊惊，大致情况都已经比较严重。

喊惊又称为"喊同年"，在历史上的东城，喊惊仪式可谓司空见惯。访谈时几乎所有的老人都说，"我们这一辈的人，那都喊惊过的"。以前喊惊多由事主家自行举办，一般是家中的女性长辈帮后辈喊惊，间或才有请神婆、喃呒佬代办的。如今该仪式已较为少见，通常也不是由事主人家自己进行，而多是请神婆、喃呒佬代行，家人则只是负责准备与仪式相关的物品。喊惊所需的物品，不同的村子略有差异。但一般来说，除了香烛和金银纸是通例必有的之外，还一定要有五样东西，即尺子、镜子、剪刀、衣服和米。米一定要是事主家中的米，人们认为米可以给失去的魂魄指引回家的道路，"有了熟悉的东西指引，魂魄才知道家在哪里"，因此必须是当事人家里的。尺子的作用相当于桥梁，"魂魄回来的时候，可能在路上会遇到海啊、河啊什么的。那就要有桥，那才能过来回到家嘛"。镜子能够反射光线，因此其作用就相当于光线，是给赶路的魂魄晚上回家来时指路用的。东城人认为魂魄之所以离开身体没有回来，是因为被什么东西束缚住了，剪刀就是用来剪掉困住魂魄的东西的。魂魄回来了之后，就会附在衣服上面。喊惊结束后，把衣服带回给当事人穿，即可使魂魄回到当事者的身上。除此之外，事主人家通常还需准备一些"给鬼吃的"东西，这方面各村都不一样。如在鳌峙塘村，准备一个切成块状的苹果、一碗熟的斋菜（其中需有腐竹）和两碗饭即可。本次调查期间，我们在白庙里目睹了一场为成年人举行的喊惊仪式。

2016年7月19日 16:50—17:10 温塘白庙

喊惊开始前，道士拿出草席铺在地上，然后在上面铺上当事人的衣服。随后，道士将桌上的一个碗连同碗里的生鸡蛋一并倒扣于地下。紧接着道士在衣服的四周摆上6个小碟子，在碟子里放进艾草渣，点燃后用其熏衣服。之后道士将一条红绳绑在鞭子上，手持鞭子围着衣服绕圈并长时间用力地鞭打衣服。打完之后，道士拿起吹角（一种乐器）开始吹，这时两个在一旁帮忙的婆婆开始参与。她们先面向白庙门口站好，然后一位婆婆一边洒米一边甩衣服。另一位婆婆则拿起红尺在空中丈量了一下又放到席子上，之后拿起镜子向大门的方向照，最后拿出剪刀象征性地剪了几下衣服。整个过程中这位婆婆一直念念有词，最主要的是"×××翻黎咯（意为×××回来啦）"之类。

最后婆婆燃放了两次鞭炮，仪式至此结束。

喊惊时所念叨的话语，通常包括求助者的生辰、在哪里受到何种惊吓以及祈求让其魂魄快回来等内容。《东莞风俗叙述与研究》中一处历史上的情形的记载，与我们此次所听见的语句几乎完全相同：

东方米粮，西方米粮，南方米粮，北方米粮，四大五方米粮。民国〇年〇月〇日某某（小孩的名）同年来归呵！请到九天玄女，接魂童郎，畀返某某肝胆来归呵！归来觉醒觉睏，觉醒觉乖，一觉还一觉，二觉到天皓（读厚，即天明）圆毛三十六般惊，扁毛三十六般惊，大声小怪吓起惊，亚姑亚叔吓起惊，四眼八臂吓起惊，亚姨妗舅吓起惊，亚姊亚妹吓起惊，婶娘伯母吓起惊，吓起久时返得快，畀返同年某某来返呵！左门官，右土地，招魂童子，带魄童郎，斩开地皮铲地狱，斩开地狱取真魂，收赎真魂兼正命，等佢同年归来，来归六脉安然，食茶甜，食饭香，食茶，长血，食饭，长肉，一年大，一年乖，随年长大，随月长乖，福爹旺母，福兄旺弟，根荃隐固，寿命延长，来归一片光辉。火屎碌碌，童年归屋，火屎沙沙，童年归家。某某童年来归呵！认得旧时穿着过，魂魄跟从衫就归，热辣辣，补返头毛须白！①

一般而言，喊惊无需择黄道吉日，但多在早上或傍晚这两个时间段进行，分别称为"早惊"和"晚惊"。早惊又称"寅时惊"，是在一大早太阳还未出来（凌晨）的时候喊惊，晚惊是在太阳下山之后喊的。老人们相信，这两个时段是一整天里阴气最盛而阳气最弱的时候，故方便魂魄自由活动，因此喊惊的效果会更好。此外，还有"午时惊"即在中午喊惊，但相当为少见。不过，喊惊通常都需要仔细选择出合适的场所，但具体的场所则视情况而有一定的差别。一般而言，小孩如果只是受到了轻微的惊吓，事主家就会选择在自家门口为其进行一个较为简单的喊惊仪式。如果小孩生了病，或者在自家门口喊惊但没有效果，家人则会选择到村口的土地庙附近喊惊。要是孩子受到严重的惊吓，或者久病不愈，这时则需要前往庙宇喊惊。"如果要到庙里去喊惊，就说明情况很严重了。"由于情况比较严重，这时几乎都是请喃吮佬或神婆代为喊惊。至于成年人，几乎都是"在哪里受到惊吓，就在哪里进行喊惊"。人们认为，成人如果需要喊惊，通常都是遭遇了较为严重的情况，因此需要精确地在"掉魂的地方"进行。

旧时的人们普遍相信，举行过喊惊仪式之后，当事者不论是孩子还是成年人，其魂魄即可归来，所受的疾病便会痊愈，遭受的厄运也会消除。访谈时许多老人都认为，以前的各处乡村都是严重地缺医少药，人们在疾病面前往往束手无策，再加上神鬼观念的深刻影响，因而无奈之下就试图通过喊惊以达到使当事者康复的目的，但其效果"可能只是心理上的，不见得真有什么用处"。也有许多老人说，喊惊虽然没有传说中的"那样神，但确实还是有一定效果的。不少人，就是这样治好了的"。而由我们的调查来看，应该说后一种说法是有相当的事实根据的。喊惊其实完全可以视为某种初级形式的心理治疗，确实可以起到某些心理的暗示等积极的作用，从而有利于某些患者康复。

（二）孤魂野鬼

与其他汉人地区相似，旧时的东城人也认为死在外地的人如果因故没能回到家园安葬，就会变成在异地游荡的孤魂野鬼，人们普遍认为，这种孤魂野鬼为恶甚烈。因此每当谈及孤魂野鬼，老人们几乎总是用"那些脏的东西""不干净的东西"之类的来替代而不愿意直接说及，显得十分惧怕。

---

① 转引自东莞市政协《东莞风俗叙述与研究》，广东人民出版社2006年版，第110—111页。

许多老人都认为，孤魂野鬼由于其"在生时死得不好"，而且死后又因为身处异地远离故土家园而"无人祭祀"，导致这些亡灵变为了极具戾气的凶残的恶鬼。这些恶鬼会游荡其遭遇横祸而亡的地方，或者在街头巷尾出没，经常心生歹念而对活着的人产生严重的危害。不过，人们普遍又认为，这些鬼因为是处在外地而不是在自己的家园，所以胆子比一般的鬼要小得多，他们白天都根本不会出来害人，唯有到了晚上才敢外出为非作歹祸害生人。可能是这个原因，实际上有许多老人家尤其是老婆婆，对这些游魂野鬼似乎还心存某种怜悯，认为这些鬼魂危害生人，其实也有一些可以理解之处。这些不幸者的家人或者后人均不在当地，因此，平日里以及逢年过节，都无人"喂养"即以祭品供奉他们，导致他们因为挨饿而只好出来自行觅食，结果可能就会使生人遭殃。人们相信每年的七月十四即鬼节，① 就是为了给这些孤鬼幽魂一些吃的，使得他们不至于挨饿，进而使他们不需要去害人。我们在调查时适逢鬼节，发现当日尤其是当日的黄昏，不少老人家奉上祭品并举行祭拜仪式，村落周边到处都是忙碌于上供、烧香、点烛或者祈祷的人影。这种观念与习俗跟麻涌一带的水乡村落颇为相似，② 而与珠江西岸的许多地方差异较大。例如，在佛山、肇庆的不少地方，鬼节祭拜或者祈求孤鬼游魂的活动主要集中于当日的早晨进行。

人们认为，不幸溺水而死亡的人必定会成为水鬼，以前的人们对水鬼也是颇为忌惮。温塘的几位老人都告诉我们，七月十四即鬼节的时候，他们还会特别到河边设台祭拜孤鬼游魂，实际上主要就是祭拜水鬼，祈求他们不要出来害人。人们认为，溺水而死时死状很悲惨；而某个溺死者成为了水鬼之后，必须千方百计拖一个生人下水并使之淹死，这个溺死者才可能托生重新为人。因此，水鬼总是不停地在找替死鬼，这尤其令人恐惧。人们认为必须刻意加以祭拜，才可能使他们不来为难生人。

在我们看来，旧时的东城各处尤其多水即"处处都是水塘"。而村民特别是孩童下水嬉戏但不幸死亡的情况，在过去其实不算十分罕见，这也是一众《南无阿弥陀佛碑》出现的原因。人们忌惮水鬼，其实也就是忌惮水之害。应该说，这种习俗对于保证人们尤其是孩子免遭水难还是有一定帮助的。

二、避鬼与打斋

传统上，人们认为"行善者为神，作恶者为鬼"，因此对鬼始终怀有深深的恐惧。由于鬼神众多并可能给人们日常生活的各个方面带来负面的甚至惨重的影响，人们认为必须想尽办法尽量使自己免受其害。出于这个缘故，旧日里避鬼和打斋颇为多见，甚至直至今日依然可以见到其某些展现形式。

所谓避鬼，就是通过某种方式或者借助某种法术、神物等，使得人们能够避开鬼从而使之不能够加害生人、不能够影响人的正常生活。而根据调查可知，东城人历来以使用神物达至此目的为主，最为普遍多见即石敢当等。

---

① 东城的村落有以七月十四为鬼节的，有以七月十五为鬼节的，还有的村子认为这两天都是鬼节。
② 详参考张振江、陈志伟《麻涌民俗志》，汕头大学出版社2007年版，第262页。

（一）泰山石敢当

在几乎所有的东城村落内，住宅与街道相接处形成丁字路口时，以及在桥梁、道路等整体上呈丁字样的要冲地带，几乎总是可见立有上书"泰山石敢当"字样的石碑（见图10-5），东城人通常称为《泰山石敢当碑》。

在广东各地都普遍多见有立这种碑的习俗，其他地方所见的石敢当多是整块立在路边、桥头等地方的石碑。在东城也可见这种形式的碑，几乎全为麻石质地。但在村落内，另外两种形式的更为常见。一种是以整块石牌的形态嵌入墙体即以之作为墙体的一部分，一种是将刻有"石敢当"字样的红瓷砖贴在住宅的墙体上。人们认为形式虽然不同但都是正对着丁字路口，因此其功能都是一样的，即都可以辟邪、挡煞。

不少东城老人至今相信，村落内外的转角处、丁字路口、桥头、码头等交通要冲，

图10-5 一处家屋墙体上的《泰山石敢当碑》

因为整体上呈丁字形状，是各种意外事故频发之处。因此，这些地方的阴气较重，野鬼也比较多，更加容易给人们带来某些不测。因此，传统上人们请喃呒佬或者神婆之类的人来"看"即选址，然后分别在适当处设立《泰山石敢当碑》，这样才可以"辟邪、挡煞"。人们认为由于"鬼见了都怕"石敢当，因此这些"不洁净的"就不敢到这些地方来了，就可以避免发生严重的灾祸了。

从科学来看，所谓"野鬼""阴气重"云云当然纯属无稽之谈。但这些地方因为整体上呈丁字形，行人因为视线受阻，或者直面水或者风等危险物，导致频发各种意外事故却是事实。由此看来，石敢当不仅给予了人们某种精神上的慰藉，还具有警告行人在这些地方要小心谨慎来人、物件等实际用途。

对于"泰山石敢当"到底是什么，人们则普遍有着自己的、有时跟流行的说法差距较大的解释。如温塘的一位老人说，石敢当便是姜子牙。传说姜子牙在大封神的时候忘了分封自己，等到他想到这点时，所有的职位已经分完了。于是，他只好封自己为泰山石敢当。在东城，这种说法似乎颇有代表性。无论如何，人们普遍相信，"石敢当是地面的神，专门管地面的。就是说啊，玉皇大帝是不会把他召到天上去的"。人们又认为，"因为石敢当是泰山神，所以就算是天大的事下来，他都能顶着"。如此说来，石敢当则又具有保佑地境平安的功能，即与保佑一块区域的土地神有些类似。

但是，如果就事实层面来看，在东城人的神明观念中，石敢当其实可能属于较为低级的一种神明。人们祭祀石敢当时，祭品通常少而简陋，过程通常较为简单、草率而几乎毫无仪式感，似乎说明石敢当并不是什么重要的神明。

(二) 八卦镜

若是自家大门对着大路、街巷、河涌，或者两户人家的大门正好相对，人们就会认为"犯冲"。传统上认为犯冲会导致当事人家的家人"行衰运"，甚至因此而沾染上"不好的东西"即邪气鬼魂之类的。此时就要设法使之改变，最为常见的一种方法就是悬挂八卦镜。

例如，如果两家的大门刚好相对，可以通过协商或者其他途径，改动其中一家大门的位置，通常是一方向某一侧移动若干距离以避免相对。在许多村落中，都可见到某户人家在原来的大门边上重新开设大门的情况，其中就是出于这个原因。但相对来说，安装八卦镜以应对相冲的更为普遍多见，每处村落内都有许多民居都在大门、家门乃至房门上挂上了八卦镜。不少老年人至今认为，八卦镜可以将厄运、衰气等不好的东西反射出去，也可以化解煞气，从而保护自家的安全。但这时尤其要注意不要将这些东西反射到对面的人家，否则，会被认为是只求自保而罔顾他人的自私自利的行为。如果不慎如此，则对门的人家最常见的反击措施就是挂上八卦镜反射回来，这就是"你压我，我也要压你"。要是出现了这种情况，通常造成邻里之间关系紧张、发生矛盾甚至引起严重的冲突。

大致上说，东城的八卦镜虽然形制多样，但以两类为主。一类是将日常用的平面镜挂在大门上充当八卦镜，这是最简单的八卦镜。另一类是复合型的木质八卦镜，通常分为两部分，上部是一块圆形的镜子而下部是一位神明。对于这位神明的身份村民有不同的说法（详参考本书第二章），这位神明有多种形象，但多是面色泛红或者黑色，因此有人说他是钟馗。白庙的袁道士认为是道教中负责镇煞驱邪、化解血光的神明玄坛，传说玄坛具有生财、辟邪、护身之功用。他认为不可能是钟馗，原因是"钟馗是捉鬼的，阴气太重了。所以一般的人家里，都不请这个神明的"。但在事实上，很古的时候人们就已经有挂钟馗以辟邪消灾的习俗，钟馗同时还是最为传统的门神之一。在这位道士看来，这位神明的形象之所以会有所不同，是因为村民们对他的需求本来就有差异，如有的是为了辟邪挡煞而有的是为了消灾等等。目的不同，就导致了其形象的差异。

(三)《南无阿弥陀佛碑》

在村落内部及其附近的路口、桥边、涌边以及码头等处，除了《泰山石敢当碑》之外，常见的另一种石碑便是《南无阿弥陀佛碑》。

但是，"南无阿弥陀佛"究竟为何，似乎已经无人说得清了。鳌峙塘许仙岩的现任管理者明确地认为是一位佛，人们供奉这位佛以期获得其保佑。但更多的人则认为，这个名称只是来源于一句佛教用语，"就是那些和尚经常说的'阿弥陀佛'"。因此，这个碑并不代表某位神明。在佛教中，"南无"为致敬、归命以及皈依之意，"阿弥陀"为无量之意，"佛"为觉者。佛家认为，常念"南无阿弥陀佛"即可逢凶化吉、消灾解难、增福延寿，并能够使人最终往生极乐世界。人们相信，这种碑因为总是刻有"南无阿弥陀佛"字样，所以得了这个名字。桑园的袁老人，特地给我们介绍过本村《南无阿弥陀佛碑》的来历：

农村放这种碑，都是用来辟邪的，就是希望逢凶化吉。你们在公路边看到的那块碑，那是十多年前放的。以前在那个地方，发生过一次车祸，当时还撞死了一个人。所以，村里的那些老太婆，就在那里立了这块碑。

要是叫我说，那个碑其实能够起到一个作用，就是提醒过路人要小心。

如此看来，人们对《南无阿弥陀佛碑》与《泰山石敢当碑》有何作用的认识似乎趋同，即既把它们都当作某种辟邪、挡鬼、挡煞之物，又把它们当成具有某种现实意义的警示物。在东莞的许多乡镇尤其是处于水乡的各处，也经常可以见到立于水边、桥头、码头等处这种《南无阿弥陀佛碑》，那里的村民基本上也都是这种认识。如不少人同样认为，这种碑尤其可以防止水中邪魔出来为害人，尤其可以防止其危害孩子。

与放置《泰山石敢当碑》的方式一样，竖这种碑之前也要请喃呒佬、神婆来察看即选址，之后才能够立碑。但与石敢当不同的是，《南无阿弥陀佛碑》似乎总是设置在某些公共场所，而似乎没有放在如家屋墙体等私人处所的。人们对这种碑的态度，也与对待石敢当的态度颇为类似，虽然在初一、十五或者岁时年节都会依例上香、上供、拜祭，但是，祭品通常也只有香、烛等简单的物品，拜祭过程也较为简短、随意。

我们的调查发现，如今很少有人还会兴建这种碑。其原因正如温塘的一位老人所说的，"其实我们现在都知道，马路出事的原因，那就是车辆太多，就是道路繁忙。再加上是农村地方，管理得不好。哪有什么鬼怪啊，那些说法都是迷信来的"。的确，如今东城人关于传统的民间宗教信仰的观念与行为正在趋于平淡，少人立这种碑是又一个例证。

（二）打斋

打斋仪式起源很早，原是一种祭祀鬼神、祈祷神祇以保佑未来生活平安顺利的祭礼，但后来颇多流变。[①] 在历史上的东城各处村落，打斋都是颇为常见的活动，因此对于打斋老人们至今甚为熟稔。到了如今，打斋主要集中见于温塘的白庙等少数专门的场所。我们发现，白庙平日里法事众多，甚至有过一个下午连续举办了4场小型法事的，而举办的所有法事活动中以打斋最为隆重。

传统上，东城人的打斋活动主要可以分为两类。一种是为"好事"而举办的打斋，访谈时也有道士直接称其为"平安斋"。以前这种类型的打斋，一般都是在下午举行的，主要目的是给事主消灾并保平安。本次调查中，我们参加过几场这种类型的斋事。几位事主都认为，自己现在的富足生活是祖先庇佑的结果，因此特地举办斋事，以感激祖先并求祖先继续保佑后人。另一种则是为了"不好的事"而举办的，以前这种斋事都是在晚上举行的。相对来说，现在这种打斋较为少见。2015年7月14日夜间，我们全程参与观察了一次较为大型的这种类型的打斋仪式，即百日斋。据事主和袁道士介绍，这是为逝去的先人过世百日而专门举办的。该次仪式涉及较多，以下是主要的观察记录：

仪式开始之前，乐手、乐队、道士以及平时就一直在白庙里帮忙的阿婆等一应人员已经就位，事主人家已经准备好所有需要的供品和其他所需要的物品，其摆放样式以及

[①] 张振江、朱爱东、罗忱：《传统村落社会研究》，中山大学出版社2016年版，第447页。

相关人员的位置关系如图10-6所示。

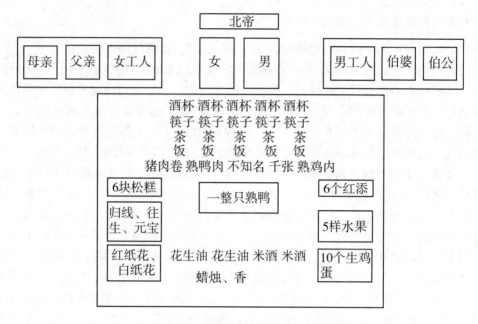

图10-6 准备阶段空间结构

第一阶段 请神、拜神

20：40 乐手开始奏乐，3名穿袍、戴冠的道士肃立，其中1名穿着较为华丽的服装的道士站在中间，另外两名服装较为简单的道士分别站在供桌的一边。

20：50 在道士引导下，事主家人集体到供桌前，顺序依次是老年男性和中年男性、老年女性和中年女性、年轻男性，之后他们依次跪拜。站在中间的那位道士开始做法事，他左手持香，先向白色纸马拜两次，之后面向北帝祭拜，然后先拜北帝右边的神，再拜北帝左边的神。最后把香插在北帝面前的小香炉上，手持朝简。

20：55 3位道士面向北帝，集体拜3拜。中间的道士左手持香面向北帝神像站立，原地踱步转圈嘴里念念有词。之后他改为面向白色纸马，以逆时针顺序依次拜各位神明。

20：59 乐手开始合唱。

21：00 3位道士同时拜祭后，站在中间的道士跪下拜祭，其旁的两名道士在边上念念有词，右边的道士还同时敲木鱼。奏乐停，中间道士起身，3名道士同时3拜。

21：08 3位道士再次同时拜。奏乐，站在中间的道士手持符纸在空中写字，然后双手合十拜两次。紧接着点燃符纸拜3拜后，他左手拿碗右手持香再次在空中写字，然后分别向左右两边喷水。这时其两边的道士分别到中堂和前堂从左至右（面向神像）洒水，①中间的道士开始祝祷。

---

① 所谓的左右，以面向神明而确定。

21：15 3位道士再次同时拜。站在中间的道士先持神牌在空中写字，然后左手持朝筒依次拜白色纸马和神像，之后双手持神牌于胸前并向左侧喷水。之后他手持朝筒，依次拜白色纸马和神像，然后面向白马在空中写字，之后先后向左、中、右3个方向喷水。这时他持笏开始念诵，再持神牌面向神像在空中写字。向中间喷水后，他持朝筒按逆时针方向由右到左拜神明3次。

21：25 乐手之一开始一边敲锣一边唱诵。

21：38 乐手开始吹唢呐。帮忙者从供桌底下拿出两个垫子，事主家人依次在垫子上跪拜。帮忙的阿婆逐一将供桌上的各种供品递给事主家人，由他们把每样东西捧在手上拜3次，之后递给帮忙的阿婆撤走换下一种供品。上供的主要的供品次序为：一整只烧鸭、用碗装的肉菜（共5碗，放在一个大木盘子之中）、松饼、红添、水果、饼干和纸盒子。全部完毕后，帮忙者撤去垫子。

21：40 站在中间的道士抓住一只活公鸡的头放入酒中，然后手持鸡头将酒洒在地上，一边洒还一边念诵，最后用刀刺破鸡冠，用鸡冠血点纸马的眼睛。① 之后他又拿起小酒杯，将其中的酒分3次往地上洒。过程中道士的左手一直抓着活鸡的脚，待洒完酒之后便将鸡丢在一边。

21：42 中间的道士从供桌上插剑的盆里拔出一把剑，然后举着剑大声喝令，同时两边的人开始敲锣、打鼓。稍后，一人将耳朵上插着香的白纸马拿到外面，放入庙前的大焚化炉中焚烧。

21：43 事主全体家人首先面向两个大的纸人肃穆站立，然后依次跪拜纸人。跪拜的基本原则似乎是男左女右、先男后女，祭拜共分为5组分别进行，每组各拜祭3次。最先在左边拜的是该家最年长的一位男子，右边则为该家的一位中年男子；然后该家的一位最年长的妇女在左边跪拜，右边则为该家的一位中年妇女。接着，该家的两对年轻夫妇以男左女右的方式分别跪拜；最后为该家最年轻的一名男子在左边的垫子上跪拜。

21：45 道士们拜了3次神明后脱掉外袍小憩，打斋第一阶段至此结束。

第二阶段 消灾解难

21：57 乐手在边上持续地敲锣、打鼓、吹唢呐，3名道士换上专门的服装开始做法，服装为大红色，据说这有压鬼之作用。供桌两边的道士开始在敲木鱼，站在中间的道士开始念唱。事主的家人又面向两个大纸人依次跪拜，顺序与前相同，也是每人跪拜3次。

22：04 3位道士开始齐唱，奏乐停止后由一位道士独唱。

22：09 3位道士开始奏乐。

22：10 奏乐停止，中间的道士独自念唱。

22：13 左边的道士开始独唱。不一会儿奏乐开始，3位道士又开始合唱。

22：15 事主家人面向两个大纸人依次跪拜3次，其次序为老年男子、中年男子、老年妇女、中年妇女。家人跪在垫子时手里要捧一个小酒杯，其边上的道士依次为其倒入酒，由跪着的人将酒分两次洒在地上，共洒3杯酒。其间乐手持续敲锣、打鼓。

---

① 有道士解释说这个动作被称为鸡冠点睛，是打斋必不可少的一个重要环节。

22：17　右边的道士首先开始念念唱，然后3位道士集体唱并敲木鱼，乐手敲锣、打鼓、吹唢呐。

22：20　中间的道士面向北帝肃立，然后开始念唱。事主家人面向两个大纸人依次跪拜3次，顺序与开始时的顺序相同。他们跪拜时，站在左、右两边的两个道士高喊口号。

22：22　帮忙的阿婆收拾好跪垫。这时奏乐起，3位道士面向北帝拜一次、面向大门拜一次，之后3人再互相拜一次。

22：23　帮忙的阿婆和做法事的人开始收拾供桌上的各种物事，之后撤掉供桌前的木制框架，最后把庙内的所有的纸人逐一拿出并在白庙大门之外摆好。以面向白庙大门口的台阶为基准，两个大的纸人以男左女右的次序摆放，两对小的纸人摆在男的大纸人的左脚边。大纸人前面的地面上，摆着一碗米酒、一杯茶和一瓶米酒。摆好之后做法事的人拿出一摞瓦片，在门前的空地中间围成一个圈并在其中间生火。

道士小憩。打斋第二阶段至此结束。

第三阶段　行百路禀告十世阎王

场景：白庙门前面向正门左边坐着3名乐手，他们分别负责敲锣、打鼓和吹唢呐。白庙门前的中间放置着一些纸扎的人，最右边即焚化炉火炉边上有人在烧纸钱，她要一直烧到这一阶段结束。门前空地的正中间，是用瓦片堆成的一个大火盆。

22：30　帮忙的阿婆以及其他相关人员把用品和祭品全部转移到白庙的大门外空地上。道士与事主家人排成队伍，道士站在前面而事主全体家人依次站在其身后。道士对着纸人念诵了一会儿，所念的大意为请求祖先保佑家人、保佑全家发财、保佑家人健康平安。之后道士与打鼓的人以一问一答的方式，逐一报出了事主家人的姓名、地址等。

22：34　道士和家人站成一列，紧随着道士的是事主家的年龄最老的男子，他挑着一副担子。担子前面一头倒挂一只活公鸡，后面一头挂着一个篮子，篮子里放着一瓶米酒、一碗饭和一双筷子，饭上还放着一个鸭腿。随后是事主家的中年男子和老年妇女，中年男子手里拿着一束香。再后是事主家的中年妇女，她手里捧着一盘子的各种纸钱。最后是事主家的一位年轻男子，他手里拿着一束香。道士与事主家人一道开始围着火盆绕圈，等到锣鼓声响起时，道士一边绕圈一边用哭腔念唱。家人在经过纸人时，都要稍作停留拜一下。

22：38　敲锣打鼓声暂停，道士与事主家人立即停止绕圈。道士与打鼓的人互相说话，大致的主要内容如下：

打鼓人说："鬼门关黑麻麻（意为黑乎乎的）。"

道士说："没错！"

打鼓人说："好彩（意为幸亏）有人打斋送，过了鬼门关一路好走！"

22：39　对话结束后，一行人又开始绕圈。

22：44　暂停绕圈，道士将纸做的房子、车等烧掉，意思是借此送到阴间。

22：45　之后又开始绕圈，道士与乐手齐声唱诵。帮忙的婆婆在一旁添蜡烛。

22：47　暂停绕圈，道士与打鼓的人对话，大致的主要内容如下：

打鼓人说："有人打斋，就不会受苦难。"

道士说:"神明保驾就好行。要如何行?"

打鼓人说:"百路而行!"

道士说:"子女、媳妇为你打斋超度。"

22:48 之后又开始绕圈。

22:52 道士与乐手齐唱,暂停绕圈。唱罢道士与打鼓之人说话。说话的主要内容是:"过了奈何桥,一路行(意为一直走)!"

22:55 互动之后又开始绕圈。道士与敲锣之人齐唱,之后道士单独念诵,大致的主要内容是:"来到神楼,往死成生……保护家人。"

23:57 之后又开始绕圈。帮忙的婆婆在一旁开始添香。

23:02 锣锣声响起,暂停绕圈。道士与打鼓人对话,导致的主要内容如下:

道士说:"城门到!开城门,请问要如何开?"

打鼓人说:"给钱。"

道士说:"要多少?"

打鼓人说:"500两!"

道士说:"500两?小意思!"

23:04 之后又开始绕圈。

23:05 乐手敲锣,之后道士与敲锣之人齐唱,暂停绕圈。唱罢,道士与打鼓之人说话,大致的主要内容如下:

道士说:"来到南门地方。"

打鼓人说:"来迟一步,请走西关。"

道士说:"如何才开?"

打鼓人说:"给700两!"

道士说:"给就给!"

23:07 之后又开始绕圈。

23:08 乐手敲锣,暂停绕圈。道士与打鼓之人说话,大致的主要内容如下:

道士说:"到西关啦。"

打鼓人说:"又迟了一步,改到北关了。"

道士说:"如何才开?"

打鼓人说:"给1000两!"

23:10 之后又开始绕圈。

23:11 乐手敲锣,所有的人停止绕圈。

23:11 乐手开始奏乐,道士脱下服装开始舞弄火棍并毁坏瓦片。紧接着道士拿起纸人脚边的碗喝一大口酒在嘴里含着,他一手拿着男性的大的纸人,一手拿着女性大的纸人,同时在空中舞弄并将纸人逐渐移向燃烧的纸钱的上方。道士向火喷出酒,在火焰变大的时候迅速将纸人拿开,舞弄几下再回原位。之后,道士拿起两对小纸人,动作同上。

23:15 事主家的每一位家人象征性地喂两个大的纸人吃东西,先将酒递到纸人嘴边再将酒倒在地上象征喂其喝酒,之后再分别喂其吃鸭腿、米饭,动作均同上。喂的顺序是先喂男性的大的纸人，再喂女性的大的纸人。

23：19　喂食结束后，大家一起把所有的纸人全部拿进白庙内。

打斋的第三阶段至此结束。

第四阶段　解劫与赐福

23：25　一名道士在庙内开始做法事，事主家人排成一列，集体拜纸扎的人。

23：27　事主家的老年女性和中年女性面向北帝，分别坐在庙内小楼梯下的左边和右边，围着中间的火盆烧纸钱。

23：28　帮忙的阿婆在供桌上准备各种供品，主要包括梅菜扣肉、小馒头（需要用剪刀剪成两半）、豆腐和一大把生的青菜。

23：31　阿婆将供品摆出门外大焚烧炉的边上。面向大门，从左到右的供品依次为：梅菜扣肉、米饭、豆腐、青菜、小馒头以及米酒各一份。

23：50　由开始至此仅有一名道士坐在庙的前部分做法事，念、唱、打鼓等均由他一人负责，事主家人在拜完之后便退下了。

23：54　另一名道士进来接替，继续在庙内的前部做法事。事主的家人排成一排，拜祭纸人三次。

00：06　事主家人走到白庙大门外，集体拜了三拜。在该家人拜祭的同时，一名道士在大门边敲锣并念唱。

00：07　开始烧纸钱、纸衣、纸鞋、纸车、纸房以及生人的衣服等。

00：23　在庙内做法的道士一边打鼓一边走到门口，他边打边唱。

00：27　家人对着大焚烧炉祭拜，道士随即停止打鼓。

00：50　道士回到庙内，之后继续做法。此时两个大的纸人脖子上都缠着一条毛巾，纸桥也被搬了进来放在供桌的左边。乐手再次全部就位，一名道士站在中间位置开始念唱。事主家人全部站在供桌的左边，道士手里拿着一条毛巾，一边念唱一边用毛巾拂过大的纸人的头。之后道士将这条毛巾递到每一位事主家的家人面前，让每个人都抓住毛巾并从上往下滑。这几分钟里，道士手里的毛巾不断来往于纸人的头上和家人的手中。

00：56　道士一边念唱一边将手里的红纸花和白纸花拂过纸人的头，之后道士从桥的两边往上拂纸花。

01：03　奏乐，道士将白纸花拿给事主家人。之后事主家的中年男子站在纸桥边，一手提着黑伞一手拿着一束香。紧接着，事主家的老年男子、中年女子、老年女子以及年轻男子依次从伞下走过，两个大的纸人分别从伞下抬过，之后呈坐姿放进纸轿子里。最后，两对小纸人从伞下抬经过，再分别呈坐姿放进两个纸轿子。道士们抬着纸轿子走出白庙大门口，事主家人紧跟在他们的后面一起走出去，这时乐手也一直跟到门口。所有的纸人和轿子及之前剩下的纸钱，全部要放进门前的大焚烧炉里焚烧掉，以此象征着送给鬼神。此时烧纸钱的方式与之前的有不同，是由一名道士将纸钱倒在大焚烧炉边的空地上，再另一名道士用工具将其推进炉内焚烧。

01：12　事主全家对着大焚烧炉祭拜，道士则在一旁说着各种吉利的话语。

01：13　奏乐，事主的家人再一次对着大焚烧炉拜。

01：14　门外的仪式全部结束。
01：18　回到庙内，事主家的老年妇女和中年妇女各自点了一大束香，然后插在香炉里。之后一名道士念叨吉祥的话，事主全体家人拜北帝。
01：22　道士烧符，打斋的全部仪式至此结束。

据介绍，这次打斋属于近年来相当少见的、比较隆重的一场打斋，但所用的供品均为现今通常所见的祭品而无特异之处，只是相对来说品种更加丰富而已。其祭品中使用到了鸭子，则值得特别说明。据调查，东城客家人和广府人历来都认为，鸭子只能用于祭鬼而绝对不能用来拜神。至于为何会有如此认识，则似乎已经没有人知道确切的原因。现在的人们普遍只是知道，"祖上就是这样的，这样用是以前传下来的规矩"之类的。访谈时有一位中年广府男子猜测，人在哭泣时嘴的形状是扁的，而鸭子的嘴也是扁的，像人在哭，因此用鸭子敬神不吉利。不过，他声明只是猜测而没有多少根据。本次打斋其实是属于祭鬼的，因此当然可以使用鸭子。我们发现，东城无论是广府人还是客家人的村落中，对于如何使用鸡、鸭可能各有自己不同的传统或者讲究。

此外，所有的打斋仪式中普遍都要使用到纸扎成的马，人们认为马是作为传递消息之用的。差别仅仅在于，做"好事"时用的是红色或绿色的纸马，而做"白事"时用的是白色的纸马。纸马背上放着纸人以及需要做法事的事主家人的衣服，人们认为这些纸人其实是代表功曹。做法事之时，还要用鸡冠的血给白马"点睛"，意思是"使白马活起来"。袁道士解释说，这样白马才可以载着功曹，去玉帝跟前禀告事主人家"做功德"一事，"然后玉帝就会通知十殿阎王，阎王就会把事主家的祖先放出来，让他们领斋，就是领我们烧的金元宝"。而据他介绍，仪式中用到的活鸡，除了取血供使用之外还有一种极为特殊但有不可或缺的用途，一般称之为"破地狱"。在"行百路"的时候由亲人担着活鸡跟在道士后面走，这样就能"给祖先解难，让祖先脱离火海"。至于活鸡为什么有如此功能，似乎已经没有人知道，但似乎与"雄鸡一唱天下白"有某种关联。

三、祭鬼

（一）七月半

农历七月十四是传统的中元节，这个节日就是佛教里的盂兰盆节。与许多地区一样，东城人普遍称之为七月半或鬼节。即使是时至今日，东城还流行许多传承下来的鬼节习俗。

这日人们普遍祭鬼，主要的祭祀对象是各种孤鬼游魂。而所谓的祭鬼，实际上可以看成是人们通过某种贿赂的方式供给鬼若干祭品，从而使得鬼不害及生人。传统上，人们认为这些孤鬼游魂之所以会惹是生非、危害生人，主要就是他们都是遭遇横祸而死后变的；再加上无人在阳间供奉他们，因此他们在阴间就过得不好，于是变得极为暴戾了。实际上，这是人们通过模仿人间的一套生活模式或者理念而构建出来的关于鬼的行为的认知。东城人相信，七月十四的阴气也就是鬼气十分之盛，而在夜间尤其是阴气的顶峰期。因此，人们历来十分忌讳在这天尤其是当日的夜间外出。又因为当地有小孩"容易被鬼抓走"的说法，所以家人都会尽量不让自家孩子在这一天外出。

在这一天里，人们祭拜祖先尤其是祭拜或者讨好各种游魂野鬼。这种习俗早已十分流行，且至今没有太大的差别。如在《东莞风俗叙述与研究》中，就可见到往昔的盛况之一斑：

> 节之前后各街坊公众集资买纸衣服，延巫超度及施衣食于游魂饿鬼。坊中并陈设灯景延歌妓，说书，或瞽者等，热闹半夜，然后烧衣散食，与诸鬼。时有极一时之娱乐者。十四日，各家祭其祖先及诸神。①

到了现在，虽然许多东城人相关的观念与行为有了重大的改变，对于鬼的认识更是已经大为松动，但是，每到这一天里的傍晚，几乎仍然是每家每户的妇女都会拿出早已准备好的供品进行祭拜。这时首先需要准备3碗米饭，米饭还要高出饭碗的边即"带尖的"，大多数人家还会准备3份相应的菜肴。人们还会备好时令水果，水果的种类与数目则不定。此外，还要准备3杯酒与3双筷子，据说是预备给孤鬼游魂尽情享受饭菜时所用的。访谈时发现，几乎所有的东城成人都知道这时要准备3份，但可能已经无人知道为何都必须准备3份。拜祭结束时，通例要烧金银纸以及纸衣等送给鬼魂。作为祭品的米饭、酒等物品必须全部倒掉而不能给生人吃，但水果则可以各自带回家吃掉。

在不同的村落中，人们这日具体的祭拜对象以及程序等可能都略有差异，而且据说历史上一直都有差异。例如，除了祭祀所有的孤鬼游魂之外，有些村子还会在这一天专门设供桌于水边祭拜水鬼，如温塘。如今的温塘依然有鬼节习俗，但早已变为村民各自祭拜，而且祭品与仪式也已大大简化。年近90岁的袁××老人回忆，以前每到七月十四这一天，各家各户都会祭拜孤鬼游魂。此外，村民还会集体凑钱，请喃呒佬在某处水边隆重其事地做法事专门祭拜水鬼。或者是出于这个缘故，在温塘鬼节也一直又被称为"水鬼节"。温塘人同样普遍相信，水鬼是一种极为暴戾的恶鬼，"这种鬼如果要成功地投胎转世，就必须在阳间找到一位替身"。而所谓的找到替身，就是水鬼缠住某人并使之溺水死亡。我们发现，类似的观念在东莞的许多地方都存在，如水乡麻涌镇与沙田镇的各处村落，② 这种观念似乎依稀透露出旧时水害之烈。

（二）拜神与烧地契

传统上，东城人在修建房子前需要举行一种拜神仪式，这个习俗至今仍然普遍多见。至于具体祭拜的到底是何方神圣，似乎已无人能说得清。访谈时有人认为，修房子必然涉及破坏土地，因此，这时主要祭拜的神灵就是土地公。应该说，这个说法是目前最为流行也最接近实际的说法。

在打地基之前，户主就要请风水先生之类的人来帮助"捡日子、捡时辰"即挑选吉日良辰。选好的良辰吉时一到，无论如何都要就要"准时准卯"地举行拜神仪式。这时在地基的中间放置一个神台或八仙桌用于摆放供品，依照从前往后的顺序依次摆上

---

① 东莞市政协编：《东莞风俗叙述与研究》，广东人民出版社2008年版，第8页。
② 详参考张振江、陈志伟《麻涌民俗志》，汕头大学出版社2008年版，第236页。

3杯酒、3杯茶、3碗饭、一大块猪肉、几种时令水果以及饼干等。在酒与茶之间，还需摆上3双筷子。此外，香与烛都是常例必备的物事。一般而言，这时至少需要插3支香、3只烛。祭拜时户主要将酒和茶各分3次浇在神台的前方，据说是意为祭拜地方神灵。此外，在建房之前还需在房基的四个角落里各放一封利是，包多少钱则视各户人家的具体情况而无规定数额（详参考本书第二章）。旧时的大多数人家都是在这四个角落里分别放上一枚铜钱，之后还要用石头压住。老人们回忆，如何选择这4个铜钱其实有些讲究：

> 这4个铜钱，一定要是同一个年代的，或者说是同一个皇帝在位期间的铜钱。因为那个历史上啊，朝代不断更迭，很多皇帝就被后来的皇帝夺了天下，就是打下位子了。所以，如果是不同年代的，或者不同皇帝时期的铜钱，这样的话寓意不好，就可能使家里不安定。

传统上，东城人家修建房子之前还需"烧地契"，东城人认为，这是一个与生活在地下的"人"沟通的一种方式。烧了地契即表明这块地已经被新主人买了下来并且要在此修建房子，希望"他们"可以离开不要打扰该户人家的生活。如今也有人家在动工之前依照旧例烧地契，不过，这些地契都是在香烛店即丧葬用品商店买的，而且据说与旧时的地契样式大不相同。我们在访谈时发现，现在似乎老人们都知道旧时的地契与如今的不同，但似乎已经无人能够确切地说出旧时的地契到底是何模样。烧地契的同时还需将元宝、金银纸等一同烧掉，而且香、烛也是必不可少的物事（详参考本书第二章）。

第四节　丧葬习俗与祭祖

东城人历来同样尊重祖先，他们一方面认为"水有源而人有来"，一方面同样相信祖先具有影响后代子孙福祉的超能力。为先人送终与追远即依时祭拜祖先，于是成为了东城人传统的文化中十分重要的部分。本节中，我们概述其主要的传统习俗。

一、丧礼

（一）从断气到下葬

依照常例，死亡者中必然既有男也有女。我们主要以死于自己家中即所谓"寿终正寝"的广府老年男性为例，对其传统葬礼仪式习俗进行简单的描述。

不同村落的丧葬习俗可能有所不同，而广府人和客家人更是因为族群不同而有更大的差异，但可能是得益于几百年间彼此杂处、文化交互感染，各个村落在丧葬习俗等方面早已经可谓大同小异。

1. 死亡

老人未完全咽气之前，家人就要将其移到摆在厅堂之中的床上。也有人家在厅堂之中放几张凳子用于支撑木板，再将垂死者放在木板上而不使用床。此时如何摆放身体是很有讲究的，即一定要使得尚未咽气的老人的脚朝向门口的方向而头要朝向屋内的方向。老人一旦咽气，则要立即把死者的方向调转过来，即使之呈现出脚朝家内而头朝家外的姿势（详参考本书第二章）。至于为何要这样做，东城人已经说不清楚，只是普遍知道"这是从以前沿袭下来的老做法"。这一习惯做法对于东城人的日常生活来说，其实也有某些深刻的影响。如普通人家里的睡觉用的床，其朝向一定是床尾朝家内而床头朝家外。为何必须采用如此朝向已经无人可以说得清楚。如果反过来，则会被认为与人将死时的朝向一样，因此是不好的、晦气的。但是，人躺在这种朝向的床上，其实如同人死后的朝向是一样的，人们却不认为这样有何不妥。

如果能够预期老人即将离开人世，其家人要提前集聚到老人身旁，即所谓的"见上最后一面"，同时也让家人聆听其最后的嘱咐，旧时东城广府人称这一习俗为"得孝"。一旦老人断气，围在周围的亲人便要立即开始放声痛哭，并且要马上换上一应孝服，这就是所谓的"披麻戴孝"。这时还需要立即举办一个重要的仪式即买水，人们认为必须用买来的水，才可以为死者擦拭身体或者洗身。传统上，为死者"担幡买水"是孝子不可推却的义务，这个工作几乎总是由死者的长子负责。但如果死者的儿子去世了或者不在身边，则可以由其内孙代行。如果死者没有儿子也没有内孙，则"由他（意为死者）哥哥或者弟弟的儿子去买水，就是让要继承他的遗产的那个后辈去买水"。传统上，一处村子总有一处临水的地方供村民买水之用，村民有需要时也总是固定到该处买水。例如，桑园村民历来都是到该村村头竖着一块《南无阿弥陀佛碑》的地方买水，那里有一条溪流，旧时水质一直极为清澈。孝子先将一张冥币放到溪水里，这个意味着买。① 之后用一个专门的罐子或者坛子舀满水，再小心地担或者端回家。拿回之后以前要把水交给喃呒佬，由他用金银纸蘸水洒在老人身上，旧时称这个习俗为"洗旧"。

之后死者的子女拿来老人平时用的毛巾，沾上买来的水仔细地为老人擦洗身体。② 等到全部擦洗完了，要马上为死者换上早已准备好的寿衣。③ 人死后身体很快变得僵硬，因此其子女要尽可能快地为其换好寿衣。依照旧时的习俗，如果能够确定老人即将咽气，也可以在其尚未完全断气前就为其穿寿衣，这其实就是为了避免出现尸体僵硬后难以为其穿着。传统上，东城社会对于寿衣的件数、颜色和款式等都是极其有讲究的。但据回忆，有钱人家会早早备齐多套全新而又得体的寿衣，而穷人家则有时候连一套寿衣都无法准备齐当，只好临时找来死者平素穿着的旧衣服为之蔽体而已。本次访谈时，几位老人家都表示，他们的父母过世时"穿的就是平时的衣服"，一位老人家至今还清楚地记得，其母亲的所谓"寿衣"不仅有破洞，还短到"刚刚超过膝盖"。

---

① 据调查，旧时都是给铜钱或者碎银，后来也有给硬币的。
② 据调查，这时一般是子为父擦身而女为母擦身。
③ 旧时老人去世时通常是有征兆的，所以其子女早已经为之备好寿衣等身后事用品。但如果老人是遭受意外等突然去世，则其子女需要紧急赶制寿衣等各种用品以备急用。到了现在，则紧急购买即可齐备。

2. 报丧

死者断气后,当天晚上其家人就要在死者的脚边点上一盏长明灯,并要保证这盏灯直至下葬都不能够熄灭。东城普遍称人去世为"过身",一旦确认家中老人逝世,则需要尽快有人将这个消息登门逐一告知亲朋好友。

登门报丧通常都由孝子尤其是长子承担,如果死者没有儿子,则可由其侄子等人来代替。但无论如何,报丧者必须是死者的或远或近的男性亲属,而历来不能够是其女性亲属。依照传统的习俗,报丧有一定的先后顺序。通常是首先告知死者已经出嫁的女儿,然后是告知舅家、外婆家等至亲,最后是告知一般的亲戚。若死者为妇女,则一般都是首先告知其娘家,至于其余亲戚的告知则顺序相同。报丧的内容比较固定,一般都是首先告知×××因何故于何时去世,然后告知定于何时举办丧事,请求对方参加葬礼。

报丧者要披麻戴孝,还要手拿两根或者一根缠有白纸条的孝棒,也就是俗称的哭丧棒。访谈时有老人回忆,旧时报丧者必须步行或者坐船去报丧。如果必须乘坐自行车前去,则必须由另外一人骑车而报丧者只能够坐在后架子上,即他不能够自行骑车。到了对方的村落后,报丧者则必须下车步行。传统上,报丧的方式也有许多讲究。而最为重要的一点是,报丧者一定要站在对方的家门外告知对方,而绝对不能够走进对方的家门。人们认为,否则的话就会把晦气带入对方的家中,从而可能给对方造成严重的不吉利。随着通信设备迅速普及,现在这些方面都已经大为简化。访谈时老人都说,如今只有少数几处至亲还需要亲自登门报丧,这主要为的是表示对他们的格外尊重;至于其他的一般亲友,则普遍都是采用电话通知的方式了。我们的调查发现,现在东城人都是确实如此做的。人们普遍认为如此一来既方便又安全,"一部手机,就什么都办好了。肯定不会进人家的门了,自然也就不会带去晦气什么的了"。

3. 守夜

老人断气之后至下葬之前,晚上其子女等家人都要留守在老人的身边,习惯上这称为"守夜"或者"守灵"。

访谈时发现,东城人至今普遍认为为老人守灵是一种义务,是子女行孝道、寄托哀思的一种主要的方式,也有陪伴逝去的亲人在人世间最后一段时间的含义。人们普遍认为,子女若是不愿为死者守灵,则是一种极为不孝顺的、人神共怒的行为,当事者不仅会遭受社会普遍的严厉谴责,还会遭受鬼神的惩罚。鬼神会使得其在日后不断遭遇坎坷、诸事不顺,人们认为这是其应得的"报应"。

据调查,不同村落具体的守灵的时间并不相同。但因为旧时普遍在死后的第二天某时即下葬,所以,传统上以守一个晚上的最为多见。某些富贵人家为了显示自己对于逝者的依依不舍之情,可能会在三五天之后才下葬,则需要相应地多守几个晚上。依照习俗,守夜时子女跪在死者身旁,在地面上以稻草铺成简单的床铺,一边痛哭即"哭灵"一边还要为死者烧各种纸钱,实在困倦时也是在这里略事休息。人们认为,痛哭是显示子女不舍得亲人,烧纸钱则是为死者送钱,使之在地下免受因为无钱而遭磨难。守灵期间还有一个特别的任务,就是要为死者的脚边的长明灯添油,以确保其在整个丧礼期间都长明不灭。人们相信,如果这盏长明灯灭了,不仅说明子女守灵时不尽心,还可能由此而给逝者带来某种不吉。

也有老人私下认为,守夜其实有某些非常现实的目的,主要在于不让尸体受到侵扰甚至破坏。在旧时的东城,由于地处农村而狗、猫、老鼠等动物普遍多见。人们认为若是不加以看守,这些动物不仅可能会造成某些不吉利的事情,还会有意无意地破坏了尸体,严重时甚至会导致死者尸首不全。不少老人至今相信,如果猫从尸体上方跳了过去,则会出现诈尸等极其不吉利的情况。而传统上人们认为死者必须保持全尸的状态,不是全尸则无异于横死,而这也是极其不吉的。所以,如果因为子女的疏忽导致尸首不全,则是子女最大的不孝,会受到社会广泛的责备。峡口村的一位老太太私下告诉我们,某村一位老人家去世后的停灵期间,当天晚上子女们守灵时睡着了,结果猫或者老鼠啃食了死者的一只眼睛。其后人第二天发现后大为惊恐,只好悄悄地买来一只狗眼睛塞入尸体的眼眶冒充人眼。但这件事情后来还是被人发觉了,成为了当地及周围村落许多年间教育子女孝顺的反面例证。我们在东莞市清溪镇调查时,也听说过类似的不幸事件,讲述者对当事人家的子女摇头不已。

4. 收殓

收殓指的是把死者的遗体放入棺材的过程,东城人又称收殓为入殓。由于东城几乎终年高温又潮湿,尸体停放时间稍长就极其容易出现腐烂、发臭甚至流黄水等现象。如果出现这样的情况,不仅会对生人造成危害,人们还认为更是对死者的大不敬。因此,传统上东城广府人和客家人一般都是只停尸一天,即普遍在其去世的第二天收殓即放入棺材然后下葬。

旧时人们普遍忌讳这个放入棺材的过程,普遍认为"不干净"而不愿意参与。因此通常都是请来被称为"土工"或者"大力佬"的人来完成,这些是专门负责收尸等"低贱"工作的。据调查,不论在广府人的还是和客家人的许多村落中,旧时都有这类专业的人员。一般来说,这些人在当时既无社会地位也没有什么经济地位,但人们认为他们"命硬",那些"不干净的东西"无法侵害他们,因此他们可以从事这些工作。在旧时的珠江三角洲各处,似乎都有类似的人员从事类似的工作,在一定意义上说他们其实是村落必不可少的人员。但可能是因为人们普遍忌讳这些人、普遍认为他们"不干净",所以对于他们的具体情况,人们所知甚少。本次调查发现,就是现在人们也不愿过多地谈及他们。

入殓时,土工先将棺材内一切准备妥当,然后抬着死者平放进棺材里。待死者亲属逐一见死者最后一面之后,土工即把棺材盖子盖上,再用竹钉、木钉或者铁钉子将盖子彻底钉死,从此死者与生者即阴阳异路。旧时人们认为,棺材是死者在阴间的固定居所,因此对棺材有许多讲究。在《东莞风俗叙述与研究》中,对于民国时期的情况有所记载:"富者棺材用楠木、杉等优质木料制成,手工讲究,还用桐油、石灰、红色或黑色漆妆扮得光泽照人,敲之声如钟磬。"至于不那么富裕的人家,则只能够使用相对简陋的棺材,也有人家以木板钉成长方形的柜子充当棺材使用。最为贫苦的人家实在无力置办棺材时,"只好赤身裹席掩埋。故民间有'穷家埋人,富家埋钱'之谚流传"[①]。

[①] 东莞市政协编:《东莞风俗叙述与研究》,广东人民出版社2008年版,第87页。

而据调查，东城历史上就有"赤身裹席掩埋"的情况，而且似乎还不是非常之少见。如果从东城的居民构成来看，由于客家人相对后来，因此以前客家人相对来说普遍更为贫穷。牛山村的一位客家老人少年时目睹过几例这样草草掩埋的情况。几十年后回忆此情此景，他还不住地摇头叹气："这样子，你肯定觉得对不住先人啊。不过你家里穷，你就只能够这样了。又能有别的什么办法？"

5. 选择墓地

如今的东城人其实主要是明清两代移民的后代，他们始祖的坟墓，几乎都是在各自的迁出地。抵达东城后最初的几代东城人一旦过世，普遍也是辗转送回迁出地即祖居地下葬的。因为这样，直到现在还有不少人辗转回故乡祭祖。

但根据访谈和实地考察可知，随着人们定居日久，异乡变成了家乡。大致上说，约从清朝的中叶开始，东城的广府人和客家人不约而同地都在东城境内或者附近择地而葬，这就导致了有些后出村落的一世祖的坟墓就在东城或者附近。传统上，人们对于墓地的风水极为讲究，只要有可能都会请喃呒佬之类的人物看风水，东城至今多有关于坟墓风水的奇异故事流传。旧时人们普遍视占山为最优，这似乎是选择墓地时最为基本的一条原则。（见图10-7）但传统上人们认为山与山不同，如有的山头没有一块风水地，而有的山头则有几块风水地，所以必须经过精心的选择以取舍。某村一位已经"退休"多年的老风水师，就曾经给我们举了个例子加以简单的说明："我们看那边那个山峦，是不是像一条龙一样？它中间有一个突起来的地方，那个位置就是风水好的，那里是可以修建好几个墓的。就是东、南、西、北四个方向，都可以修墓的。"

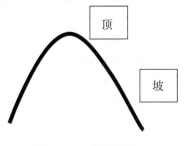

图 10-7　山坡示意

本次调查过程中，我们利用各种机缘得以考察了8个东城姓氏的祖坟。这些坟墓分别属于广府人和客家人，均修建于清代，位于距离其生前所在的村落或远或近的某处山头上。东城一位对地方文史颇有心得的张姓男子，曾经专门带我们到黄旗山上，参谒其家族落籍东城后前三代祖先的墓地。每年拜祭这三处祖坟都不容易，因为与家族所在的村落"隔了十几里地。以前拜山时很辛苦的，要先划船走一段水路再走陆路，要大半天才能到"。但每次看到这三处祖坟所在的地势，他都不自禁地充满了自豪，认为其当时选择的风水尤其好。

而在我们今天看来，这种占山为优的传统选择墓地理念，除了有所谓的风水考虑之外，更是受东城的两条基本地理条件的约束。首先，东城各处历来多水，如果在平地上建坟起墓则极其容易遭受水患。一旦坟墓被淹，墓内的棺材以及遗体几乎不可避免地会被水浸泡，这显然是对逝去先人的极大不敬，也会给在生者造成极大的心里痛苦。其次，东城各处村落历来多山（实多为丘陵）而少田地，为了维持最起码的生存，人们千方百计地节省宝贵的田地，连村落都被迫选择依山而建以尽量不占或者少占田地。因此，选墓地时自然能够不占用田地就不占用，修建于各处的山上几乎成为了不二之选。

但墓穴具体在山上何处选择，传统上确实有一番讲究。即使是时至今日，不少老人还是坚定地认为，墓地不仅关乎逝者，还关乎生人的前途与未来。即选得好可以保佑死者的子孙后代平安、发大财、行官运，而选得不好则会为其后代招来厄运、危及后人的生命甚至使得后代断绝。因此，人们对选择墓穴一直非常在意。旧时有钱的人家，几乎都会请一位甚至几位风水先生看"局"，即看风水。当时主要是从墓穴与其周围的环境是否相适宜、棺材以及坟墓的朝向等两方面着眼，实际上考察的则是山峦的状态、"理气"和天象三个具体的要素到底如何。据调查，人们认为这些要素及其关系不是固定的而是会变的，因而需要经常观察。而在实践上，则是每隔规定的时间看一次。例如，星辰的具体位置其实每年都会发生某种变化，因此需要经常观察"气运"即天象。传统上，可以是每年看一次，也可以20年、40年或者60年才看一次。据调查，旧时多数看气运的人家都是40年看一次，因为"一年看一次，那太麻烦了。要是60年看一次，那又太久了"。至于决定棺材与坟墓的朝向的因素，则似乎相对较为简单。鳌峙塘一位曾当过风水先生的老人家，曾经跟我们回忆起他以前的做法，"找方向啊，那是很简单的。就是用笔比画一下，就可以确定了"。他所谓的用笔比画一下，通常就是比画坟墓与某处山峰的位置关系，也就是测定通常所谓的"来龙""去脉""文脉"等风水方面的意蕴。在多年以前，我们所见的这种比画一下，确实有借助于笔的，但也有借助于罗盘测定的。

6. 出殡

随着殡葬制度的改革，现在东城人出殡仪式简化了许多，甚至有当天就出殡的情况出现。在以前，原则上是要挑选吉日出殡，而不能够如此随便的。不过，整体上说虽然出殡的情况古今有明显的差异，但基本的内容则相差无几。

以前有钱人家的棺木非常沉重，通常需要4个人才抬得动。普通人家的棺木则通常较轻，一般只需要2个人即可抬走。如今不同人家的棺木差异并不大，通常都是两个人抬即可。出殡时人们抬着死者先走出家门，然后等一下以便整理送葬的队伍。整个队伍的最前面，有一个人挑着担子，担子里面装着给死者准备的饭、菜、肉、酒、茶等物。依照广府的传统习俗，这时死者的近亲要依照关系的远近穿上不同的孝服，孝服通常都必须是未锁边的。死者的儿子这时要头戴白头巾、腰系一条麻布或者麻绳做成的腰带，走在所有亲属的最前面。其他亲属以及亲朋好友，按照远近亲疏关系依次紧跟在其后。所有亲属都要手拿一小根竹子，竹子必须是新砍下来的，且枝叶不能经过任何修剪。每根竹子上都挂有一块红布或者红布条，上面有喃呒佬写的字。送葬的队伍一边走还有专人一边往地上撒锡钱或者纸钱。传统上，外嫁的女儿也需要回来送葬，但女婿则可以不来。

在预先精心选好的"好风水"的墓地，已经适时挖好墓穴。① 下葬的队伍一到，即由土工将棺材小心、精确地放入墓穴内适当的位置。挑来的担子内的饭、菜、肉、酒、茶等物，这时也要一起放进墓穴里。待墓穴内的一切处理好之后，即可以开始封土。依照传统，第一个覆土的必须是与死者关系最为亲近的家属，通常是其儿子。在儿子手捧

---

① 有老人说，由于担心可能有人故意往墓穴内放入不好的东西破坏风水，所以挖墓穴的人都是事主家信得过的近亲，挖好后还要严格看守。至于何时挖墓穴也有讲究，如有的人家是等棺材到了才开始挖，挖成后即可下葬，据说为的也是最大限度地减少风水被破坏的可能。

第一把土撒进去后,围在周围的其他亲属依次都要手捧一把土撒放进去。全部结束后,再由土工用铲子铲土,将棺材彻底掩埋。是否需要起坟头则不一定,东城的坟墓历来有不同的建筑格式和讲究,而且普遍实行二次葬制度,因此需要依照具体的情况而定。据调查,传统上多数人家对所修建的坟通常都不会太过着意营造,因此不专门建坟头的颇为多见。

下葬完毕后,送葬的一行人回到事主家中稍聚后即散去,也有的是下葬后即各自散去,一次丧葬事宜至此基本完成。人们认为,这一整年都是守孝期,必须遵从传统的规矩。如死者的家人要在左胸前带一朵白色的纸花,借以表达对逝者的缅怀、对死者的孝心,同时也表示自己家中有长辈过世不满一年。但访谈时许多村民都说,"有些村子的规矩,是这样的。不过,其实基本上都是做不到的,哪有可能挂那么久啊"。

(二)下葬之后诸事宜

人们认为办完丧礼的一年之内事主家仍然处于"热孝"状态,整整一年内要遵守某些特定的礼仪,即不能够办某些事情而必须办某些事情。

不能够办的事情相对较为烦琐,基本原则是不要因此而给自己或者他人带来不吉。如依照习俗,逝者过世的当天主家就要将家里面所有红色的对联全部撕掉。下葬后的一整年内,该家不能够贴红色的春联等各种对联。如果实在需要张贴的话,也只能够贴特定颜色以及内容的对联。又如,这一时期尽量不要走访某些特定的人家或者处所,自家不要举办建房、结婚等大事,实在需要,可以采用提前或者延期的方式权宜处理。如估计身体欠佳的老人可能将在不久后就去世,该家可以提前办喜事,也可以推后办理喜事。

必须办理的事情相对较多,其中最主要的是"立碑""做百日""做英雄""做忌"和"封寿"。这些习俗至今普遍存在,因此我们逐一概述。

1. 立碑

随着近些年来丧葬仪式的改革,很少再有新的坟墓出现,立碑习俗相应地也趋于消失。历史上,东城人很早就有为死者建墓并立碑的习俗,这甚至可以说是传统的丧葬仪礼中一个极为重要的环节。

但是,具体的立碑情况略微复杂。旧时的人们普遍认为,墓碑如果立得好,不仅三至五年就可以捡金即把骨头捡出来进行二次葬,还能因此而给其后代带来福祉。但如果碑立得不好,不仅逝去的这位先人会因此而遭罪,还会祸及其仍然在世的后人,常见的是"后人生病啊、死啊,各种事都有。要是立得不好,那是很容易出事的"。由于万一立得不好导致的后果难以承受,许多没有能力判定立碑风水或者吉凶的人家,便干脆选择不立碑,而仅仅封土建墓。也有人家是在捡完骸骨放入金塔并葬入新的墓地之后再立石碑,表示该处是其永久性的墓地,还可以借此避开第一次下葬时立碑的风险。在珠江三角洲各处,似乎都可以见到类似的习俗。

人们普遍认为,立碑时所谓的风水好或者坏,不是主家就可以断定的,通常要请风水先生"来看过,才知道是好是坏的"。因此,立碑都是经过仔细的勘验的。但出于各种原因,可能事后主家才发现"碑立得不好"。一旦出现这种情况,传统上人们就会马上采取适当的补救措施,最为常见的是立刻把该块碑挖掉。但是,挖掉碑也是有讲究的。鳌峙塘一位曾当过多年风水先生的老人家告诉我们,"要正式学过的、有一定年纪的人,才能搞得好这个。我们会搞点小动作,然后封碑。封了之后呢,才可以挖掉这块碑。其实也可以用原来的碑,就是不挖掉。不过,要把碑的方向适当地搞偏一点"。至于所谓的小动作具体是什么,这位老人家不愿意具体透露,因为这涉及了"天机"。

2. 做百日

人死后满一百天的时候,其后代要为之举行一种特殊的仪式。传统上,这个仪式称为"做百日",主要目的是告慰逝者并造福生人。

东莞的广府人和客家人多有单独做百日的,但也有把百日与做英雄合并举办的。在距离东城不远的麻涌镇,同样也是有的村落分别办,也有的村落则是合并举办二者。做百日的时候,主家通常都会尽力准备各种各样的、丰富的供品。家庭条件较好的人家自然会准备非常多供品,家庭条件一般的人家也会尽可能多备物品。人们认为,越多越能够显示主家诚心诚意地为逝者"做百日"。因此,这时的祭品种类经常达一百种之多,所以有人也把这时的祭品称为"百样"。传统的祭品以饮食为主,现在则变得五花八门。除了常例的各种饮食物类祭品之外,还经常有房子、仆人、小汽车、手机甚至电脑等,当然全部都是纸扎的。

据调查,如今人们多是备齐各种祭品后,到庙里请道士主持仪式为逝者做百日。等到仪式结束后,主家通常会把祭品的一部分带回家中享用,其余的则留在庙中给道士或者其他人享用。而在清末民国时期,似乎大多数的人家都不是去庙里请人举办,而是分成几个阶段自主进行。当时一般的程序是,备好祭品后家人集体在家中死者的遗像前祭拜,然后带齐祭品一起到死者的坟墓处祭拜,祝愿死者在阴间得享安宁、清福。祭拜结束后,一般是把酒杯、香、烛等留在坟墓前,而把其他的大多数祭品带回家中,由家人或者叔伯等近亲共同分享。这个程序与在漳澎等村所见的颇为一致,似乎说明旧时普遍是如此举办的。①

由于这类活动中所有的饮食类祭品最后主要都是供人享用的,因此访谈时有位东城的客家退休教师才会开玩笑地说,那时"祭什么祖啊,都是自己打牙祭,说到底是穷呗"。据调查,当时因为"经济条件差",所以几乎都是自行主办。而几乎都不去庙里举办,其实也是"经济条件差"的一种曲折的表现,即家人可以更多地享受平日难得一见的各种饮食。

3. 做英雄

在东城以及东莞的许多村寨,至今都仍然普遍存在着一种较为特殊的纪念性仪式,通常称为"做英雄"。人们至今普遍认为,这个仪式对逝者以及生者都很重要,因此,至今普遍极为重视。

对做英雄的对象即什么人过世后才能够做英雄,现在的人们有不同的认识。大部分人认为,只有结了婚且生了孩子的人身后才能够"做英雄",也有人认为只要结了婚身后就可以做英雄。在他们看来,否则的话,逝者还是单身绝不可能成为祖先。但另有人

---

① 详参考张振江、朱爱东、罗忱《漳澎传统村落社会研究》,中山大学出版社2016年版,第404—405页。

认为，逝者无论成家与否以及有无后代，只要活到了一定的年龄就都可以做英雄；如果该逝者未婚，或者虽然结婚但没有后代，由于人们历来认为死者为大，其同辈的近亲属、亲人也有为之举办这种仪式的义务。而由我们收集到的案例来看，享受到了这个尊荣的几乎都是有男性后代的逝者，其他的逝者如果有享受这一哀荣的，也少到完全可以视为例外。至于夭折者，人们公认不会为之举办。

至于为什么要举办这种仪式，人们的看法也不相同。大部分人认为，这是因为一个人去世之后不是必定可以成为该家的祖先的，自然也不是必定可以成为该家的家神的；而只有在过世满一年时其健在的亲人为之举办了做英雄仪式之后，该位死者才可以顺利地成为祖先和家神。这时家庭中最为明显的相关标志，则是自此日开始，其神主牌能够被"请上"设于家中厅堂的神阁即成为祖先和家神，并自此日开始可以享受后代的各种供奉。与此同时，他也要负起保佑其子孙后代的职责。① 但是，也有一些人认为，做英雄意味着一个完整的丧葬仪式即从去世到举办丧礼再到亲人脱孝的全部过程，至此正式结束；至于这个仪式中设置的给死者解难、脱离火海等环节，则是象征着死者此后可以自由地转世投胎了。如果由这个仪式所用的对联来看，后一说法虽然从之者少，但似乎可能接近原意。但无论如何，各处的人们都普遍认为，对于逝者以及对于生者来说，做英雄事关重大，故需要极其重视。

依照习俗，等到了某人死后满一周年时，其健在的亲人（通常是子女）就要专门为之举办一场法事。家人可以请道士等人负责进行，也可以自行操作。而由访谈来看，以前似乎多是大户人家请道士等负责，普通人家则通常是在自己家里举行；现在到庙里请道士等负责操办仪式，则渐成趋势。但是，人们给出的理由则很有意思，如受居住条件的限制无法在家里举办，或者办这种事情必然有动静、可能因此扰民而引发邻里之间的矛盾等，似乎没有人提到经济方面的考虑。

因为死者的逝世时间是确定的，所以做英雄不需要选择日子，只要在满周年的当日举办均可。但是，具体在该天中的哪个时间进行，一般都还是有若干讲究的，普遍多见的是从当天晚上八九点开始，持续到第二天的子时才结束。但因为传统的天干地支算法中的子时并不完全等于现在时制的某个整点，所以过了11点即结束的和过了12点才结束的，现在都很常见。

做完仪式之后，事主人家需要换上有特殊用语的对联。我们实际考察了几乎所有的东城村落，发现现在以下两副对联最为常见：

除了麻衣穿吉服，一路英雄到白头。
此日门厅除素服，他年兰桂发新芽。

横批则一律都是"一路英雄"。也有人说，就是因为这个横批，这个仪式才被称为"做英雄"。不少老人家回忆，旧时同样也是多见类似字样的对联。依照传统的习俗，到了下一年的除夕时即要张贴新联时，所贴的这副对联才能够撕掉。因此，以其张贴的

---

① 据调查，传统上东城人家中的神阁上的祖先牌位是单独的，即每一位祖先都有自己的牌位。而在20世纪60年代的"破四旧"以及"文化大革命"等运动中，几乎所有牌位都被视为封建迷信而遭清除、破坏，所以如今绝大多数人家只有一个总牌位，即"×××姓氏历代祖先之位"，而很少见到单独的牌位了。

具体时长是不固定的,而决定于其距离下一个春节的远近。

4. 封寿

自下葬开始的多年中,每年到了该位死者离世的日子,其家人通常都要举行一定的仪式祭拜逝者,习俗称之为"做忌"。但是,做忌是有固定年限的,即到了一定的时间举办一种称为"封寿"的仪式之后,就不需要再"做忌"了。

东城不同村落关于具体年限的习俗不同,但较为普遍的情况似乎有两种,即以逝者的寿命即阳寿加上去世的时间即阴寿满 80 岁为限;或以逝者的寿命即阳寿加上去世的时间即阴寿满 100 岁为限。两者中相比较,似乎以百岁为限的更为多见。到了 80 岁或者 100 岁的当天,逝者的家人自行或者请来道士等为逝者举办"封寿"仪式,这个仪式也表示至此开始不需要再"做忌"了。

我们访谈时发现,不少老人认为这是因为,80 年或者 100 年相当于一个轮回,即当一个人满 80 岁或者 100 岁时,早已经转世投胎了,因此不再属于原来家庭中的一员了,所以封寿之后就可以不用再祭拜了。我们认为其最主要的原因,似乎在于旧时的人们寿命普遍较短。据我们粗略的抽样调查,中华人民共和国成立初期东城人的平均寿命在 40 岁上下。因此,当死者年龄到了 80 岁或者 100 岁时,逝者与其家庭的新成员之间通常已经隔了三四代,即这时彼此的关系其实已经相当疏远。因此一般情况下,新的家庭成员也都不会再在其家中继续特地供奉如此早的过世的祖先了。

我们实际观察到的情况是,虽然现在人们的寿命预期早已经大幅提高,普通人家通常只单独供奉自己的父母以及祖父母,其余的祖先几乎总是统归于"×××姓氏历代祖先神位"名义之下供奉。这个现象相当普遍,似乎可以从侧面说明为何要结束"做忌"。

二、二次葬

所谓二次葬,是一种相对来说较为特殊的葬式,即在第一次下葬的若干年后举办某种仪式,再通过某种方式进行第二次下葬。

在我国的各个人群当中,客家人历来以盛行二次葬闻名于世,有时二次葬甚至被认为是这一支系的汉人特有的丧葬方式。但是,我们发现东城的广府人和客家人普遍都有二次葬的习俗,而且这两个群体在二次葬的许多具体的细节方面都颇为相似。其实东莞的许多地方、许多人群种,也都有类似的二次葬习俗,如麻涌镇的各个人群历来就是如此。① 至于这些不同的人群或者族群为什么会出现如此类似的习俗,我们暂时还不能够确知其原因,可能是文化感染的结果,也可能是面对相同的环境时做出的类似反应。我们猜测如今东莞的某些广府人其实本来是客家人,如果是这样,则这种习俗可能与族群身份转换也有关。

访谈时发现,东城不论广府老人还是客家老人都认为,以前虽然有钱的人家几乎都会请风水先生来看风水择地,但第一次下葬的具体地点其实多是由当事老人在世时亲自

---

① 详参考张振江、陈志伟《麻涌民俗志》,汕头大学出版社 2007 年版,第 255—258 页。

选定的，而且几乎都是选定在山头上。而进行二次葬时，其墓穴的所在虽然通常也都是位于山头上，但通常是由其后人请人或者自行仔细选择的。老人们说，历史上一般是在下葬了6年之后才进行二次葬，最主要的原因在于那时的棺材大多用比较好的木材制作，因此需要6年左右的时间，棺材中尸体上的肉才可能彻底腐烂。但到了中华人民共和国成立之后，东城人因故多改用相对来说不是那么好的木头制作棺材，导致棺材及其中的尸体上的肉的腐烂速度较快。因此，下葬3年之后就可以挖出来了举办二次葬了。每逢这时，有钱的人家可能会大宴宾客，一般的人家可能就只是请家人以及叔伯、兄弟等至亲一起吃一顿而已。

传统上，举行二次葬时富贵之家可能也会择定时日，但通常都是由主家自行择日。这个日子可以是下葬的周年日子，但也可以只是相近的日子，即不是必定要在周年纪念日举行二次葬。这时人们也几乎都是找来土工，由他们前往负责具体的各项工作。土工先把棺材掘出来，因为这时棺材虽然已经腐朽但通常还基本完好，所以要先小心地把钉死的棺盖打开，然后仔细地将里面的遗骨全部捡出来。逐一洗干净遗骸之后，他们通常还需要负责逐一晾晒干净。然后按照一定的顺序放进称为"金塔"的坛子中整齐摆放，之后再择地重新下葬或者安置起来。鳌峙塘有一位老人年轻时就是这种土工，他还清楚地记得当时是如何摆放遗骨的，其基本的原则是依照生人的坐姿：

必须把那个人的骨头，放得像人活着的时候盘腿坐着一样。要把那些个骨头，一节一节有顺序地放进去，不能乱放。

那时候，一般都是分为三节放骨头的。就是先放腿骨，再放盆骨，最后放脊椎骨。一般都是分这三节放的。等这些弄好了，再把肩胛骨放在脊椎骨的上面，最后再放头骨。

如果头骨放歪了，那是要摆正的，头骨一定要正。

据调查，旧时东城各处多水，因此人们普遍采用防水性能较好的坛子即金坛盛放骸骨。但访谈时也有不少老人说，采用金坛是为了便于日后将遗骸迁移至祖居地。相对来说，在客家群体中这个说法较为多见。但在东城人的丧葬实践中，除了最初的几位始祖之外，似乎都是就地安葬而极少见后来又迁回原乡的。至于遗骸采取盘腿坐姿，有老人说则是因为这样最方便逝者享用后代供奉的祭祀品。也有老人说，金坛通常容积相当有限，即无法采用其他的姿势摆放，因此如何摆放并无过多的深意。

安置金坛的地方可以是原来的埋葬之处，也可以是另外选择的新地方。安置的时候，通例将金塔的三分之一或四分之一埋入地面，主要是使之免于被牛、人等无意中碰到而导致其歪倒甚至倾覆。但如果是放置于祖坟处或者家族的集体墓地处，可能就是依照死者在家族中的具体位置端正地放好即可。之后多数人家都会把金坛的盖子紧紧地密封住，这主要是以防止雨水以及蛇、虫之类的进入，也是为了防止有人无意中打开。

三、祭祖

人们历来把祭祖看成是显示对先人敬意的一种方式，也看成是实现生人与祖先有效沟通的一种方式。因此,历史上的东城人十分重视祭祖。东城人的岁时祭祀古今几乎全同,但程序繁简有异或者祭品多寡有别,此处我们主要从空间即祭祀的地点分为家祭、祠祭和墓祭三种,分别略加描述。

(一) 家祭

人们在家中各自祭拜各自的祖先,这种习俗传统上称为"家祭"。总体而言,家祭尤其是年节之外的日常例行性家祭的仪式相当简单。

即使是时至今日,东城的广府人和客家人依然普遍会在家中的神台(又称为神龛)处摆放已逝双亲和祖父母等人的画像、相片或者神主牌位以及"××姓氏堂上历代祖先"之类的牌位,传统上更是如此。在日常的生活中,人们在这些神物面前进行各种家庭性的祭祀活动,这就是所谓的家祭。年节之外的例行性的家庭祭祀一应事宜,通常由家中的妇女全部负责,最主要的是将各种供品摆在供桌上并祈祷。这时她一般都是要先给祖先上香恭请祖先享用供品,之后祈求祖先保佑全家平平安安、身体健康等。旧时日常的祭品一般有酒、茶、米饭、菜肴、点心、水果以及香、烛、金银纸等物,到了现在则几乎都大为简化,许多人家都已经变为仅仅在早、晚由主妇各插一根香显示敬意,但祷告则是依然普遍存在。

关于家中神阁上的牌位如何摆放以及摆放哪些神位,东城有不少特定的习俗。如传统上没有子嗣的人去世了,其牌位的摆放则跟其在世时有否成家相关。已成家的人可以有牌位,而且可以正对着家屋的大门摆放。至于没成家的人有时也可以有牌位,但牌位只能侧放即不可以正对门口。为什么会有这样的严格区分,似乎已经无人知晓了。此外东城各村落普遍还有一个风俗,即如果母亲不幸过早去世了,在儿子结婚之前这位母亲的神主牌是不能放到家中的神阁之上的,而只能在神阁下面另设一个地方安置。一直要等到儿子结婚的那一天,母亲的神主牌才能够被"请"到神阁上,目的是便于接受儿子夫妇在拜堂时候的拜祭。自此之后,其神位就可以一直放在神台上面。

在有些村落中,人们对于是摆放画像还是相片可能有区分。不少人认为,做英雄之前只能够在神台等处摆放逝者的画像,做英雄之后才可以换为相片摆放。至于为什么有如此的不同,似乎也已经无人知晓。但在历史上,东城人只有画像,许多老人的遗像其实还是身后按照后人的描述而补画的。由此看来,这个习俗的历史可能其实不是很久远,但值得注意。

(二) 祠祭

人们在祠堂祭拜祖先,习惯上称为"祠祭"。但据调查,虽然古今东城人都会去祠堂祭祀祖先,但已经有根本性的不同,即以前有时候是阖族甚至阖村在族长等人的召集下集体到祠堂依礼祭拜,现在则都变为了以家庭为单位各自祭拜。

据调查,历史上的东城人的祠祭的方式可能就有不同。如有人认为,除了除夕当日(通常是当日下午或者晚上)或者正月初一(通常是当日早晨)必定要到祠堂祭祀以外,以前每逢农历每月的初一和十五也要集体到祠堂祭祀。但也有老人家回忆,至少从很早的时候开始他们所在的村落或者宗族就只有除夕当日(通常是当日下午或者晚上)

或者正月初一（通常是当日早晨）才需要到祠堂祭祀。至于具体的祠祭拜祭方式，不同的村落则可能差别更大。如有的老人回忆说，当时他们所在的村落是阖族甚至阖村集体祭拜，还有族老一类的头面人物负责领头参拜，族老还负责讲解祖训、把过去一年中族中新生的男丁录入族谱等之上，而且这时女人绝对不许参加。但也有老人回忆，在他们非常小的时候就是各家自行拜祭，而且当时就都是由家中的女主人等携带祭品前往祭拜，"那时候跟现在一样的"。此外，除了春节的祭品相对较为丰富之外，现在初一和十五等时日的例行性祭祀时的祭品一般都是较为简单，据说以前就是这样。

无论如何，到了现在东城境内似乎已经完全没有了阖族或者阖村集体祭拜的，而全部是由各家自行祭拜。不仅每月的初一和十五的祠祭如此，就是春节的祠祭也是如此。而且代表家庭前往祭拜的，通常都是家庭主妇即中老年妇女，似乎完全没有男性的身影。本次调查期间恰逢农历六月十五（公历为2016年7月18日），我们曾经在周氏宗祠进行了观察，发现确实是各家的女性代表各家祭拜。

7∶53 一位中年妇女来到周氏宗祠，她先点燃了3支香，用于拜祭祠堂大门旁的土地和门官。阿姨一边拜一边念叨着神灵的名字，祈求土地、门官保佑她的全家出入平安。

7∶55 这位中年妇女走到祠堂内的周姓人家的祖先牌位前，拿出12支香点燃后开始祈祷，大意是：今天是十五，我来拜伯公（意为祖先）了，我的孩子××时候要外出了，请求伯公保平安、保大吉、保大利；伯公要多多保佑、多多扶持。

7∶56 这位中年妇女插3支香在面向祠堂大门的右边的缸上，然后插3支在左边的缸上。

7∶57 这位中年妇女插3支香在"五方五土龙神、前后土地财神"牌位前的香炉上。

7∶58 这位中年妇女最后插3支香在祖先牌位前的香炉上。

7∶58 这位中年妇女又点了6支香，并在祖先牌位前再念叨了一会儿，祈求伯公保佑大吉大利。然后走出祠堂前往邻近的以道公祠。

7∶59 这位中年妇女插3支香在以道公神位前，然后再插3支香在"五方五土龙神、前后土地财神"牌位前的香炉上。

7∶59 仪式结束。

在我们的一整个早晨的观察期间，前来祠堂祭拜的人都是女性而且以中、老年妇女为主，年轻妇女相当少见。我们发现她们携带来的供品都是非常简单的物事，祭拜的程序其实也都是非常简单而又雷同。这些妇女祭拜时显得都是十分熟悉祭拜祖先的基本流程，只是在具体的细节方面可能彼此略有差异。令我们感到诧异的是，她们无一例外地都是表明自己来送祭品、祈求祖先保佑家人，但几乎无人特地感谢祖恩，似乎显得与所谓的祭祖的原意不尽相符。

（三）墓祭

人们集体到祖先的坟墓处祭拜称为"墓祭"。因为旧时东城先人的坟墓几乎都是葬于各处山头之上的（见图10-8），所以人们又称之为"拜山"。

各村或者各个宗族拜山的具体时间各有不同，如有的是在清明拜山，有的是在重九即重阳拜山，还有的是两个时间任一均可或者都拜。而如前文所述，东城人的祖先是历史不太久远的各类移民。最初的移民抵达后落籍东城某处之后，经过一定时间的开枝散叶、四处繁衍，形成了如今的一众宗支。由于这种历史发展，东城人的墓祭历来也分为不同的层次。传统的墓祭首

图10-8 温塘某处祖坟

先是阖族祭拜本宗族的大祖先即始祖、二世祖和三世祖，因此也有人经常把墓祭称为"拜大祖宗"即拜老祖宗。至于时代稍后的四世祖、五世祖或者更后的各个房支的先人，则只有其房支后裔去祭拜而不是阖族拜祭。族人带着各种祭品逐一拜祭这些不同层次的祖坟，但一般来说这些祖坟通常彼此相隔不会太远，因此族人通常都不需要太长的时间就可以全部拜祭完毕。

据调查，以前有的村落或者宗族还会去祭拜其位于迁出地的祖先坟墓。这时候通常都是路途遥远，在交通不便的旧时代往返一次需要好几天。到了现在，似乎已经很少见有人还会如此舟车劳顿了。

到了祖坟前开始墓祭之前，第一件要做的事情是"清墓"即清理祖坟处的杂草等。如今的墓几乎全部是用水泥筑造的，自然寸草不生，但旧时的墓都是封土而成的故容易生长杂草甚至树木，祭祖之前要先清理掉这些杂草之类的，至少也要清理至露出坟墓的大致模样。那时的人们普遍认为坟墓晦气、不洁，因此族人普遍都不愿意干这种活。据调查，以前负责清墓的人都是由本族的族长之类指派的男性族人，这些人多是家中无田无地的穷人，也有一些是妻、子不幸已经去世的穷困潦倒者。概言之，他们都是生活较为困顿的族人。他们都是族人因此没有正当的理由不为先人清墓，而且依照旧时的风俗负责这类清理坟墓的工作可以得到族里给付的些许报酬，因此，他们其实也愿意从事这种其他人不愿意干的活计。

访谈资料：

那些族长，或者说那些有声望的人，就派他们去。这些去的人也没法反驳的，也没法讨价还价的。

不过，其实他们可能自己也想去干的。因为弄完了之后呢，他（们）就能拿到一些钱。一般来说，指派了之后他们自己就带着锄头那些，就去干活了。

这种钱通常都是由"公家"出的，即由本族出租的蒸偿田所得的款项支付。在旧时，蒸尝的主要用途就是为了祭祖。

清墓之后是培土，培土其实也很有讲究的。如这时首先需要采取某种特殊的方式挖出呈金字塔形的土块，或者把松散的泥土培成金字塔形。然后再把两个金字塔形的土块以一正一反的方式精心地上下摆在一起，这时务必使两土块的顶尖处相互嵌套一起，这样才可以保持其稳定。将之放在坟墓的顶部后，还要在其最上方放一张纸钱并用石头压住以防止被风吹走。

清墓完成之后，人们将备好的祭品有顺序地逐一摆好。各村或者各族所用的祭品大同小异，通常包括烧猪、鸡、鹅、鱼、水果、3碗米饭、3杯酒、3杯茶以及红色蜡烛、香、金元宝、纸钱等物。有些村子可能还另有一些特殊的祭品，如鳌峙塘人认为这时的祭品中必须要有甘蔗，因为甘蔗"代表了顺和甜"。摆放的时候一般都有顺序，通常是依照第一排为饭、酒、茶的顺序，3种祭品的旁边还要各自摆上3双筷子。茶后面的正中间摆放烧猪，烧猪的左边摆鱼、右边放鸡，鱼的旁边则是甘蔗。旧时购买这些祭品所需要的所有花费，通常都是来自出租本族的蒸尝田所得的收益。如今则几乎都是村民或者族人集资购买，这时都会委派一个人们认为公正的人收钱并置办祭品。

完成上述的准备工作后，人们即开始墓祭。据回忆，旧时族人首先要点上蜡烛进献给祖宗，蜡烛的数目没有规定但至少要有一对，而且还必须是传统式样的红烛。紧接着是上香，香的数目也没有规定，但必须成双成对且必须是单数对的。老人们回忆，旧时有的村落或者宗族可能是由族长之类的首先拜祭，但通常都是由本村或者本族中最年长者第一个拜祭。这位年长者不一定是本族中辈分最高的人，"因为一个家族的人数多了，相互之间的辈分就容易变得模糊，所以就不讲究辈分了"。其后族人集体跪下一边拜祭一边烧元宝、纸钱等，据说各村以前就没有念祭文之类的，但有的村落或者宗族则是有族长之类的头人带领祭拜的。据回忆，即使是在以前，随后祭拜的一众人的顺序通常就没有太多的讲究，很多时候因为人数众多因而实际上是大致按照某个标准（如分房或者依照年龄）分批集体祭拜即可。到了现在，拜山的方式早已经大为简化，通常都是族人弯腰合掌祭拜即可，普遍无需跪下祭拜。而且越来越多见的是各家自行前来祭拜，自然更没有顺序的讲究了。我们发现，现在一般都是各家依照先来后到进行，即先来到的人便先进行祭拜。鳌峙塘的一位老人认为，村民或者族人"其实分开拜山，也是有好处的。分开拜山的话，那不就有几份祭品了嘛，祖先也就能多吃几份了嘛。其实现在讲的虔诚，只剩下个仪式了"。

传统上的墓祭以燃放鞭炮而结束，但祭拜的人们必须等元宝以及纸钱烧完而且鞭炮放完之后才能离开祖坟。人们认为这样一是体现出子孙虔诚敬祖，二则可以防止造成火灾损害祖坟。带去的祭品有些留在祖坟处，有些由众人当场分吃掉。而一众人等离开的时候，则要把包括没烧的香烛、元宝等大部分的祭品带回，分给诸人供各自放在家中的供桌上之用，人们称之为"有得剩"。带回去的所有祭品总是平分的，如著名的"分烧猪"或者称为"分太公肉"历来都是按照男丁"人头平分"的方式。旧时墓祭回来之后，较为富有的人可能会请族人到其家吃饭，菜肴其实主要就是分得的拜祖先时所用的各种食物类祭品。各种祭品最终往往都是由生者共享的，因此又可以把祭品看作祖先送给后人的礼物与荫庇。①

  老人们回忆说，那时候"没人敢嫌弃的。要是嫌弃这些祭品，那是要被人说的"。实际上，访谈时不少老人都说，其实当时可能根本没有嫌弃这种食物脏或者其他什么的想法，因为"那时候太穷了，平时难得有这些肉吃"。因为脏等原因开始嫌弃这些食物，其实是这些年才出现的现象，我们相信这是因为现在当地人们的生活水平普遍早已经到了要吃菜而不是要吃肉的阶段了。我们在东莞的清溪镇等地调查时，也都发现了类似的观念改变，② 这个普遍现象似乎值得玩味。

本章主要参考文献：

[1] 马昌仪. 中国灵魂信仰 [M]. 台北：台北汉忠文化事业股份有限公司，1996.

[2] 陈伯陶. 东莞县志 [M]. 台北：成文出版社，1967.

[3] 张振江，朱爱东，罗忱. 漳澎传统村落社会研究 [M]. 广州：中山大学出版社，2016.

[4] 张鑫华. 东城故事 [M]. 北京：作家出版社，2009.

[5] 刘孟宇，张敏华. 南粤百镇丛书：附城卷 [M]. 广州：暨南大学出版社，1993.

[6] 张铁文. 东莞风情录 [M]. 广州：广东人民出版社，2015.

[7] 科大卫，刘志伟. 宗族与地方社会的国家认同——明清华南地区宗族发展的意识形态基础 [J]. 历史研究，2000（3）.

---

  ① 科大卫、刘志伟：《宗族与地方社会的国家认同——明清华南地区宗族发展的意识形态基础》，载《历史研究》2000 年第 3 期。

  ② 详参考张振江、麦淑贤《东莞客家民俗文化：清溪的个案》，广东人民出版社 2017 年版，第 190 页。

本章附录

一、东城的名人墓

东城区有众多的古墓葬，但主要是明清时期的，包括名人墓和具有典型时代特征的普通墓葬。在这些名人墓葬中，最为出名的似乎是宋皇姑赵玉女墓以及熊飞墓。

（一）宋皇姑赵玉女墓

宋皇姑赵玉女墓位于东莞市东城石井社区狮子岭，始建于宋淳祐六年（1246年），占地面积80平方米，朝东南方向。（见图10-9）

据研究，该墓分别于明成化十九年（1483年）、明隆庆四年（1570年）、清康熙五十一年（1712年）、1988年、2014年进行过多次修缮。1989年，被定为东莞市文物保护单位。现在所见的墓表为灰砂水泥结构，有三级拜台，在墓的南侧建有一个名为"宗姬亭"的五角尖顶楼阁，墓前还树立着一对华表，在墓的左侧立着红砂岩雕石马跪像。①

图10-9　皇姑坟②

相传此墓的主人为宋高宗赵构之女、宋光宗赵惇之姑赵玉女。她生于宋绍兴二十九年（公元1139年），卒于宋淳祐五年（公元1245年），该墓至今有近800年的历史。据邓氏《师俭堂家谱》记载，宋室南渡时国势危急，高宗之女赵氏不慎与家人失散而流

---

① 张小凯：《东莞市第三次全国文物普查成果图册：东城篇》，2008年版，第14页。
② 图片来源：宋皇姑墓风水名作：http://www.360doc.com/content/15/1209/16/14833113_519120581.shtml。

落民间。时任赣州县令的东莞人邓元亮起兵勤王,于路上收留了年仅八岁的赵氏,但不知其身世。等到赵氏长大之后,邓元亮将她许配给其子惟汲,诞下林、杞、槐、梓四子。惟汲逝世后不久光宗即位,赵氏命长子持手书和高宗信物上朝。光宗查明真相后相认,称赵氏为皇姑,追赠惟汲为税院郡马。但是,传说这位皇姑因为眷恋东莞的田园风光,上奏请归故里并获恩准。她把光宗所赐大部分的山林津渡分别公诸邑人和送给资福寺,在东莞度过了余生。据邓氏重修墓记记载,"宋淳祐五年(1245年),皇姑卒,享年87岁",诏命官葬。宋皇姑在东莞还留存有"千角灯"的事迹,为本土所推崇,"千角灯"被列入第一批国家级非物质文化遗产名录。

1988年,旅居香港的邓氏后裔捐款重修,在东莞文物部门的协助下寻回原墓碑,重整墓面,恢复原有的华表,并新建一座"宋姬亭",新筑的道路直至墓前。为了更好地保护宋皇姑墓,东城于2013年在原墓地的基础上,投入了近50万元改建成宜居社区公园,建成了一个有园林绿化、健身路径、凉亭的休闲小区,并完善了周边的排水系统。

(二) 熊飞墓

熊飞墓坐落于东城区峡口社区铜岭山腰处,始建于宋末,原为衣冠冢,后与亡妻李氏合葬在其父母虎形地之左侧,地名乌龙出洞。①(见图10-10)

该墓坐南朝北,墓长8米、宽4米,为砖石灰砂结构,建有享堂两个。清同治六年(1867年),东莞举人、名儒何仁山等人倡议重修该墓地。1982年,再次重修,并于1989年定为东莞市文物保护单位。熊飞墓与熊母李氏墓、熊氏宋三世祖考祖侣考妣墓,共同坐落于熊飞将军墓园内。墓园东侧,建有一座两层砖石结构的熊飞将军纪念亭。

图10-10 熊飞墓②

---

① 详参:熊施《江陵堂熊氏族谱增版本》,(印刷者不详) 2008年版,第53页。
② 图片来源:https://baike.so.com/doc/1305904-1380749.html。关于皇姑母与熊飞墓以及相关事迹,张铁文在所著《东莞风情录》(广东人民出版社2018年版)中均有较为详细的介绍,可以参看。

熊飞为东莞附城（今东城）榴花村人（但具体村落现在有争议），生于宋理宗绍定五年（1232年），为宋末著名的抗元义士。德祐二年春，宋都临安被元军攻陷，熊飞联络东莞各地义士，率义军北上投奔文天祥，共同抗击元军。熊飞曾在东城榴花村铜岭大败元将姚文虎，后于南宋德祐二年即宋端宗景炎元年（1276年）的韶州战斗中殉难，家乡父老（一说为其妹夫叶刚与弟叶钊）为熊飞筑衣冠冢。合葬在榴花新围后面山岗下的熊氏墓地。清同治六年（1867年），东莞举人何仁山倡导重修了熊飞墓。

传说每年农历九月初四，熊氏后人都会集体到熊飞墓祭祀。而据《江陵堂熊氏族谱》的记载，早在1938年即日寇登陆广东之前，这一传统一直维系不坠。因为当时陆路欠缺，所以其后人都是经水路乘船前往，最多时有20多艘船。到了现在，这种风俗得以恢复且有愈加壮大之势。

二、客家丧葬等的访谈资料

访谈时间：2017年8月16日。访谈地点：牛山村文化中心。访谈对象（即下文中的答）：张老人（男，约70岁，本村客家人）。访谈者（即下文中的问）：左宁宇、朱间珍。

问：那怎么知道一个人就要去世了呢？

答：那一个人要是到了吃不下饭了的时候，或者快喘不了气了，又或者手脚都开始变得冰冷了，这些都说明这个人快要死了。有些人死之前，是有一定的征兆的。比方说，有些人会使劲张大嘴巴，有些人的眼睛会突起来。家人看到这些不好的征兆，就知道这个人肯定快要去世了。

问：如果判断出这个人将要去世了，会不会把他从床上移到其他地方呢？

答：那肯定是要的啊，不能死在他的床上。以前，还要把这个人移到那个"祖屋"里去。我们这边说的那个"祖屋"呢，就是有小孩子出生过、听见过小孩哭声的那个房子，一般都是老房子了，不是新房子。有生就有死嘛，那个房子里有过小孩出生，老人在那里过世才好。

问：将一个人搬到"祖屋"去的时候，是用床搬，还是用席子搬呢？

答：一般情况下，都是在这个人还没有死的时候抱到"祖屋"去。就是要从他躺的床上，把他抱过去。一般的老人，都是不愿意在自己的床上死的。老人觉得自己快要去世的时候啊，都会说"我要下地了！让我过去！帮我穿衣服了！"。一般的人，就都会说这些话的。那他的家人就要开始准备了，就是要把他搬到"祖屋"去了。"祖屋"里面，要用一种山上生长的特殊的草铺地。那种草是开白花的，那个花还很漂亮的，我们这里叫作白毛婆。这种草，还可以防火。在草的上面，还要赶紧铺上一张席子，就让老人躺在上面。

问：席子？什么席子呢？

答：就是普通的席子，就是以前拿来睡觉用的那种席子，每家都有的。

问：是死者生前用过的席子，还是新的席子呢？

答：一般都是死者生前用过的席子。因为这个时间，也不一定能够买到新席子。再说呢，也没有人在意你用的是新席子还是旧席子。

问：那老人摆放的姿势，有什么要求呢？

答：这个是有的。那个老人啊，就是要让他躺在房子里的席子上，要按照男左女右的方式躺的。不过，不论男女，都是要头朝里，脚朝外。

问：是让他在"祖屋"的客厅躺吗？还是在别的什么地方呢？

答：那个房子要是有客厅的，那就放在客厅喽。要是没有客厅的话，就放在前厅。

问：人去世的时候，需要帮他擦身子、换衣服吗？

答：这些都是要的。比如，我们这里要是母亲病重了，她的大女儿那就要为她准备好寿衣。等到她去世了，大女儿还要请家在附近的那个老太婆来帮忙，就是一起换衣服。

问：寿衣有什么要求吗？

答：就是新衣服，其他没有什么特别的要求吧。

问：以前寿衣的样式、颜色那一些，有没有什么讲究呢？

答：颜色一般都是灰色、黑色的。反正都要是素色的，不能够是鲜艳的。

问：那男女寿衣的款式，跟平时的差不多吗？

答：都是差不多的，跟生前的一样。我们这里以前男的上衣就是中间对开的，女的上衣就是大襟的，我们这里叫作"上下补"（记音）。活着的男人、女人的衣服，式样就不一样的。现在男女的衣服，式样差不多一样了，主要就是颜色不一样。

问：有些广府人的地方，有"买水"的习俗，这边客家人有吗？

答：我们这边，有些客家村落是有这个风俗的。有些就是让死者的大儿子，端着一个香炉，一直送到山上。有些就是要买水回来，给死者擦脸。买水的目的不一样，各式各样的都有。

问：买水买的是井水吗？

答：以前是有买井水的。不过，以前一般都是去河里、涌里买水。现在，那就只有去接自来水了。

问：买了水，是大儿子给他擦脸吗？

答：是啊。

问：擦脸和换衣服的顺序怎么样呢？

答：是一起的，就是一起进行的，就是擦完了，那就赶紧换衣服。

问：那是儿子来换衣服吗？

答：这个要看是男还是女的，再看由谁来洗。其实，还有老太婆在旁边帮忙的。就是请家在周围的老太婆来帮忙，她才懂得这个嘛。以前城里才有"仵工"，我们这边是农村，就只有请旁边的人来帮忙。村里遇到红白喜事，都是请周围的邻居来帮忙的。到现在，也还差不多都是这样。

问：死者要是女性的话，那这个时候需要帮她梳理头发吗？

答：要啊。肯定要帮她梳好头发的，还要帮她穿好鞋子之类的。

问：对于棺材，这边客家人有什么讲究吗？

答：这个没有什么特别的规定，尽量买好的棺材。死者的儿子，就是那几兄弟，有钱的话肯定就买一副好一点的。一般情况下，都是尽可能地买好一些的。你家要是没钱，那就没办法了，买一副差的也可以凑合着用。

问：如果去世的人是女的，需要让她娘家的人来看，看了之后才可以封棺吗？

答：这个有的，一直都有这个风俗的。那个时候，孝子还要跪着，等舅舅来看。母舅看过后，要是觉得没问题，就会去扶孝子，他这个时候才可以起来。如果这个舅舅不扶，那个意思就是说，你们这些孝子对死者不孝。舅舅不扶你，你是不能够起来的。

问：那要在哪里跪呢？

答：以前，那是要在村口跪。现在，跪在家门口就可以了。

问：以前是怎么将这个人去世的消息，告诉亲朋好友的呢？

答：以前没有电话啊，全都是靠两只脚，就是走上门去告诉其他人。因为这个风俗，我们这里叫"走报"，走着去报嘛。去报信的这个人，报了信、拿了红包才回来的。

问：那是谁去告诉这个消息呢？是这个人的儿子吗？

答：不是的。一般来说，孝子都有叔伯兄弟的，就是堂兄弟那些人。那这个时候，就是请他们去告诉其他的亲朋好友。

问：这个报丧的人可以进房子吗？

答：那不行的，不能够进去的。都是到了某家呢，在他家大门口喊一声通知，就可以了。我们这边的老风俗，一般都是大喊："谁谁谁（人名），你家的狗去了。"报完信了，那一家人会给报信的人封一个红包，报信的就走了。他还要去下一家继续报丧嘛。在以前，一个人都会报几家的。

问：他报完丧以后，就可以直接回家吗？

答：他要先回到办丧事的人家里说事，然后洗手、过火、吃糖，之后才可以回家。回到自己家的时候，他也要先过火，才可以进家门。

问：死者的遗体，那是由谁来放进去棺材呢？

答：就是"仵工"那些人负责了。如果没有，就是让老太婆来帮着办。老太婆就是请附近的人。不过具体情况，我就不太清楚了。

问：棺材里面，需要放些东西进去吗？

答：那是肯定有的，不过，具体我就不太清楚了。我记得，以前有人家放些小瓦、砖头进去的。现在都是火葬了，就放一些死者的衣物进去。

问：我见过很多客家地区，都是提前很多年给老人准备棺材的。这里有没有提前准备棺材的风俗？

答：有的客家地方，确实是这样的，我也见过的。不过，以前我们这里没有这个风俗。我们这里出现这个情况啊，其实说的是20世纪80年代的事情。那个时候，政府突然不允许开卖棺材的店了，就是要这些店铺关门。大家就担心了，以后会不会没地方买棺材？那有不少人家，在那时候就提前买了棺材（备用）。

问：死者用过的衣服、席子那些物品，会怎么处理呢？

答：以前是要烧掉的。现在，有烧掉的，也有卖的，就是卖给那些收衣服的人。其实卖掉是不好的，可能有病菌嘛。

问：温塘那边的广府人是要守灵的，牛山这边的客家人，也守灵吗？

答：一般都没有的。因为遗体一放进棺材里面，马上就抬走，就是去埋掉了。就算是当天因为什么来不及抬走埋掉，一般最多也就是停一个晚上。

问：那要是停一个晚上，会有人守灵吗？

答：那是肯定会有的，要有人守护的。比如，守灵的人，就得注意，不要让猫或者是老鼠从这个死人身上爬过去。以前听老人说，这样做是为了防止这个人还魂。其实，我觉得是要陪这个人最后一程，让他不要孤孤单单的。守灵，还可以防止猫、老鼠那些破坏那个死人的遗体。以前老人说，猫会挖死人的眼睛的（这样就会破坏遗体）。

问：那这个时候，死人的家人有没有穿丧服呢？

答：没有的。那些孝子、孝孙，这个时候只要穿一些素色一点的衣服，那就可以了，但是一定得打赤脚，就是孝子、孝孙那些人，都不能穿鞋。

问：赤脚啊？那什么时候才能够穿上鞋呢？

答：等到丧礼结束了，那就可以马上穿上鞋了。我们这边啊，只有头七，有些其他地方要做七个七的。头七的时候，要叫上所有出了嫁的女儿、孙女来吃饭。这个时候，还一定要吃带有肉的猪骨头。饭后，还要让她们拿一些这种骨头回家。有骨头有肉，意思就是骨肉相连嘛。

问：这里有没有哭丧啊？

答：以前都是死者的女儿哭丧的，儿子、儿媳那些人，那是都不用哭的。以前，我们这个村有一户人家，有儿子没有女儿。后来那家老人出殡的时候，只有鞭炮声，就没有人哭丧了。如果是有女儿的话，就不会是这样。就算是假哭，你也得哭啊。

问：在送葬的过程中，会有人撒纸钱吗？

答：有的，一般都是让邻居家的小男孩撒纸钱。

问：会有人扶馆、举旗幡那一些吗？

答：这些，我们都是没有的。客家人丧葬比广府的那些简单多了。以前，死者的媳妇是不送上山的，就是只会送半程。其实就是只会送到村口，然后就回家去了。她们为什么要回家呢？第一，家里的人如果都走了的话，那家里就没有人了，那肯定是不安全的。第二，她要回家准备香水、火、糖这些东西，给送葬上山回来的人，就是让他们回来后洗手、过火、吃糖。要是她们不回来，那谁准备这些东西啊？

问：你们这边的坟，我看也都是在山上修建的。那下葬的时候，墓穴一般是在什么时候就要挖好的呢？

答：等到家里的其他事情都准备好了，那些"抬重工"就会上山去，就是去挖墓穴。他们挖好后，就回到办丧事的那一家里，再把棺材抬到山上，埋在他们挖的墓穴里。等到埋好了、人都回来了，吃饭的时候他们可以喝酒的。这个丧事其他人是不喝酒的，只有他们可以喝酒，就是因为他们是最辛苦的嘛。这些"抬重工"，一般都是请附近差不多都是50岁的男人。

问：抬到山上要埋的时候，是由儿子来放第一捧土吗？

答：得等所有的孝子、孝郎都到齐了，孝子开始检查挖的那个坑（即墓穴）。检查好了，然后他就跪在坑边上，先撒一把土进坑里去。之后，那些"抬重工"就把棺材小心地放进那个坑里，其他的孝子、孝孙接着向里面撒土，每人撒一把土。都撒了，"抬重工"就用铲子飞快地铲土，飞快地撒进去。"抬重工"他们都希望快点搞定，然后快点回去喝酒。只有那些孝子、孝孙，才会慢慢地撒土。我们这里以前的说法，是表示他们不舍得与亲人分开。

问：然后大家都各自回家了吗？还是说还有其他什么事情呢？

答：大家要先到办丧事的人的家里，就是洗手、跨火、吃糖那一些。等到吃完饭以后，才各自回家的。到了这个时候，孝子他们就可以穿上鞋子了。

问：办丧事的人家，会有什么东西回赠给亲友吗？

答：那会给每人一份礼物的，一般都是一条毛巾和一根红头绳。如果是亲人的话，就无论男女老少，每个人都要给一份。如果是过来帮忙的人，那就是谁来了就给谁一份。

问：这个毛巾和红头绳有什么意义呢？

答：应该有吧？不过我不知道，这些都是老人传下来的习俗。

问：过了七天就做头七，那么过了一百天，是不是也要做什么呢？

答：没有啦，做完了头七，丧事就完全结束了。

问：这边有"做英雄"的吗？

答：我们客家人这边没有的，广府人那边才有的，他们做英雄。

问：埋葬以后，会马上立一块碑吗？

答：不会的。不过，有些人怕时间长了不好辨认，那就随便立一块石头，上边随意刻一些字。这个是有的，不过这不是碑，是临时性的。一般都是到了七八年之后，就是第二次葬了以后，那才会立一块碑的。

问：在死者去世以后的一段时间里，他的家人有没有什么限制，比如说不能够结婚，家里不能够建房子，有这些限制吗？

答：这个啊，那是要看时间的。一般来说，要是娶媳妇、嫁女儿那一些，差不多都是要满一年以后，那才可以的。要是建房子，至少要在一百天之后才可以的。要是办丧事的时候房子还没有开始建，那一般都要等半年或者一年，才开始建的。

除了这些，他们还有一些别的限制。比如，当年办丧事的那家人不能够先去别人家拜年的。要等到亲戚来他家里拜年以后，这家人才可以去别人家拜年。

问：刚才您说，这边是过了七八年后，还会挖出来重新埋葬一次，是吗？

答：是的，我们这里死人总共要埋两次的。我们这里客家人的风俗，都会在第一次埋了七八年后，就是到了重阳节的时候，挖出来再埋葬一次。在以前，这也要请一个罗庚先生（意为风水先生）来帮助的，就是请他选一个风水好的地方，用来安放金塔。挖出来弄好以后，那个金塔先还要在那个地方放半年。如果没发现对死者家里有什么坏的影响，那就可以锄好那里的地，把金塔摆正放好，就是正式摆放在这里了。如果这半年对家里有什么不好的影响，那就得重新选择一个地方来安放。现在，已经没有什么好的地方来放金塔了。再说，大家现在好像都是随便乱葬的。

问：如果再次安葬的时候，发现选择的地方对家里的人不是很吉利，需要再重新安放。那么，还需要再找一个罗庚先生来选择地方吗？

答：那一般都不需要了，自己找个地方就行了。到了第二次埋葬的时候，那个死人的骨头是要全都捡起来的，然后装进那个金塔里面。装在金塔里面很方便，就可以直接抬起来走了。装好了，死者的儿子，就是他们兄弟几个人，抬走就可以了。

问：那是谁将死者的骨头捡起来的呢？

答：以前是有专门的人来做这种事情的。他们捡起来以后，还要先用一个筛子，将骨头和泥仔细地筛开来。为什么要用筛子呢？是因为人的手指骨头比较小，用筛子筛的话，才不会掉出来（弄丢）。然后，在一张大白纸上把骨头摆成一个人形，这样便于检查，就是检查骨头是不是少了。要是发现少了哪一块骨头，那就要仔细地找回来。跟着就是要把这些骨头晒干，晒干以后就可以放进金塔里面去了。这个是先把头的骨头放进去，然后把四肢的骨头放在头骨头的两边，最后把其他的碎骨都放进去。我们这边的方法，跟广府人那边，不是完全一样的。等到都放好了，就可以抬到选好的地方摆放了。

问：是谁来运这个坛子呢？

答：那是自家兄弟啊，就是死的那个人的儿子。运过去之后，还要先摆一段时间，看看有没有什么不好的影响，就是我刚才说的那些。

问：负责将骨头装进金塔的人，你们怎么称呼他们？

答：这种人好像没有专门的称呼的。他们挖死人的，人们都觉得他们脏、晦气，所以就是在以前也很少人会做这一行的。我们牛山呢，从来就没有这种人。不过，我知道20世纪五六十年代的时候，钟围有一个人是干这个的。

问：如果有一些人是非正常死亡的，比如说是夭折，怎么给他办丧事？

答：要是夭折的话，那都是没有棺材的了。一般就是让一个老太婆，把他装在一个小篮子里，在半夜的时候提到山上随便找个偏僻的地方，直接埋掉就可以了。他那个坑也是"抬重工"挖的。

问：那么死的如果是十几岁的人呢？

答：要是十七八岁的人死了，那就可以用棺材了。不过，办丧事的过程，比那些老人的要低调一些。

问：这里有凶死的说法吗？比如难产死的、淹死的，是不是凶死？

答：要是这样死的，那确实不太好。不过，好像也没有专门的说法。他们的丧葬过程，跟常人的是一样的，不过大家可能觉得不太好就是了。那些高寿又自然老死的，那些肯定觉得好嘛。

问：如果一个人犯了很大的过错，就是族里已经不承认他是本族的人了，那他死了，怎么办后事呢？

答：我们这里从来没有发生过这样的事情。

问：如果一个人是在外地去世的呢？

答：就我所知，我们这里没有过这样的事情。不过，要是在外地去世，那肯定是不好的。就是到了现在，在医院去世的那些人，一般不能够抬回祖屋的。所以，老人住院的时候，要是觉得自己不行了，一般就都会闹着出院，为的就是在他去世之前，让子孙把他抬回祖屋去。寿终正寝，就是这个意思，我们这里很讲究这个的。

第十一章 传统地名

地名是用来指称特定地域的专有名词，是人们对特定的地理实体赋予专名并经社会约定俗成的结果。人们在给特定的地域命名时，可能根据的是其地形、位置等自然环境特征，也可能根据的是其人文、历史特性，还可能根据的是人们的某种认识、观念甚至愿望。因此，根据极为稳定的地名经常可以推断出过去的自然景观的某些片段，据之可以认识居住于其上的人群的某些曾经的人文侧面，因此，学术界历来重视地名及其不可替代的作用。

东城的地名同样是人们活动的结果，同样一定程度上反映出了东城区的某些自然环境特征和社会文化特征，因此对认识东城的过去具有极为重要的意义。但由于东城下辖的村落太多，我们实在无力全面涉及，故本章所描述、分析的，主要集中于温塘、桑园、周屋、余屋、峡口和鳌峙塘6个村落的一部分地名，只在特别需要时才可能涉及少数其他村落的地名。

第一节 村落地名

东莞近些年来大力推广"村改居"，原先的行政村都已经改称社区。但为了本研究的方便计，我们一般仍然沿袭旧称即称为行政村，在不会造成误解时则径直称为村。本次调查涉及的几个行政村的地名各具特点但又不乏相似之处，这与它们相似却不相同的具体的自然环境及其变迁有关，也与各自所经历的具体的社会历史有关。

一、东城的村落（聚落）名称

现在东城所见的各种传统的村落即聚落地名，大致上可以认为分别属于行政村、自然村和巷（包括街、里、巷）几个不同的层级。本章主要涉及温塘、桑园、周屋、余屋、峡口和鳌峙塘6个村落，我们试分村逐层举例描述。

由表 11-1 可见，有一部分行政村只辖有一个自然村，即一个行政村等于一个自然村。另一部分行政村则是由若干自然村组成的，这些自然村可能是单独的村落，也可能是同一自然村落内的不同地块。① 到了现在，后一类情况通常仍然称为某村，也可以称为村内的××坊。在东莞以至珠江三角洲各处的村落内，至今普遍可见××坊的说法，似乎都是明清以至民国时期统一行政地方编制的结果。

表 11-1 鳌峙塘等村行政管理区域地名一览（按由北向南顺序）

行政村名	下辖自然村（坊）名
鳌峙塘	鳌峙塘（沙村、岭平坊）
峡口	西边围、兰厦坊、新围、松柏坊、东岸坊
余屋	余屋
周屋	圣堂坊、水阁坊、祠堂坊
桑园	桑园
温塘	茶岭坊：中和圩、较寮村、坐②头村、亭下村、坑尾村、茶中村、茶上村、茶下村 岜头坊：岜上村、岜下村、建和村、塘边头村、庵元村、祠下村 砖窑坊：丁一村、丁三村、洋楼村、柴市村、王山村、大元上、大元下 皂上坊：皂一（1）村、皂一（2）村、皂二村、皂三村、乐平坊（旧村）

（一）鳌峙塘

鳌峙塘北临东江的南支流，是东城境内最北部的一个行政村，村民几乎全部属于一家即徐氏家族。人们普遍认为，鳌峙塘只下辖一个自然村即鳌峙塘自然村。但在实际上，鳌峙塘村落的大围之外还另有两个小村子，即沙村与岭平坊，居住的同样也是徐氏族人。据调查，由于徐氏人家定居鳌峙塘后人口增长较快导致村内居住紧张，大概是到了清代中叶或者末叶时，人们被迫在旧村的大围外又先后建立了这两个村子，用以安置不断繁衍的徐氏子孙，因此，这两个小村子形成的时代相对较晚。可能是出于这个缘故再加上与原村落紧邻，导致日常生活中人们经常忽略这两个村庄的存在，而几乎总是认为鳌峙塘只有一个自然村。

接受访谈时老人们都说，鳌峙塘这个名称也已经沿用了数百年之久了，但具体的出现时代则已经无从断定。我们发现民国版《东莞县志》中有鳌峙塘村，在"石龙、潢涌、茶山、县城图"中又作"鳌峙塘"，但在"县境全图"处作"牛氏塘"（见图11-1）。如此看来，似乎现在一般所见的鳌峙塘名称与这个写法，当是在民国时期才逐渐出现并最终通行的，即并没有多久的历史。

---

① 而在更早的时候，这些地块也可能是单独的村落。例如，现在的温塘就包括历史上的多处单独的聚落。
② 当地的老人一般相信，"坐"（táng）字为"塱"字由于简化而形成的误写，读作"塱"（bó）。在本书中，除"坐（táng）头村"这一专有地名之外，其余的均记作"塱"，音均作 bó。

第十一章 传统地名

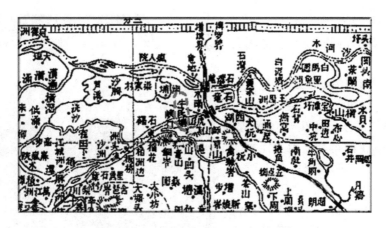

图 11-1 鳌峙塘曾经写作"牛氏塘"①

老人们又说，鳌峙塘其实最早称为鼓镇，这个得名据说也是与附近的一座山有关。历史上，村子最外层的民居的外墙壁刻意地建成彼此无缝隙地相连，由此形成了村落最外围的围墙，这就是至今人们仍不断提及的所谓的"大围"。直至中华人民共和国成立初期，大围的主体才出于各种原因而逐渐消失，但现在仍然可见某些残迹。这层围墙的外侧即大体上等于如今村子的许仙岩路及其沿线，据说历史上是一条相当宽阔的河流的所在。在这条河的中心，原本有一座形似大鼓的高耸的山峰，称为岩山。人们认为，这座岩山就是神明派来镇守鳌峙塘一带的。传说历史上即使当地遭遇了最大的洪水，这座山的顶峰仍然可以高出水面一米左右而绝不会被水淹没。这座山与其相邻的山峰相对而形成了一条山峡，当时称为鼓镇峡。出于这个缘故，人们就把位于其侧边的鳌峙塘村称为鼓镇。

但是，我们实地反复考察并多方访谈后发现，虽然许仙岩路及其沿线可能确实有过一条相当宽的河流，但并没有一座"高耸的山峰"或者其遗迹。由此看来，这种说法可能只是一种美丽的民间传说，寄寓着人们关于洪水的恐惧以及战胜洪水的美好愿望。而就一般的情况来说，应当是先有鼓镇而后有鼓镇峡，因此，鳌峙塘如果确实曾经称为鼓镇的话，则必定另有原因。

访谈时老人们又普遍认为，鳌峙塘一名的来源，可能与村落所处的具体的地理形势有关。据调查，相关的说法主要的有两种。一说如果鸟瞰鳌峙塘村，则整座村落形如鳌鱼与一处大水塘相对峙，因此得此名。一说其中的鳌指的是鳌鱼，峙则指的是山形。旧时鳌峙塘村的对面曾有一大七小共计八座山头，中间最大的一座山头名为望天岭，其周围七座较小的山头环绕之，整体上形如七星伴月。村民定居此处后，渐次筑堤并围起一处大池塘即后来的著名的徐大塘（见图11-2），初时其占地面积至少在160多亩。由

---

① 图片来源：http://blog.sina.com.cn/s/blog_4903e9ef0102wfes.html。

601

于望天岭形似一只鳌鱼并且与徐大塘遥相对峙，因此人们就将此村命名为鳌峙塘。①

仔细比较可以发现，这两种说法其实相差得不是很大。而在我们看来，二者可能都是出于望文生义的想象，与事实上的真正的得名之由可能根本不相符合。在民国时编修的《东莞县志》（卷三）中，有如下的说法："鳌峙塘，彭志作牛氏塘。"② 文中所谓的"彭志"，指的是清代时江西庐陵人彭人杰于嘉庆二年（1797年）所主持编修的46卷本（附续志2卷）《东莞县志》。引文的意思是说，鳌峙塘一名

图11-2　鳌峙塘村口整治后的大塘

来源于牛氏塘的讹误，即本村最初得名于牛姓人家的池塘。但是，我们通过仔细的调查发现，鳌峙塘在历史上似乎有过其他姓氏的人家，但不但现在村内及其周围没有任何牛姓人家，历史上该村也从来没有牛姓人家居住过。而且早在彭志写就的近二百年之前，徐氏就已在此定居，位于鳌峙塘村北的徐氏宗祠即建成于明万历二十九年（1601年）。因此，不太可能出现因姓氏命名的"牛氏塘"，故来源于"牛氏塘"的说法缺少合理性。

在接受访谈时有数位老年村民都回忆，他们小的时候，鳌峙塘还有时会被外村人戏称为"牛屎塘"。至于其原因，在他们看来则是"与鳌峙塘音近"，这个说法颇有提示性。访谈时更有几位老年村民直接认为，其实牛屎塘就是鳌峙塘最初的名字，是因为那时村口的一口大水塘形似牛屎而得名。只是到了后来的某个时候，人们觉得这个名字不好听，才逐渐改为音近的鳌峙塘。在我们看来，这一种说法可能更合乎历史事实。先民社会普遍质朴，经常直接根据其形状直截了当地命名人或者物而无过多的文饰。等发展到了后来的某一阶段，人们觉得某些名称可能失于鄙俗，于是设法加以补救。这时常用的一种手法，就是使用同音字或者近音字替代，从而使旧的地名变得文雅大方之类。在我国各处，这种后起的地名雅化的实例普遍多见，如北京的诸胡同名中，把土俗语词的"牛蹄胡同"改为文雅的"留题胡同"，把"驴市街"改为"礼士胡同"③；在福建漳

---

① 《东莞市地名志》（广东高等教育出版社1987年版，第89页）在"鳌峙塘"条下说：鳌峙塘在莞城镇东北9.3千米处，相传唐末宋初立村。因村东有一鳌山拔地而起，与村南高峻的狮山、古寺相对峙，山下有一口鱼塘，村立于塘边，故名鳌峙塘。聚落呈块状分布。建筑多为砖混三层以下楼房结构。大理石块铺巷道。农产水稻为主，盛产塘鱼、石榴。是明朝尚书徐兆魁和国民党军长徐景唐之故里。古迹有海潮庵、许仙岩、徐尚书墓。陆路与莞城至石龙公路相连，水路经东江南支流可通各港口。谨录以备考。

② 陈伯陶：《东莞县志》，东莞养和印务局1927年版。这本县志中的名称写法不一，如县境全图作"牛氏塘"，但在"石龙、潢涌、茶山、县城图"中又作"鳌峙塘"。如此看来，似乎现在一般所见的鳌峙塘的写法，当在民国时期才逐渐出现并最终通行。

③ 详参考李如龙《汉语地名学论稿》，1998年版，第43页。

浦，有从"尾下村"雅化而来的"霞美村"① 之类的地名。我们猜测鳌峙塘的情况同样也是如此，即最初人们根据水塘的形状而命名其为牛屎塘，后来人们改变成为了近音的形式即"牛氏塘"，最终才定为引进的鳌峙塘。

(二) 峡口

峡口村如民国版《东莞县志》所说，"狮山、龙山扼其南，龟山、虎山控其北"而又是"东北之通衢"。该村横跨寒溪河的东、西两岸即夹河成村，其西岸有龙岭和龟岭两座山峰，其东岸则有虎岭和狮岭两座山峰。四座山峰两两相对形成峡谷而寒溪河就流经其间，人们认为四座山峰则如同紧紧地看守寒溪河入江处的守卫，因此命名此地为峡口。(见图11-3) 本次调查时发现，在峡口和邻近的几个村子之中，至今仍然普遍流传有"龙、虎、狮、龟 (四座山)，守住峡口"的说法。

图 11-3　榴花塔一带的山水②

旧时的寒溪河水势险恶，民国版《东莞县志》仍然有"每夏，潦水澎湃，襄岸善崩，禾稼卒瘁"的描述。峡口村因为位于寒溪河和东江南支流 (以及是1958年开始修建的东莞运河的起点) 的交界处，扼守入江口要冲，所以地理位置历来极为重要，一直

---

① 详参考 https：//baike.baidu.com/item/霞美村/4906143？fr=aladdin。
② 据《募建榴花塔疏》记载，"温塘，增步，茶山三乡鼎立，皆以两溪为带而出峡，以通东江，总之巽流也。宜镇以塔"。一般相信，榴花塔是由茶山人袁昌祚、袁应文创建，当时温塘、增步、茶山各支流皆由峡山花溪流入东江，而铜岭离峡山只有七八里，受到东江潮汐的影响成为了一个大水口。为了镇住这个水口保平安，人们就建立了榴花塔。详参考 https：//chuansongme.com/n/471530945430。

被认为是历史上的整个东莞峡内地区航运的咽喉所在。[①] 也正是因为这样，峡口村历来是东城航运的重地之一。我们的实地调查发现，直至不久之前，该村村民还普遍依赖所谓的"行船"即船运为生，船运世家颇不少见。

峡口村被寒溪河分为东、西两个大的部分，在河东岸的部分名为东岸坊，这个名称显然来源于位于寒溪河的东岸。由于隔着宽阔的寒溪河，如今居住在峡口其他部分的老人，仍然会用"隔海"来指东岸坊。东岸坊的面积虽然整体上较小，但规划得极为整齐，民居等建设得极为有序，说明在建设时宗族或者某种地方势力极为强大、极其有控制力。到了现在，该坊境内仍然存在不少历史上修建的各种民居，有些极有历史和文化价值。[②] 为了配合水利枢纽建设的需要，东岸坊即将整体而又全面地拆除，居民也将于近期内迁到西岸统一安置。

河西岸的部分面积较大，一般认为是峡口村的村落主体所在。人们习惯上认为，这一部分其实包括了历史上的松柏坊、新围、兰厦坊和西边围四个自然村。除了松柏坊临寒溪河西岸而建外，其余的三村均北临东莞运河修建。峡口的人们公认，刘姓人家最早在松柏坊处"立围"即建立围子，因此这里也可以说是最早的村落地境。传说立围时，在靠近今天的松柏坊宗祠的围面处有一棵古老的松柏树，刘姓先人遂以此树命名此处为松柏坊。现在松柏坊宗祠早已经拆除，此树也已经全然无踪可觅。我们的一位老年男性报道人回忆，他小时候还曾亲眼见过这棵老松柏树。据他回忆，当时这棵树可能就因为太老，而已经处于"不生不死"的状态。访谈时这棵树在村民口中至今颇为流传，但其确切的树龄则无人可知。

由于人口的增加，导致松柏坊内住宅地日趋紧张。到了峡口刘氏人家的第四世祖刘六德、第五世祖刘守中时，经协议后二人分别带领本支人员迁居东岸坊和兰厦坊，并从此开辟了这两处新村。兰厦坊西连西边围，东面则是新围、松柏坊，其地境非常清楚。但是，"兰厦"到底是何写法，则村民中始终有不同的认识。现在通常所见的"兰厦"，其实可能只是一种记音写法。如有老人家回忆，"兰厦坊"又经常作"兰下坊"；该坊东面的跨东莞运河而建的一座桥，则名为"峡口兰夏桥"。所有的这些都说明，其写法其实并不确定。依照我们的猜测，最初可能是写作"兰下"，其中的"兰"当指的是兰花之类的花卉，而厦或者夏之类，则均应为后起的"下"的雅化字。在全国各处原本为"下"的地名中，这种雅化现象并不少见。如福建省同为"下村"的两个村子，后来就按照音近的原则分别雅化而改作"霞村"与"杏村"。[③]

就峡口村地境而言，新围的立围时间较迟，老人们说，该处大约只有180年的历史。据调查，新围村的先民是从不远处的东莞寮步镇的涵头村迁来的。原来在涵头村生活时，据说这支人家由于势力较弱而屡屡遭受同村其他大宗族的欺凌，因此最终被迫外迁以求自保。传说其先人来到峡口时，刘氏宗族好意留下了他们，并许可他们在该村觅

[①] 东城有所谓的峡内地区的说法，指的就是寒溪河流出峡口汇入东江之前的大片流域，包括今东莞的黄江、常平、东坑、横沥、寮步、茶山及东城等地。

[②] 面对即将到来的整体拆迁，东岸坊于2014年6月编辑了《旧村之逝——东岸坊纪念画册》，内中辑录了多幅珍贵的图片，可以窥探东岸坊的历史与文化。

[③] 详参考李如龙《汉语地名学论稿》，福建教育出版社1998年版，第74页。

地定居。这些先人觉得,峡口位于寒溪河的咽喉地带,过往的船有决定性的影响,因此应该不会再有人敢欺负他们,他们遂在此地"立围",并就此安家乐业至今。至于此地得名的原因,则有两种说法。一说是相对于松柏坊的旧围而言,此处的围子后出,因此得名为新围。另一种说法则认为,相对于原本在涵头的旧围子而言,此处是新出的故名新围,取这个地名的意思是显示不忘祖居地。采用这两种命名方式的类似的地名或者用例各处都颇为常见,因此我们暂时无从确定何者为是。

人们普遍认为,西边围的得名较为简单,原因就在于其地处峡口的西边区域。在陈伯陶编纂的民国版《东莞县志》(卷三)中,对峡口村的情况略有记载①,但其中并没有关于西边围的内容。访谈时有村民回忆,这是因为西边围原本不是属于峡口村的,中华人民共和国成立后行政区划调整时才从他地转隶峡口,所以旧时的峡口历史中自然不会涉及此处。与本村其他几个部分的居民血缘相当单纯不同,人们公认西边围自始就是一处杂姓村,这似乎也说明其不同的历史轨迹。

(三)周屋与余屋

现在,周屋村村民的主要姓氏是周,余屋村村民的主要姓氏是余。根据调查可知,历史上的周屋村村民曾经一度全部姓周,而余屋村村民曾经一度全部姓余,故周屋与余屋都是以姓氏为村名的。古代汉人普遍依血缘聚族而居,因此属于这种命名方式的地名,在各地都是非常普遍多见的。

故老相传,余屋村的村后有一座状如葫芦的山,因此本村最初称为葫山。历史上它是一个较大的自然村,至今存有历史时期形成的十余条保存相对完整的里巷,我们将在后文进行比较详细的描述和分析。周屋村同样位于寒溪河的西岸,与余屋自然村紧邻。故老相传,本村曾经名为侯山。但在历史上,它与周屋村应该是一体或者彼此紧邻形同一体,否则,清代时不会把二者合称为凹头村。如民国版《东莞县志》(卷三)就描述说,"凹头又名沙塘尾,分周屋、余屋"②。凹头一名当来自当时的村落位于山凹处,沙塘则是位于今周屋境内的一处池塘的名称,当是由该塘内多沙而得名,珠江三角洲各地多见这类池塘。到了改革开放之后,周屋的这处沙塘已经填平变为了民用宅基地,但沙塘与沙塘尾两个名称至今仍然可见,如沙塘新村、沙塘尾巷。

现在所见的周屋全境分为紧密相连的3个坊,分别是圣堂坊、水阁坊和祠堂坊,这3个名称都是历史上沿用下来的。圣堂坊这个名称颇让人浮想联翩,但其得名之由已经无人可知。访谈时村民普遍否认这个名称与宗教信仰有任何关系,普遍认为本地从来没有出现过教堂或者类似的宗教设施。③ 老人们说,水阁坊这个名字也已经用了数百年,但该坊或者周屋村境内从来没有过水上亭台或者楼阁之类的建筑,因此为何得此名也颇

---

① 详参考陈伯陶《东莞县志》,东莞养和印务局1927年版。
② 详参考陈伯陶《东莞县志》,东莞养和印务局1927年版。
③ 圣堂作为地名似乎不是非常少见,如浙江省台州市有一处圣堂村,据说得名于南朝(梁)大同十一年(公元545年)所建的五圣庙(殿),山西省平定县的圣堂村则得名于该村有圣堂寺。珠江三角洲也多有圣堂为地名的,如距离东城不远处的东莞大朗镇有一处圣堂村(旧名庚巷村),而广州市、佛山市、恩平市、广宁县等都有圣堂坊、村或者镇。但是,这些地方圣堂的得名之由,似乎也都不是非常清楚。

令人疑惑。祠堂坊包括了今周氏宗祠左右两边共计6条巷子的范围，其得名的理据则极为清晰。其地域内有周氏人家至为看重的祠堂，即这片区域是以祠堂为标志性建筑物而命名的。由整个村落的形势来看，祠堂坊一带在旧时本是村口，其一部分的区域当是到了相当晚近的时期才最后形成的。如现在的村口内侧几十米处有一栋炮楼式样的民居建筑，在民国初期时被政府编为"周屋保第一甲第一户"，就有力地说明了当时该民居位于村口。这个木质的门牌号码至今仍然完好无缺地存在，这说明了当时周屋村的边界以及其随后向外扩张的历史发展过程。（见图11-4）

图11-4　改造后的周屋村前景色（局部）

访谈时老人们反映，从"几百年之前"即建村时期开始，周屋村地境内其实就长期存在着一个面积较小的、较为特别的坊。访谈时老年村民普遍称之为罗屋坊，并认为这个名称就是得名于居在该处的人家的姓氏。接受访谈时有几位老年村民都回忆，他们小时候村中故老相传，罗姓人家在开村时就在该处居住，据说开村后还有10多户人家；他们的本地居住的历史，似乎比周姓人家的还长。但是，到了后来的某个现在说不明的时期，由于现在已经不知道的某种原因，这个姓氏的人家售卖了祖宅而全数他迁。周姓人家买入后入住该处，但仍沿袭旧习称之为罗屋坊。中华人民共和国成立后，罗屋坊建制撤销，其地境全部并入了祠堂坊。到了现在，这一古老的名称已经趋于消失，村内的青少年中已经普遍不知道了。

（四）桑园

历史上的桑园是一个自然村的名称，现在则同时是一个行政村的名称。

据调查，历史上，今桑园村的地境原本属于温塘村，只是到了后来的某个时候桑园才独立成村的。桑园的村民多认为桑园是在明代开村的，温塘的村民则认为其成村于明代和清代的都有。如果由该村的村落布局以及民居建筑特征来看，似乎当是在清代才开村的。最初的居民全部为袁姓，来自温塘袁姓人家中的一支。在温塘村内，至今矗立着这一支系的袁姓人家的祖祠,有人认为建于清代,有人则认为是清代重新翻修的。但无论如何,即使是时至今日,每到年节时分桑园的袁姓村民依然都会去该祠堂拜谒先祖。

关于桑园这一村名的来历,不论是在温塘村民中还是在桑园村民中,都有几种不同的说法。几经比较后我们觉得,证据较为扎实因而较为可信的一种说法是,温塘村的先民曾在位于今桑园境内的各处田地设立桑园,广泛栽种桑树以便获取桑叶用于养蚕。久而久之,人们就称此地为桑园。① 旧时的温塘境内另有圃园、竹园等,而且这些地名也传承至今,似乎说明当时的温塘人可能赋予不同的地域以各自不同的、特定的用途,如专门用于种植某种作物或者植物。老人们回忆,直到中华人民共和国成立初期即"公私合营"前,每到收获蚕茧的季节都会有外地的商人专门前来桑园一带收购蚕茧。这有力地证明此处确实有过种植桑树养蚕的传统,也扎实地佐证桑园名称的来历。但如果确实如此,则最初的桑园应该还只是田地或者一处地域的名称,而不是一处特定村落的名称。

受20世纪二三十年代资本主义世界经济大萧条的影响,整个珠江三角洲的养蚕以及相关的产业一蹶不振,桑园应该也是从那时起不再大规模养蚕。但即使是时至今日,桑园的人们普遍知悉先人们在过去曾经长期种桑树、养蚕,并因此而颇有收益。访谈时有不少老人回忆说,到了20世纪40年代的中、后期,由于战乱不断导致各种收成都极差,村内人民的生活普遍陷于困顿。有些人家又开始利用水田的田基以及山上的荒地(俗称为旱地)等处重新种植桑树以发展养蚕,多少可以获取收益贴补家用。

(五)温塘

温塘是东莞境内一个极为著名的村落,一般认为是旧时东莞的所谓"四大名村"之一,其历史颇为丰富多彩,值得浓墨重彩书写。

根据温塘《温塘袁氏族谱》中的记载,早在北宋淳化四年(993年)之前,温塘应该就已经有人居住了,因为温塘袁氏公认的始祖悦塘公在淳化四年择居温塘时,"四顾无人,鸡唱而已。询之果有一谢家,今日谢屋墩是也"。如果族谱中的这个说法属实,则显然说明谢姓人家比袁氏更早来到温塘境内定居。谢屋墩这个地方早已不复存在,但猜测起来当为一处水中高地即"墩",而居住其上者当为谢姓人家。至于当时温塘的名称是什么,则已经难以知晓。

现在的名字即温塘是何时出现的,村民似乎已经完全没有确实的认识。至于其得名之由,现在则有三种最为主要的说法,不过迄今并无定论。一说认为温溪河流经该村边上,而村民沿溪边筑塘以蓄水,故得名温塘;一说温塘袁姓人家的先祖刚刚迁来此地时,见此处山清水秀而且气候氤氲,于是取其水名中的"温"加上始祖悦塘公的"塘"字,故而名之为温塘;第三种说法则是温塘四面环山而中间有一处积水即塘,相邻的茶山镇有一座山即鲤鱼山,其山势状如鲤鱼直向温溪游来,由此得名温塘。② 但在我们看

---

① 《东莞市东城区志》编委会所编的《东莞市东城区志》(中华书局2013年版,第117页)认为:"相传南宋末年(1260—1279)立村,因村民从温塘十二园迁此种桑养蚕而得名。"
② 详参东莞市附城温塘管理区编《温塘乡志》,印刷年月不详。

来，这些说法可能各有其可疑之处。因此，其真正的得名之由还有待于进一步的努力。

温塘旧时曾经拥有 12 个园即围子，直到现在人们仍然一般统称为 12 园。但具体是哪 12 个园子，老人们的说法则已经不一。当地一种最为通行的说法包括：大园、桑园、竹园、庵元、黎屋园、王江园、松福园、大坑园、欧屋园、祠堂园、岭下园和西瓜园。另一种较多人采用的说法，则包括大园、桑园、竹园、庵园、黎屋园、麦屋园、西瓜园、黄屋园、欧屋园、祠堂园、岭下园和谢屋园。在这 12 处园子中居住的人们的姓氏，据说就颇为庞杂，主要的则有袁、陈、余、邓、龙、黎、麦等。访谈时老人们都说，后来到了清朝末期，多个园子中的居民出于各种原因迁往广州、香港等地。据回忆当时他们去那些地方"讨生活，就是不打算回来了。那这样的话，他们就把他们原来的土地、房屋那一些，就全都卖给留下来的那些人了"。据说留下来的主要是历来务农为主的袁姓人家，这应该就是现在的温塘以袁姓为最大姓的历史因由之一。

老人们说，民国时期的温塘虽然就已经分为皂角、乐平、茶岭、砖窑和桑园 5 个坊，但其实始终是有多个自然村的。到了中华人民共和国成立初期，桑园率先划分了出去，成为了一个单独的村落，温塘则重新划分为皂上、㘵头、茶岭和砖窑 4 个坊。这时原本的皂角坊分为皂上坊和㘵头坊，原来的乐平坊则被取消了名称，其辖地零散地并入到其他几个坊之中。但在温塘的一些新地名如"乐平市场路"中，仍能发现当年乐平坊一名的若干历史印记。

皂角坊建在皂角山旁边，因此显然是以山而得名。但访谈时村民普遍认为，这座皂角山上从来没有过皂角树，为何此山名为皂角山，他们自己也一直觉得很奇怪。旧时的皂角坊包括皂上村、祠下村、㘵头村 3 个部分，到了民国时依保甲制改为 3 个甲，即皂上为上甲，㘵头为中甲，祠下为下甲。虽然分为了不同的甲，但各甲间始终能够做到守望相助，始终共同分担各种守卫的责任。

至于㘵头坊，接受访谈时许多温塘人认为，其中的"㘵"其实是"墈"的误写。历史上，"墈"多用于地名，如江西的墈上、湖北的墈头等。而在《康熙字典》中，"墈"意为"土突起立者"；在《现代汉语词典》中则主要有两个含义，一为"陡险的堤岸，也指地面突起如墙的土堆"，此义与《康熙字典》中的含义基本一致；另一为"险陡的悬崖，或有相当大陡度的斜坡的一面"。我们通过调查发现，村民对㘵头坊的描述更接近第二重含义，也与其实际的地势更加符合。㘵头坊位于皂角山的西侧，而西侧接近山背有一处相当大陡度的斜坡。皂角山的山面相对较为平缓，皂上村更接近山面，大体上位于这座山的东边一侧。

此外，当地另有两种也较为通行的相关说法。一种说法是本地话中的"㘵"，意为山上有泥，而温塘先人抵达之初选择在山上有泥土处建村，因此命名为㘵头。另一种说法则是旧时㘵头坊东部的山脚下只有袁氏大宗祠外而无人居住，而"㘵"的含义类似于普通话中的"全家死光"，因此人们以之命名形容当时该处空寂无人；至于该处现在民居密布，则是到了很后才出现的。有老人说，最初是有一些因为"犯了各种错误"而无法在各自原本的村内生活的村民，被迫搬到了这里背对整个村落建房居住。不过，这两种说法与历史上的事实多有不相符合之处，因此可能都只是村民根据现在的名字而猜测的，并没有多少依据。

乐平坊现在已经不存在了，其地境位于乐平山的边上，应该也是属于因山而命名。老人们说，乐平山其实是一处低矮的丘陵，但在一片泽国与稻田之中，确实也显得相当高大突出。因为该处原本为荒山野岭，所以有相当面积空闲的地面可用。在现在已经不清楚的某时，其周边的人们开始聚集此处或摆摊或设店而开展商贸往来，最终形成了乐平市场。随着前来临时入住或者定居的人越来越多并最终形成了一片家园，人们就因山取名而把这一地域称为乐平坊。老人们回忆，一直到中华人民共和国成立前夕，乐平坊内除了有一些商家设有固定的店铺之外，还有一处面积颇大的露天市场供人临时摆卖，每到逢墟即赶集时场面颇为兴隆、热闹。

　　访谈时也有人说，此处虽然确实有一座山，但名为背底岭。后来因为先后出现了乐平市场和乐平坊，才改为了现在的名字即乐平山。乐平寓意乐和与平安，一个带吉祥意味的名字的市场符合买卖双方的心理，久而久之也成为了附近的这座小丘陵的名字。这个说法也颇有道理，我们暂时不能够确定何者为是。

　　人们认为砖窑坊的名字来源于砖窑岗，至于砖窑岗的得名之由，则在于历史上人们在这个岗上建砖窑烧制器皿。现在已经无人知道该处的砖窑是在什么时候开始出现的，在历史文献中，明嘉靖年间刻印的《广东通志初稿》（卷三十八）中已有温塘一名，但不见砖窑坊一名。民国十年铅印本《东莞县志》（卷三）中，才有"乐平、桥头、菴园、茶岭、砖窑诸坊"等字样，可能是重要的地方志书中首次明确书写出这个名字。但访谈时老人们则很肯定地说，清朝时此处有许多砖窑烧制红砖，当时是卖给本村以及周围村落中家境略差的人家用作建房之材，有钱人家则从外地购买青砖建房。旧时该处还有多家窑厂专门烧制多种规格的罐子、陶缸等陶瓷产品，行销的区域还相当广大。那时的人们买回来陶缸后，除了用作水缸等储水器物之外，还相当普遍地用于储存茶叶。访谈时有老人说，最初主要是售卖茶叶的商家使用这些器皿，中华人民共和国成立前乐平市场的茶叶铺子都是如此用法，后来其他村民沿袭了这一习俗。我们在调查时发现，在温塘村及其周边一些村落，许多村民现在仍然经常使用这种大大小小的器皿存放茶叶，据说保鲜效果还非常好，而这个习俗少见于其他地方。在现在的砖窑坊，还随处可见售卖这些缸、罐等的铺头，不少人买回家就是用于储存茶叶。

　　茶岭坊背靠茶山岭，显然该处也是由山而得名。至于为什么这座丘陵会有这样的名称，我们在访谈时发现不少村民也感到困惑。我们的一位91岁高龄的报道人说，他幼年时也觉得奇怪，并因此而询问过其父亲。其父亲说祖上曾经在这座茶山岭上种过茶，因此当时就叫作茶岭。其父亲说，他本人小的时候山上还有茶园，"记得好像还不止一处"。不过，他只是听父辈如此说，他自己并没有亲眼见过所说的茶园，因此不能够确定到底有没有种过茶。至于其他相对年轻的报道人，对以前种茶一事一无所知，而普遍认为温塘从来没种过茶。由山上的各种遗存来看，我们相信这座茶山岭确实曾经用于种茶，因此温塘先人才会如此命名。但在约一百年前，温塘人不再种茶了，其原因暂时不得而知。我们在东莞的其他地方（如清溪镇）也发现过类似的茶叶种植以及饮茶习俗等的兴衰变迁，但具体的原因也因为无人知悉而没有调查清楚。

　　茶岭、冚头、砖窑3个坊还各自下辖数个较小的自然村或者区域即坊，部分自然村或者坊的名字的由来还大致可知。

访谈时许多老人们都认为，至少自清代以来，中和圩一直是一处圩场即当时的乡间集市，访谈时许多人都认为，"中和"一名来源于"位于附近几个村子中间"与"和气生财"。广府人至今普遍有"取个好名字，获取好意头"的习俗，这个名字折射出的是商人的某些价值观念。老人们说，以前这个市场实行"三日一当圩"即每三天赶集一次的制度。据回忆，民国时这个圩市就因为遭受一场大劫难而变得衰落，日本人入侵后又遭受了致命的打击（详参考本书第三章），但它仍然在某种程度上得以维持到了改革开放的初期。旧时每逢圩日时，温塘以及其周围村子的村民，普遍到此处出售或者购买各种物品，据回忆以交易各种自产的农副产品为主。随着20世纪末期的商品经济的发达以及村落整体布局的变化，到现在这个市场已经消失得几乎无影无踪了。

较寮村的得名理据相当明显，人们公认与旧时的制糖业有关。该村曾经有过一处比较大的榨取甘蔗以获取糖的糖"寮"，也就是较为简易的榨糖用的棚子。旧时的东莞人把榨蔗糖的过程称为较蔗，而把各种相对简单的棚子称为寮，因此此处得名较寮，最后转化成为村名。

据调查，清末至民国时期，榨糖业在东城一度相当兴盛。榨糖的原料始终都是甘蔗，没有听说用甜菜等为原料的。至于传统使用的榨糖工具，则一直都是相当简陋的。老人们回忆说，以前最主要的工具，其实是两块加工成圆柱形的大石块，本地人称为"石较"即石辊轴（见图11-5）。石较的侧面事先规则地加工出一圈方孔，供插入木棍类的器械之用。以人力或者畜力推动木棍带动石较转动，即可挤榨甘蔗而获得甘蔗汁，之后就可以制成糖。

祠下村，则是得名于其具体的地理位置。当地方言中的"下"，有多种复杂的含义，用于河流时指的是水向下方或者前方低处流动。旧时有一条河涌先后从袁氏大祠堂和祠下村的前面流过，而祠下村的地势比袁氏大宗祠低又位于河涌的下游，因此被认为是"下"。

图11-5　旧时使用的石辊轴

由此看来，祠下村这个名字，是人们借助水流方向和标志性建筑共同指称的结果。访谈时很多老人都认为，袁氏一族的先人抵达温塘后，最初就是在祠下村一带定居，因此这里也可以认为是袁氏的发迹地。

柴市村最初是一处专门售卖各色木柴等柴火的集市，后来因为有居民定居而发展成为一处村落，故名。许多老人都回忆说，在温塘的历史上，如何解决日常生活与生产中必不可少的柴火，很长时间内都是个极大的问题。例如，有时候人们必须使用木柴烹调某些较为特殊的食物，而烧制砖瓦窑等更是不可能离开木柴。据调查，历史上温塘木柴的主要来源有二：从附近的丘陵上砍取；通过水路从远方购买后运来。温塘周围的山都是丘陵且历来没有大树，所能够获取的几乎总是灌木、树枝以及细小的树干，虽然可供日常煮食但确实不堪大用。我们的一位主要访谈对象回忆，他幼年时经常上山砍取树枝，然后挑到柴市出售以略微帮补家用。至于烹制某些特殊的食物以及烧窑等需要的"火力旺盛"的较为粗大的各种木柴，则几乎全部依靠水路从东江上游的龙川等山区地带运来。访谈时老人家说，历史上，这些大木柴几乎总是经温塘的大码头上岸，之后再搬运到柴市销售，他们还曾经亲眼见过这类舟车劳顿的工作。

洋楼村成村相对较晚，旧时该处长期是温塘村落外一块面积较大的无人居住的沼泽地。访谈时有老人反复推算后认为，一直到了1927年，才有一位富户这里建起了整个温塘区域内的第一栋洋楼，该处才算有了第一所固定的居民，而这栋楼后来也成为了该处最为突出的地标建筑。随着随后该处民居日益增多、逐渐成为一处聚落，人们遂以这栋洋楼来命名这块区域。这座两层的精致的楼房现在仍然存在，其内外各处主体建筑及其构件均大体保存完好，具有相当的建筑与历史文化价值。据调查，改革开放后，这座楼房曾经用作洋楼村经济合作社的办公室，但随着近些年合作社经济活动的改变，现在实际上已经近乎废弃。

本次调查时，我们有幸结识了住在该楼的对面一位已经年过60岁的老人。他对温塘村落的历史发展颇有兴趣，对这座洋楼更是长期有极大的兴趣。据他说，在他年轻时，他还曾经专门探讨过其历史。承蒙他的好意，我们得以原文照录其日记中的相关内容如下：

砖窑洋楼，它从建成到20世纪六七十年代，一直是砖窑坊的地标。其他的房屋都是砖瓦木结构，只有它是水坭（泥）倒台。它鹤立鸡群，比其他房层高……

洋楼原来是始建于1927年。我在砖窑砖瓦厂当出纳时有一次闲谈，听王山村的一位老人讲，洋楼在打松桩地基时，他曾在那里玩弄地打过松桩。近年我曾经跟这位老人的女孙打听，问他祖父是哪一年出生的。她告诉我，她祖父是出生在1910年。这位老人在打桩时虚岁18岁，所以，这座楼就是始建于1927年了。

丁字村则是因为其境内最初的民居，全部集中分布在一个丁字路口的周围而得名。由于聚落规模日益增大，原来统一的丁字村，后来逐渐分为了丁一村、丁二村和丁三村3个村子。前几年东莞市统一实施的村落改成新社区期间，丁一又与丁二两村合而为一，现在只余下今丁一和丁三两个村子。老人们说，现在所见到的丁字路虽然连接起来的也是两条陆路，但二者其实是后来才修建的；该处原本连接的，是由两条河道边缘分别延伸过来的道路。这两条路分别延伸到聚落边缘的围门处，最终形成了三个"闸门口"即围门。由于其位置正好处在丁字形衔接的路的三端，因此，该处被称作"丁字闸"。

人们普遍认为，王山村其实也是因山而得名的。但在温塘及其周边，其实从来没有称为王山的山脉、山峰甚至丘陵。我们的实际调查发现，这处村落背靠的，其实是一座称为凤凰山的山。调查时有村民认为，以前有姓王的人家在本村居住过，因此，本村原来称为王山村，这就是当时的得名之由。但我们相信这种说法很可能只是望文生义的结果，因为该村从来没有过任何王姓人家居住过的证据。在我们看来，现在的这个村名其实极其可能是语音讹误的结果。因为该村落背靠凤凰山,所以,该村的本名当为凤凰山村。但在温塘话中,①"凰"与"王"同音,而且"王"字比"凰"字易写,听上去也更加有气势,因此可能由此而讹误成为了"凤王山村",再进一步缩略为现在的王山村。

二、东城的街巷名称

东城客家人的传统村落现在已经几乎拆除殆尽,但在各处广府人的旧村落中,至今仍然普遍存在着历史时期修建的各种街道或者里巷。日常生活中广府人通常把这些混称为街巷,但传统上又严格区分街、巷。概括地说,一处村落中能够称为街的数量很少,而称为巷子的则数量众多。街通常相对较宽、相对较长,经常连接村落各处要地,因此事实上也可以视为村落的主干道。而巷子通常都是相对较窄、较短,通常只是连接村内相对较小的一些地方。

按照道理来说,每条大街或者小巷都应该有其专属的、独有的、区别性的名称。但由于历史上东城的村子大多面积较小,因此,给街巷逐一命名的必要性通常不是非常大。再加上传统的乡村社会是熟人社会,用特定的家户名等来指称某地,往往比用街或者巷指称来得更精确、更有效。应该是出于这些缘故,在东城的各处传统村落中,街、巷经常有其实而并无专名,或者只有少数几条有专名而多数则没有。因此,以下我们不分村而择要介绍若干条重要的古街巷。

(一)麻石街、麻石巷

东城的许多村子内,其实都有使用麻石铺就的街或者巷,较大的村落内可能还不止一条。但专名叫作麻石街或者麻石巷的,以我们所知东城境内仅仅各有一条。两者的共同特点是地面都铺设长条状的麻石,其名称当由此而来。

这条名为麻石巷的巷子位于余屋村内,旧时其两侧曾经居住着几户相当富裕的人家。访谈时有村民告诉我们,这几户人家其实原本是一户人家,后来因为分家才成为了单独的几户。村民至今普遍传说,在清代的某一年,这几户为了使得巷子更加干净、整洁,同时也是为了使得自己的家人出入更加快捷、方便,于是聚集一起商议后共同出资,购买来花岗岩石条并雇来石匠精心铺成了这条巷道。我们多次实地考察过发现,整条巷子至今基本保存完好,而且所用的麻石的规格完全一致,即每块长约90厘米、宽约30厘米、厚约20厘米,这说明修建时确实是经过了仔细的规划和精心的管控。至于是如何达到这种规划和管控的,则暂时还不得而知,最有可能的是出于当时家族强大的掌控能力。

专名为麻石街的一条街道,则位于温塘村内。它比余屋的麻石巷要长得多、宽得多,如其宽度足可以容纳一辆马车。如今能见到的麻石街,其实只是原来街道的一小部分。老人们回忆,在其最兴盛时期,这条街道一直延伸到了村边的温溪河畔,与当时的

---

① 在粤方言的许多土语中,这两个字都是同音或者近音,所以许多以粤方言为母语的人士经常分不清楚王、黄、凰等。

码头直接相连。著名的温塘大码头等码头，如今都已经变得一片荒芜而淹没在杂草中，以前却是温塘百舸争流、货物吞吐的繁华热闹处。这条路还把码头与村内的柴市坊、砖窑坊等地直接连接起来，使得运输进村的木柴等物或者出村的红砖等物变得极为便利、快捷。访谈时老人们反复强调，旧时这条路不仅是商品进出温塘的要道，还是温塘以及邻近的几个村子往来莞城的必经之路。主要是受水势的限制，旧时人们出莞城的道路数量极为有限，而这条路则是最常使用的。可能是出于这些缘故，这条路才修建得颇为讲究。

麻石街又名桥头街，这个名称另有来历。旧时洋楼坊紧邻一条较宽的河，这条河流将村落与温塘的文塔分割两处。文塔是旧时温塘的一处标志性建筑，同时还凝聚了人们对自己的儿子能够科举如意的期盼。为了便于村民拜祭文塔以及日常出入村落，在民国初期的某一年，温塘的若干乡绅、富户首倡并组织村民集资，在桥上修建了一座坚固的石质的大桥。这座桥与麻石街连通成为一体串起了村落，旧时每日的闲暇时分，村民尤其是男性村民纷纷集聚到其靠近村落一侧的桥头谈天说地，麻石街由此又得到了桥头街这一别名。本次调查时发现，人们至今仍然习惯称洋楼坊境内大桥附近的区域为桥头，可见桥头在历史上的村落生活中的地位之重要，可见桥头留给历史上的人们的记忆之深刻。

访谈时有许多老人回忆，这座桥的主体全部使用成条的、规格尤其大的麻石条铺设，使得大桥既坚固又显得美观、气派。麻石条非常便于人们坐卧，因此，大桥尤其是桥头成为了旧时其周围人们消闲、纳凉的好去处。但也正是由于其石材巨大、规整、质地好，中华人民共和国成立后修建水库需要大型的坚固石材时即遭到拆除，所得的全部麻石都被运走成为了水库的建材。改革开放后，政府在这座桥的原址上（一说原址附近）又修建了一座水泥为骨的大桥，居住于洋楼坊等地的人们又可以很方便地过桥到文塔闲聊、休闲。本次调查时发现，文塔附近每日都有不少男性老人集聚，不过不再是祈求文曲保佑子女而是安度自己的晚年。

对当时为修建水库而四处搜罗建材，许多东城老人至今印象极为深刻。本次调查时牛山的一位客家老人回忆，他童年时所居住的家屋是他的祖父于民国初期所建，使用了多块精心挑选的大块的麻石条和麻石板修筑墙壁以及铺设家屋和院落内的各处地面。他回忆，这些麻石条极为精美而又坚固。中华人民共和国成立后修建水库时遭到拆除，悉数被运走作为建设水库的建材使用。

（二）围杆巷（桅杆巷）

围杆巷又作桅杆巷，是位于余屋村内的一条不太长的里巷。但在许多村民的心目中，这条巷子具有特殊的意义。

关于其得名之由，村民中主要有两种说法。一说是由于这条巷子形状笔直如围杆即船上的桅杆，故名。第二种说法则认为，该村历史上有一位名人即余士奇，就住在这条巷子之中。明万历二十六年（1598年），余士奇登科进士，后获授安徽宁国知府等要职。当时本村人为其表功，特地在此巷竖起一根"桅杆"即表示功名的旗杆以示庆贺，这条巷子也因此而得名围杆巷。我们认为，似乎第二种说法相对更为可信。与村内的其他巷子相比,这条围杆巷虽然相对来说较为直一些,但也绝非某些村民所说的那样即"直得像桅杆一样,一眼能从头看到尾",实际上还是有一些可能是故意造成的弯曲甚至转折处的。① 余屋村或者周边村落中,其实也多有相对较直的巷子,但从来没有哪一条得到这类名称,这更加使人怀疑其得名于笔直的理据。而在另一方面,余士奇其人其事确实是存在的,余屋的村口至今立有一座历史上修建的进士牌坊,就是为了表彰他以及其父教子有方而建的(详参考本书第九章)。为本族科举得意者立桅杆即代表功名的旗杆以光宗耀祖,则是旧时各处宗族的通例,这条巷子因之得名顺理成章。

但令我们深感疑惑的是,当时的桅杆即旗杆到底是立在何处?现在的余氏大宗祠是新近异地建设的,访谈时发现余屋的村民中似乎已经无人知晓旧时的余氏大宗祠前是否立有这根旗杆。几位报道人其实都没有亲眼见过这根桅杆以及具体立于何处,也都没有见过相关的遗存,但都认为是立在余士奇家门前巷子的一侧。而根据他们的估计,这条桅杆高约 10 米,直径约 60 厘米。如果确实如此,则这根桅杆实在难以立在这条狭窄的巷道中,否则,光是旗杆石就必定会给附近村民的日常生活尤其是出入巷子带来极大的不便。而依照旧时各处的惯例,则是将桅杆立在获得功名者所在的宗祠之前,如此才尽可能地为本家族增光添彩。我们相信,历史上这根旗杆也当是立在余氏大宗祠之前。至于余士奇家所在的巷子为何得此一名称,则有待进一步调查。或许当时特地以桅杆命名此巷以纪念其获得功名并激励族人,这也是完全可能的。

(三) 牛轭曲

牛轭曲是温塘境内皂上村的一条里巷的名称,得名于旧时极为常用的一种农具即牛轭。由于这条巷子曲曲折折如同牛轭,故名。

这种农具是木质的,形似一个张角较大的倒"∧"形。其两臂通常笔直而中部有一定的弧度,这样才便于稳稳地放在牛的脖子上。旧时耕田或者犁地时,村民就将一具牛轭架在一头牛的颈项上,再用绳索将牛轭与后面的犁、耙等相连。如此一来,驱赶牛前进时牛就可以拖动犁、耙等前进而进行相关的作业了。使用这种简易但实用的牛轭,还便于耕田者通过绳索控制牛的行进方向、速度等。

这条巷子现在已经不存在,而成为了后来修建的皂上路的一小部分。我们在访谈时发现,村内现在已经很少有人知道这一巷名。接受访谈的几位老年报道人都说,这条巷子及其名称的历史其实相当长,但现在的年轻村民一般只知道皂上路。即使是老年村民,也只是偶尔才会如此称呼这一路段。较多使用这个旧时的名称的,反倒是那些早年离开温塘去了香港谋生的温塘人。每年他们回到村里参加祭祖之类的宗族性或者村落性的集体活动的时候,几乎都会沿用他们离开时的旧名称。老人们说,每到这时都让他们顿生沧桑之感。

---

① 依我们所知,在珠江三角洲的各处村落之内,事实上极少见到笔直的街或者巷。除了客观上受具体地势、民居分布等限制而难以做到笔直之外,人们根据生活经验其实普遍避免笔直的街巷以防止造成穿堂风等危害。古人对于小微气候的这类认知与实践,多有值得今人学习、借鉴之处,尚待多多努力挖掘。

(四) 龙眼巷与凤眼巷

旧时东城的各处村落的内部以及周边各处，多种植有龙眼、荔枝等岭南佳树果木，这些果树经常成为里巷或者一个小区域的得名之由。老人们回忆，龙眼巷就是因为该里巷口有一棵古老的龙眼树而得名。如今这棵果树虽然已经被砍去，但村中的不少老人对其仍有印象。

而在龙眼巷的旁边，有一条基本上与之平行的巷子，称为凤眼巷。东城的村落大多依山势而建，龙眼、凤眼两巷于是便双双顺着山势由山上直到山下并通到村边的。不过，这条巷子虽以"凤"为名，但由于凤凰其实并不存在，因此其得名另有来源。村民认为，这是因为龙、凤总是相提并论的，所以比照着龙眼巷，人们就把这条巷子称为凤眼巷。人们认为，龙眼与凤眼两巷紧邻并存，既易记又吉利。如果确实如此，则龙眼巷较早出现而凤眼巷相对后出，但也可能是这两条巷子同时形成。这对认识村落地境的变迁，应该是有一定的帮助的。

东城有一种属梧桐科俗称"富贵子"、学名为苹婆的树木，其种子在广东的许多地方都被称作凤眼果。我们起初怀疑凤眼巷名的由来，可能与这种凤眼果有关。但调查发现，东城似乎没有人称呼苹婆为凤眼果的，实际上几乎没有什么人知道其学名，最为普遍的名称就是富贵子。而在另一方面，村民也没有凤眼巷种植过苹婆的历史记忆。如此说来，这一地名确实是中国传统文化影响的结果。

(五) 平安里

在著名的古籍《说文解字》中，有一句经常为后人所引用的话，即"遂人曰：五家为邻，五邻为里"。这句话扎实地证明，作为一种划分地方区域社会的地理与人文混合的体系或者方式，我国早就有了明确的邻、里制度。早在春秋时期，就出现了里正一职，也可以为这句话做注脚。

但到了后来，一般认为里通常多见于给城市的区域进行划分或者命名。在我国的广大农村，其实也仍然普遍使用这种单位的。在珠江三角洲的各处村落之中，至今仍然多见历史上传承下来的"居安里""平安里"之类的里巷名称。东城的一众村落中，同样有多处"平安巷"或者"平安里"之类的地名，取的就是居住平安之类美好的寓意。东城人至今认为，给事物取名字时都需要有一个"好意头"以表达人们的美好愿望。人们相信这是传统的求吉观念，但同时也是一种根深蒂固的民俗。至于这种里、巷的名称到底是古时传承下来，还是明清时期重新命名的，则还难以断言，似乎以后者的可能性为大。如今东莞许多繁荣昌盛的地方，其实是到了明清时期才稳定地露出水面而最终形成的。

我们在访谈时发现，如今的东城人普遍认为里即是巷、巷即是里，二者并无区别。但如果按照实际所见的传统村落的空间划分来看，里与巷其实明显有别，二者所指的具体内涵也大不相同。大致上说，里偏重于指称一片区域，巷则经常指称的是一里之内的一条通道。但由于东城的里和巷的范围有高度重合之处，可能由此最终形成了东城人二者混一的认识。历史上的东城人应该也有类似的看法，因此才会出现里经常用作巷子名称的现象,由此导致了东城的各处村落中常见保安里、文明里、平安里等诸多巷子名称。

(六) 迎晖巷

迎晖巷的含义为迎接日出之光,这个名称应该是得名于其特殊的走向。

东城的一众村落几乎都是依山就势而兴建的,纵向的里巷即贯穿山上与山下的里巷,几乎都可以做到上、下端点大体上保持同一个朝向,即这种纵向的里巷基本上都是接近于直的。(见图11-6)但是,受地势起伏以及山体大小的影响,稍长一点的横向的里巷,则几乎总是曲折蜿蜒、朝向多变甚至大变的。而大体上说,这条横向的巷子却能够几乎始终保持东西走向,几乎可以说是一个例外。这条巷子的巷口朝正东,每当旭日初升时,巷口首先迎来一天的第一缕朝晖。我

图11-6 纵向的巷子通常较直(地面经过硬化处理)

们相信,这条巷子的富有诗意的名称,应该就是由此而来。

与莞城等地相比,东城的村落中这类颇有诗意的里巷名称不是很多见,而多是以山川、物事等为名。在我们看来,这种差异自然说明旧时的东城更加质朴淳厚,但似乎也间接说明旧时东城的教育与文化普及程度确实低于莞城等地。

(七) 登桂里、云衢巷

传统上,东城各处村落的人民虽然主要以务农为生,但各个宗族、各个家庭无不重视教育子弟,都会采用多种方法鼓励族中的青年才俊读书。万一族中子弟高中,则被视为宗族和家庭的无上荣光。登桂里与云衢巷两个名称就是这种热望、期盼的直接的反映,饱含着人们能够考取功名而平步青云的愿望。

登桂意为登科折桂,这个说法颇有些年头。一般相信,唐人又称科举及第为折桂或登科,因此唐及后世的诗文中常常能够见到桂科、折桂等典故。例如:杜甫《同豆卢峰知字韵》诗:"梦兰他日应,折桂早年知。";杜荀鹤《辞郑员外入关》诗:"男儿三十尚蹉跎,未遂青云一桂科。";张抡《满庭芳·寿杨殿帅》词:"流庆远;芝兰秀发,折桂争先。";李渔《夺锦楼》第一回:"那些未娶少年一发踊跃不过,未曾折桂,先有了月里嫦娥。"等。仅就字面上说,云衢指的是云中的宽广道路,但实际上却是指称庙堂高位,这个典故出自《乐府诗集·相和歌辞·艳歌》:"今日乐上乐,相从步云衢。天公出美酒,河伯出鲤鱼。"此后,人们即多用云衢喻指朝中高位。例如:宋代梅尧臣

《刘运使因按拜省》诗道:"于兹亦未几,用直升云衢。"清代何墉《乘龙佳话·下第》:"看他们早名登蕊榜,一个个腾向云衢。"在历史地名中,登桂里、云衢巷之类的并不少见,但似乎一般用为繁华都市的里、巷的名称,乡村中则相对少见。就整个东城的所有村落来说,似乎只有登桂里、云衢巷地名各一。茶山镇的南社村是与东城紧邻的一处著名的古村落,该村有一条只有几十米长的纵向的古老的巷子。但是,这条短短的巷子在旧时的地位却非常特殊,它不仅长期是举子们出村赶考的必经之地,而且又因为其开始处低但结束处高即高升而有"好兆头",所以被命名为青云里,这个名称与东城的登桂里、云衢巷颇堪辉映。

大概从唐朝开始,随着经济实力的持续加强,东莞的文风逐渐昌盛。到了明清时期,东莞人的科举考试成绩更是经常名列广东省的前茅,出了不少著名的文人、武士。这些辉煌事迹无疑对各处村落中的人们有某种促进作用,对地方、家族、家庭致力于敦促子弟读书而致仕有某种激励作用。地名上的这些登桂里、云衢巷、青云里等案例,应该正是这种促进、激励的一种反映形式。

三、其他人文地名

(一) 中和圩与榴花圩

在岭南各处农村,定期的集市以及集市贸易地点通常都是称为圩,字面有时又写作"墟"。依据文献可知,这种称呼历史颇久。近代时期东莞的各类商业与经济活动非常普遍,因此,明清时代著名的圩市已有几十个之多。

圩市通常有确定的开市日期,也就是东城人通常所说的"当圩"或者"圩日"。旧时的东城各处集市多采用"三日一圩"制度即每三天开一次圩,如每月逢三、六、九和带有三、六、九的日子固定开圩。一般来说,旧时主要是受水网阻隔、交通不便的限制,到某处圩市买卖的人一般都是圩市所在村子或者其附近村子的村民。在整个东城都颇有名气的温塘中和圩最初并不是一处聚落,而仅仅是这样的一处圩市。由于改革开放后市场搬迁,现在中和圩市已经消失了,但作为地名的中和圩依然存在。这个圩市颇为出名,不仅在于其有众多的行商即流动的小贩,还在于其有相当多的坐贾即开店铺的商人。约从清代中叶开始,这个圩市上所售卖的物品有本地出产的,但也有从东莞、广州甚至海外长途转运来的,每一次圩市的贸易量都相当大。访谈时不少老年村民都回忆,以前每到当圩的时候,来自周边各村的卖家与买家集聚此地,市场中吆喝之声不断,讨价还价之声不绝于耳,场面热闹而令人流连忘返。

除了中和圩之外,旧时东城另一处较大的圩市就是榴花圩,原址在今东莞榴花客运站与东莞综合治水的重大工程即东莞大围之间。由于临近较宽阔的东江河道而占据了交通便利的优势,通过航运而来的各种国产货物得以源源不断而又便捷地进入这处市场,因此这处圩市长期十分兴盛。大概自清代中叶开始,经香港转运来的各类外国的新奇货物变得相当多见,这使之变得更加兴盛。因为其货物种类多而且品种新,旧时就连一些距离较远的村子的村民,也可能专门来此购买各种心仪的物事。但到了清末民初时期,榴花圩出于某些原因而逐渐露出衰落的迹象。至于其衰落的确切原因，老人们似乎不愿多说。

到了中华人民共和国成立后，为了一劳永逸地解决洪水对东城各处村落的巨大威胁，政府组织东莞人民齐心合力修筑了著名的东莞大围。这项工程基本彻底解决了洪水的威胁，但意外使得东江与榴花市场之间有了较远的距离，致使各类货船根本无法就近停泊以便卸货，这进一步削弱了榴花市场的地位与功能，并由此最终导致其完全消失。由于其消失得较早，我们在访谈时发现，即使是在现在年龄已经有六七十岁的老人看来，榴花圩也完全是属于"上一代人的东西"。不过，作为地名的榴花圩，现在偶尔还可以见到几处。

（二）牌楼下

牌楼下是一处地名，见于余屋村。其中的所谓牌楼，指的是在余士奇进士登科及第后，余屋村民为其建立的一座高大的牌坊。在一定意义上说，这个地名也可以视为一种纪念性地名。

在余屋村村民心目中，余士奇这位近似于传奇的历史人物至今具有极为崇高的地位，至今仍然可以视为全体余屋人的骄傲。在余屋村历代村民的悉心呵护与精心维护之下，这座建于明代的著名牌楼，历史上虽然数遭险情且又几经翻修，但历经数百年仍然得以基本完好地传承到了现在。这座牌楼矗立在宽广的寒溪河边，直面滔滔寒溪河水。与各处的牌楼相比，这种布局都显得颇为独特。至于为何会如此，村民的解释则不一。如有人说，这与历史上余士奇中举之后乘船归来有关；也有人说，是与当时皇帝的赏赐之物是经水路由船运来有关；等等。

现在所见的牌坊是新近重新翻修的，虽然格局与以前的基本相同，但材质可能有相当大的差异。而最大的差别似乎在于，现在的牌坊与余屋的民居隔着一座大堤彼此相望。但在历史上即没有修建这处大堤之前，这座牌楼与村内却是隔着一段较远的距离，因此那时距离牌坊显得相当远。访谈时老人们回忆，当时彼此间隔着一大块田地，但认为二者并不接近。时至今日，仍然有一条河流从村边流过，穿过堤坝后从牌楼边流入寒溪河，但已经没有了田地。

猜测起来，应该是因为牌楼是这处地域最具有标志性的一处建筑，而该地域又没有人家固定居住，所以人们就把这座牌坊的所在及其周围的一大块区域，统统称为牌楼下。现在这处地域的不少部分早已经成为宅基地，但不少老年人还能够清晰地指出某些地境原本是属于牌楼下的。

（三）石地堂

石地堂是余屋村内的一处地名，其得名之由在于地堂。

在旧时的珠江三角洲各处乡村中，其实都普遍可见所谓的地堂（有时又写作地塘等），原来指的是位于祠堂正前方的一块较大、较平整的空地即小广场，主要供逢年过节举行祭祖等活动时族人在该处集中然后进入祠堂祭拜之用。至于在日常的生活与生产中，该处则主要供村民晾晒稻谷等收获物之用，因此也有许多人径直称之为"晒谷场"。到了现在，余屋村内的这处石地堂地界早已成了一处寻常的住宅区，连"晒谷场"一名也只存留在某些老人家的记忆中。

在一定意义上说，地堂可以认为是旧时村落中宗族的最为重要的脸面之一。此外，该处又是全体族人都可以使用的公益性的集体的空间。因此，各处村落中所见的地堂一般都经过了一定的、经常是细致的处理。常见的是其地面经过精心的捶打，也有些富有的家族直接铺设石质地面，目的都是使之变得更加整洁、好看。不过，余屋村的该处小广场虽然名为石地堂，但实际上其地面却从来都不是用什么石料铺成的。访谈时老人们回忆，当时是将由"足够数量的"黄沙与以蚬壳或者蚝壳烧制而成的石灰、[1] 红泥以及沙子与水等，按照一定的比例混合后充分搅拌均匀，然后将所得的浆状混合物均匀地铺在地面上，再以人力反复击打直到整个地面变得平整而又结实为止。之后再晾晒若干天，除去水分后的整个地面就会变得坚硬如石，因此人们称之为石地堂。

（四）坑口园

坑口园位于余屋村，现在早已经成为寻常民居用地，距离村口更是已经有一段距离。但直到中华人民共和国成立后的一段时间，该处仍然是一处边上有一个大水坑的供出入村落之用的村口。村民日常往返坑田劳作时，几乎总是要经过该处。据回忆，以前该水坑的边上有很多果树如同果园，坑口园就是由此而得名的。

旧时东城人主要以农为生，往返田间与家园时必然要经过村口，村口或者其附近某处于是经常就成为了劳作结束后人们的小憩、闲聚处。（见图11-7）这种地方通常有流水供人们洗手、洗脸之用，通常还有较大的树木为人们蔽日遮阴。其中的部分村口，甚至可能由此而发展成为村民日常生活中闲暇时聚集的场所，使之在一定程度上成为了旧时乡村的公共空间。这也可以说是自然的结果，

图11-7 时至今日村民仍然喜欢聚集在村口闲聚

在中国西南的许多民族地区，也多见类似的场所及使用，人们一般称之为歇凉地等。[2]

（五）大天井

大天井是周屋村内的一处地名，关于其得名之由，村民中有两种主要的说法。

---

[1] 在历史上的东莞，早就有"石灰"一名。但是，历史上指的几乎都是以蚬壳或者蚝壳等贝壳类烧制而成的灰，而不是北方通常所说的石灰。

[2] 详参考张振江《三都三洞水族》，知识产权出版社2008年版。

一种说法认为，大天井一带原本是村内一些有钱人家集中居住的区域。这些人家为了教育其子女，曾经分别开设了数间家塾即私塾。因为其中的一户人家的家塾中有一个很大的天井，所以后来人们就把这一区域统称为大天井。在旧时，普通的民居经常主要依靠天井采光，因此天井越大则采光越好。另一种说法则认为，以前村内没有自来水可用，小部分人家取各处水井里的水使用，大部分人家都是到村落前方的寒溪河里挑取河水回家，以满足各种用水需要。后来有一位家境殷实的村民看到大家用水不便，于是出资在村里挖了一口水井以造福全体乡梓。由于这口井比村里其他的井都要大得多，因此，人们就称之为大天井，久而久之就成为了其所在的一块区域的名称。

我们实地考察后发现，两种说法中所涉及的家塾、天井以及大水井，至今仍然都存在。我们暂时还无从判定何者为是，其真正的得名之由为何尚待斟酌。

（六）尚书里

尚书里是鳌峙塘村内一个较为特殊的地名，人们普遍相信，其得名之由与本村的一位历史名人有关。

访谈时发现，鳌峙塘村民至今经常津津乐道于几个历史名人，其中之一就是徐兆魁。人们说他是明万历十四年（1586年）的进士，曾官至刑部尚书。据说他为官期间颇有一番政绩，告老还乡后仍然继续造福村民，因此至今享有很高的声望。接受访谈的村民普遍相信，他不仅是本村的第一位历史名人，也正是他首倡并出资，才得以修建了鳌峙塘的徐氏大宗祠，使得徐氏人家成为东城较早拥有祠堂的地方显族之一。为了纪念这位村中的杰出才俊，也为了充分彰显本村的荣光，约在徐氏大宗祠建成开光时（另一种说法为徐兆魁辞世时），村民把鳌峙塘村落原有的四个围门中的一处重新命名为尚书里，意为借此显示本村是尚书故里。因此，与一般所见的××里通常指一片地域或者一条里巷不同，本村最初的尚书里完全不涉及地域，而仅仅是一处门楼的名称。

现在这处围门早已经拆除，至于拆除的具体年代则不详。访谈时有老人说，是中华人民共和国成立后统一拆除村落的围墙时一并拆除的。但也有老人说，因为历史上本村落不断扩大，所以该门楼早就不存在了。无论如何，现在的老人家普遍知悉这一围门得名的理据，但他们同样又会称该围门所在的一带为尚书里。因此，这个名称就由一处围门名而成为了村内的一处地域的名称。

（七）桑圃古里

现在的桑园有旧村和新村之分，桑圃古里是旧村的一个围门的名称。

历史上，桑园旧村正面直对相当宽广的水体，因此，其实不需要绵密的村落围墙围护全村，但仍然有具一定象征意义的部分寨墙和几处围门，其中的一处围门，就是桑圃古里。这处围门两侧与主要以石头和砖块垒砌的围墙紧密连接，围门的框架和一小段围墙至今保存完好。老人们说，其实"桑圃古里"原本是该处围门的门楣处的题字而不是其名称，写有这几个字样的那块横匾现在依然完好可见。（见图11-8）但是，村民却普遍以之为该围门的名称。再到后来某时，则又以之指称这处围门和周围的一块区域，又使之成为了一处地域的名称。

第十一章　传统地名

图 11-8　残存的围墙及围门（红石门楣上仍然可见"桑圃古里"四字）

　　桑圃古里又被称为"马骝枷"，据说这个名称与桑园的一件旧事有关。村民传说，在很久以前，桑园村曾经发生过一次非常严重的瘟疫。当时有不少人染病而不幸去世，弄得村民惶惶不可终日。村民于是集资请来了一位风水先生，试图查明原因并制止瘟疫传播。传说这位先生仔细查看了桑园村落的山形、地貌之后说，村子对面的山上有两座坟，埋葬的是一对姑嫂。这两人一个姓马、一个姓刘，因此这两座坟合称马刘坟。而在当地方言中，"马刘"与马骝即猴子谐音，因此，马刘坟也就是马骝坟即猴子坟。猴子喜欢吃桑树的果实即桑葚，而桑园恰恰多桑树，马骝就经常夜里从对面的坟墓中跑出来到桑园采食桑葚。这些猴子带来的坟墓中的阴气使得桑园的风水变得很差，因此就发生了瘟疫并致人死亡。

　　这位先生说，需要在村子的"围头处"即村口处修建围墙和一处石质的围门，围门两边还要有石质的坚硬门框。猴子进村吃桑葚时只能够通过围门，而这处围门的门框犹如一副牢固的枷锁把经过围门的马骝束缚住。这样猴子就无法进入村子了，村子的风水也就不会被破坏了。村民听从这位了风水先生的建议，随即修起了围墙以及围门即桑圃古里。果不其然，村里的疫情很快好转，瘟疫不久就消失了。由于这处围门主要是控制猴子不使之进入的，因此，人们又称之为马骝枷。

第二节 自然地名

如前文所述，东城地处冲积平原之上，地貌以低矮的山峰、丘陵和河流彼此交织为其最主要的特征，这个特点对东城的地名产生了重大的影响。例如，在东城的各处村落中，至今普遍流行着一句民谚，即"龙、虎、狮、龟，守住峡口"。其中所谓的"龙""虎""狮""龟"，其实指的是寒溪河入江口处的四座山峰，即位于寒溪河西岸的龙岭、龟岭和寒溪河东岸的虎岭、狮岭。四座山岭既两两相对，又共同形成了一条峙立的山峡锁住了峡口地区，仿佛在合力镇守这一方土地。这句民谚中的命名，反映出人们在过去认识自然环境时既有对自然环境的客观描述，又有附加于其上的各种社会方面的因素。

本次调查中，我们努力收集到了东城的一些传统的自然地名，大体上可分为水系地名和陆地地名两大类别。以下我们以相关的通名为最主要的线索，分别从自然和社会两个方面，对我们收集到的部分主要的自然地名进行某种说明与探索。随着改革开放后大规模地平整土地，如今东城的地形与地貌都已经发生了天翻地覆的改变，旧时的许多特征或者面貌已经完全、彻底地消失了。但是，通过我们反复的、多次的实地考察，结合细致地访谈村民尤其是老年村民，我们仍然可以看到中华人民共和国成立前夕（也可以说是改革开放前）东城地形、地貌的若干侧面。

一、东城的水系名称

我们在访谈时发现，非常多老年村民对东城历史上的各种水体以及曾经发生过的诸多水害有深刻的印象。他们普遍认为，直至改革开放前夕，东城的水系仍然远比今天所见到的要多得多、复杂得多。访谈时许多老人都说，直到中华人民共和国成立前夕甚至中华人民共和国成立初期，甚至仍然完全可以把东城的各处村落、田地和山头等视为浮出各种水体的一些点缀物。我们透过文献研究发现，他们的说法确实符合东城水体的历史事实。

由于历史上水体给人们带来的正面或者负面的作用都是非常之大，因此显得极为重要。主要根据水体各自的不同的特点，历代东城人对这些水体进行了不同的命名。本部分中，我们先描述并探索东城主要的水系名称及其得名之由。（见图11-9）

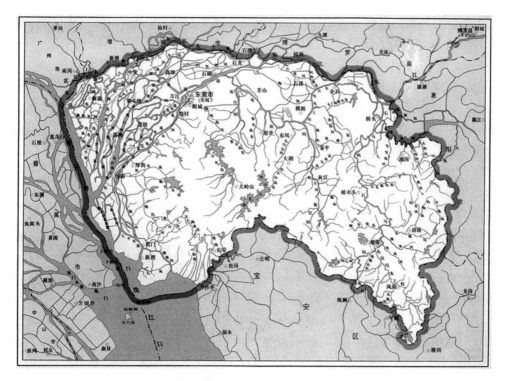

图 11-9 东莞市水系

（一）海

东城古今以海为名的著名水系名称有两个，即桥头海与青鹤海。

我们在调查时发现，东城人对旧时"本地有无海"的认识颇不相同，大体上可以归纳为截然相反的两种说法。一种说法认为，东城历来有海。持这种说法的几乎都是老人，他们通常还都会举例说，年轻时他们如何在海边戏水或者游泳之类的；另一种说法则认为，"我们这里根本没有海。海离我们这里，起码有几十里路"。持这种认识的，则以中年以下的人士为主。但在我们看来，虽然这两种相反的说法跟说话者的年龄有关，而根本上则与东城人的关于"海"认识以及其相应的变化有关，即不同的人理解的"海"的古今语义其实不同。而作为地名的桥头海与青鹤海中的海，使用的其实是古代的含义。

按照现今广泛接受的理解，"海"指的是与大洋相连接的大面积的咸水区域，也就是大洋的边缘部分。故一般地说，海比江、河、塘、湖等都要广阔得多。但在接受访谈时，几位东城老人却不约而同地认为，"海与河、涌差不多大，其实也就是河（流）"。而且在他们看来，如果一定要按照水体的面积或者体积来加以区分的话，则是"江比河大，河比海大"。这与现在一般的关于海的认识完全相反，但在东城老人中却可谓是一种共识。我们觉得这个现象值得特别留意，所反映出来的是古代传承下来的某种认识。

东城全境内最主要的河流之一是寒溪河，在历史上它还有一个颇为雅致的别名即青鹤海。现在知道这个名字的东城人可能为数很少，但以某种形式将寒溪河称为海的东城人，我们发现依旧为数众多。在峡口村，寒溪河把其位于东岸的一个坊与位于西岸的其他几个坊分隔开来。现在分居该村两岸的村民通常都认为，寒溪河只是一条河流，但他们却共同认为，这两大部分彼此"隔海"相望，而很少有人会自然地说"隔江相望"之类的。古今东城境内另一条主要的河流就是温溪河，历史上它又名桥头海，这个名字至今仍然普遍为东城的老人们所知。但是，无论是桥头海还是青鹤海，其宽度或者水体的体积，都与现在一般所认为的海大相径庭。访谈时发现，东城的人们对这两个历史上传承下来的别名、相关的说法习以为常，似乎从来没有人质疑其合理性，或者发现这两处地名中所谓的"海"有什么特殊之处或者矛盾之处。

我们多年的调查发现，类似的现象其实普遍见于珠江三角洲各处。在历史上的珠江三角洲，各种水体同样都是更加多见。而对大大小小、宽窄不一的河流，各地的人们早就形成了自己的分类体系。如主要依照河面的宽窄，广府人普遍把河流分为河、涌、滘、濠等，这些水体彼此界限清晰而不相混。但是，颇为奇怪的是，各地的人们似乎都经常透过某种方式把海与江、河、涌等相混起来，以广州市民为例。广州人历来普遍使用珠江一名指称流经广州的这条大河，但在日常生活中，却又经常以某种方式称珠江为河或者海。例如，广州位于珠江南岸的部分长期相对较为落后，因此旧时的广州人中长期有"宁要河北一张床，不要河南一间房"的说法，其中的"河"指的就是珠江；而人们在乘船横渡珠江到对岸时，最本地化的说法几乎总是"过海"，而几乎从不会说"过江"或者"过河"之类的；① 因为第十届亚运会的需要而大力建设的位于市境内珠江内江心沙洲，是珠江北主航道上的一处沙洲，广州人自古则称之为"海心沙"等。

至于人们普遍把江、河与海混同的原因何在，则似乎还没有人进行过仔细的研究。接受访谈时有一位东城老人认为，"（东城从来）没有海。寒溪河？那就是一条河，从来都不是海"。但在解释东城的土话"海皮"的含义时，他却又极为肯定地认为，"海皮的意思？那就是河边"。这其实等于承认河就是海、海就是河，也是一种混同的表现。峡口村有一位访谈时已经91岁的老人，似乎对东城人关于"海"的这种含混之处有认识，访谈时他还给出了自己的解释：

访谈资料：

这条河（指温溪河），又叫作桥头海。海是我们这里的土话，当时的人不像现在懂文字，没有那么清楚。实际上那是条河，不是海。以前的人不懂，大惊小怪的，就叫了海。要是现在来说的话，连涌都比不上。

……以前我们这里的这些河，都是和海连着的。每天有涨潮、落潮，一天里会有两次海水倒灌。可能是因为这个原因，以前这些河都叫海。修了东莞大围之和峡口水闸之后，就没有涨潮、退潮了。

寒溪河在峡口村附近汇入东江，最后经狮子洋入南海。而在这位老人看来，旧时由

---

① 在广州市越秀区的长堤大马路以北、一德路以南，有一条街道即"靖海路"。历史上，由于它位于靖海门之内，因此长期称为靖海直街。1930年，当时的广州市政府扩展后改称为靖海路。这条马路虽然仅长204米（宽22米），但因为"邻近长堤海皮"，所以是一条著名的骑楼街，凤凰卫视曾经以"回望历史：走进广州老街之靖海路"为题专门介绍——在这条街道的一侧，至今仍然有"靖海一巷""靖海二巷"等。这些地名极为有力地显示出，历史上的人们一直是把珠江当成了"海"来看待的。

于受海洋潮汐的影响，这条河流每日也会出现两次可以观测到的潮汐即河潮现象；因此，虽然其宽度不够，但在旧时仍然被称为海；不过，随着中华人民共和国成立后修建的东莞大围割断了这条河与大海的直接联系，海水倒灌以及河潮等现象现在已经变得不再明显甚至完全消失；主要是由于这个变化，现在的人们不再称这条河流为海了。但很显然，老人的这种解释是基于现代科学知识体系的说法，可能不是传统的"海"时与江、河等混同的真实原因。

例如，人们都知道大海每日有潮汐，这可能也就是老人认定前人错认该条河流为海的主要原因。但在事实上，潮汐现象远比人们所想象的更为普遍。沿海地区注入海洋的内陆河流，普遍会出现因为海潮而引起的潮汐现象，这就是所谓的河潮。一年一度的钱塘江大潮，可能是中国境内最为人所知的河流潮汐现象。我们在东莞的麻涌、沙田等地调查时，发现当地的大小河流也是直接或者间接与大海相通，每日也都会出现两次左右的潮涨潮落现象。如麻涌面临狮子洋，其境内的大小河流多是先流入麻涌河，之后再经狮子洋注入南海。由于受大海的深重影响，麻涌的河流不仅每日普遍有河潮现象，连河水也总是带有相当咸的味道，几与海水无别。①但在这些地方，人民明确地区分海与江、河等而并不相混。

在我们看来，真实的原因应当在于古今"海"的含义不同。在传统中国，海其实不仅指百川汇聚之处或者大洋相连接的大面积的咸水区域，相连成片的各种较大或者相对较大的水体也都是"海"。正是因此，一些较大的湖泊、池塘甚至河流也可以叫作"海"。例如，"青海湖"是湖却称为海即是一例，而北京的"十刹海""中南海"以及"后海"等更是全国闻名。甚至某些虽然不是水体但特别大的事物，人们也可以称为海或者以海来形容。这方面最为著名的例子，是各地普遍把特别大的碗称为"海碗"。由此看来，旧时的东城人以及珠江三角洲许多地方的人把较为宽广的河流称为海，根本的原因在于海原指宽大或者相对宽大的水体。如今人们的认识发生了变化，也就是即海的语义发生了变化。

（二）江

东城最著名的江只有一处，即东江。

珠江包括几条主要的支流，其中之一是东江。一般认为，约从唐宋时期开始，东江开始加速，最终形成东江三角洲。在这块三角洲形成之后，由于分流作用，流经东莞石龙镇之后的东江主干流，就不再是统一的一条河道而分成了南、北两大支流。在东莞境内，南支流先后流经东城、莞城和万江等地。② 东城的寒溪水就是先汇入南支流，然后再流入狮子洋并最终汇入南海的。因此，东城人日常所说的东江，其实是东江的南支流。

东江全长 562 千米，流域面积 25325 平方千米，仅仅占全珠江总流域面积的 6.3%。

---

① 详参考张振江、陈志伟《麻涌民俗志》，汕头大学出版社 2008 年版，第 328—329 页。
② 狮子洋与伶仃洋其实是一片完整的水域，但习惯上人们以东莞的虎门为界限，虎门以北的水域称为狮子洋，而把虎门以南的称为伶仃洋。

历史上的东江含沙量相对较少,各种沉积物也相对较少。但由于其流域面积较小,因此相对于其他的珠江流域来说,其成陆速度属于较快的。① 不过,也正是因此而造成了东江三角洲普遍低洼、平坦的地势,以及众多的河流、池沼等残留的水体。因为东城境内的寒溪水流域位于这块三角洲的上部汉流区域,所以地势普遍更加低,一般只高出东江水面一米左右甚至更低。因此,东城是历史上东莞著名的涝灾频繁的积水洼地,这个特点对东城的村落选址以及民居建筑等都曾经产生了重大的影响,本书其他部分有相关的描述。

(三) 河

东城最为著名的有三处,即寒溪河、黄沙河和东莞运河。

在我国历史上,对于河流的通名南方与北方所用的并不相同,如一直有"北河南江"的区分。② 这个差别其实早为人知,如宋代的宋祁在《宋景公笔记·释俗》中就认为,"南方之人谓水皆曰江,北方之人谓水皆曰河,随方言之便"。宋代著名学者王应麟在所著的《诗地理考》(卷一,"河洲条")则说:"河,北方流水之通名,《庄子音义》云:北人名水皆曰河。"但在甲骨文中,只有"川"表达河流即用作通名,"河"的意思则是黄河即河流之一,而根本没有"江"字。③ 这说明,江、河在历史上的使用情况及其演变情况其实还多有不明。

可能是出于地处南方和人们使用其他方式指称河流等原因,东城境内至今只有三处以"河"命名的主要的水系名称,而且这三者显然都是后起的、外来的,即不是本有的、地道的名称,其实与邻近的麻涌镇的"麻涌河"同一机杼。公认寒溪河有两个源头,其一发源于东莞市黄江镇田心村的观音髻,另一发源于马鞍山和莲花山。寒溪河干流全长59千米,流经东莞境内的黄江、大朗、常平、横沥、东坑、茶山及东城等镇区后,在峡口附近汇入东江的南支流。历史上的寒溪河航运业非常发达,曾是东城、茶山、寮步及上游不少地区的最重要的交通干道。但是,现在所见的"寒溪河"一名其实并不符合汉语的通名惯例,因为"溪"指的就是河流,不过可能相对来说较窄而已。因此,其中的"溪"与"河"在语义上可以认为是彼此重复、画蛇添足。故寒溪河应该不是该河流本来的名字,而应该是北方来的移民进入后再命名的结果,同类现象在中国的东南或者西南各地普遍多见。访谈时发现,有老人径直称之为寒溪,较为早期的文献中也是如此书写。因此,寒溪才可能是其早期的、固有的、符合通例的名称。

访谈时老人们指出,历史上的寒溪河有许多别名,如寒溪水、梅塘水、峡内水、青鹤湾水等。如在民国版《东莞县志》中,寒溪河就是被称为青鹤湾水。这些名称有一

---

① 详参考张振江《流水·坊巷·人家:村落漳澎的人类学景观》,中山大学出版社2014年版,第1—3页;张振江、陈志伟《麻涌民俗志》,汕头大学出版社2008年版,第11—14页。
② 1887年,法国人拉克伯里(Terrien de Lacouperie)在所著《中国人到来以前的中国语言》(*The Languages of China Before the Chinese*) 中,指出汉语表达河流的最古老的词根只有"川",而没有用"江、河、水"。20世纪中叶之后,学者们对此进行了较为深入的研究。较为重要的论著,详参考王力《说江河》;张洪明《汉语"江"词源考》;刘振前、庄会彬《汉语"江"的词源辨正——与张洪明先生商榷》。
③ 详参考马森如《殷墟甲骨文实用字典》,上海大学出版社2014年版。

个特点，即都是采用专名加通名"水"的方式构成。在中国正统的历史文献中，明朝以前河流的正式名称，经常都是采用这种加通名"水"的方式构成的。如此说来，上述的别名可能也颇有历史了。

黄沙河是寒溪河的支流之一，其名称的情况与寒溪河的颇为类似。历史上的黄沙河又名黄沙水，实际上直至现在东城民间仍然多如此称呼。黄沙河发源于东莞的大岭山镇，流经大岭山、寮步、茶山及东城，全长约34.9千米，流域总面积约197平方千米。在黄沙河的中游，有东莞市目前库容最大的水库即同沙水库。访谈时不同地方的村民普遍认为，黄沙河的得名与其河水的构成情况密切相关，即其河水由于泥沙含量大而呈土黄色，故名黄沙水。这个名称同样是由专名加通名"水"构成的，后来也同样被改为了专名加通名"河"构成的方式。

相比之下，东莞运河则显然是很后才出现的一个水名，它是采用专名加通名"河"的方式构建的合乎现代汉语规范的名称。历史上的东莞城出现得较早，而且很早就有一条护城河。到了1957年，为了有效地防范洪涝灾害，政府动员了几十万东莞人民，以原有的护城河为基础开工建设东莞运河，至次年即告完工。这条东莞运河起自东城的峡口，经莞城至石鼓流入东江的南支流，全长19.5千米。到了20世纪后期，经过两次扩展后称为东引运河，这才成为现在所见的一条河流环抱半个东莞市的面貌，也才成就了其广东省境内最长的运河的地位。

在我们本次调查中，许多七八十岁的东城老年男性对开挖这条运河一事仍然有深刻的印象。每次他们谈及当年完全靠人力开挖河道、人力担运河泥、人力修筑河堤等粗重劳动时，对当时劳作的艰辛仍会不由自主地感慨不已。但与此同时，也会不自觉地流露出自己参与修建了这条运河的自豪。

（四）湾

东城境内最为著名的水系名称中，与湾相关的有两处，即寒溪河的一个别名青鹤湾，和峡口村的一个河湾名称即青鹤湾。二者彼此密切相关，但不相等。

在我们所见的有限的历史文献中，等于今温溪河的青鹤湾，似乎普遍称为青鹤水。我们相信，这个差别应该是由于当时的书面语（水）与口语的习惯（湾）不同而造成的。现在知道青鹤湾或者青鹤水的东城人已经相当之少，但有一副与之相关的对联在当地流传至今。峡口社区曾经编印过《旧村之逝·东岸坊纪念画册》，其中对这副对联以及相关的故事有所记载：[①]

明代东莞名儒袁昌祚南归路过南雄，拜见故友南雄知县。知县顺口出一上联曰："南雄梅岭乌猿洞"。袁昌祚对以"东莞茶山青鹤湾"。此联妙绝古今，为我国楹联史上的经典名联。[②]

[①] 东莞市东城区峡口社区东岸坊村编印：《旧村之逝·东岸坊纪念画册》，2014年6月。
[②] 关于这副对联的作者还有另一种说法，认为上联的作者是一位姓周的翰林，下联的作者则是明代南海县的著名才子伦文叙。彼时南海与东莞隔海（即狮子洋）相望，伦文叙应该多次到过东莞，东城等地至今多有他的故事流传。

这副对联下联中的"东莞茶山青鹤湾",指的是临近的茶山镇与东坑镇(角社村)交界处的一个呈S形状的河湾,茶山人称之为青鹤湾,东坑人则称之为鹤洲。该处是由温溪河水长期冲刷而成的一处河湾,历史上曾经是一大片水草茂盛的荒芜湿地,吸引了白鹭、水鹤等水鸟即当地人口中的青鹤前来觅食、栖息,遂有青鹤湾之名。这处青鹤湾显然位于茶山或者东坑境内,而不是指东城的青鹤湾。到了现在未知的某个历史时间,青鹤湾这个原本的专有名称出现了泛化现象,才成为了整条温溪河或者温溪河上游河段的别称。在东莞境内温溪河流经的绝大多数地区,一直有"寒溪水在峡外,青鹤水在峡内"的说法,意思是寒溪河顺流而下,在峡口之内部分的即上游称为青鹤水,而在峡口之外的部分即下游才称为寒溪河。至于峡内与峡外的分界线,则是东城的峡口。

至于东城境内为什么会把温溪河又称之为青鹤湾,本次调查发现似乎已经无人确切地知晓答案。在我们看来,这应该是沿用"青鹤水在峡内"即峡口之上的温溪统称为青鹤水的缘故。至于峡口的青鹤湾一名的由来,似乎也已经无人知晓其理据,但我们相信它另有来历。汉语中的"湾"历来有"海岸凹入陆地、便于停船的地方"之意,历来又有"水流弯曲的地方"的含义,后一意义相对较为古老而且尤其着眼于弯曲处。在东莞境内,这两个意思都有用作地名的用例。而在这条河从余屋向东岸坊方向流动的途中靠近今东城第二小学处,有一个接近90度的急弯即水流弯曲的地方,形成了所谓的湾,这可能是作为河湾的青鹤湾的得名之由,即得名于"水流弯曲的地方"。这个名称可能出现得还不是太晚,因为陈伯陶在所著的民国版《东莞县志》中已经明确指出,东江"南派(水)自东南头别出,西流过西湖、石岗,水自东南来注之。又西南过峡口村青鹤湾……",其中的青鹤湾显然是位于峡口的一处河湾的专名,而不是指整条温溪河。

根据研究可知,在汉语历史的文献中,《明史》似乎是第一次出现以"湾"来命名水域的用例的。如果确实如此,则"湾"用作为地名或者水系名称的历史其实相当晚近。青鹤湾这个名称,因此也当最早是在明清的某个时期才形成的,这对认识东城人民的居住史似乎不无裨益。

(五)涌

多处,如水横涌、沙涌、水埗涌、博美涌、三杈涌等,字面有时又写作"冲"等。一般来说,涌作为水体的名称以及相关的地名,多出现于珠江三角洲各处通行粤方言的地区。访谈时发现东城人公认,涌非常普遍多见,而且通常都是比较窄小的河流。出于这个缘故,日常生活中人们经常把许多没有专门名字的小河流,随意地称为"小涌""小河涌"之类的。

在自然力和人力的双重影响下,在最近几十年的时间中,东城的河涌有许多已经完全消失不见了。其相关的名字,有一小部分在经过某种转变后可能侥幸通过某种方式得以流传了下来,但更多的可能只是活在老一辈人的记忆中。不过,我们发现这些名字中的很大一部分,现在仍然能够获得,并且人们仍然知道其得名之由。比如三杈涌,人们认为这个命名直接地描述了该涌的形貌,即如同树枝一般分作三股,故此得名;又如水横涌,描述的是该涌与村子的相对走向。由于该村子整体偏长形且以其长为纵向,而这条涌以横向流过村子，故名。

虽然旧时的许多地貌已经彻底改变，但通过这类水体的名称或者地名，有时还可以见到若干历史的残迹或者考证出曾经的地貌。如今的温塘有一条相当宽阔的马路即"水横冲路"。"冲"即"涌"，在东城通行的粤方言和客家方言中，其意均为相对小的河汊。而这个命名中，同时包含了"涌"和"路"两种地理环境或者特征差别较大的通名，因此，这个地名乍看上去颇有重复甚至矛盾之处，实际上则是隐含了一条行船的小河涌变为陆路的历史，暗示了展示出了古今地貌的变迁。老人们传说，袁氏人家刚来温塘定居时，水横冲仍是寒溪河的支流之一，那时它流经温塘后汇入寒溪河。人们认为，那时的这条涌其实还不是非常窄，因为这条河里还"可以行船"；这条涌边上还设有一处埗头（码头），闲暇时可供人们聚集闲聊等。大概是在清代的中期或者中期偏后，主要出于养鱼以及蓄水等方面的需要，袁氏族人才挖塘截流。当时是分别修筑围堡各自将涌水分成段，然后再蓄水，水横涌从此就变成了一口口不相连的鱼塘，人们认为这是水横涌的第一次大的改变。在今水横涌路处，当时也成为了一口面积较大的水塘，称作水横涌（塘）。即使是时至今日，老人们仍然普遍知道今水横涌路的所在曾经是一口塘。但其曾经作为一条小河涌的一部分的历史事实，则是他们年少时通过族谱里的记载或者老人的讲述而知道的。① 水横涌第二次大的改变发生在中华人民共和国成立后，那时人们先将这口鱼塘填平，后来又经过几次的改造、铺设，使之成为了进出村的主要道路之一，最终才变成了今天所见的模样。历史上的船只的影子早已完全淡去，现在站在该处，实在难以想象这里曾经波光粼粼。

在东城，与水横涌有相同或者类似的命运的水体其实还有许多。同样在温塘村，又有一条"横塘波路"。根据访谈可知，所谓的横塘旧时也是一处鱼塘，现在的这条路的路基几乎就等于该鱼塘原本的围堡（的一边）。到了改革开放后，这处鱼塘被彻底填埋，现在早已成为村内的民用地，塘堡自然也早已随之彻底消失。如今即使是温塘的青少年，也鲜有知道"横塘波"到底为何物的。实际上，在温塘话中，波与堡同音，即横塘波就是横塘堡即横塘的堤坝。

1. 溪

东城有多处以溪为名的大小河流，其中最出名的，则应该是温溪和寒溪。

接受访谈时许多东城老年村民都认为，传统东城人心目中所谓的"溪"，其实指的是河流的一种，这种河流通常比现在称为"河"的要窄小得多，因此现在也可以直接称为小的河流。老人们普遍认为，旧时在东城的各处山区即丘陵之中，大大小小的溪相对来说都是非常多见的。人们认为东城的一条宽大的河的上游部分即较为窄小的部分甚至整条河流，旧时经常称为溪。我们相信可能是东城自源的河流即境内起源的河流，几乎都是出自山区即丘陵之间的缘故。我们发现在东城现在仍然可见的水体名称中，称为溪的确实经常是小的河涌或者山间的沟渠。不过，这种认识可能也掺杂了现代的观念，与东城历史上的水系名称或者状况可能有一定的差距。

除了东江之外，温溪和寒溪历来是东城境内两条最为主要的，也是最为重要的河

---

① 许多老人说，该本"老族谱"已经遗失。

流，许多村落的历史发展都与这两条河流密切相关。但是，这二者既不是位于山区或者丘陵之间的窄小的河流，所指称的也不是某条河流的上游河段。如寒溪河发源于市境南端塘厦镇人屏障的观音山，由南向北流经黄江、常平和横沥，又转西流经东坑、寮步与茶山，在东城的峡口注入东江南支流。（见图11-10）其河道全长59千米，是东江所有的支流之中第三大的支流。流域面积720平方千米，覆盖东莞东部的多个镇区，一向被这些地方的人民认为是母亲河。

图11-10 寒溪流域示意

　　寒溪河的河道现在仍然有相当的宽度，但现在的温溪确实只是一条小溪，实际上甚至比黄沙河、寒溪水都要小得多。其水流入黄沙河后再入寒溪水，河面宽度与水量确实也都是极为有限，因此现在称之为小溪并不为过。① 但在历史上，温溪的水面宽度，或许也并不见得比现在的"河"小。例如，温溪在旧时几个别名，其中之一是桥头海。而由这个名称来看，以前其水面必定是有相当的宽度，否则，不会得到这样的一个名称。历史上，温塘的先人曾经花了大力气在其沿岸修起了围堡，有一段围堡即靠近桥头的部分，其两边还修得相当直。正是因为其犹如筷子一样笔直，所以，人们还专门根据其形状为其命名，称之为"筷子堤"。这个事实似乎也说明，在那时其河面也必定有相当的宽度，否则，不值得人们如此重视，也不值得人们投入如此多的劳力与心力。

　　由此看来，什么是历史上的东城人心目中的溪，或者说溪的确实的含义到底是什么，可能都还有待探索。温溪或者寒溪以及其他以溪为名的河流的得名之由及其历史演变过程，因此也值得多探索。

2. 陂

　　多见，但东城似乎没有通行的以之构成的水系名称或者地名。

　　人们传说，火炼树村在最初立村时，村前有一条富含沙石的小山溪流过，因此就命

---

① 如今某些居民以及厂家随意倾倒各种垃圾，导致温溪河道严重缩小而又污染极为严重，所以现在又有人将其称为水沟或者涌。长此以往，这条河流（至少其主体部分）很有可能会消失。

名本村为"沙陂"。而全长约 5 千米的鸿福河,现在一般统称为火鸿福河或者称为炼树大河。它在火炼树村境内的河段长约 1.6 千米,旧时这段也曾经称为沙陂。但是,东城境内这两种情况都相当少见。

而在实际上,陂作为水名或者地名的很常见,这个字的历史也很悠久,基本的意思是池塘、水边、山坡以及斜坡。这个字经常用作地名,著名的如湖北省的黄陂。旧时的黄历上,经常可以见到"作陂放水"的说法,意思是"修建蓄水池、然后将水灌入蓄水池之中"。但东城老人普遍认为,在东城通行的粤方言和客家话中,陂指的都是水田边的较浅、较小的小水沟。访谈时老人们回忆,旧时几乎每垄田的旁边都有一条甚至几条陂,宽度最多也不会超过 3 米。其最主要的作用是排出水田中多余的水,其次也有方便灌溉之用。人们需要提及某条陂的时候,通常用这条陂旁边的山或者田来替代说明即可。老人们认为,正是由于东城的陂实在太多见、太普通,才导致了似乎没有一处出名的以陂为名的水体名或者地名。

陂一般位于山脚之下,因此又有些东城人称这种河流为"山坑渠"。其中的坑的意思,与古汉语或者普通话中所见的不同,指的是水沟,这与东城客家地区的含义相同,客家人以陂指小水沟的情况至今颇为常见。东城的客家人比广府人来得还晚,主要居住地区更多见山丘与山间池塘,因此这些地方陂塘、陂池之类的说法更加多见。但客家人中另有陂田的说法,东城的广府人中则似乎不见使用。所谓的陂田,指的是山地的一种,通常位于山脚某处。但这个名称其实也是颇有历史,如《后汉书·周燮传》:"有先人草庐结于冈畔,下有陂田,常肆勤以自给。"又如宋代诗人张舜民的名作之一《村居》:"水绕陂田竹绕篱,榆钱落尽槿花稀。夕阳牛背无人卧,带得寒鸦两两归。"

在与东城临近的客家人居住地区,有些历史相对较长。在这些地区,则多有以陂为地名的。如有人统计,惠州境内以"陂"为名的村镇地名,大大小小的在一百个之上,这些地方至今几乎仍然都是客家人所居住的。东城的客家人也经常使用陂,但似乎没有含有陂的通行的水系名称,也没有以之为地名的。这个事实似乎也间接地证明,客家人确实是在相对较后的时期才定居东城的。

3. 水库

东城境内只有两处主要的水库,即同沙水库和西平水库。

建成于 1959 年的西平水库地处莞城的近郊,位于南城和东城的交界处,由南城的西平村而得名。似乎是出于这个缘故,虽然这座水库的大部分水体位于东城境内,而且当时东城人也参与了建设,但行政上这座水库则属于南城管辖。[①] 现在,这座水库的蓄水面积达 700 多亩,最大库容量达 367 万立方米。东城老人们回忆,当时应该主要是出于蓄水以灌溉农田的目的而修建这座水库的,但也一度有效地解决了其周边群众的饮水问题。但时至今日,随着来自东江的水进入千家万户,其作为周围居民日常用水的水源的地位已经严重下降了。

同沙水库位于寒溪水的支流黄沙河中游,因坐落于同沙村地境,故名。为解决洪涝

[①] 我们在东城的樟村访谈时,有几位老人都回忆,根据政府的安排,1959 年樟村派出了数十名"精壮劳动力,支援西平水库建设"。当时这批劳动者中,有人仍然健在。

灾害，同时为了加强农田水利建设服务于农业生产，在政府的统一领导下，东莞人民于1960年建成了这座总库容达到6520万立方米的水库，它至今仍然是东莞市境内库容最大的水库。因为修建同沙水库时借用了黄公山、虎形山等山峰环抱的自然地势，所以这座水库水平如镜、河湾连绵。因此，改革开放后，在发挥其部分传统功能的同时，东莞有关部门规划并建设了用地总面积达到40.23平方千米的同沙生态旅游区，以期更好地造福人民。现在，整个同沙生态公园环绕同沙水库而建，背山面水而山水相依，林木葱郁而湖湾悠长，许多人认为它堪称东莞的都市"绿心"，已经成为了东莞一处集休闲、度假、旅游、体验于一体的独具特色的生态文化公园。

4. 塘

多处地名，如大旱塘。

东城人所谓的塘，就是各地习见的水塘。（见图11-11）传统上东城的水塘的大小同样并无一定之规，但一般来说都不会太小，否则可能就没有什么现实的意义。实际所见的东城的传统的水塘，其面积经常可能大得惊人，甚至有水面达到几百亩之广的，这可能与东城人在历史上的生计方式即养鱼以售卖有关。

图11-11　不少鳌峙塘人家至今门前仍然是塘①

旧时普遍讲究村场开阔、明堂宽广，这就是传统风水学上的"堂前容万马，必定出千丁"。出于这个传统的缘故，旧时村落的前方经常有多口水塘。在历史上，樟村的村前就有多口水塘，如罗大塘、始柳塘、大宗塘（即马蹄石）、叶屋塘、何大塘、草塘等。这些水塘也可能分布于村落的不同的地方，但合起来共同满足人们的需要。在中国传统的风水文化中，一向有"山主人丁，水主才"的说法。因此，每一村落的围面即村子正面的前方或者主村口处，必然要有一口面积较大或者相对较大的水塘，这就是旧

---

① 图片来源：http://dwenzhao.blog.sohu.com/230488161.html。

时的人们极为看重的所谓的本村落的"风水塘"。东城的风水塘选址历来通例以背山同时面水为优，人们认为这样才便于其聚水即聚财。此外，东城的广府人和客家人至今都普遍把水视作财富的象征，至今都普遍有"有水"即是"有钱"的观念。因此风水塘必不可少，且至今极受村民的高度重视。这些水塘可能是天然形成的，也可能是人工开挖的，更可能是在天然的基础上加以某种人工改造的。在塘的周围，普遍有人工修筑的塘堡（又称塘基、塘围），一般高出水面1至3米，这间接反映出旧时水位的落差。不过，一般来说，位于村落周边的水塘的功能较多，普遍同时具有养鱼、蓄水、盥洗、消防以及调节村落小微气候等功能，而靠近田地的水塘的功能则相对较少，通常只是提供田地所需要的灌溉用水。

主要是基于前文所述的东江三角洲历史形成过程的缘故，历史上东城的池塘非常多见。即使是时至今日，相对来说池塘仍然普遍多见。因为历史上的池塘在人们的生计中具有非常重要的地位，所以许多池塘都有其固定的、专门的名称。至于其命名的方式，则可以大致可分为以下几类。

（1）以归属或者所有权命名的，如周大塘、徐大塘、黎屋塘等。

历史上的东城人以农耕为最主要的生计方式，但确实一直有相当部分的人兼事甚至主要从事渔业和相关的销售业等。因此，在当时，水塘是一种极为宝贵的生产资源，对于一个家庭、家族乃至整座村落来说，经常都具有极为重要的意义。人们或者根据其所在的村落命名，或者特地以自己家族的姓氏命名，为的都是确保自己的所有权，以便自己借之可以更好地谋生。

（2）根据水塘的某种特征命名，如沙塘、草塘、大塘、三角塘、牛尾塘、横塘等。

这些池塘的命名理据，大体上现在仍然都是可知的。例如，根据我们的调查可知，沙塘与草塘，分别是因为各自的塘中沙多或者草多而命名；大塘则是因为其面积较大而得名的，此后还由此衍生出了大塘头、大塘尾等相关的地名；至于三角塘和牛尾塘，则是根据各自的形状而命名的；等等。又如，横塘位于一座整体上呈长条形的村子的外围，而且因为该处村落地貌环境偏于狭长，这口水塘的形状也偏于狭长，类似于横亘在村落的前方，故名，① 类似的水系名称还有横坑等。东城的这类根据形状而命名的池塘数量似乎较多，但它们通常都不是村落最为重要的池塘，而且多是散布在距离村落较远的某处，甚至田野、荒野中。

由于历史上的东城村落面临大体相同的地形与地貌环境，因此，以这些特征命名的池塘相当多见，这导致重复率很高，如沙塘、草塘、大塘几乎每村都有。

（3）以方位命名的，如东大塘、西大塘等。

在各处汉人社会中，以方位来命名都是极为普遍的习俗，东湖或者西湖之类的湖泊名称，因此遍见于全国各地。东城这个名称以及其境内最重要的河流即东江，就都是以方位命名的。东城的各处村落中，同样多见以东、南、西、北等方位命名的池塘，这不过是传统手法的普通使用而已。由于东江三角洲的地势整体上呈北高南低的态势，而人们又自古就是以北方为上、以高处为上，因此东城以至东莞直至整个珠江三角洲地区，

---

① 一说广府人以长为直即纵向，以宽为横即横向，故名。

普遍有以上、下的区分来代替北、南的方位区的习俗。例如，东城境内就有上桥与下桥、上元与下元、上山门与下山门、上三杞与下三杞等相对应的村落名称，许多村落中都有上坊、中坊、下坊等由方位构成的地名。如果不是出于这个缘故的话，东城境内以东、南、西、北等方位命名的水系名称或者其他名称，必定还要多得多。

（4）以周边标志物或者所在位置命名的。如和尚寺水塘、观音塘、涌口塘、覆船岗水塘等。

和尚寺水塘、观音塘两个水塘的附近，分别有一座和尚寺和观音庙，故名。旧时的东城尤其多水、多丘陵，因此各种涌、岗、冈非常多见。人们根据某种理据为之命名后，又经常进一步以之命名其附近的其他物事。如涌口和覆船岗原本分别是某一处的地名，后来就被作为位置标志物进一步命名水塘，由此形成了涌口塘、覆船岗水塘等水体的名称。在东城的各处村落中，这类名称似乎也是重复率极高的。例如，大多数的村落都有涌口、涌口塘等水系名称和地名。

（5）其他类型的。如水横涌、番塔冚水塘等。这一类的命名比较特殊，每个名称可能都需要根据各自的具体情况进行分析。

以番塔冚水塘的得名为例。在粤方言中，"冚"通常用为詈辞，意为"死光"之类，通常不应该作为地名使用。人们一般认为，番塔冚中的冚，应该是语音近似的"墈"的误写。如有几位老人都认为，此处原本是山的低洼处，后来人们将该低洼处的面积扩大、底部挖深并在边上修建了围堡，最后才使之变成了一口水塘。但也有人认为，这个名称中的冚，其实原本指的是山坳，番塔冚水塘处的山体正是向内凹陷成U形即成为山坳。后来人们在这个山坳的开口处修建了围堡，形成了一处水塘，故名。

5. 潭

东城现在的水体名称或者地名中，由潭构成的最主要的就是在东莞有一定名气的七娘潭，它位于榴花公园内长峰山北面山脚处，现在是一处旅游景点。

至于这里为什么会叫这个名字，访谈时东城老人有不同的说法。相对比较通行的一种说法是，以前曾经有七位当地或者周围村落的女子出于某些原因相约在此投东江自尽。后人为了纪念她们，因此名之为七娘潭。现在所见的七娘潭潭水沿山蜿蜒曲折，是一个封闭的小水湾或者水潭，水体自我循环且水量极为有限。但这是后来变迁的结果，与中华人民共和国成立后修建东莞大围尤其有关（详参考前文榴花市场）。而就在不久以前的历史上，江水还可以直达长峰山的山脚下。那时所谓的潭水其实就是滔滔江水，七娘潭其实是东江的一处水势极为凶险的江湾。

访谈时老人们都说，由于七娘潭地处水陆要冲，旧时经常有船只路经此处，有些船只还要在此靠泊以过夜。但那时该处水深且流急，而且水面下尤其容易形成暗漩涡，因此经常给过往的或者停泊的船只造成相当的危险，甚至有船只不幸沉没。在1958年前后，东莞市政府组织人们在该处施工，目的是加大并加深这个水潭。据说施工过程中在其底部的陈年淤泥中，挖出了一艘船的桅杆。有老人说，这个发现马上让人们想起了东城代代相传的一则有关沉船宝物的故事。故事的大意是：以前，东江水从铜岭和长峰山脚下流过，七娘潭则是江水的一个转弯处即一处水湾。明朝的万历年间，有一艘装了

"九龙埕十八瓮"的黄金和白银等财宝的船只,[①] 在七娘潭停泊时或者航经该处时不幸沉没。因此当时人们认为,挖出的可能就是这艘船的桅杆。但据说,并没有发现传说中的金、银等宝物。

6. 氹

在通行粤方言的各处地区尤其是珠江三角洲地区,以"氹"字作为地名的都很常见,有时也写作"凼",一般的意思都是指水坑、水塘、水潭。

日常生活中,人们经常称之为"氹仔",其中的"仔"是词尾,主要作用是突出其小。东城的氹主要见于相对平坦的田间地头,旧时主要以之储水供水稻生产之用。由于主要用于储水,故氹中尤其是其底部多烂泥。因此,东城的老人们提到氹时,至今几乎总是称之为"烂(泥)氹"。东城的老人认为,氹与塘相似,但塘的面积通常较大,从几亩到几百亩不等;而相比之下,氹的面积则要小得多,即使是直径最大的,一般也不会超过10米。据调查,东城的氹主要是天然形成的,或者在天然的基础上辅以后来的人工加大或者加深而成的。完全由人工开挖的虽然确实也有,但为数甚少。

在通行粤方言的地区,常见带有"氹"字的各种地名,经常又有船只湾泊处的含义。例如,我们在麻涌镇调查时发现,当地人认为"氹"又有"河涌的交汇点"的含义,这个意思就应当是由船只湾泊处引申而来的。[②] 但在东城,似乎从来没有这个意思,上述的"潭"倒是与之近似。麻涌地处东莞所谓的水乡片,成陆相对更晚而地面也更加平坦、多水,这些特征在其地名也有所反映。如麻涌常见可以停船的"氹",但极其少见以"溪"构成的各类地名或者水体名称。

7. 口、头、尾

因为东城多水、多丘陵,所以以口、头、尾构成的地名相当多见。相当于村落层级的著名的水系名称以及由此转化而来的地名,即有峡口、涌口、涌尾、沙塘尾、鸦叫尾、塘边头、涌尾头、大塘头、大井头等。

在东城的水体名中,"头"和"尾"几乎总是成对使用的,其分别大致上说与水流的走向有关。东城人多认为,尾是河涌流入大河前最后的一段即最尾的一段,因此叫作涌尾等。而河、涌、溪等汇入更大的水体之处则是口,如峡口原本是指寒溪河汇入东江的入口处,后来才成为其所在处的一处村落的名称。涌口虽然是一处水塘的名称,但该水塘所在位置正是沙涌汇入寒溪河处,故名。河、涌、溪的与尾相反方向的一端则是头,但称为涌头之类的名称似乎相当少见。我们猜测,这可能与东城河流普遍偏小因而源头处极不显眼有关。

我们在珠江三角洲的各处村落调查时,几乎总会听到水口的说法。旧时的人们相信水流会影响村落的运势,同时又认为"水主财也",因此特别注重水口。依照传统的风水理论,水口指一处村落水流的进口与出口两处,即通常分为流入水口和流出水口。入口又称天门而出口又名称地户,风水学说尤其偏重地户即出水口。传统上,以"天门

---

① 龙埕则有不同的说法,有纹龙的坛子和特殊制式的坛子两种主要说法,但似乎东城已经无人确切知晓。我们暂时只能够照录而存疑。
② 张振江、陈志伟:《麻涌民俗志》,汕头大学出版社2008年版,第330—331页。

开"即水来之处宽大而"地户闭"即水去收闭有遮挡为好。不过，这种水口虽然普遍存在，但通常不用做某处的地名，更少用作水系的名称，与前文所述的水口完全不是一回事。

东城主要的水系名称见表11-2。

表11-2 东城区水系名称一览

表"水"的中心词	具体地名
"海"	桥头海、青鹤海
"江"	东江
"河"	寒溪河、黄沙河、东莞运河
"湾"	青鹤湾
"涌（冲）"	水横涌、沙涌、水圳涌、博美涌、三权涌、甲涌等
"溪"	温溪
"陂"	沙陂
"水库"	同沙水库
"塘"	周大塘、徐大塘、横塘、旱塘、沙塘、草塘、涌口塘、和尚寺水塘、覆船岗水塘、莲塘、基围塘、饮杓塘、石尾塘、甲涌塘、铁塘、小塘、陈大塘、余大塘、黎屋塘、观音塘、四坑塘、三角塘、牛尾塘、斜柱滑水塘、番塔岇（塘）、水横涌（塘）、西边岇（水塘）、牛干塘、子眉塘、上桥水塘、和尚坟水塘、九含水塘、水鬼氹水塘、洋梅圩干塘、大烟塘、坭塘、罗大塘、始柳塘、大宗塘（即马蹄石）、叶屋塘、何大塘、草塘等
"潭"	七娘潭
"氹"	大松氹等
"口""头""尾"	峡口、涌口、涌尾、沙塘尾、塘边头、涌尾头、大塘头

二、东城的陆地地名

历史上的东城区域多水、多丘陵，而又以农业为最主要的谋生方式，因此，东城的传统陆地地名多与山岭、水系、田地有关。此外，与水系名称不同，陆地名称既有指称天然地貌的，也有指称人力作用而形成的各种物事的。

（一）田（坑）

旧时的东城人长期主要以农耕为生，田自然非常重要，以田（坑）为名的陆地名称也相应地非常多。

据调查，东城历来以水稻为最主要的农业种植作物，每个村落都有相当数量的质地不一的水田，是人民赖以生存的主要甚至唯一的物质基础。因为水田实在太重要，所以，旧时人们日常所说的田地其实仅仅包括水田。东城水田的类型相当丰富，最主要的有两种即坑田和埔田。

在珠江三角洲，坑有时指的其实是小河。东莞市的东坑镇，就是因为位于一条河流的东面而得名，这就是其本意的一个最为扎实的例证。而几座山岭之间的相对低洼、凹陷又有一定的面积的处所，人们也称之为坑，日常生活中人们又称之为山坑。这些地方虽然通常面积相对有限，但由于地势相对较为平坦，而且地势低洼而内中多有水坑、小溪流甚至河流，① 因此，"坑"也就顺理成章地成为了耕种之地。② 顾名思义，东城人传统上所谓的坑田，指的就是在这些地方开垦出来的水田。东城多山或者丘陵，因此普遍多见。而得名于坑田的地名，在东城各处村落也是普遍多见。概括地说，这类名称几乎都是沿用所在的山的专名，再加上通名即"坑（田）"而构成的。但在许多时候，人们都不称为"××坑田"，而径直称为"××坑"，有时甚至连坑都省略掉而直接使用所在山的名称等。这类名称相当多见，例如：细女浪花坑、白家坑、茶岭坑、坑仔、大坑、田茶岭坑、九含坑、长乐坑、九路梯坑、大岩前坑、子眉岭坑、水雾岭坑仔、加头坑、黄泥田坑、塘古坑、元头坑、茅冬坑、麻岭坑、米仔坑、深坑、牛干塘田、所坑田、正坑、坟前、天平架、矮岭田、矮岗田、大王庙坑、陈屋塘坑、新围田、牛颈干、牛旗井、桑坑、石门前、水鬼井、松柏坊细坑、兰厦大坑、松岇、熊屋坑、猪嫲坑、饭盖井坑、九道梯坑、大岩前坑、长坑、阴坑、大石鼓、牛沥坑、大横坑等。对于外地人来说，仅仅根据这些地名，很容易误会成是山坑。

因为气温和日照情况较好，所以东城人种植水稻时，很早就普遍采用一年两造制度。但由于旧时的单位产量较低，为了提高粮食总产量，人们只好尽可能地努力增加种植面积，这直接导致几乎有坑的地方就有（山）坑田。实际上，坑田其实远不是只限于山间的凹陷处，一般都是由山脚一直开垦到半山腰等较高处。位于高处的一般又称为高田，从低处的坑田到最高处的高田相连成为梯田。高田由于相对来说位置高，不易受洪涝灾害影响，据说就是在旧时，一般也都能做到"十年九收"，即收成更加稳定。坑田种植水稻所需要的水，主要依赖"山上的沙井水"即山泉水自流灌溉。但是，由于高田一般来说都要比其邻近的沙井水的位置高，因此通常无法实现自流灌溉。这时就需要人力挑高田边的氹、水塘等中的水加以灌溉，以此满足所需要的水。如果主要是依赖降雨满足对水的需求，这种田就是所谓的"靠天收"（田）。由于高田通常较为缺水，因此，以前一般只能够种"头造"（早季）水稻。历史上，每年到了"尾造"（晚季）开始时，高田通常只能够用于育水稻秧，等秧苗长到一定的时间后即移入较低的坑田或埔田种植。

---

① 东城也有人把较小而又较短的山间河流称为××坑的，类似的情况以及相应的地名在珠江三角洲各地均有。我们推测，这可能是因为这种水坑处多有附带的小溪流。在与东城近邻的东莞市的东坑镇，有一条名为东坑河的河流，又名东坑水。这条河从黄麻岭起向北至神山而止，全长仅约3千米。该河流整体上呈南北走向，河面弯曲不定且宽窄不一，似乎直观地说明了作为河流的"坑"的真实含义。

② 如果有足够的田，就可能在此发展出聚落、村落。东城的洋杞坑初名曰杨杞坑，后来原居民杨氏外迁而李氏迁入才更为今名。据调查，杨氏人家最初就是因为此处有坑即有田，依托田地而渐次发展出一处聚落。

在闽、粤、客方言中，都有埔一词，其基本意思都是指山间的小块平原或者平地。对于居住于山区或者丘陵地带的传统农业社会来说，这些难得的平地尤其具有强大的吸引力，因此这些地方几乎总是会被开垦成平整的良田，这就是东莞人所谓的埔田。针对东莞的辖境，本地人历来有城区、水乡、丘陵、沿海、山区和埔田即六大片区的划分方法，一般认为埔田片区包括石龙镇、石排镇、企石镇、桥头镇、茶山镇、横沥镇、东坑镇、常平镇等地，仅仅这一点就足以说明东莞的埔田相当常见、极为重要。东城人所谓的埔田，同样指的是位于山间或者丘陵间小块平地上的水田。这些埔田不仅为人们提供了赖以生存的稻米等食物，还经常进一步衍生出水田以及人们的聚集处即地名用字。东城境内来源于埔田的名称有多处，但总的数量似乎比来源于坑田名称的要少一些，这与东城的地理和地貌相合。根据调查，东城最主要的埔田，有万田新、矛东洲、草塘田、上泥塘、中泥塘、下泥塘、松柏坊低田、上涊、下涊、烂围、氹龙、石桥圳、苏吏目等处。

分析这些埔田的名称可以发现，其具体的命名方式较为复杂，但共同点之一是很少直接出现"埔田""埔"甚至"田"等字样，这显得很奇怪。至于为什么会如此，我们现在还不是非常清楚。埔田同样有得名之由，但可能由于日久时远而大部分的理据已经湮灭无闻。根据我们所获得的有限的材料，暂时还只能够知道少数较为特殊的埔田名称的得名之由，如苏吏目。在当地它是一块很有名的埔田。访谈时老人们普遍传说，其得名之由在于一位姓苏的官吏。据说，此人生活于清代，曾经出任过吏目一职。① 告老退仕归隐乡野后，出于某些原因来到鳌峙塘定居。他购买了若干块埔田用于转租给农户，靠收取租金维持生计，其中的一块田因此而被人称为苏吏目田。他去世后，这些田产辗转归于他人，但人们仍然沿用这个名称。

一块埔田虽然通常面积有限，但如果与坑田相比，则相对来说面积较大、较为平整而且较多水，原本应该是最为合适的水稻种植地。但是，整体上说东城的地势极低，导致埔田更加容易遭受洪涝灾害而经常出现颗粒无收的情况，在过去，埔田其实不是好田地。一般来说，位于高处的田地比较贫瘠，位于低处的田地比较肥沃。但在旧时的东城，位于低处的埔田，却几乎总是比位于高处的坑田更加贫瘠，其原因就在于埔田因为势地低而受洪涝的影响更严重，大水使得其水土和养分更加容易流失。访谈时老人们都回忆，旧时只要遭遇略微大一点的雨水，几乎就必然导致埔田一连多日被水淹没而作物受害甚至全部死亡。因此，当时的埔田一直有"三年逢两淫""十年九不收"的恶名。访谈时很多老人都回忆，在他们的经验中，直到20世纪中叶，这种田实际上一年只能够种植一造即尾造水稻。但即使如此，一般还都是三五年中才可能有一年有收成。本次调查时一位年已91岁的杨姓老人回忆说，那时人们还是得努力耕种这种田地而不会弃之不顾的，因为"只要有可能有收成的田地，那时都会有人种的。因为你不种的话，那你就肯定没有收成了。所以，哪怕是花了三分耕耘、只得一分收获，那也还是有人种的"。我们发现，在桑园、温塘、鳌峙塘、周屋等以埔田为主的村子，老人们对埔田的

---

① 吏目，中国古代文官官职名称的一种。在历代的级别通常都不是很高，如在清朝，其位阶为从八品、从九品甚至不入流。

态度普遍相当复杂，可谓爱恨交加。

东城老人们一般认为，埔田实际上是一个含义较为含混的、类似于表示类型的名称，其下其实还包括许多具体的田地类型。例如，其中较为常见的一种，就是所谓的插水田。插水田的田里通常也是常年有水，而且每到雨季时也容易遭受洪涝影响，但一般来说所受的影响没有通常所见的埔田那样大。因此，如果天气情况相对较好，则一年中可以种植两造，而不是如一般的埔田那样，一年只能够收一造。① 我们相信正是出于这个缘故，人们才单独为其另立插水这个名称。如果确实如此，则不难看出当时的人们是如何高度重视粮食的产量。

在旧时东城的这类埔田中，有一类田较为特殊，这就是所谓的烂涾田，又称为草窝田、草纽（记音字，本字不明）田等。② 据调查，这种水田在华南各地同样多见，一般也都是俗称为烂涾田。位于几座山岭之间的某相对低平的凹陷处，如果其下有沙涌水即泉水即地下水位高，并由此导致该处终年积水，且使得其泥土呈现出松、软、烂、浮等样貌，人们就把这种地方称为涾即烂泥。未经耕种的这种地方，东城人称为烂涾。烂涾因为荒芜而往往长满杂草，人或牲畜如果误入其中，很容易越陷越深而难以自拔。对于已耕种的，则称为烂涾田。因为旧时生计困难，所以，还有不少人努力开垦并耕种这种烂涾田。由于其表面几乎总是软而烂的湿泥，其底部又是常年上涌的温度相当低的沙井水，这些都使得水稻难以生长。因此，一般来说，这种田即使有收成，产量通常也极其有限。

旧时的东城人又把烂涾田分为几类，如其中的一类称为冷水烂涾田。这种田终年向外流出呈铁锈色的水，据说这种水使得栽下去的水稻秧苗容易出现黑根而不发蔸。又如，另一类称通常为"望天田"，意思是全靠天气的好坏决定有无收成。人们也称之为浅漏田，这个名称当是来源于其保水与保肥性能都尤其差。

（二）地

有一定的数量，如平地、所坑地、赤坑地、泥地、牛握地等。

东城的平地、所坑地、赤坑地、泥地等有少数专名的"地"，是无人居住的某处"地"的名称，而不是人居处的特定的名称。我们通过调查发现，东城以"地"为名的田地名或者聚落名，古今都是相对较为少见的。类型不一的各种"地"大多数并没有自己的、固定的专名，而多是临时性地或者借代性地称为××地（如黄麻地）或者××处的地（如祠堂前的地）等。在澳门，经常有"大三巴前地"之类的地名。在东城以至其他珠江三角洲各处，这类说法虽然其实同样相当多见，但很少有固定下来成为专名的，至于其原因则尚不得而知。

在珠江三角洲以至华南的各处村落中，不同族群的人们通常都严格区分田和地。田

---

① 此外，埔田的边缘靠近河边处容易积聚泥沙，常常因此形成了小块的沙田。但是，与东莞的水乡多见沙田不同，东城的沙田不仅为数甚少而且普遍相当贫瘠，其上可以种植的作物相当有限。因此，旧时的沙田用于耕种的不多。实际用于种植的，多是经过了某种改造的沙田。

② 据调查，东城的老人们一般认为烂涾田是埔田的一个小类别。但是，确实也有少数东城的老人认为它是单独的一种田地类型，并不属于埔田。此处我们从众人说。

指的是水田，地则指的是旱地，而且通常指的是出于所处的位置高等原因导致缺水即无法改造成水田以种植水稻的田地。东城各处村落最为普遍多见的地，其实主要是山坡即山地。在这些旱地上，旧时东城人可能种植某些旱地作物以及蔬菜、瓜果，或者干脆不加开发而任其作为荒地存在。过去人们普遍认为，这些旱地的重要性远远低于水田，其原因似乎在于他们长期习惯于以米为主食，而种植稻米并不依靠旱地。传统上，东城人有时也会觉得旱地也很重要，但其重要性主要体现在可以提供燃柴或者杂草等方面。

以前因为单位产量太低而极其依赖土地的数量，所以人们轻易不会把珍贵的水田变为居住地。因此，旱地的另一个主要作用，就是充作各种形式或者规模的聚落用地。但是，某一处原本的"地"一旦成为聚落的所在地，则必然会按照另一体系来进行命名。历史上，珠江三角洲各地普遍流传着"广州城""香港地""澳门街"的说法，这可能是对"地"的最高肯定。但也如同这句俗语所展示出来的，这几个出名的聚落各有其专名而不用"地"为名。一般来说，珠江三角洲各处聚落的专名，通常由村、围、屋、城、市、街等通名构成，极少以"地"为专名的。如此一来，必然使得"地"在作为聚落名方面几无使用空间。

（三）山、岭

一般地说，"山"多指山峰，"岭"多指山脉即东城人经常所说的山系。但在传统东城人的心目中，山和岭的含义基本上相同，访谈时大多数人认为山就是岭而岭就是山，两者指的都是山峰。因此，狮山又名大岭，狮山下又名大岭下。

但在东城的传统地名之中，以"岭"命名的要比以"山"命名的多许多，似乎说明二者可能又有某种不同，但我们暂时不知其缘由所在。东城以山命名的地名主要有：凤凰山、蒲山、大山、墨松山、长峰山、高台山、茅山、狮山、疍家山、神仙灶山、蟹山、鹅屎忽（鹅尾股）山等。以岭命名的则为数众多，主要有：高岭、氹塘、松毛岭、石仔岭、牛尾岭、背夫岭、铜岭、岑屋岭、细女浪花岭、王大岭、姐夫岭、水雾岭、耙指岭、岭仔、麻雀岭、九含二岭、九含三岭、大蛇岭、蛇头岭、蛇岭、牙岭、下岭、上岭、水岭、加头岭、猪嫲岭、秤砣岭、狮子岭、烂头岭、麻鸡岭、大元岭仔、金菊岭、油榨岭、王岭、南坡岭、元岭、玉岭、大玉岭、牙鹰岭、马鞍岭、草塘岭、王麻岭、平岭仔、白鸽岭、白鸽岭仔、谷蛇岭、谷蛇岭仔、胭脂岭、大路岭、大磨岭、杉尾岭、茅口岭、银枝岭、鸡屎岭、元头岭、银平岭、背底岭、山贝岭、山头岭、飞鼠岭、龙岭、狮岭、虎岭、龟岭、望天岭、墨鱼岭、耙齿岭、槎滘岭、子金岭、蚌岭、红头岭等。概括地说，这些山峰的命名方式与对水塘的命名有类似之处，如有以山峰的外形或者特征命名的，有以标志物命名的，有与其他地名共用专名的，有以神话故事或者传说等为名的。但在传统上，这些命名方式不独东城才有，而是遍见于各地的汉人社会，似乎说明当时汉人的认知方式、分类原则与体系跟后来的不完全相同。

对这类山峰或者山系，历史上的东城人并不一定必然采用山或者岭为之命名。因此，东城有一些山的名字中既不含"山"也不含"岭"，例如：覆船岗、矮岗、牛干鼻、长流水、三挂坟、六挂坟、屋坟、建竹坟、卢屋坟、七棵松、步狗祠堂、更鼓楼、红槟榔、清平甲、石牛石马、大石牛、将军嘴、地公螺、白丝茅、马公冚、七姐妹、许仙岩、七棵松、石牛石马、清平甲等。这些山峰的地名较为特别，通常都另有独特的来源。例如，七棵松是一座小山峰的名称，该山是某家族的祖坟所在，这座坟的后部原有七棵松树，故名。清平甲是一处祖坟的名称，人们直接将该坟名用作了山名。至于石牛石马成为山名，则是因为该座山的有一座坟墓，而坟墓之前则设置了石牛和石马。

我们在调查时发现，东城有几座山的名称显得相当特殊，著名的如三挂坟、六挂坟、屋坟、建竹坟、卢屋坟等。这几座山的命名虽然同样与坟墓有关，但与上文所述的几座山峰的得名之由明显不同，以三挂坟为例。访谈时有老人说，在东城以及与之邻近的乡镇如茶山镇等处通行的粤方言中，通行"挂"这个颇为特殊的量词。例如，人们经常把山上的一座坟称为一挂坟（见图11-12），① 而把上下连续分布的几座坟称为几挂坟，如三挂坟、六挂坟，意思是上下相连分布着三座坟墓、六座坟墓。② 这个量词以及用法颇为独特，而猜测起来则可能是因为从平地远远向山上看去，坟墓如同挂在山上一样，故出现了这一相当特殊的用法。

可能是基于东城地势极低的缘故，大大小小的山峰显得特别引人注意。东城的几座较高的山峰如黄旗山，似乎也是因此而均有非常多的故事或者传说，不少至今仍然在流传。接受访谈时，老人们每次说起这些故事或者传说总是眉飞色舞、津津乐道。

图 11-12　一挂坟山

其中的一些故事或者传说，涉及了山峰的得名。以下我们列举所得的几个故事为例，以展示这类传说或者故事与地名关系的一般风貌。

1. 耙齿岭的传说

耙齿岭，位于榴花公园的西南面。

很久以前，耙齿岭和罗浮山两座山上都住着一个妖怪。他们经常斗法，为的是让自己所在的山增高，试图以高矮来一分高下。那时罗浮山是岭南第一高的山，但由于耙齿岭的妖怪不停地作法，耙齿岭的高度后来超过了罗浮山。

山太高了就可能给人间带来灾祸，于是上天就派下一位神仙，让他每天用钉耙把这座山耙低。因此，今天的耙齿岭比罗浮山矮，山侧面的红石上，还有一条一条如同钉耙耙过的痕迹。因此，这座山就叫耙齿岭。人们在耙齿岭上还发现了一些极其象形的山岩，于是称之为神仙床、神仙鞋、神仙脚印、神仙口盅等。

---

① 调查期间我们到邻近的著名的南社村考察古民居，有一位老人向我们介绍说，一座山上如果只有一挂坟，则该座山称为一挂坟山，又称一穴山；如果有三挂坟则称为三挂坟山，又称三穴山；其余类推。

② 访谈时也有老人说，挂的意思大体与"座"相同，如三挂山意为山上有三座坟墓，但称为三座山时，坟墓不必定时上下连续地分布。详待考。

2. 龙岭的传说

龙岭位于峡口村的上方,在寒溪河的西岸,与其得名有关的一则故事如下:

龙岭上原本有一座龙母庙,也有人认为是一座龙王庙。这座庙保佑一方风雨,因此那座山,就被人们叫作龙岭。

据说,东城龙岭上的龙母庙与肇庆德庆悦城的龙母庙关系密切。相传,肇庆德庆悦城镇水口的龙母祖庙新修时,住在东城龙岭上的龙母要赶过去参加新庙的开张。过去寒溪河航运发达,龙母就变成一个老妇,向一个去往悦城的船家请求让她搭船。船家见她年迈,又是孤身一人,就答应了。那时从这里坐船去悦城需要好几天,因此途中船家要洗米煮饭。龙母看见了,就把自己带的米拿给船工请他一起煮了吃。船工说"不差你一个老太太的饭",不要她的米。但是,龙母再三坚持,船家最后只好收下了。没想到龙母拿出的米是红色的,船家说这可不行,"我的是白米你的是红米,不能混在一起煮饭"。龙母说没关系,你只管一起煮就是了。结果米饭煮熟了以后,红米、白米各自成团粒粒分明。龙母吃完饭,催促船家第二天赶到悦城,船家说自己的船只能够借助风力,因此无法按时赶到。龙母就跟掌舵的船工说:"阿叔,你休息吧,让我来抓梢(意为掌舵)。"船工于是离开去睡觉了,就由龙母抓梢。龙母凭借自己呼风唤雨的本领令这艘船飞速行驶,一阵子的工夫就到了悦城的新龙母庙岸边。龙母上岸时走得急,没发现有个船工的竹竿沾到了泥不小心蹭到了自己的衣裙上。船工下船后去凑凑热闹看新龙母庙开张,发现龙母塑像衣裙上的相同位置有块泥印,船工这才知道老妇人是龙母变的。

3. 许仙岩与许仙庙的传说

许仙岩,位于鳌峙塘许仙岩路附近。其得名有不同的说法,以下是其中的一种说法。

许仙岩又名许公岩,是因为山上的许仙庙而得名的。

此许仙非《白蛇传》里的许仙,而是当地传说中,明代一位懂得风水堪舆之术的许姓官员。他路过鳌峙塘,察觉此地风水很好,便在这附近的一座岩山上修了庙宇。他去世后,村民传说他已得道成仙,就把他修的这座庙叫作许仙庙,这座山就被称作了许仙岩或者许公岩。

4. 步狗祠堂的由来

东城叫作步狗祠堂的山,曾经一共有两座。这两座叫步狗祠堂的山,并不是真正的祠堂。这是因为山上有许多天然形成的大岩洞,引来大量的野狗在这些洞穴中居住,结果让那里看起来好像是野狗的家祠。

这种事传开后,人们便用这一特别的现象,来给这两座山命名。

5. 长流水的民间谚语

长流水山,在狮子岭的南面,今狮子岭工业园附近。

为何以"长流水"命名一座山,现在可能没人说得清楚。

东城有一句民谚,原本是一句话。据说,以前有一个风水先生在这座山勘察风水,之后他就留下了这句话。这句民谚说的是:"长流水,水长流,一朵红花在里头。"意思就是说,这座山的风水极好,山上有一处宝地;如果葬在这块宝地上,他的后代必定能够飞黄腾达。

这句话太有名了，人们就拿来作为这座山的名字。

（四）岽

东城以岽为地名的很多，我们所知的就有多处，即番塔岽、松岽、马公岽、牛岭岽、黄沙岽、西边岽、茶中岽、杨梅岽、翟屋岽等。大概来说，以岽命名的都是相对较小的山峰，而且地位一般来说不是很重要。

关于"岽"的含义，东城人中说法不一，而最主要的说法有三种。第一种说法认为，"岽"是"塝"字的误写，意为险陡的悬崖，或者山的有相当大陡度的一面斜坡（参见前文温塘部分）。第二种说法认为，"岽"指山坑，或者山中呈凹陷状的地方。第三种说法则认为，本地方言中的"岽"原意为"掩盖、盖住"，而这些地方出于某种原因形状有如盖子，故名。例如，有一座山的形状恰如马鞍盖在一匹公马的马背之上，因此，这座山得名马公岽。而另一座山上有一座塔，这座塔有如盖住了这座山；又因为塔虽然高耸而引人瞩目却是自外国即番传入的，所以，这座山得名番塔岽。[①] 至于杨梅岽，则是因为旧时这座山原本是荒山，上面长满了野生的杨梅树，故名。

相比较而言，似乎第三种说法较为可靠。但是，这种说法似乎仍然无法解释东城所有的这类地名的得名之由。因此，"岽"类地名还有待更多的研究。

（五）墩

多处，如谢屋墩、烟火墩等。

现在的东城人一般认为，墩指的是出于某种缘故在地面上形成的土堆或者类似物。这其实是传统的用法或者通行用法，如《康熙字典》就说墩指"平地有堆"。东城的许多老人都认为，依据其组成成分的不同，墩又有沙墩、泥墩、瓦片墩等具体类型。他们普遍认为墩的规模小，在东城每一村落内外，这种墩的数量都非常多，但有专门名字的极少。例如，石狮岗山逶迤向西南，其尾部隆起一个圆形的土墩，在风水学上称之为狮尾拖球。但即使其地位如此之重要，却始终没有专门的名称指称。东城比较出名的这类名称，可能就是谢屋墩和火烟墩等。

但是，我们认为谢屋墩中的墩，很可能不是土堆或者类似物，即根本不是所谓的"平地有堆"的意思。谢屋墩现在是温塘辖下的一个村落，旧时又曾经称为大园村。根据温塘《袁氏族谱》中的记载，其始祖悦塘公初来温塘时，"因是而独自筑居，四顾无人，鸡唱而已。询之，果有一谢家，今日谢屋墩是也"。另一种类似的说法则认为，在元朝初年时，温塘袁氏的九世祖袁师文出于某些原因到了谢屋墩。他发现当时该处人烟稀少，仅仅散居着几家谢姓人家，而四周均是水流纵横、田野旷野。于是，他便招来陈东湖（即温塘陈氏的始祖）、赵晓秋（即温塘赵氏的始祖）等人来共同居住，并最终发展出了大园村。这两种说法虽然在细节上有所不同，但都认为温塘袁氏在温塘最早的居住地就是谢屋墩，也都认为谢姓人家比袁姓人家早来温塘。[②] 由此看来，第一说似乎更

---

① 这是一种说法。另一种说法，参见本章后文。
② 据调查，到了清朝的后期，这部分谢姓人家才因故大部分迁居别地定居，至今许多村民仍然都知道此事。

为合理，谢屋墩当是因为最早的居住者的姓氏而得名。但无论如何，该处显然不是"平地有堆"，否则，谢姓人家无法居住。在我们看来，该处当是已经固化的且有一定面积的突出水面的高地之类，这也就是在麻涌等水乡片镇街所见的含义。①

如果确实如此，则当时的东城人心目中的墩的含义与今不同。随着具体地貌的巨大变化，墩的含义在古今也相应地发生了巨大的变化。②

（六）壆

多处，如横塘壆和小塘壆等。在珠江三角洲各处，经常可见到以壆为地名的。传统上，东城人经常塘、壆连用。

似乎主要是因为两者的字形相近，壆常常被东城人误写作"坣（táng）"（同"堂"字），又经常由此而招致其他相应的误解或者误用。③《康熙字典》引《集韵》说，"讫岳切，音觉，器之畔坼。又辖角切，音学，土坚也。或曰山，多大石"。现代常见的辞书如《新华字典》《现代汉语词典》《辞海》《辞源》等的解释，应该都是由此而来。但这些意思显然都不是通常见于东城甚至整个珠江三角洲的用意。有人猜测壆的本意可能已经不详，甚至原本就是一个方言字或者土俗字。

事实上，不同的东城人对壆的读音与写法也可能不同，但他们一般都认为，壆的意思是修筑在江、河、涌、塘边缘的堤坝，或者在筑堤围垦出田地、基围或者鱼塘等时所附带形成的其边上的小路。而在我们看来，这两个意思的主要差别，其实主要在于着眼点不同而已。正是因此，才会有坣头、围坣、田绳坣等说法。旧时有些东城人瞧不起居那些住在田边、塘边或者基围旁以水产为生的人，经常轻蔑地称他们为壆佬、壆仔、壆婆等，其中的壆的意思至为明显。

日常生活中，壆并不仅仅具有防洪防汛之类的功能，还有更重要的社会象征意义。在几乎所有的珠江三角洲的村落中，至今仍然都可以听到风水壆之类的说法。所谓的风水壆，指的是与本村落的风水密切相关，又具有挡风、聚水，调节气候等功能的某种屏障。这种屏障有不同的情况，如可能是以土、石或者砖块单独筑成的高低不一的围墙，也可能是土、石、砖块质地的围墙与树木的组合体，还可能是单纯由竹子或者其他树木组成的带状的林子。④例如，余屋所谓的风水壆，就可以视为堤坝或者围墙与树木的组合体（见图11-13）。其下部是用黄泥筑成的一条高约4米、长约50米的堤坝，据说修建时就在其上种植了数棵大榕树，至今它们都已经成为了遮天蔽日的古木。余屋人认为，这处风水壆由于位于寒溪河畔，故能将寒溪河的水引入塘中即留住水，实际上也就是留住财。因此，这条壆对于余屋村的运势来说极为重要。而在我们看来，这条风水壆

---

① 详参考张振江、陈志伟《麻涌民俗志》，汕头大学出版社2008年版，第333页。
② 村民普遍传说，在历史上的某时，温塘袁氏的一支因故又迁居至今东莞市常平镇的袁山贝村，并自此定居下来。现在该村下辖有东刘屋、上刘屋、北门巷、大圈、南门、新围、大岭、新地园、荔枝墩、崩江等多个自然村，而以东刘屋、上刘屋里村的历史最长，据说至今约有450年的立村历史。其中的荔枝墩村的墩，显然也不是"平地有堆"，该村名当是来源于种植荔枝的墩。而细究根源，最初也当是露出水面的高地。
③ 壆有时则又写作汖，如东城樟村境内有罗大汖。
④ 有些村子则分开，而普遍把这种林子称为风水林。

在冬天还能挡住北风，因此也具有现实的意义。

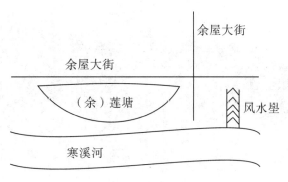

图 11-13 余屋风水堡示意

注：莲塘有塘堡，本来的莲塘面积较现在更大，原塘堡与风水堡相连，共同将水拦引至塘中。

不过，虽然东城的每一处广府村落和客家村落都有风水堡，而且人人都知道本村风水堡的具体位置，但似乎没有任何一处村子有某处地名为风水堡之类的。这与这些村落所见的水口的情况，似乎颇有异曲同工之处。

（七）洲

东城境内以洲为名的地名有多处。最出名的是大王洲，其他的还有鱿鱼洲、茅冬洲、角洲、玉带洲、麻洲等。

所谓的"洲"，原来指的是水中的小块陆地。"关关雎鸠，在河之洲"几乎人人耳熟能详，其中的洲就是这个意思。但洲通常是可以居住的，因此，《尔雅·释水》才说"水中可居者曰洲。小洲曰陼（同渚），小陼曰沚，小沚曰坻"。汉人社会很早就用洲命名地名，而且是南北方均见。

大王洲位于东江南的支流，是一处颇大的江心洲，现在属于樟村管辖。（见图11-14）大王洲四面环水，面积足足有1000多亩，现在仅农田保护区面积即达864亩。民国版《东莞县志》认为，樟村在明代以前称张村，原因在于北宋时期已有张氏族人在此居住，故名。村民则认为，大王洲原是冲积而成的一片沙洲，樟村立村后村民逐渐渡水开垦田地用于种植农作物。但一直到了抗日战争后，这里才逐渐发展成为一处村落。现在称为红旗股份合作社，村民多称大王洲村或者红旗村民小组。人们回忆，大王洲最初多用于种植黄麻和韭菜，但由于地势极低水患严重影响收成，因此村民便在洲头的一棵大木棉树下供奉大王菩萨以求神明保佑，由此得名为大王洲。但虽然有了神明，大王洲以及樟村却依旧经常遭受水灾。如据《樟村村志》稿的记载，1923年大王洲堤围崩缺，樟村全村"平地三尺水"。1959年樟村遭遇中华人民共和国成立后最严重的一次大水灾，大王洲围堤决堤20多处。随着东江大堤和大王洲堤坝尤其是1963年年底大王洲排灌站建成使用，大王洲才彻底摆脱了洪水之厄，现在则成为了一处旅游点。

图 11-14 大王洲江景

茅冬洲和角洲都位于寒溪河中,也都是"水中可居者"。村民认为,角洲整体的形状"细细长长",而"上水的一头"呈尖角状,故名。茅冬洲的面积相对较大,东城人很早就将其开垦成了一块埔田。旧时除了用于种植水稻之外,还用于大量种植黄麻。有老人说,最初该处只用于种植黄麻,这与大王洲的情况类似。所谓的茅冬,其实是东城的土俗说法,指的就是黄麻剥了皮之后剩下的芯部即黄麻杆。旧时人们剥皮后普遍将剩下的麻杆即茅冬普遍随意丢弃于此处,也有些人将茅冬堆放于此待晒干后运回家以供烧火等之用,故名。

黄麻是一种一年生的草本植物,嫩叶可以食用。剥得的茎皮富含纤维,可制作绳索及织制麻袋。经过适当的加工处理后,茎皮还可织制麻布及地毯等物。黄麻喜温暖湿润的气候,向阳、排水良好而疏松肥沃的土壤均宜于栽培,而砂质壤土更优。明清至民国时期的东莞各处土地多有符合这种要求的,因此,历史上的东莞一度以盛产黄麻闻名遐迩。

(八) 围

多处,如桑园围、老围、新围、钟屋围等。

至于这种名称中的"围",人们一般认为是指旧时围垦河网、低地、滩涂等以造田的堤围。[①] 历史上的东城地势相当低,那时的人们普遍需要通过围垦才可能获得良田,然后才得以种植水稻等各种作物。我们通过访谈发现,东莞的围垦主要发生于明、清和民国初期。但民国初期甚至之后,仍然时有可见围田造地的,东城有不少老人有过这种围垦的经历。在东城的周边地区,这类围以及以"围"构成的地名同样普遍多见,历史上甚至还因为这种围垦造田而形成了一类称为围口人的特殊人群,至今在虎门至沙田一线的镇街仍然多有分布,据说人口有50万之众。中华人民共和国成立后,东莞人民曾在政府的组织下多次大力修建堤围,但这时主要是为了抵御洪涝灾害,而不是为了

---

① 详参考张振江、陈志伟《麻涌民俗志》,汕头大学出版社2008年版,第334—335页;司徒尚纪《广东地名的历史地理研究》,载《中国历史地理论丛》1992年第1期。

垦田。

但是，访谈时也有数位老人认为，东城人所谓的围，其实指的是客家围屋的围；现在所见的这类带有"围"的各处地名，其实是由客家的围屋转化而来的专有名称。在他们看来，与"洋田"等一样，这类地名都是历史上源于客家的地名。我们近些年的实地调查发现，东莞境内客家人的分布远远超出人们以前的想象，而且至今在许多地方确实可见客家围屋，只是其具体的形式与客家核心区所见的围拢屋、九井十八厅等样式可能有一定的差异。① 由这种途径而来的地名和村落名称，在东莞各处也确实可见，东城的主山村一带就有例证。

根据我们的调查所得，可以确切地知道其来历的若干地名中，来自两者的都有。因此在我们看来，东城以"围"为地名的不止一个来源，即不是都来源于堤围的"围"，这与邻近的东莞的水乡片或者稍远的山区片的情况都不同。

与此有一定的类似之处的，是东城境内以"屋"为通名的地名。学术界公认，以"屋"作为通名的地名是典型的客家文化表征之一。在广府人的传统习俗中，聚落通例不会使用"屋"作为通名的，因此人们看不到广府人以"屋"命名村落的现象。但在东城现在以广府人为主体的许多地方，这类名称却相当常见，如周屋、余屋、邹屋、叶屋、柳屋、谢屋和钟屋等。至于为什么会出现这种现象，似乎迄今缺乏专门的研究。我们似乎隐约觉得，东城这些以"屋"为名的村落之中，至少有一些在历史上可能跟客家有某种渊源关系，即其居民原本全部或者大部分可能是客家人。② 只是到了后来某时，才因为同化等原因而变成了广府人。但在地名、语言以及某些习俗方面，可能至今还残留有若干客家文化的线索。

在与东城比邻的东莞市南城的辖境内，类似的进程正在进行。实际上，就在不久之前，南城还以多有客家人聚居的村落而远近闻名。但到了现在，这些村落中的客家人已经或者正在逐步变成广府人，连客家话也少有人还会说了。我们相信，历史上的东城村落应该也发生过类似的过程，早到或者相对早到的一些客家人逐渐转化成为了广府人。当然，目前这种说法主要还只是一种猜测，尚需要进行仔细的调查以证实或者证伪。

东城主要的陆地名称见表11-3。

---

① 详参考张振江、麦淑贤《东莞客家民俗文化——清溪的个案》，广东人民出版社2017年版，第236—249页。
② 温塘袁姓人家普遍知道其祖先源自江西。《温塘村志》则说，"袁悦塘自江西信丰迁至广东东莞温塘定居，为广东袁氏开基始祖"。《东莞温塘袁氏源流》则具体地说始祖出自"赣州府信丰县龙川乡竹子园"。如此看来，袁氏人家可能最初也是客家人。有不远处的东莞中堂镇的故老相传，其境内袁家涌袁氏的始祖袁臻（一说也是温塘袁氏一脉），于1127年弃官携眷由江西迁居南雄，复迁入今东莞阮涌，其孙袁玧又迁至中堂镇的袁家涌居住。该村原名沙亭乡，早已有蔡、马等姓居民。后来由于村中袁姓人口日益增加，才改名为袁家涌。如此看来，似乎最初也是有客家渊源。

表 11-3 东城陆地地名一览

表陆地的中心词		具体地名
田	坑田	细女浪花坑、白家坑、茶岭坑、坑仔、大坑、田茶岭坑、九含坑、长乐坑、九路梯坑、大岩前坑、子眉岭坑、水雾岭坑仔、加头坑、黄泥田坑、塘古坑、元头坑、茅冬坑、麻岭坑、米仔坑、深坑、牛干塘田、所坑田、正坑、坟前、天平架、矮岭田、矮岗田、大王庙坑、陈屋塘坑、新围田、牛颈干、牛旗井、桑坑、石门前、水鬼井、松柏坊细坑、兰厦大坑、松凼、熊屋坑、猪乸坑、饭盖井坑、九道梯坑、大岩前坑、长坑、阴坑、大石鼓等
	埔田	万田新、茅冬洲、草塘田、上泥塘、中泥塘、下泥塘、松柏坊低田、上湴、下湴、烂围、氹龙、石桥圳、苏吏目等
地		平地、所坑地、赤坑地、泥地等
山		茶山、凤凰山、蒲山、大山、墨松山、长峰山、高台山等
岭		铜岭、岑屋岭、细女浪花岭、王大岭、姐夫岭、水雾岭、耙指岭、岭仔、麻雀岭、九含二岭、九含三岭、大蛇岭、蛇头岭、蛇岭、牙岭、下岭、上岭、水岭、加头岭、猪乸岭、秤砣岭、狮子岭、烂头岭、麻鸡岭、大元岭仔、金菊岭、油榨岭、王岭、南坡岭、元岭、玉岭、大玉岭、牙鹰岭、马鞍岭、草塘岭、王麻岭、平岭仔、白鸽岭、白鸽岭仔、谷蛇岭、谷蛇岭仔、胭脂岭、大路岭、大磨岭、杉尾岭、茅口岭、银枝岭、鸡屎岭、元头岭、银平岭、背底岭、山贝岭、山头岭、飞鼠岭、龙岭、狮岭、虎岭、龟岭、望天岭、墨鱼岭、耙齿岭、槎滘岭、子金岭、蚌岭、红头岭等
凼		番塔凼、松凼、马公凼、牛岭凼、黄沙凼、西边凼、茶中凼、杨梅凼等
墩		谢屋墩、火烟墩等
塱		横塘塱、小塘塱等
洲		大王洲、茅东洲、角洲等
围		桑园围、老围、新围、钟屋围等

第三节 东城传统地名的构造与特征

东城的地名有不同的构造方式，而研究这些构造方式不仅能够认识一个特定的汉人社会的地名特征，在一定程度上还可以认识其人文及历史自然环境。

一、构词法特征

从本质上说，地名是一种专有名词。而纯粹从构词法的角度看，汉语的地名主要有单纯词、复合词和词组的区别。所谓的单纯词地名，指的是由一个不可分解的语素构成的地名，通常分为单音节与多音节两种。例如，一般相信，"江"与"河"最早分别指的就是长江和黄河，二者就是单音节的单纯地名，而"昆仑""乌鲁木齐""喜马拉雅"等则是多音节的单纯地名。在东城各村村落之中，似乎始终没有单音节或者多音节的单纯地名。

（一）复合词地名

东城最为多见的地名是复合祠地名，至于其构成方式，主要有偏正式和附加式两种。概括地说，东城的偏正式地名普遍多见，而附加式样的少见。

所谓的偏正式地名，指的是由专名加上通名构成的地名。在这类地名中，专名在前而通名在后，专名对通名起到某种说明、修饰、限制或者描述等方面的作用。通名通常都是名词，专名一般多是名词或者形容词，属于其他词类的虽然可能也有但较为少见。例如：

新围余屋 周屋 温溪 旱塘 横塘 大岭 阴坑 长坑 平地
主山 王山 祖山 黎川 乐平 桑园 菜园 石井 东泰 梁家

所谓的附加式地名，指的是在通名前加上一个词头或者在通名后面加上一个词尾而构成的地名，前者如普通话中的"老山"，后者如普通话中的"石河子"，其中的"老"和"子"分别就是附加在前面的词头和附加在后面的词尾。但是，至于何为汉语的词头或者词尾，学术界至今众说纷纭，由此使得认定附加式地名时经常会出现相当多的困难或者争议。① 而由于普通话中的词头或者词尾与方言中所见的不同，不同方言甚至同一方言的不同次方言或者土语之中所见的词头或者词尾也可能不同，这使得认定词头和词尾变得更加困难。具体到东城人所使用的粤方言和客方言来说，似乎口、头、尾、边、仔等可以视为词尾或者类词尾。但一般来说，由它们所构成这类地名的数量相对较少。例如：

堂头 大井头 堑头 塘边头 峡口 涌口
涌尾 沙塘尾 鸦叫尾 大岭尾 榕树尾
旧锡边 新锡边 陂山仔 水岭仔 佛仔

值得注意的是，虽然语言学界和地名学界普遍相信，"仔"和"边"都是中国东南部常见的地名构成要素，但是，二者间却有一个根本性的差别，即"仔"是典型的粤方言词尾，而"边"则是典型的闽方言词尾。在现在通行粤方言和客方言的东城各处，怎么会出现这类以"边"为构成成分的地名，因此似乎值得深入调查并系统地研究。

---

① 此处所谓的词、词头、词尾等，是按照通行的现代汉语语法而言的。

我们相信，东莞现在所见的族群构成可能是到了明清时期乃至清代的中叶才最终形成，并在随后稳定下来并延续到现在的。因此，虽然现在确实很难在东莞看到具有规模意义的闽方言人口，但在历史上，情况可能并不是如此。同属于东莞的清溪镇有扎实的闽方言人口融入的例证。清代即有潮汕等地的闽方言人口流入该镇的境内，主要从事商业。现在这批人虽然知道自己是潮汕移民的后代，但在族群文化方面与本地的客家人基本无异。而大体上从改革开放初期开始，在其故乡，与这批人有着或近或远的血缘关系的又一批潮汕人陆续循迹而来，抵达后同样也主要以经商为生。这两批人同属潮汕人彼此又多有亲戚关系，因此经常互动，但彼此已有明显的文化方面的差异。我们相信，东城的历史上可能也发生过同样的族群身份方面的变化。

而在东城通行的粤方言或者客方言中，可以视为词头的似乎只有由东、西、上、下等少数几个，它们通常都是由方位词转化而来的。在东城，由这些词头构成的传统地名倒是相对较为常见，例如：

东坑　西坑　上桥　下桥　上山门　下山门

不过，这些成分是不是词头可能有争议，其原因主要在于人们对这些构成要素是否已经充分虚化了可能认识不一。例如，东坑、西坑、上桥、下桥中的词头东、西或者上、下，其实还是有相当程度的实际意义的，而不是如一般所见的词头那样几乎彻底虚化而毫无实际意义。正是因为没有彻底虚化，东城所见的这类地名几乎总是对举，即有上坊则几乎可以肯定必然有下坊之类的地名。

这类地名其实很有意思。例如，以东、南、西、北等作为构成成分而造成地名，在各处的汉人社会中历来都是非常多见的现象。但是，以上、下、左、右等作为构成成分而造成地名的，在各处的汉人社会中却都是相对少见的。而在东城各处，这两类地名几乎可以说程度相等地较多地存在，这应该与历史上东城的具体的地理环境有关。现在的东城可谓一马平川，但其实就在不久之前，东城各处还都是山系、丘陵或者山峰密布。因此，区分上、下即高、低或者南、北就显得极为必要，[①]最终由此形成了一批以上、下为构成成分的地名。

（二）词组地名

所谓的词组地名，指的是由两个或者以上的组成成分而构成的地名。这些组成成分平时均可以单独使用，这与上述的涌尾、塘边头、山仔等地名不同，后者中的尾、边、头词尾不可单用，单用的尾、边、头等不是词尾而是实词。概括地说，这类词组地名有如下几个较为突出的特点：以三音节的词组为主要形式；以位于前边的成分对位于后边的成分起修饰、限定等作用的为主；位于前边的成分多是人名、地名、事物等的专有名称；等等。

东城的词组地名数量众多，例如：

[①] 由于具体的地势的关系，东城的这类地名中的上或者下之别，经常具有方位上的高、低或者地理式的南、北差异的含义，到底是何意义则要视具体的情况而定。

鳌峙塘 白家坑 矮岭田 茅冬洲 番塔岽 凤凰山 七树岭
赤坑地 杨梅岽 苏吏目田 岽头坊 砖窑坊 皂上坊 乐平坊
积善里 余庆里 白鸽岭 墨鱼岭 望天岭 许仙岩 钟屋围

但是，不论是复合词地名还是词组地名，二者具有一个共同的特点，即都是属于齐尾式地名。所谓齐尾式地名，指的是地名的"尾"即通名部分是相同的，如岽头坊、乐平坊都收尾于坊即通名都是坊；白鸽岭、墨鱼岭、望天岭都收尾于岭，即通名都是岭；等等。在东城的各处村落，似乎都不见齐头式地名即地名的"头"部的通名是相同的。这种地名特征似乎可以说明，东城的地名是典型的汉式地名，并不掺杂有其他民族语言的成分。这个特点与珠江三角洲西部的情况明显不同，[①] 而与东莞的麻涌、清溪等地具有相当明显的一致性。[②]

在词组地名中，有不少是派生地名。所谓原生地名，指的是最初造出来指称某一处所的地名。这种地名的主要特征是一旦分解了，其任何一个组成成分都不再是指称任何一处具体的处所。一般来说，原生地名多产生于人类社会的初期或者某一具体的社会的早期，多产生于相对封闭而较少需要较远距离地交往的社会。因此，原生地名多是指称较小的、具体的处所，而且大多数都是关于水系、陆地等人们身边的日常所见的自然景物的。[③] 从整体上说，东城长期是以小农经济为主的乡村社会，人们日常所需要的几乎都是身边的具体而微的地名，因此对于各种指称小的、具体处所的地名的需求极大。旧时东城人所产生的地名，绝大部分都是这类原生地名。

原生地名是指称最为基本的物事的名称，因此具有另外一个特点，即经常被用来作为产生新的地名的基础，由此形成了派生地名。一般地说，这主要有两种情况，即原有的名称直接转化为新的地名；以及在其后部加上某一个通名，形成了复合的形式，从而构成一处新的地名。在某些情况下，这种新的复合地名虽然是由别的原生名称直接或者间接转化而来的，但由于并未在其后部再加上一定的通名成分，这就有可能造成混乱或者误解。例如，东城相当部分的山名，就是由原来指称坟等某种突出事物等的专有名称转化而来的：

三挂坟 六挂坟 屋坟 建竹坟 卢屋坟 七棵松 牛干鼻 长流水
步狗祠堂 更鼓楼 红槟榔 清平甲 石牛石马 大石牛 地公螺 七姐妹

如果单从表面上看，实在难以明白这类新的地名的确切含义。如孤零零地看三挂坟，确实无从明白到底指的是坟还是山峰。不过，在实际的生活中，人们使用这类新的地名其实几乎不会导致误解，这与这类地名具有较明显的地域性和随意性，以及主要是供小区域的人民所使用即其通行的范围相当有限有关。

---

① 如可参考黄秀莲、王彬、司徒尚纪《明清时期广东西江走廊聚落地名特征分析》，载《佛山科学技术学院学报（社会科学版）》2011 年第 3 期。又可参考广东省地方史志编纂委员会编《广东省志·地名志》，广东人民出版社 1999 年版。

② 详参考张振江、陈志伟《麻涌民俗志》，汕头大学出版社 2008 年版，第 317—341 页；张振江、麦淑贤《东莞客家民俗文化：清溪的个案》，广东人民出版社 2017 年版，第 404—414 页。

③ 详参考李如龙《汉语地名学论稿》，上海教育出版社 1998 年版，第 24—25 页。

对于在某个已有的地名的后部另加一个通名而构成的新的地名,人们有时称之为转类地名。在各处的汉人社会中,这类地名其实都是相当多见的,东城同样如此。例如:

所坑田 岑屋岭 白家坑 茶岭坊 甲涌塘 陈屋塘坑

子眉岭坑 田茶岭坑 柴市村 水横冲路 横塘波路

以白家坑为例。这个词组地名是由限制性成分"白家"加上通名"坑"所构成的,而"白家"原本就是一个偏正式的专有地名,是由限制性成分"白"加上通名"家"所构成的。因此在这些转类地名之中,一般都是具有两个或者两个之上的通名,如上述例子中就有"家"和"坑"两个通名。

按其生成的具体形式,这类地名又大体上可分为三种:①

以归属命名或者标志物命名的,如岑屋岭、白家坑以及番塔岭、大王庙坑等地名。前两者就是得名于该区域的归属,后两者就是得名于该区域内最为显著的标志物。在这些词组地名中,岑、白、番、大王庙等是限制性成分,而屋、家、岭、坑则是通名。采用偏正式构成的这几个原地名属于所谓的人文类地名,但在后面分别加上了岭、坑等表示自然地名的通名后,原地名作为限制性成分与通名一起构成了全新的词组地名。在这类地名中,有时原地名中的通名可能省去。

属于比照命名的,如茶岭坊、田茶岭坑、所坑田等。人们在先依照某种特征或者根据某种原则为某一地理区域命名之后,后来以该地名为基础,再进一步命名其临近的或者周边的更大的一处区域,由此就形成了这种具有两个或以上通名的地名,以茶岭坊为例。我们相信,在历史上的某个较早的时候,该山岭曾经用于种植茶树,因此得名为茶岭,岭是一个通名成分。但到了后来某个时期,人们又依托这处山岭发展出了一处聚落,于是人们又以该山岭名称为限制性成分进一步命名,由此产生了一个带有新的通名成分的新地名。在这意义上说,与原生性地名相对,这类地名其实也可以视为派生性地名。

在这类地名中,有时也会将原地名中的通名成分略去,即仅以原来的专名成分搭配上新的不同的通名而构成。而在实际使用中,人们甚至可能临时将新的通名成分略去,即使用旧的名称但指称新的区域,仍然以上述的茶岭坊为例。在日常生活中,该区域及其附近的村民其实很少说茶岭坊这个完整的新地名,而几乎总是使用茶岭指称茶岭坊,而且从来不会导致误会。

二、地名特征

学术界普遍相信,特定地方的地名既受特定的地理与地貌环境的制约作用,又受特定人群的活动、历史、文化等的制约作用。在这个意义上说,地名是自然与人文共同作用的结果。也正因为这样,虽然地名是普遍存在的现象,但不同区域的地名可能具有完全不同的地域特征与文化特征。而根据我们的调查与观察,东城的地名大致有如下几个主要的特征:

---

① 关于分类以及每一类别的具体含义,详参考李如龙《汉语地名学论稿》,上海教育出版社1998年版,第25—26页。

(一) 少数人文和自然地名与姓氏有关，自然地名多数与姓氏无关

地名是人类活动的产物，人文地名与人的活动直接相关，自然地名虽然优先有地理实体，但必定是在被人认识到后才可能出现名字。当某地长期有某姓氏的人聚居时，该地的地名就可能与该姓氏相关。在我国汉语方言地区，普遍存在着人文的和自然的地理实体命名会与姓氏相关的例子，如石家庄、张家界、王屋村等。东城区也符合这一特点，与姓氏有关的地名见表11-4。

表11-4 地名与姓氏关系一览

类型	与姓氏有关的地名举例
村落及街巷地名	余屋、周屋、罗屋坊、黎屋街等
塘	周大塘、徐大塘、陈大塘、余大塘、黎屋塘等
田	白家坑、陈屋塘坑等
山、岭	卢屋坟、许仙岩、岑屋岭、王大岭等
墩	谢屋墩等

从表11-4来看，东城与姓氏有关的地名的数量不算太多。这可能确实是如此，但也很可能与我们所收集到的地名并不全有关。例如，东城有许多较小的地名，出于我们无法确定其地理实体或者其相应的地理实体已消逝等原因，而没有纳入本次考察的范围。因此猜测起来，与姓氏有关的地名实际上要更多一些。不过，即便考虑了这种因素，东城与姓氏有关的地名占总地名数的比例仍然不是非常大。尤其是自然地名中与姓氏相关的地名的占比其实非常小。

以姓氏来命名地理实体属于记叙性地名，而在我们所收集到的自然地名中，以描述性的地名居多。描述性地名指叙述或描述地理实体的地理特征的地名，大体可分为指明位置、描述景观、说明地理资源三类。在历史上的东城，这类地名最具代表性的类型是由塘和岭构成的，见表11-5。

表11-5 塘、岭构成的描述性地名一览

类型	描述性地名
塘	横塘、旱塘、沙塘、草塘、涌口塘、莲塘、基围塘、石尾塘、甲涌塘、铁塘、小塘、四坑塘、三角塘、牛尾塘、牛干塘、坭塘等
岭	铜岭、细女浪花岭、耙指岭、岭仔、麻雀岭、大蛇岭、蛇头岭、蛇岭、牙岭、下岭、上岭、水岭、猪乸岭、秤砣岭、狮子岭、麻鸡岭、金菊岭、南坡岭、牙鹰岭、马鞍岭、草塘岭、平岭仔、白鸽岭、白鸽岭仔、谷蛇岭、谷蛇岭仔、胭脂岭、杉尾岭、鸡屎岭、元头岭、背底岭、山贝岭、山头岭、飞鼠岭、龙岭、狮岭、虎岭、龟岭、望天岭、墨鱼岭、耙齿岭、蚌岭、红头岭等

为何自然地名中描述性质的占比较多，我们猜测与东城具体的地理环境有关。东城是典型的丘陵地区，山丘数量众多但并无几座突出的高山，顺着低矮的丘陵而形成的坑地、水塘数量也相当多见。对那些距离村落相对遥远的地理范围，不容易发生某个氏族的人群圈地占有资源的行为，且由于山丘数量众多，描述性的命名方式更简单实用、方便记忆。

（二）用寓托性地名命名街巷（里）

地名是人们观念形态的反映，有时直接反映人们对地理实体的认识，如上文提到的描述性地名，但有时反映的则是与地理实体特点并无关系的某种思想观念。当地名反映出人们的观念、意愿或情感时，这类地名就是寓托性地名。东城地名中，寓托性地名出现频率最高的是街巷（里）的名称。

东城历史上的与观念、意愿相关的街巷（里）名称相当多见，如元美街、平安里、保安里、文明里、登桂里、云衢巷、庞淳巷、攸义巷、居仁巷、敦厚巷、福龙巷、宝成大巷等。这些巷名中所表达出的主题一是思安、祈福和求进，比如平安里、登桂里、福龙巷；二是寄托了命名者的人生观，比如居仁、攸义、敦厚、庞淳，是对恪守仁义、大方醇厚的生活态度的肯定和追求。

除了街巷外，另一种被寄予人们观念意愿的类型是市场（圩），如中和圩与乐平坊。乐平虽被称为坊，实际上是过去村子里的商业中心之一，因此主要是市集与商铺。如前文所析，二者的命名均蕴含"和气生财"的财富观。

东城区的寓托性地名主要集中于人文地名，在自然地名中较少见。在我们看来，这是因为村落中的地点离人们的生活更近，是更容易发生人与人、人与地之间互动的所在，也就更容易使人对其产生情感，将自己的观念附加在上面。

（三）地名中通名类型与现实自然环境多有不符

随着人们活动的增加，自然环境发生了相应的改变后，地名不会更改或不能及时更改，就会出现地名中所表达的通名类型与现实自然环境不相符的状况。尤其是到了近代之后，东城的社会变动激烈，这类名实不符的现象已经颇为多见。

在上文描述"水横涌"这一地名时，对这类现象我们已经有所涉及。东城人称呼由水横涌改建而来的水塘时，其实并不会称其为"水横涌塘"，而是仍旧称呼其为"水横涌"。但是，这可能就导致了一部分人以为水横涌本来就是一口塘的名字，而与曾经存在过的河涌并无关系，即导致了理据错误。类似的现象其实并不是个例，如在东城还有番塔岇、黄沙岇、茅冬洲等地名。如从字面上看，番塔岇这个名字似乎与水并无关系，而应该指的是某种塔，但实际上如今指的却是一口水塘。这是由于称为番塔岇处的这口水塘，就是在原本的山与地的形势的基础上开挖出来的。而在水塘建成后，人们仍沿用了原本对这片区域的名称，因此就出现了这种以陆地名称命名水系的现象。茅冬洲既是一片水中陆地的名称，也是这片陆地上所耕种的埔田的名称。如果单纯由字面上看，并不能猜测到茅冬洲与农耕有关。类似地，黄沙岇、正坑、长坑等也都是用一个地名指称一片区域内几种不同类型的地理实体。

但如上类似的现象,在地名演变中其实都是比较常见的,世界各国都有这类现象。而且以上的例子还只是通名所指示的地理类型与实际不符,有时地理实体甚至会演变成与地名全然无关或者是名、实双亡。比如东城曾有过许多大大小小的塘,现在它们中的大多数早已被填埋成为了平地或者各种建设用地。历史上密集的水塘及其名称,可能被保留在了一些无迹可寻的地名之中,但新出现的相应的地名也可能与该水塘以及其名称毫无关联。

本章主要参考文献:
[1] 李如龙. 汉语地名学论稿 [M]. 上海:上海教育出版社,1998.
[2] 张振江,陈志伟. 麻涌民俗志 [M]. 汕头:汕头大学出版社,2008.

本章附录

东城村落地名表

村名	村数	所辖自然村名
温塘	21	茶上、茶中、茶下、祠下、亭下、岇下、岇上、王山、丁一、丁二、柴市、大元上、大元下、庵元、皂一（1）、皂一（2）、皂二、皂三、塘边头、建和、洋楼
桑园	3	一村、二村、三村（山头）
周屋	3	第一村、第二村、第三村
余屋	6	一队、二队、三队、四队、五队、六队
鳌峙塘	4	一村、二村、三村、四村
峡口	5	松柏坊、东岸坊、兰下、新围、西边围
柏洲边	2	柏洲边、涌尾坊
上桥	3	一村、二村、三村
下桥	3	一村、二村、三村
樟村	13	罗屋、大巷、中承、下一、下二、中坊、上一、上二、麦一、麦二、苏一、苏二、红旗
梨川	7	兰基头、北地、高海、水围、大街、大泉、周屋围
堑头	5	堑头、温家围、何屋塘、黎屋围、新楼
主山	12	主山、涡岭、乌石岗、高田坊、大塘头、小塘坐、大草坊、塘边头、大井头、上三杞、下三杞、新三杞
石井	4	萌基湖、石井、水流坑、平地山
同沙	10	古村、黄屋、太初坊、坊边（仿边）、大桥、甘屋村、黄公坑、上园、下园、墩水岭（等水岭）
光明	2	古塘垒、潭头
牛山	12	新锡边、钟屋围、老围、上山门、余庆里、积善里、仁厚里、梁家、牛头、横坑、新村、老鸦山
立新	6	横岭、洋田沥、犬眠岭、洋杞坑、旧锡边、九头村
火炼树	2	一村、二村
岗贝	3	岗贝村、禾仓岭住宅区、东城新区
花园新村	4	下湖、长虹、裕兴、育兴
东泰花园	4	东泰花园、景湖花园、光大花园、景湖春天

（续上表）

村名	村数	所辖自然村名
黄旗林场	2	黄旗林场、黄旗新村（牛仔场）
同沙林场	4	小洞、新飞鹅、四君子、职工新村

（资料来源：《东莞市东城区志》编纂委员会编：《东莞市东城区志》，中华书局2012年版，第132页，原题名为"地名表"。）

第十二章 东城（温塘）方言

东城的大部分村落通行粤方言，少部分村落通行客家方言。具体来说，温塘、桑园、周屋、余屋、鳌峙塘、峡口、柏洲边、上桥、下桥、樟村、梨川、堑头、主山、石井和光明等15个村通行粤方言，[①] 火炼树村通行客家方言，岗贝、星城、牛山、立新、同沙和东泰等6个村既通行粤方言也通行客家方言。花园新村是新近才形成的以新莞人为主的一个新型社区，居民的来源复杂，母语情况也相应地较为复杂，方言情况暂时难以一概而论。

东城通行的粤方言与广州通行的粤方言差异明显，不同村落间的也有一定的，但通常不是非常显著的不同。东城本地人有时会根据这些差异区分出各种"口音"，甚至进一步把东城区分为几个语言方面的"片"，似乎说明这些"口音"的差异有时还不是太小。东城各个村落通行的客家话与梅州通行的客家话有明显的不同，但彼此间的一致性则相当大，一般认为并无多少根本性的差异。由于粤方言是东城通行最广的方言，因此，本章以属于粤方言的温塘村（砖窑坊）的老派口音为代表，主要从语音和词汇（200词）两个方面简要展示东城粤方言的一般风貌，以及其与普通话和广州话的主要差异。

本章说明

（1）本章用国际音标标音，同音字汇的声调用调号表示，其他声调标的调值采用五度标调法用上标数字表示，如"花 fa^{33}"。

（2）写不出本字的用"囗"加国际音标表示，如"我囗 go^{34}hɐu$^{33}_{我们}$"。

（3）汉字或方言词汇的解释，用小字附右下角表示，如"重$_{轻~}$"，其中的"~"指代被解释的字词，词性如动词、名词、量词等用小字"$_{动、名、量}$"等附右下角简单标注。

（4）文读音和白读音用小字"$_{文}$""$_{白}$"附右下角表示，如"坐$_{白}$""坐$_{文}$"。音系例字中的白读音和文读音，分别用下划线"＿＿"和双下划线"＿＿"表示。训读字用小字"$_{训}$"附右下角表示，如"靓$_{训}$"。又读音用小字"$_{又}$"附右下角表示。

（5）同一个词的不同说法用"/"隔开表示，如"老子 lɐu^{34}tʃei^{35}／老窦 lɐu^{34}tɐu^{44}／阿爸 a^{33}pa^{22}／阿爸 a^{33}pa^{55}"。

（6）用"A＝B"表示A和B读音相同，如"火＝虎 fu^{35}"；用"A≠B"表示A和B读音不相同，如"泥 dɔi^{22}≠犁 lɔi^{22}"。

[①] 指的是本地人，不包括新莞人，也不包括从其他方言区嫁入的妇女。

第一节 语　　音

一、音系

（一）声母（20个声母，包括零声母）

p	白笔步北	pʰ	破爬怕浮白	b	万面帽微	f	符胡裤海	w	云还岸爱
t	帝党道夺	tʰ	啼条筒太	d	女怒年娘			l	吕连路兰
tʃ	住舟猪糟	tʃʰ	辞彩昌潮			ʃ	修收书师	j	严一日猿
k	间江各九	kʰ	旗咳钳桥	g	耳硬屙危	h	河去糠红		
kw	过关国郭	kʰw	箍裙困霍						
ø	阿~陈								

说明：①b-、d-、g-的实际读音是 ᵐb-、ⁿd-、ᵑg-。②j-与齐齿呼相拼的时候摩擦明显，接近z-，但j-与z-不构成音位对立。③除"阿"及由鼻音自成音节的"五午唔不"等，零声母音节极少。

（二）韵母（29个韵母，包括自成音节的ŋ）

		i	鱼主刺指姨	u	古过富火祸
a	家花挂鸽策				
ɛ	靴爷车雀锡				
o	歌婆多左作				
ai	买埋排快带				
ɐi	碑比李希喜				
ɔi	鸡规位币桂				
				ui	女梅菜追割
au	包饱校交闹				
ɐu	宝租桃母草				
ou	走头狗丑油				
		iu	烧条小照丢		
ɔn	神恨勤婚纯				
		in	尖店建乱园		

（续上表）

aŋ	南衫班万耕				
ɛŋ	娘窗病抢青				
ɔŋ	林针心深层				
ɐŋ	冰兵清青定				
əŋ	东冬汉本胖				
oŋ	糖浪床放江				
		it	叶节铁夺月		
ak	合辣滑罚白				
ɛk	石笛弱药着～火				
ɔk	十笔骨北测				
ɐk	力逼锡益疫				
ək	末木毒烛拨				
ok	国恶缚角破				
ŋ̍	吴五午伍唔不				

说明：①iu 中的 i 较长，实际上是主元音，因此整个韵母系统中并没有 –i–、–u– 这两个介音，也没有撮口呼。②长元音 a 和短元音 ɐ 构成对立，如：埋 mai²² ≠ 眉 mɐi²²、饱 pau³⁵ ≠ 保 pɐu³⁵。③o 的舌位偏高，近于 ʊ。④aŋ、ɐŋ、əŋ、ɛŋ 有别，如：争 tʃaŋ³³ ≠ 蒸 tʃɐŋ³³ ≠ 中 tʃəŋ³³ ≠ 精 tʃɛŋ³³。⑤ɛŋ 和 ɛk 的实际音值，分别是 eɛŋ 和 iek。⑥入声韵尾松化。⑦ok 与下阴入调相配的时候，读 ouk，如：壳 houk³⁴、角 kouk³⁴。

（三）声调（8 个本调，另有 1 个变调即小称变调）

调号	调类	调值	例字	调号	调类	调值	例字
[1]	阴平	33	诗飞增僧粗心租	[2]	阳平	22	时盘胡甜连门年
[3]	阴上	35	史祖主赌减起使				
[4]	阴去	34	线布战市软冷法	[5]	阳去	44	谢事祸妹问岸淡
[6]	上阴入	5	色急一北笔式吉	[8]	阳入	3	食直夺读日捏辣
[7]	下阴入	34	接壳设歇破国刷	[9]	小称	55/5	

说明：①上阴入、阳入都是短调；下阴入是长调，但韵尾仍带塞尾。②有极少数古舒声字读入声调，如：破 pʰok³⁴ = 朴 pʰok³⁴，骂 bak³ = 麦 bak³。但是在词汇中，可能还原为舒声调。③8 个单字调之外，另有 1 个小称变调 55/5，如：茄 kʰɛ⁵⁵、鱼 ji⁵⁵、粒 lɔk⁵。

二、古今音对比

（一）中古声类与东城话（温塘）声母的对应关系

（1）帮——p：把布摆杯碑包班板变搬半本帮冰逼兵饼壁　pʰ：谱编遍豹　例外：

b：剥

(2) 滂——pʰ：拍派屁铺炮匹泼判劈骗片票破配剖　　p：胖

(3) 并——pʰ：爬牌皮棚瓶盘蓬_白平婆被~_子棒抱佩（平上①声，个别去声）　p：败鼻白办步簿币病便薄背~_通弼勃（去②入声）　　例外：f：蓬_文

(4) 明——b：埋眉骂麦慢毛帽墨末木门命棉灭猫庙摸忙妹弥

(5) 非——f：飞法发_{头~}反分粪粉福风封方放府付富　　例外：pʰ：甫脯

(6) 敷——f：翻肺费丰蜂纺副　　例外：p：捧_又　pʰ：捧_又

(7) 奉——f：肥罚犯饭坟服缝_名凤房防父浮_文妇_文　　例外：p：缚伏_趴　pʰ：浮_白妇_白

(8) 微——b：尾味袜晚万武雾物问蚊网　　例外：w：挽

(9) 端——t：带胆刀赌得灯东冬冻顶端点典店钓鸟_白多党对　　例外：d：鸟_文　tʰ：祷

(10) 透——tʰ：塔踏贪偷土梯吞痛统踢厅添贴脱拖托汤胎

(11) 定——tʰ：潭弹~_琴停图桃头藤铜甜田条糖台淡_白断_{绳~了,白}（平上声）　t：大地杜道豆动洞定淡_文断_{绳~了,文}碟夺达特读毒（去入声）

(12) 泥（娘）——d：南难奴脑闹泥能脓浓黏暖念年嫩女　　例外：j：酿

(13) 来——l：李蓝冷楼老立林鹿绿龙弄两莲乱料落浪雷类　　例外：t：隶

(14) 知——tʃ：贞知_文摘罩镇竹中张猪转~_眼,~_送桩追　　例外：t：知_白爹　tʃʰ：卓桌

(15) 彻——tʃʰ：拆抽畜撤丑　　例外：tʃ：侦

(16) 澄——tʃʰ：茶绸陈沉虫重_{轻~},_白长~_短除池迟柱缠锤程（平上声）　tʃ：住治撞直赚重_{轻~},_文择_文侄（去入声）　　例外：t：择_白秩瞪　ʃ：篆兆术_{白~}

(17) 精——tʃ：资子做灶早卒进浸姐浆井尖剪节焦作左嘴醉　　例外：tʃʰ：雀躁歼

(18) 清——tʃʰ：清擦刺凑草七亲葱青抢签村寸浅切错仓菜取从~_容　　例外：tʃ：鹊

(19) 从——tʃʰ：蚕造层族钱前全坐_白财贼（平上声、个别入声）　tʃ：字静匠罪坐_文杂集截绝（去入声）　　例外：t：蹲

(20) 心——ʃ：丝四死三姓修西新心宿写想星酸选笑小索岁赛赐　　例外：tʃ：僧伺　tʃʰ：速

(21) 邪——tʃʰ：祠寻松~_树斜徐随似（平上声）　tʃ：寺袖谢像习席（去入声）　　例外：ʃ：羡殉绪

(22) 照_庄——tʃ：抓扎窄争找侧装壮

(23) 穿_初——tʃʰ：插策铲抄窗初疮　　例外：tʃ：测　ʃ：栅

(24) 床_崇——tʃʰ：柴锄床馋豺巢（平声）　tʃ：骤状助闸镯（去入声、个别平声字）　ʃ：事愁柿士（小部分字）

(25) 审_生——ʃ：沙杀晒色山闩生省衫数_动瘦使虱参缩双师所霜蟀　　例外：tʃʰ：杉产

---

① 这里的上声字，指白读层的古全浊上声字，这些字今读阴去调。
② 这里的去声字，包括古全浊上文读去声的字。

（26）照章——tʃ：织证整州制汁震准粥烛终肿章纸指砖占战照诊疹锥　例外：tʃʰ：昭

（27）穿昌——tʃʰ：秤臭出春充冲车尺唱厂吹触

（28）床船——ʃ：食绳剩实神唇顺赎蛇射船舌

（29）审书——ʃ：声式升手世失身深叔伤书输试扇设烧水始　例外：tʃʰ：奢翅束　tʃ：春~米

（30）禅——ʃ：城寿十辰纯熟属勺石尝上时市竖树善垂匙　tʃʰ：酬恃署（少数舒声字）　tʃ：殖植芍（少数入声字）

（31）日——j：认入日人闰任肉褥弱让如儿二染软热绕　例外：g：耳　n：饵洱

（32）见——k：嫁街记解奸经狗吉紧脚间结歌各江讲梗文挂文谷菊公宫恭卷（开口及部分合口）　kw：瓜刮怪关龟鬼骨均滚官国光过果古肝割改（合口及少数开口）　kʰw：挂文规箍梗白（少数合口和个别开口）　kʰ：勾文级襟稽决（开口及个别合口）　例外：g：钩勾文　h：醛侥　w：蜗会~计

（33）溪——kʰ：靠溪契企奇叩抗旷哭曲缺区孔（开口及部分合口）　kʰw：盔亏困确（个别合口、个别开口）　h：客器气坑庆敲口刻肯牵欠可壳糠圈劝筐去犬（开口及部分三、四等合口）　f：块快阔宽看课裤苦开渴（合口及少数开口）　例外：k：揿廓　g：吃　w：屈

（34）群——k：近文件健轿旧极杰共巨（去入声开口及少数合口）　kʰ：骑棋球及勤琴茄钳桥近白局穷权渠剧（平上声开口及部分合口，又个别入声）　kw：跪柜倔掘（去入声合口）　kʰw：裙群菌（平上声合口）

（35）疑——g：鹅饿牙瓦额岩颜顽眼硬熬藕（一、二等）艺危蚁（部分止、蟹摄三等）牛银（个别流、臻摄三等）　j：迎玉鱼遇义严言原验业孽月研砚（三、四等）　Ø：吴五误（模韵字）　例外：w：岸玩

（36）晓——h：虾希戏喜喊休白孝好黑向响险显歇兄凶靴血许（开口及部分合口）　f：花化婚熏欢慌货火虎灰毁汉海（合口及少数开口）　j：休文欣（少数三等开口）　w：歪唤浒（少数合口）　例外：kʰw：霍　kw：轰　kʰ：吸

（37）匣——h：下~降鞋蟹盒咸~淡行~走限校号后前~恨含河鹤学降系联~嫌现协红（一、二等开口及部分四等开口，又个别合口）　j：县形完（部分四等及个别一等）　w：华中~话画怀坏滑或划还副动横魂活换黄祸回（一、二等合口）慧惠（蟹摄四等合口）　例外：g：肴淆　kʰw：溃绘携　l：舰　f：汗害壶户

（38）影——j：衣益影优幼一印隐音约秧意烟厌腰冤恩翁（三、四等，个别一等）　w：温碗乌挖弯委安爱（合口一、二等及个别合口三等，又个别开口一等）　g：鸭握哑矮暗恶屋（开口一、二等及个别合口一等）　例外：tʃ：轧

（39）喻云——j：有右炎又荣熊雨圆园远院越（开口及部分合口）　w：永卫胃位云运王旺围（部分合口字）　例外：f：芋　h：雄

（40）喻以——j：赢蝇油引爷野夜药痒样移姨盐延叶树~摇营育容用浴余裕铅（开口及部分合口）　w：匀允尹颖维惟（部分合口）　例外：k：捐

（二）中古韵类与东城话（温塘）韵母的对应关系

1. 果摄

（1）歌_开_戈_合_——o：多歌个锣拖河鹅饿左可坐躲锁婆磨_动_磨_名_　　u：果过课祸火货窝（见晓组合口字、影母）　例外：ok：破　ai：大_～小_　ɛ：螺

（2）戈_三开合_——ɛ：茄靴

2. 假摄

（1）麻_二开合_——a：嫁夏爬茶沙虾牙把假马下哑瓜华花瓦化　例外：ak：骂

（2）麻_三开_——ɛ：车蛇斜爷姐写野射借谢夜　例外：a：也

3. 遇摄

（1）模_合_——ɐu：铺谱簿布步图奴杜赌土路租做（唇、舌、齿音字）　u：箍苦古裤壶户虎乌污（喉牙音除疑母字）　ŋ：五吴（疑母字）　例外：o：错

（2）鱼虞_三合_——i：除猪柱储住书鼠输竖主树于_～此_迂雨余裕如鱼遇（知组、章组、影组、日母、疑母字）　ui：取徐举句区锯去渠女吕虚许（精组、见组除疑母、泥、来、晓母字）　u：府付赴父芋（非敷奉三母字、个别云母字）　o：锄初所（鱼韵庄组字）　ɐu：武数_动_数_名_（微母、庄组字）　例外：ou：无雾

4. 蟹摄

（1）咍_一开_——ui：台袋胎来财菜该改开海亥爱（喉牙音字、大部分舌齿音）　ai：态贷戴乃孩（部分舌齿音字、匣母字）

（2）泰_一开_——ai：带太泰大_～夫_、_～黄_蔡奈赖艾（端组、精组字、泥来母、疑母字）　ui：贝盖丐蔼害（帮组、喉牙音字）

（3）皆佳夬_二开合_——ai：排埋拜戒牌柴街鞋摆解买蟹矮卖派晒败怀怪块坏歪拐快　a：挂画（部分佳韵合口字）话（个别夬韵合口字）　例外：ɔi：筛_动_

（4）祭_三开合_废_三合_齐_四开合_——ɔi：币世艺制低鸡犁泥梯溪西弟米洗递契系卫肺桂　ui：岁税（祭韵精组、章组）　例外：ai：剃　it：缀

（5）灰泰一合——ui：杯赔雷煤回灰罪对妹配碎外

5. 止摄

（1）支脂之微_三开_——ɐi：碑皮被_～子_知_白_紫刺_白_骑寄戏比鼻屁眉地梨资死四饥器你李祠丝子字寺事耳记棋喜几气希（帮组、端系、见组除疑母、晓组、知庄组个别白读音）　i：义刺_文_知_文_儿移池纸师姨迟指二时使_又_市治试意衣（知庄章三组、疑母、影组、精组个别文读音）　例外：ɔi：柿使_又_蚁筛_名_

（2）支脂微_三合_——ui：嘴垂吹随类醉锤追水（舌齿音字）　ɔi：危规亏跪龟季柜位围鬼贵胃挥费（喉牙音字、个别轻唇音）　ɐi：飞肥尾味毁（非组字、个别晓母字）

6. 效摄

（1）豪_一开_——ɐu：宝抱毛桃刀道讨脑老造早嫂糙草灶高靠熬号好　例外：ou：靠帽　au：考

（2）肴_二开_——au：包炮饱闹抄找罩交校敲孝　例外：a：抓

（3）宵₃开萧₄开——iu：票庙猫₂焦笑小朝₄~烧照轿桥绕摇腰条鸟钓料箫叫　例外：au：猫₂

7. 流摄

侯₁开尤₃开幽₃开——ou：头偷豆抖楼凑走狗钩够口后₁~藕流抽绸愁州球休₂修牛油优手九酒有袖寿臭瘦旧右幼　u：富副妇₂（部分尤韵轻唇字）　ɐu：母茂浮₂妇₂休₂（部分唇音字、个别晓母字）　例外：iu：丢

8. 咸摄

（1）覃谈₁开咸衔₂开凡₃合——aŋ：潭贪南蚕感淡胆毯蓝三甘敢喊杉赚咸减衫监犯范　ɔŋ：暗含（个别喉音字）

（2）合盍₁开洽狎₂开乏₃合——ak：搭₂踏杂盒蜡闸乏　a：搭₁鸽塔插夹甲鸭法　例外：ai：拉

（3）盐₃开严₃开添₄开——in：黏尖签占染验钳炎险厌盐剑欠严甜添点店念嫌

（4）叶₃开业₃开帖₄开——it：接折~叠叶~业碟跌贴协

9. 深摄

（1）侵₃开——ɔŋ：浸林金琴寻心参沉深针任音　例外：ɔn：品

（2）缉₃开——ɔk：立十汁集急及吸入习

10. 山摄

（1）寒₁开——aŋ：弹~琴单炭兰难懒烂伞（舌齿音字）　əŋ：肝看汗岸汉安（喉牙音字）

（2）曷₁开——ak：达辣（舌齿音字）　a：擦萨撒~手（舌齿音字）　ək：喝渴₂（喉牙音字）　ui：渴₁割（喉牙音字）

（3）山删₂开合——aŋ：扮办慢铲产山间眼限班奸颜板顽闩关惯还环弯

（4）黠辖₂开合——ak：瞎滑　a：八杀扎刮挖

（5）仙元₃合先₄开合——in：骗变便面棉连钱鲜剪浅线缠善战扇件延建健言全选砖转~眼~传~下来传~记船软权卷圈圆院铅劝冤远原园片扁典田垫天面年莲先显前肩见牵烟现县　aŋ：反晚翻饭万（元韵非组字）

（6）薛月₃开合屑₄开合——it：别灭列撤舌设热杰孽歇绝雪月越铁憋篾捏截节切结决缺血　ak：罚袜（月韵非组字）　a：发头~（月韵非组字）

（7）山桓₁合——əŋ：半判搬盘满官宽欢碗换（喉牙唇音字）　in：端断短暖乱酸算完（舌齿音字、个别匣母字）

（8）末₁合——ək：拨泼末阔₂活（喉牙唇音字）　ui：阔₁　it：夺脱捋撮（舌齿音字）

11. 臻摄

（1）痕₁开真（臻）殷₃开谆文₃合——ɔn：吞根恨恩贫民邻亲新镇陈辰震神身进紧银人引印筋勤近隐轮俊笋纯春唇准顺均闰匀分粉粪坟蚊问军裙熏云运　例外：əŋ：认劲

（2）质（栉）迄₃开术物₃合——ɔk：笔匹密佾实栗七失吉虱日一乞律出橘佛物

（3）魂₁合——ɔn：奔笨敦顿钝盾滚困婚魂温（喉牙音字，部分帮、端组字）

ən：盆本闷门蹲文（部分帮组字、个别从母字）　　in：屯豚嫩村蹲文孙寸（部分端、精组字，个别泥母字）

（4）没一合——ɔk：不勃突卒骨窟忽核果～（喉牙音字，帮、端组声母字，个别精组字）　　ək：没

12. 宕摄

（1）唐一开合——ɔŋ：党帮糖汤忙浪仓钢糠光黄慌

（2）铎一开合——ok：薄落索各鹤恶郭霍　　o：摸作

（3）阳三开合——ɛŋ：酿娘亮两抢像想匠疮浆长尝伤章上唱让姜响向秧样痒（开口喉牙音、舌音、精章二组、日母字）　　oŋ：方房防放纺网狂筐王旺壮装霜厂（合口字，开口庄组字、个别昌母字）

（4）药三开合——ɛk：勺着火～了弱药　　ɛ：雀削着～衫脚约　　ok：缚

13. 江摄

（1）江二开——oŋ：绑江降讲项撞桩　　ɛŋ：窗双（庄组字）　　例外：aŋ：棒　　əŋ：胖

（2）觉二开——ok：剥角壳学　　ɛ：桌卓（知组字）　　例外：ək：镯啄

14. 曾摄

（1）登一开合——ɔŋ：凳藤等灯能僧层肯弘　　例外：aŋ：朋

（2）德一开——ok：北墨特得贼塞刻黑

（3）德一合——ak：或　　ok：国

（4）蒸三开——ɐŋ：冰绳升蝇秤剩兴高～兴～旺证　　例外：ɔŋ：瞪

（5）职三开合——ɐk：逼力色息休～直食极式织　　例外：ɔk：侧测　　ak：域

15. 梗摄

（1）庚耕二开合——aŋ：猛冷省生坑梗白更硬行～走棚争耕横　　例外：a：打　　ɔŋ：梗文

（2）陌二开麦二开合——ak：白择文额麦摘划　　a：百拆窄格客策隔　　例外：ok：择白

（3）庚清三开青四开——ɛŋ：平柄病白命镜饼定领井名城声轻顶厅钉听白青白星白（白读音）　　əŋ：兵平文病文命明庆迎影程名文领文清静井姓声城文贞轻文赢瓶停挺顶定文听文钉文星文青文经形零（文读音）

（4）陌昔三开锡四开——ɛk：剧席白石笛（白读音）　　ɛ：尺劈踢锡白（白读音）　　ək：惜积席文益壁历击锡文（文读音）　　例外：ɔk：吃

（5）庚清三合青四合——əŋ：兄荣永营萤

（6）昔三合——ək：疫役

16. 通摄

（1）东冬一合东钟三合——əŋ：蓬铜东通洞冻动痛懂桶弄聋葱粽送孔公红烘翁冬统脓松～紧宋风丰梦虫终充宫穷雄熊封蜂浓龙松～树重肿冲共恭凶容用拥

（2）屋沃一合屋烛三合——ək：木读鹿族谷哭屋毒六竹叔绿足属烛赎局曲褥玉浴

（三）中古调类与东城话（温塘）声调①的对应关系

1. 平声

（1）清声母平声字——阴平：修新诗飞增丝僧粗心租东碑包　例外：阳平：从~容

（2）次浊声母平声字——阳平：连门年人如儿鹅牙荣熊难奴埋　例外：阴平：捐

（3）全浊声母平声字——阳平：时盘胡甜爬牌皮肥房防潭祠寻绳

2. 上声

（1）清声母上声字——阴上：史祖主赌减起使把板死整反土统

（2）次浊声母上声字——阴去：软冷网尾晚武眼藕蚁远野女吕老

（3）全浊声母上声字——阴去：市柱坐白重轻~白淡白近白妇白蟹　阳去：父动坐文重轻~,文淡文近文妇文

3. 去声

（1）清声母去声字——阴去：线布战冻暗裤课过坝向唱意信姓　阳去：变店欠按壮富副　例外：下阴入：破

（2）次浊声母去声字——阳去：妹问让样卖奈艾味利外类茂慢

（3）全浊声母去声字——阳去：状地字寺事袋步豆旧谢座洞饭　例外：阳平：缝名　阳入：骂

4. 入声

（1）清声母入声字——上阴入：色急北笔式吉壁畜触戚织击　下阴入：接壳设歇国角　阴去：法客八约拍搭白　例外：阳去：贬　阳入：搭文

（2）次浊声母入声字——阳入：日辣历律栗立入裂文月叶杰六　例外：下阴入：裂白　阴去：抹

（3）全浊声母入声字——阳入：白食直夺读达浊局十及学　例外：下阴入：缚

三、与广州话的比较

（一）声母的比较

1. 一致性特点

（1）古全浊塞音、塞擦音已经全部清化，今读送气规律与广州话相同，即平声、上声（白读）送气，其他不送气。东城话已无独立阳上调，古全浊上白读和次浊上归阴去调，也有部分全浊上字文读阳去调，所以古全浊塞音、塞擦音的送气规律具体表现为：逢平声、阴去送气，逢阳去、入声不送气，如：排 p^hai^{22}、糖 $t^hoŋ^{22}$、坐白 $tʃ^ho^{34}$、柱 $tʃ^hi^{34}$、坐文 $tʃo^{44}$、柜 $kwɔi^{44}$、读 $tək^3$、杰 kit^3。

（2）古精、庄、知、章四组声母合流，除了个别例外字，都读舌叶音 $tʃ-$、$tʃ^h-$、$ʃ-$，如：丝 $ʃei^{33}$、师＝输 $ʃi^{33}$、将~来＝张＝章 $tʃɛŋ^{33}$、枪＝窗 $tʃ^hɛŋ^{55}$＝昌 $tʃ^hɛŋ^{33}$。

---

① 不包括小称调。

（3）古晓、匣母的一些合口字混入非组，读 f-，如：花 fa³³、欢 fəŋ³³、火 fu³⁵、虎 fu³⁵、壶 fu²²。

（4）古微母的常用字读如明母，如：万=慢 baŋ⁴⁴、雾=帽 bou⁴⁴、物=秘 bɔk³。

（5）古泥、来母今读不论逢洪、细音都严格有别，如：泥 dɔi²² ≠ 犁 lɔi²²、南 daŋ²² ≠ 蓝 laŋ²²、女 dui³⁴ ≠ 吕 lui³⁴、浓 dəŋ²² ≠ 龙 ləŋ²²、捏 dit³ ≠ 列 lit³。

（6）古溪母的口语常用字读 h-，有的又进一步变成 f-，如：客 ha³⁴、牵 hin³³、圈 hin³³、去 hui³⁴、快 fai³⁴、阔_文 fək³⁴、宽 fəŋ³³。

（7）有 kw-、kʰw- 两个舌根-唇音声母，主要来自古见组合口字，如：拐 kwai³⁵、关 kwaŋ³³、龟 kwɔi³³、季 kwɔi³⁴、挂 kʰwa³⁴、跪 kwɔi⁴⁴、裙 kʰwɔn²²、霍 kʰwok³⁴。

（8）有重唇音和轻唇音的区别，轻唇音非敷奉母字基本读 f-，如：飞 fɐi³³、发_头~ fa³⁴、肺 fɔi³⁴、费 fɔi³⁴、肥 fɐi²²、罚 fak³、妇_文 fu⁴⁴。

2. **差异性特点**

（1）鼻音声母塞化程度高，广州话读 m-、n-、ŋ- 的，东城话对应的是 b-、d-、g-，实际音值是 ᵐb-、ⁿd-、ᵑg-，如：马 ba³⁴、念 din⁴⁴、蚁 gɔi³⁴。

（2）广州话读 h- 的一些字在东城话中进一步演变为读 f-，这些主要见于溪母和晓母开口字，如：海 fui³⁵、汉 fəŋ³⁴、开 fui³³、看 fəŋ³⁴、寒 fəŋ²²、渴_白 fui³⁴。

（3）东城话零声母字极少，广州话读零声母的字在东城话中一般读 ŋ- 或 w-，如：安 wəŋ³³、暗 gɔŋ³⁴、握 ga³⁴、矮 gai³⁵、爱 wui³⁴。

（4）j- 与齐齿呼相拼的时候摩擦比广州话明显，接近 z-，但 j- 与 z- 不构成音位对立。

（二）韵母的比较

1. **一致性特点**

（1）没有介音。在韵母系统中，i 可以是单元音韵母，也可以是复合韵母的主元音，如 iu、in、it；u 只能充当单元音韵母；没有 y 韵母。

（2）古豪、肴韵今读有别，如：宝 pɐu³⁵ ≠ 饱 pau³⁵、高 kɐu²³ ≠ 交 kau²³、早 tʃɐu³⁵ ≠ 找 tʃau³⁵。

2. **差异性特点**

（1）果摄一等字见系合口字高化为 u，与遇摄合口一等见系字合流，如：果=古 kwu³⁵、过=故 kwu³⁴、火=虎 fu³⁵、课=裤 fu³⁴。

（2）没有 y 系和 œ 系韵母，广州读 y 系和 œ 系韵母的，东城话一般读 i 系和 ε 系韵母，如：如 ji²²、酸 ʃin³³、血 hit³、靴 hɛ³³、长_~短 tʃʰɛŋ²²、药 jɛk³。

（3）没有 -m/-p 韵尾，咸摄开口三四等字读 in/it，如：尖 tʃin³³、欠 hin⁴⁴、店 tin⁴⁴、叶_树~ jit³、贴 tʰit³⁴。其余的咸摄字和深摄字读 -ŋ/-k，其中部分下阴入字又进一步舒化为阴声韵字，如：蚕 tʃʰaŋ²²、杉 tʃʰaŋ³⁵、犯 faŋ⁴⁴、金 kɔŋ³³、浸 tʃɔŋ³⁴、杂 tʃak³、十 ʃak³、集 tʃɔk³、鸽 ka³⁴。

（4）广州话长元音 a 与短元音 ɐ 系统对立，ai-ɐi、au-ɐu、am-ɐm、an-ɐn、aŋ-ɐŋ、ap-ɐp、at-ɐt 和 ak-ɐk 两两有别，东城话 a 与 ɐ 有对立，但是不如广州话系统，只有 ai－ɐi、au－ɐu 和 aŋ－ɐŋ 和 ak－ɐk 四组对立的韵母。

（三）声调的比较

1. 一致性特点

（1）古平声、去声、入声今读分阴阳调（次浊声母字都归阳调），如：通 $t^hoŋ^{33}$ ≠ 同 $t^hoŋ^{22}$、市 $ʃi^{34}$ ≠ 示 $ʃi^{44}$、湿 $ʃɔp^5$ ≠ 十 $ʃɔp^3$。

（2）有小称调，小称音丰富，如：沙 $ʃa^{55}_{沙子}$、胭 $lɐi^{55}$、名 $bɐŋ^{55}_{名字}$、临夜 $lɔŋ^{22}jɛ^{55}_{傍晚}$。

2. 差异性特点

（1）广州话上声分阴阳，东城话古浊上字白读与阴去合流，文读归阳去，所以没有阳上调，如：市＝试$_文$ $ʃi^{34}$、淡$_白$＝探 $t^haŋ^{34}$、柱＝处$_{所}$ $tʃ^hi^{34}$、重$_{轻～,文}$＝仲$_文$ $tʃəŋ^{44}$。

（2）广州话的阴入分化为上阴入和下阴入两类，东城话中相当于广州话下阴入的字大部分丢失塞尾，并入阴去调，如：鸽 ka^{34}、塔 t^ha^{34}、插 $tʃ^ha^{34}$、劈 $p^hɛ^{34}$、踢 $t^hɛ^{34}$、作 $tʃo^{34}$。部分仍保留塞尾，但是调型、调值与阴去调一致，如：接 $tʃit^{34}$、铁 t^hit^{34}、托 t^hok^{34}、各 kok^{34}、泼 $p^hək^{34}$、阔$_文$ $fək^{34}$。少部分字并入阳入调，如：勺 $ʃɛk^3$、摘 $tʃak^3$。

四、同音字汇①

i	
pi	[1] 口$_{吐,将果核～出来}$
tʃi	[1] 猪知$_文$支枝 [3] 煮主指 [4] 蛀 [5] 住治至
tʃʰi	[1] 痴 [2] 厨迟除 [4] 柱储处$_{处所,文}$刺$_文$翅署 [5] 嚓恃
ʃi	[1] 输书师 [2] 薯匙时蜍 [3] 鼠暑屎使$_文$始 [4] 试$_文$市处$_{处所,白}$ [5] 竖树是试$_文$莳士口$_{闭眼}$
ji	[1] 衣于$_{～此}$迂 [2] 鱼余剩$_{～,多～}$移姨如而 [3] 椅 [4] 裕遇预雨以意 [5] 二
u	
fu	[1] 夫 [2] 蝴湖壶胡扶 [3] 苦火虎府 [4] 裤课货 [5] 父赴芋户富副妇$_文$
wu	[1] 乌窝蜗 [2] 和禾 [3] 浒 [5] 祸
kwu	[1] 菇姑孤 [3] 果鼓古估 [4] 过故固
kʰwu	[1] 箍$_{～桶}$
a	
pa	[2] 爸 [3] 把$_量$ [4] 百坝八
pʰa	[2] 爬扒 [4] 拍怕柏
ba	[1] 孖 [2] 麻 [4] 抹麦马嫲口$_{张嘴}$ [9] 妈

---

① 除了个别只能读小称调的字，不收小称音。

（续上表）

fa	[1] 花 [4] 化法发头～发～生
wa	[2] 华中～ [4] 挖 [5] 话 [9] 画
ta	[3] 打 [4] 搭白
tʰa	[4] 塔
da	[4] 螞 [9] 㾯疤
la	[4] 罅
tʃa	[1] 抓用手～牌 [4] 砟窄炸诈扎轧 [5] 眨
tʃʰa	[1] 杈 [2] 搽茶 [4] 拆插策
ʃa	[1] 沙 [3] 撒～手 [4] 杀撒～种萨
ja	[4] 也
ka	[1] 家 [3] 架假真～ [4] 嫁甲夹～子隔格
ŋa	[1] 鸦 [2] 芽牙 [3] 哑 [4] 鸭握瓦鈪
ha	[1] 虾 [2] 霞 [4] 客 [5] 夏春～下底～
kwa	[1] 瓜 [3] 寡 [4] 挂又刮
kʰwa	[4] 挂又
a	[1] 阿
ɛ	
pʰɛ	[3] 口歪 [4] 劈撇扔，丢弃 [9] 口～～：屁股
bɛ	[2] 口旧～：旧 [9] 孭背负
tɛ	[1] 爹
tʰɛ	[4] 踢
lɛ	[2] 螺
tʃɛ	[1] 遮 [3] 者姐 [4] 桌只量着～衫蔗卓鹊芍 [5] 谢
tʃʰɛ	[1] 车汽～奢 [2] 斜 [4] 雀尺
ʃɛ	[1] 些 [2] 蛇 [3] 写 [4] 削锡白舍邻～ [5] 射
jɛ	[2] 爷椰 [4] 约嘢事物野 [5] 夜
kɛ	[4] 脚
kʰɛ	[2] 茄
hɛ	[1] 靴
o	
po	[1] 菠
pʰo	[1] 畲量 [2] 婆
bo	[2] 磨动 [3] 摸 [9] 磨名
to	[1] 多 [3] 躲

（续上表）

tʰo	[1] 拖 [2] 驼驮
do	[2] 口~蝇;蜻蜓。 [5] 糯
lo	[2] 罗箩锣萝 [9] 螃螂~;蜘蛛
tʃo	[3] 左 [4] 作 [5] 坐文助
tʃʰo	[1] 初 [2] 锄 [4] 坐白错对~ [5] 昨
ʃo	[1] 疏梳 [2] 傻 [3] 锁所 [4] 唰吸
ko	[1] 歌哥 [4] 个量口这么 [9] 个那
go	[1] 屙 [2] 鹅 [4] 我 [5] 饿口打喊~;打哈欠
ho	[2] 荷河 [3] 可
	ia
pai	[3] 摆 [4] 拜口~口[lai34]月;月亮 [5] 败
pʰai	[2] 牌排 [4] 派
bai	[2] 埋 [4] 买 [5] 卖
fai	[4] 筷快块
wai	[2] 淮怀 [3] 歪 [5] 坏
tai	[4] 带动戴 [5] 大~小大~夫、~黄
tʰai	[4] 态贷太泰
dai	[4] 口和、跟 乃 [5] 奈
lai	[1] 罍拉 [4] 口[pai34]~月;月亮 赖 [5] 荔
tʃʰai	[1] 搓 [2] 柴豺 [3] 踩 [4] 蔡
ʃai	[4] 舐晒赛
kai	[1] 街 [3] 解~开 [4] 戒
gai	[2] 挨 [3] 矮 [5] 艾
hai	[2] 鞋孩 [4] 蟹
kwai	[3] 拐 [4] 怪
	ɐi
pɐi	[1] 陣碑 [3] 髀界比 [4] 臂 [5] 鼻背后背,白
pʰɐi	[2] 皮 [4] 屁被~子
bɐi	[2] 眉弥猕 [4] 尾 [5] 味
fɐi	[1] 飞 [2] 肥 [3] 毁匪
tɐi	[1] 知白 [5] 地
dɐi	[4] 你洱 [9] 饵
lɐi	[2] 篱梨 [4] 鲤理娌里量李 [5] 利脷舌头俐 [9] 呢这
tʃɐi	[1] 资 [3] 紫姊子 [5] 字自寺

670

（续上表）

tʃʰɐi	[2] 脐磁祠 [4] 刺_白似次 [9] 荠
ʃɐi	[1] 撕私丝狮 [3] 死 [4] 四 [5] 事伺赐
kɐi	[1] 饥~饿箕
kɐi	[3] 己几~个 [4] 寄记 [5] 忌
kʰɐi	[2] 旗棋骑其期奇 [3] 徛_在 [4] 徛_{站立}企
gɐi	[4] 耳
hɐi	[1] 希 [3] 喜起 [4] 戏器弃气
ɔi	
pɔi	[1] 跛 [5] 币稗
pʰɔi	[1] 批
bɔi	[2] 谜 [4] 米
fɔi	[1] 挥晖 [4] 费肺 [5] 吠
wɔi	[2] 围为~行维惟 [3] 委 [4] 伟 [5] 胃卫为因~位惠
tɔi	[1] 低 [3] 底 [5] 第递弟隶
tʰɔi	[1] 梯 [2] 啼 [3] 睇 [4] 剃 [9] 锑
dɔi	[2] 泥
lɔi	[2] 犁 [4] 礼
tʃɔi	[1] 剂 [3] 仔 [4] 制~造
tʃʰɔi	[2] 齐
ʃɔi	[1] 西筛_动 [2] 柿 [3] 洗使_又 [4] 婿细世 [9] 菱
jɔi	[2] 口_{质量不好}
kɔi	[1] 鸡 [9] 偈_{倾~;谈话}
kʰɔi	[1] 溪稽 [4] 契
gɔi	[2] 危呆 [4] 蚁 [5] 艺
hɔi	[1] 阒 [5] 系联~系是
kwɔi	[1] 龟归 [3] 鬼 [4] 季桂贵 [5] 跪柜
kʰwɔi	[1] 亏规盔 [2] 携葵
ui	
pui	[1] 杯 [4] 背_{后背,文}背~诵贝
pʰui	[2] 赔 [4] 配佩
bui	[2] 霉煤媒晦 [5] 妹
fui	[1] 开灰 [3] 海 [4] 阔_白渴_白 [5] 害亥
wui	[2] 回 [3] 蓠 [4] 爱 [5] 外会~议会(~计)
tui	[4] 碓对 [5] 袋

(续上表)

tʰui	[1] 推胎 [2] 抬枱台_{戏~}
dui	[4] 女 [5] 耐
lui	[2] 雷来蕾 [4] 吕里_{~面} [5] 类泪
tʃui	[1] 追 [3] 嘴 [4] 最再 [5] 醉罪在 [9] 锥
tʃʰui	[1] 炊吹 [2] 徐随锤捶裁 [3] 取 [4] 菜
ʃui	[1] 衰 [2] 谁垂 [3] 水 [4] 碎岁税绪 [5] 睡
kui	[1] 居该 [3] 举 [4] 锯_{名句} [5] 巨
kʰui	[1] 区_{地~} [2] 渠_{~道} [4] 渠_{第三人称}
hui	[1] 墟虚 [3] 许 [4] 去
kwui	[3] 改 [4] 割盖_动 [5] 瘆_{疲乏}
kʰwui	[3] 概溃绘
au	
pau	[1] 包苞 [3] 饱 [4] 爆
pʰau	[1] 抛 [4] 炮豹
bau	[2] 茅 [9] 猫_文
dau	[5] 闹
tʃau	[1] 糟_{干燥} [3] 找_{~零钱}爪 [4] 罩 [5] 骤
tʃʰau	[1] 抄 [2] 巢_(皱) [3] 炒
jau	[3] 挠
kau	[1] 交 [3] 饺 [5] 铰
gau	[2] 肴淆熬 [3] 拗 [4] 咬
hau	[1] 敲 [3] 考 [4] 孝 [5] 校_{学~}后_(前~)皓 [9] 酵
ɐu	
pɐu	[1] 煲 [3] 斧保宝 [4] 布 [5] 部步菢簿
pʰɐu	[1] 铺_动 [2] 菩浮_白 [3] 谱_家甫脯 [4] 铺_名妇_白抱
bɐu	[2] 毛 [4] 舞武冇母_{丈~舅~} [5] 茂
tɐu	[1] 都刀 [3] 肚_又赌倒 [5] 渡妒杜道
tʰɐu	[2] 徒图绚_{拴(牛)}桃 [3] 土讨裯 [4] 兔肚_又
dɐu	[2] 奴 [4] 脑
lɐu	[3] 佬 [4] 老 [5] 路
tʃɐu	[1] 租 [3] 早 [4] 做灶
tʃʰɐu	[1] 粗 [2] 嘈 [3] 娶草 [4] 造躁醋
ʃɐu	[1] 须苏 [3] 数_动嫂 [4] 素数_名扫
kɐu	[1] 高

（续上表）

hɐu	[1] 休白口我～:我们 [2] 豪 [3] 好～坏 [5] 号名
ou	
bou	[2] 无 [5] 雾帽
fou	[2] 浮文
tou	[1] 兜 [3] 抖 [4] 窦窝斗～争 [5] 豆
tʰou	[1] 偷 [2] 投头
dou	[3] 纽
lou	[2] 楼流榴 [9] 骝
tʃou	[1] 州 [3] 走酒 [4] 昼 [5] 袖就
tʃʰou	[1] 抽 [2] 绸巢酬 [3] 丑 [4] 凑臭
ʃou	[1] 馊羞修 [2] 愁 [3] 手口用工具拧（螺丝） [4] 瘦 [5] 寿
jou	[1] 优休文 [2] 油游 [4] 幼白有友 [5] 佑幼文右又 [9] 柚
kou	[1] 沟 [3] 韭久九狗 [4] 灸够 [5] 舅文旧嚿量
kʰou	[1] 勾文 [2] 球求 [4] 靠叩舅白
gou	[1] 钩勾文 [2] 牛 [3] 呕 [4] 藕
hou	[2] 喉 [3] 口 [5] 候后前～
in	
piu	[3] 表～哥 [9] 表(手～)
pʰiu	[4] 票
biu	[2] 猫白 [5] 庙
tiu	[1] 丢 [3] 鸟白 [4] 钓吊 [5] 掉
tʰiu	[2] 条 [4] 跳
diu	[4] 鸟文 [5] 尿
liu	[2] 寮鹩 [5] 料嫽
tʃiu	[1] 焦椒朝今～ 蕉 [4] 照 [5] 噍
tʃʰiu	[1] 昭 [2] 朝～代
ʃiu	[1] 宵烧箫 [3] 小少 [4] 笑 [5] 兆
jiu	[1] 腰 [2] 摇 [3] 扰绕～线 [4] 要需～ 舀 [5] 要重～ [9] 鹞
kiu	[3] 挢擦拭 [4] 叫 [5] 撬 [9] 轿
kʰiu	[2] 桥 [9] 茜
giu	[3] 口挺(胸)或挺(腹)
hiu	[1] 僥嚣 [3] 晓 [4] 翘
ɔŋ	
pɔŋ	[1] 奔 [5] 笨文

(续上表)

pʰɔn	[2] 贫 [3] 品 [4] 笨白	
bɔn	[1] 蚊 [2] 闻纹民 [5] 问	
fɔn	[1] 熏婚分动 [2] 坟 [3] 粉 [4] 粪瞓睡	
wɔn	[1] 温 [2] 匀云～彩魂 [3] 揾找寻 [4] 允尹 [5] 运	
tɔn	[1] 墩敦 [5] 钝顿	
tʰɔn	[1] 吞 [4] 盾	
lɔn	[2] 轮鳞邻 [3] 屡	
tʃɔn	[1] 憎 [2] 口[tʃɔn22]～剪:石头剪子布 [3] 准疹诊 [4] 镇震俊进 [5] 阵 [9] 樽	
tʃʰɔn	[1] 亲春 [2] 陈尘 [3] 蠢	
ʃɔn	[1] 薪新殉辛身伸 [2] 神唇纯辰 [3] 笋 [4] 信 [5] 顺	
jɔn	[1] 恩因欣 [2] 人 [3] 隐 [4] 印引 [5] 闰润	
kɔn	[1] 筋巾根 [3] 紧 [5] 近文	
kʰɔn	[2] 勤芹 [4] 近白	
gɔn	[2] 银	
hɔn	[2] 痕 [5] 恨	
kwɔn	[1] 君均军轰 [3] 滚 [4] 棍	
kʰwɔn	[2] 裙群 [3] 菌捆 [4] 困	
in		
pin	[1] 边 [3] 扁 [5] 便方～变 [9] 辫	
pʰin	[1] 编 [4] 骗片遍	
bin	[2] 棉绵 [5] 面～孔面～条	
tin	[1] 蹲又端～午 [3] 短点典 [5] 断绳～了,文垫店电掂	
tʰin	[1] 添天 [2] 甜田屯豚 [4] 断绳～了,白	
din	[1] 黏～液 [2] 年 [3] 捻 [4] 暖 [5] 念嫩 [9] 口乳房、乳汁	
lin	[2] 莲连镰敛 [5] 乱	
tʃin	[1] 砖粘煎尖 [3] 转～眼,～送剪 [4] 转量战占～领 [5] 转旋儿 [9] 传～记	
tʃʰin	[1] 签～名千歼村 [2] 全钱前传～下来 [3] 浅 [4] 寸串	
ʃin	[1] 鲜先孙～子酸 [2] 檐船 [3] 癣选闪 [4] 线算扇蒜 [5] 善篆羡	
jin	[1] 冤阉烟 [2] 缘圆原园荒铅～笔研盐延 [3] 院 [4] 远厌软染 [5] 验砚县	
kin	[1] 肩捐 [3] 卷～起捡 [4] 剑见 [5] 健建件	
kʰin	[2] 拳权钳	
hin	[1] 圈圆～牵 [2] 嫌 [3] 险显犬 [4] 劝 [5] 现欠	
aŋ		
paŋ	[1] 口趴班 [3] 板 [5] 扮办	

(续上表)

pʰaŋ	[2] 棚朋 [4] 棒口～谷;秕谷
baŋ	[2] 盲 [4] 晚猛 [5] 万慢馒
faŋ	[1] 翻番 [3] 反 [5] 饭犯范
waŋ	[1] 弯 [2] 横还动还副 [3] 玩 [4] 挽
taŋ	[1] 单筒～担 [3] 胆 [4] 诞 [5] 淡文但蛋
tʰaŋ	[1] 贪 [2] 潭弹～琴 [4] 炭淡白 [3] 毯
daŋ	[2] 难～易南男 [4] 蹄
laŋ	[2] 蓝兰 [3] 榄 [4] 冷懒 [5] 烂舰
tʃaŋ	[1] 争 [3] 斩 [5] 赚栈
tʃʰaŋ	[1] 餐 [2] 蚕馋 [3] 杉～木铲产
ʃaŋ	[1] 闩动牲生山栅 [3] 省～长 [4] 伞 [9] 衫甥
kaŋ	[1] 监间房～,一～房奸耕更三～,打～ [3] 减视拣感敢 [9] 羹
gaŋ	[2] 颜岩顽～皮,～固 [4] 眼 [5] 硬晏 [9] 喈
haŋ	[1] 坑 [2] 咸～淡闲行～走桁 [4] 喊 [5] 陷限咸全部
kwaŋ	[1] 关～门 [4] 惯
kʰwaŋ	[3] 梗白
εŋ	
pεŋ	[3] 饼 [4] 柄柄 [5] 病白
pʰεŋ	[2] 平白
bεŋ	[5] 命一条～,～令,白 [9] 名白
tεŋ	[3] 顶白 [5] 定白 [9] 钉名,白
tʰεŋ	[1] 听～见 [9] 厅
dεŋ	[2] 娘 [9] 口口[do22]～:知了
lεŋ	[2] 伶凉 [3] 两斤～ [4] 领白靓训两～:斤 [5] 亮
tʃεŋ	[1] 张樟章精白浆 [3] 掌井白 [4] 帐 [5] 仲白正～反;吃饱饭～走:吃饱饭再走丈仗像～:相,毛主席～净
tʃʰεŋ	[1] 青白 [2] 长～短场肠 [3] 抢 [4] 唱 [9] 窗
ʃεŋ	[1] 腥相双声白伤 [2] 城白成白尝 [3] 想 [5] 上～去上山～尚 [9] 星白
jεŋ	[1] 秧 [2] 洋杨羊 [4] 痒养 [5] 样让酿
kεŋ	[1] 姜生～ [3] 颈 [4] 镜
hεŋ	[1] 香乡轻白 [3] 响 [4] 向
ɔŋ	
pɔŋ	[1] 崩口倚
bɔŋ	[4] 口口[tɔk3]剪～:石头剪子布
tɔŋ	[1] 登灯瞪 [3] 扰等 [4] 凳 [5] 丞

（续上表）

tʰɔŋ	[2] 藤 [4] 誺哄
dɔŋ	[2] 能腍软 [3] 谂想
lɔŋ	[2] 临林
tʃɔŋ	[1] 睁斟针僧 [3] 枕 [4] 浸
tʃʰɔŋ	[2] 寻沉层
ʃɔŋ	[1] 心森深参人～ [4] 㨂
jɔŋ	[1] 音阴 [3] 饮 [5] 任责～
kɔŋ	[1] 金今 [3] 梗 [5] 禁揿摁
kʰɔŋ	[1] 襟 [2] 蟧～蚴;蜘蛛 琴 [3] 冚又
gɔŋ	[4] 暗
hɔŋ	[2] 痕(紧)痕(痒) 含～一口水 [3] 肯 [5] 幸冚又陷
	ɐŋ
pɐŋ	[1] 兵冰 [2] 口撞 [5] 病文
pʰɐŋ	[2] 瓶平文
bɐŋ	[2] 明名文 [3] 抿 [5] 命一条～,～令,文
wɐŋ	[4] 永泳扔颖
tɐŋ	[1] 钉名,文 [3] 顶文 [5] 定文
tʰɐŋ	[2] 停 [3] 挺
dɐŋ	[1] 拎 [5] 拧
lɐŋ	[2] 菱零 [4] 领文
tʃɐŋ	[1] 正～月蒸贞侦精文 [3] 整井文 [4] 证 [5] 静
tʃʰɐŋ	[1] 清青文 [2] 程埕 [4] 秤动
ʃɐŋ	[1] 星文声文升 [2] 绳塍城文成文 [4] 姓胜 [5] 剩
jɐŋ	[1] 应答～ [2] 赢蝇营迎形萤 [3] 影 [5] 认
kɐŋ	[1] 经 [4] 敬 [5] 劲有～
kʰɐŋ	[1] 倾
hɐŋ	[1] 兄轻文兴～旺 [4] 兴高～庆
	ʊŋ
pʊŋ	[1] 搬 [3] 捧文本 [4] 胖半
pʰʊŋ	[2] 蓬～松,白 盆盘 [3] 捧又 [4] 判
bʊŋ	[2] 门 [3] 懵 [4] 满 [5] 梦闷
fʊŋ	[1] 宽欢蜂疯封 [2] 蓬～松,文 寒缝缝名 [4] 看～见 汉旱 [5] 汗凤
wʊŋ	[1] 安 [3] 碗 [5] 换唤按岸
tʊŋ	[1] 蹲又冬～至 东 [3] 懂 [4] 冻 [5] 洞动

（续上表）

tʰəŋ	[1] 通 [2] 筒铜同 [3] 桶捅统 [4] 痛
dəŋ	[1] 烔焦 [2] 脓浓农
ləŋ	[1] 聋 [2] 咙龙 [3] 拢拉～ [5] 弄 [9] 窿
tʃəŋ	[1] 钟终中当～春(～米) [2] 口～[tʃɔn²²]剪:石头剪子布 [3] 粽总棕肿种～子 [4] 种～树中～暑 [5] 重轻～,～要,文 仲文
tʃʰəŋ	[1] 葱充冲 [2] 松～树虫从～容从～跟～ [4] 重轻～,白
ʃəŋ	[1] 松～紧 [2] 鳙 [4] 餸菜肴送宋
jəŋ	[1] 翁 [2] 熊容 [3] 拥 [5] 用
kəŋ	[1] 恭宫功公工 [5] 共
kʰəŋ	[2] 穷 [3] 孔 [4] 虹白
gəŋ	[3] 拢推
həŋ	[1] 凶吉～ [2] 雄红 [4] 虹文
kwəŋ	[1] 官棺观竿肝干 [3] 秆
oŋ	
poŋ	[1] 帮 [3] 绑
boŋ	[2] 忙 [4] 网
foŋ	[1] 慌方 [2] 房防 [3] 纺 [4] 放
woŋ	[2] 王黄 [5] 旺
toŋ	[1] 当 [3] 党挡
tʰoŋ	[1] 劏宰杀 汤 [2] 糖塘堂
loŋ	[2] 郎 [5] 浪
tʃoŋ	[1] 装桩妆 [5] 撞状壮
tʃʰoŋ	[2] 床 [3] 厂 [9] 疮仓
ʃoŋ	[1] 霜
koŋ	[1] 江缸 [3] 讲 [4] 钢
kʰoŋ	[2] 狂 [4] 抗旷
hoŋ	[1] 筐糠 [2] 降投～行量 [5] 巷项
kwoŋ	[1] 光～线
it	
pit	[8] 别～人憋
bit	[6] 捏剥开 [8] 篾灭
tit	[6] 口一点儿 [7] 跌 [8] 夺秩碟蝶
tʰit	[7] 脱铁贴
dit	[8] 捏捏、掐

(续上表)

lit	[7] 裂_白 [8] 列裂_文捋	
tʃit	[7] 折~_叠折~_断节接啜 [8] 绝截缀撮	
tʃʰit	[7] 切撤	
ʃit	[7] 雪设舌	
jit	[8] 越月叶_树~业热	
kit	[7] 结口_{苦涩} [8] 杰	
kʰit	[7] 缺决	
hit	[7] 血协歇	
	ak	
pak	[8] 卜_萝~白拔	
bak	[8] 袜麦骂口_{摔(东西)}	
fak	[8] 罚乏	
wak	[8] 或域滑划_计~	
tak	[8] 达搭_文	
tʰak	[8] 踏	
dak	[8] 衲	
lak	[8] 辣蜡	
tʃak	[8] 摘煠闸择_文杂	
gak	[6] 呃_{欺骗} [8] 额	
hak	[8] 瞎盒合核~_心	
	ɛk	
tɛk	[7] 剁 [8] 笛	
lɛk	[8] 口_{梳子}	
tʃɛk	[8] 着_火~了席_白	
ʃɛk	[8] 石勺	
jɛk	[8] 药弱	
kʰɛk	[8] 剧_戏~	
	ɔk	
pɔk	[6] 不笔北口_鸟 [8] 弼勃_王~	
pʰɔk	[6] 匹	
bɔk	[6] 擘_{剥开}口_{闭嘴} [8] 物墨蜜密脉	
fɔk	[6] 窟_白忽 [8] 核_果~佛~_像	
wɔk	[6] 窟_文屈	
tɔk	[6] 得 [8] 特口_撞突	

(续上表)

dɔk	[6] 口摘 口肥
lɔk	[6] 甩脱落 粒 [8] 律栗立簕
tʃɔk	[6] 卒棋子 执汁鲫侧测 [8] 侄习集
tʃʰɔk	[6] 七出 [8] 贼
ʃɔk	[6] 膝息曾孙室湿虱失蟀恤 [8] 实十术白~
jɔk	[6] 一 [8] 入日
kɔk	[6] 桔急吉刮蛤口弯下(腰)、低下(头)
kʰɔk	[6] 吸级咳 [8] 及
gɔk	[6] 吃
hɔk	[6] 乞刻黑
kwɔk	[6] 橘骨 [8] 倔掘
kʰwɔk	[6] 口牛头~:旧式短裤
ɐk	
pɐk	[6] 壁逼
tɐk	[8] 滴敌
lɐk	[8] 历衣~力
tʃɐk	[6] 织即积 [8] 直殖植席文
tʃʰɐk	[6] 戚
ʃɐk	[6] 锡文惜息休~式识 [8] 食
jɐk	[6] 益 [8] 翼疫役
kɐk	[6] 击 [8] 极
ək	
pək	[6] 勃蓬~卜占~ [8] 伏趴腹白枕拨
pʰək	[7] 泼
bək	[8] 目木末没
fək	[6] 福幅腹文 [7] 阔文渴文喝 [8] 服伏埋~
wək	[8] 活
tək	[6] 口拟声词啄 [8] 读毒
dək	[8] 口拿
lək	[6] 辘碌 [8] 绿鹿六
tʃək	[6] 足镯捉烛 [8] 浊
tʃʰək	[6] 速束畜~生 [8] 族触
ʃək	[6] 宿住~,~舍缩粟叔 [8] 妯属熟塾
jək	[8] 育玉褥肉浴

（续上表）

kək	[6]菊谷稻~ [8]焗焖	
kʰək	[6]曲~折,歌~ [8]局	
gək	[6]屋	
hək	[6]哭	
ok		
pok	[7]缚堡 [8]薄形	
pʰok	[7]破扑朴	
bok	[6]剥~削	
wok	[8]镬锅	
tok	[8]择白	
tʰok	[7]托	
lok	[8]落	
ʃok	[7]索	
kok	[7]角廓各	
gok	[7]恶形	
hok	[7]壳 [8]学鹤	
kwok	[7]国郭	
kʰwok	[7]霍确	
ŋ̇		
ŋ̇	[1]瓮坬 [2]唔吴 [4]五午伍	

第二节 词 汇

一、与普通话的比较

（1）东城话单音节词比普通话多，如：星星星、沙沙子、稗稗子、仔儿子、女女儿、息重孙、身身体、眼眼睛、脷舌头、探探望、憎讨厌、嘢东西、蛤青蛙、围村庄、衫衣服、纽扣子。

（2）保留较多的古语词，如：渠第三人称代词,俗写为"佢"、髀大腿、面脸、颈脖子、翼翅膀、徛站、斩砍、晏迟、晚、利锋利。

（3）部分词虽然形式与普通话相同，但含义不尽相同，如：手包括手和整条手臂、海指海洋和江河、走跑、行走、伶俐干净、日头白天、老大老人。

（4）一些词的词序与普通话相反，如：紧要要紧、宵夜夜宵、猫公公猫、狗公公狗。

(5) 外来词较为多见，这些词多是来自英语的音译词，日常的使用也相对更为频繁，如：波 po⁵⁵ 球,英语ball、呔 tʰai⁵⁵ 领带,英语tie、飞 fei³³ 票,入场券,英语fare、的士 tɐk⁵ ʃi³⁵ 计程车,英语taxi、恤衫 ʃit⁵ ʃaŋ⁵⁵ 衬衫,英语shirt、蛋挞 taŋ⁵⁵ tʰa⁵⁵ 一种露馅的甜点心,英语tart。

(6) 有一批不同于普通话的避讳词，如：死了说成"过身/老休"；由于书与输同音，故"通书 历书"改称"通胜"；空与凶同音，所以"空屋"改说"吉屋"。

(7) 有一批不同于普通话的方言词，如：氹 小水坑、火烛 失火、出年 明年、成 整个、单车 自行车、矮瓜 茄子、椰菜 包心菜、䛥 量,棵、生果 水果、马骝 猴子、枱 桌子、柜枱桶 抽屉、水壳 舀水的瓢、樽 瓶子、嘢 东西、细蚊仔 小孩子。

二、东城话 200 核心词表

我	我 go³⁴
你	你 dɐi³⁴
我们	我口 go³⁴ hɐu³³/我知 go³⁴ ti³³
这	呢 lɐi⁵⁵/口 jɛ⁵⁵
那	个 ko³⁵/个 ko⁵⁵
谁	个谁 ko³⁴ ʃui²²/乜谁 bɔk⁵ ʃui²²/边个 pin⁵⁵ ko³⁴
什么	乜嘢 bi⁵⁵ jɛ³⁴
不	唔 ŋ̍²²
全部	咸口口 haŋ⁴⁴ paŋ⁴⁴ laŋ⁴⁴
多	多 to³³
一	一 jɔk⁵
二	二 ji⁴⁴
大	大 tai⁴⁴
长	长 tʃʰɛŋ²²
小	细 ʃi³⁴
女人	女人 dui³⁴ jɔn⁵⁵
男人	佬 lɐu³⁵
人	人 jɔn²²
鱼	鱼 ji⁵⁵
鸟	口 pɔk⁵
狗	狗 kou³⁵
虱子	虱嬷 ʃɔk⁵ da³⁴ 毛发中的/木虱 bɔk⁵ ʃɔk⁵ 衣物和木料中的
树	树 ʃi⁴⁴
种子	种子 tʃɐŋ³⁵ tʃɐi³⁵

（续上表）

叶子	叶 jit³
根	根 kɔn³³
树皮	树皮 ʃi⁴⁴ pʰɐi²²
皮肤	皮 pʰɐi²²
肉	肉 jək³
血	血 hit³⁴_人的_／红 həŋ²²_动物的_
骨头	骨 kwak⁵
脂肪	肥油 fɐi²² jou²²
鸡蛋	鸡春 kɔi³³ tʃʰɔn³³
角	角 kok³⁴
尾毛	尾 bɐi³⁴
羽毛	毛 bɐu²²
头发	头毛 tʰou²² bɐu²²
头	头 tʰou²²
耳朵	耳吉 gɐi³⁴ kɔk⁵
眼睛	眼 gaŋ³⁴
鼻子	鼻 pɐi⁴⁴／鼻哥 pɐi⁴⁴ ko⁵⁵
嘴	嘴 tʃui³⁵
牙齿	牙 ga²²
舌头	脷 lɐi⁵⁵
爪子	爪 tʃau³⁵
脚	脚 kɛ³⁴_包括腿_
膝	膝头 ʃɔk⁵ tʰou²²
手	手 ʃou³⁵_包括臂_
肚子	屎肚 ʃi³⁵ tɐu³⁵
脖子	颈 kɛŋ³⁵
乳房	口 din⁵⁵
心脏	心 ʃɔŋ³³
肝	肝 kwəŋ³³_人的_／膶 jɔn⁴⁴_动物的_
喝	饮 jɔŋ³⁵
吃	食 ʃɐk³
咬	咬 gau³⁴
吸	嗍 ʃo³⁴_吸（气体）_ 啜 tʃit³⁴_吸（液体）_
看见	睇到 tʰɔi³⁵ tɐu³⁵

（续上表）

听见	听到 tʰɛŋ³³ tɐu³⁵
知道	知 tɐi³³
睡	瞓 fɔn³⁴
死	死 ʃɐi³⁵
游水	游水 jou²² ʃui³⁵
飞	飞 fɐi³³
走	行 haŋ²²
来	来 lui²²
躺	瞓 fɔn³⁴
坐	坐 tʃʰo³⁴
站	倚 kʰɐi³⁴
给	畀 pɐi³⁵
说	话 wa⁴⁴/讲 kɔŋ³⁵
太阳	热头 jit³ tʰou⁵⁵
月亮	口口月 pai³⁴ lai³⁴ jit³
星星	星 ʃɛŋ⁵⁵
水	水 ʃui³⁵
雨	雨 ji³⁴
石头	石头 ʃɛk⁵ tʰou²²
沙子	沙 ʃa⁵⁵
土地	地 tɐi⁴⁴
云	云 wɔn²²
烟	烟 jin³³
火	火 fu³⁵
灰	灰 fui³³
烧	烧 ʃiu³³
路	路 lɐu⁴⁴
山	山 ʃaŋ³³
红	红 həŋ²²
绿	绿 lək³
黄	黄 woŋ²²
白	白 pak³
黑	黑 hɔk⁵
晚上	晚头夜 baŋ³⁴ tʰou²² jɛ⁵⁵

（续上表）

热	热 jit³
冷	冻 təŋ³⁴
满	满 bəŋ³⁴
新	新 ʃɔn³³
好	好 hɐu³⁵
圆	圆 jin²²
干	燥 tʃau³³
名字	名 bɛŋ⁵⁵
和	同 tʰəŋ²² / 囗 dai³⁴
动物	动物 təŋ⁴⁴bɔk³
背	背胇 pɐi³⁴bui²²
坏	衰 ʃui³³ 形容人 / 坏 wai⁴⁴ 形容人 / 烂 laŋ⁴⁴ 形容物品
因为	因为 jɔn³³wɔi⁴⁴
吹	吹 tʃʰui³³
呼吸	呼吸 fu³³kʰɔk⁵
孩子	细蚊仔 ʃɔi³⁴bɔn²²tʃɔi³⁵
数 动	数 ʃɐu³⁵
砍	斩 tʃaŋ³⁵ / 劈 pʰɛ³⁴
天	日 jɔk³
挖	挖 wa³⁴
脏	咸湿 haŋ²²ʃɔk⁵ / 囗囗 gɔn⁵⁵təŋ³⁵（也说gaŋ⁵⁵təŋ³⁵）
呆、笨	钝 tɔn⁴⁴ / 蠢钝 tʃʰɔn³⁵tɔn⁴⁴
尘土	尘 tʃʰɔn²²
掉	跌 tit³⁴
远	远 jin³⁴
父亲	老子 lɐu³⁴tʃɐi³⁵ / 老窦 lɐu³⁴tou⁴⁴ / 阿爸 a³³pa²² / 阿爸 a³³pa⁵⁵
怕	狂 kʰoŋ²²
少	少 ʃiu³⁵
打架	打交 ta³⁵kau⁵⁵
五	五 ŋ³⁴
漂浮	浮 fou²²
流	流 lou²²
花	花 fa⁵⁵
雾	霞雾 ha²²bou⁴⁴

（续上表）

四	四 ʃɐi³⁴
结冰	结冰 kit³⁴pɐŋ³³
水果	生果 ʃaŋ³³kwu³⁵
草	草 tʃʰɐu³⁵
肠子	肠 tʃʰɛŋ²²
他	渠 kʰui³⁴ （俗写为"佢"）
这里	口口 jɛ⁵⁵pʰɐu²²/口道 jɛ⁵⁵tɐu⁴⁴/呢口 lɐi⁵⁵pʰɐu²²/呢道 lɐi⁵⁵tɐu⁴⁴/呢处 lɐi⁵⁵ʃi⁴⁴
打	打 ta³⁵
拿	拎 dɐŋ³³/口 dək⁵
怎么	点样 tin³⁵jɛŋ⁴⁴/口 tɛŋ⁵⁵
打猎	打猎 ta³⁵lit³
丈夫	老公 lɐu³⁴kəŋ³³/死佬 ʃɐi³⁵lɐu³⁵
冰	冰 pɐŋ³³
如果	如话 ji²²wa⁴⁴
在	徛 kʰɐi³⁵
湖	湖 fu²²
笑	笑 ʃiu³⁴
左边	左边 tʃo³⁵pin³³
腿	脚 kɛ³⁴包括脚
活的	生 ʃaŋ³³
母亲	老母 lɐu³⁴bɐu⁵⁵/阿妈 a³³ba⁵⁵
窄	窄 tʃa³⁴
近	近 kʰɔn³⁴
老的	老 lɐu³⁴
玩	嫽 liu⁴⁴游玩/玩 waŋ³⁵玩耍
拉	拉 lai³³
推	拢 gəŋ³⁵/推 tʰui³³
右边	右边 jou⁴⁴pin³³
对	啱 gaŋ⁵⁵
江	海 fui³
绳子	绳 ʃɐŋ²²
腐烂	霉 bui²²/霉烂 bui²²laŋ⁴⁴
擦	抹 ba³⁴轻轻地/擦 tʃʰa³⁴用力地/口 kiu³⁵轻轻地
盐	盐 jin²²

（续上表）

抓	拉 lai³³／捉 tʃək⁵
海	海 fui³⁵
缝	缝 fəŋ²²
尖	尖 tʃin³³
短	短 tin³⁵
唱	唱 tʃʰɛŋ³⁴
天空	天 tʰin³³
闻	闻 bɔn²²
平	平 pʰɛŋ²²
蛇	蛇 ʃɛ²²
雪	雪条 ʃit³ tʰiu⁵⁵
吐	口 pi³³
撕裂	撕崩 ʃɐi³³ pɔŋ³³
压	砠 tʃa³⁴
刺	刮 kɔk⁵
棍子	棍 kwɔn³⁴ 大的／棒 pʰaŋ⁵⁵ 小的
直	直 tʃɐk³
吮	啜 tʃit³⁴
肿	肿 tʃəŋ³⁵
那儿	个口 ko⁵⁵ pʰɐu²²／个处 ko⁵⁵ ʃi⁴⁴／个道 ko⁵⁵ tɐu⁴⁴／个道 ko³⁵ tɐu⁴⁴
他们	渠口 kʰwui³⁴ hɐu³³／渠知 kʰui³⁴ ti³³
厚	笨 pʰɔn³⁴
薄	薄 pok³
想	谂 dɔŋ³⁵
三	三 ʃaŋ³³
扔	抛 pʰau³³ 距离近,掌心向上／拽 wɐŋ³⁴ 距离远,掌心向下／掉 tiu⁴⁴ 距离远,掌心向下／扰 tɔŋ³⁵ 距离远,掌心向下／撤 pʰɛ³⁴ 距离远
捆	绑 pɔŋ³⁵
转	转 tʃin⁴⁴
呕吐	呕 gou³⁵
洗	洗 ʃɔi³⁵
湿	湿 ʃɔk⁵
哪里	阿处 a³³ ʃi⁴⁴／先口 ʃin⁵⁵ pʰɐu²²
宽	阔 fui³⁴
妻子	老婆 lɐu³⁴ pʰo²²／死婆 ʃɐi³⁵ pʰo²²

（续上表）

风	风 fəŋ³³
翅膀	翼 jɐk³
重	重 tʃʰəŋ³⁴
森林	森林 ʃəŋ³³ lɔŋ²²
虫	虫 tʃʰəŋ²²
年	年 din²²

后　记

　　这本《东莞东城民俗志——人类学的透视》终于要付梓了，我要感谢的人实在太多。

　　衷心感谢陈志伟同志，没有他的坚持、督促和指导，就不会开展这次传统民俗调研工作，也就不会有这本书。陈志伟同志是毕业于物理系的，但历来重视文化建设。多年前他在东莞麻涌镇工作时，就致力于挖掘麻涌的传统文化，所得的成果一直颇受地方和学术界的好评。他调到东城工作后，邀我开展东城民俗调研。但那时我确实极为疲惫，实在无力接受盛意。陈志伟同志不仅极为巧妙地做了许多细致的工作，还进行了周密的部署和精确的指点，最终使这项工作得以开展并顺利完成。在这个意义上说，陈志伟同志才是本书的第一作者。

　　衷心感谢东城街道办事处和东城文化广电服务中心的领导和工作人员，尤其感谢何慧娴和康健两位同志。他们多方协调，解决了我们在调查与撰写过程中遇到的各种难题。自2018年6月起的一年多时间里，我罹患肩周炎难以写作。何慧娴女士知道后，立即嘱咐我安心静养，并慨然许可延后定稿等工作。他们的付出与厚谊，时时令我感动。

　　衷心感谢东城各行政村（社区）的领导和工作人员尤其是各位文化宣传委员，他们在各个方面都给予了我们大力支持。尤其感谢桑园社区的领导和工作人员，慷慨地把社区的会议室提供给我们用作办公场地，大大地便利了我们每天晚上的资料整理工作。还要感谢温塘社区的领导和工作人员，不仅在调查过程中大力协助我们，还给我们提供了许多珍贵的历史照片和资料。

　　衷心感谢东城几十座村落中可爱、可敬的众多村民尤其是老年村民。他们热忱地接待了我们这些不速之客，耐心地解答我们的问题，积极地带路，提供线索、老照片，帮助找寻资料……完全可以说，如果没有他们，就不可能有这本书。篇幅所限，他们的名字没有出现在书中，但他们的功绩遍见于书中各处。

　　本研究的预调查工作开始于2016年年底，至2019年10月完成全部补充调查工作。其间，中山大学共有100多名同学（含博士生、硕士生和本科生）积极参与了调查，并获取了大量的第一手资料，本书的照片也主要是由他们拍摄的。除了我和林香之外，调查时间在一个月之上的同学及其负责的项目是：中山大学的李惠言（宗族）、李萌（村落空间）、范潇迪（民间信仰与游会）、叶宇倩（宗教信仰）、徐小妹（教育）、张静怡（地名）、周诗好（生育）、缪蔚然（婚姻）、戴斌黎（民居）、左宁宇（祠堂）、李伟东

（宗教信仰）、朱间珍（祠堂）、陈南瑾（村落空间）、林燕敏（生计）、叶梓琪（村落空间）、林咏菁（地名）、江帆影（社会结构）和华南理工大学的钱隽（文化权力）。这些同学还根据自己调查所得的资料分别写出了调查报告，合计14份，共约40万字。

以同学们的这些调查报告和我们积累、收集的其他相关资料为基础，我与林香于2018年1月起共同撰写书稿的初稿。我负责撰写导言、第一章至第五章，林香负责撰写第六章至第十章，各自写完后交换修改。如此反复，前后四易其稿。2018年6月完稿后，我因病而主要由林香统领补充调查，也由她一力继续统筹修改、补充书稿并完成定稿。

中山大学庄初升教授与姚琼姿博士调查过东城的方言，他们将所得的音系、方音字表等资料整理为本书的第十二章，为本书增光。书稿草成后，东城街道办事处组织了编纂委员会对书稿进行了审查，并委托精于东城文史的谢向阳同志具体修订，为本书增色。当然，书中存在的任何错误和不足，均由我们负责。

民俗事项繁杂琐碎而又流变众多，极其容易挂一漏万。本书确实只能够起到抛砖引玉的作用，期待东城深厚的历史文化底蕴早日得到更多、更好的升华，助力东城和东城人民创造更美好的生活。

张振江
2020年5月1日